당신의 건강 지식 체크

다음 각 문항에 '그렇다' 또는 '아니다'로 응답하라.

1. 양호한 건강은 질병이 없는 것이다.　　　　　　　　　　○ 그렇다 ○ 아니다

2. 미국은 기대수명 면에서 세계에서 10위 안에 드는 나라이다.　　○ 그렇다 ○ 아니다

3. 20세기 동안 미국에서 발생한 기대수명 30년 증가는 대부분 의료 관리에서의 기술적인 향상 때문이다.　　○ 그렇다 ○ 아니다

4. 스트레스는 질병의 주된 원인이다.　　　　　　　　　　○ 그렇다 ○ 아니다

5. 키-몸무게 차트의 범위 내에서 몸무게를 유지하는 사람들은 더 무겁거나 더 마른 사람들보다 더 낮은 사망률을 보인다.　　○ 그렇다 ○ 아니다

6. 몇몇의 주요한 '획기적인' 연구들이 대부분 건강 정보의 출처이다.　　○ 그렇다 ○ 아니다

7. 흡연은 미국의 주된 사망원인이다.　　　　　　　　　　○ 그렇다 ○ 아니다

8. 인생에서 스트레스원의 수보다는 개인이 스트레스를 어떻게 다루는지가 더 중요하다.　　○ 그렇다 ○ 아니다

9. 흡연자들은 암보다 심장병으로 더 많이 죽는다.　　　　　○ 그렇다 ○ 아니다

10. 두 요인이 강한 관계가 있다면, 하나는 다른 하나의 원인이다.　　○ 그렇다 ○ 아니다

11. 높은 콜레스테롤은 심혈관계 질환의 가장 좋은 예측요인 중의 하나이다.　　○ 그렇다 ○ 아니다

12. 신체적으로 활동적인 사람은 주로 앉아서 활동하는 삶을 사는 사람들보다 대개 더 건강하다.　　○ 그렇다 ○ 아니다

13. 유방암은 여성이 암으로 사망하는 주된 원인이다.　　　　○ 그렇다 ○ 아니다

14. 허리 주변의 지방은 엉덩이와 허벅지 주변의 지방보다 더 건강에 위험하다.　　○ 그렇다 ○ 아니다

15. 스트레스 경험은 사람들을 감염에 취약하게 만든다.　　　○ 그렇다 ○ 아니다

16. 침술과 명상 같은 대체 치료는 만성 통증에 효과적인 치료일 수 있다.　　○ 그렇다 ○ 아니다

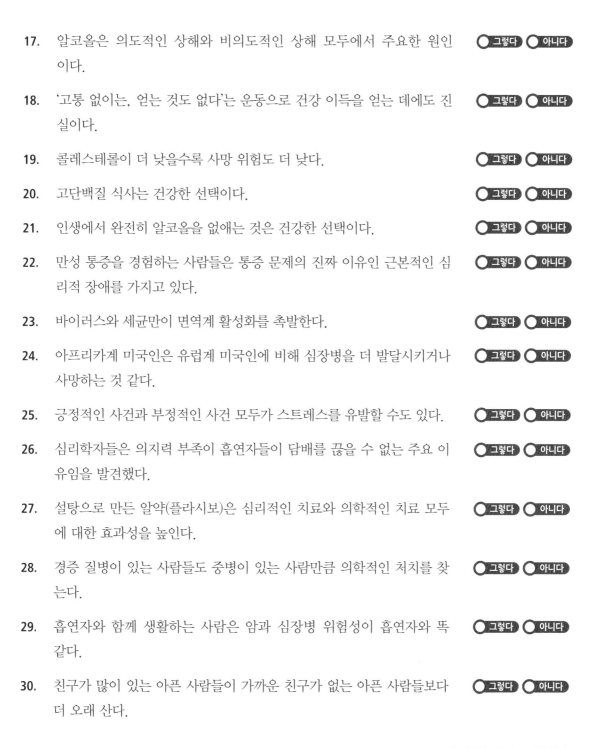

17. 알코올은 의도적인 상해와 비의도적인 상해 모두에서 주요한 원인이다. ⬤그렇다 ⬤아니다

18. '고통 없이는, 얻는 것도 없다'는 운동으로 건강 이득을 얻는 데에도 진실이다. ⬤그렇다 ⬤아니다

19. 콜레스테롤이 더 낮을수록 사망 위험도 더 낮다. ⬤그렇다 ⬤아니다

20. 고단백질 식사는 건강한 선택이다. ⬤그렇다 ⬤아니다

21. 인생에서 완전히 알코올을 없애는 것은 건강한 선택이다. ⬤그렇다 ⬤아니다

22. 만성 통증을 경험하는 사람들은 통증 문제의 진짜 이유인 근본적인 심리적 장애를 가지고 있다. ⬤그렇다 ⬤아니다

23. 바이러스와 세균만이 면역계 활성화를 촉발한다. ⬤그렇다 ⬤아니다

24. 아프리카계 미국인은 유럽계 미국인에 비해 심장병을 더 발달시키거나 사망하는 것 같다. ⬤그렇다 ⬤아니다

25. 긍정적인 사건과 부정적인 사건 모두가 스트레스를 유발할 수도 있다. ⬤그렇다 ⬤아니다

26. 심리학자들은 의지력 부족이 흡연자들이 담배를 끊을 수 없는 주요 이유임을 발견했다. ⬤그렇다 ⬤아니다

27. 설탕으로 만든 알약(플라시보)은 심리적인 치료와 의학적인 치료 모두에 대한 효과성을 높인다. ⬤그렇다 ⬤아니다

28. 경증 질병이 있는 사람들도 중병이 있는 사람만큼 의학적인 처치를 찾는다. ⬤그렇다 ⬤아니다

29. 흡연자와 함께 생활하는 사람은 암과 심장병 위험성이 흡연자와 똑같다. ⬤그렇다 ⬤아니다

30. 친구가 많이 있는 아픈 사람들이 가까운 친구가 없는 아픈 사람들보다 더 오래 산다. ⬤그렇다 ⬤아니다

해답은 책 뒤쪽 속표지에 있다.

HEALTH PSYCGY

9th Edition

PSYCHOLOGY

An Introduction to Behavior and Health

건강심리학

Health Psychology:
An Introduction to Behavior
and Health, **Ninth Edition**

Linda Brannon,
Jess Feist,
John A. Updegraff

Original edition © 2018 Wadsworth, a part of Cengage Learning.
Health Psychology: An Introduction to Behavior and Health, Ninth Edition
by Linda Brannon, Jess Feist, John A. Updegraff
ISBN: 9781337094641

For permission to use material from this text or product, email to
asia.infokorea@cengage.com

ISBN-13: 979-89-6218-455-6

Cengage Learning Korea Ltd.
14F YTN Newsquare 76 Sangamsan-ro
Mapo-gu Seoul 03926 Korea

Cengage is a leading provider of customized learning solutions with employees residing in nearly 40 different countries and sales in more than 125 countries around the world. Find your local representative at:
www.cengage.com

To learn more about Cengage Solutions, visit **www.cengageasia.com**

Every effort has been made to trace all sources and copyright holders of news articles, figures and information in this book before publication, but if any have been inadvertently overlooked, the publisher will ensure that full credit is given at the earliest opportunity.

Printed in Korea
Print Number: 02   Print Year: 2024

HEALTH PSYCHOLOGY
An Introduction to Behavior and Health

9th Edition

건강심리학

한덕웅 손정락 박순권 이민규 서경현 안귀여루 김청송 유제민 이형초 박준호 조성근 옮김

Linda Brannon ㅣ John A. Updegraff ㅣ Jess Feist

Cengage

Australia • Brazil • Canada • Mexico • Singapore • United Kingdom • United States

건강심리학 -제9판-

Health Psychology: An Introduction to Behavior and Health, 9th Edition

제9판 1쇄 발행 | 2019년 2월 25일
제9판 2쇄 발행 | 2024년 2월 19일

지은이 | Linda Brannon, Jess Feist, John A. Updegraff
옮긴이 | 한덕웅, 손정락, 박순권, 이민규, 서경현, 안귀여루, 김청송, 유제민, 이형초, 박준호, 조성근
발행인 | 송성헌
발행처 | 센게이지러닝코리아㈜
등록번호 | 제313-2007-000074호(2007.3.19.)
이메일 | asia.infokorea@cengage.com
홈페이지 | www.cengage.co.kr

ISBN-13: 978-89-6218-455-6

공급처 | ㈜학지사
주　소 | 서울시 마포구 양화로15길 20 마인드월드빌딩 5층
도서안내 및 주문 | Tel 02) 330-5114 Fax 02) 324-2345
홈페이지 | www.hakjisa.co.kr

정가 36,000원

역자 머리말

아마존의 이 책에 대한 소개는, "지난 20여 년 이상 동안, 건강 심리학에 대한 학문적 기여, 강력한 최신의 연구 토대, 그리고 인지, 행동, 생물 접근의 균형 잡힌 적용으로 이 분야의 선두를 유지해왔다. 비전공자들을 포함한 광범위한 전공 학생들에게 접근 가능하고 호소력 있는 이 고전적인 텍스트는 간결한 문장 스타일, 풍부한 교수법, 그리고 학습과 이해를 지원하기 위한 수많은 시각 자료를 특징으로 한다. 이번 9판은 건강심리학 분야의 가장 최신의 발전을 반영하도록 업데이트되었으며, 흥미와 문제와의 관련성을 위해 선택된 많은 새로운 실제 사례를 포함하고 있다."로 시작하고 있습니다.

이 책은 『Health Psychology: An Introduction to Behavior and Health(9th ed.)』 (Brannon, L., Updograff, J. A., & Feist, J.)의 완역본입니다. 그간 4판, 6판, 8판을 한국어판으로 출판하여 건강심리학 강의 교재로 활발히 사용해왔는데, 이번에 다시 9판을 번역하여 출판하게 되었습니다. 1980년대부터 건강심리학 분야의 주류 교재로 기여해온 이 책은 이번 9판에서도 그간의 많은 변화와 최신의 정보를 잘 반영하고 있습니다. 새로운 내용, 계속 유지된 내용, 실제 사례, 문제 제기와 해답, 건강 위험도 체크, 믿을 수 있을까요?, 더욱 건강해지기 등 변화되고 추가된 내용에 대해서는 저자 머리말에서 자세히 읽어볼 것을 권장합니다. 세계 보건 기구(WHO)에서는 이미 오래전에 건강을 "신체적, 정신적, 사회적으로 완전한 웰빙 상태"(1946)로 정의해왔는데, 이러한 관점은 건강심리학 분야에서 강조하는 생물 · 심리 · 사회 모형에도 그대로 반영되어 있으며, 여기에 영성 요인이 또한 중요하게 받아들여지고 있습니다. 이 모형은 지금까지도 건강심리학 분야에서 큰 기여를 해왔으며, 여기 9판에서도 그대로 반영되어 있습니다.

현대인의 건강은 의료 시스템도 중요한 부분을 차지하지만, 생활습관에 의해 크게 좌우되는데, 우리 국민의 건강행동은 우려할 만한 수준으로 분석되고 있습니다. 암 · 심뇌혈관 질환 등 중증 질환은 주요 사망원인으로, 생활습관 변화와 노인 인구 증가 등으로 향후 더욱 심화될 전망이며, 특히 중증 질환으로 될 가능성이 높은 고혈압, 당뇨병은 의료비 증가의 주요인이며, 국민 상당수가 혈압, 당뇨, 비만 등의 위험요인을 보유하고 있다는 분석입니다. 또한 인구 고령화 심화로 인한 의료비 부담 급증, 스트레스로 인한 우울증, 알코올 중독 등 새로운 건강 문제가 대두되고 있습니다.

한편으로는, 소득, 생활 수준 향상으로 새로운 건강 수요가 증가하는데, 건강 유지·증진, 장수, 미(美)와 행복한 삶(wellness)에 대한 관심이 증대됨에 따라, 국민의 의료 수요가 cure → care → wellness로 변화되고 있다고 분석하고, 의료·건강이 미래 유망 산업으로 대두되고 있다고 보고 있습니다.

그래서 한국의 국민건강증진 종합계획(HP 2020)에서도 27개 중점 과제를 선정하여 각 중점 과제별로 140개의 세부사업을 계획하고 있으며, 미국의 2010~2020 미국 국민을 위한 건강 목표 수립 보고서도 40여 개 영역에서 12개의 우선 상위 목표에 따른 600여 개의 구체적인 목표를 제시하고 있는데, 이 지표들 대부분이 건강심리학의 연구관심 영역이라고 할 수 있습니다.

잘 아시다시피, 건강심리학은 건강의 향상과 질병의 예방에 심리과학의 기여를 최우선순위로 두고 있으며, 이를 위해 건강 관련 전문 분야 간의 학제적 연구와 협력을 해오고 있습니다. 앞으로 많은 빠른 변화도 예상됩니다. 예를 들면, 공학과 의학의 발전, 인간 게놈 지도에 따른 연구 발전, 인터넷과 스마트폰 중독, 금연, 통증 관리, 당뇨병 자기 관리 등에도 새로운 변화가 계속되고 있습니다. 이에 따라, 앞으로 건강심리학자들은 건강행동을 위하여 최신 기술 기반 변화계획 도입을 설계하고 평가하는 데 중요한 역할을 할 것으로 기대됩니다. 즉, 만성 질병의 관리와 예방에의 중점, 노령화로 인한 만성 질병 관리 필요성 증대, 건강 증진과 보호에서 예방의 중요성, 기술의 진보에 따른 역할의 기회가 많아질 것입니다. 다시 말하면, 만성질환에 생물학적 원인이 있지만 개인의 행동과 생활양식도 질병의 발생에 기여하며, 이 행동이 만성질환에 아주 중요하기 때문에 행동을 다루는 심리과학이 과거 어느 때보다 건강관리에 더 많이 관여하게 될 것입니다. 이미 미국심리학회는 생물·심리·사회적 장애에 대한 새로운 진단체계를 WHO와 함께 만드는 작업을 하고 있는데, 'International Classification of Function, Disability, and Health'라는 국제 분류체계입니다. 이는 미국심리학회의 끊임없는 발전의 성과이면서, 미국건강심리학회가 1978년에 창설되어 지금까지 일취월장하는 발전을 보여온 맥락이라고 보여집니다.

한국건강심리학회도 1994년에 창설되어 한국심리학회 내에서도 주목받는 학회로 크게 발전하고 있습니다. 한국건강심리학회는 '건강을 증진시키고, 질병을 예방하고 치료하며, 위험요인을 찾아내고, 건강관리체계를 향상시키며, 건강에 대한 공공 오피니언을 조형하기 위해 심리과학을 활용하는' 작업을 한층 더 해낼 것으로 많은 기대가 되기도 합니다.

한국건강심리학회의 회원들인 역자들은 매우 바쁜 일정에도 불구하고 기꺼이 원고를 마련하여 주셨습니다. 역자들에 관한 간략한 정보 및 번역 장은 다음과 같습니다.

한덕웅 박사 | 성균관대학교 심리학과 명예 교수, 제2대 한국건강심리학회장
_ 4장 • 건강에 도움이 되는 행동의 준수
_ 16장 • 건강심리학의 장래 도전과제

손정락 박사 | 전북대학교 심리학과 명예교수, 제5대~6대 한국건강심리학회장
_ 7장 • 통증의 이해와 관리
_ 8장 • 대체 접근법 고찰

박순권 박사 | 전주대학교 상담심리학과 교수
_ 1장 • 간강심리학이란?
_ 9장 • 심혈관계 질환의 행동적 요인

이민규 박사 | 경상대학교 심리학과 교수, 제10대 한국건강심리학회장
_ 14장 • 식사와 체중

서경현 박사 | 삼육대학교 상담심리학과 교수, 제12대 한국건강심리학회장
_ 12장 • 흡연

안귀여루 박사 | 강남대학교 교육대학원 교수
_ 15장 • 운동

김청송 박사 | 경기대학교 청소년학과 교수, 제13대 한국건강심리학회장 재임 중
_ 11장 • 만성질환과 함께 살아가기

유제민 박사 | 강남대학교 교양학부 교수, 한국건강심리학회 국제협력부회장
_ 2장 • 건강 연구 수행하기
_ 13장 • 알코올과 기타 약물의 사용

이형초 박사 | 심리상담센터 감사와 기쁨 대표
_ 5장 • 스트레스의 정의, 측정, 관리

박준호 박사 | 경상대학교 심리학과 교수, 한국건강심리학회 수석부회장
_ 6장 • 스트레스, 면역, 질병의 이해

조성근 박사 | 충남대학교 심리학과 부교수, 한국건강심리학회 교육이사
_ 3장 • 건강관리 찾기와 받기
_ 10장 • 암의 행동적 요인

끝으로, 건강심리학을 수강하는 학부 및 대학원생들과 강의하시는 선생님들께 많은 감사를 드리며, 앞으로 건강심리학 전공자들의 좀 더 활발한 활동과 기여를 기대합니다. 그리고 이 책을 활용하는 독자들이 늘 웰빙하기를 기원합니다. 센게이지 코리아 여러분들도 수고 많았습니다.

2019년 1월
역자들을 대표하여
손정락(jrson@jbnu.ac.kr)

역자 소개

한덕웅 / 현재 성균관대학교 명예교수, 홍우심리학연구소 소장
저서 및 역서 『한국인의 사회비교 심리』(공저, 박영사)
『인간의 동기심리』(저, 박영사)
『사회심리학』(공저, 학지사)
『한국 유학심리학』(저, 시그마프레스)
『퇴계심리학』(저, 성균관대학출판부) 등

손정락 / 현재 전북대학교 심리학과 명예교수
저서 및 역서 『자비의 과학: ACT 지침서』(공역, 불광출판사)
『ACT 메타포 모음집』(역, 시그마프레스)
『스트레스 · 건강 · 웰빙』(공역, 박학사)
『이완 및 스트레스 감소 기법 모음 워크북』(역, 하나의학사)
『자기에게로 가는 여행』(역, 교육과학사)
『성격심리학 이론 워크북』(역, 박영사)

박순권 / 현재 전주대학교 상담심리학과 교수
저서 및 역서 『커넥션의 심리학』(공역, 교보문고),
『생물심리학』(공역, 박학사)
『포괄적 스트레스 관리』(공역, 아카데미아)
『뇌와 행동의 기초』(공역, 시그마프레스)

이민규 / 현재 경상대학교 심리학과 교수
저서 및 역서 『인간의 마음과 행동』(공저, 박영사)
『학술논문 작성 및 출판 지침』(공저, 박영사)
『커넥션의 심리학』(공역, 교보문고)
『임상 실제에서의 신경심리학』(공역, 하나의학사)
『군 상담 매뉴얼』(공저, 서울사이버대학교출판부)

서경현 / 현재 삼육대학교 상담심리학과 교수
저서 및 역서 『중독상담학 개론』(공저, 학지사)
『상담 및 심리치료 윤리』(공역, 박영사)
『상담 및 심리치료의 이론』(공역, 시그마프레스)
『중독상담』(공역, 박학사), 『재미있는 골프심리』(저, 이너북스)

ix

안귀여루 / 현재 강남대학교 교육대학원 교수
저서 및 역서 『문제유형별 심리치료 가이드』(공저, 학지사)
『임상심리학』(공저, 시그마프레스)
『프로이드 심리학 입문』(역, 범우사)
『정신분석과 듣기 예술』(공역, 범우사) 등

김청송 / 현재 경기대학교 청소년학과 교수
저서 및 역서 『사례중심의 이상심리학 제2판』(저, 싸이앤북스)
『현대 청소년심리 및 상담』(저, 싸이앤북스)

유제민 / 현재 강남대학교 교육학과 교수
저서 및 역서 『정신생리학』(공저, 학지사)
『마음을 묻다』(저, 서현사)
『가짜마음 진짜마음』(저, 서현사)
『아동 · 청소년 발달문제론』(공저, 시그마프레스)
『통합적 상담: 사례중심의 접근』(공역, 센게이지러닝) 등

이형초 / 현재 심리상담센터 ‘감사와 기쁨’ 센터장, 미디어중독연구소 소장
저서 및 역서 『인터넷 중독 완전정복』(공저, 시그마프레스)
『중독의 이해와 상담 실제』(공저, 학지사)
『충동조절장애』(공역, 학지사)
『인터넷 중독』(공역, 시그마프레스) 등

박준호 / 현재 경상대학교 심리학과 부교수
저서 및 역서 『심리학: 원리와 적용』(공저, 학지사)
『산업심리학』(공저, 학지사)
『건강심리학』(공역, 시그마프레스)

조성근 / 현재 충남대학교 심리학과 부교수
저서 및 역서 『인간행동과 심리학』(공저, 학지사)
『건강심리학』(공역, 시그마프레스)
『통증을 넘어선 새로운 삶의 시작: 수용전념치료』(공저, 담훌)

저자 머리말

오늘날의 건강은 1세기 전의 그것과는 완전히 다르다. 과거와 달리 오늘날 많은 심각한 질병은 우리의 행동에서 비롯된다. 사람들은 담배를 피우고, 건강하지 않은 방식으로 먹고, 운동을 하지 않으며, 생활 스트레스에 비효과적으로 대처한다. 이 책에서 보게 되겠지만 행동과학인 심리학이 신체건강에 관여하는 정도가 나날이 증가하고 있다. 건강심리학은 건강 증진, 질병 예방, 안전, 재활과 관련된 행동을 과학적으로 연구하는 분야이다.

이 책의 초판은 1980년대에 출판되었고, 당시 등장하기 시작한 건강심리학 분야의 초기 대학 교재 중 하나였다. 이제 9판이 된『건강심리학』은 건강심리학 분야에서 학부생을 위한 출중한 교재로 자리매김을 했다.

9판

수십 년 동안 이 책을 선도적인 교재가 될 수 있게 해준 핵심적 측면, 즉 (1) 건강심리학 분야의 연구와 응용의 균형, (2) 행동과 건강에 관한 뛰어난 연구들에 대한 명쾌하고 매력적인 고찰은 9판에서도 그대로 유지했다.

건강심리학 9판은 5개 부분으로 구성되어 있다. 4개의 장으로 이루어진 1부에서는 추후의 장들에서 공부할 내용을 이해하는 데 필요한 유용한 연구와 이론을 다루고, 의학적 치료를 추구하고 건강관리 기법을 따르는 것과 관련된 중요한 문제들을 살펴봄으로써 이 분야에 접근하고자 했다. 2부에서는 기존의 서양의학과 대체의학 관점에서 스트레스, 통증, 그리고 이들에 대한 관리 방법을 살펴봤다. 3부에서는 심장병과 암, 기타 만성질환에 대해 논의했다. 4부는 흡연, 음주, 섭식 및 비만, 신체활동을 다룬 내용들로 구성했다. 5부에서는 건강심리학의 도전적 미래를 조망하고, 보다 건강한 삶을 위해 건강 지식을 어떻게 응용할 것인가를 생각해봤다.

새로운 내용

9판에서는 건강행동의 이론적 토대를 강조하기 위해 몇 개의 장을 재편성했다. 예를 들어 4장에서는 건강행동의 준수에 초점을 두었고, '의도와 행동 사이의 간극'에 대한 최신 연구를 포함하여 건강행동의 고전적 이론과 최신 이론을 제시했다. 9판을 읽는 독자들은 건강행동의 이론과 실제 적용에 관한 최신의 평론(리뷰)을 만나는 이점을 누릴 것이다.

다음과 같은 중요하고 시의 적절한 화제들을 다룬 새로운 글상자들을 9판에 담았다.

- 왜 아동기 예방접종이 논란이 되는가?
- 온라인 사회망이 당신의 건강에 영향을 주는가?
- 침술이 인간은 물론 동물에게도 이득이 될 수 있는가?
- 뇌졸중에 대한 위험성 중 행동에 기인되는 것은 얼마나 되는가?(해답: 거의 모두)
- 약물 사용이 뇌 손상을 일으키는가?
- 수면 박탈이 비만으로 연결되는가?
- 운동이 학습에 도움이 될 수 있는가?

다음과 같은 새로이 재편성된 내용도 있다.

- 호프 솔로, 리키 저베이스, 대니 케이힐, 라지브 쿠마르, 그리고 대도시 택시운전사와 같은 새로운 실제 사례
- 식이와 대장암 간의 관련성을 다룬 연구를 통한 건강 연구의 발달상 예시(2장)
- 사람들이 의학적 진료를 받으려는 결정에 영향을 미치는 **낙인**의 역할에 대한 새로운 연구(3장)
- 스트레스 대처에서 **낙천주의와 긍정적인 정서**의 역할(5장)
- 스트레스 관리(5장), 통증 관리(7장), 폭식 장애(14장)를 위한 유용하고 유망한 기법인 **마음챙김**
- 스트레스와 스트레스가 **텔로미어**(telomere)의 길이에 미치는 영향(6장)
- 암 진단 후 생존을 예측하는 주요 요인으로서의 **결혼**(10장)
- 말기 환자들이 직면하는 심리적인 쟁점을 다루는 한 가지 수단으로서 **존엄치료**의 활용(11장)
- 신체활동을 촉진하는 **스마트폰 앱과 웨어러블 디바이스**의 활용(15장)

계속 유지된 내용

지난 20여 년 동안 이 책의 선도적 입지를 공고하게 해준 대부분의 특징들은 이 판에서도 그대로 유지된다. 그러한 특징에는 (1) 각 장의 '실제 사례', (2) 각 장을 시작하는 '문제 제기', (3) 많은 장의 '당신의 건강 위험도 체크' 글상자, (4) '믿을 수 있을까요?' 글상자, (5) 여러 장에 나오는 '더욱 건강해지기' 글상자가 포함된다. 이 특징들은 독자들로 하여금 중요한 생각을 하게 하고, 해당 화제에 몰입하게 하며, 개인적 안녕을 증진하기 위한 가치 있는 단서를 제공한다.

실제 사례   유명인사를 포함하여 많은 사람들이 이 책에서 다루는 문제들에 직면한다. 건강심리학의 인간적인 면을 강조하기 위해 우리는 각 장을 실제 사례로 시작했다. 이 사례 중 많은 것은 건강 문제가 잘 알려지지 않은 유명인사에 관한 것이다. 흥미를 자아내는 이 사례들에는 버락 오바마의 금연 시도, 랜스 암스트롱의 암 치료 지연, 스티브 잡스의 암 투병, 할리 베리의 당뇨, 찰리 쉰의 물질 남용, 리키 저베이스의 신체활동 증진 노력 등이 포함되었다. 또한 건강심리학계의 명사인 안젤라 브라이언 박사, 노먼 커즌스 박사, 라지브 쿠마르 박사의 사례를 소개하여 독자들에게 인간적 동기와 건강심리학과 의학 분야에서 그들의 활동을 실감할 수 있게 했다.

문제 제기와 해답   이 책에서는 학생들의 학습과 기억을 촉진하기 위해 예습, 읽기, 복습 체계를 도입했다. 각 장은 해당 장을 조직화하고, 학습 자료를 미리 보고, 능동적 학습을 향상시키는 일련의 '문제 제기'로 시작된다. 각 장을 진행하면서 우리는 관련된 연구 결과를 논의함으로써 질문에 대한 답을 제시했다. 각각의 주요 화제가 종료되는 '요약'에서 화제를 다시 언급했다. 그런 다음 각 장의 말미에 시작할 때 제시했던 질문들에 대한 '해답'을 제공했다. 이런 방식을 통해 학생들이 얻는 이점은 각 장에서 다룬 학습 내용을 공부할 수 있는 많은 기회를 가질 수 있다는 것이다.

당신의 건강 위험도 체크   많은 장의 도입부에 있는 글상자 '당신의 건강 위험도 체크'에서는 해당 장에서 다룰 학습 내용을 개인과 관련시켰다. 각 글상자는 독자가 그 장의 나머지 내용을 보기 전에 점검해야 할 여러 건강 관련 행동 또는 태도로 구성되어 있다. 문항들을 점검하고 각 장에서 다룰 내용에 친숙해진 다음에 독자들은 연구에 근거하여 자신의 건강 위험성에 대한 이해를 심화해나갈 것이다. 앞쪽 속표지에는 특수한 '당신의 건강 지식 체크'가 있다. 학생들은 책을 읽고 각 장에서 답을(또는 답을 위해 웹사이트를) 찾기 전에 점검을 마쳐야 한다.

믿을 수 있을까요? 인기 있는 글상자 '믿을 수 있을까요?'를 유지하면서 새로운 내용을 많이 추가하고 일부는 수정했다. 각 글상자에서는 건강 연구에서 각별한 흥미를 끄는 발견들을 강조했다. 또한 글상자를 통해 통념을 깨고 특이한 발견을 보여줌으로써 학생들이 면밀하게 평가하지 못했을 수 있는 문제들에 대해 객관적인 시각을 갖도록 했다.

더욱 건강해지기 대부분의 장에 포함된 '더욱 건강해지기' 글상자에서는 더 건강한 생활을 영위하기 위해 각 장에서 다룬 정보를 활용하는 방법을 제시했다. 일부 사람들이 이 권고에 동의하지 않을지라도 모든 내용은 최근의 연구 결과에 바탕을 둔 것이다. 사람들이 이 지침에 따른다면 건강하게 오래 살 가능성이 높아질 것이다.

변화되고 추가된 내용

이 책을 이전 판보다 더 강력하게 만들기 위해 다음과 같은 많은 변화를 주었다.

- 오래된 참고문헌들이 최신의 참고문헌들로 대체됨
- 정보의 흐름을 향상시키기 위해 각 장의 여러 부분이 재편성됨
- 어려운 개념에 대한 학생들의 이해를 돕기 위해 새로운 표와 그림이 추가됨
- 문제와 자료를 생물학적, 심리학적, 사회적 관점에서 살펴봄으로써 건강심리학에 대한 생물심리사회적 접근을 강조함
- 좀 더 국제적인 조망을 가지고 책을 쓰기 위해 세계 도처에서 나온 건강에 관한 연구 자료를 수집함
- 적절하다고 생각되는 경우 성차의 문제를 인식하고 강조함
- 건강 관련 행동을 설명하고 예측하는 데 필요한 이론과 모형은 계속 강조함

저술 양식

매 판에서 우리는 독자들과의 관계를 향상시키고자 했다. 이 책이 복잡한 문제와 어려운 화제를 다룸에도 불구하고 간명하고 이해하기 쉬운 용어를 사용했고, 부드럽고 생동감 있는 문체를 구사하려고 했다. 이 책은 학부 상급생을 대상으로 했지만, 심리학과 생물학에 대한 최소한의 배경지식이라도 있는 학생이라면 쉽게 이해할 수 있을 것이다. 건강심리학 강좌의 수강생은 다양한 전공을 하는 학생들인 경우가 많기 때문에 일부 학생들에게는 이 책의 기초적 내용이 이미 공부한 것일 수 있다. 또 다른 학생들

에게는 기본적인 학습 자료가 건강심리학 분야의 정보를 이해하는 데 필요한 바탕이 될 수 있을 것이다.

전문 용어는 **굵은 글씨체**로 표기했고, 그에 대한 정의는 적절한 공간에 제시했다.

강의 보조자료

이 책에는 학생과 교수에게 도움이 될 만한 다양한 자료가 제공된다. 여기에는 특정 화제의 본보기가 되는 행동을 한 사람들에 대한 이야기, 각 장의 요약, 그리고 더 읽을 거리가 포함된다.

각 장의 중간 요약

각 장의 끝에 긴 요약을 제시하지 않고 중요한 곳에 짧은 요약을 제시했다. 일반적으로 이 요약은 해당 장의 주요 화제에 관한 것이다. 독자들은 자주 제시되는 이 짧은 요약을 통해 흐름을 유지하고, 해당 장에서 다루는 내용을 더 잘 이해하게 될 것이다.

더 읽을거리

각 장의 끝에는 학생들이 읽고 싶을 것으로 생각되는 서너 가지 정도의 읽을거리를 제안했다. 우리는 각 장의 주요 화제를 이해하는 데 도움이 되는 정도를 기준으로 읽을거리를 선정했다. 대부분의 읽을거리들은 최신의 것이지만, 지속적으로 흥미를 끄는 것들도 선택했다. 또한 보통의 대학생들이 이해할 수 있고 많은 대학의 도서관에서 접할 수 있는 것만을 포함시켰다.

감사의 글

센게이지 러닝의 구성원 중 제작 이사인 Marta-Lee Perriard, 제작팀 매니저인 Star Burruto, 제작 지원의 Katie Chen, 지적 재산권 매니저인 Reba Frederics에게 감사드린다. 콘텐츠 개발자인 Linda Man과 Lumina에서의 제작을 가능하게 해준 Jopseph Malcolm에게도 특별한 감사의 말씀을 드린다.

우리는 또한 9판과 이전 판의 내용을 전체적 또는 부분적으로 읽고 검토해주신 많은 분들의 도움을 받았다. 다음 분들이 원고를 검토하고 귀중한 조언을 해주셨다.

Sangeeta Singg, Angelo State University

Edward Fernandes, Barton College

Ryan May, Marietta College

Erin Wood, Catawba College

저자들을 대표하여 Linda는 배우자들의 이해, 지지, 헌신에 대해 감사드린다. Linda 의 남편인 Barry Humphus는 이 책이 나오기까지 관대하고 인내심 있게 함께 생활하며 뛰어난 컴퓨터 자문을 해주었으며, 원고 작성에 필수적인 기술적 지원도 아끼지 않았다.

Linda는 이 책에 기여한 Jess Feist에게도 감사를 드린다. Jess는 6판까지 함께 작업했고, 2015년 2월에 세상을 떠났다. 그가 한 일과 남긴 말은 Linda와 John에게 지침이 되었고 영감을 주었으며, 그가 있었기에 이 책이 세상에 나올 수 있었다.

John은 작업하는 동안 지원해준 아내 Alanna와 비록 책의 내용을 잘 알지는 못하지만 책에 대해 질문을 해준 두 아이들에게도 감사한다. 마지막으로, 설레는 가슴으로 건강심리학 강의를 할 수 있게 해준 과거의 학부 수강생들에게도 고마움을 표한다. 이 책을 그들과 미래의 건강심리학도들에게 바친다.

저자 소개

Linda Brannon은 루이지애나주 레이크 찰스시에 있는 맥니스 주립대학교 심리학과 교수로 재직하고 있다. 텍사스 대학교(오스틴)에서 인간 실험 심리학 분야로 박사학위를 받고, 맥니스의 교수로 합류했다.

Jess Feist는 맥니스 대학교 명예교수이다. 캔자스 대학교에서 상담 전공으로 박사학위를 받고 교수로 합류했으며, 2005년 퇴임 때까지 맥니스 대학교에 재직했다. Jess는 2015년에 세상을 떠났다.

1980년대 초에, Linda와 Jess는 발전하고 있는 건강심리학 분야에 관심을 갖게 되었는데, 이것이 이 책의 초판을 공동저술하게 했다. 그들은 건강심리학 분야의 출현과 성장을 지켜봤으며, 그 성장과 발전을 반영하는 후속판을 출판했다.

그들의 관심은 건강심리학 영역에서 수렴되었지만, 심리학의 다른 영역으로 확산되기도 했다. Jess는 아들 Greg Feist와 공저자로 출판한 『Theories of Personality』에 자신의 성격이론 관심을 실었다. 심리적 성 및 쟁점에 관한 Linda의 관심은 『Gender: Psychological Perspectives』를 출판하도록 이끌었는데, 이제 그 6판에 실려 있다.

John A. Updegraff는 오하이오주 켄트시에 있는 켄트 주립대학교의 사회 및 건강심리학 교수로 재직하고 있다. 캘리포니아 대학교(로스앤젤레스)에서 사회심리학 전공으로 박사학위를 받았는데, 건강심리학 분야의 선구자인 Shelley Taylor 의 지도를 받았다. 그 후 캘리포니아 대학교(어바인)에서 박사후 펠로우쉽을 마치고, 켄트 주립대학교의 교수로 합류했다.

John은 건강행동, 건강 의사소통, 스트레스 및 대처 영역에서 전문가이며, 미국 국립보건원(NIH)에서 많은 연구비를 수주했다. 그의 연구는 이 분야 최고의 저널에 실려 있다.

John은 집 근처의 도로와 오솔길에서 달리기로 건강을 유지하는데, 어린 두 자녀와 함께 달리곤 한다. 또한 전공 지도학생 및 동료들과 함께 노래와 기타 연주를 하는 것으로 알려져 있다(유튜브 참조).

요약 차례

차례

PART 1

건강심리학의 기초

CHAPTER 1   3

건강심리학이란?

CHAPTER 2   25

건강 연구 수행하기

PART 2
스트레스, 통증 및 대처

CHAPTER 5   131
스트레스의 정의, 측정, 관리

CHAPTER 6   179
스트레스, 면역, 질병의 이해

CHAPTER 7 215

통증의 이해와 관리

CHAPTER 8 261

대체 접근법 고찰

PART **3**

행동과 만성질환

CHAPTER 11 385

만성질환과 함께 살아가기

PART 4

행동건강

CHAPTER 12 431

흡연

CHAPTER 13 473
알코올과 기타 약물의 사용

CHAPTER 14 515
식사와 체중

PART 5

건강심리학의 미래

---

* 참고문헌은 지면 제한상 출판사 홈페이지(www.cengage.co.kr) 자료실에 올렸습니다. 참고하십시오.

PART

1

건강심리학의 기초

건강심리학이란?

이 장의 개요

안젤라 브라이언의 실제 사례
건강 분야에서의 변화
건강을 위한 심리학의 관여
건강심리학 분야의 직업

**문제
제기**

이 장에서는 다음의 세 가지 기본적인 문제를 주로 다룬다.

1. 건강에 대한 관점이 어떻게 변화해왔는가?
2. 심리학이 건강관리에 어떻게 관여해왔는가?
3. 건강심리학자들은 무슨 훈련을 받으며, 어떤 종류의 일을 하는가?

Courtesy Angela Bryan

건강심리학은 심리학 중에서 비교적 새롭고 매력적인 분야이다. 건강심리학자들은 사람들의 생활양식이 그들의 신체적 건강에 미치는 영향을 연구한다. 이 책을 통해 독자들은 건강심리학 분야의 다양한 문제, 발견, 그리고 이 분야를 구축해온 인물들에 대해 공부할 것이다.

먼저 콜로라도 볼더 대학교(University of Colorado Boulder)의 건강심리학자인 안젤라 브라이언(Angela Bryan)에 대해 알아보자. 안젤라는 안전한 성행위와 신체 활동 같은 건강행동을 촉진하기 위한 중재 기법을 개발한다. 자신의 업적을 인정받아 그녀는 여러 차례 상을 받았는데, 그 가운데 하나는 청소년들의 위험한 성 행동을 감소시키기 위한 중재 기법이었다('Safe on the Outs'; Centers for Disease Control and Prevention[CDC], 2011b).

청소년기에 안젤라는 스스로를 '반항아'라고 생각했는데(Aiken, 2006), 사람들에게 건강한 생활양식을 유지하도록 격려하고 있는 오늘의 그녀에게 그런 어린 시절이 있었다는 사실은 믿기지 않는다. 그녀는 대학에 입학한 다음에야 자신에게 건강심리학에 대한 열정이 있음을 발견했다. 그녀는 사람들이 타인에 대해 어떻게 판단하는지를 탐구하는 사회심리학을 이수하면서 안전한 성 행동 이해에 사회심리학이 관련되어 있음을 재빨리 알아차렸다. 미국에서 HIV/AIDS가 급속히 확산되던 당시의 사람들이 HIV 바이러스 확산을 방지하기 위해 취할 수 있는 한 가지 행위는 콘돔 사용이었다. 그러나 사람들은 '콘돔이 필요하다고 말하면 상대방이 나를 어떻게 생각할까?'라는 염려에서 상대방에게 콘돔을 사용하라는 요청을 하지 못하는 경우가 있었다. 안젤라는 첫 성적 대면에서 콘돔을 사용하는 것에 대해 사람들이 어떻게 생각하는지를 연구하기 위한 프로젝트를 지도해줄 교수를 찾아다녔다.

안젤라는 박사 과정에서 자신의 연구를 계속하여 여대생들의 콘돔 사용을 촉진하기 위한 프로그램을 개발했다. 그 프로그램에서 안젤라는 여대생들에게 콘돔을 제안하고 사용하는 기술을 가르쳤다. 그 일이 항상 쉬운 것은 아니었다. "내가 개발한 중재 기법을 보급하러 가는 길에 한 손에는 콘돔 바구니를, 다른 손에는 호박(zucchini) 바구니를 들고 기숙사를 돌아다녔지요. 다른 사람들이 그런 나를 어떻게 생각했을지 상상할 수 없어요."라고 그녀는 회상했다.

나중에 그녀는 투옥 중인 청소년, 정맥주사 약물 사용자, HIV 양성 반응자, 인도의 트럭 운전기사 등 HIV의 위험성이 높은 사람들로 자신의 연구를 확장했다. 또한 그녀는 신체 활동을 증진하는 데도 관심을 가졌다.

자신의 모든 연구에서 안젤라는 생물심리사회적 모형을 사용했는데, 이에 대해서는 이 장에서 살펴볼 것이다. 특히, 그녀는 콘돔 사용과 같은 건강행동(health behavior)에 영향을 미치는 생물학적, 심리학적, 사회적 요인을 밝힌다. 안젤라의 중재 기법은 이 요인들 각각을 지향한다.

안젤라의 연구는 도전적이고도 값진 것이었다. 그녀는 매일 지역사회 관계자, 임상심리학자, 신경과학자, 운동생리학자와 함께 일한다. 그녀는 확고한 연구 방법을 사용하여 자신이 행하는 중재 기법의 성공 여부를 평가한다. 최근에 그녀는 어떤 사람이 신체 활동 중재에 반응할 것인지를 결정해주는 유전적 요인을 연구하기 시작했다.

그녀는 연구의 많은 측면이 중요하지만 가장 값진 것은 "중재가 효과적일 때!", 즉 "아이들이 콘돔을 사용하고 만성질환을 가진 사람들이 운동을 하게 된다면 의미 있는 일이지요."라고 말한다.

이 책에서 독자들은 안젤라 브라이언과 같은 건강심리학자들의 이론, 연구 방법, 그리고 발견에 대해 공부할 것이다. 책을 읽으면서 독자들은 안젤라의 충고 한마디를 마음에 새겨두면 좋을 것이다. "건강에 대해 폭넓고 낙관적으로 생각하라. 건강심리학자들이 하는 일은 어렵지만 의미가 있다."

건강 분야에서의 변화

"천천히 사라져간다고 말해도 좋을 정도로 오늘날 우리는 잘 살고 오래 산다."(Sapolsky, 1998, p. 2)

건강심리학은 건강과 건강관리라는 변화하는 분야에서 제기된 난제를 해결하기 위해 비교적 최근인 1970년대에 발달했다. 1세기 전 미국의 평균 **기대수명**(life expectancy)은 현재보다 훨씬 짧은 50세 정도였다. 미국에서 사람들이 죽는 주된 원인은 폐렴, 결핵, 설사, 장염과 같은 감염성 질환이었다(그림 1.1 참조). 더러운 음용수, 오염된 음식물, 또는 질병을 가진 환자와의 접촉에서 그런 상황이 발생했다. 병에 걸린 다음에야 병원 치료를 받으려고 했겠지만 의학이 제공할 수 있는 치료 수단은 별로 없었다. 장티푸스, 폐렴, 디프테리아와 같은 많은 질병이 유지되는 기간이 짧았는데, 그것은 환자가 몇 주 이내에 죽거나 회복되었기 때문이었다. 그런 질병들이 통제할 수 없는 것이었기 때문에 사람들은 전염병에 걸리는 것에 별 책임을 느끼지도 않았다.

오늘날 삶과 죽음은 1세기 전과 아주 다르다. 미국의 기대수명은 거의 80세이고, 과거 그 어느 때보다 100번째 생일을 맞는 사람이 많다. 미국보다 기대수명이 더 긴 국가가 30개 이상이고, 가장 높은 일본은 84세나 된다. 산업화된 국가의 많은 사람이 경험하는 공중위생은 1세기 전에 비해 월등히 좋아졌다. 많은 전염병에 대한 백신과 치료법도 개발되었다. 그러나 전염병에 대한 예방과 치료가 향상되면서 다른 많은 종류의 **만성질환**(chronic disease)이 새로운 세기의 사망원인으로 등장했다. 심장병, 암, 뇌졸중과 같은 만성질환이 미국에서 주요 사망원인이고, 이로 인한 사망률이 과거 전염병으로 인한 사망률보다 더 높다. 만성질환이 발생하면 유지 또는 재발되어 오랫동안 사람들을 괴롭힌다. 미국의 경우 매년 200만 명 이상의 사람들이 만성질환으로 사망하고, 성인 두 명에 한 명꼴인 1억 3천만 명 이상이 적어도 한 가지의 만성질환을 가지고 살아간다.

더구나 오늘날 대부분의 사망원인은 개인의 행동 및 생활양식과 관련된 질환이다. 심장병, 암, 뇌졸중, 만성 하기도 호흡기 질환(폐기종, 만성 기관지염 등), 불의의 상해, 당뇨 등의 질환은 부분적으로 흡연, 알코올 남용, 스트레스, 앉아서 일하는 좌식 생활양식 때문에 발생한다. 오늘날 주요 사망원인이 부분적으로 생활양식 및 행동이기 때문에 사람들이 자신의 건강에 대해 과거보다 훨씬 더 많은 통제력을 갖게 되었다. 그러나 많은 사람이 이런 통제를 실천하지 않기 때문에 건강을 해치는 행동(unhealthy behavior)이 중요한 공중보건 문제로 대두되고 있다. 실제로 건강을 해치는 행동은 건강관리 비용의 상승에도 기여한다.

이 장에서는 질병 및 신체장애의 변화 양상과 건강관리 비용의 증가를 다룰 것이다.

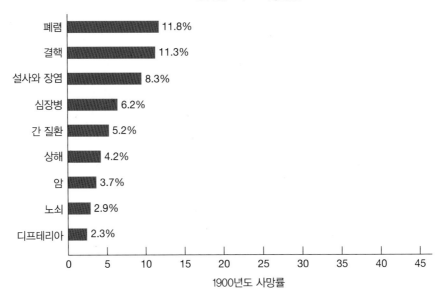

1900년도 주요 사망원인

사망원인	비율
폐렴	11.8%
결핵	11.3%
설사와 장염	8.3%
심장병	6.2%
간 질환	5.2%
상해	4.2%
암	3.7%
노쇠	2.9%
디프테리아	2.3%

1900년도 사망률

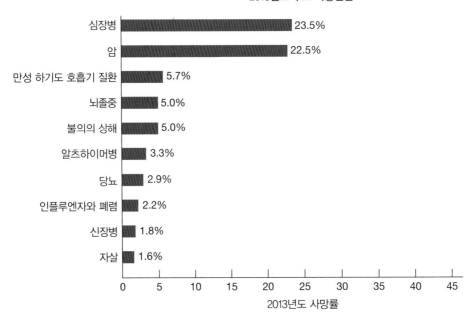

2013년도 주요 사망원인

사망원인	비율
심장병	23.5%
암	22.5%
만성 하기도 호흡기 질환	5.7%
뇌졸중	5.0%
불의의 상해	5.0%
알츠하이머병	3.3%
당뇨	2.9%
인플루엔자와 폐렴	2.2%
신장병	1.8%
자살	1.6%

2013년도 사망률

그림 1.1 1900년과 2013년 미국의 주요 사망원인

출처: *Healthy people, 2010,* 2000, by U.S. Department of Health and Human Services, Washington, DC: U.S. Government Printing Office; "Deaths: Final Data for 2013," 2016, by Xu, J., Murphy, S. L., Kochanek, K. D., & Bastian, B. A., *National Vital Statistics Reports, 64*(2), Table B.

또한 우리는 이런 추세가 건강에 대한 정의를 어떻게 변화시켰는가와 건강에 대한 폭넓은 관점을 요구한다는 것에 대해서도 논의할 것이다. 건강에 대한 폭넓은 관점이 바로 생물심리사회적 모형이고, 안젤라 브라이언과 같은 건강심리학자가 채택했던 것이다.

질병과 죽음의 유형

20세기에 들어와 미국에서 질병과 죽음의 유형에 큰 변화가 일어났는데, 여기에는 주요 사망원인의 변화도 포함된다. 1900년에는 전염병이 주된 사망원인이었으나 그다음 수십 년에 걸쳐서 사망의 주된 원인이 심장병, 암, 뇌졸중과 같은 만성질환으로 바뀌었다.

21세기의 처음 몇 년 동안 건강을 해치는 행동 및 생활양식과 관련된 일부 만성질환이 감소되기 시작했다. 2010년에 집계된 심장병, 암, 뇌졸중을 포함한 만성질환으로 인한 사망률은 1990년에 비해 낮았다. 왜 지난 수십 년 동안 이 질환들로 인한 사망률이 낮아졌을까? 9장에서 이 문제를 자세히 다루겠지만, 한 가지 주요 원인은 과거에 비해 담배를 피우는 미국인의 수가 감소했다는 것이다. 이런 행동 변화가 심장병에 의한 사망의 일부를 감소시켰으므로 건강관리의 향상이 그러한 감소에도 기여한 것이다.

불의의 상해, 자살, 살인에 의한 사망률이 최근 증가했다(Kung, Hoyert, Xu, & Murphy, 2008). 알츠하이머병, 신장질환, 패혈증(혈액 감염), 간질환, 고혈압, 파킨슨병으로 인한 사망률도 크게 높아졌다. 최근 감소된 사망원인보다는 증가된 이들 사망원인에서 행동은 덜 중요한 요인이다. 그러나 알츠하이머병과 파킨슨병에 의한 사망률의 증가는 건강과 건강관리에서의 또 다른 경향, 즉 노령 인구의 증가를 반영한다.

나이 늙은이는 젊은이보다 사망할 가능성이 더 높은 것이 분명하지만, 사망의 원인은 연령군에 따라 다르다. 그러므로 전체 인구를 대상으로 산출한 사망원인의 순위가 특정 연령군에는 해당되지 않을 수 있고, 일부 연령군에서는 그 위험성을 오인하게 할 수도 있다. 예를 들어, 미국에서 심혈관계 질환(심장병과 뇌졸중을 포함)과 암이 전체 사망의 50% 이상을 설명해주지만, 젊은 사람들에서는 사망의 주요 원인이 아니다. 1~44세의 사람들은 불의의 사고가 주요 사망원인이고, 자살과 살인에 의한 끔찍한 죽음도 목록의 상위를 차지한다(National Center for Health Statistics[NCHS], 2016a). 이 연령대에서 불의의 상해는 사망의 30%, 자살은 약 12%, 살인은 약 8%를 설명해준다. 그림 1.2에서 볼 수 있는 바와 같이 청소년 및 초기 성인기에 다른 사망원인이 차지하는 비율은 불의의 상해, 살인, 자살보다 현저히 낮다.

45~64세의 성인에서는 상황이 완전히 다르다. 심혈관계 질환과 암이 사망의 주된 원인이다. 나이가 많아짐에 따라 죽을 확률이 높아지므로 노인들에게서 나타나는 사망의 원인이 사망원인의 전반적인 특성을 결정한다. 그러나 젊은이들은 아주 다른 사망 유형을 보여준다.

인종, 수입, 질병 앞쪽 속표지에 있는 '당신의 건강 지식 체크'의 2번 문항에서는 기대

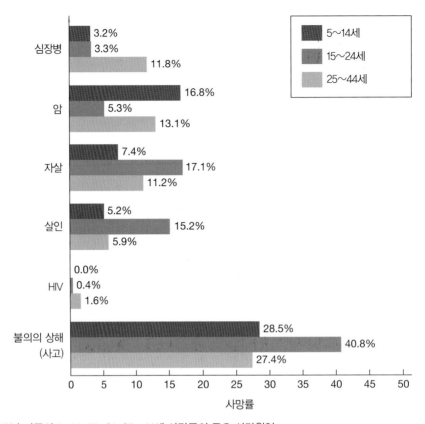

그림 1.2 2013년 미국의 5~14, 15~24, 25~44세 사람들의 주요 사망원인

출처: "Deaths: Final Data for 2013," 2016, by Xu, J., Murphy, S. L., Kochanek, K. D., & Bastian, B. A., *National Vital Statistics Reports, 64*(2), Table B.

수명 상위 10개국에 미국이 포함되는지를 묻는다. 미국은 10위 근처에도 못 가고, 전체 국가 중에서 34위에 불과하다(World Health Organization[WHO], 2015c). 미국 내에서는 인종이 기대수명의 한 요인이고, 사망의 주요 원인은 인종 집단에 따라 달라진다. 표 1.1은 미국 내의 4개 인종 집단에 대한 10개 주요 사망원인의 순위를 보여준다. 어떤 두 집단에서도 동일한 사망원인 프로파일은 찾아볼 수 없고 일부 원인이 특정 집단에서는 나타나지 않기도 하는데, 이는 인종이 사망에 미치는 영향을 여실히 보여준다.

미국에 살고 있는 아프리카계 미국인과 유럽계 미국인의 국가가 다르다고 가정하면, 유럽계 미국인의 기대수명(34위)이 아프리카계 미국인의 기대수명보다(68위) 훨씬 높다(NCHS, 2016; WHO, 2015c). 이처럼 유럽계 미국인이 아프리카계 미국인보다 기대수명이 더 길지만, 어느 쪽도 일본, 캐나다, 아이슬란드, 호주, 영국, 이탈리아, 프랑스, 홍콩, 이스라엘, 그리고 다른 많은 나라의 국민들만큼 오래 살 것으로 기대할 수 없다.

표 1.1 미국 내 4개 인종 집단의 10대 주요 사망원인(2013년)

	유럽계 미국인	히스패닉계 미국인	아프리카계 미국인	아시아계 미국인
심장병	1	2	1	2
암	2	1	2	1
만성 하기도 호흡기 질환	3	7	6	7
불의의 상해	4	3	4	4
뇌졸중	5	4	3	3
알츠하이머병	6	8	10	8
당뇨	7	5	5	5
폐렴과 인플루엔자	8	9	*	6
신장병	9	10	7	9
자살	10	*	*	10
만성 간 질환	*	6	*	*
패혈증	*	*	9	*
살인	*	*	8	*

* 해당 인종에서는 10대 사망원인에 포함되지 않음

출처: "Deaths: Leading causes for 2013," 2016, by M. Heron, *National Vital Statistics Reports, 65*(2), Tables D and E.

    빈곤과 낮은 교육 수준을 포함하는 사회경제적 열세에서 히스패닉계는 아프리카계
미국인과 유사하다(U.S. Census Bureau[USCB], 2011). 유럽계 미국인의 약 10%가 빈
곤 수준 이하로 살아가는 반면, 그에 해당하는 아프리카계와 히스패닉계 미국인은 각
기 32%와 26%이다(USCB, 2011). 유럽계 미국인은 교육적으로도 우세하여 86%가 고
졸이었으나 아프리카계는 81%, 히스패닉계는 59%에 불과했다. 이런 사회경제적 열세
는 건강의 열세로 이어진다(Crimmins, Ki Kim, Alley, Karlamangla, & Seeman, 2007;
Smith & Bradshaw, 2006). 즉, 빈곤과 낮은 교육 수준 모두 건강 문제 및 낮은 기대
수명과 관련되어 있다. 따라서 건강에서의 인종 차이의 일부는 사회경제적 차이 때문
이다.

    건강보험과 의학적 치료에 대한 접근성이 가난한 사람을 건강 위험성이 높은 사람으
로 만드는 유일한 요인은 아니다. 사실 가난과 관련된 건강 위험성은 출생 전에 시작
된다. 저소득자 의료보장제도(Medicaid)의 지원으로 출생 전 관리가 확대되어도 가난
한 산모, 특히 십대 산모는 저체중아를 낳을 가능성이 높고, 이 아이들은 정상 체중 유
아에 비해 사망할 가능성도 높다(NCHS, 2016). 또한 빈곤 이하의 삶을 사는 임산부는

다른 임산부에 비해 신체적으로 학대를 받을 가능성이 높고, 출생 전 아동 학대의 영향을 받은 아기를 낳을 가능성도 높다(Zelenko, Lock, Kraemer, & Steiner, 2000).

수입 수준과 건강 사이의 연관성은 아주 강해서 가난한 사람뿐 아니라 고수입 층에서도 그 연관성이 나타난다. 즉, 아주 부자인 사람들의 건강은 보통 잘사는 부자들보다 좋다. 왜 아주 잘사는 부자의 건강이 보통 부자들보다 좋을까? 한 가지 가능한 설명은 수입과 교육 수준이 관련되고, 교육 수준은 다시 직업, 사회 계층, 인종과 관련된다는 것이다. 교육 수준이 높은 사람일수록 흡연, 고지방식 섭취, 좌식 생활양식 유지와

믿을 수 있을까요?

대학이 건강에 이롭다

대학에 다니는 것이 건강에 이롭다는 사실을 믿을 수 있는가? 대학에 들어가면 스트레스가 추가되고, 약물 사용의 기회도 생기며, 시간에 쫓겨 건강한 음식을 먹거나 운동을 하거나 잠을 충분히 자기도 어렵기 때문에 믿기 어렵다고 생각할 수도 있다. 어떻게 해서 대학에 들어가면 건강해질 수 있을까?

대학의 건강상 이점은 졸업 후에 나타난다. 대학을 다닌 사람들의 사망률이 그렇지 않은 사람에 비해 낮다. 이런 이점은 남성과 여성 모두에서 나타나고, 전염병, 만성질환, 불의의 상해에도 적용된다(NCHS, 2015). 교육을 많이 받은 사람들은 교육을 덜 받은 사람들에 비해 일상생활에서 경험하는 증상이 적고 스트레스도 덜 받는다고 한다(Grzywacz, Almeida, Neupert, & Ettner, 2004).

고등학교를 졸업한 사람들의 사망률이 그렇지 않은 사람들에 비해 낮지만, 대학에 들어가면 그 이점이 더 커진다. 예를 들어 고등학교 교육을 받지 않은 사람들은 100,000명당 575명이 죽고, 고등학교 교육을 받은 사람들은 100,000명당 509명이 죽지만, 대학에 들어간 사람들은 100,000명당 214명만이 죽는다(Miniño, Murphy, Xu, & Kochanek, 2011). 교육이 건강과 장수에 미치는 이점은 범세계적으로 나타난다. 예를 들어, 일본의 노인을 대상으로 한 연구(Fujino et al., 2005)에서도 교육 수준이 낮을수록 사망 위험성이 높아지는 것으로 밝혀졌다. 네덜란드인에 대한 대규모 연구(Hoeymans, van Lindert, & Westert, 2005)에서도 교육이 건강에 관한 다양한 측정치 및 건강 관련 행동에 연관되어 있음이 확인되었다.

교육 수준이 높은 사람들이 갖는 건강상의 이점에 기여하는 요인은 무엇일까? 이점의 일부는 지능인데, 건강과 수명을 모두 예측해준다(Gottfredson & Deary, 2004). 또한 교육을 잘 받은 사람들은 비슷한 교육을 받은 사람들과 어울려 사는 경향이 있고, 이로 인해 건강 관련 지식과 태도에서 좋은 주변 환경이 만들어진다(Øystein, 2008). 수입과 직업도 기여할 수 있는데(Batty et al., 2008), 대학을 졸업한 사람들은 그렇지 않은 사람들보다 좋은 직장을 갖고 평균 수입도 더 많기 때문에 건강관리를 더 잘할 수 있을 것이다. 게다가 교육을 많이 받은 사람들은 건강관리에 대해 잘 아는 소비자일 것이고, 자신의 질병과 가능한 치료에 대한 정보도 잘 수집할 것이다. 또한 교육은 좋은 건강 및 장수에 기여하는 다양한 습관과도 관련이 있다. 예컨대, 대학교육을 받은 사람들은 담배를 적게 피우고 불법 약물도 덜 사용하며(Johnston, O'Malley, Bachman, & Schulenberg, 2007), 저지방식을 먹고 운동을 더 많이 할 것이다.

그러므로 대학에 입학하는 사람들은 그들의 낮은 사망률에 반영된 많은 자원, 즉 수입, 건강에 관한 지식, 건강을 중시하는 배우자, 건강의 중요성에 대한 태도, 긍정적 건강 습관 등을 가지고 있다고 볼 수 있다. 교육과 건강 간의 강한 연관성은 좋은 건강이 단순히 생물학적 문제만이 아님을 잘 보여주는 명확한 예이다.

같은 건강을 해치는 행동을 덜 한다('믿을 수 있을까요?' 글상자 참조). 다른 가능성은 사회계층에 대한 지각이다. 자신의 사회적 지위에 대한 사람들의 지각은 교육, 직업, 수입 수준으로 분류되는 사회적 지위와 다르고, 이 지각이 객관적 측정치보다 건강 상태와 더 강하게 관련된다(Operario, Adler, & Williams, 2004). 그러므로 건강과 인종 사이의 관계는 건강, 수입, 교육, 사회적 지위 사이의 관계와 뒤엉켜 있다.

기대수명의 변화　20세기 동안 미국을 비롯한 산업화된 국가들에서 기대수명이 극적으로 높아졌다. 1900년의 기대수명은 47.3세였으나 지금은 79세가 넘는다(NCHS, 2016). 다시 말해, 오늘날 태어나는 유아들은 평균적으로 20세기가 시작될 무렵에 태어난 그들의 고조부모보다 한 세대 이상 더 오래 살 것으로 기대된다.

　20세기 동안 기대수명이 30년이나 높아진 원인은 무엇일까? 앞쪽 속표지에 있는 '당신의 건강 지식 체크' 3번 문항에서는 의과적 치료의 향상이 기대수명 증가에 기여했는가를 물었다. 답은 '그렇지 않다'이다. 환자에게는 의과적 치료보다 훨씬 더 중요한 요인들이 있다. 기대수명 향상에 가장 중요하게 기여한 단일 요인은 유아 사망률의 감소이다. 첫 돌 이전에 유아가 사망할 때 평균 기대수명이 낮아지는 정도는 중년기나 노년기의 사람들이 사망할 때에 비해 훨씬 크다. 그림 1.3은 1900~1990년 사이에 유아

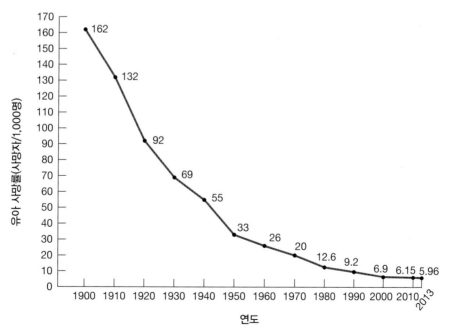

그림 1.3 1900~2013년 사이 미국의 유아사망률 감소

출처: *Historical statistics of the United States: Colonial times to 1970,* 1975, by U.S. Bureau of the Census, Washington, DC: U.S. Government Printing Office, p. 60; "Deaths: Final Data for 2013," 2016, by Xu, J., Murphy, S. L., Kochanek, K. D., & Bastian, B. A., *National Vital Statistics Reports, 64*(2), Table B; "Recent Declines in Infant Mortality in the United States, 2005–2011." National Center for Health Statistics, Number 120, 2013.

사망률이 가파르게 낮아짐을 보여주는데, 그 후에는 별 변화가 없다.

질병의 예방도 최근 기대수명의 증가에 기여했다. 광범위한 백신접종, 더 안전한 음용수와 우유 공급 같은 모든 요인이 전염병을 감소시킨 결과 기대수명이 향상되었다. 더 건강해진 생활양식도 기대수명의 증가에 일조했으며, 좀 더 효과적인 하수처리와 더 좋아진 영양도 기여했다. 이와 대조적으로 항생제나 새로운 수술 기법, 효율적인 의료보조진, 집중치료 인력의 기술 향상과 같은 의과적 치료의 발달이 성인의 기대수명 향상에 기여한 바는 비교적 작다.

의료비용의 증가

건강 분야에서 나타난 두 번째 중요한 변화는 의료비용의 가파른 상승이다. 미국의 경우 물가 상승보다 더 빠른 속도로 의료비용이 증가했고, 모든 국가 중에서 가장 높다. 1960~2008년 사이에 미국의 의료비용이 국내총생산(GDP: gross domestic product)에서 차지하는 비율은 더욱 커졌다. 1995년 이후 의료비용 증가는 다소 둔화되었으나 GDP에서 차지하는 비율은 16%에 이를 정도로 여전히 높았다(Organisation for Economic Co-operation and Development[OECD], 2015). 미국의 연간 총 건강관리 비용이 1970년에는 1인당 1,067달러였으나, 2013년에는 7,826달러(NCHS, 2015)로 상승 폭이 700%를 넘는다.

물론 이 비용은 기대수명의 증가와도 관련이 있다. 중년에서 노년을 거치면서 사람들은 만성질환에 더 많이 걸리기 때문에 더 많은 의과적 치료(때로는 고가의)를 필요로 한다. 미국인의 거의 반이 만성질환을 가지고 있고(Ward, Schiller, & Goodman, 2012), 그로 인해 지출되는 비용은 건강관리 비용의 86%를 차지한다(Gerteis et al., 2014). 만성질환은 발부된 처방전의 88%, 의사 방문의 72%, 입원의 76%를 차지한다. 오늘날 노령 인구의 건강 상태는 이전 세대에 비해 양호하지만, 그 수는 증가하고 있어 그에 따른 의료비용도 계속 높아질 것이다.

의료비용 증가를 억제하는 한 가지 전략은 의료 서비스를 제한하는 것이지만, 또 다른 접근은 질병을 조기에 탐지하고 질병 예방에 도움이 되는 건전한 생활양식과 행동을 강조하는 것이다. 예를 들어 고혈압, 고지혈증, 기타 심장질환의 징조를 일찍 탐지하면 이 징후들을 통제함으로써 질병이 심각해지거나 사망할 위험성을 줄일 수 있다. 만성질환은 치료가 어렵고 환자가 영위하는 삶의 질이 저하되기 때문에 치료보다는 그 질환에 걸릴 위험성을 미리 조사하는 것이 바람직하다. 건강한 생활양식을 채택함으로써 질병을 피하는 것이 질병을 치료하거나 위험성을 조사하는 것보다 낫다. 건강을 잘 유지하는 것이 병에 걸려서 회복되는 것보다 비용이 덜 든다. 그러므로 건강한 생활양

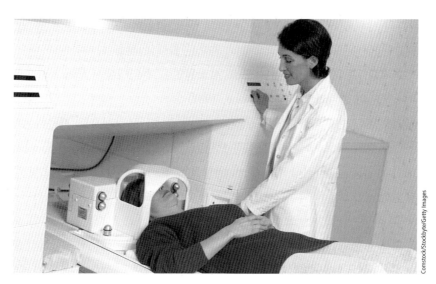

의학 기술이 의료비용 상승의 한 원인이다.

식, 징후의 조기 탐지, 건강 위험성의 감소를 통한 질병 예방이 건강관리 분야의 철학적 변화이다. 이 책을 통해 알게 되겠지만, 건강심리학자들이 이러한 목표에 기여한다.

건강이란 무엇인가?

정신신체의학 분야의 선구자 중 한 사람인 프란츠 알렉산더(Franz Alexander, 1950, p. 17)는 "다시 한번, 근심, 공포, 희망, 절망을 가진 한 인간으로서, 또한 단순히 간 또는 위에 질병이 있는 신체 장기를 가진 존재가 아니라 불가분의 전체적 존재로서 환자는 의학적 관심을 받는 정당한 대상이 되고 있다."라고 했다.

'건강'하다는 것의 의미는 무엇인가? 앞쪽 속표지에 있는 '당신의 건강 지식 체크'의 1번 문항은 건강이 단순히 질병이 없는 것인지를 묻는다. 그게 아니라 건강이 그보다 복잡한 것인가? 또는 부정적인 상태가 없는 것이라기보다는 어떤 긍정적인 상태가 있는 것인가? 건강은 단순히 신체 상태에 관한 것인가, 아니면 개인의 신념, 환경, 행동까지 고려해야 하는 것인가?

서양의학의 전통적 관점인 **생의학 모형**(biomedical model)에서는 건강을 질병이 없는 것으로 정의한다(Papas, Belar, & Rozensky, 2004). 이 관점에서는 질병 과정을 질병을 일으키는 유기체, 즉 특정 **병원균**(pathogen)에 노출된 결과라는 생물학적 과정으로만 이해한다. 이 관점을 근거로 병원균을 제거하여 질병을 치료하기 위한 약물과 의료 기법이 개발되었다. 특정 병원균을 찾을 수 있는 질병에 초점이 맞추어졌고, 병원균을 제거하는 것이 건강을 회복시키는 것이었다.

질병의 생의학 모형은 100년 전 사망의 주요 원인이었던 전염병에 잘 맞았다. 20세기 내내 생의학 모형을 고수함으로써 의학은 한때 인류를 황폐하게 했던 질병을 정복하고 통제할 수 있었다. 그러나 주요 사망원인이 전염병에서 만성질환으로 바뀌면서 생의학 모형의 한계가 드러났다(Stone, 1987).

건강에 대한 현재의 대안적 모형은 의학에 좀 더 포괄적으로 접근하는 것이다. 그 대안적 모형이 바로 **생물심리사회적 모형**(biopsychosocial model)인데, 여기서는 건강에 대한 생물학적, 심리학적, 사회적 영향을 포괄적으로 다룬다. 이 모형은 많은 질병이 유전학, 생리학, 사회적 지원, 개인적 통제, 스트레스, 협력, 성격, 가난, 인종적 배경, 문화적 신념과 같은 요인들의 결합에서 비롯된다고 본다. 우리는 이 요인들 각각을 앞으로 공부할 장들에서 살펴볼 것이다. 지금으로서는 생물심리사회적 모형이 과거의 생의학적 모형에 비해 적어도 두 가지 장점이 있다고 생각하는 것이 중요하다. 첫째 이 모형은 생물학적 조건뿐 아니라 심리적 및 사회적 요인까지 통합하며, 둘째 건

믿을 수 있을까요?

바이러스 감염만으로 감기에 걸리지 않는다

열망을 가진 건강심리학자가 가질 것 같은 가장 지저분한 직업 가운데 하나는 카네기 멜론 대학교(Carnegie Mellon University) 셸던 코헨(Sheldon Cohen)의 실험실에서 연구조수로 일하는 것이다. 코헨의 조수는 실험 참가자들의 쓰레기통에서 점액이 흠뻑 묻은 티슈를 찾는다. 그런 티슈가 발견될 때 조수는 그 휴지를 잘 펴고 그곳에 묻은 끈끈한 '보물'을 수거하여 정성을 다해 무게를 잰다. 조수들이 콧물을 샅샅이 찾는 데는 그만한 이유가 있다. 그들은 참가자들의 감기가 얼마나 심한지에 대한 객관적인 측정치를 원하는 것이다.

셸던 코헨과 연구진은 어떤 사람이 감염될 가능성을 예측해주는 심리적 및 사회적 요인을 연구한다. 코헨의 연구에서는 건강한 참가자들의 코에 감기 또는 독감 바이러스를 분사하고, 그들을 1주일 동안 '감기실험실', 실제로는 호텔방에 격리한다. 또한 참가자들은 최근의 스트레스, 전형적인 정적 및 부적 정서, 그들이 유지하고 있는 사회적 연결망(social network)의 크기와 질 등의 심리적 및 사회적 요인을 묻는 많은 질문지에 답한다. 코헨과 그의 동료들은 이 질문지를 이용하여 감기에 걸리는 사람과 건강을 유지하는 사람을 예측한다.

코헨의 발견은 생의학적 접근이 감염을 이해하는 데 충분치 않음을 보여주었다. 그의 연구에 참가한 모든 사람이 정확하게 동일한 병원체에 동일한 방식으로 노출되었음에도 불구하고 일부만이 감기에 걸렸다. 좀 더 중요한 사실은 감염에 저항을 보인 사람들은 유사한 심리적, 사회적 특성을 지니고 있었다는 점이다. 병에 걸린 사람들과 비교할 때, 건강을 유지한 사람들은 최근에 스트레스 경험을 적게 했고(Cohen, Tyrrell, & Smith, 1991), 더 나은 수면 습관을 가졌으며(Cohen, Doyle, Alper, Janicki-Deverts, & Turner, 2009), 좀 더 정적인 정서를 경험하고(Cohen, Alper, Doyle, Treanor, & Turner, 2006), 좀 더 사교적이었으며(Cohen, Doyle, Turner, Alper, & Skoner, 2003), 훨씬 다양한 사회적 연결망을 가지고 있었다(Cohen, Doyle, Skoner, Rabin, & Gwaltney, 1997).

그러므로 감기나 독감을 앓게 되는 데에는 단순히 바이러스에 노출되는 것 이상이 필요하고, 병원체에 대한 노출이 심리적 및 사회적 요인과 상호작용하여 질병을 일으키는 것이다. 생물심리사회적 모형만이 이들 영향력을 설명할 수 있다.

강을 긍정적인 상태로 본다. 생물심리사회적 모형을 적용하면 병에 걸리는 사람과 건강하게 사는 사람에 대한 몇 가지 놀라운 발견들을 설명할 수 있다('믿을 수 있을까요?' 글상자 참조). 그러므로 생물심리사회적 모형은 이전의 생의학적 모형의 영향력뿐 아니라 그 모형이 해결하지 못했던 문제를 설명하는 능력도 가지고 있다.

생물심리사회적 모형에 따르면, 건강은 질병이 없는 것 그 이상이다. 질병이 없는 사람은 앓지는 않지만 건강하지 않을 수 있다. 생활습관이 건강하지 못하거나, 사회적 지원이 빈약하거나, 높은 스트레스에 부적절하게 대처하거나, 보장된 의학적 관리를 회피하는 사람이 있는데, 이 요인들 모두가 미래 질병의 위험성을 증가시킨다. 건강이 다차원적이기 때문에 삶의 모든 측면, 즉 생물학적, 심리적, 사회적 요인들 모두가 고려되어야 한다. 이 관점은 서구의 전통적인 사고에서 나온 것이지만, 표 1.2에서 볼 수

표 1.2 여러 문화권에서 내린 건강에 대한 정의

문화권	연대	건강은
선사문화	기원전 10,000년	외부에서 신체로 들어간 영혼에 의해 손상된다.
바빌로니아인 및 아시리아인	기원전 1800~700년	처벌로 신이 보낸 질병에 의해 손상된다.
고대 히브리인	기원전 1,000~300년	신의 선물이고, 질병은 신의 처벌이다.
고대 그리스인	기원전 500년	신체와 영혼의 전체적 화합이다.
고대 중국인	기원전 800~200년	신체 및 영혼이 자연과 조화를 이룬 상태이다.
미국 원주민	기원전 1,000~현재	자연과의 전체적 조화 및 힘든 조건에서도 생존하는 능력이다.
고대 로마의 의사 갈렌 (Galen)	130~200년	질병을 일으키는 나쁜 공기나 체액과 같은 병원체의 부재이다.
초기 기독교인	300~600년	어떤 사람이 신에 의해 선택되었다는 표시인 질병만큼 중요하지는 않다.
프랑스의 데카르트 (Descartes)	1596~1650년	마음과는 구분되는 기계와 같은 몸에 발생한 어떤 상태이다.
서부 아프리카	1600~1800년	타인 및 세상에 존재하는 대상들과의 상호작용을 통해 성취되는 조화이다.
독일의 병리학자 피르호 (Virchow)	1800년대 후반	세포에 침입하여 질병을 일으키는 미생물에 의해 손상된다.
오스트리아의 프로이트 (Freud)	1800년대 후반	정서와 마음의 영향을 받는다.
세계보건기구	1946년	신체적, 정신적, 사회적으로 완전한 안녕(well-being) 상태이다.

있는 바와 같이 건강에 대한 관점은 문화에 따라 다르다.

건강에 대한 이런 포괄적 견해와 부합되게 세계보건기구(WHO: World Health Organization)는 정관의 전문에 건강에 대한 현대의 서구적 정의를 다음과 같이 명시했다. "건강이란 단순히 허약하지 않고 질병이 없는 것이 아니라 신체적, 정신적, 사회적으로 완전한 안녕(well-being) 상태이다." 이 정의는 건강이 단지 병원체가 없는 상태가 아니라 긍정적 상태임을 분명히 하고 있다. 좋은 느낌은 나쁜 느낌이 없는 것이 아니며, 신경과학적 연구가 그 차이를 분명히 보여주었다(Zautra, 2003). 인간의 뇌는 긍정적 느낌과 부정적 느낌에 대해 완전히 다르게 반응한다. 더구나 건강에 대한 이 폭넓은 정의는 신체건강에서 예방 행동의 중요성을 설명해줄 수 있다. 예컨대, 건강한 사람이란 현재 질병이나 장애가 없을 뿐 아니라 미래에도 그 상태를 유지할 수 있는 방식으로 행동하는 자를 가리킨다.

요약

지난 세기에 네 가지 중요한 경향이 건강관리 분야를 변화시켰다. 한 가지 경향은 미국을 비롯한 산업화된 국가들에서 질병과 죽음의 양상이 바뀐 것이다. 사망과 장애의 주요 원인이던 전염병이 지금은 만성질환으로 대체되었다. 심장병, 뇌졸중, 암, 폐기종, 성인기 발병 당뇨 등의 만성질환을 일으키는 원인에는 개인의 행동이 포함된다.

만성질환이 증가함에 따라 의료비용이 상승했는데, 이것이 두 번째 경향이다. 의료비용은 1970~2013년 사이에 꾸준히 증가했다. 의료비용이 증가된 주요 원인은 노령 인구의 증가, 고가의 최신 의료 기법, 그리고 물가 상승이다.

세 번째 경향은 건강에 대한 정의의 변화이다. 질병이 없는 것이 건강이라고 생각하는 사람들이 여전히 많지만, 건강을 긍정적 안녕(well-being) 상태로 보는 건강관리 전문가들이 많아지고 있다. 건강에 대한 이 정의를 수용하기 위해 우리는 건강관리 분야를 지배했던 생의학적 모형을 재고해야 한다.

네 번째 경향은 건강을 설명하는 생물심리사회적 모형의 등장이고, 이것은 건강에 대한 정의가 변화되는 것과 관련이 있다. 생물심리사회적 모형에서는 질병을 단순히 병원체의 존재로 정의하는 것에서 벗어나 긍정적인 건강을 강조하고 질병, 특히 만성질환은 생물학적, 심리적, 사회적 조건들이 상호작용하여 발생한다고 본다.

건강을 위한 심리학의 관여

만성질환의 생물학적 원인이 있지만, 개인의 행동과 생활양식도 질병의 발생에 기여한다. 행동이 만성질환에 아주 중요하기 때문에 행동을 다루는 심리학이 과거 어느 때보다 건강관리에 많이 관여한다.

그러나 심리학이 의료 분야에서 수용되기까지는 오랜 기간이 필요했다. 1911년 미국심리학회(APA: American Psychological Association)가 심리학이 의과대학의 학과목에 포함되어야 한다고 권장했으나, 대부분의 의과대학들은 그것을 받아들이지 않았다. 1940년대 동안 정신의학 분야의 훈련 과정에 질병과 관련된 심리학적 요인들에 대한

건강관리 분야에서 심리학자의 역할은 과거의 정신건강 문제에서 벗어나 바이오피드백과 같은 기법을 포함하는 방향으로 확장되었다.

연구가 포함되었으나, 당시에는 건강을 연구하는 심리학자가 거의 없었다(Matarazzo, 1994). 1960년대 동안 새로운 의과대학의 설립과 더불어 의학에서 심리학의 역할이 확장되기 시작했고, 1969~1993년 사이에 의과대학의 교수로 임명된 심리학자의 수가 거의 3배로 증가했다(Matarazzo, 1994).

지난 수십 년 동안 의학 분야에서 심리학자를 받아들이는 추세가 현저히 증가했다(Pingitore, Scheffler, Haley, Seniell, & Schwalm, 2001). 2002년 미국의학협회(AMA: American Medical Association)는 심리학자들이 신체질환을 가진 환자들에게 서비스를 제공하고 비용을 청구할 수 있는 건강과 행동에 대한 몇 가지 새로운 범주를 수용했다. 그리고 건강보험의 지원을 받는 대학원의학교육(Medicare's Graduate Medical Education) 프로그램에서도 심리학 인턴십을 수용했으며, 미국심리학회가 생물심리사회적 장애에 대한 새로운 진단 체계인 기능, 장애, 건강에 대한 국제 분류(International Classification of Functioning, Disability, and Health)를 만들기 위해 세계보건기구와 함께 일하고 있다(Reed & Scheldeman, 2004). 따라서 의료 분야에서 심리학의 역할은 과거의 정신건강 문제를 넘어서서 금연, 건강한 식이요법, 운동, 의학적 충고 준수, 스트레스 감소, 통증 조절, 만성질환을 가지고 살아가기, 불의의 상해 회피 등이 필요한 사람들에게 도움을 줄 절차와 프로그램을 만드는 것으로 확장되었다.

정신신체의학의 기여

생물심리사회적 모형은 심리적 및 정서적 요인이 신체건강 문제에 기여한다는 사실을 받아들인다. 이런 생각이 새로운 것은 아니고 이미 소크라테스와 히포크라테스가 비슷한 견해를 제안했었다. 더구나 이런 생각은 신체 증상의 발생에 무의식적 심리적 요인이 중요하게 작용한다고 강조한 지그문트 프로이트(Sigmund Freud)의 이론과도 양립한다. 그러나 프로이트의 주장은 체계적인 과학적 연구에 바탕을 둔 것은 아니었다.

정서적 원인과 병을 연결하려는 시도는 1932년에 월터 캐넌(Walter Cannon)이 발표한 정서에 생리적 변화가 수반된다는 관찰에서 그 기원을 찾을 수 있다(Kimball, 1981). 캐넌의 연구는 정서가 질병의 원인이 되는 생리적 변화를 일으킬 수 있음을 보여주었다. 이 발견을 바탕으로 헬렌 플랜더스 던바(Helen Flanders Dunbar, 1943)는 성격의 일부로 나타나는 습관적 반응이 특정 질병과 관련될 수 있다는 주장을 했다. 다시 말해, 던바는 성격 유형과 질병 간의 관련성에 관한 가설을 제기한 것이었다. 이어서 한때 프로이트의 추종자이기도 했던 프란츠 알렉산더(Franz Alexander, 1950)가 정서적 갈등을 특정 질병의 조짐으로 보기 시작했다.

이러한 관점들로 인해 사람들은 특정 질병들을 '정신신체적(psychosomatic)'인 것이라고 생각하게 되었다. 여기에는 위궤양, 류머티즘 관절염, 고혈압, 천식, 갑상선항진증, 궤양성 대장염 등이 포함된다. 그러나 당시에는 데카르트에 그 기원을 둔 몸과 마음이 분리된 것이라는 견해가 지배하고 있었기 때문에(Papas et al., 2004) 많은 일반인은 그와 같은 정신신체질환이 '실존'하는 것이 아니라 그저 '생각'일 뿐이라고 여겼다. 그러므로 정신신체의학(psychosomatic medicine)은 의학에서 심리학이 수용되는 과정에 복합적인 영향을 미쳤는데, 정서와 신체 질병을 관련시킨 것은 긍정적인 측면도 있지만 질병에 내재된 심리적 성분을 과소평가한 부정적인 측면도 있다. 그러나 정신신체의학은 건강과 질병에 대한 관점이 생물심리사회적 모형으로 바뀔 수 있는 기초를 제공했다(Novack et al., 2007).

행동의학의 등장

정신신체의학에서 서로 관련된 두 가지 새로운 영역이 출현했는데, 행동의학과 건강심리학이다.

행동의학(behavioral medicine)은 "행동적 및 생의학적 지식 그리고 건강과 질병에 관련된 기법을 발전시키고 통합하며, 그 지식과 기법을 예방, 진단, 치료, 재활에 적용하는 다학제적 분야"이다(Schwartz & Weiss, 1978, p. 250). 이 정의의 핵심적 요소는 생의학과 행동과학, 특히 심리학의 통합이다. 행동의학의 목표는 다른 건강관리 분야와 마찬가지로 예방, 진단, 치료, 재활의 향상이다. 그러나 행동의학은 그 목표를 달성하기 위해 의학과 함께 심리학과 행동과학을 이용한다. 행동의학 주제들은 3~11장에서 공부할 것이다.

건강심리학의 등장

행동의학이 나타날 무렵 미국심리학회의 한 태스크포스팀이 건강을 연구하는 심리학자가 거의 없다고 보고했다(American Psychological Association Task Force, 1976). 그 보고서는 미래에 심리학자들이 건강을 증진하고 질병을 예방하는 데 기여할 것이라고 전망했다.

　1978년 미국심리학회의 38번째 분과학회로 **건강심리학**(health psychology) 분야가 공식적으로 시작되었다. 건강심리학은 심리학의 한 분야로 개인의 신체건강에 영향을 주는 개인의 행동과 생활양식에 관심을 둔다. 건강 증진, 질병의 예방과 치료, 건강 위험요인 확인, 건강관리 체계의 향상, 건강에 대한 여론 조성에 심리학을 활용하는 것이 건강심리학의 역할이다. 더 구체적으로 말하면, 건강심리학에서는 규칙적인 운동, 의과 및 치과 검진, 그리고 좀 더 안전한 행동을 하도록 권고하고, 콜레스테롤 조절, 스트레스 관리, 통증 완화, 금연, 기타 위험성이 있는 행동 절제 등을 잘할 수 있도록

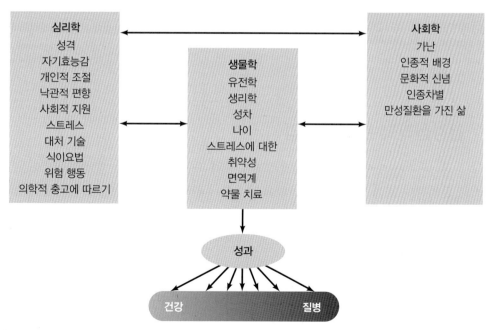

그림 1.4 생물심리사회적 모형: 생물학적, 심리학적, 사회학적 요인들이 상호작용한 결과 건강이 유지되거나 질병에 걸린다.

심리학적 원리를 적용한다. 또한 건강심리학은 건강에 영향을 주는 조건을 찾아내고, 특정 만성질환을 진단하고 치료하며, 생리적 및 심리적 재활에 관련되는 행동요인을 수정하는 데도 도움을 준다. 따라서 건강심리학은 생물학 및 사회학과의 협력을 통해 건강 및 질병과 관련된 성과를 창출한다(그림 1.4 참조). 심리학과 사회학 어느 것도 성과에 직접 기여하지 못하며, 생물학적 요인만이 신체건강과 질병에 직접 기여한다는 것도 알아야 한다. 그러므로 건강에 영향을 미치는 심리학적 및 사회학적 요인은 눈에 잘 띄지 않는 어떤 경로를 통해 생물학적 과정에 영향을 줄 것이다. 건강심리학의 한 가지 목표는 그 경로를 찾아내는 것이다.

생물심리사회적 모형의 등장과 함께 건강심리학도 계속 성장했다. 임상건강심리학은 다학제팀의 일부로서 건강관리를 제공하는 분야로 인정받고 있다. 건강심리학 연구자들은 건강과 관련된 심리학적, 사회학적, 생물학적 요인들 간의 상호연관성을 이해하는 데 도움이 되는 지식을 쌓아가고 있다.

요약

건강에 심리학이 관여하기 시작한 것은 20세기 초였지만, 당시에는 의학 분야에 관여하는 심리학자가 거의 없었다. 정신신체의학을 하는 사람들이 질병을 이해하기 위해 심리적 요인을 도입했고, 그런 관점이 건강과 질병에 대한 생물심리사회적 접근의 길을 열어주었다. 1970년대에 심리학자들이 만성질환과 건강 증진을 목표로 연구와 치료를 발달시키기 시작했고, 그로 인해 행동의학과 건강심리학이라는 새로운 두 분야가 등장했다.

행동의학은 행동연구에서 나온 지식과 기법을 예방, 진단, 치료, 재활을 포함하는 건강 분야에 적용한다. 건강심리학은 행동의학과 겹치고 두 분야는 많은 공통의 목표를 갖는다. 그러나 행동의학이 학문 간 제휴를 하는 분야인 반면, 건강심리학은 심리학 내의 전문 분야이다. 건강심리학이 추구하는 것은 건강, 진단, 치료의 증진, 위험요인 확인, 건강관리 체계 향상, 그리고 건강 문제와 관련된 대중의 의견 조성 등이다.

건강심리학 분야의 직업

건강심리학은 이제 고유 영역과 직업으로서의 지위를 확보했다. 건강심리학자들은 자신들의 학회를 가졌고, 건강심리학에 기여하기 위해 자신의 연구를 학술지에 기고하며(여러 학술지 중에서 특히 「Health Psychology」와 「Annals of Behavioral Medicine」), 고유의 박사 및 박사후 프로그램으로 훈련받는다. 또한 건강심리학은 의과대학, 공중보건학교, 대학, 병원에서 그 존재를 인정받고 있으며, 이 모든 분야에서 건강심리학자들이 일을 한다. 그러나 그들에 대한 훈련은 심리학 내에서 이루어진다.

건강심리학자의 훈련

건강심리학자는 먼저 심리학자이고 그다음이 건강 분야의 전문가이지만, 건강에 관한 훈련은 광범위하다. 건강심리학 연구를 하고자 하는 사람들은 건강심리학 연구의 주제, 이론, 방법을 배워야 한다. 임상건강심리학자로 알려진 건강관리를 제공하는 건강심리학자는 임상적 기술과 건강관리팀의 구성원으로 일하는 방법을 배워야 한다. 일부 건강심리학자들은 신경학, 내분비학, 면역학, 전염병학과 같은 의학의 세부 전문 분야에서 훈련을 받기도 한다. 이 훈련은 박사 프로그램에서 할 수도 있지만 (Baum, Perry, & Tarbell, 2004), 많은 건강심리학자는 심리학을 공부하여 PhD 또는 PsyD 학위를 받은 다음 최소한 2년의 건강심리학 전문가 훈련을 받는다(Belar, 1997; Matarazzo, 1987). 병원과 진료소에서의 건강관리 임상 실습과 인턴 과정은 임상건강심리학 훈련의 공통과목이다(Nicassio, Meyerowitz, & Kerns, 2004).

건강심리학자들의 직업

건강심리학자들이 다양한 현장에서 일하고, 그들의 직업 환경은 자신의 전문 영역에 따라 다르다. 안젤라 브라이언과 같은 일부 건강심리학자는 연구자로 대학 또는 질병관리 및 예방센터, 그리고 국립보건원과 같은 정부연구기관에서 주로 일을 한다. 건강심리학 연구에는 여러 주제가 있는데, 주된 관심은 질병 발생과 관련된 행동이나 새로운 중재 기법과 치료의 효율성 평가에 있다. 병원, 통증 클리닉, 지역사회 클리닉의 직원으로 일하는 임상건강심리학자들도 있다. 임상건강심리학자들이 일하는 또 다른 현장으로는 건강유지기구(HMO: health maintenance organization)[1]와 개인병원이 있다.

안젤라 브라이언의 활동에서 알 수 있듯이 건강심리학자들은 다양한 활동에 참여한다. 그들의 활동은 협력을 필요로 하는 특성이 있어서 연구나 임상에 참여하는 건강심리학자들은 의사, 간호사, 물리치료사, 카운슬러를 포함하는 건강전문팀과 함께 일을 한다.

클리닉 및 병원 장면에서 건강심리학자가 제공하는 서비스에는 여러 범주가 있다. 그중 한 유형은 약물 처방에 대한 대안을 제공하는 것으로, 두통 환자에게 진통제 대신 바이오피드백 훈련을 시키는 것이 한 예이다. 또 다른 유형의 서비스는 만성 통증과 소화계 문제 같은 신체 질병을 치료하거나 환자가 의료 처치에 잘 따르도록 하기 위해 행동적 중재 기법을 실시하는 것이다. 다른 임상건강심리학자들은 심리 및 신경

---

1 실제 기능을 살펴보면 주치의 제도를 활용하여 질병 예방을 강조하는 건강관리 보험플랜이라 할 수 있음 – 옮긴이

심리 검사를 이용한 평가를 하기도 하고, 환자가 질병에 잘 대처하도록 심리적 처치를 하기도 한다. 예방과 행동 변화에 관심을 두는 사람들은 건강유지기구, 학교를 기반으로 하는 예방 프로그램, 또는 직장의 건강 증진 프로그램을 위해 일한다.

안젤라 브라이언처럼 많은 건강심리학자는 교육과 연구를 병행한다. 주로 서비스를 제공하는 현장에서 일하는 사람들은 가르치고 연구하는 것보다는 건강에 문제가 있는 사람들을 위해 진단과 중재를 하는 데 많은 시간을 할애한다. 건강심리학을 전공하는 일부 학생들은 사회사업, 직업치료, 영양학, 공중보건과 같은 연관된 건강전문 분야로 진출한다. 공중보건 분야로 진출한 사람들은 학교 현장이나 정부기관에서 일하거나, 건강 관련 문제의 추세를 조사하거나 교육적 중재 기법과 건강인식 캠페인을 평가한다. 또한 건강심리학자들은 담배와 같은 건강 관련 상품에 경고문을 넣거나 세금을 부과하고 식품과 식단에 영양 정보를 명시하는 것과 같은 대규모 공중보건정책 결정을 개발하거나 평가하는 일에 참여한다. 그러므로 건강심리학자들은 다양한 방식으로 건강 증진에 기여하는 것이다.

요약

건강관리에 최대한으로 기여하기 위해 건강심리학자들은 심리과학에서 폭넓은 훈련을 받아야 하고 신경학, 내분비학, 면역학, 전염병학을 비롯한 의학의 세부 전문 분야에서 지식과 기술을 습득하기 위해 전문 훈련을 받아야 한다. 건강심리학자들은 대학, 병원, 클리닉, 개인병원, 건강유지기구 등의 다양한 현장에서 일한다. 전형적으로 그들은 과거의 정신건강관리 영역에서 벗어나 신체 질병을 위한 서비스를 제공함에 있어서 다른 건강관리 전문가들과 협력한다. 건강심리학의 연구에서도 의학, 전염병학, 간호학, 약리학, 영양학, 운동생리학을 포함시킬 수 있는 협력적 노력이 필요하다.

해답 이 장에서는 다음의 세 가지 문제를 다루었다.

1. 건강에 대한 관점이 어떻게 변화해왔는가?

건강에 관한 관점은 건강관리 전문가와 일반 대중 모두에서 변화되었다. 다음의 몇 가지 경향이 그 변화를 이끌었다. (1) 미국의 경우 질병과 사망의 유형이 전염병에서 만성질환으로 바뀜, (2) 의료비용의 증가, (3) 질병의 부재뿐 아니라 긍정적 안녕을 포함하는 건강에 대한 관점의 수용, (4) 과거의 생의학적 모형에서 탈피한 생물심리사회적 모형과 생화학적 비정상은 물론 심리적 및 사회적 상태를 포함하는 정신신체 모형

2. 심리학이 건강관리에 어떻게 관여해왔는가?

심리학은 20세기 초부터 건강에 관여해왔다. 그러나 초기에는 소수의 심리학자만이 의료 장면에서 일했고, 대부분은 의사와 함께 일하는 완전한 협력자로 인식되지 않았다. 정신신체의학은 특

정 신체질환에 대한 심리적 설명을 강조하고, 질병의 발생에 정서가 중요한 역할을 한다고 본다. 1970년대 초에 심리학과 다른 행동과학이 만성질환의 예방과 치료, 그리고 긍정적인 건강 증진 영역에서 역할을 하기 시작하면서 행동의학과 건강심리학이라는 새로운 두 분야가 등장했다.

행동의학은 학문 간 제휴가 필요한 분야로 신체건강의 유지, 예방, 진단, 치료, 재활에 행동과학의 지식과 기법을 적용하는 데 관심을 둔다. 심리학에 속하지 않은 행동의학은 심리학의 한 분야인 건강심리학과 중복된다. 건강심리학은 건강을 증진하고, 질병을 예방하고 치료하며, 위험요인을 찾아내고, 건강관리 체계를 향상시키며, 건강에 대한 대중의 의견을 조성하기 위해 심리학을 이용한다.

3. 건강심리학자들은 무슨 훈련을 받으며, 어떤 종류의 일을 하는가?

건강심리학자들은 박사 수준의 심리학 훈련을 받고, 건강심리학의 전문 영역에서 최소한 2년의 박사후 훈련을 받기도 한다.

건강심리학자들은 다양한 현장에서 일을 하는데, 여기에는 대학, 병원, 클리닉, 개인병원, 건강유지기구가 포함된다. 임상건강심리학자들은 건강관리팀의 일원으로 서비스를 제공한다. 연구를 주로 하는 건강심리학자들은 질병 발생과 관련되는 행동을 연구하고 새로운 치료의 효율성을 평가하기 위해 다학제팀의 일원으로 다른 사람들과 협력을 하기도 한다.

더 읽을거리

Baum, A., Perry, N. W., Jr., & Tarbell, S. (2004). The development of psychology as a health science. In R. G. Frank, A. Baum, & J. L. Wallander (Eds.), *Handbook of clinical health psychology* (Vol. 3, pp. 9-28). Washington, DC: American Psychological Association. 건강심리학 발달에 대한 최근의 이 개관에서는 건강심리학 분야의 배경과 현재 상황을 다루었다.

Belar, C. D. (2008). Clinical health psychology: A health care specialty in professional psychology. *Professional Psychology: Research and Practice, 39,* 229–233. 임상건강심리학은 건강심리학에 속하는 전문 분야이다. 신시아 벨라(Cynthia Belar)는 건강심리학에서 이 분야가 발달한 과정을 살폈고, 건강심리학이 임상심리학의 연구와 실제에 미친 광범위한 영향을 서술했다.

Leventhal, H., Weinman, J., Leventhal, E. A., & Phillips, L. A. (2008). Health psychology: The search for pathways between behavior and health. *Annual Review of Psychology, 59,* 477–505. 이 논문에서는 심리학의 이론과 연구가 어떻게 만성질환을 관리하기 위한 중재 기법의 효율성을 향상시킬 수 있는지를 자세하게 설명했다.

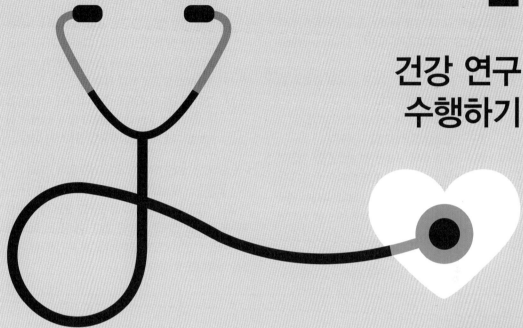

건강 연구
수행하기

**문제
제기**

이 장에서는 다음의 다섯 가지 기본적인 문제를 주로 다룬다.

1. 위약이란 무엇이며 이것이 연구와 치료에 어떻게 영향을 끼치는가?
2. 건강 관련 지식에 심리학 연구가 어떻게 도움이 되는가?
3. 건강 관련 지식에 역학 연구가 어떻게 도움이 되는가?
4. 과학자들은 행동이 질병을 유발한다는 것을 어떻게 확인할 수 있을까?
5. 건강심리학 영역에서 이론과 측정은 어떤 역할을 하는가?

당신의 신념과 일치하는 항목에 ☑ 표 하시오.

☐ 1. 위약 효과는 심리적 문제뿐만 아니라 신체적 증상에도 영향을 끼친다.

☐ 2. 고통이 감소되기를 바라는 통증 환자들은 위약을 먹은 이후에 진짜 통증이 경감되는 경험을 한다.

☐ 3. 개인적인 의학 정보 기록은 치료의 효과를 결정하는 중요한 수단이다.

☐ 4. 신문이나 텔레비전에 보고된 연구 결과들은 그 연구가 얼마나 중요한지를 시사한다.

☐ 5. 종단 연구로부터 도출된 정보들은 한 개인이 행한 연구 결과보다 더 정보적이다.

☐ 6. 모든 연구 방법은 다 가치가 있다. 그래서 연구 방법은 결과의 타당도를 결정하는 데 중요한 기준이 아니다.

☐ 7. 중요한 건강 정보를 결정할 때 인간 피험자 못지않게 동물 피험자의 연구 결과도 중요하다.

☐ 8. 질병의 인과관계를 확인하기 위해서는 관찰 연구보다 실험 연구가 더 적절하다.

☐ 9. 정말 가치 있는 연구는 과학자가 아닌 사람들에 의해 행해지는 것이다. 그러나 과학자들은 이러한 연구의 중요성을 평가 절하한다.

☐ 10. 과학적인 발견은 매일 일어난다.

☐ 11. 건강 연구에서 새로운 연구 결과는 이전의 연구 결과와는 상반되는 경우가 많다. 그래서 이 정보를 기준으로 건강행동을 결정하기 어렵다.

1, 2, 5, 8번 문항은 과학적으로 근거가 있다. 그러나 나머지 문항들은 불확실한 상식에 근거한 것이거나 근거가 없는 기준이다. 우리는 건강 연구를 행할 때 부지불식간에 이러한 견해를 취하곤 한다. 여러분은 이 장을 공부하면서 건강 연구를 평가하는 좀 더 정교한 기준들을 이해하게 될 것이다.

 실제 사례   실베스터 콜리건

실베스터 콜리건(Sylvester Colligan)은 76세의 노인으로, 지난 5년 동안 오른쪽 무릎이 아파서 고생해왔다 (Talbot, 2000). 담당 의사는 류머티즘이라고 진단했지만 더 이상 그를 도와줄 방법이 없었다. 그러나 이 의사는 브루스 모즐리(Bruce Moseley) 박사가 수행하는 실험 연구에 그를 소개해주었다. 콜리건은 모즐리 박사에게 다음과 같이 말했다. "저는 선생님이 휴스턴 로키츠(프로농구팀)의 의사라는 사실을 들었을 때 너무 기대가 되었습니다. 그래서 선생님이 수행하는 연구에 기꺼이 참여하기로 마음먹었습니다."(Talbot, 2000, p. 36)

가짜 수술이 이루어진 2년 후에 그는 무릎으로 인해 생활에 불편이 없는 상태까지 이르렀다. "새로운 무릎을 얻은 것 같아요. 박사님에게는 너무나 큰 빚을 졌습니다. 저는 텔레비전에서 로키츠의 게임을 볼 때마다 아내를 부릅니다. 그리고 내 무릎을 고쳐준 의사 선생님이 저기 있다고 소리칩니다."(Talbot, 2000, p. 36)

환자로서 콜리건의 경험은 색다른 것이 아니다. 모즐리 박사는 무릎을 절개한 자국을 남기기는 했지만 실제로 수술하지는 않았고, 수술을 받은 것처럼 느낀 콜리건은 그냥 퇴원한 것이었다.

왜 콜리건의 증상이 호전되었을까? 놀랍게도 대다수의 사람들은 모즐리 박사의 치료가 효과가 있었다고 생각했다. 당시 모즐리 박사와 그의 동료들(2002)은 관절경 무릎수술의 효과를 확인하는 연구를 수행하고 있었다. 이 수술 절차는 잘 알려져 있었지만 비용이 많이 들었고, 모즐리 박사는 그 효과를 의심하고 있었다(Talbot, 2000). 그래서 모즐리 박사는 실제와 유사한 관절경 수술 절차를 포함시킨 위약 실험을 수행했다. **위약**(placebo)이라는 것은 치료처럼 보이지만 실제 효과가 작용하지 않은 것으로, 변화에 대한 기대나 믿음 때문에 발생하는 것이다. 모즐리 박사는 위약 효과가 신체적인 질병에도 실제로 작용하는지 확인하는 실험을 수행한 것이다. 참가자의 절반은 수술처럼 보이는 가짜 무릎수술을 받았고, 나머지 절반은 진짜 관절경 무릎수술을 받았다. 콜리건은 위약 조건에 해당된 참가자였고, 위약 조건에 할당된 참가자들은 그 후 몇 년 동안 자신이 가짜 수술을 받았다는 사실을 알지 못했다. 모즐리의 연구(Moseley, et al., 2002)에서 콜리건의 무릎 상태는 현저히 호전되었다.

치료 효과가 있다는 믿음은 실제 치료 효과를 증가시키는 중요한 요인이다. 그러나 바로 이 효과 때문에 모즐리와 같은 연구자들은 실제 치료와 기대의 효과를 결정하는 데 어려움을 느끼곤 한다.

심리학적 지식을 사용하여 행동과학과 역학은 의학적 영역과 구분된다. 건강 관련 행동들을 연구할 때 바로 이 두 가지 접근을 모두 고려해야 하지만, 이 두 접근은 과학적 방법론이 다소 다르다. 심리학자들과 역학자들이 연구하는 방식을 고찰하기 전에 먼저 콜리건이 경험한 위약 효과에 대해 확인해볼 필요가 있다.

치료와 연구에서의 위약 효과

1장에서 살펴본 바와 같이 건강심리학에서는 신체적인 건강을 이해하고 증진할 수 있는 심리적인 원리들을 다루고 있다. 위약 효과는 사람들의 믿음과 그들의 신체적인 건강 간에 뚜렷한 연관성이 있다는 분명한 예가 된다. 다른 많은 사람처럼 콜리건도 치료에 대한 기대로 인해 호전이 되었다. 그는 가짜 수술을 받았음에도 불구하고 증상이 호전되었다. 그러나 이러한 기대는 과학자가 치료의 효과를 평가하는 과정에서는 유리하게 작용하지 않는다. 그런 점에서 보면 위약 효과는 치료를 받은 개인에게는 유용하지만 연구자들에게는 골치 아픈 문제이다. 즉, 치료적인 측면에서 보면 이득이지만 연구자에게는 해결해야 할 숙제인 셈이다.

치료와 위약 효과

'설탕 캡슐'의 잠재적 효과는 오랫동안 잘 알려져 왔다. 헨리 비처(Henry Beecher, 1955)는 사람들의 믿음이 주는 치료적 효과를 관찰한 후, 약 35%의 환자들이 위약 효과로 인해 증상이 호전된다고 결론지었다. 최근의 연구에서 통증이나 멀미 증상들에

위약의 모양이 진짜 약과 비슷할수록 위약 효과가 더 강력하다. 이 캡슐처럼 모양으로 구별할 수 없을 경우 위약의 효과는 더 크다.

서 위약 효과가 특히 두드러졌는데(Hróbjartsson & Gøtzsche, 2010), 편두통의 예방 같은 연구 분야(Macedo, Baños, & Farré, 2008)에서는 위약 효과가 21% 정도였다. 좀 더 최근의 연구(Cepeda, Berlin, Gao, Wiegand, & Wada, 2012)에서 7~43%의 환자들이 위약 효과로 인한 통증 감소를 보고했다. 같은 증상에서는, 예를 들어 어떤 연구자들(Kirche, Moore, Scoboria, & Nicholls, 2002)은 우울증 치료의 경우 위약 처치로 환자의 80%를 개선했다고 보고함으로써 논란을 유발하기도 했다. 그러나 뼈가 부러지는 경우 등에서는 위약 효과가 그 정도로 크지는 않다(Kaptchuk, Eisenberg, & Komaroff, 2002).

외과의사와 환자의 기대는 환자의 통증을 감소시킨다. 외과의사는 환자가 자신의 치료에 민감하게 반응할 것이라고 생각하면서 치료에 대해 강한 희망을 갖는다(Moerman, 2003). 위약 반응은 치료자의 명성, 주의, 흥미, 관심 등의 개인적 특성과 관련이 있다(Moerman & Jonas, 2002). 위약의 형태도 하나의 요인이다. 큰 캡슐이 작은 캡슐보다 더 효과적이다. 색깔이 있는 캡슐은 알약보다 더 효과가 있으며, 두 알이 한 알보다 더 효과적이다(Waber, Shiv, Carmon, & Ariely, 2008). 일반적으로 주사가 캡슐보다 더 효과적이며, 주사보다도 외과적 수술의 위약 효과가 더 강력하다.

위약 효과가 나타나는 근본적인 이유는 논쟁거리이고 여전히 연구 주제이다. 콜리건의 경우처럼 치료자와 환자의 신뢰성 있는 관계도 위약 효과를 결정하는 요인이고(Price, Finniss, & Benedetti, 2008), 환자가 직접 치료 방식을 결정하는 경우에 그 효과는 더 강하게 나타난다(Rose, Geers, Rasinski, & Fowler, 2011).

위약으로 인한 증상의 개선은 사람들의 마음에 근거한 것이지만 최근의 많은 연구에서 심리적인 요인 못지않게 신체적인 요인도 작용함이 확인되었다(Benedetti, 2006; Scott et al., 2008). 예를 들어, 어떤 연구자들(Wager et al., 2004)은 위약 효과가 대뇌의 활성 수준을 변화시켜서 약물 효과와 유사한 반응을 일으킨다고 주장한다. 위약 효과는 파킨슨병의 치료에도 효과가 있음이 입증되었다(de la Fuente-Fernández, Schulzer, & Stoessl, 2004; McRae et al., 2004).

위약은 불면, 두통, 열, 천식, 사마귀를 포함한 다양한 장애에서 효과가 있다(Hróbjartsson & Gøtzsche, 2001, 2004). 이러한 효과는 위약이 약물 치료와 마찬가지로 생리적인 기제를 가지고 있음을 시사하는 것이다(Aamanzio & Benedetti, 1999). 위약은 신경전달물질, 호르몬, 엔돌핀의 분비를 변화시켜 다양한 인지, 행동 및 신체적인 효과를 일으킨다.

위약은 또한 부작용을 일으키며 의존을 유발하는 것으로 알려져 있다. 또한 그것의 제거는 금단 증상을 조장할 수 있다. 특히, 위약의 혐오적 효과는 **노세보 효과**(nocebo effect)로 알려져 있다(Scott et al., 2008; Turner et al., 1994). 양맹 연구 상황에서 위약을 받았던 약 20%의 건강한 지원자들은 노세보 효과가 있었다. 종종 이러한 부정적인 효과는 위약 효과의 부작용으로 약물의 부작용처럼 두통, 울렁거림, 소화불량, 구강건조, 수면장애 등의 문제를 일으킨다(Amanzio, Corazzini, Vase, & Benedetti, 2009).

위약 효과에서 기대는 가장 중요한 요인이다(Finniss & Benedetti, 2005; Stewart-Williams, 2004). 사람들은 생각한 대로 행동하곤 한다. 또한 이 기대는 치료의 개인력과 문화적 신념들에 의해 영향을 받는다(Moerman & Jonas, 2011).

환자들이 긍정적인 기대를 가지게 될 때, 위약 효과는 특히 가치가 있다. 실제 대부분의 상황에서 환자들의 증상이 개선되는 이유는 치료 효과와 위약 효과가 결합했기 때문이다(Finniss & Benedetti, 2005). 콜리건의 예에서 볼 수 있듯이, 위약 효과는 행동 및 의학 치료에서 간과할 수 없는 요인이다. 이러한 위약 효과는 인간의 자기 치유 능력을 시사하는 것이므로 건강 전문가들은 이를 적극 활용할 필요가 있다(Ezekiel & Miller, 2001; Walach & Jonas, 2004).

연구와 위약 효과

치료에는 결국 처치의 효과와 위약의 효과가 모두 작용한 것이다. 그러나 이것 때문에 처치의 독특한 효과를 평가하는 데 어려움이 따른다. 처치가 효과적이라고 평가되려면 그것이 위약의 효과보다는 더 커야 한다. 위약 효과를 정확히 평가하기 위해서는 치료자와 환자 모두가 어떤 처치를 행하고 또 받는지를 모르게 할 필요가 있다. 이러한 설계를 소위 **양맹 설계**(double-blind design)라고 부른다. 이 설계는 윤리적인 문제가 있다. 이에 대한 논의는 '믿을 수 있을까요?' 글상자에 제시되어 있다.

상담, 최면, 바이오피드백, 근육 이완 훈련, 마사지, 다양한 종류의 통증 관리 기법들에서도 위약 효과가 나타난다. 위약 효과는 많은 연구에서 나타나지만 심리학 실험에서 이것을 감안해서 연구를 수행하기는 쉽지 않다. 위약은 진짜 약처럼 보여야 하기 때문에 가짜 실험을 할 때 통제가 쉽지 않다. 따라서 환자들은 자신이 어떠한 처치를 받는지 모르지만 연구자들은 알고 있는 **단맹 설계**(single-blind design)가 더 자주 수행된다.

효과가 없는 치료를 하는 것은 윤리적인 면을 고려한 방안일 수도 있다

당신은 가짜라고 알려진 치료를 사람들에게 행하는 것을 윤리적이라고 생각하는가? 치료가 효과적인지 알아보기 위해 연구자들은 가짜 치료 방식을 제시하여 비교하기도 하지만 위약 효과의 문제는 그리 간단하지가 않다. 연구자들은 환자의 기대를 통제하기 위해 피험자와 연구자가 모두 실험의 목적이나 처치 여부를 모르는 양맹 설계를 수행하면서 새로운 치료 기법의 효과를 비교할 수 있는 위약 집단을 구성하곤 한다. 위약 집단에 배정된 피험자들은 실제 효과가 없는 가짜 처치를 받는 것이다.

건강 관련 전문가들은 환자에게 최선의 도움이 되는 처치를 하지만 연구에서는 새로운 처치의 효과를 증명하기 위해 위약 통제 집단이 필요하다. 이러한 두 가지 목적은 역설적으로 보인다. 연구자들은 이 윤리적인 딜레마를 해결할 수 있을까?

이 질문에 대한 부분적인 대답은 인간 참여자를 대상으로 할 때의 규정(APA, 2002)에 나와 있다. 비효과적인 처치를 행하는 것은, 참여자가 위험이 있다는 사실을 알고 있고 이미 이를 알면서도 연구에 계속 참여하기를 동의하는 경우에 윤리적이라고 여겨질 수 있다. 이러한 요소를 '이미 알고서 한 동의(informed consent)'라고 정의하는데, 이것은 연구 참여에 대한 자발성이라는 점에서 중요하다. 이미 알고서 한 동의는 참여자가 어떤 일이 일어날 것임을 스스로 알고 있어야 하며 그 실험에 참여하거나 그만둘 경우 발생할 수 있는 위험 또는 불이익을 알고 결정한다는 의미가 있다. 참여자들이 임상 실험을 받기로 동의할 때 그들

은 자신이 위약 처치를 받을지도 모른다는 사실을 알고 있어야 하며, 처치의 위험에 대해서도 알고 참여를 결정해야 한다. 참여자들은 자신이 위약 처치를 받을 가능성에 대해 수용하지 않으면 그 실험에 참여하는 것 자체를 거절할 수 있어야 한다. 관절경 무릎수술 실험에 참여한 실베스타 콜리건에게는 위약 처치를 받을지 모른다는 사실을 말한 후 이미 알고서 한 동의에 참여시켰다(Talbot, 2000). 그러나 약 44%의 사람들은 이러한 사실을 제시하면 실험에 참여하기를 거부한다(Moseley et al., 2002).

임상 장면에서 위약을 사용하는 것은 역설적이다. 위약 통제의 가치가 충분함에도 불구하고 일부 외과의사들과 의료 윤리 전문가들은 비효과적인 처치는 윤리적으로 수용될 수 없다고 생각한다. 몇몇 연구자들(Macklin, 1999; Miller & Wager, 2004)은 가짜 수술이 특히 비윤리적이라고 생각한다. 위약 통제 집단에 할당된 가짜 뇌수술의 경우 참여자들이 마비를 경험하고 가짜이기는 하지만 뇌에 드릴을 갖다 대는 공포스러운 경험을 한다. 위약 참여자들은 실제 치료와 마찬가지로 마비와 감염의 위험에 직면해 있지만 그 절차로부터 증상이 호전될 기회를 갖지 않는 셈이다. 비판자들은 통제 집단도 위약보다는 실제 치료를 받는 표준적인 절차가 필요하다고 말한다. 그들은 또한 위약은 어떠한 치료적 처치가 없는 조건에서만 통제 집단으로 사용해야 한다고 주장한다. 위약을 윤리적으로 허용할 것인지에 관해서는 지금도 의견이 분분하다.

요약

위약 효과는 실제 효과가 아닌 기대나 신념 등이 치료적 효과를 일으키는 것이다. 비록 위약이 환자의 입장에서 긍정적인 효과이긴 하지만, 연구자들에게는 지속적인 문제를 일으킬 수 있다. 일반적으로 약 35%의 환자들이 위약 효과로 인해 증상이 호전된다. 위약은 불면, 두통, 열, 천식, 사마귀를 포함한 다양한 장애에서 효과가 있다. 처치의 효과를 평가하는 실험 설계에서 위약 집단을 포함시키면 처치만 받는 집단과 처치를 받지 않고 위약 효과만 있는 집단 간의 차이를 확인할 수 있다. 약물 연구는 일반적으로 양맹 설계로서, 연구자와 환자 모두가 자신이 약을 받고 있는 집단인지 아닌지를 알 수 없다. 심리 치료에서는 통제의 문제라는 현실적인 제약 때문에 단맹 설계가 좀 더 선호된다.

심리학에서의 연구 방법

건강 관련 연구는 매일 쏟아져 나오고, 사람들은 이러한 연구 결과를 이해하는 데 어려움을 느낀다(Kertesz, 2003). 보고서에는 종종 숫자가 기입되어 있고, 많은 사람은 기준도 없이 나름대로의 방식으로 이 의미를 해석하곤 한다. 뉴스의 헤드라인으로 제시된 건강 관련 정보는 잘못된 것도 많고, 지극히 선정적이다. 수많은 상업 광고를 보고 있노라면 불면증의 획기적인 치료제라든가, 노력 없이도 살을 빼거나, 담배를 끊는 간단한 방법, 암과 심장병을 예방하는 음식 등 과학적인 근거가 없는 과장 광고가 판을 친다.

다행히도 과학자들은 객관적인 과학적 정보들을 발견해냈다. 대학과 병원에서 훈련받은 연구자들은 행동적이고 생리의학적 지식들을 제공하고 있다. 과학자들은 자료를 모으는 통제된 방법들을 사용하며, 결과를 오염시키는 개인적인 편파를 제거하려고 하며, 조심스럽게 주장하며, 연구 결과를 반복해서 검증할 수 있다. 연구들은 혁명적이라기보다는 점진적이며 단계적으로 이루어진다. 행동에 관한 과학적인 연구 체계로서 심리학은 다음과 같은 사실 때문에 건강과 질병에 대한 행동이나 생활 방식을 이해하는 데 중요한 기여를 할 수 있다. 첫째, 심리학은 행동을 변화시키는 다양한 기법을 제공할 수 있다. 둘째, 심리학은 치료뿐만 아니라 예방에도 정보를 제공할 수 있다. 셋째, 심리학은 건강 관련 요인들을 측정하는 신뢰성 있고 타당한 도구들을 오랫동안 개발해왔다. 넷째, 심리학자들은 질병과 관련된 행동들이 무엇인지 알아내고 그 이론적 모형들을 오랫동안 구성해왔다. 다섯째, 심리학은 행동을 연구하는 탄탄한 과학적 토대를 가지고 있다.

이 장에서는 비만에 관한 일반적인 연구 방법을 기술할 것이다. 비만은 미국뿐만 아니라 전 세계적으로도 가장 중요한 건강상의 이슈이다(Flegal, Caroll, Kit, & Ogden, 2012; Swinburn et al., 2011). 여러분도 알다시피 비만은 다양한 행동상의 문제와 깊은 연관성이 있기 때문에 방법론적으로도 주의 깊게 살펴야 한다.

과학자들은 어떤 요인들이 질병이나 건강한 기능을 예언할 수 있는지 또는 관련이 있는지에 관심이 있을 때, 주로 상관 연구를 수행한다. 상이한 연령이나 민족 또는 집단 간의 사람들을 비교하기를 원할 때는 횡단 연구에 의존한다. 그들이 시간에 걸쳐 건강 상태의 안정성 또는 불안정성에 관한 정보를 원할 때는 종단 연구를 선택한다. 한 참여자 집단과 다른 참여자 집단을 비교하기 원할 때는 실험 설계와 사후 설계를 사용할 수 있다. 상관 연구, 횡단 연구, 종단 연구, 실험 설계, 사후 설계는 모두 건강 분야에 적용되는 심리학적 연구 방법이다.

상관 연구

상관 연구(correlational study)를 통해 성격과 심장병 같은 두 가지 변인 간의 관계성과 그 정도를 확인할 수 있다. 상관 연구는 이러한 관련성을 기술하므로 기술적인 연구 설계의 한 형태이다. 과학자들은 단일 기술 연구를 통해서는 인과관계를 결정할 수 없지만, 실험 연구를 계획하기에 앞서 관계의 정도를 알아보는 것은 탐색적 가치가 있다. 반면, 관계의 정도에 대한 정보는 그 자체로 연구자가 알기를 원하는 것일 수도 있기 때문에 상관 연구는 적절한 조사 방법이 될 수 있다. 사례 연구와 비교할 때, 상관 연구를 통해 다소 일반적인 결과를 알 수 있지만, 특정한 위험요인, 장애 또는 다른 사건과 연관된 요인들에 대해 광범위한 정보도 확인할 수 있다.

두 가지 변인 간의 관계성을 평가하기 위해, 연구자는 한 집단의 참여자들에게서 각변인의 변화 경향성을 측정한 후 **상관계수**(correlation coefficient)를 산출한다. 많은 유형의 상관계수가 있으나 심리학에서 가장 일반적으로 사용되는 것은 피어슨의 적률상관계수이다. 이 상관계수는 하나의 공식으로 기술될 수 있으며, 상관은 연구자가 모은 실제 자료를 공식에 적용하여 계산된다. 계산 결과는 −1에서 +1 사이의 한 수치로 산출된다. +1에 가까운 상관(정적이든 부적이든)은 0에 가까운 상관보다 강한 관계를 나타낸다. 0.10 이하의 작은 상관도 매우 많은 점수에서 나온 것이라면 통계적으로 유의할 수 있다. 그렇지만 낮은 상관은 한 변인에 관한 점수로부터 다른 변인의 점수를 예측하기가 미흡하다는 사실을 의미한다.

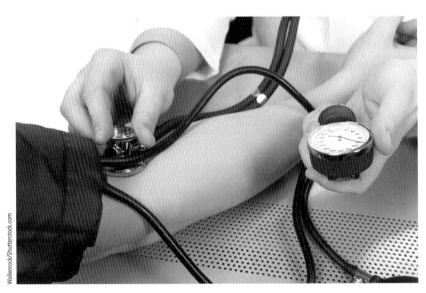

혈압은 심혈관계 질환의 위험요인인데, 고혈압인 사람은 위험이 높다. 하지만 고혈압이 심혈관계 질환의 원인은 아니다.

정적 상관은 2개의 변인이 함께 증가하거나 감소하는 것이다. 부적 상관은 변인들 중의 하나가 다른 방향으로 움직이는 것이다. 예를 들면, 거주자들의 특성과 과체중 간의 관련성이 그 대표적인 예가 될 수 있다(Heinrich et al., 2008). 연구자들은 400명 이상의 거주자들을 대상으로 신체적 특징과 비만을 일으키는 특징 간의 관련성을 조사 했는데, 신체활동과 비만 간의 중간 정도의 부적 상관(대략 20.35)을 발견했다. 신체적 활동량이 많을수록 과체중일 확률이 상대적으로 낮은 것은 분명해 보인다.

횡단 연구와 종단 연구

횡단 연구(cross-sectional study)는 어느 한 시점에서 수행되지만, 종단 연구(longitudinal study)는 긴 시간에 걸쳐 참여자들을 추적하며 연구한다. 횡단 설계에서 연구자는 특정 변인에 대한 나이나 인종의 영향을 알아보기 위해 적어도 2개의 다른 연령 집단이나 발달 단계 또는 2개의 다른 인종 집단으로부터 표본을 추출하여 연구한다.

예를 들면, 어떤 연구자가 총 콜레스테롤 수치가 심장질환과 관련이 있는지를 알고 싶어 한다고 가정해보자. 젊은이의 경우 높은 콜레스테롤 수치가 심장질환의 높은 발생률과 관련이 있지만, 50대 이상의 중년의 경우에는 심장질환과 정적인 관련이 없었다. 그렇다 해도 이 결과가 나이 든 사람들이 중간 정도의 콜레스테롤 수준을 유지해야 함을 의미하지는 않는다. 70~80대의 사람들은 40~50대의 참여자들보다 이른 시기에 태어났고, 따라서 심장질환과 관련될 수 있는 상이한 경험이 있다고 보아야 한다. 또는 콜레스테롤 수치가 높은 좀 더 나이 든 사람들은 심장에 유리한 유전자를 가졌기 때문에 콜레스테롤 수치가 높은 동년배보다 오래 살고 있을 수도 있다. 과체중자 역시 심장질환의 위험요인이지만 이것은 성인기에도 과체중자로 남아 있을 경우에만 해당된다(Freedman, Khan, Dietz, Srinivasan, & Berenson, 2001). 또 다른 예로 과체중 아이들은 17년 후 77%가 여전히 과체중이었고, 혈압과 콜레스테롤 수준이 높았다(Reich et al., 2003). 현재의 위험요인은 반드시 미래의 위험요인이라고 말할 수 없다. 종단 연구를 통해 이러한 가능성을 확인할 수 있다.

종단 연구는 동일한 사람들을 시간에 걸쳐 평가하기 때문에 특히 건강 관련 분야에서는, 예를 들어 정체감의 발달 패턴 등을 연구하는 연구 등에서 유용한 결과를 산출하곤 한다. 그러나 약점도 있는데, 시간이 너무 걸린다는 점이다. 게다가 비용이 훨씬 더 많이 들고, 종종 대규모의 연구팀을 필요로 한다.

횡단 연구는 연구기간이라는 점에서 분명한 장점이 있지만 단점도 있다. 종단 연구가 개인을 반복 측정하여 비교하는 반면, 횡단 연구는 두 개의 분리된 집단을 연구한다. 횡단 연구는 차이점을 보여줄 수 있지만, 사람들 내의 시간적 변화를 파악하기 어렵다. 종단 연구의 장점이 횡단 연구에서는 단점인 셈이다. 예를 들면, 아동기 비만의 연구(Reich et al., 2003)에서 아동기 비만은 특히 2, 5, 9학년에 더 두드러지게 발견되는데 횡단 연구에서는 이를 정확하게 확인하기 어렵다. 또한 횡단 연구를 통해 20~30대의 사람들 집단이 50~60대 사람들 집단보다 콜레스테롤 수준이 낮다는 사실을 알 수는 있으나, 나이가 들수록 콜레스테롤 수준이 높아진다는 사실은 알 수 없다.

과체중과 심장질환의 발병 가능성(Freedman, Khan, Dietz, Srinivasan, & Berenson, 2001)을 연구한 결과에서도 과체중 아이들은 성인이 되어서 심장질환에 걸릴 가능성이 높았다. 과체중 아이들은 그렇지 않은 아이들에 비해 훨씬 비율이 높았는데, 17년 후 무려 77%가 과체중이었다. 장기간에 걸쳐 동일한 사람들을 추적하는 종단 연구를 수행해야 심장질환 가능성이 연령과 함께 증가한다는 결론을 확인할 수 있다. 따라서 종단 연구는 발달적 경향을 평가하거나 특정 상황의 경과를 알아내는 데 훨씬 유용한 방법이다. 그러나 종단 방법과 횡단 방법의 선택은 연구 주제에 달려 있고, 가용한 시간 및 지원의 양에 따라 달라진다.

실험 설계

상관 연구, 횡단 연구, 종단 연구 모두 심리학 연구에서 중요하지만 그중 어떤 연구도 인과관계를 확신할 수는 없다. 심리학자들은 한 변인이 다른 변인의 원인이 되거나 영향을 끼치는지를 알고 싶어 한다. 그것을 위해서는 **실험 설계**(experimental design)가 필요하다. 실험 설계는 인과관계를 알아낸다는 점에서 다른 방법보다 가치가 있는 경우가 많다.

실험 설계에서는 실험자가 참여자 표집부터 관여한다. 처치 여부 외에는 모든 조건이 동일해야 하기 때문에 무작위로 두 개 이상의 집단으로 나눈 후 한 집단에는 처치를, 그리고 다른 집단 또는 집단들에는 처치가 없는 것을 포함한 상이한 조건을 부과한다. 처치 조건을 받은 집단은 **실험 집단**(experimental group), 그리고 비교 조건을 받은 피험자들은 **통제 집단**(control group)으로 명명한다. 흔히 실험 조건은 처치를 부과하는 것이며, 통제 조건은 그러한 처치를 하지 않은 집단이다.

실험 설계에서 실험 집단의 참여자는 처치 여부의 한 가지 요인만을 제외하고 통제 집단에서의 참여자와 동일한 조건에 놓여야 한다. 두 집단 간의 유일한 차이는 처치 여부인 **독립변인**(independent variable)의 노출이다. 독립변인의 조작은 **종속변인**(dependent variable)의 변화를 일으키기 때문에, 실험 집단과 통제 집단을 비교함으로써 종속변인과의 인과성을 확인할 수 있다.

예를 들면, 심리학자들은 건강 관련 신체활동이 성인비만에 어떤 영향을 주는지 관심이 있을 수 있다. 이 예에서 실험 집단은 다양한 신체활동을 하고, 통제 집단은 이를 최소한으로 제한한다(Bolognesi, Nigg, Massarini, & Lippke, 2006). 두 집단은 다른 모든 중요한 측면들인 확장기 및 수축기 혈압, 연령, 성, 체중 및 기타 심혈관계 위험요인 등에서 동일하다.

따라서 두 집단이 실험 동안 신체활동량만 다르다면, 비만 정도에서의 두 집단 간 사후검사 결과는 신체활동량의 차이 때문이라고 결론 내릴 수 있다. 그러한 실험 설계는 특정 장애의 인과관계 또는 최소한 가능한 원인을 추정할 수 있게 해준다.

두 집단 간의 동질성을 구성하는 것도 실험 설계에서 흔히 직면하는 문제이다. 한 집단이 특별한 유형의 처치를 받는다면, 그 집단은 처치를 받지 않은 집단과 비교해서 처치의 존재 외에도 그들이 특별한 주의를 받는 집단에 있다는 사실이 다른 것이다. 이것도 결과에 영향을 끼칠 수 있다. 이전에 언급한 위약의 효과는 바로 이런 사전 동질화의 전제에도 영향을 끼치는 변인이다.

그림 2.1은 실험 집단과 통제 집단을 이용하여 종속변인으로 체질량지수(BMI: body mass index)를 설정한 전형적인 실험 설계 형태이다.

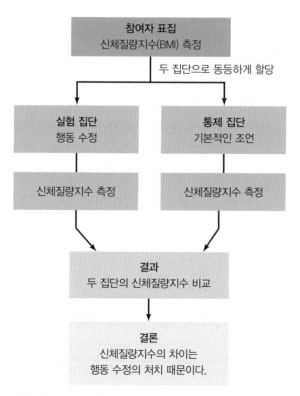

그림 2.1 실험 설계의 예

사후 설계

잘 설계된 실험을 통해 인과관계를 알아낼 수 있지만 관련된 모든 변인이 조작될 수 있는 것은 아니다. 독립변인이 조작되지 않으면 통제가 불가능하기 때문에 원인을 정확하게 추정하는 실험의 논리가 적용되지 않는다. 연구자가 윤리적인 또는 현실적인 제한 때문에 체계적인 방식으로 변인을 조작할 수 없을 때 사후 설계 방안이 고려된다. 사후 설계는 어떤 결과가 발생한 이후에 그 원인을 사후적으로 추적하여 찾아내는 설계 방법이다.

사후 설계(ex post facto design)란 준 실험 연구의 여러 가지 유형 중 하나이며, 일부 방식에서 실험과 비슷한 점도 있고 그렇지 않은 점도 있다. 두 가지 방식 모두 차이를 결정하기 위해 집단 간 결과를 비교하지만, 사후 설계는 독립변인의 조작이 없다. 대신에 연구자들은 관심이 있는 변인을 선정하고 이 변인에서 차이가 있는 참여자들을 선택하는데, 이를 **피험자 변인**(subject variable, 또는 참여자 변인(participant variable))이라고 부른다. 피험자 변인의 특징에 근거해 각 집단 내에 해당 조건의 참여자들을 배치한 후 종속변인의 반응 결과에 따라 이들 집단을 비교하는 방식이다. 이 연구 설계는 실험자가 수행하는 변인들을 조작하기 어렵다는 점과 윤리적인 한계 때문에 선택하는 경우가 많다.

연구자가 조작할 수 없는 변인들이 실제 결과에 영향을 끼치기 때문에 이 연구 방법은 건강심리학 분야에서 매우 일반적으로 사용되는데, 특히 행위의 과정을 연구하는 데 유용하다. 예를 들면, 고지방 식사가 동맥경화의 진행에 미치는 효과를 연구할 때 이전의 연구자들은 인간보다는 동물 피험자를 사용하는 경우가 대부분이었다. 대안적인 접근은 이미 고지방 식사를 하는 참여자 집단을 선정하는 것이며, 또한 저지방 식사를 하는 사람들로 비교 집단을 선정하는 것이다. 그러나 사후 설계의 비교 집단은 연구 시작 시점에서 실험 집단의 참여자들과 동등한 조건이 아니기 때문에 통제 집단이라고 볼 수 없다. 따라서 동맥경화 수준에서의 두 집단 간 어떤 차이는 식사 때문이라고 말할 수가 없으며 인과관계에 관한 어떤 결론도 단정할 수는 없다. 다양한 변인의 기술적인 분류를 통해 두 집단 간의 차이를 확인하고 이를 통해 결론을 내리기 위해 사후 설계를 사용하는 것이다.

사후 설계는 건강심리학 분야에서 흔히 행해진다. 예를 들어, 비만자와 정상 체중인 사람들이 중국식 뷔페 음식점에서 보이는 섭식 행동을 비교하는 것이다(Wansink & Payne, 2008). 비만자들은 더 큰 접시를 사용하고, 음식물을 더 자세히 들여다보며, 젓가락보다 포크를 사용하는 경향이 있다. 이에 비해 정상 체중인 사람들은 먹기 전에 일단 뷔페에 있는 음식물을 둘러보고, 접시에 음식물을 남긴 채 식사를 끝내는 경향이 있다. 이런 경향은 비만자에게서는 좀처럼 발견되지 않는다. 이런 연구를 통해 비만자가 정상 체중인 사람과 분명히 다른 섭식 행동을 하고 있음을 알 수 있다. 사후 설계는 가외변인의 개입 여지가 크고 내적 타당성이 낮지만 대규모의 표집과 수많은 변인을 동시에 고려해야 하는 현장 연구나 기술 연구에서 기법상으로 간과할 수 없는 연구 방법이다.

요약

건강심리학 분야에서는 상관 연구, 횡단 및 종단 연구, 실험 설계, 사후 설계가 모두 유용하게 활용될 수 있다. 상관 연구를 통해 두 변인 간의 관련성 정도와 그 방향을 알 수 있지만 인과관계를 확인하기는 어렵다. 횡단 연구는 어느 한 시점에서 집단을 비교 연구한다. 종단 연구는 상당 시간 동안 참여자들을 추적하여 그 변화 양상을 확인하기 때문에 일반적으로 좀 더 유용한 결과를 산출하는 경우가 많다. 그러나 시간과 비용 그리고 많은 연구자가 필요하다는 현실적인 제약이 있다. 실험 설계에서, 연구자는 독립변인을 조작하기 때문에 실험 집단과 통제 집단 간에 나오는 차이는 독립변인의 상이한 처치 차이 때문이라고 결론지을 수 있다. 실험 연구에서는 처치 외의 모든 조건을 동일하게 만들기가 쉽지 않으며 위약 효과를 통제하는 것도 큰 과제 중 하나이다. 사후 설계는 연구자가 두 집단 이상을 비교한다는 점에서 실험 설계와 유사하지만, 통제가 불가능하다는 점에서 인과성을 논의하기가 어렵다. 이 방법은 어떤 결과가 발생한 이후에 그 원인을 사후적으로 추적하여 찾아내는 설계 방법으로, 변인들의 분류된 특성을 통해 결과를 논리적으로 유추하는 것이다.

역학에서의 연구 방법

심리학적인 방법 외에도 건강심리학 분야는 역학 연구로부터도 중요한 정보를 얻어왔다. **역학**(epidemiology)은 특정 전집 내에서 건강의 증진 또는 질병의 발생에 기여하는 요인들을 연구하는 의학의 한 분야이다. 특히 **위험요인**(risk factor)은 특정 질병에 걸리지 않은 사람들에 비해 그 질병의 소유자가 더 많이 가지고 있는 어떤 특징이나 조건을 의미한다(Porta, 2014; Tucker, Phillips, Murphy, & Raczynski, 2004). 역학은 말 그대로 사람들 사이에서 발생하는 것을 연구하는 것이다.

역학은 의학의 가장 오래된 분야 중 하나이며, 특히 20세기에 들어서면서 역학자들은 심장병, 암, 기타 만성질환과 관련된 행동과 생활 방식을 확인함으로써 건강에 대한 기본적인 정보를 계속해서 확인하고 있다. 예를 들면, 역학 연구는 흡연 행동과 폐암 간의 관계를 처음으로 추론했다.

역학에서 두 가지 중요한 개념은 유병률과 발병률이다. **유병률**(prevalence)은 특정 시기에 특정 질병을 가진 전집의 비율을 말한다. **발병률**(incidence)은 특정 시기 동안에 그 질병의 새로운 사례의 빈도를 측정한다. 유병률과 발병률 모두, 특정 시기의 틀 내에서 새로운 사례의 수 또는 질병을 가진 사람의 수, 둘 중 하나로 위험이 있는 전집

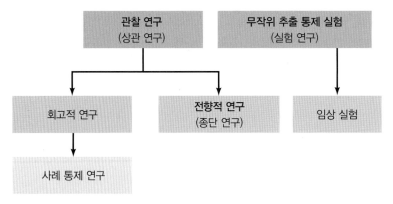

그림 2.2 심리학 영역에서 구분한 역학의 연구 방법

내의 사람의 수가 나누어진다. 질병의 유병률은 그 질병의 발병률과는 꽤 차이가 있을 수 있다. 예를 들면, 고혈압의 유병률은 사람들이 진단을 받고도 수년간 살 수 있기 때문에 발병률보다 훨씬 높다(Tucker et al., 2004). 특정 지역사회에서 매년 고혈압의 발병률이 0.025이면, 그 지역사회에 있는 총 1,000명의 사람들 중에서 매해 25명이 높은 혈압으로 진단을 받게 될 것이다. 그러나 고혈압은 만성적인 병이기 때문에 그 지역사회의 유병률은 1,000명당 25명보다 훨씬 높다. 반면에, 비교적 짧은 기간을 가진 유행성 감기와 같은 질병의 경우 매년 발병률은 그해 동안의 특정 시기에서의 유병률을 능가한다.

역학 연구의 목적을 이루기 위해 연구자들은 세 가지 광범위한 방법을 사용할 수 있는데, 바로 (1) 관찰 연구, (2) 무작위 추출 통제 실험, (3) 자연 실험법이다. 각 방법은 독특한 방식으로 구체적인 정보를 산출한다. 역학자들은 심리학자들이 사용하는 동일한 방법과 절차의 일부를 사용할 수도 있지만, 그들의 용어가 항상 동일하진 않다. 그림 2.2에는 역학 연구 영역이 심리학 분야에서 어떻게 사용되고 있는지 정리되어 있다.

관찰법

역학자들은 특정 전집 내에서 특정 질병의 발생을 관찰, 분석하기 위해 관찰법(observational method)을 사용한다. 이 방법은 이 질병의 원인을 알려주지는 않지만, 연구자는 이 병과 관련된 가능한 요인들에 대한 추론을 이끌어낼 수 있다. 관찰법은 심리학에서의 상관 연구와 유사하다. 양쪽 다 둘 이상의 조건 간에 연합을 시사하나, 어느 쪽도 인과관계를 증명하는 데 사용될 수는 없다.

역학 연구는 전향적 연구와 회고적 연구로 구분할 수 있는데, **전향적 연구**(prospective

study)는 질병이 없는 환자 전집으로 시작하며, 흡연이나 높은 혈압 같은 특정 상태가 심혈관계 질병이나 사망 같은 이후의 상태와 관련이 있는지의 여부를 결정하기 위해 일정 시간에 걸쳐 그들을 추적하는 것이다. 예를 들어, 40에서 69세 사이의 90,000명 이상의 일본 성인들을 대상으로 11년 동안 신체질량지수가 높은 사람들과 심장질환의 발생 가능성을 추적 조사하는 연구를 들 수 있다(Chei, Iso, Yamagishi, Inoue, & Tsugane, 2008). 그 연구에서 신체질량지수가 높은 성인들은 심장질환의 위험성이 높았으나, 이는 남성에만 한정된 결과였다. 전향적 관찰 연구는 심리학의 종단 연구와 비슷하다. 두 가지 방법 모두 한 피험자 집단에 대해 지속적인 변화 양상을 추적하는 것이다.

회고적 연구(retrospective study)는 반대의 접근 방식이다. 이 방법을 사용하는 연구자들은 특정 질병으로 인해 이미 고통을 받고 있는 사람들의 집단으로 시작을 하며, 그 질병을 앓고 있지 않은 사람들과는 다른 특징을 갖는 조건이나 특성에 대해 회고적으로 비교한다. 행동주의적 접근 방법을 사용한 체중 감소 프로그램에 2형 당뇨병 환자들이 참여한 연구를 예로 들 수 있다. 한 집단은 글루코스 통제 처치를 받았고, 다른 집단은 받지 않았다. 이 이후에 그 두 집단의 환자들을 비교하는 방식이다. 이 때문에 회고적 연구는 **사례 통제 연구**(case control study)로 불리기도 한다. 두 집단을 비교한 결과, 체중 감소의 차이가 나타났다. 글루코스 통제 처치를 받은 당뇨병 환자들은 무처치 환자들에 비해 두 배의 체중 감소 결과 결과가 나타났다.

무작위 추출 통제 실험

역학 연구의 두 번째 방법으로서 심리학에서 흔히 실험 연구라고 불리는 방법이다. 이 방법은 실험 참가자를 2개 이상의 그룹에 배정할 때 제비뽑기 하듯 무작위로 배정하는 방법이다. 만약 개개인의 희망에 따라 그룹을 정한다면 무작위가 아니고 실험 신뢰도가 떨어진다. 무작위 추출의 목적은 기본적으로 두 그룹 간의 차이가 없도록 하려는 것이다. 즉, **자기선택**(self-selection)의 문제를 피해야 한다. 만약 개인의 희망이나 기존의 병력 등에 따라 그룹을 나눈다면 그룹 1이 그룹 2에 비해 여성 참여자가 더 많다든지, 나이가 더 많다든지 등 실험 결과에 영향을 줄 수 있는 그룹 배정이 될 수도 있기 때문이다. 실험 집단과 통제 집단은 처치를 가하는지 여부를 제외한 그 밖의 변인은 동등해야 한다. 여러 요인이 상호작용을 할 경우에 어떤 특정한 인자의 요인을 이해하기 위해 아주 많은 실험을 수행해야 하는 경우가 있는 데, 이것은 시간이 아주 오래 걸리거나 비용이 많이 들어 현실적으로는 불가능할 경우가 많다. 이럴 경우 통계적 기법을 이용하여 최소의 실험으로 나온 결과를 통계적으로 확대 해석하여 유추하는 방법이다.

대표적으로 어린 소녀들의 과체중에 관한 생활스타일 변화의 효과를 측정한 연구를 예로 들 수 있다(DeBar et al., 2012). 무작위로 배정된 한 집단에는 5개월 동안 영양 관리와 함께 신체활동 프로그램에 참여시켰고, 나머지 한 집단은 일상적인 생활을 고수하게 했다. 결과적으로 실험 집단에 배정된 소녀들의 신체질량지수가 유의하게 더 낮게 나타났다. 이러한 결과는 나이 든 여성들에게까지 적용되는 것으로 추후 확인되었다.

임상 실험(clinical trial)은 신약이나 의학적인 처치의 효과를 연구할 때 종종 시행된다. 많은 임상가는 가외변인들을 통제한 상태에서 집단을 무작위 배정하고 약물이나 처치를 가한 후 결과의 차이가 그 약물이나 처치의 원인 때문이었는지를 확인한다. 물론 데바르의 연구(DeBar el al., 2012)는 기대와 같은 위약 집단을 포함시켰어야 한다는 비판을 받기도 했다.

역학자들은 종종 무작위 추출 위약 통제, 즉 양맹 실험을 수행하기도 한다(Kertesz, 2003). 이 방법은 새로운 약의 효과를 연구할 때 종종 사용되는데, 특히 미국 식품의약청(FDA: Food and Drug Administration)에서는 반드시 이 절차를 먼저 포함시켜 효과를 확인하는 것으로 알려져 있다. 일부 연구자들은 양맹 실험에서 효과가 확인되지 않을 경우 연구 결과를 미루는 경향이 있다(Dwan et al., 2008). 최근 들어 주요한 의학저널에서도 '보고된 실험의 공고해진 기준(CONSORT: Consolidated Standards of Reporting Trials)'이라고 불리는 이 방식을 가이드라인으로 채택하고 있는 경우도 있다(Schulz, Altman, Moher, & the CONSORT Group, 2010).

메타분석

위에서 살펴봤듯이, 연구자들은 건강 관련 행동을 연구할 때 다양한 접근 방법을 사용한다. 그러나 불행히도 동일한 접근 방법으로 연구한 결과가 모두 일치하는 것은 아니다. 어떤 연구는 표집의 크기가 다르고, 유의도 수준이 다르게 설정되어 있기도 하다. **메타분석**(meta-analysis)은 동일한 주제를 가진 모순된 연구 결과들을 종합하는 통계적인 분석 기법이다. 동일한 설계대로 행해진 많은 연구를 모두 섞어서 대규모 표본으로 만들고, 이 표본 크기를 기준으로 기존 연구 결과의 통계적인 유의성을 재확인하는 방법이다. 예를 들어, 아동기 비만과 1종 당뇨병 환자의 발병 위험성을 사례 통제나 전향 연구로 수행한 연구들을 메타분석하면 당뇨의 위험성이 과연 통계적으로 유의한지를 확인할 수 있다(Verbeeten, Elks, Daneman, & Ong, 2011).

역학 연구의 예

역학은 건강 관련 문제를 먼저 조사할 수 있는 유용한 기법이다. 이들 기법의 대표적인 예는 캘리포니아에 있는 앨러미다 지역에서 지금도 계속되고 있는 연구이다. 이 연구는 사망과 질병을 막아주는 것으로 여겨지는 건강의 실제를 확인하기 위해 계획된 지속적인 전향적 지역사회 연구이다. 우리는 역학자들이 일정 시간에 걸쳐 대규모 전집을 연구하고, 후속 질병 또는 사망과의 관계를 보여주는 행동적, 인구학적 또는 고유한 요인들을 가려냄으로써 위험요인을 확인하는 과정을 이미 언급한 바 있다.

앨러미다 지역사회 연구는 사망과 모든 원인을 관련 짓는 사회적 변인들 및 건강의 실제를 확인하기 위한 시도로 시작되었다. 1965년, 역학자인 레스터 브레슬로(Lester Breslow)와 캘리포니아주에 있는 주립 건강국 소속의 인간 전집 실험실에 있는 그의 동료들은 캘리포니아, 앨러미다 지역에 있는 모든 가족의 표본에 대한 조사를 시작했다. 이 주소에 살고 있는 성인의 수를 결정한 후에, 연구자들은 20세 이상의 거주자에게 각기 상세한 질문지를 보냈다. 최종적으로 약 7,000명으로부터 이용 가능한 답안을 받았다. 이 피험자들은 7개의 기본적인 건강 실제에 대한 질문에 답을 했다. (1) 하루에 7~8시간의 수면 취하기, (2) 거의 매일 아침을 먹기, (3) 식사시간 사이에 먹는 일은 거의 없음, (4) 중간 정도로 또는 전혀 술을 마시지 않음, (5) 흡연하지 않음, (6) 적절히 운동하기, (7) 이상적인 체중 유지하기

1965년 원래의 조사에서는 흡연만이 건강 위험요인으로 시사되었다. 나머지 6개의 실제 중 어떤 것도 건강이나 사망률을 예언할 수 있다는 증거는 매우 희박했다. 이들은 실제 좋은 건강을 위해 일정량이 필요했기 때문에, 원래의 건강 상태가 후속 사망률을 오염시켰을 가능성을 연구할 필요가 있었다. 이들 가능한 오염 효과를 통제하기 위해, 앨러미다 지역의 연구자들은 거주자들에게 그들의 질병, 급성 및 만성의 질병, 신체건강 증상 및 현재의 에너지 수준에 대해 질문했다.

5년 반 후의 추적 조사에서, 6~7개의 기본적인 건강 관련 행동을 실행했던 앨러미다 지역의 거주자들이 0~3개까지를 실행했던 거주자들에 비해 훨씬 적은 수가 사망했음이 확인되었다. 이 감소된 사망위험은 1965년 건강 상태와 무관했으며, 따라서 건강한 행동이 좀 더 낮은 사망률과 관련이 된다는 사실을 시사한다. 놀랍게도, 이 7개의 건강 실제는 수입 수준보다 사망을 예측하는 좀 더 유의한 요인임이 확인되었다.

1974년에, 살아 있는 참여자들에 대한 주요한 추적 조사가 실시되었다. 당시에 일반적인 지역사회가 1965년과 1974년 사이에 새로운 생활양식을 채택했는지를 알아보기 위해, 새로운 표집이 다시 조사되었다. 9년 후 추적 조사는 사망과 7개의 건강 실제 간의 관계를 결정했고 조합과 더불어 각각을 따로 고려했다. 건강 실제 중 다섯 가지가

1965년 신체적인 건강과 예방적인 건강 서비스에 대한 참여자의 사용과 무관하게 사망률과 연관이 있었다. 흡연, 육체적인 활동의 부족, 알코올 소모가 사망과 강한 관련이 있었던 반면, 비만과 너무 많은 수면 또는 너무 적은 수면은 증가된 사망률과 관련이 거의 없었다. 밝혀진 대로, 아침을 거르거나 식사 간에 간식을 먹는 것은 사망률과 유의한 상관이 없었다.

0~2개의 건강 관련 행동을 실행한 남자들은 4~5개의 행동을 실행한 남자들에 비해 거의 3배 이상 사망 가능성이 높았다. 여자의 경우, 그 효과는 훨씬 더 극적이었다. 4~5개의 행동을 실행했던 여성들과 비교할 때, 0~2개를 실행한 여자들은 사망할 가능성이 3배 이상이 높았다. 게다가 밀접한 사회적 관계의 수도 사망을 예언하는 변인이었다. 사회적 접촉이 거의 없는 사람들은 접촉이 많은 사람들보다 사망 가능성이 2배 반 이상이었다.

일부 건강의 실제가 사망과 역으로 관련이 있다면, 두 번째 질문은 이 동일한 요인

인터넷에서 검색한 건강 관련 정보를 확인하는 똑똑한 독자가 되기

인터넷에는 광범위한 건강 관련 정보가 넘쳐나고 있다. 당신은 이런 정보를 어떻게 읽고 또 받아들이는가? 아래의 질문에 답하면서 인터넷에서 정보를 받아들일 때 어떤 기준들이 필요한지 알아보자.

1. 누가 웹사이트를 운영하는가? 관리 주체가 제공하는 정보에 분명한 책임을 지는가? 'government', 'education', 'non-for-profit'으로 끝나는 사이트는 공신력이 있는 경우가 많지만, '.com'은 상품을 팔기 위해 상업적으로 운영되는 사이트라는 사실을 기억하라.

2. 웹사이트의 운영 목적이 무엇인가? 상품을 판매하기 위한 사이트는 상품에 유리한 편향된 정보만을 제공하는 경우가 많다. 공신력 있는 과학적인 정보는 극적이고 과장된 표현으로 정보를 제공하는 경우가 거의 없다.

3. 이 주장을 뒷받침하는 증거가 명확한가? 이런 정보를 제공하기 위해서는 잘 훈련된 과학자나 의학자가 대학이나 병원, 정보기관 등에서 수행한 정보를 기초로 해야 한다. 각주도 명확하게 적시해야 한다. 이에 비해, 상품평이나 소비자의 주관적인 의견을

모아 게시한 것을 믿을 수 있는 정보로 간주해서는 안 된다.

4. 이 정보가 잘 설계된 과학적 연구 방법으로 입증된 것인가? 실험이나 무선화된 통제 등의 신뢰성 있는 정보로 확인된 것인지, 회고적 혹은 전향적 연구로 입증된 것인지, 표집이 올바른지, 유사한 대상에게까지 일반화한 추후조사가 이루어졌는지도 확인해야 한다.

5. 이 정보가 이전에 공식적으로 발표된 적이 있는가? 공인된 정보는 게재되어 반박과 지지라는 반복된 입증 절차를 거치게 된다.

6. 이 정보가 얼마나 최신인가? 과학은 끊임없이 수정되고 진화된다. 예전에 통용되던 정보가 지금은 아닌 것으로 밝혀질 수 있다. 건강 관련 정보는 최신의 입증 자료를 담고 있어야 한다.

여러분은 위 질문들에서 여러 가지 팁을 얻었을 것이다. www.nih.gov나 www.cdc.gov 같은 사이트에서 공신력 있는 최신 건강 정보를 얻을 수 있으니 참고하기 바란다.

들이 사망 또는 질병과 어떠한 관련이 있을 것인가 하는 것이다. 사망을 예언하는 변인이 반드시 질병을 예언하는 변인은 아니다. 다양한 무기력 상태, 만성적인 질병 및 질병 증후군이 필연적으로 사망률을 결정하는 것은 아니다. 따라서 기본적인 건강의 실제와 사회적 접촉이 후에 신체적인 건강을 예언하는지의 여부를 아는 것이 중요하다. 다시 말하면, 건강의 실제는 단순히 생존시간에 기여하는가 아니면, 개인의 일반적인 건강 수준을 상승시키는가이다.

이 질문에 대답하기 위해, 연구자들은 앨러미다 지역 참여자들의 원 표집의 하위 세트를 연구했다. 사망과 관련된 5개의 건강 실제에 더해서, 이 연구는 부부 상태, 친구 및 친척과의 접촉 및 교회와 다른 조직과의 관계를 조합한 사회연결망 지수(Social Network Index)를 포함시켰다. 5개의 건강행동 각각과 더불어 사회연결망 지수는 건강의 변화와 관련이 있었다. 좀 더 구체적으로, (1) 이전의 흡연자와 비흡연자는 현재의 흡연자보다 더 건강했다. (2) 중간 정도의 음주자는 심한 음주자나 중독자보다 더 건강했다. (3) 7~8시간씩 자는 사람들은 그 이상 또는 그 이하로 자는 사람보다 더 건강했다. (4) 높은 수준의 신체적 활동에 참여했던 남, 여 모두 앉아만 있는 사람들보다 더 건강했다. (5) 정상 체중인 사람들이 과체중인 사람들보다 건강이 더 좋았다. (6) 사회연결망 지수가 높았던 사람들이 낮게 평정된 사람들보다 더 건강했다. 흥미롭게도, 사회연결망 지수는 결혼이 남, 여의 건강에 동일한 영향을 미치는 것이 아님을 보여주었다. 남녀 모두, 전에 결혼했던(이혼한, 사별한 또는 별거 중인) 사람들은 건강에서 좀 더 큰 부정적인 변화를 보였으나, 미혼 여성들은 결혼하지 않았던 남성들보다 훨씬 더 건강했다. 결혼한 적이 없는 남자들은 결혼한 남자들과 비교해서 약간 더 낮은 건강 점수를 보였으나, 결혼한 적이 없는 여자는 결혼한 여자 또는 이전에 결혼한 여자에 비해 상당히 더 높은 건강 점수를 보였다. 결혼은 아마도 남자의 건강에 더 유리한 조건인 것 같으며, 독신생활은 분명 여성의 건강에 더 이로운 것으로 보였다.

요약

건강 또는 질병의 빈도와 분포에 기여하는 요인들을 연구하기 위해, 역학 연구자들은 심리학자들이 사용한 것과 꽤 유사한 과학적 방법을 사용한다. 이 중에는 관찰 연구, 자연 실험, 실험 연구가 있다. 관찰 연구는 상관 연구와 유사하지만, 전향적 연구일 수도 있고 회고적 연구일 수도 있다. 회고적 연구는 이미 질병으로 고통받고 있는 사람들의 집단으로 시작하고 나서, 이 질병을 앓고 있지 않은 사람들과 다른 특징들을 조사하는 반면, 전향적 연구는 종단 설계이며, 한 집단의 사람들의 변화 양상을 추적한다. 자연 실험은 사후 연구와 유사하며, 독립변인이 조작될 수 없을 때 사용된다. 실험 설계는 심리학에서의 실험 설계와 유사하며 임상 실험 및 지역사회 시행방안이 포함된다.

역학자들은 빈번히 위험요인, 유병률 및 발병률의 개념을 사용한다. 위험요인은 이 질병이 없는 사람들에게서보다 이 질병이 있는 사람들에게서 더 큰 빈도로 발생하는 어떤 조건이다. 유병률은 특정 시기에 특정 질병을 가진 전집의 비율을 말하는 반면, 발병률은 특정 시기 동안 이 질병이 새로 발생한 사례의 빈도를 측정한다.

인과관계 결정하기

우리는 조망 연구와 회고 연구 모두 질병의 위험요인을 확인할 수 있으나, 인과관계를 증명할 수는 없음을 보았다. 예를 들어 비만, 고혈압, 높은 전체 콜레스테롤 및 흡연 모두 심혈관계 질병에 대한 위험요인으로 증명되었다. 이 위험요인들 중 한 가지 이상을 가진 사람들은 하나도 갖고 있지 않은 사람에 비해 심혈관계 질환(CVD: cardiovascular disease)이 발생할 확률이 더 높다. 그렇지만 위험요인이 전혀 없는 일부 사람도 CVD가 일어나며, 중다 요인을 가진 일부 사람은 전혀 CVD가 일어나지 않는다. 이 장은 인과관계를 시사하기 위해 위험요인 접근을 조사한 후 흡연이 질병의 원인이라는 증거를 확인할 것이다.

위험요인 접근

위험요인 접근은 프레이밍햄 심장 연구(Framingham Heart Study)에 의해 대중화되었으며, 1948년에 매사추세츠에 있는 프레이밍햄이라고 하는 마을의 남녀 5,000명 이상이 포함된 대규모의 역학 연구이다(Levy & Brink, 2005). 그때부터 시작되어 지금까지 계속되어오고 있는 이 연구는 연구자들에게 혈청 내 콜레스테롤, 성, 높은 혈압, 흡연, 비만, A형 행동 패턴 같은 CVD의 위험요인들을 확인하게 해주었다. 이러한 위험요인들이 반드시 심혈관계 질환을 일으키는 것은 아니지만, 어느 정도는 관련이 있다. 예를 들어 비만은 심장병의 직접적인 원인은 아니지만 일반적으로 고혈압과 관련되며, 이는 심혈관계 질환과 강한 연관이 있다. 비만은 알려져 있는 위험요인과 관련이 있기 때문에, 이 역시 CVD의 상대적인 위험요인이다.

상대적인 위험(relative risk)은 절대적인 위험과 구별된다. 상대적인 위험은 노출된 집단에서의 특정 질병의 발병률 또는 유병률과 노출되지 않은 집단에서의 질병의 발병률 또는 유병률의 비를 말한다(Kertesz, 2003). 노출되지 않은 집단의 상대적인 위험은 항상 1인데, 왜냐하면 1.5의 상대적 위험은 노출 집단이 노출되지 않은 집단보다 의문시되는 그 질병이 일어날 가능성이 50% 더 많음을 나타내기 때문이다. 0.7이라고 하는 상대적인 위험은 노출 집단의 질병률이 노출되지 않은 집단의 비율 중 70%임을 의미한다. 절대적인 위험(absolute risk)은 다른 사람이 특정 질병이나 장애에 가질 수 있는 어떤 위험과 무관하게 그 질병 또는 장애로 발전할 수 있는 개인의 기회를 말한다. 예를 들면, 흡연자는 폐암으로 죽을 절대 위험이 약 9 정도 되는데, 이는 그들이 비흡연자보다 폐암으로 죽을 가능성이 아홉 배임을 의미한다. 그렇지만 특정한 해에 흡연자가 폐암으로 죽을 절대 위험은 매우 낮은 절대 위험인 0.001, 즉 1/1000밖에 안 된다. 더 나아간 예는 흡연자들이 폐암으로 죽을 위험과 함께 심혈관계 질환으로 죽을 위험을 비교함으로써 알 수 있다. 흡연자는 심혈관계 장애로 죽을 상대적 위험이 약 2이나, 폐암으로 죽을 상대적 위험은 9이다. 그럼에도 불구하고 미국에 있는 훨씬 많은 사람이 폐암보다는 심혈관계 질환으로 죽기 때문에, 흡연자들은 폐암으로 죽는 것보다 CVD로 죽을 절대 위험이 더 높다. 좀 더 구체적으로 말하면 180,000명의 흡연자들이 매년 CVD로 죽지만, 폐암으로 죽는 사람은 120,000명이다. 이 질병은 매우 드물기 때문에, 사람은 그 질병에 대한 극히 높은 상대적 위험을 갖지만 절대 위험은 작다.

위험요인들이 실험 연구로부터 도출되지 않았지만, 그들은 한 개인이 특정 질병을 발달시킬 가능성을 결정할 수 있다. 모든 흡연자가 심장병으로 진행되는 것이 아니라, 당신이 흡연을 할 경우, 흡연을 하지 않을 때보다 심혈관계 질환으로 죽을 가능성이 두 배 높아지는 것이다(Armour, Woollery, Malarcher, Pechacek & Husten, 2005). 분명히 흡연은 CVD로 이행될 위험성이 있다. 유사한 방식으로, 높은 콜레스테롤 수준, 높은 혈압, 비만, 스트레스 모두가 심혈관계 질환의 위험요인이지만, 이 조건들 중 어떤 것도 관상동맥성 심장질환이나 발작을 일으킨다는 실험적 증거는 아직 없다.

담배와 질병: 인과관계가 있는가?

1994년에 주요 담배 회사들은 흡연이 심장병과 폐암을 포함한 많은 건강상 문제의 원인이 된다는 비난에 방어해야 하는 입장에 처했다. 그들 주장의 요점은 흡연이 인간에게서 심장병이나 폐암을 일으킨다고 하는 과학적 연구가 없다는 것이었다(USDHHS, 2004). 기술적으로 그들의 내용은 옳았는데, 왜냐하면 단 하나의 실험 연구만이 순수하게 인과관계를 증명할 수 있었고, 그러한 실험 연구도 인간에게는 행해진 바 없으며 앞으로도 행해질 수 없기 때문이다.

그렇지만 과거 50년 동안 연구자들은 흡연과 여러 가지 질병들, 특히 심혈관계 질환이나 폐암 같은 병 간의 연계를 설정하기 위한 비실험적 연구들을 사용해왔다. 이 연구들로부터 축적된 결과는 비실험적인 연구들로 어떻게 인과관계를 확인할 수 있는지 예시하고 있다. 다시 말해, 실험 연구들은 독립변인과 종속변인 간의 인과적인 연계를 추론할 수 있어야만 한다. 역학 연구자들은 특정 조건이 부합되면 인과관계를 추론할 수 있다. 흡연과 심장병과 폐암 간의 인과적 관계를 추론하기 위한 충분한 증거가 존재하는가?

첫 번째 준거는 특정 질병의 유병률 또는 발병률에서 용량–반응 관계가 가능한 원인과 변화 간에 존재해야 한다는 것이다. **용량–반응 관계**(dose-response relationship)는 행동 같은 독립변인과 질병 같은 종속변인 간의 직접적이고 일관된 연합이다. 다시 말

미국의 가장 큰 담배회사 경영자들이 국회 증언에 앞서 증인 선서를 하고 있다. 그들은 흡연이 암을 일으킨다는 어떠한 실험적 증거가 없다고 강변한다.

하면, 용량이 높을수록 사망률이 더 높다. 연구 증거물(Bhat et al., 2008; Papadopoulos et al., 2011; USDHHS, 1990, 2004)들은 하루당 피운 담배 개수와 흡연을 한 햇수와 후속된 심장병 및 폐암의 발병률 간에 용량-반응 관계를 증명했다.

둘째, 질병의 유병률 또는 발병률은 가능한 원인의 제거와 함께 감소해야 한다. 연구(USDHHS, 1990, 2004)는 일관되게 금연이 심혈관계 질환의 위험을 낮추고, 폐암의 위험을 크게 감소시킴을 증명했다. 흡연을 계속하는 사람들은 이 질병에 대한 위험도가 계속 증가되었다.

셋째, 원인은 질병에 선행해야 한다. 흡연은 거의 항상 질병의 발병을 전행한다(우리는 사람들이 심장병이나 폐암에 대처하기 위한 수단으로 흡연을 시작하는 경향이 있다는 증거를 거의 갖고 있지 않다).

넷째, 조건과 질병 간의 인과관계는 그럴듯해야 한다. 즉, 그것은 다른 자료와 일관되어야 하며 생물학적 관점에서도 이치에 닿아야 한다. 과학자들이 흡연이 심혈관계 질환과 폐에 미치는 영향에 대한 정확한 기제를 완전하게 이해할 수 없을지라도(USDHHS, 2004), 그러한 생리학적 연결은 가능하다. 행동과 질병 간의 관계는 하나의 가능성일 뿐이다.

다섯째, 연구 결과가 일관되어야 한다. 거의 50년 동안, 사후 방안 및 상관 연구에서 여러 가지 역학 연구와 마찬가지로 흡연과 질병 간의 일관되고 강한 관계가 증명되었다. 1956년 초, 영국의 연구자들인 리처드 돌(Richard Doll)과 A. B. 힐(Hill)은 일일 평균 피운 담배 수와 폐암으로 인한 사망률 간의 선형적인(linear) 관계를 주목했다. 이와

표 2.1 조건과 질병 간의 인과관계를 결정하기 위한 준거

1. 용량-반응 관계가 조건과 질병 간에 존재해야 한다.
2. 조건의 제거가 그 질병의 발생률 또는 유병률을 감소시켜야 한다.
3. 조건이 그 질병에 선행해야 한다.
4. 조건과 질병 간의 인과관계는 생리학적으로 그럴듯해야 한다.
5. 연구 자료는 조건과 질병 간의 관계를 일관되게 드러내야 한다.
6. 조건과 질병 간의 관련성은 비교적 높아야만 한다.
7. 조건과 질병 간의 관계는 잘 계획된 연구에 기초해야 한다.

같은 정적 상관은 인과관계를 증명하기에 충분하지는 않지만, 그 이후로 수백 개의 부가적인 상관 연구 및 사후 방안 연구를 통해 흡연이 질병을 일으킨다는 압도적인 증거가 발표되었다(USDHHS, 2004).

여섯째, 조건과 질병 간 연합의 강도가 비교적 높아야 한다. 다시 말하면, 흡연자는 심혈관계 질환에 대한 위험이 두 배가 많으며, 비흡연자가 폐암으로 죽는 것보다 흡연자가 폐암으로 죽을 확률이 아홉 배가 더 높다. 그 밖의 연구들도 유사한 상대적 위험 수치를 발견했기 때문에, 역학 연구자들은 CVD와 폐암의 원인으로 흡연을 인정하고 있다.

인과관계를 추론하기 위한 마지막 준거는 적절하게 계획된 연구인가 하는 것이다. 인간 피험자를 대상으로 한 실험 방안은 담배와 질병 간의 관계에 관해 보고된 바 없기 때문에, 충분한 수의 잘 계획된 관찰 연구에서 흡연과 심장병 및 폐암 간의 밀접한 관련성이 있음이 일관되게 확인되었다.

이 일곱 가지 준거 각각은 분명하게 증거의 우위에 부합되기 때문에, 역학 연구자들은 흡연이 병을 일으키는 것으로 증명된 바 없다고 하는 담배 회사의 주장을 도외시할 수 있었다. 증거가 이 경우에서처럼 압도적일 경우, 연구자들은 흡연과 심장병 및 폐암 같은 여러 질병 간의 인과적 연계를 추론할 수 있다(USDHHS, 2004). 인과관계를 결정하기 위한 준거는 표 2.1에 요약되어 있다.

요약

위험요인은 특정 질병이 없는 사람들보다 질병이 있는 사람들에서 더 큰 빈도로 발생하는 어떤 특징 또는 조건이다. 위험요인 접근만으로는 인과관계를 결정할 수 없지만, 역학자들은 한 조건과 질병 간의 인과관계를 결정하기 위해 다음과 같은 준거를 사용한다.

(1) 용량-반응 관계가 조건과 질병 간에 존재해야 한다.
(2) 조건의 제거가 그 질병의 발생률 또는 유병률을 감소시켜야 한다.

연구 도구

심리학자들은 빈번히 연구를 수행하기 위해 두 가지 중요한 도구, 즉 이론적인 모형과 정신 측정학적인 도구에 의존한다. 대부분의 심리학 연구들은 이론적 모형에 의해 도출되며, 그 모형에 의해 제안된 가설을 검증하기 위한 시도이다. 또한 많은 심리학 연구들이 행동, 생리학적인 기능, 태도, 능력, 성격 특정 및 기타 독립변인과 종속변인을 평가하기 위한 측정 도구에 의존한다. 여기서는 이 두 도구에 대해 간략하게 논의하고자 한다.

연구에서 이론의 역할

인간 행동의 과학적 연구인 심리학은 다른 학문 분야에서처럼 자연현상을 연구하기 위한 과학적 방법을 사용한다. 과학의 작업은 연구 방법론에 제한되지 않는다. 또한 연구 결과에 의미를 부여하기 위한 도구로서 도움이 되는 이론적인 모형 구성도 포함한다. 건강심리학자들은 스트레스, 통증, 흡연, 알코올 남용, 건강치 못한 식습관 같은 심장 관련 행동과 조건을 설명하기 위한 많은 모형 및 이론을 개발했다. 경험이 없는 사람들에게 이론은 비현실적이고 불필요하나, 과학자들은 이론을 자신의 연구에 방향과 의미를 주는 실제적인 도구로 생각한다.

과학적인 **이론**(theory)은 "논리적인 귀납적 추론에 의해 검증 가능한 가설을 도출하는 관련 가정들의 세트"이다(Feist & Feist, 2006, p. 4). 이론은 과학적으로 도출된 관찰들과 상호관계가 있다. 하나의 이론은 관찰에 의미를 부여하며, 이 결과들은 다시 이들 관찰을 설명하기 위해 세워진 그 이론을 변경시킨다. 이론은 역동적이기 때문에 좀 더 많은 관련 관찰 결과들에 맞게 확장되고 강력해진다.

이론적인 틀이 아직 초보적이고 상당량의 관찰을 설명하기에 충분히 포괄적이지 않을 때는 모형(model)이라는 용어가 이론이라는 용어보다 더 적절하다. 그러나 실제로 이론과 모형은 때로 교차적으로 사용된다.

건강심리학에서 이론의 역할은 기본적으로 다른 과학 분야에서와 마찬가지이다. 첫째, 유용한 이론은 기술적인 연구와 검증할 가설을 포함하는 연구를 생산해야 한다. 기술적인 연구의 목표는 기존의 이론을 확장하는 것이다. 이러한 유형의 연구는 관찰의 측정, 명칭 붙이기, 범주화의 기초가 된다. 예를 들면, 심장병에서 심리사회적 요인에 대한 유용한 이론을 통해 심장병이 있는 진단된 사람들의 심리, 사회적 요인들을 기술하는 많은 연구가 도출된다. 반면, 가설 검증은 이론을 확장하기 위해 수행되는 것이 아니라 타당한 자료를 과학적인 지식으로 만들기 위해 행하는 것이다. 다시 말하면, 심장병에서의 심리사회적 요인에 대한 유용한 이론을 통해 많은 가설의 형성을 자극하고, 이 가설이 검증될 때 심장병과 관련된 심리사회적 조건들에 대한 좀 더 많은 이해가 생긴다. 그러한 연구 결과는 기존 이론을 지지하거나 기각하는 것이지, 이론을 확대하거나 변경하는 것이 아니다.

둘째, 유용한 이론은 연구로부터 도출된 관찰을 조직화하고 설명하며, 이를 명료하게 해야 한다. 연구 자료가 어떤 의미 있는 틀로 조직되지 않으면 과학자들은 향상된 지식의 추구 과정에서 분명한 지침을 갖지 못하게 된다.

셋째, 유용한 이론은 행위의 안내자로서의 역할을 해야 한다. 즉, 실행자들로 하여금 행동을 예언하게 해주어야 하고 행동을 변화시키기 위한 전략들을 충족시켜야 한다. 다른 사람들의 건강 관련 행동을 변화시키도록 돕는 데 관심이 있는 실행가들은 행동 변화 이론의 도움을 크게 받았다. 예를 들어, 인지치료자는 어떻게 내담자를 도울 수 있는가에 대한 결정을 내리는 데 있어 인지 학습 이론을 따를 것이며 아마도 내담자의 행동에 영향을 미치는 사고 과정을 변화시키는 데 초점을 둘 것이다. 이와 마찬가지로 다른 이론적인 틀을 가진 심리학자들은 실제 부딪히게 되는 많은 의문들을 해결하고자 이론들을 활용한다.

그러므로 이론은 과학적인 원리를 개발할 때 유용하고도 필요한 도구이다. 이론을 통해 좀 더 많은 지식을 이끄는 연구를 산출하고, 관찰을 조직하고 설명하며, 행동을 예언하고 변화시킬 수 있다. 건강심리학에서 자주 사용되는 여러 가지 이론적 모형은 이후의 장들에서 논의할 것이다.

연구에서 정신측정학의 역할

건강심리학자들은 무게나 길이 같은 물리적인 측정치를 통해 현상을 설명할 수 없다. 그럼에도 불구하고 행동의학 및 행동건강 분야에서 심리학의 가장 중요한 기여 중 하나는 측정 기법을 정교화하고 발달시킨 것이다. 심리학자들은 스트레스, 통증, A형 행동 패턴, 섭식 습관, 개인적인 어려움 같은 행동과 상태를 평가하기 위해 여러 가지 도구를 개발해왔다. 이러한 도구 및 기타 측정 도구들은 신뢰성 있고 타당해야 한다. 신뢰도 및 타당도의 전제는 측정 척도를 개발하는 데 있어 결정적인 조건이다.

신뢰도 확보하기　측정 도구의 **신뢰도**(reliability)는 그것이 일관된 결과를 산출하는 정도이다. 건강심리학에서 신뢰도는 동일한 도구를 두 번 이상 실시한 점수를 비교하거나 동일한 현상을 관찰한 두 명 이상의 판단자로부터 얻은 평정치를 비교함으로써 결정된다. 즉, 신뢰도는 시간에 따른 일관성과 평가자 간 일치도로 정의할 수 있다.

신뢰도는 일반적으로 상관계수나 백분율로 표현된다. 상관계수는 두 점수 세트 간 일치의 정도를 나타내는 것으로, 상관 연구에서 사용되는 것과 동일한 통계치이다. 높은 신뢰도 계수는 참여자가 2개의 검사 실시에서 거의 동일한 점수를 얻었음을 의미한다. 백분율은 관찰자들의 독립된 평정치 간 동의의 정도를 표현하는 데 사용될 수 있다. 두 명 이상의 평정자 간 동의가 높다면 이 도구는 두 명 이상의 면담자로부터 거의 동일한 평정을 이끌어내는 믿을 만한 도구이다. 건강심리학에서 사용되는 여러 가지 평가 척도에 대한 신뢰도를 설정하는 일은 분명 중요한 과제이지만 유용한 측정 도구를 개발하는 첫 단계이기도 하다.

타당도 확보하기　평가 척도를 구성하는 데 있어 두 번째 단계는 타당도를 확보하는 것이다. 측정 척도는 신뢰도는 높으나 타당도 혹은 정확성이 부족할 수 있다. **타당도**(validity)는 도구가 측정하고자 계획된 것을 제대로 측정했는가의 문제이다.

심리학자들은 준거 관련 타당도로써 측정 도구의 타당도를 결정한다. 건강심리학에서 이 준거는 흔히 심장병의 진단과 같은 미래 사건이다. 누가 그러한 진단을 받고 누가 받지 않을지를 예언할 능력이 있는 도구는 예언 타당도(predictive validity)를 갖는다고 말할 수 있다. 예를 들면, 생활사건 척도는 스트레스를 측정하고 미래의 사망률 또는 질병률을 예언하는 데 사용되어왔다. 그러한 척도가 예언 타당도를 가짐을 증명하기 위해서는 현재 질병이 없는 참여자들에게 실시되어야 한다. 이 척도상에서 높은 점수를 얻은 사람들이 낮은 점수를 얻은 참여자들보다 높은 사망률 또는 질병률을 보인다면 이 척도는 예언 타당도를 갖는다고 말할 수 있다. 즉, 질병이 없는 참여자들과 죽게 될 사람 또는 병이 날 사람들을 변별하는 유용한 도구라고 말할 수 있다.

요약

과학자들의 작업은 유용한 이론과 정확한 측정 도구에 의해 수행된다. 유용한 이론은 (1) 연구를 생산하고, (2) 연구 자료를 예언하고 설명하며, (3) 다양한 문제들을 실행자가 해결하는 데 도움이 되어야 한다. 정확한 정신측정학적 도구는 신뢰성 있고 타당하다. 신뢰도는 시간에 따른 일관성과 평가자 간 일치도를 측정하는 정도이며, 타당도는 평가 도구가 측정하려는 것을 제대로 측정했는가 하는 지표이다.

1. 위약이란 무엇이며 이것이 연구와 치료에 어떻게 영향을 끼치는가?

위약 효과란 실제 치료가 아닌 참가자의 기대나 신념 등이 치료 효과에 영향을 끼치는 현상을 말한다. 다시 말해, 위약 효과는 참가자의 이전의 경험으로 인해 치료가 효과가 있을 것이라는 기대 때문에 치료 효과가 발생하는 것이다.

일반적으로 위약 효과는 35% 정도이지만 치료의 상황이나 문화 등의 변인에 따라 그 효과가 조금씩 달라진다. 이러한 위약 효과는 통증 감소나 천식의 해소, 불안의 경감, 파킨슨병의 치료 과정에서 분명하게 입증되었다. 이에 비해 노세보 효과는 정반대의 개념이다.

위약 효과는 치료에 도움이 되는 현상이지만 효과와 인과관계를 확인해야 하는 연구자들에게는 골치 아픈 문제이기도 하다. 실험적인 절차에서 위약 효과를 감안한 집단을 구성하기도 하고, 단맹 혹은 양맹 설계를 통해 위약의 영향을 최소화하는 조치가 필요하다.

2. 건강 관련 지식에 심리학 연구가 어떻게 도움이 되는가?

심리학은 건강에 여러 가지 기여를 했다. (1) 행동을 변화시키기 위한 오랜 전통을 가진 기법들, (2) 질병보다는 건강을 강조, (3) 신뢰성 있고 타당한 측정 도구의 발달, (4) 건강 관련 연구를 설명하기 위한 유용한 이론적 모형의 구성

이 장은 대부분 다섯 번째의 기여, 즉 심리학에서 사용되는 다음과 같은 여러 연구 방법에 관한 내용이다. (1) 사례 연구, (2) 상관 연구, (3) 횡단 연구와 종단 연구, (4) 실험 설계, (5) 사후 설계. 이들 각각은 행동 및 건강의 이해에 대해 각각 독특한 장점이 있다. 사례 연구는 한 개인에 대한 집중적인 연구이다. 상관 연구는 두 변인 간의 연합 또는 상관의 정도를 나타내지만, 그 자체로는 인과관계를 결정하는 데 사용할 수 없다. 횡단 연구에서는 한 집단의 사람들을 동시

에 연구하는 반면, 종단 연구에서 장기간에 걸쳐 피험자들을 추적한다. 일반적으로, 종단 연구는 좀 더 유용하고 구체적인 결과를 산출할 가능성이 높으나, 좀 더 시간 소비적이고 비용이 많이 든다. 실험 설계를 사용하는 연구자들은 실험 집단과 통제 집단 간의 특정 결과의 차이가 독립 변인에의 상이한 노출에 기인될 수 있도록 독립 변인을 조작한다. 실험 연구는 전형적으로 통제 집단에 주어지는 위약을 포함시키는데, 이는 그들이 실험 집단의 사람들처럼 동일한 기대를 갖도록 하기 위해서이다. 사후 설계는 연구자들이 2개 이상의 집단을 비교하고 나서, 종속변인에서의 집단 간 차이를 기록한다는 점에서 실험 설계와 유사하다. 그렇지만 사후 설계 연구에서 실험자는 조작을 통해 차이를 창출하기보다는 자연스럽게 두 집단으로 구분된 피험자 변인을 단순히 선택한다.

3. 건강 관련 지식에 역학 연구가 어떻게 도움이 되는가?

현대의 역학은 19세기부터 건강 분야에 유용한 기여를 하기 시작했는데, 콜레라, 천연두, 장티푸스 같은 감염성 질병을 극복하는 데 도움이 되었다. 20세기에도 역학은 계속해서 심장병, 암, 기타 치명적인 질병들에 대한 위험요인을 밝히고자 하는 기본적인 연구를 자극했다.

역학에 사용되는 많은 연구 방법은 심리학에서 사용되는 것과 꽤 유사하다. 역학은 세 가지 기본적인 종류의 연구 방법론을 사용한다. (1) 관찰 연구, (2) 무작위 추출 통제 실험, (3) 자연 실험법. 관찰 연구는 심리학에서 사용되는 상관 연구와 유사하며, 회고적 연구와 전향적 연구라는 두 가지 유형이 있다. 회고적 연구는 한 질병으로 이미 고통받고 있는 사람들의 집단으로 시작하며, 이 사람들의 특징을 이 병을 갖고 있지 않은 사람들의 특징과 비교한다. 전향적 연구는 종단 연구이며, 전집 또는 표집의 발달 경향을 추

적한다. 자연 실험은 사후 설계와 유사하며 독립 변인의 조작이 아닌 선택을 포함한다. 역학은 또한 실험 설계를 사용하는데, 가장 일반적인 두 가지 방법은 임상 실험과 지역사회 시행이다. 가끔, 실험적인 역학 연구도 종단적이며 인과관계를 유추하는 데도 적용된다. 역학은 또한 위험요인, 유병률, 발병률의 개념을 도출하는 데도 활용되었다. 위험요인은 특정 질병이 없는 사람들보다 가진 사람들에게서 더 큰 빈도로 발생하는 어떤 특징이나 조건이다. 유병률은 특정 시기에 특정 질병을 가진 전집의 비율이다. 발병률은 특정 시기 동안에 특정 질병의 새로운 사례가 발생한 빈도를 측정함으로써 얻어진다.

4. 과학자들은 행동이 질병을 유발한다는 것을 어떻게 확인할 수 있을까?

일곱 가지 준거가 특정 조건과 특정 질병 간의 인과관계를 밝히기 위해 사용되었다. (1) 용량-반응 관계가 조건과 질병 간에 존재해야 한다. (2) 조건의 제거가 그 질병의 발생률 또는 유병률을 감소시켜야 한다. (3) 조건이 그 질병에 선행해야 한다. (4) 조건과 질병 간의 인과관계는 생리학적으로 그럴듯해야 한다. (5) 연구 자료는 조건과 질병 간의 관계를 일관되게 드러내야 한다. (6) 조건과 질병 간의 관련성이 비교적 높아야만 한다. (7) 조건과 질병 간의 관계는 잘 계획된 연구에 기초해야 한다.

5. 건강심리학 영역에서 이론과 측정은 어떤 역할을 하는가?

이론이란 과학자들이 (1) 연구를 수행하고, (2) 연구 자료를 예측하고 설명하며, (3) 현장 전문가들이 직면하는 다양한 문제를 푸는 중요한 수단이다. 건강심리학자들은 행동이나 이론적인 개념을 측정하기 위해 다양한 평가 도구들을 사용한다. 정신측정학적 도구가 유용하기 위해서는 신뢰성 있고 타당해야 한다. 신뢰도는 평가 도구가 일관되게 측정하는 정도이고, 타당도는 평가 도구가 측정하고자 가정한 것을 제대로 측정했는가 하는 개념이다.

🖐 더 읽을거리

Kertesz, L. (2003). The numbers behind the news. *Healthplan, 44*(5).10-14, 16, 18. 루이즈 케르테즈(Louise Kertesz)는 건강 연구에서 발견된 사실들을 보고할 때 어떤 문제들이 발생하며, 또 이를 어떻게 해석해야 하는지, 그리고 역학 연구에서의 용어들을 어떻게 정의하고 활용하는지에 관해 유용한 팁을 제시하고 있다.

Price, D. D., Finnis, D. G., & Benedetti, F. (2008). A Comprehensive review of placebo effect: Recent advances and current thought. *Annual Reviewof Psychology, 59*, 565-590. 위약 효과에 관한 권위자가 저술한 이 논문은 위약 효과가 어떻게 치료에 영향을 주는지가 자세히 기술되어 있다.

Russo, E. (2004, August, 2). New views on mind-body connection. *The Scientist, 18*(15), 28. 이 짧은 논문에는 위약 효과에 관한 최신 연구 결과들이 개관되어 있고, 이 효과가 어떻게 대뇌 과정에 영향을 끼치는지를 첨단 과학 기법을 통해 설명한다.

건강관리 찾기와 받기

**문제
제기**

이 장에서는 다음의 세 가지 기본적인 문제를 주로 다룬다.

1. 진료를 받게 만드는 요인은 무엇인가?
2. 사람들은 어디에서 의학적 정보를 찾는가?
3. 진료를 받으면서 당면하게 되는 문제는 무엇인가?

자신에게 해당하는 항목에 ☑ 표 하시오.

☐ 1. 증상이 없으면 나는 건강하다고 생각한다.

☐ 2. 1년에 두 번은 정기적으로 치과검진을 받는다.

☐ 3. 내가 의학적 치료를 받은 가장 최근의 경험은 병원 응급실에서였다.

☐ 4. 내가 만약 불치병에 걸렸다면, 정말로 아프기 전까지는 차라리 모르고 지냈으면 좋겠다.

☐ 5. 나는 병이 나도 내 생활의 속도를 늦추지 않으려 한다.

☐ 6. 의사의 권고사항을 잘 이해하지 못할 때, 나는 그 말을 이해할 수 있을 때까지 계속 물어본다.

☐ 7. 병원에서는, 질문을 계속하고 문제를 일으키기보다는 의학적 지시를 순순히 따르는 편이 더 낫다고 생각한다.

☐ 8. 스트레스가 많은 의료 경험을 할 때, 그 일에 골몰하기보다는 '이 일이 곧 끝나겠지'라고 희망하는 방법이 최고라고 생각한다.

☐ 9. 심각한 증상이 나타나면, 나는 그것을 통해 나의 의학적 상태에 대해 가능한 한 많은 정보를 찾아내려고 시도한다.

☐ 10. 사람들이 병에 걸리는 이유는 그 병을 예방하거나 피해갈 다른 방법이 없기 때문이라고 생각한다.

☐ 11. 어려운 수술을 앞두고 있는 환자들의 불안을 덜어주기 위해, 실제로는 위험 가능성이 있더라도 별문제 없을 것이라고 말해주는 편이 더 낫다.

2, 6, 9번 문항은 건강한 태도나 행동을 나타내지만, 다른 문항의 내용은 위험이나 효과적이지 못한 건강관리를 초래하는 태도나 행동을 표현한 것이다. 여러분은 이 장을 읽어가면서, 건강관리 체계를 좀 더 효과적으로 이용할 수 있도록 도와주는 건강한 태도나 행동을 가질 때의 이점을 알게 될 것이다.

실제 사례　랜스 암스트롱

William Perugini/Shutterstock.com

2012년까지 랜스 암스트롱(Lance Armstrong)은 전 세계 수백만 명의 사람들에게 영감의 원천이었다. 그는 잘 알려졌다시피 고환암과의 사투를 이겨냈고, 5번의 투르 드 프랑스(Tour de France) 사이클 경기에서 우승했다. 암스트롱은 이후에 경기력 향상 약물을 복용했다고 고백해 그의 우승은 취소되었고, 그의 명성에 오점이 남겨졌다. 그러나 암에 대한 그의 경험은 많은 사람에게 영감을 줘 그의 이야기를 여기서 언급할 가치가 있다.

랜스 암스트롱은 그의 인생 대부분 동안 건강해 보이지 않는다거나 몸매가 망가진 적이 없었다. 그러나 1996년도 투르 듀폰트(Tour DuPont)[1]에서의 승리는 일부 팬들을 걱정하게 했다. 랜스가 결승선을 통과했을 때 승리의 주먹을 불끈 들어 올리는 대신, 평소와 다르게 몹시 지쳐 보였다. 눈은 충혈되고 얼굴은 상기되었다. 그해 말에, 랜스는 투르 드 프랑스에서 경기 시작 불과 5일 만에 중도하차했다.

랜스는 나중에서야 그 한 해 내내 자신의 건강 상태가 좋지 않다고 느꼈음을 고백했다. 랜스는 기력이 다하고 기침을 했으며 하복부 요통을 겪었다. 이러한 증

---

1 1991년에서 1996년 사이에 영국에서 열린 스테이지 사이클 경주 – 옮긴이

상들이 나타났을 때, 랜스는 이런 증상들이 독감이나 길고 고된 훈련의 결과 때문이라고 생각했다. 랜스는 그때 스스로에게 "참아내라. 너는 지금 지칠 수 있는 형편이 아니야."라고 혼잣말을 했었다(Jenkins & Armstrong, 2001, 'Before and After', 27단락).

그러나 증상은 훈련을 끝내고 휴식을 취한 후에도 여전히 개선되지 않았다. 어느 날 저녁, 랜스가 심각한 급성 두통을 겪을 때 그는 마르가리타를 너무 많이 마신 탓이라고 생각했다. 시야가 흐려지기 시작했지만, 랜스는 나이가 들면서 생기는 일이라고 생각했다.

결국 랜스가 무시할 수 없는 증상이 나타났다. 핏덩어리를 토해내기 시작한 것이다. 이러한 증상을 겪은 이후에, 랜스는 의사가 되려는 친한 친구를 불렀다. 친구는 랜스가 부비강에 금이 가기 시작해서 고통을 겪고 있는 것이라고 말했다. 그 말을 듣고 안심한 랜스는 "좋아, 이건 별로 큰일이 아니야."라고 말했다(Jenkins & Armstrong, 2001, 'Before and After', 42단락).

다음 날, 그는 잠에서 깨면서 자신의 고환이 오렌지 크기만큼이나 부어오른 것을 알아차렸다. 랜스는 곧바로 의사를 만나기보다는 아침 훈련으로 자전거를 타고 싶어 했다. 이번엔 좌석에 앉아 있을 수도 없었다. 결국, 자신이 가장 사랑하는 자전거 타기를 방해하는 증상이 나타난 후에야 랜스는 의사와 약속을 잡았다.

1996년 10월 초 랜스 암스트롱은 자신이 고환암 3기라는 사실을 알게 되었다. 랜스가 의학적 도움을 찾는 데 있어 지체했기 때문에, 암은 이미 폐, 복부 그리고 뇌까지 전이되어 있었다. 의사는 랜스의 생존 확률이 오직 40%뿐이며, 즉시 암을 치료할 것을 권했다. 나중에 암스트롱은 오랫동안 그리고 경기 내내 명백히 눈에 띈 증상을 그저 무시한 자신의 어리석음을 고백했다(Gibney, 2013).

왜 랜스 암스트롱은 증상이 나타난 후부터 도움을 구하기까지 그렇게 오랜 시간이 걸렸을까? 랜스의 건강은 직업적 성공에도 매우 중요했다. 그는 또 부유했기 때문에 충분히 훌륭한 의학적 도움을 받을 수도 있었고, 개인 주치의와 팀 닥터를 접할 기회도 자주 있었다. 그럼에도 불구하고 랜스는 의학적 도움을 찾기를 거부했다. 랜스는 나중에 "물론 나는 나에게 뭔가 이상이 있다는 사실을 알았다. 그러나 운동선수, 특히 사이클리스트는 부정을 할 수밖에 없다. 당신은 경주를 끝내기 위해 모든 통증과 고통을 부정해야 한다. 당신은 고통에 굴복해서는 안 된다"(Jenkins & Armstrong, 2001, 'Before and After', 21단락).

1 996년부터 1998년까지 랜스 암스트롱은 고환과 뇌를 대상으로 항암 화학 요법과 수술을 받았고, 마침내 암에서 회복되었다. 랜스 암스트롱은 항암 요법을 받아서 생존한 몇 안 되는 운 좋은 말기 암 생존자 중 하나이다. 그의 생존 가능성은 그가 좀 더 일찍 의학적 도움을 찾았더라면 훨씬 더 높았을 것이다.

왜 랜스 암스트롱과 같이 일부 사람들은 자신의 건강 문제와 관련해서 현명하게 행동하지 않고 뒤로 미루는 것일까? 반면 어떤 사람들은 왜 정말 아프지 않음에도 불구하고 의학적 치료를 찾아다니는 것일까? 심리학자들은 이런 건강 관련 행동을 예측하고 설명하기 위한 이론과 모형을 구성해왔다. 이 장에서 건강 추구 행동과 관련 이론을 간략하게 살펴보고, 4장에서는 의학적 처방을 따르는 행동 이론에 관한 연구를 검토해보기로 한다.

진료 받기

사람들은 자신에게 언제 진료가 필요한지를 어떻게 아는가? 자신이 병들었거나 그렇지 않음을 어떻게 아는가? 랜스는 암이 진전되면서 나타난 증상들을 경험했을 때, 그 증상들을 무시하려고 애쓰고 암이 아닌 다른 원인 때문이라고 생각했으며, 의사와의 약속을 잡기 전에 친구에게 먼저 자문을 구했다. 이런 행동은 랜스가 보통 사람들과 달리 진료를 꺼린다는 사실을 의미하는가? 아니면 그의 그런 행동이 일반인들에게서도 전형적인 것인가? 언제 정식으로 진료를 받을 것인가를 결정하는 일은 개인, 사회 및 경제적 요인들이 관련되는 복잡한 문제가 될 수밖에 없다.

이 문제는 뒤에 더 자세히 논의하겠지만, 먼저 건강(health)과 질병(disease) 및 질병 증상 경험(illness)의 개념에 관해 차례로 살펴보자. 이 세 용어의 의미는 자명해 보이지만 이를 좀 더 명료하게 정의하기란 쉽지 않다. 건강은 병이 없는 상태인가? 아니면 긍정적인 상태를 달성한 것인가? 1장에서 세계보건기구(WHO)는 건강을 단순히 질병이나 병약함이 없는 상태가 아니라 긍정적인 신체, 정신 및 사회적 안녕이나 복지로 정의하고 있음을 보았다. 불행하게도 이러한 정의는 사람들이 자신의 건강이나 질병 상태와 관련된 결정을 하려 할 때 실용적인 가치가 거의 없다. 예를 들어, 암스트롱의 암 관련 증상을 치료할지 말지에 대한 그의 결정처럼 말이다.

많은 사람에게 다가오는 또 다른 어려움은 질병과 질병 증상 경험의 구분에 있다. 두 용어는 흔히 상호 교환적으로 사용된다. 그러나 대부분의 건강 전문가는 이 둘을 구분한다. 질병은 신체 내의 물리적 손상 과정을 의미하고, 이는 특정한 명칭이나 진단이 없을 때조차도 존재할 수 있다. 반면 질병 증상 경험은 아픈 상태의 경험과 아픈 상태로 진단받는 것을 말한다. 사람들은 아프지 않으면서도 질병이 있을 수 있다. 예를 들어 진단을 받지는 않았으나 고혈압, HIV 감염, 암 등의 질병이 있는 사람들의 경우, 본인은 그 질병을 전혀 알아채지 못하고 겉으로는 건강하게 보일 수도 있다. 그래서 질병과 질병 증상 경험은 서로 독립적인 조건이 될 수도 있고 겹칠 수도 있다. 예를 들어, 겹치는 경우는 어떤 사람이 아프다고 느끼고 또한 공식적으로도 질병 진단을 받는 경우다.

사람들은 흔히 신체 증상들을 경험하지만 이 증상들은 질병의 표시일 수도 있고 그렇지 않을 수도 있다. 머리나 어깨의 통증, 코막힘이나 재채기 같은 증상은 즉각적으로 진료를 받지 않는 반면, 강력하게 지속되는 위통은 즉각적으로 진료를 받게 된다. 개인은 어떤 시점에서 진료를 받겠다는 결정을 하는 것이 좋은가? 두 방향의 오류가 모두 가능하다. 자신이 진짜 아프지 않을 때 병원을 가기로 결정한 사람은 자신이 바보 같다고 느끼고, 진료비를 지불해야 하며, 의사를 포함해서 이런 자신의 오류를 아는

질병 증상 행동은 건강 상태를 결정하는 방향을 지향한다.

사람들에게 신용을 잃게 된다. 이에 반해 만약 실제로 질환이 있는데도 병원을 가지 않기로 결정한다면, 자연스럽게 점차 호전될 수도 있겠지만 증상을 무시했기 때문에 더 나빠질 수도 있다. 즉, 치료하기 더욱 어려워지고 건강을 위태롭게 하거나 사망위험을 증가시킬 수도 있다. 신중한 행동이 불필요하게 병원을 가는 행동을 줄이겠지만, 사람들은 흔히 여러 가지 이유로 병원을 가기가 불가능하거나 병원에 가기를 꺼린다.

미국을 비롯한 많은 서방 국가에서는 의사들이 본격적인 건강관리의 문지기 역할을 하기 때문에, 의사에 의해 진단이 내려지기 전까지 사람들은 공식적으로 아플 수가 없다. 의사들은 진단을 통해 질병을 결정해줄 뿐만 아니라 질병을 승인해준다. 따라서 증상을 가진 사람이 자신의 건강 상태를 공식적으로 결정할 입장에 있지 않다.

두 단계에서 발생하는 증상을 다루기 위해, 스타니슬라프 카슬(Stanislav Kasl)과 시드니 코브(Sidney Cobb)(1996a, 1996b)는 질병 증상 행동과 환자 역할 행동을 구분했다. **질병 증상 행동**(illness behavior)은 증상을 경험하고 있지만 아직 진단을 받지 않은 사람들이 취하는 활동들이다. 즉, 질병 증상 행동은 진단을 받기 전에 발생하는 행동으로 이 활동은 자신의 건강 상태에 대한 의사결정을 스스로 해서 적합한 양생법(remedies)을 찾아내는 것을 지향한다. 랜스 암스트롱이 친구에게 자문을 구하고 결국 의사와의 약속을 잡았을 때, 질병 증상 행동을 한 것이 된다. 이와 대조적으로 **환자 역할 행동**(sick role behavior)은 건강관리 서비스 제공자들의 진단이든 자가진단이든 진단을 받은 뒤 사람들의 행동에 적용되는 용어다. 환자 역할 행동은 회복을 지향한다.

랜스는 수술과 항암 화학 요법을 받고, 진료를 예약하고, 사이클링을 잠시 멈추는 행동을 통해 환자 역할 행동을 하고 있다. 이 모든 활동은 진단 후에 발생했으며 회복을 지향하고 있다. 그래서 진단은 질병 증상 행동과 환자 역할 행동을 갈라놓는 사건이 된다.

질병 증상 행동

질병 증상 행동은 공식적으로 진단이 내려지기 전에 발생한다. 증상의 출현으로 건강 상태를 결정하려는 방향을 지향하게 된다. 사람들은 가슴 통증, 쓰라림 혹은 두통과 같은 질병의 신호가 될 수 있는 증상을 일상적으로도 경험한다. 증상은 진료를 받게 만드는 결정적 요인이지만 증상의 출현만으로 즉각적으로 병원에 가게 하기에는 충분치 않다. 유사한 증상하에서도, 어떤 사람들은 쉽게 도움을 찾는 데 반해 어떤 이들은 도움 찾기를 꺼려하거나 도움을 추구하지 않는다. 사람들이 전문적인 치료를 받기로 결정하는 데 영향을 미치는 요인은 무엇인가?

적어도 다음의 여섯 가지 조건이 증상에 대한 사람들의 반응을 결정한다(표 3.1 참조). (1) 개인적 요인, (2) 성별, (3) 연령, (4) 사회경제 및 인종적 요인, (5) 증상의 특징, (6) 질병의 개념화

표 3.1 건강관리 추구와 관련된 요인들

요인	결과	연구
1. 개인적 요인	스트레스, 불안, 신경증은 모두 더 높은 건강관리 추구를 예측한다.	Martin & Brantley, 2004; Friedman et al., 2013
2. 성별	여성은 남성보다 건강관리를 더 추구하는 경향이 있다.	Galdas et al., 2005; Svendsen et al., 2013
3. 연령	젊은이들은 건강관리 추구를 지연하고, 중년의 성인들은 증상이 노화로 인해 발생한 것 같아 지연한다.	Ryan & Zerwic, 2003
4. 사회경제, 인종 및 문화적 요인	사회경제적 지위가 낮고 소수인종 사람들은 건강관리를 추구할 가능성이 더 적다.	Martins et al., 2013
5. 낙인	드러내기 창피하거나 낙인 찍힌 질환을 가진 사람들은 도움을 구할 가능성이 더 적다.	Barth et al., 2002; Carter-Harris et al., 2014; Wang et al., 2014
6. 증상의 특징	증상이 눈에 띄고 심각하면서, 삶을 방해하고 지속되는 경우 즉각적으로 도움을 구할 가능성이 더 크다.	Unger-Saldaña & Infante-Castañeda, 2011; Quinn, 2005; Irwin et al., 2008

개인적 요인 개인적 요인에는 사람들이 자신의 신체를 바라보는 방식, 스트레스 수준 및 성격 특성이 포함된다. 예를 들어, 통증, 경련, 변비, 설사로 특징지어지는 과민성 대장증후군을 경험하는 사람들의 사례가 이에 해당한다. 스트레스는 이러한 상황을 악화시킨다. 과민성 대장증후군을 겪는 많은 사람은 진료를 받지 않는 반면, 일부는 진료를 받는다. 흥미롭게도, 개인이 경험하는 증상의 심각성 정도가 진료를 받는 가장 중요한 이유가 아니다(Ringström, Abrahamsson, Strid, & Simrén, 2007). 대신에 개인은 통상적으로 상황, 대처 자원, 신체적 기능 수준에 대한 불안감 때문에 진료를 받는다. 증상에 대처하기 위한 적절한 자원을 가지고 있고 자신의 삶의 질이 매우 손상되지 않았다고 느끼는 사람들은 진료를 받지 않는다. 이러한 개인적 요인은 증상이 두드러지는 정도보다 사람들이 진료를 받을 것인가 말 것인가를 결정하는 데서 더 중요하게 작용한다.

스트레스는 사람들이 도움을 구하도록 준비시키는 또 다른 개인적 요인이다. 많은 스트레스를 경험하는 사람은 그렇지 않은 사람에 비해 유사한 증상에도 불구하고 더 많이 건강관리를 추구한다. 현재 스트레스를 경험하거나 계속되고 있는 스트레스를 경험하는 사람들은 증상이 모호할 때 도움을 더 많이 구한다(Cameron, Leventhal, & Leventhal, 1995; Martin & Brantley, 2004). 역설적이게도, 사람들은 높은 스트레스를 받고 있다고 생각하거나 자신이 스트레스를 많이 받는다고 불평하는 사람들을 진짜 병이 없는 것으로 판단하는 경향이 있다. 즉, 사람들은 스트레스에 따라 변화하는 증상은 진짜가 아닌 것으로 무시하는 경향이 있다. 이러한 평가절하는 선택적으로 일어나는데, 높은 스트레스 상태에 있는 여성들은 동일한 상황에 있는 남성보다 신체적 질병이 덜한 것으로 판단되는 경향이 있다(Chiaramonte & Friend, 2006). 이것은 특히 남성 의사들에게 해당될 수 있는데, 이들은 여성 의사들보다 가슴 통증을 호소하는 여성에게 심장 검사를 권할 가능성이 낮다(Napoli, Choo, & McGregor, 2014). 스트레스에 동반하는 증상을 할증해서 보는 이런 경향성은 증상을 경험하는 여성의 치료와 그들의 보고를 들어주는 건강관리 서비스 제공자에게 매우 중요한 요인이 될 수 있다.

성격 특성 또한 질병 증상 행동에 기여할 수 있다. 셀던 코헨(Sheldon Cohen)이 주도가 되어서 독창적이고 흥미로운 연구(Feldman, Cohen, Gwaltney, Doyle, & Skoner, 1999)를 진행했다. 연구자는 성격 특성에 따라 호소하는 증상의 정도가 달라지는지를 알아보기 위해 건강한 자원자 집단에게 감기 바이러스를 접종했다. **신경증**(neuroticism) 점수가 높은 참여자들(즉, 강한 정서적 반응을 보이는 사람들)은 객관적인 증거에 관계없이 전반적으로 좀 더 높은 수준의 질병 증상 경험을 보고했다. 이는 고통에 대해 좀 더 강한 정서적 반응성을 보이는 사람들이 질병 증상 경험에 대해서도 더 많은 불만을 호소함을 시사한다. 이에 신경증적 성격 특성이 높은 사람들이 낮은 사람들보다 진료를 받을 가능성이 더 크다는 것은 놀라운 사실이 아니다(Friedman, Veazie, Chapman, Manning, & Duberstein, 2013).

성차 성별은 진료받는 것을 결정하는 데 영향을 미치는데, 여성이 남성에 비해 건강관리 서비스를 더 빈번히 이용한다(Galdas, Cheater, & Marshall, 2005). 이러한 차이의 이유는 다소 복잡하다. 여성은 남성보다 신체 증상과 스트레스에 대해 더 많이 보고하는 경향이 있다(Koopmans & Lamers, 2007). 남성에게 증상에 대해 물었을 때는, 심장병과 같은 생명에 위협적인 증상만을 보고하는 경향이 있다(Benyamini, Leventhal, & Leventhal, 2000). 이와 달리, 여성은 심각한 증상뿐만 아니라 관절의 문제와 같이 사소한 증상도 보고하는 경향이 있었다. 증상의 수준이 동일하더라도 여성의 성 역할은 여성들에게 많은 종류의 도움을 구하도록 허용하지만 남성의 성 역할은 그들의 질병이 생활을 위협함에도 불구하고 강한 것처럼 행동하고 통증이나 불편을 부인하도록 유도하는 듯하다(암스트롱이 그랬듯). 사실, 남성은 여성보다 암을 나타낼 수 있는 증상에 대한 건강관리를 더 늦게 받는 경향이 있다(Svendsen et al., 2013).

연령 젊은이들과 중년의 성인들은 건강 전문가를 보러 가는 것을 가장 꺼린다. 이는 아마도 자신이 강건하다고 느끼기 때문일 것이다. 젊은이들은 나이가 들면서 건강 문제 호소에 대해 도움을 구할 가능성이 많다. 그 이유는 무엇일까? 당신이 상상하는 것처럼, 나이는 신체 증상의 발현뿐만 아니라 그 증상에 대한 사람들의 해석과도 불가분의 관계에 있기 때문이다.

사람들은 나이가 들어감에 따라 노화에 따른 증상과 질병에 따른 증상을 구분할 수 있어야 한다. 그러나 이러한 구분은 랜스 암스트롱이 흐릿해진 시야를 이미 뇌까지 전이된 암이 아닌, 나이가 들어가는 과정으로 잘못 생각했던 것처럼 언제나 손쉽지는 않다. 일반적으로 사람들은 갑작스럽게 발발하고 심각한 증상을 보이는 문제는 질병에 의한 것으로 해석하는 반면, 점차적으로 발발하고 증상이 경미한 문제는 노화에 기인하는 것으로 해석하는 경향이 있다. 예를 들어, 급성 심근경색 증상을 보이는 노인 환자의 경우 자신의 증상을 나이 탓으로 돌린다면 필요한 진료를 받는 것을 지연시킬 것이다. 한 연구(Ryan & Zerwic, 2003)에서 건강관리 추구가 늦어지면 사망 기회를 증가시킬 뿐만 아니라 더 심각한 증상을 초래할 수 있다는 점을 잘 인식하지 못한 환자들을 조사했다. 청년이나 중년의 환자들에 비해, 노인 환자들은 (1) 자신의 증상을 나이 탓으로 돌리고, (2) 더 심각하고 오래 가는 증상들을 경험하고, (3) 자신의 증상을 어떤 다른 장애 탓으로 돌리며, (4) 이전에 심장과 관련된 문제를 가졌을 가능성이 더 많았다. 따라서 사람들은 단순히 노화의 자연스러운 부분으로 보는 증상에 대해 도움을 구하는 경향이 적을 수 있다.

사회경제, 인종 및 문화적 요인 문화와 인종 배경이 상이한 사람들은 질병 증상 경험에 대해 서로 다른 태도를 보인다. 미국에서 사회경제적 지위가 높은 사람들은 낮은 사람들에 비해 더 적은 증상을 경험하고 더 높은 수준의 건강을 보고한다(Matthews & Gallo, 2011; Stone, Krueger, Steptoe, & Harter, 2010). 또한 높은 소득계층의 사람들이 아프면 진료를 받을 가능성이 더 높다. 그럼에도 불구하고 입원한 사람 중에는 가난한 사람들의 비율이 높은데, 이는 그들이 중산층이나 상류층에 비해 심각한 질병에 걸릴 가능성이 더 높음을 뜻한다. 사회경제적 지위가 낮은 사람들은 건강관리를 진료를 받기까지 더 오래 기다리는 경향이 있어 치료가 더욱 어려워지고 더 길게 입원해야 할 가능성도 있다. 이 밖에도 가난한 사람들은 의료혜택을 받지 못하고, 의료기관까지 가려면 더 멀리 가야 하며, 의료기관에 도착해서도 더 오래 기다려야 할 확률이 높다. 그러므로 가난한 사람들은 부유한 사람들보다 건강관리 서비스를 덜 이용한다. 가난한 사람이 건강관리 서비스를 이용할 때는 보통 질병이 더 심각해졌을 때이다.

인종적 배경은 건강관리를 추구하는 데 있어 또 다른 요인으로, 유럽계 미국인은 다른 인종의 사람들보다 병원을 더 자주 방문한다고 보고한다. 국민 건강 및 영향 조사의 일부(Harris, 2001)로 이런 인종적 차이의 이유를 알아보았다. 제2형 당뇨병에 걸린 유럽, 아프리카 및 멕시코계 미국인 사이의 의료기관에 대한 접근성과 이용 방식을 비교해봤는데, 인종적 배경에 따라 당뇨 및 심장병에 대한 일상적인 위험요인에서뿐만 아니라 건강보험이 적용되는 범위에서도 차이가 나타났다. 비슷하게, 보험 적용 범위에서의 인종적 차이는 구강 보건 관리 이용에서의 인종적 차이를 설명한다(Doty & Weech-Maldonado, 2003). 그러나 치료에 대한 접근이 민간의료보험에 의존하지 않는 국가에서도, 소수민족은 암 관련 증상의 진단까지 더 긴 지연을 보이는 경향이 있다(Martins, Hamilton, & Ukoumunne, 2013).

영국의 한 연구에 따르면, 치료를 받는 데 있어서 나타나는 차이는 일차적으로 지식의 부족이 아닌 문화와 민족적 배경이라는 사실이 확인되었다. 한 연구(Adamson, BenShlomo, Chaturvedi, & Donovan, 2003)에서 연구자들은 크고 다양한 참여자 집단에 질문지를 보냈다. 각 질문지에는 (1) 가슴 통증의 징후를 경험하는 사람들과 (2) 자신의 겨드랑이에서 혹을 발견하는 사람들을 보여주는 두 가지 임상적인 삽화가 포함되어 있었다. 연구자는 각 참여자에게 가슴 통증과 혹에 대해 즉각적인 진료가 필요한지에 대한 반응을 물었다. 연구 결과는 사회경제적 지위가 낮은 흑인 여성 응답자들은 중산층이나 상류층의 백인 남성 응답자들만큼 이런 가상적인 의료 문제에 신속하고도 적절한 반응을 하는 것으로 나타났다. 즉, 가난한 흑인 여성은 가슴 통증이나 겨드랑이에 있는 혹의 잠재적인 건강 위험에 대한 정보나 지식이 부족한 것이 아니라 이러한 증상에 신속하게 반응할 수 있는 자원과 수단이 부족한 것이다. 또한 소수인종은 일상

생활에서 차별을 경험하기가 더 쉬운데, 차별을 받는 사람들은 건강관리 서비스 체계를 활용하기 더 어렵다(Burgess, Ding, Hargreaves, van Ryn, & Phelan, 2008).

낙인 어떤 사람들은 질병과 관련된 낙인 때문에 의학적 문제에 대해 도움을 구하는 것을 소홀히 할 수 있다. 낙인은 사람이 질병 그 자체를 또는 어떻게 질병에 걸렸는지 드러내기 창피해서 나타날 수 있다. 실제로, 낙인은 요실금(Wang et al., 2014) 또는 성병(Barth et al., 2002)과 같이 드러내기 창피한 질환에 대해 치료받는 것을 지연시키는 경향이 있다. 낙인은 또한 일부 사람들, 특히 흡연자들이 폐암과 관련된 증상을 치료하는 것을 막을 수도 있다. 한 연구에서, 폐암과 관련된 낙인을 더 크게 지각하는 사람들은 폐암의 초기 증상에 대해 도움을 구하는 데 오랜 시간이 걸렸다(Carter-Harris et al., 2014). 흡연자가 비흡연자보다 폐암을 나타내는 증상을 호소하는 경향이 적기 때문에 폐암과 관련된 낙인이 흡연자에게 특히 중요할 수 있다(Smith, Whitaker, Winstanley, & Wardle, 2016). 이는 아마도 의사의 부정적 평가나 질병에 대해 비난받는 것에 대한 두려움 때문일 수 있다.

증상의 특징 증상의 몇 가지 특징도 사람들이 언제 어떻게 도움을 구하는지에 영향을 미친다. 증상 자체가 필연적으로 도움을 구하게 만들지는 않지만, 어떤 특징은 증상에 대한 반응에서 특히 중요하다. 데이비드 메카닉(David Mechanic, 1978)은 질병에 대한 사람들의 반응을 결정해주는 증상의 네 가지 특징을 열거했다.

첫 번째는 증상의 가시성이다. 즉, 그 증상이 자신과 타인에게 얼마나 쉽게 분명히 드러나는가이다. 확대된 고환 등 랜스 암스트롱의 많은 증상은 다른 사람들에게는 잘 보이지 않았다. 유방암 증상을 보이는 멕시코 여성에 대한 연구에서, 증상이 눈에 더 잘 보일수록 진료를 더 받으려고 하는 경향이 있었다(Unger-Saldaña & Infante-Castañeda, 2011). 불행하게도, 유방암이나 고환암 같은 많은 질병은 증상이 눈에 보일 때까지 상황을 악화시킬 것이다. 또는 치료 선택이 좀 더 제한적일 것이다.

메카닉이 언급하는 두 번째 증상의 특징은 증상의 지각된 심각성이다. 메카닉에 따르면, 심각하게 지각되는 증상은 그렇지 않은 증상에 비해 즉각적 활동을 촉발할 가능성이 높다. 랜스는 자신의 증상을 심각하게 보지 않았기 때문에 즉각적으로 진료를 받지 않았다. 그는 자신의 증상은 감기나 고된 훈련의 결과라고 생각했다. 증상의 지각된 심각도는 개인적 지각의 중요성과 환자

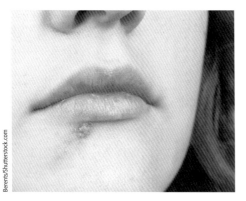

사람들은 다른 사람들에게 드러나는 증상에 대해 진료를 좀 더 쉽게 받는다.

가 평가하는 증상의 심각성이 다를 수 있음을 지적한다. 실제로 환자와 의사는 다양한 증상의 심각성에 대한 지각에서 서로 다르다(Peay & Peay, 1998). 그래서 심장병 증상을 경험한 후 도움을 구하는 여성에 대한 연구처럼, 좀 더 심각하게 지각되는 증상은 더 큰 관심을 불러일으키고 치료가 더 시급하다는 신념을 갖게 한다(Quinn, 2005). 심장병을 나타내는 증상을 알아차린 여성들은 일부 다른 조건의 증상을 알아차린 여성들보다 더 빠르게 도움을 구할 것이다. 즉, 도움을 구하는 결정에는 증상의 출현 자체보다는 증상의 지각된 심각성이 더 중요하다.

메카닉이 언급한 세 번째 증상 특징은 그 증상이 환자의 생활을 방해하는 정도다. 증상이 개인을 더 무력하게 할수록 진료를 받을 확률이 높다. 과민성 대장증후군(Ringström et al., 2007)과 과민성 방광(Irwin, Milsom, Kopp, Abrams, & EPIC Study Group, 2008)에 대한 연구는 이러한 원리를 설명한다. 진료를 받는 사람들은 그렇지 않은 사람들보다 더 빈약한 삶의 건강 질을 보고한다. 랜스 암스트롱은 그 증상들이 자전거 타는 자신의 능력을 방해하자, 그제야 암과 관련된 증상들에 주의를 기울였다.

메카닉이 네 번째로 설명하는 질병 행동의 결정요인은 증상의 빈도와 지속성이다. 사람들은 심각하면서 지속되는 증상은 도움을 요구하고 있는 것으로 보는 반면, 간헐적으로 나타나는 증상은 질병 증상 행동을 유발할 가능성이 낮다. 랜스가 경험했던 피를 토하는 것과 같은 심각한 증상은 사람들이 즉각적인 도움을 찾고, 비록 경미한 증상일지라도 증상이 지속될 때는 도움을 구하게 만들 수 있다.

메카닉의 기술이나 후속 연구에 따르면, 증상 특징 그 자체만으로는 질병 증상 행동을 촉발하기에 충분하지 않다. 그러나 증상이 지속되거나 심각하다고 지적한다면, 사람들은 증상을 관리가 필요하다는 신호로 평가할 가능성이 높다. 따라서 사람들은 증상에 대한 자신들의 해석에 기초해서 도움을 구하게 되는데, 이는 신념과 인식이 건강관리를 추구하는 과정에서 핵심적인 역할을 한다는 것을 강조한다.

질병의 개념화 생리학과 의학 영역의 전문가들은 아주 소수이며, 대다수의 사람들은 자신의 몸이 어떻게 작동하고 질병이 어떻게 발달하는지 거의 알지 못한다. 사람들은 대체로 의학적인 설명과는 다른 방식으로 질병에 대해 생각한다. 예를 들어, 아동(Veldtman et al., 2001)과 대학생(Nemeroff, 1995) 집단 모두 자신이 걸렸던 질병과 어떻게 아프게 되었는지를 설명하는 데 있어 질병에 대한 부정확하고 불완전한 지식을 보여주었다. 예를 들어, 한 연구에서 대학생들은 그들이 싫어하는 사람이 아닌 연인에게서 바이러스에 감염된 경우 독감 증상이 덜 심각하다고 생각했다(Nemeroff, 1995)(어떻게 감염되든 간에 바이러스는 바이러스이다). 즉, 사람들은 건강과 질병에 대한 부정확하고 때로는 불완전한 신념에 기초하여 진료를 받거나 받지 않을 것이다.

사람들이 질병을 개념화하는 중요한 방식은 무엇일까? 하워드 레벤탈(Howard Leventhal)과 그의 동료들(Leventhal, Breland, Mora, & Leventhal, 2010; Leventhal, Leventhal, & Cameron, 2001; Martin & Leventhal, 2004)은 개념화 과정에서 다음의 다섯 가지 요소를 살펴봤다. (1) 질병의 명명(identity), (2) 시간 경로(time line, 질병과 치료의 시간에 따른 경과), (3) 질병의 원인, (4) 질병의 결과, (5) 질병의 통제 가능성. 대부분의 사람들이 의학 전문가가 아니기 때문에 이러한 각 요소에서 사람들의 신념이 반드시 정확한 것은 아니지만, 이러한 신념들은 사람들이 어떻게 도움을 구하고 질병을 관리하는지에 중요한 영향을 미친다.

레벤탈과 그의 동료들이 확인한 첫 번째 요소는 질병의 명명으로 질병 증상 행동에 매우 중요하다. 자신의 증상을 '심장발작'으로 명명하는 사람은 같은 증상을 '가슴앓이'로 이름 붙이는 사람과는 매우 다르게 반응할 것이며(Martin & Leventhal, 2004), 실제로도 그렇다(Quinn, 2005). 우리가 보았듯이 증상의 출현만으로는 도움을 구하기에 충분하지 않으며, 증상과 관련된 명칭 부여가 도움을 추구하느냐 아니면 증상들을 무시하느냐를 결정하는 데 매우 중요할 수 있다.

명명은 사람들이 증상을 알아차리고 해석할 수 있는 참조틀을 제공한다. 한 연구에서 레벤탈과 그의 동료들은 젊은 성인들에게 혈압 검사를 실시한 후, 이들을 고혈압 또는 정상 혈압 집단 중 하나에 무작위로 배당했다(Baumann, Cameron, Zimmerman, & Leventhal, 1989). 평균 혈압으로 명명된 결과를 받은 집단에 비해 고혈압으로 명명된 결과를 받은 집단의 사람들은, 명명 뒤에 고혈압과 관련되는 증상을 보고할 확률이 더 높았다. 다시 말해, 질병에 대한 이름을 받는 것은 그 진단을 확증해주는 다른 증상을 더 많이 보고하도록 만든다.

사람들은 자신의 증상 경험에 대해 사소한 문제임을 암시하는 명칭을 발견했을 때(심장발작보다는 가슴앓이) 정서적으로 덜 각성된다. 그래서 처음에 사람들은 흔히 자신의 증상에 맞는 가장 덜 심각한 명칭을 수용하려 할 것이다. 예를 들어, 랜스 암스트롱은 두통을 숙취로, 흐릿해진 시야를 노화의 정상적인 일부분으로 해석했다. 랜스의 의사 친구뿐만 아니라 랜스 또한 피를 토하는 기침을 더 심각한 문제보다는 부비강 문제로 해석했다. 명칭은 상당 부분 그 질병의 증상과 시간 경로에 관한 예측을 동반한다. 그래서 증상과 시간 경로가 그 명칭에 내재된 기대와 일치하지 않을 때는 증상에 새로운 명칭을 붙여야 한다. 부어오른 고환이 또 다른 두드러진 증상이 되었을 때, 랜스는 부비강 문제라는 명명이 적합하지 않다는 사실을 바로 깨달았다. 이처럼 자신이 경험하는 증상을 좀 더 심각한 문제라기보다 더 가벼운 문제에 기인하는 것으로 해석하려는 경향성은 많은 낙관주의자의 자가진단의 근원이 되며, 랜스의 경우도 예외가 아니었다.

질병 증상 경험 개념화의 두 번째 요인은 시간 경로다. 비록 진단 자체가 그 질병의 시간 진행에 따른 경로에 대한 정보를 암묵적으로 담고 있지만, 사람들의 시간 경로에 대한 이해가 반드시 정확한 것은 아니다. 만성장애가 있는 사람들은 흔히 자신의 질병을 급성이고 단기간 지속되는 것으로 본다. 예를 들어, 만성질환에 해당하는 심장병을 가진 환자들은 자신의 질병을 급성장애에 해당하는 '가슴앓이'로 볼 수 있다(Martin & Leventhal, 2004). 환자들은 대부분, 증상이 빨리 발발하고 치료가 뒤따르면 증상들이 금세 가라앉고 치료가 되는 급성질병의 양상을 가진 일시적 장애로 기대할 가능성이 높다. 실제로, 자신의 질병을 급성으로 개념화하는 사람들은 자신의 증상을 더 잘 관리하는 경향이 있다(Horne et al., 2004). 불행하게도, 이러한 시나리오는 심장병이나 당뇨병처럼 일생에 걸쳐 만성적으로 지속되는 질병에는 적용되지 않는다. 당뇨병이 있는 성인에 대한 연구에서, 자신의 질병을 만성이라기보다는 급성으로 개념화하는 사람들은 자신의 질병을 더 잘 관리하지 못했다(Mann, Ponieman, Leventhal, & Halm, 2009). 그러나 만성질환을 시간 제한적인 것으로 개념화하는 것은 어느 정도 심리적인 위안을 제공한다. 자신의 암을 만성질환으로 개념화한 환자들은 급성 질병으로 보는 환자들에 비해 더 큰 심리적 스트레스를 보고했다(Rabin, Leventhal, & Goodin, 2004).

질병을 개념화하는 세 번째 요소는 원인의 규명이다. 대부분의 경우 원인의 규명은 진단 후에 일어나기 때문에 질병 증상 행동보다는 환자 역할의 국면에 해당한다. 그러나 증상의 원인에 대한 귀인은 질병 증상 행동의 중요한 요인이다. 예를 들어, 어떤 사람이 자기 손의 통증을 그 전날 받았던 타격 때문이라고 생각한다면 그 사람은 손 통증의 원인으로 골수암을 고려하지 않을 것이다.

그러나 원인을 귀인하는 것은 흔히 잘못되기 쉽다. 사람들은 감기를 균이나 날씨 탓으로 귀인하고 암의 발생 원인을 전자오븐이나 신의 의지 때문이라고 생각할 수도 있다. 이런 개념화는 질병 증상 행동에 중요한 시사점을 던진다. 만약 사람들이 자기의 문제가 정서적이고 영적인 원인 때문에 생긴 것이라고 가정한다면 전문적인 치료를 덜 받으려 할 것이다. 문화는 질병의 원인을 귀인하는 데에도 영향을 미칠 수 있다. 심장병에 대한 영국인과 대만인의 신념을 비교한 연구에서 나타난 차이점은 다음과 같다. 영국인들은 심장병을 삶의 양식에 의해 야기된 것으로 볼 확률이 더 높은 반면, 대만인들은 심장병을 걱정과 스트레스에 의해 야기된 것으로 볼 확률이 더 높았다(Lin, Furze, Spilsbury, & Lewin, 2009). 심장병을 생활양식에 의해 야기된 것으로 보는 사람은 이를 스트레스로 인한 것으로 보는 사람과 다르게 병을 관리할 것으로 예상하는 것이 합리적이다. 따라서 사람들의 질병 원인에 대한 개념화는 자신의 질병 증상 행동에 영향을 미칠 수 있다.

질병의 결과는 레벤탈의 질병 증상 경험에 대한 기술에서 네 번째 요소에 해당한다. 질병의 결과 역시 진단에 의해 암시된다. 그러나 결과에 대한 부정확한 이해가 질병 증상 행동에 심대한 영향을 미칠 수 있다. 많은 사람이 암 진단을 사망선고로 본다. 어떤 사람은 자신이 희망이 없는 상황에 처해 있다고 믿기 때문에 건강관리를 무시한다. 자신의 가슴에서 뭉친 덩어리를 발견한 적지 않은 여성들이, 암의 증상을 깨닫지 못해서가 아니라 결과(수술과 가슴을 잃을 가능성, 항암 치료, 방사선 치료, 또는 이러한 결과의 몇 가지 조합)가 두려워서 병원에 가는 것을 미룬다.

질병의 통제 가능성은 치료나 질병을 통제함으로써 자신의 질병 증상 경험 경과를 통제할 수 있다는 사람들의 신념을 말한다. 자신의 행동이 질병의 경과를 변화시키지 못할 거라고 믿는 사람들은 신속한 치료가 효과적일 거라고 믿는 사람들보다 치료를 덜 받을 수 있다(Evans & Norman, 2009; Hagger & Orbell, 2003). 그러나 의료상담 없이 자신의 질병 증상 경험을 통제할 수 있는 사람들은 전문적인 진료를 받을 가능성이 더 적을 것이다(Ringström et al., 2007).

결국, 레벤탈 모형의 다섯 가지 신념은 심리적 스트레스, 건강관리의 추구, 질병 관리를 포함하는 몇 가지 중요한 결과를 예측한다. 이러한 신념들을 변화시키면 건강행동을 향상시킬 수 있는가? 천식을 앓고 있는 환자에 대한 최근 연구는 이러한 구성요소들이 개입을 위한 유용한 대상이 될 수 있다고 보았다(Petrie, Perry, Broadbent, & Weinman, 2011). 이 연구에서 연구자들은 몇 명의 천식 환자에게 천식의 명명, 시간 경로, 원인, 결과 및 천식에 대한 통제 가능성을 정확하게 기입하도록 하는 정기적인 문자 메시지를 보냈다. 통제 집단과 비교하여 문자 메시지 중재를 받은 환자들은 자신의 상황을 훨씬 더 잘 관리했을 뿐만 아니라, 천식에 대해 더 정확한 신념들을 보고했다. 따라서 레벤탈 모형의 다섯 가지 신념은 일부 사람들이 건강하지 못한 방식으로 행동하는 이유를 이해하는 것뿐만 아니라 자기 관리 능력 향상을 위한 개입의 대상으로도 유용하다.

환자 역할

카슬과 코브(1966b)는 환자 역할 행동을 자신이 병이 있다고 믿고 병에서 회복하려는 사람들이 보이는 활동으로 정의했다. 바꾸어 말하면, 환자 역할 행동은 진단을 받은 뒤에 일어난다. 알렉산더 세갈(Alexander Segall, 1997)은 이 개념을 수정했다. 이 개념은 환자 역할 개념이 세 가지 권리 또는 특권과 세 가지 의무 또는 책임을 포함할 것을 제안한다. 특권은 다음과 같다. (1) 건강 관련 문제에 관해 결정을 할 수 있는 권리, (2) 정상적 의무로부터 면제될 수 있는 권리, (3) 도와줄 다른 사람에게 의존할 수 있는 권리이며, 세 가지 책임은 (1) 회복하기와 아울러 자신의 건강을 유지해야 할 의무, (2) 일상적 건강관리 관리를 수행해야 할 의무, (3) 넓은 범위의 건강관리 자원을 사용해야 할 의무이다.

세갈의 권리와 의무에 대한 표현은 미국에 있는 환자 역할 행동의 실제를 반영하기 보다는 이상에 해당한다. 건강 관련 문제에 관해 결정을 할 수 있다는 첫 번째 권리는 가난하게 살고 있는 많은 사람과 아이들에게 적용하기 어렵다(Bailis, Segall, Mahon, Chipperfield, & Dunn, 2001). 환자 역할의 두 번째 특징은 아픈 사람은 정상적인 의무를 면제받는다는 것이다. 아픈 사람에게 일반적으로 직장에 가고 학교에 다니고 모임에 가고 요리하고 청소하고 아이들을 돌보고 집안일을 하고 잔디 깎는 일을 하기를 기대하지 않는다. 그러나 이러한 기대를 충족하는 것이 항상 가능하진 않다. 아픈 이들 중 많은 사람이 집에 머물거나 병원에 가지도 않고 계속 직장에 나가야 한다. 실직의 위험을 느끼는 사람은 아플 때도 직장에 나갈 가능성이 더 높다(Bloor, 2005). 그러나 동료들과 좋은 업무관계를 경험하고 직장에 헌신했던 사람들 역시 그렇게 했다. 비슷하게, 세 번째 특권(다른 사람에게 의존하기)도 현실적이기보다는 이상적이다. 예를 들어, 엄마들은 아프더라도 보통 자기 아이를 계속해서 돌보는 책임을 져야 한다.

세갈이 말한 아픈 사람들의 세 가지 의무는 모두 회복을 위해 필요한 것은 무엇이든지 해야 하는 단일 의무사항에 해당한다. 하지만 건강을 회복하고자 하는 목표는 만성적인 질병보다는 급성질병에 주로 적용된다. 만성적인 질병을 가진 사람들은 결코 완전하게 건강해질 수는 없을 것이다. 이러한 상황은 만성적인 질병을 앓는 많은 사람에게 갈등을 만든다. 즉, 만성적인 질병을 가진 사람들은 자신의 상태를 영구적인 장애 중 하나로 받아들이는 데 어려움을 겪는다. 대신 그들은 자신의 질병이 일시적인 상태라고 믿는 잘못된 신념을 갖는다.

요약

건강과 질병을 구분하는 손쉬운 경계선은 없다. 세계보건기구는 건강을 단순히 질병의 부재 이상이라고 본다. 즉, 건강은 긍정적인 신체, 정신 및 사회적 안녕을 달성한 상태. 신기하게도 질병과 질병 증상 경험의 구분은 좀 더 분명하다. 질병은 몸 내부의 신체적 손상 과정으로 언급되는데, 이런 손상을 본인은 알 수도 있고 모를 수도 있다. 반면 질병 증상 경험은 아픈 것의 경험을 의미한다. 사람들은 아프다고 느끼지만 질병의 존재를 찾아내지 못할 수도 있다.

적어도 다음의 여섯 가지 요인이 사람들이 질병 증상에 반응하는 방식을 결정한다. (1) 개인적인 요인(예를 들어 사람들이 자신의 몸을 바라보는 방식, 그들의 스트레스와 성격), (2) 성별(여성은 남성보다 전문적인 보호를 추구하기 쉬운 존재다), (3) 나이(노인들은 많은 증상을 자신의 나이 탓으로 돌린다), (4) 인종 및 문화적 요인(진료를 받을 여유가 없는 사람들은 부유한 사람들보다 더 자주 아프지만 진료는 덜 받는다), (5) 낙인(사람들은 종종 부끄럽거나 난처한 질병에 대해 도움 구하는 것을 미룬다), (6) 증상의 특징(명백하고 심각하며 잦은 증상과 일상 활동을 방해하는 증상들이 대부분 치료를 받도록 만든다), (7) 사람들의 질병에 대한 개념화

사람들은 자신의 질병 개념에 다섯 가지 요소를 통합하는 경향이 있다. (1) 질병의 명명, (2) 질병의 시간 경로, (3)

질병의 원인, (4) 질병의 결과, (5) 질병의 통제 가능성. 만약 어떤 질병이 공식적으로 확인되거나 진단되었다면, 거기에는 그 질병의 시간 경로와 결과에 대한 암시가 포함되어 있다. 그러나 자신의 질병 이름을 아는 사람들이 모두 그 질병의 시간 경로나 결과를 정확하게 아는 것은 아니며, 만성질환을 짧은 시간 경로를 가진 것으로 잘못 아는 경향이 있다. 사람들은 자신의 질병 증상 경험의 원인을 알고 싶어 하고 질병 증상 경험이 어떻게 통제될 수 있는지를 이해하고자 한다. 하지만 질병이 통제 불가능하다는 신념은 사람들이 치료를 소홀히 하도록 만들 수 있다.

일단 증상에 대한 진단이 내려지고 자신이 아프다고 믿게 되면, 사람들은 회복하기 위한 환자 역할 행동을 하게 된다. 아픈 사람은 정상적 책임에서 면제받을 수 있지만, 회복하고자 노력해야 하는 의무도 부여받는다. 그러나 이러한 권리와 의무는 실행하기 어렵거나 흔히 불가능하다.

비의학적 출처에서 의학적 정보 찾기

사람들은 자신에게 잠재적인 문제가 있음을 지각하게 하는 증상을 알아차린 후에, 도움을 구할지 말지 그리고 어떻게 도움을 구할지에 대한 결정을 내린다. 그러나 사람들이 건강관리를 추구하기 위해 처음으로 하는 일은 흔히 의사에게 도움을 구하는 것이 아니다. 대신에 자신이 좀 더 쉽게 접근 가능한 출처인 일반인 의뢰망과 인터넷에 의지한다.

일반인 의뢰망

랜스가 결국 자신의 증상에 대한 조언을 받기로 결정했을 때, 즉시 전문의에게 가는 대신에 의사가 되기를 희망하는 사람들 중 한 명인 자신의 친구와 상담을 했다. 랜스의 친구는 그의 **의뢰망**(lay referral network) 중 일부였는데, 의뢰망이란 어떤 공식적인 진료를 받기 전에 정보를 제공하고 조언을 해주는 가족 및 친구들의 연결망을 말한다(Friedson, 1961; Suls, Martin, & Leventhal, 1997). 랜스처럼 건강관리를 추구하는 대부분의 사람들은 자신의 증상에 대해 친구나 가족과 사전에 대화를 한다(Cornford & Cornford, 1999). 예를 들어 과민성 대장증후군 연구(Ringström et al., 2007)에서, 치료를 받지 않았던 사람들 중 약 절반은 같은 조건에 있는 누군가의 대안적인 도움이나 조언을 구했다. 즉, 대부분의 사람들이 꼭 의사로부터 도움을 구하는 것은 아니다.

의뢰망은 개인이 문제의 명칭, 원인, 치료법 등과 같은 증상의 의미에 대해 이해하도록 도울 수 있다. 의뢰망은 또한 증상에 대한 개인의 지각을 점화시킨다. 예를 들어, 가슴 통증을 겪고 있는 여성은 그녀의 가족에게 가슴앓이 병력이 아니라 심장발작 병력이 있었다면 꽤 다르게 반응할 것이다. 경우에 따라서 의뢰망 안의 사람들은 진료를 받는 것에 반하는 조언을 할 수 있다. 특히 그들은 간단한 가정 치료법을 추천하거나 보완 및 대체 치료를 추천할 수도 있다(보완 및 대체 치료에 관한 내용은 8장을 참조하라). 따라서 사람들의 사회적 연결망은 흔히 건강 문제에 대한 정보와 조언의 첫 번째 출처가 되지만, 이것이 항상 전통적인 진료를 받도록 조장하는 것은 아니다(Dimsdale et al., 1979).

인터넷

최근에 인터넷은 증상에 대한 정보와 도움을 구하는 사람들에게 또 다른 정보의 출처가 되고 있다. 실제로 미국 인터넷 사용자의 대다수는 건강 정보를 찾을 때 인터넷을 사용한다고 보고했다(Atkinson, Saperstein, & Pleis, 2009). 여성이고 교육 수준이 높을수록 그렇지 않은 사람보다 이러한 목적으로 인터넷을 사용할 가능성이 더 높다(Powell, Inglis, Ronnie, & Large, 2011). 사실 공중보건 연구원들은, 특정한 질병 증상에 대한 인터넷 검색 수가 갑자기 급증하는 것을 통해서 실시간으로 전염병 발생을 신뢰성 있게 찾아낼 수 있었다(Ginsberg et al., 2009)!

인터넷은 특정 건강 이슈에 대한 좀 더 자세한 이해를 추구하고, 이차 의견을 얻고, 안심을 추구하고, 다른 출처를 통해 건강 정보를 얻는 어려움을 극복하는 것과 같은 많은 동기를 만족시켜주기 때문에 건강 정보의 일반적 출처가 된다(Amante et al., 2015; Powell et al., 2011). 그러나 증가된 인터넷 접근성은 대중에게 어마어마한 양의 의학 정보와 잘못된 의학 정보를 함께 제공한다(Wald, Dude, & Anthony, 2007)('믿을 수 있을까요?' 글상자 참조). 인터넷 사용자가 직면하는 도전과제 중 하나는 건강 관련 제품을 팔기 위해 노력하는 웹사이트와 신뢰할 수 있는 웹사이트를 어떻게 구별하는가이다. 많은 사람은 위키피디아의 정보가 다른 출처만큼 정확하지 않을 수 있다는 사실에도 불구하고, 건강 정보의 첫 출처로 위키피디아를 이용한다(Laurent & Vickers, 2009). 훌륭하고 믿을 만한 건강 정보의 출처는 건강증진센터 웹사이트(www.cfah.org)와 국립보건원 웹사이트(health.nih.gov)이다. 2장 또한 인터넷에서 타당한 건강 정보를 찾아내는 방법에 대한 유용한 팁들을 포함하고 있다.

정보를 찾기 위해 웹으로 가는 환자들은 자신의 건강관리에 있어서 더 능동적이 될 수 있겠지만, 이런 지식으로 인해 의사의 권위가 감소되고 의사-환자 관계의 본질이 변화될 수 있다. 의사가 보기에 정확하고 적합해 보이는 정보를 환자가 가져오는 경우에는 그 관계가 증진될 수 있다(Murray et al., 2003). 그러나 환자가 부정확하고 적합하지 않은 정보를 가져왔을 때는 관계가 악화되고 의사의 권위를 떨어뜨릴 수도 있다. 많은 환자는 정보 제공자에게 도전하는 두려움 때문에 그들에게 자신이 본 인터넷 건강 정보에 대한 언급을 꺼린다(Imes et al., 2008). 그래서 인터넷은 중요한 건강 정보

유아기 예방접종에 대한 논란이 있다

홍역 백신이 보급되기 전인 1980년, 그 전염성 있는 바이러스로 인해 매년 약 260만 명의 사람들의 목숨을 잃었다. 광범위한 예방접종 후, 홍역과 관련된 사망은 선진국의 거의 모든 사람이 홍역이 무엇인지도 모를 정도로 줄어들었다. 그러나 예방접종률이 낮은 지역에서는 여전히 홍역과 관련된 사망이 발생하고 있다. 사실, 홍역은 세계적으로 어린이들 사이에서 백신으로 예방 가능한 사망의 주요 원인으로 남아 있다.

그렇다면 왜 홍역 예방접종이 많은 사람에게 심적으로 부담되고 논란이 되는 문제인 것일까? 왜 많은 부모는 아이들에게 예방접종을 하지 않는 편이 더 안전하다고 느낄까? 어떻게 이런 논쟁이 일어났고 왜 그것이 계속될 수 있을까?

이 논란은 앤드류 웨이크필드(Andrew Wakefield)가 갑작스러운 위장장애와 자폐증 관련 증상을 겪은 12명의 아이들에 대한 연구를 발표한 1998년에 시작되었다(Wakefield et al., 1998, later retracted). 이 12명의 아이들 중 8명의 부모나 의사들은 아이들이 홍역, 볼거리, 풍진 예방접종을 받은 직후에 그 증상이 시작되었다고 말했다.

아이들은 보통 생후 2년 사이에 MMR 예방접종을 처음 하게 된다. 이것은 또한 부모나 의사들이 아이들에게서 자폐증의 징후를 대개 알아차리기 시작하는 시기이다. 그러므로 일부 부모들은 MMR 예방접종과 비슷한 시기에 발현되는 자폐증의 증상을 알아차릴 것으로 보인다. 만약 몇몇 부모들이 이러한 상관관계를 알아챈다면, 예방접종이 자폐증을 유발했다고 결론짓는 것이 쉬울 수도 있다.

MMR 예방접종은 웨이크필드의 연구에 참여한 12명의 아이들 중 8명에게 자폐증을 유발했는가? 웨이크필드의 연구는 이 문제를 제기했지만, 12명의 아이들을 대상으로 한 소규모 연구였고, 조사 후 웨이크필드 데이터의 유효성에 대한 심각한 의문이 제기되어 연구가 중단되었다. 웨이크필드 연구의 논란에 힘입어 50만 명 이상의 아이들을 검사한 연구를 포함해 거의 12개의 대규모 역학 연구들이 이 질문을 다루고 있다(Madsen et al., 2002). 이러한 후속 연구들은 MMR 예방접종을 한 아이들이 그렇지 않은 아이들보다 자폐증에 더 높

은 위험을 보인다는 어떠한 증거도 발견하지 못했다. 웨이크필드의 12명의 아이들에 대한 연구가 백신과 자폐증 사이의 유효한 연관성을 발견했다면, 분명히 50만 명의 아이들도 같은 연관성을 발견해야 한다. 하지만 다른 많은 연구는 그렇지 않았다.

그렇다면 왜 백신의 안전성에 대한 의문점들이 지속되고 있는 것일까? 여러 가지 설명이 존재한다. 우선, 노골적인 백신 비평가들 중에는 짐 캐리(Jim Carrey)와 제니 매카시(Jenny McCarthy)(그들의 아들이 자폐증으로 진단받은 사람들)와 같이 언론에 많이 노출된 연예인들도 있다. 둘째로, 자폐증의 정확한 원인은 알려져 있지 않고, 현재 치료법도 없다. 의학적 연구가 제공하는 답변이 거의 없을 경우, 사람들은 종종 비의학적 출처, 인터넷, 소셜 미디어를 통해 해답을 찾는다.

인터넷과 소셜 미디어는 정보와 잘못된 정보의 출처가 될 수 있다. 한 연구에서 구글에 "MMR과 자폐증 사이에 관계가 있나요?"라고 검색한 결과, 웹사이트의 절반 미만이 이 질문에 과학적으로 정확한 답변을 제공하고 있다는 사실을 발견했다(Scullard, Peacock, & Davies, 2010). 페이스북이나 블로그 같은 소셜 미디어 사이트들은 예방접종이나 자폐증에 관한 개인적인 경험 중 감정적인 측면의 정보를 제공하는데, 이 중 거의 대부분은 예방접종에 대해 인식하고 있는 유해성에 초점을 맞추고 있다(Betsch et al., 2012). 설득 분야의 수십 년에 걸친 연구 결과에 따르면 무미건조하고 과학적인 정보보다 정확성에 상관없이 개인적인 이야기가 더 매력적이고 강력하다. 그러므로 MMR 백신에 관한 정보를 찾는 부모에게 있어서, 인터넷과 기타 언론 매체는 허위 정보의 강력한 출처일 수 있다. 게다가 사람들은 그들의 신념에 반하는 정보보다 지지하는 정보를 찾는 경향이 있는데, 이러한 특성은 사람들이 자신의 신념과 모순되는 새로운 정보에 내성을 갖게 한다.

이러한 잘못된 정보는 많은 부모가 아이들에게 예방접종을 하지 않게 할 수도 있다. 예방접종률이 감소하면, 홍역에 걸릴 위험이 더 증가한다. 실제로 홍역처럼 전염성이 높은 바이러스의 경우, 인구의 90~95%가 예방접종을 받아야 이 질병에 대한 노출을 피할 수 있다. 2015년에 캘리포니아의 한 놀이공원을 방문한 150

명의 사람들이 홍역에 걸린 것처럼, 예방접종률이 조금만 감소해도 질병이 발병할 수 있다. 이러한 발병은 해외에서 홍역에 걸린 한 사람이 예방접종을 하지 않은 다른 사람들에게 모르고 전염시켰을 가능성이 크다.

　따라서 유아 예방접종에 대한 논란은 의학 정보를 탐색하는 데 있어 많은 주요 쟁점을 부각시킨다. 대규모 연구의 결과보다 일화적 정보가 갖는 설득력이 더 크다는 점. 이용 가능한 정보가 없을 때 해답을 찾고자 하는 사람들의 욕구가 있다는 점. 사람들이 새로운 정보를 접했을 때 확고한 견해를 바꾸는 데 있어 어려움을 종종 겪는다는 점 등이 이에 포함된다.

출처이지만, 정확하고 적절한 정보에 접근하지 못하는 환자들은 건강 체계의 효율적인 이용자가 되지 못할 입장에 처할 수도 있다(Hall & Schneider, 2008).

 ## 건강관리 받기

대부분의 사람들은 몇 번의 건강관리를 받는다. 이러한 경험의 일부는 만족스럽지만, 어떤 상황에서는 그렇지 못하고 여러 가지 문제에 봉착하게 된다. 이런 문제에는 건강관리에 대한 접근의 제한성, 올바른 치료자의 선택, 병원에 입원해 있기 등이 포함된다.

건강관리에 대한 접근의 제한성

건강관리에 드는 비용 문제가 많은 사람이 적절한 치료와 관리를 받지 못하도록 만든다. 건강관리에 대한 이러한 제한된 접근은 다른 산업화된 국가들에서보다 미국에서 더 큰 문제가 되고 있다(Weitz, 2010). 많은 나라가 국가가 운영하는 건강보험이나 그밖의 전반적인 보상 계획을 발달시켜왔으나, 미국은 이런 전략에 저항해왔다. 그래서 입원과 복잡한 치료가 필요한 경우에는 비용이 너무 비싸서 대부분의 사람들은 이런 서비스를 제공받을 수 없는 형편이다. 이 상황은 사람들이 사적으로 가입하거나 더 많은 경우는 회원들에게 일정한 건강관리를 제공해주는 직장 보험 제도를 발달시켰다.

　특히 현재 건강 문제가 있는 사람들에게 개인보험은 값이 비싸고 보장 범위가 좁으나, 이런 사람들도 직장 집단의 일원으로는 일부 보험을 들 수 있다. 그래서 고용은 미국에서 건강관리 이용 접근성의 핵심 결정요인이다. 실직한 사람들과 건강보험을 제공하지 못하는 직장에 근무하는 사람들은 흔히 개인보험에도 가입해 있지 않으며, 이런 사람들의 수가 미국 인구의 11% 정도에 이르는 상황이다(NCHS, 2016a). 그러나 보험에 가입한 사람들조차도 건강관리를 받는 데 몇 가지 장벽에 직면할 수 있다. 보험사들은 흔히 치아 관리, 정신건강 서비스, 안경 같은 서비스를 지불 가능 목록에 포함시키지 않는 정책을 사용해서, 이러한 서비스에 대한 비용을 자기 돈으로 지불하게 하거나 서비스를 포기하게 한다. 치명적인 질병 증상을 겪고 있는 보험 가입자들도 돈이 많이 드는 진료가 보험으로 처리되지 않아 막대한 비용을 들여야 한다. 실제로, 미국의 모든 개인파산의 60% 이상이 의료비 지출로 인해 발생한다(Himmelstein, Thorne, Warren, & Woolhandler, 2009).

보험료를 낼 능력이 없는 사람들에게 건강관리를 제공하는 문제가 20세기 내내 미국의 국가적인 골칫거리가 됐다(Weitz, 2010). 이러한 문제에 대응하기 위해, 1965년 미의회는 노인의료보험제도(Medicare)와 국민의료보조제도(Medicaid)라는 두 가지 프로그램을 만들었다. 노인의료보험제도는 65세 이상의 미국인 대부분에게 병원비를 지불해서 이 연령층에는 입원 보험 미가입자가 거의 없다. 이 프로그램은 또한 매달 비용이 드는 의료비에 대한 보험은 제공하지만, 일상적인 치아 관리처럼 비용이 많이 드는 비용에는 적용되지 않는다. 국민의료보조제도는 저소득층과 장애나 임신 등의 신체적 문제에만 기반해서 건강관리를 제공한다. 이런 제한은 많은 가난한 사람을 프로그램 수혜의 부적격자로 만드는 경향이 있어서, 가난한 국민의 절반 정도만 국민의료보조 혜택을 받고 있는 실정이다(NCHS, 2016a). 비록 그들의 부모는 보험 혜택에 제한이 있더라도, 아동들은 주 아동건강보험 프로그램을 통해 건강보험을 이용할 수도 있다.

수입이 적은 사람들은 보험 적용을 받기 위해 힘겹게 노력하지만, 보험이 있는 사람들조차 자신의 계획을 수용할 수 있는 보험 제공자를 찾는 데 어려움에 부딪힌다(Carrillo et al., 2011; DeVoe et al., 2007). 보험이 없는 사람들은 건강관리를 받는 데 더욱 제한적이다. 이들은 비용 때문에 규칙적으로 주치의를 만날 가능성이 더 낮고, 만성적인 건강 문제를 가질 가능성은 더 높으며, 진료를 받을 가능성이 더 낮다(Finkelstein et al., 2011; Pauly & Pagán, 2007). 이러한 상황은 질병 관리에서 매우 심각한 결과를 초래한다. 만성질환이 있으면서 건강보험이 없는 사람들은 보험이 있는 사람들에 비해 불완전한 관리 상황, 진료 받기의 어려움, 더 많은 건강 위기, 더 높은 사망위험을 갖는다(McWilliams, 2009). 게다가, 보험이 없는 사람들의 비율이 높아지면 더 높은 비용을 부담하면서 더 낮은 보호의 질을 경험하게 되는 누수 효과가 발생한다. 그러므로 건강보험은 진료 접근성의 핵심 쟁점이 되고 치료자의 선택에서도 중요한 역할을 한다.

치료자 선택

질병 회복 시도의 일환으로 아픈 사람들은 흔히 건강관리 서비스 제공자에게 자문을 받는다. 19세기 초부터 시작해서 의사는 주요한 건강관리 서비스 제공자가 되었다

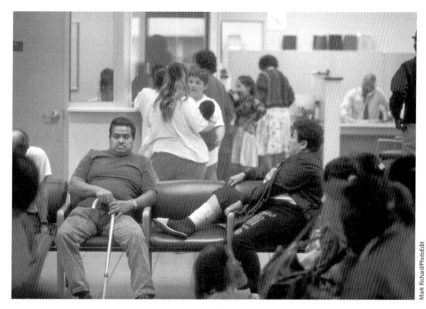

무료 건강관리 서비스를 찾아 주말 클리닉을 찾은 시골 가족들

(Weitz, 2010). 산업화된 나라의 대다수 중산층들은 의사의 서비스를 받는다. 하지만 20세기 말경부터 의사의 우세가 감소하기 시작하고 다른 유형의 건강관리 서비스 제공 자들이 전면에 등장하기 시작했다. 예를 들어 조산원, 간호사, 물리치료사, 심리학자, 정골요법가, 척추교정사, 치과의사, 영양사, 약초치료사 등이 다양한 유형의 건강관리 서비스를 제공한다.

이러한 건강관리 서비스 자원의 일부는 '대체(alternative)'라는 이름을 붙이기도 하는 데, 대체라는 용어는 전통 의학에 대한 대안을 제공한다는 의미에서 붙여진 이름이다. 전통적인 치료를 받는 미국 거주자의 1/3 정도가 어떤 형태든 대체 건강관리 서비스를 동시에 이용하고, 대체 건강관리 서비스를 이용하는 거의 모든 사람(96%)이 동시에 전통 건강관리 서비스를 이용한다(Weitz, 2010). 대체의학을 찾는 사람들 중 일부는 문화적 전통의 한 부분으로, 예를 들어 라틴 아메리카의 전통으로 약초치료사를 찾는다. 그러나 최근 대체의학의 성장은 전통적 치료에 만족하지 못하고 대체의학과 잘 맞는 태도를 지닌 교육 수준이 높은 사람들에 기인한 것이다(Weitz, 2010). 교육 수준이 높은 사람들은 전통 의료에 비해 보험으로 지불되지 않을 가능성이 높은 대체 치료에 치료비용을 지불할 능력이 있기 때문이다.

건강보험이 없는 사람들은 보험이 있는 사람들보다 규칙적으로 건강관리 서비스 제공자를 만나기가 어렵다(Pauly & Pagán, 2007). 이들은 비록 만성질환이 있을 때라도 집에서 가까운 일반 병원이나 응급실의 도움을 받는다. 컨비니언트 케어 클리닉

(convenient care clinics)²에서는 주로 의료 보조사와 임상 간호사를 통해 기본적인 건강관리 서비스를 제공한다(Hanson-Turton, Ryan, Miller, Counts, & Nash, 2007). 응급실에서의 건강관리 서비스는 응급이라는 기준을 충족시키는 경우에 한해서만 치료를 받을 수 있게 제한된다. 따라서 건강보험이 없는 환자들은 더 심하게 병이 들어서야 비로소 진료를 받을 수 있다. 게다가 응급실에서의 치료는 비용이 더 비싸고, 이들의 응급실 차지는 응급실 운영에도 부담을 지워, 급성적인 문제를 다루어야 할 응급의료 체계의 역량을 떨어뜨린다.

치료자-환자 상호작용   환자와 치료자의 상호작용은 진료를 받는 상황에서 매우 중요하다. 환자가 치료자와 작업동맹을 성공적으로 형성하면 환자들의 만족도가 높을 가능성이 크다(Fuertes et al., 2007). 만족스러운 환자-치료자 관계는 중요한 실익을 준다. 만족하는 환자들은 의학적 지시를 더 잘 따르는 경향이 있고(Fuertes et al., 2007), 건강관리 서비스를 계속해서 이용하고, 정기 건강검진을 받을 가능성이 더 높으며, 치료자에게 불만을 덜 갖는다(Stelfox, Gandhi, Orav, & Gustafson, 2005). 성공적인 치료자-환자 동맹을 맺기 위해서는 언어적 의사소통과 치료자의 개인적 특성이 중요하게 작용한다.

언어적 의사소통   빈약한 언어적 의사소통은 치료자-환자 상호작용에서 아마 가장 결정적 요인이 될 것이다(Cutting Edge Information, 2004). 치료자가 의학적 지시를 제대로 전달하지 못하면 환자는 치료자의 지시를 잘 따르지 않을 가능성이 의미 있게 높았다(Ratanawongsa et al., 2013; Zolnierek & DiMatteo, 2009). 의사소통 문제는 치료자가 환자에게 자신의 증상을 보고하도록 요구해놓고는 환자의 이야기를 몇 초 안에 중단시키고 환자의 관심사를 제대로 듣지 못하는 데서 발생할 수 있다(Galland, 2006). 환자에게 관심을 쏟는 것이 진단 과정에서 필수적이지는 않아서, 치료자는 단지 진단과 관련된 정보만을 끌어내려고 할 수도 있다. 그러나 환자들은 이런 치료자의 행동을 자신에 대한 관심의 부족이나, 자신은 중요하게 여기는 증상을 치료자가 간과하고 있다고 잘못 해석할 것이다. 일반적으로 치료자는 진단을 내린 후 진단명을 환자에게 말한다. 만약 진단이 사소한 것이라면, 환자는 안도하고 덧붙여지는 어떤 지시에 충실하게 따르지 않거나 심지어 경청하려 하지 않기도 할 것이다. 만약 진단이 심각하다면, 환자는 불안해하거나 두려워하고, 이런 감정은 환자가 뒤이어 듣게 되는 의학적 지시에 집중하는 것을 방해할 것이다. 특히 환자가 자신이 요청한 정보를 받지 못할 때 자신의 의사에 대해 덜 만족하고 지시를 제대로 따르지 않을 가능성이 높아진다(Bell,

---

2 리테일 클리닉(retail clinic)이라고도 불리며, 미국의 대형마트, 슈퍼마켓 혹은 약국에 위치한다. – 옮긴이

의사소통은 협력에 있어서 중요하며, 여성 의사는 남성 의사에 비해 상호작용과 의사소통을 촉진하는 경향이 있다.

Kravitz, Thom, Krupat, & Azari, 2002). 그러나 환자가 의사가 치료법을 찾는 그들의 이유를 잘 이해해주고 의사와 환자가 치료에 관해 함께 동의한다고 믿을 때, 환자들은 의학적 지시를 따를 가능성이 더 높다(Kerse et al., 2004).

다양한 이유로 의사와 환자는 종종 같은 언어로 이야기하지 않는다. 첫째, 의사들은 자신에게 친숙한 영역에서 일을 한다. 그들은 주제에 대해 잘 알고, 친숙한 환경과 반복되는 절차에 이완되고 편안하다. 반대로 환자들은 흔히 의학용어가 친근하지 않고(Castro, Wilson, Wang, & Schillinger, 2007), 낯선 환경에 주의를 빼앗기며, 불안, 두려움, 또는 통증으로 심리적 스트레스를 겪는다(Charlee, Goldsmith, Chambers, & Haynes, 1996). 경우에 따라서 의사와 환자는 정말로 다른 언어로 소통할 수도 있다. 모국어의 차이는 의사소통의 주요 장벽이 된다(Blanchard & Lurie, 2004; Flores, 2006). 통역사를 끼워서 이야기하더라도 상당한 정보가 잘못 전달된다(Rosenberg, Leanza, & Seller, 2007). 결과적으로, 환자들은 의사가 제공하는 정보의 상당 부분을 이해하거나 기억해내는 데 실패할 것이다.

치료자의 개인적 특성 치료자-환자 상호작용의 두 번째 측면은 치료자의 지각된 개인적 특성이다. 사람들은 자신의 의사를 자유롭게 선택할 수 있을 때, 의사의 전문 역량을 중시한다(Bendapudi, Berry, Frey, Parish, & Rayburn, 2006). 그러나 대부분의 환자들은 의학적 지식이 부족하기 때문에 환자들은 의사의 전문 역량을 판단하는 데 어려움을 느낀다. 그래서 환자들은 흔히 치료자의 개인적 특성을 기반으로 하여 그의 전문 역량을 판단한다. 환자들이 의사가 훌륭한 치료를 제공하는지 구별하는 데 사용하는 기준에는 자신감 있고, 철저하고, 사적이고, 인간적이고, 솔직하고, 예의 바르고, 공감적인 것 등이 포함된다. 여성 의사는 남성 의사보다 이러한 행동을 보일 가능성이 더 높다. 약 35년 동안 이루어진 연구들을 메타분석한 결과(Hall, Blanch-Hartigan, & Roter, 2011; Roter & Hall, 2004)에 따르면, 여성 의사가 남성 의사에 비해 좀 더 환자 중심적이고, 환자와 10% 정도 더 많은 시간을 보내고, 더 협력적으로 행동하고, 의사소통에서 더 긍정적이고, 심리사회적 상담에 더 관여하고, 더 많이 질문하고, 감정적으로 초점을 맞춘 대화를 더 많이 나누고, 환자들로부터 더 높은 평가를 받았다. 게다가 여성 의사의 환자들은 자신의 심리적 문제뿐만 아니라 의학적 증상에 대한 정보도 더 잘 드러내는 경향을 보였다. 이 연구는 환자가 의사를 선택할 때 의사의 성을 고려하고 싶어 할 것임을 시사한다.

사실 사람들은 따뜻하고, 친절하고, 우호적이고, 자신의 복지에 관심 있어 보이는 의사의 지시를 더 잘 따를 것이다(DiNicola & DiMatteo, 1984). 이에 반해 의사가 자신을 깔보거나 존중하지 않는다고 생각하면, 그의 지시를 따르거나 진료 예약을 지킬 가능성이 낮아질 것이다(Blanchard & Lurie, 2004). 사실, 의사와 환자 간의 의사소통이 원활하지 않으면, 의사와 환자의 인종적 배경이 다를 때 처방 준수에 있어 특히 악영향을 미칠 수 있다(Schoenthaler, Allegrante, Chaplin, & Ogedegbe, 2012).

병원에 있기

심각한 경우에 진료 후 입원으로 이어질 수 있다. 지난 30여 년에 걸쳐 병원과 병원에서 겪는 경험 모두가 많이 변했다. 첫째, 종전에는 입원해서 행하던 많은 수술과 검사가 이제는 외래 진료로 가능해졌다. 둘째, 입원해 있는 기간이 줄었다. 셋째, 진단과 치료를 위한 첨단 기술이 급격하게 늘었다. 넷째, 대부분의 환자들은 이제 의사에게 자신의 염려나 관심사를 좀 더 자유롭게 말할 수 있게 되었다(Bell, Kravitz, Thom, Krupat, & Azari, 2001). 이러한 변화들로 인해 심각하게 아프지 않은 사람들의 입원 가능성은 매우 낮아졌고, 병원에 입원하는 사람들은 30년 전보다 더 심하게 아프다.

건강관리 비용을 통제하기 위한 관리형 보호 체계 덕택으로 입원 기간이 짧아졌지만, 역설적으로 이러한 변화가 환자의 이해관계가 우선시되어 발생한 것은 아니었다. 기술의학이 환자 보호에 더 많이 쓰이게 되었으며, 병원 의료진에 의한 직접 치료는 드물어졌다. 이와 같은 요인들이 결합되어 병원에 있는 것이 상당한 스트레스 경험이 되었다(Weitz, 2010). 게다가 의료진의 부족과 기술과 약 처방에 대한 복잡한 모니터링

병원이 죽음의 중요 원인이 될 수 있다

미국 병원에서 진료를 받다가 죽을 수도 있다는 사실을 믿을 수 있는가? 몇몇 신문의 헤드라인은 그럴 수 있다는 놀라운 그림을 보도했다. 1999년 미국 의학협회의 한 연구는, 미국 병원에서 의료 실수의 결과로 매년 적어도 44,000명에서 어쩌면 98,000명 정도에까지 이르는 사람들이 죽는다고 추정한다(Kohn, Corrigan, & Donaldson, 1999). 후속 연구들은 의료 실수의 수가 이보다 더 많음을 발견했다(HealthGrades, 2011; Zhan & Miller, 2003). 비록 국가가 의료 사고를 사망의 주요 원인으로 인정하고 있지 않을지라도, 『워싱턴 포스트』 (Weiss, 1999)는 의료 실수가 미국인의 다섯 번째로 주요한 사망원인이 될 수 있다고 주장한다.

유감스럽게도 미국의 병원에서 환자들이 겪는 불필요한 사망의 원인이 의료 실수만은 아니다. 투약 실수 역시 죽음을 초래할 수 있다. 한 의학연구소 연구 (Aspden, Wolcott, Bootman, & Cronenwett, 2007)는 입원한 환자 한 명당 하루에 평균 한 번의 투약 실수를 경험한다고 추정했는데, 투약 실수는 이환율, 사망률, 입원비용을 증가시킨다. 약물 부작용 연구에 대한 메타분석 결과(Lazarou, Pomeranz, & Corey, 1998)는 적절하게 처방하고 복용했을 때조차도 매년 76,000명에서 137,000명이 약물 처방으로 사망한다고 추정했다. 이 분석에서는 병원에서 이미 치명적인 약물 부작용으로 고생했던 사람들뿐만 아니라 약물 부작용으로 병원에 입원한 환자들까지 포함시켜 200만 명 이상의 입원 환자 가운데서 약물 부작용을 보인 사람 수를 추정했다. 많은 주목과 관심에도 불구하고, 지난 15년 동안 이런 상황이 개선된 여지는 없어 보인다. 의료 진영은 의료 실수의 문제를 해결하기 위한 일부 제한된 조처만을 취했고(Leape & Berwick, 2005), 한 최근 연구 (HealthGrades, 2011)는 병원의 의료 실수가 감소되지 않았다고 보고한다.

이러한 상황을 바로잡는 데 있어 큰 장벽은 실수를 둘러싼 침묵과 비난의 분위기에서 비롯된다. 건강관리 전문가들은 비난을 받기 때문에 실수를 인정하거나 실수를 저지른 동료를 보고하기 원치 않는다. 루시안 리프(Leape & Berwick, 2005)는 이에 대해, 병원이 침묵과 비난으로 대처하기보다는 왜 실수하는가에 대한 정보를 찾아내고, 분석의 초점을 실수를 하는 사람보다 실수를 유발하는 시스템에 맞추어야 한다고 제안한다.

이러한 상황에 대한 적절한 개입이 의료 실수를 감소시킬 수 있다(Woodward et al., 2010). 여기에는 환자가 의사에게 자신의 이름을 분명히 말하면서 의사가 손을 제대로 닦았는지 아닌지를 물어보게 격려하는 것과 같은 환자 중심의 개입이 포함된다. 더불어 기관 차원의 개입으로, 의사나 간호사의 교대 시수를 줄이고, 잠재적인 의료 실수를 더 잘 탐색하는 컴퓨터 체계를 구동시킴으로써 의료 실수를 감소시키는 방안을 생각할 수 있다. 투약 실수나 부작용이 전혀 없게 만들 수는 없겠지만 실수가 발생하기 더 어렵게 하는 체계를 만드는 일은 가능하고, 이는 환자의 안전을 향상시키고 입원비용을 줄여줄 것이다.

업무는 놀랄 만한 수의 의료 실수를 낳았다('믿을 수 있을까요?' 글상자 참조).

병원에서의 환자 역할 환자 역할의 일부는 환자가 되는 것이며, 환자가 된다는 것은 건강관리 기관의 규칙에 따르고 의학적 조언에 순응하는 것을 뜻한다. 개인이 병원에 환자로 입원하면, 그 사람은 복잡한 기관의 일부가 되고 그 기관 내에서 주어지는 역할을 맡는다. 그 역할은 다음과 같은 몇 가지 어려운 면을 포함한다. '비인간적'으로 취급되고, 정보 부족을 참아내야 하며, 일상적인 활동에 대한 자기 통제권을 잃는다. 환자들은 대기, 지연, 의료진과의 의사소통 문제와 같은 고달픈 사건들을 겪을 수 있고, 그

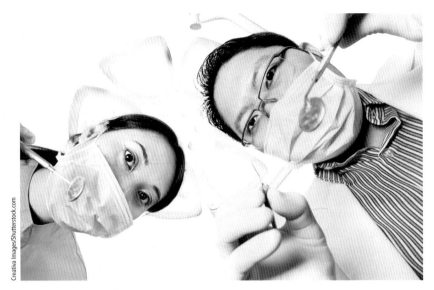

기술 사용의 증가, 정보의 부족, 통제력 부족은 입원 스트레스의 원인이다.

러한 일들은 환자의 만족감을 떨어뜨린다(Weingart et al., 2006).

입원을 하면 환자는 질병의 측면에서만 조망되고 그들의 지위는 '비인간적'인 것으로 격하된다. 환자의 개인적 정체성이 무시될 뿐만 아니라 그들의 말이나 질문은 간과되기 일쑤다. 병원에서 행해지는 절차는 의학적 관리의 기술적인 측면에 일차적 초점을 맞춘다. 그래서 흔히 환자를 인간적으로 대하고 그들의 상태에 대한 정보를 친절하게 제공하기보다는 환자의 정서적 욕구를 무시하고 치료에 덜 만족하게 내버려두는 경향이 있다(Boudreaux & O'Hea, 2004; Clever, Jin, Levinson, & Meltzer, 2008).

환자들이 경험하는 정보의 부족은 환자에게 정보를 비밀로 하려고 해서가 아니라 병원의 기계적인 절차에서 유래한다. 이제 대부분의 의사들은 환자가 자신의 상태에 대해 충분한 정보를 가져야 한다고 믿는다. 그러나 병원 장면에서 환자와 의료진 사이의 개방적 정보 교환이 어렵다. 대부분의 의사들은 병원에서 환자들과 단지 짧은 시간 동안만 이야기할 수 있다. 게다가 환자가 진단을 받고 있는 중에는 정보를 얻을 수가 없다. 의료진은 진단 검사의 목적이나 결과에 대해 환자에게 충분히 설명해주지 않아 환자를 불안하게 만들 수도 있다.

입원 환자들은 병원의 규칙과 의사의 지시를 수동적으로 따르도록 압력을 받아 자신들의 생활에 대한 통제력을 잃게 된다. 사람들은 자신이 처한 조건에 대해 어느 정도의 통제력을 행사할 수 있을 때보다 통제가 불가능한 자극에 노출되는 상황에서 더 높은 생리적 반응을 보이는 경향이 있다. 통제력 부족은 사람들의 주의집중 능력을 감소시킬 수 있고 신체 증상 경험을 증가시킬 수 있다.

병원 조직의 효율성을 높이기 위해서는, 그런 조처가 환자들에게서 정보와 통제력을 박탈할 때조차도 그들이 통일된 치료법과 병원의 일상적 관행을 따르게 하는 것이 바람직하다. 물론 병원이 환자의 자유를 빼앗겠다는 숨겨진 음모를 가진 것은 아니었겠지만, 결과적으로 환자들은 개인 통제력을 상실하게 되었다. 환자의 통제력 상실을 획기적인 방식으로 회복시켜주기에는 이미 병원 조직이 너무 복잡해졌다고 생각할 수도 있다. 그러나 통제력 회복을 위한 소규모 시도들도 상당히 큰 효과를 낼 수 있음이 증명된다. 예를 들어, 많은 병원은 환자에게 음식을 선택할 권리를 부여하고 텔레비전 리모컨을 주어서 자신이 보고 싶은 프로그램을 선택할 권력(물론 보지 않을 권리까지)을 주고 있다. 이러한 통제력이 사소해 보일 수도 있지만 매우 중요한 의미를 가질 수 있고, 이에 대해서는 5장에서 자세히 다룰 것이다(Langer & Rodin, 1976; Rodin & Lander, 1977).

아동의 입원 상해나 질병으로 인해 입원해보지 않고 아동기를 보내는 아이는 소수에 불과하고, 병원 경험은 아이들에게 스트레스와 불안의 주요 원인이 된다. 병원에 입원하는 것은 아동들로 하여금 부모와의 분리, 친숙하지 못한 환경, 진단 검사, 마취, 예방접종 '주사', 수술 및 수술 후의 통증과 같은 여러 문제를 겪게 한다. 아이들을 치료에 대한 두려움에 대처하도록 훈련시키는 일은 건강심리학자들에게 특별한 도전거리가 된다. 소아병원들은 흔히 아동을 위한 몇 가지 종류의 사건 준비 프로그램을 제공한다. 아동과 부모에게 병원 절차와 장비에 대한 정보를 제공하는 것은 불안을 감소시키는 효과적인 한 가지 방법이 될 수 있다.

그러나 아동을 일방적으로 안심만 시키려는 전략은 아동이나 부모의 두려움을 줄여주는 효과적인 방법이 아니다. 취학 전에 예방접종 주사를 맞으려고 하는 4~6세 아동에 대한 연구에서, 연구자들(Manimala, Blount, & Cohen, 2000)은 각 아동과 그 아동의 부모 짝을 주의분산 집단이나 안심제공 집단에 무작위로 배정했다. 주의분산 집단에 있는 아동의 부모들에게는 자녀들의 예방접종 절차에 대한 주의를 다른 데로 분산시키도록 요청했다. 안심제공 집단에 소속된 아동의 부모들에게는 두려워할 것이 전혀 없다고 안심시킴으로써 자녀의 불안을 감소시키라고 요청했다. 결과는 주의분산 집단의 불안 감소 효과가 월등했는데, 안심제공 집단에서 주사를 맞기 위해 몸을 붙들어야 했던 아이들의 수가 3배나 더 많았다. 또한 안심제공 집단에 있는 아동들은 일반 아동들이 보여주었던 것보다 더 많은 두려움을 언어적으로 나타냈다. 연구의 또 다른 흥미로운 결과는 예방접종 전에 부모가 받은 훈련과 관계가 있었다. 자신의 자녀를 어떻게 안심시켜야 하는지 훈련받은 부모들은 자신이 실제로 자녀를 달랠 수 있다는 높은 자신감 수준을 나타냈다. 예방접종 후에, 안심제공 집단 부모들은 아동을 돕는 데 문제가 있었을 뿐만 아니라 다른 부모들보다 심리적 스트레스를 훨씬 더 많이 받았다고 스스로 평가했다. 결과적으로 부모의 심리적 스트레스는 아동의 불안을 증가시킨다(Wolff et al., 2009). 안심시키기는 부모와 아동 모두의 스트레스를 감소시키는 효과적인 방법이 아니었다.

아동을 돕는 또 다른 전략은 모델링이다. 즉, 다른 아이가 유사한 스트레스 절차를 성공적으로 대처하는 모습을 지켜보게 하는 것이다. 모델링과 인지 행동적 개입 및 자기 말을 조합한 처치 프로그램은 백혈병처럼 통증이 심한 치료를 받는 아동들의 스트레스를 효과적으로 감소시켰다(Jay, Elliott, Woody, & Siegel, 1991). 실제로 이 개입은 발륨과 같은 약물 치료보다도 더 성공적이었다. 아동에 대한 개입의 효과를 개관해본 연구(Mitchell, Johnston, & Keppel, 2004)는 일반적으로 중다 성분의 복합 프로그램이 단일 성분 프로그램보다 더 효과적임을 지적한다(정보 제공과 기술 훈련, 둘 다가 입원 중인 아동과 그 부모들에게 의미 있는 도움을 준다).

병원에서 아동의 스트레스를 감소시키기 위한 개입전략의 시행은 효과성의 문제라기보다는 비용의 문제다. 현재의 추세는 모든 개입 활동의 비용을 더해서 전체 의료비용으로 계산하는 것이다. 따라서 전체 의료비용을 줄일 수 있다면, 아동들을 위한 이러한 개입은 비용 효과 면에서 경쟁력을 가질 수 있을 것이다.

요약

건강관리 비용 때문에 대부분의 미국인은 건강관리 서비스 이용에 제한을 받는다. 건강보험이 있는 사람들은 보험이 없는 사람들보다 좀 더 나은 관리를 받고 자신의 건강관리에 대한 더 많은 선택권을 행사한다. 의료비용에 대한 관심은 미국 정부로 하여금 두 가지 프로그램을 만들게 했다. 노인의료보험제도는 65세 이상의 사람들에게 병원비를 지불하고, 국민의료보조제도는 저소득 노인, 맹인, 장애자, 임산부, 부양 아동이 있는 가난한 부모에게 도움을 제공한다.

의사는 의학적 관리의 전통적인 근원이지만, 지난 20년에 걸쳐 대체의료 프로그램들이 더 대중적이 되었다. 건강보험이 없는 사람들은 흔히 정규적인 의료인을 확보하는 데 불리하고 제한을 받는다. 서비스 제공자에 대한 환자들의 만족도는 의학적 지시를 잘 따르는 순응성뿐만 아니라 진료를 받게 하는 중요한 요인이다. 환자에게 귀를 기울이고, 개인적으로 자신을 알아주고, 자신감 있고, 공감적인 의사가 훌륭한 의사로 평가받을 가능성이 높다. 여성 의사는 남성 의사보다 이러한 특성을 더 많이 나타내는 경향이 있다.

입원 환자들은 흔히 병원에 있음으로 인해 생기는 스트레스를 경험한다. 환자들은 '비인간적'으로 대우받으며, 자신의 질병에 관해 적절한 정보를 제대로 제공받지 못하며, 생활에 대한 통제력 상실을 경험한다. 입원 환자들은 병원의 일상절차를 따르고 의료진의 빈번한 요청에 순응할 것으로 기대 받는다.

입원 아동과 부모는 특정한 문제를 경험하고 병원에서 자녀들을 다루는 데 도움이 되도록 특정한 훈련을 받을 수 있다. 모델링과 인지 행동 프로그램을 포함하는 다양한 유형의 개입은 아동과 그들의 부모가 병원에서의 어려운 상황에 대처하도록 돕는 데 효과적이다.

1. 진료를 받게 만드는 요인은 무엇인가?

사람들이 건강하지 못하다고 느낄 때 자신의 건강 상태를 어떻게 결정할지는 사회적, 인종적, 인구학적 요인뿐만 아니라 증상의 특징과 그들이 가진 질병 개념 등에 달려 있다. 자신이 아픈지를 결정하는 데 있어 사람들은 자신이 경험하는 증상의 적어도 네 가지 특징을 고려한다. (1) 증상이 분명하게 드러나는 가시성, (2) 질병 증상 경험의 지각된 심각도, (3) 증상이 일상생활을 방해하는 정도, (4) 증상의 빈도와 지속 기간. 일단 아프다고 진단을 받으면, 사람들은 정상적인 사회적 및 직업적 책임으로부터 면제받고 회복 노력에 대한 의무를 지는 등의 환자 역할을 수용한다.

2. 사람들은 어디에서 의학적 정보를 찾는가?

사람들은 진료를 받는 것과 의학적 정보를 건강관리 시스템에서 찾기 전에 흔히 주위 사람들이나 인터넷에 의지한다. 일반적 의뢰망은 그들의 가족과 친구이며, 이들은 흔히 가능한 원인과 치료법을 제시할 뿐만 아니라 증상의 의미를 해석하는 것을 돕는다. 비록 인터넷에 있는 건강 정보의 특성이 매우 폭넓고 다양하지만, 최근 들어 인터넷은 건강 정보의 흔한 출처가 되었다. 환자들이 인터넷을 통해 정확하고 적절한 건강 정보를 찾았을 때는 환자-치료자 관계에 유익할 수 있다. 그러나 모든 환자가 인터넷을 통해 건강 정보에 접근하지는 않기도 하고, 정보를 얻더라도 치료자에게 그 정보를 노출하는 것을 조심스러워하기도 한다.

3. 진료를 받으면서 당면하게 되는 문제는 무엇인가?

사람들은 진료에 대해 돈을 지불해야 하는 문제에 당면하게 되고, 보험이 없는 사람들은 건강관리 서비스 이용에 제한을 받게 된다. 미국 정부는 노인의료보험제도와 국민의료보조제도를 만들어 65세 이상인 사람들과 일부 가난한 사람들이 건강관리 서비스를 이용할 수 있도록 도와주었지만, 많은 사람이 정규적으로 치료자를 찾고 적절한 건강관리 서비스를 받는 데는 상당한 문제가 있다. 의사들은 환자 개개인에게 많은 시간을 할애하기 어려운 형편인데, 이는 환자의 만족도를 떨어뜨리는 의사소통 문제를 야기할 수 있다. 의사소통 문제는 환자에게 자신의 관심사를 설명하는 데 충분한 시간을 주기보다는 진단명을 찾고 결정하는 데 초점을 맞추어 대화하는 것과 아울러 환자에게 친숙하지 않은 의학 용어를 사용하는 것 등을 포함한다.

사람들이 30년 전보다 병원에 더 짧게 머무는데도 불구하고 입원은 성인이나 아동 모두에게 더 어려운 경험이 되었다. 환자로 입원하면, 개인은 병원의 절차나 방침에 순응해야 한다. 여기에는 '비개인적'으로 취급되는 것, 정보의 부족을 참는 것, 일상적 활동에 대한 통제력을 잃는 것 등이 포함된다. 입원한 아동은 낯선 환경에 놓여 부모와 떨어지게 되고, 수술이나 기타 고통스러운 의료 절차를 밟을 수 있다. 아동과 부모가 이런 스트레스 경험을 관리하도록 도와주는 개입은 스트레스를 줄여줄 수 있지만, 이는 전체 의료비용의 면에서 고려되어야 한다.

더 읽을거리

Leventhal, H., Breland, J. Y., Mora, P. A., & Leventhal, E. A. (2010). Lay representations of illness and treatment: A framework for action. In A. Steptoe (Ed.), *Handbook of behavioral medicine: Methods and applications* (pp. 137-154). New York: Springer. 이 장은 건강관리

추구와 질병 관리 면에서 질병 증상 경험의 중요성을 논의하고, 질병 증상 경험의 개념화를 어떻게 개입의 목표로 사용할 수 있는지에 대해서도 약술하고 있다.

Martin, R., & Leventhal, H. (2004). Symptom perception and health care-seeking behavior. In J. M. Raczynski & L. C. Leviton (Eds.), *Handbook of clinical health psychology* (Vol. 2, pp. 299-328). Washington, DC: American Psychological Association. 이 논문은 건강관리 추구의 기초가 되는 상황과 지각에 대해 연구하고 있고, 증상 해석의 어려움과 증상 해석 행동을 설명하고자 하는 이론을 포함하고 있다.

Weitz, R. (2010). *The sociology of health, illness, and health care: A critical approach* (5th ed.). Belmont, CA: Cengage. 웨이츠는 보건 사회학 도서에서 미국의 건강관리 상황을 비판적으로 고찰했다. 10, 11, 12장은 전통적인 건강관리를 대체하는 것들을 포함하는 건강관리 환경에 대한 설명과 직업에 대한 내용을 제공한다.

건강에 도움이 되는
행동의 준수

**문제
제기**

이 장에서는 다음의 여섯 가지 기본적인 문제를 주로 다룬다.

1. 처방의 준수란 무엇이며, 어떻게 측정하고, 이 현상은 얼마나 자주 나타나는가?

2. 처방의 준수를 예측하는 데 어떤 요인들이 기여하는가?

3. 건강행동을 설명하는 연속체 이론이란 무엇이며, 이 이론들은 처방의 준수를 어떻게 설명하는가?

4. 건강행동을 설명하는 단계 이론이란 무엇이며, 이 이론들은 처방의 준수를 어떻게 설명하는가?

5. 건강행동의 의도와 행동 사이의 간격이란 무엇이며, 의도를 행동으로 실천하는 데 어떤 요인들이
   기여하는가?

6. 처방의 준수를 어떻게 개선할 수 있는가?

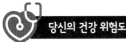

자신에게 해당하는 항목에 ☑ 표 하시오.

☐ 1. 나는 신체활동이 중요하다고 믿지만 운동할 때마다 충분한 시간 동안 계속하지 못한다.

☐ 2. 나는 의사가 처방한 약을 먹고 효험이 없다고 느끼더라도 계속해서 복용하겠다.

☐ 3. 나는 건강에 좋은 행동을 하려는 의도만 지녀도 실천이 되기 때문에 건강습관들을 바꾸려고 계획을 세울 필요가 없다.

☐ 4. 나는 의사의 처방을 준수하는 데 비용이 너무 많이 든다면 지키지 않겠다.

☐ 5. 나는 치아에 문제가 있든 없든 상관없이 1년에 두 번씩 치과에 간다.

☐ 6. [흡연자 문항] 나는 흡연이 심장병이나 폐암을 일으킬 수 있음을 알고 있는 흡연자이지만 다른 흡연자들이 나보다 이 질병에 걸릴 확률이 더 높다고 믿는다.

☐ 7. [여성 문항] 나는 유방암의 여러 증상들 가운데 어떤 증상도 없으므로 이 암을 걱정하지 않는다.

☐ 8. [남성 문항] 나는 고환암의 여러 증상들 가운데 어떤 증상도 없으므로 이 암을 걱정하지 않는다.

☐ 9. [흡연자 문항] 주위 사람들이 나에게 담배를 끊으라고 충고해도 끊을 수가 없었다.

☐ 10. 나는 의사가 처방한 약을 잊어버리고 먹지 않은 적이 많다.

☐ 11. 나는 자신의 건강을 증진하려고 목표를 세우면 이 목표를 달성하기 위한 방법과 상황을 구체적으로 생각하여 계획을 수립한다.

☐ 12. 내가 예전에 아팠을 때 의사가 나에게 알아듣기 어려운 충고를 했음에도 나는 당황해서 자세히 설명해달라는 말을 못한 적이 있다.

2, 5, 11번 문항은 건강에 도움이 되는 신념과 습관들이지만, 그 외의 문항들은 의학적 권고를 지키는 데 위험이 되는 요소들이다. 비록 건강 증진에 도움이 되는 모든 권고(예: 금연, 건강한 다이어트 식사, 운동 및 정기적인 치과와 건강검진)를 잘 지키기는 거의 불가능하지만, 건전한 의학적 충고를 따른다면 당신의 건강을 증진할 수 있다. 이 장을 읽어가면서 건강을 위한 처방의 준수를 도와주는 신념과 기법은 물론이고, 처방의 준수로 얻을 수 있는 이점에 대해서도 더 잘 배울 수 있다.

🩺 실제 사례 　라지브 쿠마르

© 2011 Scott Erb – Scott Erb Photography

2005년에 라지브 쿠마르(Rajiv Kumar)는 미국의 로드아일랜드에 있는 브라운 대학교(Brown University)의 의과대학 학생이었다. 그가 의학 훈련을 시작한지 얼마 되지 않아서 자신이 다룬 모든 환자가 건강한 음식을 섭취하거나 신체활동의 양을 늘리는 등 건강행동을 바꾸려고 힘쓰고 있음을 알게 되었다. 이 과정에서 의사들은 환자에게 체육관에 가라거나 식사 조절을

시작하라고 이야기해주는 일이 유일한 도움이었다. 이 진심어린 충고만으로는 환자가 자신의 행동을 바꾸는 데 거의 효과가 없다.

쿠마르는 이 경험을 하고 나서 의과대학을 중퇴하기로 결정했다. 그러나 그는 사람들이 건강하도록 돕겠다는 목표는 포기하지 않고 자신이 관찰한 대로 '건강을 회복한 환자들은 누구나 가족과 친구들로부터 사회적 지원을 받았다'는 사실에서 영감을 얻어서 활용했다.

쿠마르는 사람들이 사회적 지원에 힘입어서 다이어트와 신체운동의 목표를 달성하도록 이끌어주는 포괄적 프로그램을 개발하기 위해 동료 의과대학 학생들과 팀을 만들었다. 쿠마르는 이 일을 시작하기 위해 소액의 담보부채권을 발행하고 자신이 로드아일랜드에서

알고 있는 모든 사람에게 나중에 '건강행동을 제대로 하기(ShapeUp)'로 알려진 자기 프로그램에 지원자로 서명하도록 이메일을 보냈다.

이들이 만든 최초의 건강행동 프로그램은 생활양식을 개선하려는 목표를 공유하고 있는 친구들이나 직장 동료들이 '팀'을 만들도록 도와주는 16주짜리 프로그램이었다. 사람마다 인터넷으로 자기 건강행동의 목표를 설정하고, 진전을 추적하고, 기억할 정보를 받고, 그리고 무엇보다 중요하게 팀의 다른 사람들과 정보를 공유하며 결과도 비교할 수 있도록 온라인 플랫폼을 제공했다. 이와 아울러 각 팀은 다른 팀들과 경쟁도 할 수 있다. 쿠마르는 이 프로그램을 '건강을 위한 페이스북'이라고 불렀다.

이 프로그램은 매우 성공적으로 작동했다고 볼 수 있다. 2000명이 넘는 사람들이 이 프로그램에 참여하기로 서명했는데, 이 가운데 80%가 수료했으며, 평균 3.63kg의 몸무게를 줄였다. 이 결과는 직장에서 사원의 건강한 생활을 증진하려고 시도하던 그 지역의 여러 기업들에게 관심을 유발했다. 이로 인해 이 프로그램의 사업이 확장되었다.

최근 발표된 한 연구를 보면 쿠마르가 이 사업을 진행하는 동안 입증하려고 했던 가설을 지지하는 결과를 얻었다. 즉, 이 프로그램에서 사회적 지원이 성공의 핵심요소였다. 이 프로그램에 참가한 사람들이 자기 계획대로 사회적 지원을(그리고 사회적 압력을) 많이 느낄수록 결과가 좋았다(Leahey, Kumar, Weinberg, & Wing, 2012).

2016년에는 800개가 넘는 회사들에서 200만 명이 넘는 사원들에게 이 ShapeUp 프로그램을 제공하고 있다. 쿠마르는 결국 의과대학에 재입학하여 2011년에 의학박사 학위를 받았는데, 최근에는 아동과 청소년을 대상으로 유사한 프로그램을 개발하고 있다. 현재 'FitBit', 'DietBet', 'Daily Challenge' 같은 온라인 운동 프로그램도 많은데, 모두 사람들이 건강 목표를 달성하도록 돕기 위해서 사회적 지원을 비롯하여 사회적 영향을 활용하고 있다.

 # 처방의 준수에 관한 연구 주제

어째서 라지브 쿠마르의 ShapeUp 프로그램이 다이어트와 운동을 개선하려는 사람들을 고무하는 데 성공했는가? 의사들이 보통 이 사람들에게 간략하게 제공하는 권고를 넘어서 ShapeUp 프로그램은 무엇을 제공했는가?

의학적 권고가 환자의 건강에 도움이 되려면 다음 두 가지 요구조건이 충족되어야 한다. 첫째, 이 권고가 타당성이 높아야 한다. 둘째, 환자가 이 좋은 권고를 따라야 한다. 이 두 조건이 매우 긴요하다. 기본이 잘못된 권고임에도 환자가 그대로 따르면 이를 준수한 환자에게는 재앙을 초래하는 새로운 건강 문제를 낳을 수도 있다. 예를 들면, 어린이가 예방주사를 맞게 하지 말라는 잘못된 권고를 따르면 공중보건 문제가 생긴다(3장의 '유아기 예방접종에 대한 논란이 있다' 글상자를 참조하라). 반면에 매우 훌륭한 권고라고 하더라도 환자가 이를 따르지 않으면 쓸모가 없다. 미국에서는 특히 의사가 처방한 약물을 복용하지 않는 등 환자가 의사의 권고를 지키지 못함으로써 매년 125,000명가량이 사망한다고 추산한다(Cutting Edge Information, 2004). 치료의 효과를 다룬 연구들을 통합하여 분석한 두 통합 연구를 보면 의학적 처방의 준수가 개선 효과에서 큰 차이를 만들어낸다(DiMatteo, Giordani; Lepper, & Croghan, 2002;

Simpson et al., 2006).

쿠마르는 사회적 지원을 증진하는 프로그램을 개발했는데, (이 장에서 배우게 되겠지만) 사회적 지원은 의학적 권고를 준수하도록 사람들을 돕는 중요한 요인이다. ShapeUp 프로그램에는 이 프로그램이 성공하는 데 기여한 또 다른 요소들도 있는데 이 장에서 이 요인들도 설명하게 된다. 더 나아가서, 어떤 사람들은 건강행동을 위한 권고를 잘 따르는 반면에 또 어떤 사람들은 준수하기 어려워하는 이유를 설명하는 중요한 이론들을 제시하려고 한다.

처방의 준수란 무엇인가?

처방을 준수한다는 말은 무엇을 의미하는가? 이 책에서 처방의 **준수**(adherence)는 건강 전문가로부터 개인의 건강을 위해 권고를 받은 실천사항들을 따르려는 능력과 동기라고 정의한다. R. 브라이언 헤인즈(Brian Haynes, 1979)는 처방의 준수가 "개인의 행동(약물 복용, 섭식 조절 지키기, 생활양식의 변화를 실행하기 등)이 의학적이거나 혹은 건강상의 권고와 합치하는 수준"(pp. 1~2)이라고 넓은 의미로 정의했다. 이 정의는 처방의 준수가 단지 약물 복용의 뜻을 넘어서 적절하게 음식을 섭취하기, 충분한 운동, 불필요한 스트레스 피하기, 금연, 술의 오남용 안 하기와 같이 여러 가지 건강한 생활양식의 유지를 포함하는 의미로 확장되었다. 이에 더해서 처방 준수에는 병원과 치과에 주기적으로 예약하고 지키기, 안전띠 착용, 그리고 건강을 위해 가장 바람직한 권고들과 합치되는 그 밖의 행동들도 포함된다. 처방 준수는 어떤 상황에서는 지켜야 할 행동을 가르치기도 하고 다른 상황에서는 따르지 않아야 하는 행동을 나타내기도 하여 다양한 내용을 담은 복잡한 개념이다(Ogedegbe, Schoenthaler, & Fernandez, 2007).

처방 준수는 어떻게 측정하는가?

처방 준수를 연구하는 사람들은 건강 전문가의 권고사항을 지키는 데 실패한 환자들의 백분율을 어떻게 알아낼까? 이 연구자들은 처방을 준수하지 않은 사람들을 알아내려고 어떤 방법을 사용하는가? 이 첫 번째 질문에 대한 대답으로, 비록 처방을 준수한 사람들의 비율을 정확하게 알아낼 수는 없으나, 연구자들은 처방을 준수하지 못하는 현상에 대해 많은 양의 정보를 제공하는 연구 기법들을 사용하고 있다. 환자의 처방 준수를 측정하는 데 적어도 다음 여섯 가지 방법을 사용할 수 있다. (1) 처방을 제공한 건강 전문가에게 직접 질문하기, (2) 환자에게 묻기, (3) 주위 사람들에게 묻기, (4) 실제로 복용한 약물의 점검, (5) 생화학적 증거들의 검사, (6) 앞의 다섯 가지 절차 중 두 가지 이상을 함께 시행하기

이 방법들 가운데 전문가에게 묻는 첫 번째 방법이 대체로 가장 좋지 못하다. 의사들은 일반적으로 자기 환자의 처방 준수율이 높다고 과대 추정하고, 심지어 자신의 추정이 지나치게 낙관적으로 높지 않은 경우에도 틀리는 경우가 대부분이다(Miller et al., 2002). 일반적으로 말하면 건강 실무자들이 권고의 준수를 추론하면서 나이, 인종, 체중과 같은 단서들에 의존할 수 있어서(Huizinga et al., 2010; Lutfey & Ketcham, 2005; Parker et al., 2007) 건강 실무자들이 보고한 정확도는 우연의 확률보다 다소 높은 수준에 불과하다(Parker et al., 2007).

환자에게 묻는 두 번째 방법은 다소 나은 타당도를 보이지만 여러 가지 단점이 있다. 자기보고는 적어도 두 가지 이유로 부정확하다. 첫째, 환자가 스스로 자신이 실제보다 처방을 잘 준수하는 사람으로 보이는 행동들을 보고하려는 경향이 있다. 둘째, 사람들이 대개 자신의 건강행동에 충분하게 주의를 기울이지 않기 때문에 자신의 처방 준수율을 알지 못할 수도 있다. 면접 방법은 환자들이 자신의 건강행동을 기록하거나 일기를 쓰도록 하는 기법보다 이 유형의 오류들을 범하기가 쉽다(Garber, 2004). 자기보고 측정치들은 타당도에 의문이 따르므로 연구자들은 이 기법을 사용하면서 다른 방법을 함께 사용하여 약점을 보완하려는 경우가 많다(Parker et al., 2007).

또 다른 기법이 병원의 근무자들과 가족에게 요청하여 환자의 준수 행동을 점검하는 방법인데, 이 절차 역시 적어도 두 가지 원칙적 문제를 지닌다. 첫째, 특히 섭식, 흡연, 음주 등의 행동에서 보는 바와 같이 계속해서 관찰하기가 물리적으로 불가능할 수 있다(위험한 성 행동을 관찰한다면 명백하게 윤리 문제가 된다). 둘째, 지속해서 처방 준수를 관찰하면 인위적인 상황을 조성하게 되어서 일상의 자연스러운 경우보다 높은 처방 준수율을 초래한다. 물론 이 결과가 치료에는 바람직하지만, 처방 준수를 측정하는 수단으로 보면 관찰의 부정확성을 높이는 인위적 오류를 지닌다.

처방 준수를 측정하는 네 번째 방법은 환자의 행동을 객관적으로 관찰하는 기법이다. 이 기법을 사용하면, 예를 들어 환자가 복용한 알약의 수를 세기도 하고 환자가 처방전을 받거나 혹은 약을 얼마나 다시 보충했는지 알아내는 등으로 환자의 약물 복용을 점검하여 측정할 수 있다(Balkrishnan & Jayawant, 2007). 이 절차들은 약병에서 없어진 알약들의 수를 세어보거나 혹은 처방대로 행동한 환자들의 수를 거의 오차 없이 알 수 있어서 더욱 객관적으로 보인다. 그러나 비록 약병에서 처방대로 알약의 수가 줄어들었거나 혹은 처방대로 지켰다고 하더라도 알약을 복용하지 않고 버렸거나 혹은 처방에서 요구한 바와 달리 복용했을 수도 있다.

전자공학이 발전하면서 환자의 처방 준수 행동을 더 세련된 기법으로 측정할 수 있

게 되었다. 연구자들은 신체활동을 기록하는 도구를 사용하거나 혹은 휴대폰을 사용하여 지난 30분 동안에 이루어진 신체활동을 묻는 조사를 실시하여 신체활동을 측정할 수 있게 되었다(Dunton, Liao, Intille, Spruijt-Metz, & Pentz, 2011). 연구자들은 환자들이 약물을 복용한 시간을 확인하기 위해 휴대폰을 사용하여 알약 껍질을 사진으로 찍어서 보내도록 요청할 수도 있다(Galloway, Coyle, Guillén, Flower, & Mendelson, 2011). 약물 복용 행동의 점검 체계(MEMS: Medication Event Monitoring System) 같은 방법에는 약병이 열리고 닫힐 때마다 날짜와 시각을 기록하도록 알약의 병뚜껑에 미세전자 처리기를 부착하는 기법도 있다(이 기기에서는 병의 열리고 닫힘이 약물 복용을 의미한다고 가정한다). 더구나 이 기기를 사용하는 체계에서는 저장된 정보들을 축적하는 인터넷에 연결되어 있어서 연구자들이 하루나 일주일 단위로 처방의 준수를 점검할 수 있다. 놀랄 일도 아니지만 이 MEMS를 이용한 처방 준수의 측정치는 자기보고의 측정치와 높은 일관성을 보이지 않았으나(Balkrishnan & Jayawant, 2007; Shi et al., 2010), MEMS를 사용한 측정이 타당도가 높다. 우간다에서 HIV 양성이어서 약물을 처방받은 어린이들을 다룬 연구에서 MEMS로 처방 준수를 측정한 값으로는 1년에 걸쳐서 측정한 생화학적 측정치들을 잘 예측했으나, 처방 준수의 자기보고 측정치는 잘 예측하지 못했다(Haberer et al., 2012).

생화학적 증거를 검사하는 기법이 준수 행동을 측정하는 다섯 번째 방법이다. 이 방법에서는 환자가 처방을 준수하여 행동했는지 알아내기 위해 준수 행동을 반영하는 표본으로 혈액이나 소변을 수거하여 분석하는 등으로 생화학적 증거를 찾는다. 예를 들면 인간 면역결핍 바이러스(HIV: human immunodeficiency virus)에 감염된 이후 여과성 병원체의 비중을 측정하여 진전 여부를 알아내기도 하는데, 이는 혈중 HIV 바이러스 양을 측정하는 생화학적 측정치이다. HIV 약물의 처방 준수는 혈중 HIV 바이러스 양의 변화와 상관이 있다. 연구자들은 수개월 동안 혈중 포도당의 양을 측정하는 혈액검사를 사용하여 적절한 당뇨병의 관리가 이루어지고 있는지 평가할 수 있다. 그러나 처방 준수를 평가하는 수단으로 생화학적 증거를 사용하면 사람마다 약물에 대한 반응이 다르기 때문에 문제가 될 수도 있다. 더구나 이 접근법은 자연스런 생활의 흐름을 간섭하고, 비용도 많이 들 수 있는 의학적 검사를 자주 해야 하는 한계를 지닌다.

마지막으로, 임상실무자들은 앞에서 살펴본 처방 준수의 측정 방법들 가운데 몇 가지를 조합하여 사용할 수도 있다. 몇몇 연구(Haberer et al., 2012; Velligen et al., 2007)에서는 준수 행동을 측정하는 방법으로 환자 면담하기, 복용한 알약의 수 세기, 전자기기를 사용한 행동 감시, 생화학적 증거를 측정하기도 하고, 그 밖에 위의 모든 방법을 조합하는 등의 다양한 방식을 사용했다. 이 연구들의 결과를 보면 복용한 알약 세기, 전자기기를 이용한 행동 점검, 생화학적 증거를 측정하는 측정치들은 서로 좋은 일치를 보이지만, 이 객관적 측정치와 환자나 의사의 보고 사이에는 합치 수준이 낮았다. 준수 행동을 측정하는 데 여러 기법들을 조합하여 사용하는 방법이 지니는 약점은 비용이지만 연구자가 처방 준수를 측정하기 위해 가장 정확한 증거가 필요하다면 이 방법이 중요한 전략이 된다.

처방을 준수하지 않는 행동은 얼마나 자주 나타나는가?

처방을 준수하지 않는 일이 얼마나 흔한가? 쿠마르가 의과대학 학생으로 경험한 바를 보면 자기 환자들 가운데 처방을 준수하지 못하는 사람들이 흔함을 시사한다. 그러나 이 질문에 대한 답변은 처방 준수의 개념 정의, 해당 질병의 성질, 그 처방을 받는 사람이 속한 전집의 인구통계적 특징, 처방 준수를 측정하는 데 사용한 방법에 따라서 부분적으로 달라진다. 1970년대 후반에 데이비드 새켓(David Sackett)과 존 스노(John C. Snow, 1979)는 처방의 준수와 비준수의 빈도들을 다룬 500개 이상의 연구를 개관한 바 있다. 이 연구에서 새켓과 스노는 환자가 스스로 예약한 경우(75%)에는 병원에서 예약을 정해준 경우(50%)보다 예약을 지킨 백분율이 높음을 알아냈다. 예상할 수 있는 바와 같이 질병을 예방하기 위한 예약보다 질병을 치료하기 위한 예약은 준수 백분율이 높았다. 그러나 장기간에 걸치는 만성질환에서는 약물 복용의 준수율이 낮았다 (이 경우에는 예방이든지 치료든지 모두 약 50%였다).

더욱 최근에 이루어진 개관 연구에서도 처방의 비준수 문제를 확인했는데, 약물 복용의 처방에서 비준수 백분율을 추정했을 때 거의 25%였다(DiMatteo, 2004b). 준수율은 과거 연구들보다 최근 연구들에서 높은 경향을 보이는데, 새켓과 스노(1979)의 개관 연구에서 보고한 요인들 가운데 다수가 여전히 처방 준수의 의미 있는 예측요인들로 밝혀지고 있다. 약물 처방에 대한 준수 백분율이 운동, 섭식 혹은 그 밖의 건강행동 변화의 처방들보다 높은 준수율을 보였다. 그러나 디마테오(DiMatteo)의 분석에서는 만성질환이라고 해서 준수 백분율이 모두 낮지는 않음을 보고했다. 예를 들어 HIV 보균, 관절염, 위·내장의 질병, 암과 같은 만성질환에서는 높은 처방 준수율을 보인 반면, 당뇨병과 폐병에서는 낮은 준수 백분율을 보였다. 그럼에도 불구하고 잘 알려진 어느 개관 논문의 "의학적 치료를 준수하도록 도와주는 방법들이 어떤 치료보다 건강에 훨씬 큰 영향을 미칠 수 있다."는 진술에서 볼 수 있듯이 의학적 권고를 준수하는 데 실패하는 일은 흔히 나타나는 문제이다(Haynes, Ackloo, Sahota, McDonald & Yao, 2008, p. 20).

처방 준수에 장애가 되는 요인들은 무엇인가?

처방을 준수하지 않게 되는 이유들 가운데 의사의 충고를 듣고 명심하지 않는 데 따르는 문제들을 모아서 한 범주로 묶어볼 수 있다. 환자들이 병원에 예약하여 약속을 지키고, 처방전에 필요한 내용을 기재하고 처방전을 받거나 재발급을 받으면서, 금전이나 기타 현실적 문제를 겪을 수도 있다. 환자들은 처방을 받은 내용이 너무 어렵거나, 시간이 많이 들거나, 비싸거나 혹은 적절한 치료 효과가 없어서 지키지 않고 배척할 수도 있다. 그렇지 않으면 환자가 의사의 처방을 잊을 수도 있다. 환자들은 의사가 제안한 처방의 여러 요소 가운데 몇 개를 골라서 선택하는 경향이 있어서, 자신이 선택한 정보를 의사의 명령이라기보다 충고로 취급한다(Vermeire, Hearnshaw, Van Royen, & Denekens, 2001). 이 경향을 지니는 환자들은 처방을 준수하는 데 따르는 어려움이 너무 많거나 일상의 틀에 박힌 생활과 잘 맞지 않아서 약물의 복용을 중단하기도 한다.

환자들은 자신이 겪던 증상들이 사라지면 약물의 복용이나 건강행동을 계속하지 않고 중단하기도 한다. 역설적이게도 어떤 사람들은 자신이 더 좋아진다고 느끼지 못하거나 혹은 오히려 더 나빠진다고 느끼기 시작하여 약물의 복용이 쓸모없다고 믿게 되면 복용을 중단하기도 한다. 또 다른 부류의 사람들은, 마치 다람쥐가 나중에 먹을 식량을 남기듯이, 자신이 다음에 아플 때를 대비해서 약을 조금 남겨두기도 한다.

어떤 환자들은 이른바 **낙관적 편향**(optimistic bias)을 지니기 때문에 처방의 준수에서 비합리적인 선택을 하기도 한다. 낙관적 편향이란 다른 사람들에게는 비준수 행동으로 인해 고통스러운 결과가 초래되더라도 자신만은 이런 결과를 당하지 않는다고 믿는 신념을 말한다(Weinstein, 1980, 2001). 어떤 환자들은 처방이 적혀 있는 약병의 지시문이 너무 읽기 어려워서 처방을 준수하지 못하기도 한다. 노인에게 흔한 시력장애도 준수의 방해요인이다. 그러나 심지어 대학생들조차도 이해하기 어려워하는 처방 지시문도 볼 수 있다. 약사가 기록한 처방들 가운데 무작위로 선택한 처방문을 정확하게 이해할 수 있었던 대학생은 과반수에도 이르지 못했다(Mustard & Harris, 1989).

비준수율이 높은 이유들을 묶어보면 현재까지도 처방 준수를 정의하면서 실제로 달성하기 어려운 생활양식을 선택하도록 요구하는 점을 들 수도 있다. 사망과 질병의 가장 큰 원인이 전염병이었던 20세기 초에는 처방 준수가 매우 단순했다. 환자가 의사의 권고대로 약을 먹고 휴식을 취하는 등으로 따르기만 하면 준수 행동이 되었다. 오늘날에는 처방 준수가 더 이상 정해준 약을 먹고 단기간 의사의 권고를 지키는 일에 그치지 않는다. 미국에서는 사망의 원인으로 가장 중요한 세 질병(심혈관계 질환, 암, 만성 폐쇄성 폐질환)이 모두 흡연, 음주, 부적절한 섭식 및 규칙적으로 운동하지 않기처럼 건강하지 못한 생활양식의 선택에 따라서 영향을 받는다. 이에 더해서 물론 병원과

표 4.1 의사의 권고를 준수하지 못한 환자들이 제시한 이유

"처방대로 준수하기가 어렵고 힘들다."
"나는 실천해야 할 처방을 잘 알아듣지 못했다."
"약 값이 너무 비싸서 오래 복용하려고 알약의 수를 줄여서 먹었다."
"약을 먹은 지 일주일 만에 약효가 있어서 복용을 중단했다."
"내가 먹어야 할 약들이 너무 많다."
"앞으로 신이 나를 구해줄 거야."
"의사의 처방을 잊어버렸다."
"나는 약에 중독되기를 바라지 않는다."
"남편이 병에 걸리지 않도록 내 약을 나누어주었다."
"이번 의사는 내가 만났던 다른 의사만큼은 잘 모른다."
"이 약을 먹으면 병이 나빠진다."
"의사가 나를 대하는 방식이 좋지 않아서 다시는 가지 않으려 한다."
"나는 건강하다고 느낀다. 질병을 예방하려고 약을 먹어야 할 이유를 모르겠다."
"나는 나를 치료하는 의사를 좋아하지 않는다. 그는 의료보험이 없는 환자들을 업신여긴다."
"나는 의사의 지시를 이해하지 못했지만 당황해서 다시 말해달라고 요청하지 못했다."
"나는 의사가 금연하라고 권장한 금연껌의 맛이 싫다."
"나는 약병에 붙은 지시문을 이해하지 못했다."

치과에 예약하여 치료를 받고, 건강을 돌보는 전문가들의 충고들을 이해하면서 경청하고, 끝으로 이 충고대로 실천해야 한다. 이 조건들은 누구라도 전부 완전하게 실천하기 어려운 복잡한 요구사항이다. 표 4.1은 이미 잘 알려진 한 개관 논문에서 사람들이 의학적 충고를 따르지 못하게 만드는 이유로 제시한 예를 몇 가지 요약하고 있다.

요약

처방 준수는 어떤 사람이 의학적이고 건강에 좋은 충고를 따르려는 능력과 의지의 정도를 의미한다. 사람들이 처방의 준수로 이득을 얻으려면 우선 권고가 타당해야 하고, 다음으로 환자가 그 권고대로 실천해야 한다. 건강행동의 처방을 준수하지 않는 무능과 무의지는 심각한 건강 문제로 발전하거나 심지어 사망할 확률을 높인다.

학자들은 처방 준수를 적어도 다음 여섯 가지 방식으로 측정할 수 있다. (1) 의사에게 묻기, (2) 환자에게 묻기, (3) 주위 사람에게 묻기, (4) 복용한 약물을 점검하기, (5) 생화학적 증거를 검사하기, (6) 앞의 다섯 가지 가운데 두 가지 이상을 조합하여 측정하기. 이 방법들 가운데 신뢰도와 타당도가 모두 좋은 기법은 하나도 없다. 그러나 이 가운데 의사의 판단을 제외하고 대부분 어느 정도 타당도와 유용성을 지닌다. 만약 정확도가 매우 긴요하다면 이 방법들 가운데 두 가지 이상을 조합하여 사용할 경우 하나의 기법만을 사용할 때보다 정확도가 높아진다.

처방을 준수하지 않는 빈도는 질병의 성질에 따라서도 달라진다. 사람들은 섭식 조절이나 운동처럼 건강행동을 변화시키는 프로그램보다 치료용 약물 복용의 처방을 준수하는 경향이 높다. 처방을 준수하지 않는 백분율은 25%보다 약간 낮다. 처방 준수 현상을 이해하고 개선하기 위해 건강심리학자들은 예를 들어 장기간 지속된 생활양식을 바꾸기, 의사와 환자 사이에 적절하게 이루어지지 못한 정보 소통, 그리고 환자가 따라야 할 권고를 지키는 데 방해가 되는 잘못된 신념들을 비롯해서 처방 준수를 가로막는 여러 장애요인을 알아내려고 한다.

처방의 준수를 예측하는 데 기여하는 요인

어떤 사람이 처방을 준수하고, 누가 준수하지 않는가? 처방 준수를 예측하는 데 기여하는 요인들로는 개인요인도 있고, 연령이나 사회경제적 요인처럼 변화시키기 어렵거나 불가능한 환경요인도 있다. 또한 예측요인에는 쉽사리 바꿀 수 있는 구체적인 건강신념들도 포함된다. 이 절에서는 먼저 질병의 심각성을 비롯한 요인들을 다루고, 이어서 치료에 따르는 부작용과 복잡성을 비롯해서 치료가 지니는 특징들을 다룬 다음, 연령, 성별, 성격과 같은 개인 특징들을 살펴본 후, 사회적 지원, 수입 및 문화규범 같은 환경 특징들을 다룬다(표 4.2 참조). 이 장의 뒷부분에서는 처방 준수를 설명하는 중요한 이론들을 제시하려고 하는데, 이 이론들에서는 처방 준수에 관한 구체적 신념과 아울러 전문적인 프로그램을 도입하면 쉽게 수정할 수 있는 행동전략들을 제안하고 있다.

질병의 심각성

이 장을 시작하면서 말한 대로 쿠마르는 많은 환자가 의사의 권고를 지키는 데 어려움을 겪는 모습을 보고 낙심했다. 환자들은 심지어 심각하고, 장애인이 될 수 있으며, 죽을 수도 있는 질병을 지닌 사람이어서 처방을 준수하려는 동기가 높겠다고 생각하는 경우에도 처방을 준수하지 않는 경우가 흔하다. 일반적으로 심각한 질병을 지

표 4.2 처방 준수를 예측하는 요인들

요인	결과	연구
1. 질병의 심각성	질병이 심각하다고 지각하면 더 잘 준수한다.	DiMatteo et al., 2007
2. 치료의 성질	질병의 치료가 복잡하고 불쾌한 부작용을 유발하면 덜 준수한다.	Applebaum et al., 2009; Ingersoll & Cohen, 2008; Pollack et al., 2010
3. 연령	중년에 비해서 젊거나 나이 많은 성인들은 처방 준수율이 낮아서 연령과 처방 준수는 복잡한 상관관계를 보인다.	Thomas et al., 1995
4. 개인요인	스트레스와 우울이 높으면 준수율이 낮다. 성실성의 성격 특성이 높으면 처방의 준수가 좋다.	Stults-Kolehmainen & Sinha, 2014; DiMatteo et al., 2000; Bogg & Roberts., 2013
5. 경제요인	수입이 적은 사람들이 대체로 준수율이 나쁘다.	DiMatteo, 2004a; Falagas et al., 2008
6. 사회적 지원	강한 사회적 지원을 받으면 처방 준수를 잘한다.	DiMatteo, 2004b
7. 문화	문화적 신념으로 현대의학을 믿고 의지한다면 현대의료의 준수율이 높다.	Zyazema, 1984; Kaholokula et al., 2008; Chia et al., 2006

복잡한 처방을 받을수록 준수율이 낮아지는 경향을 보인다.

닌 사람들도 덜 심각한 질병을 지닌 사람들보다 의학적 권고를 더 잘 준수하지는 않는다(DiMatteo, 2004b). 처방 준수를 예측하는 데 있어서 중요한 요인은 환자가 지닌 질병의 객관적 심각성이 아니라 오히려 환자가 지각하는 질병의 심각성이다(DiMatteo, Haskard, & Williams, 2007). 다시 말해, 치료나 예방의 권고사항을 준수하는 데 있어서 질병의 객관적 심각성은 환자가 질병으로부터 지각하고 있는 주관적인 위협에 비해 관련성이 낮다.

치료가 지니는 특징

치료가 지니는 특징들 가운데, 예를 들어 처방한 약물 복용의 부작용이나 치료의 복잡성도 처방 준수를 막는 잠재적 문제가 되기도 한다.

약물 복용의 부작용 당뇨병의 약물 복용(Mann, Ponieman, Leventhal, & Halm, 2009)과 HIV의 복잡한 약물 복용(Applebaum, Richardson, Brady, Brief, & Keane, 2009; Herrmann et al., 2008)을 다룬 연구에서는 심한 부작용을 실제로 경험했거나 혹은 걱정하는 환자들이 이러한 걱정이 없는 환자들보다 약물을 덜 복용하는 경향이 있다고 보고했다.

치료의 복잡성 치료의 절차가 복잡해질수록 환자들이 처방을 준수하는 확률이 낮아지는가? 일반적으로 보면 복용해야 하는 알약의 수가 많아지거나 종류가 다양해질

수록 환자가 처방대로 약을 먹지 않을 확률이 높다(Piette, Heisler, Horne, & Caleb Alexander, 2006). 당뇨병, 고혈압 및 HIV를 비롯해서 여러 가지 만성질환들에서 먹어야 할 알약의 수가 많아지면 처방 준수가 낮아지는 상관관계가 있음을 알아낸 연구도 있다(Ingersoll, & Cohen, 2008; Pollack, Chastek, Williams, & Moran, 2010). 예를 들면, 하루에 알약 하나를 먹어야 하는 환자는 잘 준수하지만(준수율 90% 수준) 알약이 하루에 2개로 증가하면 준수율이 다소 낮아졌다(Claxton, Cramer, & Pierce, 2001). 그러나 하루에 알약 4개를 복용해야 하는 환자들에서는 준수율이 40% 이하로 급속하게 떨어진다. 그 이유는 아마도 약물 복용을 일상의 하루 일과에 맞추기가 어려웠기 때문일 수 있다. 예를 들어 아침에 잠에서 깨어난 시점에 맞추어서 하루에 한 번씩 처방한 알약을 먹도록 일상생활의 일과에 맞출 수도 있고, 이른 아침과 늦은 밤에 하루 두 번 복용하도록 할 수도 있으며, 하루에 식사할 때마다 세 번 복용하도록 할 수도 있다. 그러나 환자에게 하루 네 번 이상 약물을 복용하거나 혹은 두 번 이상 복용하도록 만들면 일상의 일과에 맞추는 데 어려움이 생겨서 처방의 준수율이 낮아진다. 그리고 알약을 복용하기 전에 한 알을 반으로 잘라서 먹어야 하는 경우처럼 의학적 처방에 또 다른 절차가 요구되면 복잡성이 증가한다. 제2형 당뇨병 환자들을 거의 10만 명 가까이 다룬 한 연구에서 알약을 자르도록 하고 하루 복용하는 알약의 수도 정해주어서 매우 복잡한 처방을 받은 환자들은 처방 준수율이 가장 낮았다(Pollack et al., 2010).

개인요인

처방을 가장 잘 준수하는 사람은 어떤 특징을 지니는가? 남성인가, 여성인가? 청년인가, 노인인가? 처방 준수를 예측하는 데 기여하는 어떤 성격요인이 있는가? 일반적으로 보면 연령과 성별 같은 인구통계 요인은 처방 준수와 어느 정도 상관을 보이지만, 이 요인들 가운데 어느 요인도 단독으로는 누가 처방을 준수하고 어떤 사람이 준수하지 않을지 예측하기 좋은 요인이 되기에는 기여도가 작다(DiMatteo, 2004b). 성격이 처방 준수와 관련이 있다고 짐작했던 첫 번째 요인들 가운데 하나였으나, 정서요인과 개인 신념 등의 개인 요인이 처방 준수를 이해하는 데 더욱 중요함이 드러났다.

연령　나이와 처방 준수의 관계는 단순하지 않다. 어린이에게 약물을 복용시킬 사람으로 부모가 중요하고 아동은 아니기 때문에 아동의 처방 준수를 평가하는 데 어려움이 따른다(De Civita & Dobkin, 2005). 아동이 청소년으로 성장하면서 의학 처방을 준수할 책임이 더 커지는데, 이 상황은 성인에 이르기까지 지속된다. 그러나 노인들은 기억 문제, 건강의 약화 그리고 여러 약물을 먹어야 하는 처방 등으로 처방 준수가 어려워지는 상황에 당면하기도 한다(Gans & McPhillips, 2003). 평생에 걸치는 발달 과정에서 나타나는 여러 문제들이 나이와 처방 준수의 상관관계를 복잡하게 만드는 데 기여하고 있다. 한 연구(Thomas et al., 1995)에서는 나이와 대장암 검진의 준수 사이에 곡선적 상관관계가 있음을 알아내었다. 즉, 이 검진을 가장 잘 준수한 사람들은 70세 전후였으며, 이보다 더 늙거나 젊은 사람들은 준수율이 가장 낮았다. 비록 70세 내외의 노인들이 모든 의학적 권고를 가장 잘 준수하는 사람들이 아닐 수는 있지만 이 연구 결과는 이들보다 더 늙거나 젊은 성인들이 아동이나 청소년과 더불어 처방 준수의 문제를 더 많이 겪고 있음을 시사한다. 연령대에 따른 처방 준수 문제를 다룬 다른 연구에서도 이 현상을 보고하고 있다.

심지어 천식을 앓고 있는 아동(Penza-Clyve, Mansell & McQuaid, 2004), 당뇨병 환자(Cramer, 2004), HIV에 감염된 환자(Farley et al., 2004)를 돌봐주는 사람들조차도 의학 처방을 준수하지 못하는 경우가 흔하다. 아동이 자라서 청소년으로 성장하면서 자신의 건강을 돌보는 데 더욱 많은 통제력을 지니게 되지만, 처방 준수 문제들은 오히려 더욱 현저하게 나타난다(DiMatteo, 2004b). 여러 연구(Miller & Drotar, 2003; Olsen & Sutton, 1998)에서 당뇨병을 지닌 어린이가 청소년이 되면서 운동과 인슐린 처방의 준수율은 떨어지고, 당뇨병의 관리로 부모들과 겪는 갈등은 증가함을 보고했다. 이 질병을 앓고 있는 젊은 성인들도 처방 준수 문제를 겪는다(Ellis et al., 2007; Herrmann et al., 2008). 이와 같이 연령은 처방 준수와 다소 상관을 보이지만 복잡한 관계를 지닌다.

성별 전반적으로 보면 학자들이 여성과 남성의 처방 준수율에는 거의 차이가 없음을 알아냈으나, 특정한 처방들을 지키는 데 있어서는 다소의 차이가 있다. 일반적으로 약물의 복용(Andersson, Melander, Svensson, Lind, & Nilsson, 2005; Chapman, Petrilla, Benner, Schwartz, & Tang, 2008), 당뇨병의 관리(Hartz et al., 2006), 건강검진 예약 지키기(Sola-Vera et al., 2008)에서는 남녀의 준수율이 거의 비슷하다. 그러나 콜레스테롤이 낮아서 약물을 복용하는 데 있어서는 여성이 남성보다 준수율이 낮았는데, 그 이유는 남성의 심장병 발병률이 높기 때문일 수 있다(Mann, Woodward, Muntner, Falzon, & Kronish, 2010). 여성은 소금을 덜 섭취하거나(Chung et al., 2006) 과일과 야채를 많이 먹는(Emanuel, McGully, Gallagher, & Updegraff, 2012; Thompson et al., 2011) 섭식 조절과 같은 건강한 섭식의 처방을 잘 준수할 수 있다. 이와 같은 성별에 따른 차이들을 제외하면 남녀는 처방의 준수율이 유사하다(DiMatteo, 2004b).

성격 특징 처방을 준수하지 않는 문제점이 부각되면서 학자들은 우선 비준수하는 성격이라는 개념을 생각해냈다. 이 개념에 따르면 어떤 성격 특징을 지닌 사람들이 낮은 준수율을 보인다고 생각할 수 있다. 이 개념이 맞는다면 이 성격 특징을 지닌 사람은 다양한 상황에서도 비준수를 보여야 한다. 그러나 대부분의 연구 결과를 보면 이 주장은 지지되지 않았다. 비준수가 상황에 따라서 달라지는 경우가 흔하고(Lutz, Silbret, & Olshan, 1983), 어느 한 치료 프로그램의 준수가 다른 처방의 준수와는 상관관계가 없다는 보고도 있다(Ogedegbe, Schoenthaler, & Fernandez, 2007). 그러나 상황에 상관없이 함께 발생하는 적은 수의 비준수 행동들의 '군집(cluster)'은 있을 수 있다. 예를 들면, 담배를 피우는 사람들은 술을 과음하고 신체활동은 잘 안 하는 경우가 흔하다(deRuiter et al., 2014; Morris, D'Este, Sargent-Cox, & Anstey, 2016). 그러므로 이 연구 결과들을 보면 처방의 비준수가 포괄성 있는 하나의 성격 특성 때문이 아니라 상황에 따라서 비준수의 성격요인이 달라짐을 시사한다(Haynes, 2001).

정서요인 스트레스와 정서적 문제를 경험하고 있는 사람들은 처방을 준수하는 데 있어서도 어려움을 보인다. 스트레스가 심한 사건들을 경험하면 활발하게 운동하려는 노력을 간섭하는 경우가 흔하다(Stults-Kolehmainen & Sinha, 2014). 또 다른 연구에서는 HIV에 감염되어서 이 바이러스 억제제를 복용하는 사람들 가운데 스트레스가 매우 높았던 사람들은 준수율이 낮았다(Bottonari, Roberts, Ciesla, & Hewitt, 2005; Leserman, Ironson, O'Cleirigh, Fordiani, & Balbin, 2008).

불안과 우울이 처방의 준수율을 낮출까? 불안은 처방 준수와 상관관계가 낮지만 우울은 중대한 영향을 미친다(DiMatteo, Lepper, & Croghan, 2000). 우울증 환자의 비준수 위험은 우울하지 않은 사람들과 비교해서 세 배나 높다. 최근 연구들을 보면 당뇨병이나 HIV 같은 만성질환으로 치료를 받는 사람들에서 우울증이 처방의 낮은 준수율과 관련이 있음을 알 수 있다(Gonzalez et al., 2008; Katon et al., 2010; Sin & DiMatteo, 2014). 만성질환의 치료가 우울증에 걸릴 위험을 높일 수 있음을 고려한다면(Nouwen et al., 2010), 우울, 만성질환 그리고 처방 준수의 상호 연관성은 공공의 건강 문제에서 중요한 관심사가 된다(Moussavi et al., 2007).

정서요인들이 분명히 위험요인이기는 하지만 처방 준수를 더욱 잘하고 건강의 개선과도 관련이 깊은 성격 특징들이 있지는 않을까? 낙관주의와 긍정적인 마음의 상태들을 표출하는 환자들이 신체건강도 좋으며(Chida & Steptoe, 2008; Pressman & Cohen, 2005; Rasmussen, Scheier, & Greenhouse, 2009), 의학 처방도 더욱 잘 준수하는 경향이 있다(Gonzalez et al., 2004). 더구나 이른바 성격의 5요인 모형(McCrae & Costa, 2003)을 구성하는 한 요인으로 **성실성**(conscientiousness) 특성이 처방의 준수 및 건강의 개선과 신뢰할 만한 상관관계를 보인다(Bogg & Roberts, 2013).[1] 예를 들어, 성실

---

[1] 한국인에서 5요인 성격 특성 모형을 지지하는 연구로는 한덕웅, 이기범, 애슈턴(Ashton)이 1999년에 「European Journal & Personality」(13, 261–282)에 실은 논문을 참조하기 바란다. – 옮긴이

성 요인의 측정치로 건강한 생활양식의 전반적인 준수를 예측하기도 한다(Takahashi, Edmonds, Jackson, & Roberts, 2013). 성실성 요인은 또한 HIV 감염의 더딘 진행과도 상관이 있으며(O'Cleirigh, Ironson, Weiss, & Costa, 2007), 의학적 약물 처방의 높은 준수율과도 상관관계가 있다(Hill & Roberts, 2011, Molloy, O'Carroll, & Ferguson, 2014). 그러므로 정서요인과 성격 특성은 처방 준수에서 위험요인이 되거나 기여요인이 되기도 한다.

환경요인

몇 가지 개인요인이 처방 준수에서 중요하긴 하지만, 환경요인은 이보다 더 광범위한 영향력을 지닌다. 환경요인의 범주에는 경제요인, 사회적 지원, 문화규범이 포함된다.

경제요인 로빈 디마테오(Robin DiMatteo, 2004b)가 처방 준수와 관련된다고 생각하여 조사한 모든 인구통계 변인들 가운데 교육과 수입 같은 사회경제 요인은 처방 준수와 상관이 가장 높았다. 수입과 교육 수준이 높은 사람들은 처방 준수를 더욱 잘했다. 이미 발표된 실증연구의 결과들을 통계 기법으로 종합한 메타분석을 보면 교육보다 수입이 처방의 준수와 더욱 강력한 상관관계를 보인다(DiMatteo, 2004b; Falagas, Zarkadoulia, Pliatsika, & Panos, 2008). 수입의 차이 요인으로 처방 준수율에서 종족 간에 나타나는 차이를 설명할 수도 있다. 예를 들면, 라틴 아메리카계의 미국인 아동과 청소년은 당뇨 처방의 준수율이 낮은데, 이 결과에서 통계 기법을 사용하여 수입이 처방 준수에 미친 영향을 제거하고 보면 종족에 따른 준수율의 차이가 사라진다(Gallogos-Macias, Macias, Kaufman, Skipper, & Kalishman, 2003). 그러므로 경제요인이 건강과 상관이 있으나, 이 결과가 초래된 이유로는 우선 미국에서 경제 사정으로 건강보험에 가입한 수준도 다르고, 다음으로 처방받은 약물을 구입할 능력도 달라지는 점을 생각할 수 있다.

미국에서 건강보험에 들지 않은 사람들은 병원에 예약하여 치료를 받거나 처방약을 조제 받는 등으로 후속 치료를 받는 데 어려움을 겪는다(Gans & McPhillips, 2003). 치료비용에 어려움을 겪는 환자들이 대부분 만성질환을 지니고 있는데, 이 질병들은 오랜 기간에 걸쳐서 매일 약물을 복용해야 하는 경우가 흔하다(Piette et al., 2006). 의료보험 혜택을 받고 있는 65세 이상의 노인들을 다룬 한 연구(Gellad, Haas, & Safran, 2007)에서 치료비가 걱정되는 수준에 따라서 처방의 비준수를 예측할 수 있었는데, 치료비의 걱정은 유럽계 미국인보다 아프리카계 미국인과 라틴 아메리카계 미국인에게서 더욱 흔하게 나타났다. 또 다른 연구에서는 심장병으로 병원에서 치료를 받았던 환자들에서 다음 해에는 더 비싼 처방비용을 물도록 의료보험이 계획되어 있으면 콜레스테롤 수준을 낮추는 약물 처방을 더 잘 준수했다(Ye, Gross, Schommer, Cline, & St. Peter, 2007). 그러므로 자신의 치료에 얼마나 지불해야 하는지에 따라서 병원에서 받는 치료만이 아니라 치료의 처방을 준수할 개연성에도 영향을 미친다. 치료비용의 제약과 걱정은 노인들과 아울러 다른 인종들보다 소수인종에 속한 사람들에게 영향을 미치고 있다.

사회적 지원 사회적 지원(social support)이란 개인이 가족과 친구들로부터 받고 있는 유형 또는 무형의 모든 도움을 뜻하는 폭넓은 개념이다. 사회적 지원망은 만성질환을 관리하고 의학 처방을 준수하는 데 중요하다(Kyngäs, 2004). 청소년의 지원망에는 부모, 친구(자신과 생활조건이 유사하거나 그렇지 않은 친구들 모두), 학교나 직장에서 만나는 사람들, 건강관리를 도와주는 사람들과 아울러 심지어 애완동물도 포함된다. 더구나 청소년들은 다른 사람들과 접속하고 지원을 받으려고 휴대폰과 컴퓨터 같은 기술을 사용하기도 한다.

개인이 친구와 가족으로부터 받는 사회적 지원의 수준이 처방 준수의 매우 중요한 예측요인이다. 일반적으로 다른 사람들로부터 고립되어 있는 사람들이 처방을 준수하지 않을 개연성이 있다. 즉, 여러 사람들과 친밀한 대인관계를 즐기는 사람들은 의학 처방을 준수할 확률이 더 높다. 50년간 이루어진 연구들을 개관한 연구(DiMatteo, 2004b)를 보면 처방 준수에서 사회적 지원이 중요함을 확인할 수 있다.

사회적 지원을 연구하는 학자들은 사람들이 교류하는 인간관계의 다양성과 기능이라는 관점에서 분석할 수도 있고, 이 인간관계들에서 받는 지원의 유형들을 분석할 수도 있다(DiMatteo, 2004a). 예를 들어, 어느 누군가와 함께 살기만 해도 처방 준수에 기여하는 중요한 요인이 된다. 결혼을 했거나 가족과 동거하는 사람들은 혼자서 사는 사람들보다 처방을 잘 준수한다. 그러나 가족 간 갈등과 배우자로 인한 스트레스로 처방 준수가 줄어들 수도 있어서 단지 누군가와 함께 산다는 사실만으로 처방 준수를 예측하기는 충분하지 않다(Molloy, Perkins-Porras, Strike, & Steptoe, 2008). 그러므로 생활조건 자체가 중요한 요인은 아니고, 오히려 개인이 받고 있는 지원이 결정적 요인이다(DiMatteo, 2004a).

이 장의 도입부에서 소개한 ShapeUp 프로그램에서 팀을 구성하는 사람들이 유용한 정보와 지식을 제공하거나 성공하도록 고무함으로써 여러 방식으로 사회적 지원을 제공할 수 있음을 살펴봤다. 사회적 지원은 실제 지원이나 혹은 정서 지원으로 나누어서 생각할 수도 있다. 실제 지원으로는 처방을 준수하도록 상기시키거나 물질적으로 도와주기를 들 수 있다. 정서 지원으로는 돌봐주기, 공감 및 격려를 예로 들 수 있다. 심장병에서 회복되고 있는 환자들을 다루거나(Molloy, Perkins-Porras, Bhattacharyya,

Strike, & Steptoe, 2008) 당뇨병이 있는 청소년들을 다룬(Ellis et al., 2007) 두 연구에서 모두 정서 지원보다 실제 지원이 처방 준수에 더 중요한 결정요인이었다. 이와 같이 사회적 지원은 처방 준수에서 중요한 요인이며, 사회적 지원망을 지니지 못한 사람들은 의학 처방을 준수하는 데 더 많은 어려움을 겪는다.

문화규범 문화마다 각기 지니는 신념과 문화규범이 처방 준수율뿐만 아니라 처방 준수를 구성하는 요소들을 규정하는 데 있어서도 강력한 영향을 미친다. 예를 들어, 어느 가족이나 종족이 토속치료사들의 치료 능력에 대해 강력한 믿음을 갖고 있다면 현대의학의 처방을 지키는 준수율은 낮을 수 있다. 짐바브웨에서 당뇨병과 고혈압 환자들을 대상으로 이루어진 한 연구(Zyazema, 1984)에서는 현대의학의 치료를 준수하지 않은 사람들이 많음을 알아냈다. 예상하던 바와 같이 이 환자들 가운데 대다수가 전통치료사들을 신뢰하고 서양의학의 치료에 대해서는 믿음이 거의 없었다. 그러므로 사람들이 서양의학의 치료 절차를 받아들인 정도에 따라서 준수율에 큰 영향을 미치게 되어서 서양의학에 친숙하지 않은 사람들이나 또 다른 문화와 강한 유대를 유지하는 사람들에서는 준수율이 낮은 결과를 초래했다(Barron, Hunter, Mayo, & Willoughby, 2004).

서양의 기술문명을 반영하는 의학을 준수하지 않았다고 하더라도 이 사실이 다른 의학의 전통을 준수하지 않았음을 의미하지는 않는다. 어느 한 문화의 전통을 유지하는 사람들이 전통치료사들을 보유하기도 한다. 예를 들어, 토착 미국인들을 다룬 한 연구(Novins, Beals, Moors, Spicer, & Manson, 2004)를 보면 환자들 가운데 전통치료사를 찾거나 혹은 가끔 생물의학적 치료와 아울러 이 치료도 함께 받으려는 사람들이 많았다. 전통치료와 현대의학의 치료를 함께 받으려는 전략은 두 유형의 치료자들 입장에서 보면 처방의 비준수라고 생각할 수 있다.

서로 다른 치료의 전통들을 모두 받아들이는 사람들이라고 하더라도 자기가 지닌 질병의 치료에 복잡한 생물의학적 처방이 필요하다면 반드시 처방을 준수하지 않은 사람이라고 볼 수는 없다. 토종 하와이 사람들은 처방을 준수한 기록이 좋지 않은데(Ka'opua & Mueller, 2004), 그 이유는 이들이 지닌 문화적 신념들이 전체론적이고 영적이기 때문이기도 하고, 또 다른 한편으로 이들의 전통에서는 가족의 지원과 결속을 강조하기 때문이기도 하다. 이 문화의 가치들은 서양의학의 기반을 형성하고 있는 가치들과는 조화되기가 어렵다. 그러므로 토종 하와이 사람들은 당뇨병과 심장병의 위험요인을 조절하는 의학 처방을 준수하는 데 있어 다른 종족 집단들보다 더 많은 어려움을 겪는다. 심장병을 앓고 있는 토종 하와이 사람들이 지니고 있는 건강 관련 신념들이 의사보다는 전통치료사를 선호하게 만든다(Kaholokula, Saito, Mau, Latimer, &

Seto, 2008). 그러나 HIV 감염을 관리하는 데 도움이 되는 항바이러스(antiretroviral) 치료의 복잡한 처방에 대한 준수율에서는 이 신념들이 별다른 영향을 미치지 않으며, 이들이 가족의 지원을 존중하는 문화의 가치가 처방의 준수에 좋은 영향을 미치는 요인이 되기도 한다(Ka'opua & Mueller, 2004).

문화마다 지니는 신념들이 처방 준수를 높일 수도 있다. 예를 들면, 일본의 노인 환자들은 대체로 미국이나 유럽의 노인 환자들보다 처방을 잘 준수한다(Chia, Schlenk, & Dunbar-Jacob, 2006). 일본의 건강관리 체계에서는 다양한 봉사활동을 통해 모든 시민에게 돌봄을 제공하는데, 이 봉사활동이 건강관리 체계에 대한 신뢰를 조성하고 있다. 이 신뢰가 의사에 대한 신뢰에 이르기까지 확장되어 있다. 즉, 일본의 환자들은 의사의 권위를 인정하여 환자 자신이 스스로 치료를 결정하기보다 의사가 건강관리를 결정하도록 허용하기를 좋아한다. 이 태도와 일관되게 일본인 환자들은 의사로부터 받은 권고를 존중하고 의사의 명령을 빠짐없이 준수하는 경향이 있다.

서로 다른 여러 문화나 종족에 속한 사람들이 병원에서 치료를 받으면서 각기 받게 되는 대우가 처방의 준수에 영향을 미치기도 한다. 의사나 그 밖의 건강 전문가들은 자기 환자들이 속한 종족이나 사회경제적 지위에 따라서 영향을 받기도 하는데, 이 영향으로 환자의 처방 준수 수준이 달라지기도 한다. 미국의 의사들은 아프리카계 미국인들과 아울러 저소득이거나 중류 소득 환자들의 처방 준수율이 낮다고 생각하는 비관적 신념들을 비롯해서 고정관념과 나쁜 태도를 지니는 경향이 있다(Dovidio et al., 2008; van Ryn & Burke, 2000). 환자가 의사로부터 차별과 경멸을 받는다고 지각하면서 종족 간에 의사의 충고들을 준수하고 치료 예약을 지키는 데 차이를 만들어내기도 한다(Blanchard & Lurie, 2004). 환자로서 아프리카계 미국인들 가운데 14.1%, 아시아계 미국인들의 20.2%, 라틴계 미국인들 가운데 19.4%에 이르는 사람들이 지난 2년 동안 자신이 치료를 받았던 의사로부터 차별을 받았다고 느꼈거나 존중을 받지 못했다고 보고했다. 이와 대조적으로, 유럽계 미국인 환자들 가운데 자신이 치료를 받으면서 의사로부터 경멸을 받았다고 느낀 환자들은 단지 9%에 불과하다. 이 연구에서 의사로부터 경멸을 받았다고 느낀 환자들은 그 후 처방 준수율이 낮았으며, 다음 치료 예약을 지키지 않은 사례도 많았다.

이 연구 결과들은 자기 환자들이 서로 다른 여러 문화에 속하는 사람들로 구성되어 있는 의사들이나 그 밖의 의료 서비스를 제공하는 건강 전문가들에게 중요한 시사점을 지닌다. 더구나 이 결과들은 의학 처방을 준수하는 데 있어 환자와 의료 실무자들 사이에 서로 존중하는 상호교류가 중요함을 보여준다.

여러 요인들의 상호작용

학자들은 처방의 준수와 각기 상관이 있는 수십 개의 요인을 알아냈다. 그러나 이 요인들 가운데 대부분은 의학 처방의 준수를 설명하는 총변량에서 매우 작은 변량만을 차지한다. 처방 준수에 대해 충분한 이해를 얻으려면 학자들은 처방 준수에 영향을 미치는 요인들이 함께 작용하여 초래하는 효과를 연구해야 한다. 예를 들어 환자가 질병에 대해 지니는 신념들이 처방 준수와 상관이 있는데, 이 신념들은 처방 준수에 영향을 미치는 또 다른 요인으로 밝혀진 의사와 환자의 상호작용에 따라서 영향을 받는다. 그러므로 앞에서 알아본 요인들 가운데 대부분이 서로 독립해서 각기 영향을 미친다고 보기는 어렵다. 처방 준수와 상관이 있다고 알아낸 요인들은 대부분 다른 요인과 중복되기도 하고, 복잡한 방식으로 서로 영향을 미치기도 한다. 그러므로 학자나 실무자는 모두 처방 준수에 영향을 미치는 요인들이 복잡한 방식으로 상호작용함을 이해해야 한다. 더구나 앞에서 논의한 요인들은 대부분 변화하도록 수정할 수가 없다. 건강심리학자들은 처방 준수의 이해뿐만 아니라 처방의 준수를 개선하는 데도 관심을 갖고 있다. 다음 절에서는 잠재적으로 수정할 가능성이 있는 요인들을 알려주며, 이 요인들이 어떻게 상호작용할 수 있는지 보여주고, 처방 준수를 개선하는 구체적 방법들도 시사하는 이론들에 초점을 맞추어서 다룬다.

요약

다음과 같은 요인들이 있으면 처방 준수가 나쁘다고 예측할 수 있다. (1) 약물 복용으로 인한 부작용, (2) 오래 걸리고 복잡한 치료 처방, (3) 노년 혹은 청년 따위의 개인요인들, (4) 성실성 같은 성격요인과 스트레스나 우울 같은 정서 문제, (5) 치료를 받거나 처방을 얻으려고 비용을 지불하는 데 장애가 되는 경제요인, (6) 사회적 지원의 부족, (7) 의학 처방의 준수 효과를 낮추는 문화적 신념. 학자와 실무자는 처방 준수에 영향을 미친다고 알아낸 여러 요인들이 서로 복잡한 방식으로 상호작용하여 영향을 미침을 이해할 필요가 있다. 그러나 이 요인들 가운데 대부분이 변화시키기 쉽지 않아서 학자들은 수정하기 비교적 쉬운 요인들을 알려주는 건강행동 이론들을 개발하고 있다.

사람들은 건강행동을 무슨 이유로 어떻게 준수하는가?

사람들이 건강행동을 개선하도록 도와주려면 처방 준수를 예측하는 데 기여하면서 수정이 가능한 요인들을 알아내는 일이 중요하다. 건강심리학자들은 이 목적에 따라서 사람들이 자신의 건강을 위해 실천할 일을 결정하는 이유와 아울러 어떻게 하면 의학 처방을 준수하는 데 성공하는지 이해하기 좋은 이론들을 개발하고 있다. 이 책의 2장에서 유용한 이론들은 (1) 좋은 연구를 생산하고, (2) 관찰한 바를 조직하고 설명하며,

(3) 실무자가 행동을 예측하는 데 지침이 되어야 한다고 말한 바가 있다. 사람들이 처방을 준수하거나 준수하지 않는 이유를 잘 찾아내는 이론은 건강 실무자들이 처방 준수를 개선하기 위해 중재안을 설계하는 데도 유용하다. 이 절에서 보게 되겠지만 처방의 준수 이론들은 학자들이 이미 발표한 이론들의 단점들을 알아내어 이 약점들을 설명하는 새로운 모형을 제안하면서 긴 시간에 걸쳐 발전되었다. 건강행동의 이론들은 각기 다른 가정들을 지니는 연속체 이론과 단계 이론이라는 두 가지 일반적 유형으로 나눌 수 있다.

건강행동에 관한 연속체 이론

연속체 이론은 건강행동을 이해하기 위해 개발된 첫 번째 범주의 이론이었는데, 여기에는 건강신념 모형(Becker & Rosenstock, 1984), 자기효능감 이론(Bandura, 1986, 1997, 2001), 계획된 행동 이론(Ajzen, 1985, 1991), 행동주의 이론이 포함된다. **연속체 이론**(continuum theory)이라는 명칭은 처방 준수를 위해 개인마다 서로 달리 지니고 있는 준수의 수준이나 동기는 고려하지 않고 모든 사람에게 균일하게 적용하는 일군의 요인들을 사용하여 건강행동을 설명하려는 이론들에 붙인 이름이다. 다시 말해, 연속체 이론은 각 이론에서 제안하는 요인들을 모든 사람에게 똑같이 적용하므로 비유해서 말하자면 '한 가지 크기의 옷을 모든 사람에게 맞추는' 접근법을 취한다. 이 절의 뒷부분에서 설명하는 단계 이론은 이와 다른 접근법을 취하는데, 먼저 사람들이 행동 변화의 여러 단계들 가운데 어느 단계에 속하는지 분류한 다음에, 각 단계에 속하는 사람들의 처방 준수를 예측하는 데 고유하게 기여하는 변인들을 알아내어 처방 준수를 설명하려고 한다.

건강신념 모형　미국에서는 1950년대에 결핵이 중요한 건강 문제였다. 미국공중건강관리청(United States Public Health Service)에서는 결핵의 건강검진을 무료로 제공하는 계획을 시작했다. 의료용 자동차가 마을 주위의 편리한 장소로 방문하여 무료로 엑스레이 검진을 제공했다. 그럼에도 불구하고 이 검진이 무료로 제공하는 이득을 취한 사람들은 매우 소수였다. 어째서 그랬을까?

　제프리 호흐바움(Geoffrey Hochbaum, 1958)과 공동 연구자들은 이 질문에 대답하기 위해 건강신념 모형을 개발했다. 현재까지 건강신념 모형의 몇 가지 개정판들이 존재한다. 이 가운데 가장 주목을 많이 받는 이론이 마셜 베커(Marshall Becker)와 어윈 로젠스톡(Irwin Rosenstock)(Becker & Rosenstock, 1984)의 모형이다.

　베커와 로젠스톡이 개발한 모형에서는 건강행동에서 신념들이 중요한 기여요인이라고 가정한다. 이 모형에서는 건강 관련 행동을 예측하는 데 함께 기여하는 4개의 신넘을 가정한다. (1) 질병 혹은 장애에 대한 자신의 취약성(susceptibility) 지각, (2) 질병 혹은 장애의 심각성(severity) 지각, (3) 건강을 증진하는 행동들이 지니는 이득(benefits) 지각, (4) 예를 들어 금전적 비용과 같이 건강 증진 행동들에 수반되는 장애요인(barriers) 지각

담배를 끊으려는 사람에게 이 요인들이 어떻게 동기를 높여주는지 살펴보자. 첫째, 담배를 피우는 사람이 담배를 피울 경우 폐암이나 심장병 따위의 질병에 걸릴 확률이 높아진다고 믿어야 한다. 둘째, 이 사람이 이 질병들은 심각하다고 믿어야 한다. 만약 이 사람이 흡연으로 질병들이 발생한다고 믿지 않거나 이 질병들이 생존을 위협한다고 믿지 않는다면, 이 경우에는 금연하려는 동기가 거의 없게 된다. 셋째, 이 사람이 금연으로 질병의 발생 확률이 낮아지는 효과와 같이 장차 금연으로 얻을 확실한 이득이 있다고 믿을 필요가 있다. 마지막으로, 금연하는 데 장애가 되는 방해요인이 거의 없다고 믿어야 하는데, 달리 말하자면 금연이 비교적 고통스럽지 않은 과정이라고 믿을 필요가 있다. 그러나 담배를 피우는 사람들은 담배 말고는 스트레스를 관리할 다른 방도가 없다거나 자신의 금연을 지원하는 사람들이 없다는 등으로 금연에 장애요인이 많다고 지각하는 경우가 흔하다(Twyman, Bonevski, Paul, & Bryant, 2014). 그러므로 건강신념 모형에 기반을 두는 금연 계획에서는 흡연과 관련 있는 질병에 걸릴 취약성, 이 질병들의 심각성, 금연으로 얻는 이득 및 금연에 장애가 된다고 지각하는 요인들을 다루는 방법을 교육하려고 한다.

비록 건강신념 모형이 여러 방면으로 상식과 맞기는 하지만 상식이 건강 관련 행동들의 준수를 항상 잘 예측하지는 못한다. 건강신념 모형을 기반으로 삼는 몇몇 중재 기법은, 예를 들어 유방암의 검진처럼 비교적 단순하고 빈도가 낮은 행동들에서는 처방 준수를 증진하는 데 성공적이었지만(Aiken et al., 1994), 건강신념 모형이 금연처럼 지속되는 생활양식의 행동들에서는 처방 준수를 매우 잘 예측하지는 못한다. 이 모형의 네 요인들 가운데 이득과 장애의 지각이 행동을 가장 잘 예측하는 요인이며, 반면에 취약성과 심각성의 지각 두 요인은 준수 행동의 예측력이 낮았다(Carpenter, 2010). 이와 유사하게 건강신념 모형을 구성하는 요인들이 어느 집단들에서 보인 예측력보다 다른 집단들에서 더 나은 예측력을 보일 수도 있다. 예를 들면, 취약성 지각과 심각성 지각 요인은 라틴계 미국인보다 아프리카계 미국인과 유럽계 미국인이 예방주사를 맞을지 예측하는 데 더 강한 예언력을 보였다. 라틴계 미국인에서는 이 이론의 장애요인이 다른 요인보다 예측력이 높았다(Chen, Fox, Cantrell, Stockdale, & Kagawa-Singer, 2007). 종족에 따른 이와 같은 차이는 건강신념 모형에 포함되지 않은 다른 요인들이 중요할 수 있음을 시사한다.

이 이론에 비판적인 일부 학자들(Armitage & Conner, 2000)은 건강신념 모형이 동

기요인을 지나치게 강조하고 행동요인은 너무 경시함으로써 건강행동에 완전하게 적합한 모형이 될 수는 없다고 주장한다. 건강신념 모형에서 가장 큰 제한점의 하나로 개인이 건강행동에 대해 지니는 통제력의 신념을 제외한 점을 들 수 있다.

자기효능감 이론   앨버트 반두라(Albert Bandura, 1986, 1997, 2001)는 인간이 자신의 생활에 대해 비록 제한되기는 하지만 통제력을 행사하는 잠재력을 지닌다고 가정하는 사회인지 이론을 제안했다. 다시 말해, 인간은 자신이 중요하고 성취가 가능하다고 보는 목표를 추구하기 위해 인지 과정들을 활용한다. 반두라는 인간의 행위가 행동, 환경 및 특히 신념을 지닌 사람이라는 세 요인이 상호작용한 산물이라고 주장한다. 반두라(1986, 2001)는 이 세 요인이 상호작용하는 3요인 모형을 **상호영향의 결정론**(reciprocal determinism)이라고 불렀다. 상호영향의 결정론이라는 개념은 행동, 환경, 사람 요인이 세 꼭짓점에 각각 위치하면서 각 요인이 다른 두 요인에 영향을 미치는 삼각형으로 제시할 수 있다(그림 4.1 참조).

사람 요인을 구성하는 중요한 한 요소가 **자기효능감**(self-efficacy)인데, 반두라(2001)는 이 개념을 "사람이 자기 자신의 기능과 환경에서 발생한 사건에 대해 자신이 얼마나 통제력을 행사할 잠재능력을 지닌다고 생각하는지 믿는 신념이라고 정의했다(p. 10). 자기효능감은 어떤 상황에서나 적용되는 전반적 개념이라기보다 상황마다 특수

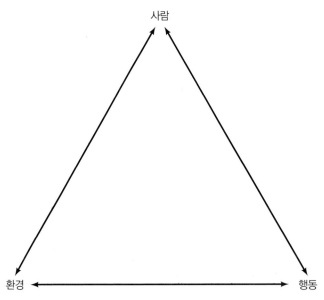

그림 4.1 반두라의 상호영향의 결정론 개념. 인간의 기능이란 행동, 환경, 그리고 특히 자기효능감과 다른 인지 과정들을 지니는 사람 요인이 상호작용하여 생산된 산물이다.

출처: "The self system in reciprocal determinism", by A. Bandura, 1979. *American Psychologist. 33.* p.345.

하게 정해지는 개념이다. 즉, 예를 들어 흡연하려는 유혹을 물리칠 수 있다는 신념처럼 이 개념은 어떤 특수한 상황에서 개인이 바라는 결과를 만들어내는 데 필요한 행동을 자신이 수행할 수 있다고 믿는 신념을 뜻한다. 반두라(1986)는 자기효능감이 다음 네 경로들 가운데 한 경로를 통해 습득되거나, 증진되거나, 감소될 수 있다고 주장했다. (1) 담배를 피우려는 갈망을 성공적으로 참아내듯이 행동을 수행하거나 실천하기, (2) 자신과 유사한 기술을 지닌 다른 사람이 수행하는 행동을 보고 자신이 대리하여 간접적으로 행동을 경험하거나 관찰하기, (3) 말로 설득받기 혹은 자기가 신뢰하는 사람이 해주는 격려의 말을 경청하기, (4) 불안이나 스트레스의 감정처럼 보통 자기효능감을 떨어뜨리는 생리적 흥분 상태

자기효능감 이론에 따르면, 어려운 행동(예: 금연)에 착수하는 개인이 자신의 능력에 대해 지니고 있는 신념을 알면 그가 이 행동을 실천할지 사전에 예측할 수 있다. 자신이 어떤 행동을 할 수 있다고 생각하는 사람들은 이 행동을 시도하고 지속하려고 한다. 자신이 무엇인가 할 수 있다고 믿지 못하는 사람들은 시도하지도 않으려 하고 빨리 포기하려고 한다. 자기효능감 이론에서 중요한 또 한 가지가 **결과기대**(outcome expectations)인데, 이 개념은 자신이 수행하려는 행동들이, 예를 들어 심장 문제의 발병 위험이 낮아짐과 같이 가치 있는 결과를 산출하리라는 신념을 말한다. 반두라의 이론에서는 행동을 예측하는 데 있어 자기효능감과 결과기대의 조합이 중요한 역할을 한다. 건강행동을 성공적으로 준수하려면 사람들은 그 행동이 가치 있는 결과를 초래한다고 믿고, 자신에게 그 행동을 완수할 능력도 있다고 믿어야 한다.

물론 자기효능감 이론은 건강을 위한 다양한 권고의 준수를 잘 예측한다. 예를 들어 금연 프로그램에 참여하다가 중단하기, 운동 처방을 계속하여 실행하기, 당뇨병 관리를 준수하기, HIV의 약물 처방 준수 등을 들 수 있다. 이 가운데 예를 들어 자기효능감과 금연 프로그램의 중단을 다룬 연구(Shiffman et al., 2000)에서는 프로그램을 처음으로 중단한 다음에 자기효능감이 높은 흡연자들은 계속해서 프로그램에 참여했지만 자기효능감이 점차 낮아진 사람들은 중단하는 경향이 높음을 알아냈다. 자기효능감은 재활운동 프로그램을 완수하거나 탈락할지 예측하거나(Guillot, Kilpatrick, Hebert, & Hollander, 2004) 심장질환으로 재활을 위해 운동 프로그램을 준수하는 환자들을 예측하는 데(Schwarzer, Luszczynska, Ziegelmann, Scholz & Lippke, 2008) 가장 좋은 요인이었다. 한 연구팀(Iannotti et al., 2006)이 당뇨병에 걸린 청소년들을 연구하여 자기효능감이 높을수록 이 질병을 스스로 잘 관리하며 최적의 혈당 수준을 유지함을 알아냈다. 에이즈(AIDS)에 걸린 한 여성 집단을 다룬 연구(Ironson et al., 2005)와 HIV/AIDS를 앓고 있는 남녀들을 다룬 연구(Simoni, Frick, & Huang, 2006)에서는 자기효능감이 의사의 처방대로 약물을 복용하는 준수 행동과 아울러 질병의 심각도가 낮아졌음을 보

여주는 생리지표들과도 상관관계가 있음을 알아냈다. 그러므로 자기효능감은 처방을 잘 준수하고 좋은 치료 결과를 얻을지 잘 예측하고 있다. 이와 같은 이유로 최근에는 거의 모든 건강행동 모형에 자기효능감을 함께 넣고 있다. 그러나 자기효능감 이론의 한 가지 제한점으로, 이 이론에서는 행동의 예측요인으로 주로 자기효능감에만 초점을 맞추고 있어서, 처방을 준수하려는 사람의 동기를 북돋아주는 다른 요인들(예: 사회압력)은 제외하고 있다.

계획된 행동 이론 자기효능감 이론과 마찬가지로 계획된 행동 이론도 인간이 자신의 중요한 목표를 달성하는 데 도움이 되는 방향으로 행동한다고 가정한다. 계획된 행동 이론(Ajzen, 1985, 1991)은 건강행동 이론들 가운데 가장 자주 사용되는 이론에 속하는데, 인간이 일반적으로 합리적이며 자신이 어떻게 행동할지 결정하면서 정보를 체계적으로 사용한다고 가정한다. 즉, 사람들이 어떤 행동을 실행하기로 결정하기 이전에 자신의 행위가 초래할 결과에 관해 생각한다고 가정한다. 사람은 어떤 행위가 자신이 추구하는 목표들로부터 멀어지게 만들 수 있다고 믿게 되면 그 행위를 하지 않기로 결정할 수도 있다.

계획된 행동 이론에서는 행동의 직접적인 결정요인이 행동하거나 혹은 행동하지 않으려는 의도(intention)이다. 의도는 이보다 앞서는 다음 세 요인에 의해 형성된다. 첫째가 행동에 대한 개인적 평가로서, 개인이 행동에 대해서 지니는 태도이다. 행동에 대한 개인의 태도는 행동이 좋거나 혹은 나쁜 가치를 지니는 결과들을 초래한다고 믿는 신념들로부터 발생한다. 두 번째 요인은 개인이 자기 행동에서 얼마나 많은 통제력을 지닌다고 지각하는가이다(Ajzen, 1985, 1991). 이 행동 통제력 지각은 개인이 바라는 행동의 결과를 성취하기가 얼마나 쉽거나 혹은 어려운지를 말하는데, 이 용어는 과거 자기의 행동과 아울러 장애물을 극복하는 자기 능력의 지각도 반영하고 있다. 행동 통제력 지각에 관한 신념은 반두라의 자기효능감 개념과 매우 유사하다. 자신에게 더 많은 자원과 기회가 있다고 믿을수록 자기 행동을 통제할 수 있다는 신념은 더욱 강력해진다.

세 번째 요인은 그 행위를 수행하거나 혹은 수행하지 않도록 영향을 미치는 사회압력의 지각인데, 개인이 지니는 주관적 규범이라고 한다. 주관적 규범에 주목하는 점은 계획된 행동 이론만이 지니는 독특한 단면이다. 어떤 사람이 지니는 주관적 규범은 다른 사람들이 자신에게 그 행동을 하도록 고무한다고 믿는 신념과 아울러 자신이 타인들의 이 바람에 따르려는 동기라는 두 요인에 의해 형성된다. 이 장을 시작하면서 살펴본 ShapeUp 프로그램에서 친구나 직장 동료들이 참가자에게 운동과 섭식 조절이 필요하다고 믿고 있음을 확신시킴으로써 신체활동과 건강한 섭식에 대한 주관적 규범을

젊은 성인들이 지니는 사회규범의 지각이 행동에 영향을 미치기도 한다.

높이려고 했다. 더구나 이 프로그램에서는 참가자들 사이에 우호적인 경쟁을 고무하여 팀 동료들의 기대에도 부응하도록 동기를 북돋아주었다. 물론 이 프로그램에서 체중 빼기를 가장 잘 예측한 두 요인은 자기 팀에 속한 타인들이 체중 감량에 성공했는지 여부와 아울러 자기 체중의 감소를 기대하는 타인들의 강한 사회적 영향을 지각했는지 여부였다(Leahey et al., 2012).

그림 4.2를 보면 개인이 지니는 (1) 행동에 대한 태도, (2) 주관적 규범, (3) 행동 통제력 지각을 알게 되면 행동을 예측할 수 있음을 알 수 있다. 이 세 요소가 모두 상호 작용하여 행동하려는 개인의 의도를 형성한다.

계획된 행동 이론이 지니는 한 가지 장점은 행동을 형성하는 신념들을 밝혀준다는 점이다. 예를 들면, 미국 남성들은 여성들보다 과일과 야채를 덜 먹는다. 성별에 따른 이 차이는 계획된 행동 이론을 구성하는 요소들에서 나타나는 성별의 차이와 직접 상관을 보인다. 즉, 남성들은 과일과 야채를 먹는 데 대해 여성들보다 덜 선호하는 태도를 지니며, 이 음식들을 먹을 자기 능력에 대한 행동 통제력 지각도 여성들보다 낮다 (Emanuel et al., 2012). 한국의 대학생들을 대상으로 결혼하기 전의 성 행동을 다룬 한 연구(Cha, Doswell, Kim, Charron-Prochownik, & Patrick, 2007) 역시 이 이론의 장점과 약점을 잘 보여준다. 이 연구에서 주관적 규범은 남학생과 여학생 모두에서 혼전 성 행동의 중요한 예측요인이었다. 그러나 행동 통제력 지각은 남성에게서만 의미 있는 예측요인이었는데, 그 이유로는 한국에서 여성과 달리 남성에게는 혼전 순결이 더욱 신중한 선택이기 때문일 수 있다(Cha et al., 2007). 여성에서는 태도가 더욱 강력

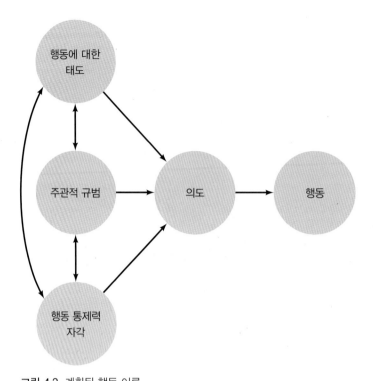

그림 4.2 계획된 행동 이론

출처: *Organizational Behavior and Human Decision Process*, 50, I. Ajzen, "The Theory of Planned Behavior", p. 182.

한 예측력을 보였다. 이와 같이 계획된 행동 이론은 혼전 성 행동을 설명하는 좋은 모형이었는데, 특히 남학생들에게 더욱 잘 맞았다. 이와 유사하게 과일과 채소의 섭취를 다룬 한 연구에서는 주관적 규범이 아프리카 미국인들의 행동의도를 예측하는 중요한 요인이었으나, 유럽계 미국인 참여자들의 행동의도를 예측하는 데는 중요한 요인이 아니었다(Blanchard et al., 2009). 이 결과는 문화에 따라서 사람들을 동기화하는 수준에서 친밀한 친구들이 미치는 영향력에 차이가 있음을 시사한다.

이 이론이 지니는 제한점들에도 불구하고, 계획된 행동 이론은 여러 가지 건강행동에서 인터넷에 기반을 두는 중재안들을 개발하는 지침으로도 유용하게 사용되고 있다(Webb, Joseph, Yardley, & Michie, 2010). 200개가 넘는 연구 결과들을 통계적으로 종합한 최근의 한 통합분석에서 계획된 행동 이론이 신체활동과 섭식 조절 행동을 가장 성공적으로 예측함을 알아냈다(McEachan, Conner, Taylor, & Lawton, 2011). 이와 상반되게 계획된 행동 이론은 건강검진, 안전한 성 행동과 도덕이나 건강 때문에 요구되는 금욕 행동뿐만 아니라 과속운전, 흡연, 알코올, 약물 사용과 같이 위험부담이 큰 행동들을 예측하는 데는 덜 적합했다. 행동의 유형에 따라서 이 이론의 적합도가 달리 나타나는 이 차이들은 어떤 요인으로 설명할 수 있을까? 무엇보다 중요한 점으로 계획된 행동 이론은 개인이 지속해야 하고, 계획해야 하며, 선택하는 행동을 예측하기 좋도록 고안되었는데, 신체활동과 섭식 조절이 이런 행동을 잘 대표한다. 물론 이 두 행동에서 의도, 행동 통제력 지각 및 태도가 행동을 예측하는 강력한 요인들이었다. 반면에 위험부담 및 성 행동들에서는 계획된 선택보다 특정한 상황에서 대응 반응으로 행동하는 경향이 높으므로 의도와 행동 통제력 지각이 예측력이 낮았다. 거의 모든 행동을 포괄해서 보면 두 가지 예외만 있을 뿐인데, 주관적 규범은 행동의 가장 약한 예측요인이었다. 주관적 규범은 성년과 비교해서 청소년의 행동을 매우 잘 예측했는데, 주관적 규범은 다른 행동들보다 위험부담 행동을 매우 강력하게 예측했다. 그러므로 주관적 규범이 청소년의 위험부담 행동을 이해하는 데 특별히 중요할 수 있다. 이에 대해서는 이 장의 후반부에서 다시 다룬다.[2]

행동주의 이론　사람들이 건강행동을 시작하면 이 행동들은 행동주의 원리에 따라서 강화되기도 하고 소멸되기도 한다. 처방의 준수에 관한 행동주의 모형(behavioral model)은 B. F. 스키너(Skinner, 1953)가 제안한 조작적 조건 형성의 원리를 채택하고 있다. 조작적 조건 형성의 핵심은 유기체가 목표로 삼는 행동을 지향하여 더욱 근접하게 접근하도록 만드는 반응을 즉시 강화해주는 데 있다. 준수 행동에서는 의사의 의학 처방을 따르는 행동을 강화해준다. 스키너는 정적 강화든지 혹은 부적 강화든지 간에 어떤 행동을 강화해주면 다음에 그 행동이 나타나도록 보강함을 알아냈다. 행동하는 상황에서 좋은 가치를 지니는 자극을 제공하는 **정적 강화**(positive reinforcement)는 강화를 받은 행동이 다시 발생할 확률을 증가시킨다. 의사의 처방을 지킨 행동에 대해 돈으로 강화하는 경우는 정적 강화의 예가 된다. **부적 강화**(negative reinforcement)에서는 바라는 행동을 했을 때 불유쾌하거나 나쁘다고 평가되는 자극을 제거함으로써 그 행동을 보강하게 된다. 부적 강화의 예로는 내가 약을 복용했을 때 배우자가 성가신 잔소리를 멈추는 경우를 들 수 있다.

　처벌(punishment)은 어떤 행동이 다시 반복해서 나타날 확률을 낮춤으로써 역시 행동을 변화시키지만, 심리학자들은 처방을 준수하지 않는 행동을 바꾸기 위해 처벌을 사용하는 경우가 거의 없다. 정적 강화물과 부적 강화물을 사용해서 얻는 효과들은 매우 일관되게 나타나는데, 이 두 가지 모두 행동을 보강시킨다. 그러나 처벌의 효과는 제한되며, 때로는 이 효과를 예측하기도 어렵다. 처벌은 기껏해야 어떤 행동을 억압하거나 억제할 수는 있지만 처방 준수에서 처벌과 연관이 있는 사람들이나 환경의 조건

---

2 한국에서 한덕웅(『인간의 동기심리』, 2004, 박영사)이 이 이론을 다룬 국내외 연구들을 개관한 바 있고, 공동 연구자들과 함께 수행한 연구에서 이 모형에 과거 행동을 추가하면 음주운전, 과속운전, 운동 등의 설명변량이 크게 증가함을 알아내었다. 그러나 에이젠(Ajzen, 1991)은 이 이론의 관점에서 과거 행동이 추가될 수 없는 이유를 제시한 바 있다. ─ 옮긴이

에 대해서도 나쁜 감정을 강하게 지니도록 만들 수 있다. 처방을 준수하지 못하면 때리겠다는 위협과 마찬가지로 처벌은 의학적 권고의 준수를 개선하는 데 거의 쓸모가 없다.

행동주의 모형 역시 처방을 준수하기가 어렵다고 예상하는데, 그 이유는 학습된 행동들이 대체로 변화에 저항하는 행동양식이나 습관을 형성한다고 보기 때문이다. 만약 누군가 약을 복용하거나, 섭식이나 신체활동을 바꾸거나, 하루에 여러 차례 혈당을 점검하는 등으로 이미 습관이 된 행동양식들을 변화시켜야 한다면 새로운 일상의 관행에 익숙해지는 데 어려움을 겪기 쉽다. 이와 같은 변화들을 이루려면 전문가의 도움이 필요한데, 행동주의 모형을 지지하는 학자들은 처방 준수 행동을 강화하기 위해서 단서, 보상, 강화 계획도 사용한다. 여기서 단서들로는 병원의 예약날짜와 시간을 알려주는 쪽지, 의사의 사무실에서 걸려온 전화, 기억을 되살려주는 자기만의 여러 기억 단서를 들 수 있다. ShapeUp 온라인 프로그램에서는 참가자들에게 각자의 건강 목표를 정기적으로 알려주었다. 처방 준수에 대한 보상으로는 돈과 칭찬 같이 외부에서 제공되거나 혹은 자신이 더 건강하다고 느끼는 식으로 스스로 제공하는 보상이 될 수도 있다. ShapeUp 온라인 프로그램에서도 팀의 구성원들이 제공하는 칭찬이나 고무하는 말을 들을 기회가 제공되어서 다른 팀과 경쟁하여 이길 경우를 비롯하여 보상으로 제공되었다. 강화 계획의 계약은 말로 할 수도 있지만, 대개 의사와 환자가 합의하여 문서로 만드는 경우가 많다. 다른 경우에는 DietBet 같은 온라인 프로그램을 통해 친구들과 시합하여 자기 목표를 달성한 경우에만 돈을 벌 수 있도록 계약을 체결할 수도 있다. 처방 준수에 관한 대부분의 모형들에서는 처방의 준수를 개선하는 데 있어 유인물과 계약이 중요함을 알고 있지만, 학자들은 유인물이 사라지고 나면 처방의 준수가 떨어지는 경우가 흔하다는 연구 결과도 발표했다(DeFulio & Silverman, 2012; Mantzari et al., 2015; Mitchell et al., 2013). 그러나 행동주의 기법들은 사람들이 새로운 행동들을 시작하도록 돕는 데 유용할 수 있는데, 시작한 행동이 마침내 습관으로 바뀔 수 있다는 희망도 가져볼 수 있다.

연속체 이론에 대한 비평　이 책의 2장에서는 유용한 이론이 되려면 (1) 중요한 연구들을 만들어내고, (2) 관찰한 바를 조직하고 설명해주며, (3) 실무자들이 행동을 예측하고 변화시키는 데 도움이 되어야 한다고 시사했다. 그렇다면 연속체 이론들은 이 세 가지 준거에 얼마나 잘 맞는가?

첫째, 상당히 많은 연구에서 처방 준수를 이해하기 위해 연속체 이론을 적용하고 있다. 건강신념 모형은 많은 연구를 촉진하는 계기가 되었으나 연속체 이론들 모두 상당한 수준의 지지 증거를 갖고 있다.

둘째, 이 모형들이 건강 관련 행동들을 조직화하여 잘 설명하고 있는가? 대체로 이 모형들은 모두 우연의 확률보다는 좋게 건강행동을 설명하고 예언한다. 그러나 건강신념 모형과 계획된 행동 이론은 동기, 태도, 의도는 설명하지만, 실제 행동이나 행동 변화는 잘 설명하지 못한다(Schwarzer, 2008). 그러므로 이 두 이론은 처방 준수를 예측하는 데 있어 단지 보통의 성공을 보인다. 그러나 계획된 행동 이론은 행동에 영향을 미치는 사회와 환경의 영향을 주관적 규범이라는 개념으로 인정했다는 점에서 건강신념 모형이나 자기효능감 이론보다 이론으로서 더 크게 기여했다.

여러 모형들에서 제안하고 있는 다양한 요인을 측정하기 위한 도구들에서 신뢰성이 요청되는데, 이 측정치들이 아직 일관성과 정확성을 지니지 못하기 때문에 또 다른 유형의 도전과제가 된다. 예를 들어, 건강신념 모형은 각 구성요소들을 각각 타당하게 측정하는 도구들이 있었다면 건강을 추구하는 행동을 잘 예측할 수도 있었다. 만약 어떤 사람이 질병에 취약하다고 느끼고, 자기 증상들이 심각하다고 지각하며, 치료의 효과가 좋으리라고 믿고, 치료의 장애요인도 거의 없다고 본다면, 이 경우에는 논리적으로 치료를 받게 된다고 볼 수 있다. 그러나 이 이론의 네 요인을 각기 신뢰성 있고 타당하게 측정하기가 어렵다.

끝으로, 연속체 이론들이 실무자들로 하여금 행동을 예언하고 변화시킬 수 있도록 기여하고 있는가? 연속체 이론이 지니는 한 가지 장점은 '어떤 사람이든지' 자기 행동들을 변화시키도록 동기를 부여하는 몇 가지 신념을 적시한 데 있다. 그러므로 연속체 이론은 이 신념들을 표적으로 삼아서 '누구에게나 적절한 안성맞춤의' 중재안을 개발하는 지침으로 사용되었다. 이와 같은 장점들이 있음에도 불구하고 연속체 이론은 자기정체성(self-identity)이나 미리 예상되는 정서들(Rise, Sheeran, & Hukkelberg, 2010; Rivis, Sheeran, & Armitage, 2009)과 같이 행동을 예언하는 데 중요한 심리요인들을 포괄하지 못하고 있다. 예를 들어, 자신이 장기기증 프로그램에 참여하지 않았을 때 경험할 수도 있는 후회의 감정을 단지 생각만 해본 사람들도 계획된 행동 이론에서 제안하고 있는 모든 신념에 관해 생각해본 사람들보다 장기 기증 예약이 많았다(O'Carroll, Dryden, Hamilton-Barclay, & Ferguson, 2011).

건강습관들은 대개 매우 뿌리 깊게 배어 있는 행동으로 변화시키기가 어렵다. 물론 사람들의 과거 행동이 연속체 이론에서 제안하는 그 어떤 신념들보다 미래 행동을 더 잘 예측하는 요인인 경우가 흔하다(Ogden, 2003; Sutton, McVey, & Glanz, 1999). 건강행동에 관해서 사람들이 지니고 있는 신념을 변화시켜서 행동 변화의 동기를 높일 수도 있으나, 사람들이 건강행동을 바꾸려는 의도를 실제 행동 변화로 이끌려면 변화단계에 더욱 잘 맞추어서 더 많은 기술을 사용해야 하는 경우가 많다(Bryan, Fisher, & Fisher, 2002).

건강신념 모형은 질병의 심각성 지각, 개인의 취약성, 건강 증진 행동이 가져올 수 있는 이득과 아울러 이 행동을 방해하는 장애요인이라는 개념을 포괄하고 있다. 건강신념 모형은 건강 관련 행동들을 예측하는 데 있어 단지 제한된 성공을 보인다.

자기효능감 이론에서는 개인이 건강행동을 통제하는 자기 능력에 관해서 지니는 신념들을 강조한다. 자기효능감은 특히 처방을 지키기가 비교적 어려운 건강행동을 예측하는 매우 중요한 요인들 가운데 하나이다.

에이젠의 계획된 행동 이론은 의도적 행동에 초점을 맞추고 있는데, 의도의 예측요인들은 행동에 대한 태도, 행동통제력 지각, 주관적 규범이다. 행동 통제력 지각과 의도가 처방 준수를 예측하는 가장 강력한 요인이다. 주관적 규범 역시 행동의 예측에 기여하는데, 주로 청소년들의 행동과 위험부담 행동을 잘 예측한다.

행동주의 이론은 강화와 아울러 변화시켜야 할 습관들에 초점을 맞추고 있다. 누군가 행동을 변화시키려고 시도하여 보상을 받으면 이 변화들이 지속될 확률이 높아진다. 보상은 돈이나 칭찬 같은 외부 보상이 될 수도 있고, 자신이 더욱 건강해지고 있다는 느낌처럼 내부 보상이 될 수도 있다. 행동주의 이론에서는 처방 준수를 개선하는 데 있어 기억 단서들의 활용과 행동 계약의 중요성도 잘 반영하고 있다.

건강행동에 관한 단계 이론

단계 이론(stage theory)으로는 변형이론 모형(Prochaska, DiClemente, & Norcross, 1992; Prochaska, Norcross, & DiClemente, 1994)과 건강행위과정접근(Schwarzer, 2008)을 들 수 있다. 건강행동에 관한 이 모형들은 연속체 이론과 구별되는 몇 가지 중요한 차이를 지닌다. 무엇보다 중요한 점으로 단계 모형은 사람들이 자기 행동을 변화시키려고 시도하면서 서로 구분되는 일련의 단계를 거친다고 제안한다. 단계 모형은 이와 같은 방식으로 사람들이 자기 행동을 변화시키는 과정(process)을 연속체 모형들보다 잘 그려낸다고 볼 수 있다. 단계 모형에서는 또한 각자가 당면하고 있는 단계에 따라서 서로 다른 변인들이 중요해진다고 제안하고 있다. 이 관점에서 단계 이론은 각자가 당면하고 있는 단계마다 서로 다른 유형의 중재 계획을 사용하여 이득을 얻어야 한다고 본다는 점에서 연속체 이론과 차이가 있다. 이 장에서 독자들은 '누구에게나 단일한 모형을 적용'하는 접근과 달리 단계 이론에 기반을 두는 중재 계획에서는 각자가 당면하고 있는 특정 단계에 알맞게 정보를 제공함을 알 수 있다.

변형이론 모형 단계 이론 가운데 변형이론 모형(transtheoretical model)이 가장 잘 알려졌는데, 이 모형에서는 여러 모형들에서 제안한 요소들을 떼어내어 빌려 쓰기 때문에 이렇게 부른다. 이 이론은 변화단계 모형(stage-of-change model)이라고도 한다. 변형이론 모형은 제임스 프로차스카(James Prochaska), 카를로 디클레멘테(Carlo DiClemente), 존 노크로스(John Norcross, 1992, 1994)가 개발했는데, 사람들이 행동의 변화를 이루는 과정에서 나선형으로 이루어진 다음의 다섯 단계를 거치면서 진전하

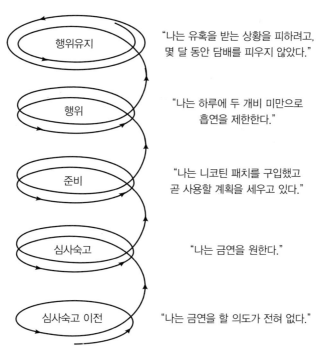

그림 4.3 변형이론 모형과 흡연에서 금연에 이르는 변화의 단계

기도 하고 퇴행하기도 한다고 가정한다. 즉, 심사숙고 이전 단계, 심사숙고 단계, 준비 단계, 행위 단계, 행위유지 단계이다. 흡연자가 금연하면서 이 다섯 단계의 변화를 거쳐서 진전하는 모습을 그림 4.3에서 볼 수 있다.

첫 단계인 심사숙고 이전 단계(precontemplation stage)에 머무는 동안에는 흡연을 끊으려는 의도가 전혀 없다. 심사숙고 단계(contemplation stage)에서는 문제를 알고 금연을 생각하지만 아직 변화하려고 노력하지는 않는다. 준비 단계(preparation stage)에서는 생각들(예를 들어, 다음 달까지 금연하려고 의도함)과 아울러 행위(예를 들면, 효과적으로 금연하는 기법을 배우거나 자기 의도를 다른 사람들에게 말하기)도 포함된다. 행위 단계(action stage)에서는 예를 들어 흡연을 중단하거나 니코틴 제거 치료를 받는 등으로 행동에서 알아볼 수 있는 변화를 보인다. 행위유지 단계(maintenance stage)에서는 이제까지 만들어낸 변화를 유지하려고 시도하면서 옛 습관으로 되돌아가려는 유혹에 저항하려고 한다.

프로차스카와 공동 연구자들은 사람들이 한 단계에서 다른 단계로 이동하면서 직선이 아니라 나선형의 과정을 거친다고 가정하고, 이 모형이 다른 어떤 모형보다 행동의 변화에서 시간요인이 중요함을 잘 파악하고 있다고 주장한다(Velicer & Prochaska, 2008). 어느 단계에서 진전하지 못하고 퇴보하면 이전 단계로 되돌아가도록 촉진할 수도 있고, 그렇지 않으면 심사숙고 단계나 심사숙고 이전 단계에 다시 이르도록 계속해서 영향을 미칠 수도 있다. 이 지점부터 여러 단계를 거쳐서 마침내 행동의 변화를 성공적으로 이룩할 때까지 여러 차례에 걸쳐서 진전을 반복할 수도 있다. 그러므로 여러 차례의 퇴보도 예상할 수 있으며, 이 퇴보가 다양한 단계를 거쳐서 다음 단계로 다시 올라가도록 도와주는 학습 경험으로 작용할 수도 있다.

프로차스카와 동료 학자들(1992, 1994)은 서로 다른 단계에 처해 있는 사람들이 성공적으로 변화를 이룩하려면 각기 다른 유형의 도움이 요청된다고 제안했다. 예를 들면, 심사숙고 단계와 준비 단계에 있는 사람들에게는 자신이 지니는 건강 문제에 대한 인식을 높여주는 기법이 유익하다. 이와 대조되게 행위 단계와 행위유지 단계에 당면한 사람들에게는 실행할 행동들을 직접 제안하는 전략이 유익할 수 있다. 간단하게 말하면 심사숙고 이전 단계의 사람들은 왜 변화해야 하는지 배울 필요가 있는 반면에, 심사숙고 단계와 행위 단계의 사람들은 어떻게 해야 변화되는지 배울 필요가 있다. 행위유지 단계의 사람들이라면 자신이 이룩한 변화를 지속하도록 직접 돕거나 정보를 제공할 필요가 있다.

이 이론을 다룬 연구 결과들을 보면 중요한 주장들을 지지하는 추세를 보인다. 예를 들어, 저지방 섭식 행동의 실천을 다룬 한 종단 연구(Armitage, Sheeran, Conner, & Arden, 2004)를 보면 사람들이 이 행동에 대해 지니고 있는 태도와 행동은 변형이론 모형에서 제안하는 여러 단계로 분류할 수 있으며, 이 모형에서 예언하는 바와 같이 여러 단계에 걸쳐 진전하기도 하지만 초기 단계로 퇴행하기도 함을 알아냈다. 더구나 어느 한 단계에서 다른 단계로 이동시키기 위한 변화 계획이 단계에 따라서 달라졌다. 이 연구자들은 준비 단계에서 행위 단계로 진전시키는 일이, 다른 어떤 단계의 이동보다 어려움을 알아냈다. 그러므로 한 단계에서 다른 단계로 이동하는 전환이 모든 단계에서 같은 수준으로 용이하지는 않을 수 있다.

변형이론 모형은 다른 종류의 문제 행동에도 동일하게 잘 적용되는가? 47개의 연구를 종합하여 통합분석한 한 연구(Rosen, 2000)에서는 흡연, 약물 오남용, 운동, 섭식, 심리 치료를 포함시킨 여러 건강행동 문제들에서 이 모형을 검증하여 이 질문에 대답하려고 했다. 이 연구의 결과를 보면 변형이론 모형은 다른 여러 건강행동보다 금연을 이해하는 데 가장 적합했다. 예를 들면, 금연의 경우에 금연의 의사결정에서는 인지 과정이 더 자주 사용되지만 반면에 행동의 유지 단계에서는 행동 치료 기법이 더 효과가 좋았다. 그러나 금연에서 각 단계에 맞춰서 변화 계획을 도입한 결과들을 개관한 연구들을 보면 각 단계에 맞추어서 변화 계획을 도입하더라도 모든 사람에게 단계를 고려하지 않고 동일한 정보를 제공한 변화 계획과 비교해서 비슷한 효과를 보였다 (Cahill, Lancaster, & Green, 2010). 금연 행동을 이해하는 데 변형이론 모형이 적합한 바와 대비되게 특수한 섭식 행동, 운동, 콘돔 사용과 같은 행동에서 처방 준수를 예측하는 데는 이 모형이 잘 맞지 않았다(Bogart & Delahanty, 2004).

변형이론 모형에 근거를 두는 단계맞춤식 변화 계획이 성공을 거두지 못한 이유는 학자들이 사람들을 각 단계로 분류하는 방법에 문제가 있기 때문일 수도 있다. 예를 들어, 변형이론 모형의 다섯 단계가 서로 배타적으로 구별되는 단계를 의미하지 않을 수도 있다(Herzog, 2008). 이런 이유로 일부 학자들은 다섯 단계보다 적은 단계를 가정하는 단계 모형이 더욱 정확하고 유용하다고 주장하기도 했다(Armitage, 2009). 다음의 건강행위과정접근은 단순화된 단계 모형이다.

건강행위과정접근   슈워처(Schwarzer, 2008)의 건강행위과정접근(health action process approach)은 연속체 이론과 단계 이론 모두에서 매우 중요한 단면들 가운데 일부를 조합한 최근 모형이다. 건강행위과정접근은 두 단계를 지니는 단순화된 단계 모형으로 볼 수 있다. **동기 단계**(motivational phase)라고 부르는 첫 단계에서는 예방조치로 어떤 행동을 채택하거나 위험부담 행동을 변화시키려는 의도를 형성한다. 이 동기 과정 동안에 의도를 형성하려면 세 가지 신념이 필요하다. 첫째, 자신의 위험을 지각해야 한다. 둘째, 행동으로 좋은 결과를 얻을 수 있다는 결과기대를 지녀야만 한다. 셋째, 자기효능감을 지녀야만 한다. 동기 단계에서 슈워처가 행위 자기효능감(action self-efficacy)이라고 부르는 신념이 중요한데, 이 신념은 자신이 변화를 만들어낼 능력이 있다는 확신을 의미한다. 이와 같이 건강행위과정접근의 동기 단계는 여러 의미에서 연속체 모형이 지니고 있는 여러 요소들과 유사하다(그림 4.4에서 볼 수 있다).

그러나 신년 초의 결의만으로 잘 실천되지 못함을 아는 바와 같이 단지 행동을 변

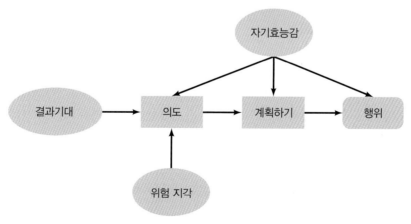

그림 4.4 건강행위과정접근
출처: Ralf Schwarzer

화시키려고 의도만 해서 변화를 만들어내는 경우는 매우 드물다. **의지 단계**(volitional phase)라고 부르는 두 번째 단계에서는 자기 행동에서 변화를 만들어내려고 시도할 뿐만 아니라 이 변화들을 지속해서 유지하려고 시도한다. 의지 단계에 있는 동안에 여러 신념들과 전략들이 중요하다. 예를 들어, 의지 단계 동안에 계획하기가 매우 중요하다. 체중을 줄이려는 사람은 어떤 음식을 먹고, 어떤 식품을 구매하고, 어디서 운동할지 상세한 계획들을 세워야 한다. 그러나 자신의 행동을 변화시키고 싶어 하는 사람들 가운데 대부분이 자기 목표를 달성하는 데 실패하기 전까지는 계획하기의 중요성을 인식하지 못할 수도 있다.

독일의 성인들을 대상으로 수행한 웹 기반의 대규모 연구(Parschau et al., 2012)를 보면 신체활동을 증진하는 데 있어 계획하기가 중요함을 알 수 있다. 운동할 의도는 있으나 아직 시작하지 않은 성인들 가운데 계획하기를 많이 했던 사람들은 3주 후에 실제로 적극적으로 활동했다. 그러나 운동할 의도가 없었던 사람들에서는 계획하기가 별 효과가 없었다. 이 결과는 권고의 준수에서 계획하기가 단계별로 특유의 역할을 지님을 잘 보여준다. 계획하기는 단지 '무엇을, 어디서, 언제' 해야 하는지 명세화해줄 뿐만 아니라 예상되는 문제에는 어떻게 대처해야 할지 기획하는 일도 포함하고 있다. 예를 들면, 어떤 사람이 운동시간에 빠지거나 운동하면서 통증을 겪는다면 어떻게 해야 할까? 이러한 문제들을 사전에 예견해서 계획을 세운 사람들은 계획대로 건강 목표를 추구하는 데 성공하는 경향이 높았다(Craciun, Schüz, Lippke, & Schwarzer, 2012; Evers, Klusmann, Ziegelmann, Schwarzer, & Heuser, 2011; Reuter et al., 2010).

비록 건강행위과정접근이 다른 모형들처럼 아직 널리 연구되지는 않았지만 여러 연구들에서 이 모형의 가설들을 지지하고 있다. 건강신념 모형이나 계획된 행동 이론과 비교해보면 건강행위과정접근은 젊은 성인들이 건강에 해로운 섭식 행동의 유혹에 저항하거나 유방암의 자기진단을 수행하려는 의도들을 예측하는 데 효과가 더 좋았다(Garcia & Mann, 2003).

단계 이론에 대한 비평 과연 단계 이론은 우리가 실제로 보는 건강행동을 어느 정도 잘 조직하여 설명하는가? 단계 이론 가운데 변형이론 모형이 가장 복잡하다. 이 이론에서는 다섯 단계를 제안해서 사람들이 한 단계에서 다른 단계로 잠재적으로 이동할 수 있는 과정이 10개에 이른다. 몇몇 학자가 지적한 바와 같이(Armitage, 2009; Herzog, 2008) 이 정도의 복잡성은 불필요할 수 있으며, 더욱 복잡한 단계 모형이라고 하더라도 건강행위과정접근 같은 더 단순한 단계 모형보다 건강행동을 잘 설명하지 못할 수도 있다.

단계 이론들은 건강을 전문으로 관리하는 실무자들이 행동을 예측하고 변화시키는 데 어느 정도 도움을 주고 있는가? 단계 모형들이 지니고 있는 장점들 가운데 하나로, 각 사람이 당면한 행동 변화의 단계에 알맞게 맞춤식 변화 계획들을 만들 수 있다는 이점을 들 수 있다. 예를 들면, ShapeUp 프로그램에 참여하기로 선택한 사람이 자기 의도대로 행동을 변화시키려고 하면서 (변형이론 모형에서 말하는) 행위 단계나 유지 단계에 처한 경우도 있고, (건강행위과정접근의) 의지 단계에 당면한 경우도 있다. ShapeUp 프로그램에서 사용한 기억 단서의 제공이나 자기 행동 점검 같은 행동 기법들은 대부분 행동의 변화 과정 가운데 여러 단계에서 유용하게 사용된다.

변형이론 모형을 보면 단계맞춤식 변화 계획들이 비단계맞춤식 변화 계획들보다 더 효과가 좋은지에 대해 지지하거나 배척하는 증거가 모두 있어서 일관되지 않았다. 건강행위과정접근을 다룬 연구들을 보면 신체활동의 증진(Lippke, Schwarzer, Ziegelmann, Scholz, & Schüz, 2010; Lippke, Ziegelmann, & Schwarzer, 2004)과 구강건강(Schüz, Sniehotta, & Schwarzer, 2007)에 단계별 맞춤식 변화 계획을 도입한 효과가 좋았다는 증거들이 축적되고 있다. 현재까지 단계 모형을 다루는 대부분의 연구들에서 행동 변화 계획과 종속변인을 동일한 시점에서 모두 측정하는 횡단 연구의 연구설계들을 사용했기 때문에 이 연구에 참가한 사람들이 각자 시간에 따라서 어떻게 변화했는지 알아내기가 어렵다. 단계 모형에 관한 연구들 모두에 해당되는 사항인데, 모형들의 타당성을 평가하려면 종단 연구가 더 많이 요청된다(Ogden, 2003).

건강 관련 행동을 설명하는 타당성이 높은 모형들을 수립하려는 건강심리학자들은 어려운 도전에 당면하고 있다. 이 도전들 가운데 하나는 개인이 지니는 신념이나 지각 이외의 요인들에 의해 건강행동이 결정되는 경우가 흔하다는 사실이다. 이 요인들 가운데 하나로 좋지 못한 대인관계를 들 수 있는데, 이 요인은 건강행동에 영향을 미치는 건강보호 체계와 아울러 법률을 비롯한 공공정책에도 접근하지 못하고 멀리 떨어지도록 만든다. 더구나 흡연과 치과 치료 같은 건강 관련 행동은 습관으로 발전해서 자동으로 실행되기 때문에 개인의 결정 과정을 벗어난다. 앞에서 예로 든 이 모든 요인이 건강행동의 모든 변이성을 설명하면서도 단순하고 절약된 모형으로 건강행동 이론을 개발하기 어렵게 만든다.

건강행동 모형은 대부분 건강관리를 추구하는 데 장애나 방해가 되는 몇 가지 유형의 요인이 있다고 가정하는데, 장애요인은 몇 개만으로 제한하기 어려울 정도로 매우 많다. 이 장애요인 가운데 연구자의 개인생활 경험을 초월하는 요인도 흔하다. 예를 들면, 풍요롭게 사는 유럽계 미국인들은 가난한 라틴계 미국인, 아프리카의 사하라 일부 지역에 사는 아프리카인, 혹은 캐나다의 이주민이 당면한 생활과는 매우 다를 수 있다. 그러므로 건강신념 모형이나 계획된 행동 이론을 모든 인종이나 사회경제 수준이 서로 다른 사람들에게 똑같이 적용하지 못할 수 있다(Poss, 2000). 건강추구 행동에 관한 모형에서는 행동의 선택에서 직접적이고 개인적인 통제가 중요하다고 강조하는 경향이 높다. 인종주의나 빈곤 같은 요인은 이 모형에 포함시키기가 어렵다.

요약

건강행동에 관한 단계 모형에서는 처방을 준수하려는 사람들을 몇 단계로 분류하고, 각 단계를 거치는 진전 과정을 서로 다른 변인들로 예측할 수 있다고 주장한다. 프로차스카의 변형이론 모형에서는 사람들이 건강행동에서 변화를 이루어가면서 심사숙고 이전 단계, 심사숙고 단계, 준비 단계, 행위 단계, 행위유지 단계라는 다섯 단계를 나선형으로 거친다고 가정한다. 진전 과정에서 중단도 예상되지만 이 지체 이후에 다른 단계들을 거쳐서 다시 전진할 수도 있다.

슈워처의 건강행위과정접근에서는 동기 단계와 의지 단계라는 두 단계만을 제안한다. 계획과 아울러 특수한 자기효능감이 사람들로 하여금 의도를 끝내 행동 변화로 이끌게 도와주는 중요한 요인이라고 보았다.

단계 모형에서는 각자가 현재 당면하고 있는 단계에 관련되는 변인만을 가려내는 접근으로 단계별 맞춤식 변화 계획을 사용해야 한다고 주장한다. 그러므로 단계별 맞춤식 변화 계획의 유효성은 건강 전문가가 변화시킬 사람들을 서로 구별되는 단계들로 어느 정도 잘 분류하는가에 따라서 상당 부분 달라진다. 변형이론 모형에 대한 한 가지 비판으로는 이 모형에서 제안하는 다섯 단계를 서로 명백하게 구별되는 단계로 명시하지 못하기 때문에, 이 이론이 시사하는 바와 달리, 서로 다른 단계에 속하는 사람들이 실제로는 유사할 수 있다는 점을 들 수 있다. 변형이론 모형에 근거를 두는 단계별 맞춤식 행동 변화 계획을 다룬 연구들에서 일관되지 못하고 상반되는 결과들이 함께 보고된 사실도 이 때문일 수 있다.

의도와 행동 사이의 간극

단계 모형에서는 심지어 간절한 행동의도라고 하더라도 항상 행동으로 옮기지 못함을 우리는 대부분 경험을 통해 이미 알고 있다고 인정한다. '의도와 행동 사이의 간극(intention-behavior gap)'(Sheeran, 2002)은 예를 들어 사람들이 건강에 도움이 되도록 행동하려는 의도를 지니면서도 건강한 행동을 하지 않는 경우에서 볼 수 있다. 이 절에서는 의도와 행동 사이에 간격이 생기는 이유를 이해할 뿐만 아니라 이 간격을 메우는 데도 도움이 되는 모형과 전략을 제시한다.

행동지향성

어떤 경우에는 강한 사회압력이 간절한 행동의도마저도 위축시킬 수 있다. 성적 자극을 받기 쉬운 상황에는 콘돔을 사용하려는 의도를 지니고 갈 수 있으며, 여럿이 함께 술을 마시더라도 폭음은 하지 않겠다는 의도를 지니고 밤을 새우려고 몰려갈 수도 있다. 그러나 그날 밤 어느 시점에서 이 의도들을 모두 잊어버릴 수도 있다. **행동지향성**(behavioral willingness)이란 '바로 그 시점에서는' 위험부담이 있더라도 행동에 관여하려는 동기를 말한다(Gibbons, Gerrard, Blanton, Russell, 1998). 행동지향성은 심사숙고하여 계획한 선택이라기보다 상황에 따른 즉각적 대응반응에 더 가깝다. 행동지향성의 개념은 청소년들의 흡연, 음주, 안전한 성행위의 실패 같은 위험부담 행동을 이해하는 데 도움이 되었다(Andrews, Hampson, Barckley, Gerrard, & Gibbons, 2008; Gibbons et al., 1998). 이 연구들에서는 행동의도와 행동지향성이 서로 상관이 있어서 위험한 행동을 억제하려는 강한 행동의도를 지닌 사람들이 위험부담 행동을 하기 쉬운 '바로 그 순간에' 그 행동에 관여하려는 의지가 낮음을 보여준다. 그러나 행동지향성은 실제 행동을 예측하는 독특한 요인이다. 즉, 만약 위험부담 행동을 회피하려는 행동의도가 동일한 수준인 두 사람들이

사람들은 위험부담 행동을 회피하려고 의도할 수는 있으나 강한 사회압력이 그 행동을 하도록 영향을 미치는 경우도 흔하다.

있다고 하더라도 행동지향성이 높은 사람이 궁극적으로 행동의도에 못 미치게 위험부담 행동을 하는 사람이 될 개연성이 매우 높다.

사람들이 행동지향성에 따라서 위험부담 행동에 관여하도록 몰아가는 요인은 무엇인가? 다른 사람에게 비친 자신의 사회적 인상에 관심이 쏠리게 되면 위험부담 행동에 관여하려는 행동지향성을 유발하는 경우가 많다. 만약 위험부담이 높은 행동을 하는 사람에게 좋은 인상을 받는 사람들이라면 위험부담 행동을 하려는 행동지향성을 높인다고 볼 수 있다(Gibbons et al., 1998). 다시 말해, 이 행동지향성은 위험부담 행동을 하지 않겠다는 간절한 행동의도마저도 행동으로 이루어질 수 없게 만든다.

실행의도

건강행위과정접근에서 강조하는 바와 같이 '계획하기'는 행동의도를 행위로 옮겨주는 중요한 요인이다. 최근 연구들을 보면 짧고 간단하게 계획하기를 연습만 하더라도 의학적 권고를 준수하도록 도울 수 있음을 보여주는 연구들이 많다. **실행의도**(implementational intentions)란 사람들이 무엇을 하려고 의도하는지를 나타낼 뿐만 아니라 어디서, 언제, 어떻게 하려고 하는지도 명시할 수 있는 구체적인 계획이다. 본질만을 말하면 실행의도는 개인이 성취하기를 원하는 목표에 이르도록 상황을 연결해준다. 예를 들어, 운동을 더 많이 하려고 원하는 사람이 "나는 화요일 저녁 일이 끝난 다음에 즉시 30분 동안 달리기를 하겠다."는 실행의도를 형성할 수도 있다. 이와 같은 방식으로 실

실제나 온라인의 사회적 연결망은 모두 건강에 영향을 미칠 수 있다

사람들이 형성한 사회적 연결망은 건강행동에 어느 정도 영향을 미치는가? 개인의 건강이 주로 개인의 선호에 따라서 달라진다고 생각하고 싶겠지만, 건강행동은 실제나 온라인의 사회적 연결망과도 긴밀하게 연결되어 있다. 건강행동에 큰 영향을 미치는 사람은 어떤 유형이고, 우리가 건강행동에서 영감과 영향을 기대하는 사람은 어떤 유형인가?

니콜라스 크리스타키스(Nicholas Christakis)는 프레이밍햄 심장 연구(Framingham Heart Study)의 풍부한 종단 연구 자료 모음을 사용하여 30년이 넘는 기간 동안에 흡연과 비만 같은 건강행동을 추적함으로써 실제로 형성된 사회적 연결망을 통해 건강행동의 확산에 미치는 영향을 분석했다. 이 연구에서 5000명이 넘는 사람들과 아울러 이들과 매우 가까운 가족, 친구, 직장 동료를 8명부터 10명까지 포함시켜서 건강 정보를 수집했다. 크리스타키스는 이 연구에서 개인에 직접 연결된 사람들의 비만과 금연 정보를 사용하여 당사자가 비만이 되거나 금연할 확률을 예측할 수 있었다. 예를 들면, 배우자가 비만이거나 금연하면 자신도 비만이 되거나 금연할 확률이 60%에 이르도록 증가되었다(Christakis & Fowler, 2007, 2008). 배우자가 분명히 개인의 건강에 강한 영향을 미쳤지만, 형제, 친구, 심지어 동료 작업자들 역시 개인의 건강에 상당한 영향을 미쳤다. 그러므로 개인의 건강은 자기 주변 사람들의 건강과 좋든(금연) 나쁘든(비만) 긴밀하게 연결되었다.

온라인에서 이루어진 사회적 연결망도 우리 건강에 영향을 미칠 수 있는가? 영리하게 고안된 일련의 연구들에서 데이먼 센토라(Damon Centola)는 온라인 사회연결망을 통해 건강행동들이 어느 정도 확산될 수 있는지 검증했다. 센토라는 건강 단련을 증진하는 웹사이트에 등록하면 이 사이트에서 회원 몇 사람을 '이웃들'로 배정하여 팀을 이루도록 했다. 이 사이트의 사용자들은 이 연결망에서 이웃들 가운데 '친구'로서 새 이웃들을 추가하거나 혹은 '친구가 아닌' 기존 이웃들을 선

정할 수 있었다. 사람들은 이 연결망에서 추가하거나 제외시킬 이웃들을 어떻게 선정했는가? 흥미롭게도 센토라는 이 사이트의 이용자들이 특히 자신과 연령, 성별, 체질량 지수(BMI: Body Mass Index)에서 자신과 '유사한' 이웃들을 추가하려고 선정하고, 자신과 유사하지 않은 이웃들을 제외시킨 비율이 압도적으로 높음을 알아냈다(Centola & van de Rijt, 2015). 간략하게 정리하면 사람들이 자기보다 체력단련이 잘되어 있거나 자기 '포부에 적합한' 인물들과는 이웃이 되려고 선택하지 않았다. 사람들은 오히려 자신과 유사한 이들과 함께하기를 선택했다.

서로 유사한 사람들끼리 연결하려는 이 유유상종의 경향이 체력단련이 되어 있지 못한 사람들에게 해로운 영향을 미치는가? 이 가설을 검증하기 위해 센토라(2011)는 사이트 이용자의 이웃들이 무작위로 배정되거나 그렇지 않으면 연령, 성별, 체질량 지수(BMI)가 유사한 사람들끼리 배정되도록 체력단련 사회연결망 사이트를 구축했다. 센토라는 이어서 모든 사람이 참여하는 사회연결망에서 한 명의 이웃이 새로운 다이어트 계획을 제안하도록 한 다음에 다이어트에 대한 이 관심이 사회연결망을 통해 어떻게 퍼져나가는지 추적했다. 놀랄 일도 아니지만 다이어트에 대한 관심은 무작위로 선정한 연결망보다 자기와 유사한 사람들끼리 구성한 연결망에서 더 빠르게 퍼져나갔다. 다시 말해, 연결망에 속한 사람들이 서로 유사했을 때 사회연결망이 더 큰 영향을 미쳤다. 이보다 더욱 중요한 점으로 이 사이트의 이용자가 체력단련이 덜 되어 있어서 유사한 이웃들 역시 체력단련 수준이 낮은 친구들에 둘러싸였는데도 이 경향에는 제약이 되지 않았다. 다이어트 계획에 대한 관심은 '체력단련이 잘된' 연결망과 마찬가지로 '체력단련이 덜 된' 연결망에서도 급속하게 퍼졌다. 그러므로 이 결과들은 온라인 사회연결망이 심지어 매우 극심한 건강 위험을 지닌 사람들에게도 건강에 유익한 영향을 미칠 수 있음을 시사한다.

행의도는 단지 "나는 운동을 더 할 작정이다." 같은 단순한 행동의도를 넘어선다. 실행의도들을 형성함으로써 시간이 지나면서 목표의 추구가 더 자동으로 이루어지도록 도움을 준다고 생각할 수 있다.

물론 간단한 실행의도의 연습만으로도 매우 다양한 건강행동에서 권고를 지키도록 도와주는 데 효과가 있다. 이 행동들에는 자궁경부암 검진(Sheeran & Orbell, 2000)이나 유방 자가검진(Orbell, Hodgkins, & Sheeran, 1997)과 같이 단 한 번 이루어지는 행동도 포함된다. 실행의도는 또한 비타민 보충제와 약물의 복용(Brown, Sheeran, Rueber, 2009; Sheeran & Orbell(1999), 건강한 식사(Armitage/2004; Verplanken & Faes, 1999), 폭식의 유혹 견뎌내기(Murgraff, White, & Phillips,1996)와 같이 시간이 지나면서 반복해야 하는 행동을 실천할 개연성도 높여준다. 신체활동을 다룬 20개 이상의 연구를 통계적으로 종합한 통합분석의 결과에서 실행의도가 처방의 준수를 증진하는 데 유용함이 입증되었다(Bélanger-Gravel, Godin, & Amireault, 2011).

어째서 실행의도가 좋은 기능을 보이는가? 한 가지 이유는 실행의도가 행동의도를 덜 잊도록 해줄 수 있다는 점이다. 예를 들면, 자궁경부암 검진을 다룬 연구에서 실행의도를 연습하면서 자신이 검진을 받으려고 구체적으로 정했던 날짜에 예약을 마친 사람들이 74%였다(Sheeran & Orbell, 2000). 이와 같이 실행의도는 '행동의도를 지닌 사람(intender)'이 '행위자(actor)'로 바뀌는 데 도움을 준다.

요약

사람들은 대부분 자신의 행동의도를 행동으로 바꾸지 못해서 건강을 위한 권고를 준수하지 못한다. 어떤 사람들에게는 특정한 순간에 위험부담 행동에 관여하게 되는 행동지향성 때문에 이 결과가 발생할 수도 있다. 행동지향성은 강한 사회압력이 존재하는 상황에서 사람들을 비준수의 위험에 빠트릴 수 있다. 또한 사람들이 적절하게 계획을 세우지 않아서 건강행동을 준수하지 않을 수도 있다. 실행의도는 상황에 따라서 실천할 행동을 연결해서 다양한 건강행동에서 권고의 준수를 촉진하는 구체적 계획들로 이루어진다.

처방의 준수를 개선하는 방법

이 장에서는 지금까지 건강을 위한 처방의 준수와 관련해서 처방 준수를 설명하거나 예측하는 이론적 모형, 처방 준수를 측정하는 기법, 처방 준수의 빈도, 처방 준수와 관련이 있는 요인을 포함한 여러 쟁점을 개관했다. 사람들이 처방을 지키지 못하는 이유라고 알아낸 지식과 아울러 이 정보를 함께 사용하면 이 장에서 중요하게 제기하는 다음 질문에 대답하는 데 도움이 될까? 어떻게 하면 권고의 준수를 증진할 수 있는가?

처방 준수를 개선하는 방법은 대체로 (1) 교육과 (2) 행동전략으로 나눌 수 있다. 교육적 절차로는 정보를 전해주는 기법이 있는데, 처방을 준수하지 않은 환자에게 때로는 겁을 주어서 처방을 지키도록 정서를 유발하는 방식을 사용하기도 한다. 교육적 절차에 포함되는 또 다른 절차로는 건강교육 전달문, 다양한 건강관리 전문가들과 함께하는 환자의 개인상담, 프로그램을 짜서 운영하는 교육, 강의, 시청각 자료를 사용한 사례 발표, 교재를 함께 사용하는 개인상담이 있다. 헤인즈(Haynes, 1976)는 교육과 처방을 준수하지 않으면 제공하는 재앙에 가까운 결과를 알려주어서 위협하는 기법을 토대로 만든 전략이 환자의 행동 변화를 이끌어내는 데 단지 미미한 효과만 보인다고 보고했는데, 이보다 최근에 이루어진 개관 논문들(Harrington, Noble, & Newman, 2004; Schroeder, Fahey, & Ebrahim, 2007)에서도 이와 유사한 결론에 도달했다. 교육적 방법은 환자의 지식을 증가시킬 수 있지만, 행동적 접근은 처방 준수를 높이는 데 효과가 좋은 방도를 제공한다. 사람들이 처방을 준수하지 않는 이유는 잘 알지 못해서가 아니라 여러 이유로 처방 준수가 자신에게 덜 절실하거나 실천하기 어렵기 때문인 듯하다.

행동전략에서는 더욱 직접적으로 권고에 순종하는 행동을 변화시키는 데 초점을 맞춘다. 이 전략에는 환자들에게 다가오는 진료예약 알려주기, 의료 계획을 간략하게 정리해주기, 약물 복용을 알려주는 기억 단서 제공하기, 환자의 처방 준수 행동을 점검하고 보상해주기, 건강행동을 스스로 점검하고 돌볼 수 있도록 습관을 조성하기 등 매우 다양한 기법이 포함된다. 행동주의 기법은 환자의 처방 준수를 개선하는 데 있어 대체로 교육전략보다 효과가 좋은데, 특히 '왜' 자기 행동을 변화시켜야 하는지 이유는 알지만 어떻게 변화시켜야 할지 모르는 사람들에게 효과가 좋다. 물론 ShapeUp 프로그램이 성공한 이유들로는 운동을 환기시켜주는 단서들을 제공하고 자기 행동의 점검을 비롯해서 몇 가지 행동전략들을 포함시킨 점도 들 수 있다(Michie et al., 2009).

처방 준수를 연구하는 로빈 디마테오(Robin DiMatteo)와 단테 디니콜라(Dante Dinicola, 1982)는 처방 준수를 개선하기 위해 네 가지 범주의 전략을 추천했는데, 이 네 범주는 아직도 이 주제를 다루는 방도로 타당성이 높다. 첫째는 다양한 방식의 기억촉진자극(prompt)을 사용하여 건강증진 행동을 시작하도록 기억을 되살려줄 수 있다. 이 기억촉진자극으로는 환자의 일상생활에서 주기적으로 이루어지는 사건들에 맞추어서 매번 식사하기 직전에 약을 복용하도록 알려주거나 혹은 병원에서 환자에게 전화를 걸어서 병원예약을 상기시키거나 처방전을 다시 받아가도록 알려주는 형식을 취할 수도 있다. 기억촉진자극의 또 다른 유형으로 약을 복용해야 할 날짜와 시간에 관한 정보를 볼 수 있도록 약봉투에 적어주는 방식을 취하기도 한다(Heneghan, Glasziou, & Perera, 2007). 더구나 기억촉진자극을 마련하는 데 통지문 발송이나 스마트폰 앱 같은 전자공학을 유용하게 활용할 수 있다.

디마테오와 디니콜라가 제안한 두 번째 행동전략은 환자의 일상생활 습관과 반복되는 일정에 맞추어서 치료하는 맞춤식 건강관리법(tailoring the regimen)이다. 예를 들면 알약의 복용을 기획하는 사람들이 개인생활과 잘 조화되도록 약물을 처방하여 이 목표를 달성하는 방향으로 일을 하며, 약을

효과가 좋은 기억촉진자극을 사용하면 환자가 계획대로 약을 복용하도록 도와줄 수 있다.

만드는 회사들 가운데 일부는 맞춤식 건강관리법과 유사하게 처방 준수형 포장이라고 부르는 약물 포장 방법을 창안하고 있다(Gans & McPhillips, 2003). 이 범주에 속하는 또 다른 접근으로 약물 복용 계획을 간략하게 정리해주기도 한다(Schroeder et al., 2007). 처방 준수에 관한 연구들을 개관한 한 논문(Schroeder et al., 2007)에서 이 접근이 처방 준수를 증진하는 데 가장 성공적이었다.

건강관리를 맞춤식으로 하는 또 다른 방법으로 환자의 성격이나 행동 변화의 단계와 같이 환자가 지니고 있는 중요한 특징을 평가하여 이 특징에 알맞게 변화에 필요한 내용을 전달해주기도 한다(Gans & McPhillips, 2003; Sherman, Updegraff, & Mann, 2008). 예를 들어, 그림 4.2에서 보는 바와 같이 심사숙고 단계에 처한 사람은 문제가 무엇인지 알고는 있으나 어떤 행동을 채택할지 아직 결정하지는 못하고 있다. 이 사람에게는 정보나 상담을 제공하는 변화 계획이 유익할 수 있지만, 행위유지 단계에 있는 사람에게는 유익하지 않을 수 있다. 이와 달리 행위유지 단계에 있는 사람에게는 자기 행동을 점검하는 도구이거나 혹은 약물을 복용하고 운동하도록 기억을 상기시켜주는 기억촉진자극이 유익할 수 있다. 이 접근을 심장병의 합병증을 예방하는 문제에 적용한 한 집단의 연구자들(Turpin et al., 2004)은 이전에 처방을 준수한 수준에 따라서 환자별로 마련한 맞춤식의 처방 준수 프로그램이 매우 중요하다고 결론지었다. 이전에 처방을 매우 잘 준수한 사람들은 일부만 준수하거나 준수하지 않은 사람들과 달랐다. 이 연구들에서 보고한 성공사례들을 보면 변화를 준비하는 단계들마다 처방 준수를 달성하는 데 필요한 도움의 유형이 서로 다름을 시사한다.

건강행동의 변화를 가로막는 문제들을 해결하도록 환자들을 도와주는 이와 유사한 맞춤식 관리 방법도 있다. **동기면접법**(motivational interviewing)은 유해물질 오남용의 치료에서 유래한 치료용 접근법이지만(Miller & Rollnick, 2002), 약물 복용의 준수, 신체활동, 섭식, 당뇨병의 관리(Martins & McNeil, 2009)를 비롯해서 여러 건강 관련 행동에도 적용되었다. 이 기법은 환자의 동기를 변화시키려고 시도하며 환자가 행동의

변화를 이루도록 준비시켜준다. 이 절차에는 건강 실무자가 환자가 당면한 상황에 대해 동정적으로 감정이입을 보이는 면담도 포함된다. 이 면담에서는 환자의 변화 목표에 관해 토론하고 명료화하여 환자의 바람직하지 못한 현재 행동과 대비시켜준다. 또한 환자가 자기 행동을 변화시킬 방법 등을 만들어내도록 도와준다. 동기면접에 관한 개관 연구들을 보면 이 기법은 특히 흡연을 중단하도록 사람들을 동기화하는 데 효과가 있다(Lai, Cahill, Qin, & Tang, 2010; Lundahl & Burke, 2009; Martins & McNeil, 2009).

셋째, 디마테오와 디니콜라는 목표로 삼는 건강행동에 가까워지면 계속해서 보상하는 계속적 접근(successive approximation) 기법으로 점진적 건강처방 도입 방법(graduated regimen implementation)을 제안했다. 이와 같은 행동조성(shaping) 절차들은 운동과 섭식 조절에 적합할 수 있으며, 금연 프로그램에도 적용할 가능성이 있지만, 약물 복용에는 적절하지 않다.

마지막으로 디마테오와 디니콜라가 열거한 네 번째 행동전략은 보상조건계약(contingency contract, 또는 행동전략)이다. 이 전략에서는 환자가 처방을 준수하게 되면 환자에게 어떤 보상을 제공하기로 환자와 건강관리 전문가가 합의하여 보통 서면으로 계약하게 된다. 이 계약에 건강행동을 준수하지 않는 경우에 받게 될 벌칙을 포함시킬 수도 있다(Gans & McPhillips, 2003). 행동과 보상을 연결 짓는 보상조건계약은 치료가 시작되는 시점부터 집행하거나 환자와 건강관리 전문가가 협상을 통해 합의한 경우에 가장 효과가 좋았다. 그러나 합의규정을 지키더라도 이 계약들이 처방의 준수를 매우 크게 높인다는 연구 결과는 아직 없으며(Bosch-Capblanch, Abba, Prictor, & Garner, 2007), 처방 준수에 도움이 되는 어떤 효과들도 계약이 종료된 다음에 소멸되는 경향을 보였다(Mantzari et al., 2015).

건강에 관한 처방의 준수를 증진하기 어렵다는 주장이 많음에도 불구하고 건강관리 전문가들은 대부분 처방의 준수를 개선하려는 노력을 거의 하지 않고 있으며, 환자들의 처방 준수율도 지난 50여 년 동안 거의 개선되지 못했다(DiMatteo, 2004a). 여러 연구의 증거들을 보면 단기간 동안의 건강관리에서는 약물을 복용하도록 명료하게 지시하는 설명 방법이 가장 최선의 전략이다(Haynes, McDonald, & Garg, 2002). 이 교수법은 말과 아울러 지시문을 함께 제공하면 효과가 더욱 좋다(Johnson, Sandford, & Tyndall, 2007). 장기간에 걸치는 건강관리에서는 어느 정도 효과를 보인 전략들이 많지만 이 가운데 어떤 전략도 처방 준수를 극적으로 개선하지는 못하고 있다(Haynes et al., 2008). 더구나 처방 준수의 개선 효과가 매우 컸던 변화 계획들은 대체로 복잡하고 비용도 많이 든다. 그러므로 처방 준수는 생활에서 부담을 초래하고 처방 준수에 실패

당신은 다음에 제시하는 건전한 권고들을 실천하면 현재보다 더욱 건강해질 수 있다. 여기서는 권고를 준수하는 데 따르는 성과들을 거두기 위해 당신이 할 수 있는 일들을 제안한다.

1. 금연하고, 술은 적당한 양만 마시거나 완전히 금주하고, 섬유질이 많으면서 지방이 적은 음식을 섭취하고, 적당한 신체활동량을 규칙적으로 유지하고, 생활에서 안전을 지키는 등 일상생활 전반에서 건강한 생활양식을 채택한다. 이 건강습관들을 채택하기 위한 절차에 관해서는 이 책의 12장부터 15장에 이르기까지 건강을 증진하는 방법으로 논의한 바 있다.

2. 당신을 치료하는 의사에게 당신이 노예처럼 복종하는 관계가 아니라 서로 협조하여 함께 노력하는 관계를 만들어야 한다. 당신의 건강에 당신과 의사가 모두 가장 중요한 사람들이므로 두 사람이 실제로 당신의 건강을 돌보기 위한 설계를 만드는 데 서로 협조해야 한다.

3. 당신의 건강에 관심을 기울이는 또 다른 중요한 사람들로 배우자, 부모, 친구, 형제를 들 수 있다. 당신의 생활에서 중요한 사람이나 함께 지내는 사람들로부터 사회적 지원을 받아야 한다. 연구 결과를 보면 사회적 지원을 많이 받는 사람일수록 전문가의 처방을 준수하는 비율이 높아진다.

4. 건강관리 전문가를 만나기 전에 당신이 대답을 듣고 싶어 하는 질문들을 미리 정리해보라. 당신이 전문가를 만나는 동안에 알고 싶어 하던 점을 질문하고 의사의 대답을 적어두면 좋다. 처방을 받으면, 처방에 따라서 나타날 수 있는 부작용은 무엇인지 의사에게 물어보라. 약을 먹은 다음에 미리 예상하지 못했던 기분 나쁜 부작용이 나타났다는 구실로 약의 복용을 중단하기를 바라지는 않을 것이다. 그리고 얼마나 오랫동안 약을 복용해야 하는지도 확실하게 알아둘 필요가 있다. 일부 만성질환은 살아 있는 동안 계속해서 치료가 필요한 경우도 있다.

5. 만약 의사가 당신이 이해할 수 없는 복잡한 의학 정보를 말해주는 경우에는 알아듣고 이해할 수 있도록 물어보라. 당신에게 중요한 건강관리 정보를 제공해준다면 약사로부터도 협조를 받아라.

6. 규칙적으로 운동을 시작하는 프로그램에서 보듯이 어떤 처방에서는 점진적으로 실천할 필요가 있음을 잊지 마라. 첫날에 너무 지나치게 운동을 하면 다음 날에는 다시 운동하기 싫어질 수도 있다.

7. 당신이 지닌 문화적 신념들, 인종, 언어 및 종교적 신념들을 이해하고 인정하는 건강 전문가를 찾으면 좋다.

8. 당신이 세운 건강 목표를 달성하기 위해 언제, 어떻게 행동할지 구체적 계획들을 세우라. 실행의도에 관한 연구들을 보면 간단한 운동 계획도 처방 준수를 돕는 데 효과가 있다.

9. 당신이 건강한 생활습관을 잘 실천한 경우에는 스스로 자신에게 보상을 줘라. 만약 당신이 마련한 섭식 조절 계획을 하루나 일주일 동안 충실하게 잘 지켰다면 당신이 좋아하는 일로 자신에게 보상을 해주자.

하면 건강이 나빠진다는 측면과 아울러 다소 효과가 나은 변화 계획이라도 추가 비용이 든다는 측면에서 아직도 비용이 많이 드는 문제로 남아 있다. 처방 준수가 풀기 어려운 도전과제이기는 하지만 이 주제는 건강심리학 분야에서 계속해서 다루고 있는 과제이기도 하다.

처방 준수율을 개선하는 효과가 좋은 계획으로는 약물을 복용할 시간을 알려주는 단서, 수행할 행동을 분명하게 적은 지시문, 간추린 약물 복용 관리법, 환자 개인의 하루 일정에 맞춘 처방, 처방을 지킨 행동을 보상하는 방법이 자주 언급된다. 효과가 좋은 전략들이 있음에도 불구하고 처방을 준수하지 않는 문제는 아직도 건강심리학자들에게 도전해야 할 중대한 문제로 남아 있다.

해답 이 장에서는 다음의 여섯 가지 문제를 다루었다.

1. 처방의 준수란 무엇이며, 어떻게 측정하고, 이 현상은 얼마나 자주 나타나는가?

처방의 준수란 개인의 행동이 의학 및 건강에 좋은 권고들과 합치되는 정도이다. 사람들이 의학적 권고를 지켜서 이득을 얻으려면, 첫째로 이 권고가 정확해야 하고, 둘째로 환자들이 이 권고를 실천해야 한다. 만약 사람들이 건전한 건강행동들을 준수하지 않는다면 심각한 건강 문제나 심지어 죽음에 이르는 위험부담을 지게 될 수 있다. 미국에서는 125,000명가량의 국민들이 처방을 준수하지 못해서 죽고 있다.

학자들은 처방 준수를 적어도 다음 여섯 가지 방식으로 측정할 수 있다. (1) 의사에게 묻기, (2) 환자에게 묻기, (3) 주위 사람에게 묻기, (4) 복용한 약물을 점검하기, (5) 생화학적 증거를 검사하기, (6) 앞의 다섯 가지 가운데 두 가지 이상을 조합하여 측정하기. 이 절차들 가운데 의사의 판단이 타당도가 가장 낮지만, 나머지 방법들 역시 각기 심각한 단점을 지니며, 이 기법들을 하나 이상 조합하여 사용하는 방법이 가장 좋은 평가 방법이다.

이 평가 방법들이 서로 다르기 때문에 처방의 비준수 빈도를 결정하기 어렵게 만든다. 그러나 500개가 넘는 연구를 분석한 결과를 보면 비준수율의 평균이 약 25%임을 알 수 있으며, 약물을 복용하도록 처방을 받은 사람들이 건강 관련 행동을 변화시켜야 하는 사람들보다 준수율이 높았다.

2. 처방의 준수를 예측하는 데 어떤 요인들이 기여하는가?

질병의 심각성은 처방 준수를 예측하는 데 의미 있게 기여하지 못하지만, 약물 복용에 따르는 고통스러운 부작용들은 처방 준수율을 낮춘다. 개인요인 몇 가지가 처방 준수와 상관이 있지만, 비준수 성격이란 존재하지 않는다. 연령은 처방 준수와 곡선형의 상관관계 추세를 보여서, 노년의 성인들과 아울러 아동·청소년들은 약물 복용의 처방 준수에서 문제들을 겪음을 알 수 있다. 성별이 처방 준수에 미치는 효과는 전반적으로 거의 없다. 스트레스, 불안, 우울과 같은 정서요인은 처방 준수율을 낮추지만, 성격의 5요인 가운데 성실성 요인은 처방의 준수를 높인다. 개인의 신념들이 중요한 요인인데, 건강 처방의 효과가 없다는 신념을 지닌 사람들은 처방의 준수율이 낮지만, 자기효능감의 신념이 높은 사람들은 처방 준수율이 높다.

개인이 당면한 생활환경 역시 준수율에 영향을 미친다. 수입이 낮으면 처방 준수를 낮추는 효과가 있는데, 치료와 약물 처방의 비용을 지불할 능력이 없을 수도 있다. 수입 수준이 높을수록, 그리고 사회적 지원을 많이 받을수록 처방 준수는 증가한다. 서양의학을 받아들이지 못하는 문화적 배경을 지닌 사람들은 처방 준수가 낮은 경향이 있다. 인종 역시 환자가 건강 전문가들로부터 받은 치료의 효과에 영향을 미치며, 자신이 차별을 받고 있다고 느끼는 사람들은 준수율이 낮다. 앞에서 살펴본 여러 요인들 가운데 어느 하나만으로는 처방 준수를 설명할 수 없어서 학자들은 이 요인들이 함께 작용한다는 사실을 고려할 필요가 있다.

3. 건강행동을 설명하는 연속체 이론이란 무엇이며, 이 이론은 처방의 준수를 어떻게 설명하는가?

건강행동에 관한 연속체 이론은 개인이 건강한 행동을 준수할 개연성을 예측해주는 변인들을 알아내려고 한다. 연속체 이론에서는 처방 준수를 예측하는 데 있어 모든 사람에게 동일한 방식으로 기여하는 변인들이 있다고 제안한다.

건강신념 모형은 자기 건강 문제의 취약성 지각에 대한 신념, 이 문제의 심각성 지각, 처방 준수에 따르는 이득 지각, 처방 준수의 장애요인 지각에 초점을 두고 있다. 자기효능감 이론에서는 자신이 처방 준수를 통제할 수 있다는 신념과 아울러 처방을 준수하면 좋은 결과가 초래된다는 신념에 초점을 맞춘다. 계획된 행동 이론에서는 처방 준수 의도의 예언요인들로 행동에 대한 태도, 주관적 규범에 대한 신념, 행동 통제력 지각에 초점을 맞추어서 설명한다. 행동주의 이론에서는 처방 준수를 강화와 아울러 변화되어야 할 습관들로 설명한다. 보상과 강화는 행동을 시작하도록 도울 뿐만 아니라 오랜 시간 동안 유지하도록 도울 수 있다. 행동주의 이론은 처방 준수를 개선하는 데 기억 단서들의 제공과 아울러 의사와 환자의 계약이 중요하다고 인정한다.

연속체 이론은 매우 다양한 건강행동들에 걸쳐서 광범위하게 연구가 이루어졌으며, 사람들이 건강행동을 준수하려는 동기를 예측하는 데 대체로 성공하고 있다. 그러나 연속체 이론은 행동요인들에 소홀하여 이 이론은 준수 행동의 예측보다 준수하려는 동기와 의도를 더 잘 예측하는 경우가 많다.

4. 건강행동을 설명하는 단계 이론이란 무엇이며, 이 이론은 처방의 준수를 어떻게 설명하는가?

단계 이론은 건강행동을 변화시키는 과정에서 사람들이 서로 구별되는 단계들을 거쳐서 진전하며, 각자가 당면한 단계마다 서로 다른 변인들이 중요하다고 제안한다. 변형이론 모형에서는 사람들이 건강행동의 변화를 만드는 과정에서 다섯 단계를 거치면서 나선형으로 진전한다고 제안하고 있다. 이 다섯 단계는 심사숙고 이전 단계, 심사숙고 단계, 준비 단계, 행위 단계, 행위유지 단계이다. 심사숙고의 초기 단계와 준비 단계에 있는 사람들은 교육이나 동기면담 같은 방식으로 건강 문제에 대한 자각 수준을 높이는 기법을 사용하면 더 많은 이득을 얻는다고 생각할 수 있다. 이와 대조되게 행위 단계와 행위유지 단계의 후기 단계에 있는 사람들은 직접 행동하도록 고취하는 기법을 사용하면 더 큰 이득을 얻게 된다.

건강행동과정접근에서는 동기 단계와 의지 단계라는 두 단계를 제안한다. 취약성 지각, 자기효능감, 결과기대가 동기 단계에서 중요한 요인들이다. 계획하기와 자기효능감은 의지 단계에서 중요한 요인들이다.

건강행동을 예측하고 변화시키는 데 있어 단계 이론이 성공한 이유는 개인의 행동 변화 단계를 정확하고 타당하게 평가하는 방법을 지녔기 때문이다. 연속체 이론이든 단계 이론이든 모든 이론이 처방 준수를 이해하는 데 유용하지만, 이 이론들은 사회적, 경제적, 인종적 및 다른 인구통계론적 변인처럼 인간의 건강행동에 역시 영향을 미치는 다양한 다른 변인을 제외시킨다는 한계를 지닌다.

5. 의도와 행동 사이의 간격이란 무엇이며, 의도를 행동으로 실천하는 데 어떤 요인들이 기여하는가?

의도와 행동 사이의 간격은 처방 준수의 의도가 행동을 예측하는 데 있어 불완전한 요인임을 보여준다. 행동지향성이란 어떤 순간에 위험부담이 큰 행동에 종사하려는 동기를 의미하는데, 이 행동지향성은 대체로 특정한 상황에서 작용하는 사회압력에 의해 나타난다. 의도가 항상 행동으로 옮겨지진 않는 이유가 계획이 잘 세워지지 않았기 때문이라고 설명할 수도 있다. 실행의도는 어떤 사람이 특정한 행동을 수행하게 될 상황들을 구체적으로 명세화하도록 도와주는 효과가 좋은 기획 실습이다.

6. 처방의 준수를 어떻게 개선할 수 있는가?

처방의 준수를 개선하는 방법은 대체로 교육전략과 행동전략으로 구분할 수 있다. 교육전략은 환자들의 지식을 증진할 수 있으며, 행동전략은 처방 준수 행동을 이끌어내는 데 효과가 좋다. 처방 준수를 이끌어내는 전략은 네 가지 접근으로 나눌 수 있다. (1) 준수 행동을 위한 기억촉진자극의 제공, (2) 맞춤식 관리, (3) 관리법의 점진적 도입, (4) 의사와 환자가 처방 준수 행동에 맞추어서 보상하는 계약 맺기. 효과가 좋은 프로그램으로는 준수할 행동을 분명하게 적어주거나 말로 지시하여 내용을 명료하게 알려주기, 간결한 약물 복용 일정 만들기, 예약을 지키지 못하면 다시 알려주기, 환자 개인의 하루 일정에 맞추어서 처방하기, 처방을 준수한 행동을 보상하기, 약물을 복용할 시간을 알려주는 단서를 제공하기 등이 있다.

더 읽을거리

Bogart, L. M., & Delahanty, D. L. (2004). Psychosocial models. In T. J. Boll, R. G. Frank, A. Baum, & J. L. Wallander (Eds.), *Handbook of clinical health psychology: vol. 3: Models and perspectives in health psychology* (pp. 201-248) Washington, DC: American Psychological Association. 건강 관련 행동 모형에 대한 이 개관에서는 건강신념 모형과 합리적 행위 이론 및 계획된 행동 이론을 비판적으로 검토한다. 이 개관에서 이 모형들이 중요한 건강행동들을 얼마나 잘 예측하는지 평가하고 있는데, 여기에는 콘돔 사용, 운동, 흡연, 다이어트가 포함되어 있다.

DiMatteo, M. R. (2004). Variations in patients' adherence to medical recommendations: A quantitative review of 50 years of research. *Medical Care, 42,* 200-209. 디마테오는 처방 준수의 실패와 상관 있는 요인들을 밝히기 위해 50년이 넘는 기간 동안 출판된 500개 이상의 연구를 분석하고 있다. 이 결과들에 대한 그녀의 간결한 요약에서 질병의 특징뿐만 아니라 인구통계적 요인의 상대적 기여도를 밝히고 있다.

Schwarzer, R. (2008). Modeling health behavior change: How to predict and modify the adoption and maintenance of health behaviors. *Applied Psychology: An International Review, 57,* 1-29. 이 개관은 건강행위과정접근의 개요를 설명하고, 신체활동, 유방 자기검사, 안전벨트 사용, 식생활 변화, 치실의 사용과 같은 여러 건강행동의 채택과 유지에 건강행위과정접근을 응용한 개요를 제시하고 있다.

PART

2

스트레스, 통증 및 대처

CHAPTER

5

스트레스의
정의, 측정, 관리

이 장의 개요

호프 솔로의 실제 사례
신경계와 스트레스의 생리학
스트레스의 이론
스트레스원
스트레스의 측정
스트레스 대처
행동적 스트레스 전략

**문제
제기**

이 장에서는 다음의 여섯 가지 기본적인 문제를 주로 다룬다.

1. 스트레스의 생리학이란 무엇인가?
2. 스트레스를 설명하는 이론들은 어떤 것이 있는가?
3. 스트레스원에는 무엇이 있는가?
4. 스트레스는 어떻게 측정하는가?
5. 어떠한 요인들이 스트레스 대처에 영향을 미치고, 어떤 전략들이 효과적인가?
6. 사람들의 스트레스를 관리해주는 효과적인 행동주의 기법에는 어떤 것이 있는가?

지난 4개월 동안 다음과 같은 스트레스 사건을 겪은 적이 있습니까? 만약 있다면, 해당되는 칸에 ☑ 표 하시오. 해당되지 않는다면 빈칸으로 남겨놓으세요.

- ☐ 부모님의 죽음(100)
- ☐ 친한 친구의 죽음(91)
- ☐ 수감(80)
- ☐ 임신 혹은 아이의 아버지가 되는 경우(78)
- ☐ 교통사고(충돌 사고, 부상)(77)
- ☐ 개인적 상해나 부상(75)
- ☐ 부모님의 별거나 이혼(70)
- ☐ 대학교에서 퇴학당함(68)
- ☐ 가족의 건강 문제(68)
- ☐ 남자/여자 친구와 헤어짐(65)
- ☐ 중요하거나 만성적인 경제적 문제(63)
- ☐ 부모님의 실직(57)
- ☐ 친한 친구를 잃음(57)
- ☐ 많은 과목에서 실패함(56)
- ☐ 심리적 혹은 정신적인 도움을 구함(56)
- ☐ 대학 자퇴를 심각하게 고민함(55)
- ☐ 한 과목 낙제(53)
- ☐ 남자/여자 친구와 싸움(53)
- ☐ 부모님과 논쟁(48)
- ☐ 남자/여자 친구와의 성 문제(48)
- ☐ 대학생활(47)
- ☐ 집을 떠나 생활함(46)
- ☐ 부모님과 동네 밖으로 이사(44)
- ☐ 이직(43)

- ☐ 경미한 차사고(42)
- ☐ 같은 대학교에서 전과함(37)
- ☐ 납득하기 힘든 낮은 시험 점수(36)
- ☐ 파트너와 새로운 관계를 맺음(35)
- ☐ 소소한 재정 문제(32)
- ☐ 파트타임 일자리를 잃음(31)
- ☐ 부모님과 휴가(27)
- ☐ 파트타임 일자리를 구함(25)
- ☐ 가족 모임(25)
- ☐ 사소한 법규 위반(예: 교통 위반 딱지를 받음)(24)
- ☐ 자신의 자동차를 갖게 됨(21)
- ☐ 혼자 혹은 친구와 여행(16)

체크된 문항에 표시된 숫자를 더하라. 건강한 대학생들의 평균 점수는 대략 190점 정도이다. 대학생들도 상당히 스트레스를 받는다는 사실을 알 수 있다. 점수가 높아질수록 사람들의 건강 관련 문제도 증가한다. 예를 들어, 300점 이상의 점수를 받은 사람들은 2년 안에 심각한 건강상의 변화를 겪을 위험이 아주 높다. 이 장에서는 척도에 기록된 스트레스 사건들이 왜 신체건강을 악화시킬 수 있는지 살펴볼 것이다.

출처: *Personality and Individual Differences*, Vol. 20, Issue 6. Clements, K., & Turpin, G., The life events scale for students: Validation for use with British Samples, 747-751, 1996.

  실제 사례　호프 솔로

Mike Ehrmann/Getty Images

프로스포츠에서 가장 스트레스를 받는 운동선수 포지션이 어디일까? 어떤 스포츠팬에게 이 질문을 하더라도 당신은 '미식축구 플레이스키커(공을 땅 위에 놓고 차는 선수)', '하키 골키퍼', '축구 골키퍼' 중 한 가지를 듣게 될 것이다. 이 모든 포지션은 가장 치열한 상황에서 한 사람이 수행하는 실력에 따라 전체 팀의 승리가 결정된다. 팀과 팬들은 성공적으로 공을 차거나 막기를 기대할 것이다. 그러나 실축하거나 골을 허용하면 치명적일 수 있다.

여자축구 골키퍼 중 세계에서 가장 잘하는 선수 중 한 명으로 인정받는 호프 솔로(Hope Solo)도 스트레스에서 예외는 아니다. 13년의 선수생활 동안 그녀는 펜실베이니아, 미주리, 워싱턴, 플로리다, 스웨덴과 프랑스 팀 선수로 뛰면서 계속해서 옮겨 다녔다. 그녀는 올림픽 금메달 두 개와 월드컵 금메달을 땄다. 현재 미국 기록상 무실점이 가장 높은 선수로 기록되어 있는데, 이는 상대팀에게 골을 내주지 않은 이긴 경기의 수를 말한다. 그녀의 성공적인 전력에도 불구하고, 문제를 일으키게 한 스트레스에 대처한 반응도 있었다.

호프의 스트레스 경험은 어릴 때부터 시작되었다. 참전용사이자 전과자였던 호프의 아버지는 호프가 다섯 살 때 축구를 가르쳐주었지만, 얼마 지나지 않아 가족을 떠나 시애틀 길거리에서 노숙생활을 하면서 지냈다. 호프의 아버지는 그녀의 유년시절과 청소년기에 곁에 계시지 않았다.

호프는 고등학교와 대학교 시절 동안 축구에 집중하면서 지냈다. 워싱턴주 대학팀 선수로 뛰었을 때, 아버지와의 관계를 회복하고 사이가 가까워졌다. 그녀가 출전한 모든 홈경기에 아버지가 찾아오셨고, 호프는 음식을 챙겨 가서 아버지와 몇 시간 동안 이야기를 나누기도 했다. 스스로 외톨이라고 불렀던 호프는 아버지만이 "나를 진정으로 아는 사람"이라고 말했다(Hass, 2012). 대학교 시절에 호프의 아버지가 잔혹한 살인사건의 용의자로 지명되었다. 호프와 아버지는 몇 년 동안 무죄를 주장했고 이 경험이 호프를 화나게 했다. 나중에 무고라는 사실이 밝혀졌지만, 호프 아버지는 호프가 2007년 FIFA 여자월드컵에 처음으로 출전하기 직전에 심장마비로 돌아가셨다.

호프는 2007년 여자월드컵에 출전한 모든 경기에서 골문을 지키던 곳에 아버지의 유골을 뿌렸다. 그러나 호프의 코치는 브라질과 붙는 중요한 준결승 경기에 호프를 출전시키지 않아서 그녀를 화나게 만들었다. 호프는 공개적으로 이 결정을 비판했고 그녀의 행동은 코치, 팀 그리고 축구계를 실망시켰다. 이러한 폭로 행동으로 인해 솔로는 그해 남은 월드컵 경기에 출전하지 못하게 되었다.

스트레스는 삶에서 불가피한 현실이다. 스트레스의 원인은 광범위하고 생활을 변화시키는 주요 사건들, 즉 사랑하는 사람의 죽음, 실업, 2001년도 9월 11일 테러 사건, 허리케인 카트리나와 300,000명이 자신의 집과 동네에서 쫓겨나게 된 2011년 일본 쓰나미 같은 재해를 포함한다. 관계에서의 헤어짐이나 대중교통 문제와 같은 사소한 번거로움도 지속되는 스트레스원이 될 수 있다. 호프 솔로처럼 어떤 스트레스에는 능숙하게 대처하는 사람들도 다른 종류의 스트레스에는 대처하기가 어려울 수 있다. 이 장에서는 스트레스가 무엇이고, 어떻게 측정할 수 있으며, 사람들이 대처할 때 사용하는 효과적인 전략과 비효과적인 전략에는 어떤 것이 있는지, 또한 사람들이 더 효과적으로 대처할 수 있는 행동전략을 살펴볼 것이다. 6장에서는 스트레스가 병이나 심지어 죽음을 야기할 수 있는지 여부에 대한 질문을 살펴볼 것이다. 우선 스트레스의 생리학적 기저를 살펴보자.

신경계와 스트레스의 생리학

스트레스는 우리 신체기능에 영향을 주는, 쉽게 감춰지는 생리적인 경험이다. 스트레스의 생리적인 영향을 이해하려면 먼저 신경계와 내분비계의 다양한 측면들을 살펴봐야 한다.

신체에 미치는 스트레스의 영향은 신경계가 우리의 환경에 반응하는 결과로부터 비롯된다. 인간의 신경계는 **뉴런**(neurons)이라 부르는 무수히 많은 단일 세포들로 이루어져 있으며 전기화학적으로 기능한다. 각 뉴런 내에서 전하를 띤 이온들은 방전을 위한 전위를 유지하고 있다. 미세한 전류인 이 방전은 뉴런을 따라 이동한다. 이 전하는 **신경전달물질**(neurotransmitter)이라 불리는 화학물질을 방출하는데, 신경전달물질은 각 뉴런 내에서 생산되어 뉴런의 종말부에 보관되어 있다. 방출된 신경전달물질은 뉴런 사이의 공간인 **시냅스 틈**(synaptic cleft)을 가로질러 확산된다. 그러므로 신경전달물질은 뉴런들 간에 서로 의사소통하는 주된 방법이다.

신경계는 무수히 많은 뉴런으로 구성되어 있는데, 이는 위계적으로 조직화되어 있다. 신경계는 주로 **중추신경계**(CNS: central nervous system)와 **말초신경계**(PNS: peripheral nervous system)로 구분한다. 중추신경계는 뇌와 척수로 구성되어 있고, 말초신경계는 그 밖의 모든 뉴런을 포함한다. 신경계에 대한 구분이 그림 5.1에 나와 있다.

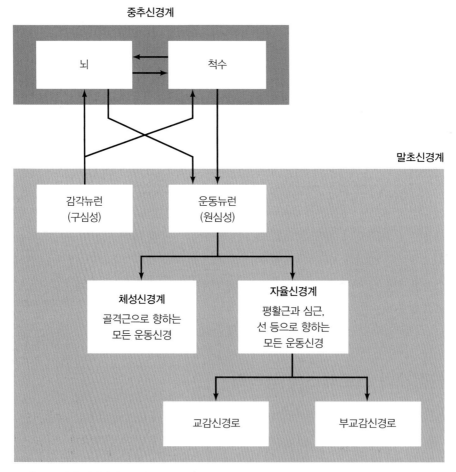

그림 5.1 인간 신경계의 구분

말초신경계

말초신경계는 뇌와 척수 바깥쪽에 있는 신경계의 부분으로, **체성신경계**(SNS: somatic nervous system)와 **자율신경계**(ANS: autonomic nervous system)로 나뉜다. 체성신경

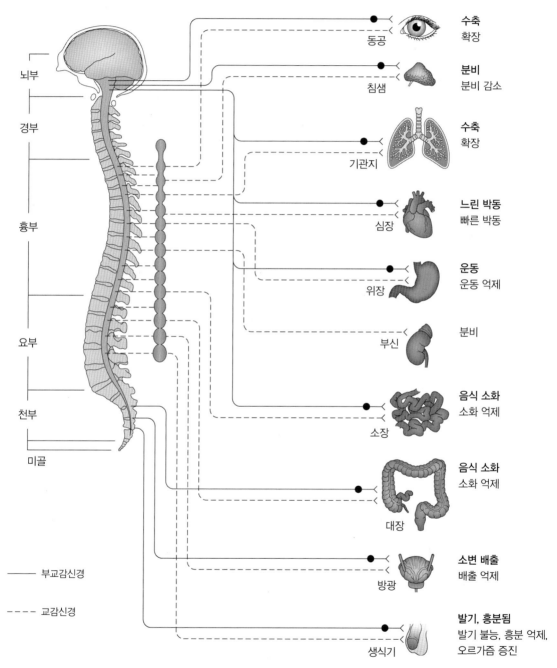

그림 5.2 자율신경계와 표적기관. 실선과 굵은 글씨체는 부교감부를 나타내고, 점선과 가는 활자체는 교감부를 나타낸다.

계는 주로 피부와 수의근에 작용한다. 자율신경계는 주로 내장기관을 담당하므로 스트레스의 반응을 이해하는 데 있어 중요하다.

자율신경계(ANS)는 **교감신경계**(sympathetic nervous system)와 **부교감신경계**(para-sympathetic nervous system)의 두 부분을 통해 여러 반응을 만들어낸다. 이 두 하위 부분은 기능적으로나 해부학적으로 다르다. 그림 5.2에 표적기관과 함께 두 부분을 제시했다.

자율신경계의 교감 부분은 비상시, 스트레스 상황 및 정서적 상황에서 신체의 자원을 동원한다. 이 반응들은 심장수축률과 강도의 증가, 피부혈관 수축, 위장관 활동 감소, 호흡 증가, 땀샘 자극, 동공 확장 등을 포함한다. 이러한 많은 생리적 변화는 혈액의 흐름과 산소를 공급해주는 역할을 하며, 유기체가 위협이 되는 상황으로부터 더 빠른 반응을 하게끔 도와준다.

반면에, 자율신경계의 부교감 부분은 정상적이고 스트레스가 없는 상황에서의 이완, 소화기능, 그리고 정상적인 성장기능을 일으킨다. 부교감신경계는 정상적이고 스트레스가 없는 상태에서 활발하다. 부교감신경계와 교감신경계는 동일한 표적기관에 관여하지만 서로 반대 방향으로 기능하여 한쪽의 활성화가 증진되면 다른 하나는 감소하게 된다. 예를 들어 교감신경계의 활성화가 침 분비를 감소시켜 입이 마르는 감각을 일으키는 반면에, 부교감신경계는 침 분비를 촉진한다.

자율신경계의 뉴런들은 원칙적으로 **아세틸콜린**(acetylcholine)과 **노르에피네프린**(norepinephrine)이라는 신경전달물질에 의해 활성화된다. 이 신경전달물질들은 복잡한 효과를 갖는다. 이 신경전달물질 각각은 다른 기관계에서 다른 기능을 하는데, 기관들이 상이한 신경전달 수용기들을 포함하기 때문이다. 아울러 두 가지 주된 신경전달물질의 절대 양뿐만 아니라 둘 간의 균형도 중요하다. 그러므로 자율신경계에 주된 신경전달물질이 단지 두 가지뿐일지라도 여러 다양한 반응이 산출된다. 노르에피네프린은 (간략하게 설명하겠지만) 스트레스 반응에 있어서 여러 중요한 역할을 담당하고 있다.

신경내분비계

내분비계(endocrine system)는 몸 전반에 걸쳐 분포하는 내분비선들로 구성된다(그림 5.3 참조). **신경내분비계**(neuroendocrine system)는 신경계에 의해 통제되는 내분비선들로 구성된다. 내분비계와 신경내분비계의 선들은 호르몬으로 알려진 화학물질을 분비하는데, **호르몬**(hormone)은 혈류를 따라 몸의 상이한 부분들로 운반된다. 비록 호르몬들이 신체 도처를 순환하지만, 표적 조직이나 기관에 있는 전문화된 수용기들은 호

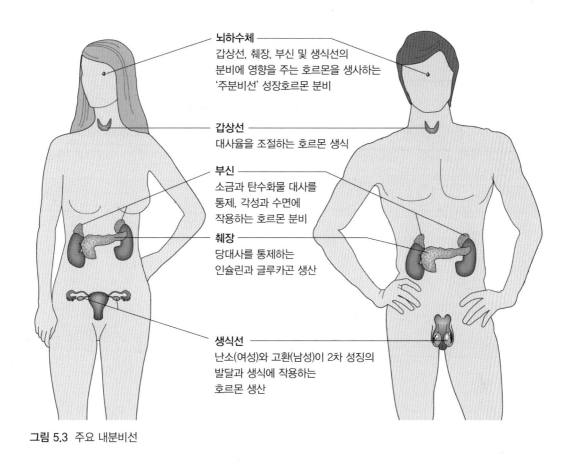

뇌하수체
갑상선, 췌장, 부신 및 생식선의
분비에 영향을 주는 호르몬을 생사하는
'주분비선' 성장호르몬 분비

갑상선
대사율을 조절하는 호르몬 생식

부신
소금과 탄수화물 대사를
통제, 각성과 수면에
작용하는 호르몬 분비

췌장
당대사를 통제하는
인슐린과 글루카곤 생산

생식선
난소(여성)와 고환(남성)이 2차 성징의
발달과 생식에 작용하는
호르몬 생산

그림 5.3 주요 내분비선

르몬이 특정 효과를 갖게 해준다. 표적기관에서 호르몬은 직접적인 효과를 갖거나 혹은 다른 호르몬의 분비를 야기할 수도 있다.

내분비계와 신경계는 몇 가지 유사성이 있기 때문에 서로 밀접하게 함께 작용할 수 있지만, 그들은 중요한 부분에서 서로 다르다. 두 조직은 화학물질을 공유하고, 합성하고, 방출한다. 신경계에서 이 화학물질은 신경전달물질로, 내분비계에서는 호르몬으로 불린다. 뉴런의 활성화는 대개 빠르고 효과는 짧다. 내분비계는 매우 느리게 반응하고 그 활동은 더 오래 지속된다. 신경계에서 신경전달물질은 신경충동의 자극에 의해 방출되고, 시냅스 틈을 가로질러 흘러나와 즉시 재흡수되거나 불활성화된다. 내분비계에서 호르몬은 내분비세포에 의해 합성되어 혈액으로 방출되고, 몇 분 혹은 몇 시간이 걸려 표적기관에 도달하여 장기적 효과를 갖는다. 내분비계와 신경계는 둘 다 의사소통과 통제기능을 가지고 있고, 둘 다 통합되고 적응적인 행동을 위해 작용한다. 두 조직은 기능면에서 관련되어 있으며, 신경내분비 반응으로 상호작용한다.

뇌하수체 뇌에 위치한 **뇌하수체**(pituitary gland)는 신경계와 내분비계 사이의 복잡한 관계를 보여주는 훌륭한 예이다. 뇌하수체는 전뇌 구조인 시상하부와 연결되어 있다. 이 두 구조는 호르몬을 조절하고 생산하는 데 함께 작용한다. 뇌하수체는 '주 분비선 (master gland)'으로 불리는데, 이는 다른 선들에 영향을 미치는 수많은 호르몬을 생산하여 다른 호르몬의 생산을 자극하기 때문이다. 뇌하수체 전엽에서 생산되는 일곱 가지 호르몬 중 **부신피질 자극 호르몬**(ACTH: adrenocorticotropic hormone)은 스트레스 반응에서 중요한 역할을 한다. 시상하부에 의해 자극되면 뇌하수체는 ACTH를 방출하고, 이것은 **부신**(adrenal gland)에 작용한다.

부신 부신은 양쪽 신장 각각의 위에 위치한 내분비선이다. 각 분비선은 바깥쪽의 **부신피질**(adrenal cortex)과 안쪽의 **부신수질**(adrenal medulla)로 구성된다. 이 둘은 스

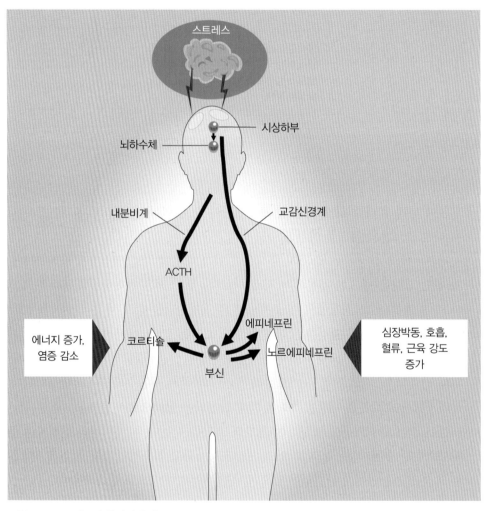

그림 5.4 스트레스의 생리적 효과

트레스 반응에 중요한 호르몬을 분비한다. **부신피질 반응**(adrenocortical response)은 뇌하수체의 ACTH가 부신피질을 자극하여 호르몬의 한 가지 유형인 글루코코르티코이드(glucocorticoids)를 방출할 때 발생한다. 그중 가장 중요한 호르몬이 **코르티솔**(cortisol)로서, 신체의 모든 주요 기관에 영향을 미칠 수 있다(Kemeny, 2003) 이 호르몬은 스트레스와 밀접하게 관련되어 있어서 혈액을 순환하는 코르티솔의 수준이 스트레스 지수로 사용될 수 있다. 스트레스원이 발생하고 20~40분 이후에 코르티솔이 최고치를 나타내므로 이후에 스트레스 호르몬을 측정한다. 코르티솔은 침의 분비와 소변으로 측정될 수 있다.

부신수질 반응(adrenomedullary response)은 교감신경계가 부신수질을 활성화할 때 일어난다. 이는 **에피네프린**(epinephrine)과 노르에피네프린을 포함하는 화학 물질인 **카테콜라민**(catecholamines)의 분비를 자극한다. 노르에피네프린은 호르몬과 신경전달물질로 작용하며 부신수질뿐만 아니라 신체의 많은 부위에서 생산된다. 그림 5.4에 부신수질의 반응을 제시하고 있다.

반면에, 에피네프린(때때로 아드레날린으로 불림)은 부신수질에서만 생산된다. 이 호르몬은 부신수질의 스트레스 반응과 밀접하고 독특하게 관련되어서 때로 스트레스 지수로 사용된다. 분비된 에피네프린의 사람의 소변을 분석하여 알 수 있는데, 스트레스 반응의 생리적인 측정치로 사용될 수 있다. 다른 호르몬과 마찬가지로 에피네프린과 노르에피네프린은 혈류를 통해 순환하고, 이 두 가지 호르몬의 활동은 다른 신경전달물질의 활동보다 더 느리다.

스트레스 반응의 생리학

스트레스에 대한 생리학적 반응은 스트레스나 위협을 지각하는 것으로 시작하는데, 이는 부당한 고발이나 비난, 직장의 요구, 혹은 솔로의 경우처럼 골을 향해 나아가는 상대편일 수 있다. 그러한 지각은 자율신경계의 교감부를 활성화하고, 정서, 스트레스, 응급 상황에 반응하는 신체의 자원들을 동원하게 된다. 월터 캐넌(Walter Cannon, 1932)은 이러한 반응의 형태를 '투쟁 혹은 도피' 반응으로 정의했다. 왜냐하면 이러한 일련의 반응들이 어떠한 선택을 할 것인지 신체를 준비시키기 때문이다. 교감신경계는 신체를 공격, 방어, 도피에 필요한 격렬한 운동 활동에 대비시킨다. 이러한 동원은 두 가지 경로에 의해 발생되고, 신체의 모든 부분에 영향을 미친다.

한 가지 경로는 ANS(일명 부신수질 체계)의 교감신경계에 직접적인 활동을 통한 것으로, 에피네프린과 노르에피네프린을 분비하기 위해 부신수질을 활성화한다(Kemeny, 2003). 그 효과는 신체에 나타나는데, 심장혈관계, 소화기계, 호흡기계에 영향을 미친다. 또 다른 경로는 **시상하부-뇌하수체-부신**(HPA: hypothalamic-pitu-itary-adrenal) 축을 통한 것으로, 이러한 구조 모두를 포함한다. 그 활동은 위협적인 상황을 지각하는 것으로부터 시작하고, 시상하부에서 신속하게 활동하게 된다. 시상하부의 반응은 코티코트로핀(corticotropin) 방출과 호르몬 방출로서, 뇌하수체의 앞쪽을 자극하여 부신피질 자극 호르몬(ACTH)을 분비하게 된다. 이 호르몬은 부신피질을 자극하고 코르티솔을 포함하여 글루코코르티코이드를 분비한다. 코르티솔 분비는 세포에 에너지를 공급하는 혈당 수치를 높여 신체의 에너지 자원을 동원한다. 코르티솔은 또한 항염증성 효과를 갖고 있어서, 신체가 투쟁 혹은 도피 반응 동안 유지된 상처가 부풀어 오르지 않게 신체를 자연적으로 방어하게 한다. 그림 5.4에서 이러한 두 가지 경로의 활동을 보여주고 있다.

종합적으로, 스트레스에 대한 생리적 반응의 핵심은 위협적인 상황에 적응할 수 있는 다양한 반응을 제공하는 것이다. 환경 변화에 따른 신체의 적정한 활동 수준을 유지하는 것을 **알로스타시스**(allostasis)라고 한다(McEwen, 2005). 교감신경계의 활성화는 신체가 응급상황에서 필요로 하는 것을 행동하도록 한다(정상적인 상황에서는 부교감신경계를 활성화한다). 알로스타시스가 최적으로 유지되면, 자율신경계는 부교감신경이 활성화됨으로써 정상적인 요구에 맞춰가고, 교감신경이 활성화됨으로써 위협적이거나 스트레스 상황에 필요한 자원을 신속하게 동원함으로써 순조롭게 적응해나간다. 그러나 모든 교감신경의 활성화가 건강 문제를 초래하지는 않는다. 교감신경계의 단기적인 활성화는 신체적 활동으로 인해 건강의 여러 가지 면에서 도움을 제공할 수 있다. 교감신경계의 지연된 반응 활성화는 적응에 필요한 신체 능력을 극복할 수 있는 정도의 알로스타틱 양을 만든다. **알로스타틱 양**(allostatic load)은 스트레스의 지연된 신체 반응의 결과로 나타나고 '소모'되는 것을 상징한다. 알로스타틱 양은 여러 건강 문제의 근원이 될 수 있는데, 스트레스로 인한 코르티솔 분비의 결핍 혹은 과잉, 고혈압, 인슐린 저항성, 지방 축적, 오랜 시간이 지나서 나타나는 인지 기능의 저하와 같은 문제를 발생시킬 수 있다(Juster, McEwen, & Lupien, 2010; McEwen & Gianaros, 2010). 이러한 건강 문제는 6장에서 좀 더 상세하게 설명할 것이다.

셸리 테일러(Shelly Taylor)와 그녀의 동료들은(Taylor, 2002, 2006; Taylor et al., 2000) 스트레스 반응에 대한 전통적인 개념에 이의를 제기하고, 투쟁 혹은 도피 반응의 기본적인 개념에 의문을 제기했다. 이 이론가들은 스트레스 반응에 대한 연구와 이론이 남성들에게 초점이 맞추어져 있어서 편향된 경향이 있고, 투쟁 혹은 도피는 여성보다 남성에게 좀 더 타당한 모형이라고 주장했다. 이들은 스트레스에 대한 남성과 여성의 신경계 반응이 사실상 동일함을 알고 있지만, 여성은 남성의 반응과는 다른 스트레스의 신경내분비적인 반응을 보인다고 주장했다. 그들은 이러한 차이가 일어날 수 있는 이유는 옥시토신(oxytocin) 호르몬 때문이라고 주장하면서, 이것은 긴밀한 유대와 협력 같은 사회적 활동의 정도와 그와 관련된 스트레스 요인과 밀접한 관련이 있다고 했다. 옥시토신은 주로 에스트로겐(estrogen)으로부터 영향받으며 이런 상호작용은 스트레스의 행동적인 반응의 성차는 생리적인 차이에 근거한다고 주장했다. 테일러와 그녀의 동료들은 여성에게 있어서 생리적 반응은 '투쟁 혹은 도피'보다는 '돌보기와 친구 되기'가 더 적합하다고 제안했다. 즉, 여성들은 스트레스 상황에 대해 투쟁하거나 피하기보다는 사회적 지원을 구하거나 제공하는 양육 패턴의 반응을 보이는 경향이 있다. 실제로 스트레스를 대처하는 방법에 있어 가장 큰 성차는 사회적 지원을 구하는 것과 관련이 있다. 남성에 비해 여성은 스트레스를 받았을 때 다른 사람들을 더 찾고 그들의 위로를 구했으며(Taylor et al., 2000), 더 나은 지원을 해주었다(Bodenmann et al., 2015).

테일러와 그녀의 동료들은 이러한 반응 패턴이 인간이 진화하는 과정에서 여성에게 나타났고, 스트레스 반응에 대한 투쟁 혹은 도피 개념보다 생물학적 및 행동학적 증거와 좀 더 일치한다고 주장했다. 이러한 관점은 비평주의자들에게 표적이 되어왔으나(Geary& Flinn, 2002), 최근 연구들은 돌보기와 친구 되기 가설과 일치한다(Taylor, 2006). 예를 들면, 경쟁을 하는 동안 분비되는 호르몬 패턴은 여성과 남성이 서로 다르다(Kivlinghan, Granger, & Booth, 2005). 더 나아가 여성들 사이에서 인간관계 문제는 혈액에 더 많은 옥시토신 호르몬 수준과 상관이 있고(Taylor et al., 2006; Taylor, Saphire-Bernstein, & Seeman, 2010) 이것은 스트레스 반응에서 성차가 있다는 점을 확증해준다.

스트레스 반응의 생리학은 매우 복잡하다. 개인이 스트레스를 지각할 때, 자율신경계의 교감부는 교감신경계를 자극하거나 호르몬을 생산하는 것과 같은 두 가지 방법으로 그 개인을 휴식 상태로부터 각성시킨다. 모든 신경전달이 그러하듯이 자율신경계는 급속하게 활성화되는 반면에 내분비계의 활성화는 느리지만 더 오래 지속된다. 뇌하수체가 ACTH를 방출하고, 그것은 부신피질에 영향을 준다. 글루코코르티코이드의 분비는 코르티솔을 분비하게 함으로써 신체가 스트레스에 저항하고 상처에 대처할 수 있도록 한다. 두 체계는 함께 작용하여 스트레스에 대한 반응의 생리적 근거뿐 아니라 변화된 환경에 대한 적응적 반응을 형성한다.

스트레스 생리학의 이해가 스트레스의 의미를 완전히 명백하게 해주지는 않는다. 그러므로 스트레스를 더 잘 정의하고 설명하려고 몇 가지 모형이 대두되었다.

스트레스의 이론

당신이 만약 아는 사람들에게 스트레스를 받았냐고 물어보면, 누구도 무슨 뜻이냐고 물어볼 사람은 없을 것이다. 사람들은 스트레스를 정의할 필요 없이 스트레스가 무엇인지 알고 있다. 하지만 연구자들에게는 스트레스에 대한 정의가 단순하지 않다(McEwen, 2005). 대체로 스트레스는 자극, 반응, 상호작용의 세 가지 상이한 방식으로 정의되어왔다. 어떤 사람이 스트레스에 관해 얘기할 때 "나는 스트레스가 높은 직업을 가지고 있다."라고 말하는 것은 스트레스의 환경 자극을 의미한다. 또 어떤 사람이 "나는 스트레스를 많이 받으면 심장이 마구 뛴다."라고 하는 것은 스트레스를 신체적 반응으로 표현하는 것이다. 또 다른 사람이 "나는 일하면서 재정과 관련된 결정을 내려야 할 때는 스트레스를 느끼지만 다른 결정을 내릴 때는 스트레스를 느끼지 않는다."고 하는 것은 스트레스를 환경 자극과 사람 간 상호작용의 결과로 해석하는 것이 된다.

스트레스에 대한 이 세 가지 관점은 역시 상이한 스트레스 이론으로 나타난다. 스트레스 연구자들에 의해 채택된 첫 번째 관점은 스트레스를 외부적 사상으로 보는 관점이다. 그중 가장 두드러진 연구자가 한스 셀리에(Hans Selye)이다. 연구 과정 동안에 셀리에는 스트레스 반응의 생물학적 측면에 초점을 맞추어 스트레스에 대한 생리적인 반응을 중심으로 이론을 구성했다. 심리학자들 사이에서 가장 영향력 있는 관점은 리처드 라자러스(Richard Lazarus)가 제안한 상호작용 접근이다. 다음 두 절에서 셀리에와 라자러스의 관점을 논의하겠다.

셀리에의 관점

1930년대부터 1982년 사망할 때까지 한스 셀리에(1956, 1976, 1982)는 신체질병과 스트레스의 관계를 보여주는 강력한 사례를 제시했고, 대중들이 스트레스의 중요성에 주의를 둘 수 있도록 했다. 셀리에는 처음에는 스트레스를 자극으로 간주했고, 스트레스를 산출하는 환경조건에 집중했다. 1950년대로 접어들면서 셀리에는 유기체가 만들어내는 반응을 설명하는 데 스트레스라는 용어를 사용하기 시작했다. 이 두 가지를 구분하기 위해 셀리에는 자극에 대해서는 스트레스원(stressor)이라는 용어를 사용했고, 반응을 설명하기 위해서는 스트레스(stress)를 사용하기 시작했다.

스트레스 연구에 대한 셀리에의 공헌은 신체가 스트레스 상황하에서 어떻게 반응하는지를 설명하는 모형을 개발했다는 것이다. 셀리에는 스트레스를 비특정적 반응으로 개념화하고, 스트레스란 수많은 환경적 스트레스원에 의해 야기되는 일반적 신체반응이라고 주장했다. 그는 매우 다양한 상황들이 스트레스 반응을 일으킬 수 있지만, 그 반응은 항상 동일하다고 믿었다.

일반 적응 증후군 셀리에가 고안한 개념인 일반 적응 증후군(GAS: general adaptation syndrome)은 신체가 유해한 상황으로부터 자신을 방어하려는 일반화된 시도를 뜻한다. 이 증후군은 세 단계로 나뉘는데 그 첫 번째가 **경고 반응**(alarm reaction)이다. 경고 동안에 스트레스원에 대한 신체의 방어는 교감신경계의 활성화를 통해 운용된다. 아드레날린(에피네프린)이 방출되고, 심장 박동과 혈압이 증가되고, 호흡이 빨라지고, 혈액은 내장기관에서 골격근 쪽으로 전환되고, 땀샘이 활성화되고, 위장기관의 활동이 감소한다.

셀리에는 GAS의 두 번째 단계를 **저항 단계**(resistance stage)라 불렀다. 이 단계에서 유기체는 스트레스원에 적응한다. 이 단계가 얼마 동안이나 지속될 것인가는 스트레스원의 심각성과 유기체의 적응 능력에 달려 있다. 만약 유기체가 적응할 수 있다면 저항 단계는 장기간 지속될 것이다. 이 단계 동안 개인은 겉으로는 정상으로 보이지만, 생리적으로 신체의 내부 기능은 정상이 아니다. 스트레스가 지속되면, 계속적인 신경 및 호르몬 변화를 야기할 것이다. 셀리에는 이러한 신경계의 변화는 대가를 지불하게 되는데 그가 적응의 질병(diseases of adaptation)으로 기술했던 단계가 나타난다고 믿었다. 그 질병은 계속적이고 만성적인 스트레스와 관련된다. 그림 5.5는 이러한 단계

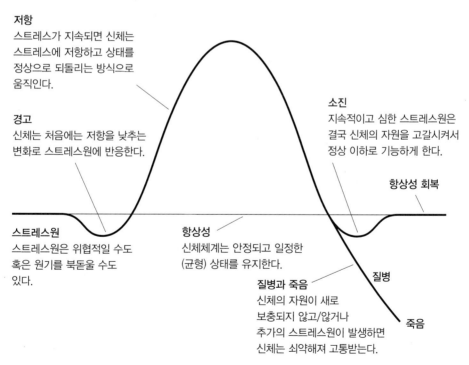

그림 5.5 셀리에의 일반 적응 증후군의 세 단계(경고, 저항, 소진)와 그 결과

출처: *An invitation to health* (7th ed., p. 40) by D. Hales, 1997, Pacific Grove, CA: Brooks/Cole. From HALES, *Invitation to Health*, 7E. © 1997 Cengage Learning.

들과 질병이 발생하는 과정의 시점을 보여준다.

셀리에가 스트레스에 대한 지속적인 저항의 결과로 간주했던 질병에는, 위궤양과 궤양성 대장염, 고혈압과 심혈관계 질환, 갑상선 기능항진증, 기관지 천식 등이 있다. 아울러 셀리에는 스트레스에 대한 저항이 면역계의 변화를 초래해서 감염에 취약하도록 만든다고 가정했다.

스트레스에 저항하는 능력은 한정되어 있고, GAS의 마지막 단계는 **소진 단계** (exhaustion stage)이다. 마침내 저항하는 능력이 고갈되면 몸에 병이 생기게 된다. 이 단계는 자율신경계 중부교감부의 활성화에 의해 진행되며 정상적인 상황에서 부교감 신경의 활성화는 신체기능을 균형 상태로 유지하게 한다. 그러나 소진 단계에서 부교 감 기능은 비정상적으로 낮아 신체의 모든 기능이 소진된다. 셀리에는 이러한 소진이 종종 우울증을 유발하고, 심지어 목숨을 잃게 할 수도 있다고 믿었다.

셀리에 관점에 대한 평가 셀리에가 스트레스를 자극으로 본 초기 관점과 스트레스의 신체적인 영향에 대한 개념 모두가 스트레스를 연구하고 측정하는 데 공헌했다. 자극에 기초한 스트레스에 대한 관점은 연구자들로 하여금 사람들이 스트레스를 경험하는 여러 환경적 조건을 연구하도록 자극했고, 또한 이 장 초반에 소개했던 '학생들을 위한 생활사건 척도'와 같은 스트레스 검사를 제작하도록 했다.

그러나 셀리에의 스트레스에 대한 생리학적 관점은 너무 인간을 단순화한 개념이다 (McEwen, 2005). 그는 모든 사건의 스트레스 반응이 유사할 것이라고 생각했지만, 연구를 통해 입증하지 못했다. 그는 스트레스의 생리적 반응이 최적 수준의 좁은 범위 이내에서 기능을 유지하도록 지향하는 것으로 믿었다. 협소한 범위의 제한적인 개념보다는 변화와 적응의 과정을 강조하는 알로스타시스와 알로스타틱 양의 개념이 이제 셀리에의 관점을 대체하고 있다. 알로스타틱 양은 지속된 스트레스원으로 인해 많은 변화가 필요할 때 생겨난다. 그러므로 알로스타틱 양은 과도하게 나타나게 되어, 결국 손상과 질병을 초래한다. 셀리에의 스트레스 관점과 유사하지만 현대 연구들과 더 적합하며, 미세한 차이점을 나타낸다.

셀리에 관점에서 가장 크게 비판받았던 점은 스트레스로 간주되는 상황적 그리고 심리적 요인은 크게 무시했다는 점이다. 이러한 요인은 정서적 요소와 스트레스 사건에 대한 개인적 해석을 포괄하지만(Mason, 1971, 1975), 셀리에의 스트레스 관점은 심리학자들이 보기에는 불충분했다. 셀리에의 관점은 스트레스의 대중적 개념에 지대한 영향을 미쳤으나, 심리학자 리처스 라자러스가 고안한 대안 모형이 현대 심리학자들 사이에서 더욱 수용되고 있다.

라자러스의 관점

라자러스의 관점에서는 스트레스 사건에 대한 해석이 사건 자체보다 더 중요하다. 스트레스는 환경 사건이나 개인의 반응으로 정의되는 것이 아니라 심리적 상황에 대한 개인의 지각(perception)이 더 중요하다고 한다. 예를 들어 어떤 사람에게 승진은 기회이자 도전이 될 수 있지만, 또 어떤 사람에게는 굉장한 스트레스가 될 수 있다. 월드컵 경기에서 공을 막는 것은 솔로에게 도전이겠지만 다른 사람에게는 불안을 유발하는 사건일 것이다.

심리적 요인 라자러스가 해석과 지각을 강조한 점은 셀리에와는 다르다. 이 강조점은 연구대상의 차이로부터 비롯되었다. 라자러스는 대부분 동물보다는 인간을 대상으로 연구했던 것이다. 다른 동물에게는 불가능한, 미래에 대해 생각하고 사건을 예측하는 것과 같은 인간의 능력은 인간을 더 취약하게 만들 수 있다. 인간은 동물과 다르게 취업, 재정관리, 연설, 만사가 안 풀리는 날, 임박한 기한과 다가오는 심리학 과목 시험과 같은 상황으로부터 스트레스를 받는다. 인간은 다른 동물에게는 없는 고등 인지 능력이 있기 때문에 스트레스에 직면하게 된다.

라자러스(1984, 1993)에 따르면, 스트레스가 개인에게 미치는 효과는 스트레스 사건 자체보다는 위협, 취약성 및 대처 능력에 대한 그 사람의 느낌에 더 기반을 둔다. 예를 들어, 저축한 돈이 없거나 다른 일자리를 구할 자신이나 능력이 없는 사람에게 실직은 더욱 큰 스트레스일 수 있다. 그러나 직장이 마음에 안 들었고, 저축한 돈이 있고, 일자리를 구하는 게 쉽다고 생각하는 사람에게는 스트레스가 적을 것이다. 이러한 사례들은 생활사건이 스트레스를 일으킨다기보다는, 상황에 대한 개인의 관점이 사건을 스트레스로 여기게 한다는 라자러스의 관점을 강조한다.

라자러스와 수잔 포크만(Susan Folkman)은 심리적 스트레스를 "한 개인과 그 개인의 자원을 혹사시키거나 초과하고 그의 안녕감(well-being)을 위태롭게 하는 것으로 평가된 환경과의 특정한 관계"로 정의했다(1984, p.19). 이 정의에서 몇 가지 중요한 점에 주목해야 한다. 첫째, 라자러스와 포크만의 이론은 상호작용적(interactional) 혹은 교류적(transactional) 입장으로, 스트레스는 개인과 환경 간의 관계라고 주장한다. 둘째, 교류의 핵심이 심리적 상황에 대한 개인의 평가라고 주장한다. 셋째, 상황은 위협적이거나 도전적이거나 혹은 해로운 것으로 여겨져야 한다고 믿는다.

평가 라자러스와 포크만(1984)은 사람들이 상황을 평가할 때 세 가지 유형의 평가를 사용한다고 생각했는데, 바로 일차평가, 이차평가, 재평가이다. **일차평가**(primary appraisal)는 가장 중요하다는 것이 아니라 시간적 개념에서 볼 때 최초를 의미한다. 직업상 승진 제안 같은, 어떤 사건에 처음 접한 사람은 자신의 복지에 대한 효과의 관점에서 그 사건을 평가한다. 한 사건은, 무관하거나 긍정적이거나 혹은 스트레스적인 것으로 여겨질 수 있다. 승진 제안이 무관한 것으로 여겨진다는 것은 그럴듯하지 않지만, 다른 지역에서의 눈보라 같은 환경적 사건은 개인의 안녕과 아무런 관련이 없다. 긍정적 평가는 그 사건이 좋은 의미를 갖는 것으로 여겨진다는 뜻이다. 스트레스 평가는 그 사건이 해롭거나 위협적이거나 혹은 도전적인 것으로 보인다는 뜻일 수 있다. 이 세 가지(해로움, 위협, 도전) 각각은 정서를 일으키게 된다. 라자러스(1993)는 해로움(harm)을 질병이나 손상처럼, 이미 일어난 손상으로 정의했다. 위협(threat)은 해로움의 예측으로 정의했고, 도전(challenge)은 어려운 요구를 극복하는 데 있어서의 확신으로 정의했다. 연구에 의하면 위협이나 도전에 대한 평가는 성과의 차이를 가져다주고, 도전의 지각은 위협의 지각보다 더 높은 성과를 가져다준다고 한다(Moore, Vine, Wilson, & Friedman, 2012).

사건에 대한 초기 평가 후에, 사람들은 일차평가를 통해 해로움, 위협, 도전할 것으로 평가하고 그 후에는 자신이 통제하거나 대처할 수 있는지 자신의 능력에 대한 평가를 하게 되는데, 이것을 **이차평가**(secondary appraisal)라 부른다. 이차평가에서는 전형적으로 세 가지 질문을 하게 된다. 첫째는 "내가 할 수 있는 선택은 어떤 것인가?", 둘째는 "스트레스를 감소시키기 위한 필요한 전략을 성공적으로 적용할 수 있는 가능성은 얼마나 되는가?", 세 번째 질문은 "이러한 과정이 잘될 것인가? 또한 그것이 나의 스트레스를 경감해줄 수 있을 것인가?"이다. 이러한 이차평가의 각 질문들은 스트레스를 경험하는 수준에 영향을 줄 수 있다. 해로움과 위협을 감소시킬 수 있는 몇 가지 선택이 있다는 것은 사건을 통해 받는 스트레스를 줄여줄 수 있다.

세 번째 유형의 평가는 **재평가**(reappraisal)이다. 새로운 정보가 이용 가능해지면 평가는 항상 변한다. 재평가는 더 많은 스트레스를 유발하지는 않으며, 때때로 스트레스를 감소시킨다. 예를 들어, 어떤 사람이 애인과 헤어진 스트레스를 다른 친구들과 시간을 보내는 기회로 재평가하여 헤어진 경험의 스트레스를 줄일 수 있을 것이다.

대처 스트레스에 대한 라자러스 이론에서 중요한 요인은 스트레스 상황에 대처할 수 있는 능력의 유무이다. 라자러스와 포크만은 대처를 "개인의 자원에 부담을 주거나 자원을 넘어서는 것으로 평가되는 특정한 외부 혹은 내부 요구를 처리하고자 끊임없이 변화하는 인지적, 행동적 노력들"(1984, p.141)로 정의했다. 이 정의는 대처의 몇 가지 중요한 속성을 말해준다. 첫째, 대처는 과정이므로 자신의 노력이 얼마만큼 성공적인가에 대한 평가에 따라 지속적으로 변화한다. 둘째, 대처는 자동적인 것이 아니고, 스트레스 상황에 대한 학습된 반응 패턴이다. 셋째, 대처는 노력을 요구한다. 한 개인이 자신의 대처 반응을 완벽하게 자각할 필요는 없으며, 그 결과가 성공적일 수도 그렇지 않을 수도 있지만 노력은 필요로 한다. 넷째, 대처는 상황을 관리(manage)하려고 노력하지만, 통제하거나 상황을 완벽하게 처리하는 것이 필수적이지는 않다. 예를 들어 대부분의 사람들은 쾌적한 대기온도를 위해 물리적 환경을 관리하려는 노력을 하므로, 비록 기후를 완벽하게 통제하는 일이 불가능할지라도 우리는 환경에 대처할 수 있다. 사람들이 대처를 얼마나 잘할 수 있는지는 그들이 보유한 자원과 그들이 대처할 수 있는 전략에 달려 있다. 우리는 이 장에서 앞으로 효과적인 대처전략에 대해 논의할 것이다.

요약

스트레스에 관한 중요한 두 가지 이론은 한스 셀리에와 리처드 라자러스의 이론이다. 셀리에는 스트레스를 면밀하게 조사한 첫 번째 연구자로서 처음에는 스트레스를 자극으로 보았으나, 후에는 반응으로 보았다. 인간을 포함해서 동물은 위협적 자극을 만날 때마다 그 자극에 적응하려는 일반적 시도에 자신을 동원한다. 이것을 일반 적응 증후군(GAS)이라 하며, GAS에는 경고, 저항, 소진의 세 단계가 있고, 외상 사건이나 질병에 대한 잠재성도 이 세 단계에서 나타난다.

이와는 대조적으로, 라자러스는 스트레스와 대처에 관해 인지를 강조하는 교류적 관점을 주장했다. 스트레스와의 만남은 역동적이고, 복잡하며, 끊임없이 변화하고 전개되어 한 가지 스트레스 사건의 결과가 새로운 사건에 대한 이후의 평가를 변경한다. 대처전략과 스트레스 사건에 대한 평가의 개인차는 스트레스 경험에 중요하다. 그러므로 어떤 스트레스 관련 장애가 생길 가능성 또한 개인에 따라 다양하다.

스트레스원

스트레스는 자연이나 사람에 의한 재앙적 사건들, 개인 삶에 있어서의 변화, 일상의 골칫거리 같은 다양한 요인들에 의해 생겨날 수 있다. 리처드 라자러스와 주디스 코헨(Judith Cohen)(1977)이 설정한 모형에 따라 스트레스원을 분류하는 데 있어 이 두 연구자가 강조했듯이 스트레스 그 자체보다 개인이 스트레스 사건들을 어떻게 지각하는가가 더 중요하다.

재앙적 사건

라자러스와 코헨은 재앙적 사건을 "그 경험을 공유한 사람들이 중요한 적응 반응을 해야 하는 갑작스럽고 독특하며, 강렬한 단일 사건들"로 정의했다(1997, p. 91). 많은 재앙적 사건은 의도적이든 비의도적이든 세계 곳곳을 예고 없이 강타한다. 비의도적인 사건은 허리케인이나 태풍, 화재, 토네이도, 홍수, 지진 같은 자연재앙과 수많은 사람

재앙적 사건은 많은 사람으로부터 적응적 반응을 요구한다.

을 죽이고 살아남은 사람들에게는 스트레스와 슬픔, 두려움을 느끼게 하는 재앙적 사건들을 포함한다. 총기난사와 테러의 행위들은 의도적인 재앙적 사건의 예이다.

때때로 스트레스 사건은 2011년 3월 일본의 많은 지역을 폐허로 만든 지진과 쓰나미, 2004년 12월 말에 인도양에서 발생한 쓰나미, 2005년 8월 말 뉴올리언스와 멕시코만 도시들을 폐허로 만든 허리케인 카트리나처럼 그 여파가 거의 지구 전체에 영향을 줄 정도로 강력하다. 이러한 자연 사건의 물리적 피해 액수는 천문학적이다. 20만 명 이상이 사망하거나 실종됐고, 수많은 이들이 부상당하거나 병들고 집을 잃었다. 인도양의 쓰나미 생존자들(Dewaraja & Kawamura, 2006)과 뉴올리언스 지역 주민들(Weems et al., 2007)은 우울증과 **외상 후 스트레스 장애**(PTSD: post traumatic stress disorder) 증상을 경험했다. 그러나 다른 사람들로부터 받은 정서적인 지원의 경험, 차별, 그리고 재앙의 근접성 같은 몇 가지 요인으로 인해 PTSD 증상이 완화되거나 악화되기도 했다.

자연재앙은 수많은 사람들을 피폐하게 만들지만, 그것에 대해 어느 누구도, 어떤 집단도 비난할 수는 없다. 반면에 1995년 오클라호마시 머라연방빌딩(Murrah Federal Building) 폭파와 2001년 9월 11일에 일어난 세계무역센터와 미 국무성에 대한 공격은 모두 의도적인 행동이었다. 이러한 사건들은 갑작스럽게 일어난 독특하고 강력한 사건들로 제각기 수많은 사람들의 적응적인 반응을 필요로 했다. 이러한 재앙적 사건들의 여파는 미디어에 의해 수백만 가정에 전달되었고, 대중들에게 유사한 스트레스 관련 경험을 갖게 했다.

어떤 사건이 스트레스를 얼마나 유발하는지는 그 사건과의 물리적 인접성과 그 사건 이후의 시간 경과, 가해자의 의도를 포함한 몇 가지 요인에 의해 작용된다. 세계무역센터에 대한 9.11 테러는 뉴욕 사람들에겐 세 가지 모두가 해당되며, 그 주위에 있던 사람들에게는 좀처럼 사라지지 않는 외상 경험을 갖도록 했다(Hasin, Keyes, Hatzenbuehler, Aharonovich, & Alderson, 2007). 뉴욕에 살지 않던 사람들에게 9.11 테러와 관련된 스트레스는 몇 주 안에 사라지기 시작했지만(Schlenger et al., 2002), 다른 연구 결과에 의하면 어떤 사람들은 몇 년이 지난 후에도 계속적으로 심리적 및 신체적 건강에 부정적 영향을 경험한다고 한다(Holman et al., 2008; Richman, Cloninger, & Rospenda, 2008; Updegraff, Silver, & Holman, 2008). 그러나 의도적인 성격을 띤 공격적인 사건은 스트레스를 더 가중시키는데, 이러한 폭력적인 사건들은 자연재앙보다 정신적 충격이 더 크기 때문이다.

요약하면, 재앙적 사건들이 유발한 스트레스는 의도적이거나 비의도적일 수 있다. 그 사건은 사전경고 없이 급작스럽게 발생하고, 그 사건에서 살아남은 사람들이나 그 사건의 여파를 받은 사람들 모두가 경험한 사건으로 인해 인생이 달라졌다고 한다. 재앙적 사건이 사람들에게 큰 영향을 주지만 연구자들은 스트레스원에 있어서 생활사건들을 더 주목하고 있다(Richman et al., 2008).

생활사건

배우자 혹은 부모의 죽음, 이혼, 실직, 다른 지역으로의 이사를 경험하는 것은 주요한 생활사건이며 주요한 스트레스원이 되기도 하지만, 소소한 생활사건 역시 스트레스가 된다. 이 장의 초반에 제시한 '당신의 건강 위험도 체크'도 생활사건 척도인데, 뒤에서 살펴볼 홈스와 라헤(1967)의 유명한 사회 재적응 평가 척도에도 생활사건들이 포함되어 있다. 실제로 솔로가 경험한 많은 스트레스원, 잦은 이사와 아버지의 죽음은 주요 스트레스원으로 간주된다.

생활사건은 세 가지 중요한 부분에서 재앙적 사건과 차이가 있다. 생활사건과 생활사건 척도는 변화(change)의 중요성을 강조한다. 사람들은 어떤 변화 혹은 재적응을 필요로 할 때 스트레스를 느낀다. 결혼을 하거나 부모가 되는 것, 새로운 일을 시작하는 것과 같은 긍정적인 사건은 모두 그들 인생에 있어서 약간의 적응을 필요로 하지만, 실직이나 가족의 죽음, 폭력 범죄의 희생자가 되는 것과 같은 부정적 사건들 또한 적응을 필요로 한다. 수많은 사람들에게 영향을 미치는 재앙적 사건과는 달리, 스트레스를 유발하는 생활사건은 몇몇 사람이나 한 개인에게만 영향을 미친다. 비록 이혼은 이혼한 부부와 그들의 가족과 친구들에게만 영향을 미치지만, 당신의 이혼 경험은 멀리 떨어진 지역에서 지진이 발생하여 수많은 사람들에게 피해가 발생했다는 소식을 듣는 것보다 당신의 삶을 더 많이 변화시킬 수 있다.

생활사건은 재앙적 사건보다 대개 천천히 일어난다. 이혼은 하루아침에 일어나지 않고, 실직도 통상 대인관계에서의 갈등이 먼저 일어난다. 그러나 범죄에 의한 희생은 갑작스럽고 예기치 못하게 일어난다. 이러한 생활사건들 모두는 스트레스를 유발하고, 사건과 관련된 문제들도 흔하게 나타난다. 예를 들어 이혼은 부부생활의 스트레스를 감소시킬 수 있지만(Amato & Hohmann-Marriott, 2007), 이혼하는 배우자뿐만 아니라 자녀에게 단기간, 때로는 장기간 동안 문제를 발생시킨다(Michael, Torres, & Seeman, 2007). 실직은 개인의 대처 자원의 정도에 따라 주요한 스트레스원이 될 수도 있고, 그렇지 않을 수도 있다. 실직으로 인해 오랜 기간 동안 취업을 하지 못하면 재정적인 문제와 가족 간의 갈등을 포함한 여러 스트레스원을 발생시킨다(Howe, Levy, & Caplan, 2004; Song, Foo, Uy, & Sun, 2011). 폭력 범죄에 희생되는 것은 "사람들을 희생자로 바꾸고, 그들의 삶을 영원히 변화시킨다"(Koss, 1990, p. 374). 범죄 희생자들은 자신이 더 이상 피해를 당하지 않을 것이라는 생각을 할 수 없게 되고, PTSD 발병 위험성은 증가한다(Koss, Bailey, Yuan, Herrera, & Lichter, 2003). 이 위험은 다양한 유형의 희생자들에서 나타나고, 성인뿐만 아니라 아이들에게도(Sebre et al., 2004) PTSD의 위험성은 보고되고 있다. 심지어 아이들은 지역 폭력에 노출되는 것만으로도 위험성이 증가된다(Rosario, Salzinger, Feldman, & Ng-Mak, 2008).

일상의 골칫거리

사람들의 삶에 있어서 재적응을 요하는 생활사건과는 달리, 일상의 골칫거리는 매일의 한 부분이다. 가난한 삶, 범죄에 대한 두려움, 배우자와의 말다툼, 일과 가정생활의 균형, 밀집되고 오염된 환경 속에서 살아가는 것, 매일 먼 거리를 출퇴근하며 교통 전쟁을 치르는 것 등이 일상의 골칫거리의 예이다. 일상의 골칫거리들로 인한 스트레스는 신체적 및 심리사회적 환경 모든 곳에서 발생할 수 있다.

일상의 골칫거리와 물리적 환경 소음, 오염, 밀집, 범죄에 대한 공포, 소외감 등은 도시생활의 일부분이다. 비록 이러한 환경적 스트레스원이 대도시에 집중되어 있기는 하지만, 시골생활 역시 시끄럽고, 오염되고, 덥고, 춥고, 습하고, 심지어는 많은 사람이 방이 한두 개뿐인 집에서 사는 등 밀집된 공간에서 생활할 수 있다. 그럼에도 불구하고 에릭 그레이그(Eric Graig, 1993)는 도시생활에 영향을 주는 밀집, 소음, 오염, 범죄에 대한 공포, 소외감에 대해 **도시생활의 압박**(urban press)이라는 용어를 사용했다. 한 연구 결과에서는(Christenfeld, Glynn, Phillips, & Shrira, 1999) 뉴욕시 거주자들에게 영향을 미치는 스트레스원은 거주자들의 심장마비 사망률을 증가시키는 요인이 된다고 제안했다. 오염되고, 소음이 심하고, 밀집된 환경 속에서 살아가는 것은 유쾌하지 않은 생활뿐만 아니라 행동과 생산성에 영향을 주고(Evans & Stecker, 2004), 건강의 위험을 증가시키는 만성화된 일상의 골칫거리를 만들어낸다(Schell & Denham, 2003). 정원이나 공원의 접근성은 스트레스를 약화시킬 수 있으며(Nielsen & Hansen, 2007), 거주 지역에 '녹지'가 포함된다면 더 적은 수준의 스트레스를 보고한다(van Dillen, de Vries, Groenewegen, & Spreeuwenberg, 2011).

밀집, 소음, 환경오염은 도시생활에 따른 스트레스를 증가시킨다.

소음(noise)은 개인의 환경을 침범하는 유해하고 원하지 않는 자극이기 때문에 오염의 유형으로 간주된다. 그러나 소음은 객관적으로 정의하기가 매우 어렵다. 어떤 사람에게는 음악이지만 다른 사람에게는 소음이 될 수 있다. 소음에 대한 주관적 태도의 중요성은 도심에 살고 있는 거주자들을 대상으로 건강, 수면, 불안 수준, 소음에 대한 태도를 살펴본 연구에 제시되어 있다(Nivision & Endresen, 1993). 소음의 수준은 건강이나 다른 요소들과 직접적인 관련이 높지 않았지만, 소음에 대한 거주자들의 주관적 관점과 건강상의 질병 총수 간에는 강한 관련이 있음을 보여주었다. 유사하게, 소음에 더 민감한 근로자들은(Waye et al., 2002) 덜 민감한 근로자들보다 코르티솔 수준이 더 높게 나타났고, 낮은 빈도의 소음에도 더 괴로워했다.

또 다른 골칫거리 스트레스원은 밀집(crowding)이다. 밀도가 높은 환경에서 생활한 쥐를 대상으로 한 고전 실험에서는(Calhoun, 1956, 1962) 밀집된 환경이 동물의 사회적, 성적 행동을 변화시켰는데, 더 많은 영역 확장을 위해 공격적으로 변하고, 새끼 사망률도 증가하고, 사회적 통합력이 감소되는 결과를 보였다. 더 최근 연구에서도 밀집은 영장류의 생리적인 스트레스 반응의 증가와 관련이 있다는 사실을 입증했다(Dettmer, Novak, Meyer, & Suomi, 2014; Pearson, Reeder, & Judge, 2015). 이러한 결과는 밀집이 행동에 영향을 미치는 스트레스원임을 제안하지만, 인간을 대상으로 한 연구들에서는 밀집의 정의 및 몇 가지 요인에 의해 복잡하게 나타날 수 있다.

인구밀도와 밀집의 개념 간 구분은 인간에 대한 밀집의 효과를 이해하는 데 도움이 된다. 1972년에 대니얼 스토콜스(Daniel Stokols)는 **인구밀도**(population density)란 많은 인구가 제한된 공간을 점유하는 물리적 상태로 정의했다. 그러나 **밀집**(crowding)은 개인이 속한 환경의 높은 밀도에 대한 그 사람의 지각으로부터 발생하는 심리적 상태이다. 그러므로 밀도는 밀집에 필요조건이지만 밀집의 느낌을 자동적으로 일으키지는 않는다. 만약 붐비는 지하철 안에서 당신의 옆자리가 비어 있다면 밀집으로 경험되지 않을 수 있지만, 모르는 두 사람 사이에 끼어 앉아 있는 것은 밀집된 느낌과 생리적인 스트레스 반응을 증가시킬 것이다. 이 현상은 연구자들이 실제로 열차 통근자들의 연구에서 발견한 사실이다(Evans & Wener, 2007). 밀도와 밀집의 구분은 통제감과 같은 개인적 지각이 밀집의 정의에 중요하다는 것을 의미한다. 이웃뿐만 아니라 거주지역의 밀집 정도는 개인에게 얼마나 스트레스가 되는가에 영향을 미친다(Regoeczi, 2003).

환경오염, 소음, 밀집은 '가난한 환경'에서 종종 같이 발생한다(Ulrich, 2002, p. 16). 가난한 지역에서는 폭력 혹은 폭력에 대한 위협, 인종차별과 같은 현상도 빈번하게 발생한다. 기본적으로 부유한 사람은 가난한 사람보다 스트레스 경험을 적게 하지만(Grzywacz et al., 2004), 부유한 사람에게도 예외는 아니다. 폭력에 대한 위협과 범죄에 대한 공포는 현대 생활에 있어서 스트레스의 한 부분인데, 몇 가지 연구 결과는 집단 폭력이 아이들과 청소년들에게 특히 스트레스가 된다고 제안했다(Ozer, 2005; Rosario et al., 2008). 가난한 환경에서 자란 아이들은 더 높은 만성적 스트레스와 알로스타틱 양을 경험하게 되어 향후 건강 문제에 영향을 미칠 수 있다(Matthews, Gallo, & Taylor, 2010). 예를 들어 더 낮은 사회경제적 수준에 속한 가정에서 자란 아이들은 더 많은 위협과 가족 갈등을 지각하게 되고, 연령이 높아질수록 코르티솔의 분비를 증가시키는 것과 관련이 있다(Chen, Cohen, & Miller, 2010).

미국에서 빈곤은 유럽계 미국인보다 소수민족에게 더 흔하고(USBC, 2015), 인종차별은 가난한 환경과 관련된 또 다른 유형의 일상의 골칫거리이다. 그럼에도 불구하고 인종차별은 심리사회적 환경의 한 부분으로 차지한다.

일상의 골칫거리와 심리사회적 환경 사람들의 심리사회적 환경은 일상의 골칫거리를 더 많이 발생시키는 근원이 될 수 있다. 이러한 스트레스원은 지역사회, 직장, 가족과의 상호작용과 같은 매일의 사회적 환경에서 나타난다.

차별은 아프리카계 미국인들의 지역사회와 직장 등 다양한 사회적 환경에서 걱정스러울 정도로 지속적으로 발생되는 스트레스원이다(Landrine & Klonoff, 1996). 그러나 다른 소수민족(Edwards & Romero, 2008)과 여성, 동성애자, 남성 양성애자들 역시 차별을 받는다(Huebner & Davis, 2007). 불공평한 대우는 차별받은 사람들에게 불이익

직무에서 요구 수준은 높은데 통제 수준이 낮은 상황이 조합된다면 스트레스를 유발할 수 있다.

을 낳고, 스트레스가 될 만한 불명예를 낳는다(Major & O'Brien, 2005). 차별은 심혈관계 질환의 위험도를 증가시키는 스트레스원이다(Troxel, Matthews, Bromberger, & Sutton-Tyrrell, 2003). 100개가 넘는 메타분석은 차별받는다고 지각하는 것과 정신적 및 신체적 건강의 관련성을 입증했다(Pascoe & Richman, 2009). 더 나아가 차별은 스트레스의 생리적인 반응의 증가와 관련 있을 뿐만 아니라 차별을 대처하는 데 사용하는 부적응적인 건강행동과도 관련이 있다.

차별은 단지 직장(어떤 직업은 다른 직업보다 더 스트레스가 된다)에서만 발생되는 스트레스원이 아니다. 몇몇 사람들의 생각과는 달리 매일 많은 결정을 내려야 하는 회사 중역들은 중역들의 결정사항을 실행에 옮기는 근로자들보다 직무 관련 스트레스가 적다. 많은 중역은 요구 수준이 높지만 통제 수준 역시 높은 일을 하고 있다. 연구자들은 통제감의 부족이 의사결정의 부담보다 더 많은 스트레스가 된다고 지적하고 있다. 말단 사원들이 사실상 관리직보다 경험하는 스트레스가 더 많다(Wamala, Mittleman, Horsten, Schenck-Gustafsson, & Orth-Gomér, 2000). 스트레스 관련 질병을 준거로 삼았을 때, 가장 스트레스를 많이 받는 직업 중에는 건설노동자, 비서, 실험기술자, 웨이터/웨이트리스, 기계조작자, 농장근로자, 도장공 등이 있다. 이러한 직업들 모두 통제, 직위, 보상 수준은 낮지만 요구 수준이 높다는 점에서 공통적이다. 스트레스는 사람들이 자신의 일에 얼마나 몰입할 수 있는지에 따라 영향받을 수 있다. 직무환경에 몰입하는 사람들은 덜 몰입하는 사람들보다 일하는 주중에 코르티솔 생성 수준이 더 낮다(Harter & Stone, 2012). 일하면서 갖게 되는 짧은 휴가는 직무와 관련된 스트레스를

휴가는 직무 스트레스를 완화해주지만 효과가 오래 지속되지는 못한다

여름방학, 봄방학, 겨울방학. 미국인들은 해마다 학교와 회사의 휴가 때 수백 달러를 쓴다. 휴가는 일에서 벗어나게 하여 즐거움, 여행, 휴식의 기회를 제공해준다. 하지만 직무와 관련된 스트레스를 장기간 효과적으로 완화해주는 방법인가?

여러 연구들은 이 질문에 해답을 주기 위해 시도해왔고 연구는 놀라운 결과를 가져다준다(de Bloom et al., 2009). 우리가 예상한 것처럼 사람들은 휴가를 갖기 전보다 휴가 동안에 더 적은 스트레스를 경험한다. 더 나아가 사람들은 휴가 보내기 전보다 휴가를 보낸 이후에 더 낮은 스트레스 수준을 보고한다. 어떤 경우에는, 휴가를 보내는 것이 신체적 증상을 경감해주기도 한다.

그러나 이러한 '휴가 효과'는 빨리 사라지는 경향이 있다. 일반적으로 스트레스를 감소시켜주는 휴가의 효과는 주로 3~4주 안에 사라진다(de Bloom et al, 2009; Kuhnel & Sonnentag, 2011). 한 연구는 일주일 안에 효과가 사라짐을 보여줬다(de Bloom et al, 2010). 감소되는 현상은 회사에 돌아갔을 때 밀린 일과 직무를 처리하기 위해 더 많은 일을 해야 되는 요구로 나타날 수 있으며, 이러한 상황이 스트레스를 증가시킨다.

분명히 이러한 연구 결과들은 사람들에게 휴가를 갖지 말라고 주장하는 것은 아니다. 그저 직무 혹은 학업과 관련된 스트레스에 대처하는 유일한 방법이 휴가는 아니라는 점을 제안할 뿐이다. 이 장 끝부분에서 언급하듯이, 사람들은 스트레스에 더 효과적으로 대처할 수 있는 입증된 방법으로 스트레스를 다룰 수 있다.

완화해주지만, 그 완화는 사람들이 원하는 만큼 지속되지 못한다('믿을 수 있을까요?' 글상자 참조).

일과 가족의 역할 간에 균형을 잡기 위해 받는 스트레스는 남성과 여성에게 동일하게 있다. 모든 근로자의 절반은 일을 하는 사람과 결혼을 한다. 그로 인해 여성과 남성 모두 다양한 역할을 해야 한다(Moen & Yu, 2000). 직무 스트레스가 가족들에게 전가되거나 가족 갈등이 직장에까지 영향을 미쳐서 직무에 문제가 발생할 수 있다(Ilies et al., 2007; Schieman, Milkie, & Glavin, 2009). 가정 내에서의 남성과 여성의 역할 및 기대 수준의 차이는 가족 갈등과 직무 갈등이 남성과 여성에게 다른 방식으로 영향을 미친다는 것을 의미한다. 여성은 종종 근로자, 아내, 엄마라는 다양한 역할과 직무가 연합되어 부담이 증가하기 때문에 스트레스를 받게 된다. 그러나 일반적으로 이렇듯 다양한 역할은 건강에 이득을 제공하기도 한다(Barnett & Hyde, 2001; Schnittker, 2007).

일과 가족 역할의 긍정적 혹은 부정적 효과는 그 사람이 이용 가능한 자원에 달려 있다. 남성과 여성 둘 다 배우자와 가족의 지원에 영향을 받지만, 지원의 부재는 여성의

다양한 역할의 수행은 스트레스원이 될 수 있다.

건강에 더 많은 영향을 끼친다(Walen & Lachman, 2000). 자녀는 있고 배우자가 없는 여성은 특히 더 부담을 느끼고, 결과적으로 스트레스를 받는다(Livermore & Powers, 2006). 다양한 역할을 수행하는 것이 여성에게 반드시 스트레스를 유발하는 것은 아니지만, 다양한 역할에 대한 낮은 통제와 지원 부족은 남성과 여성에게 모두 스트레스를 유발할 수 있다. 갈등과 스트레스가 유발될 가능성이 있음에도 불구하고, 가족은 주요한 사회적 지원의 원천이자, 스트레스 대처의 중요한 자원이 된다.

요약

스트레스는 많은 원인에 의해 발생하는데, 사건의 규모에 따라 재앙적 사건, 생활사건, 일상의 골칫거리로 분류할 수 있다. 재앙적 사건은 홍수나 지진 같은 자연재앙과 테러리스트의 공격 같은 의도적 폭력이 포함된다.

생활사건은 적응을 필요로 하는 개인의 삶을 변화시키는 사건으로 부정적이거나 긍정적이기도 하다. 이혼, 가족의 죽음, 범죄의 희생과 같은 부정적 생활사건은 심각하고 오랜 기간 동안 지속적으로 스트레스를 유발한다.

일상의 골칫거리는 반복적이고 만성적인 걱정거리를 만드는 매일의 사건이다. 어떤 골칫거리는 물리적 환경에서 일어나고, 또 어떤 골칫거리는 심리사회적 환경으로부터 발생한다. 환경오염, 소음, 밀집, 폭력으로 인한 스트레스가 대도시에서 통근을 해야 하는 골칫거리와 연합되는 상황일 경우 이를 도시생활의 압박이라 기술한다. 또한 이러한 각각의 스트레스원은 개별적으로 고려해야 한다. 소음과 밀집은 불쾌한 것이지만, 이러한 스트레스원의 수준이 낮아도 스트레스 반응을 유발할 수 있다는 증거가 있다. 또한 이러한 스트레스원에 장시간 노출될 경우 건강에 부정적인 결과를 낳기도 한다. 빈곤한 지역에서는 밀집과 소음, 폭력의 두려움과 같은 공동체의 스트레스원이 동시에 흔히 발생하기도 한다.

심리사회적 환경에서의 일상의 골칫거리는 지역사회, 직장, 가족을 포함한 매일의 사회적 환경에서 발생한다. 지역사회 내에서의 인종 및 성차별은 차별의 한 유형으로 스트레스를 유발한다. 직장 내에서 요구가 높고 통제가 낮으면 스트레스를 받고, 지원이 부족하면 스트레스가 가중된다. 가족 내에서 배우자 및 부모의 역할은 갈등과 스트레스를 유발할 가능성이 있다. 게다가 가정에서의 요구와 일에서의 요구 간의 갈등은 많은 사람에게 스트레스원이 된다.

스트레스의 측정

무수히 많은 스트레스원이 있는 현대 사회에서 연구자들은 스트레스를 어떻게 측정할까? 스트레스를 측정하는 것은 건강심리학의 중요한 부분이다. 스트레스원과 스트레스가 질병에 미치는 영향을 이해하기 위해 연구자들은 우선 스트레스를 측정해야만 한다. 이 절에서는 널리 사용된 방법 중 몇 가지를 논의하고, 그 신뢰도와 타당도를 결정하는 문제를 언급하겠다.

측정 방법

연구자들은 스트레스를 측정하기 위해 여러 가지 접근을 사용했지만, 대부분은 생리적 측정법과 자기보고법이라는 두 가지 큰 범주에 속한다. 생리적 측정은 스트레스로 인한 생물학적인 변화를 측정하는 것이고, 자기보고식 측정은 **생활사건**(life event)이나 **일상의 골칫거리**(daily hassles)를 측정하는 데 종종 사용된다. 두 접근 모두 개인의 질병과 건강에 대한 스트레스의 영향을 조사하는 데 효과적인 방법일 수 있다.

생리적 측정법 스트레스를 측정하는 한 가지 방법은 혈압, 심장박동, 피부전기반응, 호흡, 코르티솔과 에피네프린 같은 스트레스 호르몬 분비 증가를 포함한 여러 가지 생리적, 생화학적 측정치를 사용하는 것이다. 이러한 생리적 측정치들은 연구자들에게 신체 교감신경계의 활성화와 HPA 축을 연구할 수 있는 기초를 제공해줄 수 있다.

스트레스에 대한 생리적 측정법으로 사용되는 가장 보편적인 접근법은 호르몬 분비의 관계를 알아보는 것이다. 에피네프린과 노르에피네프린은 스트레스 경험과 관련되어 있으며, 혈액 또는 소변 검사를 통해 측정할 수 있고 스트레스 지수로 사용될 수 있다(Eller, Netterstrøm, & Hansen, 2006; Krantz, Forsman, & Lundberg, 2004). 혈액에서 순환되는 이 호르몬의 수치는 스트레스 경험 후 몇 분 안에 감소하므로 호르몬을 측정하기 위해서는 그 변화를 빨리 알아내야만 한다. 호르몬의 수치는 소변에서 더 오래 지속되지만 스트레스보다는 다른 요인들이 소변 내의 호르몬 수치에 영향을 미칠 수 있다. 스트레스 호르몬인 코르티솔은 적어도 20분 정도 유지가 되고, 타액 속의 코르티솔을 측정하는 것은 이러한 호르몬 변화 지표를 제공한다. 새로워진 방법은 머리카락에 있는 코르티솔을 측정하는 것인데, 이것은 최근 6개월 사이에 몸에 생성된 코르티솔이다(Kirschbaum, Tietze, Skoluda, & Dettenborn, 2009).

이러한 생리적 측정법의 장점은 직접적이고, 신뢰성이 높고, 쉽게 수량화할 수 있다는 점이다. 단점은 흔히 사용하는 기계적이고 전기적인 하드웨어와 임상 장면 그 자체로 스트레스를 유발할 수 있다는 점이다. 따라서 스트레스를 측정하는 이러한 접근법은 유용하지만 폭넓게 사용될 수 있는 방법은 아니며, 자기보고식 측정법이 좀 더 일반적으로 사용될 수 있다.

생활사건 척도 1950년대 후반과 1960년대 초반 이래로 연구자들은 스트레스를 측정하기 위해 수많은 자기보고식 도구를 개발했다. 이러한 자기보고식 절차 중에서 가장 널리 사용된 것이 사회 재적응 평가 척도(SRRS: Social Readjustment Rating Scale)로서, 토마스 홈스(Thomas H. Holmes)와 리처드 라헤(Richard Rahe)에 의해 1967년에 개발되었다. 이 척도는 단순하게 가장 스트레스가 심한 것부터 약한 것까지 순위에 따라 나열된 생활사건 43개의 목록이다. 각 사건은 할당된 수치를 갖는데, 배우자의 죽음에 해당하는 100점부터 사소한 법규위반 11점까지의 범위를 갖는다. 응답자들은 최근 6개월 내지 24개월 이내에 경험한 항목을 체크한다. 각 항목의 수치를 더하고 총점을

生活사건 척도 역시 긍정적 사건들을 포함하는데, 이는 긍정적 사건들 역시 적응을 필요로 하기 때문이다.

구해서, 각 개인의 스트레스 점수를 산출한다. 이 점수는 질병의 발생 같은 미래 사건과 관련해서 스트레스 측정치와 신체적 질병 발생과의 관계를 결정할 수 있도록 한다.

이 장의 도입부에서 제시한 '당신의 건강 위험도 체크'에서 제시한 학생들을 위한 생활사건 척도(Clements & Turpin, 1996)와 같은 스트레스 척도도 있다. 좀 더 많은 스트레스 상황을 체크한 대학생은 스트레스 사건을 적게 보고한 학생보다 건강 관련 서비스를 더 많이 이용하는 경향이 있다.

지각된 스트레스 척도(PSS: Perceived Stress Scale)(Cohen, Kamarck, & Mermelstein, 1983)는 사건에 대한 지각을 강조한다. PSS는 14개 항목 척도로, 사람들의 생활 속에서 어떤 상황이 '예측할 수 없고, 통제할 수 없고 그리고 과중한'으로 평가되는지를 측정한다(Cohen et al., 1983, p. 387). 이 척도는 스트레스의 세 가지 구성요소인 (1) 일상의 골칫거리, (2) 주요 사건, (3) 대처 자원의 변화를 평가한다. 연구자들은 다양한 상황에서 스트레스를 평가하기 위해 PSS를 사용했는데, 임산부의 임신 중 스트레스(Nast et al., 2013), 초등학교 교사들을 대상으로 이완 프로그램의 효과를 측정하는 상황이나(Nassiri, 2005), 대학교 운동팀 코치들의 에너지가 소진된 상태를 알기 위해(Tashman, Tenenbaum, & Eklund, 2010) 등 다양한 상황에서 사용했다. 이 척도는 만족할 만한 신뢰도 및 타당도를 갖고 있을 뿐만 아니라 간결하기도 해서 여러 연구에서 사용되었다.

일상의 골칫거리 척도 리처드 라자러스와 그의 동료들은 중요한 생활사건보다는 일상적인 골칫거리를 살펴보는 스트레스 측정에 대한 접근 방법을 개척했다. 일상의 골칫거리는 "그 사람의 안녕감(well-being)에 매우 해롭거나 위협적인 것으로 평가된 일상생활의 경험과 상태"이다(Lazarus, 1984, p. 376). 라자러스가 논의한 스트레스 이론을 기억해보면, 스트레스는 환경에 대한 개인의 평가(appraisal)와 이 상황에 대한 지각된 대처 능력(perceived capabilities to cope)에 의해 형성되는 교류적이고 역동적인 복합체로 정의하고 있다. 이 관점과 일관되게, 라자러스와 동료들은 측정 도구에서 스트레스를 객관적 환경 자극으로 개념화할 필요가 없고, 대신에 개인적 평가, 신념, 목표, 참여 같은 주관적 요소를 포함해야 한다고 주장했다(Lazarus, 2000; Lazarus, DeLongis, Folkman, & Gruen, 1985).

라자러스와 동료들은(Kanner, Coyne, Schaefer, & Lazarus, 1981) 최초로 일상의 골칫거리 척도(Hassles Scales)를 개발했는데, 이는 사람들이 골치 아프게 느낄 수 있는 성가시고, 초조하거나 혹은 좌절되는 것에 대한 117개 항목으로 구성되었다. 이 척도는 체중, 집안 관리, 위반 행위, 그리고 해야 되는 일이 너무 많은 것과 같은 문제를 포함하고 있다. 사람들은 각 문항이 어느 정도 수준까지 스트레스를 유발했는지 평가하게 된다. 골칫거리 척도에 대한 연구에서는 골칫거리와 생활사건 간에 단지 적절한 상관이 있지만, 스트레스에 대한 이 두 가지 유형이 동일하지는 않다고 주장한다. 게다가 골칫거리 척도는 생활사건 척도보다 심리적 건강에 대해 좀 더 정확한 예언을 가능하게 했다(Lazarus, 1984). 게다가 같은 연구팀(DeLongis, Folkman, & Lazarus, 1988)에서 개발된 더 간결한 골칫거리 척도가 두통의 빈도와 강도(Fernandez & Sheffield, 1996), 감염성 질병 삽화(Searle & Bennett, 2001)를 예측하는 데 있어 사회 재적응 평가 척도보다 우월하다고 보고되었다. 그러므로 일상의 골칫거리는 사회 재적응 척도로 측정된 심각한 삶의 사건보다 건강에 더 큰 영향을 미칠 수 있다.

일상의 골칫거리 측정에 의한 스트레스 평가 개념은 특별한 상황으로까지 확장할 수 있다. 예를 들어 도시의 골칫거리 척도(Miller & Townsend, 2005)는 흔히 도시 환경에서 영향받는 청소년들의 스트레스원을 측정하고, 가족의 일상 골칫거리 척도(Rollins & Garrison, 2002)는 부모들이 일반적으로 경험하는 일상적 스트레스원을 측정한다. 그러므로 연구자들은 연구의 목적과 대상에 따라 다양한 자기보고식 스트레스 측정치를 선택할 수 있다.

요약

스트레스는 생리적, 생화학적 측정 및 스트레스 사건에 대한 자기보고 등의 여러 가지 방법으로 측정할 수 있다. 가장 많이 사용되는 생활사건 척도는 생활사건의 변화를 강조한 사회 재적응 평가 척도이다. 이 척도는 널리 사용되고 있지만 이후의 질병에 대한 좋은 예언자는 아니다. 라자러스와 그 동료들은 일상의 골칫거리와 정신적 고양을 측정하는 척도를 새롭게 개발했다. 이 검사는 일상적 사건의 중요성과 지각된 심각성을 강조한다. 일반적으로 골칫거리와 정신적 고양척도의 개정판은 미래의 질병을 예측하는 데 있어 SRRS보다 더 정확하다.

스트레스 대처

사람들은 삶의 문제나 스트레스를 꾸준히 관리하려고 애쓰는데, 이러한 시도를 대처로 간주할 수 있다. 그러나 **대처**(coping)라는 용어는 대개 개인의 삶에 스트레스가 되는 문제나 감정을 관리하는 데 쓰이는 책략을 칭하는 용어이다. 대처는 많이 연구되는 주제로, 연구자들은 다양한 대처전략에 대한 효과뿐만 아니라 대처 노력에 영향을 미치는 개인적 및 상황적 특성을 탐색하는 등 대처에 관한 수많은 연구를 진행했다.

대처에 영향을 미치는 개인적 자원

라자러스와 포크만(1984)은 스트레스 상황에서 대처할 수 있는 개인적인 자원으로 건강, 긍정적인 신념, 사회경제적인 자원, 사회적 기술과 사회적 지원을 꼽았다. 다양한 연구를 통해 각 자원들의 중요성을 입증했지만, 스트레스에 대처할 때 가장 중요한 개인적인 자원은 사회적 지원, 개인적 통제감, 긍정적인 신념이다.

사회적 지원　사회적 지원(social support)은 한 개인이 다른 사람들로부터 받는 다양한 물질적, 정서적 지원을 말한다. 사회적 지원과 관련된 **사회적 접촉**(social contact)과 **사회적 연결망**(social network)의 개념은 때때로 상호교환적으로 사용되는데, 개인과 관계를 맺고 있는 사람의 수, 유형과 관련이 있다. 사회적 접촉과 반대되는 것은 **사회적 고립**(social isolation)으로, 이는 특별하고 의미 있는 대인관계가 없음을 뜻한다. 통상적으로 높은 수준의 사회적 지원을 경험하는 사람들은 폭넓은 사회적 연결망과 많은 사회적 접촉을 하고 있다. 사회적으로 고립된 사람들은 두 가지 모두 갖지 못한다. 2007년도에 아버지를 잃고 그해 여자월드컵에 출전한 같은 팀 선수들과 가깝지 않았던 솔로는 선수생활을 하는 동안 사회적 지원 수준이 낮았을 것이다.

　앨러미다 지역 연구(Berkman & Syme, 1979)는 처음으로 사회적 지원과 수명 사이에 강한 연관이 있음을 입증했다. 이 연구에서는 사회적 지원의 부족은 흡연이나 정적인 생활 방식을 증가시켜 사망률과 강하게 연관되어 있다고 보고했다. 후속 연구에서도 사회적 지원의 중요성을 입증했다. 150개에 가까운 최근 메타분석 연구에서 강한 유대관계를 가진 사람들은 약한 유대관계를 가진 사람보다 현저히 낮은 사망률을 보였다(Holt-Lunstad, Smith, & Layton, 2010). 더 나아가, 그림 5.6에 나타난 것처럼 사회적 지원과 수명의 관련성은 금연해서 얻는 이익만큼 강하고, 알코올 섭취를 적게 하거나 하지 않는 것에서 얻는 이점, 건강한 체중을 유지하는 것, 운동, 고혈압 약 복용과의 관련성보다 더 강하다는 사실을 보여준다. 따라서 사회적 지원의 이점은 굉장하고 강하다(그러나 당신의 의사가 건강을 유지하기 위한 방법으로 사회적 관계의 향상을

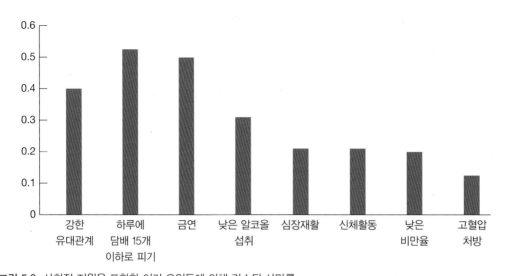

그림 5.6 사회적 지원을 포함한 여러 요인들에 의해 감소된 사망률

출처: "Social relationships and mortality risk: A meta-analytic review", by J. Holt-Lunstad, T. B. Smith, & J. B. Layton, 2010, *PLoS Med, 7*(7), e1000316.

얼마나 추천했는가?).

사회적 지원은 몇 가지 방법으로 스트레스에 영향을 미친다. 예를 들면, 스트레스를 받는 사람들은 사회적 지원망의 사람들로부터 도움을 받을 수 있다. 즉, 금연을 하거나, 운동을 시작하거나, 아플 때 의사를 찾아가는 등 좀 더 건강해지기 위한 습관을 실행하기를 권장하게 된다. 또한 사회적 지원은 사람들이 스트레스 상황을 통제할 수 있다고 확신하는 데 도움을 준다. 따라서 사회적 지원망이 있는 사람들은 스트레스를 경험할 때, 대처 자원이 거의 없는 사람들보다 스트레스원을 덜 위협적으로 인식하게 된다(Wills, 1998). 또 다른 가능성은 사회적 지원이 스트레스에 대한 생리적 반응을 바꾼다는 것이다(DeVries, Glasper, & Detillion, 2003; Kiecolt-Glaser & Newton, 2001). 스트레스 완충 가설(stress-buffering hypothesis)은 사회적 지원이 위험한 스트레스의 효과를 줄이거나 감소시킴으로써, 결과적으로 질병과 죽음으로부터 보호하는 역할을 할 수 있다고 제안했다. 30,000명이 넘는 미국인을 대상으로 한 역학 조사는 이 가설을 지지했다(Moak & Agrawal, 2010). 약간의 스트레스를 경험한 성인들에게 사회적 지원은 불행한 감정이나 전반적인 신체건강과 강력한 관련성은 없었다. 그러나 스트레스를 더 많이 경험한 사람들에게 제공된 사회적 지원은 불안과 우울감을 감소시키고, 신체건강이 증진되었다는 자기보고 결과와 관련이 있었다.

건강에 대한 사회적 지원의 긍정적인 영향은 잘 알려져 있지만(Martin & Brantley, 2004), 몇몇 개인들에게는 다른 사람들보다 더 이롭다. 예를 들어 결혼(적어도 행복한 결혼)은 두 사람에게 특별한 사회적 지원을 제공하지만, 결혼의 이점은 여성과 남성에

애완동물은 사람보다 더 많은 사회적 지원의 제공자이다

가장 좋은 사회적 지원이 친구로부터가 아닌 '사람의 친한 친구'로부터 올 수도 있다. 그러나 강아지나 고양이 같은 애완동물이 사람들의 건강에 도움이 되고, 사람들이 스트레스에 대처할 수 있도록 도울 수 있는가?

미국의 40%에 가까운 가정이 개나 고양이를 키운다(Humane Society of the United States, 2011). 애완동물은 우정과 애정을 주고 어떤 경우에는 주인이 신체활동을 하도록 만든다. 심장마비의 생존자들 중 개를 키우는 주인들은 키우지 않는 사람들보다 1년 더 생존할 가능성이 8배 더 높다는 결과는 놀랄 만한 것은 아닐 수 있다(Friedmann & Thomas, 1995).

애완동물은 스트레스로 인한 사람들의 생리적 반응에 완충작용을 할 수 있을까? 한 연구에서는 연구자들이 심장혈관 스트레스 반응을 측정하면서 성인들에게 수학 문제를 포함한 어렵고 고통스러운 과제들을 수행하라고 요구했다(Allen, Blascovich, & Mendes, 2002). 몇몇 실험 참가자들은 혼자 수행을 했고, 어떤 사람들은 배우자나 가까운 친구 앞에서 했고, 또 어떤 사람들은 애완 개나 고양이 앞에서 과제를 수행했다.

그 결과는 놀라웠다. 애완동물과 함께한 사람들이 가장 낮은 스트레스 반응을 보였다. 놀랍게도 배우자나 친구 앞에서 문제를 풀었던 사람들이 가장 높은 스트레스 반응을 나타냈다! 애완동물은 분석하거나 검토하지 않고 사람들에게 편안함과 지원을 제공해준다. 친구와 배우자도 지원을 해줄 수 있지만, 그들은 연구 참가자의 부족한 산수 실력을 눈치챌 가능성이 더 높기 때문이다. 이러한 상황에서 충성스러운 애완동물은 어떠한 대가도 지불하지 않고 사회적 지원의 모든 이로움을 제공해줄 수 있다.

애완동물의 지원은 비판에 예민한 사람들에게 더 도움이 될 수 있다. 예를 들어, 불안한 애착 유형을 가진 아이들을 대상으로 한 연구에 의하면 친절한 사람 앞에서 스트레스를 주는 과제를 수행하는 것보다 개 앞에서 한 아이들이 타액 분석 결과 훨씬 낮은 코르티솔 수준을 보였다(Beetz et al., 2011).

그러므로 애완동물은 무조건적으로 사회적 지원을 주는 훌륭한 근원이다. 개그맨 데이브 배리(Dave Barry)가 주장한 것처럼 "개 앞에서는 어떠한 무식한 말도 할 수 있고, 개는 '당신이 맞습니다! 나는 생각하지도 못했던 생각이에요.'라고 말하는 것 같은 눈빛을 줄 것이다."

게 동일하지 않다. 즉, 결혼은 여성보다 남성의 건강에 도움이 된다(Kiecolt-Glaser & Newton, 2001). 남성에게 도움이 되는 이유는 명백하진 않지만, 한 가지 가능성은 돌봐주는 역할을 여성이 주로 하므로 여성들이 받기보다는 돌보는 역할을 더 하게 된다는 것이다. 돌봐주는 사람과 돌봄을 받는 사람 둘 다에게 동반자로서의 긍정적인 요소를 제공해주지만, 도움을 주는 사람은 도움을 주기 위한 대가를 지불해야 하기 때문이다(Strazdins & Broom, 2007). 이러한 상황들은 남성보다 여성의 돌봐주는 역할을 잘 반영하게 되고 결과적으로 성차가 나타나게 된다.

사회적 지원은 병의 진행과 만성질환의 과정을 예측하는 데도 중요한 요인이 된다(Martin & Brantley, 2004). 놀랍게도 스트레스를 완충하는 사회적 지원 이점들은 사람에게서만 제공되는 것으로 한정되어 있지 않다('믿을 수 있을까요?' 글상자 참조). 더 나아가 대처에 영향을 미치는 또 따른 요인은 개인적 통제감에 대한 지각이다.

개인적 통제감 스트레스 생활사건에 대처하는 개인의 능력에 영향을 미치는 두 번째 요인은 **개인적 통제감**(personal control), 즉 그들 삶에서 일어나는 사건들을 통제할 수 있다는 확신감이다. 고전 연구와 현대 연구 모두에서는 통제감의 이점에 대해 일치하는 증거를 보고하고 있다. 고전적인 연구는 줄리언 로터(Julian Rotter, 1966)의 통제 소재의 개념인데, 이는 사람들이 자신의 삶에서 중요한 사건을 통제하고 있다고 믿는 정도에 따라서 연속선상에 배열할 수 있다고 가정했다. 로터에 따르면, 자신의 삶을 통제할 수 있다고 믿는 사람들은 내적 통제 소재(internal locus of control)를 갖는 반면, 행운, 운명, 다른 사람의 행동에 의해 자신의 삶이 결정된다고 믿는 사람들은 외적 통제 소재(external locus of control)에서 높은 점수를 받는다. 내적 통제 소재의 중요성은 만성질환을 앓고 있는 사람들의 연구에서 나타났다(Livneh, Lott, & Antonak, 2004). 잘 적응하는 사람들은 그렇지 않은 사람들보다 높은 통제감을 나타내었다.

개인적 통제의 효과에 대한 또 다른 고전 연구 사례는 엘렌 랭거(Ellen Langer)와 주디스 로딘(Judith Rodin)(1976)에 의해 보고되었는데, 이들은 요양원에 거주하는 노인들을 연구했다. 이 연구에서 한 집단의 노인들에게는 자신의 일상생활에 책임감을 느끼고 통제할 수 있는 역할을 준 반면에, 다른 집단의 노인들에게는 정해진 결정들을 주었다. 노인들이 통제할 수 있는 영역은 그리 중요한 일이 아닌 가구를 재배치하고, 집에 누가 언제 방문할 것인지 선택하고, 어떤 여가 활동을 할 것인지 결정하는 것들이었다. 또한 노인들은 작은 식물을 기르도록 제안받았는데, 그 제안을 수용하거나 거절하거나 그들이 원하는 만큼만 키워도 상관없었다. 비교 집단의 노인들은 요양원 거주자의 책임을 강조하는 정보를 들었으며, 그들에게도 화분을 키우도록 했다. 두 집단은 대부분의 면에서 동일했지만, 개인적인 통제의 정도가 두 집단의 건강에서 실질적인 차이를 나타냈다. 책임감을 유도한 집단의 거주자들은 좀 더 행복하고, 활동적이며, 민첩했으며, 일반적인 안녕감의 수준이 높았다. 3주 후에 비교 집단의 대부분은 (71%) 좀 더 쇠약해진 반면, 책임감을 유도한 집단의 대부분의 거주자들은(93%) 전체적으로 정신적, 신체적 증진을 보였다. 동일한 거주자들을 대상으로 18개월간 추적 연구를 한 결과(Rodin & Langer, 1977), 처음 책임감을 유도한 집단의 거주자들이 건강상의 이점을 유지하고 있었고, 사망률은 비교 집단보다 더 낮은 것으로 나타났다.

통제감의 지각은 어떻게 건강에 영향을 미치는가? 통제감이 여러 방법으로 스트레스를 완충할 수 있지만 한 가지 방법은 해로울 수 있는 생리적 반응들을 감소시키는 것이다. 200개 이상의 메타분석 연구는 실험실에서 주어진 스트레스 과제들이 스트레스 호르몬인 코르티솔이 가장 많이 생성되게끔 한 특성들을 살펴봤다(Dickerson & Kemeny, 2004). 불가능한 과제를 완성하는 것, 심한 시간 압박 속에서 과제를 수행하는 것이나 조절할 수 없는 시끄러운 소리에 노출되는 상황과 같은 통제감이 낮은 스트레스 과제들은 스트레스로부터 회복되는 데 긴 시간이 걸리도록 하고, 많은 양의 코르티솔을 생성했다. 이러한 결과들은 통제감이 낮은 상황에 자주 노출되는 사람들은 지연된 HPA 활성화의 장기적인 건강에 고통을 경험할 가능성이 높다는 것을 제안한다.

이러한 연구들은 단지 최소한의 통제감만으로도 건강에 이득이 될 수 있다고 제안한다. 그러나 통제감의 이점은 개인의 자율성과 노력을 강조하는 서구 문화에 제한된다. 일본과 영국 사람들의 스트레스와 대처에 관한 비교 연구에서는(O'Conner & Shimizu, 2002), 일본 사람들의 개인적 통제감이 더 낮은 것으로 보고되지만, 영국인에게서만 통제감의 상실로 인한 스트레스가 유발되는 결과를 보였다. 따라서 개인적 통제감의 이점과 관련된 결과들은 서구 사회 사람들에게만 제한될 수 있다. 그러나 보편적으로 스트레스가 있다는 것은 스트레스에 대처하는 전략도 모든 사회에 있음을 뜻한다.

긍정성 불확실한 시기에 당신은 최선의 것을 기대하는가? 나쁜 일보다 좋은 일이 일어날 거라고 기대하는가? 이 두 질문에 '예'라고 대답한 경우, 당신의 낙천주의 혹은 긍정성 수준이 높을 것이다.

심리학자들은 낙천주의를 단순하게 정의한다. **낙천주의자**(optimist)는 자신에게 좋은 일이 일어날 거라고 기대하고, 비관주의자(pessimist)는 일반적으로 나쁜 일이 일어날 거라고 기대하는 사람이다. 이러한 특성을 낮은 수준으로 개념화한 사람들은 낙천주의자를 밝고 명랑한 사람으로, 비관주의자를 어둡고 절망적인 사람으로 바라본다. 그러나 심리학자들은 낙천주의를 긍정적인 정서로 정의하기보다 긍정적인 일이 일어날 거라는 사람의 신념으로 정의했다. 이러한 신념은 정신적, 신체적 건강에 상당한 영향을 미칠 뿐만 아니라 사람들이 스트레스에 얼마나 잘 대처하는지에도 영향을 준다.

낙천주의자가 비관주의자보다 정서적 고통을 덜 경험한다는 연구 결과가 대학 신입생(Aspinwall & Taylor, 1992), 암환자(Carver et al., 1993), 관상동맥 바이패스 수술 환자(Fitzgerald et al., 1993), 치매 환자를 돌보는 사람들(Shifren & Hooker, 1995)에게서 발견됐다. 더 놀라운 연구 결과는 긍정적인 신념들이 신체건강과 수명을 예측한다는 것이다. 예를 들어 100,000명에 가까운 여성들을 대상으로 한 연구에서, 낙천주의자는 비관주의자보다 8년 후에 심혈관계 질병으로 사망할 확률이 30% 낮다는 결과를 보였다(Tindle et al., 2009). 낙천주의가 신체건강에 주는 이점들은 심혈관계 건강에 제한되지 않고, 80개가 넘는 다양한 건강 연구 메타분석에 의하면 비관주의자보다 낙천주의자가 신체건강이 더 낫다는 사실을 입증했다(Rasmussen, Scheier, & Greenhouse, 2009).

개인적 자원으로서 낙천주의가 건강에 유익한 이유는 여러 가지가 있다. 첫째, 낙천주의자는 비관주의자보다 강한 사회적 지원망을 갖고 있을 가능성이 더 높다(MacLeod

& Conway, 2005). 그들이 가진 긍정적인 기대로 인해 낙천주의자는 비관주의자보다 사회적 관계를 형성하는 데 더 많은 시간과 에너지를 투자할 수 있다. 또한 사람들은 비관주의자보다 낙천주의자에게 더 호감이 가서 사회적 연결망을 더 쉽게 형성할 수 있다.

둘째, 낙천주의와 관련된 긍정적인 정서는 스트레스에 대한 심혈관계 회복을 더 빠르게 할 수 있다(Fredrickson & Levenson, 1998). 낙천주의자와 긍정적인 정서를 자주 경험하는 사람들은 누적되는 마모 손상을 더 적게 경험하고 면역기능이 더 향상될 수 있다(Marsland, Pressman, & Cohen, 2007).

마지막으로 사람들이 긍정적인 일이 일어날 거라는 자신감이 있을 때, 스트레스와 차질이 있는 상황에서 중요한 목적을 지속적으로 추구할 가능성이 더 높다. 반면에 비관주의자들은 문제를 직면했을 때, 문제로부터 후퇴한다. 다시 말해, 낙천주의자는 비관주의자와 다르게 스트레스를 관리한다. 심지어 낙천주의자와 비관주의자의 가장 큰 차이점은 대처전략을 사용하는 것에 있다.

개인의 대처전략

심리학자들은 대처전략을 여러 가지 방법으로 분류하지만, 포크만과 라자러스(1980)의 정서 중심 혹은 문제 중심의 대처 개념이 가장 많은 영향력을 차지하고 있다. **문제 중심 대처**(problem-focused coping)는 스트레스원을 변화시키는 데 목적을 두는 반면, **정서 중심 대처**(emotion-focused coping)는 스트레스 지각에 수반되는 정서를 관리하는 데 있다. 두 가지 접근 방법은 스트레스를 받은 개인이 좀 더 편해지는 데 효과적일 수 있지만, 스트레스 상황을 관리하는 데 동일한 효과가 있지는 않다.

표 5.1에 나타난 것처럼, 정서 중심과 문제 중심 범주 안에는 몇 가지 다른 전략들

표 5.1 문제 중심 및 정서 중심 대처전략의 예시

문제 중심 대처전략	정서 중심 대처전략
다가오는 시험을 위해 공부하기	일기 쓰기
저축을 하기 위해 예산 세우기	운동하기
문제 해결을 위해 친구와 대화하기	코미디 보기
프로젝트를 완성하기 위해 시간이 더 필요하다고 요청하기	기도하기, 묵상하기
당신을 찬 애인과 화해하기	알코올 섭취 혹은 약물 복용
	부인

이 내재되어 있다. 예를 들어 문제를 없애기 위해 취하는 행동은 문제 중심 전략이지만, 마음의 안정과 안심을 얻기 위해 친구나 가족을 찾는 것은 정서 중심 전략이다. 다가오는 시험이 스트레스원이 된다면, 시험 계획을 세우고 계획대로 하는 것이 문제 중심 전략일 것이다. 친구에게 전화하고 시험에 대해 불평하거나, 영화를 보러가는 것은 스트레스를 관리하는 데 도움이 되지만, 이러한 전략들은 다가올 시험에 대한 효과적인 대처방법이 되지는 못한다. 문제 중심 전략은 분명히 더 나은 선택을 하도록 한다. 그러나 몇몇 상황에서는 정서 중심 대처가 효과적일 수 있다(Folkman & Moskowitz, 2004). 스트레스를 피할 수 없는 상황에서는 더 좋은 기분을 느낄 수 있는 방법을 찾는 것이 가장 좋은 선택일 수 있다. 예를 들어 당신과 다시 사귈 마음이 없는 사람한테서 차이면, 그 사람의 마음을 얻으려고 하기보다 당신의 감정을 다스리는 게 더 좋은 방법일 것이다.

그러나 몇 가지 대처전략들은 건강에 안 좋을 수 있다. 심리적, 신체적 건강을 위한 대처전략의 효과에 대한 메타분석(Penley, Tomaka, & Wiebe, 2002)에서 일반적으로 문제 중심 대처는 더 나은 건강과 관련이 있었던 반면, 정서 중심 대처는 건강이 더 나쁜 것과 관련이 있었다. 예를 들면 폭식을 하거나, 술을 마시거나, 잠을 자거나, 약을 복용하는 것과 같이 정서 중심 대처전략을 사용하는 사람들은 대개 건강하지 못하다. 최근 메타연구들은 차별(Pascoe & Richman, 2009), HIV 감염(Moskowitz, Hult, Bussolari, &Acree, 2009), 당뇨병(Duangdao & Roesch, 2008)과 같은 만성적 스트레스를 다루는 데 있어 정서 중심 전략보다 문제 중심 전략이 더 효과적이라는 결과를 증명했다.

상황을 통제할 수 있는 가능성이 있을 때는 정서 중심 대처보다 문제 중심 대처를 사용할 가능성이 더 높다. 암에 대처하는 사람들이 자신의 상황을 도전으로 받아들이면 문제 중심 전략을 사용할 가능성이 더 높고, 자신의 상황을 해롭거나 잃는 것으로 여기면 회피 대처전략을 사용할 가능성이 높다(Franks & Roesch, 2006). 낙천주의자는 비관주의자보다 문제 중심 전략을 더 사용하고, 회피 전략들을 덜 사용하며, 상황에 요구되는 것을 충족하기 위해 자신의 대처전략을 조절할 가능성이 더 높다(Nes & Segerstrom, 2006). 따라서 대처전략의 '현명한' 사용은 낙천주의자가 비관주의자보다 스트레스에 더 잘 적응하는 이유를 설명한다.

이 외의 범주들 역시 다양한 대처전략으로 분류될 수 있다(Folkman & Moskowitz, 2004). 다른 사람들로부터 지원을 받는 사회적 대처(social coping), 그리고 사람들이 스트레스 경험으로부터 의미를 끌어내는 데 집중하는 의미 중심 대처(meaning-focused coping)를 포함한다. 예를 들면, 사랑하는 사람을 잃거나 심각한 병을 진단받은 사람들과 같이 어떤 외상을 경험한 사람들은 종종 그 상황 내에서 개인적(종종 영적) 의미를 이해하려고 노력한다. 이러한 접근법은 성공적이기도 한데, 이러한 방식대로 하면 아주 심한 스트레스 상황에서도 긍정적인 정서를 경험할 수 있고(Folkman & Moskowitz, 2000) 그로 인해 더 나은 심리적 적응을 경험하게 된다(Helgeson, Reynolds, & Tomich, 2006; Updegraff, Silver, & Holman, 2008).

문화는 대처에 상당한 영향을 미치고, 성차 역시 약간의 효과가 있다. 사회적 조화를 강조하는 문화에 사는 사람들은 사회적 대처전략을 사용하는 경향이 있을 것이라 생각하지만, 실제로는 그렇지 못하다(Kim, Sherman, & Taylor, 2008). 사실상 아시아계 미국인들은 스트레스를 경험할 때 유럽계 미국인들보다 가족에게 도움을 구하는 행동을 덜 하는데, 다른 사람들과 조화롭게 지내려는 의도를 갖고 있기 때문이다(Wang, Shih, Hu, Louie, & Lau, 2010). 그러나 다른 연구(Lincoln, Chatters, & Taylor, 2003)는 아프리카계 미국인들이 유럽계 미국인들보다 가족에게 사회적 지원을 더 받으려고 하는 경향이 있음을 발견했다. 몇몇 연구에서는 문화에 따라 대처전략에 있어 유사성이 있음을 발견해왔는데, 그러한 연구들은 유사한 상황에서 사람들을 연구했다. 예를 들어, 7개의 유럽 국가 청소년들을 대상으로 한 연구(Gelhaar et al., 2007)는 특별히 직무와 관련된 상황에서 대처전략들이 모든 국가의 청소년들과 유사한 점들을 발견했다.

여성은 남성보다 사회적 대처전략을 더 사용하는 경향이 있다(Tamres, Janicki, & Helgeson, 2002). 이 연구에서 나타난 차이 외에, 대처에 관한 성차 연구는 유사한 상황에서 개인을 연구할 때 남성과 여성의 대처전략 간에 작은 차이가 있었다(Adams, Aranda, Kemp, & Takagi, 2002; Ronan, Dreer, Dollard, & Ronan, 2004; Sigmon, Stanton, & Snyder, 1995). 그러나 남성과 여성이 직면하는 스트레스원이 다른 것은 성역할 때문일 수 있고, 이로 인해 대처전략에도 성차가 생기는 것이다. 예를 들어 대처하는 것에 성차가 나타난 연구에서, 여성은 가족과 관련된 스트레스를 더 경험하고 남성은 경제 및 직무와 관련된 스트레스를 더 경험했음을 발견했다(Matud, 2004). 성 역할은 문화마다 다양하기 때문에, 다양한 문화 속에서 각기 다른 상황적 요구에 따라 남성과 여성이 대처하게 되므로 성별과 문화는 상호작용하게 된다.

요약

개인의 대처 자원과 다양한 대처전략은 사람들이 스트레스를 피하거나 최소화할 수 있도록 한다. 개인의 사회적 접촉을 통해 얻을 수 있는 정서적 특성으로 정의되는 사회적 지원은 질병 및 죽음과 역 상관이 있다. 일반적으로 사회적 지원 수준이 높은 사람들은 건강에 이득이 되는 경험을 하게 되고 사망률은 낮다. 적정한 사회적 지원을 받은 사람들은 좋은 건강 습관을 갖도록 충고를 받게 되고 권장하게 되어, 사회적으로 고립된 사람들보다 스트레스의 위해한 영향을 완화할 수 있다.

적절한 개인적 통제감 역시 사람들이 스트레스와 질병에 더 잘 대처할 수 있게 해주는 것으로 보인다. 운명이나 외적인 힘에 의해 자신의 삶이 통제된다고 믿는 사람들은 통제 소재가 자신에게 있다고 믿는 사람들보다 건강 관련 행동에 변화를 나타내기는 어렵다. 요양원 거주자에 대한 고전 연구에서는 사람들이 최소한의 개인적 통제감과 책임감만으로도 더 오래 건강하게 생활한다는 사실을 확인했다.

대처전략은 많은 방식으로 분류되지만, 문제 해결에 목적을 두는 문제 중심 대처와 스트레스를 관리하는 데 중점을 두는 정서 중심 대처로 주로 구분하고 있다. 이 외에도 의미 중심 대처는 사람들이 부정적 경험의 의미를 찾으려고 애쓰는 방법으로, 부정적인 대처에 도움이 될 수 있다. 일반적으로 문제 중심 대처는 다른 유형보다 더 효과적이지만, 모든 유형의 대처전략은 몇몇 상황에서만 효과적이다. 성공적인 대처의 핵심은 융통성으로, 상황에 적절한 전략을 사용하는 것이다.

 ## 행동적 스트레스 전략

스트레스를 공부하는 것과 더불어 심리학자들은 사람들이 스트레스를 관리하는 방법을 가르치는 기법을 고안했다. 스트레스를 관리하는 방법에는 이완 훈련, 인지 행동 치료, 정서적 노출, 마음챙김 등이 있다.

이완 훈련

이완 훈련은 모든 심리학적 중재 중 사용하기에 가장 단순하고 쉬운데, 이완은 스트레스와 통증을 관리하는 여러 치료 기법에서 핵심 성분이 될 수도 있다.

이완 훈련이란 무엇인가? 1930년대에, 에드먼드 제이콥슨(Edmond Jacobson, 1938)은 점진적 근육 이완(progressive muscle relaxation)이라고 명명한 이완 기법을 제시했다. 이 훈련법에서 환자들은 먼저 현재의 긴장은 대부분 긴장된 근육 때문에 오는 신체적 상태라는 설명을 듣는다. 안락한 의자에 누워 눈을 감고 주의를 산만하게 하는 빛이나 소리가 없는 상태에서 환자들은 처음에는 깊게 호흡하고 천천히 내쉰다. 그런 다음, '더욱 건강해지기' 글상자에 제시된 깊은 근육 이완 연습을 하게 된다. 일단 환자들이 이완 기법을 배우고 나면, 가정에서 독자적으로 또는 녹음된 테이프로 연습할 수도 있다. 이완 훈련 프로그램의 길이는 다양하지만, 전문가와 함께하는 6~8주, 약 10회기 정도면 환자들이 쉽게 그리고 독립적으로 깊은 이완 상태로 들어가기에 충분하다 (Blanchard & Andrasik, 1985).

자율 훈련(autogenic straining)은 이완을 위한 또 다른 접근법이다. 1920년대에서 1930년대에 걸쳐 독일에서 요하네스 슐츠(Johannes Schultz)가 개발한 기법으로 볼프강 루테(Wolfgang Luthe)가 다시 보완했다(Naylor & Marshall, 2007). 자율 훈련은 일련의 훈련 요법을 포함하고 있는데, 근육 긴장을 감소시키고 사람들의 생각하는 방식

점진적 근육 이완법은 당신이 스트레스 및 통증에 대처하기 위해 사용할 수 있는 기법이다. 이러한 접근법을 숙달하기 위해 훈련받은 치료자의 도움이 필요한 사람도 있겠지만, 자기 스스로 수련할 수 있는 사람도 있다. 점진적 근육 이완법을 배우기 위해, 주의가 산만하지 않은 방에서 안락한 의자에 편안하게 앉는다. 신발은 벗어도 되며, 이완을 증대시키기 위해 빛을 어둡게 하거나 눈을 감아도 된다. 그런 다음에는 깊게 숨을 들이쉬고 천천히 내쉰다. 당신의 신체가 더욱더 이완됨을 느끼기 시작할 때까지 이러한 깊은 호흡 연습을 여러 번 반복한다.

다음 단계는 근육(예를 들면, 당신의 왼손)을 선택하고, 의도적으로 그 근육을 긴장시킨다. 만일 당신이 손에서부터 시작한다면, 주먹을 쥐고 될 수 있는 한 강하게 손가락을 꽉 쥔다. 그러한 긴장을 약 10초 동안 유지하고, 그런 뒤에 천천히 그 긴장을 풀면서 이완에 집중하고, 그 긴장이 점차적으로 없어질 때 손에 있는 감각을 누그러트린다. 일단 왼손이 이완되면, 오른손으로 바꾸고 그 절차를 반복하는데, 왼손은 가능한 한 이완한 상태를 유지한다. 양손이 이완된 후에는 팔, 어깨, 목, 입, 혀, 이마, 눈, 발가락, 발, 종아리, 허벅지, 복부를 포함하여 다른 근육에도 점차적으로 동일한 긴장과 이완 순서를 진행한다. 그런 뒤에 깊은 이완 느낌을 성취할 때까지 깊은 호흡 연습을 반복한다. 기분 좋은 이완된 느낌에 집중하고, 당신은 유쾌한 내적인 상상에 머무르게 되어 짜증 나는 외적인 통증이나 스트레스 근원으로부터 벗어나게 된다. 신체의 깊은 이완 상태에 빨리 도달하려면 이러한 절차를 여러 번 반복하여 실행해야 할 것이다.

과 내용을 바꾸기 위해 구성되었다. 이 절차는 신체에 대한 정신적인 점검으로 시작되고 몸 전체의 이완과 따뜻함을 제시하는 훈련으로 진행된다. 기법을 사용하는 사람들은 자율 훈련을 하루에 두 번 10분 연습함으로써 스트레스가 감소되고 이로 인해 건강이 증진된다고 주장한다.

이완 훈련은 얼마나 효과적인가? 여타 심리학적 중재와 마찬가지로, 이완이 통제 상황, 즉 위약보다 더 강력하다고 증명만 되어도 효과적인 것으로 간주될 수 있을 것이다. 일반적으로 이완 기법들이 이 준거에 부합한다고 밝히고 있다(Jacobs, 2001). 사실, 이완은 바이오피드백이나 최면 치료 같은 여러 중재법의 핵심 부분이라고 할 수도 있다(8장 참조).

이완 훈련은 대학생에게 성공적인 스트레스 관리 프로그램의 한 구성요소였는데(Iglesias et al., 2005), 아동들도 이완 훈련을 배울 수 있었고 효과가 있음을 보고했다(Lohaus & Klein-Hessling, 2003). 점진적 근육 이완과 자율 훈련은 우울증, 불안, 고혈압, 불면증 같은 스트레스 관련 장애에 효과적인 치료 프로그램의 한 구성요소였다(Stetter & Kupper, 2002; McCallie, Blum, & Hood, 2006). 또한 이완 기법은 유방암 수술 이후에 나타나는 스트레스 반응을 감소시키는 데 도움이 되고(Phillips et al., 2011), 담낭 수술 후에 더 빠르게 회복할 수 있도록 건강을 증진해준다(Broadbent et al., 2012). 표 5.2는 스트레스와 관련된 문제를 위한 이완 기법의 효과를 요약해준다.

표 5.2 이완 기법의 효과

문제	결과	연구
1. 대학생들의 스트레스 관리	이완이 성공적인 스트레스 관리의 한 구성요소이다.	Iglesias et al. 2005
2. 우울증, 불안, 고혈압, 불면증	자율 훈련과 점진적 근육 기완 기법은 이러한 장애를 관리하는 데 효과적인 구성요소들이다.	McCallie et al., 2006; Stetter & Kupper, 2002
3. 실험실 스트레스	점진적 근육 이완에 아동들의 심박률, 피부전도, 피부 온도에서 변화를 가져온다.	Lohaus & Klein-Hessling, 2003
4. 유방암 이후 스트레스	이완 기법은 12개월에 걸쳐 여성들의 코르티솔 수준을 감소시킨 스트레스 관리 프로그램에 중요한 요소이다.	Phillips et al., 2011
5. 담낭 수술 이후 회복	이완 기법은 스트레스를 더 적게 지각하고 더 빨리 회복시켜준다.	Broadbent et al., 2012

인지 행동 치료

건강심리학자들은 인지 행동 치료를 포함한 다른 행동 문제의 스트레스를 다루기 위해 유사한 치료적 개입을 사용한다. 이 인지 행동 치료는 조작적 조건형성 실험실 연구로부터 유래한 행동 수정(behavior modification)과 정신 과정에 관한 추론을 연구하는 인지 치료(cognitive therapy)가 결합된 형태의 치료이다. 인지 행동 치료는 스트레스를 다루기 위한 어떠한 접근보다 더 효과적이다.

인지 행동 치료란 무엇인가? 인지 행동 치료(CBT: cognitive behavioral therapy)는 긍정적인 행동 변화를 일으키기 위해 신념, 태도, 생각, 기술을 형성하는 치료의 한 유형이다. 인지 치료와 마찬가지로, CBT는 행동에 토대가 되는 생각과 느낌을 가정하고 있기 때문에 CBT는 태도를 변화시키는 것으로 시작한다. 행동 수정과 마찬가지로 CBT는 환경 유관성을 수정하고, 관찰 가능한 행동을 변화시켜주는 기술을 수립하는 데 집중하게 된다.

스트레스 관리를 위한 CBT의 한 예시는 도널드 마이켄바움(Donald Meichenbaum)과 로이 캐머런(Roy Cameron)이 개발한 스트레스 접종 프로그램이다(1983; Meichenbaum, 2007). 절차는 예방접종과 비슷한 방식으로 적용된다. 약화된 일정량의 병원균을 투임함으로써(이 경우, 병원균은 스트레스다) 치료자는 높은 수준의 스트레스나 통증에 대항하는 면역성을 만들고자 한다. 스트레스 접종은 세 단계를 포함하고 있는데, 개념화 단계, 기술 획득 및 시연 단계, 후속행동 혹은 적용 단계이다. 개념화(conceptualization) 단계는 치료자가 내담자의 문제를 확인하고 명료화하기 위해 내담자를 대상으로 작업하는 인지적 중재이다. 명료화 교육 단계인 이 기간 동안에 환자들은 스트레스 접종에 대해 배우는데, 이 기법이 자신의 스트레스를 어떻게 감소시켜주는지 배우게 된다. 기술 획득 및 시연(skills acquisition and rehearsal) 단계는 환자들의 대처 기술 목록을 늘리기 위해 교육요소와 행동요소 모두를 포함하고 있다. 이 기간에 내담자들은 새로운 스트레스 대처방법을 배우고 실습한다. 이 단계의 목적 중 하나는 인지를 변화시킴으로써 자기훈련을 증가시키는 것인데, 자기대화, 즉 자기 이야기를 탐지하는 것이 포함된 과정이다. 적용 및 후속행동(application and follow-through) 단계 동안에는 내담자가 이전의 두 단계에서 달성한 인지 변화를 실습하게 된다.

스트레스 관리의 또 다른 CBT는 인지 행동 스트레스 관리(CBSM: cognitive behavioral stress management)인데(Antoni, Ironson, & Schneiderman, 2007), 이것은 스트레스 접종 프로그램과 유사한 점이 많은 10회기 집단 개입법이다. 또한 CBSM은 스트레스와 관련 있는 인지를 바꾸려고 노력하고, 환자의 대처기술 목록을 증가시키고, 이러한 기술을 효과적인 방법으로 적용하기 위해 내담자를 훈련시킨다. 다른 연구자들은 다양하게 CBT를 사용하여 스트레스 관리를 위한 이 접근의 효과를 살펴보기 위해 연구했다.

인지 행동 치료는 얼마나 효과적인가? CBT의 효과성 연구에서는 스트레스와 스트레스 관련 장애를 예방하고 관리하는 데 둘 다 효과적임을 밝히고 있다. 더 나아가 CBT는 다양한 환자들에게 효과적이고, 특히 대학생의 스트레스를 감소시키는 데 가장 효과적인 전략 중 하나이다(Regehr, Glancy, & Pitts, 2013).

거의 40개 연구에 대한 초기 메타분석(Saunders, Driskell, Johnston, & Sales, 1996)에서 스트레스 접종 훈련이 불안을 감소시키고, 스트레스하의 수행을 증진하는 데 효과가 있다는 사실을 발견했다. 스트레스 접종 훈련은 다양한 스트레스원에 대해서도 효과적이다. 예를 들면 한 프로그램(Sheehy & Horan, 2004)은 법학 대학원 1학년생들에 대한 스트레스 접종 훈련의 이로운 점을 검증했는데, 이 훈련이 학생들의 불안과 스트레스를 경감하는 데 도움이 되었는지를 밝혀보는 것이었다. 결과는 이 프로그램이 그들의 목적에 부합하는 데 성공적이었으며, 또한 성적을 향상시키는 데도 성공적이었다.

스트레스 접종 훈련은 외상 희생자들이 자신의 심한 고통을 관리하는 데도 효과적일 수 있다(Cahill & Foa, 2007). 예를 들면, 스트레스 접종은 외상 후 스트레스 장애를 경험하는 범죄 희생자들에게도 도움이 되었다(Hembree & Foa, 2003). 연구자들은 한 스트레스 접종 프로그램을 인터넷용으로 채택했는데(Litz, Williams, Wang, Bryant, & Engel, 2004), 이 치료를 수많은 사람들이 이용할 수 있도록 해주었다.

인지 행동 스트레스 관리를 비롯한 인지 행동 치료 기법들은 스트레스 관리에 효과적이다. 이 개입은 스트레스와 동반되는 높아진 코르티솔 생산 양을 조절하며 스트레스의 부정적인 효과에 대응할 수 있고(Antoni et al., 2009; Gaab, Sonderegger, Scherrer, & Ehlert, 2007), 소수의 기법이 성취한 성과이다(6장 참조). 한 최근 연구에서는 태아의 인지 행동 스트레스 관리 개입은 엄마와 유아 둘 다의 코르티솔 생산을 감소시켰다(Urizar & Muñoz, 2011). 하지만 이러한 효과들은 면역계의 극적인 개선을 포함하지 않을 수 있다. HIV 양성인 사람들을 대상으로 한 인지 행동 치료의 메타분석 결과, 스트레스와 우울, 불안, 분노의 감소라는 긍정적인 효과를 밝혔지만 면역계는 덜 개선되었다(Crepaz et al., 2008). 스트레스 접종 프로그램처럼 인지 행동 개입들도 인터넷용으로 채택되었다(Benight, Ruzek, & Waldrep, 2008).

인지 행동 스트레스 관리는 약물 남용 문제가 있는 사람들이 스트레스 유발 갈망을 다룰 수 있도록 도와주고, 이것은 약물 남용 치료를 증진해줄 수 있다(Back, Grntilin, & Brady, 2007). 인지 행동 치료도 외상 후 스트레스 장애(Bisson & Andrew, 2007), 만성 허리 통증(Hoffman, Papas, Chatkoff, & Kerns, 2007)과 만성 피로 증후군(Lopez et al., 2011)에 효과적인 치료 개입이다. 인지 행동 기법은 직장에서 스트레스를 관리

표 5.3 인지 행동 치료의 효과

문제	결과	연구
1. 수행 불안	접종 훈련이 수행 불안을 감소시키며, 스트레스하의 수행을 촉진한다.	Saunders et al., 1996
2. 법학 대학원의 스트레스	스트레스 접종 훈련이 스트레스는 감소시키고, 성적은 향상시킨다.	Sheehy & Horan, 2004
3. 외상 후 스트레스 장애	접종 절차가 외상 후 스트레스의 부정적 영향을 감소시켜준다.	Cahill & Foa, 2007; Hembree & Foa, 2003; Litz et al., 2004
4. 호르몬 스트레스 반응	인지 행동 스트레스 관리는 스트레스 반응 시 코르티솔 생산을 중재해준다.	Antoni et al., 2009; Gaab et al., 2007; Urizar & Muñoz, 2011
5. HIV에 감염된 사람들의 스트레스, 불안, 우울증	인지 행동 치료는 이러한 HIV 증상을 좋아지게 한다.	Crepaz et al., 2008
6. 스트레스 관련 갈망	인지 행동 스트레스 관리는 갈망을 감소시켜준다.	Back et al., 2007
7. 심리적 및 신체적 건강 증상	인지 행동 치료는 효과적인 치료법이다.	Bisson & Andrew, 2007; Hoffman et al., 2007; Lopez et al., 2011
8. 직무 스트레스	인지 행동 치료는 효과적이다.	Richardson & Rothstein, 2008
9. 학교 관련 스트레스	인지 행동 치료는 동기를 부여해주고 시험 성적을 향상시켜준다.	Keogh et al., 2006

하는 데도 사용되고, 이 접근은 다른 프로그램보다 지속적으로 더 큰 효과가 있음을 보여주었다(Richardson & Rothstein, 2008). 더 나아가, 인지 행동 스트레스 기법은 학생들의 수행 능력을 증진할 수 있다. 인지 행동 스트레스 기법은 학급시험에서 학생들의 학습동기와 시험 점수 두 가지 모두를 향상하는 결과를 보였다(Keogh, Bond, & Flaxman, 2006).

요약하면, 많은 연구는 인지 행동 치료 개입이 다양한 스트레스 관련 문제를 가지고 있는 사람들에게 스트레스를 효과적으로 대처할 수 있다는 것을 보여준다. 표 5.3은 스트레스 관련 문제들을 위한 인지 행동 치료의 효과를 요약한 것이다.

정서적 노출

2015년도에 법적이고 개인적인 문제를 겪은 후에 솔로는 스트레스에 대처하기 위해 블로그를 시작했다. 그녀의 말에 의하면 '내 경험에 대해 생각하고 나누기 위한 방법'이라고 했다. 블로그에 글을 쓰는 것과 같은 정서적 노출이 솔로 같은 사람들이 스트레스에 대처하는 데 도움이 될까? 실제로 제임스 페네베이커(James Pennebaker)와 동료들에 의한 연구(Pennebaker, Barger, & Tiebout, 1989)는 정서적 자기노출이 심리적 건강과 신체적 건강 모두를 증진해준다는 증거를 제공했다. 후속 연구에서도 정서적 노출의 긍정적 효과가 다양한 사람들과 다양한 상황에 걸쳐 있음을 확인했다.

정서적 노출은 무엇인가? 정서적 노출(emotional disclosure)이란 사람들에게 정서적 경험을 일으켰던 부정적인 사건에 관해 말하거나 쓰는 것으로 자신의 강렬한 정서를 표현하도록 하는 치료 기법이다. 수 세기 동안, 속죄 행위는 많은 종교적 의식에서 개인적 치유의 일부가 되어왔다. 그 뒤 19세기 후반에는 조제프 브로이어(Joseph Breuer)와 지그문트 프로이트(Sigmund Freud)(1895/1955)가 '말하기 치료'의 유용성을 알아냈는데, **카타르시스**(catharsis, 정서의 언어적 표현)는 심리 치료의 중요한 일부가 되었다. 페네베이커는 브로이어와 프로이트 이상으로 카타르시스에 관한 개념을 가졌는데, 외상적인 생활사건에 관해 말하거나 쓰는 행동의 건강상 이로운 점을 증명할 수 있었다.

페네베이커 연구의 일반적인 양식은 사람들에게 일주일에 3회 내지 4회, 한 번에 15분에서 20분간 외상 사건에 관해 쓰거나 말하게 하는 것이다. 정서적 노출은 정서적 표현과 구별되어야 한다. 정서적 표현은 울고, 웃고, 소리 지르고, 물건을 던지는 것과 같은 정서적 폭발이나 정서적 표출을 말하는 것이다. 정서적 노출은 이와 대조적으로 정서를 언어로 바꾸는 것을 포함하고 있으며, 따라서 일정량의 자기숙고가 요구된다. 정서적 폭발은 흔히 건강하지 못한 측면이 있는데, 이미 존재하고 있는 불쾌한 상황에 더 많은 스트레스를 유발할 수도 있다.

정서적 노출에 대한 페네베이커와 동료들의 초기 연구 중 한 연구(Pennebaker et al., 1989)는 나치의 유대인 대학살의 생존자들에게 그들의 전쟁 경험에 관해 1시간 내지 2시간 동안 이야기하게 했다. 개인에게 가장 외상적인 경험을 노출한 생존자들은 고통스러운 경험을 덜 나타낸 생존자들보다 이후 건강이 더 좋았다. 그때 이후 페네베이커와 동료들은 고도로 스트레스를 주는 사건에 관해 녹음기에 말하거나, 자신의 일기를 개인적으로 쓰거나, 치료자에게 말하는 것과 같은 정서적 노출의 형태들을 연구했다. 이들 각각의 기법에서 주요한 요소는 언어인데, 정서는 언어를 통해서만 표현되어야 한다는 것이다.

이 사람들의 신체적 변화와 심리적 변화가 전형적으로 통제 집단과 비교되었는데, 통제 집단 사람들은 피상적인 사건에 관해 쓰거나 말하도록 요청받았다. 상대적으로 단순한 이러한 절차가 병원방문 횟수의 감소, 면역 기능 개선, 그리고 천식, 관절염, 암, 심장병 발병률의 저하와 같은 생리적 변화를 가져오는 데 영향을 주었다. 더욱이 노출은 대학원 입시 전에 더 적은 우울 증상이 보였고, 더 좋은 성적과 같은 심리적 변화와 행동 변화를 가져다주었다(Frattaroli, Thomas & Lyubomirsky, 2011).

정서적 노출은 얼마나 효과적인가? 다른 연구자들과 마찬가지로 페네베이커 팀에 의한 많은 연구는 다양한 질병을 감소시키는 데 있어 노출의 효과성을 입증했다. 정서적 노출의 효과에 관련된 146여 개의 연구를 분석한 결과, 대부분의 심리적인 그리고 신체적 건강에 긍정적인 효과가 있음을 발견할 수 있었다(Frattaroli, 2006). 또한 이 연구에서는 정서적 노출을 더 효과적으로 만드는 몇 가지 요인도 발견했다. 요인들 중 하나는 인생에서 경험하는 스트레스 절대량이다. 스트레스를 더 많이 경험하는 사람들은 스트레스를 덜 경험하는 사람들보다 정서적 노출로부터 긍정적인 효과를 더 많이 얻게 된다. 정서적인 노출을 하는 또 다른 요인으로 개인적으로 스트레스 경험에 관해 글을 쓰도록 하는 것, 15분 이상 작성하는 것, 사전에 다른 사람들과 나누지 않은 스트레스 사건을 기술하는 것도 효과적으로 나타났다. 중요한 것은 정서적 노출의 효과성이 성별, 연령, 민족에 따라 다르지 않다는 점이다(Frattaroli, 2006).

스트레스를 주는 경험에 관해 쓰는 것은 고통의 느낌뿐만 아니라 구체적인 건강 문제에도 도움이 된다. 한 초기 연구(Pennebaker, Colder, & Sharp, 1990)는 대학 입학에 관한 느낌을 노출한 대학생들이 단지 피상적 주제에 관해 썼던 대학생들보다 질병이 더 적었음을 보여주었다. 그것의 정서적 토대에도 불구하고, 정서적 노출에 대한 메타분석(Frisina, Borod, & Lepore, 2004)은 이 접근법이 심리적 문제보다는 신체적 문제를 가진 사람들을 돕는 데 더 효과적이었음을 밝혀주었다. 정서적 노출은 천식과 관절염이 있는 환자들의 증상을 감소시킬 수 있었으며(Smyth, Stone, Hurewitz, &

외상 사건이나 높은 스트레스 사건에 대해 쓰는 것은 정서적 이득뿐만 아니라 신체적 이득을 생산한다.

Kaell, 1999), 사회적 지원을 낮은 수준으로 지각하는 여성들에게 유방암과 관련 있는 문제를 완충해줄 수 있었다(Low, Stanton, Bower, & Gyllenhammer, 2010).

정서적 노출은 외상에만 초점을 두어야 하는가? 어떤 증거는 사람들이 외상 경험에 대한 일부 긍정적 측면을 찾는 데 초점을 둘 때, 그 경험의 부정적 측면에 초점을 둘 때보다 더욱더 이로운 점이 생긴다는 것을 지적하고 있다. 한 연구에서는 참가자들에게 외상 사건에 관한 부정적 해석을 덜 하게 했을 때, 부정적 해석을 했던 사람들보다 더 이로운 점을 경험했다(Lepore, Fernandez-Berrocal, Ragan, & Ramos, 2004). 어떤 연구들은 스트레스 상황에 관해 쓰거나, 상황을 해결하기 위한 계획을 세운다거나(Lestideau & Lavallee, 2007), 외상 사건에 관한 부정적 해석을 덜 하게 했을 때나, 스트레스원의 긍정적인 측면에 초점을 둘 때(Lu & Stanton, 2010) 정서적인 기술의 장점이 더욱 증진되었다. 이들의 발견은 외상 경험에 대한 긍정적 성과나 긍정적 측면에 주의를 집중하는 사람들은 단순히 외상적 생활사건에 관해 쓰는 사람들에 비해 동등하거나 능가하는 건강 이점을 얻게 된다는 것을 시사함으로써 노출에 대한 페네베이커의 연구를 확장해준다.

페네베이커의 연구는 스트레스를 관리하는 전략적인 창고에 효과적이고 쉽게 손에 넣을 수 있는 도구를 추가해주었다. 사실, 이로운 점은 이메일 쓰기 프로그램을 통해(Sheese, Brown, & Graziano, 2004) 혹은 인터넷 기반 개입 방법을 통해(Possemato, Ouimette, & Geller, 2010) 생길 수 있다. 표 5.4는 쓰기와 말하기를 통한 자기노출의 효과성에 관한 결과들을 요약해놓았다.

마음챙김

MIT 분자 생물학 대학원생일 때 존 카밧진(Jon Kabat-Zinn)은 불교 선종 승려와 명상에 관한 이야기를 할 수 있는 기회가 있었다. 승려는 사원에서의 경험이 원시적이었고, 난방이 되지 않는 겨울에는 얼 것 같은 추위 속에 있었다고 말했다. 그러나 사원에 있었던 몇 개월 만에 그의 만성적인 궤양이 줄어들고 다시는 나타나지 않았음을 발견했다.

표 5.4 정서적 노출의 효과

문제	결과	연구
1. 일반 건강 문제	자신의 경험에 관해 대부분 말한 대학살 생존자들은 14개월 후에 건강 문제가 더 적었다.	Pennebaker et al., 1989
2. 대학원 입시 시험(GRE, LSAT, MCAT)의 수행 능력	다가오는 시험에 관해 쓴 노출 경험은 성적을 향상시켰다.	Frattaroli et al., 2011
3. 정서적 증상 및 신체적 증상	노출은 더 나은 심리적 및 신체적 건강 결과와 관련되었다.	Frisina et al., 2004; Frattaroli, 2006
4. 대학 입학에 관한 불안	노출했던 대학생들은 질병이 더 적었다.	Pennebaker et al., 1990
5. 천식, 류머티즘성 관절염 및 암과 함께 살아가기	스트레스를 주는 사건에 대한 일기를 계속 쓰는 것은 증상을 감소시키고 기능을 개선한다.	Smyth et al., 1999
6. 유방암의 정서적 및 신체적 증상	노출은 사회적 지원이 낮은 여성들의 더 적은 고통과 관련이 있다.	Low et al., 2010
7. 정서적 증상과 신체적 증상	상황의 긍정적 측면에 초점을 두는 것이 더 큰 이로운 점을 가져다주었다.	Lepore et al., 2004; Lu & Stanton, 2010
8. 정서적 증상과 신체적 증상	정서에만 집중하는 것보다 계획을 세우는 데 초점을 두는 것이 더 큰 이로움을 가져다주었다.	Lestideau & Lavallee, 2007
9. 정신적 건강 문제와 신체적 건강 문제	외상 사건에 관해 이메일 쓰기와 인터넷 개입은 이로운 점을 보여주었다.	Sheese et al., 2004; Possemato et al., 2010

명상이 어떤 역할을 했기에 지내기 힘들고 열악한 환경에서 스트레스와 관련된 질병인 만성적인 궤양이 감소할 수 있었던 것일까? 카밧진 박사는 이 질문의 해답을 찾기 위해 일생을 바쳤고, 그 후 30년 동안 마음챙김이 정신적 건강과 신체건강에 주는 이점들을 연구하는 데 앞장섰다.

마음챙김이란 무엇인가? 마음챙김에 대한 다양한 정의가 있지만, 서양 관점에서 정의한 마음챙김은 대부분 자신의 지각이나 생각 과정을 비판단적이고 수용적인 방식으로 현재에 의도적으로 주의를 기울이는 것으로 정의한다(Kabat-Zinn, 1994). 카밧진은 마음챙김에 기반한 스트레스 감소 프로그램을 8주 훈련 과정으로 개발했고, 자신의 호흡, 생각, 몸의 감각, 소리, 그리고 일상의 활동에 집중하는 명상기술을 가르쳐주는 프로그램이었다. 대부분 사람들의 일반적인 스트레스 반응은 자신의 현재 환경과 감각에 주의를 기울이는 것이 아닐 것이다. 사람들은 과거나 지속되고 있는 어려움, 그리고 미래에 미칠 영향에 대한 생각에 사로잡혀 스트레스에 반응하는 경향이 있다. 마음챙김 명상은 과거와 미래 지향적인 생각과 정서에 몰두되어 있는 상태에서 현재 상황에 재설정하는 데 목표를 둔다.

마음챙김은 얼마나 효과적인가? 여러 연구에 의하면 마음챙김에 기반한 스트레스 감소 프로그램은 유방암 환자들의 스트레스, 우울, 불안 수준을 줄이고(Cramer, Lauche, Paul, & Dobos, 2012; Zainal, Booth, & Huppert, 2013), 만성 요통 환자들이 통증을 더 잘 받아들이고(Cramer, Haller, Lauche, & Dobos, 2012), HIV에 감염된 사람들의 고통을 줄여주고 질병의 경과를 개선할 수 있다고 한다(Riley & Kalichman, 2015). 자기보고식 스트레스, 우울, 불안에 영향을 주는 마음챙김의 이점들이 가장 잘 알려져 있지만, 마음챙김의 효과는 신체건강에도 확장될 수 있다. 예를 들어, 마음챙김 기반 스트레스 감소 프로그램은 암환자들의 면역, 스트레스 호르몬, 혈압 수준의 더 나은 측정치들과 관련 있었고(Carlson, Speca, Faris, & Patel, 2007), 고혈압 위험 가능성이 있는 성인들의 혈압 수준이 감소했음을 발견했다(Hughes et al., 2013). 또한 마음챙김 기반 스트레스 감소 프로그램이 정신건강에 효과가 있었던 것은 마음챙김을 향상시키고, 걱정과 스트레스 경험에 머무르는 경향성을 감소시킨 덕분이었다(Gu, Strauss, Bond, & Cavanagh, 2015). 거의 모든 마음챙김 기반 스트레스 감소 프로그램은 8회기로 구성되어 있지만, 어떤 연구에서는 더 적은 회기에 참여하는 것도 유사한 효과를 가져다줄 수 있다고 보고했다(Carmody & Baer, 2009; Hofmann, Sawyer, Witt, & Oh, 2010).

요약

건강심리학자들은 이완 훈련, 인지 행동 치료, 정서적 노출, 마음챙김을 이용함으로써 사람들에게 스트레스에 대처할 수 있도록 한다. 이완 기법에는 점진적 근육 이완법과 자율 훈련을 포함하고 있다. 이 접근법은 환자들에게 스트레스와 불안을 관리하게 하는 데 어느 정도 성공적임을 보여주었고, 일반적으로 위약보다 더 효과적이다.

인지 행동 치료는 조작적 조건형성과 행동 수정으로부터 발생했지만, 태도와 신념을 변화시킴으로써 행동을 변화시키려는 치료이다. 인지 행동 치료자들은 환자들에게 스트레스 경험에 관해 다르게 생각해보도록 하며, 자기관리를 더 효과적으로 하게 해주는 전략을 가르친다.

스트레스 접종법과 인지 행동 스트레스 관리법은 인지 행동 치료의 한 유형이다. 스트레스 접종법은 낮은 수준의 스트레스를 투입하고 그다음에 대처기술을 가르친다. 스트레스 접종법 치료와 인지 행동 스트레스 관리 개입은 스트레스를 예방하는 데 성공적이고, HIV 감염된 사람들의 불안과 우울, 물질 남용 장애를 가지고 있는 사람들의 스트레스 갈망, 외상 후 스트레스, 직무 스트레스와 학교와 관련된 불안을 치료하는 데 성공적이었다.

정서적 노출은 환자들을 강렬한 부정적 정서에 노출시키는데, 쓰기를 통한 노출이 가장 흔하다. 이 기법을 이용하는 사람들은 외상적 생활사건에 관해 일주일에 3회 내지 4회, 한 번에 15분 내지 20분 동안 쓴다. 정서적 노출은 일반적으로 건강을 증진하고, 불안을 경감하고, 건강 관련 전문가를 방문하는 횟수를 감소시키며, 천식, 류머티즘성 관절염 및 암을 감소시킬 수 있다.

마음챙김 기반 스트레스 감소 개입은 비판단적으로 현재에 집중하고 주의를 기울이는 것을 촉진한다. 마음챙김 개입은 스트레스, 우울, 불안을 감소시키고, 혈압과 같은 생리적인 측정치들을 향상할 수 있다.

해답 이 장에서는 다음의 여섯 가지 문제를 다루었다.

1. 스트레스의 생리학이란 무엇인가?

신경계는 스트레스의 생리학에서 중요한 역할을 한다. 스트레스가 지각되면, 자율신경계의 교감부는 부신수질을 자극하여 카테콜라민을 방출하여 사람을 휴식 상태로부터 각성시킨다. 또한 스트레스를 지각하면 뇌하수체가 반응하여 뇌하수체는 부신피질 자극 호르몬(ACTH)을 방출한다. 그다음으로 이 호르몬은 부신 피질에 영향을 미쳐 글루코코르티코이드를 생산하게 된다. 이 호르몬들은 신체가 스트레스에 저항할 준비를 하게 한다.

2. 스트레스를 설명하는 이론들은 어떤 것이 있는가?

한스 셀리에와 리처드 라자러스는 스트레스에 대한 이론을 제안했다. 셀리에는 이론을 통해 처음에는 스트레스를 자극으로, 그다음에는 반응으로 정의했다. 신체는 방해 자극을 만날 때마다 그 자극에 적응하기 위해 일반적인 시도로 스스로를 변화시킨다. 이 변화를 일반 적응 증후군이라 부른다. 일반 적응 증후군은 세 단계(경고, 저항, 소진)로 이루어지고, 세 단계 모두에 외상이나 질병에 대한 잠재성이 존재한다. 라자러스는 상황에 대한 개인 지각이 스트레스의 가장 중요한 구성요소라고 주장했다. 라자러스는 스트레스가 사건 자체보다는 사건에 대한 그 사람의 평가에 의존한다고 보았다. 스트레스가 질병을 일으킬지 여부는 상황에 대한 자신의 대처 능력을 어떻게 지각했는지뿐만 아니라 취약성과도 밀접하게 관련되어 있다.

3. 스트레스원에는 무엇이 있는가?

스트레스원은 재앙적 사건, 생활사건, 일상의 골칫거리로 분류할 수 있다. 재앙적 사건은 대부분 적응이 요구되는 갑작스럽고 예기치 못한 사건들을 포함한다. 그러한 사건들은 지진이나 허리케인 같은 자연재앙과 테러리스트의 공격 같은 의도적인 사건들을 포함한다. 외상 후 스트레스 장애는 그러한 사건들의 여파로 나타날 가능성이 있다.

이혼, 범죄에 따른 희생, 가족의 죽음과 같은 생활사건은 대부분의 삶을 변화시키고 적응을 필요로 하지만, 생활사건은 대개 재앙적 사건만큼 갑작스럽거나 드라마틱하지는 않다. 일상의 골칫거리들은 대개 소소하고 흔하지만, 지속적으로 걱정거리를 발생시킨다. 그러한 일상의 사건들은 소음, 밀집, 환경오염과 같은 지역사회에서 발생하기도 하고, 높은 요구와 낮은 통제 속에서 일하는 직장에서, 혹은 대인관계에서의 갈등들로부터 생기기도 한다.

4. 스트레스는 어떻게 측정하는가?

스트레스는 생리적 및 생화학적 측정, 스트레스 사건에 대한 자기보고를 포함하는 여러 가지 방법에 의해 측정되었다. 대부분의 생활사건 척도는 홈스와 라헤의 사회 재적응 평가 척도를 본따서 만들어졌다. 이 도구들 중 어떤 것은 단지 바람직하지 않은 사건만을 포함하지만, SRRS를 비롯한 자기보고 검사는 모든 중요한 변화는 스트레스를 유발한다는 전제를 바탕으로 하고 있다. 라자러스와 그의 동료들은 일상의 골칫거리와 정신적 고양을 측정하는 척도를 개발했다. 이 척도는 일반적으로 SRRS보다 타당도가 더 높은데, 개인에 의해 지각된 사건의 심각성을 강조한다.

생리적 및 생화학적 측정은 신뢰도가 높다는 장점이 있지만, 자기보고식 스트레스 검사는 신뢰도와 타당도를 증명하는 데 더 많은 어려움이 발생한다. 비록 대부분의 자기보고식 검사가 만족할 만한 신뢰도를 갖고 있긴 하지만 질병을 예측하는 면에서는 증거가 보강되어야 한다는 문제가 남아 있다. 이러한 스트레스 검사가 질병을 예측하기 위해서는 두 가지 조건을 만족해야 한다. 첫째, 그 검사가 타당한 스트레스 측정치여야 한다. 둘째, 스트레스가 질병과 관련되어야 한다. 6장에서는 스트레스가 질병을 일으키는지 여부에 관련된 내용을 다룬다.

5. 어떠한 요인들이 스트레스 대처에 영향을 미치고, 어떤 전략들이 효과적인가?

대처에 영향을 미치는 요인에는 사회적 지원, 개인적 통제감, 개인의 강인성이 포함된다. 개인이 사회적 접촉을 통해 얻을 수 있는 정서적 특성으로 정의되는 사회적 지원은 개인의 대처 능력과 건강에 중요하다. 사회적 지원을 받는 사람들은 의학적 자문을 구할 수 있는 더 많은 격려와 조언을 받게 되고, 사회적 지원은 스트레스가 신체에 미치는 영향을 완화해주는 완충 역할을 하게 된다. 둘째, 사람들이 자신의 삶에서 일어나는 사건들을 통제할 수 있다고 믿는 신념은 건강에 긍정적인 영향을 미친다. 최소한의 통제감 발현만으로도 건강을 증진하고 수명을 연장해준다. 개인의 강인성 요인은 관여, 통제, 그리고 일상의 사건을 스트레스라기보다 도전으로 해석하는 요소들을 포함한다.

사람들은 스트레스에 대처하기 위해 다양한 전략을 사용하고, 이 모든 전략은 성공적이다. 문제 중심 대처는 문제의 원인을 변화시킬 수 있고 스트레스 유발 상황을 없애기 때문에 정서 중심 대처보다 가끔 더 좋은 대처 선택이 되기도 한다. 정서 중심 대처는 스트레스에 수반되는 걱정거리를 관리하는 데 목적이 있다. 연구에서는 대부분의 사람들이 다양한 대처전략을 사용하고, 종종 그것들을 연합하여 사용하기도 하는데, 이렇듯 상황에 따라 융통성 있게 대처전략을 사용하는 것이 대처에 있어 중요하다고 제안한다.

6. 사람들의 스트레스를 관리해주는 효과적인 행동주의 기법에는 어떤 것이 있는가?

건강심리학자들은 사람들이 스트레스에 대처하도록 돕는 네 가지 기법을 이용할 수 있다. 첫째, 이완 훈련은 다양한 스트레스 문제에 대처하도록 도울 수 있다. 둘째, 인지 행동 치료(스트레스 접종과 인지 행동 스트레스 관리를 포함하여)는 외상 후 스트레스 장애 같은 스트레스와 관련 있는 장애 모두를 감소시키는 데 효과적이다. 셋째, 정서적 노출(외상 사건에 관해 쓰기를 포함하여)은 사람들이 외상 경험으로부터 회복하도록 도울 수 있으며, 더 나은 심리적 건강과 신체건강을 경험하도록 도울 수 있다. 넷째, 마음챙김 기반 스트레스 감소 프로그램은 스트레스, 우울, 불안을 감소시키는 데 도움을 준다.

👆 **더 읽을거리**

Kemeny, M. E. (2003). The psychobiology of stress. *Current Directions in Psychological Science, 12,* 124-129. 이 짧은 개관 논문에서는 '인체 내부에서' 스트레스가 질병에 어떻게 영향을 미치는지에 대한 스트레스의 생리학과 이 과정을 조절하는 심리사회적 요인들에 대한 개요를 제공하고 있다.

Lazarus, R. S., & Folkman, S. (1984). *Stress, appraisal, and coping.* New York: Springer. 이 보고서에서 리처드 라자러스와 수잔 포크만은 스트레스에 대한 라자러스의 관점과 인지적 평가 및 대처에 대한 포괄적인 기법을 제시하고 있다. 이 책 역시 지금까지의 관련 논문들에 대해 논의하고 있다.

McEwen, B. S. (2005). Stresed or stressed out: What is the difference? *Journal of Psychiatry and Neuroscience, 30,* 315-318. 이 짧은 논문은 셀리에의 작업과 체제의 변경사항들을 포함한 스트레스 개념의 진화 과정을 요약해준다.

Monroe, S. M. (2008). Modern approaches to conceptualizing and measuring human life stress. *Annual Review of Clinical Psychology, 4,* 33-52. 이 논문은 스트레스를 정의하고, 측정에 관한 주제들을 다양하게 기술하고 있으며, 스트레스가 어떻게 신체건강에 영향을 주는지를 이해할 수 있는 통로를 살펴본다.

CHAPTER

6

스트레스, 면역, 질병의 이해

이 장의 개요

대도시 택시운전사들의 실제 사례
면역계의 생리학
심리신경면역학
스트레스는 질병을 일으키는가?

**문제
제기**

이 장에서는 다음의 세 가지 기본적인 문제를 주로 다룬다.

1. 면역계는 어떻게 기능하는가?
2. 심리신경면역학 분야는 행동과 질병을 어떻게 관련짓는가?
3. 스트레스는 질병을 일으키는가?

스트레스가 가장 많은 직업 가운데 하나는 뉴욕과 같이 특히 번잡한 대도시에서 택시를 운전하는 것이다. 택시운전사들은 보통 돈을 많이 벌지 못하고, 1주일에 60~70시간 일하며, 다른 운전사들과 힘든 경쟁을 하면서 직업 불안정성이 증가하는 문제에 직면해 있다. 택시운전사는 과중한 시간적 압박감을 느끼면서 빼곡한 차량들에서 빠져나오는 일뿐 아니라 참을성 없는 승객, 좋지 않은 날씨와 도로 여건, 아무런 생각 없이 지나가는 보행자와 자전거 운전자, 많은 승객이 매일 요구하는 짐 싣는 일을 처리한다. 택시운전사들은 소수민족이며 그들의 인종과 직업 모두로 인해 차별도 경험한다. 또한 택시운전사는 다른 어떤 직업보다 훨씬 높은 살인 위험에도 직면한다.

버클리에서 온 택시운전사인 캐시 파블로프스키(Kathy Pavlofsky)는 "당신은 택시에 누가 타는지 결코 알지 못한다. 그래서 계속 경계해야 하고 항상 골칫거리를 예상해야 한다."고 말한다(Kloberdanz, 2016).

택시운전사의 건강 위험도는 폭행이나 살인의 범위를 넘어 확대된다. 택시운전사들은 비만과 당뇨의 위험이 증가하고 있는데, 대개 앉아서 일을 하고 식사를 주로 패스트푸드에 의존하기 때문이다. 또한 택시의 작은 객실 공간 그리고 낯선 사람들과 지속적으로 접하는 것은 택시운전사들이 공기로 전염되는 바이러스에 노출될 위험성을 높인다.

직업 스트레스는 또한 장기간의 건강 문제에 대한 위험성을 높인다. 뉴욕 택시노동자 연맹(New York Taxi Worker's Alliance)의 조사에 의하면 20%가 넘는 운전자들이 심혈관계 질환 또는 암이 있었다. 다른 추정치에 따르면 운전사들의 약 60% 이상이 고혈압이다.

17년 동안 뉴욕에서 택시운전을 한 라파엘 아리아스(Rafael Arias)는 뇌 안에 혈액이 축적되었고, 만약 치료하지 않으면 뇌졸중이 나타날 수 있었다. 그의 주치의는 스트레스가 이 문제의 원인이 될 수 있다고 알려주었다.

정서 문제는 택시운전사처럼 스트레스가 많은 직업을 가진 사람들에게도 흔히 있을 수 있다. 뉴욕시 택시운전사들의 스트레스 관련 문제를 인식했고, 건강 문제의 해결에 도움을 주기 위해 택시/리무진 운전자의 건강 발의안으로 불리는 도시 전역 프로그램을 만들었던 마리아 라모스(Maria Ramos)는 "그들 중 많은 사람은 정신과 의사를 만날 필요가 있다."고 말한다(Camhi, 2012). 라모스는 아리아스와 같은 택시운전사들의 건강에 대한 필요성을 인식하고 제기한 것에 대해 로버트우드 존슨 재단(Robert Wood Johnson Foundation)에서 주는 지역사회 건강지도자상을 받았다.

이 장에서는 스트레스가 질병에 영향을 줄 수 있는 생물학적 경로와 함께, 스트레스(택시운전사와 긴장이 많은 직업을 가진 다른 이들이 직면한 것과 같은)가 어떻게 여러 가지 건강 문제의 위험성을 높일 수 있는지 알게 될 것이다.

이 장에서는 질병의 한 원인으로 스트레스와 관련된 증거들을 개관한다. 5장에서 스트레스가 질병이나 사망의 위험을 증가시키는 건강 관련 행동에 영향을 준다는 사실을 알았다. 만일 심리적 요인인 스트레스가 신체질병에 직접적으로 영향을 준다면, 이런 상호작용에 어떤 기제가 존재해야만 한다. 이 장에서는 스트레스가 어떻게 생물학적 과정을 통해 건강 문제의 위험을 증가시키는지 살펴볼 것이다. 먼저 면역계에 대해 논의한다. 면역계는 신체를 스트레스 관련 질병으로부터 보호하고 스트레스가 질병을 유발하는 기제를 제공한다.

면역계의 생리학

어떤 순간이든 우리는 박테리아, 바이러스, 균류와 같은 미생물에 둘러싸여 있다. 어떤 미생물은 건강에 무해하지만 어떤 것은 위험할 수 있다. 면역계는 이런 외부 미생물로부터 신체를 보호하는 조직(tissue), 기관 및 과정으로 구성된다. 그리고 면역계는 기능을 다했거나 손상된 세포를 제거하고 변이세포를 감시하는 내부관리 기능도 수행한다. 일단 외부로부터의 침입자나 변질된 세포를 찾으면, 면역계는 이들을 제거하는 과정을 활성화한다. 따라서 잘 기능하는 면역계는 건강을 유지하는 데 중요한 역할을 한다.

면역계의 기관

면역계는 **림프계**(lymphatic system)의 형태로 몸 전체에 퍼져 있다. 림프계의 조직은 **림프**(lymph)로서, 적혈구와 혈소판을 제외한 혈액의 조직 구성요소들로 이루어져 있다. 혈액순환 과정에서 체액과 백혈구(leukocytes)가 모세혈관으로부터 새어나와 순환계를 벗어난다. 체세포 또한 백혈구를 분비한다. 이러한 조직액이 림프관으로 들어가면 림프라고 부르며, 림프관은 림프를 순환시키고 최종적으로 혈류로 되돌려 보낸다.

림프는 림프계로 들어간 다음 림프계에만 머무르기보다는 다시 혈류로 들어가는 방식으로 순환한다. 림프계의 구조는 대체로 혈액순환계와 유사하다(그림 6.1 참조). 이러한 순환에서 모든 림프는 최소한 하나의 **림프절**(lymph node)을 통과하게 된다. 림프절은 둥글거나 타원형의 캡슐 형태로서 림프계에 산재하는데, 세포 부스러기, 박테리아, 몸 안에 들어온 먼지까지도 제거하여 림프를 깨끗하게 만든다.

림프구(lymphocytes)는 림프에서 발견되는 백혈구의 한 유형이다. 림프구는 몇 종류로 구분되는데, 그중 가장 잘 알려진 것으로는 **T 림프구**(혹은 T 세포), **B 림프구**(혹은 B 세포), **자연살해**(NK: natural killer) **세포** 등이 있다. 림프구는 골수에서 만들어지지만, 면역계의 다른 구조에서 성숙되고 분화된다. 림프구 외에 다른 두 종류의 백혈구, 즉 과립구(granulocytes)와 단핵구/대식세포(monocytes/macrophages)가 있다. 이들 백혈구는 불특정적 그리고 특정적 면역계 반응에 관련되어 있다(뒤에서 상세히 다룸).

내분비 기능을 갖는 **흉선**(thymus)은 **티모신**(thymosin)이라고 불리는 호르몬을 분비한다. 이 호르몬은 T 세포의 성숙과 분화에 관여한다. 흥미롭게도 흉선은 유아기와 아동기에 가장 크고 성인기에는 위축된다. 그 기능은 아직 충분하게 이해되지 않고 있지만 흉선은 면역계에서 중요한데, 그 이유는 흉선이 제거되면 면역 기능이 손상되기 때문이다. 이러한 흉선의 위축은 또한 면역계의 T 세포 생산이 아동기에 더 효율적이

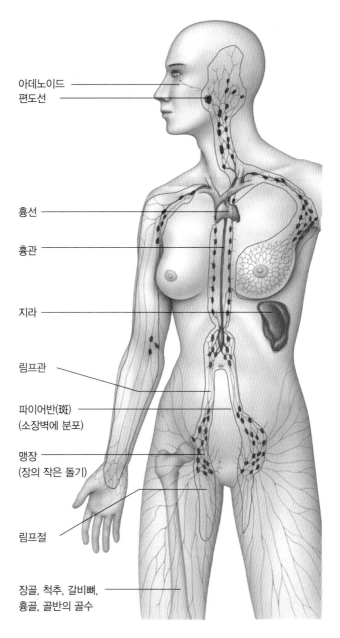

아데노이드 ———
편도선 ———

흉선 ———

흉관 ———

지라 ———

림프관 ———

파이어반(斑) ———
(소장벽에 분포)

맹장 ———
(장의 작은 돌기)

림프절 ———

장골, 척추, 갈비뼈, ———
흉골, 골반의 골수

그림 6.1 림프계

출처: *Introduction to microbiology* (p. 407), by J. L. Ingraham & C. A. Ingraham. From INGRAHAM/INGRAHAM, *Introduction to Microbiology*, 1E. © 1995 Cengage Learning.

고, 노화는 면역계의 효율성 저하와 관련이 있음을 시사한다(Briones, 2007). **편도선** (tonsils)은 목에 위치한 림프조직의 덩어리이다. 그 기능은 외부에서 침입하는 세포들 과 입자들을 잡아내고 살해하는 것으로서, 림프절의 기능과 유사한 것으로 보인다. **지 라**(spleen)는 복강 내의 위장 근처에 위치하는 기관이며 림프구가 성숙하는 장소의 하나이다. 또한 지라(또는 비장)는 낡은 혈액세포를 처리하는 장소일 뿐만 아니라 림프구를 보유하는 정거장 역할을 한다.

그러므로 면역계의 기관은 림프를 생산하고, 분화시키고, 보유하고, 나머지 신체 부위를 통해 순환시킨다. 면역계가 제공하는 감시와 방어의 기능은 림프절에만 국한되지 않는다. 오히려 그러한 감시와 방어는 림프구를 보유하는 신체의 다른 조직에서도 발생한다. 몸 전체를 보호하기 위해 면역 기능은 신체의 모든 부위에서 이루어져야 한다.

면역계의 기능

면역계의 기능은 신체가 접하게 되는 이물질로부터 방어하는 것이다. 면역계는 외부에서 침입하는 박테리아, 바이러스, 균류 등으로부터 신체의 손상을 100% 방어하기 위해 매우 효과적이어야 한다. 100%의 효율성을 가지고 작용해야만 하는 다른 신체 기능은 거의 없지만, 이 면역계가 다소 적은 역량으로 수행될 때 사람(혹은 동물)은 질병에 취약해진다.

침입하는 유기체는 여러 방식으로 신체에 들어올 수 있으며, 면역계는 이러한 각각의 침투를 격퇴하는 방법을 가지고 있다. 일반적으로, 침투하는 이물질에 대한 면역계의 반응은 일반적(불특정) 반응과 특정 반응의 두 가지 유형으로 이루어져 있으며, 두 유형 모두 침입자에 맞서 싸우는 것에 관여하는 것 같다.

불특정 면역반응 이물질이 신체로 들어오려면 먼저 피부와 점막을 통과해야 한다. 따라서 이런 기관과 조직은 외부 세계에 맞서는 신체의 일차방어선 역할을 한다. 이 방어선을 통과할 수 있는 이물질은 두 종류의 일반적(불특정) 기제를 만나게 된다. 하나는 **식균작용**(phagocytosis)으로서, 면역계의 세포들이 외부 입자들을 공격하는 것이다. 두 종류의 백혈구가 이러한 기능을 수행한다. **과립구**(granulocytes)에는 화학물질들로 가득 차 있는 과립들이 들어 있다. 과립구가 외부 침입자를 만나게 되면 화학물질을 방출하여 이들을 공격한다. **대식세포**(macrophages)는 여러 유형의 면역 기능을 수행하는데, 낡은 세포와 부스러기를 제거하고 특정 면역반응을 유발하며 침입자의 세포막을 파괴하는 다양한 화학물질을 분비한다. 그러므로 식균작용은 침입하는 박테리아, 바이러스, 균류 등을 신속하게 파괴할 수 있는 몇 가지 기제를 포함하고 있다. 그러나 어떤 침입자는 이러한 불특정 면역작용을 피한다.

불특정 면역계 반응의 두 번째 유형은 **염증**(inflammation)이다. 염증은 침입자가 손상시킨 조직을 복구하기 위해 작용한다. 손상이 되면 해당 부위의 혈관이 팽창하여 그 조직에 혈류량을 증가시켜 염증에 동반되는 열과 붉어짐 현상을 일으킨다. 손상된 세포는 침입한 미생물의 파괴를 돕는 효소들을 방출하는데, 이 효소들은 세포 자체의 소

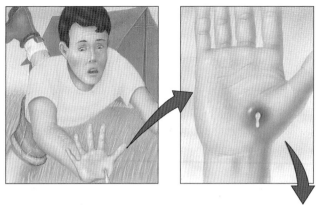

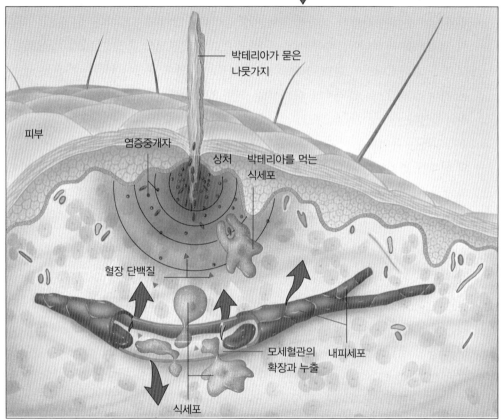

그림 6.2 급성 염증은 상처나 감염에 의해 발생한다. 염증중개자가 자극 부위에서 생산된다. 염증중개자는 혈관을 확장시키고 투과성을 높이며, 또한 식세포를 염증 부위로 끌어들이고 활성화한다.

출처: *Introduction to microbiology* (p. 386), by J. L. Ingraham & C. A. Ingraham. From INGRAHAM/INGRAHAM, *Introduction to Microbiology*, 1E. © 1995 Cengage Learning.

화도 도울 수 있으며 결국 세포의 죽음을 초래한다. 과립구와 대식세포는 손상 부위로 이동하여 침입자와 전투를 벌이게 된다. 마지막으로, 조직의 복구가 시작된다. 그림 6.2는 염증의 과정을 설명해준다.

특정 면역반응 특정 면역반응은 어떤 바이러스나 박테리아 같은 한 가지 침입자에 특정적이다. 두 종류의 림프구, 즉 T 세포와 B 세포는 특정 면역반응을 수행한다. 림프구가 이 물질을 처음으로 접했을 때는, 일반적 반응과 특정한 반응 모두가 작용한다. 대식세포는 침입하는 미생물을 살해하고 먹어버리며, 염증 지역으로 이동한 T 세포에게 침입자의 파편을 제공한다. 이러한 접촉은 T 세포를 민감화시킨다. 즉, T 세포는 자신

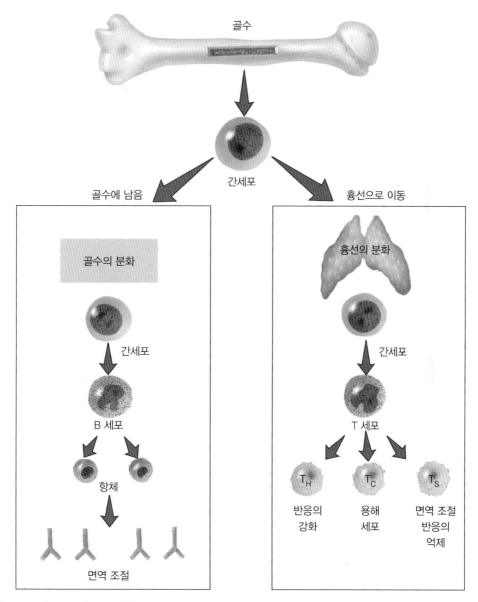

그림 6.3 B 세포와 T 세포의 기원

출처: *Introduction to microbiology* (p. 406), by J. L. Ingraham & C. A. Ingraham. From INGRAHAM/INGRAHAM, *Introduction to Microbiology*, 1E. © 1995 Cengage Learning.

의 표면에 특정한 수용기를 획득하게 되어 침입자를 확인할 수 있게 된다. 이러한 과정을 통해 세포독성 T 세포군(cytotoxic T-cells)이 형성되어, 곧이어 침입자에 대한 직접적 공격을 활성화하게 된다. 이러한 과정을 세포중재면역(cell-mediated immunity)이라고 하는데, 그 이유는 이러한 면역이 혈액보다도 신체의 세포 수준에서 일어나기 때문이다. 세포중재면역은 특히 균류, 이미 침입했던 적이 있는 바이러스, 기생충, 그리고 체세포의 변이에 효과적으로 작용한다.

다른 종류의 림프구인 B 세포는 침입하는 미생물에 대한 간접적 공격을 활성화한다. T 세포의 일종인 지원 T 세포(helper T-cell)의 도움으로 B 세포는 **원형질 세포**(plasma cell)로 분화하여 **항체**(antibodies)를 분비한다. 각 항체는 특정한 침입자에 대해 특정하게 만들어진다. 항체 생산을 일으키는 이물질을 **항원**(antigens, 'antibody generator'에

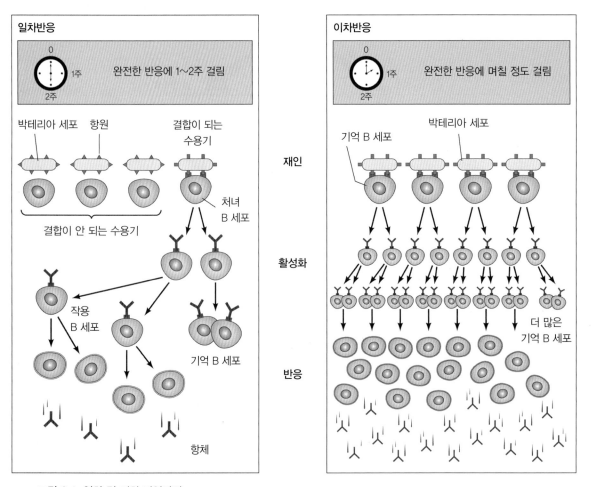

그림 6.4 일차 및 이차 면역과정

출처: *Introduction to microbiology* (p. 414), by J. L. Ingraham & C. A. Ingraham. From INGRAHAM/INGRAHAM, *Introduction to Microbiology*, 1E. © 1995 Cengage Learning.

서 따온 용어)이라고 부른다. 항체는 순환하다가 항원을 찾으면 결합하여 표식을 만듦으로써 나중에 파괴되도록 한다. 그림 6.3은 T 세포와 B 세포의 분화를 보여준다.

면역계의 특정 반응은 일차면역반응(primary immune response)을 형성한다. 그림 6.4는 일차면역반응의 발전 과정을 보여주며, 또한 나중에 다시 접했을 때 어떻게 이차면역반응(secondary immune response)을 활성화하는지를 묘사해주고 있다. 침입자를 처음으로 접했을 때 약간의 민감화된 T 세포와 B 세포가 복제되어, 활동을 하기보다는 나중을 위해 보존된다. 이러한 기억림프구(memory lymphocytes)는 동일한 침입자에 두 번째로 노출되었을 때 신속한 면역반응의 기반을 형성한다. 기억림프구는 여러 해 동안 유지될 수 있다. 기억 림프구는 침입자가 다시 나타나기 전에는 활성화되지 않는다. 침입자가 다시 나타나면, 기억림프구는 처음 접했을 때 가했던 동일한 유형의 직접적 및 간접적 공격을 더 빠르게 일으킨다. 반복해서 노출된 외부 미생물에 대한 준비된 신속한 반응이 바로 사람들이 보통 **면역**(immunity)이라고 생각하는 것이다.

B 세포를 통한 항원 확인과 항체 생산의 면역반응 체계를 **체액성 면역**(humoral immunity)이라고 부르는데, 그 이유는 이러한 면역반응이 혈류에서 일어나기 때문이다. 이 과정은 이미 세포 속으로 들어온 바이러스, 기생충, 그리고 체세포의 변종과 싸우는 데 특히 효과적이다.

면역의 형성 면역을 유도하기 위해 널리 쓰이는 방법은 **예방접종**(vaccination)이다. 예방접종에서는 약화된 형태의 바이러스나 박테리아가 체내에 주입되어 항체의 생산을 촉진한다. 이러한 항체는 오랜 기간 동안 면역을 제공한다. 매년 수천 명의 목숨을 앗아갔던 천연두는 예방접종을 통해 완전히 박멸되었다. 그 결과, 사람들은 더 이상 이 질병에 대한 예방접종을 하지 않는다.

다양한 질병을 위한 예방접종들이 존재하는데, 바이러스 감염의 예방에 특히 유용하다. 그러나 면역은 특정한 바이러스에 대해 형성되어야 하는데, 세상에는 수천 종의 바이러스가 존재한다. 유사한 증상을 일으키는 단순한 감기와 같은 바이러스성 질병조차 매우 다양한 종류의 바이러스에 의해 발생한다. 그러므로 감기에 대한 면역은 많은 예방접종을 필요로 하는데, 이런 많은 예방접종 과정이 실용적인지는 아직 증명되지 않은 상태이다.

면역계 장애

면역결핍(immune deficiency), 즉 부적절한 면역반응은 몇 가지 이유로 발생한다. 예를 들어, 대부분의 암 치료에 사용되는 화학 치료 약물의 부작용으로 면역결핍이 생긴다. 면역결핍은 또한 자연상황에서 발생하기도 한다. 면역계는 태어난 직후에는 충분히 기능하지 못하지만, 유아는 태반을 통해 어머니로부터 받은 항체에 의해 보호받는다. 또한 어머니의 젖을 먹는 유아는 모유를 통해 항체를 받기도 한다. 이러한 항체는 유아 자신의 면역계가 발달하는 생후 1개월 동안 보호작용을 한다.

드문 경우이지만, 면역계가 발달하지 못해 유아가 면역보호를 받지 못하기도 한다. 의사는 면역 기능을 증강시킬 수 있지만, 대중에게 널리 알려진 '플라스틱 거품 안의 어린이(children in plastic bubbles)'는 여전히 면역결핍의 결과를 보여준다. 그들은 정상적인 세상의 일부인 미생물로부터 격리된 살균된 장소에 갇혀 있어야 하는 것이다.

더 일반적인 면역결핍은 **후천성 면역결핍증**(AIDS: acquired immune deficiency syndrome)이다. 이 질병은 인간 면역결핍 바이러스(HIV)에 의해 발생한다. 이 바이러스는 면역계에 속하는 T 세포와 대식세포를 파괴하는 작용을 한다. HIV에 감염된 사람은 AIDS로 진행할 수 있고, 면역계의 파괴는 광범위한 유형의 박테리아성, 바이러스성, 악성 질병에 취약하게 한다. HIV가 전염성이기는 하지만, 사람과 사람 사이에서 쉽게 전염되지는 않는다. HIV 바이러스가 가장 밀집한 곳은 혈액과 정액이다. 감염된 사람으로부터의 수혈, 오염된 주사 바늘을 통한 주사, 성관계 등이 감염의 가장 일반적인 방식이다. 에이즈 치료는 면역결핍으로 발생하는 또 다른 질병을 관리하는 것이다. 치료는 항바이러스 약물을 통해 그 바이러스의 증식을 억제하고 면역결핍으로 생기는 질병을 관리하는 것으로 이루어진다. 2016년 기준으로, 항바이러스 약물들의 조합은 HIV 감염의 진행을 느리게 할 수 있으나, 감염된 사람에게서 HIV를 제거할 수는 없다.

알레르기(allergies)는 또 다른 면역계 장애이다. 알레르기 반응은, 정상적으로는 거의 혹은 전혀 반응을 일으키지 않는 이물질에 대한 비정상적인 반응이다. 매우 다양한 종류의 물질이 알레르기 반응을 일으킬 수 있으며, 반응의 심각성 역시 매우 다양하다. 어떤 알레르기 반응은 생명을 위협할 수도 있고, 또 어떤 알레르기 반응은 단지 콧물만 나게 한다. 어떤 유형의 알레르기는 규칙적으로 적은 양의 알레르기원(allergen)을 제공함으로써 치료한다. 이러한 과정은 알레르기원에 대해 둔감화를 가져와서, 알레르기 반응을 감소시킨다. 때때로 잘 판단하지 못해서 면역계가 자신의 신체를 공격할 수 있다. 이런 상황은 **자가면역질병**(autoimmune diseases)과 함께 일어난다. 면역계의 기능은 외부의 침입자를 확인하고 파괴를 위한 표식을 만드는 것임을 상기하라. 자가면역질병에서는 자신의 신체와 침입자를 구분하는 능력을 상실하여 이물질에 가하는 맹렬한 공격을 자기 자신에게 퍼붓게 된다. 홍반성 낭창(紅斑性狼瘡, lupus erythematosus), 류머티즘 관절염(rheumatoid arthritis), 다발성 경화증(multiple sclerosis)은 자가면역질병이다.

요약

스트레스가 질병을 일으킨다면, 그것은 생물학적 과정에 영향을 줌으로써 가능한 것이다(그림 1.4 참조). 이러한 상호 작용에 있어서 가능성이 있는 하나의 후보는 박테리아, 바이러스, 균류 등의 외부 침입자에 의한 침입으로부터 신체를 방어하는 조직, 기관 및 과정으로 구성된 면역계이다. 면역계는 또한 손상된 세포를 제거함으로써 신체를 보호한다. 면역계의 반응은 특정적이거나 불특정적인데, 특정 반응이 특정한 침입자를 공격하는 데 반해, 불특정 반응은 모든 침입자를 공격할 수 있다. 면역계의 문제는 장기이식, 알레르기, 항암 화학 치료를 위한 약품, 면역결핍 등을 포함한 몇 가지 원인으로부터 발생한다. HIV는 면역계를 손상시킨다. 면역결핍은 다양한 감염성 및 악성 질병에 취약하게 만든다.

심리신경면역학

이전 절에서는 면역계의 조직, 구조, 장애뿐만 아니라 그 기능에 대해 살펴봤다. 생리학자들은 전통적으로 유사한 접근을 하여, 면역계를 다른 계와 구분되는 독립된 것으로 연구했다. 그러나 30년 전부터 면역계가 중추신경계(CNS: central nervous system) 및 내분비계와 상호작용한다는 증거가 축적되었다. 이런 증거는 심리적 및 사회적 요인이 중추신경계, 내분비계, 면역계와 상호작용함을 시사한다. 또한 면역 기능은 신경 기능에 영향을 줄 수 있어서, 면역계가 행동과 사고를 변화시킬 수 있는 잠재력을 지니고 있는 것이다(Maier, 2003). 이러한 인식이 **심리신경면역학**(PNI: psychoneuroimmunology) 분야를 확립하고 빠른 성장을 가져왔다. 이것은 행동, 신경계, 내분비계 및 면역계의 상호작용에 초점을 두는 학제 간 분야이다.

심리신경면역학의 역사

1900년대 초, 이반 파블로프(Ivan Pavlov)는 개들이 종소리에 타액을 분비하도록 훈련될 수 있다는 사실을 발견했다. 파블로프는 고전적 조건화 과정을 통해 환경적 사건이 기본적인 생리적 과정의 자동적 촉발요인이 될 수 있음을 보였다. 고전적 조건화가 면역계와 같은 '보이지 않는' 생리적 기능에 영향을 미칠 수 있을까?

1975년, 로버트 아더(Robert Ader)와 니콜라스 코헨(Nicholas Cohen)은 이런 단순한 질문에 대한 연구를 수행하여 논문을 발표했다. 이 연구에서 아더와 코헨은 신경계, 면역계 및 행동이 어떻게 상호작용할 수 있는지를 보여주었다. 이런 발견이 본질적으로 PNI를 만들었다. 아더와 코헨의 접근은 간단하고 파블로프의 접근과 유사하다. 그들은 조건 자극(CS: conditioned stimulus)과 무조건 자극(UCS: unconditioned stimulus)을 짝지어 나중에 조건 자극만으로 조건 반응(CR: conditioned response)을 일으키는지 알아보았다. 그러나 차이점은 아더와 코헨의 연구에서 조건 자극은 쥐가 먹는 사카린 용액과 수용액이었고, 무조건 자극은 면역계를 억제하는 약이었다는 점이다. 조건화 과정 동안, 쥐가 사카린 용액을 마실 수 있게 한 후 면역 억제제를 주사로 투여했다. 파블로프의 개에서처럼 쥐들은 두 자극을 빨리 연합시켰고, 쥐는 이후에 사카린 용액만 주었을 때도 면역억제 반응을 보였다! 이런 획기적인 연구에서 아더와 코헨은 면역계가 다른 신체 체계와 마찬가지로 동일한 유형의 연합 학습이 가능하다는 사실을 보여주었다.

아더와 코헨의 1975년 연구 이전까지 대부분의 생리학자들이 면역계와 신경계가 상호작용을 하지 않는다고 믿고 있었기 때문에, 이 연구는 쉽게 받아들여지지 않았다 (Fleshner & Laudenslager, 2004). 이 연구가 여러 차례 반복해서 확인된 후에서야 현재 생리학자들은 면역계와 다른 신체 체계가 다양한 방식으로 정보를 교환한다는 사실을 수용한다. 하나의 기제는 면역계의 세포에서 분비되는 화학전달자인 **사이토카인**(cytokine)을 통한 것이다(Blalock & Smith, 2007; Maier & Watkins, 2003). 사이토카인의 한 형태가 **친염증 사이토카인**(proinflammatory cytokine)으로 알려져 있다. 왜

믿을 수 있을까요?

질병에 관한 사진이 면역계를 활성화하기에 충분하다

생물학적 외부 침입자에 대한 효과적인 공격을 위한 면역계의 능력은 그 복잡성과 효과성에서 놀라울 정도이다. 그러나 면역계는 신체로 이미 들어온 병원균보다 더 많은 것에 반응하도록 진화해오고 있다. 면역계는 뇌가 신체로 곧 들어올 것이라고 예측하는 병원균에 방어를 시작한다.

캐나다 학자들(Schaller, Miller, Gervais, Yager, & Chen, 2010)은 일련의 사진을 대학생들에게 제시했다. 어떤 참여자는 감염질병의 사진(매독, 피부 손상, 재채기 등)을 보았다. 이런 사진은 면역반응을 활성화할 것으로 기대되는 자극들이다. 통제 집단의 참여자는 총기류의 사진이었다. 이 사진은 위협적인 자극이지만 면역계의 반응을 활성화할 것으로 기대되지 않는 자극이다. 실제로, 감염질병의 사진을 본 참여자들은 총 사진을 본 참여자보다 친염증 사이토카인을 유의하게 더 많이 생산했다.

호주의 연구팀(Stevenson, Hodgson, Oaten, Barouei, & Case, 2011)은 죽은 동물, 더러운 화장실, 피자에 들어 있는 바퀴벌레와 같은 혐오감정을 유발하는 자극을 보도록 했을 때, 유사한 결과를 얻었다. 중성적 혹은 위협적인 이미지를 보았던 참여자에 비해, 혐오적인 이미지를 본 참여자들이 더 많은 양의 친염증 사이토카인 TNF-a를 생산했다.

이런 혐오적인 이미지가 왜 면역계를 자극하는 것일까? 정확한 이유는 알려지지 않았지만, 몇몇 연구자들은 그 반응이 진화에 뿌리를 두고 있을 수 있다고 제안한다. 병원균과 관련된 자극에 노출될 때, 면역반응이 증가하는 유기체는 이런 병원균이 궁극적으로 신체로 들어왔을 때 감염에 굴복할 가능성이 더 적을 수 있다 (Schaller et al., 2010). 그러나 이러한 반응은 특히 피가 난무하는 공포영화처럼 병원균을 전형적으로 수반하지 않는 혐오자극에는 비효과적일 수 있다.

종합하면, 이러한 연구 결과들은 뇌와 면역 체계 사이의 흥미로운 연관성을 강조한다.

냐하면 그것들이 염증을 촉진하기 때문이다. 몇몇 인터류킨(interleukin) 유형을 포함하는 이런 사이토카인은 질병, 우울, 사회적 위축과 관련된 감정 등의 기초가 된다(Eisenberger, Inagaki, Mashal, & Irwin, 2010; Irwin, 2008; Kelly et al., 2003). 이것은 면역계의 기능이 심리적 상태에 어떻게 영향을 미치는지에 대한 하나의 예시이다.

면역계와 신경계 간의 관계에 대한 지식의 발달은 연구자들이 상호작용이 일어나는 생리적 기제를 탐구하게끔 박차를 가했다. 심리학자들은 면역 기능의 측정 방법을 사용해서 행동이 면역계에 미치는 효과를 검증하기 시작했다. 1980년대 동안, AIDS의 확산으로 대중의 관심과 연방정부의 연구기금은 행동이 어떻게 면역계와 건강에 영향을 주는가에 집중되었다. 이런 관심의 결과로 면역 기능에서 심리적 요인의 역할에 대한 몇몇 명확한 증거가 HIV 감염에 대한 사람들의 대처에 대한 연구에서 나왔다(Chida & Vedhara, 2009). 그러나 심리신경면역 분야의 연구자들은 심리적 요인과 면역계의 기능 간의 관계를 검증하기 위해 다양한 전집과 방법을 사용한다('믿을 수 있을까요?' 글상자 참조).

심리신경면역학의 연구

심리신경면역학의 연구는 행동이 면역계의 변화와 질병 유발에서 지니는 역할에 대한 이해를 증진하는 것이 목표이다. 이러한 목표에 도달하기 위해 연구자들은 심리적 요인과 면역 기능 변화 간의 연관관계를 확립해야 하고, 또한 손상된 면역 기능과 건강 상태 변화 간의 연관관계를 밝혀야 한다. 이상적으로는, 스트레스와 질병의 관계를 밝히기 위한 연구는 심리적 스트레스, 면역계의 기능이상, 질병의 발달이라는 세 가지 요소를 모두 포함해야 한다(Forlenza & Baum, 2004). 이렇게 하는 것은 몇 가지 이유로 인해 쉽지 않다.

어려운 이유 가운데 하나는 면역계의 역기능과 질병 간의 완벽하지 않은 관계이다. 면역계의 기능이상이 있는 사람들이 모두 질병에 걸리는 것은 아니다(Segerstrom & Miller, 2004). 질병은 면역계의 능력과 질병을 일으키는 병원균에 대한 노출 두 가지 모두와 연관된다. 심리신경면역학의 가장 좋은 접근은 사람들이 (1) 스트레스를 경험하고 (2) 면역 능력의 저하가 촉진되어 (3) 건강 상태의 변화를 측정하는 장기적인 연구로부터 나온다. 매우 적은 연구만이 세 가지 심리신경면역학 요소 모두를 포함했고, 그나마도 대부분은 동물을 대상으로 한 연구였다. 하지만 한 연구는 치매가 있는 배우자를 간병하는 책임이 있는 노인에 관심을 두고 지켜보았다(Kiecolt-Glaser, Dura, Speicher, Trask, & Glaser, 1991). 간병하지 않는 통제 집단에 비해 간병하는 집단은 여러 개의 면역 상태 측정치에서 더 좋지 않은 기능을 나타냈다. 또한 간병 집단은 전염성 질환에 걸린 날이 더 많은 것으로 나타났다. 빈약한 면역 기능은 특히 사회적 지지 수준이 낮은 간병 집단에서 뚜렷했다.

심리신경면역학 연구의 대부분은 여러 가지 스트레스원과 변화된 면역 기능 간의 관계에 초점을 두고 있다. 또한 대부분의 연구는, 신체 내의 면역 기능을 검사하기보다는 혈액 표본을 검사함으로써 면역계의 기능을 측정한다(Coe & Laudenslager, 2007; Segerstrom & Miller, 2004). 어떤 연구는 변화된 면역 기능과 질병의 발전 혹은 암 확산 간의 관계를 다루고 있지만(Cohen, 2005; Reiche, Nunes, & Morimoto, 2004), 이러한 연구는 소수이다. 그뿐 아니라 스트레스원의 유형, 동물의 종류 및 면역 기능의 양상이 연구마다 달라서 발견된 결과도 여러 가지이다(Forlenza & Baum, 2004).

어떤 연구는 실험실 장면에서 전기충격, 큰 소음, 복잡한 인지적 과제 등과 같은 단기 스트레스원을 사용했다. 또 어떤 연구는 스트레스가 면역계의 기능에 주는 효과를 검사하기 위해 사람들의 생활에서 자연스럽게 나타나는 스트레스를 사용했다. 실험실 연구는 스트레스에 수반되는 신체적 변화를 연구하기 쉽게 해주는데, 이러한 연구에서 교감신경계의 활성화와 면역반응 간의 상관관계가 발견되었다(Glaser, 2005; Irwin, 2008). 이러한 연구는 자율신경계의 활성화가 스트레스가 면역계에 영향을 주는 통로일 수 있음을 제안하고 있다. 이 효과는 처음에 재원을 동원하는 긍정적인 효과가 있으나, 계속된 스트레스는 손상을 주는 생리적 과정을 활성화한다.

자연상황에서 나타나는 스트레스로서 의대생들의 학교시험은 면역 기능과 스트레스의 관계를 알아보는 데 사용되었다(Kiecolt-Glaser, Malarkey, Cacioppo, & Glaser, 1994). 일련의 연구에서 자연살해 세포, T 세포의 비율 및 전체 림프구의 비율 등으로 측정한 면역 능력에서 차이가 발견되었다. 의대생들에 대한 종단적 측정을 통해 시험 전과 후에 감염질병의 증상을 더 많이 보이는 것이 관찰되었다. 또 다른 연구(Chandrashekara et al., 2007)에서는 시험불안을 지닌 학생이 낮은 면역 기능을 가지는 것이 그 상황과 학생의 심리적 상태에 특정적임이 확인되었다.

시험 스트레스는 전형적인 단기 스트레스이지만, 만성 스트레스 역시 면역 능력에 매우 큰 영향을 미친다. 결혼 갈등을 겪고 있는 부부에 대한 연구(Kiecolt-Glaser & Newton, 2001)에서 관계 갈등이 면역계의 억제와 관련됨이 관찰되었다. 실로, 결혼은 면역 기능과 광범위한 건강 결과에 중요한 것이다(Graham, Christian, & Kiecolt-Glaser, 2006). 예를 들어, 결혼 갈등은 면역반응을 약화시키고 상처 치유를 더디게 한다(Ebrecht et al., 2004). 그리고 배우자의 지원 부족은 임신 동안 스트레스를 증가시키고 건강 위험을 야기할 수 있다(Coussons-Read, Okun, & Nettles, 2007). 그러나 결혼 갈등이 항상 좋지 않은 면역반응을 일으키는 건 아니다. 생산적인 의사소통 양식으로 갈등을 처리하는 배우자는 결혼 갈등으로 인한 덜 부정적인 면역반응을 보인다

(Graham et al., 2009).

그 밖의 만성 스트레스원 역시 면역 기능을 억제한다. 알츠하이머 환자를 돌보는 일 역시 만성 스트레스이다(이 질병과 이 질병의 환자를 돌보는 스트레스에 대해서는 11장에서 더 상세히 다룬다). 알츠하이머 환자를 돌보는 사람들이 심리적 및 신체적 건강이 더 나빴고, 면역 기능도 떨어졌음을 발견했다(Damjanovic et al., 2007; Kiecolt-Glaser, 1999; Kiecolt-Glaser, Marucha, Malarkey, Marcado, & Glaser, 1995). 그뿐 아니라, 알츠하이머 환자의 사망이 돌보던 사람들의 심리적 건강과 면역 기능의 향상을 가져오지는 않았다(Robinson-Whelen, Tada, MacCallum, McGuire, & Kiecolt-Glaser, 2001). 돌보는 사람들이나 과거에 돌보는 일을 했던 사람들 모두 더 우울했고 면역 기능이 낮았는데, 이는 돌보는 일이 끝난 이후에도 스트레스가 지속됨을 보여준다.

스트레스와 면역에 대한 30년 동안의 연구 결과를 대상으로 한 메타분석 결과(Segerstrom & Miller, 2004), 스트레스와 면역 기능 감소 간의 관계, 특히 스트레스의 만성적인 원천에 대한 충분한 증거가 존재한다고 결론지었다. 가장 만성적인 영향을 주는 스트레스원이 면역계에 가장 전반적인 영향을 준다. 따라서 난민, 실직자, 택시운전사 그리고 범죄 위험이 높은 지역에 사는 사람은 면역계에 가장 광범위한 부정적 영향을 주는 만성적, 통제 불가능한 스트레스를 경험한다. 단기 스트레스는 호르몬 생성을 발휘하는 것과 같은 적응적인 변화를 일으킬 수 있다. 그러나 만성 스트레스는 면역계의 효율성을 약화시키는 많은 면역계 반응에 영향을 미친다.

스트레스, 면역 기능, 질병 간의 삼각관계를 아주 잘 보여주는 몇몇 심리신경면역 연구는 쥐를 대상으로 면역 체계 반응을 활성화하는 물질을 주사하여 면역 기능과 질병에서의 변화를 관찰한다(Bowers, Bilbo, Dhabhar, & Nelson, 2008). 인간 참가자를 통한 연구도 스트레스, 면역 기능, 질병 간의 연결관계를 보여주었다(Cohen, 2005; Kiecolt-Glaser, McGuire, Robles, & Glaser, 2002). 이 실험 연구에서는 방학 중 혹은 시험 중에 일정한 상처를 받고 그 회복 과정을 측정했다. 시험 스트레스에 있는 학생은 상처의 치유와 관련된 특정 면역 기능에서 저하를 보였다(방학 동안에 상처를 받았을 때보다 40% 더 늦게 치료되었다). 따라서 동물뿐만 아니라 사람을 대상으로 한 일부 연구는 스트레스가 면역 기능과 질병 과정에 영향을 줄 수 있음을 시사하고 있다.

만일 행동적, 사회적 요인이 면역계의 기능을 감소시킬 수 있다면, 행동 변화를 통해 면역 능력을 증진할 수 있는가? 이런 증가가 건강을 좋게 하는가? 많은 연구자가 면역계의 효과성을 증가하도록 설계된 개입(최면, 이완, 스트레스 관리 등)을 시행했으나, 이런 연구들의 메타분석(Miller & Cohen, 2001) 결과, 단지 중간 정도의 효과만 보였다. 유사하게, HIV 양성 반응자들에 대한 인지 행동 치료 연구의 메타분석(Crepaz et al., 2008)은 불안, 스트레스, 우울에서 유의한 개선을 보였으나, 면역 체계의 기능에서는 제한된 효과를 보였다. 그러나 유방암 치료를 받고 있는 여성에 대한 10주 인지행동 스트레스 관리 프로그램은 6개월 동안 면역 기능의 개선 효과를 보였다(Antoni et al., 2009). 암 치료는 면역 체계를 약화시킨다. 따라서 매우 작은 개선도 암 환자에게는 도움이 될 수 있다.

영향의 신체적 기제

스트레스가 면역계의 기능에 어떻게 영향을 주는가? 스트레스의 효과는 적어도 세 가지 경로를 통해 발생할 수 있는데 말초신경계 경로, 호르몬 분비 경로, 잠을 설치거나 음주 또는 흡연처럼 면역계에 부정적 영향을 미치는 행동 경로가 있다(Segerstrom & Miller, 2004).

말초신경계는 흉선, 지라, 림프절 같은 면역계 기관에 연결되어 있다. 또한 뇌는 내분비선들로 하여금 호르몬을 분비하게 하는 호르몬인 방출인자(releasing factor)의 생산을 통해 면역계와 의사소통할 수 있다. 이러한 호르몬은 혈류를 타고 부신과 같은 목표기관에 영향을 준다(5장은 이러한 계와 스트레스 반응의 내분비 요소에 대해 설명하고 있다). T 세포와 B 세포는 글루코코르티코이드 스트레스 호르몬에 대한 수용기를 지니고 있다.

교감신경계가 활성화될 때 부신은 몇 가지 호르몬을 방출한다. 부신수질은 에피네프린과 노르에피네프린을, 부신피질은 코르티솔을 방출한다. 에피네프린과 노르에피네프린에 의한 면역 조절은 자율신경계를 통해 이루어지는 것 같다(Dougall & Baum, 2001).

부신피질에서의 코르티솔 방출은 뇌의 뇌하수체에서 방출된 부신피질 자극 호르몬(ACTH)에 의해 이루어지며, ACTH의 방출은 뇌의 또 다른 구조인 시상하부가 뇌하수체를 자극함으로써 이루어진다. 증가된 코르티솔은 여러 가지 신체적 및 정서적 스트레스 조건과 연합되어 있으며(Dickerson & Kemeny, 2004), 항염증 효과를 가져온다. 코르티솔과 글루코코르티코이드는 면역반응, 식균작용, 대식세포의 활동을 억제하는 경향이 있다. 신경계는 스트레스에 대한 교감신경계 혹은 신경내분비반응을 통해 면역계에 영향을 줄 수 있다.

또한 다른 방향으로의 신호 전달이 가능하다. 면역계가 면역계 세포에서 분비한 화학물질인 사이토카인으로 신경계에 신호를 전달할 수 있다(Irwin, 2008; Maier, 2003). 사이토카인은 뇌, 아마도 말초신경계와 신호를 소통한다. 이런 상호연결은 면역계와 신경계의 양방향 상호작용을 가능하게 하고, 질병의 공통적인 증상인 피로와 우울 같은 행동에 영향을 줄 수 있다. 마이클 어윈(Michael Irwin, 2008)은 신경계와 면역계 간의 신호 전달에 대한 다양한 가능성을 강조했고, 행동반응이 면역계에 영향을 주는 활성화 과정에서 어떻게 중요한 요소가 되는지 강조했다. 신경계와 면역계의 상호관계가 스트레스와 질병에 관련된 증상을 유발하는 데 서로 영향을 준다.

스트레스는 또한 건강 관련 행동을 변화시켜 부정적인 결과를 가져올 수 있다(Segerstrom & Miller, 2004). 예를 들어 스트레스를 받는 사람은 담배를 더 많이 피우고, 술을 더 많이 마시며, 불법적인 약물을 사용하고, 잠을 덜 잘 수 있다. 이 장을 시작할 때 언급했듯이, 스트레스를 매우 많이 받는 택시운전사들의 생활은 신체활동이나 적절하게 식사할 기회가 별로 없을 것이다. 이런 행동들은 다양한 질병의 위험성을 높이고 면역계에 부정적인 영향을 줄 수 있다.

요약

심리신경면역학 분야의 연구자들은 면역계의 여러 가지 기능이 단기적 및 장기적 심리적 스트레스에 반응함을 보여주었다. 심리신경면역학 분야는 심리적 요인, 면역계의 기능, 질병 간의 연관관계를 밝히는 데 발전을 이루었지만, 소수의 연구만이 이 세 가지 요소 모두를 포함하고 있다.

어떤 연구는 면역계의 변화와 건강 상태 변화 간의 관계를 보여주는 데 성공적이었다. 이러한 관계는 심리적 요인과 질병 간의 연계를 분명하게 하는 데 필수적이다. 심리적 요인과 면역계 변화 간의 관계를 확립할 뿐만 아니라, 심리신경면역학 분야의 연구자들은 이러한 변화가 일어나는 신체적 기제를 밝혀내려고 노력하고 있다. 이러한 기제로 가능한 것에 신경계와 면역계 간의 직접적 연결과 신경내분비계를 통한 간접적 연결이 포함된다. 화학전달자인 사이토카인이 면역계와 신경계 간의 신호를 전달하여 행동에 영향을 준다. 게다가 스트레스는 사람들이 자신의 행동을 변화시키도록 촉진할 수 있다. 즉, 질병 위험요인인 덜 건강한 습관을 선택하도록 한다.

스트레스는 질병을 일으키는가?

질병은 여러 가지 요인에 의해 발생하는데, 스트레스는 그 한 요인이 될 수 있다. 하지만 질병과 스트레스 간의 연관관계를 살펴볼 때, 지속적인 스트레스를 경험하는 대다수가 질병을 일으키지 않는다는 점을 기억하라. 그뿐 아니라 높은 수준의 콜레스테롤 수준, 흡연, 음주와 같은 위험요인과는 달리 생활사건에 의한 위험은 일반적으로 일시적이다. 그러나 일시적인 스트레스라도 다른 사람에 비해 어떤 사람에게 더 영향을 준다.

왜 스트레스가 어떤 사람에게는 영향을 주고 질병을 유발하지만, 다른 사람에게는 영향을 주지 않는가? 질병소인-스트레스 모형이 이에 대한 답을 제공해준다.

질병소인-스트레스 모형

질병소인-스트레스 모형(diathesis-stress model)에서는 유전적 취약성이나 생화학적 불균형으로 인해 선천적으로 특정 질병에 걸리기 쉽기 때문에, 어떤 사람은 스트레스 관련 질병에 더 취약하다고 본다. 질병소인-스트레스 모형은, 특히 심리장애의 발병을 설명하는 데 있어 심리학 내에서 오랜 역사를 갖는다. 1960년대와 1970년대 동안 이 개념은 정신분열증, 우울, 불안장애(Zubin & Spring, 1977)뿐만 아니라 심리생리적 장애(Levi, 1974)의 발병을 설명하는 데 사용되었다.

심리적 혹은 생리적 장애와 관련해서 질병소인-스트레스 모형은 어떤 사람들이 환경적 스트레스원에 대해 부적응적으로 반응하는 선천적 경향이 있다고 주장한다. 이러한 선천적 경향성(질병소인)은 일반적으로 생화학적 혹은 신체기관의 취약성을 통해 유전된다고 생각되지만, 어떤 이론가(Zubin & Spring, 1977)는 후천적으로 학습된 사고와 행동의 경향도 취약성의 구성요소로 간주한다. 유전되든 혹은 획득되든, 취약성은 비교적 영구적이다. 시간을 통해 변화하는 것은 환경적 스트레스원의 존재이며, 이것이 질병의 발생과 소멸을 설명한다.

따라서 질병소인-스트레스 모형은 질병의 발생에 두 가지 요인이 필수적이라고 가정한다. 첫째, 특정 개인은 특정 질병에 대해 비교적 영구적으로 선천적 경향성을 가져야 한다. 둘째, 특정 개인은 특정한 유형의 스트레스를 경험해야만 한다. 질병소인이 있는 사람들은 대부분의 사람들이 쉽게 극복하는 동일한 스트레스 조건에 대해 병리적으로 반응한다. 질병에 대한 선천적 경향성이 높은 사람들에게는, 경미한 환경적 스트레스원도 질병을 유발하는 데 충분할 수 있다. 예컨대, 스트레스와 우울에 대한 한 연구(Schroeder, 2004)에서 대처 능력이 낮은 수술환자들이 수술 후 몇 개월 동안 우울 발생에 취약했고, 더 좋은 대처 기술을 가진 환자는 우울에 덜 취약하다는 결과를 얻었다. 아동기 동안의 학대는 생리적, 심리적 장애들의 또 다른 취약요인일 수 있다. 이런 사람들이 성인이 되었을 때 조현병(Rosenberg, Lu, Mueser, Jankowski, & Cournos, 2007), 불안과 우울(Stein, Schork, & Gelernter, 2008), 외상 후 스트레스 장애(Storr, Lalongo, Anthony, & Breslau, 2007), 감염질병(Cohen, 2005)에 높은 취약성을 보였다. 한 사람의 사회적 환경은 또한 질병소인을 만들 수 있다. 스트레스가 많은 생활사건은 성인의 자살 위험성을 높일 수 있는데, 특히 외로움 수준이 높은 사람들이 위험하다(Chang, Sanna, Hirsch, & Jeglic, 2010). 따라서 개인적, 심리사회적 요인이 장애에 대한 취약성을 높일 수 있다.

질병소인-스트레스 모형은 왜 생활사건 척도(5장 참조)가 질병의 예언에 일관되지 못했는지를 설명할 수 있다. 홈스와 라헤의 사회적 재적응 평가 척도에서의 누적점수는 질병을 단지 근소하게 예언할 뿐이다. 질병소인-스트레스 모형에 따르면, 누가 질병에 걸리고 누가 걸리지 않는지를 예언하기 위해서는 스트레스 생활사건과 함께 개인의 질병소인(취약성)이 고려되어야 하는 것이다(Marsland, Bachen, Cohen, &

Manuck, 2001).

이 절에서는 스트레스와 몇몇 질병, 즉 두통, 감염질병, 심혈관계 질환, 당뇨병, 조기출산, 천식, 류머티즘 관절염 간의 연관성에 대한 증거를 개관한다. 더욱이 스트레스와 우울, 불안 같은 심리장애 간의 어떤 관계성을 보여준다.

스트레스와 질병

스트레스와 질병 간의 연결관계에 대한 증거는 무엇인가? 어떤 질병이 관련되어 있는가? 어떤 생리적 기제가 스트레스와 질병의 연결에 관련되어 있는가?

스트레스에 대한 셀리에의 개념(5장 참조)에는 면역계의 억제가 포함되고, 많은 증거는 이 가설을 지지한다. 이제는 신경계, 내분비계, 면역계 간의 상호작용을 지지하는 증거가 증가하고 있다. 이러한 상호작용은 셀리에가 가정한 반응과 유사하며, 스트레스가 다양한 신체적 질병을 유발할 수 있다는 강력한 증거를 제공하고 있다. 그림 6.5는 이러한 가능한 효과의 일부를 보여준다.

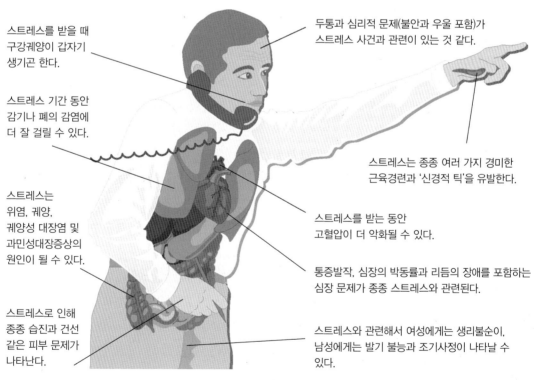

그림 6.5 스트레스의 장기적 영향

출처: *An invitation to health* (7th ed., p. 58), by D. Hales, 1997, Pacific Grove, CA: Brooks/Cole. From HALES, *Invitation to Health*, 7E. © 1997 Cengage Learning.

스트레스가 질병을 일으킬 수 있는 몇 가지 방식이 있다(Segerstrom & Miller, 2004). 먼저 스트레스의 직접적 영향을 생각할 수 있다. 즉, 스트레스가 면역계뿐만 아니라 신경계와 내분비계에 영향을 주는 것이다. 이러한 체계들 가운데 어느 하나 또는 모두가 질병을 일으킬 수 있기 때문에, 스트레스와 질병 간의 연결에 있어 충분한 생리적 기초가 마련되어 있다. 다음으로 스트레스의 간접적 효과를 고려할 수 있는데, 이러한 효과는 위험을 증가시키는 방향으로 건강 관련 행동에 변화를 일으킴으로써 나타난다. 즉, 스트레스는 음주, 흡연, 약물 사용, 수면 문제 등에 있어서 증가를 가져오는데, 이들은 질병의 위험을 증가시킬 수 있는 것들이다.

스트레스는 또한 **텔로미어**(telomere)의 길이를 짧게 만들어 정상적 노화 과정을 더 빠르게 진행시킬 수도 있다. 텔로미어는 염색체 양쪽 끝에 있는 반복적인 뉴클레오타이드(nucleotide: 핵산인 DNA와 RNA를 구성하는 성분) 배열의 영역이다. 텔로미어는 염색체의 퇴화를 방지하는 보호용 덮개 역할을 하는데, 이는 구두끈 끝이 갈라져 닳지 않게 하는 것과 같은 방식이다. 항상 세포는 분열하고 염색체는 복제되지만 텔로미어는 짧아진다. 텔로미어가 어느 정도까지 짧아지면 이런 영향을 받은 세포는 노쇠하여 정상적으로 복제하는 능력을 잃게 된다. 노쇠는 정상적인 노화 과정의 일부이며, 이런 이유로 텔로미어의 길이는 세포 노화의 유용한 척도일 가능성이 있다.

최근 연구에 따르면 스트레스(인생 초기와 최근의 만성 스트레스 모두) 경험은 텔로미어의 길이 축소를 촉진하는 것과 연관이 있다(Mathur et al., 2016; Verhoeven, van Oppen et al., 2015). 장시간 노동, 낮은 사회경제적 지위, 아동기 외상은 모두 텔로미어 길이를 더 짧게 만드는 것과 관련이 있다. 건강한 어머니들을 대상으로 한 연구에서 스트레스가 가장 많은 사람이 가장 적은 사람보다 텔로미어가 더 짧았고, 정상 노화와 10년 정도 차이가 났다(Epel et al., 2004)! 종단 연구에 따르면 불안, 우울, PTSD와 같은 심리적 상태는 시간이 지날수록 텔로미어 길이가 짧아짐을 예측했다(Shalev et al., 2014). 양가적인 사회관계, 즉 특별히 긍정적 또는 부정적으로도 느끼지 않는 사회관계를 많이 하는 것도 텔로미어가 짧은 것과 관련이 있으며, 특히 여성에게 그렇다(Uchino et al., 2012).

스트레스나 기타 심리사회적 상태가 텔로미어 길이의 축소에 기여하는 정확한 기제가 분명하지 않지만 스트레스를 받는 동안 HPA(시상하부-뇌하수체-부신) 축이 글루코코르티코이드를 방출하여 DNA에 산화적 손상을 일으키고 텔로미어 축소를 초래할 수도 있다(Epel et al., 2004; von Zglinicki, 2002). 하지만 현 시점에서 스트레스가 텔로미어 길이에 영향을 주는 것이 특정한 질병에 걸려 사망할 가능성을 높이는지는 알지 못한다. 짧아진 텔로미어는 감염에 대한 취약성의 원인이 될 수도 있으며(Cohen et al., 2013a), 한 연구에 따르면 짧아진 텔로미어 길이는 아동기의 낮은 사회경제적 지위와 성인기의 감염 위험성 간의 관계를 부분적으로 설명했다(Cohen et al., 2013b). 텔로미어 길이가 짧은 것은 또한 암의 발생과 관련이 있지만(Günes & Rudolph, 2013), 생활 스트레스는 암을 발생시킬 위험성이 만약 있더라도 그 관련성은 적은 것으로 보인다(Chida, Hamer, Wardle, & Steptoe, 2008; Heikkilä et al., 2013). 세포 노화를 가속화할 가능성이 있는 스트레스의 역할에 대한 연구들은 여전히 활발하고 흥미로운 연구 영역이며, 스트레스가 질병에 영향을 미칠 수 있는 다양한 방식들을 강조한다.

두통 두통은 대다수 사람들에게서 나타나는 문제이다. 99% 이상의 사람들이 살아가면서 어떤 기간에 두통을 경험하고 있다(Smetana, 2000). 대부분의 사람들에게 두통은 불편한 것이지만, 심각하고 만성적인 통증을 경험하는 사람도 있다. 통증은 심각한 의학적 상태에 대한 신호일 수 있지만 두통과 관련된 통증이 대부분 문제이다. 이런 통증의 원천이 장애의 주요한 원인일 수 있다(D'Amico et al., 2011). 두통으로 병원을 찾는 사람들의 대다수는 그렇지 않은 사람들과 동일한 종류의 두통으로 고통을 받는다. 단, 그 차이는 두통의 빈도와 심각성 혹은 도움을 구하는 데 있어 개인차 변인에 의한 것이다.

100여 종이 넘는 두통이 존재하지만 이들을 구분하는 데는 이견이 있으며, 가장 흔한 유형의 두통도 아직 그 원인이 제대로 밝혀져 있지 않다(Andrasik, 2001). 그럼에도 불구하고 몇 가지 두통에 있어서는 진단적 기준이 마련되어 있다. 가장 흔한 유형의 두통은 긴장성 두통(tension headache)으로서, 일반적으로 머리와 목의 증가된 근육긴장과 관련이 있다. 긴장은 또한 편두통의 한 요인이 되고 있는데, 뇌간의 뉴런에서 기인한다고 믿는다(Silberstein, 2004). 편두통은 머리의 한쪽 부분에 국지화되어 있는 쿡쿡 쑤시는 통증과 관련되어 있다.

스트레스는 두통의 한 요인이다. 긴장성 두통 혹은 혈관성 두통을 가진 사람은 스트레스를 주요한 촉발요인이라고 말한다(Deniz, Aygül, Koçak, Orhan, & Kaya, 2004; Spierings, Ranke, & Honkoop, 2001). 그러나 매일 두통이 있는 사람과 빈번하지 않게 두통이 있는 사람의 비교에서 생활사건이나 일상의 골칫거리로 측정된 스트레스에 차이가 없는 것으로 나타났다(Barton-Donovan & Blanchard, 2005). 그리고 통증 환자들의 외상적 생활사건을 비교한 연구는 비교 집단과의 차이를 발견하지 못했다(de Leeuw, Schmidt, & Carlson, 2005). 두통과 관련된 스트레스의 유형은 외상적 생활사건이라기보다는 작은 일상의 골칫거리인 경향이 있다. 만성적 혹은 빈번한 두통이 있는 학생은 빈번하지 않은 두통이 있는 사람보다 더 많은 골칫거리를 보고했다(Bottos & Dewey, 2004).

내시와 테바지(Nash & Thebarge, 2006)는 스트레스가 두통에 어떤 방식으로 영향을 미치는지에 대해 논의했다. 첫째, 스트레스는 두통 발병에 영향을 주는 취약적인 요인일 수 있다. 둘째, 스트레스는 일시적인 두통을 경험하고 있는 사람을 만성적인 두통으로 전환시키는 작용을 할 수 있다. 셋째, 스트레스는 두통 에피소드를 악화시킬 수 있다. 즉, 통증을 심하게 한다. 이런 방식은 스트레스가 두통의 발병과 만성적 두통의 한 원인이 될 수 있는 몇몇 가능성을 제시한다.

감염질병 스트레스를 경험하는 사람들은 그렇지 않은 사람들보다 감기와 같은 감염질병에 더 잘 걸릴까? 연구에 따르면 그 대답은 '예'이다. 초기 연구(Stone, Reed, & Neale, 1987)에서 자기 자신과 배우자의 긍정적 및 부정적인 일상생활의 경험을 일기로 남기는 부부들을 추적 연구했다. 이 연구의 결과에 따르면, 긍정적 사건의 감소 혹은 부정적 사건의 증가는 3~4일 후에 감기와 같은 감염질병에 더 잘 걸리게 했다. 이 연결관계가 강력하진 않았지만, 이 연구는 일상생활의 경험과 후속적인 질병 간의 관계를 보여준 첫 번째 예측 설계(prospective design) 연구였다.

나중 연구들은 좀 더 직접적인 접근을 사용했다. 건강한 자원자들에게 의도적으로 감기 바이러스를 노출시켜서 어떤 사람들이 감기에 걸리는지 관찰했다(Cohen, 2005; Cohen et al., 1998; Cohen, Tyrrell, & Smith, 1991, 1993). 그 결과, 스트레스 수준이 높을수록 질병에 더 잘 걸렸다.

또한 코헨과 그의 동료들(1998)은 동일한 접종 방법을 사용하여 어떤 유형의 스트레스원이 감기 바이러스에 노출된 사람에게서 감기 증상을 일으키는지 알아봤다. 이 연구에서 스트레스 생활사건의 지속도가 강도보다 더 중요하다는 사실이 발견되었다. 한 달 이내의 강한 급성 스트레스는 감기를 일으키지 않았지만, (한 달 이상의) 강한 만성 스트레스는 감기의 발생률을 증가시켰다. 스트레스와 감기 증상의 이러한 상관관계는 에피네프린, 노르에피네프린, 코르티솔 수준의 증가 또는 사회적 지원, 성격, 건강습관으로 설명되지 않았다. 그러나 최근 연구는 개인에 따라 질병민감성이 다르다는 사실을 발견했다(Marsland, Bachen, Cohen, Rabin, & Manuck, 2002). 사교적이고 유쾌한 사람은 감기 바이러스에 노출된 후 다른 사람보다 더 적게 감기에 걸린다(Cohen, Doyle, Turner, Alper, & Skoner, 2003). 스트레스와 감기에 대한 자연상황에서의 연구에서(Takkouche, Regueira, & Gestal-Otero, 2001), 높은 수준의 스트레스가 감염의 증가와 관련됨을 발견했다. 지각된 스트레스의 상위 25%의 사람은 하위 25%의 사람보다 감기에 걸린 사람이 두 배였다. 이런 결과는 스트레스가 감염질병 유발에 중요한 예측 요인임을 시사한다.

스트레스는 예방접종이 감염질병에 대한 보호를 하는 정도에 영향을 미칠 수 있다. 예방접종은 면역계를 자극하여 특정 바이러스에 대한 항체를 형성한다. 환자를 돌보는

연구에 따르면 스트레스는 감염질병의 유발에 영향을 줄 수 있다.

사람과 같이 지속적인 스트레스에 놓인 사람은 생활 스트레스가 적은 사람에 비해 독감 예방접종 후 약한 항체를 생산했다(Pedersen, Zachariae, & Bovbjerg, 2009). 스트레스와 예방접종에 대한 약한 반응 간의 이런 관계는 노인과 같이 젊은 성인에게도 명확하게 나타났음을 시사한다. 따라서 스트레스를 경험하고 있는 사람에게 감염질병에 대한 예방접종은 덜 효과적일 수 있다.

　스트레스는 또한 감염질병의 예후에 영향을 줄 수 있다. HIV 감염에 영향을 주는 심리적 요인에 대한 연구들(Cole et al., 2001; Kopnisky, Stoff, & Rausch, 2004)의 개관에서 스트레스가 HIV 감염에 미치는 영향을 알아봤다. 이들 연구에서 스트레스가 HIV 감염의 진행과 항바이스러스 약물 치료에 대한 면역반응 둘 다에 영향을 미침을 발견했다. HIV가 스트레스에 영향을 받는 유일한 감염질병은 아니다. 헤르페스 단순포진(HSV: herpes simplex virus)은 감염자의 피부접촉으로 전염되고 입, 입술, 생식기에 수포를 유발할 수 있다. 종종 이런 신체증상은 감염된 사람에게서 나타나지 않고 HSV의 주기적인 활동적인 발병기 동안에만 나타난다. 스트레스는 HSV 증상의 발현을 예측한다(Chida & Mao, 2009; Strachan et al., 2011). 예컨대, 성으로 전염된 HSV에 걸린 여성 연구에서 연구자들은 심리사회적 스트레스의 경험이 5일 후 생식기의 손상 시작 시점을 예측했다는 사실을 발견했다(Strachan et al., 2011). 또한 스트레스는 폐렴, 간염, 요로감염증을 포함하는 다른 세균성, 바이러스성, 진균성 감염에도 역할을 한다(Levenson & Schneider, 2007). 따라서 스트레스는 감염의 민감성, 심각성, 진행에 중요한 요인이다.

심혈관계 질환   심혈관계 질환(CVD: cardiovascular disease)은 몇 가지 행동적 위험 요인을 갖는데, 그 일부는 스트레스와 관련이 있다. 9장에서는 이러한 행동적 위험요인을 좀 더 상세하게 다룬다. 이번 절에서는 CVD에 기여하는 요인으로 스트레스만을 다룰 것이다. 심장발작을 일으킨 사람은 스트레스를 이 장애의 원인이라고 말한다(Cameron, Petrie, Ellis, Buick, & Weinman, 2005). 그러나 그 관계는 생각보다 덜 직접적이다. 두 갈래의 연구가 스트레스와 CVD에 관련되는데, 스트레스를 심장발작이나 뇌졸중의 촉진요인으로 평가하는 연구와 스트레스를 CVD 유발의 원인으로 보는 연구이다.

CVD인 사람의 심장발작이나 뇌졸중의 촉진요인에 있어 스트레스의 역할에 대한 증거는 명확하다. 스트레스는 그 위험성을 높인다. 스트레스는 심장질환이 있는 사람의 심장발작 촉발요인으로 작용할 수 있다(Kop, 2003; Sheps, 2007). INTERHEART라는 대형 비교 문화 연구에서는 문화와 대륙에 따른 중요한 위험요인을 알아내기 위해 심장발작을 경험한 15,000명과 그렇지 않은 사람 15,000명을 비교했다(Yusuf et al., 2004). 이 연구는 심장발작과 유의한 관련성이 있는 심리적 스트레스원을 찾았다. 그것은 직장과 가정 스트레스, 경제적 문제, 지난해의 주요한 생활사건, 우울, 외적 통제 소재(Rosengren et al., 2004)였다. 이런 스트레스 요인들은 심장발작과 유의하게 관련

믿을 수 있을까요?

스포츠팬이 되는 것은 건강에 위험할 수 있다

당신은 스포츠팬이 되는 것이 건강에 위험할 수 있다고 믿는가? 2015년 슈퍼볼 1주일 전쯤 이 스포츠 경기를 시청하면 심장발작을 일으킬 위험이 있다는 내용이 미디어에 등장했다. 이 위험은 슈퍼볼 파티의 피자, 칩, 맥주에서 오는 것이 아니라 그 슈퍼볼 게임에 대한 정서적 스트레스와 흥분으로부터 생긴다.

이 경고는 미식축구의 위험에 대한 연구에 기초한 것이 아니라 2006년 독일에서 개최된 월드컵 축구 챔피언 동안 심혈관계 사건이 증가한 데 근거했다(Wilbert-Lampen et al., 2008). 연구자들은 심장발작, 심장부정맥과 같은 심장 관련 사고의 빈도를 월드컵경기 결승전 전후 기간 동안 비교했다. 그 결과, 결승전 기간 동안 높은 비율을 보였다. 이러한 심장사건의 발병률은 독일팀이 경기를 한 날이 그렇지 않은 날들에 비해 남자는 거의 3배, 여자는 2배 높았다. 위험은 결

승전 경기 시작 후 2시간 동안 가장 높았는데, 이는 스포츠팬들이 정말로 '경기에 심취'해 있다는 것을 시사한다.

당신이 예상했던 것처럼 승패는 중요하다. 경기에 진 팀의 팬들은 이긴 팀의 팬들에 비해 심혈관계 문제로 입원할 가능성이 더 크다. 그러나 당신 팀이 경기에서 이겼다고 해서 그런 곤경에서 벗어나게 해주지는 않는다. 승리를 위해 응원하는 짜릿함도 심혈관계 문제의 가능성을 높인다(Olson, Elliott, Frampton, & Bradley, 2015). 몇몇 증거는 이런 높은 위험이 스트레스에 의해 유도된 염증반응에 기인할 수 있다고 제안한다(Wilbert-Lampen et al., 2010). 그리고 위험성은 이미 심혈관계 문제를 겪고 있는 사람이 가장 크다. 그러므로 다음에 결승전 경기를 보려고 자리를 잡기 전에 당신은 먼저 의사와 상담이 필요할지도 모른다.

이 있었고, 각 전집에서 실제적으로 위험요인이었다. 심장발작을 경험한 사람은 장기적인 CVD를 가질 수 있으나, 스트레스가 이 질병의 발생에 기여할 수 있다. 그러나 긍정적인 스트레스조차도 심혈관계 문제의 위험요인일 수 있다('믿을 수 있을까요?' 글상자 참조).

심장질환 유발에서 스트레스의 역할은 간접적이나 스트레스에 대한 반응 혹은 면역계 반응의 결과로 호르몬 방출을 포함해서 몇몇 경로를 통해 일어날 수 있다(Matthews, 2005). 직무 관련 스트레스(Smith, Roman, Dollard, Winefield, & Siegrist, 2005)와 요구사항이 많은 다른 상황 그리고 낮은 통제력(Kamarck, Muldoon, Shiffman, & Sutton-Tyrrell, 2007)이 심장병에 관련이 된다. 이런 결과의 한 가능한 경로는 염증을 촉진하는 사이토카인 방출에 반응하는 면역계의 활성화이다. 이 염증은 관상동맥질환의 유발요인이다(Steptoe, Hamer, & Chida, 2007). 코르티코이드와 같은 스트레스 호르몬의 활동은 동맥손상을 악화시키고 동맥 플라크를 더 쉽게 유발하는 동맥장애에 또한 영향을 줄 수 있다. 이런 스트레스 관련 반응은 심장질환의 간접적인 경로인 스트레스의 원천으로 작동한다.

고혈압 고혈압이 스트레스의 결과로 보이기는 하지만, 스트레스와 혈압 간의 관계는 단순하지 않다. 소음과 같은 상황요인이 혈압을 올릴 수 있지만, 대부분의 연구에 따르면 혈압은 상황요인이 제거되었을 때 정상으로 돌아온다. 그러나 혈압에 관한 종단 연구(Stewart, Janicki, & Kamarck, 2006)에서 심리적인 스트레스 후에 정상적인 혈압으로 다시 돌아가는 시간을 통해 3년 동안의 고혈압을 예측했다. 이런 반응은 반응성과 유사하다.

반응성 어떤 사람들은 다른 사람들보다 스트레스에 더 강하게 반응한다는 생각은 스트레스와 CVD 간의 연관성에 대한 또 다른 가능성이다. 이러한 반응을 반응성 (reactivity)이라고 부르는데, 반응성이 심혈관계 질환을 일으키기 위해서는 반응이 한 개인 내에서 비교적 안정적이어야 하고, 그 개인의 생활에서 자주 일어나는 사건에 의해 촉발되어야 한다. 연구자들은 반응성의 안정성을 연구했고, 또한 반응성을 일으키는 사건들을 발견하고자 했다. 일련의 상황들이 스트레스원으로 고려되고, 다양한 심장반응이 반응으로 여겨져 왔다.

한 연구(Everson et al., 2001)에서 반응성이 뇌졸중의 발병률과 관련된다는 결과를 보였다. 높은 수축기 혈압 반응성을 가진 사람은 혈압 반응성이 낮은 사람보다 뇌졸중의 더 큰 위험에 있었다. 아프리카계 미국인이 유럽계 미국인보다 더 높은 심혈관계 질환 발병률을 보이는 현상은 연구자들로 하여금 두 인종 간의 반응성 차이와 이런 반응성을 촉진하는 스트레스원을 연구하게 했다. 많은 아프리카계 미국인은 인종과 관련된

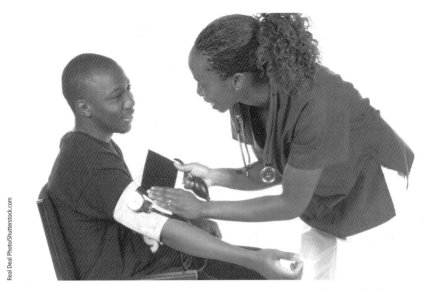

아동기 초기부터 아프리카계 미국인은 다른 인종 집단보다 더 높은 심장반응을 보이는데, 이는 심혈관계 질환의 높은 발생률과 관련이 있을 수 있다.

다양한 스트레스에 대처하기 위해 지속적으로 투쟁해야 하고, 이런 투쟁이 건강을 위협하는 장기적인 스트레스원으로 작용할 수 있다(Bennett et al., 2004). 아동기에 시작되어 사춘기에 이르기까지 아프리카계 미국인은 유럽계 미국인보다 더 큰 반응성을 보였으며(Murphy, Stoney, Alpert, & Walker, 1995), 이러한 차이는 6세 정도의 어린 아동에게서도 관찰되었다(Treiber et al., 1993). 또한 심혈관계 질환 병력이 있는 가정의 아프리카계 미국 아동들은 다른 집단의 아동들보다 유의하게 더 큰 반응성을 보였다.

차별 경험에 대한 연구는 인종차별주의자의 자극이 반응성을 일으킴을 보여준다. 아프리카계 미국과 유럽계 미국 여성의 반응성 비교 연구에서(Lapore et al., 2006) 부당한 대우가 차별 때문이라고 생각하는 아프리카계 미국 여성이 다른 연구 참여자보다 더 큰 혈압 반응성을 보였다. 인종차별주의자 영화 장면을 본 유럽계 미국인과 아프리카계 미국 남성 둘 다 정서적으로 중성적인 영화를 볼 때보다 더 높은 혈압 상승을 경험했다(Fang & Myers, 2001). 아프리카계 미국인과 카르비안계 미국인은 반응성에서 차이를 보였다. 또한 이 두 집단은 유럽계 미국인보다 더 높은 반응성을 보였다(Arthur, Katkin, & Mezzacappa, 2004). 그러나 아시아계 미국인은 유럽계 미국인보다 실험실 스트레스 자극에 더 낮은 반응성을 보였다(Shen, Stroud, & Niaura, 2004). 이런 결과는 아시아계 미국인의 낮은 CVD 비율과 일치한다.

궤양 한때 스트레스는 궤양의 원인으로 폭넓게 받아들여졌으나, 1980년대 두 명의 호주 연구자 배리 마셜(Barry Marshall)과 J. 로빈 워런(Robin Warren)은 궤양이 스트레스보다 박테리아 감염의 결과라고 주장했다(Okuda & Nakazawa, 2004). 그 당시 이 연구자들의 가설은 거의 가능성이 없어 보였다. 왜냐하면 대부분의 생리학자와 의사는 박테리아가 강한 산성인 위장에서 생존할 수 없을 것이라고 믿었기 때문이다. 마셜은 궤양의 원인이 박테리아일 가능성에 대해 연구하는 데 필요한 연구비를 확보하는 데 어려움을 겪었다.

그는 연구비 없이 자신의 가정이 옳다는 신념하에 스스로 가설을 증명했다. 그는 박테리아가 위장에 미치는 효과를 알아보기 위해 자신의 몸을 박테리아에 감염시켰다. 이는 심한 위염을 유발했고, 자신을 치료하기 위해 항생제를 투여했다. 이 결과는 박테리아가 위에 영향을 준다는 더 많은 증거를 제공한다. 이후 임상 실험은 마셜의 가설을 지지했다. 위궤양은 위산 억제제를 처방받은 환자보다 항생제를 처방받은 환자들에게서 재발 가능성이 낮았다(Alper, 1993). 이런 결과들은 박테리아 감염이 궤양 발생 원인임을 나타낸다. 그러나 궤양의 발병과 재발을 설명하는 데에서 심리적 요소를 배제하지는 않았다. 왜냐하면 H. 파일로리(pylori) 감염이 모든 궤양을 설명하진 못하기 때문이다(Levenstein, 2000; Watanabe et al., 2002). 이 감염은 다양한 위장 문제에 매우 공통적으로 관련되어 있으나 감염된 대부분의 사람들에게 궤양을 유발하지 않았다(Weiner & Shapiro, 2001). 따라서 H. 파일로리 감염은 궤양 발병에 취약하게 만들고, 스트레스 또는 다른 심리사회적 조건들이 궤양을 촉진한다. 예를 들어 흡연, 심한 음주, 카페인 섭취, 비스테로이드성 소염제의 사용은 모두 궤양 형성에 관련된다. 스트레스는 이런 행동의 한 요인일 수 있다. 즉, 감염된 사람에서 스트레스와 궤양 형성 간에 간접적인 관계가 있다. 또한 만성 스트레스와 관련된 호르몬과 변형된 면역계는 더 직접적인 연결이 있을 수 있다. 따라서 행동요인들이 궤양 발병에 역할을 하지만, H. 파일로리 감염에도 기여한다. 따라서 궤양 발생에는 여러 요인의 복잡한 상호작용이 있다.

그 밖의 신체장애　두통, 감염질환, 심혈관계 질환 및 궤양 외에도 스트레스는 당뇨, 임산부의 조산, 천식, 류머티즘 관절염 등을 포함하는 몇 가지 신체장애와 관련되어 있다.

당뇨(diabetes mellitus)는 스트레스와 관련된 만성적인 질병이다. 두 가지 유형의 당뇨가 있는데, 하나는 제1형 혹은 인슐린 의존 당뇨(IDDM: insulin-dependent diabetes mellitus)이고, 다른 하나는 제2형 혹은 인슐린 비의존 당뇨(NIDDM: noninsulin-dependent diabetes mellitus)이다. 제1형 당뇨는 보통 아동기에 시작되고, 관리를 위해 인슐린 투입을 필요로 한다. 인슐린 비의존 당뇨는 보통 성인기에 나타나며, 대개 식습관의 변화를 통해 통제할 수 있다(당뇨에 요구되는 생활 방식 조정과 행동 관리에 대해서는 11장에서 다룬다).

스트레스는 두 가지 유형의 당뇨 모두의 발병에 기여할 수 있다. 첫째, 스트레스는 유아기 동안(Sepa, Wahlberg, Vaarala, Frodi, & Ludvigsson, 2005) 면역계의 붕괴를 통해 인슐린 의존 당뇨의 발병에 직접적으로 영향을 줄 수 있다. 1세에 면역계를 측정했을 때, 더 높은 가족 스트레스를 경험한 유아는 당뇨와 일치하는 더 많은 항체 징후를 보였다. 둘째, 55,000명의 일본인을 대상으로 한 역학 연구에 따르면, 더 많이 지각된 스트레스가 10년 동안의 추적 연구에서 제2형 당뇨 발병의 위험성을 증가시켰다(Kato, Noda, Inoue, Kadowaki, & Tsugane, 2009). 스트레스는 인슐린 대사에 영향을 주는 염증 과정과 인슐린 저항을 일으키는 사이토카인에 영향을 줌으로써 제2형 당뇨를 유발할 수 있다(Black, 2003; Tsiotra & Tsigos, 2006). 셋째, 스트레스는 비만에 영향을 줌으로써 제2형 당뇨의 원인이 될 수 있다. 스트레스와 제2형 당뇨에 대한 연구에서 스트레스가 촉발요인이 될 수 있어서 사람들이 제2형 당뇨병을 유발하는 연령에 역할을 할 수 있음을 보여준다.

또한 스트레스는 혈당을 높이는 직접적 효과를 통하거나(Riazi, Pickup, & Bradley, 2004) 혈당 수준의 조절에 필요한 처방 준수를 방해하는 간접적 방식을 통해(Farrell, Hains, Davies, Smith, & Parton, 2004) 당뇨의 관리에 영향을 줄 수 있다. 실제로, 처방을 준수하는 행동은 4장에서 다루었듯이 당뇨에 있어 주요한 문제이다.

임신 중의 스트레스는 인간과 동물을 대상으로 한 연구의 주제가 되어왔다(Kofman, 2002). 동물을 대상으로 한 연구 결과에 따르면, 스트레스 환경은 출산 시 더 낮은 체중 및 발달지체와 관련이 되고, 스트레스가 많은 어미에서 출생한 새끼는 스트레스에 더 높은 반응성을 보인다. 인간 참여자를 대상으로 한 연구는 실험적으로 스트레스를 조작할 수가 없어서 그 결과가 단정적이지는 않지만, 임신 중의 스트레스에 대한 연구에 따르면, 스트레스가 조기분만을 유발하고 체중미달인 아기가 태어나게 하는 경향이 있었다(Dunkel-Schetter, 2011). 조기분만과 체중미달은 아기의 많은 문제와 연관되어 있다. 스트레스의 유형과 시기의 중요성은 분명하지 않지만, 만성 스트레스가 급성 스트레스보다 더 많은 손상을 주며, 임신 후기의 스트레스가 초기의 스트레스보다 더 위험하다.

천식(asthma)은 가역적인 기도(氣道)폐색, 기도염증, 여러 가지 자극에 대한 기도반응의 증가 등에 의한 호흡곤란의 특징을 갖는 호흡기 장애이다(Cohn, Elias, & Chupp, 2004). 천식의 유병률과 사망률은 최근에 유럽계 및 아프리카계 미국의 성인남녀, 어린이에게 증가 추세를 보이고 있으나 도시환경에서 살고 있는 가난한 아프리카계 미국인이 영향을 더 많이 받는다(Gold & Wright, 2005).

염증은 천식의 본질적인 부분이다. 친염증 사이토카인이 이 장애의 유발에 기본적인(아마도 인과적인) 역할을 하는 것으로 가정되고 있다(Wills-Karp, 2004). 스트레스와 면역계 간의 연계성은 스트레스가 이 장애의 유발에 역할을 하지만, 스트레스 또한 천식발작에 수반될 가능성을 제안한다(Chen & Miller, 2007).

흡연과 같은 물리적 자극이 발작을 촉발할 수 있으나, 정서적 사건과 통증 같은 스트레스원이 또한 천식발작을 자극할 수 있다(Gustafson, Meadows-Oliver, & Banasiak, 2008). 급성과 만성 스트레스 둘 다 천식이 있는 아동의 천식발작 위험을 증가시킨다. 한국의 전집 조사 연구(Oh, Kim, Yoo, Kim, & Kim, 2004)에서 더 많은 스트레스를 보고한 사람이 더 심한 천식 문제를 더 많이 경험한 것으로 나타났다. 정신 문제가 있는 부모가 도심에서 이웃으로 사는 아동은 뚜렷하게 높은 위험이 있다(Weil et al., 1999). 실험 상황에서조차 만성 스트레스가 천식에 미치는 영향은 명확하다. 사회경제적 수준이 낮은 아동은 사회경제적 수준이 높은 아동보다 급성 스트레스 후 더 많은 천식을 보였다(Chen, Strunk, Bacharier, Chan, & Miller, 2010). 따라서 스트레스는 천식발작을 촉발하는 중요한 요인이다.

류머티즘 관절염(rheumatoid arthritis)은 관절의 만성 염증질환으로, 스트레스와 관련이 있을 수 있다. 이유는 알려지지 않고 있지만, 류머티즘 관절염은 한 개인의 면역계가 자기 자신을 공격하는 자가면역장애로 생각되고 있다(Ligier & Sternberg, 2001). 이 공격은 염증을 일으키며 관절의 조직내층에 손상을 가져와서, 통증을 일으키고 유연성 및 운동성의 손실을 가져온다. 스트레스는 스트레스 호르몬과 사이토카인의 생산을 통해 자기면역장애 유발의 한 요인일 수 있다고 가정된다(Stojanovich & Marisavljevich, 2008).

스트레스가 통증민감성을 증가시키고, 대처 노력을 감소시키며, 염증 과정 자체에 영향을 줌으로써 관절염을 더 악화시킬 수 있다. 류머티즘 관절염이 있는 사람이 건강한 사람보다 스트레스에 대해 다른 코르티솔 반응을 보이는지는 명확하지 않지만, 류머티즘 관절염 환자에서 더 많은 역기능적 면역 조절을 보인다(Davis et al., 2008; de Brouwer et al., 2010). 이는 스트레스가 이 질병에 관련됨을 시사한다. 예를 들어, 류머티즘 관절염이 있는 사람은 스트레스가 많은 근무일에 더 많은 통증을 보고했다(Fifield et al., 2004). 다른 요인들도 류머티즘 관절염의 발병에 중요하나, 류머티즘 관절염의 결과로 생기는 스트레스는 삶에 부정적인 변화를 가져오고 값비싼 대처 노력을 요구한다.

스트레스와 심리장애

스트레스는 사람들의 기분을 나쁘게 할 수 있다. 어떤 사람들에게 스트레스에 대한 이런 정서반응은 단기간이다. 또 어떤 사람에게는 스트레스가 심리장애로 볼 수 있는 지속적인 정서적 어려움을 유발할 수 있다. 그래서 심리장애의 한 요인으로 스트레스에 대한 연구는 질병소인-스트레스 모형을 채택해서 스트레스와 질병을 연구하는 것에 필적한다. 이 연구는 심리장애와 관련 있는 스트레스의 원천뿐만 아니라 취약하게 만드는 요인에도 초점을 두었다. 기분 변화는 또한 면역 기능의 변화를 가져올 수 있다. 면역 기능의 변화는 몇몇 심리장애의 원인이 될 수 있다(Dantzer, O'Connor, Freund, Johnson, & Kelley, 2008; Harrison, Olver, Norman, & Nathan, 2002). 따라서 스트레스와 심리장애 간의 관계는 다른 질병과 관련된 것과 유사한 과정(면역계)을 통해 매개될 수 있다.

우울증 스트레스가 우울 증상의 발병에 기여할 수 있다는 명확한 증거가 있다. 이런 관계에 초점을 두는 많은 연구는 두 가지 질문에 답하려고 한다. 첫째, 우울증에 더 취약하게 만드는 요인은 무엇인가? 둘째, 스트레스를 우울증으로 전환시키는 신체적 기제는 무엇인가? 많은 연구는 사람들이 특히 우울증에 취약하게 만드는 요인을 찾으려한다.

비효율적인 대처는 우울증의 취약 원천 중 하나일 수 있다. 효과적으로 대처하는 사람은 생활에서 겪는 많은 스트레스 사건과 함께 우울증을 피할 수 있다. 5장에서 살펴봤듯이, 리처드 라자러스와 그의 동료들(Kanner et al., 1981; Lazarus & DeLongis, 1983; Lazarus & Folkman, 1984)은 스트레스를 환경 자극과 개인의 평가, 취약성 그리고 지각된 대처 강도의 조합으로 보았다. 이 이론에 따르면 사람들이 많은 스트레스를 받기 때문에 단지 질병에 걸리는 것이 아니라, 많은 스트레스 경험을 위협적이거나 손상을 주는 것으로 평가하고, 그들이 신체적으로나 사회적으로 그때 취약하거나 스트레스 사건에 대처할 능력이 부족하기 때문에 질병에 걸린다.

우울증의 취약성에 대한 또 다른 제안은 '점화' 가설이다(Monroe & Harkness, 2005). 이 관점은 중요한 생활 스트레스가 우울증의 발생을 자극하는 '점화' 경험을 제공한다고 주장한다. 그래서 이런 경험은 사람들을 우울증에 민감하게 하고, 미래의 스트레스 경험은 우울증 재발을 촉진하는 데 중요하지 않을 수 있다(Stroud, Davila, Hammen, & Vrshek-Schallhorn, 2011). 이 주제에 대한 메타분석 연구(Stroud, Davila, & Moyer, 2008)에서 약간의 지지를 보였다. 특히, 스트레스가 우울 삽화를 첫 번째로 예측한다는 가설에 대해 지지를 보였다.

부정적 사고방식이나 문제를 끼고 사는 경향성은 스트레스를 악화시켜 우울증을 증가시키는 생각을 더 하게 한다(Ciesla & Roberts, 2007; Gonzalez, Nolen-Hoeksema, & Treynor, 2003). 반추(부정적 사고를 곱씹는 경향)는 우울에 관련된 한 요인이다. 예컨

스트레스는 사람들을 우울에 더 취약하게 만들 수 있다.

대, 일본 대학생에 대한 종단 연구(Ito, Takenaka, Tomita, & Agari, 2006)에서 반추가 우울의 예측요인이었다. 따라서 부정적인 생각을 반복적으로 하는 것은 우울 취약성의 한 유형이다. 질병-스트레스 관점과 일관되게, 더 긍정적인 사고방식 혹은 더 적은 스트레스는 우울의 위험성을 낮춘다.

유전적 취약성은 우울증의 다른 유형의 위험요인이다. 스웨덴의 쌍생아를 대상으로 한 종단 연구(Kendler, Gatz, Gardner & Pedersen, 2007)에서, 스트레스가 어떤 환경에서만 우울증의 중요한 요인이었다. 스트레스는 초기 사건이 이후 사건보다 우울증에 더 높은 관계를 보였고, 높은 유전적 위험보다 낮은 위험을 가진 사람에게서 더 관계가 높았다. 또 다른 종단 연구(Caspi et al., 2003)에서 우울증의 발생에 유전과 환경 간의 상호작용을 발견했다. 신경전달물질 세로토닌에 관여되는 특정한 유전자 쌍을 물려받은 사람은 다른 형의 유전자 쌍을 물려받은 사람보다 우울증과 자살생각을 더 자주 유발했으나, 취약한 개인이 스트레스가 많은 생활사건을 경험했을 때만 그러했다. 이런 결과는 유전자가 우울증을 촉발하는 스트레스가 많은 생활사건과 상호작용하는 취약성의 기반을 제공함을 시사한다.

어떤 스트레스 상황은 다른 사건보다 우울증의 더 큰 위험요인으로 생각된다. 예를 들어, 만성적인 작업장 스트레스는 우울증 발생과 관련된다. 특히, 낮은 의사결정권을 가진 사람에게 그러하다(Blackmore et al., 2007). 범죄와 불법약물 사용이 일상화되어 있는 지역에 사는 것도 그러하다(Cutrona et al., 2005). 질환은 우울증과 관계가 있는 또 다른 유형의 스트레스다. 건강 문제를 경험하는 것은 아픈 사람과 돌봐주는 사람 둘 다에게 스트레스를 유발한다. 심장병(Guck, Kavan, Elsasser, & Barone, 2001), 암(Spiegel & Giese-Davis, 2003), AIDS(Cruess et al., 2003), 알츠하이머(Dorenlot, Harboun, Bige, Henrard, & Ankri, 2005)는 모두 우울증의 높은 발병률과 관련된다. 스트레스와 다양한 질병 간의 관계는 면역계를 통해 일어난다.

임상적 우울의 진단 기준을 충족하는 우울증(American Psychiatric Association, 2013)은 면역 기능의 몇몇 측정치와 관련된다. 나이가 많고 입원한 환자에게 영향이 더 크다. 게다가 우울증이 심하면 심할수록, 면역 기능의 변화는 더 클 것이다. 우울증과 면역 기능에 대한 메타분석(Zorrilla et al., 2001)에서 우울증이 면역계 기능의 많은 부분, 즉 T 세포의 감소 및 자연살해 세포의 활동 저하와 유의미한 관계가 있다는 결과를 얻었다. 우울과 감소된 면역 기능 간의 연결은 건강한 면역계가 감염에 대한 저항에 중요한 유방암 치료를 받고 있는 여성들에게서 현저했다(Sephton et al., 2009).

우울과 감소된 면역계 간의 이런 연결은 장기적인 스트레스가 친염증 사이토카인을 통해서 면역계의 조절을 파괴할 때 일어난다(Robles, Glaser, & Kiecolt-Glaser, 2005). 면역계에 의한 친염증 사이토카인의 방출(Anisman, Merali, Poulter, & Hayley, 2005; Dantzer et al., 2008)은 신호를 신경계로 보내 피로, 무관심, 즐거움의 상실을 유발한다. 사이토카인 생성은 우울할 때 증가하고, 사이토카인 증진 치료를 받고 있는 사람은 또한 우울 증상을 경험한다. 따라서 몇몇 일련의 증거는 우울증에서 사이토카인의 역할을 지지한다. 실로, 뇌는 사이토카인을 스트레스원으로 해석할 수 있다(Anisman et al., 2005). 이것은 환경 스트레스원과 상호작용하여 우울증의 위험을 증가시킨다.

불안장애 불안장애는 여러 가지 공포와 공황장애(phobias)를 포함하는데, 종종 회피행동을 일으킨다. 이 정의에는 공황발작, 광장공포증(agoraphobia), 일반화된 불안, 강박장애, 외상 후 스트레스 등이 포함된다(American Psychiatric Association, 2013). 이 절에서는 스트레스를 불안 상태의 가능한 원인으로 본다.

정의상 스트레스와 관련된 불안장애로 **외상 후 스트레스 장애**(PTSD: posttraumatic stress disorder)가 있다. 『정신장애의 진단 및 통계 편람(Diagnostic and Statistical Manual of Mental Disorders)』(5판, American Psychiatric Association, 2013)에서는 PTSD를 "하나 혹은 그 이상의 외상 사건에 노출된 후 나타나는 특징적인 증상의 발생"(p. 274)이라고 정의한다. PTSD는 또한 자신의 신체적 보존에 대한 위협을 받거나, 다른 사람의 심각한 상해, 죽음, 신체적 보존이 위협받는 모습을 목격하거나, 가족이나 친구의 죽음이나 상해에 대해 알게 되는 경우에도 발생할 수 있다. 외상적 사건에 종종 전투가 포함되지만, 성적 공격, 신체적 공격, 강도, 그 밖의 개인적인 폭력적 공격 등도 PTSD를 일으킬 수 있다.

PTSD의 증상에는, 외상 사건이 반복적이고 침투적으로 기억나고, 그 사건을 재연하는 고통스러운 꿈을 반복적으로 꾸며, 극단적인 심리적 및 생리적 스트레스를 경험하는 것이 포함된다. 원래의 외상적 사건을 닮거나 상징하는 사건, 혹은 그 사건의 기념일이 증상을 격발시킬 수 있다. PTSD가 있는 사람들은 그 사건과 관련된 생각, 느낌 혹은 대화를 피하려고 하며, 격심한 고통을 일으킬 수 있는 어떠한 사람이나 장소도 피하려고 한다. 미국 일반 인구에서 PTSD의 평생 유병률은 약 7%이다(Kessler et al., 2005).

그러나 외상 사건을 경험하는 대부분의 사람은 PTSD를 유발하지 않고(McNally, 2003), 연구자들은 PTSD의 위험요인들을 찾았다. 처음에는 PTSD를 전쟁 스트레스에 대한 반응으로 보았다. 지금은 많은 유형의 경험이 PTSD의 잠재적 위험요인으로 고려된다. 범죄 피해자(Scarpa, Haden, & Hurley, 2006), 테러분자의 공격(Gabriel et al., 2007), 가정폭력 또는 성적 학대(Pimlott-Kubiak & Cortina, 2003), 자연재앙(Dewaraja & Kawamura, 2006; Norris, Byrne, Diaz, & Kaniasty, 2001)의 피해자는 취약하다. 인간적인 요인과 생활환경이 PTSD의 발병에 관계된다(McNally, 2003). 이전의 정서적 문제처럼, 빈약한 사회적 지원이 외상에 노출된 사람의 PTSD 발병에 있어 위험요인이다(Ozer, Best, Lipsey, & Weiss, 2003).

PTSD에 취약하게 만드는 경험들에는 남성보다 여성이 경험하는 사건들이 더 많고, 여성은 이 장애의 증상을 보이기가 더 쉽다(Pimlott-Kubiak & Cortina, 2003). 또한 히

 더욱 건강해지기

스트레스는 건강한 생활양식을 유지하려는 사람의 좋은 의지를 쇠퇴시킬 수 있다. 스트레스는 건강에 해로운 음식을 먹고, 담배를 피우고, 술을 마시며, 잠을 설치게 하고, 운동을 피하게 하는 원인이 될 수 있다. 다이앤 타이스(Dianne Tice)와 그녀의 동료들에 따르면(Tice, Bratslavsky, & Baumeister, 2001), 스트레스가 많은 사람이 충동적으로 행동하는 경향이 있다. 이 연구자들은 사람들이 스트레스 상황에 놓일 때는 기분을 더 좋게 하는 행동을 하는데, 이런 행동 중에는 고지방식과 고당질간식을 먹는 것과 같은 건강을 위협하는 행동도 있음을 보고했다. 스트레스는 또한 어떤 사람이 담배를 피거나(끊지 않거나), 술을 마시거나, 불법약물을 사용하는 데 대한 합리화 수단이다.

이런 탐닉 가운데 몇몇은 일시적으로 기분을 더 좋게 만들 수 있지만, 일부는 나쁜 선택이다. 건강한 생활양식을 유지하는 것이 더 좋은 선택이다. 사람들은 건강에 이로운 음식을 먹고, 운동을 하고, 친구나 가족과 긍정적인 상호작용을 하며, 충분히 잠을 잘 때 기분이 더 좋다. 실제로 이런 방법은 면역계에 좋을 수 있다. 사회적 고립은 면역 기능을 저하시키지만(Hawkley & Cacioppo, 2003), 사회적 지원은 충분히 수면을 취하는 것(Lange, Dimitrov, & Born, 2011)과 같이 면역 기능을 증가시킨다(Miyazaki et al., 2003). 따라서 스트레스를 많이 느낄 때, 건강에 해로운 행동에 탐닉하고 싶은 유혹에 저항하라. 대신, 친구나 가족과 시간을 함께 보내고, 잠을 충분히 자고, 스포츠나 기타 신체활동을 하는 등 건강에 이로운 탐닉을 즐기도록 하라.

스패닉계 미국인은 다른 인종 집단보다 PTSD에 더 취약하다(Pole, Best, Metzler, & Marmar, 2005). 이 장애는 성인에게 한정되지 않는다. 폭력의 피해자나 폭력을 관찰하는 아동과 청소년이 고위험에 있다(Griffing et al., 2006). PTSD는 의학적인 장애의 위험을 높이는데, PTSD가 면역계에 영향을 미치기 때문이다. PTSD는 면역계의 지속적인 억제를 가져오고, 친염증 사이토카인을 증가시킨다(Pace & Heim, 2011).

스트레스와 기타 불안장애들 간의 관계는 덜 명확한데, 아마도 불안과 우울증이 중복되는 부분이 있기 때문일 것이다(Suls & Bunde, 2005). 부정적 정서의 증상을 해결하는 것은 연구자들에게 문젯거리가 되고 있다. 그러나 중국에서 수행된 한 연구(Shen et al., 2003)는 범불안장애가 있는 사람이 심리장애가 없는 사람보다 더 많은 스트레스를 받는 생활사건을 보고했다. 더욱이 불안을 가진 사람은 더 낮은 면역계 기능을 보였다. 따라서 스트레스는 불안장애에 역할을 하고, 그 경로는 면역계에 대한 영향을 통해 이루어질 수 있다.

요약

스트레스와 질병 간에 관련이 있다는 증거는 많지만, 스트레스 생활사건이나 일상의 골칫거리와 질병 간의 관계는 간접적이고 복잡하다. 질병소인-스트레스 모형은 취약성이 없다면 스트레스는 질병을 일으키지 않는다고 가정한다. 스트레스와 다양한 질병에 대한 많은 연구는 이 관점과 일치한다. 스트레스는 두통, 감염질병을 포함한 몇몇 신체장애의 유발에 역할을 담당한다. 스트레스와 심장병 간의 관계에 대한 증거는 복잡하다. 스트레스는 고혈압의 직접적인 원인이 되지 않으나, 어떤 사람은 스트레스에 높은 심장 반응성을 보이며 이것이 심혈관계 질환의 유발 원인일 수 있다. 차별받은 경험은 반응성에서 한 요인으로 시사된다. 스트레스는 또한 당뇨, 천식, 류머티즘 관절염, 조산 같은 질병의 한 요인이다. 스트레스가 면역계와 사이토카인 관여에 미치는 영향이 이런 모든 관계의 바탕일 수 있다.

우울증은 취약한 사람들의 스트레스 생활사건 경험과 관련이 있다. 그러나 취약하지 않은 사람에서는 그렇지 않다. 이런 취약성의 원천은 유전적일 수 있지만, 경험과 태도 또한 높은 취약성의 원인이 될 수 있다. 정의상, 외상 후 스트레스 장애는 스트레스와 관련되지만, 외상을 경험하는 대부분의 사람은 이 장애를 유발하지 않을 수 있다. 따라서 취약성은 스트레스가 불안장애의 발병에 미치는 영향의 한 요인이기도 하다.

 해답　이 장에서는 다음의 세 가지 문제를 다루었다.

1. 면역계는 어떻게 기능하는가?

면역계는 박테리아, 바이러스, 균류와 같은 외부의 이물질로부터 신체를 보호하는 조직, 기관, 기능으로 구성된다. 면역계는 모든 침입자를 공격할 수 있는 불특정 반응과 특정한 침입자의 공격에 맞게 설정된 특정 반응의 두 가지 반응을 갖추고 있다. 또한 면역계는 결핍되었을 때(예: 에이즈의 경우)나 혹은 지나치게 활동적일 때(예: 알레르기와 장기이식의 경우) 문제를 일으키는 원인이 되기도 한다.

2. 심리신경면역학 분야는 행동과 질병을 어떻게 관련짓는가?

심리신경면역학 분야는 행동, 면역계, 중추신경계, 내분비계 간의 관계를 발견함으로써 행동과 질병을 관련지을 수 있게 되었다. 심리적 요인이 면역 기능을 억제할 수 있는데, 관련 연구에서는 이러한 요인이 면역계의 억제 및 생리적 증상의 심각성과 관련이 있음을 보여주고 있다.

3. 스트레스는 질병을 일으키는가?

연구는 스트레스와 질환이 관련되지만, 질병소인-스트레스 모형이 주장하는 바와 같이, 개인은 질병을 일으키는 스트레스에 대한 취약성을 가지고 있다. 스트레스는 두통과 감염질병의 중간 정도의 위험요인이다. 심장병에서 스트레스의 역할은 복잡하다. 스트레스에 대한 반응성이 고혈압과 심혈관계 질환의 유발에 관련될 수 있다. 대부분의 궤양은 스트레스보다 박테리아 감염에 기인할 수 있다. 스트레스는 심리장애와 기분장애의 원인이 될 수 있는 많은 요인 가운데 하나일 수 있지만, 스트레스가 이런 장애의 발병에 영향을 미치는 경로는 면역계일 수 있다.

더 읽을거리

Cohen, S. (2005). Keynote presentation at the eighth International Congress of Behavioral Medicine. *International Journal of Behavioral Medicine, 12*(3), 123-131. 셀턴 코헨은 스트레스에 대한 뛰어난 연구와 감염질병에 대한 취약성을 요약하여 제시한다.

Irwin, M. R. (2008). Human psychoneuroimmunology: 20 years of discovery. *Brain, Behavior, and Immunity, 22*, 129-139. 심리신경면역학 분야에 대한 최근의 개관으로, 면역계를 살펴보고 인간에게서 심리사회적 요인, 면역계 반응, 질병의 발병 간의 관계에 대한 연구를 소개한다.

Robles, T. F., Glaser, R., & Kiecolt-Glaser, J. K. (2005). Out of balance: A new look at chronic stress, depression, and immunity. *Current Directions in Psychological Science, 14*, 111-115. 이 짧은 논문은 만성 스트레스에 대해 살펴보고, 면역계를 통해 우울증 간의 관계를 가정한다.

통증의
이해와 관리

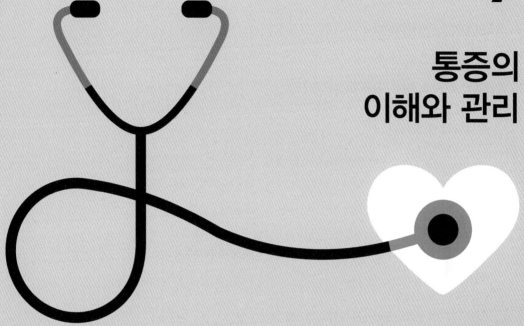

**문제
제기**

이 장에서는 다음의 다섯 가지 기본적인 문제를 주로 다룬다.

1. 신경계는 어떻게 통증을 등록하는가?
2. 통증의 의미는 무엇인가?
3. 어떤 유형의 통증이 가장 큰 문제점을 나타내는가?
4. 통증을 어떻게 측정할 수 있는가?
5. 어떤 기법이 통증 관리에 효과적인가?

거의 모든 사람이 통증을 경험하지만, 많은 상이한 방식으로 경험합니다. 다음 질문은 당신의 삶에서 통증이 하는 역할을 이해하게 해줄 것입니다. 응답할 때, 지난달에 경험한 가장 현저했던 통증을 생각하거나 만성 통증을 갖고 있다면 마음속에 그 통증을 생각하면서 평가하세요.

1. 통증이 얼마나 지속되었는가?

　　_____ 시간 _____ 분

2. 통증이 만성이라면, 얼마나 자주 일어나는가?
   - ☐ 한 달에 한 번 미만
   - ☐ 한 달에 한 번
   - ☐ 한 달에 두세 번
   - ☐ 일주일에 한 번
   - ☐ 일주일에 두세 번
   - ☐ 매일
   - ☐ 거의 매일 대부분

3. 통증을 경감시키기 위해 무슨 일을 했는가? (해당하는 항목에 모두 체크할 것)
   - ☐ 처방 약 먹기
   - ☐ 이완되려고 노력하기
   - ☐ 통증으로부터 주의를 분산시키기 위한 뭔가를 하기
   - ☐ 처방 외의 약 먹기
   - ☐ 통증을 무시하려고 노력하기

4. 당신의 통증이 얼마나 심각한지 아래에 표시하시오.

   전혀 그렇지 않음　　　　　　　　　　　　　　　　　　　　　　　참을 수 없음

0	10	20	30	40	50	60	70	80	90	100

5. 통증이 일상생활을 어느 정도나 방해하는지를 아래에 표시하시오.

   전혀 그렇지 않음　　　　　　　　　　　　　　　　　　　　　　　참을 수 없음

0	10	20	30	40	50	60	70	80	90	100

6. 통증을 경험할 때 당신 주변 사람들은 어떻게 하는가? (해당하는 항목에 모두 체크할 것)
   - ☐ 많이 동정해줌
   - ☐ 나를 위해 내 일을 해주었음
   - ☐ 내가 정상적인 책임을 이행할 수 없을 때 불평했음
   - ☐ 나를 무시함
   - ☐ 나의 정상적인 책임을 덜어주었음

위의 문항에 모두 응답하고 나면, 당신은 자신의 통증 경험에 대해 뭔가를 알 수 있을 것입니다. 이 평가 항목들 중의 일부는 이 장 후반부에 있는 '통증의 측정'에 기술되어 있는 표준화된 통증 척도의 일부와 유사합니다.

실제 사례 | 아론 랄스톤

"내 팔이 절단되자 나는 웃었어요. 자유로워져서 고마웠어요." – 아론 랄스톤(Aron Ralston), 27세

2003년 4월, 유타주의 멀리 떨어진 지역에서 혼자 하이킹을 하던 아론 랄스톤이 한 협곡 벽에 기댔을 때 360kg의 바위가 쏟아져 내렸는데, 거기에 그의 오른쪽 팔이 꼼짝 못 하게 끼어버렸다. 아론은 자신의 하이킹 계획에 관해 누구에게도 말하지 않았고, 휴대폰도 가져가지 않았다. 바위를 움직일 방법이 없어서, 아론은 오도 가도 못 하게 되었다. 그 바위에서 팔을 빼내고자 애쓴 지 5일이나 지난 뒤 아론은 비장한 깨달음에 도달했는데, 바로 자신의 팔을 잘라내야만 생명을 구할 수 있겠다는 것이었다. 음식도 물도 없고, 구조될 가망성도 전혀 없었기 때문에, 이것이 그가 살아남을 수 있는 유일한 방법이었다.

자신의 팔을 잘라내기 위해 아론은 먼저 자신의 체중을 이용하여 팔뚝의 뼈를 부러뜨렸다. 그런 다음 작고, 날이 무딘 주머니칼을 사용하여 살점과 근육, 힘줄

을 베어냈다. 경험 많은 야외 스포츠 애호가인 아론은 다량 출혈을 막기 위해, 잘라내고 남은 부위에 자신의 이빨과 다른 쪽 팔을 사용해서 지혈대를 단단히 묶었다. 그 바위에서 자유로워진 뒤에도, 아론은 마침내 구조될 때까지 몇 시간이나 더 걸어야 했다.

아론은 통증을 경험했을까? 분명히 그랬을 것이다. 아론은 인터뷰를 통해 다음과 같이 말했다. "나는 자유로워지고 싶었어요. 내 가족과 함께 있고 싶었어요. 그래서 필요한 일은 무엇이든지 해야 하는 그런 경우였어요. 나는 상처를 내고 있었어요. 나는 그것을 알고 있었어요. 통증은 상관이 없었어요."(Rollings, 2011)

뇌와 신체 간의 복잡한 상호작용은 통증 연구에서 그렇듯 명백하진 않다. 통증 없는 삶이 멋질 것이라고 생각할 수도 있을 것이다. 그렇지만 통증은 생존에 필수적이며 기본적인 역할을 한다. 통증은 신체가 상해에 주의를 기울이는 방식이다.

통증에 대한 선천적 무감각(congenital insensitivity to pain)으로 불리는 희귀한 유전 장애를 가진 사람들은 통증을 느낄 수 없다. 그래서 이 사람들은 주의 깊게 모니터해야만 한다. 이들은 종종 골절, 혀 깨뭄, 베이는 것, 화상, 감염 같은 심각한 상해를 겪는다. 이 장애를 가진 사람들은 비교적 젊은 나이에 죽는데, 통증이 제공해주는 경고 신호에 조금만 주의를 기울이면 치료되었을 수도 있는 건강 문제 때문이다.

경우에 따라서는 만성 통증으로 고통을 겪고 있는 사람들과 같이, 통증은 뚜렷한 이유 없이 존재할 수도 있다. 환상 사지 통증과 같은 더 극단적인 경우에서, 사람들은 존재하지도 않는 신체 부위에서 통증을 경험한다! 그렇지만 대부분의 사람들에게서 통증은 가능하면 언제라도 회피해야 할 불쾌하고 불편한 경험이다. 사람들의 통증에 대한 신념은(참기 어려운 고통을 견디는 것만이 자신의 유일한 생존 희망이었던 아론 랄스톤의 신념과 같은) 자신의 통증 경험에 영향을 미치는가? 이 장에서는 이러한 통증에 대한 많은 비밀을 탐구해본다. 먼저, 신경계가 통증을 어떻게 등록하는지를 검토해보자.

통증과 신경계

모든 감각 정보는 신체 표면 또는 근처에 있는 감각 수용기에서 시작된다. 이 수용기는 빛, 소리, 열, 압력과 같은 물리적 에너지를 신경충동으로 변화시킨다. 우리는 어떤 감각을 통해서든 통증을 느낄 수 있으나, 우리가 통증이라고 생각하는 대부분은 피부와 근육의 자극에서 기원한다.

신경충동은 말초신경계의 일부인 피부와 근육에서 기원한다. 뇌와 척수로 구성된 중추신경계 외의 모든 신경세포는 말초신경계의 일부이며, 말초신경계에서 기원된 신경충동은 척수와 뇌로 간다. 따라서 수용기로부터 뇌로 가는 신경충동 통로를 추적할 수가 있다. 이 통로를 추적하는 것은 통증의 생리학을 이해하는 한 방식이다.

체성감각계

체성감각계(somatosensory system)는 신체에서 뇌로 감각 정보를 전달한다. 피부 표면에 도달해서 근육을 돕는 모든 말초신경계 신경세포는 체성신경계의 일부이다. 감각 정보를 해석하여 사람들은 신체 및 운동에 대한 감각과 지각이 가능하다. 체성감각계는 접촉, 가볍고 강한 압력, 추위, 따뜻함, 간지러움, 운동 및 신체 위치를 포함하는 여러 가지 감각을 구성한다.

구심성 뉴런   구심성 뉴런은 세 가지 유형의 뉴런(구심성 뉴런, 원심성 뉴런, 사이신경세포) 중의 하나이다. **구심성(감각) 뉴런**(afferent neuron)은 감각기관의 정보를 뇌로 전달한다. **원심성(운동) 뉴런**(efferent neuron)의 작용은 기관 또는 선의 자극이나 근육 운동의 결과이다. **사이신경세포**(interneuron)는 감각과 운동신경을 연결한다. 감각기관은 **일차 구심성 뉴런**(primary afferent)이라고도 불리는 구심성 뉴런을 포함하는데, 이는 신체 에너지를 신경충동으로 전달한다. 이러한 수용기를 통해, 우리는 신경충동의 형태로 세상에 대한 정보를 얻을 수 있다. 구심성 뉴런은 이 정보를 척수로 전달하며, 뇌에서 이 정보가 처리되고 해석된다.

통증에의 관여   통증 수용(nociception)이란 통증을 초래하는 감각신경세포의 자극을 일컫는다. 피부는 가장 큰 감각기관이며, 피부와 기관에 있는 수용기(**통증 수용기**(nociceptors)라고 불림)는 뜨거운, 차가운, 눌러서 뭉개는, 베이는, 타는 듯한 등의 조직 손상을 일으킬 수도 있는 여러 유형의 자극에 반응할 수 있다.

감각 정보(통증 수용 포함)를 전달하는 일부 뉴런은 **수초**(myelin)로 덮여 있으며, 절연작용을 하는 지방질로 되어 있다. 수초화된 구심성 뉴런은 A 섬유라고 불리며, A 섬유는 수초화되지 않은 **C 섬유**(C fiber)보다 더 빠르게 신경충동을 전달한다. 또한 뉴런은 크기가 각기 다른데, 더 큰 것이 작은 것보다 더 빠르게 신경충동을 전달한다. 두 가지 유형의 A형 섬유인 큰 **A 베타 섬유**(A-beta fiber)와 좀 더 작은 **A 델타 섬유**(A-delta fiber)가 통증 지각에 중요하다. 수초화된 큰 A 베타 섬유는 수초화되지 않은 작은 C 섬유보다 100배 더 빠르게 신경충동을 전달한다(Melzack, 1973). 그렇지만 C 섬유는 훨씬 더 흔하며, 모든 감각 구심성 세포의 60%가 C 섬유이다(Melzack & Wall, 1982). A 베타 섬유는 조금만 자극해도 쉽게 흥분하는 반면, C 섬유는 좀 더 많은 자극이 요구된다. 따라서 이들 상이한 유형의 섬유들이 상이한 자극에 반응한다(Slugg, Meyer, & Campbell, 2000). A 델타 섬유의 자극은 날카롭거나 뜨끔뜨끔 쑤시는 '빠른' 통증을 일으키는 데 반해, C 섬유의 자극은 흔히 타는 듯하거나 무디게 아픈 더 느린 감각을 일으킨다(Chapman, Nakamura, & Flores, 1999).

척수

척추에 의해 보호되는 척수는 감각 정보를 뇌로 보내고, 운동 정보를 내려보내는 길이다. 척수는 또한 척수 반사를 산출한다. 척수가 손상되면 감각 정보나 운동 정보 또는 이 둘의 흐름을 방해할 수 있는데, 영구 손상을 가져오지만 척수 반사는 완전한 채로 두어진다. 그렇지만 척수의 가장 중요한 역할은 감각 정보가 상행하고, 운동 메시지가

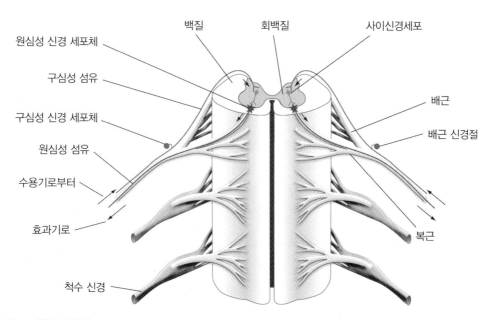

그림 7.1 척수의 단면도

출처: *Human Physiology: From cells to systems* (4th ed.), by L. Sherwood, 2001, p. 164. SHERWOOD, *Human physiology*, 4E. © 2001 Cengage Learning.

하행하는 통로를 제공하는 것이다.

구심성 섬유는 피부를 출발한 후 함께 집단을 이루며, 이 집단화가 신경을 형성한다. 신경은 전적으로 구심성이거나, 원심성이거나, 아니면 양쪽이 혼합되어 있다. 척수 바로 바깥에서 각 신경다발은 2개의 가지로 나뉜다(그림 7.1 참조). 감각신경 속은 뇌를 향해 정보를 흘리는데, 척수의 배측(등 쪽)으로 들어간다. 뇌로부터 나온 운동 신경 속은 척수의 복측(위 쪽)에 있다. 척수의 각 측면에서 배근(dorsal root)은 배근 신경절에서 부풀어 오르는데, 일차성 구심성 뉴런의 세포체를 포함한다. 뉴런 섬유는 척수의 **배측 돌기**(dorsal horn)로 확장된다.

배측 돌기는 여러 층, 즉 **얇은 층**(laminae)을 포함한다. 일반적으로 섬유가 클수록 작은 섬유보다 더 깊은 층으로 들어간다(Melzack & Wall, 1982). 층 1과 2에 있는 세포는 작은 A 델타 및 C 섬유로부터 정보를 받으며, 이 두 층은 **교량질**(substantia gelatinosa)을 형성한다. 로널드 멜작(Ronald Melzack)과 피터 월(Peter Wall)(1965)은 교량질이 감각 입력 정보를 조절한다고 가정했는데, 이 가설은 피부로부터 오는 많은 구심성 뉴런이 그 안에서 종착을 하고, 좀 더 낮은 층에서 투사를 받으므로 합리적인 것 같다(Chapman et al., 1999). 다른 층도 역시 뇌로부터 내려가는 섬유와 다른 층들의 섬유와 마찬가지로 A 섬유 및 C 섬유로부터 투사를 받는다. 그러한 상호연결은 감각 입력과 뇌에서의 신경 정보의 중추적 처리 간의 상호작용을 정교화하도록 해준다.

뇌

시상(thalamus)은 척수에 있는 세 가지 구심성 뉴런 체계 모두로부터 정보를 받는다. 시상에서 연결을 이룬 후에, 정보는 뇌의 다른 부분으로 보내지는데, 대뇌피질에 있는 **체성감각 피질**(somatosensory cortex)이 포함된다. 일차 체성감각 피질은 시상으로부터 정보를 받는데, 피부의 전체 표면을 체성감각 피질상에 지도화하도록 해준다. 그렇지만 피부의 모든 영역이 동일하게 표시되는 것은 아니다. 그림 7.2의 상부는 일차적인 체성감각 피질의 영역이 신체의 여러 영역에 할당되어 있음을 보여준다. 특히 수용기가 풍부한 영역은 수용기가 빈약한 영역보다 체성감각 피질을 점유하는 양이 많다. 예를 들면, 손은 등보다 체성감각 피질에서 더 많은 부분을 점유한다. 등에 피부가 더 많음에도 불구하고, 수용기가 손에 더 많기 때문에 뇌에 더 많은 영역이 이들 수용기가 공급하는 정보를 해석하는 데 몰두할 수 있다. 이러한 수용기의 풍부성은 또한 손이 좀더 민감함을 의미하며, 손은 등이 할 수 없는 자극을 감각할 수 있음을 의미한다.

피부 표면의 통증 위치를 파악하는 능력은 내부 기관에 대한 위치 파악 능력보다 더 정확하다. 내적 자극도 통증을 포함한 감각을 일으킬 수 있지만, 내장은 피부에서와

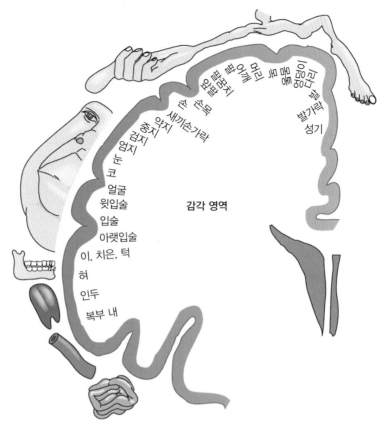

그림 7.2 대뇌피질의 체성감각 영역

같은 방식으로 뇌에 지도화되어 있지 않으므로, 내적 감각의 위치를 파악하는 것은 훨씬 덜 정확하다. 내장기관의 강한 자극은 피부 감각을 전달하는 통로로 신경 자극을 확산할 수 있는데, 내장 통증을 피부 표면에 기원을 둔 것으로 지각할 수 있다. 이러한 유형의 통증을 **관련통**(referred pain)이라고 하는데, 통증 자극이 기원을 두고 있는 부위 외의 신체 부위에서 통증을 경험하게 될 때 그렇게 부른다. 예를 들면, 위쪽 팔에 통증을 느끼는 사람은 이 감각을 심장과 연합시키지 않을 수도 있는데, 심지어 심장발작이 이런 종류의 통증을 일으킬 수 있더라도 그렇다.

양전자 방출 단층촬영법(PET: positron emission tomography)과 기능 자기공명 영상법(fMRI: funtional magnetic resonance imaging)의 발달로 연구자들은 사람들이 통증을 경험할 때 뇌에서 무엇이 일어나는지를 연구할 수 있게 되었다. 이 기법들은 통증 수용기의 활성화 동안에 신경학적 활동을 확인했으나, 통증이 뇌를 어떻게 활성화하는지에 대한 복잡한 영상을 비치고 있는 것이다(Apkarian, Bushnell, Treede, & Zubieta, 2005). 특정 통증 자극에 대한 뇌 반응을 다룬 연구들은 일차 및 이차 체성감각 대뇌

피질을 포함하며, 전엽 대상 피질, 시상 및 뇌의 더 하부에 있는 소뇌 등 많은 뇌 영역에서 활성화를 보여주었다(Buffington, Hanlon, & McKeown, 2005; Davis, 2000). 이 복잡성에 더하여 감정반응도 일반적으로 통증 경험을 동반하는데, 뇌 영상 연구들은 사람들이 통증을 경험할 때 감정과 연합된 뇌 영역에서의 활성화를 지적하고 있다(Eisenberger, Gable, & Lieberman, 2007; '믿을 수 있을까요?' 글상자 참조). 따라서 PET과 fMRI를 사용하고 있는 뇌 영상 연구들은 뇌의 '통증 센터'를 밝히지 못했다. 오히려 이들 연구는 통증 경험이 뇌에서 다양한 활성화를 일으키는데, 하부 뇌에서부터 전뇌의 여러 센터까지의 범위에 걸쳐 일으킨다는 것을 보여주었다.

믿을 수 있을까요?

정서적 통증과 신체적 통증은 대부분 뇌에서 똑같다

사회적 따돌림은 고통스럽다. 사람들은 사회적 따돌림 경험을 묘사할 때 '정서적으로 상처받는', '모욕을 느끼는', '몹시 마음이 상한', '으깨진' 같은 구절을 사용한다(MacDonald & Leary, 2005). 이는 영어를 사용하는 사람들이나 독일어, 히브리어, 아르메니아어, 광동어, 이뉴잇어를 사용하는 사람들이나 다 똑같다.

사람들이 사회적 통증을 신체적 통증과 유사한 방식으로 생각하는 것은 우연의 일치가 아니다. 기능 자기공명 영상법(fMRI)을 사용하여, 나오미 아이젠베르거(Naomi Eisenberger)와 그녀의 동료들(Eisenberger & Lieberman, 2004; Eisenberger, Lieberman, & Williams, 2003)은 '상처받았다는' 느낌을 받은 사람들의 뇌 활동을 조사했는데, 인간의 뇌는 정서적 통증과 신체적 통증에 유사한 방식으로 반응한다는 사실을 밝혀내었다. 이 연구의 참가자들은 자신의 뇌가 fMRI 스캐너로 영상화되는 동안 '사이버 볼'이라는 가상현실 공 던지기 게임 경험을 했다. 게임을 하는 동안에, 연구자들은 참가자를 다른 두 경기자가 결정했다고 믿게 함으로써 게임을 그만두도록 배제시켰다. 이 배제는 사회적 따돌림을 나타내는 것이었는데, 사람들이 상처받았다고 느끼게 되는 유형의 상황이었다.

아이젠베르거와 그녀의 동료들(2003)은 앞쪽 대상 피질과 오른쪽 복측 전전두 피질이 모두 사회적 따돌림 동안에 더 활성화됐음을 발견했다. 중요하게도, 뇌의 이 두 영역 또한 사람들이 신체적 통증을 경험할 때 더 활성화된다. 더욱이, 앞쪽 대상피질의 활성화 수준은 참가자들의 디스트레스 평정과 상관이 있었다. 즉, 사회적 따돌림의 경험이 신체적 통증 경험과 유사한 방식으로 뇌 활동에 영향을 미쳤는데, 두 가지 유형의 통증이 뇌에서는 유사하다는 사실을 시사해준다.

만약 사회적 통증과 신체적 통증이 유사한 패턴의 뇌 활성화로 이끈다면, 신체적 통증을 없애주는 알약이 사회적 통증도 없애줄 수 있을까? 아세트아미노펜(acetaminophen, 상표명이 타이레놀로 알려진)은 중추 신경계에 작용을 하는 진통제이다. 네이선 디월(Nathan DeWall)과 동료들(Dewall et al., 2010)은 아세트아미노펜이 사람들의 사회적 통증 보고를 감소시켜주는지 여부를 조사했다. 이 연구자들은 젊은 성인들을 3주 동안 매일 아세트아미노펜을 복용하거나 플라세보 알약을 복용하도록 무선적으로 할당했다. 아세트아미노펜 알약을 복용한 참가자들은 그 3주가 지나자 플라세보 알약을 복용한 참가자들보다 사회적 통증(괴롭힘을 당함으로써 상처받는 느낌 같은)을 덜 보고했다! fMRI 추적 연구에서, 이 연구자들은 부가적으로 '사이버 볼' 게임 동안 사회적으로 따돌림을 받기 이전에 아세트아미노펜을 복용했던 참가자들은 플라세보 알약을 복용한 참가자들보다 앞쪽 대상피질에서의 활동을 덜 보고했음을 보여주었다.

따라서 사회적 통증과 신체적 통증 간에는 많은 유사성이 있을 수도 있다. 당신의 의사는 조만간에 두통 그리고 마음통, 둘 다의 치료약으로 두 가지 타이레놀을 처방할 것인가?

신경전달물질과 통증

신경전달물질은 뉴런에서 합성되고 저장된 화학물질이다. 신경전달물질의 방출은 뉴런 사이의 공간인 시냅스 틈으로 신경충동을 이동하게 한다. 전기적인 활동전위가 뉴런에서 신경전달물질이 방출되도록 하는데, 뉴런 사이의 공간인 시냅스 틈을 가로질러 신경충동을 전달한다. 시냅스 틈을 가로질러 흐른 후에는, 특정한 수용기 지점을 차지함으로써 다른 뉴런에 작용한다. 각각은 열쇠가 자물쇠에 맞는 것과 같은 방식으로 특수화된 수용기 지점에 맞는데, 적절하게 맞지 않으면 신경전달물질은 신경세포에 영향을 미치지 않는다. 충분한 양의 신경전달물질은 자극된 신경세포에 있는 활동전위의 형성을 촉진한다. 많은 상이한 신경전달물질이 존재하며, 각각은 활동을 일으키는 능력이 있다.

1970년대에 연구자들(Pert & Snyder, 1973; Snyder, 1977)은 뇌의 신경화학물질이 통증 지각에 어떤 역할을 한다는 사실을 증명했다. 이러한 인식은 약물이 어떻게 뇌가 통증 지각을 변경시키는 데 영향을 미치는가를 조사함으로써 생기게 되었다. 뇌에 있는 수용기는 아편제에 민감한데, 이는 양귀비의 아편에서 추출된 모르핀과 코데인 같은 진통제이다. 이러한 발견은 아편이 통증을 경감시키는 방식을 설명하는데, 이들 약물이 뇌 수용기에 들어맞으며, 뉴런 활동을 조절하고, 통증 지각을 변경시키는 것이다.

뇌에 있는 아편 수용기의 발견은 다음과 같은 또 다른 의문을 제기했다. 왜 뇌는 아편에 반응하는가? 일반적으로 뇌는 선택적으로 들어올 수 있는 분자를 허용했다. 자연적으로 발생하는 신경화학물질과 유사한 일부 물질만이 뇌에 들어올 수 있다. 연구자들은 곧 이 질문에 대한 답을 내놓기 시작했다(Goldstein, 1976; Hughes, 1975). 그들은 자연적으로 발생한 물질이 아편제와 유사한 성질을 갖고 있음을 발견했다. 이러한 발견은 **엔도르핀**(endorphin), 엔케팔린(enkephalin), 디놀핀(dynorphin)처럼 아편과 같은 효과를 가지는 신경화학물질을 확인하는 연구들을 촉진했다. 이 신경화학물질들은 통증을 조절하는 뇌 기제 중의 하나로 보인다. 스트레스, 암시 및 뇌의 전기 자극은 모두 이들 엔도르핀 방출을 촉발할 수 있다(Turk, 2001). 따라서 모르핀과 같은 아편제 약물은 뇌가 아편이 자극하는 자신의 통증 경감계를 갖고 있기 때문에 통증 경감에 효과적인 것 같다.

신경화학물질도 통증을 일으키는 데 관여하는 것 같다. 신경전달물질인 글루타메이트(glutamate)와 물질 P(substance P)는 브래디키닌(bradykinin)과 프로스타글란딘(prostaglandin) 같은 화학물질과 더불어 통증 메시지를 중계하는 뉴런을 민감하게 하거나 흥분시킨다(Sherwood, 2001). 글루타메이트와 물질 P는 척수에서 작용하는데, 통증과 관련된 신경흥분을 증대시킨다. 브래디키닌과 프로스타글란딘은 조직 손상으로 방출되는 물질로, 이것들은 통증 수용기를 계속 자극하여 통증 경험을 연장시킨다.

더욱이, 면역계에 의해 산출되는 단백질인 전염증성 사이토카인(proinflammatory cytokine)이 통증에 관여된다(Watkins et al., 2007; Watkins & Maier, 2003, 2005). 감염과 염증은 이들 사이토카인을 방출하도록 면역계를 촉진하는데, 이것이 신경계에 신호를 보내고, 병과 연합된 일정 범위의 반응을 산출하는데, 활동 감소, 피로 증가, 통증 민감성 증가가 포함된다. 사실, 이들 사이토카인은 일차 구심성 신경으로부터 감각 메시지를 중재하는 척수의 배측 돌기에서의 조직을 민감화시킴으로써 만성 통증을 심화시킨다(Watkins et al., 2007). 따라서 신체에 의해 산출되는 신경전달물질과 기타 화학물질의 작용은 복잡한데, 통증 경험을 증가시키기도 하고 감소시키기도 하는 잠재성을 지니고 있다.

통증의 조절

중뇌수도 주변 회백질(periaqueductal gray)은 중뇌 중심 부근에 있는 구조인데, 통증을 조절하는 데 관여한다. 이 뇌구조는 중뇌에 있는데, 중심부 가까이에 있다. 이 부분이 자극될 때 신경 활동은 척수로 하향 확산되며, 통증 경감이 일어난다(Goffaux, Redmond, Rainville, & Marchand, 2007; Sherwood, 2001). 중뇌수도 주변 회백질에 있는 신경세포는 망상체와 **연수**(medulla)로 내려가는데, 이는 또한 통증 지각에 포함되는 뇌의 하부에 있는 구조이다(Fairhurst, Weich, Dunckley, & Tracey, 2007). 이들 신경세포는 척수로 내려가며, 교량질에 있는 뉴런과 연결된다. 그 결과는 배측 돌기 뉴런이 시상으로 통증 정보를 보내지 못하도록 하는 것이다.

일부 친숙한 신경전달물질들은 전달 억제에도 관여한다. 엔도르핀은 중뇌수도 주변 회백질에서 작용하는데, 여기서 하행성 억제계의 활동을 시작하게 한다. 그림 7.3은 이러한 유형의 조절을 예시하고 있다. 교량질은 엔케팔린을 신경전달물질로 사용하는 시냅스를 포함한다. 실제로 엔케팔린을 포함하는 신경세포는 통증 메시지를 활성화하는 신경전달물질인 물질 P를 포함하는 뇌의 동일 부분에 집중되어 있는 것 같다(McLean, Skirboll, & Pert, 1985).

이 정교한 신체적 및 화학적 체계가 통증의 신경충동을 조절하는 신체 방식이다. 통증의 가치는 분명하다. 상해 후의 통증은 또한 적응적인데, 상해를 생각나게 해주고 손상에 추가되는 활동을 저지한다. 그렇지만 어떤 상황에서는 통증 중재 역시 적응적이다. 사람들이나 다른 동물들이 도전하거나 도주할 때 통증을 무시할 수 있게 되는 것은 이점이 될 수 있다. 따라서 신경계는 통증 지각뿐만 아니라 통증 조절도 해주는 복잡한 시스템이다.

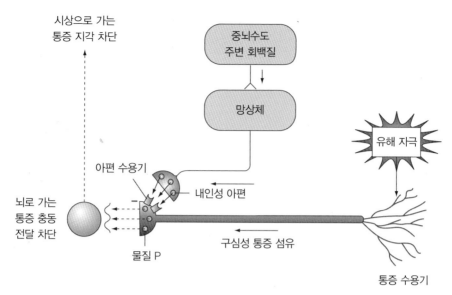

시상으로 가는
통증 지각 차단

중뇌수도
주변 회백질

망상체

유해 자극

아편 수용기

내인성 아편

뇌로 가는
통증 충동
전달 차단

물질 P

구심성 통증 섬유

통증 수용기

그림 7.3 중뇌수도 주변 회백질로부터의 하향 통로는 뇌로 가는 통증 충동 전달을 차단하는 내인성 아편(엔도르핀)의 방출을 촉진한다.

출처: *Human Physiology: From Cells to Systems* (4th ed.), by L. Sherwood, 2001, p. 181. SHERWOOD, *Human Physiology*, 4E. © 2001 Cengage Learning.

요약

피부에 있는 수용기의 활성화는 신경충동을 일으키며, 이는 배측 돌기를 거쳐 구심성 뉴런의 통로를 따라 이동한다. 척수에서 구심성 신경충동은 뇌의 시상으로 중계된다. 일차 체성감각 피질은 피부 수용기에 더 풍부하게 있는 영역에 부여된 더 많은 피질과 함께 피부지도를 포함하고 있다. A 델타 섬유와 C 섬유가 통증에 관여하는데, A 델타 섬유는 통증 메시지를 신속하게 중계하며, C 섬유는 통증 메시지를 더욱 천천히 보낸다.

　뇌는 또한 감각 입력을 조절하기 위한 기제를 포함하고 있으며, 따라서 통증의 지각에 영향을 미친다. 하나의 기제는 통증을 경감시키고 아편제 활동을 모방하는, 자연적으로 자생하는 신경화학물질을 통해서이다. 이 신경화학물질은 중추신경계와 말초신경계에 있는 모든 장소에 존재한다. 이차 기제는 중뇌수도 주변 회백질과 연수를 통한 하향성 통제 체계이다. 이 체계는 척수의 활동에 영향을 미치며, 척수에 있는 하향성 활동을 조절한다.

통증의 의미

100년 전까지만 해도 사람들은 통증이 신체적 상해의 직접적인 결과이며, 조직 손상의 정도가 통증의 강도를 결정한다고 생각했다. 19세기 말 무렵, C. A. 스트롱(Strong)을 비롯한 여러 사람들이 통증을 재개념화했다. 스트롱(1895)은 통증이 감각 및 개인의 그 감각에 대한 반응이라는 두 가지 요인에 기인한다고 가정했다. 이 견해에서는 심리적 요인과 신체적 원인이 똑같이 중요하다. 심리적 요인에 대한 이러한 주목은 통증에 관한 새로운 정의, 통증 경험에 대한 변경된 관점 및 새로운 통증 이론의 시작을 알리는 신호가 되었다.

통증의 정의

통증은 거의 보편적인 경험이다. 통증에 민감하지 못한 극히 드문 사람들만이 통증 경험에서 벗어나고 있다. 그럼에도 불구하고, 정의를 내리는 것은 정말 어렵다. 어떤 전문가들(Covington, 2000)은 통증 지각에 기저하고 있는 생리학에 집중하는 반면, 어떤 전문가들(Wall, 2000)은 통증의 주관적 성질을 강조한다. 이 상이한 견해들은 통증의 다중차원적인 성질을 반영하고 있는데, 국제 통증 연구 학회(IASP: International Association for the Study of Pain)는 이를 정의에 통합하고 있다. IASP 분류 위원회(1979, p. 250)는 통증을 "실제적이거나 잠재적인 조직 손상 또는 그러한 손상의 견지에서 기술되는 불쾌한 감각 및 정서적 경험"으로 정의했다. 대부분의 통증 연구자들과 임상가들은 이 정의에 계속해서 동의하고 있다.

통증의 의미를 이해하는 또 다른 방식은 통증을 '급성', '만성', '만성 전'이라는 세 단계의 견지에서 보는 것이다(Keefe, 1982). **급성 통증**(acute pain)은 대부분의 사람들이 상해를 입었을 때 경험하는 통증 유형으로, 여기에는 베임, 화상, 출산, 수술, 치과 치료 및 기타 상해가 있으며 그 기간은 보통 짧다. 이 유형의 통증은 통상 적응적이다. 이것은 더 이상의 상해를 회피하도록 신호를 준다. 이와 대조적으로, **만성 통증**(chronic pain)은 수개월에서 심지어는 수년까지 지속된다. 이 유형의 통증은 류머티즘성 관절염과 같이 만성적인 상태로 기인될 수 있거나, 치유 기간을 넘겨서 지속되는 상해의 결과일 수도 있다(Turk & Melzack, 2001). 만성 통증은 흔히 어떤 간파할 수 있는 조직 손상 없이 존재한다. 만성 통증은 적응적이지 않으며, 오히려 쇠약해지고 사기 저하를 가져오며, 흔히 무기력감과 절망감으로 이끈다. 만성 통증은 결코 생물학적 이득이 없다.

가장 어려운 통증 단계는 **만성 전 통증**(prechronic pain)인데, 급성 단계와 만성 단계의 사이에 해당된다. 이 기간은 개인이 이때 극복하거나 만성 통증으로 이끄는 무기력감을 발달시키기 때문에 중요하다. 이 세 단계가 통증의 모든 가능성을 다 논하고 있는 것은 아니다. 여러 가지 유형의 통증이 존재하는데, 이 중 가장 흔한 것이 **만성 재발 통증**(chronic recurrent pain), 즉 격심한 통증 에피소드와 무통증이 번갈아 오는 특징이 있는 통증이다. 만성 재발 통증의 흔한 예는 두통인데, 특히 편두통이다.

통증 경험

통증 경험은 개인적이고 주관적이지만, 상황적인 요인과 문화적인 요인은 통증 경험에 중대한 영향을 미친다. 마취과 의사 헨리 비처(Henry Beecher)는 통증 경험에 미치는 사회적 영향을 규명한 첫 연구자들 중 한 사람이다. 비처(1946)는 제2차 세계대전 동안 안찌오(Anzio) 해안교두보에서 부상당한 병사들을 관찰했는데, 심각한 전투 상해를 입었음에도 불구하고 이 군인들이 거의 통증을 보고하지 않은 것에 주목했다. 무엇이 이 상황에서 통증 경험을 다르게 만들었을까? 상처 입은 군인들은 전선에서 멀리 떨어지게 되었는데, 사망이나 더 이상의 상해 위협으로부터 벗어날 수 있었던 것이다. 이와 똑같이 아론 랄스톤도 자신의 팔을 절단해 자신을 구조했다. 이런 상황에서 부상당한 병사들은 기분 좋고 낙관적인 마음 상태였던 반면에, 이와 필적하는 상해로 외과 수술을 받은 일반 환자들은 훨씬 더한 통증을 경험했고 더 많은 통증 감소 약물을 요구했다(Beecher, 1956). 이러한 결과들은 비처(1956)가 "고통의 강도는 그 통증이 환자에게 의미하는 바에 의해 주로 결정된다"(p. 1609)는 것과, "상처의 정도는 경험된 통증과는 있다고 하더라도(흔히 전혀 없는데) 약간만의 관계가 있다."(p. 1612)라고 결론을 내리도록 촉구했다. 끝으로, 비처(1957)는 통증이 감각자극과 정서적 구성요소 모두로 되어 있는 두 차원의 경험이라고 기술했다. 그 밖의 통증 연구자들도 통증을 심리적이며 신체적 현상으로 본 비처의 견해를 수용되게 되었다.

통증 경험은 상황에 따라 다르다. 최전선에서 이송된 부상당한 군인들은 극심한 상해에도 불구하고 통증을 거의 느끼지 않는다.

전투 부상은 갑작스러운 상해의 극단적인 한 예이지만, 좀 더 일상적인 상해를 경험하는 사람들은 변동이 심한 통증의 양을 보고한다. 예를 들면, 상해 치료를 위해 응급실에 들어온 대부분의(그러나 전부는 아닌) 사람들은 통증을 보고한다(Wall, 2000). 통증은 피부 상해가 있는 사람들에서보다 뼈가 부러지거나, 삐거나, 찔린 것과 같은 상해를 가진 사람들에게 더 흔하다. 사실 베이거나, 데거나, 긁힌 사람들의 53%가 상해 후 얼마간은 통증을 느끼지 못했다고 보고한 반면, 깊은 조직 상해를 입은 사람들의 28%만이 즉각적인 통증을 느끼지 못한다. 이와 같이 통증의 개별적 변이성은 고문을 받은 적이 있는 사람들과는 대조적인데, 이들의 상해는 응급실에서 통증을 보고하는 사람들의 통증보다 더 심할 것도 없는데도, 이들 모두는 통증을 느꼈다. 어떤 자극이 해로울 것이라고 믿는 사람들은 그 상황에 관해 상이한 믿음을 갖고 있는 사람들보다 더 많은 통증을 경험한다(Arntz & Claassens, 2004; Harvie et al., 2015). 위협, 통증을 가하려는 의도 및 통제 결여는 고문을 의도성이 없는 상해와는 매우 다른 의미를 부여하게 한다. 통증 지각에서 이와 같은 변이성은 통증 관련 행동 변이성에서의 개인차, 문화적 요소 또는 이 요인들의 어떤 조합을 시사해준다.

통증 경험의 개인차 개별 요인과 개인 경험은 통증 경험에서 차이를 만들어낸다. 사람들은 고통스러운 경험과 관계가 있는 자극을 연합시키는 학습을 하는데, 그래서 연합 자극에 고전적 조건형성이 된다(Sanders, 2006). 예를 들면, 많은 사람은 병원 냄새를 싫어하거나 치과드릴 소리를 들을 때 불안해지는데, 이 자극을 통증과 연합시킨 경험이 있기 때문이다.

조작적 조건형성도 급성 통증을 만성 통증으로 발달시키는 수단을 제공함으로써 통증에 중요한 역할을 한다. 선구적인 통증 연구자 존 보니카(John J. Bonica, 1990)는 통증 행동에 대해 보상을 받는 것이 급성 통증을 만성 통증으로 변형시키는 중요한 요인이라고 믿었다.

보니카에 따르면, 상해와 통증 행동에 대해 관심, 동정, 정상적인 책임으로부터 구제 및 무능력 보상을 받은 사람들은 비슷한 상해를 입었지만 더 적은 보상을 받은 사람들이 그런 것보다도 만성 통증을 더 발달시키기 쉽다. 보니카의 가설과 일치되게, 두통 환자들은 자신의 배우자나 지인들이 일상적인 일을 해주든지, TV를 켜준다든지, 환자를 쉬도록 부추기는 등 겉보기에는 도움이 되는 반응으로 통증 호소에 반응할 때 더 많은 통증 행동과 더 큰 통증 강도를 보고한다(Pence, Thorn, Jensen, & Romano, 2008).

'통증에 잘 견디는 성격'에 대한 사람들의 믿음에도 불구하고, 그러한 것은 존재하지 않는다. 아론 랄스톤처럼 어떤 사람들은 호소를 거의 하지 않고 통증을 견뎌내지만, 그럼에도 불구하고 이 사람들도 불편을 지각한다. 이들은 상황요인, 감정을 드러내는 데 대한 문화적 제재 또는 이 두 요인의 조합 때문에 자신의 통증 표시를 드러내지 않는다. 예를 들면, 일부 미국 인디언, 아프리카인, 남태평양 군도 문화에는 침묵의 통증 인내를 포함하는 성년식이 있다. 이 의식에는 흔히 아동에서 성인으로의 통과의례로 신체 뚫기, 베기, 문신, 태우기, 때리기가 포함되어 있다. 통증 표시를 보이면 실패가 되므로, 개인들은 자신의 통증을 숨기는 데 강하게 동기화되어 있다. 개인들은 어떤 의식 외부 상황에서의 비의도적인 상해에 대해 고통의 표시를 보이지도 않으며 분명한 통증 행동도 드러내는 반응을 하지 않도록 견뎌낼 수 있다(Wall, 2000). 통증 표현에서 이들 변이성은 통증에 잘 견디는 성격이 존재한다기보다는 통증 행동의 문화적 변이성을 시사하고 있다.

통증에 잘 견디는 성격이 존재하지 않는다면, 통증 경향성(pain-prone) 성격에 대한 증거가 있을 수 있을까? 연구는 통증 경향성 성격 개념을 지지하지 않는다(Turk, 2001). 그렇지만 불안하고, 걱정이 많으며, 부정적인 인생관을 가진 사람들은 통증에 대해 고조된 민감성을 경험하는 경향이 있다(Janssen, 2002). 두려움이 이러한 부정적인 인생관의 부분일 수도 있다. 통증에 대한 고조된 두려움을 경험하는 개인들이 또한 더 많은 통증을 경험한다(Leeuw et al., 2007). 더욱이 심한 만성 통증을 지닌 사람들은 그렇지 않은 사람들보다 불안장애와 우울증 같은 정신병리를 겪을 가능성이 훨씬 더 높다(McWilliams, Goodwin, & Cox, 2004; Williams, Jacka, Pasco, Dodd, & Berk, 2006). 그렇지만 그 인과 방향이 항상 명확한 것은 아니다(Gatchel & Epker, 1999). 만성 통증을 겪고 있는 사람들은 더 우울하기 쉽고, 알코올이나 기타 약물 남용을 더 하기 쉽고, 성격장애를 더 겪기 쉽다. 어떤 만성 통증 환자들은 자신의 만성 통증의 결과로 이러한 장애를 발달시키지만, 어떤 만성 통증 환자들은 통증을 시작하기 전에 어떤 형태의 정신병리를 가지고 있다. 따라서 통증 경험에는 개인차가 존재하지만, 문화적·상황적 요인이 더 중요하다.

통증 지각에서 문화적 변이성 통증 감각과 통증 행동의 표현에서 커다란 문화적 차이가 존재한다. 더욱이, 문화적 배경이나 사회적 맥락은 통증 경험(Cleland, Palmer, & Venzke, 2005)과 치료(Cintron & Morrison, 2006)에 영향을 미친다. 이 차이는 상이한 문화가 통증에 부여하는 다양한 의미로부터 오며, 다양한 문화 집단과 연합된 고정관념에서도 온다.

통증에 대한 문화적 기대는 여성들이 출산할 때 경험하는 통증에서 분명하다(Callister, 2003; Streltzer, 1997). 출산을 위험하고 고통스러운 과정으로 여기는 문화권에 속한 여성들은 커다란 통증을 경험함으로써 이 기대를 반영하고 있다. 출산을 하는 동안에 조용한 수용을 기대하는 문화권에 속한 여성들은 커다란 통증의 증거를 보이지 않는 경향이 있다. 그렇지만 이 여성들에게 분명한 통증의 결여에 관해 질문했을 때, 통증을 느꼈지만 자신들의 문화가 여성이 이러한 상황에서 통증을 보이는 것을 기대하지 않으므로 통증을 보이지 않았다고 보고했다(Wall, 2000).

1950년대 이래 연구들은 다양한 인종 배경으로부터 사람들의 통증 표현을 비교해왔다(Ondeck, 2003; Streltzer, 1997). 어떤 연구들은 차이를 보여주었고 어떤 연구들은 차이를 보여주지 않았지만, 고정관념에 대한 비판을 받는 경향이 있다. 예를 들면, 이탈리아 사람들은 풍부한 감정을 나타내는 사람들로 고정관념화되어 있다. 이 고정관념과 일관되게, 연구들은 이탈리아계 미국인들이 더 많은 고통을 표현하며, '양키들'(수세대 동안 미합중국에서 살고 있는 앵글로색슨 혈통의 미국인)보다 더 많은 통증 약물 치료를 요구한다는 사실을 발견했는데, 양키들은 자제심이 강해서 통증을 무시한다는 평판을 받고 있다(Rollman, 1998). 상이한 문화 속의 통증 행동에서 이 변이성은 학습과 모델링에서의 행동 차이, 통증에 대한 민감성의 차이, 또는 이 요인들의 어떤 조합을 반영하고 있을 수도 있다.

실험실 연구들은 통증 자극에 대한 민감성에서 아프리카계 미국인과 유럽계 미국인 사이의 차이를 확증하고 있다. 아프리카계 미국인과 라틴 아메리카 미국인은 유럽계 미국인보다 통증에 대해 더 높은 민감성을 보인다(Rahim-Williams et al., 2007). 이 민감성은 임상 통증(Edwards, Fillingim, & Keefe, 2001)과 만성 통증(Riley et al., 2002)으로 이어진다(아프리카계 미국인이 두 통증 모두에서 더 높은 수준을 보고한다). 이 차이들은 대처전략에서뿐만 아니라 내인성 통증 양식에서도 인종 및 민족 차이에 기인할 수도 있다(Anderson, Green, & Payne, 2009).

통증에 대한 더 큰 민감성은 아프리카계 미국인에게 이중으로 불행한데, 왜냐하면 의사들이 이들의 통증을 더 과소평가하기 쉽고(Staton et al., 2007), 비슷한 통증 호소에도 불구하고 병원이나 요양원에서 외래환자로서 유럽계 미국인에게 그런 것보다 진통제를 덜 처방하는 경향이 있기 때문이다(Cintron & Morrison, 2006). 라틴 아메리카 사람들도 유사한 처치를 받았는데, 많은 유형의 의료 장면에서 진통제를 덜 받았다. 치료에서 이러한 차별은 이들 인종 집단의 환자들에게 쓸데없는 통증의 출처이다.

통증 지각에서의 성차 통증 지각에 관한 또 다른 흔한 고정관념은 여성이 남성보다 통증에 더 민감하다는 것인데(Robinson et al., 2003), 이 믿음은 얼마간 연구 지지를 받고 있다. 여성은 남성이 그런 것보다도 더 쉽사리 통증을 보고한다(Fillingim, King, Ribeiro-Dasilva, Rahim-Williams, & Riley, 2009). 여성은 또한 남성이 그런 것보다도 더 자주 무능력과 통증 관련 상태를 경험한다(Croft, Blyth, & van der Windt, 2010; Henderson, Gandevia, & Macefield, 2008). 그렇지만 남성과 여성이 똑같은 통증 자극에 노출된 실험실 연구에서는 열 통증, 차가운 통증, 압통증과 같은 종류의 통증에만 더 낮은 역치를 보고하는 경향이 있었으나, 혈류의 제한으로 인한 통증에서는 그렇지 않았다.

이러한 성별 차이에 대한 한 가지 설명은 성 역할과 사회화를 포함한다. 스웨덴의 9세, 12세, 15세 아동들에 대한 한 연구(Sundblad, Saartok, & Engström, 2007)는 소년들보다 소녀들에게서 더 빈번한 통증 보고를 보여주었으며, 더 나이 든 소년들에게서는 통증 감소가 있었으나, 더 나이 든 소녀들에게서는 통증 증가가 나타났다. 이러한 변화들은 남자 성 역할과 여자 성 역할의 채택과 일치되고 있다. 소년들은 통증을 부인하는 것을 학습할 수도 있으며, 소녀들은 통증을 보고하는 것이 자신의 성 역할과 일치된다는 사실을 학습한다는 것이다. 이러한 관점과 일치하는 것으로, 남자 성 역할에 더 높게 동일시하는 남성들은 실험실 실험에서 다른 남성들보다 그리고 여성들보다 통증을 덜 보고하는 경향이 있었다(Pool, Schwegler, Theodore, & Fuchs, 2007).

성별 차이에 대한 또 다른 설명은 어떤 통증 상태를 발달시키는 데 여성이 남성보다 더 취약하다는 것을 받아들이고 있다. 어떤 만성 통증 증상은 오로지 여성에게만 혹은 대부분 여성에게 일어나는데, 만성 피로 증후군, 자궁내막증, 섬유근육통 등이다(Fillingim et al., 2009). 대처전략에서 성 호르몬과 성별 차이가 또한 근골격 통증에 대한 민감성에서 성별 차이에 기여할 수도 있다(Institute of Medicine, 2011; Picavet, 2010).

그렇지만 다른 연구는 남성과 여성 사이에서 극적인 차이를 발견하지 못했다. 치과 수술을 받은 여성과 남성에 관한 한 연구(Averbuch & Katzper, 2000)는 남성보다 더 많은 여성이 자신의 통증을 심한 것으로 묘사했으나, 남성과 여성의 통증 보고 간에는 매우 적은 차이를 발견했는데, 진통제에 대한 자신의 반응에서는 차이가 없었다고 보고했다. 청소년을 대상으로 한 유사한 연구(Logan & Rose, 2004)에서는 소녀들이 더 많은 통증을 보고했지만, 소년들보다 더 많은 진통제는 사용하지 않았다는 유사한 결과를 보여주었다. 또 다른 연구(Kim et al., 2004)는 여성이 실험실 상황에서는 남성보다 더 쉽사리 통증을 보고했지만, 구강 수술과 연합된 통증에 대해 유사한 반응을 보여주었다는 사실을 발견했다. 여성이 남성보다 더 많은 통증을 보고하는 한 가지 이유는 여성들 자신의 통증 경험과 관련된 더 높은 불안과 위협 때문일 수 있는데, 이는 통증 지각의 성차에서 중요한 요인일 수도 있다(Racine et al., 2012).

통증 이론

사람들이 통증을 어떻게 경감시키는가는 수많은 이론의 주제이다. 여러 가지 통증 모형 중에서 특이성 이론과 문 통제 이론 두 가지가 통증을 개념화하는 다양한 방식을 포착하고 있다.

특이성 이론　특이성 이론은 특정한 통증 섬유와 통증 통로가 존재하며 통증의 경험은 실제로 조직의 손상 또는 상해의 양과 같다고 가정함으로써 통증을 설명한다(Craig, 2003). 통증이 신체에서 뇌에 있는 '통증 센터'로 통증 신호를 전달한 결과라고 하는 견해는 1600년대에 신체가 기계적으로 작동한다고 제안했던 데카르트(Descartes)로 거슬러 올라간다(DeLeo, 2006). 데카르트는 마음은 상이한 원리에 의해 작동되며 신체와 마음은 제한된 방식으로 상호작용한다고 가정했다. 데카르트의 견해는 생리학 및 의학의 발달뿐만 아니라, 통증이 심리적 요인에 의해 크게 영향받지 않는다는 견해에도 영향을 미쳤다(Melzack, 1993).

통증이 한 유형의 감각 정보의 전달이라는 가정하에서 연구하는 연구자들은 어떤 유형의 수용기가 어떤 유형의 감각 정보를 전달하는지를 밝히려고 노력했다(Melzack, 1973). 예를 들면, 어떤 유형의 수용기가 열, 추위, 통증 등에 대한 정보를 중계했는지를 밝히려고 노력했다. 구체적인 신체적 감각을 구체적인 유형의 수용기에 묶으려는 시도는 성공하지 못했다. 연구자들은 신체의 일부(눈의 각막과 같은)는 한 가지 유형의 수용기만을 포함하고 있지만, 그 영역들은 모든 범위의 감각을 느낄 수 있음을 발견했다. 특이성은 상이한 유형의 수용기와 신경섬유에 존재하는데, 빛 접촉, 압력, 가려움, 따끔하게 찌름, 따뜻함, 차가움 등이다(Craig, 2003). 그러나 이러한 감각들 각각은 강렬할 때는 통증이 될 수도 있는데, 그래서 특이성 이론의 어떤 단순 견해도 타당하지가 않다.

문 통제 이론　1965년에 멜작(Melzack)과 월(Wall)은 통증에 대한 새로운 이론을 공식화했는데, 통증은 통증 통로의 감각 자극과 함께 시작하고 통증 경험과 함께 끝나는 직선적인 과정의 결과가 아님을 시사했다. 오히려, 통증 지각은 통증의 경험에 영향을 미칠 수 있는 많은 전조하에 있으며 이들 전조는 척수에서 시작된다.

멜작과 월은 척수의 구조가 통증으로 해석되는 감각 입력을 위한 문으로 작용한다고 가정했다. 멜작과 월의 이론은 따라서 **문 통제 이론**(gate control theory, 그림 7.4 참조)으로 알려졌다. 이 이론은 생리학에 기초해 있으나, 통증 지각의 감각적 측면과 심리적 측면 모두를 설명한다.

멜작과 월(1965, 1982, 1988)은 신경계는 결코 쉬지 않으며, 신경활동 패턴은 항상 변화함을 지적했다. 신체로부터의 감각 정보가 척수의 배측 돌기에 도달하며, 신경활동은 이미 활동하고 있는 한 체계로 들어간다. 척수와 뇌에 존재하고 있는 활동은 (고속도로의 교통량이 달라지는 것과 같이) 들어오는 감각 정보의 운명에 영향을 미쳐서,

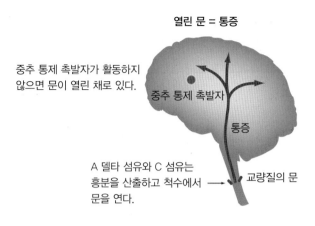

열린 문 = 통증

중추 통제 촉발자가 활동하지 않으면 문이 열린 채로 있다.

중추 통제 촉발자

통증

A 델타 섬유와 C 섬유는 흥분을 산출하고 척수에서 문을 연다.

교량질의 문

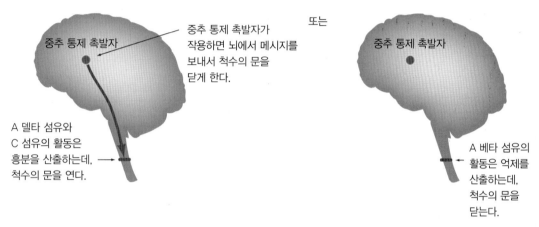

닫힌 문 = 통증 감소

중추 통제 촉발자가 작용하면 뇌에서 메시지를 보내서 척수의 문을 닫게 한다.

또는

중추 통제 촉발자

중추 통제 촉발자

A 델타 섬유와 C 섬유의 활동은 흥분을 산출하는데, 척수의 문을 연다.

A 베타 섬유의 활동은 억제를 산출하는데, 척수의 문을 닫는다.

그림 7.4 통증의 문 통제 이론

때로는 들어오는 신경 신호를 극대화하고 때로는 약화시킨다. 문 통제 이론은 척수와 뇌에서의 이들 복잡한 조절이 통증의 지각에 영향을 미친다고 가정한다.

문 통제 이론에 따르면, 척수에 있는 신경기제는 신경충동의 흐름을 증가시키거나(문을 연다) 감소시킬 수 있는(문을 닫는다) 문처럼 작용한다. 뇌와 척수에 이미 일어나고 있는 많은 활동이 있으면, 문은 더 이상의 통행을 차단하기 위해 닫힐 수 있다. 그렇지만 뇌와 척수에 활동이 거의 없으면, 문은 더 많은 통행을 허용하기 위해 열린다. 그림 7.4는 문의 개폐 결과를 보여준다. 문이 열리면, 통증은 척수를 통해 뇌로 흐르고, 신경 메시지가 뇌에 이르면 그 사람은 통증을 느끼게 된다. 문이 닫히면 충동은 척수를 통해 올라가는 것이 억제되어 메시지는 뇌에 도달하지 못하고 그 개인은 통증을 느끼지 못한다. 또한 감각 입력은 척수로 들어와서 배측 돌기에서 연접하는 큰 A 베타 섬유, 작은 A 델타 섬유, 작은 C 섬유의 활동에 의해 조절을 받게 된다.

척수의 배측 돌기는 여러 개의 층으로 구성되어 있다. 이 중 두 층이 문의 가정된 위치인 교량질로 이루어져 있다(Melzack & Wall, 1965). 작은 A 델타 섬유와 C 섬유 그리고 큰 A 베타 섬유는 교량질을 통해 순회하며, 교량질 또한 다른 층으로부터도 투사를 받는다(Melzack & Wall, 1982, 1988). 이러한 신경세포의 배열은 들어오는 감각 충동의 조절을 위한 생리학적 기초를 제공한다.

멜작과 월(1982)은 작은 A 델타 섬유와 C 섬유가 척수에서 장기적인 활동을 일으킨다고 제안했다. 이 유형의 활동은 민감성을 자극하는데 이것이 통증을 일으킨다. 이렇게 해서 이들 작은 섬유의 활동이 문을 연다. 반면, 큰 A 베타 섬유는 척수에서 활동의 초기 폭발을 일으킨 다음 억제가 따른 후에 섬유의 활동이 문을 닫는다. 뒤이은 연구는 확실한 방식으로 문 통제 이론의 이러한 양상을 확증했다(Turk, 2001). A 델타 섬유와 C 섬유의 활동은 통증 경험과 관계되는 것처럼 보이지만, 점화 조건하에서 A 베타 섬유의 증가된 활동은 통증을 감소시키기보다는 악화시킬 수 있다.

문은 척수에서의 활동에 의해 닫힐 수도 있으며, 뇌로부터 내려가는 메시지에 의해서도 닫힐 수 있다. 멜작과 월(1965, 1982, 1988)은 **중추 통제 촉발자**(central control trigger)라고 하는, 뇌로부터 내려가서 관문 기제에 영향을 미치는 신경충동을 구성한다고 하는 개념을 제안했다. 그들은 이 체계가 충동을 재빨리 수행하는 큰 뉴런들로 구성되어 있음을 가정했다. 뇌에서 나온 이들 충동은 인지 과정이 영향을 미칠 수 있는데, 척수에서 문을 열고 닫는 데 영향을 미친다. 즉, 멜작과 월은 통증의 경험이 신념 및 이전의 경험에 의해 영향을 받는다고 제안했는데, 그들은 또한 통증 지각에서 그러한 요인을 설명할 수 있는 생리적 기제를 가정했다. 논의한 바와 같이, 중뇌수도 주변 회백질은 하향 통제를 제공하는데(Mason, 2005), 문 통제 이론의 이러한 측면과 일관된다.

문 통제 이론에 따르면, 통증은 감각 구성요소뿐만 아니라 동기적, 정서적 구성요소도 함께 갖는다. 이론의 이 측면은 통증 개념화에 혁명을 일으켰다(Melzack, 2008). 문 통제 이론은 감각 입력에 영향을 미치는 중추 통제 기제 및 그것에 의해 영향을 받는 기제를 가정함으로써 통증에서 인지적 측면의 영향을 설명한다. 불안, 걱정, 우울, 상해에 초점을 두는 것은 중추 통제 촉발자에 영향을 줌으로써 통증을 증가시켜 문을 열게 한다. 반면에 기분전환, 이완 및 긍정적인 정서는 문을 닫게 하여 통증을 감소시킨다. 문 통제 이론은 이들 경험이 어떻게 통증에 영향을 미치는가에 관해서는 구체적이지는 않지만, 최근의 실험 연구는 기분과 같은 요인들이 CNS에서의 통증 관련 활동성의 정도에 확실히 영향을 미친다고 확증했다. 한 일본 연구자들 팀이 실험으로 참가자들에게 슬픈 기분이나 중성적 기분 혹은 긍정적인 기분을 유발했다. 기분 유발에 이어, 모든 참가자는 중간 정도의 통증을 주는 전기 쇼크를 경험했다. 슬픈 기분의 참가자들이 중성적 기분이나 긍정적 기분의 참가자들보다 통증 관련 뇌 부위에서 더 큰 활동성을 보였다(Yoshino et al., 2010). 따라서 개인의 정서 상태가 뇌에서의 통증 관련 활동성의 양을 조절한다.

통증에 대한 많은 개인적 경험은 문 통제 이론과 일치한다. 당신이 실수로 손가락을 망치로 쳤을 때, 많은 작은 섬유들이 활성화되며 문을 연다. 정서적 반응이 급성 통증의 지각에 동반된다. 당신은 상해를 입은 손가락을 잡고 그것을 문지른다. 문 통제 이론에 따르면 문지르는 것은 관문을 닫는 큰 섬유를 자극해서, 작은 섬유로부터의 자극을 차단하고 통증을 감소시킨다.

문 통제 이론은 또한 상해가 실제로 어떻게 지각되지 않을 수 있는지를 설명한다. 감각 입력이 심하게 활성화된 신경계로 보내지면 그 자극은 통증으로 지각되지 않을 수 있다. 테니스 선수는 게임 중에 발목을 뻴 수 있으나, 게임 시의 흥분 및 주의집중 때문에 급성 통증을 알아채지 못할 수 있다. 그렇지만 게임이 끝난 후에는 신경계가 상이한 활동 수준에서 기능하고 관문이 좀 더 쉽게 열리기 때문에 통증에 주목할 수도 있다.

이 이론이 보편적으로 수용되고 있지는 않지만, 문 통제 이론은 통증에 대한 가장 영향력 있는 이론이다(Sufka & Price, 2002). 이 이론은 통증 경험의 복잡성을 설명해 주고 있다. 멜작과 월은 신체 자체의 아편 또는 중뇌수도 주변 회백질과 연수를 통해 내려가는 통제 기제의 발견에 앞서 문 통제 이론을 제안했는데, 둘 다 지지하는 증거를 제공해주었다. 문 통제 이론은 연구에 박차를 가하게 하고 통증에 관여하는 심리적, 지각적 요인에 대한 관심을 불러일으키는 데 성공했으며, 또 계속 성공하고 있다.

더 최근에, 멜작(1993, 2005)은 문 통제 이론을 확장하여 신경행렬 이론(neuromatrix theory)을 제안했는데, 이 이론은 통증 지각에서 뇌의 역할을 더욱 강조했다. 그는 신경행렬이라고 불리는 뇌의 신경세포망을 가정했는데, 이는 "피질과 변연계 사이뿐만 아니라 시상과 피질 사이에 고리를 구성하는 크고 널리 퍼진 신경망이다"(Melzack, 2005, p. 86). 보통, 신경행렬은 통증을 포함한 들어오는 감각 정보를 처리하지만, 신경행렬은 심지어 감각 입력이 없어도 작용하는데, 환상 사지 감각을 산출하는 것이다 (환상지 감각은 다음 절에서 기술하는데, 특이한 형태의 통증이다). 멜작의 신경행렬 이론은 문 통제 이론을 확장한 것이지만, 통증 지각이 감각 입력뿐만 아니라 신경계의 활동 및 경험과 기대에 의해서도 영향을 받는 복잡한 과정의 일부라는 것을 유지하고 있다.

요약

손상의 정도가 통증 경험에 중요하지만, 개인적인 지각도 중요하다. 통증은 급성, 만성 전, 만성으로 분류될 수 있는데, 이는 통증이 지속되는 시간의 길이에 달려 있다. 급성 통증은 보통 적응적이며 6개월 이하로 지속된다. 만성 통증은 회복시간을 넘어서까지 계속되며, 흔히 탐지할 수 있는 조직 손상이 없다. 만성 전 통증은 급성 통증과 만성 통증 사이에서 발생한다. 이들 통증 단계 모두 두통, 요통, 관절염 통증, 암 통증, 환상지통과 같은 통증 증후군에서 나타난다.

여러 모형들이 통증을 설명하려고 하지만, 특이성 이론은 통증 경험의 복잡성을 포착하지 못했다. 문 통제 이론은 현재 가장 영향력 있는 통증 모형이다. 이 이론은 척수 및 뇌에 있는 기제가 통증을 증가시키거나 감소시킬 수 있다고 주장한다. 이러한 공식화 이래로 뇌 및 척수의 생리학에 대한 지식의 증가가 이 이론을 지지해왔다. 신경행렬 이론은 자기를 규명하지만 또한 기대에 반응하며 통증과 같은 들어오는 신호에 반응하는 활동 패턴을 유지하는 일련의 뇌에 있는 뉴런들의 존재를 가설화함으로써 문 통제 이론을 확장하고 있다.

 통증 증후군

급성 통증은 다행스럽기도 하고 부담스럽기도 하다. 다행스러운 점은 상해에 관해 신호를 보내 더 이상의 상해를 피하고 치유를 하도록 상기시킨다는 것이며, 부담스러운 점은 아프게 한다는 것이다.

이와 대조적으로 만성 통증은 분명한 목적을 제공해주지 못하는데, 상해 신호가 없고 사람들을 불행하게 만든다. 미국 인구의 30% 이상(Institute of Medicine, 2011)과 유럽 인구의 거의 20%(Corasaniti, Amantea, Russo, & Bagetta, 2006)가 만성 통증이나 간헐적이고 지속적인 통증을 경험한다. 미국인들의 거의 10%가 단지 약간의 만성 통증이 아니라, 상당히 많은 만성 통증을 보고하고 있다(Nahin, 2015). 사실, 만성 통증은 의사 방문의 80% 이상을 차지하고 있다(Gatchel, Peng, Peters, Fuchs, & Turk, 2007). 만성 통증은 흔히 수면 부족을 초래하고, 수면 부족은 통증을 심화시켜서, 고통을 오래 끄는 순환을 낳게 한다(Schuh-Hofer et al., 2013). 불행하게도, 미국의 만성 통증 유병률은 노령 인구와 비만 유병률의 증가 때문에 다가오는 수십 년간 상승할 것 같다. 사실, 2010 미국 환자 보호 및 적절 치료법(Patient Protection and Affordable Care Act)은 "미국에서 중요한 공중 건강 문제로서 통증에 대한 인식을 증가시킨다"는 것이다.

만성 통증은 **증후군**(syndrome)에 따라 범주화되는데, 증후군이란 함께 발생하는 증상들이며 상태를 특징짓는다. 두통과 요통은 가장 빈번하게 치료되는 통증 증후군이지만, 사람들은 또한 여러 가지 흔한 통증 증후군에 대한 치료를 찾고 있다.

두통은 모든 유형의 통증 중에서 가장 흔한데, 99% 이상의 사람들이 두통을 경험했다.

두통

두통은 모든 유형의 통증 중에서 가장 흔한데, 99% 이상의 사람들이 일생 중 어느 땐가는 두통을 경험하며(Smetana, 2000), 16%의 사람들은 지난 3개월 사이에 심한 두통을 보고하고 있다(CDC and NCHS, 2010). 1980년대까지만 해도 연구자와 치료자에게 유용한 신뢰할 만한 두통 분류가 없었는데, 1988년에 국제두통학회(IHS: International Headache Society)의 두통분류위원회가 여러 가지 두통에 관한 정의를 표준화한 분류체계를 출간했다(Olesen, 1988). 이 위원회가 많은 상이한 두통 종류를 규명했더라도, 세 가지 기본적인 통증 증후군은 편두통, 긴장성 두통, 군집성 두통이다.

편두통(migraine headache)은 강도, 빈도, 기간이 아주 광범위한, 재발되는 통증 발작을 나타낸다. 원래 편두통은 머리의 혈관에서 기원되는 것으로 개념화되었는데, 지금은 혈관뿐만 아니라 뇌간의 뉴런을 포함하는 복합적인 다량의 반작용을 포함하며(Corasaniti et al., 2006), 유전적인 구성요소도 있는 것으로(Bigal & Lipton, 2008a) 믿어진다. 통증을 유발하는 기저의 원인과 정확한 기제는 논란이 많은 채로 남아 있다. 편두통 발작은 식욕 상실, 메스꺼움, 구토 및 빛과 소리에 과장된 민감성과 연합되어 있다. 편두통은 흔히 감각, 운동 또는 기분 장애를 포함하며, 전조가 있는 편두통과 전조가 없는 편두통으로 나뉜다. 전조가 있는 편두통은 두통을 선행하는 확인 가능한 감각장애의 특징을 갖고 있으며, 전조가 없는 편두통은 갑작스럽게 발병하고 강하게 쑤시는데, 보통(언제나 그런 것은 아니지만) 머리 한쪽에 한정되어 일어난다. 뇌 영상 연구에 따르면 이 두 가지 편두통은 무언가 상이한 방식으로 뇌에 영향을 미치고 있다고 한다(Sánchez del Rio & Alvarez Linera, 2004).

편두통의 역학을 보면 성차가 있으며, 전 세계 유병률에서 변동이 있다. 미국, 캐나다, 유럽에서 편두통이 있는 여성은 남성보다 2배에서 3배 정도 많은데, 미국에서 그 비율은 남성은 6~9%이고, 여성은 17~18%이다(Lipton et al., 2007; Victor, Hu, Campbell, Buse, & Lipton, 2010). 서양이 아닌 나라에서는 비율이 더 낮다. 예를 들면, 아프리카에서는 3~7%의 사람들이 편두통을 보고하고 있다(Haimanot, 2002). 그렇지만 편두통의 경험은 비슷하다. 만성 편두통이 있는 남성과 여성은 비슷한 증상, 빈도, 심도의 경험을 갖는다(Marcus, 2001). 대부분의 편두통 환자들은 30세 전에 처음 두통을 경험하는데, 일부는 10세 이전에 경험하기도 한다. 그렇지만 편두통의 가장 큰 빈도의 시기는 30세에서 50세 사이이다(Morillo et al., 2005). 40세 이후에 처음으로 편두통을 경험하는 환자는 거의 없으나, 이때 시작되어 계속해서 편두통을 갖는 경우에는 평생 지속된다.

긴장성 두통(tension headache)은 근육에서 기원하는데, 목, 어깨, 두피, 얼굴 근육의 지속적인 수축을 동반하는 것으로 기술되었지만, 최근의 설명(Fumal & Schoenen, 2008)은 또한 CNS 내부의 기제를 포함하고 있다. 긴장성 두통은 조이는 감각, 수축이나 압박, 크게 변동하는 강도, 빈도 및 기간, 그리고 머리 양쪽 모두의 둔하고 한결같은 아픔 등과 같은 점차적인 발병의 특징을 갖는다. 미국에서는 거의 40%의 전집이 긴장성 두통을 경험하는데(Schwartz, Stewart, Simon, & Lipton, 1998), 이 통증 증후군을 가진 사람들은 통증 때문에 작업일 손실과 직장, 가정 및 학교에서 효율성 감소를 보고했다.

세 번째 유형의 두통은 **군집성 두통**(cluster headache)인데, 매일 또는 거의 매일 군집으로 일어나는 심한 두통이다(Favier, Haan, & Ferrari, 2005). 일부 증상들은 심한 통증과 구토를 포함하는 편두통과 유사하나, 군집성 두통은 훨씬 짧으며, 2시간 이상 지속되는 경우는 거의 없다(Smetana, 2000). 이 두통은 머리의 한쪽 부위에만 국한되어 나타나는데, 흔히 다른 쪽의 눈이 충혈되거나 눈물이 난다. 또한 군집성 두통은 여성보다 남성에게서 훨씬 더 흔한데, 그 비율은 2:1이다(Bigal & Lipton, 2008b). 군집성 두통을 가진 대부분의 사람들은 몇 주, 몇 달 또는 몇 년의 두통이 없는 두통 에피소드를 경험한다(Favier et al., 2005). 군집성 두통은 위험요인에 대한 분명한 이해가 없어서 다른 유형의 두통보다 더 이해하기 힘들다.

요통

미국에서는 80%나 되는 많은 사람이 때때로 요통을 경험하는데, 문제점이 광범위하지만 반드시 심각한 것은 아니다. 대부분의 상해는 영구적이지 않으며, 대부분의 사람들이 회복한다(Leeuw et al., 2007). 그러나 빨리 회복하지 못하는 사람들은 예후가 나쁘며, 만성 통증의 문제점을 발달시키기 쉽다. 이 사람들에 대한 건강관리 지출은 미국에서 연간 900억 달러 이상이다(Luo, 2004). 요통의 발병률은 전 세계적으로 나라에 따라 변동을 보이지만(European Vertebral Osteoporosis Study Group, 2004), 이런 상태는 의료 진료와 같은 직접적인 비용과 작업일 손실 및 장애와 같은 간접 비용을 초래하여, 전 세계의 많은 나라 사람들에게 영향을 미치고 있다(Dagenais, Caro, & Haldeman, 2008).

감염, 퇴행성 질병, 악성 질병이 모두 요통의 원인이 될 수 있다. 그렇지만 가장 빈번한 요통의 원인은 아마도 허리에 있는 근골격 문제, 인대 문제 및 신경학적인 문제에 기인한 상해나 스트레스일 것이다(Chou et al., 2007). 임신도 요통의 원인인데, 거의 90%의 임신 여성이 요통으로 고통받는다(Hayes et al., 2000). 노령화도 요통의 또 다른 요인이다. 왜냐하면 늙어감에 따라 추간판 디스크의 유동체 용량과 탄성이 감소하기 때문에 관절염과 골다공증이 쉽게 일어날 수도 있다. 그렇지만 요통 환자들의 20% 미만만이 자신이 겪는 통증의 신체적 원인을 명확히 인지하고 있다(Chou et al., 2007).

스트레스와 심리적 요인은 요통에서뿐만 아니라 모든 유형의 만성 통증에서도 역할을 한다. 만성 전 단계에서 만성 통증으로의 이행은 복잡한 과정인데, 생리적 과정과 심리적 과정이 이러한 진행에 수반된다. 일부 연구자들(Baliki, Geha, Apkarian, & Chialvo, 2008; Corasaniti et al., 2006)은 통증이 만성적이 되었을 때 일어나는 신경계의 신체적 변화에 초점을 둔다. 또 다른 연구자들(Leeuw et al., 2007; Sanders, 2006)은 두려움, 불안, 우울, 외상 및 학대 내력, 강화 경험 같은 심리적 요인을 강조하는데, 이들 모두는 만성 통증 환자들에게서 더 흔하다. 그렇지만 대부분의 통증 연구자들은 신체적 요인과 심리적 요인 모두 만성 통증을 일으키고 유지시키는 역할을 함을 인정한다.

관절염 통증

류머티즘성 관절염(rheumatoid arthritis)은 연골, 뼈, 건의 파괴와 더불어 관절이 붓고 염증이 있는 장애이다. 이러한 변화는 관절을 변화시키고, 직접적인 통증을 일으키며,

관절염은 2천만 명 이상의 미국인에게 통증과 장애의 출처이다.

관절 구조의 변화는 운동 변화를 이끄는데, 이는 간접적인 경로를 통해 부가적인 통증을 가져올 수도 있다(Dillard, 2000). 류머티즘성 관절염은 어떤 연령에서든 생길 수 있는데, 심지어 청소년기와 초기 성인기 동안에도 생기지만, 40~70세에 유병률이 가장 크다. 또한 여성이 남성보다 2배 이상 이 병을 발달시키기 쉽다(Theis, Helmick, & Hootman, 2007). 류머티즘성 관절염 증상들은 매우 변동적이다. 어떤 사람들은 지속적으로 나빠지는 증상을 경험하지만, 대부분의 사람들에겐 증상의 경감과 증대가 번갈아 일어난다. 류머티즘성 관절염은 업무, 가족생활, 레크리에이션 활동, 성생활에 지장을 준다(Pouchot, Le Parc, Queffelec, Sichère, & Flinois, 2007).

골관절염(osteoarthritis)은 연골성 경골의 퇴행을 가져오는 진행성 관절염증인데 (Goldring & Goldring, 2007), 대부분 노인들에게 영향을 미친다. 골관절염은 관절 부위에 무지근한 통증을 일으키는데, 이는 운동으로 악화되며, 이로 인한 운동 결여는 또한 관절의 문제와 통증을 증가시킨다. 골관절염은 관절염 중에서 가장 흔한 형태이며 노인들의 일차적인 장애 원인 중 하나인데, 70세 이상 노인들의 약 50%에 영향을 미치고 있다(Keefe et al., 2002). 특히 여성 노인들의 수가 불균형적으로 더 많다. 관절이 뻣뻣해지고 통증이 증가함에 따라, 관절염을 앓는 사람들은 즐거운 활동은 물론이고 기본적인 자기 관리에 참여하기도 어려워지기 시작한다. 이들은 흔히 무기력, 우울, 불안을 경험하는데, 이는 통증을 악화시킨다.

섬유근육통(fibromyalgia)은 몸 전체 압통점으로 특징지어지는 만성 통증 상태이다. 이 장애는 또한 피로, 두통, 인지장애, 불안 및 수면장애의 증상들을 가지고 있다 (Chakrabarty & Zoorob, 2007). 섬유근육통이 관절염은 아닐지라도(Endresen, 2007)

일부 증상은 모두에서 공통적인데, 삶의 질을 떨어뜨린다(Birtane, Uzunca, Tastekin, & Tuna, 2007).

암 통증

미국에서는 1300만 명 이상이 암 진단을 받는다(Mariotto, Yabroff, Shao, Feuer, & Brown, 2011). 암은 두 가지 방식으로 통증을 유발할 수 있는데, 암의 성장과 진행을 통해 그리고 그 성장을 통제하려는 여러 가지 치료를 통해서이다. 모든 암 환자의 44%에서 통증이 나타나며, 병이 진행된 환자들의 64%에서 통증이 나타난다(Institute of Medicine, 2011). 어떤 암은 다른 암보다 훨씬 더 통증을 유발하기 쉽다. 머리, 목, 경부 암 환자들이 백혈병 환자들보다 더 많은 통증을 경험한다(Anderson, Syrjala, & Cleeland, 2001). 더욱이 암 치료가 또한 통증을 유발하는데, 수술이나 화학 치료 및 방사선 치료는 모두 다 환자를 고통스럽게 만든다. 따라서 이 질병이나 치료는 모두 대부분의 암 환자들에게 통증을 일으킨다. 그렇지만 많은 암 환자가 충분한 통증 경감을 얻지 못한다. 26편의 국제적 연구에 대한 평론은 여러 나라에서 암 환자들이 겪는 통증의 거의 절반은 치료되지 않았음을 보여주었다(Deandrea, Montanari, Moja, & Apolone, 2008).

환상지통

상해가 통증을 유발하지 않고도 일어날 수 있는 것처럼, 통증도 상해 없이 일어날 수 있다. 그러한 유형의 통증 중 한 가지가 **환상지통**(phantom limb pain)인데, 이는 존재하지 않는 신체 부위에서 만성 통증을 경험하는 것이다. 절단 수술은 통증 경험을 이끄는 충동을 유발하는 신경을 제거하는 것이지만, 감각을 제거하지는 못한다. 절단 수술을 받은 대부분의 사람들은 절단된 사지로부터 어떤 감각을 경험하는데, 대개는 고통스러운 것이다(Czerniecki & Ehde, 2003).

1970년대까지 환상 통증은 드문 것으로 생각되었는데, 절단 수술을 받은 사람들의 1% 이하가 고통스러운 환상지를 경험하는 것으로 나타났으나, 좀 더 최근의 연구는 그 백분율이 80%로 높아졌음을 밝혀주었다(Ephraim, Wegener, MacKenzie, Dillingham, & Pezzin, 2005). 이러한 감각은 흔히 수술 바로 직후에 따끔거리는 것으로 시작하여, 잃어버린 사지에 있는 실제 느낌과 유사한 다른 감각으로 이행되는데, 통증도 포함된다. 환상 통증의 감각이 사지에 한정되어 있진 않다. 유방 제거 수술을 받은 여성도 절단 수술을 받은 유방으로부터 감각을 경험하고, 이를 뽑은 사람도 때때로 뽑은 이로부터의 느낌을 계속해서 경험한다.

절단 수술을 받은 사람들은 때때로 환상지가 비정상인 크기이거나 불편한 위치에 있다고 느낀다(Melzack & Wall, 1982). 환상지는 또한 경련, 쿡쿡 쑤시는 아픔, 타는 듯한 느낌, 으스러지는 것 같은 느낌을 일으킬 수도 있다. 이러한 통증은 경미한 것에서부터 드물지만 심하고 지속적인 것까지 다양하다. 초기 연구는 통증의 심도와 빈도가 시간이 지나면서 감소된다고 시사했다(Melzack & Wall, 1988). 그렇지만 후속 연구는 환상지통이 시간이 지나도 남아 있다고 시사한다(Ephraim et al., 2005). 사실, 10년 이상 더 일찍이 사지를 잃은 사지절단 환자들의 거의 75%가 여전히 환상지통을 보고한다(Ephraim et al., 2005). 사지절단 전에 큰 통증을 경험했다면 잃어버린 사지에서 통증이 더 일어나기가 쉽다(Hanley et al., 2007).

환상지통의 기저 원인은 격심한 논쟁의 주제가 되어왔다(Melzack, 1992; Woodhouse, 2005). 수술은 통증을 거의 경감시키지 못하기 때문에, 일부 대가들은 환상지통이 정서적인 토대를 갖는다고 가설을 세웠다. 멜작(1992)은 환상지 감각이 신경 활동의 특징적 패턴의 생산 결과로 뇌에서 발생한다고 주장했는데, 그는 이를 신경행렬(neuromatrix)이라고 불렀다. 이 신경행렬 패턴은 말초신경계에 있는 신경세포들이 뇌에 입력을 공급하지 않아도 계속해서 작동한다.

멜작은 이러한 뇌 활동 패턴이 환상지 감각의 토대이며 이것이 통증을 포함할 수 있다고 생각했는데, 최근 연구는 그의 이론과 일치하고 있다(Woodhouse, 2005). 뇌 영상 기법은 연구자들에게 뇌 활성화 패턴을 조사할 수 있게 해주었는데, 이러한 연구가 뇌는 상해 후에 재조직할 수 있는 능력이 있으며, 신경계의 변화를 유발할 수 있음을 밝혀주었다. 이러한 변화는 절단 수술을 받은 사람들의 체성감각 피질과 운동 피질에서 관찰되었는데(Flor, Nikolajsen, & Staehelin Jensen, 2006; Karl, Mühlnickel, Kurth, & Flor, 2004), 이는 멜작의 신경행렬 개념과 그것의 환상지통에서의 역할과 일치한다. 그러므로 환상지통은 사지 제거 후에 말초신경계와 중추신경계 모두에서 일어나는 변화로 유발될 수도 있다. 신경계는 상실을 보상하기보다는 부적응적인 변화를 만들어내어서, 신체 부위에서 더 이상 존재하지 않는 통증 지각을 창출해내는 것이다.

요약

급성 통증은 수백 가지 상이한 유형의 상해와 질병의 결과일 수도 있지만, 만성 통증은 한정된 수의 증후군에 따라서 분류될 수 있다. 이 증후군 중의 일부가 만성 통증으로 고통받고 있는 대다수 사람들을 설명해준다. 두통은 가장 흔한 통증 유형인데, 일부는 편두통, 긴장성 두통, 군집성 두통이라는 만성 문제를 경험하고 있다. 대부분 사람들의 요통 경험은 급성이지만, 일부 사람들의 통증은 만성이 되고 쇠약하게 만든다. 관절염은 관절에 영향을 미치는 퇴행성 질병인데, 만성 통증을 유발한다. 류머티즘성 관절염은 모든 연령의 사람들에게 영향을 미칠 수도 있는 자기면역 질병이며, 골관절염은 대부분 노인들에게 영향을 미치는 퇴행성 관절염의 결과로 온다. 섬유근육통은 몸 전체의 통증, 수면장애, 피로 및 불안으로 특징지어지는 만성 통증 상태이다. 통증은 암의 불가피한 결과가 아니지만, 암에 걸린 사람들 대부분은 이 질병의 진행 결과나 혹은 암에 대한 여러 가지 치료의 결과로 통증을 경험한다. 가장 수수께끼 같은 통증 증후군 중의 하나가 환상지통인데, 어떠한 신체적 토대 없이도 통증을 만들어낸다. 절단 수술을 받은 사람들 대부분이 이 통증 증후군을 경험한다.

 ## 통증의 측정

"나는 '잘 받아들이세요'라는 말을 들어왔어요; 나에게 집에서 무슨 일이 있었는지 물었어요; 나는 '마약중독자'라고 비난받아 왔어요; 나는 또 '점을 칠 수 있는' 사람을 찾기도 했어요, 말하자면, 내가 얼마나 많이 통증을 겪어야만 하는지, 내 신체검사를 토대로 말해주세요." – 만성 통증을 가진 한 사람(Institute of Medicine, 2011, p. 59)

핵심은, 통증이 주관적인 경험이라는 것이다. 의사나 다른 외부 관찰자는 환자가 얼마나 많은 통증을 경험하는지를 알 수 없다. 통증의 주관적인 성질은 통증을 이해하고 치료하려는 연구자와 임상가에게는 커다란 도전으로 떠오른다. 임상가와 연구자는 통증을 어떻게 가장 정확하게 평가할 수 있는가? 어떤 사람이 당신에게 말해주는 것 외에 신뢰성 있고 타당한 통증 평가 방법은 무엇인가?

의사들(Marguié et al., 2003; Staton et al., 2007)과 간호사들(Wilson & McSherry, 2006)에게 환자의 통증을 평정하게 하는 것은 타당하지 않은 접근법인데, 왜냐하면 이 전문가들은 환자의 통증을 과소평가하는 경향이 있기 때문이다. 사람들에게 자신의 통증을 척도에 평정하게 하는 것은 신뢰롭고 타당해 보인다. 그들이 느끼는 통증이 얼마만큼인지 환자 자신보다 더 잘 아는 사람은 누구인가? 그렇지만 몇몇 통증 전문가들(Turk & Melzack, 2001)은 이러한 절차의 신뢰도와 타당도 모두에 의문을 가졌는데, 사람들은 자신이 이전의 통증을 어떻게 평정했는지를 신뢰롭게 기억하지 못한다고 진술했다. 이러한 이유로 통증 연구자들은 (1) 자기보고 평정, (2) 행동 평가, (3) 생리적 측정 등 수많은 통증 측정 기법을 개발했다.

자기보고

자기보고(self-report) 통증 평가는 사람들에게 단순한 평정 척도, 표준화된 통증 항목표, 또는 표준화된 성격검사에 자신의 통증을 평가하거나 평정하게 하는 것이다.

평정 척도 단순 평정 척도는 통증 측정 공구상자의 중요한 부분이다. 환자들은 0에서 10까지(또는 0에서 100까지)의 척도에서 자신의 통증 강도를 평정하게 되는데, 이때

10은 가장 괴로운 통증이고, 0은 전혀 통증이 없음을 나타낸다. 그러한 수치 평정은 통증을 평가하는 여러 접근법들 비교에서 다른 유형의 자기보고를 능가하는 장점을 보여주었다(Gagliese, Weizblit, Ellis, & Chan, 2005).

한 가지 비슷한 기법이 시각 아날로그 척도(VAS: Visual Analog Scale)인데, 이는 단순한 선으로 왼쪽에는 '통증이 없는', 오른쪽에는 '상상할 수 있는 가장 심한 통증'이라는 말이 쓰여 있다. 어떤 통증 환자들에게는 VAS가 통증에 관한 단어 기술어(Rosier, Iadarola, & Coghill, 2002)와 수치 평정(Bigatti & Cronan, 2002)보다 우수하다. 자신의 경험을 수량화하는 데 익숙하지 않은 환자들에게는 시각 아날로그 척도가 때론 혼란스러울 수 있는데(Burckhardt & Jones, 2003b), 치매가 있는 노인이나 어린 아동과 같이 지시를 이해할 수 없는 사람들에게는 어렵다고(Feldt, 2007) 비판받아왔다. 또 다른 평정 척도는 얼굴 척도인데, 강렬한 기쁨에서부터 심한 통증까지 감정을 표현하는 8~10개의 얼굴 그림으로, 환자들은 어떤 얼굴 그림이 자신의 통증 수준을 가장 잘 나타내고 있는지 단순히 지적하면 된다(Jensen & Karoly, 2001). 이러한 유형의 평정은 아동이나 노인 모두에게 효과적이다(Benaim et al., 2007). 이러한 평정 척도들의 한계점은 단지 통증의 강도만을 측정한다는 것이다. 즉, 이것들은 예리한 통증인지, 둔한 통증인지 여부와 같은 자신의 통증에 대한 환자들의 언어 기술을 타진해주지 않는다. 이러한 한계점에도 불구하고 통증 평가에 대한 이 접근법은 많은 환자에게 가장 간단하면서 가장 효과적일 수도 있다.

통증 질문지 멜작(1975, p. 278)은 단일 차원상에서 "통증을 묘사하는 것은 양식, 색채, 재질 및 많은 다른 시각적 경험 차원과 관계없이 빛 변화의 견지에서만 시각적 세계를 구체화하는 것과 같다."고 주장했다. 평정 척도는 예를 들면 치는 것, 쏘는 것, 찌르는 것, 뜨거운 것 등의 통증을 구별해주지 못한다.

이러한 약점을 교정하기 위해 멜작(1975)은 McGill 통증 질문지(MPQ: McGill Pain Questionnaire)를 개발했는데, 이 항목표는 통증에 대한 주관적인 보고를 제공하며 이것을 감각, 정서, 평가라는 세 가지 차원으로 범주화한다. 통증에 대한 감각의 성질은 시간, 공간, 압박, 온도의 특성이며, 정서적인 성질은 두려움, 긴장, 자율의 특성이다. 또한 평가적인 성질은 통증 경험에 대한 주관적인 전반적 강도이다.

MPQ는 이 세 가지 통증 차원을 평가하는 4개의 부로 구성되어 있다. 제1부는 인간 신체의 앞뒤 그림으로 되어 있고, 환자들은 통증을 느끼는 영역을 이 인체 그림에 표시한다. 제2부는 통증을 기술하는 20세트의 단어들로 되어 있으며, 환자는 자신의 통증을 가장 정확히 기술하는 각 세트에 있는 하나의 단어에 표시한다. 이들 형용사는 최저로 고통스러운 것에서 가장 고통스러운 것 순으로 되어 있다(예: '계속 불쾌감을 주는', '메슥거리게 하는', '괴롭히는', '끔찍한', '고문당하는 듯한'). 제3부는 환자들의 통증이 시간에 따라 어떻게 변하는지를 묻는다. 제4부는 '경미한'에서 '몹시 괴로운 것'까지의 5점 척도상에서 통증의 강도를 측정한다. 이 네 번째 부분이 현재의 통증 강도(PPI: Present Pain Intensity) 점수를 산출한다.

MPQ는 가장 빈번하게 사용되는 통증 질문지인데(Piotrowski, 1998, 2007), 단축형 McGill 통증 질문지(Melzack, 1987)는 다중차원 평가를 유지하고 있으며, 표준 MPQ 점수와 높은 상관이 있다(Burckhardt & Jones, 2003a). 임상가들은 다양한 치료 프로그램에서 그리고 다중 통증 증후군에서 통증 경감을 평가하는 데 MPQ를 사용한다(Melzack & Katz, 2001). MPQ는 또한 26개의 상이한 언어로 존재한다(Costa, Maher, McAuley, & Costa, 2009). 단축형도 사용이 늘어나고 있는데, 높은 신뢰도가 증명되었다(Grafton, Foster, & Wright, 2005). 더욱이 이 검사의 컴퓨터 터치스크린 실시는 지필 검사와 높은 일치도를 보여주었다(Cook et al., 2004).

다중차원 통증 항목표(MPI: Multidimensional Pain Inventory)는 또한 웨스트 헤이븐-예일 다중차원 통증 항목표(WHYMPI: West Haven-Yale Multidimensional Pain Inventory)라고도 알려져 있는데, 통증 환자용으로 특별히 고안된 또 다른 평가 도구이다(Kerns, Turk, & Rudy, 1985). 52문항으로 이뤄진 MPI는 세 부분으로 나뉜다. 첫 번째 부분은 통증의 특징, 환자의 삶과 기능에 대한 방해 및 환자의 기분을 평정한다. 두 번째 부분은 환자와 가까운 사람의 반응에 대한 환자의 지각을 평정하고, 세 번째는 환자가 얼마나 자주 30개의 상이한 일상 활동 각각에 참여하는지를 측정한다. 이 척도를 사용하여 연구자들(Kerns et al., 1985)은 통증 환자들 삶의 상이한 차원들을 포착할 수 있는 12개의 상이한 척도들을 개발할 수 있게 되었다.

표준화된 심리검사 전문화된 통증 항목표들에 더해서 임상가와 연구자는 통증을 평가하는 데 표준화된 다양한 심리검사를 사용한다. 이들 검사 중에서 가장 빈번하게 사용되는 검사는 MMPI-2이다(Arbisi & Seime, 2006). MMPI는 원래 통증을 평가하기 위해 고안된 것은 아니지만, 건강염려증, 우울증, 편집증, 정신분열증 및 기타 정신병리 같은 임상적 진단을 측정한다. 1950년대 초의 연구(Hanvik, 1951)에 따르면 상이한 유형의 통증 환자들이 여러 가지 MMPI 척도상에서 변별될 수 있으며, 더 최근 연구(Arbisi & Seime, 2006)는 그러한 평가에 대한 MMPI의 사용을 확증하고 있다. 통증 평가에 MMPI-2를 사용하는 주요 장점 중 한 가지는 자신의 통증 경험에 관해 솔직하지 못한 환자들을 탐지해내는 이 검사의 능력이다(Bianchini, Etherton, Greve, Heinly, & Meyers, 2008).

연구자들은 통증을 측정하기 위해 또한 Beck 우울 항목표(BDI: Beck Depression

Inventory)(Beck, Ward, Mendelson, Mock, & Erbaugh, 1961)와 증상 점검 표-90(SCL-90: Symptom Checklist-90)을 사용한다(Derogatis, 1977). Beck 우울 항목 표는 우울을 평가하는 짧은 자기보고형 질문지이고, SCL-90은 여러 가지 유형의 행동 문제와 관련된 증상들을 측정한다. 만성 통증이 있는 사람들은 흔히 부정적인 기분을 경험하기 때문에, 심리검사 점수와 통증 간의 관계는 놀라운 일은 아니다. 그렇지만 통증 환자들에 대한 BDI의 요인 분석(Morley, de C. Williams, & Black, 2002; Poole, Branwell, & Murphy, 2006)은 통증 환자들이 만성 통증을 가진 우울한 사람들보다 상이한 프로파일을 나타내고 있음을 보여주었다. 특히, 만성 통증 환자들은 우울한 사람들보다 자기에 관한 부정적인 신념을 덜 인정하는 경향이 있지만, 우울의 행동적, 정서적 증상을 더 보고하는 경향이 있다. MMPI-2와 마찬가지로, SCL-90(McGuire & Shores, 2001)은 또한 통증 증상을 꾀병으로 보이라고 지시받은 사람들과 통증 환자들을 변별해낼 수 있다. 따라서 이 표준화된 심리검사는 통증을 평가하는 데 무언가를 제공해줄 수도 있는데, 통증 증상을 과장할 수도 있는 사람을 확인하는 능력을 포함하고 있다.

행동 평가

통증 측정의 두 번째 주요 접근법은 환자들에 대한 행동 관찰이다. 영향력 있는 연구자 윌버트 포다이스(Wilbert Fordyce, 1974)는 통증이 있는 사람들은 흔히 관찰자에게 자신이 통증으로 고통받고 있다는 사실을 표시하기 위해 신음소리를 내거나, 얼굴을 찡그리거나, 문지르거나, 한숨을 쉬거나, 절뚝거리거나, 작업에 참여하지 않거나, 침대에 누워 있거나, 그 밖의 행동들을 하는데, 여기에는 더 낮은 활동 수준, 통증 약물 치료, 자세, 얼굴 표정이 포함된다. 행동 관찰은 통증을 평가하는 비공식적인 방법으로 시작되었다. 포다이스(1976)는 통증 행동을 기록하는 데 있어 배우자를 훈련시켰으며, 각 개인의 통증을 가리키는 5~10개 정도의 행동 목록을 기록하게 한다.

얼굴 표정은 통증에 대한 행동 측정을 제공해준다.

건강관리 전문가들은 환자들의 통증을 과소평가하고(Staton et al., 2007; Wilson & McSherry, 2006) 환자들의 편파를 극복시키기 위해 광범위한 훈련을 요구하는(Keefe & Smith, 2002; Rapoff, 2003) 경향이 있다. 건강관리 전문가들이 통증을 평가하는 또 다른 방법은 행동 관찰을 표준화된 평가전략으로 개발하는 것이다(Keefe & Smith, 2002). 관찰 프로토콜 동안에 통증 환자들은 일련의 과제를 수행하도록 요구받는데, 훈련된 관찰자는 이들의 신체 동작과 얼굴 표정을 기록하는 데 있어 통증 표시에 주목한다. 예를 들면, 요통 환자들은 1~2분간의 관찰 동안에 앉거나, 서거나, 걷거나, 기대도록 요구받을 수 있다. 그 회기는 절뚝거리거나 얼굴을 찡그리는 것과 같은 통증 관련 행동을 다른 관찰자가 평정할 수 있게 비디오테이프로 녹화할 수도 있다. 정보를 수집하는 이러한 전략은 통증 행동에 관한 자료를 산출하는데, 그 분석은 이 자료가 신뢰롭고 타당한 통증 지표임을 확증해주었다(Keefe & Smith, 2002).

행동 관찰은 자기보고를 하는 데 어려움이 있는 사람들(아동, 인지적 손상이 있거나 노인인 환자)의 통증을 평가하는 데 특히 유용하다. 이러한 접근법에는 아동 통증 평가(von Baeyer & Spagrud, 2007)와, 관찰자가 5개 얼굴 표정과 두 손의 동작을 관찰하여 유아들의 통증을 평가할 수 있게 하는 부호화 체계가 있다(Holsti & Grunau, 2007). 많은 고령 환자가 자신의 통증을 보고할 수 있지만, 어떤 고령 환자들은 그렇게 할 수 없는데, 얼굴 표정에 대한 행동 관찰은 이러한 어려운 집단에 대한 평가를 할 수 있게 해준다(Clark, Jones, & Pennington, 2004; Lints-Martindale, Hadjistavropoulos, Barber, & Gibson, 2007).

생리적 측정

통증 평가의 세 번째 접근법은 생리적 측정치의 사용이다(Gatchel, 2005). 생리적 기법 중의 하나인 근전도(EMG: Electromyography)는 근육 긴장 수준을 측정한다. 이 접근법의 배후에 있는 개념은 통증이 근육 긴장을 증가시킨다는 것이다. 피부 표면에 측정 전극을 부착하면 근육 긴장을 측정해주는 쉬운 방법을 제공해주지만, 통증 지표로서의 이 측정의 타당도에 관해 의문이 일어난다. 예를 들면, 헤르타 플로르(Herta Flor, 2001)는 자기보고 통증과 EMG 수준 간에는 일관성이 없음을 보고했다. 요통의 EMG 평가에 관한 메타분석(Geisser et al., 2005)에 따르면 EMG가 요통이 있는 사람들과 요통이 없는 사람들을 변별하는 데는 유용했지만, EMG 홀로는 적절한 평가가 아니었다.

연구자들은 또한 과잉호흡, 일시적인 동맥의 혈류, 심박, 손 표면의 체온, 손가락 맥박의 크기, 피부 전도 수준과 같은 불수의적인 과정을 포함한 여러 가지 자율신경계 지표를 통해 통증을 평가하고자 시도했다. 심박률이 통증 지각을 예측해주지만, 오직 남자들에게만 그랬다(Loggia, Juneau, & Bushnell, 2011; Tousignant-Laflamme, Rainville, & Marchand, 2005). 실험 과제에서, 피부 전도 수준의 변화는 통증 자극 강도의 변화 및 통증 지각의 변화와 상관이 있다. 그렇지만 이 방법은 임상적인 통증 보고에서 사람들 간의 차이를 평가하는 데 있어 아주 적합하지는 않다(Loggia et al., 2011). 연구자들과 임상가들이 일차적으로 자기보고를 제공하지 못하는 환자들에게는 이러한 생리적 평가를 이용하지만, 더 흔히는 이 집단에 대한 통증 관련 행동의 행동 관찰을 이용한다.

통증 평가 기법은 (1) 자기보고, (2) 행동 평가, (3) 생리적 측정이라는 세 가지 일반적 범주로 묶을 수 있다. 자기보고에는 평정 척도, MPQ와 MPI 같은 통증 질문지, MMPI, BDI, SCL-90 같은 표준화된 심리검사가 있다. 통증 환자를 치료하는 임상가는 흔히 평가를 조합하여 사용하는데, 대부분 자기보고 항목표에 의존한다. 통증의 행동 평가는 비공식적인 관찰로 시작되었지만, 특히 자기보고를 완성하지 못하는 어린 아동이나 치매가 있는 노인 같은 개인들을 위해 표준화된 평정으로 훈련된 임상가들에 의해 발전되었다. 생리적 측정에는 심박률과 같은 근육 긴장과 자율신경 지표들이 있지만, 이 접근법은 자기보고나 행동 관찰로서 신뢰롭거나 타당하지 못하다.

통증 관리

통증은 복잡한 관리 문제를 나타내고 있다. 급성 통증의 치료는 통증의 출처가 분명하기 때문에 보통은 복잡하지 않다. 그렇지만 만성 통증을 가진 사람들을 돕는 일은 일종의 도전인데, 왜냐하면 이런 유형의 통증은 뚜렷한 조직 손상 없이도 존재하기 때문이다. 어떤 사람들은 의료적인 치료를 통해 통증의 경감을 달성하며, 어떤 사람들은 행동 관리를 통해 개선을 경험한다.

통증 관리의 의료적 접근법

약물은 급성 통증 치료를 위한 주 의료전략이다. 약물이 또한 어떤 만성 통증 증후군을 위한 선택이라고 하더라도, 이 전략은 더 큰 위험을 지니고 있다. 약물에 반응하지 않는 만성 통증은 수술로 치료될 수도 있는데, 역시 위험이 동반된다.

약물 약물 진통제(analgesic drug)는 의식 상실 없이 통증을 경감시킨다. 이용 가능한 진통제는 수백 가지가 있지만, 거의 모든 진통제는 아편제와 비마취성 진통제라는 두 가지 주요한 군으로 구분한다(Julien, Advokat, & Comaty, 2010). 두 유형 모두 식물에서 추출되는데, 많은 합성물을 갖고 있다. 둘 중 아편류가 더 강하고 더 오래 사용되었는데, 최소한 5,000년 이상 거슬러 올라간다(Melzack & Wall, 1982).

현대의 **아편 진통제**(opiate painkiller)에는 모르핀(morphine), 코데인(codeine), 옥시코돈(oxycodone), 하이드로코돈(hydrocodone, 비코딘(Vicodin)으로 알려진 약물에서

의 활성 성분)과 같은 물질이 포함된다. 통증 통제에 아편제를 사용하는 데 제한점은 내성과 의존 모두가 포함된다는 것이다. **내성**(tolerance)은 약물에 대한 신체의 반응성 감소이다. 내성이 생기면, 동일한 효과를 얻는 데 점점 더 많은 약물 용량이 요구된다. **의존**(dependence)은 약물 제거가 금단 증상을 산출할 때 일어난다. 아편제는 내성과 의존 모두를 산출하기 때문에 잠재적으로 위험하며, 남용을 겪게 된다.

아편제 처방의 결과로서 약물 남용의 두려움은 얼마나 현실적인가? 환자들은 수술로 회복되는 동안 중독이 되는가? 말기 질병을 가진 환자들에게는 위험성이 어떠한가? 한 연구에 따르면(Porter & Jick, 1980), 중독의 위험은 1% 미만이다. 1990년대 후반 동안 아편 진통제 처방이 극적으로 증가했는데, 진통제 남용의 급속한 확산에 관한 매스컴의 관심이 이 약물에 대한 처방 증가가 광범위한 중독으로 이끌었다는 두려움에 기름을 붓는 격이 되었다. 아편제 사용과 남용의 증가에도 불구하고, 아편제 통증 약물 치료에 중독을 발달시킨 만성 통증 환자들의 수는 그것을 처방받은 수의 4% 미만이다(Fishbain, Cole, Lewis, Rosomoff, & Rosomoff, 2008). 지금까지, 아편 진통제에 관한 가장 좋은 예언요인은 불법 약물 및 알코올 사용에 대한 개인 내력이다. 이 물질을 오용하는 사람들은 아편 진통제 또한 오용하기가 더 쉽다(Turk, Swanson, & Gatchel, 2008).

1997년과 2007년 사이에, 아편 진통제 약물 사용은 600% 이상 증가했다(Paulozzi et al., 2012). 1999년 이래, 아편류 관련 사망은 4배로 증가했다(CDC, 2016a). 이 증가 중 상당 부분이 옥시코돈과 하이드로코돈이었다. 두 약물 모두 잠재적인 남용 가능

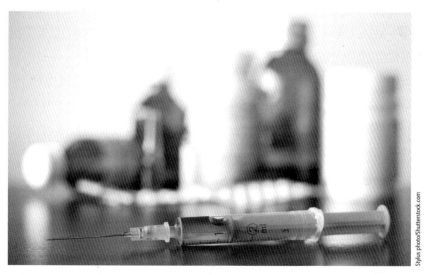

약물은 급성 통증에 효과적인 치료를 제공하나, 만성 통증을 치료하는 데는 좋은 선택이 아니다.

성이 있는 아편제인데, 처방이 증가된 시기에 증가했다. 이 약물의 남용에 관한 신중성은 이를 마지못해 처방하는 의사에게도(Breuer, Fleishman, Cruciani, & Portenoy, 2011), 경감을 얻기 위해 충분한 용량을 마지못해 취하는 많은 환자에게도(Lewis, Combs, & Trafton, 2010) 모두 영향을 미친다. 이 마지못해 하는 것이 모든 아편제 약물에 적용되는데, 심지어 암 통증에도 그렇다(Reid, Gooberman-Hill, & Hanks, 2008). 따라서 급성 통증이 있는 사람들이나 만성 통증이 있는 사람들은 흔히 충분한 경감을 얻지 못한다.

어떤 상황에 있는 어떤 사람들에게는 아편제 약물의 이점은 위험성보다 더 크다. 다른 어떤 유형의 약물도 더 완벽한 통증 경감을 산출하지 못한다. 그렇지만 아편제 남용의 잠재성과 아편제 부작용은 만성 통증을 관리하는 데보다는 급성 통증을 치료하는 데 더 적합한데, 왜냐하면 만성 통증에 대한 장기 사용을 지지하는 증거가 한정적이기 때문이다(Manchikanti et al., 2011). 아편제 약물은 가장 심한 급성 상처, 수술 회복, 말기 질병을 위한 통증 관리의 필수적인 부분으로 남아 있다.

과소 약물 치료 문제점을 극복한 한 가지 절차는 스스로 조절하는 투약 체계이다. 환자들은 명확한 한계 내에서 자신이 원할 때마다 정맥선에 부착된 펌프를 가동하여 1회 분량의 약물 치료 투약을 할 수 있다. 이러한 체계는 1970년대 말에 등장했는데, 환자들이 더 적은 약물 치료를 하고도 더 나은 통증 경감을 얻으며(Sri Vengadesh, Sistla, & Smile, 2005), 더 높은 만족을 경험하는(Gan, Gordon, Bolge, & Allen, 2007) 경향이 있기 때문에, 그 후 광범위한 수용을 얻게 되었다. 정맥선은 이러한 투약 체계에 필수적이기 때문에 수술 후 통증을 통제하는 데 가장 흔하게 사용된다. 그렇지만 환자 통제 경피성 투약 체계 또한 이용 가능하다(D'Arcy, 2005). 이 체계는 위팔에 부착되어 있는 신용카드 크기의 장치를 통해 사람들에게 자기 투약 진통제를 허용한다. 이 유형의 자기 투약 진통제는 과소 약물 치료를 방지하게 해준다.

과소 약물 치료가 암 통증 환자들에게 문제일 수도 있는 반면에, 과잉 약물 치료는 흔히 요통을 겪고 있는 환자들에게 문제가 될 수도 있다. 한 팀의 조사자들(Von Korff, Barlow, Cherkin, & Deyo, 1994)이 일차 진료 의사들을 요통 환자들에 대한 그들의 통증 약물 치료 처방의 낮은 빈도, 중간 정도의 빈도, 높은 빈도에 따라 나누고, 그리고 요통 환자들의 장기요양에 따라 나누었다. 1년과 2년 추적 조사는 약물 치료를 덜 받고 활동적으로 유지하고 있는 요통 환자들이 약물 치료를 더 많이 받고 쉬라고 말해준 환자들이 그랬던 만큼이나 똑같았다. 또 다른 연구(Rhee, Taitel, Walker, & Lau, 2007)는 아편제 약물을 복용한 요통 환자들이 고혈압, 불안, 우울, 관절염과 같은 건강 문제를 더 빈번하게 경험했다는 사실을 발견했다. 또한 이들은 병원 응급실을 더 방문하는 경향이 있었다. 두 연구 모두 이 환자들에 대한 치료가 요통을 관리하는 다른 접근법을 받는 환자들보다 비용이 더 들었다. 따라서 통증 약물 치료를 이용하는 요통 환자들이 그렇지 않은 환자들보다 더 나쁜 성과, 더 많은 건강 문제, 더 높은 비용을 초래했다. 불행하게도, 요통에 대한 아편 처방은 빈도를 감소시키기보다는 증가시키는 것으로 나타났다(Mafi, McCarthy, Davis, & Landon, 2013).

비마취성 진통제(nonnarcotic analgesics)에는 아세트아미노펜(acetaminophen)뿐만 아니라 다양한 비스테로이드성 항염증 약물(NSAID: nonsteroidal anti-inflammatory drug)이 있다. 아스피린(aspirin), 이부프로펜(ibuprofen), 나프록센 소듐(naproxen sodium)은 손상된 조직에서 방출되고, 염증에도 포함되어 있는 일종의 화학물질인 프로스타글란딘(prostaglandin)의 합성을 차단하는 것으로 생각된다(Julien et al., 2010). 이러한 화학물질의 출현은 뉴런을 민감하게 하고 통증을 증가시킨다. 이 약물은 뇌로 가로질러 가는 대신에 상해 부위에 작용하지만, 신경에서 신경화학적 활동을 변화시켜 통증 지각에 영향을 미친다. 이들의 작용 기제의 결과, NSAID는 상해가 존재하지 않을 때는(예를 들면, 실험실 상황에서 실험 통증 자극을 받는 사람들처럼) 통증 지각을 변경시키지 않는다.

아스피린과 NSAID는 통증 경감에 많이 사용되는데, 여기에는 작게 베이거나 긁히는 것은 물론이고 뼈가 부러진 것과 같은 좀 더 심한 상해도 포함된다. 그러나 염증 없이 일어나는 통증은 NSAID로도 그렇게 쉽사리 경감되지 않는다. 더욱이 NSAID는 위 내막에 염증과 손상을 일으키는데, 궤양까지도 일으킨다(Huang, Sridhar, & Hunt, 2002). 아스피린의 부작용으로는 혈액응고 시간의 변경이 있으며, 아스피린과 그 밖의 NSAID는 초과 용량이면 유독하므로 간과 신장에 손상을 일으킨다.

새로운 유형의 NSAID인 Cox-2 억제제는 프로스타글란딘에 영향을 미치지만 위의 독성을 더 낮춘다. 이 약물의 승인과 대량 마케팅 후에 판매가 급증했는데, 특히 관절염을 가진 사람들 사이에서 그렇다. 그렇지만 심장발작 위험 증가가 발견되고서부터 미국의 시장에서 Cox-2 억제제가 퇴조했으며, 이러한 유형의 NSAID 사용에는 경고가 증가되었다(Shi & Klotz, 2008).

아세트아미노펜은 또 다른 비마취성 진통제인데 NSAID 중의 하나는 아니다. 타이레놀과 같은 상품명으로 알려져 있는 아세트아미노펜은 광범위하게 사용되는 약물이 되었다. 아세트아미노펜은 항염증성 성질은 거의 없고 아스피린과 유사한 통증 경감 능력을 가지고 있지만 좀 더 약하다. 아세트아미노펜도 아스피린에 있는 위장 부작용이 없어서, 아스피린을 견딜 수 없는 사람들에게 좋은 대체물이 되었다. 그렇지만 아세트아미노펜도 해가 없는 것은 아니다. 다량의 아세트아미노펜은 치명적일 수 있으며, 치명적이지 않은 용량일지라도 간에 심각한 손상을 줄 수 있고, 특히 술과 조합될 때 그렇다(Julien et al., 2010).

진통제가 통증에 영향을 미치는 유일한 약물은 아니다. 항우울제와 간질발작을 치료하는 데 사용되는 약물도 통증 지각에 영향을 미치는데, 이 약물은 어떤 유형의 통증을 치료하는 데 사용할 수 있다(Maizels & McCarberg, 2005). 항우울제는 요통을 치료하는 데 유용할 수 있고, 어떤 유형의 항경련제 약물 치료는 편두통이 있는 사람들에게 도움이 될 수 있다. 더욱이, 편두통을 예방하며(Peres, Mercante, Tanuri, & Nunes, 2006), 류머티즘성 관절염의 손상 부분인 염증을 감소시켜주는 데(Iagnocco et al., 2008) 효능이 있는 다른 약물도 존재한다. 다른 만성 통증 증후군을 위한 유사한 발전이 수백만 명의 삶을 변화시킨다. 불행하게도, 다양한 약물과 사용전략들까지도 만성 통증을 가진 많은 사람에게는 적절하지가 않다. 그러한 개인들은 수술이나, 경감을 얻기 위한 다른 치료를 고려할 수도 있다.

수술 통증의 또 다른 전통적인 의학적 치료는 수술인데, 통증의 근원을 보수하거나 통증을 경감시키기 위해 신경계를 변경하는 것을 목적으로 한다. 허리 수술은 가장 일반적인 통증에 대한 수술 접근법이지만, 수술은 덜 침습적인 그 밖의 가능성들이 실패할 때까지는 의사들이 권장하는 선택사항이 아니다(van Zundert & van Kleef, 2005).

수술은 또한 통증을 전달하는 신경을 변경할 수 있다(van Zundert & van Kleef, 2005). 이 절차는 신경전달을 변화시키고 통증을 통제하기 위해 열, 냉 또는 고주파 자극을 이용할 수도 있다. 신경을 완전하게 파괴하는 것은, 이 절차가 모든 감각 상실을 가져올 수 있으며 이는 통증보다 더 고통을 줄 수도 있기 때문에 전형적인 목표는 아니다. 신경전달을 변화시키는 것을 통한 또 다른 접근법에는 신경을 손상시키기보다는 자극을 주는 매몰 전선을 통하는 신경 자극이 있다. 수술은 이러한 접근법에서 요구되는데, 전기 자극을 척수나 뇌로 전달할 수 있는 심는 장치를 포함하고 있다. 이 체계의 활성화는 통증을 차단하는 뉴런을 활성화하고, 신경전달물질을 방출함으로써 통증 경감이 있게 한다. 이 과정은 신경조직을 파괴하지 않는다.

척수 자극은 요통을 통제하는 유망한 기법이지만(De Andrés & Van Buyten, 2006), 관련 유형 자극인 **경피성 전기 신경 자극**(TENS: transcutaneous electrical nerve stimulation)은 덜 효과인 것으로 입증되었다. TENS 시스템은 전형적으로 피부에 부착하는 전극으로 구성되어 있는데, 전기 자극을 공급하는 장치에 연결되어 있다. 어느 정도 유망한 초기의 성공지표에도 불구하고, TENS는 통증을 통제하는 데 있어 단지 제한적인 효과성만을 밝혀주었다(Claydon, Chesterton, Barlas, & Sim, 2011).

수술은 통증 치료로서 적어도 다음과 같은 두 가지 한계점을 지니고 있다. 첫째, 수술이 손상된 조직을 항상 보수해주지는 않는다. 둘째, 수술이 모든 환자에게 충분한 통증 경감을 제공해주지는 못한다. 심지어 수술이 처음에는 성공적이었던 사람들도 통증의 귀환을 경험할 수도 있다. 즉, 수술은 만성 통증을 가진 많은 이들에게는 성공적인 치료가 아니라는 것이다(Ehrlich, 2003). 따라서 이러한 통증 증후군을 통제하는 데 있어 비싸고 신뢰할 수 없는 접근법인 것이다(Turk & McCarberg, 2005). 또한 수술은 그 자체의 잠재적인 위험과 합병증의 가능성을 가지고 있는데, 이는 자신의 통증을 관리하는 많은 통증 환자를 행동 접근법으로 이끈다.

통증을 관리하는 행동주의 기법

심리학자들은 사람들에게 통증을 관리하는 방법을 가르치는 치료를 고안하는 데 탁월했는데, 여러 가지 행동주의 기법들이 다양한 통증 증후군에 효과적인 것으로 증명되어왔다. 이 기법에는 이완 훈련, 행동 치료, 인지 치료, 인지 행동 치료가 있다. 어떤 대가들은 이러한 기법들을 정신-신체 의학의 일부로, 따라서 대체 의학의 일부로 간주한다(8장에서 다룸). 심리학자들은 이 기법을 심리학의 일부로 보고 있다.

이완 훈련 이완은 통증을 관리하는 한 가지 기법이며, 다른 유형의 통증 관리에서 핵심 성분이 될 수도 있다. 점진적 근육 이완(progressive muscle relaxation)은 주의가 분산되지 않는 편안한 의자에 앉은 다음, 몸 전체에 있는 근육군을 체계적으로 긴장시키고 이완하는 것으로 구성되어 있다(Jacobson, 1938). 절차를 배우고 난 뒤에는, 사람들은 이 이완 기법을 독립적으로 실습할 수 있다.

이완 기법은 긴장성 두통과 편두통(Fumal & Schoenen, 2008; Penzien, Rains, & Andrasik, 2002), 류머티즘성 관절염(McCallie et al., 2006), 요통(Henschke et al., 2010) 같은 통증 문제를 치료하는 데 성공적으로 사용되어왔다. 국립 건강공학 연구소(NIHT: National Institutes of Health Technology) 자문위원회는 점진적 근육 이완 훈련에 대한 증거를 사정했는데, 이 기법은 통증을 통제하는 데 있어 가장 높은 평정을 해주었다(Lebovits, 2007). 그렇지만 이완 훈련은 전형적으로 다중 구성 프로그램의 일

표 7.1 이완 기법의 효과성

문제	결과	연구
1. 긴장성 두통과 편두통	이완이 두통을 관리하는 데 도움이 된다.	Fumal & Schoenen, 2008; Penzien et al., 2002
2. 류머티즘성 관절염	점진적 근육 이완이 이들 장애를 관리하는 프로그램에서 효과적인 성분이다.	McCallie et al., 2006
3. 요통	이완이 요통을 치료하는 프로그램에서 효과적이다.	Henschke et al., 2010
4. 다양한 만성 통증 상태	점진적 근육 이완은 NIHT 평론에 의하면 효과적이다.	Lebovits, 2007

부로서 기능한다(Astin, 2004).

표 7.1은 이완 기법의 효과성을 요약하고 있다.

행동 치료 가장 두드러진 행동 치료는 행동 수정인데, 이는 조작적 조건형성에 관한 실험실 연구로부터 생겨났다. **행동 수정**(behavior modification)은 조작적 조건형성 원리를 적용하여 행동을 조형하는 과정이다. 행동 수정의 목적은 행동을 조형하는 것이지 스트레스의 느낌이나 통증의 감각을 경감시키는 것이 아니다. 통증이 있는 사람들은 보통 자신의 불편을 다른 사람들에게 전달하는데, 즉 고통을 호소하고, 신음소리를 내고, 한숨을 내쉬고, 절뚝거리고, 문지르고, 찡그리고, 작업에 빠진다.

윌버트 포다이스(1974)는 통증 행동의 영속에서 조작적 조건형성의 역할을 처음으로 강조한 사람들 중 한 명이다. 그는 관심 및 동정심의 증가, 재정적 보상, 그리고 통증 행동에 자주 뒤따르는 기타 **정적 강화물**(positive reinforcers)의 보상(reward) 가치를 알아보게 되었다. 통증 전문가 프랭크 안드라시크(Frank Andrasik, 2003)는 이러한 조건들을 통증 덫이라고 명명했는데, 통증을 경험하는 사람들을 만성 통증 덫에 걸리도록 밀어 넣는 상황을 만들어낸다. 만성 통증을 만드는 상황으로는 가족의 관심, 정상적인 책임감으로부터의 구제, 고용주로부터의 보상, 의사로부터 받는 약물 치료가 있다. 이들 강화물은 더 나아지는 것을 어렵게 만든다(Newton-John, 2013).

행동 수정은 이들 통증 덫에 대항하는 작업을 하는 것인데, 강화물을 확인하고, 더 바람직한 행동을 강화하기 위해 칭찬과 관심을 이용하고, 환자가 덜 바람직한 통증 행동을 보일 때 강화를 철회하기 위해 환자의 환경에서 사람들을 훈련시키는 것이다. 다시 말해 부적절한 신음소리와 고통스러운 호소는 이제 무시되는 반면, 더 많은 신체활동과 그 밖의 긍정적인 행동에 대한 노력은 강화된다. 약물 치료를 받은 양, 작업 결근, 침대에 누워 있거나 기동할 수 없는 시간, 통증 호소의 수, 신체활동, 동작의 범위, 앉아 있는 인내 기간과 같은 객관적 결과가 진행을 나타낸다. 조작적 조건형성 기법의 강점은 신체활동 수준을 늘리고 약물 치료 이용을 줄이는(어떤 통증 치료법에도 중요한 두 가지 표적) 능력이다(Roelofs, Boissevain, Peters, de Jong, & Vlaeyen, 2002). 더욱이 이 행동 접근법은 통증 강도를 감소시키고, 장애를 감소시키고, 삶의 질을 증진해준다(Gatzounis, Schrooten, Crombez, & Vlaeyan, 2012). 행동 수정 접근법은 행동에 기저하고 기여하는 인지를 다루지 않지만, 인지 치료는 이들 인지에 초점을 둔다.

인지 치료(cognitive therapy)는 사람들의 신념, 개인적 기준 및 자기효능감이 자신의 행동에 강하게 영향을 미치는 원리에 토대를 두고 있다(Bandura, 1986, 2001; Beck, 1976; Ellis, 1962). 인지 치료는 인지를 변화시키기 위해 고안된 기법에 집중하는데, 행동은 개인이 자신의 인지를 변경할 때 변화될 것이라는 가정을 하고 있다. 앨버트 엘리스(Albert Ellis, 1962)는 생각, 특히 불합리한 생각이 행동 문제의 뿌리라고 주장했다. 그는 '최악의 상황을 상상하는' 경향에 초점을 두었는데, 이는 불쾌한 상황을 어떤 더 나쁜 것으로 확대하는 것이다. 통증과 관련된 최악의 상황을 상상하는 예로는 '이 통증은 결코 더 나아지지 않을 거야', '더는 못 하겠어', '이 통증을 멈출 수 있게 하는 건 아무것도 없어'가 있다.

통증 경험은 쉽사리 최악의 상황을 상상하는 것으로 바뀔 수 있는데, 통증 느낌에 대한 어떤 과장이 부적응 행동과, 더 나아가 불합리한 신념의 악화로 이끌 수 있다. 최악의 상황을 상상하는 경향성은 급성 통증(Pavlin, Sullivan, Freund, & Roesen, 2005)과 만성 통증(Karoly & Ruehlman, 2007) 모두에서 통증에 대한 과장과 연관되어 있다.

일단 비합리적 인지가 확인되면, 치료자는 이것을 더욱 합리적인 신념으로 변화시키려는 목적하에 이들 신념을 적극적으로 공략한다. 예를 들면 통증에 대한 인지 치료는 최악의 상황을 상상하는 경향성을 다루는데, 사람들이 자신의 통증은 참을 수 없다거나 결코 멈추지 않을 것이라는 신념을 없애도록 이끌어준다(Thorn & Kuhajda, 2006). 인지 치료자들은 이들 인지를 다루는데, 그것들을 변화시키기 위해 환자들과 함께 작업한다. 그렇지만 통증 환자들과 함께 작업하는 인지 치료자들은 오로지 생각에만 집중한다기보다는, 인지와 행동 모두에서의 변화를 다룬다. 즉, 그들은 인지 행동 치료를 실행한다.

인지 행동 치료(CBT: cognitive behavioral therapy)는 긍정적인 행동 변화를 일으키기 위해 신념, 태도, 생각, 기술을 발달시키려는 치료의 한 유형이다. 인지 치료와 마찬가지로, CBT는 행동에 토대가 되는 생각과 느낌을 가정하고 있기 때문에 태도를 변화시키는 것으로 시작한다. 행동 수정과 마찬가지로 CBT는 환경 유관성을 수정하고, 관찰 가능한 행동을 변화시켜주는 기술을 수립하는 데 초점을 둔다.

통증 관리를 위한 한 가지 CBT 접근법은 데니스 터크(Dennis Turk)와 도널드 마이헨바움(Donald Meichenbaum)이 고안한 통증 접종 프로그램인데(Meichenbaum & Turk, 1976; Turk, 1978, 2001), 이는 5장에서 설명한 스트레스 접종과 유사하다. 통증 접종에는 인지적 단계, 즉 재개념화(reconceptualization) 단계가 포함되는데, 이 단계 동안에 환자들은 적어도 자신의 통증 가운데 얼마간은 심리적 요인이 중요함을 수용하도록 격려받는데, 흔히 통증의 문 통제 이론에 관한 설명을 듣게 된다. 두 번째 단계(기술 획득 및 시연 단계)에는 이완과 호흡 통제 기술 학습이 포함된다. 치료의 마지막 단계인 마무리(follow-through) 단계에는 치료자는 배우자와 다른 가족 구성원들에게 환자의 통증 행동은 무시하고, 더 높은 신체활동 수준, 약물 치료 이용 감소, 더 적은 통증 클리닉 방문, 일하는 날짜의 증가와 같은 건강행동에는 강화를 주라는 지시가 포함된다. 자신의 치료자의 도움으로 환자들은 미래의 통증에 대처하는 치료 후 계획을 짜게 되며, 끝으로 환자들은 통증 클리닉 밖의 일상 상황에 대처 기술을 적용하게 된다. 한 실험실 유발 통증 연구(Milling, Levine, & Meunier, 2003)는 접종 훈련이 참여자들에게 통증을 통제하게 하는 데 있어 최면과 마찬가지로 효과적이었음을 밝혀주었다. 무릎 상해로부터 회복 중인 운동선수들에 관한 한 연구(Ross & Berger, 1996)도 통증 접종 훈련이 효과적이었음을 발견했다.

그 밖의 CBT 프로그램들이 매우 다양한 통증 증후군에 대한 그 효과성을 증명했다. CBT는 두려움과 최악의 상황을 상상하는 것(Leeuw et al., 2007; Thorn et al., 2007) 그리고 통증 환자들이 질병보다는 건강과 양립되는 방식으로 행동하도록 돕기 위한 행동 성분과 같은 만성 통증 환자들에게 공통이 되는 해로운 인지를 다루는 전략을 포함하고 있다. 요통 환자용 CBT에 관한 평가(Hoffman, Papas, Chatkoff, & Kerns, 2007)는 이러한 통증 증후군에 대한 효과성을 보여주고 있으며, 두통 환자들을 대상으로 한 CBT 연구들(Martin, Forsyth, & Reece, 2007; Nash, Park, Walker, Gordon, & Nicholson, 2004; Thorn et al., 2007) 역시 그 이득을 증명했다. 섬유근육통 환자들은 약물 치료보다 CBT로부터 더 큰 이득을 얻었으며(García, Simón, Durán, Canceller, & Aneiros, 2006), CBT는 암과 AIDS 통증(Breibart & Payne, 2001)뿐만 아니라, 류머티즘성 관절염(Astin, 2004; Sharpe et al., 2001)을 가진 사람들에게도 유익하다는 사실이 증명되었다.

최근에 연구자들은 **수용 전념 치료**(ACT: acceptance and commitment therapy)로 불리는 통증 관리를 위한 CBT의 한 형태를 평가했다. ACT는 통증 환자들에게 자신의 통증 수용을 증가시키도록 고무하며, 한편 환자들이 가치를 두고 있는 다른 목표와 활동에 주의를 집중하도록 한다. 이러한 형태의 치료는 특히 만성 통증 환자들에게 도움이 될 수도 있는데, 직접적으로 통증을 통제하려고 시도하면 디스트레스나 장애로 이끌 수도 있기 때문이다(McCracken, Eccleston, & Bell, 2005). 만성 통증 환자들에 대한 최근 10편의 연구에 관한 메타분석은 ACT가 비교 집단에 비해 통증 강도에서 유의한 감소를 가져왔다는 사실을 발견했다(Hann & McCracken, 2014). 따라서 ACT는 만성 통증 관리를 위한 전통적인 CBT에 또 다른 좋은 대안이 될 수도 있다. 통증의 수용에 대한 ACT의 초점은 또한 만성 통증을 위한 마음챙김 기반 중재의 초점인 것이다.

5장에서 기술한 바와 같이, **마음챙김**(mindfulness)이란 의도적으로 현재 순간에 비판결적이고 수용하는 태도로 주의를 집중해서 생기는 의식 혹은 알아차림을 말한다(Kabat-Zinn, 1994). 만성 통증의 맥락에서, 마음챙김 기반 중재는 모든 감각(통증에 대한 감각 및 신체적 불편까지)과 그 감각에 수반되는 정서에 대한 알아차림과 수용을 증가시키는 것을 목표로 한다. 어떤 사람에게 통증에 고의적으로 주의를 집중하도록 고무하는 것이 통증을 감소시키는 데 효과적일 수 있다는 것은 이상해 보일 수도 있겠지만, 최근의 증거는 마음챙김이 만성 통증 환자들을 돕는 데 효과적이라고 제안되고 있다. 한 대규모 무선 시행이 만성 요통 성인들에게서 CBT, 마음챙김 및 일반 치료를 비교했다(Cherkin et al., 2016). 마음챙김과 인지 행동 중재는 환자들의 40% 이상에서 임상적으로 유의한 통증 감소를 가져왔는데, 일반 치료 조건 환자들의 25%와 비교되었다. 마음챙김이 사람들에게 통증을 관리하게 해주는 것으로 보이는 데는 여러 가지 이유가 있을 수도 있다. 첫째, 마음챙김은 우울과 불안을 감소시켜줄 수 있는데, 이 장 처음에서 기술한 바와 같이 불안은 사람들의 통증 지각을 증가시킨다. 아마도 더 중요하게는, 마음챙김은 통증에 대한 사람들의 파국화 경향을 감소시켜준다. 마음챙김 기반 중재에서 사람들은 빈번한 '신체 스캔'을 하라고 격려받는데, 자신의 모든 신체 부

표 7.2 행동 치료, 인지 치료, 인지 행동 치료 그리고 마음챙김의 효과성

문제	결과	연구
1. 통증 행동 증가	언어적 강화가 통증 행동을 증가시킨다.	Jolliffe & Nicholas, 2004
2. 만성 요통	조작적 조건형성은 신체활동을 증가시키고, 약물 치료 사용을 더 낮춘다. 인지 행동 치료도 효과적일 수 있다.	Roelofs et al., 2002; Smeets et al., 2009
3. 통증 강도	행동 수정이 통증 강도를 감소시킨다.	Sanders, 2006
4. 통증 경험을 최악의 상황으로 상상하기	최악의 상황으로 상상하기는 급성 통증과 만성 통증 모두를 증가시킨다.	Karoly & Ruehlman, 2007; Pavlin et al., 2005; Thorn & Kuhajda, 2006
5. 실험실 유발 통증	접종 훈련이 통증에 대한 최면만큼 효과적이었다.	Milling et al., 2003
6. 무릎 통증이 있는 운동선수	통증 접종이 통증을 감소시킨다.	Ross & Berger, 1996
7. 요통	CBT가 메타분석과 체계적인 리뷰에서 효과적인 것으로 평가되었다.	Hoffman et al., 2007
8. 두통과 예방	CBT가 관리와 예방 모두에 효과적이다.	Martin et al., 2007; Nash et al., 2004; Thorn et al., 2007
9. 섬유근육통	CBT가 약물 치료보다 더 효과적이다.	García et al., 2006
10. 류머티즘성 관절염	CBT가 얼마간의 통증을 경감시킬 수 있다.	Astin, 2004; Sharpe et al., 2001
11. 암 통증과 AIDS 통증	CBT가 대처하게 해준다.	Breibart & Payne, 2000
12. 만성 통증	ACT가 통증 강도를 감소시키는 데 효과적인 것으로 두 편의 메타분석에서 밝혀졌다.	Hann & McCracken, 2014; Veehof et al., 2010
13. 요통	마음챙김과 CBT가 통증을 감소시키고, 신체 기능을 개선시키고, 장애를 감소시키는 데 똑같이 효과적이다.	Cherkin et al., 2016

위의 감각에 세밀한 주의를 집중할 뿐만 아니라 어떤 통증 감각이 얼마나 심한지, 손상되었는지, 쇠약해졌는지에 대한 판결을 하지 않으면서 통증에 주의를 집중하라고 지시받는다. 통증에 주의를 기울이는 그러한 비판결적인 접근은 사람들이 자신의 통증이 일반적으로 믿고 있는 것보다 덜 자주 발생하며, 통증을 증가시키거나 감소시키는 상황을 주목하게 되며, 또한 '이 통증은 결코 사라지지 않을 거야' 같은 판결을 하지 않게 해준다는 사실을 깨닫게 해줄 수도 있는 것이다. 많은 연구가 마음챙김은 그런 파국화 경향을 감소시킴으로써 통증을 감소시킨다는 것을 보여주고 있다(Cassidy, Atherton, Robertson, Walsh, & Gillett, 2012; Garland et al., 2011). 만성 통증에 대한 마음챙김 기반 중재의 가능성과 상대적으로 낮은 비용을 고려해볼 때, 일부 전문가들은 그러한 비약물적인 중재가 만성 통증 환자들을 위한 치료에서 효과적인 첫걸음일 수 있다고 제안하고 있다(Dowell et al., 2016).

요약하면, 이들 연구는 행동 수정, CBT 및 마음챙김이 다양한 통증 증후군을 가진 사람들에게 통증을 관리하는 데 효과적인 중재일 수 있음을 보여주고 있다. 이 기법들은 가장 효과적인 유형의 통증 관리전략에 속한다. 표 7.2는 이 치료들의 효과성과 이 치료들이 처치할 수 있는 문제를 요약하고 있다.

통증에 대한 다양한 의학적 치료가 효과적이지만 한계점도 있다. 진통제는 급성 통증을 경감시키는데, 만성 통증에도 사용할 수 있다. 이러한 약물에는 아편제와 비마취성 약물이 있다. 아편제는 심한 통증을 관리하는 데는 효과적이지만, 만성 통증 환자들에게 사용할 경우 내성과 의존 속성 때문에 문제점을 내포하고 있는데, 건강 진료 전문가와 환자들이 마지못해 효과적인 투여량을 이용하게 하고 있다. 아스피린, 비스테로이드성 항염증 약물(NSAID), 아세트아미노펜 같은 비마취성 약물은 경미한 급성 통증 관리부터 중간 정도의 급성 통증을 관리하는 데 효과적인데, 때로는 만성 통증을 관리하는 데도 사용된다.

수술은 말초신경계나 중추신경계까지도 변경할 수 있다. 수술 절차는 만성 통증을 통제하는 최후의 수단으로 흔히 행해지는데, 신경통로 파괴를 포함하는 절차들은 흔히 비성공적이다. 척수를 자극하게 해주는 수술은 통증 관리에서 더 유망해 보이지만, 경피성 전기 신경 자극(TENS)은 효과적인 방법이 아니다.

건강심리학자들은 이완 훈련, 행동 치료, 인지 치료 및 CBT를 이용함으로써 사람들이 스트레스와 만성 통증에 대처하게 해준다. 점진적 근육 이완 같은 이완 기법은 환자들이 두통, 수술 후 통증 및 요통을 관리하게 하는 데 어느 정도 성공적임을 증명했다. 이완은 일반적으로 위약보다 더 효과적이다. 행동 수정은 통증 환자들이 더 활동적으로 되고, 약물 치료 의존을 감소시키는 데 효과적일 수 있지만, 이 접근법은 통증을 수반하는 부정적 정서와 고통을 다루지는 않는다. 인지 치료는 느낌을 다루므로 통증을 과장하는 최악의 상황으로 상상하기를 감소시키는 데 도움이 된다. 조작적 조건형성의 행동 성분을 조합할 경우, 인지 행동 치료는 여타 치료들보다 더 큰 효과성을 증명했다.

CBT는 통증 접종 치료를 포함하고 있지만, 통증에 관련된 인지 변화의 다른 조합과 통증 관련 행동을 변화시키기 위한 행동전략들이 또한 이 범주에 들어맞는다. 이 접근법들은 요통, 두통, 류머티즘성 관절염 통증, 섬유근육통 및 암과 AIDS에 수반되는 통증을 치료하는 데 성공적이었다.

해답 이 장에서는 다음의 다섯 가지 문제를 다루었다.

1. 신경계는 어떻게 통증을 등록하는가?

피부의 표면 근처에 있는 수용기가 자극에 반응하며, 이 자극으로부터의 신경충동은 척수로 메시지를 중계한다. 척수는 감각 메시지를 중재하는 층들을 포함하고 있으며 그것을 뇌로 중계한다. 뇌에 있는 체성감각 피질은 감각 정보를 받아서 해석한다. 신경화학물질과 중뇌수도 주변 회백질도 정보를 조절할 수 있으며 통증의 지각을 변화시킨다.

2. 통증의 의미는 무엇인가?

통증은 정의하기 어려우나, 급성 통증(특정한 상해와 6개월 이하 동안 지속됨), 만성 전 통증, 만성 통증(회복시기를 넘어서서 지속되는)으로 분류할 수 있다. 통증은 또한 두통, 요통, 관절염 통증, 암 통증, 환상지통을 포함한다. 처음 두 가지는 가장 일반적인 만성 통증이다. 통증의 의미는 또한 이론을 통해 이해할 수 있는데, 통증에 대한 문 통제 이론이 뛰어난 모형이다. 이 견해는 신체적 요인과 심리적 요인이 통증의 경험에 영향을 준다고 주장한다.

3. 어떤 유형의 통증이 가장 큰 문제점을 나타내는가?

통증 증후군은 증상에 따라 만성 통증을 분류하는 흔한 방법이다. 이들 증후군에는 두통, 요통, 관절염 통증, 암 통증, 환상지통이 있다. 처음 두 통증은 가장 흔한 만성 통증 출처인데, 작업이나 학교에 가장 큰 시간 손실을 초래한다.

4. 통증을 어떻게 측정할 수 있는가?

통증은 근육긴장 또는 자율신경계 각성을 평가함으로써 생리적으로 측정할 수 있으나, 이러한 측정은 타당도가 높지 않다. 통증 관련 행동(절뚝거리는 것, 얼굴을 찌푸리는 것, 호소하는 것)은 다소의 타당도와 신뢰도를 갖는다. 자기보고는 통증 측정의 가장 일반적인 접근법인데, 여기에는 평정 척도, 통증 질문지, 표준화된 심리 검사가 포함된다.

5. 어떤 기법이 통증 관리에 효과적인가?

건강심리학자들이 사람들에게 통증을 관리하도록 이용하는 기법에는 이완 훈련과 행동 기법이 있다. 이완 훈련은 두통과 요통 같은 통증 문제를 사람들이 대처하도록 도울 수 있다. 행동 접근법에는 행동 수정이 포함되는데, 사람들에게 통증보다는 건강과 양립할 수 있는 방법으로 행동하도록 지침을 준다. 인지 치료는 생각에 집중하도록 하는데, 통증 환자들에게 최악의 상황으로 상상하기와 두려움을 최소화하도록 지침을 준다. 인지 행동 치료는 인지를 변화시키는 전략과 행동 적용을 조합하는데, 이는 특히 통증을 통제하는 데 효과적이다.

더 읽을거리

Baar, K. (2008, March/April). Pain, pain, go away. *Psychology Today, 41*(2), 56-57. 매우 짧은 이 논문은 통증의 심리적 요인에 대한 요약과 심리학자들이 사람들에게 성공적으로 통증을 관리하게 하는 데 이용하는 치료들을 제공하고 있다.

Gatchel, R., Haggard, R., Thomas, C., & Howard, K. J. (2012). Biopsychosocial approaches to understanding chronic pain and disability. In R. J. Moore (Ed.), *Handbook of pain and palliative care* (pp. 1-16). New York: Springer. 독자들에게 주요 통증 이론의 발달을 보여주고, 급성 통증이 어떻게 만성 통증으로 바뀌는지를 논의하며, 만성 통증의 측정과 관리에서의 쟁점을 제시하고 있다.

Kabat-Zinn, J. (2010). Mindfulness meditation for pain relief: Guided practices for reclaiming your body and life (audio recording). SoundsTrue. 마음챙김 연구와 실습에서 선구적인 인물의 한 사람인 카밧-진(Kabat-Zinn) 박사에 의한 이 오디오 녹음은 만성 통증 경험에 수반되는 고통을 감소시켜주는 방법으로서, 그것을 이용하기 위한 마음챙김과 여러 접근법에 대한 개관을 제공하고 있다.

Wall, P. (2000). *Pain: The science of suffering.* New York: Columbia University Press. 피터 월(Peter Wall)은 통증의 문 통제 이론의 창시자 중 한 사람인데, 이 현상을 이해하기 위한 노력으로 광범위한 경험에 관해 말하고 있다. 그는 통증 경험에 대한 비전문적인 조사를 제공하는데, 문화적, 개인적인 기여 요인을 고찰하고 있다.

대체 접근법 고찰

문제 제기

이 장에서는 다음의 여섯 가지 문제를 주로 다룬다.

1. 주류 의학에 대한 대체 의학으로는 어떤 것들이 있는가?
2. 어떤 산물과 식이요법이 대체 의학으로 간주되는가?
3. 어떤 손조작 실무가 대체 의학 실무에 포함되는가?
4. 정신-신체 의학이란 무엇인가?
5. 누가 보완 대체 의학을 이용하는가?
6. 대체 치료의 효과적인 이용과 한계점은 무엇인가?

자신에게 해당하는 항목에 ☑ 표 하시오.

☐ 1. 통증이 있을 때는 약장에서 통증을 경감해주는 무엇인가를 찾아본다.

☐ 2. 통증 치료에 있어 허브 치료는 약물 치료만큼이나 효과적일 수 있다.

☐ 3. 제약회사는 사람들이 스트레스에 대처하는 알약을 개발해야 한다.

☐ 4. 스트레스와 통증은 사람의 외부 출처에서 일어난다.

☐ 5. 통증이 잘 낫지 않을 때, 최면이나 침술 같은 어떤 대체 치료를 기꺼이 찾아보겠다.

☐ 6. 너무 많은 사람이 문제점에 대처하기 위해 약을 복용한다.

☐ 7. 스트레스나 통증 문제에 의학적인 치료보다는 대체 치료를 선호한다.

☐ 8. 스트레스와 통증은 사람과 상황의 상호작용에서 온다.

☐ 9. 카이로프랙틱(chiropractic) 처치는 실질적인 이점이 없다.

☐ 10. 대체 치료는 전통적인 의학 치료보다 효과적일 수 없다.

☐ 11. 대체 치료는 관습 의학적 접근법보다 더 안전하다.

☐ 12. 통증을 관리하는 데는 대체 치료와 전통적 의학 치료의 조합이 가장 좋은 접근법이다.

1, 3, 4, 9, 10번 문항에 동의했다면, 전통적인 의학적 치료에 강한 믿음을 가진 것으로 볼 수 있는데, 여기에는 스트레스 문제와 통증 문제도 포함된다. 2, 5, 6, 7, 8, 11, 12번 문항에 동의했다면, 대체 치료 및 행동주의 치료와 융화되는 생각을 나타낸다.

이 장에서는 대체 치료를 검토하고, 스트레스와 통증을 관리하는 대체 접근법을 기술하며, 그 접근법의 효과에 관한 증거를 평론하고 있다.

실제 사례 노먼 커즌스

Mark Richards/PhotoEdit

1964년에 노먼 커즌스(Norman Cousins)가 척추의 연결 조직에 영향을 미치는 퇴행성 염증 질병인 강직성 척추염으로 고통을 받고 있었을 때, 그는 영향력 있는 잡지 「Saturday Review」의 편집장이었다. 담당 의사는 회복 가능성이 500분의 1이라고 커즌스에게 말했다(Cousins, 1979). 치료는 입원과 다량의 항염증 약물이 수반되었다. 커즌스는 병원에 입원했고, 약물을 투여받기 시작했다. 그렇지만 자신의 건강 진료에서 수동적인 관찰자로 남아 있을 수 없다고 결심한 그는 병원의 틀에 박힌 일상, 병원 음식, 외견상으로 보기에 끝

도 없는 검사, 고용량 약물의 효과성에 대해 질문을 하기 시작했다. 커즌스는 병원을 떠났다.

커즌스의 치료는 계속 진행되었지만, 그는 병실 대신에 멋진 호텔방을 선택했다. 그리고 약물보다는 건강식, 다량의 비타민 C, 낙관적인 태도, 그리고 자연스러운 모습을 그대로 찍는 소형 카메라 에피소드나 오래된 마르크스 형제들의 영화를 통한 웃음 요법을 스스로 처방했다. 담당 의사는 회의적이었지만 이 특이한 치료 과정에 동의했는데, 놀랍게도 커즌스는 호전되기 시작했다. 마침내, 그는 완전히 회복되었다. 커즌스는 1976년에 「New England Journal of Medicine」에 실린 논문에 자신의 경험을 보고했는데, 이것이 그의 저서 『Anatomy of an Illness as Perceived by the Patient(환자가 지각한 질병의 해부)』의 제1장이 되었다.

스스로를 치유하려는 사람들의 내부에 존재하는 힘에 대한 강경한 옹호자가 된 커즌스는 환자에게 초점

을 두는 의학의 폭을 넓히고, 치유 과정에 심리적 요인을 포함시킬 필요성을 주장했다. 로스앤젤레스 캘리포니아 대학교의 의료 인문학 겸임 교수직을 수락함으로써, 그 접근법의 대안을 옹호하기 위해 관습 의학 내에서 작업할 수 있었으며, 1990년에 작고할 때까지 긍정정서에 대한 치유력의 가능성에 관한 강연과 저술 활동을 했다. 커즌스는 질병의 기저 원인으로 병원균의 개념을 토대로 하는 생의학 모형이 지배적이었던 의료 진료를, 사회와 문화 및 심리적 요인을 포함하는 생물심리사회적 모형으로 바뀌게 했다.

생물심리사회적 모형은 생물의학 모형의 확장이지만, 병에 대한 다른 개념화는 대체 의학(alternative medicine)으로 분류하고 있는 주류 의학과는 상당히 다른데, 대체 의학은 현재는 주류 의학의 부분으로 간주하지 않는 일군의 다양한 의학 및 건강 진료 체계, 실무 및 산물이다(National Center for Complementary and Integrative Health[NCCIH], 2008/2015). 관습적인 의학의 대체적인 것으로, 전통적인 중의학과 같은 상이한 문화에서 일어난 의학 체계, 요가나 마사지 치료처럼 아직까지 주류 의학에서 받아들여지지 않고 있는 실무, 글루코사민이나 멜라토닌처럼 아직까지는 의료적 가치가 있다고 인정되지 않은 산물이 있다.

이들 실무와 산물은 관습적인 의학의 대체로 사용될 수도 있는데, 예를 들면 어떤 사람이 통증에 진통제를 복용하기보다는 카이로프랙틱 치료나 마사지 치료를 찾을 때 그렇다. 그렇지만 사람들은 보통 관습적인 치료에 대체적인 것을 조합한다(Clarke, Black, Stussman, Barnes, & Nahin, 2015). 이러한 상황이라면 **보완 의학**(complementary medicine)이라는 용어가 적용되는데, 예를 들어 어떤 사람이 통증을 통제하기 위해 마사지와 진통제를 모두 사용할 때 그렇다. 체계, 실무, 산물의 군집을 흔히 보완 대체 의학(CAM: complementary and alternative medicine)이라고 한다. 그렇지만 많은 실무자와 환자를 위한 이상적인 상황은 관습적인 접근법과 대체 접근법의 혼합일 텐데, **통합 의학**(integrative medicine, 또는 통합 건강(integrative health))을 구성하고 있다. 나중에 다시 이 목표로 되돌아오겠지만, 우선 많은 대체 접근법의 유래가 된 체계들을 검토해볼 것이다.

 ## 대체 의학 체계

보완 혹은 대체로서의 절차와 산물의 분류는 문화적 맥락뿐만 아니라 시기에도 달려 있다. 150년 전 미국에서 수술은 기존 의학에서는 잘 받아들여지지 않는 대체 치료였다(Weitz, 2010). 수술 기법이 개선되고, 어떤 상태에서는 수술이 가장 좋은 치료였다는 증거가 축적되기 시작함에 따라, 수술은 주류 의학의 일부가 되었다. 좀 더 최근에는, 고섬유 다이어트의 건강 가치에 관한 증거가 축적되기 시작함에 따라 자연 곡물 다이어트의 가치는 대체 의학에서 주류 의학적인 권장으로 변화 추이를 보이고 있다(Hufford, 2003). 현재는 CAM으로 분류되는 일부 기법들이 연구와 시기에 따라서 관습 의학이 될 것이다.

CAM으로부터 주류 의학으로 변화되려면 과학적 연구를 통해 절차 혹은 생성물의 효과성을 증명해야 한다(Berman & Straus, 2004; Committee on the Use of Complementary and Alternative Medicine, 2005). 이 과정에 도움이 되기 위해, 미국 의회는 국립 보완 대체 의학 센터(NCCAM: National Center for Complementary and Alternative Medicine)가 된 기관을 만들었고 이 기관이 연구기금을 조성하고 연구를 촉진했는데, 그다음 2014년에는 국립 보완 통합 건강 센터(National Center for Complementary and Integrative Health)가 되었다. 1992년에 시작된 이 기관은 이 접근법들 중 어떤 접근법이 어떤 상태에 대해 효과적인가뿐만 아니라 어떤 상태에 누가 CAM을 사용하는 것이 효과적인가를 밝혀내는 시도로 CAM에 대한 연구를 후원했다. 스트레스, 통증, 기타 상태를 관리하기 위한 CAM 접근법에 관한 발견들을 고찰하기 전에, 주요한 CAM 접근법과 기법을 평론해보자.

북미, 유럽 그리고 세계의 다른 지역에서 대부분의 사람들이 받는 건강 진료는 생물 의학 의료 체계를 대표하는 내과의사, 외과의사, 약사에게서 나온다. 다양한 대체 체계가 상이한 시기와 장소에서 일어났는데, 어떤 것은 우리가 관습 의학으로 간주하는 것으로서 같은 시기 동안에 발달되었다(NCCIH, 2008/2015). 이들 대체 체계 각각은 완전한 질병(어쩌면 건강도) 이론과, 적절한 의료 실무를 구성하고 있는 것에 대한 서술을 포함하고 있다. 미국에서 20%의 사람들이 이 체계들 중 적어도 한 가지에 토대를 둔 치료를 이용했다(Clarke et al., 2015).

전통 중의학

전통 중의학(TCM: Traditional Chinese Medicine)은 적어도 2,000년 전에 중국에서 유래되었으며(Xutian, Zhang, & Louise, 2009), 중국을 비롯한 아시아 국가들에서 주요 치료 접근법으로 남아 있다. TCM 체계는 기(qi)라고 불리는 생명력이 신체에 생기를 불어넣는데, 기는 경락(meridians)이라는 신체의 경로를 따라 흐른다. 이들 경락은 신체의 부위를 서로 연결하며, 전체로서 우주와 연결 짓는다. 기를 균형 있게 유지하는 것은 건강을 유지하고 회복하는 데 중요하다. 만약 기가 막히거나 정체되면, 건강장애와 질병이 발생한다.

신체는 두 가지 반대되는 에너지 혹은 힘, 즉 음(yin)과 양(yang)의 균형으로 존재한

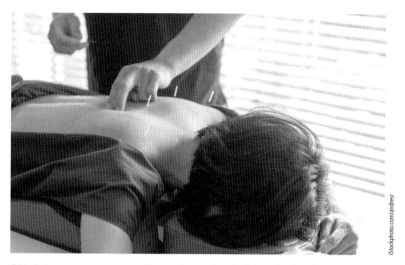
침술은 전통 중의학에서 유래했으며, 인기 있는 대체 치료가 되었다.

다(Xutian et al., 2009). 음은 차고, 수동적이고, 느린 에너지를 나타내는 데 비해, 양은 따뜻하고, 능동적이고, 빠른 것으로 보인다. 이 둘은 언제나 함께 작동되는데, 둘 사이의 균형을 획득하는 것이 건강을 위한 핵심이다(조화를 이루는 것이 이상적이다). 불균형은 신체, 정서 혹은 환경적인 사건을 통해 일어날 수도 있는데, 따라서 TCM은 진단과 치료에 전인적인 접근을 취한다. 치료자들은 개인들이 기에 활력을 찾고 뚫어 주며, 음과 양의 균형을 가져오며, 건강을 회복하도록 해주는 다양한 기법을 가지고 있다. 이러한 기법에는 침술, 마사지, 약초 제조물, 식이요법, 운동이 있다.

침술은 1971년 『뉴욕타임스』의 제임스 레스턴(James Reston)이 중국에서 그가 받은 침술 치료에 관한 경험을 보고하면서 서구 매스컴의 주목을 받게 되어 전통 중의학의 첫 번째 구성요소가 되었다(Harrington, 2008). 레스턴은 미국 국무장관 헨리 키신저(Henry Kissinger)를 수행했는데, 그 당시 키신저는 중국의 지도자 모택동(Mao Tse-tung)과 중국과의 외교 관계 수립을 원했던 미국 대통령 리처드 닉슨(Richard Nixon)의 회담에 관한 업무를 수행하던 때였다. 수술 후 통증을 통제하는 데 성공적이었던 레스턴의 침술 스토리는 많은 사람의 흥미를 끌었는데, 침술 방법이 대체 의학의 치료로서 잘 알려지도록 했던 것이다. 침술은 TCM 체계에서 중요한 위치를 차지하고 있다.

침술(acupuncture)은 피부의 특정 경혈에 침을 삽입하여 계속해서 침을 자극하는 것으로 구성된다(NCCIH, 2007/2016a). 자극은 전기적으로 이루어지거나 침을 비비 꼬는 조작으로도 이루어질 수 있다. 미국 사람들의 약 1.5%가 침술을 이용했다고 보고했다(Clarke et al., 2015). **지압**(acupressure)은 침술에서 사용되는 경혈에 침 대신 압력을 실은 손으로 다루는 기법이다. TCM 체계에서는, 침술과 지압이 경혈을 따라서 흐르는 기를 뚫어줌으로써 건강을 회복하게 해준다. 기를 자극하거나 가라앉히는 또 다른 전략은 추나(tui na)라고 불리는 마사지 기법이다. TCM은 이 과정이 신경계를 조절해주고, 면역 체계를 북돋우며, 체계 밖으로 찌꺼기를 배설하게 해준다고 간주한다.

『Chinese materia medica』는 약초 및 약초 제조물을 이용한 치료에 대한 참고문헌 안내서이다. 인삼과 생강 같은 약초는 흔하지만, 그 밖의 많은 식물, 광물, 심지어 동물 제조물이 한방 치료의 부분이다. 재료들은 갈아서 분말로 만들거나, 차나 환으로 만들어진다.

식이요법과 운동도 TCM의 일부이다. 탄수화물, 단백질, 지방의 균형을 잡는 것보다는, 어떤 음식은 먹고 어떤 음식은 피함으로써 음과 양의 불균형을 해소하도록 노력하기를 권장한다(Xutian et al., 2009). 치료적 속성을 띠는 운동은 기공체조(qi gong)인데, 기의 순환을 도와주는 일련의 운동과 호흡 기법으로 구성되어 있다.

약초 제조물 같은 산물뿐만 아니라, 침술과 기공 실무처럼 TCM에서 나온 이들 실무 중 어떤 것은 특정한 문제를 위한 대체 치료로서 이용해왔다. 그렇지만 TCM은 건강과 질병에 관한 통합적인 이론으로 구성되어 있다.

아유르베다 의학

아유르베다(Ayurveda), 즉 아유르베다 의학은 인도에서 일어난 고대 체계이다. 처음 기록된 문서는 2,000년도 더 전에 나왔다(NCCIH, 2005/2015). 이 용어의 어원은 산스크리트어로 된 두 단어인데, '생명의 과학'이라는 의미의 조합어이다. 아유르베다 의학의 목적은 신체, 마음, 영성을 통합하고 균형을 이루는 것이다. 이 세 요소는 우주에 있는 모든 사물의 관계의 연장인 것으로 믿어졌다. 인간은 균형 상태로 태어나지만, 사건들이 이 균형을 교란시킬 수 있다. 이 요소들이 불균형을 이루면 건강이 위태로워진다. 그것을 균형으로 되돌려놓는 것이 건강을 회복하는 것이다.

아유르베다 치료자들은 신체 특징에 관한 관찰뿐만 아니라, 생활양식이나 행동에 관한 질문을 포함하는 검사를 통해 환자들을 진단한다(NCCIH, 2005/2015). 치료 계획을 세우는 데 환자뿐만 아니라 가족 구성원에게 자문을 요구할 수도 있다. 치료의 목적은 불순물을 제거하고 조화와 균형을 증진하는 것인데, 이는 운동과 식이요법에서 변화를 통해 획득된다. 이 변화에는 요가 운동과 특별한 식이요법 또는 신체의 불순물을 제거하는 단식이 포함될 수도 있다. 신체에 있는 급소 마사지도 아유르베다 의학의 일부인데, 통증을 제거해주고, 순환을 증진해준다. 약초, 약용 오일, 향신료, 미네랄의 이용도 광범위한데, 5,000가지 이상의 산물을 내어놓고 있다. 환자들은 또한 걱정을 감소시키고 생활에서 조화를 증진하기 위해 행동을 변화시키도록 지도받으며, 요가

표 8.1 전통 중의학과 아유르베다 의학의 요소

전통 중의학	아유르베다 의학
기본 철학	
생명력(기)이 경락을 따라 몸에 흐르며, 건강을 유지하기 위해서는 균형이 이루어져야 한다.	건강은 몸, 마음 및 정신의 균형으로 성취된다.
질병의 근원	
기의 흐름이 막히는 데서 온다.	생활환경과 사건이 불순물을 만들어내며, 몸과 마음, 정신의 불균형을 초래한다.
치료	
운동(여기에는 기공 체조와 태극권이 포함됨)	운동(여기에는 요가가 포함됨)
어떤 음식은 섭취하고 어떤 음식은 피함으로써 음과 양의 규형을 이루기 위한 식이요법의 변화	식이요법의 변화, 여기에는 단식 또는 특별 식이요법이 포함됨
통증을 경감시키기 위한 침술이나 지압	통증을 경감시키고, 순환을 증진시키기 위한 마사지
신경계를 조절하고, 면역 기능을 증진시키고, 노폐물을 배출하기 위한 추나 요법 마사지	
약초 준비	약초, 오일, 향신료 또는 미네랄 준비

수련이 이러한 요소의 일부일 수도 있다. 미국 사람들의 1% 미만이 아유르베다 치료를 찾았는데, TCM보다 훨씬 덜 흔하다(Clarke et al., 2015). 그렇지만 미국에서 성인의 9.5%와 아동의 3.1%(Black et al., 2015)가 요가를 수련했다. 표 8.1은 TCM과 아유르베다 의학의 요소들을 제시하고 있는데, 기저하고 있는 철학의 유사성과 이 두 체계의 용어의 차이성을 보여주고 있다.

그 밖의 대체 의학 체계에는 자연요법(naturopathy)과 동종요법(homeopathy)이 있다. 모두 유럽에서 19세기 동안에 일어나서 북미로 왔다. 각각은 두드러졌다가, 주류 의학의 급부상으로 희미해져 갔다. 미국에서는 동종요법 치료(2.2%)가 자연요법 치료(0.5%)보다 더 흔한데(Clarke et al., 2015), 이것은 어느 체계도 널리 이용되지 않고 있음을 의미한다.

대체 의학은 일군의 건강 진료 체계, 실무 및 산물로 구성되어 있는데, 현재는 주류 의학의 일부가 아니지만, 사람들은 대체 의학을 오히려 더 이용하거나 주류 치료와 함께(보완 의학) 이용한다.

대체 건강 진료 체계에는 전통 중의학, 아유르베다 의학, 자연요법, 동종요법이 포함된다. TCM과 아유르베다 의학은 아주 오래되었는데, 자연요법과 동종요법은 19세기에 일어났다. 이 체계들 각각은 진단과 치료를 위한 실무뿐만 아니라 건강과 질병의 이론도 보여주고 있다.

TCM은 신체가 기라고 불리는 생활 에너지를 함유하고 있다고 간주한다. 이 에너지를 균형 있게 유지하는 일이 건강에 필수적이다. 침술과 지압, 약초 치료, 마사지(추나라고 불림), 그리고 기공체조와 태극권의 에너지를 쏟는 수련은 이러한 균형을 달성하는 데 목적을 두고 있다. 아유르베다 의학은 생활 에너지 개념을 받아들이며, 몸과 마음, 영성의 통합이 건강에 필수적이라고 주장한다. 식이요법과 약초 제조물은 아유르베다 의학의 일부인데, 운동도 그렇고, 요가도 포함된다.

자연요법과 동종요법은 미국에서 100년 전에는 두드러진 치료였지만, 그 인기는 쇠퇴했으며 다시 튀어오르지 않았다.

 # 대체 산물과 식이요법

건강을 증진하기 위해 식이요법을 보완하는 실무는 아주 오래되었는데, 수천 년 전으로 거슬러 올라가서 많은 문화와 변형에 기원을 두고 있다. 현재, 수많은 사람들이 건강을 유지하고 웰니스(wellness)를 증진하기 위해 비타민과 미네랄 보완제를 복용하고 있는데, 간혹 의사나 기타 주류 건강 실무자들의 추천을 받고 복용하기도 한다. 따라서 그러한 관례는 주류 치료 범주에 속하지만, 어떤 천연물은 대체 치료로 분류되고 있다. 미국에서는 식품의약국(FDA: Food and Drug Administration)이 천연물을 의약품보다는 식품으로 규제하고 있다. 그러한 산물은 제한 없이, 효과성 평가 없이 판매되지만, 안전성 평가가 있어야 판매된다(NCCAM, 2009/2014).

천연물의 범주에는 다양한 보완제, 생균제, 기능성 식품이 포함된다. 천연물 보완제에는 심혈관계 질환의 위험성을 감소시키기 위한 오메가 3 지방산 보충제, 감기와 독감 치료를 위한 에키네이셔(echinacea), 골관절염을 위한 글루코사민, 수면을 촉진하기 위한 멜라토닌을 비롯한 많은 것이 포함된다. 생균제(probiotics)는 소화를 촉진하거나 소화 문제를 해결하기 위해 소화관에서 자연적으로 발생하는 살아 있는 미생물로 구성되어 있다. 가장 흔한 한 가지 생균제는 살아 있는 박테리아로 배양된 요거트이다. 사람들은 또한 광범위한 비타민, 미네랄, 약초, 아미노산, 추출물, 특별 음식, 기타 천연물로써 식사를 보충하여 건강을 유지하거나 증진하려고 한다. 기능성 식품(functional food)은 콩, 초콜릿, 크랜베리, 그리고 항산화제를 함유한 그 밖의 식품과 같은 생물학적으로 활성 성분을 갖고 있는 일상 식사의 구성 성분이기도 하다.

식이 보충제의 판매는 미국에서 매년 10억 달러에 이르는데, 보충제는 가장 광범위하게 사용되는 유형의 대체 의학에 속한다. 표 8.2는 미국의 성인 및 아동의 보충제 사용 빈도를 나타내고 있다.

식이요법은 건강에서 중요한 요인인데, 어떤 사람들은 자신의 건강을 증진하기 위

표 8.2 가장 빈번하게 이용된 CAM 산물

산물 또는 식이요법	이 접근법을 이용한 성인 백분율	이 접근법을 이용한 아동(<18) 백분율
비 비타민 / 비 미네랄 보충제	17.7	4.9
생선 오일	7.8	—
글루코사민 또는 콘드로이틴	2.6	—
생균제	1.6	—
멜라토닌	1.3	—
에키네이셔	0.9	—
식이요법 기반 치료	3.0	0.7

출처: "Use of complementary health approaches among children aged 4–17 years in the United States: National Health Interview Survey, 2007–2012," by L. I. Black, T. C. Clarke, P. M. Barnes, B. J. Stussman, R. L. Nahin, 2015, *National Health Statistics Reports*, no. 78, Hyattsville, MD: National Center for Health Statistics; "Trends in the use of complementary health approaches among adults: United States, 2002–2012", by T. C. Clarke, L. I. Black, B. J. Stussman, P. M. Barnes, & R. L. Nahin, 2015, *National Health Statistics Reports*, no. 79, Hyattsville, MD: National Center for Health Statistics.

한(또한 체중을 줄이기만 하기보다는 이에 더해서) 한 가지 방법으로 특정 식이요법을 따른다. 그러한 식이요법에는 채식, 장수식, Atkins 다이어트, Ornish 다이어트, Zone 다이어트가 포함된다.

모든 채식 다이어트는 고기와 생선을 제한하고, 채소, 과일, 곡물, 콩과 식물, 씨앗, 식물성 오일에 초점을 둔다. 그렇지만 여러 가지 다양한 채식 다이어트가 있는데, 유제품채식(lactovegetarian) 다이어트는 유제품을 허용하며, 오보락토채식(ovolactovegetarian) 다이어트는 유제품과 계란을 허용하는 반면, 엄격한 채식주의자(vegan) 다이어트는 어떤 유제품과 계란 제품도 허용하지 않는다. 고기와 고기 제품을 제한하는 다이어트는 그 밖의 다이어트보다 지방은 더 낮추고 섬유질은 더 높이는 경향이 있는데, 이는 콜레스테롤 수준이 높은 사람과 같은 건강 문제를 가진 사람들에게 이득을 준다. 미국 심장학회와 미국 암학회는 건강상의 이유로 고기 소비를 제한할 것을 권장했다. 세 가지 채식 다이어트 모두가 모든 발달 단계에 있는 사람들에게 적절한 영양소를 공급할 수 있다고 공식적으로 표명했지만, 채식주의자들은 고기에는 풍부한 적절한 단백질, 칼슘, 기타 영양소를 확실히 섭취할 수 있도록 주의하여 자신의 식사를 계획해야 한다(Phillips, 2005). 건강식 다이어트(macrobiotic diet)를 따르는 사람들은 적절한 영양소를 섭취하기 위해 다른 채식주의자들보다 더욱 주의해야 한다. 이 채식주의 다이어트 계획은 크게는 채식주의자뿐만 아니라 곡물, 시리얼, 익힌 야채, 제한된 양의 과일과 생선에 대해 음식 선택을 제한한다.

Atkins 다이어트, Pritikin 다이어트, Ornish 다이어트, Zone 다이어트는 허용된

탄수화물과 지방의 양 면에서 달라지며, 또한 전반적인 목표에 따라서도 달라진다(Gardner et al., 2007). 예를 들어 Atkins 다이어트 프로그램은 탄수화물은 제한하지만 지방이나 칼로리는 제한하지 않는 반면에, Ornish 다이어트 프로그램은 지방 섭취를 칼로리의 10%로 한정하려고 노력하는데, 이는 거의 전적인 채식주의자에게도 어려워서 좀처럼 따르지 못한다(Clarke et al., 2015). 건강을 향상시키기 위한 특별한 식이요법이 흔한 일은 아니다(제한된 식이요법을 따르는 대부분의 사람들은 체중을 빼려는 목표를 가지고 있다). 표 8.2에서 보는 바와 같이, 미국인들의 3%만이 이러한 특별 식이요법을 따르는데, 그 수는 지난 10년간 감소해왔다(Clarke et al., 2015).

요약

대체산물에는 식이요법 보충제가 포함된다. 사람들은 자신의 식이요법에 매우 다양한 비타민, 미네랄 그리고 건강을 증진하거나 특정한 상태를 치료하기 위한 약초, 아미노산, 추출물, 특별 음식 같은 천연물을 보충할 가능성이 더 많다. 이러한 접근법은 미국에서 가장 흔하게 사용되는 대체 의학이 되었다. 어떤 특별한 식이요법은 Ornish 다이어트, South Beach 다이어트, Zone 다이어트 같이 콜레스테롤 수준을 낮추려는 목표를 갖고 있다. 그 밖의 식이요법은 채식과 건강식 다이어트 같이 건강을 증진하려는 목적을 갖고 있다. 특별한 식이요법을 따르는 것은 식이요법 보충제를 이용하는 것(17.7%)보다 덜 흔하다(3%).

손조작 실무

손조작 실무(manipulative practice)는 증상 제거나 질병 상태의 치료에 방향을 두는 실무로 구성되어 있다. 가장 흔한 것은 카이로프랙틱 치료와 마사지이다. 카이로프랙틱은 척추 정렬과 관절에 초점을 두는데, 척추를 다시 정렬하는 조정 기법이다. 마사지도 조작 기법이지만, 마사지는 연조직에 초점을 둔다. 여러 가지 상이한 유형의 마사지가 존재하지만, 이런 유형의 조작이 신체가 그 자체를 치유하게 한다는 기저 전제를 공유하는 것들이 많다.

카이로프랙틱(척추 지압) 치료

대니얼 데이비드 파머(Daniel David Palmer)가 1895년에 카이로프랙틱을 창설했다(NCCIH, 2007/2012). 파머는 척추의 조작이 병을 고칠 뿐만 아니라 병을 예방하는 열쇠라고 믿었다. 이 초점은 카이로프랙틱 진료의 토대를 이루고 있는데, 건강 문제에 기저하고 있는 정렬불량을 교정하기 위해 척추와 관절에 수정을 실행하는 것이다. 카이로프랙틱 수정에는 관절의 수동적인 움직임을 벗어나서 동작하도록 손이나 기계로 압박을 가하는 것이 포함된다. 척추 지압사들은 또한 치료의 일부로 열, 얼음, 전기 자극을 이용할 수 있으며, 재활 운동이나 식생활 변화, 식이 보충제를 처방할 수도 있다. 이러한 문제들이 교정됨으로써, 신체는 자체 치유를 할 수 있다.

파머는 1896년에 첫 번째 카이로프랙틱 학교를 창설했는데, 카이로프랙틱은 20세기 초 동안에 미국에서 퍼져나가기 시작했다(Pettman, 2007). 학생들은 학부 과정에서 과학에 초점을 두는 최소 90시간을 이수한 후에 카이로프랙틱 학교에 입학이 된다(NCCIH, 2007/2012). 카이로프랙틱 훈련은 카이로프랙틱 교육 위원회(Council of Chiropractic Education)가 인증하는 학교에서 추가적인 4년간의 학업을 요구한다. 프로그램은 수업활동과 환자 진료가 포함된다. 미국의 모든 50개 주는 수업 과정을 이수하고 위원회 시험을 본 후에 카이로프랙터(척추 지압사) 면허를 준다.

카이로프랙틱은 거의 그 시작에서부터 의사들이 이 업무를 공격했는데, 면허 없이 개업하는 척추 지압사들을 고소했던 것이다(Pettman, 2007). 미국 의학회(American Medical Association)는 20세기 중반까지 내내 카이로프랙틱에 대항하여 격렬한 전투를 벌였지만, 카이로프랙틱은 널리 보급되었다. 카이로프랙틱은 주류 의학에 통합되어가는 과정에 있다. 예를 들면, 운동선수들의 카이로프랙틱 요청은 이것의 스포츠 의학으로의 통합을 고무했다(Theberge, 2008). 카이로프랙틱 치료는 또한 미국 국방부와 재향 군인회를 통해 제공되어 환자들에게 이용 가능한데, 재향군인 병원이나 개인 개업 전문가들과 계약을 통해서도 이용 가능하다(미국 재향군인회). 사실, 카이로프랙틱 치료는 너무 잘 받아들여져서 많은 의료보험이 이러한 서비스에 대해 지불하고 있다. 허리, 목, 머리 통증은 사람들이 카이로프랙틱 치료를 찾게 한 가장 흔한 상태이다(NCCIH, 2007/2012). 표 8.3은 미국에서 성인뿐만 아니라 아동도 카이로프랙틱을 찾는 빈도를 보여주고 있다. 백분율은 캐나다 성인에게서 좀 더 높은 것으로 나타났는데, 이 조사 전 1년 안에 11%가 카이로프랙틱을 이용했다(Park, 2005).

표 8.3 가장 빈번하게 이용된 손조작 실무

손조작 실무	이 접근법을 이용한 성인 백분율	이 접근법을 이용한 아동(<18) 백분율
카이로프랙틱 손조작	8.4	3.3
마사지	6.9	0.7

출처: "Use of complementary health approaches among children aged 4–17 years in the United States: National Health Interview Survey, 2007–2012", by L. I. Black, T. C. Clarke, P. M. Barnes, B. J. Stussman, R. L. Nahin, 2015, *National Health Statistics Reports*, no. 78, Hyattsville, MD: National Center for Health Statistics; "Trends in the use of complementary health approaches among adults: United States, 2002–2012", by T. C. Clarke, L. I. Black, B. J. Stussman, P. M. Barnes, & R. L. Nahin, 2015, *National Health Statistics Reports*, no. 79, Hyattsville, MD: National Center for Health Statistics.

마사지

카이로프랙틱 손조작은 척추와 관절에 초점을 두지만, 마사지는 연조직을 조작하여 건강 혜택을 얻도록 한다. 몇 년 전만 해도 사치로 간주된 마사지는 이제 스트레스와 통증을 통제하는 데 사용되는 대체 치료로서 인정되고 있다. 이 접근법은 수천 년 전으로 거슬러 올라가는데, 많은 문화권에서 일어났다(Moyer, Rounds, & Hannum, 2004). 마사지에 대한 기록은 기원전 2000년으로 거슬러 올라가는데, 히포크라테스(Hippocrates)와 갈렌(Galen) 같은 초기의 치유자들이 마사지의 이점에 관해 저술했다. 표 8.3은 미국에서 건강 이득을 위해 마사지를 이용한 성인 및 아동의 백분율이다.

여러 가지 상이한 유형의 치료적 마사지가 존재한다. 비록 퍼 헨릭 링(Per Henrik Ling)이 흔히 공인받고 있긴 하지만, 19세기에 스웨덴 마사지로 알려진 마사지 기법을 개발한 사람은 요한 메저(Johann Mezger)였다(Pettman, 2007). 이 유형의 마사지는 이완을 달성하기 위해 반대 방향에서 더 깊은 압박을 하면서 근육을 주무르는 것과 조합하여 한쪽 방향에서는 가벼운 타격을 사용한다(NCCIH, 2006/2015a). 원래 물리치료나 재활의 일부인 이 마사지는 이제 스트레스, 불안 및 여러 유형의 통증 관리를 위한 치료가 되었다.

다른 유형의 마사지는 다른 의학계로부터 나오는데, TCM, 아유르베다, 자연요법이 포함된다. 침술과 추나 요법도 모두 TCM에 기원을 두고 있는 조작 기법이다(Xue, Zhang, Greenwood, Lin, & Story, 2010). 지압은 신체에 있는 경락을 압박하는데, 기

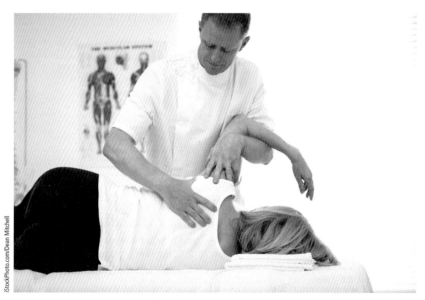

척수나 근육을 조작하는 것은 통증을 경감하는 데 효과적일 수 있다.

의 흐름이 막히지 않게 하려는 목적을 갖고 있다. 시아쯔 마사지(Shiatsu massage)는 일본의 지압이다. 추나(Tui na) 요법은 몸 전체에 기를 자유롭게 흐르도록 하는 TCM에서 나온 또 다른 접근법이다. 한 손가락이나 엄지손가락을 사용하여 특정 경락을 따라 기를 추진시키는데, 이는 또한 시아쯔 마사지와 비슷하다. 아유르베다 마사지는 신체의 특정 지점을 조작하면 신체 내부의 치유 에너지를 보낸다고 간주하는데, 흔히 마찰 저항을 감소시키고 치유를 돕는 의약용 오일을 사용한다. 따라서 마사지의 실행은 CAM에서 흔한데, 여러 체계에서 일어나서 독립적인 치유 실무로서 사용된다.

요약

손조작 실무에는 카이로프랙틱 치료와 마사지가 포함된다. 카이로프랙틱은 척추 정렬과 관절에 초점을 두는데, 척추를 다시 정렬하는 조정 기법이다. 마사지도 조작 기법이지만, 마사지는 연조직에 초점을 둔다. 여러 가지 상이한 유형의 마사지가 존재하지만, 이런 유형의 조작이 신체가 그 자체를 치유하게 한다는 기저 전제를 공유하는 것들이 많다.

정신-신체 의학

정신-신체 의학(mind-body medicine)은 뇌, 정신, 신체, 행동은 복잡한 방식으로 상호작용하며 또한 정서적, 정신적, 사회적, 행동적 요인이 건강에 중요한 영향을 미친다는 개념에 토대를 두고 있는 다양한 기법에 적용되는 용어이다(NCCIH, 2008/2015). 이 기법들 중 어떤 것은 심리학에, 어떤 것은 주류 의학에 연관되어 있지만, 모두 정신과 신체는 전인적인 역동적 상호작용 체계를 나타내고 있다는 개념을 공유한다. 노먼 커즌스는 이러한 견해의 열렬한 지지자였다. 그렇지만 이러한 개념은 최신 개념이 아니다. TCM과 아유르베다 의학, 그리고 그 밖의 많은 전통 의학과 민간요법의 토대를 형성하고 있다. 이 개념은 프랑스 철학자 르네 데카르트(René Descartes)가 정신과 신체는 상이한 원리를 따라서 작용한다고 제안했던 17세기까지만 해도 역시 두드러진 개념이었다. 데카르트의 공표는 신체가 기계적 원리에 따라 기능한다는 견해를 고취했는데, 이는 서구 의학의 발달에는 중요했지만, 신체건강에서 정신의 중요성을 무시했다.

정신-신체 의학을 받아들이는 사람들은 정신과 신체의 상호작용 그리고 이것의 건강과의 관계를 이해하고자 노력한다. 정신-신체 의학 기법의 어떤 것은 TCM과 아유르베다 의학 같은 전인적인 견해를 제안하는 체계들에서 나왔다. 그렇지만 이 기법들에는 명상, 태극권, 기공체조, 요가뿐만 아니라, 유도 심상, 최면, 바이오피드백도 포함되어 있다. 이들 수련의 대부분의 공통적인 성분은 깊고 통제된 호흡이지만, 미국의

표 8.4 가장 빈번하게 이용되는 CAM 치료

정신-신체 접근법	이 접근법을 이용한 성인의 백분율	이 접근법을 이용한 아동(<18)의 백분율
심호흡	10.9	2.7
명상	8.0	1.6
유도 심상	1.7	0.4
요가	9.5	3.1
태극권	1.1	0.2
기공	0.3	0.1
바이오피드백	0.1	< 0.1
최면	0.1	−

출처: "Use of complementary health approaches among children aged 4–17 years in the United States: National Health Interview Survey, 2007–2012", by L. I. Black, T. C. Clarke, P. M. Barnes, B. J. Stussman, R. L. Nahin, 2015, *National Health Statistics Reports*, no. 78, Hyattsville, MD: National Center for Health Statistics; "Trends in the use of complementary health approaches among adults: United States, 2002–2012", by T. C. Clarke, L. I. Black, B. J. Stussman, P. M. Barnes, & R. L. Nahin, 2015, *National Health Statistics Reports*, no. 79, Hyattsville, MD: National Center for Health Statistics.

많은 사람은 다른 정신-신체 기법의 일부로서가 아니라 따로 깊은 호흡만을 연습한다(Clarke et al., 2015). 표 8.4는 미국에서 성인과 아동의 이러한 기법과 다른 정신-신체 실무 빈도를 보여주고 있다.

명상과 요가

명상에 대한 대부분의 접근법은 아시아 종교에서 비롯되었지만, 명상에 대한 정신-신체 접근법은 전형적으로 어떤 종교적인 의미도 함축하고 있지 않다(NCCIH, 2007/2016b). 명상의 많은 변형이 존재하지만, 모두 조용한 장소, 특별한 자세, 주의 집중, 개방적인 태도를 포함하고 있다. 표 8.4는 미국에서 성인과 아동의 명상 이용을 보여주고 있다. 두 가지 가장 두드러진 유형의 명상은 초월 명상(transcendental meditation)과 마음챙김 명상(mindfulness meditation)이다.

초월 명상 초월 명상은 인도의 베다 전통에서 비롯되었다. 이 유형의 명상을 수련하는 참가자들은 보통 눈을 감고 근육이 이완된 상태로 앉는다. 그리고서 자신의 호흡에 주의를 집중하고, '옴'이나 기타 개인적으로 의미를 두는 단어나 구를 침묵으로 반복하는데, 한 번에 약 20분간의 호흡 명상을 한다. 단순한 단어의 반복은 생각이 흩어지는 것을 막아주고 근육 이완을 유지해준다. 명상은 다른 생각들로 흩어지지 않게 하려는 노력과 함께 단순한 생각이나 심상에 주의를 집중하려는 의식적인 동기가 요구된다.

마음챙김 명상 마음챙김 명상은 고대 불교 수행에 근원을 두고 있지만(Bodhi, 2011), 현대적인 스트레스 감소 실습으로서 채택되어왔다. 마음챙김 명상을 할 때 사람들은 보통 이완되고, 반듯한 자세로 앉으며, 떠오르는 어떤 생각이나 감각에 집중하는데, 비판단적인 방식으로 자신의 지각이나 생각 과정에 대한 알아차림을 증진하려고 한다 (Kabat-Zinn, 1993). 만약 불쾌한 생각이나 감각이 떠오르면, 명상가들은 그것을 무시하지도 않지만 그냥 지나가게 하며 호흡에 집중하도록 고무한다. 생각을 객관적으로 주목함으로써, 생각을 검열하거나 편집하지 않으면서, 세상을 보는 방식과 무엇이 자신을 동기화하는가에 대한 통찰을 얻을 수 있게 되는 것이다.

마음챙김 명상은 마음챙김 기반 스트레스 감소 프로그램에 채택되었다(Kabat-Zinn, 1993). 이 절차는 8주 훈련 과정으로 되어 있는데, 전형적으로 하루에 최소한 2시간 실시되며, 명상 기술을 발전시키기 위해 집중적인 피정이 포함된다. 마음챙김 기반 스트레스 감소는 사람들에게 불안을 통제하게 하고 만성질환과 통증 상태를 관리하도록 하는 매우 다양한 장면에서 이용되어왔다. 체계적인 리뷰와 메타분석(Goyal et al., 2014)은 이 접근법이 사람들에게 불안, 우울, 통증을 관리하게 하는 데 중간 정도 크기의 효과를 보여주었다.

유도 심상 유도 심상(guided imagery)은 명상과 일부 공통된 요소가 있지만, 중요한 차이점도 있다. 유도 심상에서 사람들은 반복적이고 규칙적인 대양의 포효나 목가적인 장면의 고요한 아름다움 같은 조용하고 평화로운 심상을 생각해낸다. 그리고 나서 흔히 고통스럽거나 불안을 유발하는 상황 동안에 심상에 집중한다. 유도 심상의 기저 가정은 사람은 한 번에 한 가지 이상 집중할 수 없다는 것이다. 그러므로 특히 강력하거나 즐거운 장면을 상상하면 고통스러운 경험으로부터 주의가 분산되는 것이다('더욱 건강해지기' 글상자 참조). 표 8.4는 유도 심상이 그리 흔하지 않음을 보여주고 있다.

요가 요가는 고대 인도에 그 기원을 두고 있지만(표 8.1 참조), 지금은 정신-신체 실무의 일부이다(NCCAM, 2008/2013). 여기에는 신체 자세, 호흡, 명상이 포함되는데, 그 목적은 신체, 정신, 영성의 균형을 이루는 것이다. 여러 가지 요가 학파 중에서 하타(Hatha) 요가는 미국과 유럽에서 가장 흔하다. 많은 요가 자세는 신체의 에너지를 움직이게 하고 집중시키는 방법을 제공해준다. 신체에 대한 주의 집중은 사람들에게 다른 상황을 무시할 수 있게 해주며, 그 순간에 자신의 신체에서 살게 해준다. 통제된 호흡은 이완을 길러준다. 표 8.4는 성인과 아동 모두에서 더 흔한 정신-신체 수련이라는 것을 보여주고 있다.

사람들이 통증을 관리하고 최소화하도록 돕는 한 가지 기법이 유도 심상이다. 이 기법은 심상 만들기와 그것을 통해 안내받기(또는 스스로를 안내하기)를 포함하고 있다. 이 과정은 의료 절차나 치과 절차 같은 만성 통증이나 급성 통증 모두를 다루는 데 도움이 될 수 있다. 유도 심상 경험이 없는 사람들은 유도 심상 지시 녹음판이 있으면 유익할 것이다.

유도 심상을 실습하기 위해서는, 방해받지 않고 편안하며 조용한 곳을 선정하라. 당신이 켤 수 있는 녹음한 것을 두고, 편안한 의자에 앉아서, 얼마간 깊은 호흡을 함으로써 체험할 준비를 하라. 플레이어를 켜고, 눈을 감고, 당신이 녹음한 지시를 따르라.

지시에는 당신이 상상하거나 경험한 것, 당신이 안심할 수 있고 평온한 장소가 포함되어야 한다. 당신의 생활과 경험에 맞는 장소로 조정하라—어떤 사람에게는 아주 특별한 장소가 다른 사람에게는 매력적이지 않을 수도 있기 때문에, 당신에게 끌리는 것에 관해 생각해야 한다. 많은 사람이 해변 풍경을 즐거워하지만, 어떤 사람들은 숲이나 평원, 특별한 방을 좋아한다. 목적은 당신이 이완하고 평온을 느낄 어딘가를 상상하는 것이다.

이 장소와 이를 묘사한 녹음을 지시에 넣어라. 이 장소에서 시간을 보내고, 세밀하게 그것을 체험하라. 광경과 소리에 주의를 기울여라. 하지만 그 장소와 연관된 냄새나 피부 감각을 무시하지 마라. 이들 감각 체험 각각을 상상하는 데 시간을 보내라. 그리고 그 느낌에 관해 스스로에 대한 지시를 포함시켜라. 당신은 이 장면을 살펴보면서 이완되고 평온함을 느낄 수 있어야 한다. 세밀한 부분에 시간을 많이 보내고, 그 경험에 완전하게 몰입하라.

당신의 특별한 장소 여행에 이완 호흡에 대한 지시를 포함시켜라. 당신의 목적은 당신이 느낀 불안과 통증을 대체해줄 평온과 이완을 성취하는 것이다. 유도 심상을 반복함에 따라, 좀 더 세밀한 부분을 포함시키기 위해 녹음된 지시를 수정하고 싶을 수도 있다. 녹음에는 최소한 10분간의 유도 심상이 포함되어야 하는데, 당신의 체험과 실습에 따라 더 길게 할 수도 있다. 결국에는 녹음이 필요 없어져서, 어디를 가든 이 기법을 이용할 수 있게 될 것이다.

기공체조와 태극권

TCM에는 기를 뚫어주고 건강을 증진하기 위한 동작 기반 접근법이 포함되어 있다. 기본적인 기법은 기공(gi gong, chi gung, chi gong)인데, 이는 신체의 생명 에너지를 집중시키거나 균형을 잡을 의도로 하는 일련의 운동이나 동작으로 구성되어 있다 (Sancier & Holman, 2004). 기공의 수련은 이완을 촉진해주며, 운동을 제공해준다. 태극권(tai chi chuan)은 무술에서 유래했으나, 치료적 이득을 위해 사용되는 동작 자세로 발전했다(Gallagher, 2003).

기공 기공은 신체에 생명 에너지를 돌게 하고 균형을 회복시켜주는 자세와 단순한 동작으로 수련이나 기(에너지)의 함양(공)을 포함하고 있다. 이것은 전통 중의학의 기본적인 수련 중 하나이다(Twicken, 2011). 기공을 살펴보는 한 가지 방법은 "이것을 실현하기 위해 핵심 조절 수련으로 호흡으로써 신체, 호흡, 마음을 통합된 전체로 조절하는 조작"(Shinnick, 2006, p. 351)을 하는 것이다. 자세와 동작은 형(form)으로 불리는 순서로 개별적으로나 통합적으로 수련할 수 있다. TCM 내에서 기공체조의 수련은 건강을 증진해주고, 침술이나 약초 치료 같은 처치의 필요성을 감소시켜준다.

비록 기공체조가 TCM의 철학 내에서 맞는 것이지만, 그 수련은 의료 기공체조(medical qi gong)라는 이름하에 서구 의학과 양립되어 채택되어왔다(He, 2005; Twicken, 2011). 연구자들은 기공체조의 수련이 온도 에너지와 전기 에너지에서 측정 가능한 변화를 창출한다는 주장과 함께 기의 물리적 존재를 조사했다(Shinnick, 2006). 의료 기공체조의 수련은 질병을 예방하고, 장수를 고취하고, 스트레스와 통증뿐만 아니라 고혈압, 당뇨, 심장질환과 같은 특정 질병을 치료하기 위해 찾아진다. 표 8.4는 미국에서는 기공 수련 비율이 낮음을 보여주고 있다.

태극권 태극권은 기공체조 형의 한 범주인데, 길지만 왜곡된 역사를 지닌 무술로부터 발전했다. 어떤 사람들은 그 역사가 수천 년 전까지 거슬러 올라간다고 주장하는 반면에, 불과 수백 년이라고 지적하는 사람들도 있다(Kurland, 2000). 태극권 발달의 주요 인물 또한 논쟁의 주제이지만, 흔히 인용되는 스토리에는 뱀과 학의 싸움을 주목하고 그 동작들을 방어의 형으로 채택한 소림사 승려가 포함되어 있다. 시간이 흐르면서 태극권의 수련은 건강을 증진하는 방법으로 점점 인기를 얻었는데, 중국 전역에서 전 세계로 퍼져나갔다. TCM 수련의 하나로서 태극권은 양 에너지와 음 에너지의 균형을 함양하며, 따라서 건강을 촉진한다.

태극권은 사람이 똑바로 서지만 이완된 자세와 통제된 호흡을 유지하고 있으면서 체중을 이동시키는 느리고 부드러운 동작을 포함하고 있다(NCCIH, 2006/2015b). 한 동작이 다른 동작으로 흘러 들어가는데, 태극권을 수련하는 사람들은 동작에 호흡을 조

EastWest Imaging/Fotolia LLC

태극권은 신체적, 심리적 이득을 주는 동작에 기반한 기법이다.

화시키면서 일정한 비율의 동작을 유지하고자 노력하는데, 이는 '움직이는 명상'을 만들어내는 것이다. 태극권의 역사에는 많은 상이한 양식의 발달이 포함되어 있는데, 원래 가계 내에서 영속화된 것이다. 현재는 양(Yang) 양식이 중국에서 그리고 대체 의학으로서 태극권을 수련하는 사람들에게서 가장 흔하다. 양식에서 모든 변형은 순서로 함께 연결된 일련의 동작, 즉 형을 포함하고 있다. 태극권은 매우 다양한 개인들에게 적합한 활발한 걷기나 신체 충격이 적은 운동과 대등한 중간 정도 강도의 유산소 운동을 제공한다(Taylor-Piliae, Haskell, Waters, & Froelicher, 2006). 표 8.4에서 보는 바와 같이, 태극권은 미국에서는 기공보다 더 널리 수련되고 있다.

바이오피드백

1960년대까지만 하더라도, 서양 사람들 대부분은 심박률, 소화액의 분비, 혈관의 수축과 같은 생리적 과정을 의식적으로 통제하는 일은 불가능하다고 가정했다. 이러한 생물학적 기능은 그 조절에 의식적 주의를 요하지 않는데, 조절에서 의식적인 시도는 거의 영향을 미치지 않는 것처럼 보인다. 그 뒤, 1960년대에 수많은 연구자들이 전통적으로 의식적 통제 밖에 있다고 믿었던 생물학적 과정을 통제하는 가능성을 탐구하기 시작했다. 이들의 노력은 **바이오피드백**(biofeedback)의 개발에서 최고조에 달했는데, 바이오피드백은 생물학적 체계의 상태에 관한 피드백 정보를 제공하는 과정이다. 초기 실험들은 바이오피드백이 일부 자율신경 기능의 통제를 가능하게 했다고 밝혀주었다. 1969년에는 닐 밀러(Neal E. Miller)가 일련의 실험을 보고했는데, 그와 동료들이 강화를 통해 동물의 내장 반응 수준을 변경시켰다. 어떤 피험자들은 자신의 심박률을 올림으로써 보상받았고, 어떤 피험자들은 그것을 낮춤으로써 보상을 받았다. 다른 연구자들이 바이오피드백이 인간을 대상으로 이용될 수 있다고 증명한 이후(Brown, 1970; Kamiya, 1969), 이 절차에 대한 관심이 널리 퍼지게 되었다.

바이오피드백에서는 생물학적 반응들이 전자 도구로 측정되는데, 그 반응 상태는 바이오피드백 기계를 이용하고 있는 사람에게 즉시 이용될 수 있다. 바이오피드백을 이용함으로써, 일어나고 있는 생물학적 반응 변화에 관한 정보를 얻게 된다. 이러한 즉각적인 피드백은 그렇지 않고는 수의적으로는 거의 통제할 수 없는 생리적 반응을 변경할 수 있게 해준다.

많은 유형의 바이오피드백이 존재한다. 임상적인 이용은 적으나, 근전도 바이오피드백과 온도 바이오피드백이 다른 유형보다 더 흔하다. 임상적 이용에서 가장 흔하게 발견되는 바이오피드백 유형은 **근전도**(EMG: electromyograph) 바이오피드백이다. EMG 바이오피드백은 근육섬유에서 전기적 방출을 측정함으로써 골격근의 활동을 나타낸다. 그 측정은 탐지될 근육 위의 피부 표면에 전극을 부착하여 이루어지며, 전기적 활동 수준은 근육의 긴장이나 이완 정도를 나타낸다. 도구는 근육의 근육 활동에 따라 변동하는 신호로써 반응한다. 바이오피드백은 재활에서는 근육 긴장을 증가시키기 위해 이용될 수 있고, 스트레스 관리에서는 근육 긴장을 감소시키기 위해 이용될 수 있다. CAM 이용자들이 가장 흔하게 이용하는 EMG 바이오피드백은 요통과 두통의 통제에 있기는 하지만, EMG 바이오피드백은 재활에 유용하다고 더 널리 인식되고 있다(Giggins, Persson, & Caulfield, 2013).

온도 바이오피드백(thermal biofeedback)도 스트레스와 통증에 대처하는 데 이용되는데, 피부 온도가 스트레스 수준과 관련되어 변동한다는 원리에 토대를 두고 있다. 스트레스는 혈관을 수축시키는 경향이 있는 반면에, 이완은 혈관을 개방하는 경향이 있다. 그러므로 차가운 피부 표면 온도는 스트레스와 긴장을 나타내는 것일 수 있고, 따뜻한 피부 온도는 평온과 이완을 말해준다. 온도 바이오피드백은 피부 표면에 **온도계**(thermistor, 온도 민감 저항기)를 부착하는 것이다. 온도계 신호는 피부 온도에 따라 변화하여 통제를 할 수 있게 정보를 제공해주는 것이다. 피드백 신호는 EMG 바이오피드백에서와 마찬가지로, 청각적이거나 시각적이거나 둘 다일 수도 있다. 표 8.4에서 보는 바와 같이, 아동들은 드물게 바이오피드백을 받으며, 성인들에서도 이 실무는 흔치 않다.

최면 치료

트랜스와 같은 상태가 아마 인류 역사보다 더 오래되었다고 하더라도, 현대 최면은 보통 18세기 말엽까지 거슬러 올라가는데, 오스트리아의 의사 프란츠 안톤 메스머(Franz Anton Mesmer)가 파리에서 정교한 시범을 보였던 때이다. 메스머의 작업이 심하게 비판을 받았지만, 최면술(mesmerism)로 알려진 그의 기법의 수정판은 곧 세계 여러 지역으로 보급되었다. 1830년대까지 최면술은 일부 외과의사들이 주요 수술 동안에 마취제로 이용했다(Hilgard & Hilgard, 1994).

화학적 마취제의 발견으로 최면의 인기는 약해졌지만, 19세기 말엽 동안에 지그문트 프로이트(Sigmund Freud)를 포함한 많은 유럽 의사들은 정신질환의 치료에 최면 절차를 사용했다. 20세기 시작 이후 의학적 및 심리적 도구로서 최면의 인기는 성쇠를 계속했다. 현재는 여전히 논쟁의 여지가 있긴 하나, 의학과 심리학 내에 있는 많은 실무자가 건강 관련 문제, 특히 통증 치료에 최면 치료를 이용하고 있다. 표 8.4에서 보는 바와 같이, 이 기법은 한정된 이용을 보이고 있다.

최면 과정의 사용은 여전히 논쟁의 여지가 있을 뿐만 아니라, 최면에 대한 정확한 본질 역시 논쟁의 여지가 있다. 조셉 바버(Joseph Barber, 1996)와 어니스트 힐가드(Ernest Hilgard, 1978) 같은 일부 대가들은 최면을 의식의 흐름이 분리되거나 해리되는 변경된 의식 상태로 간주하고 있다. 조셉 바버는 최면 무통은 부정적 환각 과정을 통해 작용하거나, 사람이 보통 지각하는 어떤 것을 단순히 지각하지 않는 것을 통해 작용한다고 믿고 있다. 힐가드에게 **유도**(induction) 과정(즉, 최면 상태에 놓이는 것)은 최면 과정에 중심적인 것이다. 유도 후에 반응적인 사람은 정상적인 상태와 본질적으로 다른 분리되거나 해리된 의식 상태에 들어간다. 이러한 변경된 의식 상태는 사람들에게 암시에 반응하고 정상적인 의식 상태에서는 통제할 수 없는 생리적 과정을 통제하게 해준다.

최면에 대한 대안적인 견해는 최면이 더 일반화된 특성, 즉 암시에 잘 반응하는 사람들의 비교적 영속적인 특징이라고 생각한다(T. X. Barber, 1984, 2000). 이러한 견해를 가진 사람들은 최면이 변경된 의식이라는 기본 개념을 거부한다. 오히려 최면은 이완에 불과하고, 유도는 필수가 아니며, 암시 절차는 트랜스와 같은 상태로 들어가는 것과 마찬가지일 수 있다고 주장한다.

연구는 이 논쟁을 해결하지 못했다. 뇌 영상 연구들(De Benedittis, 2003; Rainville & Price, 2003)은 최면이 변경된 의식 상태라는 견해를 지지하는 경향이 있다. 그렇지만 최면 암시와 비최면 암시를 비교하는 연구(Milling, Kirsch, Allen, & Reutenauer, 2005)에서는 두 유형 모두 동등하게 효과적이었다. 즉, 참가자들이 최면에 걸려 있든 아니든 간에 기대와 암시가 통증 감소로 이끌었다.

생리학과 정신–신체 의학

늘어나고 있는 연구들은 정신–신체 의학이 그 이름에 부응하는 정도로 인증되고 있다. 즉, 이들 행동 기법은 다양한 생물학적 과정에 영향을 미치고 있다. 예를 들면, 뇌 영상 기번 연구들은 이완하거나 명상을 할 때 무엇이 일어나는지를 명료화했다. 주의 및 실행 기능 모니터링이 명상 중에 변경되었으며(Manna et al., 2010), 상이한 명상 기법이 상이한 형태의 뇌 활성화를 촉진했다. 또 다른 연구는 명상이 어떤 뇌 변화를 수반하는지를 밝혔는데, 명상을 수련하면 노화하면서 일어나는 어떤 뇌 변화를 지연시키거나 심지어 반전시켜주는 역량을 지니게 할 수도 있다고 주장한다(Luders, 2013).

마음챙김 수련의 본질에 관한 연구(Jha, Krompinger, & Baime, 2007)는 이것이 주의를 이끌어주거나 주의를 변경하는 것과 같은 주의의 하위 구성요소를 변경함으로써 주의 과정을 향상시킨다고 주장한다. 마음챙김 명상을 하면, 전전두 피질과 전대상 피질이 더 높은 활성 수준을 보이고, 명상을 장기간 경험하면 주의에 관련된 뇌구조에서의 변화를 촉진한다(Chiesa & Serretti, 2010). 추가적인 연구(Hölzel et al., 2011)는 마음챙김 명상이 뇌 기능을 변경하는 작용을 한다고 확증해주고 있다.

마음챙김 기반 스트레스 감소에 관한 또 다른 생리적 효과는 여러 가지 면역계 구성 성분의 기능 향상을 포함하고 있다(Rosenkranz et al., 2013). 한 메타분석(Morgan, Irwin, Chung, & Wang, 2014)은 정신-신체 기법이 면역계를 조절해주는 역량을 확증해주었다. 기공 수련이 면역계 기능에서 변화를 산출한다는 증거도 존재한다(Lee, Kim, & Ryu, 2005). 이들 생리적 효과는 명상과 기공이 건강을 향상시킬 수도 있는 경로를 명세화하고 있다.

요약

정신-신체 의학은 사람들이 자신의 건강을 증진하고 건강 문제를 치료하기 위해 이용하는 다양한 기법에 적용되는 용어인데, 여기에는 명상, 유도 심상, 요가, 기공체조, 태극권, 바이오피드백, 최면이 포함된다. 초월 명상은 사람들에게 이완에 도달하기 위해서는 단일한 생각이나 소리에 집중하라고 지시하는 반면, 마음챙김 명상은 참가자들에게 순간에 초점을 두라고 격려하는데, 자신의 세밀한 현재 경험에 대해 마음챙김하게 된다. 유도 심상은 사람들에게 이완과 불안 경감을 달성하기 위해 즐거운 장면을 만들어내도록 격려한다. 요가는 몸, 마음, 영성의 균형을 이루려는 목적으로 신체 자세, 호흡, 명상을 이용한다. 기공 체조와 태극권의 동작 기반 수련은 TCM에서 비롯되었다. 기공체조와 태극권은 신체의 생명 에너지를 보내고 균형을 이루려는 의도를 가진 자세와 동작을 포함하고 있다.

바이오피드백은 생물학적인 체계의 상태를 통제하려는 목적하에 그것에 대한 피드백 정보를 제공하는 과정이다. 많은 유형의 바이오피드백이 존재하지만, 가장 널리 임상적으로 적용된 것은 근전도 바이오피드백을 통한 근육 긴장과 온도 바이오피드백을 통한 피부 온도를 통제하는 학습이다. 최면 치료는 논란이 많은데, 어떤 관계자들은 최면이 이완과 암시를 북돋우는 변경된 의식 상태를 나타내는 것이라고 주장하는 반면에, 또 어떤 관계자들은 최면이 개인들의 특성이라고 주장한다. 어떤 경우에나 이완과 암시는 모두 건강을 증진하는 잠재력을 지니고 있다.

정신-신체 의학은 또한 생리현상을 변경하는 힘을 갖고 있다. 명상, 마음챙김 명상, 기공은 모두 생리적 과정을 변경하는 힘을 보여주었다. 이러한 이로운 변화에는 더 효과적인 인지 처리를 하도록 뇌 기능을 변경해주고, 노화에 수반되는 뇌 변화를 늦추어주고, 면역 효능의 어떤 성분을 북돋아주는 것이 있다.

누가 보완 대체 의학을 이용하는가?

사람들은 건강을 향상시키고, 질병을 예방하고, 건강 문제를 관리하기 위해 보완 대체 의학으로부터 나온 기법을 이용한다. CAM으로부터 나온 많은 기법이 적용되며, 불안, 스트레스, 통증을 관리하는 데 널리 이용된다. 사실, 미국 국립 보완 대체 의학 센터의 연구비 지원을 받고 있는 많은 연구가 이들 상태에 대한 접근법들의 효과성을 평가하는 데 지향되어 있다.

CAM 기법의 매력을 발견하는 사람들이 늘어났고, 연구가 또한 그 증가를 추적해왔다. 미국의 2002년, 2007년, 2012년 CAM 이용 비교(Black et al., 2015; Clarke et al.,

2015)를 보면 2002년과 2007년 사이의 여러 범주에서 증가를 보여주었으며, 2012년에는 약간의 증가를 계속해서 보여주었다. 오메가 3 지방산 보충제, 글루코사민, 에키네이서 같은 천연물을 이용하는 많은 사람이 세 가지 평가에서 계속해서 가장 인기 있는 CAM이었다. 2002년과 2007년 사이에 심호흡 운동, 명상, 요가, 마사지, 카이로프랙틱 진료를 이용하는 사람들 역시 늘어났다. 2007년과 2012년 사이에는 거의 증가가 일어나지 않았다. 그렇지만 요가는 9.5%가 늘어나서 예외였다.

사람들은 다양한 CAM 기법을 이용할 뿐만 아니라, 다양한 이유로 기법을 이용하고 있다. 그렇지만 통증은 성인들과(Zhang et al., 2015) 아동들이(Black et al., 2015) CAM을 이용하게 한 두드러진 문제이다. 이러한 상황은 CAM 이용자들은 고통스러운 상태, 즉 다른 분석으로 확증된 암시를 갖고 있는 경향이 있음을 시사한다(Ayers & Kronenfeld, 2011; Wells, Phillips, Schachter, & McCarthy, 2010). 더욱이 통증은 간혹 주류 의학으로는 해결되지 않았는데(Freedman, 2011), 이 환자들이 주류 의학 치료에 더하여 대체 진료를 찾게 한 것이다. 사실, CAM을 이용하는 대부분의 성인들은 대체 의학보다는 보완 의학으로서의 기법을 채택한다. 이러한 양상은 유럽(Rössler et al., 2007), 캐나다(Foltz et al., 2005), 이스라엘(Shmueli, Igudin, & Shuval, 2011)에서의 CAM 이용과 유사하다.

문화, 민족성, 성별

CAM의 이용은 여러 나라에서 차이를 보인다. 오스트레일리아에서 인구학적 연구를 보면, 68.9%의 사람들이(Xue, Zhang, Lin, Da Costa, & Story, 2007), 그리고 오스트레일리아 여성들의 70% 이상이(Bowe, Adams, Liu, & Sibbritt, 2015) 어떤 형태의 CAM을 이용한다고 보고되었는데, 이는 미국보다 상당히 더 높은 수준의 이용을 보이는 것이다. 오스트레일리아 정부는 대부분의 영어권 나라들보다 더 큰 범위로 CAM을 건강 진료 전달 체계에 통합했는데(Baer, 2008), 그래서 보급율이 상당한 것이다.

유럽에서는 이용자 백분율이 나라에 따라 다르다. 어떤 나라는 미국과 유사한 반면에, 또 어떤 나라는 오스트레일리아만큼 빈번하게 CAM을 이용한다(di Sarsina, 2007). 이용자들의 치료 및 인구통계학적 유형은 이들 세 지리적 지역에서 유사하다. 영양제, 마사지 치료, 명상, 카이로프랙틱 치료, 요가, 침술이 가장 인기 있는 CAM에 속한다(Xue et al., 2007).

유럽 내에서는 CAM의 유용성이 각기 다르다. 스웨덴과 같은 몇몇 나라에서 그 유용성은 제한적이다. 스웨덴 의료 서비스는 그 효과성에 대한 불충분한 증거 때문에 CAM 치료 제공을 고려하지 않고 있다(di Sarsina, 2007). 독일과 영국 같은 나라에서는 CAM이 의료 실무로 통합되었는데, 의사들이 CAM에서 훈련을 받고 환자들을 CAM 치료자들에게 의뢰한다. CAM이 건강 서비스로 통합된 나라들의 경우 이용자들은 미국과 같은 나라들보다 사회경제적 배경 출신이 아주 다양한 경향이 있는데, 미국에서 대부분의 CAM 이용자는 그러한 치료에 현금을 지불해야만 한다(Romeyke & Stummer, 2015).

미국과 캐나다에서는 CAM 이용이 민족성에 따라 복잡한 방식으로 서로 다르다(Park, 2013). 이러한 변이는 CAM과 소수민족 및 이민자와 관계되는 고정관념과는 대응되지 않는다(Keith, Kronenfeld, Rivers, & Liang, 2005; Roth & Kobayashi, 2008). 비 라틴 아메리카 유럽계 미국인이 아프리카계 미국인이나 라틴 아메리카 사람보다 더 쉽사리 CAM을 이용한다. 사실, 최근 이민자들은 미국에서 수년간 있어온 이민자들보다 CAM을 덜 이용하는 경향이 있다(Su, Li, & Pagán, 2008). 유사한 발견이 아시아계 미국인(Hsiao, Wong, et al., 2006)과 캐나다의 아시아인(Roth & Kobayashi, 2008)에 대한 연구에서 나타났다. 그렇지만 아시아계 미국인은 비 라틴 아메리카 유럽계 미국인보다 더 높은 비율로 CAM을 이용했으며, 캐나다의 아시아인이 일반 캐나다인보다 더 빈번하게 CAM을 이용했다. 중국계 미국인의 CAM 사용은 그들의 문화와 일치하는 경향이 있었다. 중국계 미국인은 다른 아시아계 미국인보다 허브제제(약초 상품)를 더 많이 이용하고(Hsiao, Wong, et al., 2006), 침술 치료를 더 많이 찾는(Burke, Upchurch, Dye, & Chyu, 2006) 경향이 있었다. 유사한 양상이 전 세계의 나라들에도 적용된다. 침술은 사우디아라비아, 이스라엘, 덴마크보다 일본, 싱가포르, 오스트레일리아, 캐나다에서 더 흔하다(Cooper, Harris, Relton, & Thomas, 2013). 캐나다에서는 CAM 사용이 사용자들이 아시아 문화와 얼마나 강하게 동일시하는가와 관계가 있다(Roth & Kobayashi, 2008).

모든 인종 집단과 다양한 나라들에서 CAM을 찾는 개인들은 여성이며, 고등교육을 받고, 고소득층인 경향이 있다. 미국에서는 고등교육을 받은 유럽계 미국 여성이 다른 사람보다 CAM을 더 이용하는 경향이 있다(Zhang et al., 2015). CAM을 이용하는 아동들에서조차도, 고소득 가족 출신의 소녀들이 그 외 출신들보다 더 흔했다(Groenewald, Beals-Erickson, Ralston-Wilson, Rabbitts, & Palermo, 2016). 교육도 한 가지 요인인데, 한 연구(Burke, Nahin, & Stussman, 2015)는 건강 지식 결여가 CAM 이용을 막는 한 요인이라고 지적했다. 여성들이 기꺼이 CAM을 이용하는 것은 개인적 믿음이나 건강 관심과 관계가 있을 수도 있다(Furnham, 2007). 개인적 믿음의 중요성과, 한 사람의 믿음과 CAM의 양립 가능성은 왜 어떤 사람들은 대체 치료를 찾는 반면에 어떤 사람들은 그렇지 않은지를 설명할 수도 있다.

대체 치료를 찾는 동기

문화, 민족성, 성별이 각각 CAM 이용과의 관계를 보여주지만, 더 중요한 요인들이 있다. 그러한 중요한 요인들 중 하나는 CAM에 기저하고 있는 가치의 수용이다. 연구 발견은 이 기법이 건강에 대한 자신의 개인적 세계관이나 관심과 양립 가능할 때 CAM을 이용한다고 시사한다(Astin, 1998). 예를 들면, 과학에 강한 믿음을 표현하는 젊은 사람들은 다른 사람들보다 CAM을 덜 이용하는 경향이 있었다(Furnham, 2007). 주류 의학에 대한 믿음이 적고, 건강에서 태도와 정서의 역할에 더 강한 믿음을 가진 사람들은 CAM을 더 시도해보는 경향이 있었다. 따라서 상이한 세계관에 대한 개방성, 전인적 치료의 가치 수용, 건강에 대한 생물심리사회적 요인들의 기여는 오로지 주류 의학에 머물러 있는 사람들보다 CAM 이용자들에게 더 전형적이다.

개인의 현재 건강 상태 역시 CAM 사용의 중요한 예언요인이다. 사람들은 주류 의학이 자신의 상태를 구제하지 못할 때 대체 의학을 찾는 경향이 있다. CAM을 이용하는 사람들이 주류 의학에 실망하지 않을 수도 있는데(Astin, 1998), 사람들은 대체 치료로 주류 치료를 대신하기보다는 자신이 이용하는 주류 치료에 대체 치료를 더하는 경향이 있다. 미국 주민의 대표적 표집 연구(Nerurkar, Yeh, Davis, Birdee, & Phillips, 2011)는 만성 건강 문제와 의사가 이 환자들을 CAM 실무자들에게 의뢰하는 자발성과 관련된 그러한 문제의 지속성과의 조합을 발견했다. 이 연구로부터 나온 발견과 더 오래된 연구(Freedman, 2011)는 난치성 만성 상태가 사람들이 대체 치료를 더 기꺼이 찾게 한다고 주장한다. 꽤 합리적으로, 병이 나서 고통스러운 증상을 계속해서 겪고 있는 사람들은 무언가 효과적인 치료를 발견하려고 동기화되는데, 여기에 대체 의학이 포함되는 것이다. 예를 들면, 암 치료를 받은 사람들은 암에 대한 치료를 받은 적이 없는 사람들보다 CAM을 이용하는 경향이 더 많다(Mao, Palmer, Healy, Desai, & Amsterdam, 2011). 한 분석(Ayers & Kronenfeld, 2011)은 통증 경험이 CAM을 이용한 사람에 대한 최고의 예언요인이었는데, 이는 또한 CAM을 이용하는 아동들에게서도 사실이다(Groenewald et al., 2016). 그렇지만 CAM 이용자들에 대한 조사(Nguyen, Davis, Kaptchuk, & Phillips, 2011)는 이용자들이 자신의 건강이 아주 좋아진 것으로 평정하고, 전년도에 비해 건강이 증진되었다고 말하는 경향이 더 많았다고 지적했다. 이러한 연구 결과의 조합은 CAM 이용자들이 어떤 건강 문제 때문에 대체 치료를 찾는 한 부류와 자신의 건강을 CAM으로 유지하거나 더 좋아지도록 노력하는 부류로 나뉠 수도 있음을 시사한다.

주류 의학과 대체 의학 모두의 내부에는 CAM의 범위에 들어가는 다양한 산물과 실무에 대한 효과성과 안전성에 관한 관심이 놓여 있다. 무엇이 이들 대체 접근법에 대한 성공의 증거가 되는가?

CAM을 이용하는 대부분의 사람들은 이것을 대체 치료보다는 보완 치료로 이용한다. 미국을 비롯한 여러 국가들에서 사람들이 아주 다양한 CAM 산물과 실무를 이용하는데, 여기에는 천연물, 심호흡 운동, 마사지, 명상, 카이로프랙틱, 요가가 포함된다. 오스트레일리아와 일부 유럽 국가에서 사람들은 미국 사람들보다 더 자주 CAM을 이용하지만, 다양하게 갖춰진 기법들은 유사하다. 민족성이 미국에서 CAM 이용의 한 요인이지만, 전통 요법을 이용하고 있는 최근 이민자들의 민족적 고정관념은 부정확하다. CAM 사용은 여성, 유럽계 미국인, 고등교육을 받은 사람, 고소득 계층인 것과 연관이 있었다. 이러한 조합의 인구통계학적 특징은 또한 캐나다, 오스트레일리아 및 일부 유럽 국가들에서의 CAM 이용에도 해당되었다.

자신의 세계관이 CAM에 기저하고 있는 철학(생의학적 관점보다는 건강에 대한 생물심리사회적 관점을 받아들이는 것)과 양립할 수 있다면, 사람들은 CAM을 이용하는 데 동기화된다. 건강 상태 또한 CAM을 추구하는 동기인데, 주류 의학에 반응을 보이지 않는 건강 문제가 있는 사람들이 CAM 추구에 동기화될 수도 있다.

대체 치료는 얼마나 효과적인가?

대체 치료는 대체적인 것으로 분류되는데, 왜냐하면 그 효과성에 대한 증거가 불충분하기 때문이다. 그렇지만 대체 의학에 대한 공평한 평가에 관해서는 상당한 논쟁이 존재하고 있다. 주류 의학 옹호자들은 대체 치료의 효과성에 대한 증거가 거의 없으며 또한 위험이 평가되지 않은 채 남아 있다고 비판한다(Berman & Straus, 2004; Wahlberg, 2007). 이 견해에 따르면, 효과성을 수립하는 유일하게 수용할 수 있는 방법은 참가자들을 이중맹검 설계에서 무선적으로 치료 집단이나 플라시보 통제 집단에 배정하는 무선 통제 시행인데, 참가자들이 어느 치료 조건에 속하는지를 치료자나 참가자가 아무도 모르는 설계이다.

실험을 수행할 때 무선 통제 방법을 사용하면 연구자의 편파나 기대를 최소화해준다. 이 두 요인 모두는 (2장에서 논의한 바와 같이) 치료 연구를 평가하는 데 중요하다. CAM에 관한 기대를 가진 사람들은 치료에 이런 편파가 생기게 할 텐데, 이것이 성과에 영향을 미칠 수도 있다. 예를 들면, 침술에 관한 한 연구(Linde et al., 2007)는 연구를 시작할 때에 침술의 효과성에 대한 참가자들의 태도를 평가했다. 결과는 침술이 효과적이라는 믿음을 표현한 사람들이 성공에 대한 기대가 더 낮았던 사람들보다 8주 치료 과정에서 더 큰 통증 경감을 경험했다고 지적했다. 비록 성공에 대한 기대가 치료 효과성을 북돋운다고 하더라도, 이러한 기대는 치료에 대한 반응이라기보다는 플라시보 반응인 것이다. 따라서 무선적인 플라시보 통제 시행에 대해 옹호하는 사람들은 중요한 지적을 하는 것이다. 이 설계는 효과성의 증거에 대한 엄격한 준거를 나타내고 있다.

불행하게도, 많은 대체 치료는 약물 치료처럼 쉽게 스스로 직접 플라시보 통제나 맹검을 하지 못한다. 예를 들어 마사지를 받거나, 명상을 수련하거나, 바이오피드백 훈련을 배우는 사람들은 자신의 치료를 모를 수 없으며, 또한 마사지, 바이오피드백, 요가 치료자도 자신이 하는 치료를 모를 수가 없다. 따라서 주류 의학에 관한 연구에서보다 CAM에서 기대를 통제하는 데는 더 적은 선택사항이 있을 뿐이다. 연구들이 무선 배정, 플라시보 통제 그리고 '모르게 하기'를 결여할 때, 주류 의학 옹호자들은 이 연구를 질이 더 떨어지며, 따라서 설득력이 덜하다고 판단한다. 이러한 기준으로 볼 때 CAM은 부족한 것이 된다. 주류 의학 옹호자들이 믿는 기준에 부합되어야 하는데 그럴 수 없는 것이다. 긍정적인 결과가 나온 연구의 수에 관계없이, 무선 통제 시행이 없는 치료는 체계적인 평론에서 효과성에 대해 결론을 내리기에는 불충분한 증거라고 판단하게 되는 것이다.

무선 통제 시행의 기준에 대한 논쟁은 CAM 옹호자들이 CAM이 부족하다는 판단의 표적임을 주장하기 위해 사용해온 한 가지 전략이며(Clark-Grill, 2007; Schneider & Perle, 2012), 다른 사람들(Wider & Boddy, 2009)은 CAM 치료에 대한 체계적 평론을 수행하는 것은 공정한 평가를 성취하기 위한 특별한 관심을 요하는 것이라고 경고했다.

또 다른 유형의 반대는 주류 의학은 그 수호자들이 CAM에 관해 요구했던 기준을 충족시키지 못했다는 주장으로부터 나왔다. 케네스 펠레티어(Kenneth Pelletier, 2002)는 주류 의학에서 사용된 많은 치료가 이 증거 기준을 따르지 못했다고 주장했다. 오히려, 주류 의학의 많은 실무가 무선 통제 시행의 증거를 통해 받아들여지지 못했던 것이다. 내외과에서의 많은 표준 치료는 효과성에 대한 실험 증거라기보다는 효과가 있는 것에 대한 임상 실무와 관찰을 통해 발전되었다. 사실, 증거 기반 의학은 비교적 최근 개념이다. 이 기준이 주류 의학 내부의 치료에서보다 CAM에 더 엄격하게 적용되고 있는 것이다.

이러한 도전에도 불구하고, CAM 연구자들은 효과성과 안전성을 증명하는 연구를 수행하고자 노력하고 있다. 이 노선이 CAM 치료에 대한 더 큰 수용 가능성을 열어주고 있다(Shannon, Weil, & Kaplan, 2011). 그 증거들은 대체 의학에 관하여 무엇을 말하고 있는가? 어떤 것이 효과적이라고 증명되었으며, 어떤 상태에 대해 그런가?

불안, 스트레스, 우울에 대한 대체 치료

많은 CAM 양식이 불안, 스트레스, 우울을 표적으로 했는데, 어떤 것은 그 효과성을 증명했다. 명상은 이들 상태에 대한 확실한 선택이며, 연구 증거는 그 효과성을 확증해주었다.

스트레스 및 스트레스 관련 건강 문제를 위한 명상에 대한 체계적 리뷰(Goyal et al., 2014)는 임상적 유의성을 충분히 가질 만큼 큰 이득을 보여주었다. 또한 구체적인 명상 기법에 대한 유사한 평가는 그것들에 대한 지지를 제공했다. 예를 들면 마음챙김 기반 스트레스 감소(Chisea & Serretti, 2010; Grossman, Niemann, Schmidt, & Walach, 2004; Ivanovski & Malhi, 2007) 그리고 마음챙김 기반 인지 치료(Fjorback, Arendt, Ørnbøl, Fink, & Walach, 2011)에 대한 메타분석과 체계적 평론은 이 기법들의 효과성을 평가했는데, 긍정적인 결론을 내리게 되었다. 마음챙김 기반 접근법들은 아주 다양한 사람들에게 그리고 불안, 스트레스 관

명상은 사람들이 우울과 다양한 스트레스 관련 문제에 대처하게 해줄 수 있다.

련 문제, 우울 재발 예방에 효과적인 것으로 보인다. 분석은 또한 마음챙김 명상이 스트레스 관련 장애나 불안장애를 가진 사람들뿐만 아니라 자신의 삶에서 스트레스를 관리하는 더 좋은 방법을 찾고 있는 임상적 문제가 없는 사람들도 도울 수 있음을 보여주었다. 기법을 더 많이 수련한 사람들이 더 큰 이득을 얻었는데, 용량-반응 관계를 보여주었다(Carmody & Baer, 2008).

초월 명상에 관한 연구들 역시 체계적인 평론의 초점이 되어왔는데(Krisanaprakornkit, Krisanaprakornkit, Piyavhatkul, & Laopaiboon, 2006), 이 유형의 명상도 불안장애가 있는 사람들에게 도움이 되는 기타 이완 양식과 유사하다. 요가에 대한 체계적 평론(Chong, Tsunaka, Tsang, Chan, & Cheung, 2011)은 요가 역시 스트레스 관리에 효과적인 접근법임을 보여주었다. 따라서 대다수의 증거는 명상과 명상을 포함하는 프로그램들이 불안과 우울을 관리하는 데 효과적인 치료라는 사실을 보여주었다.

기공체조와 태극권이 속한 운동 기반 수련 역시 스트레스 감소 효과를 보여준다. 다수의 생리적 측정치들은 기공체조 수련이 스트레스를 감소시키고(Sancier & Holman, 2004), 스트레스 반응을 감소시키며, 여러 가지 만성 질병을 개선해주는(Ng & Tsang, 2009) 방식으로 신경계에 영향을 미친다는 사실을 보여주었다. 심혈관계 질환의 위험에 처해 있는 노년층 중국 이민자들에 대한 연구는 12주 동안의 태극권 수련 후에 기분과 스트레스에서 개선을 보여주었다(Taylor-Piliae et al., 2006). 태극권 수련에 관한 체계적 리뷰(Wang et al., 2014)는 불안과 스트레스를 감소시키는 이득을 보여주었다.

침술 또한 우울을 치료하는 데 어떤 가능성을 보장한다. 체계적인 평론들(Leo & Ligot, 2007; Smith, Hay, & MacPherson, 2010)에서 우울에 대한 침술의 효과성을 평가하는 일은 어려웠지만, 결과는 침술 치료에 대한 반응이 우울 증상을 경감하는 항우울제의 사용에 비견할 수 있었음을 보여주었다. 침술 치료와 약물 치료를 조합하는 것

표 8.5 불안, 스트레스, 우울을 위한 대체 치료의 효과성

문제	결과	평가 유형	연구
1. 불안과 스트레스	마음챙김 기반 스트레스 감소가 효과적이다.	체계적 리뷰	Chiesa & Serretti, 2010; Goyal et al., 2014; Grossman et al., 2004
2. 불안과 스트레스	기공이 불안과 스트레스를 감소시킨다.	체계적 리뷰	Wang et al., 2014
3. 우울 재발	마음챙김 기반 인지치료가 효과적이다.	체계적 리뷰	Fjorback et al., 2011; Goyal et al., 2014
4. 불안장애와 우울	마음챙김 명상이 효과적이다.	체계적 리뷰	Goyal et al., 2014; Ivanovski & Malhi, 2007
5. 스트레스	만약 더 빈번하게 실행한다면, 마음챙김 기반 스트레스 감소가 더 효과적이다.	사전검사– 사후검사 설계	Carmody & Baer, 2008
6. 불안장애	초월 명상이 이완 훈련에 비견할 만하다.	체계적 리뷰	Krisanaprakornkit et al., 2006
7. 불안과 스트레스 관리	요가가 효과적이다.	체계적 리뷰	Chong et al., 2011
8. 스트레스	기공체조가 스트레스의 생리적 지표를 감소시킨다.	사례 연구	Sancier & Holman, 2004
9. 스트레스 반응 변경하기	기공체조가 노인들의 여러 가지 만성적인 건강 상태에 이득이 되는 방식으로 스트레스 반응을 변경한다.	체계적 리뷰	Ng & Tsang, 2009
10. 스트레스와 부정적 기분	태극권 수련이 노년층 중국 이민자들의 스트레스와 기분을 개선해준다.	유사실험, 종단적 연구	Taylor-Piliae et al., 2006
11. 불안, 스트레스, 우울	태극권 수련이 이들 상태를 개선해준다.	체계적 리뷰	Wang, Bannuru et al., 2010
12. 우울	침술이 항우울제에 비견할 만한 효과성을 보여주었다.	체계적 리뷰	Leo & Ligot, 2007; Smith, Hay, & MacPherson, 2010
13. 우울	요가가 항우울제를 복용하는 사람들에게 성공적인 보완 치료이다.	체계적 리뷰	Shapiro, Berkman, et al., 2007
14. 우울	세인트존스워트(약초)가 항우울제만큼 효과적이며 더 적은 부작용을 보인다.	체계적 리뷰	Linde et al., 2008

이 효과성에서 효능 촉진으로 이끌 가능성 또한 존재한다(Smith et al., 2010). 요가 역시 항우울제에 완전한 반응을 보이지 않은 우울한 사람들에게 보완 치료로 성공적으로 이용해왔다(Shapiro, Cook, et al., 2007). 우울증에 대한 또 다른 효과적인 대체 치료는 세인트존스워트(Saint-John's wort) 약초 치료이다. 무선 통제 시행들에 대한 메타분석은 이 약초의 추출물이 경미한 임상적 우울증에서 중정도의 임상적 우울증을 경감해주었는데, 효과성은 항우울제와 유사했지만 부작용이 더 적었음을 보여주었다(Linde, Berner, & Kriston, 2008). 그러므로 다양한 대체 의학 접근법은 불안, 스트레스, 우울을 치료하는 데 효과성을 증명해주었다. 표 8.5는 불안, 스트레스, 우울을 위한 대체 치료의 증거를 요약하고 있다.

통증을 위한 대체 치료

7장에서 논의한 바와 같이, 만성 통증은 그것을 겪는 사람과 이를 치료하려는 사람에게 문제가 되고 있다. 주류 의학은 흔히 통증을 적절하게 통제하지 못하는데, 이는 많은 사람이 대체 치료를 찾도록 동기화한다(Ayers & Kronenfeld, 2011; Wells et al., 2010). 다양한 대체 치료가 통증 문제에 적용되어왔지만, 통증을 관리하는 데 성공적인 CAM 기법들은 불안, 스트레스, 우울을 관리하는 데 효과적인 것들과 어느 정도 서로 다르다.

명상과 유도 심상 관련 기법은 국립 건강 기술 연구소(National Institutes of Health Technology) 위원회 평론으로부터 강력한 지지를 받았는데, 이들 중재가 만성 통증을 관리하는 데 효과적이었다고 결론을 내렸다(Lebovits, 2007). 더 최신 연구(Grant, Courtemanche, Duerden, Duncan, & Rainville, 2010)는 경험 많은 명상가들의 통증 민감성이 감소됨을 밝혀주었는데, 여기에는 이러한 이득에 기저하고 있는 탐지할 수 있는 뇌 변화가 포함되었다. 마음챙김 기반 스트레스 감소에 관한 검증은, 마음챙김 기반 명상과 요가로 구성되었으며, 요통을 관리하는 데 효과성을 입증해주었는데, 8주 수련 후와 1년 추적조사 모두에서 그랬다(Cherkin et al., 2016).

유도 심상은 임신 및 출산과 연관된 통증에 가장 좋은 실무로 기술되었다(Naparstek, 2007). 이 기법은 또한 두통을 관리하고(Tsao & Zeltzer, 2005), 아동들의 수술 후 통증을 감소시키고(Huth, Broome, & Good, 2004), 노인들의 수술 후 통증을 감소시키는데(Antall & Kresevic, 2004) 효과적이었다.

전통 중의학에서 나온 기법들이 또한 통증 통제에 유용할 수 있는데, 여기에는 태극권, 기공체조, 침술이 포함된다. 태극권은 긴장성 두통을 지닌 성인들이 자신의 통증을 관리하게 하는 데 그 효과성을 증명했다(Abbott, Hui, Li, & Pan, 2007). 기공체조에 관한 체계적 평론(Lee, Pittler, & Ernst, 2007a)은 만성 통증을 치료하는 데서 그 효과성에 관한 고무적인 증거를 발견했다. 무선 통제 시행들은 기공체조(Haak & Scott, 2008)와 태극권(Wang, Schmid, et al., 2010)이 섬유근육통을 겪는 사람들의 통증을 경감시키고, 삶의 질을 향상시켰음을 보여주었다.

침술은 태극권이나 기공체조보다 통증 치료로 더 잘 수립되어 있다. 침술과 관련하여 뇌 변화에 관한 연구(Napadow et al., 2007)는 침술을 받은 참가자들이 허위 침술을 받은 참가자들에 비해 통증 지각의 감소와 일치된 뇌 활동의 변화를 보여주었다. 침술 또한 체성감각계에서 복합적인 반응을 일으키며 중추신경계의 신경화학을 변경하는데, 이는 이것의 진통 효과와 관계가 있기 쉽다(Manni, Albanesi, Guaragna, Barbaro Paparo, & Aloe, 2010).

다양한 통증 상태에 대한 침술의 효과성에 관한 리뷰는 침술이 어떤 통증 상태에 대해서는 긍정적인 효과를 증명했으나 다른 것에 대해서는 그렇지 못했다고 지적했다. 예를 들면, 침술의 이득에 관한 증거는 어깨 통증이나 팔꿈치 통증보다는 목 통증의 치료 성공에 더 설득력이 있었는데(Trinh, Graham, Irnich, Cameron, & Forget, 2016), 어깨와 팔꿈치 통증보다 목 통증에 더 성공적이었다(Dhanani, Caruso, & Carinci, 2011). 침술은 또한 편두통보다 긴장성 두통을 치료하는 데서 더 효과적이다(Linde et al., 2016). 관절염 무릎 통증을 감소시키는 치료로서 침술에 대한 증거는 더 많은 연구가 수행되고 방법론이 개선됨에 따라 더 긍정적이 되고 있다.

요통은 흔하고 도전적인 통증 문제인데, 침술이 이 통증 증후군을 다루는 데 어느 정도 효과성을 증명해주었다. 요통을 위한 침술에 대한 메타분석(Manheimer, White, Berman, Forys, & Ernst, 2005)은 이 치료가 허위 침술이나 치료가 없는 것보다 만성 요통의 단기 경감에 더 효과적임을 보여주었다. 모든 유형의 허리 통증을 위한 치료를 고찰한 체계적 평론(Keller, Hayden, Bombardier, & van Tulder, 2007)에서, 어떤 치료도 고도의 효과성을 밝혀주지 못했지만 침술이 가장 효과적인 치료에 속했다. 이 결과는 침술의 효과성에 관한 얼마간의 혼란에 대한 한 가지 해답을 줄 수도 있다(Johnson, 2006). 여타 치료들과 비교했을 때, 침술이 장점을 보여주는 데 실패할 수도 있다는 것이다. 치료를 하지 않은 것과 비교했을 때, 효과가 작을 수도 있다. 그렇지만 이 상태를 위해 이용할 수 있는 어떤 치료도 매우 효과적이지 않았다. 그러므로 침술은 최소한 요통을 위한 어떤 치료만큼이나 효과적일 수 있는 것이다. 한 체계적 리뷰와 메타분석(Furlan et al., 2012)은 요통을 위한 침술의 효과성을 확증해주었지만, 이 리뷰는 또한 다른 CAM 양식도 똑같이 효과적이었음을 보여주었는데, 마사지와 척추 손조작이 포함되었다.

한 대규모 연구 프로젝트(Witt, Brinkhaus, Reinhold, & Willich, 2006)가 침술을 만

인간만이 침술로부터 이득을 얻지는 않는다

의학 연구에서는 인간이 아닌 동물이 흔한데, 침술의 효과성을 수립하기 위해 점증하는 연구 바탕에는 인간의 대체로 동물을 활용하고 있다. 그렇지만 침술은 또한 수의과 진료에서도 나타나고 있다. 연구에서는 쥐가 동물 견본을 창출하는 데 가장 흔한 종인 반면에, 말, 개 그리고 기타 동물들이 인간이 침술을 찾도록 촉발하는 똑같은 통증 문제로 침술을 받는다. 수의과 침술에서 또 다른 유사성은 이 대체 치료와 주류 수의과 진료의 조합이다. 즉, 비인간 동물들이 주류 수의과 진료의 대체로서가 아닌 주류 수의과 진료와 마찬가지로 침술을 받는 것이다.

그렇지만 침술의 수의과 이용에는 문제가 제기되는 몇 가지 차이가 존재한다. 한 가지 문제는 말이나 개가 언제 치료를 필요로 하는지를 밝혀내는 일이다. 동물들은 언제 등이 아픈지를 누구에게도 말하지 못한다. 그렇지만 촉감 민감성과 행동에서의 다른 점이 단서를 제공해준다(Boldt, 2016). 또 다른 문제는 인간 경험에 해당되는 것을 나타내주는 동물 몸의 경혈을 그려내는 일이다(Alfaro, 2014). TCM이 말의 경혈을 그려내었으나, 다른 종들도 수의과 침술을 받고 있는 것이다.

예를 들면 사람들이 자신의 반려 동물을 위해 침술을 찾는데, 그 이유는 인간이 자신을 위해 CAM을 찾는 이유와 똑같이 허리, 목, 관절 통증(Woods, Burke, & Rodzon, 2011) 때문이다. 자신의 개나 고양이를 위해 침술을 찾는 사람들은 자신을 위해 그러한 진료를 찾는 사람들과 인구통계학이 일치하는 경향이 있는데, 즉 좋은 교육, 고소득층, 그리고 남성보다는 여성이다. 애완동물 주인들은 보통 사람보다 침술 경험이 더 많은 경향이 있으며(50% 이상), 그 효과성을 더 믿는 경향이 있다. 인간에 관한 연구 결과와 유사하게, 침술은 또한 비인간 동물에서도 등과 목 통증, 관절 통증, 수술 및 수술 후 통증, 수술 후 메스꺼움 및 구토를 경감해주는 데서 효과적이었다(Boldt, 2016).

성 통증을 위한 표준 의료 진료에 통합하는 것의 이득을 검토했다. 요통, 골반과 무릎의 골관절염, 목 통증, 두통이 치료에 포함된 통증 유형이었다. 연구는 침술이 표준 의료 진료로부터 얻은 이득에 더하여 효과적이었음을 발견했다. 즉, 대체 치료로서 이득을 제공하는 것 외에, 침술은 다양한 통증 증후군을 위한 효과적인 보완 치료였다. 이러한 이득은 인간 환자에게만 한정되지 않았는데, '믿을 수 있을까요?' 글상자에서 보는 바와 같다.

마사지는 통증을 위한 또 다른 치료인데, 암을 제외한 모든 유형의 만성 통증을 위한 마사지에 대한 한 평론(Tsao, 2007)은 상이한 통증 증후군에 대한 다양한 효과성을 보여주었다. 효과성에 대한 가장 강력한 증거는 요통에 관한 연구들(Furlan, Imamura, Dryden, & Irvin, 2008)로부터 나왔는데, 반면 어깨 통증과 두통에 대한 증거는 그다지 크지 않았다(Tsao, 2007). 더 나중의 연구(Cherkin et al., 2011)는 요통에 대한 이득을 확증해주었으며, 또 다른 연구(Sherman, Cherkin, Hawkes, Miglioretti, & Deyo, 2009)는 목 통증을 경감하는 데 있어 마사지의 효과성을 보여주었다. 양질의 연구가 결여되어, 근골격 통증을 위한 마사지에 대한 평론(Lewis & Johnson, 2006)은 효과성에 관한 결론에 도달하는 데 실패했다.

카이로프랙틱 조작 또한 체계적인 평론의 주제였다. 이 유형의 CAM은 요통과 목 통증을 위해 가장 흔히 이용되었지만, 최신 평론은 겨우 작은 이득을 발견했다 (Rubenstein, van Middlekoop, Assendelft, de Boer, & van Tulder, 2011). 그렇지만 근 골격 통증을 위한 척추 조작에 관한 연구들에 대한 평론(Perram, 2006)은 카이로프랙틱 치료가 이 유형의 통증을 위한 주류 의학보다 우수함을 보여주었다. 그렇지만 카이로프랙틱 조작은 긴장성 두통을 치료하는 데는 효과적이지 않은 것으로 나타났으나 (Lenssinck et al., 2004), 또 다른 평론(Haas, Spegman, Peterson, Aickin, & Vavrek, 2010)은 목 관련 두통을 위한 척추 조작의 이득을 보여주었다.

바이오피드백의 효과성에 관한 초기 연구(Blanchard et al., 1990)는 유망한 것으로 보았다. 이완과 함께한 온도 바이오피드백이 편두통과 긴장성 두통을 위한 치료로 긍정적인 결과를 보여주었다. 더 나중의 연구는 덜 낙관적인 그림을 그렸는데, 왜냐하면 바이오피드백이 편두통을 예방하는 데 있어 이완 훈련보다 더 큰 효과를 증명하지 못했기 때문이다(Stewart, 2004). 편두통의 치료에서 바이오피드백 연구들에 대한 메타분석(Nestoriuc & Martin, 2007)은 중간 크기의 효과를 보여주었지만, 긴장성 두통 (Verhagen, Damen, Berger, Passchier, & Koes, 2009)이나 요통(Roelofs, Boissevain, Peters, de Jong, & Vlaeyen, 2002)을 위한 치료 효과성의 평가에서는 그와 같은 이득이 나타나지 않았다. 바이오피드백을 제공하는 것과 연관된 추가 비용은 이 CAM의 문제점이다. 그래서 모든 것을 감안할 때, 바이오피드백은 통증 관리를 위한 일부 다른 CAM 치료보다 더 한정적인 이득을 보여주고 있다.

최면 치료 역시 통증을 통제하는 데 어느 정도 응용되었는데, 최면 절차에 반응적인 통증 목록은 광범위하다. 메타분석(Montgomery, DuHamel, & Redd, 2000)은 최면 암시가 세계의 약 75%의 참가자들에서 실험실에서 유발된 실험 통증이나 사람들이 겪는 임상 통증 모두를 감소시키는 데 똑같이 효과적이라는 사실을 보여주었다. 최면 동안의 뇌 활동을 탐구하는 연구는 최면이 통증에 대한 감각 및 정서 반응 모두에 기저하고 있는 영역에서 통증 자극에 대한 뇌 반응을 변경했음을 보여주었다(Röder, Michal, Overbeck, van de Ven, & Linden, 2007). 사실, 통증을 관리하는 데 있어 최면의 효과성은 흔히 통증에 수반되는 두려움을 변화시키는 최면의 힘일 수도 있다(De Benedittis, 2003).

최면이 모든 유형의 임상 통증에 똑같이 효과적이지는 않다. 만성 통증을 관리할 때 보다 급성 통증을 통제하는 데 더 효과적이다(Patterson & Jensen, 2003). 최면은 사람들에게 침습적인 의학 절차와 연관된 통증, 수술 후 회복, 화상을 관리하도록 하는 데 가장 효과적이다. 예를 들어, 연구는 최면이 아동의 수술 전 약물 치료에 대한 필요를 감소시켜주고(Calipel, Lucaspolomeni, Wodey, & Ecoffey, 2005), 침습적인 수술 절차의 통증을 안정시키고, 수술 환자들의 안정제 필요성을 감소시키는 데(Lang et al., 2000) 효과적이었음을 보여준다. 최면은 아동의 위장 통증을 경감시키는 데 특히 효과적이며(Kröner-Herwig, 2009), 출산과 연관된 통증을 관리하는 데 매우 효과적인 것으로 나타났다(Landolt & Milling, 2011). 화상은 심한 통증과 고통을 동반하기 때문에 치료가 엄청나게 어렵다. 화상과 연관된 통증을 치료하는 데 있어 최면의 효과성에 대한 초기 평론(Van der Does & Van Dyck, 1989)은 화상 환자들에게 최면을 사용한 28개의 연구를 검토했는데, 최면의 이득에 대한 일관된 증거를 발견했다. 그러한 이득에 대한 증거가 계속해서 누적되고 있는데, 데이비드 패터슨(David Patterson, 2010)은 최면이 대체 의학으로 간주되어서는 안 된다는 것을 그러한 확신을 주는 결과가 보여주었다고 주장했다.

비록 최면 치료가 많은 유형의 급성 통증에 효과적일지라도 만성 통증은 더 어려운 관리 쟁점인데, 두통이나 요통 같은 만성 통증의 경우 급성 통증의 경우만큼 최면이 성공적이지 않다는 것이다(Patterson & Jensen, 2003). 최면은 또한 어떤 사람들에게는 다른 사람들보다 더 효과적이다. 최면에 대한 암시성에서의 개인차는 최면의 진통 효과에서 한 요인인데, 암시성이 높은 사람들은 이 기법으로부터 상당한 진통제적인 이득을 얻을 수도 있는 반면 다른 사람들은 제한적인 이득을 얻는다. 따라서 최면은 어떤 통증 문제를 위한 어떤 사람들에게는 매우 효과적일 수 있다.

표 8.6은 통증을 위한 CAM 치료의 효과성을 요약하고 있다. 비록 CAM을 이용하는 통증 관리에 관한 연구들이 더 좋은 설계로부터 득을 볼 수 있다고 하더라도, 결과에 대한 평가는 이 여러 가지 기법들이 다양한 통증 문제에 효과가 있음을 지적하고 있다. 주류 의학은 많은 통증 환자들에 대해 아주 성공적이지 못했는데, 주류 치료에는 부작용이 많은 경향이 있으며, 이러한 비판은 CAM에는 흔하지 않고, 따라서 추가적인 이득이다.

CAM을 이용할 때의 추가 이득이 더 적은 부작용만은 아니다. 통증에 대한 여러 가지 CAM 임상 시행에서의 참가자들에 대한 연구(Hsu, BlueSpruce, Sherman, & Cherkin, 2010)는 시행의 목적에 더하여 일어난 이득의 범위를 규명했는데, 여기에는 정서, 대처 능력, 건강, 웰빙에서의 긍정적인 변화가 포함된다. 따라서 CAM 치료는 주류 의학이 지닌 위험을 거의 가지고 있지 않은데, 효과성에 대한 대부분의 연구들에서 평가되지 않은 어느 정도의 이득이 있을 수도 있다.

그 밖의 상태들에 대한 대체 치료

비록 불안, 스트레스, 우울, 통증이 CAM을 이용하는 사람들의 가장 흔한 문제라 하

표 8.6 통증을 위한 대체 치료의 효과성

문제	결과	평가 유형	연구
1. 만성 통증	명상이 효과적이다.	패널 리뷰, NIH 기술	Lebovits, 2007
2. 임신과 출산에 연관된 통증	유도 심상이 이러한 유형의 통증에 최선의 실무이다.	이야기 리뷰	Naparstek, 2007
	최면이 분만 통증을 관리하는 데 효과적이다.	방법론적 리뷰	Landolt & Milling, 2011
3. 두통	유도 심상이 두통을 관리하는 데 효과적이다.	이야기 리뷰	Tsao & Zeltzer, 2005
	침술이 긴장성 두통에 효과적이다	체계적 리뷰	Linde et al., 2016
4. 아동의 수술 후 통증	유도 심상이 수술 후의 통증을 감소시켜준다.	실험 연구	Huth et al., 2004
5. 노인의 수술 후 통증	유도 심상이 수술 후의 통증을 감소시켜준다.	실험 연구	Antall & Kresevic, 2004
6. 성인의 긴장성 두통	태극권이 무선 통제 시행에서 효과적이었다.	무선 통제 시행	Abbott et al., 2007
7. 만성 통증	체계적 리뷰에 따르면, 기공체조가 유망한 것으로 평가되었다.	체계적 리뷰	Lee et al., 2007a
8. 섬유근육통	기공체조가 무선 통제 시행에서 통증을 경감시키고, 고통을 더 낮추어주었다.	무선 통제 시행	Haak & Scott, 2008
	태극권이 통증을 경감시키고, 삶의 질을 향상시켰다.	무선 통제 시행	Wang, Schmid et al., 2010
9. 요통	마음챙김 기반 스트레스 감소가 훈련 후와 1년 추적조사 모두에서 효과적이었다.	무선 통제 시행	Cherkin et al., 2016
10. 요통	침술이 다른 접근법들과 같거나 더 효과적이었다.	체계적 리뷰의 리뷰	Keller et al., 2007; Manheimer et al., 2005
11. 요통	침술, 마사지 및 척추 손조작이 모두 위약보다 더 효과적이었다.	체계적 리뷰	Furlan et al., 2012
12. 요통, 골관절염, 목 통증, 두통	침술이 보완 치료로서 효과적이었다.	무선 통제 시행	Witt et al., 2006
13. 요통, 두통, 어깨 통증	마사지가 요통에 효과적이었으며, 어깨 통증과 두통에는 보통 정도로 효과적이었다.	메타분석과 기타 리뷰의 리뷰	Tsao, 2007
14. 요통	마사지가 통증 경감에 효과적일 수 있다.	무선 통제 시행	Cherkin et al., 2011
15. 목 통증	침술이 효과적이다.	체계적 리뷰	Trihn et al., 2016
	마사지가 통증 경감에 효과적일 수 있다.	무선 시행	Sherman et al., 2009
16. 근골격 통증	마사지 연구들은 효과성을 결론 내리기에는 너무 제한적이다.	체계적 리뷰	Lewis & Johnson, 2006

문제	결과	평가 유형	연구
17. 등 통증과 목 통증	카이로프랙틱 조작이 유일한 작은 이득을 준다.	체계적 리뷰	Rubenstein et al., 2011
18. 근골격 통증	카이로프랙틱 조작이 주류 의학 치료보다 더 효과적이었다.	체계적 리뷰	Perram, 2006
19. 긴장성 두통	카이로프랙틱 조작은 효과적이지 않았다.	체계적 리뷰	Lenssinck et al., 2004
20. 목 관련 두통	척추 손조작이 이득을 보여주었다.	무선 통제 시행	Haas et al., 2010
21. 편두통과 긴장성 두통	온도 바이오피드백 더하기 이완이 두통 활동에서 유의한 감소를 가져왔다.	무선 통제 시행	Blanchard et al., 1990
22. 편두통 예방	온도 바이오피드백이 다른 예방 치료와 비견할 만하다.	메타분석	Stewart, 2004
23. 편두통 치료	바이오피드백이 중간 정도 크기의 효과를 산출했다.	체계적 리뷰	Nestoriuc & Martin, 2007
24. 긴장성 두통 치료	바이오피드백은 이득을 산출하지 못했다.	질적 리뷰	Verhagen et al., 2009
25. 요통	EMG 바이오피드백은 효과적이지 않았다.	이야기 리뷰	Roelofs et al., 2002
26. 실험 및 임상 통증	최면 암시가 임상 및 실험 통증에 효과적이었다.	메타분석	Montgomery et al., 2000
27. 통증에 연관된 두려움과 불안	최면이 특히 효과적이다.	이야기 리뷰	De Benedittis, 2003
28. 임상 통증	최면은 만성 통증 관리보다 급성 통증을 통제하는 데 더 효과적이다.	무선 통제 시행에 대한 이야기 리뷰	Patterson & Jensen, 2003
29. 수술 전 디스트레스	최면이 약물 치료보다 수술 전 디스트레스를 감소시켜준다.	실험 설계	Calipel et al., 2005
30. 수술 통증	자기최면이 수술 후 통증을 줄여주며 약물 필요성을 감소시켜준다.	무선 시행	Lang et al., 2000
31. 아동의 위장 통증	최면이 특히 효과적이다.	체계적 리뷰들의 리뷰	Kröner-Herwig, 2009
32. 화상 통증	최면이 심한 화상 통증을 치료하는 데 소중한 요소이다.	이야기 리뷰	Patterson, 2010; Van der Does & Van Dyck, 1989

더라도, 어떤 제품이나 절차는 다른 상태에 효과적인 것으로 발견되었다. 제품이나 절차 그리고 이것들이 효과적인 상태들은 모두 폭넓게 각양각색이다. CAM은 더 빠른 치유를 달성하고, 혈압을 더 낮추고, 균형을 향상시키기 위해 이용되어왔다. 예를 들면, 알로에 베라는 화상 상처 치유를 유의하게 빠르게 해준다(Maenthaisong,

Chaiyakunapruk, Niruntraporn, & Kongkaew, 2007). 비록 바이오피드백이 스트레스와 통증에 대해서는 다른 CAM만큼 효과적이지 않다고 하더라도, 온도 바이오피드백은 **레이노드 질병**(Raynaud's disease)의 관리에는 효과적인데, 이 장애는 손과 발에서 말초 혈관의 통증 수축을 포함한다(Karavidas, Tsai, Yucha, McGrady, & Lehrer, 2006). 또한 바이오피드백은 상해나 뇌졸중 후(Giggins et al., 2013)에 운동 능력의 재활(Langhorne, Coupar, & Pollock, 2009)에 그 유용성을 증명했다. 최면은 아동들의 화학 치료와 연관된 메스꺼움과 구토를 통제하는 데 효과적임이 발견되었다(Richardson et al., 2007). 초월 명상 수련은 고혈압이나 심혈관계 질환에 기저하고 있는 어떤 생리적 변화 같은 위험요인을 통제하는 데 효과적인 것으로 평가되었는데, 따라서 보호를 해줄 수도 있다(Horowitz, 2010). 요가는 제2형 당뇨병의 어떤 위험을 통제하는 데 도움을 줄 수 있을 뿐만 아니라(Innes & Vincent, 2007), 당뇨병 환자들의 심혈관 합병증을 예방해줄 수도 있다. 마음챙김 기반 명상 프로그램은 남자 죄수들과 여자 죄수들이 기분을 개선하고 적개심을 감소시키는 데 성공적이었다(Samuelson, Carmody, Kabat-Zinn, & Bratt, 2007). 이 여러 가지의 효과적인 치료는 많은 상이한 보완 대체 중재를 나타내고 있지만, 대체 의학 체계들은 수많은 문제에 대해 어느 정도 성공적인 치료를 산출하고 있다.

TCM에는 침술, 기공체조, 태극권이 포함되어 있는데, 이 모두는 광범위한 효과적 치료와 그 밖의 건강 이득을 산출해준다. 예를 들어, 침술(Ezzo, Streiberger, & Schneider, 2006)은 수술 후 증상들과 연관된 메스꺼움과 구토를 통제하는 데 효과적임이 발견되었다. 또한 체계적인 평론은 침술이 불면증을 치료하는 데 효과적이었음을 보여주었다(H. Y. Chen et al., 2007). 태극권과 기공체조는 비운동 중재와 비교하여 혈압과 기타 심혈관 측정치에서 개선을 보였으며, 다른 운동 중재와 맞먹는 이득을 가져왔다(Jahnke, Larkey, Rogers, & Etnier, 2010). 기공체조 수련이 혈압 치료에서는 약물 치료보다 우수하지 않았지만(Guo, Zhou, Nishimura, Teramukai, & Fukushima, 2008), 경구 포도당 내성이나 혈당 같은 당뇨병 위험요인을 관리하는 데는 약물만큼이나 효과적인 것으로 나타났다(Xin, Miller, & Brown, 2007).

기공체조와 태극권 관련 수련은 면역계를 개선하는 능력이 있음을 보이는데, 이들 수련이 많은 건강 이득을 위한 잠재력을 주는 것 같다. 기공체조나 태극권을 수련하지 않은 건강한 통제 참가자들과 비교해보면, 기공체조를 수련한 사람들의 면역계는 염증을 더 신속하게 해결해준다는 점에서 향상되었다(Li, Li, Garcia, Johnson, & Feng, 2005). 기공체조 혹은 태극권을 수련한 노인들이 인플루엔자 면역에 대한 향상된 면역계 반응을 보였다(Yang et al., 2007). 사실, 면역반응은 면역 조치 전에 긍정적인 건강 결과를 산출하기에 충분히 강했다. 무선 통제 시행(Irwin, Pike, Cole, & Oxman,

2003)에서는 태극권을 수련한 노인들이 대상 포진 바이러스에 대해 (심지어 이들이 이 바이러스에 대한 면역 조치를 받기 전에도) 향상된 면역반응을 보였다. 따라서 기공체조나 태극권 수련은 가장 광범위하게 노인들에게 연구되었지만 모두에게 적용될 수도 있는 어느 정도 면역계 이득을 부여하는 것 같이 보인다.

태극권의 가장 흔한 적용은 노인들의 균형과 유연성을 향상하고, 넘어지는 일을 감소시키는 것이었다. 체계적인 평론을 포함한 대규모의 증거는 이러한 수련들이 떨어지지나 않을까 하는 두려움을 감소시켜주고, 균형을 향상시키고, 넘어지는 비율을 감소시켜준다는 결론을 초래했다(Jahnke et al., 2010; Leung, Chan, Tsang, Tsang, & Jones, 2011). 기공체조와 태극권은 또한 골밀도에 유익했는데, 이는 노인들 사이에서 넘어지는 것에 기저하고 있는 중요한 요인이다(Jahnke et al., 2010). 칼슘과 비타민 D 보충제는 또 다른 CAM 치료인데, 50세 이상의 사람들에게 뼈무기물을 보유하게 하는 데 효과적이다(Tang, Eslick, Nowson, Smith, & Bensoussan, 2007).

태극권으로 얻을 수 있는 균형과 유연성이라는 이득이 다발성 경화증이나 류머티즘성 관절염에 적용될 수도 있다는 근거로, 연구자들이 그러한 이득을 검증했다. 류머티즘성 관절염에 관한 연구에 대한 체계적 평론(Lee, Pittler, & Ernst, 2007b)은 장애, 삶의 질, 기분에 대해서는 어느 정도 긍정적인 효과를 발견했지만, 이 수련을 추천할 만큼 충분하고 분명한 증거는 아니었다. 2개의 연구가 다발성 경화증을 가진 사람들에 대한 태극권의 이득을 평가했는데(Burschka, Keune, Oy, Oschmann, & Kuhn, 2014; Mills, Allen, & Morgan, 2000), 두 연구 모두 균형과 유동성에서 상당한 이득을 나타내었다.

따라서 CAM 중재는 다양한 문제에 효과적이다. 가장 설득력 있는 증거는 정신-신체 의학과 TCM에서 나오지만, 여러 가지 제품과 수련은 무선 통제 시행과 메타분석에서, 그리고 체계적 평론에서 그 효과성을 증명했다. 표 8.7은 이러한 치료들을 요약하고 있다. 효과성에 대한 어느 정도 인상적인 증거에도 불구하고, 보완 대체 의학 내에서의 치료들은 또한 한계점을 지니고 있다.

대체 치료의 한계

모든 형태의 치료는 한계가 있는데, CAM도 그렇다. 일차적인 한계점 중의 하나는 어떤 기법도 '대안적으로' 간주된다는 것이다(효과성에 관한 정보의 결여). 우리가 보았듯이, 이런 결함은 효과성의 결여라기보다는 연구의 희박성에 기인할 수도 있다. 점점 증가하는 CAM에 대한 관심과 미국 국립 보완 대체 의학 센터를 통한 연구 기금 조성이 이러한 문제점 해결을 지향하여 노력했는데, 어떤 제품과 절차는 효과적인 데 반해

표 8.7 그 밖의 상태들에 대한 대체 치료의 효과성

문제	결과	평가 유형	연구
1. 화상 치유	알로에 베라가 치유를 빠르게 한다.	체계적 리뷰	Maenthaisong et al., 2007
2. 레이노드 질병	온도 바이오피드백이 효과적인 치료이다.	이야기 리뷰	Karavidas et al., 2006
3. 상해나 뇌졸중 후의 운동 능력 재활	EMG 바이오피드백이 효과적이다.	체계적 리뷰	Langhorne et al., 2009
4. 화학 치료와 연관된 메스꺼움과 구토	최면이 이 증상들을 통제하는 데 효과적이다.	체계적 리뷰	Richardson et al., 2007
5. 심혈관계 질환에 관련된 신체적 반응	초월 명상이 유익한 효과를 보여준다.	이야기 리뷰	Horowitz, 2010
6. 제2형 당뇨의 위험	요가가 위험을 통제하고, CVD 합병증을 감소시키는 데 효과적이다.	체계적 리뷰	Innes & Vincent, 2007
7. 적개심	마음챙김 명상이 죄수들의 적개심을 중재하는 데 효과적이다.	사전검사-사후검사 설계	Samuelson et al., 2007
8. 수술 후 메스꺼움과 구토	침술이 효과적이다.	체계적 리뷰	Ezzo et al., 2006
9. 불면증	침술이 효과적이다.	체계적 리뷰	H. Y. Chen et al., 2007
10. 심혈관계 질환에 관련된 고혈압과 기타 반응	태극권과 기공체조가 개선을 산출한다.	무선 통제 시행의 리뷰	Jahnke et al., 2010
	기공체조 수련은 혈압을 낮추지만, 약물만큼 효과적이지는 않다.	메타분석	Guo et al., 2008
11. 당뇨병의 위험요인	기공체조가 위험을 낮추는 데 효과적이었다.	질적 리뷰	Xin et al., 2007
12. 면역계 기능	기공체조가 노인들의 독감 예방 접종에 대한 면역계 반응을 향상시켰다.	통제 실험	Yang et al., 2007
13. 면역계 기능	태극권 수련이 면역 예방 주사 전후의 대상 포진 노인들의 면역계 반응을 향상시켰다.	무선 통제 실험	Irwin et al., 2003
14. 떨어지거나, 균형을 잡거나, 넘어지는 것에 대한 두려움	태극권과 기공체조가 노인들의 떨어지지 않을까 하는 두려움을 감소시키고, 균형을 증가시키고, 넘어지는 것을 감소시켜주었다.	무선 통제 시행들의 리뷰	Jahnke et al., 2010; Leung et al, 2011
15. 골다공증	칼슘과 비타민 D 보충제가 50세 이상인 사람들의 골무기물 손실을 늦춰주었다.	메타분석	Tang et al., 2007
16. 류머티즘성 관절염	태극권이 얼마간의 긍정적인 효과를 보여주었지만 추천할 만큼 충분히 확실한 증거는 아니었다.	체계적 리뷰	Lee et al., 2007b
17. 다발성 경화증	태극권 수련이 균형을 증진해주었다.	통제 실험	Burschka et al., 2014; Mills et al., 2000

어떤 것들은 그렇지 않았음을 밝혀주었다. 주류 치료와 대체 치료 모두 어떤 상태에는 성공하고 어떤 상태에는 그렇지 않은 것으로 한계가 있다. 그렇지만 특정 CAM 기법들은 한계점을 지니며 또한 위험하기까지 하다.

약초 치료나 식물은 많은 CAM 체계의 일부인데, 여기에는 아유르베다 의학, 전통 중의학, 자연요법, 동종요법이 포함된다. 이러한 유형의 천연물은 미국에서 가장 흔하게 이용되는 CAM 접근법에 속한다(Black et al., 2015; Clarke et al., 2015). 약물 치료와 마찬가지로, 약초와 식물, 기타 천연물은 처방 약물이나 처방전 없이 살 수 있는 약물과 함께 사용했을 때 거부 반응이나 상호작용의 위험을 초래할 수 있다(Firezuoli & Gori, 2007; Lake, 2009). 약물과는 달리, 약초 치료와 다이어트 보충제, 기타 천연물은 미국 정부에서 식품으로 분류하는데, 그래서 이 제품들은 효과성을 평가하지 않고, 오직 안전성만 평가한다. 사람들은 흔히 천연 약초나 식물이 안전하다고 간주하며, 심지어 효과적이지 않다면 적어도 해는 없을 것이라고 간주한다. 하지만 항상 그런 것은 아니다. 때로는 위험의 증거가 제품을 당분간 이용한 후에야 축적된다. 천연물들은 서로 상호작용할 수도 있고, 처방 약물 치료나 처방전 없이 살 수 있는 약물 치료와 상호작용할 수도 있는데, 천연물을 이용하는 많은 사람은 자신의 CAM 사용을 의사에게 알리는 데 실패하고 있다(Lake, 2009).

마사지는 많은 이득을 주지만, 관절염 혹은 관절, 쇠약한 뼈, 손상된 신경, 종양, 벌어져 있는 상처나 감염을 가지고 있는 사람들이나, 출혈성 질환이 있는 사람들, 또는 혈액 희석제를 복용하는 사람들에게는 적합하지 않다(NCCIH, 2006/2015a). 척추 디스크 탈출증, 조직 손상 및 신경 손상 같은 심각한 합병증은 가능하지만, 심각한 상처는 극히 드물다(Yin, Wu, Litscher, & Xu, 2014). 뼈가 부러지거나 감염이 된 개인들에게 카이로프랙틱 치료를 적용하면 해로울 수도 있는데, 두통이나 기타 불편감을 초래할 수도 있다(NCCIH, 2007/2012).

침술과 지압이 모든 사람에게 효과가 있는 것은 아니다. 전혀 반응하지 않는 사람도 있고, 어떤 유형의 침 조작은 다른 것보다 더 효과적이기도 하며, 어떤 침 자리는 다른 침 자리보다 더 효과가 있다(Martindale, 2001). 침은 반드시 소독해야 하며 올바로 삽입해야 하는데, 그렇지 않을 경우 손상이나 감염을 일으킬 수 있다(Yamashita & Tsukayama, 2008). 그렇지만 이러한 위험을 포함하는 사건은 아주 드물게 일어난다(Xu et al., 2013). 태극권과 기공체조는 일반적으로 안전하지만, 골다공증, 삐는 것, 골절 또는 관절 문제가 있는 사람들은 주의를 기울이거나 자세를 수정해야 한다(NCCIH, 2006/2015b). 명상은 건강상의 위험이 거의 없다(NCCIH, 2007/2016b). 사실, 주류 의학 실무자들에 의해 일어나는 의료 과실 유병률(Makary & Daniel, 2016)에 비교해볼 때, 이들 대체 실무에서 오는 위험은 적다.

그렇지만 사람들은 주류 의학의 대체로서 어떤 CAM을 이용하더라도 주의를 기울여야 한다. 대체 접근법은 믿고 주류 의학은 불신하는 사람들은 더 효과적일 수 있는 치료를 찾는 데 실패할 수도 있다. 예를 들면, 요가는 제2형 당뇨병에 대한 어떤 위험을 통제하는 데 도움이 될 수도 있지만(Innes & Vincent, 2007), 대부분의 사람들에게는 요가가 당뇨병을 통제하기에 충분하지 않다. CAM을 이용하는 다수의 사람들은 해당 치료의 한계점을 인식하고 있으며, 주류 의학 진료에 추가적인 것으로 이용한다. 그렇지만 어떤 CAM 양식을 이용하는 많은 사람은 자신이 주류 치료뿐만 아니라 대체 치료도 이용하고 있다는 사실을 담당 주류 의학 치료자에게 말하는 데 실패하고 있다(Lake, 2009). 이러한 실패는 두 치료 간의 상호작용으로 인한 위험을 나타낼 수도 있다.

CAM의 또 다른 한계점은 그 접근 가능성이다. CAM에 관심이 있는 누구나 CAM 치료를 찾을 수 있거나 치료할 형편이 되는 것은 아니다. 많은 CAM 치료는 자격이 있는 치료자의 수나 지리적 위치로 인해 한계점을 지니고 있다. 예를 들면, 침술 이용이 1997년과 2007년 사이에 극적으로 증가했으며(Nahin, Barnes, Stussman, & Bloom, 2009), 2007년과 2012년 사이에 계속해서 증가했다(Clarke et al., 2015). 그렇지만 접근 가능성은 그 이용을 제한하는 문제점으로 여전히 남아 있다(Burke & Upchurch, 2006). 대체 의학 제품이나 절차를 이용한 사람들은 그들이 구매한 제품이나 그들이 받은 치료에 대해 환급을 받지 못한다(Burke & Upchurch, 2006). 보험 환급에 CAM 서비스를 포함시키지 못한 실패는 미국에서 전형적인데, CAM 이용자들에게 막대한 현금지출(270억 달러)로 나타나고 있다(Nahin et al., 2009). 이러한 장애물을 제거하는 한 가지 방법은 주류 의학 장면에서 대체 치료의 존재를 증가시키는 것이다. 이것이 통합 의학의 초점이다.

통합 의학

주류 의학과 대체 의학을 통합하는 일은 노먼 커즌스가 건강 보살핌과 치료에 대해 마음에 그렸던 것이다. 매우 비정통적인 치료를 통한 질병과 치유법에 관한 커즌스의 경험은 그가 주류 의학의 변화를 향한 작업을 하도록 촉발했던 것이다. 커즌스가 말한 바와 같이,

그러므로 균형 잡힌 관점을 창출하는 것이 필수적인 것이 되었는데, 살려는 강한 의지, 높은 목적, 축제 기분 수용력, 상당한 정도의 믿음 같은 태도가 유능한 의학적 관심에 대한 대체적인 것뿐만 아니라 치료 환경을 향상시키는 방법을 인정하는 것이다. 현명한 의사는 환자가 총체적인 의학적 진료

를 받게 하는 책임 있는 참여 정신에 호의를 보인다(UCLA Cousins Center for Psychoneuroimmunology, 2011, 1단락).

이 접근법은 대부분의 사람들이 주류 의학과 대체 의학으로부터 기법과 산물을 선택할 때 시도하는 것이지만, 대부분의 사람들은 의학적 진료 체계 내에서보다는 스스로 이러한 조합을 위해 노력한다. 그렇지만 이러한 통합은 많은 개인에게 그리고 미국을 비롯한 대부분의 고소득 국가의 늘어나는 많은 실무자에게 이상적인 것이다. 이러한 통합은 이득을 제공하지만, 또한 장벽에 직면하고 있다.

현재 CAM을 이용하는 많은 사람이 의사의 지도 없이 그렇게 행할 뿐만 아니라, 흔히 의사에게 알리지도 않는다(Lake, 2009). 이 사람들은 자신의 대체 치료 이용을 주류 의학 실무자들과 논의하기를 주저하는데, 왜냐하면 CAM에 관한 주류 의학의 회의론 때문이다(Frank, Ratanawongsa, & Carrera, 2010). 이러한 회의론이 대체 치료 실무자들에게 의사가 환자를 의뢰하기를 주저하며, 심지어 협력적인 관계에 관여하기를 망설인다. 통합 의학은 주류 의학 실무자들과 대체 의학 실무자들에게 양쪽 접근법의 효과성을 받아들이고 함께 작업하도록 요구한다. 수용과 협력 모두 도전을 나타내는 것이다.

생물의학적 모형을 따르는 실무자들은 생물심리사회적 모형을 견지하는 사람들과 기본적인 차이를 갖고 있는데, 건강과 치료를 보는 방식에 영향을 미친다(Lake, 2007). 예를 들어, 전통 중의학, 카이로프랙틱, 동종요법이 가정하고 있는 것은 서양 의학으로 수련받은 많은 의사가 수용하기에는 어려웠다(Shere-Wolfe, Tilburt, D'Adamo, & Chesney, 2013). 어떤 주류 의학 실무자들은 격렬하게 반대하지만(Freedman, 2011), 어떤 주류 의학 실무자들은 더 개방적인데, 특히 효과성에 대한 연구 지지를 축적하기 시작하는 기법들에 대해 그렇다. 자신의 훈련에 대체 치료를 포함하지 않은 실무자들이 CAM 훈련을 받은 사람들보다 더 저항적이다(Hsiao, Ryan et al., 2006). 다양한 건강 전문 대학원의 학생들은 CAM에 큰 관심을 가지고 있다(Chow, Liou, & Heffron, 2016; Song, John, & Dobs, 2007). 의과대학 수의 증가로 CAM 학과와 교육 과정이 포함되고 있지만(Frank et al., 2010), 실무 및 치료 방법의 철학과 전략은 상이하다(Shannon, Weil, & Kaplan, 2011). 2009년에 미국 의학 연구소(U.S. Institute of Medicine)는 '통합 의학과 일반 국민을 위한 정상회의'라는 제목의 회의를 후원했다(Ullman, 2010). 참석한 사람들은 건강과 치료에 주류 접근법과 대체 접근법의 통합을 희망했지만, 그들은 또한 이러한 통합이 의료 전달 체계에 커다란 변화를 요구한다는 사실을 인식하고 있었다.

진료의 통합은 여타 분야보다 통증 치료, 암 진료, 정신 건강 문제 같은 분야의 실무에서 더 흔하다. 통합 의학 클리닉을 방문하는 환자들은 많은 접근법(주류 의학과 아마도 어떤 형태의 대체 의학)을 시도해봤는데, 어느 것도 온전하게 성공하지 못한 만성 통증 문제를 겪는 사람들인 경향이 있다. 환자들은 자신의 통증에 대해서는 치료를 받는데, 원래 통증의 원인이 된 상태에 대해서는 치료를 받지 않고 있는 것이다. 통증 클리닉에서는 통증이 문제가 되는데, 치료는 통증을 관리하는 쪽으로 지향하며, 원래 통증의 원인이 된 조건 쪽으로 지향하지 않고 있는 것이다. 이러한 통증 클리닉에는 여러 전문 분야의 건강 진료 전문가들이 있어야만 한다(Dillard, 2002). 이들 전문 분야에는 (1) 신경학, 마취, 재활, 정신 의학 수련을 받은 의사, (2) 신체 재활 전문가, (3) 정신의학자 혹은 심리학자, (4) 카이로프랙틱 치료사, 마사지 치료사, 침술가(혹은 세 분야 모두)가 있다. 이러한 범위의 건강 진료 제공자들은 주류 의학과 대체 의학 모두에서 나온 기법들을 제공하고 서로 자문해주며, 각 개인의 상황과 욕구에 맞는 치료를 맞춰줄 수 있다. 통합 종양학 역시 팀으로 이루어진 제공자들에 의한 치료를 포함하고 있다. 화학 치료, 방사선 치료, 수술 같은 암을 위한 주류 치료 외에, 환자들은 통증 통제, 스트레스 관리, 영양, 신체활동에 목표를 두는 중재에 참여할 수도 있다. 스트레스 관리, 건강 다이어트, 운동은 대부분의 사람들의 삶의 질을 향상시키는데, 이러한 생활양식의 변화는 또한 암의 진행에 영향을 줄 수도 있다(Boyd, 2007).

여러 연구들이 통합 의학 프로그램을 연구했는데, 통합이 이득뿐만 아니라 스태프에 의한 장벽으로 어떻게 작동되었는지를 밝히는 것이었다. 한 가지 그러한 프로그램이 미네소타의 마요 클리닉(Mayo Clinic)에서 가능했는데(Pang et al., 2015), 여기서는 CAM에 대한 의뢰가 2007년과 2010년 사이에 증가했다. CAM 실무자에게 한 가장 흔한 의뢰는 통합 의학 실무와 일치했는데, 통증 관리와 스트레스 관리였다. 또 다른 연구는 통합 의학을 위한 가장 흔한 장소에 집중되었는데, 바로 암 치료 센터였다. 독일과 미국에 있는 이들 센터의 실무자들(Mittring, Pérard, & Witt, 2013)은 비슷한 관점을 발달시켰는데, 주류 의학과 대체 의학의 배경에 상관하지 않았다. 여기에는 각 환자를 치료하는 데 있어 총체적인 접근법에 집중된 증거 기반 치료에 대한 강조가 포함되어 있었다. 주류 의학 실무자들은 대체 의학적인 접근법을 받아들이는 데 아무런 어려움이 없었다고 보고했지만, 환자 중심의 총체적인 접근법이 계획하고 기다리는 추가적인 시간에 대한 문제점이 있다고 했다.

그러한 통합 접근법은 많은 만성 질병에 대한 치료에도 적용될 수 있다. CAM에 대한 소비자 관심이 늘어남에 따라 많은 환자는 자신의 주류 의학 실무자들이 CAM에 관해 충분히 인지하고 자신을 CAM 실무자에게 기꺼이 의뢰해주기를 기대한다(Ben-Arye, Frenkel, Klein, & Schraf, 2008). 저항의 역사에도 불구하고 주류 의학 실무자들도 CAM에 대한 관심이 늘어나고 있으며, 어떤 대체 절차를 제공하며, 환자들을 CAM

실무자에게 의뢰하려는 자발적인 의향을 가지고 있다(Shere-Wolfe et al., 2013). 따라서 실무자들의 협력을 통해 주류 의학과 대체 의학으로부터 나온 효과적인 치료를 조합함으로써 '상이한 두 가지의 각각의 장점'을 획득하려는 목표가 시작된 것 같다.

요약

대체 의학이 주류 의학에 받아들여지려면 연구 증거가 그 효과성을 확증해주어야만 한다. 이러한 증거에 대한 기준은 논란이 많다. CAM은 무선 통제 시행에 의해 증명되는 효과성의 기준을 가져야만 하는가? 주류 의학의 일부는 그렇다고 하지만, 대체 의학의 일부는 주류 의학에서 대부분의 치료는 이러한 준거에 부합하는 데 실패하고 있다고 주장한다. 그럼에도 불구하고 CAM의 효과성에 관한 증거가 축적되고 있다.

초월 명상과 마음챙김 명상은 모두 불안에 대한 효과성을 증명했으며, 마음챙김 기반 스트레스 감소는 스트레스를 관리하는 데 효과적이다. 기공체조와 태극권의 운동 기반 수련은 스트레스를 관리하도록 돕는 데 효과적이다. 침술과 요가는 우울을 감소시키는 데 어느 정도 유망성을 보여주며, 세인트존스워트 약초 치료도 또한 우울을 감소시켜주는 것으로 밝혀졌다.

유도 심상은 사람들에게 여러 가지 유형의 통증을 관리하게 하는 데 효과적인 중재인 것으로 보인다. 전통 중의학에서 나온 기법들이 통증 관리에 성공적이었는데, 여기에는 기공 체조, 태극권, 침술이 포함된다. 기공체조와 태극권은 만성 통증 문제를 지닌 사람들에게 좋은 선택이 될 수도 있는데, 여기에는 두통과 섬유근육통이 포함된다. 침술은 골관절염으로 인한 통증뿐만 아니라 요통과 목 통증을 덜어주는 데 효과적일 수 있다. 연구는 또한 마사지가 요통, 목 통증, 근골격 통증, 두통에 효과적이며, 카이로프랙틱 조작도 동일한 통증 증후군에 도움이 된다고 지적하고 있다. 그렇지만 바이오피드백은 그 밖의 CAM 치료만큼 효과적이지는 않다. 바이오피드백은 편두통을 관리하는 데는 이완과 비슷했지만, 다른 유형의 통증을 치료하는 데는 이득을 거의 보여주지 못했다. 최면은 다양한 유형의 통증에 효과적이지만, 만성 통증보다는 수술 후 통증과 화상 통증 같은 급성 통증에 더 효과적이다.

CAM으로부터 나온 기법들은 그 밖의 다양한 상태들에도 효과적인데, 여기에는 화상 치유를 빠르게 해주고(알로에 베라), 불면증을 치료해주고(침술), 메스꺼움과 구토를 통제해주고(최면과 침술), 레이노드 질병을 관리해주고(온도 바이오피드백), 뇌졸중 후의 운동을 증진해주고(EMG 바이오피드백), 심혈관계 질환(명상과 기공체조)과 당뇨병(기공체조)의 위험을 낮춰주는 것이 포함된다. 연구에 따르면, 기공체조와 태극권의 수련이 유익한 방식으로 면역계를 변경할 수 있는데, 태극권은 균형과 유연성을 향상시키고, 노인들의 떨어지지나 않을까 하는 두려움과 넘어지는 횟수를 감소시켜준다는 사실을 보여주었다.

모든 치료와 마찬가지로, CAM은 한계점과 더불어 위험성도 있다. 어떤 약초 치료와 식물 제품은 독성이 있을 수도 있고, 서로 간에 혹은 처방 약물 및 처방전 없이 살 수 있는 약물과 상호작용할 수도 있다. 개인의 상태에 따라 어떤 치료는 피해야 하는데, 예를 들면 뼈가 약해진 사람들의 경우 마사지나 카이로프랙틱은 조심해야 한다. CAM의 또 다른 한계점은 치료의 효용성과 비용 모두의 면에서, 그것의 접근 가능성이다.

통합 의학은 대체 의학과 주류 의학의 통합인데, 이는 두 가지 상이한 접근법의 장점을 제공해야 한다. 그러한 통합을 성취하기 위한 도전과제로는 서로 다른 두 가지 전통을 혼합하고, 적절할 때 환자들을 서로에게 의뢰하게 될 실무자들을 훈련시키는 일이 포함된다. 통합 의학이 가장 빠르게 진전되고 있는 두 영역은 통증 관리와 암 치료이다.

해답 이 장에서는 다음의 여섯 가지 문제를 다루었다.

1. 주류 의학에 대한 대체 의학으로는 어떤 것들이 있는가?

대체 의학 체계에는 전통 중의학, 아유르베다 의학, 자연요법, 동종요법이 포함된다. TCM과 아유르베다 의학은 아주 오래되었다. 자연요법과 동종요법은 19세기에 일어났으며, 20세기 초반에 인기를 얻었다. 이들 체계 각각은 진단과 치료에 대한 실무뿐만 아니라 건강과 질병 이론을 제시하고 있다. 모든 대체 체계는 생명 에너지 개념 및 마음과 몸을 함께 합치는 것이 중요하다는 생각을 공유하고 있다.

2. 어떤 산물과 식이요법이 대체 의학으로 간주되는가?

대체 산물에는 비타민과 미네랄 또는 에키네이셔, 글루코사민, 오메가 3 지방산 그리고 치료제나 예방제로 복용할 수도 있는 다양한 약초, 추출물, 특별한 음식 같은 식이 보충제가 포함된다. Atkins 다이어트, Ornish 다이어트, Zone 다이어트, 그리고 여러 가지 채식주의자 다이어트는 건강을 유지하거나 향상시키고, 혹은 질병의 위험 요인을 통제하기 위해 착수될 수도 있다.

3. 어떤 손조작 실무가 대체 의학 실무에 포함되는가?

손조작 기법에는 카이로프랙틱과 마사지가 있다. 카이로프랙틱 손조작은 척추와 관절을 바로잡는 데 초점을 두는데, 마사지는 연조직에 대한 손조작에 초점을 둔다. 인기가 상승하고 있는 카이로프랙틱 치료의 늘어나는 연구는 여러 가지 유형의 만성 통증을 다루는 데 있어 그 효과성을 증명했다. 마사지도 통증과 스트레스를 모두 관리하는 치료적 중재로 인기가 상승하고 있다.

4. 정신–신체 의학이란 무엇인가?

정신–신체 의학은 뇌, 마음, 몸, 행동은 복잡한 방식으로 상호작용하며, 또한 정서적, 정신적, 사회적, 행동적 요인들이 건강에 중요한 영향을 미친다는 관념에 토대를 두고 있다. 정신–신체 의학에 따르면, 심리적 요인을 간과할 경우 불완전한 건강 치료 형태로 이끌게 되며, 치료에 마음과 정서를 합침으로써 나올 수 있는 힘을 상실하게 된다. 정신–신체 의학 내에 포함된 것으로 명상, 유도 심상, 요가, 기공체조, 태극권, 바이오피드백, 최면이 있다.

5. 누가 보완 대체 의학을 이용하는가?

CAM 사용은 나라마다 다양한데, 나라들 내에서 인구통계학적 요인들이 CAM 이용을 예측해 준다. 오스트레일리아와 캐나다 및 일부 유럽은 미국에서보다 CAM 치료를 찾는 인구 비율이 더 높다. 미국 내에서는 CAM 이용에 있어 어떤 관계를 보여주는데, 유럽계 미국인이고, 고등교육을 받고, 수입이 더 많은 집단이 다른 사람들보다 CAM을 더 많이 이용하는 것으로 나타났다. 모든 나라에서는 여성이 남성보다 CAM을 더 이용하는 경향이 있었다. 건강 상태가 그렇듯이, 기저하고 있는 CAM의 철학을 받아들이는 개인의 태도가 또한 이용을 예측한다. 주류 의학이 도움이 되지 못한 지속적인 건강 문제를 지닌 사람들이 대체 치료를 더 찾는 경향이 있다.

6. 대체 치료의 효과적인 이용과 한계점은 무엇인가?

사람들에게 불안, 스트레스, 우울, 통증 및 기타 문제들을 관리하게 하는 다양한 기법이 있으며, 점점 늘어나는 연구들은 어떤 대체 치료가 이러한 문제를 관리하는 데 효과적임을 보여주었다. 초월 명상과 마음챙김 명상 모두 불안을 관리하는 데 효과적이다. 마음챙김 기반 스트레스 감소는 스트레스에 대처하는 데 도움이 된다. 한 가지 기법이 모든 통증 상황에 효과적이진 않지만, 어떤 유형의 통증에는 여러 가지가 효과적이다. 마사지, 카이로프랙틱, 침술 같은 조작 기법은 어려운 만성 요통 문제를 위한 어떤 치료만큼이나 효과적이다. 기공체조와 태극권의 운동 기반 접근법은 두통이나 섬유근육통을 관리하는 데 유망한 것으로 보인다. 더욱이, 이들 실무는 다양한 방법으로 건강에 영향을 미칠 수도 있는 유익한 방식으로 면역계에 영향을 미친다. 그렇지만 일차적인 치료적 이용은 노인들이 균형과 유연성을 유지하도록 돕는 것이다. 최면도 통증 제어에 유익하지만, 만성 통증보다 급성 통증에 더 많이 적용된다.

CAM의 한계점은 그 효과성에 관한 한정된 연구 때문이지만, 그러한 상황은 변하고 있다. 그 밖의 한계점은 주류 의학에서와 마찬가지이다. 즉, 개인들이 어떤 치료를 이용하는 것 그리고 약초 치료나 식이 보충제를 이용했을 때 약물과의 상호작용으로 인한 위험이다. 치료 이용가능성과 비용은 CAM의 또 다른 한계점이지만, CAM 치료와 주류 의학 치료를 통합하는 늘어나는 관심은 보완 치료에 대한 더 큰 접근성과 더 효과적인 전달을 매우 유망하게 한다.

더 읽을거리

Freedman, D. H. (2011). The triumph of new-age medicine. *The Atlantic, 308*(1), 90-100. 인기 있는 잡지의 이 논문은 통합 의학을 탐구하는데, 대체 치료 접근법의 옹호자들과 폄하하는 사람들을 인터뷰하고 있다. 이 평가를 통해 프리드만은 미국에서의 현재 의학 진료 수준에 대한 비판을 제공하고 있다.

Harrington, A. (2008). *The cure within: A history of mind-body medicine.* New York: Norton. 해링턴의 책은 대체 의학의 지위에 관한 사회적 및 역사적 관점을 취하고 있는데, 마음과 몸 간의 상호작용에 관한 광범위한 정보 수집을 함께 짜넣고 있다.

Lake, J. (2007). Philosophical problems in medicine and psychiatry, part II. *Integrative Medicine: A Clinician's Journal, 6*(3), 44-47. 이 짧은 논문은 주류 의학과 대체 의학 옹호자들 사이의 가정 및 세계관의 차이와 그 차이가 두 가지 유형의 의학 진료를 통합하는 데 어떻게 장벽을 드러내는지를 설명하는 역사적 및 철학적 관점을 취하고 있다.

Shannon, S., Weil, A., & Kaplan, B. J. (2011). Medical decision making in integrative medicine: Safety, efficacy, and patient preference. *Alternative & Complementary Therapies, 17*(2), 84-91. 주류 의학과 대체 의학 모두에 대한 이 사려 깊은 비평은 모든 유형의 의학에서 이용해야 하는 안전 및 효과성 관심을 상세히 다루고 있다.

PART

3

행동과 만성질환

심혈관계 질환의
행동적 요인

문제
제기

이 장에서는 다음의 네 가지 기본적인 문제를 주로 다룬다.

1. 심혈관계의 구조, 기능, 질환은 무엇인가?
2. 심혈관계 질환의 위험요인은 무엇인가?
3. 생활양식은 심혈관의 건강과 어떻게 관련되는가?
4. 어떤 행동이 심혈관 위험성을 줄이는 데 도움이 되는가?

질문	점수
나이	
당신은 남성이며 55세 이상입니까, 또는 여성이며 65세 이상입니까?	'예'이면 2
흡연	
피운 적 없다.	0
과거에 피웠다(12개월 이상 지속적 흡연).	2
하루에 1〜5개비 피운다.	2
하루에 6〜10개비 피운다.	4
하루에 11〜15개비 피운다.	6
하루에 16〜20개비 피운다.	7
하루에 20개비 이상 피운다.	11
간접흡연	
지난 12개월 이상 동안 당신은 타인의 흡연에 어떤 방식으로 노출되었습니까?	
주당 1시간 이하 노출	0
주당 1시간 이상의 간접흡연	2
기타 건강 상태	
당뇨병이 있습니까?	'예'이면 6
고혈압이 있습니까?	'예'이면 5
부모 중 누구라도 심장발작을 일으킨 적이 있습니까?	'예'이면 4
허리-엉덩이 비율	
0.873 미만	0
0.873〜0.963 사이	2
0.964 이상	4
심리적 요인	
작년에 직장 또는 가정 스트레스를 얼마나 느꼈습니까?	
전혀 또는 잠시	0
심각한 또는 지속적 스트레스	3
지난 12개월 동안 몇 주간 연속해서 슬픈, 울적, 또는 우울했던 적이 있습니까?	'예'이면 2
식이요인	
짠 음식이나 간식을 하루 한 번 이상 먹습니까?	'예'이면 1
바싹 튀긴 음식이나 간식 또는 즉석 음식을 주당 3회 이상 먹습니까?	'예'이면 1
과일을 하루에 한 번 이상 먹습니까?	'아니요'이면 1
채소를 하루에 한 번 이상 먹습니까?	'아니요'이면 1
육류 또는 가금류를 하루에 두 번 이상 먹습니까?	'예'이면 2
신체활동	
거의 앉아서 생활하거나 약한 운동(최소한의 활동을 요하는)을 한다.	2
여가시간에 중간 정도 또는 강한 운동을 한다.	0

출처: "Estimating modifiable coronary heart disease risk globally in multiple regions of the world: The INTERHEART modifiable risk score", by C. McGorrian et al. (2011), *European Heart Journal, 32* , Supplementary Table 2.

이 점검표는 인터하트 수정 가능한 위험 점수(INTERHEART Modifiable Risk Score)를 알려준다. 이 점수는 52개국 30,000명 이상의 사람들을 대상으로 한 연구에서 나온 것이고, 심장발작 위험성을 계산하는 최신 방법이다. 9점 이하이면 심장발작의 위험성이 가장 낮아서 축하할 점수이다. 15점 이상이면 심장발작의 위험성이 가장 높은 것이다. 그러나 이 요인들은 대부분 조절이 가능하다. 이 장에서 이 요인들 각각이 심혈관 문제를 증가시키는 이유와 그 위험성을 감소시키는 방법에 대해 공부할 것이다.

2004년 9월 초 빌 클린턴(Bill Clinton) 전 대통령이 가슴 통증과 가쁜 호흡 때문에 병원을 찾았다(King & Henry, 2004). 곧 관상동맥이 차단되어 있다는 사실을 알았고 관상동맥 우회수술을 받았다. 치료를 받지 않았다면 그에게 심장발작이 일어났을 가능성이 꽤 높았다. 다른 많은 이들과 마찬가지로 클린턴도 이전에 어떤 증상도 경험하지 않았기 때문에 관상동맥에 문제가 있다는 경고를 받고 자신을 행운아라고 생각했다. 그가 받은 진단과 치료는 심장발작을 피하고 건강한 삶을 더 살 수 있는 기회가 되었다.

또한 클린턴은 자신이 경험한 심장병의 근본적인 원인을 살펴봤다. 그의 가계에 심장병 전력이 있었기 때문에 그는 조깅을 생활화했고 규칙적으로 의사의 검진을 받았다. 또한 그는 고지방 즉석 음식을 좋아했다. 백악관 시절 그는 건강하지 못한 식사를 하는 것으로 유명했다(Templeton, 2008). 클린턴에게는 고혈압과 고지혈의 전력도 있었다.

Mike Segar/Reuters

클린턴은 겉으로는 건강하게 보였지만, 그의 관상동맥은 심각한 정도인 90% 이상이 막혀 있었다(Associated Press, 2004). 클린턴은 네 번의 관상동맥 우회수술에서 회복되었지만 6개월 후에 상처 조직을 제거하기 위한 추가 수술을 받았다(Matthews, 2005). 그 경험으로 인해 클린턴은 심장병 예방의 옹호자가 되었다(Clinton, 2005). 그는 즉석 음식점이 아동들을 위해 더 건강한 식단을 제공하라고 요구하는 것을 포함하여 비만과의 전투를 주도적으로 이끌기 위해 미국심장학회에도 가입했다.

이 장에서는 미국을 비롯한 산업화된 국가들에서 가장 빈번한 사망원인이 된 심혈관계 질환의 행동적 위험요인을 다룬다. 클린턴의 사례를 보면 선천적 및 행동적 위험요인을 알 수 있다. 그러나 우리는 심혈관계를 먼저 살펴볼 것이다. 심혈관계란 무엇이며, 그것이 얼마나 잘 작동하는지 측정하는 방법은 무엇일까?

심혈관계

심혈관계(cardiovascular system)는 심장, 동맥, 정맥으로 구성된다. 심장의 근육이 수축되고 이완됨으로써 혈액이 온몸으로 공급된다. 본질적으로 심장은 빠른 운송계의 핵심으로, 산소를 신체 세포들로 보내고 세포들에서 나온 이산화탄소와 기타 노폐물을 제거한다. 건강한 상태에서 심혈관계, 호흡계, 소화계는 통합적으로 작용한다. 소화계는 영양분을 생산하고, 호흡계는 산소를 공급하는데, 이 두 가지는 혈액을 통해 신체 각 부위로 순환된다. 또한 내분비계도 심혈관 활동을 자극하거나 억제하는 방식으로 심혈관계에 영향을 미친다. 이 장에서는 심혈관계를 별도로 공부하지만 그 작용이 별개로 이루어지는 것은 아니다.

신체에서 혈액이 이동하는 경로를 그림 9.1에서 볼 수 있다. 신체가 휴식을 취하고 있을 때는 전체 순환에 약 20초가 소요되지만, 격렬한 활동을 하면 그 속도가 빨라진다. 혈액은 심장의 우심실을 거쳐 폐로 들어가고, 그곳에서 혈액의 한 성분인 헤모글로빈을 통해 산소를 공급받는다. 폐에서 산소를 공급받은 혈액은 심장의 좌심방으로 되돌아가 좌심실을 경유하여 신체의 다른 부위를 향해 빠져나간다. 산소를 함유한 혈액을 수송하는 **동맥**(artery)은 직경이 훨씬 더 작은 혈관인 **소동맥**(arteriole)으로 분지되고, 최종적으로 동맥과 **정맥**(vein)을 연결하는 미세한 **모세혈관**(capillary)에서 종지한다. 산소는 신체의 세포들로 확산되고, 이산화탄소와 그 밖의 화학적 노폐물은 혈액

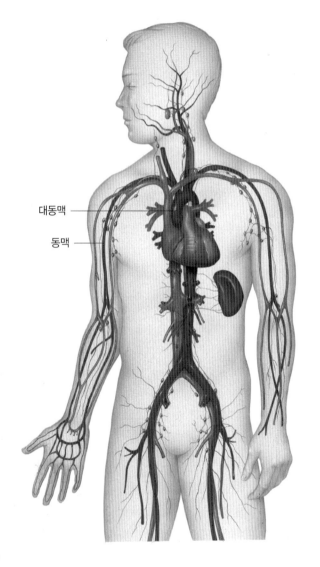

대동맥

동맥

그림 9.1 심혈관 순환

출처: *Introduction to microbiology* (p. 671), by J. L. Ingraham & C. A. Ingraham. From INGRAHAM/INGRAHAM, *Introduction to Microbiology*, 1E.

으로 들어가 처리된다. 산소를 잃은 혈액은 정맥계를 경유하여 심장으로 되돌아간다. 정맥계는 작은 소정맥(venule)에서 시작하여 두 개의 큰 정맥에서 종지하고, 이들 두 정맥은 심장의 위쪽 우측 구획인 우심방으로 들어간다.

이 절에서는 관상동맥질환, 관상동맥 심장병, 뇌졸중을 포함하는 일반적 명칭인 **심혈관계 질환**(CVD: cardiovascular disease)의 생리학적 이해에 초점을 맞추어 심혈관계의 기능을 살펴보고자 한다.

관상동맥

관상동맥은 심장의 근육, 즉 **심근**(myocardium)으로 혈액을 공급한다. 산소를 함유한 혈액을 심장 바깥으로 내보내는 대동맥(aorta)에서 두 개의 중요한 관상동맥이 분지된다(그림 9.2 참조). 좌, 우의 관상동맥은 더 작은 분지로 나뉘고, 그것을 통해 심근으로 혈액이 공급된다.

박동이 일어날 때마다 심장에서 약간의 비틀림 운동이 일어나고, 이것이 관상동맥을 움직이게 한다. 따라서 관상동맥은 정상적으로 작용하는 동안 많은 힘을 받게 된

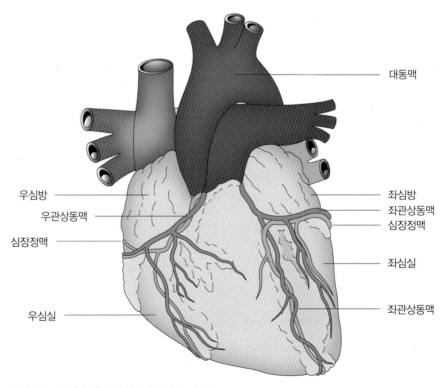

그림 9.2 심장(심근)과 관상동맥 그리고 정맥

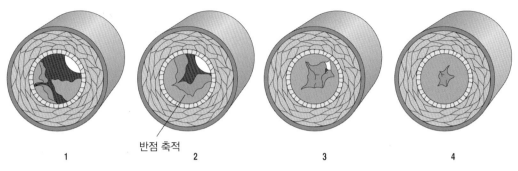

반점 축적

1   2   3   4

그림 9.3 죽상경화증의 진행 과정

다. 심장의 이러한 운동이 어쩔 수 없이 관상동맥에 손상을 일으킬 것으로 추측된다 (Friedman & Rosenman, 1974). 이런 손상이 일어나면 자연적으로 두 가지 방식의 치유가 진행된다. 하나는 미세한 상처조직이 생기는 것으로 심각한 문제가 따르지 않아 두 번째 것에 비해 낫다. 두 번째 방법은 죽종성 반점(또는 **죽상판**(atheromatous plaque)) 형성인데, 이것은 콜레스테롤과 그 밖의 지질, 결합조직, 근육조직 등이 쌓인 것이다. 이 반점이 커지고 석회화되어 뼈처럼 단단한 물질이 되면서 혈관벽이 두꺼워진다(Kharbanda & MacAllister, 2005). 이 과정에서 염증도 생긴다(Abi-Saleh, Iskandar, Elgharib, & Cohen, 2008). 이처럼 반점이 형성되고, 그 결과 동맥이 막히는 것을 **죽상경화증**(atherosclerosis)이라 한다(그림 9.3 참조).

관련은 있지만 죽상경화증과는 다른 상태가 **동맥경화증**(ateriosclerosis) 또는 동맥의 탄력성 상실이다. 심장박동이 일어나면 혈액이 뿜어지면서 동맥은 강한 힘을 받지만 동맥의 탄력성 때문에 그 압력에 적응할 수 있다. 탄력성이 떨어지면 심혈관계는 심장 혈량의 증가를 견뎌내지 못하게 된다. 그러므로 동맥경화증을 가진 사람이 강한 운동을 하는 것은 잠재적으로 위험하다.

동맥에 반점이 형성되는 것(죽상경화증)과 동맥이 단단해지는 것(동맥경화증)이 함께 일어날 수도 있다. 둘 모두 심혈관계의 동맥에 영향을 주고, 그중에서 관상동맥이 영향을 받으면 심장의 산소 공급에 차질이 생긴다.

관상동맥질환

관상동맥질환(CAD: coronary artery disease)이란 관상동맥이 손상되는 것이고, 주된 원인은 죽상경화증과 동맥경화증이다. 빌 클린턴이 경험한 것처럼 관상동맥에 반점이 형성되어도 겉보기에는 아무런 증상도 나타나지 않는다. CAD는 당사자가 전혀 알아차리지 못하는 가운데 진행될 수 있다. CAD에서는 반점으로 인해 동맥이 좁아져 심근으로 공급되는 혈액이 감소된다. 반점이 축적되면 파열되어 혈전이 생길 수 있고, 그 결과 동맥이 막힌다. 그렇게 동맥이 막혀 심장에 산소가 결핍되면 심장의 기능이 적절하게 수행되지 못한다. 혈류가 감소되는 것을 **허혈**(ischemia)이라 한다. 빌 클린턴이 느낀 가슴 통증과 가쁜 호흡은 허혈에 기인했을 가능성이 높다.

관상동맥성 심장질환(CHD: coronary heart disease)은 혈액 공급 부족으로 심근이 손상되는 것이다. 클린턴도 관상동맥질환을 가지고 있었지만, 그가 증상을 느끼고 치료받으려고 했을 때는 아직 심장에 손상이 일어나지 않은 상태였다. 그러므로 그 당시에 클린턴이 관상동맥성 심장질환을 가진 것은 아니었다.

두 개의 관상동맥이 완전히 막히면 심장으로 가는 혈류가 차단되고 산소 공급도 중단된다. 다른 조직과 마찬가지로 심근도 산소가 없으면 생존할 수 없기에 관상동맥이 차단되면 심근조직도 죽는 경색이 일어난다. **심근경색**(myocardial infarction)은 일반적으로 심장발작이라고 하는 상태에 대한 의학적 용어이다. 심근경색이 있으면 심장박동이 완전히 멈출 정도로 손상이 광범위할 수도 있다. 덜 심각한 경우 심장 수축의 효율성이 떨어질 수도 있다. 심근경색의 신호로는 허약감 또는 구토가 수반되는 현기증, 식은땀, 호흡 곤란, 가슴, 팔, 어깨, 턱, 등 부위의 부서지는 듯한 또는 쥐어짜는 듯한 통증 등이 있다. 의식을 갑자기 잃거나 사망할 수 있지만, 그런 상태를 경험하는 내내 주의를 또렷하게 유지하는 환자도 있다. 증상의 심각성은 심근 손상의 정도에 따라 달라진다.

심근경색에서 생존한 사람들(50% 이상)도 손상된 심근 부위가 재성장하거나 회복되지는 않는다. 그 대신 경색이 일어난 영역에 상처조직이 형성된다. 상처조직은 건강한 조직이 가지고 있는 탄력성과 기능을 가지지 못하기 때문에, 심장발작이 일어나면 심장의 혈액 분출력이 저하된다. 심근경색은 한 사람이 감당할 수 있는 활동의 유형과 강도를 제한할 수 있기 때문에 일부 생활양식의 변화를 초래한다. 최초의 발작을 일으키는 관상동맥질환은 또 다른 발작도 일으킬 수 있지만 향후 경색의 출현 여부는 알 수 없다.

심장재활(cardiac rehabilitation) 과정에 심리학자들이 참여하여 심장병 환자들이 위험요인을 최소화할 수 있는 생활양식에 적응하도록 하여 미래의 심장발작 가능성을 낮추도록 돕는다. 미국의 경우 심장병이 가장 빈번한 사망원인이기 때문에 심장발작을 예방하고 심장재활을 실천하는 것이 건강관리 체계의 주요 과제이다.

심근으로 공급되는 혈류가 감소되어 나타나는 덜 심각한 결과는 **협심증**(angina pectoris)인데, 이 병의 증상은 가슴 부위의 쥐어짜는 듯한 통증과 호흡 곤란으로, 빌 클린턴이 경험했던 것이다. 협심증은 심장의 부하를 증가시키는 운동이나 스트레스에 의해 촉진된다. 클린턴은 운동을 하는 동안 그런 증상을 경험했으나 그에 대해 비관하지 않았고, 정상 생활을 하는 동안 호흡이 곤란하고 가슴이 죄어들었을 때 치료를 받았다

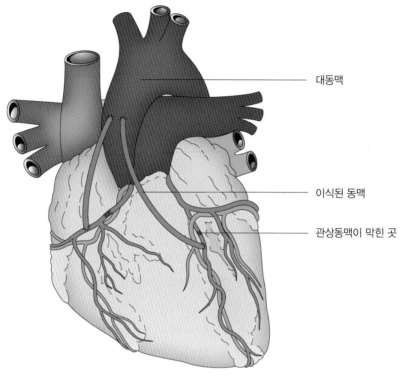

대동맥

이식된 동맥

관상동맥이 막힌 곳

그림 9.4 관상동맥 우회수술

(Clinton, 2005). 산소가 부족하면, 심혈관계의 예비 자원이 감소되고 심장병이 발생한다. 협심증에서 볼 수 있는 불편한 증상들은 관상동맥이 막혔다는 표시이지만 그것들이 수 분 이상 지속되는 경우는 드물다.

클린턴 전임 대통령은 그러한 증상을 경험했기에 관상동맥질환이라는 진단이 가능했고, 이 질병을 치료하는 가장 일반적인 방법인 우회수술을 받았다. 이 절차는 관상동맥의 건강한 부분을 이식하여 막힌 관상동맥을 대체하도록 하는 것이다(그림 9.4 참조). 우회수술은 고가이고, 사망의 위험이 있으며, 환자의 생명을 크게 연장해주지는 않지만, 클린턴의 경우 그랬듯이 협심증을 완화해주고 삶의 질을 향상해준다.

뇌졸중

죽상경화증과 동맥경화증은 머리와 목으로 공급되는 동맥에도 영향을 미쳐 뇌로 공급되는 혈액을 감소시킬 수 있다. 즉, 관상동맥질환과 관상동맥성 심장질환을 일으키는 것과 동일한 과정이 뇌에도 영향을 미칠 수 있는 것이다. 뇌의 동맥들 중 어느 것이라도 막히면 해당 뇌 영역으로 공급되는 혈류가 제한되거나 완전히 차단될 것이다. 산소가 박탈되면 3~5분 내에 뇌 조직이 죽는다. 산소 부족으로 뇌에 손상이 일어나는 것을

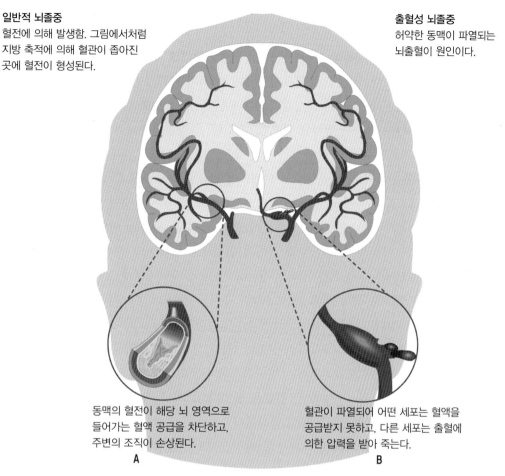

일반적 뇌졸중
혈전에 의해 발생함. 그림에서처럼
지방 축적에 의해 혈관이 좁아진
곳에 혈전이 형성된다.

출혈성 뇌졸중
허약한 동맥이 파열되는
뇌출혈이 원인이다.

동맥의 혈전이 해당 뇌 영역으로
들어가는 혈액 공급을 차단하고,
주변의 조직이 손상된다.

A

혈관이 파열되어 어떤 세포는 혈액을
공급받지 못하고, 다른 세포는 출혈에
의한 압력을 받아 죽는다.

B

그림 9.5 두 가지 유형의 뇌졸중. 일반적 뇌졸중은 동맥이 막혀서 생기고, 출혈성 뇌졸중은 뇌의 혈관이 파열되어 생긴다.

출처: *An invitation to health* (7th ed., p. 379), by D. Hales, 1997, Pacific Grove, CA: Brooks/Cole. From HALES, *Invitation to Health*, 7E.

뇌졸중(stroke)이라 하는데, 미국의 경우 다섯 번째 사망원인이다. 기포(기포 색전) 또는 감염으로 인해 뇌의 혈류가 방해를 받을 경우에도 뇌졸중이 발생할 수 있다. 게다가, 동맥경화증과 관련된 동맥벽의 약화로 동맥류(aneurysm)가 생기는데, 이것은 약해진 동맥벽이 주머니처럼 부푼 것을 말한다. 동맥류가 파열되면 출혈성 뇌졸중(hemorrhagic stroke)이 되고, 심하면 죽음에 이른다(그림 9.5 참조).

뇌졸중은 뇌의 뉴런을 손상시키고, 손상된 뉴런은 다른 것으로 대체되지 않는다. 일반적으로 특정 기능(예: 언어)을 담당하는 뉴런들이 상실되면 그 뇌 기능에 결함이 생긴다. 기능이 상실되는 정도는 손상된 영역의 크기와 관련이 있어서, 손상 영역이 광범위할수록 기능의 결함도 커진다. 손상이 아주 광범위하거나 중요한 영역이면 죽음을 초래할 수도 있고, 경미한 경우에는 알아차리지 못할 수도 있다.

혈압

혈액이 몸 전체를 순환하고 다시 심장으로 되돌아가려면 심장에서 혈액을 내뿜는 힘이 상당히 강해야 한다. 건강한 심혈관계인 경우 동맥의 탄력성이 높기 때문에 압력이 별 문제가 되지 않는다. 그러나 죽상경화증이나 동맥경화증으로 심혈관계에 질환이 생기면 동맥의 혈압이 심각한 결과를 일으킬 수 있다. 죽상경화증에서 나타나는 좁아진 혈관과 동맥경화증의 특징인 탄력성의 저하 모두 혈압을 상승시킨다. 또한 이런 질병 상태에서는 심혈관계가 강한 운동과 스트레스에 필요한 수요를 충족시키기 어렵다.

일반적으로 혈압은 두 가지 측정치로 나타낸다. 하나는 **수축기 혈압**(systolic pressure)으로, 심장이 수축할 때 발생하는 압력이다. 다른 하나는 **이완기 혈압**(diastolic-pressure)인데, 이것은 수축과 수축 사이의 압력으로 혈관벽의 탄력성을 반영한다. 두 수치는 수은(Hg)주의 높이를 밀리미터(mm) 단위로 나타내는데, 그것은 순환하는 혈액의 압력을 최초로 측정할 때 좁은 유리관 속의 수은이 혈압에 의해 올라가는 높이로 결정했기 때문이다.

혈압을 상승시키는 몇 가지 기전이 있다. 혈압 상승이 정상적이고, 적응적이기도 한 경우도 있다. 예컨대 교감신경계가 일시적으로 활성화되면 심장박동이 증가되고 혈관도 수축되는데, 이 두 가지 모두 혈압을 높인다. 그러나 정상적이지도 적응적이지도 않은 혈압 상승은 심혈관계 질환의 증상이다.

미국에서는 **고혈압**(hypertension), 즉 비정상적으로 혈압이 높은 사람이 수백만 명에 달한다. 이 '조용한' 병은 심장발작과 뇌졸중을 가장 잘 예측해주는 단일 요인이지만, 눈 손상과 신부전도 일으킨다(그림 9.6 참조). **본태성 고혈압**(essential hypertension)은 만성적으로 혈압이 높은 것으로, 유전적 및 환경적 원인이 있다(Staessen, Wang, Bianchi, & Birkenhager, 2003). 미국과 다른 선진국의 경우 인구의 1/3이 이 질병을 가지고 있고, 미국에는 약 7,600만 명, 세계적으로는 약 10억 명의 환자가 있다(Roger et al., 2012; U.S. Department of Health and Human Services[USDHHS], 2003). 이 질병은 나이와 관련성이 강하고, 아프리카계 미국인 조상, 체중, 소금 섭취량, 흡연, 운동 부족 등의 요인과도 관련이 있다.

표 9.1은 정상 혈압, 고혈압 이전 단계, 1단계 및 2단계 고혈압의 범위를 보여준다. 일반적인 생각과 다르게 고혈압의 증상은 쉽게 드러나지 않기 때문에 고혈압을 가진 사람들이 위험하게도 자신의 혈압을 높이기도 하고 심장발작이나 뇌졸중에 취약하다는 사실을 전혀 깨닫지 못하기도 한다.

젊은이의 경우 높은 이완기 혈압이 심혈관 위험성과 높은 관련성을 보이지만, 나이가 많은 사람들에서는 수축기 혈압이 높은 것이 그에 대한 더 좋은 예측인자가 된다

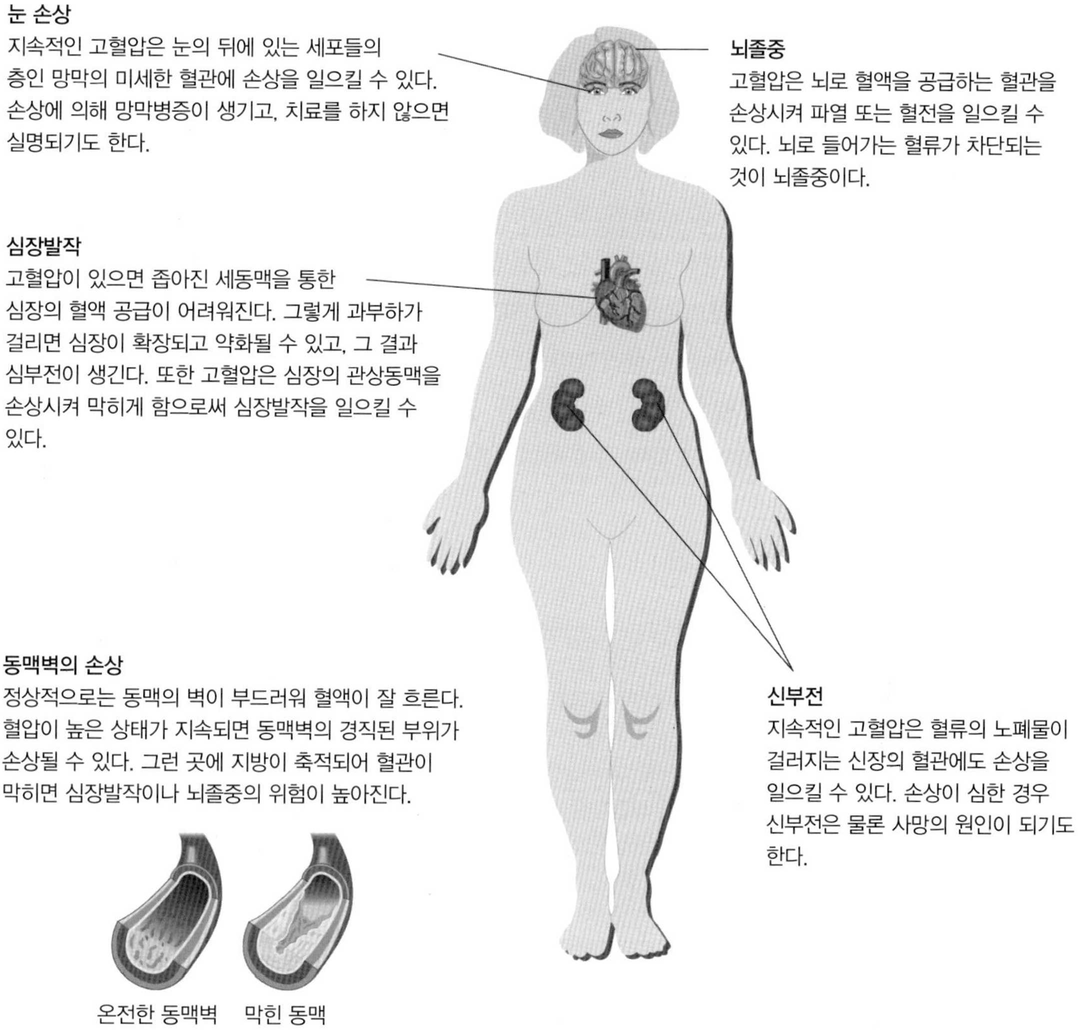

눈 손상
지속적인 고혈압은 눈의 뒤에 있는 세포들의
층인 망막의 미세한 혈관에 손상을 일으킬 수 있다.
손상에 의해 망막병증이 생기고, 치료를 하지 않으면
실명되기도 한다.

뇌졸중
고혈압은 뇌로 혈액을 공급하는 혈관을
손상시켜 파열 또는 혈전을 일으킬 수
있다. 뇌로 들어가는 혈류가 차단되는
것이 뇌졸중이다.

심장발작
고혈압이 있으면 좁아진 세동맥을 통한
심장의 혈액 공급이 어려워진다. 그렇게 과부하가
걸리면 심장이 확장되고 약화될 수 있고, 그 결과
심부전이 생긴다. 또한 고혈압은 심장의 관상동맥을
손상시켜 막히게 함으로써 심장발작을 일으킬 수
있다.

동맥벽의 손상
정상적으로는 동맥의 벽이 부드러워 혈액이 잘 흐른다.
혈압이 높은 상태가 지속되면 동맥벽의 경직된 부위가
손상될 수 있다. 그런 곳에 지방이 축적되어 혈관이
막히면 심장발작이나 뇌졸중의 위험이 높아진다.

신부전
지속적인 고혈압은 혈류의 노폐물이
걸러지는 신장의 혈관에도 손상을
일으킬 수 있다. 손상이 심한 경우
신부전은 물론 사망의 원인이 되기도
한다.

온전한 동맥벽   막힌 동맥

그림 9.6 고혈압의 영향

출처: *An invitation to health* (7th ed., p. 370), by D. Hales, 1997, Pacific Grove, CA: Brooks/Cole. From HALES, *Invitation to Health*, 7E.

표 9.1 혈압의 범위(단위: mmHg)

	수축기		이완기
정상	< 120	그리고	< 80
고혈압 이전	120~139	또는	80~89
1단계 고혈압	140~159	또는	90~99
2단계 고혈압	≥ 160	또는	≥ 100

출처: *The seventh report of the joint national committee on prevention, detection, evaluation and treatment of high blood pressure* (NIH Publication No. 03–5233), 2003, U.S. Department of Health and Human Services (USDHHS). Washington, DC: Author. Table 1.

(Staessen et al., 2003). 수축기 혈압이 20mmHg 높아질 때마다 심혈관 위험성이 두 배로 증가한다(Roger et al., 2012). 수축기 혈압이 200mmHg를 넘어서면 혈관벽이 파열될 위험성이 있다(Berne & Levy, 2000). 이완기 고혈압은 혈관에 손상을 주어 그 혈관을 통해 혈액을 공급받는 신장, 간, 췌장, 뇌, 망막과 같은 장기를 해친다.

본태성 고혈압의 근본 원인이 복잡하고 아직 완전히 이해되지 않았기 때문에 근본적인 치료법은 없다. 따라서 치료는 약물을 사용하거나, 행동 또는 생활양식을 변화시켜 혈압을 낮추는 방향으로 진행된다(USDHHS, 2003). 고혈압 치료의 일부로 행동 변화가 포함되기 때문에 건강심리학자들은 체중을 조절하고, 운동 프로그램을 유지하며, 소금 섭취를 줄이는 것과 같은 행동을 장려하는 중요한 역할을 한다. 이러한 행동을 준수하는 것이 혈압 조절에 중요하다. 불행하게도 약물에 집착하는 것은 고혈압 환자에게 좋지 않다.

요약

심혈관계는 심장과 혈관으로 이루어진다. 심장은 혈액을 뿜어내고, 혈액은 전신을 순환하면서 산소를 공급하고 노폐물을 제거한다. 관상동맥은 심장 자체에 혈액을 공급하는 혈관으로, 죽상경화증이 이곳에 생기면 관상동맥질환이 발생한다. 이 질환이 발생하는 동안 동맥에 반점이 형성되어 심근으로 공급되는 혈액을 제한한다. 그 결과, 가슴의 통증과 호흡 곤란이 주요 증상인 협심증이 나타난다. 관상동맥이 차단되면 심근경색(심장발작)이 발생할 수도 있다. 뇌에 산소가 공급되지 못할 때 뇌졸중이 생긴다. 뇌졸중은 뇌의 어느 부위라도 영향을 미칠 수 있고, 미약한 것에서부터 치명적인 것까지 그 정도가 다양하다. 고혈압은 심장발작과 뇌졸중의 예측요인이다. 행동적 및 의학적 치료로 고혈압은 물론 심혈관계 질환의 다른 위험도 낮출 수 있다.

심혈관계 질환 발생의 변화

현재 미국인 중에서 심혈관계 질환으로 사망하는 비율은 1920년에 비해 낮아졌다. 그러나 1920~2002년 사이에 사망률의 급격한 변화가 있었다. 그림 9.7에서 볼 수 있듯이 1920년부터 1950년대와 1960년대까지 심혈관계 질환으로 사망한 비율은 급격히 높아졌고, 그 후 현재까지 감소되었다. 현재 미국에서 사망자의 약 30%가 심혈관계 질환으로 죽는다(NCHS, 2016a, 2016b).

1920년에 심장병으로 인한 사망률은 남성과 여성에서 비슷했다. 전체적으로 심혈관계 질환으로 인한 사망률은 비슷하게 유지되었으나, 심혈관계 질환의 발생이 증가하면서 사망의 유형도 달라지기 시작했다. 20세기 중반에는 남성이 여성보다 더 젊은 나이에 심혈관계 질환으로 사망하는 심장병에서의 성차를 보여주었다.

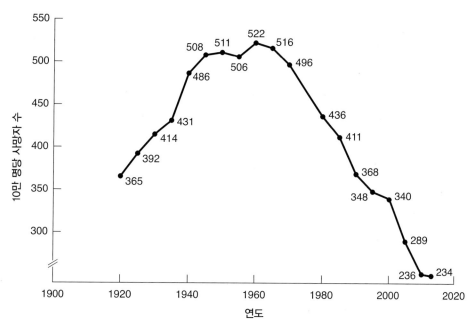

그림 9.7 1920~2013년 사이 미국인 10만 명당 심혈관계 질환으로 인한 사망률

출처: U.S. Public Health Service, *Vital Statistics of the United States,* annual, Vol. I and Vol. II (1900–1970); U.S. National Center for Health Statistics, *Vital Statistics of the United States,* annual (1971–2001); *National Vital Statistics Report,* monthly (2002–2005). Retrieved August 21, 2008, from http://www. infoplease.com/ipa/A0922292.html; *National Vital Statistics Report* (2016). Retrieved July 20, 2016, from http://www.cdc.gov/nchs/data/nvsr/nvsr64/ nvsr64_02.pdf

사망률 감소의 원인

미국에서 심장병으로 사망한 비율이 감소한 것은 주로 두 가지 원인 때문이다. 하나는 관상동맥 응급처치의 향상이고, 다른 하나는 심혈관계 질환 위험요인의 변화이다(Ford et al., 2007; Wise, 2000). 1960년대가 시작되면서 많은 미국인은 자신의 생활양식을 바꾸기 시작했다. 담배를 덜 피우고, 혈압에 관심을 가지며, 혈중 콜레스테롤을 조절하고, 체중을 측정했으며, 규칙적인 운동 프로그램을 실시했다.

두 가지 기념비적인 연구가 홍보되면서 미국인들의 생활양식에 변화가 일어났다. 첫 번째는 프레이밍햄 심장 연구(Framingham Heart Study)로 1960년대에 흡연, 고지혈, 고혈압, 좌식 생활양식, 비만이 심혈관계 질환의 위험요인이라는 보고서를 제시하기 시작했다(Levy & Brink, 2005). 두 번째 연구는 일반에 잘 알려진 외과의사 보고서(Surgeon General's report)인데(U.S. Public Health Service[USPHS], 1964), 이 연구에서는 흡연과 심장병 간의 강한 관련성을 발견했다. 많은 사람이 이 연구들을 알게 되었고, 자신의 생활 방식을 바꾸기 시작했다.

생활양식의 변화와 심장병으로 인한 사망률의 감소가 동시에 나타났지만, 그것이 행동적 변화와 심혈관계 질환으로 인한 사망률 간의 인과론적 관계를 입증하는 증거가 되지는 못한다. 같은 시기에 의학적 치료와 기술이 꾸준히 향상되었고, 그 이전에는 죽었을지도 모르는 많은 심장병 환자가 더 좋고 더 빠른 치료 덕분에 살아났다. 생활양식의 변화와 더 나은 의학적 치료 중 어느 요인이 심장병으로 인한 사망률 감소에 더 많이 기여했을까? 답은 두 가지 모두이다. 심혈관계 질환 감소의 47%는 치료의 향상 때문이고, 44%는 위험요인의 변화 때문이다(Ford et al., 2007). 그러므로 심장병으로 인한 사망률이 감소된 데에는 향상된 의학적 치료가 영향을 미친 만큼 행동 및 생활양식의 변화도 기여한 것이다.

심장병의 세계적 추세

심장병은 미국뿐 아니라 세계적으로도 주요 사망원인이다. 심장병과 뇌졸중으로 사망하는 전체 사망자 수는 모든 사망의 30% 정도를 차지한다(Mackay & Mensah, 2004). 미국도 서구의 부유한 나라 가운데 생활양식이 바뀌고 심혈관계 질환 사망률이 낮아진 나라 가운데 하나이다(World Health Organization [WHO], 2008b).

핀란드에서도 1970년대에서 1990년대 사이에 심혈관계 질환이 70% 이상 감소했다(Puska, 2002; Puska, Vartiainen, Tuomileho, Salomaa, & Nissinen, 1998). 이 감소의 일부는 위험요인을 줄이려는 범국가적 노력의 결과이다. 그 노력은 심혈관계 질환 발병률이 높은 핀란드의 한 지역을 목표로 실시된 지역공동체 중재로 시작되었고, 식이, 고혈압, 흡연에 변화를 일으키고자 했다. 심혈관계 질환 감소에 가장 큰 기여를 한 것이 위험요인을 낮춘 것이었다(Laatikainen et al., 2005).

위의 경우와 달리 소비에트연방에 속했던 나라들에서는 심장병이 증가했다(Weidner, 2000; Weidner & Cain, 2003). 이 질병은 다른 집단에 비해 중년 남성들에서 더 많이 발생했고, 발병의 성차가 다른 나라들보다는 러시아에서 더 컸다. 심장병으로 조기 사망할 위험이 미국에 비해 러시아에서 4배나 높았다. 동유럽의 일부 국가들에서는 관상심장질환이 사망의 약 80%를 차지하고, 평균 기대수명이 낮아졌으며, 가까운 미래에 높아질 것 같지도 않다. 심장병에 대한 상황이 이처럼 나쁜 이유는 잘 모르지만, 이 국가들에서 사회적 지원의 결여, 높은 스트레스, 흡연 및 알코올 남용 등이 흔한 것으로 보아 이러한 심리적, 행동적 차이가 높은 심혈관계 질환 발생률의 원인일 수 있다(Weidner & Cain, 2003). 다행히도 지난 십 년 동안 이전 소비에트연방에 속했던 여러 국가들에서 심혈관계 질환으로 인한 사망률이 떨어지기 시작했다(Nichols, Townsend, Scarborough, & Rayner, 2014).

심장병과 뇌졸중은 개발 및 개발도상국에서도 발병이 증가했고, 사망의 주요 원인이기도 하다(WHO, 2008b). 이 국가들의 흡연, 비만, 신체활동, 식사 유형이 선진국과 상당히 유사해짐에 따라 심혈관계 질환도 증가했다. 따라서 심혈관계 질환에 대한 범세계적 부담이 커진 것이다.

요약

1960년대 중반 이후 관상동맥질환과 뇌졸중으로 사망한 비율이 미국을 비롯한 일부 부유한 국가들에서 감소하고 있다. 감소의 일부는 더 좋아지고 더 빠른 관상동맥 치료 때문이지만, 생활양식 변화가 이들 질환의 50% 이상을 설명해준다. 세계 도처에 있는 가난한 나라들의 경우 반대 현상이 나타나고, 흡연과 비만이 증가한 반면 신체활동은 감소했다. 이런 습관이 심혈관계 질환에 걸릴 위험을 높였기 때문에 이 나라들에서 향후 심혈관계 질환이 더 많이 발생할 것이다.

심혈관계 질환의 위험요인

연구를 통해 심혈관계 질환의 발생과 관련이 있는 여러 위험요인들이 규명되었다. 2장에서는 위험요인을 질병이 없는 사람들보다 질병이 있는 사람들에서 훨씬 더 자주 나타나는 특성 또는 조건이라고 정의했다. 위험요인을 파악하는 것이 어떤 질병의 원인을 밝히는 것은 아니다. 또한 위험요인은 질병에 걸릴 사람과 건강을 잘 유지할 사람에 대한 정확한 예측을 해주지도 않는다. 위험요인 접근은 단순히 특정 질병 또는 장애와 직, 간접적으로 관련이 있는 조건에 대한 정보를 제공할 뿐이다.

심장병을 예측하기 위한 위험요인 접근은 매사추세츠주의 프레이밍햄이라는 지역에 거주하는 5,000명 이상을 대상으로 1948년에 수행된 프레이밍햄 심장 연구에서 시작되었다(Levy & Brink, 2005). 그 연구는 전향적 설계(prospective design)를 채택했기 때문에 연구가 시작될 때에 모든 참여자는 심장병이 없는 사람들이었다. 원래의 계획은 심장병 및 그와 관련된 요인들을 연구하기 위해 20년간 참여자들을 추적하는 것이었다. 연구의 가치가 인정되어 50년 이상이 지난 지금도 연구는 계속되고 있고, 원래 참여자들의 자식과 손자까지 포함하게 되었다.

그 연구에서 위험요인이 발견되던 시기에 의학에서는 미국인들의 전형적인 생활양식과 행동이 특히 위험한 것으로 고려되지 않았다(Levy & Brink, 2005). 1950년대에 심장병의 역학이 성장했고, 그에 자극을 받은 프레이밍햄 연구는 이들 위험요인이 심장병 및 뇌졸중의 발생과 관련되어 있음을 밝혔다.

프레이밍햄 연구에 이어 몇 개의 대규모 연구가 수행되었다. 그중 하나가 간호사 건강 연구(Nurses' Health Study)이다. 이것은 여러 위험요인과 여성의 심혈관계 질환 위험성 간의 관련성을 확인하는 여성 건강에 대한 장기 역학 연구이다(Oh, Hu, Manson,

Stampfer, & Willett, 2005). 현재까지 수행된 가장 큰 심혈관 건강 연구는 52개 국가를 포괄하는 인터하트(INTERHEART) 연구로(Yusuf et al., 2004), 15,000명 이상의 심장발작 경험자와 그렇지 않은 15,000명 이상의 사람을 대상으로 했다. 이 사례 통제 연구에서는 다른 많은 잠재적 위험요인을 조사했고, 심혈관계 질환 위험요인들의 국가들 간 유사성에 대해서도 연구했다. 그러므로 중요한 심혈관 문제의 위험요인에 대한 많은 지식이 프레이밍햄, 간호사 건강, 인터하트 연구에서 나온 것이다.

심혈관 위험요인에는 선천적인 것, 생리적 상태에서 비롯된 것, 행동적인 것, 그리고 다양한 심리적 요인들이 있다.

선천적 위험요인

선천적 위험요인은 쉽게 바뀔 수 없는 유전적 또는 생리적 조건에서 나온다. 선천적 위험요인이 변화될 수는 없지만 그런 위험요인을 가진 사람들이 반드시 심혈관계 질환을 가지게 되는 것은 아니다. 선천적 위험요인을 가진 사람을 식별하면, 그들이 자신의 고혈압, 흡연, 식이와 같은 것을 조절하여 전체적인 위험 프로파일을 최소화할 수 있다. 심혈관계 질환의 선천적 위험요인에는 나이, 가족력, 성별, 인종적 배경 등이 포함된다.

노화 나이를 먹는 것은 암과 다른 많은 질병뿐 아니라 심혈관계 질환의 중요한 위험요인이다. 사람이 늙어감에 따라 심혈관계 질환으로 사망할 위험은 급격히 상승한다. 그림 9.8은 나이가 10세 많아질 때마다 남, 여 모두 심혈관계 질환으로 사망할 가능성이 두 배 이상 높아짐을 보여준다. 예를 들어 85세 이상의 남성이 심혈관계 질환으로 죽을 가능성은 75~84세의 남성에 비해 약 2.7배이고, 여성의 경우 85세 이상의 가능성이 75~84세에 비해 약 3.7배나 된다.

가족력 가족력 또한 심혈관계 질환의 선천적 위험요인이다. 심혈관계 질환의 가족력이 있는 사람들은 가족력이 없는 사람에 비해 심장병으로 죽을 가능성이 더 높다. 이와 유사하게 심장발작 경험이 있는 부모를 가진 사람들 또한 자신들이 심장발작을 겪을 가능성이 높다(Chow et al., 2011). 빌 클린턴도 자신의 심혈관계 질환을 일으킨 위험요인으로 가족력을 언급했다. 이 가족 위험성은 많은 유전자의 작용에 의해 그리고 유전자와 사람들이 살아가는 환경적 요인과의 상호작용을 통해 나타날 것이다(Doevendans, Van der Smagt, Loh, De Jonge, & Touw, 2003). 다른 선천적 요인과 마찬가지로 유전자도 생활양식 변화에 의해 변경될 수 있는 것은 아니지만, 심장병의 가족력이 있는 사람은 생활양식을 변화시킴으로써 그 위험성을 낮출 수는 있다.

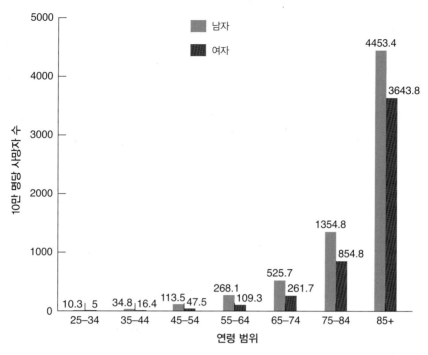

그림 9.8 연령과 성별에 따른 심혈관계 질환 사망률(미국, 2014년)

출처: *Health United States, 2015*, by National Center for Health Statistics, 2016, Hyattsville, MD: U.S. Table 23. Retrieved July 20, 2016, http://www.cdc.gov/nchs/data/hus/hus15.pdf

성별 성별(gender)이 선천적 위험요인이긴 하지만 많은 행동적, 사회적 요인이 그와 관련되어 있다. 따라서 위험요인의 성차는 선천적일 수도 그렇지 않을 수도 있다.

1920년의 심장병 사망률은 남성과 여성에서 비슷했다. 전체적으로 심혈관계 질환으로 인한 사망률은 비슷하게 유지되었으나, 심혈관계 질환이 증가하기 시작할 무렵부터 사망 유형에서도 차이가 나타나기 시작했다. 20세기 중반에 심장병에서의 성차가 나타났는데, 남성이 심혈관계 질환으로 사망하는 연령이 여성보다 낮았다.

그림 9.8에서 볼 수 있는 바와 같이 이러한 성차는 계속 유지되었다. 남성이 여성에 비해 심혈관계 질환으로 더 많이 사망했고, 이 차이는 중년기에 가장 뚜렷했다. 중년기 이후에 심혈관계 질환으로 사망하는 여성의 비율이 빠르게 증가했고, 나이가 많은 경우에는 남성보다 여성의 증가 비율이 더 높았다. 그럼에도 불구하고 심혈관계 질환으로 인한 사망률은 여전히 남성에서 더 높게 유지되었다.

이런 성차를 설명해줄 수 있는 요인은 무엇일까? 생리적 요인과 생활양식 모두 이에 기여한다(Pilote et al., 2007). 폐경 전의 여성들은 남성에 비해 심혈관계 질환에 덜 걸린다. 에스트로겐이 보호 작용을 한다고 생각한 적도 있었지만 대규모 임상시험에서 호르몬을 대체한 결과 뚜렷한 이점이 나타나지 않아 의문이 제기되었다(Writing Group for the Women's Health Initiative Investigators, 2002). 좀 더 최근에는 관심이 안드로 겐(androgen)으로 향했고, 이 남성 호르몬이 남성과 여성에서 보호와 위험 모두에 관여할 가능성이 제기되었다(Ng, 2007).

그러나 심장병의 성차에 더 많이 관여하는 것은 생활양식이다. 세계적으로 남성이 여성보다 더 이른 나이에 심장발작을 경험하는데, 이 차이는 많은 남성이 젊은 시기에 건강하지 못한 생활양식 요인을 가지기 때문인 것으로 설명될 수 있다(Anand et al., 2008). 더구나 이 성차는 일부 국가에서 특히 크다. 러시아의 경우 기대수명의 성차가 가장 커서 여성이 평균 12년이나 더 오래 살 것으로 기대되는데, 이 차이의 대부분은 심혈관계 질환을 가진 남성의 비율이 높은 것에 기인한다(CIA, 2016). 러시아 남성들의 건강습관에는 흡연과 음주를 많이 하고 스트레스에 대한 대처 기술이 부족한 것이 포함된다. 아이슬란드와 같은 국가들에서는 심혈관계 질환의 성차가 작다(Weidner, 2000). 다른 나라에 비해 일부 국가들에서 심혈관계 질환으로 인한 사망률의 성차가 더 크다는 사실은 그 차이의 원인이 타고난 생물학적 것이 아니라 행동적 요인일 가능성을 시사한다.

인종적 배경 심혈관계 질환의 네 번째 선천적 위험은 인종적 배경이다. 미국의 경우 아프리카계 미국인의 심혈관계 질환 사망위험률이 유럽계 미국인보다 30% 정도 더 높은 반면, 미국 원주민, 아시아계 미국인, 남미계 미국인의 위험률은 낮다(CDC/NCHS, 2010). 아프리카계 미국인의 높은 위험률은 어떤 생물학적 요인보다는 사회적, 경제적, 행동적 요인과 관련될 텐데, 그 이유는 인터하트 연구(Yusuf et al., 2004)를 통해 심장병에 대한 위험요인이 범세계적으로 동일한 것으로 밝혀졌기 때문이다. 그러므로 심장병의 인종 차이는 알려진 위험요인의 수준이 인종에 따르기 때문일 것이다.

아프리카계 미국인에서 그런 양상을 발견할 수 있다. 그들의 심장병 위험 수준은 유럽계, 남미계, 아시아계, 그리고 원주민보다 높다. 아프리카계 미국인에서 가장 높은 위험은 고혈압이지만(Jones et al., 2002), 낮은 수입 및 교육 수준 같은 심리사회적 위험 또한 영향력이 크다(Karlamangla et al., 2005; Pilote et al., 2007). 아프리카계가 보여준 높은 비율의 심혈관계 질환 사망은 높은 비율의 고혈압 때문일 수 있다. 높은 비율의 고혈압은 부분적으로 높은 심장 반응성 때문일 수 있고, 높은 반응성은 여전히 경험하고 있는 인종차별의 결과일 수 있다. 인종차별의 위협만 있어도 아프리카계 미국인의 혈압이 높아질 수 있다(Blascovich, Spencer, Quinn, & Steele, 2001). 증가된 심장 반응성을 수반하는 스트레스에 대한 반응 및 스트레스가 주는 위협은 검은 피부를 가진 사람들이 가장 많이 경험했을 다년간의 인종차별에서 비롯되었을 것이다. 예를 들어, 엘리자베스 클로노프와 호프 랜드린(Klonoff & Landrine, 2000)은 피부가 검은 아프리카계 미국인이 피부가 검지 않은 아프리카계 미국인보다 인종차별을 11배 이상이나 더 자주 경험한다고 했다. 따라서 인종차별이 아프리카계 미국인들의 혈압을 높이는 한 요인으로 보이지만, 그에 따르는 반응은 인종 차이의 선천적 요인이라기보다는 인종과 관련된 심리사회적 요인으로 분류된다.

생리적 조건

심혈관계 질환에 대한 위험요인의 두 번째 범주에는 고혈압, 혈청 콜레스테롤 수준, 포도당 대사의 문제, 염증과 같은 생리적 조건들이 포함된다.

고혈압 고혈압은 노화 이상으로 심혈관계 질환에 대한 위험요인이지만, 고혈압인 사람들 중 많은 수가 자신에게 그런 취약점이 있다는 사실을 모른다. 다른 질병과 달리 고혈압은 겉으로는 어떤 증상도 보여주지 않으며, 위험한 수준으로 혈압이 상승해도 그에 따르는 징조나 증상 또한 없는 것이 일반적이다.

프레이밍햄 심장 연구를 통해 처음으로 고혈압의 위험에 대한 구체적인 증거가 제시되었다. 좀 더 최근에는 52개국이 참여하는 인터하트 연구에서 나이, 성별, 인종, 거주 국가에 관계없이 고혈압과 심혈관 문제 간에 강한 관련성이 있음이 확인되었다(Yusuf et al., 2004). 다음은 미국 정부 보고서의 한 부분이다. "혈압과 심혈관계 질환 위험 간의 관련성은 계속적이고, 일정하며, 다른 위험요인과는 독립적이다. 혈압이 높을수록 심장발작, 심부전, 뇌졸중, 신장질환의 가능성도 높아진다"(USDHHS, 2003, p. 2).

혈청 콜레스테롤 수준 심혈관계 질환과 관련된 두 번째 생리적 조건은 높은 수준의 혈청 콜레스테롤이다. 콜레스테롤은 매끈한 지방과 유사한 물질이자 세포막의 한 성분이기도 한, 생명에 필수적인 물질이다. 혈청 콜레스테롤은 혈류를 따라 순환하는 콜레스테롤 수준을 가리키는 것으로, 음식물에 함유된 콜레스테롤의 양과 관련이 있다. 음식물의 콜레스테롤은 동물의 지방이 그 원천이고, 식물 또는 식물성 식품에서는 나오지 않는다. 콜레스테롤이 생명에 필수적이긴 하지만 그 양이 너무 많으면 심혈관계 질환의 발생 과정에 기여하게 된다.

섭취된 콜레스테롤은 소화 과정의 일환으로 혈류를 통해 수송된다. 혈청(혈액에서 세포를 제외한 액체)에 함유된 콜레스테롤 양은 혈청 데시리터(dl)당 콜레스테롤의 양(mg)으로 측정된다. 따라서 콜레스테롤 수치 210은 1데시리터의 혈청에 210mg의 콜레스테롤이 포함되어 있음을 의미한다.

그러나 혈류에 포함된 전체 콜레스테롤의 양은 심혈관계 질환에의 좋은 예측인자가 되지 못한다. 콜레스테롤은 밀도와 기능이 서로 다른 여러 **지질단백**(lipoprotein)의 형태로 혈액을 따라 순환한다. **저밀도 지질단백**(LDL: low-density lipoprotein)은 콜레스테롤을 간에서 신체의 세포로 수송하는 반면, **고밀도 지질단백**(HDL: high-density lipoprotein)은 신체 조직의 콜레스테롤을 간으로 되돌리는 작용을 한다. 프레이밍햄 연구자들은 LDL은 심혈관계 질환과 정적으로 관련되고, HDL은 부적으로 관련된다는 사실을 밝혔다. 그 후의 연구들에서도 이 관련성은 지지되었다. HDL이 심혈관계 질환에 대해 보호작용을 하지만 LDL은 죽상경화증을 촉진하는 것 같다. 이런 이유로 HDL을 '좋은 콜레스테롤', LDL을 '나쁜 콜레스테롤'이라 부르기도 한다. 실제로 여성에서 HDL 수준이 높고, 이것이 심장병의 성차를 부분적으로 설명해줄지도 모른다(Pilote et al., 2007).

총량 콜레스테롤은 HDL, LDL. 그리고 **트리글리세리드**(triglyceride)라고 하는 아주 낮은 밀도의 지질단백(VLDL) 20%를 합한 것이다. HDL에 대한 총량 콜레스테롤의 비율이 낮은 것이 높은 것보다 바람직하다. 그 비율이 4.5 이하인 사람이 6이 넘는 사람들보다 건강하고, 총량 콜레스테롤 중 HDL이 차지하는 비율이 20~22%이면 심혈관계 질환의 위험이 낮아진다. 많은 전문가는 심혈관계 질환을 피하는 데는 총량 콜레스테롤보다 HDL에 대한 총량 콜레스테롤의 적절한 비율이 더 중요하다고 생각하고, 최근의 많은 연구도 식이요법이나 스타틴(statin)이라는 약품을 이용하여 LDL을 낮추는 데 초점을 두고 있다(Grundy et al., 2004). 표 9.2에 총량 콜레스테롤 및 하위 성분들의 바람직한 범위와 함께 유익한 수준과 위험한 수준을 제시했다.

콜레스테롤에 관한 연구는 여러 조건을 시사한다. 첫째, 음식물을 통해 섭취하는 콜레스테롤과 혈중 콜레스테롤이 관련되어 있다. 둘째, 그 둘 간의 연관성이 오랜 기간에 걸쳐 형성된 식이 습관과 밀접하게 관련된다. 식이에 변화를 주어 콜레스테롤을 낮추는 것은 가능하지만, 그 과정이 빠르지도 쉽지도 않다. 셋째, 고밀도에 대한 총량 콜레스테롤의 비율이 총량 콜레스테롤 그 자체보다 더 중요하지만, 중요한 목적은 저밀

표 9.2 혈청 콜레스테롤의 바람직한 범위, 유익한 수준 및 위험한 수준

콜레스테롤 성분	바람직한 범위	좋은 수준	위험한 수준
고밀도	> 60mg/dl	70	40
저밀도	< 130mg/dl	60	180
트리글리세리드	< 200mg/dl (VLDL의 20%)	150 30(=150×0.20)	250 50(=250×0.20)
총량	< 200mg/dl	70+60+30=160	40+180+50=270
비율(콜레스테롤/고밀도)	< 4.00	160/70=2.28	270/40=6.75

도를 낮추는 것이다.

포도당 대사의 문제 심혈관계 질환에 대한 세 번째 생리적 위험요인은 포도당 대사와 관련된 문제이다. 이 문제 중 가장 분명한 것이 당뇨병인데, 이 질병은 인슐린 생산 또는 이용의 결함 때문에 포도당이 세포로 들어가지 못하는 것이다. 이런 상황이 발생하면 혈액에 포함된 포도당이 비정상적으로 높게 유지된다. 아동기 발병 당뇨병(제1형)을 가진 사람은 심혈관계 질환에 걸리기 쉽고, 포도당 대사의 결함 기간이 길수록 위험도 높아진다(Pambianco, Costacou, & Orchard, 2007). 제2형 당뇨병도 심혈관계 질환의 위험을 높인다(Sobel & Schneider, 2005)(11장에서 당뇨병의 위험에 대해 자세히 살펴볼 것이다).

당뇨병은 아니지만 심혈관계 질환의 위험을 높이는 포도당 대사의 문제를 가진 사람들도 있다. 한 연구(Khaw et al., 2004)에 의하면, 당뇨병이 아닌 포도당 문제를 가진 사람들의 심혈관계 질환 발병 및 사망의 위험이 포도당 대사가 정상인 사람들에 비해 더 높다고 한다. 포도당 대사의 이런 문제가 심혈관계 질환의 위험을 높이는 것으로 알려진 요인들의 집합이라 할 수 있는 대사증후군(metabolic syndrome)의 한 요인이 된다(Johnson & Weinstock, 2006). 대사증후군의 다른 성분으로는 과도한 복부 지방, 높은 혈압, 그리고 두 가지 성분의 콜레스테롤 수준과 관련된 문제 등이 있다. 대사증후군을 가진 사람은 그렇지 않은 사람에 비해 심혈관 건강 관련 문제를 경험할 가능성이 두 배나 높다(Mottillo et al., 2010). 대사증후군의 성분을 조사한 한 연구(Anderson et al., 2004)에서 인슐린 대사의 문제가 다른 성분들보다 동맥 손상을 더 강력하게 예측해주었다.

염증 명칭과는 달리 죽상경화증은 신체에서 일어나는 자연적인 염증반응의 일부이다. 6장에서 공부했듯이 염증은 비특이적 면역반응이다. 조직이 손상될 때, 백혈구(과립세포와 대식세포 같은)가 손상 부위로 이동하여 식균작용(phagocytosis)을 통해 잠재적인 침입자를 잡아먹는 방어 기능을 수행한다. 동맥이 손상되거나 감염되면 백혈구가 그 부위로 이동하여 혈관벽에 축적된다. 사람들이 콜레스테롤이 많이 함유된 음식을 먹으면, 이들 백혈구도 콜레스테롤이 많이 함유된 '음식'을 먹게 된다. 죽상경화증의 전구물질인 동맥의 반점은 콜레스테롤로 채워진 백혈구가 축적된 것이다. 염증은 반점의 생성에 영향을 미칠 뿐만 아니라 반점이 파열되도록 하여 심장발작 또는 뇌졸중을 일으킨다(Abi-Saleh et al., 2008).

만성 염증이 죽상경화증이 발생할 위험을 높이기 때문에(Pilote et al., 2007), 만성 염증을 일으키는 요인들은 심혈관계 질환의 위험 또한 증가시킨다. 스트레스와 우울증은 염증에 기여하는 두 요인인 동시에(Miller & Blackwell, 2006) 심혈관계 질환의 위험요인이기도 하다. 실제로, 최근의 증거들이 시사하는 것은 염증이 발생하는 과정이 우울증과 심혈관계 질환으로 인한 사망 간의 관련성 중 일부(전부는 아니라도)를 설명해준다는 점이다(Kop et al., 2010). 대사증후군 또한 염증과 관련이 있으므로(Vlachopoulos, Rokkas, Ioakeimidis, & Stefanadis, 2007), 이런 질병들이 상호작용하거나 어떤 공통 경로를 통해 심혈관계에 손상을 일으킬 가능성이 있다.

이와 유사하게 염증을 감소시키는 어떤 요인이든 심혈관계 질환의 위험을 낮출 수 있다. 예컨대, 소염 진통제인 아스피린은 심장발작의 위험을 낮춘다. 따라서 염증의 위험에 관한 발견들은 아스피린 복용이 심장발작의 위험을 낮추는 이유를 설명해주고, 스트레스와 우울증에 관한 발견들은 다른 행동적 요인들이 심혈관계 질환에 대한 위험이 되기도 하고 그것을 방지할 수도 있음을 보여준다. 이런 발견들은 또한 치아와 잇몸 관리를 잘하는 것이 심장 건강에 도움이 되는 이유를 설명해주기도 한다.

행동적 요인

행동적 요인은 심혈관계 질환에 대한 세 번째 범주의 위험이고, 그 가운데 가장 중요한 것은 흡연, 식이, 신체활동이다. 예를 들어 담배를 피우지 않고, 섬유질은 많은 반면 포화 지방이 적은 음식을 먹고, 과식하지 않으며, 신체활동이 많은 여성은 다른 사람에 비해 관상동맥성 심장질환에 대한 위험이 80%나 낮다(Stampfer, Hu, Manson, Rimm, & Willett, 2000). 흡연, 음식 선택, 체중 관리, 신체활동 등의 모든 행동이 심혈관계 질환과 관련이 있다.

흡연 미국의 경우 심혈관계 질환으로 인한 사망의 첫 번째 행동적 위험요인이 흡연이고, 세계적으로도 사망에 기여하는 주요 요인이다(American Cancer Society, 2012; USDHHS, 2010c). 미국에서 흡연으로 인한 심혈관성 사망이 감소되기 시작했다(Rodu & Cole, 2007). 예컨대, 1987~2002년 사이에 흡연에 기인될 수 있는 사망이 남성에서는 41%, 여성에서는 30% 감소되었다. 그러나 그런 감소가 세계 어느 곳에서나 나타나는 것은 아니고, 다른 많은 나라의 흡연은 미국에 비해 여전히 높은 상태이다. 세계적으로 흡연이 심장발작의 위험을 35% 정도 설명해주는데(Yusuf et al., 2004), 이것은 연간 100만 명 이상에 해당하는 수치이다.

현재 담배를 피우는 사람은 전혀 피운 적이 없는 사람에 비해 심장발작을 경험할 확률이 세 배나 된다(Teo et al., 2006). 다행히도 금연을 하면 심장발작의 위험이 감소되는데, 금연 3년 이내의 사람이 심장발작을 경험할 가능성은 담배를 전혀 피우지 않았던 사람의 두 배이다(Teo et al., 2006). 그러나 과거 흡연의 위험이 완전히 사라지는 것은 아니며, 심장발작의 낮은 위험은 금연 후 20년까지 지속될 수 있다. 그러나 담배의 심혈관 위험은 연기를 흡입하지 않아도 유지되는데, 씹는 담배가 심장발작에 위험한 이유가 그것이다. 수동적 또는 '이차' 흡연은 직접적인 것만큼 위험하지는 않으나 심혈관계 질환의 위험을 15% 정도 높인다(Kaur, Cohen, Dolor, Coffman, & Bastian, 2004). 따라서 담배는 다양한 방식으로 심혈관 문제의 위험성을 증가시킨다.

체중과 식이 비만과 식이도 심혈관계 질환의 위험을 증가시킨다. 비만이 위험하다는 것은 분명한 것 같으나, 그것이 심혈관계 질환의 독립적인 위험요인이라고 말하기는 어렵다. 중요한 문제는 비만이 혈압, 제2형 당뇨, 전체 콜레스테롤, LDL, 트리글리세리드 같은 위험요인과 관련되어 있다는 것이다(Ashton, Nanchahal, & Wood, 2001). 고도 복부 지방은 남성(Smith, et al., 2005)과 여성(Iribarren, Darbinian, Lo, Fireman, & Go, 2006), 그리고 세계 도처의 사람들에게(Yusuf et al., 2005) 심장발작의 위험요인이다.

사람들이 섭취하는 음식에 따라 심혈관계 질환 발생률이 증가 또는 감소한다. 두 가지 대규모 연구인 프레이밍햄 연구(Levy & Brink, 2005)와 인터하트 연구(Iqbal et al., 2008)는 포화지방이 많이 함유된 식이가 심혈관계 질환과 심장발작의 위험과 정적으로 관련되어 있음을 보여주었다. 지방이 많은 음식이 혈청 콜레스테롤과 관련된다는 사실은 분명하지만, 다른 영양소도 심혈관계 질환 위험에 영향을 미칠 수 있다.

예를 들어 나트륨 섭취가 심혈관계 질환의 주요 위험요인 중 하나인 고혈압에 기여하고(Stamler et al.,2003), 어떤 사람은 다른 사람에 비해 나트륨 섭취의 효과에 훨씬 더 민감한 것 같다(Brooks, Haywood, & Johnson, 2005). 그러나 칼륨 섭취는 위험을 낮추기 때문에 '심혈관계 질환에 대한 보호작용을 하는가?'라는 의문이 생긴다. 많은 연구 결과는 일부 식이 또는 식품에 보호작용이 있음을 보여주었다.

20년 이상에 걸쳐 연구자들은 과일과 채소가 많은 식이가 심혈관계 질환의 낮은 위험성을 예측해준다는 것을 보여주었다. 예컨대 인터하트 연구에서 과일과 채소를 많이 먹는 식이를 하는 사람들의 심장발작 위험이 낮다는 사실이 밝혀졌다(Iqbal et al., 2008). 과일과 채소 소비를 세계적으로 분석한 연구에 의하면 그 소비가 최소한의 수용 가능한 수준까지만 증가되어도 심장병은 31%, 뇌졸중은 19% 정도 감소된다고 한다(Lock, Pomerleau, Causer, Altmann, & McKee, 2005).

생선이 많은 식이도 심장병과 뇌졸중에 대한 예방이 되는 것 같고(Iso et al., 2001; Torpy, 2006), 이 경우 보호 성분은 오메가 3 지방산이다. 참치, 연어, 고등어를 비롯한 고지방 생선과 조개에 이 성분이 많이 함유되어 있지만, 생선의 이점에 관한 연구들에서 나온 결과는 다양하다. 모든 생선 요리가 동일한 보호 효과를 내는 것은 아니다

(Mozaffarian et al., 2005). 예를 들어, 구운 생선이 튀긴 것보다 노인의 뇌졸중 감소에 더 효과적이다. 미국심장학회는 이런 증거를 바탕으로 적어도 일주일에 두 번은 생선을 먹을 것을 권장한다(Smith & Sahyoun, 2005). 이런 장점은 위험한 수은이 일부 생선에 많이 함유되어 있다는 것 때문에 상쇄되기도 한다.

비타민과 그 밖의 미량 영양소도 심혈관계 질환에 대한 보호작용을 하는가? 비타민 E, 베타카로틴 또는 리코펜, 셀레늄, 리보플라빈과 같은 항산화제가 많이 함유된 식이를 하는 사람들은 심혈관계 질환 수준이 낮다는 것을 포함하는 건강상의 많은 장점을 보여준다(Stanner, Hughes, Kelly, & Buttriss, 2004). 이들 항산화제는 LDL의 산화를 막음으로써 그것이 심혈관계에 미칠 잠재적인 손상 효과를 방지한다. 그러나 연구들에 따르면, 이들 영양소를 보충하는 것은 그것들을 많이 함유하고 있는 식이를 하는 것만큼 효과적이지 못하다고 한다. 그런 식이는 놀라운 선택이 될 수 있을 것이다('믿을 수 있을까요?' 글상자 참조).

믿을 수 있을까요?

초콜릿이 심장병 예방에 도움이 된다

해로운 것으로 알려져 있는 초콜릿이 관상동맥질환 예방에 도움을 주는 화학물질을 포함하고 있다면 믿을 수 있겠는가? 동맥 손상을 방지하는 것으로 생각되는 식이 성분 가운데 하나가 플라보노이드(flavonoids) 계통의 화학물질인데, 이것은 과일과 채소에 많이 함유되어 있다(Engler & Engler, 2006). 이 물질의 하위 범주가 플라보놀(flavonols)이고 초콜릿, 차, 적포도주, 포도, 블랙베리에 이 성분이 풍부하다. 초콜릿이 유익하다는 증거를 포함하여 이 모든 하위 범주의 성분도 건강에 도움이 된다.

모든 초콜릿에 동일한 양의 플라보노이드가 함유되어 있는 것은 아니므로 그 종류에 따라 보호작용의 정도가 다르다(Engler & Engler, 2006). 초콜릿을 얻기 위해 카카오 콩을 처리하는 방식이 플라보노이드 함량에 영향을 미친다. 다크 초콜릿은 밀크 초콜릿이나 더치 초콜릿보다 2~3배나 많은 플라보노이드를 함유한다.

플라보노이드는 산화를 환원시켜 그것들을 일종의 항산화제로 전환시킴으로써 건강에 도움을 준다. 건강에 미치는 이점은 동맥의 벽에 작용함으로써 나타난다

(Engler & Engler, 2006). 플라보노이드는 저밀도 콜레스테롤의 유해한 효과로부터 동맥을 보호하는 데 특히 효과적이고, 혈관 확장을 촉진한다. 플라보노이드가 동맥을 보호한다면, 그 작용 기전으로 플라보놀 섭취와 낮은 관상동맥성 심장병 사망률 간의 관계를 설명할 수 있을 것이다(Huxley & Neil, 2003). 그러나 초콜릿이 심혈관계에 미치는 이점에는 혈압을 낮추고 염증을 감소시키는 것도 포함되는데, 이 두 가지 모두 심혈관질환의 위험을 낮춘다(Engler & Engler, 2006). 이들 연구는 초콜릿 섭취에 의해 심장병 예방이 다양한 방식으로 이루어질 수 있음을 보여준다.

초콜릿이 플라보노이드가 풍부한 유일한 식품은 아니다. 녹차와 홍차, 포도, 적포도주, 체리, 사과, 블랙베리, 라즈베리에도 고농도의 플라보노이드가 함유되어 있다. 따라서 많은 사람을 초콜릿에 중독되도록 만든 것은 그것이 가진 독특한 건강상의 이점이 아니라 독특한 맛일 것이다. 초콜릿 애호가들은 한때 죄악시되었던 초콜릿이 이제 심장병으로부터 우리를 구원해주는 식품이 되었다는 사실에 기뻐하고 있다.

신체활동 세계적으로 심장발작에 대한 높은 위험성을 예측해주는 두 가지 요인이 있는데, 바로 자동차와 텔레비전이다(Held et al., 2012). 이 두 요인에는 신체활동을 줄인다는 공통점이 있다. 심혈관 위험을 낮춤에 있어서 신체활동이 갖는 이점은 명확하고 반증의 여지가 없다(Warburton, Nicol, & Bredin, 2006, p. 801; 이에 대한 증거는 15장 참조). 불행하게도 산업화된 사회에서는 사람들이 수행하는 일에서 신체적 노력이 줄어들었고, 여가시간에도 신체활동을 덜 하며, 앉아서 생활하는 사람의 수도 많아졌다.

비활동의 위험은 일생을 통해 나타난다. 미국의 경우 아동들이 신체활동을 적게 하고, 그런 생활양식이 비만을 증가시키고 심혈관계 질환의 위험을 높였다(Wang, 2004). 65세 이상의 여성들은 자발적으로 운동을 할 때에 건강 상태가 좋아지고 심혈관계 질환의 위험은 낮아진다(Simonsick, Guralnik, Volpato, Balfour, & Fried, 2005). 좌식 생활양식은 대사증후군, 과체중과 복부 지방을 포함하는 심혈관계 질환에 대한 위험, 혈당 대사 문제에도 기여한다(Ekelund et al., 2005). 그러므로 신체적 비활동은 심혈관계 질환의 중요한 행동적 위험요인이다.

심리사회적 요인

많은 심리사회적 요인이 심장병과 관련되어 있다(Smith & Ruiz, 2002). 이러한 요인에는 교육, 수입, 결혼 상태, 사회적 지원, 스트레스, 불안, 우울, 냉소적 적개심, 분노 등이 포함된다.

교육 수준과 수입 교육 및 수입 수준이 낮은 것으로 평가되는 낮은 사회경제적 상태는 심혈관계 질환의 위험요인이 된다. 인터하트 연구에서 낮은 사회경제적 상태가 심장발작의 위험요인인 것이 한 예이다(Rosengren et al., 2009). 특히, 교육 수준이 낮은 사람들에서 심장발작의 위험이 증가한다. 많은 나라에서 교육 수준은 인종과 관련이 있지만, 미국(Yan et al., 2006), 네덜란드(Bos, Kunst, Garssen, & Mackenbach, 2005), 이스라엘(Manor, Eisenbach, Friedlander, & Kark, 2004)의 연구들은 인종 집단 내에서 교육 수준의 영향을 조사했다. 연구 결과, 인종과 무관하게 교육 수준은 심혈관계 질환의 위험을 증가시킨 것으로 밝혀졌다.

낮은 교육 수준과 높은 심장병 발병을 연결하는 요인은 무엇일까? 한 가지 가능한 설명은 교육 수준이 낮은 사람들이 높은 사람들에 비해 건강 행동을 적게 하고, 덜 건강한 식이를 하며, 흡연과 좌식 생활을 더 많이 하기 때문에 심혈관계 질환의 위험요인이 증가한다는 것이다(Laaksonen et al., 2008). 실제로 인터하트 연구에서 교육과 같은 사회경제적 요인이 심혈관계 질환에 미치는 영향의 대부분이 흡연, 신체활동, 식

믿을 수 있을까요?

뇌졸중의 거의 모든 위험은 수정 가능한 요인에 기인한다

미국의 경우 매년 약 100만 명이 뇌졸중으로 고통을 당하며, 주요 사망원인 중 다섯 번째에 해당한다. 이렇듯 유병률이 높고 주요 사망원인의 하나임에도 불구하고, 뇌졸중에 대한 거의 모든 위험이 수정 가능한 요인에 기인된다면 당신은 믿겠는가?

한 국제연구팀이 세계 도처에 거주하는 6,000명 이상의 남녀를 대상으로 의료기록을 조사했다(O'Donnell et al., 2010). 사례 통제 기법이 적용된 이 연구 참여자 중 3,000명은 첫 뇌졸중으로 병원을 찾은 사람들이었고, 나머지 3,000명은 뇌졸중 경험이 없는 사람들이었다. 연구자들은 많은 위험요인이 뇌졸중의 가능성을 예측하는 정도를 알아보기 위해 두 집단을 비교했다.

연구자들은 10가지 위험요인이 뇌졸중을 가진 사람들의 90%와 연관되어 있음을 발견했다. 위험에 가장 강력하게 연관된 요인들은 고혈압, 신체 활동의 결여, 높은 콜레스테롤, 불량한 음식이었는데, 이 네 가지 요인만으로도 뇌졸중의 위험을 80%나 설명할 수 있었다. 그 밖의 중요한 요인으로는 비만, 흡연, 음주, 스트레스 등이 있었다. 당신은 이 요인들 중 많은 것들이 보다 일반적으로는 심혈관계 질환에도 기여한다는 사실을 알 것이다. 그러나 질병에서 수정 가능한 행동적 요인들의 역할이 뇌졸중에 대한 위험에서만큼 뚜렷하게 나타나는 질병은 없을 것이다.

이, 비만과 같은 수정 가능한 생활양식으로 설명될 수 있음이 밝혀졌다(Rosengren et al., 2009).

수입 수준은 심혈관계 질환의 또 다른 위험요인이다. 수입이 낮은 사람들은 수입이 높은 사람들에 비해 심장병 발병률이 높다. 중국의 한 보고(Yu et al., 2000)에 따르면, 교육, 직업, 수입, 결혼 상태로 정의한 사회경제적 수준이 혈압, 신체질량지수, 흡연과 같은 심혈관 위험성과 관련성이 있다고 한다. 이 발견은 사회경제적 상태와 건강, 사망률, 심혈관계 질환 간의 관련성을 보여준 많은 연구와 일치한다. 국가 비교 연구 (Kim, Kawachi, Hoorn, & Ezzati, 2008)에 의하면, 수입 격차가 심한 사회에서 수입 수준이 낮은 사람들이 심혈관계 질환에 대한 높은 위험을 보인다고 한다. 연구에서 나온 증거들은 이런 효과가 수입 수준 또는 사회적 지위 때문에 나타남을 보여준다. 수입 수준은 수명과도 비례 관계를 보여준다(Krantz & McCeney, 2002). 사회적 서열과 지위는 인간을 포함하여 많은 종의 동물에서 심혈관계에 다양한 영향을 미친다(Sapolsky, 2004). 또한 사회경제적 요인에 의한 심혈관계의 위험이 청소년기, 심지어는 아동기에 시작된다고 한다(Karlamangla et al., 2005). 그러므로 교육 수준, 수입, 사회적 지위 모두가 심혈관계와 심혈관계 질환에 영향을 미치는 것이다.

사회적 지원과 결혼 전향적 연구들을 살펴보면, 사회적 지원의 결여 또한 심혈관계 질환의 위험요인임을 알 수 있다(Krantz & McCeney, 2002). 이런 결론은 5장에서 본 것처럼 사회적 지원의 가치와 그것이 없을 때 나타나는 문제들을 보여준 많은 연구 결과와 일치한다. 실제로 아동기, 청소년기, 초기 성인기의 외로움이 심혈관계 질환 위험과 관련되고(Caspi, Harrington, Moffitt, Miline, & Poulton, 2006), 그 효과는 나이가 들어감에 따라 심각해진다(Hawkley & Cacioppo, 2007). 예컨대, 심장발작 경험이 있는 노인들이 혼자 사는 경우 또 다른 치명적인 심장발작을 할 가능성이 높아진다(Schmaltz et al., 2007).

사회적 지원이 없는 것은 심혈관계 질환 진행의 아주 중요한 요인이 될 수 있다. 부인들을 대상으로 관상동맥 차폐가 진행되는 과정을 살펴본 연구들에서(Wang, Mittleman, & Orth-Gomér, 2005; Wang et al., 2007) 가정과 직장에서의 지원이 관상동맥이 차폐되는 과정에 영향을 미칠 수 있음이 밝혀졌는데, 가정 또는 직장의 스트레스는 차폐 진행을 예측해주는 반면 두 영역에서 충분한 지원이 있으면 동맥의 반점이 줄어든다고 한다. 또 다른 연구에서는 개인이 사회적 관계를 유지하는 사람의 수가 관상동맥 질환으로 인한 사망률과 관계가 있다고 했는데, 1~3명의 사회망을 가진 사람이 관상동맥성 질환으로 사망할 확률이 4명 이상의 사회망을 가진 사람에 비해 2.5배나 높았다고 한다(Brummett et al., 2001). 사회적 관계가 많은 노인일수록 고립된 이들에 비해 심혈관계 질환으로 사망할 가능성이 낮다(Ramsay et al., 2008).

결혼도 사회적 지원을 제공하기 때문에 결혼한 사람들은 심혈관 관련 건강 문제의 위험성이 낮다(Empana et al., 2008; Hu et al., 2012). 예를 들어, 대규모 집단을 대상으로 프랑스(Empana et al., 2008)와 중국(Hu et al., 2012)에서 수행된 연구에서 심장발작이 일어날 가능성이 미혼자보다 기혼자에서 낮다는 사실이 밝혀졌다. 그러나 부부관계의 질이 한 요인일 것이다. 10년간의 추적 연구에서 기혼남의 사망률이 미혼남의 약 반에 불과하다는 사실이 밝혀졌다(Eaker, Sullivan, Kelly-Hayes, D'Agostino, & Benjamin, 2007). 여성에 있어서 이점은 부부 간의 의사소통과 관계의 질에 달려 있어서 소통이 좋지 못하면 심장병 위험이 증가한다. 결혼에 관심을 둔 한 연구(Holt-Lunstad, Birmingham, & Jones, 2008)는 결혼의 질이 중요하여 결혼 생활에 만족하지 못하면 결혼의 이점이 없음을 보여주었다. 이에 반해 행복하게 결혼 생활을 하는 사람들은 사회적 지원망을 가진 독신자보다 혈압이 낮게 유지된다는 이점이 있었다.

배우자(그리고 그 밖의 사회적 지원 원천)는 건강한 생활양식 또는 의료 프로그램을 준수하도록 돕거나 병원 치료를 받도록 격려함으로써 심혈관계 질환으로 인한 사망의 위험을 줄일 수 있다(Williams et al., 1992). 사회적 지원의 원천은 통상 친구, 가족, 배우자이고, 애완동물도 포함된다(Allen, 2003). 지원은 스트레스와 우울 경험에 작용함으로써 심혈관계 질환에 영향을 주기도 한다.

스트레스, 불안, 우울 스트레스, 불안, 우울이 심혈관계 질환과 관련되지만, 이들 간에

결혼은 심혈관계 질환을 예방하는 역할을 하는 것 같다.

는 상호 관련성도 있다(Suls & Bunde, 2005). 이런 이유로 각 성분을 독립적으로 평가하기 어렵다. 그러나 많은 증거는 심혈관계 질환에 이 요인들이 관련되어 있음을 보여준다. 예를 들어, 인터하트 연구(Rosengren et al., 2004)에서 심장발작을 가진 사람들은 대응 통제 집단의 사람들에 비해 더 많은 업무 및 재정 스트레스와 더 많은 생활 사건을 경험한다는 점이 밝혀졌다. 미국의 초기 성인을 대상으로 실시된 전향적 대규모 연구에 의하면, 업무 관련 스트레스의 증가가 8년 후의 고혈압 발생을 증가시킨다고 한다(Markovitz, Matthews, Whooley, Lewis, & Greenlund, 2004).

불안과 우울도 심혈관계 질환의 위험을 증가시키는데, 우울의 경우 그 위험에 대한 증거가 강력하다. 흡연이나 콜레스테롤 같은 위험요인을 통제한 후에도 불안(Shen et al., 2008)과 우울(Goldston & Baillie, 2008; Whang et al., 2009)은 심혈관계 질환의 발달을 예측해준다. 우울과 불안의 위험은 심혈관계 질환의 발달뿐 아니라 그 진행에도 영향을 미치는데, 그 이유는 심장발작이 일어난 이듬해의 우울이 차후 심혈관계 질환으로 인한 사망의 위험을 예측해주기 때문이다(Bekke-Hansen, Trockel, Burg, & Taylor, 2012). 그러나 심혈관계 질환의 발달에서 이 두 가지 부적 정서에 대한 증거는 강력하다(Suls & Bunde, 2005). 실제로, 우울한 청소년을 대상으로 수행된 연구에서 그 시기에 동맥 손상이 시작된다는 증거가 나타났는데(Tomfohr, Martin, & Miller, 2008), 이것은 장기간의 동맥 손상 결과 심혈관계 질환이 나타난다는 주장과 부합된다. 부적 정서의 유해성에 대한 많은 증거가 적개심과 분노에 관한 연구에서 나왔다.

적개심과 분노　연구자들은 특정 유형의 적개심과 분노가 심혈관계 질환의 위험요인이라는 사실도 발견했다. 이 문제에 관한 많은 연구는 심장병을 전문적으로 치료하던 **심장학자**(cardiologist)인 마이어 프리드먼과 레이 로젠먼(Friedman & Rosenman, 1974; Rosenman et al., 1975)이 최초로 제안한 A 유형 행동양식에 대한 연구에서 나온 것이었다. 프리드먼과 로젠먼은 생뚱맞은 의자수리공을 통해 영감을 받아 A 유형 행동양식 연구를 수행했다. 프리드먼과 로젠먼은 의자수리공에게 대기실 의자의 시트를 수리한 비용을 여러 차례 지불했다. 어느 날 수리공이 심장병 환자들이 유난히 시트를 빨리 헤지게 한다는 말을 했는데, 이것은 그들이 습관적으로 의자의 끝에 앉는다는 뜻이었다. 몇 년이 지난 후 프리드먼은 자신이 기억하기에 그 수리공이 행동 유형과 심장 질환에 대한 위험을 연관시킨 최초의 사람이었다고 보고했다(Sapolsky, 1997).

프리드먼과 로젠먼은 A 유형 행동양식을 가진 사람들이 적개적이고 경쟁적이며, 목표의 수와 획득에 관심이 많으며, 과장된 시간 긴박감을 가진다고 묘사했다. 초기 수년간의 연구에서 A 유형 행동양식은 심장병에 대한 예측인자로 등장했으나 그 후의 연구자들이 A 유형 행동양식과 심장병 발병 간의 일관성 있는 관련성을 확인하지 못했다. 그런 상황에 이르자 연구자들은 전체 유형이 아니라 그 유형의 일부 성분이 예측인자일 것이라는 생각을 하게 되었다.

적개심이 A 유형의 위험 성분인 것으로 밝혀졌다. 1989년에 레드퍼드 윌리엄스(Redford Williams)는 냉소적 적개심이 심혈관 건강에 특히 유해하다고 했다. 그는 타인을 믿지 못하고, 인간의 가장 나쁜 점만 생각하며, 냉소적 적개심으로 타인을 대하는 사람들은 자신은 물론 자신의 심장을 해친다고 주장했다. 또한 그는 대인관계에서 발생하는 문제에 대해 분노로 반응하는 사람들의 경우 심장병 위험이 높다고도 했다.

생애 초기의 적개심이 그 후의 심혈관계 질환의 위험을 예측해준다. 한 장기 전향 연구에서 적개심 점수가 낮은 사람에 비해 그 점수가 높은 젊은 성인들에게 10년 추적 결과 죽상경화증의 선구물질인 관상동맥 석회화 수준이 높았다는 결과가 나왔다(Iribarren et al., 2000). 또한 15년간의 추적 결과 높은 적개심 점수는 높은 고혈압 발생을 예측해주었다(Yan et al., 2003). 심혈관계 질환에 대한 이 두 가지 선구요인의 위험이 증가한 것에 더하여 20개의 종단 연구를 개관한 최근 문헌에서도 적개심이 심혈관계 질환의 중요한 예측인자라고 밝혔다(Chida & Steptoe, 2009). 특히, 남성의 심혈관 건강은 적개심뿐 아니라 또 다른 관련된 정서인 분노와도 관련이 있다.

분노와 적개심은 동일한 것 같지만 둘 사이에는 중요한 차이가 있다. 분노는 생리적 각성이 수반되는 불쾌한 정서인 반면, 적개심은 타인에 대한 부정적 태도이다(Suls & Bunde, 2005). 분노 경험은 피하기 어렵지만 크게 위험하지는 않다. 그러나 어떤 사람이 분노를 다루는 방식은 심혈관계 질환 발달의 한 요인이 될 수 있다. 어떤 사람들

적개심과 표현된 분노는 심혈관계 질환의 위험요인이다.

은 다른 사람이 고함칠 때 같은 방식으로 응답하고, 논쟁을 할 때 목소리를 높이고, 짜증을 내는 등으로 분노를 표현할 것이다. 이와 달리 감정을 자제하여 분노를 억누르는 사람도 있을 것이다. 증거에 의하면 어느 전략을 취하든 문제가 생길 수 있다고 한다.

분노와 심혈관 반응성 분노 표현이 심혈관계 질환과 관련되는 한 가지 방식이 **심혈관 반응성**(CVR: cardiovascular reactivity)인데, 이것은 좌절, 괴롭힘, 또는 실험실의 스트레스 과제를 경험할 때 혈압과 심장박동이 높아지는 것으로 정의된다. CVR에 관한 많은 과거의 연구에서는 연구자가 분노를 일으킬 목적으로 참가자에게 다양한 상황을 제시하고 생리적 반응으로 혈압과 심장박동 같은 심장 측정치를 관찰했다. 때때로 심장 반응의 지속성이 측정되기도 했다.

그와 같은 절차를 이용한 한 연구(Suarez, Saab, Llabre, Kuhn, & Zimmerman, 2004)에서 아프리카계 미국 남성은 유럽계 미국 남성 또는 두 인종 집단의 여성보다 강한 혈압 반응을 보여주었다. 이 결과는 아프리카계 미국 남성에서 고혈압이 많은 것이 그들의 높은 반응 경향성과 관련이 있음을 시사한다. 아프리카계 미국 남성의 교육 수준과 분노 대처전략에 초점을 둔 반응성에 관한 다른 연구(Merritt, Bennett, Williams, Sollers, & Thayer, 2004)에서는 낮은 교육 수준과 대처에 많은 노력을 하는 유형이 높은 혈압 반응성과 관련이 있는 것으로 밝혀졌다. 아프리카계 미국인의 경우 인종차별 경험이 분노의 한 요인이고, 한 연구(Clark, 2003)는 인종차별의 지각과 혈압 반응성을 관련지었다. 이러한 반응성의 차이는 아프리카계와 유럽계 미국 여성을 비교한 연구에서도 나타났다(Lepore et al., 2006). 그러므로 심혈관 반응성이 아프리카계 미국인의 고혈압과 관련이 있을 것으로 생각된다.

억압된 분노 분노 표현이 일부 사람들에서 심장 건강을 해친다면 그것을 억압하는 것이 바람직한가? 초기(Dembroski, MacDougall, Williams, Haney, & Blumenthal, 1985; MacDougall, Dembroski, Dimsdale, & Hackett, 1985) 및 최근 연구(Harburg, Julius, Kaciroti, Gleiberman, & Schork, 2003; Jorgensen & Kolodziej, 2007)는 분노 억압이 분노를 강력하게 표현하는 것보다 더 해롭다고 했다. 어떤 일에 대한 부정적 사고가 반복되는 것을 가리키는 반추(rumination)가 억압된 정서의 한 유형인데, 이것이 부적 감정과 우울을 증가시키는 경향이 있다고 한다(Hogan & Linden, 2004). 따라서 감정이 부글부글 끓지만 분노를 억누르는 사람들은 스스로를 위험에 빠뜨릴 수 있는 대처 양식을 사용하는 것이다. 그러나 분노(그리고 그 밖의 부적 정서)를 격렬하게 표현하는 것도 심장질환이 있는 사람에게는 심장발작이나 뇌졸중을 일으키는 촉발요인으로 작용할 수 있다(Suls & Bunde, 2005).

그러면 분노를 표현해도 나쁘고 표현하지 않아도 나쁜 것인가(Dorr, Brosschot, Sollers, & Thayer, 2007, p. 125)? 분노 상황에 어떻게 대처해야 하는가? 아론 시그먼 (Aron Siegman, 1994)은 분노를 인식하지만 그것을 조용하고 합리적인 방식, 즉 갈등을 증폭시키지 않고 해소하는 방식으로 표현할 것을 권장했다. 실제로, 사람들이 분노를 표현하는 방식이 심혈관 건강에 영향을 미친다. 상황을 해결하는 방향으로 토의를 하는 사람들, 특히 남성의 경우 심혈관 건강이 더 좋았다(Davidson & Mostofsky, 2010). 반면에 다른 사람을 비난함으로써 분노를 정당화하는 사람들의 경우 심혈관 문제의 장기적 발생이 높았다(Davidson & Mostofsky, 2010). 그러므로 분노는 그 자체로 심혈관 문제의 위험을 높일 뿐만 아니라 분노를 적개적으로 표현하면 다른 사람들과의 관계가 나빠지고, 그로 인해 추가적인 스트레스가 생길 수 있는 것이다.

분노가 불안과 우울을 동반하는 부적 정서와 결합하면 당연히 심혈관계 질환의 발달에 더 위험할 수 있다(Bleil, Gianaros, Jennings, Flory, & Manuck, 2008; Suls & Bunde, 2005). 또한 냉소적 적개심과 분노는 서로 관련되고 고혈압 등의 위험요인과 상호작용하여 심장병의 위험을 증가시킬 것이다. 그림 9.9는 A 유형 행동양식에서 적개심, 분노, 분노의 표현과 억압, 부적 정서로 전개되는 과정을 보여준다.

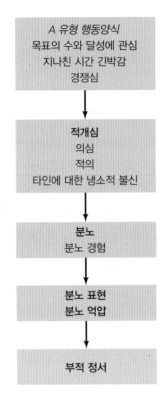

A 유형 행동양식
목표의 수와 달성에 관심
지나친 시간 긴박감
경쟁심

적개심
의심
적의
타인에 대한 냉소적 불신

분노
분노 경험

분노 표현
분노 억압

부적 정서

굵은 글씨는 연구자들이 심장병과 강하게 관련되어 있다고 생각하는 성분이다.

그림 9.9 A 유형 행동양식에서 부적 정서까지의 전개 과정

요약

심장병의 원인이 완전히 밝혀지지는 않았으나, 축적된 증거들을 살펴보면 특정 위험요인을 파악할 수 있다. 이 요인들에는 노화, 심장병의 가족력, 성별, 인종적 배경과 같은 선천적 위험이 포함된다. 그 밖의 위험요인으로는 고혈압, 포도당 대사의 결함, 높은 혈청 콜레스테롤 수준과 같은 생리적 조건이 있다. 나이를 제외하면, 고혈압이 관상동맥질환을 가장 잘 예측해주고, 혈압이 높다는 것은 곧 심장병의 위험이 높다는 것과 같다. 총량 콜레스테롤 또한 관상동맥질환과 관련이 있지만, 고밀도 지단백에 대한 총량 콜레스테롤의 비율이 더 중요한 위험요인이다.

흡연과 무분별한 섭식 같은 행동도 심장병과 관련이 있다. 흡연은 어느 나라에서든 심장병의 위험을 증가시킨다. 금연은 그 위험을 낮추지만, 심혈관의 건강을 유지하는 데 가장 좋은 것은 애당초 담배를 피우지 않는 것이다. 포화지방이 많이 함유된 음식을 먹으면 비만이 되고, 이 비만 또한 심혈관계 질환의 위험요인이다. 과일과 채소를 적게 섭취하는 것도 심장병의 위험요인이 된다.

관상동맥질환과 관련이 있는 심리적인 위험요인에는 낮은 수준의 교육, 수입, 사회적 지원, 결혼 만족도와 높은 수준의 스트레스, 불안, 우울 등이 포함된다. A 유형 행동양식에서 유래되는 분노와 적개심도 심장병에 대한 독립적인 위험요인이다. 분노의 격렬한 표현과 억압 모두 관상동맥성 심장질환에 기여한다. 부드럽고 차분한 목소리로 분노를 표현하는 것이 격렬하게 표현하거나 참는 것보다 나은 전략이다.

심혈관 위험 낮추기

심혈관 건강에 대한 심리학의 주요 기여는 건강하지 못한 행동을 변화시켜 심장병을 일으키지 못하게 하는 것이다. 또한 심리학자들은 심장병 진단을 받은 심장재활 환자들이 재활운동 프로그램, 병원 치료, 건강한 식이, 금연을 잘할 수 있도록 도와준다.

진단 전: 첫 심장발작 예방

심혈관계 질환의 위험을 낮추기 위해 무엇을 할 수 있을까? 질병 과정이 손상을 일으키기 전에 위험요인을 수정함으로써 심혈관계 질환을 예방하는 것이 이상적이다. 제리 스탬러(Jerry Stamler)와 동료들이 수행한 종단 연구(1999)는 예방의 가능성, 즉 위험요인을 낮은 수준으로 유지하면 심혈관계 질환을 막을 수 있음을 보여주었다. 이 연구는 저위험 수준이 심혈관계 질환과 다른 사망원인을 감소시킬 것인지를 알아보기 위해 수행된 5개의 대규모 코호트(cohort)에서 젊은 성인과 중년의 남성과 여성을 조사했다. 참여자들을 몇 개의 위험 집단으로 나눈 다음 57년에 이르는 긴 기간 동안 조사하여 나온 결과는 관상동맥성 심장질환과 뇌졸중뿐만 아니라 모든 원인으로 죽은 사망률이 저위험 참여자들에서 낮았음을 보여주었다. 그러므로 저위험 수준에 이르기 위해 심혈관계 질환의 위험을 수정할 수 있는 젊은이와 중년의 남, 여성들은 어떤 원인으로든 사망할 위험을 낮추어 6~10년 정도 더 오래 살 것으로 기대할 수 있다.

스탬러 등(1999)이 조사한 요인에는 흡연, 콜레스테롤 수준, 혈압이 포함되었고, 이 세 가지가 심혈관계 질환의 주요 위험요인이었다. 그러나 건강한 생활양식을 유지하는 중요성은 아동기에 시작될 것이고(Beilin & Huang, 2008), 그 시기 동안 식이와 신체활동 양상이 확립되어 청소년기에도 그대로 유지되는 경우가 많으며, 흡연 습관도 이 청소년기에 주로 시작된다. 위험요인을 낮게 유지하면 그에 따르는 이익은 삶의 후반기에 나타난다(Matthews, Kuller, Chang, & Edmundowicz, 2007). 흡연이나 무분별한 섭식 같은 행동요인에서 위험성이 높아진 후에는 그것을 관리하는 것이 훨씬 어렵다. 심리학자들이 행동 변화에 많은 관심을 가지기 때문에 그들이 개발한 많은 기법이 심혈관계 질환의 위험성을 높이는 행동을 변화시키는 데도 도움을 줄 수 있다.

가장 심각한 행동적 위험요인은 흡연인데, 이것은 폐암 같은 그 밖의 많은 질병에도 기여한다. 이런 이유로 12장에서는 담배 이용에 대해서만 논의할 것이다. 고혈압과 혈청 콜레스테롤이 행동은 아니지만 이 둘 또한 행동을 통해 간접적으로 변화될 수 있기 때문에 중재 대상 요인이 된다(Linden, 2000).

행동 변화 프로그램에 참여하기 전에 먼저 자신을 위험에 처하게 한 그런 행동이 심혈관계 질환의 증상이 없는 사람에게도 문제를 일으킬 수 있음을 인식해야 한다. 이런 사람들은 계산을 통해 자신의 위험 정도가 얼마나 되는지 인식할 수 있지만, 닐 와인슈타인(Neil Weinstein, 1984)이 **낙관적 편향**(optimistic bias)이라고 불렀던 오류를 범하기도 한다. 다시 말해, 그들은 다른 사람에게 영향을 미치는 위험들로부터 자신은 면제되어 있다고 생각하는 경향이 있다. 행동 변화를 설명하는 통합이론 모형(transtheoretical model)에 따르면, 이런 생각 때문에 그들은 변화에 대한 준비가 되어 있지 않은 심사숙고 단계 또는 심사숙고 이전 단계에 머물게 된다고 한다(Prochaska et al., 1992, 1994; 이 모형은 4장에서 자세하게 설명했음). 사람들을 자극하여 긍정적 변화를 일으키기 위한 신념을 갖게 하는 동기면접 기법이 과일과 야채 섭취를 증가시키기 위한 프로그램에 성공적으로 적용되었다(Resnicow et al., 2001). 따라서 사람들로 하여금 건강습관에 변화를 일으키도록 하는 것이 심혈관 건강에 관여하는 건강심리학자들의 주요 과제이다.

고혈압 낮추기 높은 혈압을 정상 범위로 낮추는 것은 어려운데, 그것은 많은 생리적 기전을 통해 혈압이 특정 설정점으로 유지되기 때문이다(Osborn, 2005). 어려움에도 불구하고 중재들에서는 사람들이 꾸준히 고혈압을 낮추는 행동을 준수하도록 하는 것을 목표로 한다. 그런 행동 가운데 하나가 의사의 처방이 필요한 혈압강하제를 규칙적으로 사용하는 것이다. 이 약의 일반적인 목표는 혈압을 130/80mmHg 또는 그 이하로 낮추는 것이다(USDHHS, 2003). 고혈압에는 어떤 불쾌한 증상도 수반되지 않고 약물의 부작용 때문에 많은 사람은 투약을 좋아하지 않는다(투약 준수에 영향을 미치는 요인에 대해서는 4장에서 이미 살펴봤다).

고혈압의 발달과 치료에 관련된 행동은 다양하고, 당연히 이 행동은 중재의 목표가 된다. 비만은 고혈압과 상관이 있고, 체중을 감량한 많은 비만한 사람은 혈압도 정상 범위로 낮춘다(Moore et al., 2005). 그러므로 체중 감량은 혈압 조절의 일부분이다(15장에서 체중 조절 방법에 대해 공부할 것이다). 고혈압인 사람들은 일반적으로 나트륨 섭취를 줄이고 식이에 변화를 주라는 권고를 받는다(Bhatt, Luqman-Arafath, & Guleria, 2007). 고혈압을 조절하기 위한 계획으로 만들어진 DASH(Dietary Approach to Stop Hypertension)에는 과일과 야채가 많이 포함된 식이, 전립(whole grain), 저지방 유제품, 그리고 그 밖의 생활양식 변화가 포함되어 있다. 표 9.3에는 DASH에 따른 일반 및 저염 식단이 제시되어 있다. DASH 식이는 혈압 강하뿐 아니라 여성의 뇌졸중과 심혈관계 질환의 위험을 줄이는 데도 효과적이다(Fung et al., 2008). 규칙적인 신체 활동 프로그램 또한 고혈압 조절에 효과적이고, 좌식 생활을 하는 사람들에게는 특히 그렇다(Murphy, Nevill, Murtagh, & Holder, 2007)(운동은 15장에서 다룬다). 혈압을

표 9.3 DASH에 따른 일반 및 저염 식단의 보기

2,300mg 식단	나트륨	1,500mg으로 줄인 대안	나트륨
아침			
밀기울 플레이크 시리얼 ¾컵	220	아침식사용 밀 시리얼 ¾컵	1
중간 크기 바나나 1쪽	1		
저지방 우유 1컵	107		
전립 밀가루 빵 1조각	149		
마가린 1작은술	26	무염 마가린 1작은술	0
오렌지 주스 1컵	5		
점심			
치킨 샐러드 ¾컵	179	요리법에서 소금 제거	120
전립 밀가루 빵 2조각	299		
디종 머스터드 1큰술	373	일반 머스터드 1큰술	175
샐러드			
오이 조각 ½컵	1		
토마토 조각 ½컵	5		
해바라기 씨 1큰술	0		
저칼로리 이탈리안 드레싱 1작은술	43		
프루트 칵테일, 주스팩 ½컵	5		
저녁			
구운 소고기 3온스	35		
무지방 육즙(그레이비) 2큰술	165		
깍지콩 1컵	12		
구운 감자 작은 것 1개	14		
무지방 산성 크림 1큰술	21		
저지방 체다 치즈 1큰술	67	저지방 체다 치즈, 저나트륨 1큰술	1
전립 밀가루 롤 작은 것 1개	148		
마가린 1작은술	26	무염 마가린 1작은술	0
사과 작은 것 1개	1		
저지방 우유 1컵	107		
간식			
무염 아몬드 ⅓컵	0		
건포도 ¼컵	4		
무가당, 무지방 과일 요구르트 ½컵	86		

출처: *Your guide to lowering your blood pressure with DASH* (NIH Publication No. 06–4082), 2006, by U.S. Department of Health and Human Services (USDHHS). Washington, DC: Author.

낮추는 다른 기법으로는 스트레스 관리, 명상, 이완 훈련 등이 있는데, 5장과 8장에서 이 중재법에 대해 살펴봤다. 그러므로 혈압을 조절하기 위한 어떤 프로그램이든 약물과 행동 성분을 모두 포함해야 한다.

혈청 콜레스테롤 낮추기 콜레스테롤을 낮추기 위한 중재로는 약물, 식이 변화, 신체활동 증가, 또는 이 방법들의 조합이 있다. 포화지방이 적고 과일과 야채가 많은 식이를 하고 규칙적인 신체활동 프로그램을 유지하는 것이 높은 콜레스테롤 수준을 방지하는 좋은 전략이고, 식이와 운동 중재가 높은 콜레스테롤 수준을 관리하는 핵심 성분이다(USDHHS, 2003). 그러나 일단 콜레스테롤 수준이 높아지고 나면 좋은 식이와 신체활동을 해도 콜레스테롤을 수용 가능한 수준으로 낮추기가 쉽지 않다. 그러므로 콜레스테롤 수준이 높은 사람들이 식이와 운동을 통해 콜레스테롤 수준을 많이 낮출 수는 없다.

의사들은 총량 콜레스테롤 또는 LDL 수준이 높은 사람들에게 스타틴이라는 콜레스테롤 강하제를 처방해준다(Grundy, 2007). 이 약은 간에서 콜레스테롤이 만들어질 때 필요한 효소를 차단하는 작용을 한다. 이 약은 LDL 콜레스테롤을 낮추는 데 특히 효과적이고, 심혈관계 질환의 위험을 감소시키며 위험성이 높은 사람들의 생존에도 도움을 준다(Brugts et al., 2009; Cholesterol Treatment Trialist'[CTT] Collaboration, 2010). 이런 효과에도 불구하고 이 약은 처방전이 필요하고, 고가이며, 부작용이 따른다.

콜레스테롤 강하에 도움이 되는 추천사항은 많다. 첫째, 행동 변화 없이 약물에만 의존하는 것은 좋은 전략이 아니다. 행동적 중재는 성별에 관계없이 운동을 꾸준히 하고 지방이 적은 식이를 하도록 도움을 준다. 이런 행동적 준수를 통해 LDL을 낮추고 HDL에 대한 총량 콜레스테롤 비율을 개선할 수 있다. 생활습관 변화를 통해 콜레스테롤 수준이 낮아지지 않으면 약을 사용해야 하지만, 약을 먼저 선택하지는 말고 특히 위험성이 낮은 사람의 경우에는 더욱 그렇게 해야 한다. 둘째, HDL에 대한 총량 콜레스테롤의 비율이 총량 콜레스테롤보다 더 중요하다. 스타틴은 HDL을 높이기보다는 LDL을 낮추는 경향이 있지만, 콜레스테롤을 줄이고 심장발작과 뇌졸중 발병을 낮추기 때문에 콜레스테롤 수준이 아주 높은 사람들에게는 좋은 선택이 된다(Cheng, Lauder, Chu-Pak, & Kumana, 2004). 셋째, 고혈압, 당뇨, 흡연과 같은 심혈관계 질환에 대한 다양한 위험성을 가진 사람들은 위험성이 적은 사람들보다 더 긴급하게 콜레스테롤을 낮추어야 한다(Grundy, 2007).

심리사회적 위험요인 바꾸기 앞서 우리는 스트레스, 불안, 우울, 분노와 같은 심리사회적 요인들을 심혈관계 질환과 관련지은 연구들을 살펴봤다. 이러한 위험요인에 대한 증거가 나오자 일부 전문가들이 행동심장학(behavioral cardiology)을 출범시켰고

(Rozanski, Blumenthal, Davidson, Saab, & Kubzansky, 2005), 심장병학자들은 심리사회적 위험을 살피게 되었으며, 불안과 우울을 감소시키고 스트레스와 분노를 관리하기 위한 심리적 중재를 권하게 되었다. 이와 유사하게 혈관형성술(angioplasty)을 받은 사람을 대상으로 한 연구(Helgeson, 2003)에서도 자신과 미래에 대해 좀 더 긍정적 관점을 가진 사람들에서 심혈관계 질환의 재발이 적다는 사실이 밝혀졌다. 이들 결과는 심장병 수술을 받기 전에 낙관적이었던 클린턴 전 대통령에게는 좋은 소식이었다(King & Henry, 2004).

분노와 부적 정서도 중재의 목표이고, 임상건강심리학자들은 적개심, 분노, 우울을 다루기 위한 다양한 방법을 추천한다. 분노의 유해 요소를 줄이기 위해 장기간 분노를 가진 사람들은 분노 반응을 잘 불러일으키는 사람들에서 나오는 단서를 알아차리는 훈련을 할 수 있다. 또한 그들은 분노가 일어나기 전에 자극적인 상황에서 벗어나거나 다른 어떤 것을 할 수 있다. 대인 직면에서 화난 사람들은 그 상황이 영속되지 않을 것임을 상기하기 위해 자기 대화를 사용할 수 있다. 유머도 분노를 다스리는 효과적인 수단이지만(Godfrey, 2004), 위험성을 내포할 수도 있다. 풍자적 또는 적개적인 유머는 또 다른 분노를 일으키기도 하지만, 농담이나 흉내 내기가 잠재적으로 격해지기 쉬운 상황을 가라앉혀 줄 수도 있다. 이완 기법도 분노를 다루는 효과적인 방법으로 사용될 수 있다. 이러한 기법에는 점진적 이완, 심호흡 훈련, 긴장 감소 훈련, '이완'이라는 단어를 느리게 반복하여 이완을 도모하는 방법, 평화로운 장면을 상상하는 이완 심상 등이 포함된다(Davidson, MacGregor, Stuhr, Dixon, & MacLean, 2000).

더욱 건강해지기

1. 가족 내에서 심장병에 대한 위험을 파악해보라. 가족의 위험요인을 변화시킬 수 없을지라도 당신이 위험하다는 사실을 알면 수정 가능한 위험요인을 바꾸려고 노력하게 될 것이다.
2. 혈압도 측정해보라. 혈압이 정상 범위이면 운동, 체중 및 알코올 섭취 조절을 통해 그 상태로 유지할 수 있다. 8장에서 다룬 이완 기법도 실시해보라. 혈압이 정상 범위를 (조금이라도) 초과하면 의사와 상담을 하라.
3. 당신의 콜레스테롤 수준을 자세하게, 즉 HDL, LDL, HDL에 대한 총 콜레스테롤의 비율을 모두 파악하라.
4. 당신이 흡연자이고 이전에 금연에 실패한 적이 있다면, 다시 시도하라. 많은 흡연자가 많은 시도를 한 후에야 금연에 성공한다.
5. 적어도 1주일 동안 음식 일기를 써라. 포화지방, 과일, 야채 섭취량을 파악하고 매일 소비하는 칼로리를 계산하라. 포화지방이 적고, 매일 5인분 정도의 과일과 야채를 포함하는 식이가 심장에 좋다.
6. 당신이 늘 화를 내고, 분노를 불러일으키는 사건에 대해 큰소리 또는 급격한 분노의 폭발로 반응하거나 그런 사건에 조바심을 낸다면, 부드럽고 차분한 목소리로 당신의 불만을 표현하는 방식으로 반응을 바꾸어라.

치료자와 감정에 대해 이야기하는 것도 우울한 사람에게는 도움이 되지만, 의사들이 항상 이 문제를 인식하는 것은 아니다. 따라서 심혈관계 질환의 위험이 있는 사람을 대상으로 우울증이 있는지 알아보는 것이 시급하다(Goldston & Baillie, 2008). 우울증은 심장발작이나 기타 심혈관 문제를 가진 사람들에서도 흔하다. 이런 사람들은 또 다른 심장발작이나 뇌졸중을 피하기 위해 기꺼이 변화를 받아들일 것이다.

진단 후: 심장병 환자의 재활

심장발작, 협심증 또는 심혈관계 질환의 다른 증상을 경험한 후에 사람들은 생활양식을 변화시키고 차후의 위험(어쩌면 더 심각할 수도 있는)을 낮추기 위해 심장재활 프로그램을 추천받는 경우가 있다. 생존에 부가하여 심장재활의 목적은 환자들이 진단에 대해 심리적으로 잘 대처하고, 신속하게 정상 활동으로 돌아가며, 더 건강한 생활습관을 갖도록 돕는다.

심장병에서 회복한 환자와 배우자들은 종종 우울, 불안, 분노, 공포, 죄의식, 대인갈등과 같은 다양한 심리적 반응을 경험한다. 심근경색에 대해 심장병 환자들이 보여주는 가장 일반적인 심리적 반응은 우울이고, 그로 인해 투약과 생활양식 변화에도 차질이 생기며(Kronish et al., 2006), 우울을 경험하지 않는 환자들에 비해 사망할 위험도 3.5배나 높아진다(Guck et al., 2001).

심장병 환자에게 있어 우울증 치료는 중요하지만 어려운 문제이다. 항우울제 투약(Glassman, Bigger, & Gaffney, 2009) 또는 인지 행동 요법(Berkman et al., 2003)을 통해 심장병 환자의 우울증을 치료하려는 대규모 중재가 시도되었다. 이들 시험이 우울 치료에는 일부 성공을 거두었으나 항우울제 중재로 생존이 향상되지는 않았다. 인지 행동 요법으로 유럽계 미국인의 생존이 향상되었으나 그 효과가 인종적 소수 집단의 남성 또는 여성에서는 나타나지 않았다(Schneiderman et al., 2004).

우울과 관련된 또 다른 공통적인 심리적 반응은 불안이다. 심장재활 환자에 대한 한 추적 연구(Michie, O'Conner, Bath, Giles, & Earll, 2005)에서 재활 프로그램을 완료한 사람들이 계속해서 생리적 위험은 물론 불안과 우울 수준은 낮게, 통제감은 높게 유지한다는 사실이 밝혀졌다. 심장병 환자와 배우자들이 불안을 느끼는 공통의 근원은 성적 활동의 회복이다. 즉, 그들은 성적 오르가즘 동안 심장박동이 상승하는 것 때문에 주로 불안을 느낀다. 그러나 성적 활동이 심장병 환자에게 위협이 되지는 않는다. 또한 비아그라를 복용하는 남성 심장병 환자들의 경우에도 차후 심장병에 대한 위험이 높아지는 것은 아니지만, 그것이 환자들이 복용하는 고혈압 치료제와 위험한 방식으로 상호작용을 할 수는 있다(Jackson, 2004).

심장재활 프로그램은 일반적으로 금연, 지방과 콜레스테롤이 낮은 식이, 체중 조절, 알코올 섭취 통제, 스트레스 및 적개심 관리, 약물 처방 준수 등을 환자가 잘하도록 도움을 주는 내용들로 구성된다. 또한 심장병 환자들이 신체활동을 점차 증가시켜가는 단계적 또는 구조화된 운동 프로그램에 참여하는 경우도 빈번하다. 다시 말해 최초 심혈관계 질환 발병을 피하는 데 도움이 되는 생활양식들이 심근경색, 관상동맥 우회술, 뇌졸중에서 생존한 사람들에게도 그대로 적용된다. 또한 심장병 환자들은 사회적 지원 집단에 가입하고, 건강 교육 프로그램에 참가하며, 간병인의 지원을 받아들이라는 권유를 받기도 한다. 어떤 연구(Clark, Whelan, Barbour, & MacIntyre, 2005)에 의하면, 심장병 환자들은 사회적 지원을 받고 동일한 문제를 가진 사람들과 함께하는 것을 그 프로그램의 가장 가치 있는 부분으로 평가한다고 한다.

딘 오니시(Dean Ornish)와 동료들(1998)은 심장병 환자의 관상동맥 손상을 역전시키기 위해 식이, 스트레스 관리, 금연, 신체활동 성분을 포함하는 포괄적 심장재활을 개발했다. 위험요인을 변경하려는 중재법들과 유사하지만, 이 프로그램은 더 포괄적이고 식이와 관련하여 좀 더 엄격하게 수정된 것이었다. 오니시 프로그램은 심장병 환자들에게 지방 섭취를 전체 칼로리 섭취량의 10%를 넘지 않게 하라고 권하는데, 그렇게 하려면 기름, 달걀, 버터, 견과류를 통한 지방 섭취까지 배제하는 철저한 채식주의자의 식단이 필요하다. 이 프로그램의 평가에는 오니시 프로그램에 참가한 실험군과 함께 통상의 심장재활 프로그램을 받는 통제군도 포함되었다.

그 프로그램의 이점에 관한 초기 연구는 그 후의 연구에 비해 다소 낙관적인 결과를 보고했다. 1년짜리 프로그램을 실시한 후에 오니시와 동료들(1990)은 처치군에 속한 환자의 82%에서 관상동맥 반점이 감소되었음을 관찰했다. 5년 지난 후에도 프로그램 참가자들에게는 동맥 차폐와 관상동맥 문제가 적게 발생했다. 그 후의 한 연구(Aldana et al., 2007)에서 동맥 반점의 제거는 확증되지 않았지만, 표준 심장재활 프로그램 참가자에 비해 오니시 프로그램 참가자들에서 위험요인이 더 크게 감소되었고 협심증의 증상도 상당히 감소되었음이 밝혀졌다. 협심증을 감소시킨 이점은 또 다른 연구(Frattaroli, Weidner, Merritt-Worden, Frenda, & Ornish, 2008)에서도 나타났고, 식이 변화가 동맥 반점을 역전시킬 수 있다는 연구(Shai et al., 2010)도 있다. 오니시류 프로그램의 주요 단점은 그렇게 엄격한 식이를 준수하기가 어렵다는 것이다(Dansinger, Gleason, Griffith, Selker, & Schaefer, 2005). 오니시 박사의 충고에 따라 빌 클린턴은 수술 후에 아주 엄격한 식이를 실천했고, 그 결과 여러 위험요인들이 개선되었지만, 그에게도 모든 추천사항을 준수하는 것은 어려운 일이었다.

준수는 심장재활 프로그램의 중요한 문제이다. 심장병 환자들 중에서 재활 프로그램을 완수하는 사람은 반이 되지 못한다(Tayler, Wilson, & Sharp, 2011). 준수에 영향을 미칠 수 있는 한 요인은 환자보다는 의사와 관련되어 있다. 많은 심장학자가 재활 프로그램을 지지하지 않고, 그것이 환자들의 능동적 참가에 영향을 미친다. 많은 환자는 재활에 할애할 시간이 없고, 멀리 떨어진 재활 클리닉까지 가기가 어렵다고 하소연한다. 그러나 심혈관계 질환의 발달을 예측해주는 바로 그 요인들이 재활을 준수하지 못하는 것도 예측해주는데, 여기에는 우울, 흡연, 과체중, 심혈관계 질환 고위험 프로파일 등이 해당된다(Taylor et al., 2011). 그러므로 중재가 가장 필요한 환자들이 준수를 가장 못할 수 있다. 의도대로 적용될 때, 간단한 중재(Fernandez et al., 2007)와 가정용 재활 프로그램(Dalal, Zawada, Jolly, Moxham, & Taylor, 2010)을 포함하는 많은 다양한 프로그램이 효과적이다.

심장재활 프로그램의 두 가지 성분의 효율성에 관한 메타분석(Dusseldrop, van Elderen, Maes, Meulman, & Kraaj, 1999)은 건강 교육과 스트레스 관리 프로그램을 잘 따른 심장병 환자들에서 심장병으로 인한 사망이 34%, 심장발작의 재발이 29% 감소됨을 보여주었다. 운동에 기반을 둔 심장재활 프로그램 또한 심장병으로 인한 사망과 심장발작 재발 감소에 효과적이었다(Lawler, Filion, & Eisenberg, 2011). 운동은 심장병 환자에게 위험할 수도 있지만, 위험보다는 이점이 훨씬 크다. 예를 들어, 운동 프로그램은 활동 수준 증가에 대한 환자의 자기효능감(Cheng & Boey, 2002)을 증진하고, 자존감과 신체 이동성(Ng & Tam, 2000)을 증가시킬 수 있다. 심장병 진단을 받은 후의 운동 프로그램은 세 가지 중요한 목적을 갖는다(Thompson, 2001). 첫째, 운동은 기능적 능력을 유지 또는 향상시킬 수 있다. 둘째, 운동은 삶의 질의 향상시킬 수 있고, 셋째 운동은 심장발작의 재발을 방지하는 데 도움이 될 수 있다. 따라서 심장재활 프로그램은 효과적인 전략이지만, 충분히 활용되지 못하고 있다.

요약

건강심리학자들은 최초의 심혈관계 질환이 발생할 위험을 줄이는 것과 이미 심혈관계 질환을 가진 것으로 진단된 사람들의 재활에 기여한다. 심혈관계 질환의 많은 위험은 흡연, 식이, 신체활동, 부적 정서의 관리와 같은 행동과 관련되어 있다. 생활습관 변화와 약물을 조합해서 사용하는 것이 심혈관계 질환에 대한 두 가지 중요한 위험요인인 고혈압과 콜레스테롤 수준을 낮추는 데 효과적이다. 또한 건강심리학자들은 불안, 우울, 분노와 같은 부적 정서를 수정하도록 도움을 주는데, 이러한 부적 정서는 심혈관계 질환의 위험요인이면서 종종 심장발작을 경험한 환자에서 나타나기도 한다. 건강심리학자들은 심장병 환자들이 재활을 잘하고 신체활동을 많이 하도록 돕기도 한다.

해답 이 장에서는 다음의 네 가지 문제를 다루었다.

1. 심혈관계의 구조, 기능, 질환은 무엇인가?

심혈관계에는 심장과 혈관(정맥, 소정맥, 동맥, 소동맥, 모세혈관)이 포함된다. 심장은 전 신체로 혈액을 뿜어내어 산소를 공급하고 신체 세포에서 발생한 노폐물을 제거한다. 심혈관계 질환으로는 (1) 심장으로 혈액을 공급하는 동맥이 반점으로 막혀 심근으로의 혈액 공급이 제한되는 관상동맥질환, (2) 관상동맥이 차폐됨으로써 발생하는 심근경색(심장발작), (3) 가슴 통증과 호흡 곤란 증상이 나타나는 치명적이지는 않은 질병인 협심증, (4) 뇌의 산소 공급이 차단될 때 나타나는 뇌졸중, (5) 조용하면서 심장발작과 뇌졸중을 잘 예측해주는 고혈압 등이 있다. 미국의 경우 심장발작과 뇌졸중이 전체 사망의 30% 이상을 차지한다.

2. 심혈관계 질환의 위험요인은 무엇인가?

프레이밍햄 연구에서 시작하여 연구자들은 많은 심혈관계 질환의 위험요인을 밝혀냈는데, (1) 선천적 위험, (2) 생리적 위험, (3) 행동 및 생활양식의 위험, (4) 심리사회적 위험이 있다. 나이, 가족력, 성별, 인종과 같은 선천적 위험요인은 바꿀 수 없지만, 선천적 위험이 있는 사람이라도 다른 위험에 변화를 주어 심장병이 발생할 가능성을 낮출 수 있다.

두 가지 중요한 생리적 위험요인은 고혈압과 높은 콜레스테롤 수준이고, 이들을 통제하는 데 식이가 중요한 역할을 한다. 심혈관계 질환의 행동적 위험요인에는 흡연, 포화지방이 많고 섬유와 항산화 비타민이 적은 식이, 낮은 신체활동 수준 등이 포함된다. 심리사회적 위험요인으로는 낮은 수준의 교육 및 수입, 사회적 지원의 부족, 높은 수준의 지속적인 스트레스, 불안 및 우울이 있다. 또한 적개심과 분노를 큰 목소리로 격렬하게 표현하는 것과 억압하는 것 모두 위험을 약간 증가시킨다.

3. 생활양식은 심혈관의 건강과 어떻게 관련되는가?

흡연, 무분별한 섭식, 좌식 생활습관과 같은 생활양식 요인은 심혈관 건강을 잘 예측해준다. 지난 30년 동안 미국에서 심장병으로 인한 사망이 꾸준히 감소했는데, 그 감소의 50% 정도는 행동과 생활양식의 변화 때문일 것이다. 같은 기간 동안 많은 사람이 금연을 했고, 체중과 콜레스테롤 조절을 위해 식이를 바꾸었으며, 운동 프로그램을 시작했다.

4. 어떤 행동이 심혈관 위험성을 줄이는 데 도움이 되는가?

심장병 진단 전, 후에 심혈관계 질환에 대한 위험을 낮추기 위해 다양한 방법을 사용할 수 있다. 약물, 나트륨 제한, 체중 감소로 고혈압을 조절할 수 있다. 약물, 식이, 운동을 통해서도 콜레스테롤 수준을 낮출 수 있다. HDL에 대한 총량 콜레스테롤의 비율을 낮추는 것이 좋은 방법이지만, 스타틴 유형의 콜레스테롤 강하제도 LDL을 낮추는 이점이 있다. 또한 우리는 스트레스를 효과적으로 관리하는 방법을 배우고, 우울증을 치료하며, 분노를 큰소리로 격렬하게 표현하지 않고 관리하는 방법을 배우고, 욕구 좌절을 부드럽고 천천히 표현할 수도 있다.

더 읽을거리

Holt-Lunstad, J., Birmingham, W., & Jones, B. Q. (2008). Is there something unique about marriage? The relative impact of marital status, relationship quality, and network social support on ambulatory blood pressure and mental health. *Annals of Behavioral Medicine, 35*, 239-244. 이 논문은 사회적 지원을 기술적으로 분석한 것으로, 좋은 결혼이 최상의 사회적 지원임을 보여주었다.

Levy, D., & Brink, S. (2005). *A change of heart: How the Framingham Heart Study helped unravel the mysteries of cardiovascular disease.* New York, NY: Knopf. 프레이밍햄 심장 연구에 관한 이 보고서는 연구 프로젝트의 역사를 매력적으로 기술했을 뿐만 아니라 연구의 주요 발견과 신장 건강에 도움이 되는 조언들도 제시했다.

Miller, G. E., & Blackwell, E. (2006). Turning up the heat: Inflammation as a mechanism linking chronic stress, depression, and heart disease. *Current Directions in Psychological Science, 15*, 269-272. 이 간단한 논문에서는 심장병의 발생을 설명하기 위해 스트레스와 우울을 포괄하는 모형을 구축하려는 시도를 하면서 염증의 개념과 그것이 갖는 위험성을 개관했다.

Yusuf, S., Hawken, S., Ôunpuu, S., Dans T., Avezum, A., Lanas, F., ... INTERHEART Study Investigators (2004). Effect of potentially modifiable risk factors associated with myocardial infarction in 52 countries (the INTERHEART Study): Case-control study. *Lancet, 364*, 937-952. 인터하트 연구에서는 세계적으로 심장병으로 인한 사망을 가장 잘 예측해주는 9개의 요인을 밝혔다. 이 보고서는 인터하트 연구에 대해 상세하게 설명했고, 아홉 가지 요인들의 상대적인 중요성을 제시했다.

암의 행동적 요인

문제 제기

이 장에서는 다음의 다섯 가지 기본적인 문제를 주로 다룬다.

1. 암이란 무엇인가?
2. 암 사망률이 증가하는가 아니면 감소하는가?
3. 암의 생래적인 위험요인과 환경적인 위험요인은 무엇인가?
4. 암의 행동적 위험요인은 무엇인가?
5. 암 환자들이 암에 대처하는 데 어떻게 도움을 줄 수 있는가?

자신에게 해당하는 항목에 ☑ 표 하시오.

☐ 1. 나의 가까운 가족(부모, 형제자매, (외)삼촌, 고(이)모, 조부모) 중에서 50세 이전에 암으로 인해 사망한 사람이 있다.

☐ 2. 나는 아프리카계 미국인이다.

☐ 3. 나는 방사능이나 유해한 화학물질에 노출되는 직업을 가져본 적이 없다.

☐ 4. 나는 흡연 경험이 없다.

☐ 5. 나는 이전에 흡연을 했지만 5년 동안 금연하고 있다.

☐ 6. 나는 일반담배 외의 흡연 방법(씹는 담배, 파이프 담배, 시가 등)을 사용한다.

☐ 7. 나는 저지방 음식을 먹는다.

☐ 8. 나는 훈제를 하거나 소금이나 간장에 절인 음식을 많이 먹는다.

☐ 9. 나는 과일이나 야채를 거의 먹지 않는다.

☐ 10. 나는 식이성 섬유질을 많이 섭취한다.

☐ 11. 나는 피부색이 흰 편이지만 매년 적어도 한 차례 이상 선탠을 한다.

☐ 12. 지금까지 살아오면서 15명 이상과 성관계를 가졌다.

☐ 13. 나는 후천성 면역결핍증 감염 위험이 높은 상대와 보호 장치 없이 성관계를 가진 적이 없다.

☐ 14. 나는 아직 출산 경험이 없는 30대 이상의 여성이다.

☐ 15. 나는 매일 적어도 두 잔 이상의 술을 마신다.

☐ 16. 나는 규칙적으로 운동을 한다.

각각의 주제들은 몇 가지 암의 유형에 대해 위험요인이거나 보호요인으로 가능성이 있는 것들이다. 3, 4, 7, 10, 13, 16번 항목은 암에 대한 보호요인으로 작용할 수 있는 상황이다. 만약 당신이 이 문항들에 전혀 체크하지 않았거나 적게 체크하고 나머지 문항들에 많은 응답을 했다면, 다른 방식으로 문항을 체크한 사람들보다 몇 가지 암 유형에 대한 위험은 더 높아질 것이다. 흡연 및 식이(4~10번)와 관련된 행동들은 알코올과 관련된 (15번) 다른 행동들보다 당신을 더 높은 위험으로 이끌 수 있다.

 실제 사례 　스티브 잡스

Featureflash Photo Agency/Shutterstock.com

2003년, 스티브 잡스(Steve Jobs)와 그의 회사 애플은 기술세계에 대변혁을 일으켰다. 1년에서 1년 반 정도 베일에 감춰졌던 아이팟(iPod)은 세계가 음악을 듣는 방법을 변화시켰다. 잡스와 그의 팀은 아이폰(iPhone)과 아이패드(iPad)를 개발하기 시작했고, 두 상품은 마찬가지로 핸드폰과 컴퓨터 산업에 대변혁을 일으켰다. 카리스마가 있고 완벽주의적이며 쉽게 만족하지 않는 일벌레인 스티브 잡스는 이미 타임지 표지에도 네 번이나 실렸다. 애플사의 주식 가치는 지속적으로 올라갔다.

같은 해, 신장결석을 확인하기 위한 CT 촬영에서 스티브의 의사는 췌장에서 예상치 못했던 무언가를 발견

했다. 스티브는 치명적인 암의 희귀 형태인 아일렛세포 신경내분비 췌장암이라는 진단을 받았다. 기존의 치료 방법으로는 생존율이 낮았기 때문에, 췌장암으로 진단받은 사람들은 종종 전통 의료와 다른 대체 치료 방법을 시도했다. 스티브는 처음에 주치의들의 수술 제안을 거절하면서, "나는 의사들이 내 몸을 개복하는 것을 원치 않아요."라고 말했다.

잡스는 우선 채식, 침술, 한방 치료 그리고 심지어 심령술적인 방법까지도 포함하는 다양한 대안 치료 방법을 시도했다. 9개월 동안 표준적인 의학 치료를 미룬 후에, 스티브는 마침내 수술에 동의했다. 그때 암은 이미 다른 기관으로 전이되어 있었다. 스티브는 방사선 치료와 간 이식을 포함하여 그의 상태에 가장 적합한 치료 방법을 찾기 시작했다. 그러한 치료와 간 이식은 스티브를 점점 수척하게 했다.

2011년 8월에 건강상의 이유로 애플사를 사임한 그는 2개월 후 췌장암의 진행으로 생긴 문제들 때문에 호흡부전으로 사망했다.

스티브 잡스의 암 투병은 초기의 예상보다 훨씬 긴 8년 동안이나 계속되었다. 스티브의 많은 재산은 그가 가장 좋은 의학적 치료를 받을 수 있게 해주었고, 그러한 치료 방법들은 그의 삶을 연장했다. 하지만 그는 투병 초기에 수술을 미뤘던 자신의 결정을 후회했다. 왜 스티브는 처음에 암 치료를 위한 수술을 거부했던 것일까? 과연 어떤 것이 스티브를 자신의 고유한 방식으로 암과 싸우게 했을까? 암 진단을 받은 이후, 그를 그렇게 오랫동안 생존하게 했던 것은 스티브의 감투정신일까? 이 장에서 이러한 질문들에 답하고자 하며, 우선적으로 우리는 암이 무엇인가에 대한 정의가 필요하다.

암이란 무엇인가?

암(cancer)은 통제를 벗어나서 자라고 퍼져나가는 신생세포들의 출현이라는 특징이 있는 일군의 질환이다. 19세기의 위대한 생리학자인 요하네스 뮐러(Johannes Muller)에 따르면, 암은 다른 신체 조직과 마찬가지로 세포로 구성되어 있고 특정한 형태가 없는 물질의 집합체다. 그러나 암세포의 성장은 다른 신체 세포들을 통제하는 기제에 의해 조절되지 않는 것 같다.

종양이 세포로 구성되었다는 발견만으로는 무엇이 암세포를 자라게 하는가에 대한 답을 주지 못했다. 19세기 동안 암에 관한 선구적인 이론은 기생충이나 감염성 물질이 그 장애를 유발한다고 주장했다. 그러나 연구자들은 그런 작용을 하는 작인(agent)을 찾아내지 못했다. 이런 실패 때문에 암이 세포 변화인 돌연변이에서 유래한다는 돌연변이설이 제기되었다. 세포가 계속 자라고 돌연변이를 일으킨 형태로 재생산된 결과가 종양이 된다는 것이다.

암은 인간에게만 있는 병이 아니다. 모든 동물도 암에 걸리고, 식물 또한 그렇다. 사실, 분화를 할 수 있는 세포라면 어떤 종류의 세포라도 암세포로 변형될 수 있다. 다양한 원인이 더해져 암은 매우 다른 형태들이 존재할 수 있다. 그러나 형태가 서로 다른 여러 종류의 암도 공통되는 특징을 공유하고 있다. 가장 일반적인 공통점은 **신생물질**(neoplastic) 조직세포들의 출현이다. 이런 신생물질 세포는 거의 끝이 없이 자라서 대부분의 영양물질을 독점하고 건강에 이로운 보상 효과를 내지 않는다. 모든 암은 이런 신생물질적 성장 특징을 공유한다.

이러한 구분이 언제나 쉽지는 않지만, 신생물질 세포는 **양성**(benign)과 **악성**(malignant)으로 나뉜다. 두 유형의 세포 모두 자신의 변형된 형질을 재생산하는 변형세포로 구성된다. 양성은 그 성장이 특정 부위에만 제한되는 반면, 악성은 더 널리 퍼지고 이차 식민지를 만드는 경향이 있다. 양성 종양의 특정 부위에 제한되는 성질은 그렇지 않은 성질을 지닌 악성 종양에 비해 유기체에게 덜 위협이 된다. 그러나 모든 양성 종양이 해롭지 않은 것은 아니다. 악성은 주위 세포로 퍼지고 다른 세포들을 파괴하기 때문에 훨씬 더 위험하고 혈액이나 림프를 통해 이동하거나 **전이**(metastasize)되어 몸의 다른 부위로 퍼져나갈 수도 있다.

종양세포의 가장 위험한 특징은 그들의 자율성에 있다. 즉, 종양세포는 다른 신체 세포들의 요구에 관계없이, 그리고 다른 세포들이 지배받고 있는 상위 억제기제에 의한 제한 없이 무한정 자랄 수 있는 능력이 있다. 이와 같이 제한 없이 자라나는 성질은 암이 자신의 숙주(host)를 압도하고, 다른 기관이나 생리적 과정에 손상을 입히며, 다른 신체 기능이 써야 할 영양물을 가로채게 만든다. 종국에는 종양이 다른 신체 세포들보다 우선권을 가지고 주인자리를 차지한다.

악성 성장은 다음의 네 가지 주요 집단인, 암종, 육종, 백혈병, 림프종으로 나뉜다. **암종**(癌腫, carcinomas)은 상피조직의 암으로, 상피(上皮)는 몸의 내부와 외부를 감싸는 세포로 피부, 외벽, 점액막 등이다. **육종**(肉腫, sarcomas)은 뼈나 근육, 연골조직과 같은 연결조직의 세포에서 생기는 암이다. **백혈병**(白血病, leukemias)은 골수의 조혈모세포(stem cell)와 같은 혈액이나 혈액 형성세포에서 발생하는 암이다. 이러한 세 가지 유형의 암인 암종과 육종 및 백혈병은 악성 종양의 95% 이상을 차지한다. 네 번째 유형의 암은 **림프종**(淋巴腫, lymphoma)인데, 이는 림프조직에서 생기는 암으로 드물게 발생한다.

비록 일부 사람들은 암의 유전적 소인을 지니고 있는 듯하지만, 사람들이 암을 물려받을 확률은 거의 없다. 행동과 생활양식이 암의 주요한 발생 원인으로 알려져 있으며, 행동과 생활양식은 상대적으로 짧은 기간 동안 암의 비율을 변화시키기도 한다.

 ## 암으로 인한 사망률의 변화

공식 집계가 처음으로 시작된 이래로, 1990년대에 접어들어 미국에서의 암 사망률이 감소하기 시작했다. 암 사망자 수가 1900년보다 3배 더 높았던 1993년을 정점으로 계속 올라가던 20세기의 사망률 증가 양상은 끝이 나게 된다. 그림 10.1은 1900년부터 1990년까지 미국에서의 전체 암 사망률이 증가하다가 1990년 이후로는 점차 감소하는 양상을 보여준다. 1990년 이후 여성들에게서 15% 이상, 남성들에게서 22% 이상이 감소한 수치는 유의미한 것이었다(Siegel, Naishadham, & Jemal, 2012).

왜 암 사망률이 감소하는가? 적어도 두 가지 가설로 이를 설명할 수가 있다. 첫 번

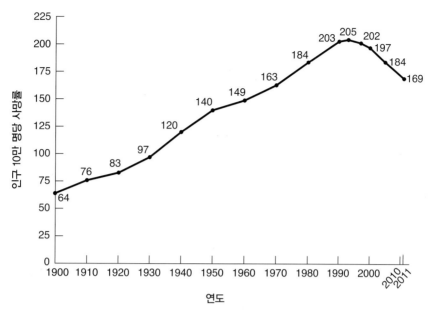

그림 10.1 1900년에서 2011년 사이의 미국 인구 10만 명당 암으로 인한 사망률

출처: *Historical statistics of the United States: Colonial times to 1970, Part 1* (p. 68), by U.S. Bureau of the Census, 1975, Washington, DC: U.S. Government Printing Office; *Statistical abstract of the United States, 2008* (127th edition), by U.S. Census Bureau, (2007). Washington, DC: U.S. Government Printing Office; Cancer statistics, 2008, A. Jemal et al., 2008, CA: *Cancer Journal for Clinicians, 58*, 71-96. Siegel, R. L., Miller, K. D., & Jemal, A. (2015). Cancer statistics, 2015. CA: *a cancer journal for clinicians, 65*(1), 5-29.

째는 암 환자의 생명을 연장할 수 있는 치료 기법이 향상되었다는 것이다. 이러한 가설의 타당성은 암 발생률과 사망률 사이의 차이를 분석함으로써 확인할 수 있다. 사망률은 감소하면서 발생률이 전과 동일하거나 증가했다면, 더 좋은 치료 기법이 암 사망률을 감소키는 원인이라고 볼 수 있다. 그러나 암 발생률과 암 사망률이 1990년대 동안 함께 감소했기 때문에(Siegel, et al., 2012) 실증적 증거는 이 가설을 지지하지 않는다. 암 사망의 감소 추세는 남성 폐암과 같은 특정한 암의 발생률이 낮아진 것과 전립선암이나 유방암의 조기 발견과 치료의 개선에 기인한 것으로 볼 수 있다. 그래서 치료법의 개선이 최근 암 사망률 감소에 일정 역할을 하지만 10년 전에 비해 사람들이 훨씬 더 적게 암에 걸린다고 볼 수 있다. 예를 들어, 현재 미국 사람들은 40년 전에 비해 담배를 훨씬 적게 피우고 좀 더 건강한 음식을 섭취한다. 흡연, 식이 및 적은 신체활동과 같은 생활양식 요인이 미국에서 발생하는 모든 암 사망률의 2/3가량을 설명하기 때문에(American Cancer Society[ACS], 2012), 이런 영역들에서의 개선이 암 발생률을 많이 낮추는 결과를 초래했다고 볼 수 있다.

사망률이 감소하는 암

폐암, 유방암, 전립선암, 대장암, 직장암이 미국의 모든 암 사망의 절반을 차지하고 이러한 암으로 인한 사망률은 현재 감소하고 있다.

폐암(lung cancer) 사망률의 양상을 나타내는 그림을 보면, 전체 암 사례의 14%를 점유하고 있는 폐암은 암 사망의 28%를 차지하고 있다. 1990년과 2008년 사이에, 미국에서 폐암 사망률은 여성보다 남성에게서 크게 감소했다(ACS, 2012; 그림 10.2와 그림 10.3 참조). 그림 10.2는 여성 폐암 사망률이 1965년에서 1995년까지 극적으로 증가했고 그때 이후로 사망률은 거의 일정하게 유지됨을 보여준다. 유럽에서도 이와 유사한 양상이 나타나는데, 1990년 이후 남성의 폐암 사망률은 감소했지만 여성의 폐암 사망률은 지속적으로 증가하고 있다(Ferlay, Parkin, & Steliarova-Foucher, 2010). 흡연은 폐암 사망의 일차적 원인이기 때문에 미국에서 최근 여성의 흡연율 감소는 궁극적으로

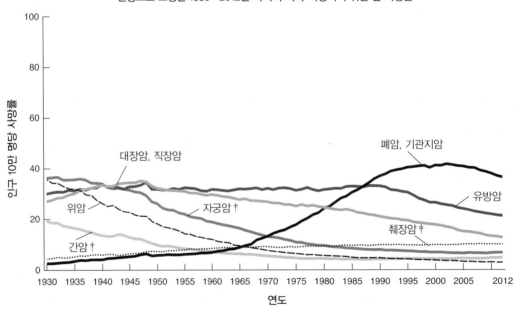

연령으로 교정한 1930~2012년 사이의 미국 여성의 부위별 암 사망률*

* 인구 10만 명당 사망률, 2000년도 미국 표준 인구로 교정한 연령
† 자궁암 사망률은 자궁경부암과 자궁체부암의 사망률을 합친 것이다.
‡ 췌장암과 간암의 사망률은 증가하고 있다.
주의: ICD 코딩의 변화로, 분자 정보는 시간이 지나면서 변화했다. 간암, 기관지암, 대장암, 직장암의 비율은 이러한 코딩 변화에 의해 영향을 받는다.
출처: US Mortality Volumes 1930 to 1959, US Mortality Data 1960 to 2012, National Center for Health Statistics, Centers for Disease Control and Prevention. © 2016, American Cancer Society, Inc., Surveillance Research

그림 10.2 1930년에서 2012년 사이의 미국 여성들의 암 사망률
출처: The American Cancer Society. *Cancer Facts and Figures 2016*. Atlanta: American Cancer Society, Inc.

장차 여성 폐암 사망률을 낮출 것이다.

　　전립선암 이외에, 유방암(breast cancer)은 여성에게 발생하는 암 중 약 29%를 차지하며 미국에서 다른 어떤 암에 비해 발생률이 가장 높다(그러나 유방암의 사망률이 높은 것은 아니다). 남성 또한 유방암이 발생할 수 있지만 99%는 여성에게 발생한다. 여성의 유방암 발생률은 1980년부터 2001년까지 증가했지만 그 이후로는 감소하기 시작했다. 이러한 감소와 관련된 한 가지 요인은 유방암 발생과 관련이 있는 호르몬 대체 요법을 사용하는 폐경 여성들의 수치 감소다(Siegel et al., 2012). 유방암 사망률이 감소한 것은 주로 조기 발견과 치료의 개선 덕이다.

　　전립선암(prostate cancer)은 미국 남성에게서 발생률이 가장 높은 암이지만 사망률이 가장 높지는 않다. 폐암으로 인한 사망이 전립선암으로 인한 사망보다 2배 가까이 높다. 2012년 전립선암으로 판정받은 남성의 수는 유방암으로 판정받은 여성의 수보다 많다(Siegel et al., 2012). 유방암 발병률의 경우와 유사하게, 전립선암의 특정 항원

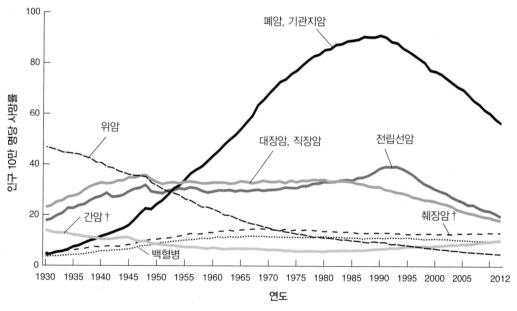

＊ 인구 10만 명당 사망률, 2000년도 미국 표준 인구로 교정한 연령
† 췌장암과 간암의 사망률은 증가하고 있다.
주의: ICD 코딩의 변화로, 분자 정보는 시간이 지나면서 변화했다. 간암, 폐암, 기관지암, 대장암, 직장암의 비율은 이러한 코딩 변화에 의해 영향을 받는다.
출처: US Mortality Volumes 1930 to 1959, US Mortality Data 1960 to 2012, National Center for Health Statistics, Centers for Disease Control and Prevention. © 2016, American Cancer Society, Inc., Surveillance Research

그림 10.3 1930년에서 2012년 사이의 미국 남성들의 암 사망률
출처: The American Cancer Society. *Cancer Facts and Figures 2016*. Atlanta: American Cancer Society, Inc.

(PSA: prostate-specific antigen)을 찾아낼 수 있는 기술이 처음으로 도입되었던 1980년 대 동안에는 전립선암 발생률이 급격하게 증가했다. 그러나 2000년부터 2012년까지는 전립선암 발생률(남성 암 사례의 29%를 차지함)이 유의미하게 감소했다.

대장암(colorectal cancel)은 미국과 다른 선진국에서 폐암 다음으로 두 번째로 높은 암 사망원인이다. 그러나 미국에서 대장암의 발생률과 사망률은 모두 감소하고 있는 추세다. 이 통계는 인종적 배경에 따라 크게 달라지는데, 아프리카계 미국인은 라틴 아메리카나 유럽계 미국인보다 대장암에 더 쉽게 걸리는 것으로 밝혀졌다(Siegel et al., 2012). 비록 대장암 발병률이 1985년까지 조금씩 증가했으나 사망률은 1945년 이후로 감소했다(그림 10.2와 그림 10.3 참조).

위암(stomach cancer)은 초기에 가장 높은 사망률을 보였지만 이제는 여성과 남성 모두에게서 매우 낮은 사망률을 보인다. 뒤에서 언급하겠지만, 냉장과 저염식 식이가 위암 감소의 핵심원인이라고 할 수 있다.

발생률과 사망률이 증가하는 암

전체적으로 4대 암(폐암, 유방암, 전립선암, 직장암)의 발병률이 감소하고 있으며, 남성의 경우가 특히 그렇다. 그러나 모든 암의 발병률이 감소한 것은 아니고 몇 종류의 암 발생은 현재 증가하고 있다(Siegel et al., 2012).

폐암과 마찬가지로 간암은 1.7%의 발병률보다 거의 두 배 높은 3.6%의 사망률을 보이며 치명적이다. 간암은 여성과 남성 모두에게서 증가하는 유일한 암이며, 발생률과 사망률 모두 유럽계 미국인과 비교해볼 때 소수 인종 집단에서 더 높았다(Siegel et al., 2012). 앞서 언급한 바와 같이, 폐암은 여성들 사이에서 지속적으로 미세한 증가 추세를 보이는 반면, 남성들에게서는 지속적인 감소 추세를 보이고 있다. 피부암의 치명적인 형태인 흑색종은 남성과 여성 모두에게서 증가하는 추세다. 식도암은 남성에게서는 증가하는 반면 여성에게서는 감소하는 추세인데, 이러한 결과는 아마도 위산 역류와 비만의 증가로 인한 것일 수 있다.

요약

암은 통제 없이 자라고 퍼져나가는 신생물질 세포들의 출현이라는 특징을 갖는 일군의 질병 집단이다. 신생세포는 국지적 성질을 띠는 양성 혹은 다른 조직들로 퍼져나가고 다른 기관으로 전이되거나 퍼져나갈 수 있는 악성이 될 수 있다.

암으로 인한 사망률은 20세기에 급격히 증가했다가 감소 추세로 돌아섰다. 이러한 감소는 암 사망의 거의 절반을 차지하는 4대 암인 폐암, 유방암, 전립선암, 대장암에서 가장 분명하다. 1992년 이래 남성에게서 4대 암 발생률과 사망률의 속도는 느리지만 지속적으로 줄어들었다. 반면 여성들의 경우는 비슷한 상태를 유지하고 있다. 남녀 모두에게서 폐암으로 인한 사망이 가장 높다. 여성의 유방암과 남성의 전립선암 발병률은 폐암 발병률보다 훨씬 높지만, 폐암으로 인한 사망은 유방암과 전립선암보다 훨씬 더 높다.

개인의 통제 범위를 넘어서는 암의 위험요인

대부분 암의 위험요인들은 흡연과 같은 개인적 행동과 관련된다. 그러나 일부 위험요인들은 개인이 통제할 수 있는 범위를 넘어선다. 이러한 요인에는 생래적인 것과 환경적인 것이 모두 포함된다.

암의 생래적 위험요인

암의 생래적 위험요인에는 유전, 가족력, 인종 배경, 연령 등이 포함된다. 많은 사람은 자신의 암 위험요인을 이러한 위험요인들 탓으로 돌리곤 하는데, 특히 유전 탓으로 돌리곤 한다. 한 조사('Practical Nurse', 2008)는 10명 중 9명은 유전적 위험요인을 과대추정하고, 60%의 사람들은 암의 제1위험요인으로서 유전을 꼽기도 한다. 이러한 인식은 연구 결과와 일치할까? 유전과 인종 배경, 연령과 같은 생래적인 위험요인이 얼마나 중요할까?

인종 배경 유럽계 미국인에 비해 아프리카계 미국인의 암 발생률이 현저하게 높다. 아프리카계 미국인은 모든 종류의 암에서 가장 높은 발생률과 사망률을 보인다(Siegel, Miller, & Jemal, 2016). 그러나 라틴 아메리카계, 아시아계, 원주민 출신의 미국인이 아프리카계나 유럽계 미국인보다 가장 흔한 4대 암뿐만 아니라 모든 종류의 암에 대해 낮은 발생률과 사망률을 보인다(Siegel et al., 2016). 이런 차이는 생물학적 차이보다는 행동과 심리사회적인 요인에 기인하는 것으로 보인다. 예를 들어, 아시아계 미국인의 전체 암 사망률은 유럽계 미국인보다 낮지만, 위암과 간암에서 훨씬 더 높은 사망률을 보인다. 위암과 간암 모두 행동적이고 환경적인 요인에 의해 주로 발병한다. 간암은 C형 간염 바이러스로 인한 감염에 의해 큰 영향을 받는 반면, 위암은 식이와 헬리코박터 파일로리균으로 인한 만성적인 감염에 의해 큰 영향을 받는다(Siegel et al., 2016). 따라서 행동요인들이 이러한 인종적 차이를 설명할 수 있다.

소수 인종의 지위는 암 발생보다는 암 생존에 더 크게 작용한다. 생존율이 높은 암에서 암 발생률과 생존율 사이의 차이는 인종 집단에 따라 달랐다. 예를 들어, 아프리카계 미국 여성보다 유럽계 미국 여성의 유방암 발생률이 더 높았지만, 아프리카계가 유방암으로 사망한 경우가 더 많았다(Siegel et al., 2016).

소수 인종 지위가 암의 결과인 생존의 길이와 삶의 질의 차이에 어떻게 기여하는가? 라틴 아메리카계 미국인, 아프리카계 미국인, 원주민 출신의 미국인, 아시아계 미국인이 유럽계 미국인보다 더 낮은 비율로 암이 발병한다고 하더라도, 그들은 암이 상당히 진행된 후기 단계에서 진단을 받는 경향이 있다(Siegel et al., 20122016). 이러한 차이는 생존율에 영향을 미친다. 늦은 진단은 병을 더 악화시킬 가능성이 있고 치료에 어려움을 겪을 수 있으며 생존율을 낮출 수 있다. 아프리카계 미국인과 유럽계 미국인의 생존율 차이에 대한 조사(Du, Meyer, & Franzini, 2007)는 사회경제적 요인을 통제하는 것이 생존율의 차이를 상쇄시킨다는 사실을 보여준다. 즉, 사회적, 경제적 요인이 생존율의 차이를 만들어낸다는 사실을 확인할 수 있다.

나이 듦 암을 비롯한 기타 질병들의 가장 강력한 위험요인은 나이가 드는 것이다. 나이가 들수록, 암 발병과 사망의 확률은 증가한다. 그림 10.4는 남녀 모두 나이가 듦에 따라 암 사망률이 급격하게 증가하는 양상을 보여주고 있다. 특히 남성의 경우는 이 양상이 더욱 두드러진다.

    암은 또한 1세에서 14세 사이의 아이들에게서도 두 번째로 높은 사망의 원인이다 (의도하지 않은 상해가 제일 큰 원인이다; Siegel et al., 2016). 아이들 사이에서 가장 흔한 암은 뇌와 신경계에 생기는 암으로, 백혈병과 비호지킨 림프종(non-Hodgkin's lymphoma)이다. 고환암은 나이와 관련된 일반 규칙의 예외에 해당한다. 고환암은 청소년기 동안에 가장 위험하다. 이러한 암들은 유전적 요인에 크게 기인하는 것처럼 보인다.

가족력과 유전 암의 유전적 요인에 대한 증거는 간호사들에 대한 건강 연구(Colditz et al., 1993)에서 살펴볼 수 있다. 이 연구는 40세 이전에 유방암 진단을 받은 어머니를

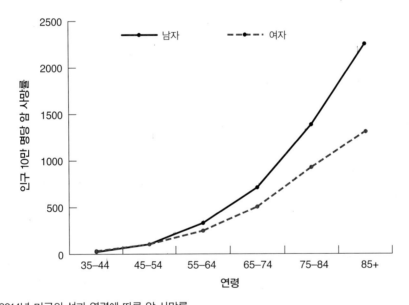

그림 10.4 2014년 미국의 성과 연령에 따른 암 사망률

출처: *Health United States, 2015* (Table 24), by National Center for Health Statistics, 2016, Hyattsville, MD: U.S. Government Printing Office

둔 여성들의 유방암 위험률이 그런 가족력이 없는 여성들에 비해 2배 이상임을 보여준다. 유방암에 걸린 자매가 있는 경우 본인의 유방암 위험도는 2배 정도 높아지며, 자매와 어머니가 함께 유방암 진단을 받은 여성들의 위험도는 약 2.5배 정도 높았다. 이 연구는 유방암이 특정한 BRCA 1과 BRCA 2 유전자와 관련 있다는 사실을 밝혔다. 이 유전자는 암 보호 단백질의 유전암호를 제공함으로써 암 발생을 막는다(Paull, Cortez, Bowers, Elledge, & Gellert, 2001). BRCA 1 돌연변이를 가진 여성은 보호 단백질을 생산하지 못해 그렇지 않은 여성에 비해 7배 이상 높은 유방암 발병률을 보인다. BRCA 1과 BRCA 2 변형 유전자는 남성의 유방암 발생과 남성 및 여성 모두의 췌장암 발생에도 관여한다(Lynch et al., 2005). 이 유전자가 암을 직접 유발하진 않지만 이 유전자의 돌연변이를 가진 사람들은 암 발생 위험률이 급격하게 증가한다.

BRCA 1과 BRCA 2가 관여되는 유방암 종류는 전체 유방암의 10%에도 미치지 못하며, BRCA와 연관된 다른 암들은 유전적 변이 때문에 발생하는 경우가 거의 없다. 따라서 유방암과 관련된 많은 유전자가 아직 밝혀지지 않았으며 유방암을 유발하는 대부분의 위험요인은 유전자 외의 요인과 관련성이 있을 것으로 생각된다(Oldenburg, Meijers-Heijboer, Cornelisse, & Devilee, 2007).

모든 암을 통틀어 단지 5~10%만이 타고난 유전적 변이(NCI, 2016) 때문이고, 주로 유방암, 난소암, 전립선암, 대장암 등이 타고난 유전적 변이로 인해 발생한다(Baker, Lichtenstein, Kaprio, & Holm, 2005). 암 발생의 기저에 있는 단일 유전자를 찾으려 시도했던 연구는 대체로 성공적이지 못하다(Hemminki, Försti, & Bermejo, 2006). 대신, 연구자들은 유전자들의 조합이 특정 암에 대한 취약성을 야기함을 밝혔다. 더 나아가, 몇몇 종류의 암은 유전적 취약성과 행동적 위험요인 간의 복잡한 상호작용에 의해 발생하기도 한다. 예를 들어 BRCA 2 돌연변이를 가진 여성들은 BRCA 2 돌연변이를 가지지 않은 여성과 비교했을 때, 알코올 유발성 유방암에 대해 더 높은 위험성을 갖게 된다(Dennis et al., 2011). 따라서 암의 유전적 원인은 널리 회자되고는 있으나 암에 기여하는 유전적 요인의 역할은 미미하며, 유전보다는 환경적 요인이 훨씬 더 중요하다.

암의 환경적 위험요인

암의 환경적 위험요인에는 방사능, 석면, 살충제, 제초제, 자동차 배기가스와 같은 오염물질 및 기타 화학물질에 노출되는 것이 포함된다(Miligi, Costantini, Veraldi, Benvenuti, & Vineis, 2006). 이 밖에도 비소, 벤젠, 크롬, 니켈, 비닐 염화물 및 다양한 석유화학 제품들이 다양한 암 발생의 원인으로 혐의가 높은 피의자이다(Boffetta, 2004; Siemiatycki et al., 2004).

오랜 시간 동안의 석면 노출은 폐암의 위험을 높이는데, 위험성은 석면의 유형과 노출 빈도 및 기간에 따라 달라진다. 스웨덴의 한 연구(Gustavsson et al., 2000)는 노동자들이 작업 중 노출되는 작업환경과 폐암 발병 사이의 관계를 연구했다. 이 연구에서는 석면과 더불어 디젤과 자동차 매연, 금속, 용접 냄새 등의 발암성 환경 상황들에 대해 조사했다. 그 결과, 환경적 발암물질에 노출된 노동자들은 노출되지 않은 사람들과 비교해서 폐암 발병률이 9% 정도 더 높게 나타났다. 중국 석면 노동자들을 대상으로 한 25년에 걸친 종단 연구(Yano, Wang, Wang, Wang, & Lan, 2001)에서는 석면에 노출된 남자 노동자들이 그렇지 않은 노동자들에 비해 모든 암에 대해 4.3배, 폐암에 대해 6.6배 정도의 상대적 위험도를 보인다고 보고한다.

방사능 노출 또한 위험하다. 높은 방사능 수준에 노출된 원자력 발전소 근무자들은 백혈병, 직장암, 대장암, 고환암, 폐암 발생 위험이 증가했다(Sont et al., 2001). 그러나 원자력 발전소 인근 주민들의 경우는 위험도가 증가하지 않았으며, 이들의 암 발병률은 다른 지역의 주민들과 유사했다(Boice, Bigbee, Mumma, & Blot, 2003). 또한 방사성 가스인 라돈 역시 폐암 위험을 높이며, 방사능에 노출된 광부들과 이와 유사한 수준의 방사능에 노출되는 집안 환경에서 사는 주민들 역시 폐암 발생 위험도가 높았다(Krewski et al., 2006).

몇몇 감염과 만성 염증 또한 암 발생의 위험을 높인다. 헬리코박터 파일로리라는 박테리아 감염은 전 세계적으로 널리 퍼져 있는데 이는 위암뿐만 아니라 위궤양의 위험을 증가시킨다(McColl, Watabe, & Derakhshan, 2007). 간염은 간암에 위험하다. 만성 염증은 방광암(Michaud, 2007)과 전립선암(De Marzo et al., 2007)의 발병요인이 될 수 있다. 그러나 감염과 염증은 환경적 노출보다는 행동요인에서 더 많이 기인한다.

요약

암의 생래적 위험요인으로는 인종 배경, 나이 듦, 가족력과 유전이 있다. 아프리카계 미국인은 유럽계 미국인보다 더 높은 암 발병률과 사망률을 보이지만, 다른 인종 배경의 사람들은 상대적으로 더 낮은 암 발병률을 보인다. 이러한 차이는 생물적 요인에 기인하는 것이 아니고 사회경제적 지위에 기인한다. 이런 요인들 각각은 암 발병과 5년 생존 모두에 관련된다.

다른 병들뿐만 아니라 암의 가장 큰 위험요인은 나이를 먹는 것이다. 한 개인이 나이를 먹어감에 따라, 암에 대한 위험은 증가한다. 이런 위험은 남성이 여성보다 훨씬 더 높다.

비록 암이 단일한 유전자 때문에 발생하는 경우는 거의 없지만, 가족력과 유전적 소인은 일부 암의 발달에 중요한 역할을 한다. 특히 전립선암과 유방암의 경우가 그렇다. 유방암에 걸린 엄마나 자매가 있는 여성의 경우 유방암에 걸릴 확률은 2~3배 더 높아지고 BRCA 1과 BRCA 2 유전자 변이는 유방암과 전립선암에 걸릴 위험도를 증가시킨다. 그러나 유전적 요인은 암의 발달에 상대적으로 적은 역할을 한다.

환경적인 위험요인도 암의 발병과 사망률에 기여한다. 오염물질, 살충제, 방사능 노출, 감염은 다양한 암의 위험을 증가시킨다. 석면과 방사능에 노출된 근로자들은 위험성이 높으며, 높은 수준의 라돈에 노출된 마을에 사는 사람들 역시 위험성이 높다.

암의 행동적 위험요인

암은 유전, 행동, 환경조건들이 상호작용해서 발생한다고 할 수 있는데, 이들 대부분이 아직 분명하게 설명되지 못하고 있다. 그러나 심혈관계 질환의 경우와 유사하게, 여러 암의 행동적 위험요인들이 분명해지고 있다. 위험요인이 반드시 암을 유발하는 것은 아님을 유념해야 하지만, 이것들은 어떤 사람에게 암이 발병하거나 암으로 인해 죽을 가능성을 예측할 수 있게 해준다. 대부분의 위험요인들은 개인의 행동과 생활양식, 특히 흡연 및 섭식과 밀접하게 관련된다. 이 밖에도 알코올, 부족한 신체활동, 자외선 노출, 성 행동, 심리사회적 요인 등이 암과 관련된다.

흡연

"만약 아무도 흡연을 하지 않는다면, 미국에서 암으로 인한 사망의 1/3이 줄어들 것이다"(U.S. Department of Health and Human Services[USDHHS], 2010d, p. 7).

흡연과 관련된 암 사망은 거의 대부분이 폐암이지만, 흡연은 백혈병과 위암, 방광암, 상부 소화관암, 식도암, 대장암, 전립선암을 포함하는 여러 종류의 암으로 인한 사망과도 관련이 있다(Batty et al., 2008). 흡연은 또한 후두암, 인두암, 구강암, 부비강암, 자궁경관암, 췌장암, 간암, 신장암에 대한 위험도를 증가시킨다(Gandini et al., 2008). 흡연과 유방암 사이에 일관된 관계는 없지만, 청소년기 동안 흡연을 했던 여성들은 유방암 발생 위험이 증가한다(Ha et al., 2007). 담배 흡연의 위험은 전 세계적으로 다른 나라들에도 적용된다. 흡연은 세계적으로 암 사망률의 가장 큰 위험요인이다(Danaei, Vander Hoorn, Lopez, Murray, & Ezzati, 2005). 따라서 흡연이 오로지 폐암만을 유발한다는 생각은 잘못된 것이다. 그림 10.5는 담배 사용과 관련된 모든 암의 유형을 보여준다.

무엇이 위험한가? 역학자들은 일반적으로 흡연과 폐암 사이의 인과관계에 대해 충분한 연구 증거가 존재한다고 동의한다. 2장에서 그러한 증거에 대한 개관을 살펴보았고, 역학자들이 어떻게 비실험적인 자료에서 인과성을 추론하는지에 대해 설명했다. 흡연과 폐암 사이의 강한 인과관계에 대한 사례는 폐암 발생률이 흡연율을 따라가는지를 관찰하여 얻을 수 있다. 남자들의 흡연율이 증가한 지 25년에서 40년 뒤에 폐암 발생률이 유사한 양상으로 증가했고, 담배 소비가 줄어든 25년에서 40년 뒤에 폐암 사망률이 감소하기 시작했다(그림 10.6 참조). 최근 여성들의 흡연이 점차적으로 감소하고 있으며 그들의 폐암 사망률 또한 감소하고 있다. 수입으로 분석했을 때도 이런 양상은 유지된다. 저소득층의 남성들이 고소득층에 비해 흡연율이 높으며 이들의 폐암 사망률

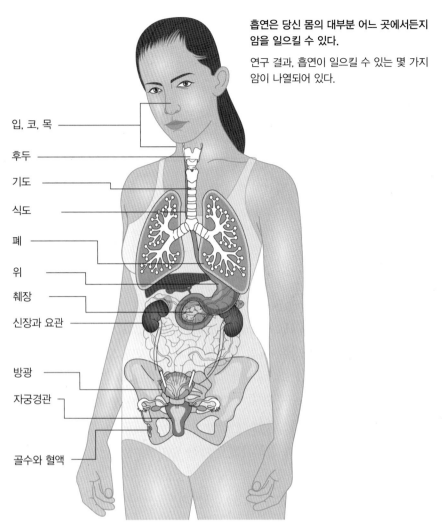

흡연은 당신 몸의 대부분 어느 곳에서든지
암을 일으킬 수 있다.

연구 결과, 흡연이 일으킬 수 있는 몇 가지
암이 나열되어 있다.

입, 코, 목

후두

기도

식도

폐

위

췌장

신장과 요관

방광

자궁경관

골수와 혈액

그림 10.5 담배 사용과 관련이 있는 여러 유형의 암

출처: U.S. Department of Health and Human Services. *A Report of the Surgeon General: How Tobacco Smoke Causes Disease: What It Means to You.* U.S. Department of Health and Human Services, Centers for Disease Control and Prevention, National Center for Chronic Disease Prevention and Health Promotion, Office of Smoking and Health, 2010.

또한 높다. 저소득층 여성들은 고소득층 여성들에 비해 담배를 조금 적게 피우며 그녀들의 폐암 사망률 역시 고소득층 여성에 비해 조금 낮다(Weir et al., 2003). 흡연과 폐암 사이의 용량-반응 관계와 흡연율과 폐암 발생률의 밀접한 시간적 관계성으로부터 흡연이 폐암을 유발한다는 결정적인 증거를 제공받을 수 있다.

흡연자에서 폐암 발생 위험도는 얼마나 높은가? 미국의 보건복지부(USDHHS, 2014)는 비흡연자보다 흡연자가 폐암으로 인해 사망할 위험성을 24.9배로 추정한다. 이는 흡연자가 비흡연자에 비해 폐암으로 인해 사망할 위험성이 25배 높다는 뜻이다.

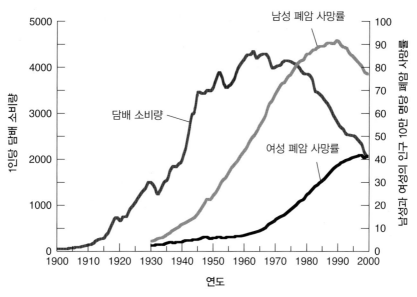

그림 10.6 1900년에서 2000년 사이 미국 남성과 여성의 담배 소비와 폐암 사망률의 평행로

출처: *Health United States, 2011* (Table 32), by National Center for Health Statistics, 2012, Hyattsville, MD: U.S. Government Printing Office.

흡연자가 폐암으로 사망할 위험은 다른 특정 행동과 주요 사망원인 사이의 관계성보다도 높다.

낱개피로 피우는 담배만이 암 발생의 위험을 증가시키는 담배 사용의 유일한 형태는 아니다. 시가 혹은 '씹는' 형태의 무연 담배를 사용하는 것 또한 후두암, 구강암, 식도암, 췌장암을 포함한 다수의 암으로 인한 사망 확률을 증가시킨다(ACS, 2012). 12장에서 상세하게 다루는 것과 같이, 어떤 종류의 담배 상품을 사용해도 안전한 방법은 없다.

흡연 외에도 오염된 공기, 사회경제적 수준, 직업, 인종 배경, 거주하고 있는 주택의 건축 재료 등의 요인이 폐암 발생과 관련된다. 이러한 요인들은 흡연자로서의 위험성뿐만 아니라 담배 흡연자가 지닌 다른 위험요인들의 조합에 따라서 각각이 더해지는 가산적인 방식이나 흡연과 **가볍적인 방식으로 효과**(synergistic effect)를 보일 수 있어서, 상이한 모집단을 대상으로 한 연구에서 나타나는 위험률이 상당한 정도로 서로 다를 수 있다. 예를 들어, 중국에서 흡연을 하는 남성들은 가정 난방과 요리를 위해 중국에서 흔히 사용하는 방식인 석탄 연기에도 노출됨으로써 폐암 위험이 더욱 높아질 것이다(Danaei et al., 2005).

지각된 위험이란 무엇인가? 흡연자가 암의 위험에 매우 취약함에도 불구하고, 많은 흡연자는 자신의 흡연 행동이 스스로를 큰 위험에 처하게 만든다는 사실을 잘 지각하지 못한다. 그들은 흡연으로 인한 자신의 사망 확률에 대해 닐 와인슈타인(Neil Weinstein, 1984)이 말하는 낙관적 편향을 보인다. 흡연자와 비흡연자 모두가 흡연이 건강을 위협한다는 사실을 알고 있다. 그러나 이러한 지식에도 불구하고, 고등학생 흡연자(Tomar & Hatsukami, 2007)와 성인 흡연자(Peretti-Watel et al., 2007)는 타인과는 달리 자신은 담배의 치명적인 폐해를 상당히 비켜나갈 수 있다고 믿고 있었다. 성인 흡연자들은 흡연이 어느 수준에서는 위험하지만 자신의 흡연 수준은 위험하지 않다는 믿음을 가지고 있었다. 때때로, 흡연과 관련된 질병에 걸린 사람들조차 담배의 질병 유발 가능성을 부인한다. 40년 넘게 흡연자였던 락 기타리스트 에디 반 헤일런(Eddie van Halen)은 그의 설암과 식도암의 원인이 흡연이 아니라 금속 기타 피크를 입에 넣은 것 때문이라고 믿었다.

이렇게 개인적 위험성을 부정하는 경향성은 흡연이 일반화되어 있고 흡연에 대한 태도가 관대한 나라에서 더욱 강고하다. 덴마크 사람들은 미국인들보다 자신의 위험성을 부정하는 경향이 더 높았다(Helweg-Larsen & Nielsen, 2009). 개인적 위험성에 대한 이런 부정은 미국과 비교해서 덴마크가 폐암, 구강암, 심혈관계 질환, 만성 폐쇄성 질환 등과 같은 담배와 관련된 질병으로 인한 사망률이 더 높다는 점에서 더욱 놀랍다(World Health Organization[WHO], 2012). 이처럼 낙관적 편향은 공통적 현상이며, 흡연에 대한 수용성 및 문화적 만연성과 관련된다.

섭식

암의 또 다른 위험요인은 건강하지 못한 섭식이다. 미국 암학회(American Cancer Society, 2012)는 미국에서 모든 암 사망의 1/3은 섭식 선택과 주로 앉아서 지내는 생활양식과 관련된다고 추정한다. 나쁜 섭식 습관은 다양한 종류의 암과 관련되고 좋은 선택은 그 위험을 감소시킨다.

암을 유발할 수 있는 음식 오염물질 혹은 첨가물로 인해 암이 유발될 수 있고, **발암성** (carcinogenic)이라고 의심받는 몇 가지 식품이 있다(Abnet, 2007). '천연'식품은 흔히 방부제가 없어서 박테리아와 곰팡이 수준이 매우 높아질 수 있다. 많은 수의 박테리아와 곰팡이는 위암의 위험요인이다. 위암의 급격한 감소는 부분적으로는 지난 75년 동안 냉장고 사용이 증가해서 소금에 절인 음식과 훈제 음식, 실온에 보관한 음식의 소비가 줄어든 데 기인한다(그림 10.2와 그림 10.3 참조). 아플라톡신(aflatoxin)은 저장되어 있는 곡물과 땅콩에서 부적절하게 자라나는 균류이다. 이러한 독소는 간암에 대한 위험을 증가시킨다(World Cancer Research Fund/American Institute for Cancer

Research[WCRF/AICR], 2007). 그러나 방부제로 사용되는 식품 첨가물은 발암성일 수도 있으며, 다양한 산업에 의해 생산된 유독한 화학물질은 다이옥신의 경우처럼 환경과 음식에 악영향을 끼칠 수 있다. 그러므로 방부제가 첨가되지 않은 식품과 방부제가 첨가된 식품 모두 어느 정도 위험할 수 있다.

9장에서 보았듯이 식이지방은 심혈관계 질환의 잘 알려진 위험요인인데, 다수의 연구에서 지방 섭취가 특히 직장암의 위험요인임을 보여주고 있다(Murtaugh, 2004). 그러나 고지방 식단은 암보다는 심혈관계 질환에 더 큰 위험요인이 된다. 식이지방과 암과 관련된 많은 연구는 유방암에 초점을 맞추고 있으며 식이지방은 유방암에 큰 영향을 미치지는 않지만 신뢰성 있는 위험요인으로 제시되고 있다(Freedman, Kipnis, Schatzkin, & Potischman, 2008). 고지방 식단은 또한 높은 콜레스테롤 수준을 야기하며 높은 콜레스테롤 수치는 남성의 고환암 위험을 4.5배 증가시키는 것으로 나타났다(Dobson, 2005).

햄, 베이컨, 핫도그와 같이 가공 처리된 육류 소비의 증가는 대장암 위험을 높인다(Williams & Hord, 2005). 붉은 고기와 관련된 가능한 위험은 조리 방법에 있다. 까맣게 타거나 훈제된 요리, 혹은 너무 익힌 붉은 고기는 위험요인이 될 수 있으며(Alaejos, González, & Afonso, 2008), 소금에 절이거나 염장을 한 고기 역시 위암에 대한 위험성을 증가시킨다(WCRF/AICR, 2007).

대장암의 가장 강력한 위험요인은 특정한 식이 요소에 기인하기보다는 과체중과 비만에 기인한다(WCRF/AICR, 2007; Williams & Hord, 2005). 비만은 모든 암과 관련된 죽음을 약 14~20%가량 설명한다(ACS, 2012). 비만은 식도, 유방(폐경 후의 여성들), 자궁내막, 신장 부위의 암과 높은 관련이 있다. 복부 지방은 심혈관계 질환에 위험할 뿐만 아니라, 췌장, 자궁내막, 신장 부위의 암에도 위험하다. 비록 몇몇 특정한 유형의 음식을 먹는 것이 암에 대한 위험을 증가시킨다고 하더라도, 과체중 혹은 비만으로 이끄는 식단은 오히려 더 위험하다.

우리를 암으로부터 보호해줄 수 있는 식품 만약 특정한 음식과 전반적인 식단이 암에 대한 위험을 증가시킬 수 있다면, 어떠한 식이 방법이 암을 예방하는 데 도움이 될 수 있을까? 한 팀의 연구자들은 전 세계의 사람들이 적절한 양의 과일과 야채를 먹는다면 연간 260만 명 정도 사망이 줄어들 것이라고 추정했다(Lock, Pomerleau, Causer, Altmann, & McKee, 2005). 동일한 연구자들은 과일과 야채가 풍부한 식단이 위암의 19%, 식도암의 20%, 폐암의 12%, 대장암의 2%가량을 줄일 수 있을 것이라고 추정했다. 건강식의 혜택에 대한 대중적인 인식은 1999년에서 2012년까지 미국 거주자들의 식단 개선에 기여했으며, 이러한 개선으로 백만 명 이상의 조기사망을 예방했다

(Wang, Li, Chiuve, Hu, & Willett, 2015). 그러나 이러한 개선에도 불구하고, 전형적인 미국인을 비롯한 전 세계 많은 사람들의 전반적인 식단은 여전히 열악한 상태이다.

이렇게 알려진 고섬유질의 식단, 과일과 야채가 풍부한 식단의 이점에도 불구하고 암의 발병이나 확산을 막아줄 수 있는 특정한 영양소가 무엇인지는 아직 분명하게 확인되지 않았다. 그 이유는 식이 요소를 조사하기 위해 사용된 연구 방법 때문이다. 예를 들어, 모집단 역학 연구에 따르면 고섬유질 식단을 섭취하는 나라의 사람들이 저섬유질 식단을 섭취하는 나라의 사람들보다 낮은 대장암 비율을 보인다. 이러한 결과는 사례 통제 방법(2장의 사례 통제 방법에 대한 기술 참조)을 사용하여 저섬유질 식단을 섭취하는 사람들과 고섬유질 식단을 섭취하는 사람들을 비교하는 연구를 유도했다. 그런데 사례 통제 연구는 역학 연구에 비해 참여 대상자의 수가 매우 적어서 식이섬유질 섭취의 효과가 크지 않다면 이런 연구 방법에서는 그 차이가 명백하게 드러나지 않을 것이다. 아울러 두 집단 사이의 다른 차이가 식이 섬유 섭취의 차이에 기여할 수 있고 이것이 명백한 결론을 내리기 어렵게 할 수도 있다. 만약 사례 통제 연구가 섬유질 섭취와 직장암의 관계처럼 긍정적 효과를 밝혀낸다면(WCRF/AICR, 2007), 연구자들은 다음으로 실험 연구를 수행할 것이다.

무작위 임상 시험은 집단 사이의 차이점을 감지해내는 가장 좋은 실험적 방법이다. 그러나 섭식 연구의 경우 이 방법은 문제가 있다(Boyd, 2007). 이러한 연구는 요인들의 조작을 포함하여 실험적이다. 이 경우에는 섭식 성분이 조작되는 요인이다. 확실한 비교를 위해 참여자의 절반은 특정 섭식 성분을 먹고 다른 절반은 먹지 못하게 된다. 그러나 이런 섭식 노출은 전형적으로 짧은 시간 동안에만 이루어진다. 몇 해 이상으로 오랫동안 지속된 연구는 아주 소수에 불과하며 대다수 임상 시험은 제한된 기간 동안에 걸쳐서만 결과를 추적하게 된다. 대장암은 상당한 기간에 걸쳐서 발병하기 때문에 2년 정도의 고섬유질 식이를 하는 것은 대장암의 발생에 충분한 영향을 주지 못한다. 또한 식이 영양소들은 아동기와 청소년기 동안의 섭취가 최대의 이익을 주는 데 반해 대부분의 연구는 오직 성인 참여자만 연구에 포함시킨다. 게다가, 무작위 임상 시험은 영양소들을 식단의 다양한 변화를 통해서라기보다는 보통 영양소를 분리하여 보조식품의 형태로 제공한다. 보조식품만을 섭취하는 것은 종종 같은 영양소를 고섬유질 식단을 통해 섭취했을 때의 이점을 얻지 못할 수도 있다. 따라서 특정한 영양소의 이점은 매우 복합적인 데 반해, 무작위 임상 시험은 이러한 중요한 이점들을 놓치게 할 수 있다. 이러한 한계점들은 연구자들이 암 예방에 이로운 많은 종류의 영양소에 대해 결론을 내리기 어렵게 한다. 막대한 연구 결과들을 검토해서(WCRF/AICR, 2007) 아직 확신하기에는 몇 가지 난점이 있지만 몇 가지 영양소는 암 예방에 이롭다고 말할 수 있다. **베타카로틴**(beta-carotene)은 당근과 고구마 같은 식품에 많이 들어 있는 비타민

A 형태의 카로티노이드(carotenoid)이다. 카로티노이드가 풍부한 식단을 섭취하면 구강암, 후두암, 인두암, 폐암의 위험을 낮출 수 있다. 풍부한 베타카로틴의 섭취는 비타민 C가 풍부한 식단과 마찬가지로 식도암에 대한 위험에 많은 이점이 있다. 비타민 B의 한 종류인 엽산이 풍부한 음식을 섭취한 사람들은 췌장암 발생 확률이 낮아진다. 이렇게 영양소에 대한 보호력의 증거들은 다른 유형의 암보다 빈약하다.

셀레늄 섭취와 관련된 증거들은 다소 강력하다(Williams & Hord, 2005). **셀레늄**(selenium)은 곡물제품과 곡물을 먹여 키우는 동물의 고기에서 발견되는 성분이다. 셀레늄은 세계의 모든 토양에 균일하게 함유되어 있지는 않지만, 토양에서 식품군으로 유입된다. 셀레늄은 과량 섭취하면 독이 될 수 있지만, 적당량을 섭취하면 대장암과 전립선암을 예방할 수 있다. 셀레늄 수준이 높은 식품은 실험실 쥐의 대장암을 예방했으며(Finley, Davis, & Feng, 2000), 셀레늄 보조식품은 암 발생을 유의하게 감소시켰지만 오로지 남성에게만 해당된다(Bardia et al., 2008). 칼슘은 뼈의 무기질 손상을 예방하는 이점으로 많은 매스컴의 관심을 받기도 했지만 대장암도 예방할 수 있다(WCRF/AICR, 2007).

연구를 검토해본 결과, 몇 가지 영양소가 몇몇 암을 예방할 수는 있지만 전반적 절식과 적정 몸무게를 유지하는 것이 예방 효과가 더 크다는 사실을 보여준다. 건강한 식단은 과일, 채소, 통곡식, 어류와 해산물, 저지방 유제품이 풍부하고 저장된 고기, 붉은 고기, 포화지방, 소금에 절여진 음식, 가공된 곡물이 적은 식단을 의미한다. 이러한 식단은 건강한 생활양식의 일부분으로서 취할 수 있는 다양한 음식과 함께 식물성 식품에 기반한 식이를 강조하는 지중해식 식사의 개념에 해당한다(Williams & Hord, 2005). 지중해식 식단의 또 다른 요소는 적당량의 알코올 섭취이다.

알코올

알코올은 흡연이나 신중치 못한 섭식만큼 강한 위험요인은 아니다. 그럼에도 불구하고 알코올은 구강암, 식도암, 유방암, 간암의 위험을 증가시킨다(WCRF/AICR, 2007). 간은 알코올 해독의 일차적인 책임을 지는 신체기관이다. 그러므로 지속적이고 과도한 음주는 간경화를 유발해서 간 기능의 효율성을 저해한다. 암은 건강한 간보다 경화된 간에서 일어날 가능성이 높지만(WCRF/AICR, 2007), 알코올 남용자들은 간암으로 발전하기 전에 다양한 다른 원인으로 사망할 가능성이 높다.

음주가 유방암의 원인이 될 수 있을까? 최근의 연구는 음주가 유방암의 원인이 될 수 있음을 지적한다(WCRF/AICR, 2007). 위험 수준은 알코올에 노출된 정도에 따라 달랐다. 전반적으로 하루에 서너 잔 이상을 마시는 여성은 유방암 위험이 중간 정도에

흡연, 음주 및 태양 노출로부터의 위험은 상승 효과를 가져서 암 발생 가능성을 배가시킬 수 있다.

서 심각한 수준으로 높았고, 하루 한두 잔 이하로 마시는 여성도 어느 정도의 위험이 있었다(Singletary & Gapstur, 2001). 위험도는 나라에 따라 달랐다. 미국에서 유방암 사례의 2% 정도가 음주로 설명되는 반면, 알코올 소비량이 훨씬 더 많은 이탈리아에서 는 사례의 15% 정도까지 알코올에 기인한 것으로 추정되었다. 표 10.1은 특정한 식이 선택과 음주의 위험 및 이점에 대해 요약하고 있다.

술과 함께 흡연을 하는 경우 위험도가 상승한다. 흡연과 음주를 함께 하는 사람은 어느 하나만 하는 사람에 비해 위험도가 심하게 상승한다. 흡연과 음주를 동시에 하고 식도암, 위암, 인후암의 가족력이 있는 사람들은 소화계통의 암에 대한 위험이 높아진 다(Garavello et al., 2005). 이런 자료는 담배와 술을 동시에 심하게 하는 사람이 둘 중 어느 하나만을 중단해도 암 발병의 확률이 감소하고 위험률이 낮아지며, 물론 둘 다 끊으면 위험률은 더욱 낮아질 것임을 시사한다.

좌식 생활양식

좌식 생활양식은 대장암, 자궁경부암, 유방암, 폐암, 췌장암을 포함하여 일부 암 종류 의 위험을 증가시킨다(WCRF/AICR, 2007). 따라서 신체활동은 이러한 암들에 대해 위 험을 낮출 수 있다. 대장암, 자궁경부암, 유방암(폐경기 이후의 여성)에 신체활동이 도 움이 된다는 강력한 증거가 있다. 폐암, 췌장암, 폐경 전의 유방암에 신체활동이 도움 이 된다는 증거는 비교적 적다. 몇몇 연구들(Bernstein, Henderson, Hanisch, Sullivan-

표 10.1 섭식(식이)의 암에 대한 효과

식품의 유형	증가된 위험	연구
방부제가 없는 '천연'식품	• 곡물은 암을 유발하는 아플라톡신에 의해 악영향을 받을 수 있음 • 상한 음식은 위암에 대한 위험을 증가시킴	Abnet, 2007
방부제가 많이 들어 있는 식품, 고지방 식단	• 방부제는 암을 유발할 수 있음 • 대장암을 유발할 수 있음 • 유방암에 대해 중간 정도의 위험을 가짐 • 높은 콜레스테롤 수치는 고환암의 큰 위험요인임	Abnet, 2007 Murtaugh, 2004 Freedman et al., 2008 Dobson, 2005
가공육과 붉은 고기의 섭취	• 특히 고기가 훈제되거나 까맣게 탔을 때 대장암의 위험을 증가시킴	WCRF/AICR*, 2007 Williams & Hord, 2005
과체중과 비만	• 대장암, 식도암, 유방암, 자궁내막암, 신장암과 큰 관련이 있음 • 복부 지방은 췌장암, 자궁내막암, 신장암의 위험요인임	WCRF/AICR, 2007 Williams & Hord, 2005
알코올	• 특히 과음을 하거나 흡연과 음주를 동시에 할 때 구강암, 식도암, 간암의 위험을 증가시킴	WCRF/AICR, 2007
식품의 유형	감소된 위험	연구
과일과 야채가 풍부한 식단	• 세계적으로 위암의 약 19%, 식도암의 약 20%, 폐암의 약 12%, 대장암의 2%를 감소시킬 수 있음	Lock et al., 2005
베타카로틴을 포함한 카로티노이드가 풍부한 식단	• 구강암, 후두암, 인두암, 폐암의 위험을 어느 정도 낮출 수 있음 • 베타카로틴이 풍부한(보충제가 아닌) 식단은 식도암의 위험을 낮춤	WCRF/AICR, 2007
비타민 C	• 식도암의 위험을 어느 정도 낮춤	WCRF/AICR, 2007
엽산이 풍부한 식단	• 췌장암의 위험을 어느 정도 낮춤	WCRF/AICR, 2007
셀레늄	• 실험실 쥐의 대장암을 예방 • 남성에게 나타나는 몇 가지 종류의 암에 대한 위험을 감소시킴	Finley et al., 2000 Bardia et al., 2008
칼슘	• 대장암을 예방할 수 있을 것임	WCRF/AICR, 2007
요약	• 전반적으로 전체 식단과 정상 체중은 어떤 식이 구성요소보다도 암과 강력한 연관성이 있음	WCRF/AICR, 2007 Williams & Hord, 2005

* World Cancer Research Fund/American Institute for Cancer Research

Halley, & Ross, 1994; Thune, Brenn, Lund, & Gaard, 1997)은 신체활동 프로그램을 어렸을 때 시작하고 일주일에 4시간 이상의 운동을 지속적으로 한 여성들에게서 유방암 위험이 상당히 줄어듦을 보여준다. 이렇게 운동 효과는 연령에 따라 다르게 작용하는 듯 보여서 폐경 전 여성들에게도 운동의 이점이 동일하게 적용되는지는 아직 단정 짓기 어렵다.

암의 위험에 대한 신체활동의 또 다른 간접적인 이점은 몸무게와 관련이 있다. 신체

암 예방은 암 이상을 예방한다

암 사망의 1/3이 흡연에 기인하기 때문에, 암을 예방할 수 있는 가장 좋은 방법은 금연을 하는 것이다. 하지만 정상 체중을 유지하고, 건강한 식단을 유지하고, 육체적으로 활동적이고 적당한 수준에서 음주를 하는(혹은 아예 음주를 하지 않는) 등의 암 예방 행동은 얼마나 중요한가?

최근 연구(McCullough et al., 2011)는 이러한 간단한 질문에 대해 연구했다. 1990년대 초반, 미국 암학회에서 구성한 연구팀은 100,000명 이상의 비흡연 노인을 대상으로 그들의 몸무게, 신장, 식단, 신체활동, 알코올 사용에 대해 물었다. 이 질문에 대한 답에서 연구자들은 미국 암학회의 암 예방 가이드라인을 고수하는 정도를 나타내는 점수를 산출했다. 약 15년 후, 연구팀은 두 가지 추가적이고 중요한 질문에 대한 답변을 얻기 위해 국제 사망 등록소에 자문을 구했다. 해당 노인이 생존해 있는가? 만약 사망했다면 사망의 원인은 무엇이었을까?

한 가지 발견은 그리 놀랍지 않았다. 암 예방 가이드라인을 가장 잘 고수했던 응답자들은 암 예방 가이드라인을 가장 낮게 고수했던 응답자 집단에 비해 암과 관련된 사망률이 30% 정도 낮았다. 따라서 다른 예방 행동들을 고수하는 것은 암을 예방하는 데 분명한 이점이 있다.

그러나 암 예방 행동은 암 발생 외에도 많은 문제를 예방하는 것으로 드러난다. 암 예방 가이드라인을 가장 많이 고수했던 응답자는 암 예방 가이드라인을 가장 적게 고수했던 응답자보다 심혈관계 질환을 보일 확률이 48%나 낮았다. 모든 사망원인을 함께 고려하면, 암 예방 가이드라인을 가장 많이 고수했던 응답자는 가이드라인을 제대로 따르지 않은 집단에 비해 전체 사망 확률이 42%나 낮았다. 이 연구팀이 관찰했던 모든 행동 중에서, 정상 체중을 유지하는 것이 낮은 사망률과 가장 강한 관련성이 있었다. 따라서 금연을 하거나 그 밖의 암 예방 추천 행동들을 실천함으로써, 조기 사망의 거의 절반가량을 줄일 수 있었다. 실로 대단한 수치이다.

활동은 건강한 몸무게와 다수의 암 위험을 증가시키는 체지방을 적당한 수준에서 유지하게 해준다. 따라서 몇몇 활발한 신체활동은 여러 가지 방법으로 암의 위험을 낮춰줄 수 있다. 신체활동의 이점(그리고 잠재적 위험)은 15장에서 더 자세하게 논의할 것이다('믿을 수 있을까요?' 글상자를 참조하라. 신체활동과 그 밖의 암 예방 행동이 많은 사망원인의 위험을 줄이는지에 대해 더 많은 내용을 알려준다).

자외선 노출

자외선, 특히 태양으로부터 오는 자외선 노출은 피부가 연한(light-skinned) 사람들의 피부암 원인으로 오랫동안 인식되어왔다(WCRF/AICR, 2007). 지속적으로 노출되거나 가끔씩 심한 햇빛 상(傷)을 입는 것 모두 피부암의 위험과 관련되는 것으로 보인다. 1970년대 중반 이래 미국에서 피부암의 발생률이 증가했다. 그러나 피부암으로 인한 치사율이 높지 않기 때문에 암 사망률 통계치에는 큰 영향을 미치지 않는다. 모든 피부암이 치명적이지 않은 것은 아니다. 악성 흑색종(melanoma)은 치명적일 수 있는데,

이 암은 피부가 연한 임신한 사람들이 햇빛에 노출되었을 때 특히 위험하다.

　피부암은 행동적 위험요인(자발적으로 오랜 기간 햇빛에 노출하는 행동)과 관련이 있지만, 유전적 요인도 밀접하게 연관되어 있다(Pho, Grossman, & Leachman, 2006). 연한 피부색(백인), 금발, 푸른 눈동자를 가진 사람이 짙은 색 피부를 가진 사람보다 피부암이 발생할 가능성이 더 높고, 피부암 발생의 대부분이 아동기 동안의 태양 노출 때문에 발생한다(Dennis et al., 2008). 지난 50여 년 동안, 흑색종 사망률과 지리적 위도와의 관계는 점차 감소되었다. 자외선이 많은 미국 지역에 거주하는 것이 더 이상 흑색종의 위험요인은 아니지만 피부암에 대한 다른 요소들이 여전히 위험요인으로 남아 있다(Qureshi, Laden, Colditz, & Hunter, 2008). 살결이 흰 사람들은 선크림을 사용하거나 보호 옷을 입는 등의 보호조치를 취함으로써, 지속적이고 빈번한 태양 빛 노출을 피해야 한다.

　또한 사람들은 흑색종 위험을 증가시키는 실내용 태닝을 피해야 한다. 국제적으로 이루어진 연구들을 살펴보면, 십대 혹은 성인 초기 시절에 태닝을 했던 사람들 사이에서 흑색종의 위험이 75% 증가했다는 사실을 발견했다(International Agency for Research on Cancer [IARC], 2007). 게다가, 용량-반응 관계가 존재한다. 사람들이 태닝을 하는 빈도가 증가함에 따라 흑색종에 대한 위험도 증가한다(Lazovich et al., 2010). 그러나 태닝 베드(tanning bed) 사용과 피부암 사이의 명확한 연관성에도 불구하고 사람들은 여전히 태닝 베드를 사용한다고 보고되고 있다(Puthumana, Ferrucci, Mayne, Lannin, & Chagpar, 2013). 따라서 흡연자에게 나타나는 낙관적 편향은 많은 태닝 베드 사용자들에게도 존재한다.

　햇빛 노출이 건강에 모두 해로운 것은 아니다. 햇빛에 노출됨으로써 비타민 D가 합성되기도 하며 유방암, 대장암, 전립선암, 난소암, 폐암, 췌장암 등의 발생 비율을 낮춰주기도 한다(Ingraham, Bragdon & Nohe, 2008). 암을 예방하는 데 필요한 비타민 D의 수준은 식이만으로 채워질 수 없다. 그러므로 낮은 수준의 자외선 노출이 비타민 D를 공급하는 건강한 방법이 될 수 있다. 그렇다면 어느 정도의 햇빛 노출이 중용에 해당하는가? 일상적인 식이를 통한 비타민 D의 공급을 제외하고, 5~10분 이내의 팔이나 팔과 다리의 노출로 1주일에 2~3차례 햇빛에 노출되는 것이 적당하다(Holick, 2004). 대안적으로, 식이 섭취로 비타민 D를 공급하는 것도 일부 예방 효과가 있다(Ingraham et al., 2008).

성 행동

일부 성 행동 또한 암 사망에 기여한다. 특히 후천성 면역결핍증(AIDS)에서 유래하는 암의 경우가 그렇다. AIDS 관련 암의 가장 흔한 두 가지 형태는 카포지 육종과 비호지 킨 림프종이다. **카포지 육종**(Kaposi's sarcoma)은 피부에 생기는 부드럽고 진한 청색이 나 보라색 결절로 나타나는 특징이 있는 악성 종양이다. 처음에는 병변이 발진처럼 다소 작게 시작될 수 있지만 점차 자라나서 보기 흉해질 수도 있다. 피부 외에도, 이 상해는 폐와 지라, 방광, 림프절, 입, 부신 선으로 퍼져나갈 수 있다. 1980년대까지 이 유형의 암은 매우 드물었고 대부분 지중해의 나이 든 남성들에게만 국한되었다. 그러나 이제 AIDS 관련 카포지 육종은 모든 연령층과 남녀를 불문하고 발생한다. AIDS에 걸린 모든 사람이 이 질환에 동일하게 취약한 것은 아니다. AIDS에 걸린 동성애 남성들은 주사약물 사용 혹은 이성 접촉의 결과로 AIDS에 걸린 사람들보다 카포지 육종 발병 위험이 훨씬 높다(Henke-Gendo & Schulz, 2004).

비호지킨 림프종(non-Hodgkin's lymphoma)은 순환계나 림프계를 통해 종양이 신속하게 퍼져나가는 특징이 있다. 카포지 육종과 유사하게 이 질환도 모든 연령과 성에 걸쳐 AIDS 환자들에게서 발생할 수 있다. 그러나 비호지킨 림프종에 걸린 대부분의 사람들은 AIDS가 아니다. HIV 양성 반응인 상대와 안전하지 않은 성적 접촉을 계속할 때 AIDS 관련 암 위험이 최대가 된다.

성적으로 전염되는 또 다른 바이러스인 인유두종 바이러스(HPV: human papillomavirus)에 대한 노출은 자궁경부암과 구강암에 대한 위험을 높인다. HPV는 자궁경부암의 발병에 필수적이다(Baseman & Koutsky, 2005; Danaei et al., 2005). HPV 감염 비율은 높으며, 특히 성적으로 활동적인 젊은 사람들에게 그렇다(Datta et al., 2008). 따라서 이러한 성적 행동은 HPV에 대한 노출을 높이기 때문에 성적 파트너가 많고 첫 성관계가 이른 시기에 시작된 여성이 자궁경부암에 가장 취약하다. 남성의 성행동 또한 여성 파트너의 자궁경부암 발병을 증가시킬 수 있다. 남성이 많은 성적 파트너와 성적 접촉을 할 때, 그중에서도 특히 여러 명의 남성 파트너와 성적 관계를 맺어온 여성과 성적 접촉을 할 때, 여성 파트너에게 발생할 수 있는 자궁경부암의 위험은 증가한다.

또한 HPV는 구강암의 원인이다. 지난 20년 동안, HPV와 관련 있는 구강암의 비율은 1980년대에 16%, 2000년대 초반에 73%로 극적으로 증가했다. 몇몇 추정치에 의하면, HPV와 관련된 새로운 진단은 2020년 쯤 자궁경부암의 수치를 뛰어넘을 것이다 (Chaturvedi et al., 2011). 게다가, HPV와 관련된 구강암은 여성보다 남성에게서 두 배 더 흔하다(Chaturvedi, Engels, Anderson, & Gillison, 2008). 구강 HPV는 오럴 섹스를 통해 확산될 수 있고 구강 HPV 감염은 흡연자들 사이에 더 많이 발생하는 경향이 있다(D'Souza & Dempsey, 2011). 따라서 담배 사용과 결합하여 구강 성 행위는 잠재적으로 구강암의 가능성을 증가시킬 수 있다.

남성의 성 행동은 또한 전립선암의 위험을 증가시킬 수 있다. 카린 로젠블라트와 동료들(Rosenblatt, Wicklund, & Standford, 2000)은 전립선암이 지금까지의 여성 성적 파트너의 수(그러나 남성 성적 파트너는 아님), 어린 나이 때의 첫 성경험, 그리고 임질 등의 이전 감염 여부 등과 의미 있는 정적 관계를 보이는 것을 밝혀냈다. 그러나 지금까지의 성관계 빈도는 전립선암의 위험과 의미 있는 관계가 없었다.

암의 심리사회적 위험요인

그리스 의사 갈렌(Galen, AD 131~201)의 시대 이래로, 사람들은 성격 특성과 암을 비롯한 특정 질환 사이에 관계가 있을 것이라고 생각해왔다. 그러나 그와 같은 전반적인 성격 특성과 질병 사이의 관계에 대한 실증적 증거를 찾지 못했다. 예를 들어, 스웨덴 쌍생아 등록소의 조망적 연구(Hansen, Floderus, Frederiksen, & Johansen, 2005)에서는, 아이젱크(Eysenck) 성격검사로 측정한 외향성이나 신경증적 경향성 그 어느 것도 암의 위험과 관련되지 않음을 발견했다.

이 연구와 그 결과는 심리사회적 요인과 암의 발병 및 사망률을 관련시켜 보려는 전형적인 시도에 해당된다. 지난 30~40년 동안 많은 연구자가 다양한 심리사회적 요인과 암의 예후 사이의 관계에 관심을 가져왔다. 몇몇 연구는 암의 발병과 관련이 있을 것 같은 다양한 성격 요인을 발견했지만, 많은 규모의 연구와 그러한 주제에 대한 개관 연구들은(Aro et al., 2005; Garssen, 2004; Levin & Kissane, 2006; Stürmer, Hasselbach, & Amelang, 2006) 심리사회적 요인과 암 사이에 오로지 미약한 관계가 있음을 발견했다. 가장 강력한 관계를 시사하는 요인은 부정 정서와 (정서의 표현보다는) 정서 억압이었다. 그러나 이러한 특성들은 암의 발달보다는 암 진단에 대한 반응과 더 밀접한 관계를 보여준다.

흡연은 폐암의 일차적 위험요인이다. 비록 모든 흡연자가 폐암으로 죽는 것은 아니며 비흡연자가 폐암에 걸리기도 하지만, 흡연자가 암, 특히 폐암에 걸릴 확률이 높다는 증거가 있다. 하루에 피우는 담배의 수가 늘어날수록 그리고 담배를 피운 횟수가 늘어날수록 위험은 더 높아진다.

암의 발병에 있어 음식이 가지는 위험과 예방의 유형 및 식이와 암 발병 사이의 관계는 복잡하다. 어떤 종류의 음식은 암 발병의 위험성을 높이고, 다른 음식은 어느 정도 예방을 해준다. '천연'식품은 방부제가 지니는 위험을 피할 수 있지만 다른 독소의 가능성을 증가시킨다. 고지방 식단은 대장암, 유방암과 관련이 있지만 과체중 혹은 비만을 유발하는 식단은 대장암, 식도암, 유방암(폐경기 이후의 여성), 자궁경부암, 신장암을 포함하여 다양한 암에 위험하다. 과일, 야채 그리고 그 밖의 고식이섬유 음식을 포함하여 몇몇 식이 구성요소들은 암을 예방할 수 있다. 음식에 있는 특정한 영양소에 대한 증거는 덜 설득적이며 보충제의 섭취는 일반적으로 예방을 제공하지 못한다.

알코올은 미약한 암 위험요인이다. 그럼에도 불구하고, 흡연과 결합하면 높은 상승 효과가 나타난다. 알코올과 흡연이 결합될 때, 전체적인 상대적 위험은 두 가지 요인이 추가되었을 때보다 훨씬 더 높다. 신체활동의 결여와 자외선에 대한 노출은 암의 부가적 위험요인이다. 또한 성적 상대의 수와 같은 특정 성 행동은 AIDS와 관련된 암뿐만 아니라 자궁경부암, 구강암, 전립선암과도 관련이 있다.

일반적으로 심리사회적 요인들은 암의 발병과 아주 미약한 수준에서 연관이 있다. 부정 정서와 정서 억제는 암의 예후에 기여하지만 그 관련성은 강하지 않다.

 ## 암과 함께 살아가기

스티브 잡스가 2003년에 그랬듯이 매년 백만 명 이상의 미국인이 암으로 진단을 받는다(ACS, 2012). 암 진단을 받는 사람들은 한편으로는 암 자체에 대한 두려움으로 인해, 다른 한편으로는 현재의 암 치료 방법이 초래하는 불쾌한 부작용 때문에 두려움과 불안 및 분노의 감정을 갖게 된다. 예를 들어, 스티브 잡스는 췌장암 치료와 관련된 두려움 때문에 거의 일 년 동안 수술을 거부했다. 심리학자들은 암 진단을 받은 환자들이 감정적 반응을 처리하도록 돕고 환자와 가족들에게 사회적 지원을 제공하며 환자들이 몇몇 암 치료 효과의 부정적인 면을 준비할 수 있도록 돕는다.

의학적 암 치료의 문제점

대부분의 암 치료 방법은 환자 자신이나 가족 및 친구들에게 많은 스트레스를 주는 부정적인 부작용이 있다. 가장 흔하게 사용되는 세 가지 치료법인 수술, 방사선 요법, 항암 화학 요법이 가장 스트레스를 많이 준다. 최근 일부 **종양학자**(oncologist)들이 호르몬 치료나 면역 요법을 사용하기도 하지만, 이러한 새로운 치료 기법은 전반적으로 수술이나 방사선 치료, 혹은 항암 화학 요법만큼 효과적이지는 못하다.

암종이 전이되지 않거나 의사가 수술이 성공적이고 재발 가능성이 적다고 확신할 때는 흔히 수술이 권장된다. 암 수술을 받은 환자는 고통, 거부 및 두려움을 경험할 가능성이 높고, 다른 수술 환자들에 비해 정서적 지원을 받지 못할 가능성 또한 크다. 이런 반응은 성적인 면이 시사되기 때문에, 특히 유방암(Wimberly, Carver, Laurenceau, Harris, & Antoni, 2005)과 전립선암(Couper, 2007)의 경우가 더욱 그렇다. 수술 후의 스트레스와 우울증은 면역 수준을 떨어뜨리고 이는 회복시간을 늦추며 다른 질병에 대한 취약성을 증가시킬 수 있다(Antoni & Lutgendorf, 2007). 스티브 잡스를 지켜본 사람들은 2009년에 이식 수술을 받은 이후 암과 면역 기능의 약화 때문에 그의 모습이 뚜렷하게 수척해졌다고 말한다(Lauerman, 2011).

방사선 요법 역시 심각한 부작용을 동반한다. 방사선 치료를 받는 많은 환자는 자신

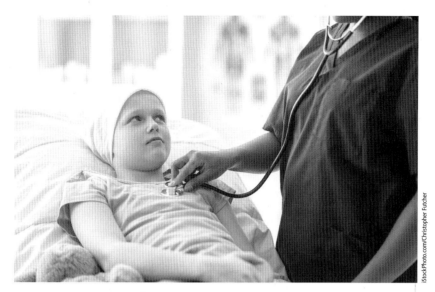

탈모와 같은 화학 요법의 부작용이 암 환자에게 스트레스를 부가한다.

의 치료가 무섭고 불안하며, 탈모, 메스꺼움, 구토, 피로, 불임을 초래할 것이라고 예견한다. 이런 증상이 실제로도 일어나기 때문에 환자의 걱정은 합리적이다. 그러나 환자들은 자신이 받을 치료에 대해 준비를 잘 갖추지 못한 채 치료에 임하기 때문에 공포와 불안이 부작용의 심각성을 더 부추기게 된다.

항암 화학 요법 또한 방사선 치료와 동일한 부작용을 보이며, 이런 부작용이 흔히 암 환자에게 스트레스를 불러일으킨다. 항암 치료를 받는 암 환자들은 메스꺼움, 구토, 피로감, 통제력 상실, 집중력 저하, 우울, 체중 감소, 식욕 저하, 수면장애, 탈모 등의 복합적 증상을 경험한다. 이러한 부정적인 결과는 암 진단에 적응할 때 문제를 초래한다. 이와 함께 환자들이 갖는 항암 요법의 부정적인 효과에 대한 예견(Olver, Taylor, & Whitford, 2005)과 암의 특성에 대한 그들의 믿음(Thuné-Boyle, Myers, & Newman, 2006)은 괴로움과 적응에 영향을 미친다.

암 진단에 대한 적응

암 진단에 적응하는 것은 대부분의 사람들에게 도전적인 일이지만 몇몇 사람들에게는 더 많은 어려움을 초래하기도 한다. 스티브 잡스와 같은 또 다른 사람들은 궁극적으로 암 진단에 잘 대처하는 것 같다. 종종 자신감이 있고 과도하게 낙관적인 것으로 묘사되었던 스티브의 성격이 암에 적응하는 데 어떤 역할을 했을까?

암 진단에 대해 부정적인 반응을 예측하는 요인은 암의 발병과 관련된 요인과 동일하며 그것은 부정적 정서와 사회적 억제다(Verma & Khan, 2007). 만약 부정적인 정서가 적응과 관련된 문제라면 낙관주의가 도움이 될 수 있고, 연구 결과는 전반적으로 이러한 가설을 지지한다. 낙관주의는 암 진단에 잘 적응하는 것과 강한 관계가 있지만(Carver et al., 2005), 암 투병의 장기적인 결과에서는 이런 관계가 불분명해진다(Segerstrom, 2005, 2007). 이런 차이는 낙관주의가 암 치료에 대한 어려움을 유발할 수 있거나 낙관주의자들이 자신의 치료 과정과 결과에 대해 계산착오를 범할 수 있기 때문이다(Winterling, Glimelius, & Nordin, 2008). 치료 결과가 실망스러울 때, 낙관주의자들은 현실적인 기대를 갖는 사람보다 적응이 더 어려울 수 있다. 암을 치료하는 사람들 사이에서 낙관적이 되는 것은 일반적으로 더 좋은 신체적 건강을 예측하지만(Rasmussen, Scheier, & Greenhouse, 2009), 관계의 강도는 크지 않다.

이러한 발견은 '감투정신(fighting spirit)'에 대한 연구 결과와 일치하는데, 이는 낙관적 전망, 암의 통제가 가능하다는 믿음, 능동적 대처전략의 사용을 반영한다. 그런데 감투정신은 초기 단계의 암 적응에는 좋은 역할을 하지만(O'Brien & Moorey, 2010), 장기간의 생존에는 이점을 제공하지 않는 듯하다(Coyne & Tennen, 2010). 이 결론에 입각해서 연구팀은 "암 환자들은 생존을 높이거나 재발 위험을 줄이기 위해 특정한 대처 방식(예: 감투정신을 갖기)을 채택하도록 강요받아서는 안 된다"고 충고했다(Petticrew, Bell, & Hunter, 2002, p. 1066).

진단 이후, 암 환자들은 다양한 반응을 보이며 치료와 그 이후 과정에 적응하고 기능하는 면에서 다양한 발달 경로를 보인다(Helgeson, Snyder, Seltman, 2004). 대부분의 암 생존자들은 시간이 흐르면서 기능적인 측면의 향상을 보고하지만, 일부 장기 생존자들은 낮은 에너지, 통증, 성 기능 장애 등의 문제를 갖게 된다(Phipps, Braitman, Stites, & Leighton, 2008). 심지어 암 생존 이후 8년이 지나서도 문제를 호소하는데, 심리적인 문제보다는 신체적인 합병증이 주가 된다(Schroevers, Ranchor, & Sanderman, 2006).

심장질환 환자들의 생존을 증가시켜주는 정서 조절이 암 환자들에게 별 도움이 되지 않을 수 있다. 즉, 심혈관계 환자들에게 적용했던 정서를 차분하게 표현하라는 충고가 암 환자에게는 추천할 만한 사항이 아니고 이보다는 정서를 표현하도록 하는 편이 더 좋은 전략이 될 수 있다. 예를 들어, 아이들(Aldridge & Roesch, 2007)과 전립선암을 치료하는 남성들(Roesch et al., 2005)에게 감정 표현에 초점을 두는 대처방법을 사용하게 해도 이 대처전략(대처전략에 대한 언급은 5장을 참고하라)이 전형적으로 초래하는 문제점을 보이지 않는다. 즉, 긍정적인 정서와 부정적인 정서 모두를 표현하는 것이 유익할 수 있다(Quartana, Laubmeier, & Zakowski, 2006). 그러나 일부 부정적인 정서를 표현하는 것은 이로움보다 해로움이 더 많을 수 있는데(Lieberman &

Goldstein, 2006), 예를 들어 분노를 표현하는 것은 이롭지만 두려움과 불안을 표현하는 것은 삶의 질을 낮추고 더 높은 우울을 야기할 수 있다. 감정을 자유롭고 도움이 되는 방식으로 표현하도록 안내받으려면 적절한 사회적 지원이 필요하다.

암 환자에 대한 사회적 지원

남성과 여성이 암으로 사망할 확률을 각각 27%, 19%까지 낮추는 단일 요인은 무엇일까?

결혼이 그 요인이다. 남성과 여성 암 환자 모두 결혼을 하지 않았을 때보다 결혼을 했을 때 생존할 확률이 더 높다. 왜 그럴까?

이러한 질문에 대해 연구자들은 침습암으로 진단받은 성인 80만 명 이상의 종단 표본을 대상으로 조사했다(Gomez et al., 2016). 결혼한 암 환자들이 그렇지 않은 환자들보다 더 건강한 이유 중의 하나는 결혼이 더 나은 의료서비스 선택권이나 더 나은 치료 접근성과 같은 경제적 이득을 주기 때문이다. 그러나 연구자들은 결혼의 혜택이 경제적 요인과는 거의 관계가 없다는 것을 발견했다. 오히려 결혼 생활에 일반적으로 동반되는 정서적 지원과 도구적 지원이 생존율을 증가시키는 원인이 되는 것으로 보였다.

결혼한 환자들은 그들을 약속장소로 데려다주고, 그들에게 약물을 복용하도록 격려하고, 건강한 식사를 제공하거나 정서적 지원을 제공할 수 있는 누군가가 있을 것이다. 다른 많은 연구들은 배우자에 의해 제공되는 것과 같은 사회적 지원이 암 환자들이 그들의 상태에 적응하는 것을 도울 수 있고, 다른 가족과 친구들의 지원 또한 도움이 될 수 있다고 보여준다. 예를 들면 더 큰 구조적 사회적 지원, 즉 더 큰 사회적 지원 관계망을 가진 유방암 여성들이 더 작은 관계망을 가진 환자들에 비해 암 진행 속도가 느렸다(Nausheen, Gidron, Peveler, & Moss-Morris, 2009). 사회적 지원은 남성에게도 중요한 요인이었는데, 다른 사람들로부터 사회적 지원을 더 많이 받을 수 있다고 지각하는 전립선암 환자들이 더 높은 정서적 안녕(well-being)을 보였다(Zhou et al., 2010). 불행하게도, 친구와 가족에 의한 사회적 지원이 암 환자들에게 언제나 유용한 것은 아니다. 때로는 암 환자의 배우자가 환자를 위해 암이 있다는 사실을 숨기려고 하는 것은 도움이 되지 않는다(Hagedoorn et al., 2000). 가족으로부터의 사회적 지원은 암 환자의 욕구를 충족시켜줄 수도 있고 그렇지 않을 수도 있다. 많은 암 환자는 정서적 지원을 받기 위해 지원 집단이나 치료자에게 의지한다.

심리학자, 간호사, 종양학자와 같은 전문가들이 지원 집단을 이끌기도 하지만, 종종 암 생존자들이 지원 집단을 구성하기도 한다. 몇몇 연구들은 다른 사람들보다 지원 집단으로부터 더 많은 이익을 얻는다는 것을 보여준다. 예를 들어, 자신의 배우자로부터 평소 적절한 지원을 받지 못하던 유방암 여성은 자신의 배우자보다는 동료들로부터의 지원에서 더 큰 도움을 받는 반면, 배우자로부터 강한 지원을 받던 여성들은 동료들과 하는 토론에 잘 적응하지 못하기도 했다(Helgeson, Cohen, Schulz, & Yasko, 2000). 암 생존자로 이루어진 동료 지원 집단의 효과에 대한 체계적 연구(Hoey, Ieropoli, White, & Jefford, 2008)는 그러한 집단이 도움이 될 수도 있지만 언제나 도움이 되는 것은 아님을 보여준다. 일반적으로 개인과 인터넷 집단에 의해 진행되는 면대면 지원은 가장 좋은 결과를 나타냈지만, 일부 사람들에게는 모든 유형의 집단이 효과적일 수 있다.

암 환자에 대한 심리 치료

심리학자들은 암 환자의 진단에 대한 대처를 돕기 위해 개인과 집단 치료 기법 모두를 사용한다. 암 환자에 대한 심리 치료가 효과적이려면, 다음과 같은 두 가지 목적 중에서 적어도 한 가지는 달성해야 한다. 정서적 안녕감을 증진하거나 생존시간을 증가시키는 일 또는 둘 모두. 심리적인 개입이 이 두 가지 목적을 이루는 데 얼마나 성공적일 수 있을까?

두 가지 개관 논문(Edwards, Hulbert-Williams, & Neal, 2008; Manne & Andrykowski, 2006)은 심리적 개입이 일반적으로 암 환자들이 자신의 처지와 관련된 고통을 감당하도록 도움을 주는 측면에서 단기적 이득을 갖는다고 결론 내린다. 더 나아가 몇몇 사회적 개입은 유방암 여성들에게 코르티솔 반응, 면역 기능의 기준과 같은 생리적 결과를 향상시킨다(McGregor & Antoni, 2009).

일부 심리적 개입은 사회적 지원과 감정 표현의 기회를 제공하는 것에 초점을 맞추는 반면, 다른 개입에서는 인지 행동적 스트레스 관리 기술에 초점을 맞춘다. 이러한 각각의 개입 방법이 결과를 향상시킨다는 증거가 있다(Edwards et al., 2008). 예를 들어, 정서 조절에 초점을 맞춘 프로그램(Cameron, Booth, Schlatter, Ziginskas, & Harman, 2007)이 성공적인 결과를 입증했다. 그러나 이 프로그램의 강조점이 모든 사람에게 가장 좋은 접근법은 아닐 수 있다. 한 연구팀은 "특정 사이즈가 모든 사람에게 맞을까?"라고 질문한다(Zimmerman, Heinrichs, & Baucom, 2007, p. 225). 이 질문은 암 환자들의 특성과 요구에 맞추어 각각의 사람들에게 효과적일 수 있는 심리 치료, 지원, 교육적 혹은 다중 요소 프로그램을 잘 설계해야 함을 강조한다.

비록 심리적 개입이 환자들의 단기적인 정서적 적응을 향상시킬 수 있다고 할지라도, 심리적 개입이 암 환자들의 수명을 연장한다는 직접적인 증거는 많지 않다. 그런데 데이비드 슈피겔과 그의 동료들(Spiegel, Bloom, Kraemer, & Gottheil, 1989)

은 유방암 환자들에게 그들의 병과 치료로 인한 스트레스에 적응하도록 도움을 주는 다중 성분적 개입을 해서 효과의 가능성을 보여주었다. 개입이 고통, 불안, 우울을 다루는 측면에서도 성공적이었을 뿐만 아니라, 비교 집단에 비해 개입 집단의 여성들이 더 오래 살았다. 이 발견은 연구자들로 하여금 심리사회 및 대체 의학(CAM: complementary and alternative medicine)적 개입이 어떻게 암 환자의 삶을 연장하는지를 검토하도록 유도했다(8장의 통합적 암 치료에 관한 논의를 살펴보라). 한 가지 그럴듯해 보이는 설명 기제는 심리적 개입이 면역체계의 기능을 높이고 암 환자들이 의학적 치료 요법을 좀 더 충실히 따르도록 돕는 등 기능적 측면에서의 향상을 초래한다는 가설이다(Antoni & Lutgendorf, 2007; Spiegel, 2004; Spiegel & Geise-Davis, 2003).

그러나 심리사회적 개입이 수명을 연장한다는 기초적 결과에 대한 의문이 여전히 많다. 최근 초기 단계의 유방암 여성들을 대상으로 한 심리적 개입과 관련된 한 연구는 심리사회적 개입이 재발과 11년 동안의 사망위험을 의미 있게 감소시킴을 보여주고 있지만(Andersen et al., 2008), 대규모 개관 연구에서는 심리적 개입이 유방암 환자들의 생존기간을 연장하는지에 대한 신뢰할 만한 증거가 거의 없다(Edwards, Hailey, & Maxwell, 2004; Smedslund & Ringdal, 2004). 심리적 개입에 대한 가능한 기제와 이점이 있을 수 있다는 희망에도 불구하고(Coyne, Stefanek, & Palmer, 2007), 심리적 개입이 암 환자들의 수명을 연장한다는 증거가 거의 없다(Edwards et al., 2008). 따라서 심리적 개입의 가치는 주로 암 환자 삶의 양보다 질을 향상시키는 데 있다고 할 수 있다.

요약

사람들이 일단 암으로 진단받으면, 전형적으로 두려움과 불안, 우울, 무력감을 경험한다. 암의 의학적 치료 표준은 수술, 항암 화학 요법, 방사선 치료인데, 이 치료법들은 모두 부작용을 동반하며 스트레스와 심리적 불편감도 함께 유발한다. 부작용에는 탈모, 메스꺼움, 피로, 불임과 기타 부정적 상황 등이 포함된다. 가족과 친구로부터 사회적 지원을 받는 것, 지원 집단에 참여하는 것, 심리적 개입을 통해 정서적 지원을 받는 것은 암 환자의 심리적 기능을 향상시키고 우울과 불안을 감소시키며 고통을 다루고 삶의 질을 향상시키는 데 도움을 준다. 심리 치료가 생존시간을 늘릴 수 있다는 증거는 거의 없다.

해답 이 장에서는 다음의 다섯 가지 문제를 다루었다.

1. 암이란 무엇인가?

암은 통제 범위를 넘어서서 자라고 퍼져나가는 신생세포들의 출현이 특징인 질병 집단이다. 이 세포들은 양성 혹은 악성일 수 있는데, 두 유형 모두 위험해질 수 있다. 악성 세포들은 흔히 전이되고 혈액이나 림프액을 통해 신체의 다른 기관으로 퍼질 수 있다. 그래서 악성은 생명을 위협한다.

2. 암 사망률이 증가하는가 아니면 감소하는가?

암은 미국에서 두 번째 가는, 전체 사망률의 23%를 점하는 생명 위협 원인이다. 지난 20세기의 95년 사이에 걸쳐 미국에서의 암 사망률은 3배로 증가했다. 그러나 1990년대 중반부터 암 사망률은 감소하기 시작했다. 특히 미국에서 암 사망률의 4대 원인인 폐암, 대장암과 직장암, 유방암, 전립선암이 감소하기 시작했다. 여성의 폐암 사망률은 현재 증가세가 멈추었으며 감소세로 돌아설 것이다.

3. 암의 생래적인 위험요인과 환경적인 위험요인은 무엇인가?

암의 통제 불가능한 위험요인에는 가족력, 인종 배경, 연령 등이 포함된다. 가족력은 많은 유형의 암에 위험요인으로 작용하는데, 변형된 형태의 특정한 유전자의 유전은 유방암에 대한 위험을 2~3배가량 증가시킨다. 인종 배경 역시 위험요인으로 작용한다. 아프리카계 미국인은 유럽계 미국인에 비해 암으로 인한 사망률이 높지만 다른 인종 배경은 암으로 인한 사망률을 낮춘다. 나이가 드는 것은 암으로 인한 사망의 가장 강력한 요인이다. 그러나 나이는 심혈관계나 다른 질병으로 인한 사망위험도 늘린다. 대기오염물질, 방사능, 감염된 유기체에 대한 환경적 노출은 노출이 심각하고 지속된다면 암에 대한 위험으로 작용한다.

4. 암의 행동적 위험요인은 무엇인가?

미국에서 암으로 인한 모든 죽음의 절반 이상이 흡연이나 식이, 운동 같은 측면에서 현명하지 않은 생활 방식을 선택하는 것에 기인하는 것으로 보인다. 담배를 피우면 폐암 발생의 위험을 거의 23배나 높이고, 다른 암으로 인한 사망의 원인이 되기도 한다.

식이와 암 사이의 관계는 복잡하다. 식이는 암에 대한 위험을 증가시키거나 감소시킨다. 음식에 있는 독소와 오염물질은 위험을 증가시키지만 과일, 야채, 모든 곡물, 저지방 유제품, 콩, 씨앗 그리고 저지방, 붉은 고기, 가공육, 소금은 다 양한 암에 대한 위험을 낮추는 것과 관련되는 경향이 있다. 과체중과 비만을 유발하는 식이는 위험을 증가시킨다. 알코올은 식이만큼 암에 대해 강력한 위험요인은 아니지만, 흡연과 알코올이 결합되면 위험이 급격하게 증가한다. 좌식 생활 방식은 특히 유방암의 위험요인이 된다. 자외선 노출과 건강하지 못한 성 행동은 여러 종류의 암에 대한 위험을 증가시킬 수 있다. 연구는 부정적 정서, 우울, 암 사이에도 미약한 관련성이 있음을 밝히고 있다.

5. 암 환자들이 암에 대처하는 데 어떻게 도움을 줄 수 있는가?

암 환자들은 보통 배우자, 가족, 의료서비스 제공자로부터 사회적 지원과 이익을 얻지만 지원의 유형과 시기가 이점에 영향을 미친다. 지원 집단은 일부 암 환자들에게 또 다른 유형의 이로운 지원을 제공하며, 특히 정서 표현을 허용한다는 점에서 그렇다. 치료자는 환자들이 암 치료의 부정적 측면에 대처하고 질병에 적응하도록 인지 행동적 방법을 사용하여 암 환자들을 돕는다. 따라서 심리사회적 요인이 생존기간을 증가시킨다는 증거는 없지만 심리 치료는 암 환자의 삶의 질을 증진한다.

더 읽을거리

American Cancer Society. (2016). *Cancer facts and figures 2016*. Atlanta, GA: American Cancer Society. 최근 출간된 이 서적은 몇몇 국제적 수치와의 비교와 더불어 미국에서의 암에 대한 광범위하고 최신의 정보를 제공한다.

Antoni, M. H., & Lutgendorf, S. (2007). Psychosocial factors in disease progression in cancer. *Current Directions in Psychological Science, 16*, 42-46. 이 짧은 논문은 암에 대한 심리사회적 영향 및 이러한 요인들이 암의 생물적 작용에 어떻게 영향을 미치는지에 초점을 맞춘다.

Danaei, G., Vander Hoorn, S., Lopez, A. D., Murray, C. J. L., & Ezzati, M. (2005). Causes of cancer in the world: Comparative risk assessment of nine behavioural and environmental risk factors. *Lancet, 366*, 1784-1793. 국제적인 관점에서, 이 논문은 9개의 행동 및 환경적 요인을 검토하고 세계적으로 이러한 요인들과 관련한 암 발생의 차이를 추적해서 알려준다.

U. S. Department of Health and Human Services. (2010). *A report of the Surgeon General: How tobacco smoke causes disease: What it means to you*. Atlanta, GA: U.S. Department of Health and Human Services and Centers for Disease Control and Prevention. 짧고 매력적인 이 논문은 이해하기 쉬운 언어로 담배가 여러 종류의 암뿐만이 아니라 많은 건강 문제의 위험을 증가시키는 경로를 상세히 기술하고 있다.

만성질환과 함께
살아가기

**문제
제기**

이 장에서는 다음의 여섯 가지 기본적인 문제를 주로 다룬다.

1. 만성질환이 환자와 가족에게 미치는 영향은 무엇인가?

2. 알츠하이머병의 영향은 무엇인가?

3. 당뇨병을 조절하는 데 무엇이 관련되는가?

4. 천식은 천식 환자의 삶에 어떻게 영향을 주는가?

5. HIV 감염을 어떻게 관리할 수 있는가?

6. 사람은 죽음과 그로 인한 슬픔에 어떻게 적응해가는가?

로널드 레이건이 알츠하이머병의 진단을 받은 이후, 그의 부인 낸시는 이 만성질환의 결과에 어떻게 대처할 수 있는지를 배웠다.

1983년 9월 30일 로널드 레이건(Ronald Reagan) 대통령은 1983년 11월을 국가적인 '알츠하이머병의 달'로 선언했다. 당시 연구자들은 알츠하이머병이 널리 퍼질 것에 대해 거의 알지 못했다. 오늘날 우리는 8명의 미국 노인 중 한 명이 알츠하이머병을 앓고 있다는 사실을 잘 알고 있다. 레이건이 국가 알츠하이머병의 달로 선언하고 11년이 지난 후 레이건이 알츠하이머병으로 진단을 받으면서 세상의 관심을 받게 되었다(Alzheimer's Organization, 2004).

알츠하이머병을 선고받고 2004년 6월 5일에 그가 사망하기까지 레이건과 그의 가족은 가족 중 한 사람이 만성질환을 앓고 있는 수백만 가족이 겪은 것과 같은 스트레스와 좌절을 경험했다. 1993년에 레이건이 자기가 가장 좋아하는 영화 중의 하나를 기억하지 못했을 때 뭔가 잘못되었다는 사실을 처음 깨달은 것은 그의 딸 마우린이었다(Ellis, 2004). 레이건도 곧 자신이 때때로 분별력이 없어진다는 것을 느끼게 되었다. 그러나 그의 부인 낸시는 남편이 알츠하이머병이라는 진단을 받을 때까지 어떤 문제도 발견하지 못했다며 기막혀했다. 전문가들은(Ellis, 2004) 문제를 너그럽게 봐주는 경향은 환자의 가장 가까운 사람들에게서 흔하다고 말했다(그들에게 미세한 증상이 나타났을 때 심각한 문제를 부정하는 것이 쉬우므로).

레이건의 증상이 악화됨에 따라 낸시도 그의 증상의 실체를 보게 되었고 그녀의 외로움은 증가되었다(Ellis, 2004). 그들의 재력과 명성에도 불구하고 낸시는 알츠하이머병 환자를 돌보는 사람들의 전형적인 경험인 고립감을 느꼈다. 그녀는 "누구든 이 일을 겪어보지 않았다면 진정으로 알 수 없다. 그리고 지금 나와 같은 길을 가는 많은 사람이 있다. 이 병은 진행되는 병이고 나아질 길도 없고 단지 악화되는 길만 있으며 이 터널의 끝에는 빛도 없다. 당신은 지치고 좌절하게 된다. 왜냐하면 당신은 통제가 되지 않고 절망적이라고 느끼게 되기 때문이다."라고 썼다(Reagan, 2000, p. 184).

알츠하이머병의 수백만 사례와는 다르게 로널드 레이건의 사례는 대중의 흥미를 자극하고 그의 가족의 활동력은 초기 연구에 박차를 가하게 했다. 미국 국회는 2005년 로널드 레이건 알츠하이머병의 획기적인 진전으로 알려진 법안을 통과시켰으며, 이 법안은 알츠하이머병 연구를 위한 기금을 증가시키고, 그 병을 간호하는 사람들을 도와주며, 공공교육과 예방에 더 노력할 수 있도록 규정했다. 알츠하이머병은 횟수 면에서 증가되고 있는 **만성질환**(chronic disease)의 하나로, 연구가 치료나 예방 방법을 발견하지 못한다면 계속 그렇게 증가할 것이다.

만성질환은 미국에서 매년 10대 사망원인 중 7가지 이유에 해당하며, 성인의 절반 이상이 적어도 만성질환과 함께 살고 있다(Centers for Disease Control and Prevention[CDC], 2009). 만성질환은 또한 10~15%의 어린이가 만성적인 건강 관련 질환을 앓고 있듯이 어린이에게도 영향을 미친다(Bramlett 및 Blumberg, 2008). 이 장에서는 알츠하이머병, 당뇨병, 천식, 에이즈와 같은 만성질환을 앓으며 사는 것의 영향을 살펴본다. 이러한 만성질환들은 많은 요소를 공유하고 있다. 이 질환의 생리학은 다양하나 정서적이고 신체적인 조절, 가족 역동의 분열, 지속적인 의학적 보호의 필요, 자기통제의 필요성은 관절염, 심장병, 암, 신장 병, 다발성 경화증(multiple sclerosis), 두부 손상, 척수 손상에 또한 적용된다.

만성질환의 영향

만성질환은 환자와 그 가족에게 커다란 물리적, 심리적 부담을 준다. 만성질환의 진단을 위기로 기술하는 전문가가 있을 정도이다(Moos & Schaefer, 1984). 만성질환에 적응하는 데는 몇 가지 단계가 있다는 주장도 있지만, 우리가 앞으로 살펴보듯이 만성질환의 적응 단계 모형을 지지하는 근거는 거의 없으며, 적응은 많은 인자의 영향을 받는 역동적인 과정으로 보인다. 그런 인자들엔 질환의 진전 속도와 같은 질환의 특성, 기질적인 낙관주의와 같은 개인의 특성, 사회적 지원과 같은 환자의 사회적 환경의 특성 등이 있다. 그래서 만성질환에 대한 적응은 가변적인 과정이며, 많은 개별 인자들이 환자가 만성질환에 적응하고 순응하는 방법을 형성한다(Parker, Schaller, & Hansmann, 2003).

환자에 미치는 영향

만성질환의 적응에는 그 증상에 대처하고, 치료의 스트레스를 관리하고, 가능한 한 정상적인 삶을 이끌고, 죽음의 가능성에 직면하는 것이 포함된다. 증상이 심각하고 그 증상에 대처하는 요구사항 때문에 적응이 더 어려운 만성질환이 있지만, 일부 만성질환은 일반인이 상상하는 것보다 삶의 질에 영향을 덜 미친다(Damschroder, Zikmund-Fisher, & Ubel, 2005). 각종 만성질환자를 대상으로 실시했던 대규모 군의 기능을 평가한 연구(Arnold et al., 2004; Heijmans et al., 2004)로 다양한 만성질환자 사이의 유사점과 차이점을 찾아냈다. 고혈압이나 당뇨병을 앓는 일부 만성질환자는 일반인과 유사한 기능의 수준을 보고했다. 그러나 심장병, 류머티즘 관절염, 암 환자군은 고혈압, 천식, 당뇨병 환자군에 비해 내향적인 증상을 보였다. 그래서 심리적 기능이 만성질환자의 삶의 질을 결정하는 데 있어 신체적 기능보다 더 중요한 인자로 보였으며, 그에 따라 적응과 대처의 중요성이 강조되었다(Arnold et al., 2004). 환자는 다양한 대처방법으로 만성질환의 스트레스에 대처할 수 있다(Heijmans et al., 2004). 그리고 적극적인 대처방법이 회피 방법보다 더 효과적이었다(Stanton, Revenson, & Tennen, 2007).

치료를 받는 것도 적응이 필요하다. 의료제도와의 접촉으로 만성질환자는 좌절을 느끼고 문제를 일으킬 수 있다(Parchman, Noel, & Lee, 2005). 환자들은 의료제도와 접촉해야만 할 때면 자신감과 투병의식은 물론 권리와 특권 의식을 박탈당하는 느낌을 받는 경향이 있다. 그 환자는 사회적 약자(nonperson)처럼 느껴져 자존감을 상실하기 시작한다(Stanton et al., 2007).

의료 제공업자(health care provider)와의 관계를 개선하고 유지하는 일도 환자와 의사 양쪽 모두에게 힘든 도전이다. 의료제도와 환자의 질환은 보통 급성질환에 초점이 맞춰져 있다. 그래서 그런 급성 환자는 현대의학의 힘을 믿고 치유에 대해 낙관적인 태도를 갖는다. 의사와 기타 의료 종사자도 보통 이런 태도를 견지하며(Bickel-Swenson, 2007), 그 결과 치료에 대한 신뢰와 낙관적인 분위기를 창출할 수 있다. 하지만 이와 달리, 만성질환자는 절망감을 느끼고 그 질환에 대해 부정적인 태도를 취할 수 있다. 현대의학으로도 자신의 병을 치유할 수 없다고 생각하는 것이다. 의료 전문가들도 치유 쪽으로 치우치기 쉬워, 환자를 치유할 수 없을 때 그 환자에 대한 낙관성이 떨어진다(Bickel-Swenson, 2007; Turner & Kelly, 2000). 이러한 감정들은 치유에 부정적인 분위기를 조성해, 환자들은 의료 제공업자에게 의문을 던지고 치료에 저항하며, 의료 제공업자도 치료 요법을 따르지도 않고 호전도 안 되는 환자들에게 좌절감과 분노감을 느낀다. 다행히, 젊은 의사들은 그와 같은 부정적인 태도가 약하다(Lloyd-Williams, Dogra, & Petersen, 2004). 그런 태도는 치료에 유익하며 만성질환자들이 미국 보건제도와 벌이는 협상이 갈수록 험난해지는데 그런 협상에서도 유리하게 작용할 것이다.

만성질환자는 여러 종류의 투병 방법을 선택하기도 한다. 효과적인 방법도 많지만, 특정 상황에서 더 잘 들어맞는 방법도 있다. 예를 들어, 지시를 거부하거나 문제를 도외시하는 회피 지향적인 대처는 계획하고 정보를 추구하는 문제 중심적인 방법보다는 일반적으로 효과가 떨어진다(Livneh & Antonak, 2005; Stanton et al., 2007). 그러나 문제가 통제 불가능할 때, 회피 대처는 부정적인 감정을 해소하는 데 효과적일 수 있다. 하지만 문제가 통제 가능할 경우 이런 방법은 부실한 선택이다.

환자들의 그런 정서적 반응에 대처하는 데 의사들은 종종 뭔가 부족하다는 느낌을 받기도 한다(Bickel-Swenson, 2007; Turner & Kelly, 2000). 이때 심리적 치료 개입과 지원 집단이라는 두 가지 형태의 보충이 필요하다. 많은 만성질환에 대해, 건강심리치료사들은 걱정이나 우울 같은 감정을 중점 관리하는 치료 개입을 하고 있다. 지원 집단도 난치병 혹은 불치병 환자나 그 가족을 정서적으로 지원함으로써 정서적 황폐를 해결한다. 이러한 서비스는 기존의 치료를 보충하고 만성질환자가 처방

요법에 순응하고 의료 제공자들과의 실무적인 관계를 지속하는 데 도움이 된다. 암환자(Osborn, Demoncada, & Feuerstein, 2006)와 그들의 가족(Badr & Krebs, 2013; Barlow & Ellard, 2004)을 대상으로 사회심리적인 치료 개입의 효과를 다룬 연구를 재검토한 결과, 인지 행동적 치료 개입이 환자가 만성질환에 대처하는 데 효과적인 지원을 해준다는 사실이 밝혀졌다. 게다가 인터넷에 의한 개입 역시 여러 만성 건강 상태에 따른 고통을 경감하고 질병 통제를 향상하는 데 도움이 된다는 증거도 있다(Beatty & Lambert, 2013).

만성질환의 주요한 영향 중 하나는 그 환자들이 자신을 보는 눈을 바꾼다는 것이다. 만성질환을 진단받으면 그 사람은 자아 인식을 바꾼다. 만성질환과 그 치료 과정에서 많은 환자는 자신의 삶, 관계, 신체 이미지를 재평가할 수밖에 없다(Livneh & Antonak, 2005). 만성질환의 진단은 상실을 의미하고(Murray, 2001), 사람들은 그런 상실감에 슬픔의 과정으로 적응해간다(Rentz, Krikorian, & Keys, 2005). 상실의 체험에서 의미를 찾는 것은 슬픔보다 더 포괄적이지만, 상실의 의미에 대해 이해를 높이는 것은 만성질환에 대처하는 일반적인 부분이다. 끝내 슬픔에서 헤어나지 못하는 만성질환자도 있지만(Murray, 2001), 삶의 의미를 긍정적으로 재구성하는 환자도 있다.

만성질환자는 종종 자신이 처한 상황에서 긍정적인 면모를 찾기도 한다(Folkman & Moskowitz, 2000). 그런 적응은 그 질환으로 야기된 변화를 수용하는 것인데, 일부 연구(Fournier, de Ridder, & Bensing, 2002)에 따르면 긍정적인 기대나 심지어 비현실적인 낙관주의도 만성질환에 대처하는 데 유리하게 작용했다. 아네트 스탠턴(Annette Stanton)과 그녀의 동료가 요약한 것처럼 '삶을 위협하는 병도 기쁨의 체험을 가로막지 못한다'. 그래서 일부 환자는 상실과 슬픔을 통해 개인적인 성장을 체험하기도 하며(Hogan & Schmidt, 2002), 그로 인해 우울함이 감소되고 행복함이 높아졌다(Helgeson, Reynolds, & Tomich, 2006). 이런 결과는 환자는 물론 그 가족과 간병인에게도 적용된다.

가족에게 미치는 영향

질환은 환자 자신뿐만 아니라 그 가족에게도 적응을 요구한다. 가족들은 슬퍼하고 환자가 죽을 때까지 상실감을 느끼게 될 것이다. 가족들이 환자의 능력 상실과 자존감의 상실을 볼 것이기 때문이다.

가족을 심리사회적 치유 과정에 포함시키는 것은 환자(Martire, Schulz, Helgeson, Small, & Saghafi, 2010)와 가족(Martire, Lustig, Schulz, Miller, & Helgeson, 2004) 모두의 행복에 기여한다. 그러나 더 효과적인 치료 개입이 있다. 예컨대, 건강에 직접

적인 영향을 미치는 대화와 상호작용을 강조하는 치료 개입이 효과가 컸다(Martire & Schulz, 2007). 또한 만성질환자에게는 '눈에 보이지 않는 보살핌(invisible)'이라는 도움도 매우 효과적이었다(Bolger, Zuckerman, & Kessler, 2000). 눈에 보이지 않는 보살핌이 보살핌일 수 있다. 눈에 보이지 않는 보살핌의 지원에서 제공자는 보살핌을 제공해 주고 있다고 보고하지만, 환자는 보살핌을 받지 못하고 있다고 보고할 수도 있다. 이러한 역동성은 환자가 제공자의 보살핌을 분명하게 인식하지 못하는 방식으로 느끼게 되면 줄어들고, 환자는 덜 무기력해지고 좀 더 효과적이라고 느낄 수 있다. 이런 치료 개입은 파트너가 아프지 않을 때 더 편하다. 도움이 필요한 환자라도 눈에 보이는 도움은 고맙기는 하지만 부담도 된다. 그래서 아무리 의도가 좋은 간병 파트너에게도 만성질환은 힘든 어려움을 안겨준다.

아동의 질병 사망률이 20세기에 극적으로 줄었지만, 아동 만성질환자의 수는 여전히 상당하다(Brace, Smith, McCauley, & Sherry, 2000). 이런 질환은 대부분 상대적으로 작은 병이지만 많은 아동이 운동성과 활동성을 제한하는 암, 천식, 류머티즘 관절염, 당뇨병과 같은 중증 만성질환을 앓고 있다. 이런 질환은 가족 전체의 삶에 변화를 가져온다. 부모와 형제들은 아픈 아이를 치료하면서 가족생활을 '정상화'하기 위해 노력한다(Knafl & Deatrick, 2002). 부모는 충격과 비통, 분노를 느끼면서 아이를 응원하고 보살피며 또한 만성질환자 아이가 질환을 앓으면서 의미를 찾는 데서 직면하는 적응도 마주하게 된다. 다른 형제들도 그 형제의 질환에 적응하는 도전에 직면하게 되어, 자신의 가족과 정상적인 가족의 차이점에 주목하는 경향이 있고, 아픈 형제에게 원망과 동정심이 뒤섞인 감정을 느끼게 된다(Waite-Jones & Madill, 2008a).

어른들의 경우 그런 질환과 더불어 찾아온 변화로 인해 자신의 관계를 변경해 정체성을 재정의할 수 있지만, 아동에게 그 질환은 더욱 괴롭고 자아 파괴적이다. 그런 질환에 잘 대처하는 아이들이 있는 반면, 일부 아이들에게 만성질환으로 발생하는 제약은 매우 힘겨워 소외, 우울, 비통함을 야기한다(Melamed, Kaplan, & Fogel, 2001). 나이가 너무 어리면 자신이 앓고 있는 질환의 성질을 이해하지 못할 수도 있지만, 나이가 든 아동이나 청소년은 질환으로 인한 제약을 원망할 수도 있다. 의료 제공업자와 부모는 이런 아이들에게 대안적 혹은 조정된 활동을 부여해 적응하는 데 도움을 줄 수 있다.

아동 환자의 가족은 부부가 겪는 문제와 비슷한 문제에 봉착한다. 가족들은 관계를 지속하면서 간병을 해야 한다(Knafl & Deatrick, 2002). 아픈 아이에겐 많은 정서적 지원이 필요하고 그 몫의 대부분은 어머니 차지이다. 그로 인해 어머니는 심신이 피폐해 남편에게 헌신할 에너지가 거의 고갈되고, 그래서 남편은 버림받고 가족에게서 배제됐다는 느낌을 받을 수 있다. 아버지는 그런 근심을 숨기고 회피를 통해 대처하는 경향이 있는데, 그리 효과적인 대처방법은 아니다(Waite-Jones & Madill, 2008b).

　　가족들은 만성질환에 적응하기 위한 몇 가지 추천을 따를 수 있다. 가족들은 유연하게 대처하거나 최대한 정상에 가까운 일상생활을 유지하기 위해 노력할 수 있다. 그러한 예로는 그 질병의 존재를 가볍게 여기고 다른 아이들이나 다른 가족들처럼 살아가는 것이다. 그 질환으로 야기된 상황이나 환경 혹은 가족의 생활을 확대하여 거기에 초점을 맞추는 것은 권장할 만한 방법이 아니다. 가족들은 근심걱정을 키우지 않으면서 아이의 욕구를 충족시킬 방법을 고안해야 한다(Brace et al., 2000). 만성질환자와 마찬가지로 가족도 그 상황에서 의미와 어떤 긍정적인 면모를 찾는 데 초점을 맞추면 더 잘 적응하는 경향이 있다(Ylvén, Björck-Åkesson, & Granlund, 2006).

요약

만성질환은 그 당사자와 가족 구성원에게 적응을 요구하는 변화를 가져온다. 만성질환자는 자신의 증상을 관리하고 적절한 의료를 찾고 이런 상황에서 발생하는 심리적 변화에 적응해야 한다. 의료 전문가들은 만성질환자의 사회적, 정서적 욕구를 소홀히 하고 그들의 신체적 욕구에 관심을 집중할 수도 있다. 건강심리치료사와 지원 집단은 만성질환과 관련된 정서적 욕구를 제공하는 데 도움을 주어야 한다. 그러한 적응은 장기적인 상실감이나 슬픔을 초래하거나 혹은 개인적 성장을 구성하는 변화를 이끌 수 있다.

 ## 알츠하이머병과 함께 살아가기

뇌의 퇴행성 질환인 알츠하이머병은 노인들 사이에서 장애의 중요한 원천이다(Mayeaux, 2003). 이 질병은 지역마다 다르게 퍼졌지만 산업화되고 발달된 지역에서 인지적 불능의 중요한 원인으로 남았다. 의학연구자들은 19세기 말에 알츠하이머병의 기초가 되는 뇌의 이상 변칙에 관하여 규명했다. 1907년 독일 의사 알로이스 알츠하이머(Alois Alzheimer)는 신경학상의 이상에 대한 시체해부 결과와 죽음 전의 정신과적인 증상 사이의 관계에 관한 보고를 했다. 그의 보고 뒤에 머지않아 다른 연구자들은 그 장애를 알츠하이머병이라고 부르기 시작했다.

　　이 질병은 부검을 통해서만 분명하게 진단할 수 있다. 그러나 뇌 영상 촬영 기법을 통해 거의 90%의 정확도로 알츠하이머병을 진단할 수 있다(Vermuri et al., 2008). 또한 알츠하이머병 환자는 임시적인 진단에 이르게 하는 기억 손실과 인지장애의 행동적 증상들을 보여준다(Mayeaux, 2003). 부검하는 동안 뇌를 현미경으로 조사하면 내뇌피질과 뇌의 해마상 융기의 혈과의 엉킴이 나타난다. 신경섬유의 이런 엉킴이 알츠하이머병의 신체적 조건이다. 알츠하이머병의 가장 큰 위험요소는 나이이다. 알츠하이머병의 발병률은 나이를 먹음에 따라 급격하게 증가한다. 알츠하이머병의 유병률은 75세 이하의 사람들에게서는 낮은 편으로 약 9% 정도이다(Fitzpatrick et al., 2004; Lindsay, Sykes, McDowell, Verreault & Laurin, 2004). 그러나 알츠하이머병에 감염된 사람들의 비율은 매 5년이 증가할 때마다 2배씩 늘어나서 85세 이상의 사람들 중 50%는 알츠하이머병의 증후를 나타낸다. 이러한 증가는 이러한 질환의 징후를 보이지 않는 90대 노인들의 경우 65~85세의 노인들이 보이는 것과는 거의 달리 진행된다는 점을 고려하면 동일한 비율로 계속되지는 않는 것 같다(Hall et al., 2005). 알츠하이머병으로 보이는 증상을 가진 많은 수의 85세 이상의 노인들은 많은 산업화된 국가나 개발도상국에서 노화 집단에 대한 우울한 초상을 나타내고 있으며, 이들 국가에서 알츠하이머병은 커다란 공공 건강 문제가 되기 쉽다(Wimo et al., 2013).

이 병의 발생에 관한 기본적인 기제는 아직 완전하게 이해되지 않았으나, 이 병의 두 가지 형태는 존재한다. 즉, 60세 이전에 발생하는 초기 발현 버전과 60세 이후에 발생하는 후기 발현 버전이다. 초기 발현 유형은 매우 드물고, 모든 알츠하이머병 환자의 5%보다도 적게 나타난다(Bertram & Tanzi, 2005). 초기 발현 알츠하이머병 환자들은 유전적 결함으로 인해 발생할 수 있는데, 적어도 염색체 1, 14, 21번 염색체의 이상이 원인이 된다.

후기 발현 유형은 초기 발현 유형과 증상은 비슷하나 60세 이후에 시작된다는 점이 다르며, 레이건 대통령의 사례가 그랬다. 이런 버전의 질환에 걸리기 쉬운 민감한 몸은 콜레스테롤 대사에 침입하는 단백질인 아폴리포단백질(apolipoprotein) ε(혈청의 지방질 단백질을 구성하는 단백질 성분)과 관련이 있다(Bertram & Tanzi, 2005; Ertekin-Taner, 2007). 아폴리포단백질의 한 형태인 ε4는 아밀로이드 플라크(amyloid plaque)에 대한 빌딩 블록(building block)을 형성하는 아밀로이드 플라크의 축적에 영향을 미친다(Selkoe, 2007). 이 플라크는 알츠하이머병의 근본적인 병리학을 구성하는 것으로 보인다. 이 위험은 ε4 유전자를 1개 가진 사람에게는 약 3배, 2개 가진 사람에게는 15배까지 증가된다. 이 유전자의 변형을 가지고 있지만 알츠하이머병을 앓고 있지 않은 노인은 유전자의 다른 변형을 가진 사람보다 낮은 인지적 기능을 보였다(Small, Rosnick, Fratiglioni, & Bäckman, 2004). 사실 유전자의 ε2 형태는 알츠하이머병에 대항하는 어떤 보호를 제공할지도 모른다.

이러한 유전자 요인은 반드시 알츠하이머병에 걸리도록 하는 것은 아니지만, 알츠하이머병에 걸릴 수 있는 개인의 민감성을 높이는 역할을 한다. 환경과 행동적 요인의 다양성 또한 알츠하이머병의 발생에서 그 병의 유전자와 상호작용하는 역할도 한다. 예를 들면, 뇌졸중은 그 위험을 증가시키고 두부 손상 또한 그렇다(Pope, Shue, & Beck, 2003). 이 위험은 아폴리포단백질 유전자의 ε4 형태를 가지고 있는 사람들에게 강하게 적용될 수 있다. 제2형 당뇨병은 알츠하이머병의 위험을 증가시키거나 ε4 아폴리포단백질과 당뇨병의 결합이 5배 이상 더 위험을 증가시킨다(Peila, Rodriguez, & Launer, 2002). 염증작용 또한 알츠하이머병의 위험을 증가시키고 이것은 심혈관질환에도 마찬가지이다(Martins et al., 2006). 이러한 위험은 청년기나 중년기에 있는 사람일지라도 인생 내내 누적될 수 있는데, 오랫동안 염증질환을 경험한 사람들에게는 위험이 더욱 증가되어 있다(Kamer et al., 2008). 중간 성인기 동안의 지방 섭취량도 알츠하이머병에 대한 위험을 증가시키지만(Laitinen et al., 2006), 노년기의 높은 콜레스테롤은 아무 관계가 없다(Reitz et al., 2008). 다른 많은 건강 문제의 위험 보호요인이 되는 신체활동 또한 알츠하이머 질환의 순차적 발전을 지연시켜주는 것으로 나타났다(Qiu, Kivipelto, & von Strauss, 2011).

알츠하이머병의 위험요인에 관한 연구는 또한 몇몇 보호요인을 밝혀냈는데, 인지적 활동은 위험을 감소시킨다. 따라서 인지적 과정이 높은 수준을 요구하는 직업을 가진 사람들이 덜 인지적인 수준을 요구하는 직업을 가진 사람에 비해 알츠하이머병의 발병률이 낮은 경향이 있다('믿을 수 있을까요?' 글상자 참조). 낮은 수준의 알코올 소비가 알츠하이머병의 위험을 반으로 줄였다는 연구도 있다(Ruitenberg et al., 2002). 비스테로이드계 항염증약(NSAID: nonsteroidal anti-inflammatory drug)의 정규적인 복용도 ε4 형태의 아폴리포단백질 유전자를 지닌 사람들의 경우 특히 위험을 줄이는 것으로 나타났다(Szekely et al., 2008). 따라서 이러한 복용 행위를 통해 유전적 위험을 수정할 수도 있다. 알츠하이머병의 많은 위험요소가 심혈관계 질환, 암의 요인과 겹치고 보호요소도 겹친다. 즉, 건강한 삶의 스타일은 더 다양한 질환에 대한 예방적 조치를 제공

표 11.1 알츠하이머병 발현의 위험요소와 보호요소

위험요소	보호요소
나이(65세를 넘어가면 위험은 증가한다.)	
아폴리포단백질 ε4의 유전	아폴리포단백질 ε2의 유전
뇌졸중, 두부 손상 또는 당뇨병, 특히 아폴리포단백질 ε4의 유전자를 가지고 있는 사람	
염증	NSAID의 복용
중간 성년기 동안 고지방 식습관	
낮은 교육 수준	높은 교육 수준
인지를 요구하지 않는 직업	인지를 요구하는 직업
	적거나 또는 적절한 수준의 알코올 섭취
앉아서 지내는 생활 방식	걷기를 포함한 다양한 형태의 신체활동

믿을 수 있을까요?

당신의 정신을 사용하는 것은 당신 정신의 손실을 방지하는 데 도움이 될 수 있다

비록 나이와 유전이 알츠하이머병 발현의 위험에 기여하지만, 같은 나이 또는 동일한 유전자를 가진 모든 사람이 동일한 위험부담을 가지는 것은 아니다. 당신의 지능, 교육, 직업, 심지어 텔레비전 시청 습관도 위험에 기여한다.

교육을 더 많이 받은 사람은 알츠하이머병 발현의 위험이 더 낮다. 교육과 IQ의 관련성으로 인해 교육의 보호 효과를 분리하기는 쉽지 않지만, 한 연구(Pavlik, Doody, Massman, & Chan, 2006)는 교육 수준이 아닌 IQ 점수가 알츠하이머병의 전개를 더 잘 예측한다는 것을 추정했다. 이 결과는 지능이 질병에 대한 몇 가지 보호 기능을 제공한다는 것을 제시한다. 그러나 다른 연구는 지적인 것이 모든 이야기를 설명하는 요인이 아님을 시사한다.

알츠하이머병을 퇴치하는 데 있어 얼마나 지적인가 보다 중요한 것은 당신의 정신이다. 예를 들어, 직업의 복잡성은 위험에 영향을 미친다. 쌍둥이 중 한 사람이 알츠하이머병을 앓았고, 다른 한 사람은 알츠하이머병을 앓지 않았다는 쌍둥이 쌍의 연구(Andel et al., 2005)에서 두드러진 부분은 쌍둥이에 의해 수행된 작업의 복잡성이었다. 이 연구는 쌍둥이를 대상으로 한 연구이기 때문에 유전적인 요인이 그 역할을 했다고 할 수 없

다. 결과는 사람이나 데이터 작업 등 좀 더 복잡한 작업에 관련된 사람들이 장애에 의해 영향을 받을 가능성이 낮다는 사실을 나타낸다. 약 1천 명의 스웨덴 성인에 관련한 연구(Karp et al., 2009) 또한 이를 확인하여 당신의 정신을 사용하여 보호할 것을 제안한다. 당신은 은퇴(인지적으로 복잡한 일을 멈추는 것)가 인지저하의 위험을 증가시킨다고 믿는가? 최근의 한 연구(Roberts, Fuhrer, Marmot, & Richards, 2011)는 이를 제시했다.

은퇴할 때까지 일하는 것이 알츠하이머병을 예방하는 유일한 해답은 아니며, 복잡한 작업이 보호를 제공하는 유일한 정신활동 유형은 아니므로 안심하라. 여가시간 활동에 관한 연구(Lindstrom et al., 2005)는 장년기 동안의 여가활동이 보호적이거나 위험할 수 있음을 발견했다. 지적 여가 및 사회활동에 참여한 사람들은 자신의 노년기에 알츠하이머병을 줄일 수 있었으나, 반면에 텔레비전을 시청하는 사람들의 위험은 증가했다. 실제로 매일 여가시간에 텔레비전을 시청하는 것은 위험을 증가시킨다. 그래서 청·장년기에 당신의 정신을 사용하는 것은 노년기의 알츠하이머병 발현을 예방할 수 있으며, 이는 '사용하거나 잃거나'로 표현할 수 있다.

할지 모른다. 표 11.1은 위험요소와 보호요소를 요약하여 나타낸 것이다.

알츠하이머병의 증상들은 정신적 장애의 증상들과 같이 많은 행동적 문제를 포함하기 때문에 이 병은 진단하기가 어렵다. 이런 증상은 알츠하이머병을 앓고 있는 대다수의 사람들에게서 나타난다(Weiner, Hynan, Bret, & White, 2005). 기억상실에 더하여 행동적 증상들은 흥분과 과민성 수면장애, 의심 및 편집증 같은 망상, 부도덕한 성적 행동, 그리고 환각을 포함한다. 알츠하이머병을 가진 환자는 그렇지 않은 사람에 비해 위험한 행동에 빠질 가능성이 훨씬 더 높다(Starkstein, Jorge, Mizrahi, Adrian, & Robinson, 2007). 가벼운 정도의 알츠하이머병을 가진 사람조차도 좀 더 심각한 사례와 비슷한 정신병적인 증상을 보여준다(Shimabukuro, Awata, & Matsuoka, 2005). 이런 행동적 증상은 간호하는 사람뿐만 아니라 환자에게까지 큰 스트레스의 원인이 될 수 있으며 좀 더 심각한 행동적 증상은 생존시간이 더 짧아졌음을 예견한다(Weiner et al., 2005).

　알츠하이머병 환자 사이의 가장 일반적인 정신과적 문제는 우울이며, 환자의 20% 정도가 임상적 우울의 증상을 보인다(van Reekum et al., 2005). 우울은 위험요소를 작용시켜 알츠하이머병의 발병을 진전시킬 수도 있다. 부적 기분의 경험은 특히 초기 발현 알츠하이머병에 걸린 사람과 그 병의 초기 단계에 있는 사람들에게는 일반적이다. 자신의 문제를 인식하고 있는 사람들은 퇴화로 인한 고통스러움을 알기 때문에 무력감과 우울증으로 반응한다.

　알츠하이머병 환자를 특징짓는 기억상실은 우선 평상시 기억의 실패, 즉 작은 일에서 나타나며 이것이 그 병의 초기 단계를 상징한다(Morris et al., 2001). 이 기억상실은 알츠하이머병 환자들이 가족 구성원을 인식하지 못하고 매일 자기보호조차 어떻게 수행하는지를 잊어버리는 것까지로 진전된다. 전직 레이건 대통령도 이런 상실을 경험했다. 이 병의 초기 단계에서 환자들은 일반적으로 레이건처럼 기억 실패를 인식할 수 있으며 이런 증상이 좀 더 심적 고통을 만든다.

　편집증과 의심의 공통적인 증상들은 인지장애와도 관련이 있다. 알츠하이머병 환자는 자신의 소유물을 어디에 놔두었는지 잊어버릴 수 있다. 그들은 소유물을 찾을 수 없기 때문에 다른 사람이 그것을 가져갔다고 비난한다. 그러나 의심과 비난 어린 행동은 소유물을 잘못 둔 것에 제한되지 않는다. 언어적 공격은 37%의 알츠하이머병 환자들에게서 나타나고, 신체적 공격은 약 17%에서 나타난다(Weiner et al., 2005).

환자 돕기

현재, 알츠하이머병은 치료하지 못한다. 그러나 회복 불가능과 치료 불가능은 각각 다른 문제이다. 즉, 알츠하이머병의 신체적 증상과 이에 수반되는 장애들은 치료할 수 있다. 비록 연구자들이 이 병을 예방할 수 있는 약을 개발하려고 노력했지만, 치료의 1차 목표는 이 병의 진행을 늦추어주는 약물을 사용하는 것이다. 치료 접근에는 인지 결함 진행을 지연시키는 약과 흥분과 공격성을 감소시키는 정신이완 약이 포함된다. 불행하게도, 체계적인 검토(Seow & Gauthier, 2007)에 따르면 인지 결함을 대상으로 하는 약물은 단지 적당한 정도의 이점만을 제공하는 것으로 나타났다. 일부 환자의 경우 이러한 약은 몇 달 또는 몇 년 정도 이 병의 진행 속도를 늦추어주지만 이 병의 발현을 중지시키거나 치료할 수는 없다. 어떤 약(도네페질(donepezil))은 새로운 기억의 형성을 위해 중요한 뇌 위치에서 신경 손상을 지연시킨다. 이러한 발견은 왜 이 약이 인지력 손상을 지연시키는 일부 알츠하이머병 환자들에게 효과적인지를 설명하고 있다. 게다가 일부 연구자들은 스타틴 약의 다소간 이익을 발견했는데(Langa, Foster, &

Larson, 2004), 이는 전형적으로 심혈관계 질환 환자들에게 처방되는 것으로 알츠하이머병과 관련된 치매의 진행을 느리게 만든다.

행동적 접근 방법이 알츠하이머병 환자들에게 도움을 줄 수도 있다. 이러한 접근 방법으로는 알츠하이머병 환자가 인지 능력을 유지할 수 있도록 돕는 감각 자극 방식과 현실 감각 훈련이 있다. 몇몇 보고서(Hulme, Wright, Crocker, Oluboyede, & House, 2010; O'Connor, Ames, Gardner, & King, 2009; Verkaik, Van Weert, & Francke, 2005)에 따르면 이러한 소수의 프로그램의 효과가 입증된 것으로 나타났다. 가장 높은 가능성을 보여준 것은 음악, 향기 치료, 햇볕 쬐기, 근육 이완 훈련과 같은 즐거운 자극을 제공하는 프로그램과 인지 능력과 문제 해결에 집중할 수 있게 해주는 프로그램이었다. 음악 치료는 다른 유형의 자극 치료보다 훨씬 더 유용할 수 있으며(Svansdottir & Snaedal, 2006), 알츠하이머병 환자에게 가장 일관되게 이점을 제공하는 접근 방법 중 하나이다(Hulme et al., 2010; O'Connor et al., 2009; Verkaik et al., 2005). 인지 자극을 제공하는 프로그램들에 대한 메타분석에 따르면, 앞서 말한 프로그램들이 인지 기술을 약간 향상할 수 있음을 나타내지만, 인지 훈련을 제공하는 프로그램들은 더 적은 혜택을 제공하는 것으로 나타났다(Huntley, Gould, Smith, & Howard, 2015). 또한 간병인들은 커뮤니케이션의 개선, 혼란을 줄이고 문제 행동을 관리하는 데 도움을 주는 환경으로의 환경 변화를 통해 알츠하이머병 환자의 행동 문제를 관리할 수 있다(O'Connor et al., 2009; Yuhas, McGowan, Fontaine, Czech, & Gambrell-Jones, 2006). 예를 들어, 출입문을 잠그면 환자가 바깥에서 떠돌아다니는 것을 방지할 수 있다. 자신의 집을 잃어버리는 이들에게는 문에 라벨을 붙이면 도움이 될 수 있다.

비록 이 중 어떤 것도 알츠하이머병을 치료할 수는 없지만, 대부분 원치 않는 행동을 자제하고, 이 병의 고민거리 증상의 일부를 완화하도록 도울 것이다. 알츠하이머병의 조짐을 늦출 수 있는 어떤 치료라도 많은 사례와 관리비용에 있어서 중요한 차이를 만들 수 있다(Haan & Wallace, 2004). 알츠하이머병의 초기 단계에서는 환자와 그들의 가족이 질병 증상 때문에 괴롭지만, 환자가 악화되고 의식이 나빠질수록 알츠하이머병의 스트레스는 가족에게 더욱 심각해진다. 간병에 대한 부담도 가족이 환자를 공공시설에 의탁하려는 결정요인 중 하나이며(Mausbach et al., 2004), 이것도 질병의 비용을 추가시킨다.

가족 돕기

그 밖의 만성질환과 마찬가지로, 알츠하이머병은 단지 환자뿐만 아니라 간병의 부담을 지고 있는 가족에게도 영향을 준다. 입버릇이 사납고 더 이상 당신을 알아보지 못하는 배우자나 부모를 돌보는 일은 매우 어렵다. 인지 손상은 같은 사람을 더 이상 예전의 그 사람으로 볼 수 없는 상황을 만든다.

간병은 산업화된 개발도상국에서 가족들에게 유사한 영향을 미친다. 알츠하이머병 같은 치매 질병을 가진 환자들은 가족에게 부담을 준다(Prince, 2004). 이런 부담은 정서적이고 실제적이다. 알츠하이머병 환자를 보살피는 문제는 시간을 내야 하고, 새로운 기술을 요구하며, 가족의 일상을 크게 파괴한다.

미국에서(Cancian & Oliker, 2000) 그리고 전 세계에서 간병 역할의 대부분은 여성이다(Prince, 2004). 몇몇 평가에 따르면, 알츠하이머병을 돌보는 사람의 약 70%가 여성이라고 한다(Yang & Levey, 2015). 불행하게도 노인성 치매의 보통 증상인 분노와 의심은 남자 간병인보다 여성에게 더 힘들다(Bédard et al., 2005). 그래서 여자가 남자보다 간병의 부담을 더 느끼는 경향이 있다. 이들의 일은 정말로 수고스러운 일이다. 알츠하이머병 간병인에 대한 조사(Georges et al., 2008)에 따르면 말기 단계의 치매 환자를 간병하는 경우 이러한 일은 하루 10시간 이상을 차지할 수 있다고 한다.

간병의 만성적인 스트레스는 이 만성 스트레스가 가족 구성원들의 면역계에 어떻게 영향을 미치는가를 연구하는 정신신경면역학자들의 관심을 유발했다. 재니스 키콜트 글레이저와 그녀의 동료(Kiecolt-Glaser, McGuire, Robles, & Glaser, 2002)들은 치매 간병인들을 연구했는데 그들의 경험이 면역 기능도 떨어뜨리고, 간병을 하지 않는 유사한 사람들보다 정신적으로도 신체적으로도 건강이 나빠진다는 사실을 발견했다. 또한 알츠하이머병 환자의 손상 정도는 간병인의 고통 정도와 직접적인 관련이 있다(Robinson-Whelen, Tada, MacCallum, McGuire, & Kiecolt-Glaser, 2001). 즉, 환자가 나빠질수록 간병인의 고통은 더 심해졌다. 또한 간병인이 간병활동을 끝낼 때도 이러한 고통은 끝나지 않았다(Aneshensel, Botticello, & Yamamoto-Mitani, 2004). 그래서 간병은 심각한 부담을 주고, 알츠하이머병 환자가 사망하고 나서도 계속된다.

현재 간병인이 이용할 수 있는 더 많은 지원 방법이 있다. 예를 들면, 프로그램은 이제 간병인들이 알츠하이머병에 걸린 사람들을 더 잘 간병할 수 있는 기술을 습득하도록 돕고 있다(Paun, Farran, Perraud, & Loukissa, 2004). 간병인들은 그들이 필요한 작업을 수행할 지식과 기술이 있을 때 그렇게 당황하지 않는다. 그러한 교육적 개입에 대한 보고에 따르면(Beinart, Weinman, Wade, & Brady, 2012; Coon & Evans, 2009) 이러한 방법은 스트레스와 고통을 줄이고 자기효능감과 안녕을 개선하는 데 성공적인 것으로 나타났다. 지원 집단들은 환자를 돌보는 방법에 대한 정보를 제공해주고 환자를 일시적으로 간호 위탁할 수 있는 지역공동체에 대한 정보의 근원이 될 수 있다. 많은 지원 집단은 간병인들에게 정보와 정서적 지원을 제공하고 있다. 또한 인터넷은 지원의 원천이 될 수 있다. 온라인 및 전화에 기반을 둔 서비스는 다른 출처들로부터 지원을 받기가 어려운 간병인들에게 지원을 제공한다(Boots, de Vugt, van Knippenberg, Kempen, & Verhey, 2014; Wilz, Schinkothe, & Soellner, 2011).

알츠하이머병 간병인들은 주로 그들이 한 번쯤 환자와 공유했던 관계를 통해 상실감을 경험한다. 즉, 이러한 상실감은 환자의 증상과 함께 시작될지도 모른다(Robinson, Clare, & Evans, 2005). 치매로 인한 상실감에 적응하는 것은 배우자와 가족에게는 긴장이다. 그러나 알츠하이머병을 지닌 환자를 간병하는 사람 중 19%만이 긴장감을 보고했고(Sanders, 2005), 대부분은 통제감과 사적이며 영혼적인 성장이라는 간병의 정적 측면을 발견했다. 많은 측면에서 낸시 레이건은 전형적인 간병인들보다 더 행운이었다. 그녀는 남편을 위해 다른 사람을 고용할 수 있었지만, 그녀와 가족은 남편의 점진적인 능력 상실로 무기력과 좌절을 느꼈다(Ellis, 2004). 낸시는 편지를 보냈던 많은 사람의 지원이 필요했고 감사하다고 말했다. 낸시의 고립되고 좌절된 감정은 전형적인 알츠하이머병 환자 간병인들의 증상이었지만 낸시와 레이건 가족은 이러한 경험 속에서 의미를 찾으려고 애썼다. 그들이 택한 한 가지 방법은 알츠하이머병에 대한 치료 또는 예방책을 찾으려고 노력하는 활동가가 되는 것이었다.

요약

알츠하이머병은 뇌에서 발생하는 진행적이며 비유전적인 질병으로 동질적인 기능, 특히 기억에 영향을 미친다. 그 밖의 증상으로는 불안, 흥분, 편집 및 망상, 방랑, 우울, 실금 등이 포함된다. 이러한 증상들은 또한 몇몇 정신과적 장애의 지표가 되어 알츠하이머병의 진단을 어렵게 만들고 환자와 간병인 모두에게 심적 고통을 준다.

연령 증가는 알츠하이머병의 위험요인이고, 85세 이상의 사람 중 절반 이상이 이러한 증상을 보인다. 유전과 환경 모두가 존재하는 다양한 초기 발현과 후기 발현 모두에서 이러한 질병의 발현에 한 역할을 담당하는 것으로 보인다.

이러한 점에서 치료는 질병의 진행을 늦추고, 부적 증상들을 관리하고, 가족 간병인들이 스트레스에 대처하는 쪽으로 크게 지향되고 있다. 질병 진행을 늦추는 약물 치료는 효과에 한계가 있지만 어떤 사람들은 도움을 받고 있다. 증상 관리는 인지 손상을 늦추고 간호를 덜 어렵게 만드는 환경 변화를 맞추는 감각 및 인지적 자극의 제공이 포함된다. 간병인들은 이러한 질병을 가진 사람들을 돌봐야만 한다는 부담감을 안고 있기 때문에 훈련과 지원 또한 알츠하이머병 환자들을 돌보는 사람들에게는 바람직하다.

당뇨병 조절하기

1989년에 여배우 할리 베리(Halle Berry)는 텔레비전 시트콤에서 한 역할을 맡았는데, 그녀가 예전에 맡았던 것보다 훨씬 어려운 긴 작업이었다(Siegler, 2003). 그녀는 피곤할 때 휴식을 취할 기회가 없었고 혈당 수준이 낮다고 느낄 때 캔디 바(막대사탕)를 먹을 기회가 없었다. 베리에게는 **당뇨병**(diabetes mellitus)이 있었고, 자신을 스스로 돌보지 못하여 7일 동안 혼수 상태가 되기도 했다. 그러한 혹독한 경험으로 인해 베리는 자기가 몇 년 동안 고생했던 것보다 훨씬 더 오랫동안 병원에 있었던 것 같은 느낌이 남아 있다고 말한다. 그녀는 그러한 경험을 자신의 건강을 돌보라고 압력을 주는 '깨어 있는 콜'로서 보았다. 지금 그녀는 자신의 다이어트, 운동, 스트레스에 대해 매우 조심스럽게 인슐린을 복용하면서 혈당 수준을 조절하고 있다. 그러나 2007년 10월 베리는 건전한 식이요법을 통해 당뇨를 치료했으며, 더 이상 인슐린을 맞지 않는다고 발표했다(Goldman, 2007). 그녀의 이러한 말은 큰 분노를 일으켰다. 왜냐하면 그녀는 치료가 가능하지 않은 제1형 당뇨병이었기 때문이다. 더

여배우 할리 베리는 당뇨병을 관리하기 위해 식단과 식이요법, 운동을 통해 건강하게 임신을 할 수 있었다.

이상 인슐린을 투여받지 않아도 되었다면, 그녀가 앓고 있는 당뇨병은 처음부터 제2형 당뇨병이었다. 그녀의 진단과 행동 그리고 심지어 그녀의 질병에 대한 오해는 당뇨가 직면하고 있는 어려운 과제의 일단을 잘 보여주고 있다.

당뇨병의 생리학

당뇨병 관리에 있어 심리적인 문제들을 조사하기 전에 장애의 생리학을 좀 더 면밀히 봐야 한다. 위의 아래에 있는 **췌장**(pancreas)은 여러 가지 분비물을 산출한다. 췌장의 **소도세포**(islet cell)들은 몇몇 호르몬을 산출하는데, 이 중 글루카곤과 인슐린이라는 두 가지 호르몬은 신진대사에 매우 중요하다. **글루카곤**(glucagon)은 포도당 방출을 자극하여 혈당 수준을 올리는 작용을 하지만, **인슐린**(insulin) 활동은 그 반대이다. 인슐린은 세포조직막을 열어서 포도당이 좀 더 자유롭게 세포에 들어가도록 함으로써 혈액 내의 포도당 수준을 낮춘다. 그 소도세포에 장애가 오면 당 신진대사가 어려워진다. 당뇨병은 인슐린 부족으로 인한 장애이다. 만약 소도세포들이 적당한 인슐린을 생산하지 못한다면 당을 사용할 수 있도록 혈액에서 세포까지 이동할 수 없다. 인슐린이 부족하면 인체가 혈중 당 수치를 조절할 수 없게 된다. 너무 많은 당은 혈액에 축적되고, 또한 소변에 비정상적으로 높은 수준으로 나타난다. 만약 조절하지 못하거나 또는 조

절이 약해지면 당뇨병은 혼수 및 사망의 원인이 될 수 있다. 베리가 1989년에 혼수 상태에 빠졌을 때 그녀는 식이 조절을 하고 있었다고 생각했고 그랬을지도 모른다. 혼수와 사망 모두는 통제되지 않은 당뇨병의 가능성들이다.

당뇨병의 두 가지 유형은 (1) 인슐린 의존 당뇨병(IDDM: insulin-dependent diabetes mellitus)으로 제1형 당뇨병으로도 알려져 있고, (2) 인슐린 비의존 당뇨병(NIDDM: non-insulin-dependent diabetes mellitus)은 제2형 당뇨병으로 알려져 있다. 제1형 당뇨병은 사람의 면역체계가 췌장 내의 인슐린 생성 세포를 공격하여 그것을 파괴할 때 일어나는 일종의 자가면역질병이다(Permutt, Wasson, & Cox, 2005). 이 과정은 보통 30세 전에 일어나고 인슐린 생산 능력이 없는 사람에게 발생되기 때문에 인슐린 주사에 의존한다. 제1형 당뇨병은 베리가 혼수상태에 빠졌을 때 진단된 것이다. 그녀의 연령과 증상은 제1형 당뇨병에 부합되는 것이었지만, 진단은 부정확할 수도 있다. 제1형 당뇨병을 지닌 사람은 이러한 질병으로부터 회복되지 않는다.

베리는 제1형 당뇨병 진단을 받았고 인슐린 주사, 개인 운동조력자와의 매일 같은 운동 그리고 과자와 과일의 섭취를 줄이고 다량의 채소, 생선, 닭고기 등 저지방/저탄수화물 식단을 포함해 1년 동안 그 식이요법의 사항들을 따랐다. 베리는 인슐린을 먹지 않고 제2형 당뇨병을 앓고 있다고 말했을 때(Goodman, 2007), 의료 전문가들은 그녀가 오인되었다고 말했다(아무도 제1형에서 제2형으로 전환할 수 없다). 그녀의 초기 진단은 틀렸고 항상 제2형 당뇨병을 앓았을 가능성이 크다.

제2형 당뇨병은 당뇨병으로 진단받은 모든 사람 중 90~95%에 이를 정도로 가장 흔한 유형이다(CDC, 2011a). 몇 년 전까지 제2형의 당뇨는 성인에게 발생하는 당뇨로 불려졌다. 왜냐하면 전형적으로 30대 후반의 사람들에게 나타났기 때문이다. 그러나 제2형 당뇨병은 어린이와 청소년에게서 점점 더 자주 발생하고 있고, 이 연령대가 새로운 당뇨병 환자의 20% 이상을 차지한다(CDC, 2014b). 이러한 경향은 미국뿐만 아니라 세계 곳곳의 개발도상국에서도 나타났다(Malecka-Tendera & Mazur, 2006). 어린이들과 어른들에게 있어서 제2형 당뇨병은 소수민족들에게 불균형적으로 영향을 주고, 이러한 질병을 발달시키는 사람들은 종종 과다 체중이며, 오래 앉아 있고, 가난하다(Agardh, Allebeck, Hallqvist, Moradi, & Sidorchuck, 2011; CDC, 2011a). 당뇨병의 두 유형은 표 11.2에 있다. 임신 당뇨는 임신이 끝나면 종결되지만, 장애는 임신을 복잡하게 만들고 장차 제2형 당뇨 발전에 위험이 된다(Reader, 2007).

모든 유형의 당뇨병 관리는 개인이 질병을 조절하고 건강 문제를 최소화하기 위한 생활양식의 변화를 요구한다. 당뇨는 매일 혈당 수준에 대한 점검을 필요로 하며 혈당을 조절하기 위한 약과 생활습관 사이에서 엄격한 규제가 필요하다.

혼수의 위험성과 더불어 혈당 조절의 실패는 당뇨병 환자에게 그 밖의 여러 가지 건

표 11.2 제1형 당뇨병과 제2형 당뇨병의 특성

제1형	제2형
30세 전에 발병	아동기나 성인기에 발병
환자는 대체로 보통 체중이거나 과소 체중	환자는 과다 체중
환자는 잦은 갈증과 소변을 경험함	환자는 잦은 갈증과 소변을 경험하거나 하지 않음
유전적인 요인에 의해 유발	유전적인 요인과 생활환경 요인(부족한 영양, 활동이 적음, 비만)에 의해 영향
사회경제적 상관이 없음	중류 계층보다 하류 계층에서 더 많이 발생
인슐린 주사와 식이의 변화를 필요로 함	인슐린 주사를 필요로 하지 않음
신장 손상 위험을 수반함	심혈관 손상 위험을 수반함
당뇨병의 5%를 설명	당뇨병의 90~95%를 설명

강 문제를 야기한다. 구강이나 인슐린 주사는 인슐린 결핍의 심각한 증상을 조절할 수 있지만 정상적인 인슐린의 생산을 모사하지는 않는다. 당뇨 환자는 여전히 높은 혈당 수치를 경험한다. 증가된 혈당 수준은 (1) 혈관 손상으로 심혈관계 질환에 취약하고(당뇨병 환자들은 고혈압과 심장질환의 발달에 있어서 다른 사람들보다 두 배의 위험성이 있음), (2) 망막 손상으로 인해 맹인이 될 위험이 있으며(당뇨병 환자들은 비당뇨병 환자들보다 맹인이 될 위험성이 17배나 높음), (3) 신장질환으로 콩팥 질환에 취약하다. 더구나 비당뇨병 환자들과 비교하면 췌장암의 위험은 두 배이다(Huxley, Ansary-Moghaddam, de González, Barzi, & Woodward, 2005).

당뇨병의 영향

어떤 만성질환이라는 진단은 두 가지 이유에서 환자들에게 영향을 미친다. 첫째, 평생 불치병을 가지고 있다는 정서적 반응이고, 둘째, 질병에 의해 요구되는 생활 방식의 조절이다. 아동기부터 시작된 당뇨병 환자들에게는 아동과 부모 모두 아동의 건강 상실에 직면하게 되고(Lowes, Gregory, & Lyne, 2005) 질병 관리는 식이요법의 엄격한 제한, 인슐린 주사, 규칙적인 운동을 위한 권고가 포함된다. 음식 섭취의 제한은 계획적인 식사와 과자뿐만 아니라 음식을 먹거나 먹지 않음의 설정을 고수해야 한다.

　당뇨병 환자들은 혈액 시료의 채취와 검사 장비의 정확한 사용을 통해 혈당치를 1일 최소 1회(가능하면 여러 번) 검사해야 한다. 그 결과는 인슐린의 적정한 수준을 당뇨병 환자들에게 제시할 것이다. 인슐린 주사는 제1형 당뇨병의 표준관리 형태이고, 매일의

(또는 좀 더 자주) 주사는 공포와 스트레스의 주요인이 될 수 있다. 검사의 형태와 인슐린 관리의 대안이 바람직한데 그 이유는 혈액 시료를 채취하거나 주사의 고통, 그리고 당뇨병 환자들이 혈당을 관리할 때 최적보다는 더 적은 검사 및 주사를 수행하려는 경향이 있기 때문이다. 이런 이유로 눈물로 포도당을 측정하고 무선으로 데이터를 전송하는 콘텍트렌즈, 타액을 통해 포도당을 검사하는 장치, 혈당 측정기를 통해 전달되는 적외선 레이저 광선을 통해 포도당을 측정하는 장치 등 혈당검사를 위한 새로운 방법이 개발 중에 있다. 이러한 방법들은 빠른 시간 내에 널리 보급되지 않을 것이므로 당뇨병 환자는 여전히 검사와 인슐린 투여에 대한 불편한 방법을 지속적으로 해나가야 한다.

손가락 채혈 검사의 대안은 매우 유용하다. 그러나 이 검사는 표준 검사처럼 질이 좋거나 정확성이 뛰어나진 않다. 인슐린을 투여하는 다른 방법으로는 외부 또는 내장 인슐린 펌프가 있다. 펌프는 어린이와 청소년을 포함하여 좀 더 안정적인 혈당 수치를 제공하는 일부 개인들에게 적합하다(Pickup & Renard, 2008). 비록 혈액의 포도당 검사와 인슐린 관리가 매우 중요하다고 하더라도, 당뇨병 관리의 이러한 측면은 현재의 어려움이다.

인슐린 비의존(제2형) 당뇨병은 흔히 인슐린 주사가 필요하지 않다. 그러나 이 유형의 당뇨병은 생활양식의 변화와 경구투여의 약물 치료를 요구한다. 아프리카계 미국인, 스페인계 미국인, 본토 미국인은 유럽계 미국인보다 제2형 당뇨병 위험이 높고(CDC, 2011a), 과체중은 모든 집단에서 위험하다. 실제로, 체중이 늘면 제2형 당뇨병 발생이 늘어나고 체중이 줄면 줄어든다(Black et al., 2005). 고도 비만의 의학적 치료 방법인 비만 수술은 해당 시술을 받은 다수의 비만 환자에게서 제2형 당뇨를 해결했다(Buchwald et al., 2009). 제2형 당뇨병의 치료를 위한 구성요소는 체중 감소와 건강한 식이요법 같은 행동적 방법이 좀 더 자주 채택하는 방법이다.

제2형 당뇨병은 식이요법의 제한으로 다루어져야 하고 계획적인 경구투여 약물 치료를 수반한다. 당뇨병은 흔히 남녀의 성적인 기능에 영향을 미치고, 임신을 하게 될 당뇨병 여성은 흔히 임신상의 문제를 지니게 된다. 할리 베리는 2007년 임신했다고 발표했다(Bonilla, 2007). 임신과 관련하여 두려움을 느낀다고 말했음에도 불구하고, 아주 낙관적이었고 즐거워했다. 그녀의 명성과 부를 통해 뛰어난 의료 서비스를 받을 수 있었으며, 그녀의 충실한 당뇨 관리 준수가 합병증 발생 가능성을 최소화했다. 그리하여 2008년 건강한 여자 아이를 출산했다.

제2형 당뇨병은 순환기계의 문제를 발생시킬 가능성이 높아 이러한 환자들은 주요 사망원인 중 하나인 심혈관에 문제가 생기는 경향을 보인다. 제2형 당뇨병에 있어서 여성(Hu et al., 2000)과 남성(Lotufo et al., 2001) 모두 모든 원인으로부터 사망의 위험성을 극적으로 증가시키지만, 특히 심혈관질환에 있어서는 더욱 그렇다.

어떤 당뇨병 환자들은 자기 조건의 심각성을 부정하거나 엄격한 식이요법의 필요성이나 약물 치료를 무시한다. 어떤 환자들은 문제의 심각성을 인식하지만, 추천된 처방계획이 무익하다고 믿는다(Skinner, Hampson, & Fife-Schaw, 2002). 또 어떤 환자들은 공격적이 된다. 그들은 공격성을 외부로 직접 표출하고, 치료계획의 동의를 거절하거나 그들의 공격성을 내적으로 전환하여 우울해진다. 결국 많은 당뇨병 환자는 의존적이 되고 그들을 돌보는 다른 사람들을 의지하게 된다. 그 결과 그들 자신의 보호에 있어 활동영역을 가질 수 없게 된다. 이러한 모든 반응은 혈당 수준의 관리를 방해하고 사망을 포함하여 심각한 합병증으로 이끈다.

당뇨병에 대한 건강심리학의 관련성

건강심리학자들은 당뇨병의 치료 및 연구를 위해 노력하고 있다(Gonder-Frederick, Cox, & Ritterband, 2002). 2006년도에 미국 당뇨병 연합회의 수장이 된 심리학자 리처드 루빈(Richard Rubin)은 심리학의 역할을 강조했다. "나는 점점 더 많은 사람이 행동과 정서가 당뇨병에 한 역할을 하고, 그것이 인간과 경제적 결과에 어떻게 영향을 미치는지 이해하기를 원한다."(Dittmann, 2005, p. 35)

연구자들은 스트레스가 포도당 대사에 미치는 영향, 당뇨병을 이해하고 그들의 질병을 개념화하는 방식, 당뇨병 아동에 대한 가족의 내력, 의학적 치료에 있어 환자의 수락에 영향을 미치는 요소에 집중해왔다. 건강심리학자들은 그들의 노력을 의학적 치료에 충실한 발전 방향으로 기울인 결과, 당뇨병 환자들이 자신의 혈중 포도당 수치와 합병증을 최소화할 수 있게 되었다.

스트레스는 당뇨병에서 두 가지 역할을 한다. 하나는 당뇨병 발병의 원인으로서 역할을 하며, 다른 하나는 혈당 조절요소로 역할을 한다. 당뇨병의 발달에서 가족 내 스트레스의 역할을 검사하기 위해 연구팀(Sepa, Wahlberg, Vaarala, Frodi, & Ludvigsson, 2005)은 삶을 처음 시작하는 영아들의 대단위 집단을 추적하고, 가족 내 스트레스의 측정과 내재된 제1형 당뇨의 면역반응 징후를 검사하기 위한 혈액 시료를 채취했다. 실제로 결과는 스트레스가 이러한 당뇨병의 발달에 관여하는 것으로 예측했다. 그러나 미국 원주민들에 대한 전향적 연구(Daniels, Goldberg, Jacobsen, & Welty, 2006)는 성인기의 스트레스와 제2형 당뇨병 발달의 관련성을 찾지 못했다.

스트레스가 당뇨병 환자의 포도당 신진대사 및 조절에 영향을 미친다는 명백한 증거들이 존재한다. 메타분석적 보고에 따르면 스트레스를 쉽게 받는 성격이나 스트레스를 받는 사건을 경험하는 것 둘 모두 더 떨어진 신진대사 조절을 예견하는 것으로 나타났다(Chida & Hamer, 2008). 제2형 당뇨병을 가진 사람들에 대한 연구(Surwit et al., 2002)는 당뇨병 교육에 스트레스 관리요소를 구성할 경우 혈당 수치에 있어 적긴 하지만 주목할 만한 효과를 나타냄을 보여주고 있다. 우울은 당뇨에 영향을 미치는 또 다른 요인으로, 혈중 포도당 조절을 더 악화시킨다(Lustman & Clouse, 2005). 따라서 부정적 정서는 당뇨병에 악영향을 미칠 수 있으며, 스트레스와 우울을 관리하기 위한 개입은 당뇨 관리 프로그램에 대한 전반적인 그리고 비용 효과적인 구성요소가 될 수 있다.

사회적 지원은 가난한 사회적 지원이 부족한 당뇨병 관리와 가장 강하게 관련된 사회심리적인 요소이기 때문에 대사 조절에 특히 중요한 것으로 나타난다(Chida & Hamer, 2008). 가족과 친구의 지원이 포도당 모니터링과 신체활동을 촉진할 수 있는 반면 건강 전문가의 지원은 식사계획을 준수할 수 있도록 지원한다(Khan, Stephens, Franks, Rook, & Salem, 2012; Rosland et al., 2008). 제2형 당뇨병과 관련해서 라틴 아메리카 지역에서는 가족, 친구, 건강관리 서비스 공급자, 지역사회와 같은 자원의 지원 여부는 더 나은 질병 관리와 낮은 우울증 수준을 예측하게 한다(Fortmann, Gallo & Philis-Tsimkias, 2011). 그러나 이러한 지원은 꼭 도움이 될 다른 사람과의 대면 접촉을 필요로 하지는 않는다. 예를 들어, 최근의 몇몇 개입에서는 환자의 대사 조절을 돕기 위한 지원 정보를 제공하기 위해 문자 메시지를 사용한다. 일반적으로 이러한 개입은 청소년과 성인 모두에게 효과적이다(Krishna & Boren, 2008; Liang et al., 2011). 그 예로 지원 문자 메시지 개입은 스코틀랜드(Franklin, Waller, Pagliari, & Greene, 2006)와 오스트리아(Rami, Popow, Horn, Waldhoer, & Schober, 2006)의 제1형 당뇨병을 가진 아동과 청소년의 신진대사 조절을 개선했다.

건강심리학자들은 또한 당뇨병 환자가 자신의 질병에 대한 이해와 그 이해가 그들의 행동에 어떤 영향을 미치는지를 연구하고 있다. 환자나 건강한 사람 모두를 돌보는 사람들은 환자들이 자신의 질병을 이해하고 있으며, 혈중 내 포도당 수치의 높고 낮음의 증상을 인식하고 있다고 추정한다. 이러한 가정이 항상 옳은 것은 아니다. 예를 들면, 당뇨병 발달의 위험성에 대한 사람들의 인식이 정확하지 않을 수도 있고 또 그들에게 존재하는 위험요소들에 근거한 것이 아닐 수 있다. 심지어 내과의사조차도 그렇다(Walker, Mertz, Kalten, & Flynn, 2003). 오히려 당뇨가 있는 절친한 친구나 가족 구성원이 있으면 취약성에 대한 인식을 끌어올릴 수 있는 상황이 된다(Montgomery, Erblich, DiLorenzo, & Bovbjerg, 2003). 인식은 또한 당뇨병 환자들이 스스로를 어떻게 돌보는지에도 영향을 미친다. 당뇨병의 이러한 개념화는 자신의 대처 행동에도 영향을 미친다(Searle, Norman, Thompson, & Vedhara, 2007). 예컨대, 당뇨병의 결과에 대한 믿음은 문제 지향적 대처전략의 사용을 예측하고, 그렇게 믿는 사람은 자신의 당

노병을 조절할 수 있고 약물 복용도 더 잘할 가능성이 높다.

부정확한 신념은 자기관리에 주목할 만한 영향을 가져올 수 있다. 신념 간의 상호관계 연구에 있어 당뇨병 환자 사이에서 성격 특성 그리고 자기관리 행동(Skinner et al., 2002), 신념이 가장 중요한 요소로 부상했다. 식이요법 치료의 효율성을 지각하는 것은 당뇨병 환자의 자기관리라는 모든 측면을 예측해주고 있다. 이러한 발견은 식이요법, 운동, 그리고 혈중 포도당 수치 조절에 필요한 약물 식이요법의 집착에 있어서 당뇨병 환자들에 대한 교육의 중요성을 강조한다.

약물 치료와 생활양식 관리의 완전한 집착은 매우 드물다(Cramer, 2004). 4장에서 살펴봤듯이 일부 요소는 약한 정도의 집착과 관련되어 있고, 당뇨병 환자들은 서너 가지의 다음 요소들을 얻게 된다. 첫째, 복잡성은 집착성을 좀 더 어렵게 만든다. 둘째, 생활양식의 변화는 약물 치료를 받는 것보다 더 어렵게 만든다. 따라서 당뇨병 환자들은 두 가지 모두를 시행해야만 한다. 셋째, 그들은 혈당검사를 하루에 서너 차례 수행해야 하는데, 심지어 그들이 나아졌다고 여길 때에도 해야만 한다. 넷째, 그들의 집착은 그 질병을 치료할 수도 없고 아마도 1년이 지나기 전에 심각한 합병증에 놓이게 될 것이다. 그 결과, 빈약한 집착이 흔하며 집착 향상은 당뇨병 환자들에게 보호를 제공하는 심리학자들에게 일차적 관심이 된다.

당뇨병 관리에서 건강심리학자의 역할은 확대될 것 같다. 왜냐하면 행동요소가 혈당 수치를 조절하는 데 중요하기 때문이다. 실제 생활습관의 변화는 혈당 감내 문제를 보인 개인들의 당뇨병 발달을 예방할 수 있었다(Gillies et al., 2007). 예를 들면, 중국에서 진행된 생활습관 개입(Li et al., 2008)은 제2형 당뇨병의 장기적 발병률을 현저하게 떨어뜨린다는 것을 보여주었다. 6년간의 그룹별 식이요법과 운동 개입 및 20년간의 추적 연구에 참여한 성인 당뇨 환자들은 개입기간 동안 실질적으로 매우 낮은 당뇨 발병률을 보고했다. 행동적 구성요소도 당뇨 환자의 교육 프로그램에 대한 효과가 있었다. 교육 자체만으로는 당뇨 환자들이 식이요법을 따르도록 돕기에 적절하지 않았다(Rutten, 2005; Savage, Farrell, McManus, & Grey, 2010). 왜냐하면 잘못된 음식물 섭취의 사회적 압력과 스트레스 같은 상황적 요소들은 집착에 영향을 미치기 때문이고, 행동기술 훈련 구성 프로그램은 당뇨병 관리 훈련의 가치를 더하게 된다. 정서 조절 증진 프로그램(Macrodimitris & Endler, 2001)은 당뇨병 환자의 식이요법, 운동, 혈중 내 포도당 검사에 대한 수용을 증진한다. 그리고 자아관리 기술을 증가시키기 위해 인지 행동 구조에 사용되었던 다른 프로그램(Rosal et al., 2005)은 수입이 낮은 스페인계 당뇨병 환자에게서도 향상을 보여주었다. 결론적으로, 심리사회적 개입은 당뇨병 환자가 자신의 식이요법을 충실하게 관리하도록 돕는 약속을 나타낸다(Savage et al., 2010).

요약

당뇨병은 많은 조직체계 내에서 효과를 유발하고 혈중 내 포도당 수치에 영향을 미치고, 충분한 인슐린을 생산하는 췌장의 분리된 세포의 감퇴로부터 발생하는 만성질환이다. 제1형 당뇨병은 아동기 동안에 나타나는 전형적인 자가면 역질병이다. 또한 제2형 당뇨병 역시 아동에게 영향을 미치지만 30세 이후 사람에게 있어 더욱 전형적이다. 당뇨병 환자들은 식이요법을 엄격히 관리하고, 운동을 해야 하며, 심장혈관의 심각한 문제를 피하고, 신경학적, 그리고 신장 의 합병증을 피하기 위해 인슐린을 공급해야만 한다.

그 밖의 만성질환과 마찬가지로 당뇨병의 진단은 환자와 가족 모두에게 고민거리를 만들어낸다. 건강심리학자들 은 기능장애를 조절하거나 생활양식의 변화에 필수적인 응종의 구성요소를 연구한다. 당뇨병을 가진 몇몇 사람들은 합병증의 위험을 최소화하는 운동과, 식이요법, 약물 치료, 혈중 포도당 검사의 측면에 집착한다. 기술 훈련 프로그램 은 당뇨병 환자들이 자신의 기능장애를 다루는 데 있어 다소의 성공을 보여주었으나, 당뇨병 환자들이 자기 스스로의 건강을 담보함에 있어서 자기관리와 책임성의 발달을 고양시키기 위한 방법을 찾아낼 필요가 있다.

천식의 영향

데이비드 베컴(David Beckham)이 숨을 헐떡이는 모습을 보는 것은 특별한 일이 아니다. 상당한 정도의 유산소운동 기반 체력이 필요한 운동인 축구의 세계적인 슈퍼스타 베컴은 영국 국가대표 선수로는 가장 많이 월드컵에 출전한 경력 등 20년 이상의 경력을 자랑한다.

데이비드 베컴은 태어나서부터 현재까지 그리고 축구 인생에 있어 천식과 싸워오고 있다.

2009년 한 사진사가 축구 경기장 한쪽에서 숨을 헐떡이는 데이비드 베컴을 촬영했는데, 이번에는 매우 이례적인 모습이었다. 데이비드 베컴이 천식 흡입기를 사용하고 있었던 것이다. 그때까지 스포츠 업계에서는 베컴이 어린 소년이었을 때부터 천식으로 고생해왔다는 사실을 알지 못했다. 이 사진이 대중에게 공개된 이후 베컴은 자신의 질환을 조절하기 위해 정기적으로 약을 복용하고 있다고 밝혔다. 천식이 있는 사람이 처하는 어려움에도 불구하고 데이비드 베컴은 자신의 건강에 대해 "지난 20년간 시즌당 65 게임을 해왔다. 천식은 내 미래에 어떤 영향도 주지 않는다."라고 낙천적으로 말했다(Daily Mail, 2009).

전 세계적으로 천식 발병률은 상당히 다양한데, 그중 천식을 앓고 있는 인구의 15% 이상이 호주,

스웨덴, 영국 및 네덜란드에서 발병한다(To et al., 2012). 미국에서는 천식 환자 수가 지난 15년간 증가해왔다(Moorman et al., 2012). 미국의 약 2,600만 명이 천식(7.7%)을 앓고 있으며, 이 중 30%는 어린이와 청소년에게 발생한다. 모든 연령대에 걸쳐서는 흑인의 비율이 타 인종에 비해 높게 나타났다. 천식으로 인한 사망률은 최근 줄어들었지만, 천식은 주로 아이들의 신체장애를 유발하고 학교생활에도 영향을 주며 실로 미국 전역에 걸쳐 심각한 건강 문제로 대두되고 있다.

천식

천식(asthma)은 만성 염증으로 기관지 협착증과 호흡곤란을 유발한다. 천식을 앓고 있는 사람들은 숨을 헐떡거리며 기침을 하고 호흡곤란의 증세를 나타내며, 때로 이러한 발작은 치명적일 수 있다. 평상시 보기에는 아무런 문제가 없다고 여길 수 있으나 근원적 염증이 있는 것이다(Cohn, Elias, & Chupp, 2004).

천식과 만성 폐쇄성 폐질환(COLD: chronic obstructive lung diseases)은 만성 기관지염과 폐기종이라는 유사한 특징이 있다. 물론 차이점도 있다(Barnes, 2008). 그 범위는 다르지만 이 두 가지 병은 모두 염증을 수반하거나 동일한 면역계 활동을 겪는다. 가장 중요한 차이점은 만성 폐쇄성 폐질환(COLD)을 앓고 있는 사람은 지속적인 호흡상의 문제를 동반하지만, 천식을 앓고 있는 사람은 호흡상의 어려움 없이 살아갈 수 있다는 점이다.

천식의 원인은 아직 명확하게 밝혀지지 않고 있다. 실제 천식은 하나의 특정 질환이 아니라 근본 병리학에서 차이가 있는 증상들을 공유하는 다수의 질환으로 볼 수 있다(Wenzel, 2006). 최근까지 전문가들은 천식은 어떤 환경에서 비롯된 물질에서 오는 알레르기의 반응 정도로 이해했으나, 몇몇 최신 설명에 의하면 그것은 복잡한 면역체계와 관련이 있음을 밝히고 있다(Cohn et al., 2004; Renz, Blümer, Virna, Sel, & Garn, 2006). 한 가지 견해는 유전적 취약성이다. 다른 정상 유아들은 항체가 있는 반면, 유전적으로 취약한 유아들은 어떤 환경적 요소에 알레르기 반응을 보이는 것이다. 이 질병소인-스트레스 모형(diathesis-stress model)은 알레르기를 일으키는 환경적 물질에서 비롯된 알레르기 반응이라는 전통적 관점과는 사뭇 다른 견해이다. 알레르기를 일으키는 물질로는 담배연기, 가정에서 발생하는 먼지, 바퀴벌레, 동물의 비듬, 환경오염 물질 등이 있다. 체질이 허약한 사람들은 이런 민감한 환경에 노출되어 천식을 일으킨다. 반대로 이런 환경에 노출되지 않는 사람들은 천식에 걸리지 않거나 큰 영향을 받지 않는다.

위생 가설(hygiene hypothesis)이라는 또 하나의 견해가 있다. 이 견해는 천식이 현대사회에서 당연시되는 청결에서 비롯되었음을 강조한다(Von Hertzen & Haahtela, 2004). 면역계가 완전하지 않은 상황에서 유아들이 먼지와 박테리아가 없는 위생적인 환경 속에서 생활하면 이런 물질에 대한 유아들의 면역력을 떨어뜨린다는 것이다. 이럴 때의 먼지와 박테리아의 노출은 과민반응을 유발하며 이 과민반응은 천식의 근원인 염증을 만들어낸다. 이 가설에 대해서는 도시 중앙 유럽에서의 어린이들에 대한 연구(Ege et al., 2011)가 뒷받침한다. 농장에서 자란 어린이들은 농장에서 자라지 않은 어린이들에 비해 박테리아와 세균에 더 크게 노출되었다. 위생 가설과 일치하듯이 미생물에 더 많이 노출된 것이 천식에 걸릴 위험을 줄여주었다. 위생 가설(Martinez, 2001)은 한 걸음 더 나아가 유전적 취약성 요소와 면역체계 발달에 영향을 주는 환경에 있는 물질에 대한 어린 시절의 노출을 결합하여 천식과 알레르기로부터 어린이들을 민감하게 하거나 보호한다.

위생 가설의 주장대로라면 천식은 위생과 유아들의 청결에 신경을 쓰는 선진국에서 더 많이 발생하고 있다. 예를 들어 천식은 미국, 스웨덴, 호주, 뉴질랜드보다는 중국의 지방에서 더 적게 발생한다(von Hertzen & Haahtela, 2004). 그러나 미국 내에서 생각해본다면 천식은 공기오염이 일상적이고 높은 수치의 공기오염이 천식의 발병률을 높이는 도시에서 더 많이 발병된다(Islam et al., 2007). 또한 천식은 인종에 따라 달라진다. 흑인은 다른 인종에 비해 천식에 더 많이 걸린다(American Lung Association, 2007).

천식에 영향을 주는 그 밖의 위험요소로는 오랫동안 앉아서 지내는 생활 방식과 비만을 들 수 있다(Gold & Wright, 2005). 사람들이 오랫동안 앉아 있을 때는 깊은 호흡을 할 수 없는데, 그 이유는 그것이 운동 부족과 천식 유발에 연관이 있기 때문이다. 뿐만 아니라 사람이 실내에서 생활을 하면 천식을 유발하는 물질에 노출이 된다. 천식과 비만과의 상관관계는 매우 중요하다. 비만인 사람은 그렇지 않은 사람에 비해 천식에 걸릴 확률이 2~3배나 높다. 심리적 요인 또한 천식의 발병과 관계가 있음을 보여준다(Chida, Hamer, & Steptoe, 2008). 심리적 문제는 천식 발병의 이유가 될 수도 있으나 천식에 걸려 살아간 결과로 나타날 수도 있다. 우울증은 천식과 관련된 구체적인 심리적 요인이다(Strine, Mokdad, Balluz, Berry, & Gonzalez, 2008). 비록 천식을 유발하는 요인들이 복잡하고 이해하기 쉽지 않지만, 그 병을 일으키는 요인들은 잘 알려져 있다.

숨쉬기 곤란하도록 순환기 통로를 좁게 하는 요인들로는 환경적 요인과 물질을 들 수 있다. 이런 물질로는 곰팡이, 꽃가루, 먼지, 진드기, 바퀴벌레와 동물의 비듬 같은 알레르기 유발항원, 기도의 오염, 담배 또는 나무 연기 및 대기오염물질, 화학 스프레이 또는 기타 환경 오염물질과 같은 자극적인 물질이 포함된다(Harder, 2004). 환경적 요인으로는 운동과 스트레스 또는 불안에서 오는 정서적 반응이 포함된다. 이런 모든 물질이 천식을 일으킬 수 있지만, 대부분의 천식 환자들은 이런 것에 거의 무감하다. 개별적 요인을 밝히는 것은 천식을 관리하는 방법의 일부가 될 수 있다.

천식의 관리

천식의 관리와 당뇨의 관리는 여러모로 흡사함을 나타낸다. 빈번한 건강관리체계를 필요로 하고 생명을 위협할 수도 있으며, 아이들과 청소년들에게 영향을 끼칠 수 있고 생활양식을 제한하며 병의 본질적 유착이란 문제를 내포하고 있다(Elliott, 2006). 당뇨를 앓고 있는 사람들은 그들의 혈당을 조절함으로써 증상을 느낄 수 없지만, 천식을 앓고 있는 사람은 아무리 관리를 잘한다 할지라도 고통을 호소한다. 잠재적 기관지 염증은 항상 존재하고 있으나 천식이 있는 사람은 그 통증을 느끼지 못하고 몇 주에서 몇 달 동안 생활할 수도 있다. 천식 관리의 우선적 목표는 그 고통을 최소화하는 것이다. 매일의 증상과 상태를 확인하면 천식에 도움이 되고 행동도 매우 신중해진다.

천식의 관리는 개인적 요인을 아는 것, 그것들을 피하는 법, 그리고 다양한 약물 치료가 요구된다(Courtney, McCarter, & Pollart, 2005). 천식의 발병을 줄이기 위해 천식을 앓고 있는 사람들은 항염증의 코르티코스테로이드 약물이나 천식에 잠재되어 있는 호흡기 염증을 줄여주는 몇몇 기타 약물 치료를 받아야 한다. 이런 약물 치료는 주의를 요하며 몸무게의 증가, 기력 저하와 같은 부작용이 있을 수 있다. 이 과정은 매우 복잡하며, 4장에 자세히 명시된 것과 같이 복잡함은 치료 과정을 더디게 할 수도 있고, 부작용 또한 집착이라는 문제에 봉착할 수 있다. 그러므로 예방적 약물 치료의 집착은 천식을 앓고 있는 사람들의 가장 심각한 문제인데, 특히 아이들과 청소년들이 그렇다 (Asthma Action America, 2004; Elliott, 2006).

사람들은 천식을 앓고 있을 때 호흡곤란을 일으키거나 숨을 쉴 수가 없게 된다. 숨을 쉬기 위해 호흡을 가쁘게 내쉴 때 그들은 천식에서 오는 통증 완화를 돕는 약물의 흡입을 위해 기관지를 사용하거나 치료를 위해 병원 응급실에 갈 수 있다(Asthma Action America, 2004). 기관지를 잘못 사용하면 'high' 유형을 형성할 수 있다. 또한 천식 전문가들은 천식을 앓고 있는 대부분의 사람들이 기관지에는 많은 의존도를 보이고 있으나, 예방 약물 치료는 등한시한다고 보고 있다. 천식 환자의 20% 이상은 부적절하게 흡입기를 사용하여 이와 같이 중요한 기기의 효율성을 떨어뜨리고 있다고 한다 (Molimard & Le Gros, 2008). 천식의 관리를 위해 응급실 신세를 지는 것은 결국 비싼 병원비만 초래한다.

대규모 조사(Asthma Action America, 2004)는 천식에 대한 부모와 간병인의 총체적 오해와 착각이 있음을 밝혔다. 여기서 오해는 조건의 기초가 되는 것, 적당한 관리를 수립하는 것을 포함하며, 착각은 아이들 천식 증상의 빈번함을 포함하고 있다. 천식이 있는 사람들은 또한 이 질환에 대한 정확하지 않은 믿음을 유지하고 있기도 하다(Elliott, 2006). 예를 들면, 천식 환자들은 천식이 심각한 질병이 아니라고 믿거나 일상적 관리를 필요로 하지 않는 간헐적 질병이라고 믿을 수 있다. 이러한 모든 착각이 적절한 치료를 방해할 수 있다.

자기관리와 약물 요법에 관심을 더욱 기울이는 것이야말로 천식 치료의 가능성을 높이기 위한 1차 목표이다. 다수의 의료적 중재들이 일부 성공을 거두면서 이러한 목표를 대상으로 했다. 이러한 많은 중재 조치는 천식 환자에 대한 교육에 목표를 맞추었다. 이러한 중재 조치들은 사람들이 이 질환의 심각성과 이 질환을 관리하는 데 필요한 조치들을 이해하게 될 때 환자들이 약물 치료를 더욱 잘 지킬 것이라는 가정하에 이루어지고 있다. 연구가 이러한 가정을 뒷받침하는 것은 아니다. 기본적으로 교육적인 중재 조치들은 환자의 지식을 확장해줄 수는 있으나 행동을 바꾸는 데는 크게 성공적이지 않았다(Bussey-Smith & Rossen, 2007; Coffman, Cabana, Halpin, & Yelin, 2008). 그러나 젊은 성인에 맞춤형으로 가공된 천식에 대한 정보를 전달하는 문자 메시지 중재는 약물에 대한 순응도를 개선하는 데 효과적이었다(Petrie, Perry, Broadbent, & Weinman, 2012). 자가치료를 개발하는 것(Guevara, Wolf, Grum, & Clark, 2003) 또는 서면 행동계획을 제공하는 것(Bhogal, Zemek, & Ducharme, 2006)과 같은 행동적 요소가 포함된 중재는 좀 더 성공 확률이 높은 경향이 있었다. 이 질환을 제어하기 위해 약물 요법과 행동 요법을 굳건히 지키는 것은 천식 환자들에게 하나의 과제이다. 하지만 행동 중재는 천식 환자들이 약물을 사용하고 천식을 일으킬 수 있는 환경을 없애는 데 도움을 줄 수 있는 현실적인 전략이 될 수 있다.

요약

천식은 기관지에 염증을 유발하는 만성질환으로 호흡곤란을 일으킨다. 담배연기 또는 알레르기와 같은 물질, 마음의 공포 등은 기침, 헐떡거림, 질식과 같은 증상을 초래한다. 천식 이면에 있는 염증의 원인은 아직 밝혀지지 않았지만, 유전적 구성요소와 위생적 환경에서 발생하는 면역체계의 지나친 과민반응을 포함한 이론이 제기되고 있다.

천식은 보통 주로 유년시절에 발병하고 아이들과 청소년은 병을 극복할 때 문제를 경험한다. 천식을 앓고 있는 사람들은 고통을 줄이기 위해 약물 치료를 해야 하고 완치를 위해 원인을 규명해야 한다. 약물 치료의 복잡한 과정과 원치 않는 부작용은 집착이라는 문제점을 낳는다. 천식 치료의 주된 목표는 환자 증상의 완화를 위해 약물의 흡입이나 병원 응급실의 의존이 아닌 병의 완쾌를 위한 약물 치료인 것이다. 약물 준수 및 자기관리 능력을 높이기 위한 행동전략은 일부에서 성공을 보여주었다.

인간 면역결핍 바이러스와 후천성 면역결핍증 다루기

어빈 '매직' 존슨(Earvin 'Magic' Johnson)이 1991년 은퇴했을 때 그는 최고의 농구 선수였다(Beacham, 2011). 은퇴도 물론 놀라웠으나, 그가 HIV 양성 반응이었다는 발표는 더욱 그랬다. 존슨은 일상적인 신체검사에서 HIV에 감염되었다는 사실을 알게 되었다. 이 발표가 있기 전에는 대부분의 사람들이 HIV 감염을 유럽계 미국인 게이들의 질병으로 여겼다. 그러나 존슨은 그에 해당하지 않았다. HIV 상태에 대한 존슨의 솔직함은 이 병에 대한 여론을 변화시키는 데 도움이 되었고, 그의 명성 덕분에 HIV 연구 조사와 교육을 위한 기금을 모을 수 있었다. 진단을 받은 지 25년 이상이 흐른 지금 존슨은 아직도 건강한 상태를 유지하고 있으며, 임상 시험에 소수 인종의 참여를 늘리라는 운동을 이끌고 있다. 그는 자신의 현재 건강 상태가 HIV 감염 치료를 위해 개발한 많은 약의 임상 시험에 참가한 사람들 덕분이라고 말하고 있다(Gambrill, 2008).

후천성 면역결핍증(AIDS)이란 면역계의 효과성이 없는 병이며, 박테리아, 바이러스, 버섯균, 기생균(parasitic), 암, 그리고 면역계가 약해졌을 때만 발생하는 그 밖의 병으로부터 신체를 방어할 수 없게 한다. 면역계가 없다면 신체에 침범해 피해를 끼칠 수 있는 많은 유기체로부터 스스로를 방어할 수 없다(면역체계와 기능에 대한 자세한 논의는 6장을 참조하라). 후천성 면역결핍증의 위험은 면역계가 더 이상 효과적으로 기능하지 못하는 시점에 시작되는 감염에서 비롯된다. 이와 같이 후천성 면역결핍증은 면역체계 기관이 없이 태어나 다양한 감염을 받아들이기 쉬운 아이들에게 있어서의 면역결핍증과 유사하다.

후천성 면역결핍증은 전염성이 있는 바이러스인 **인간 면역결핍 바이러스**(HIV; human immunodeficiency virus)에서 일어나는 결과이다. 현재까지 연구자들은 두 가지 변종 HIV가 있음을 발견했다. HIV-1은 미국에서 대부분의 후천성 면역결핍증이 발생되는 사례이다. 그리고 HIV-2는 일부 사례가 미국에서 일어나긴 하지만 대체로 아프리카에서 일어난다. HIV 감염에서 후천성 면역결핍증으로 진행된다. 그리고 HIV 양성 반응이 있는 매직 존슨과 같은 사람들은 수년 동안 후천성 면역결핍증의 징후가 아무런 간섭도 없이 남아 있게 될지 모른다.

HIV/AIDS의 발병률과 사망률

후천성 면역결핍증(AIDS)은 비교적 새로운 병으로 나타났다. 1981년에 인식되어 1983년에 확실히 밝혀졌으며, 이 병은 원숭이에서 감염된 한 바이러스에서 발병되었다(Moore, 2004). 어떤 사람도 이 바이러스가 어떻게 그리고 언제 인간에게 감염됐는지 알지 못한다. 후천성 면역결핍증의 첫 형성 사례가 1959년 콩고에서 나타났다. 그러나 그 병은 매우 제한적이었다. 1960년대에 이 병은 아이티로 퍼지고, 거기서 북미와 전 세계의 다른 곳으로 퍼져나갔다(Gibert et al., 2007). 후천성 면역결핍증의 새로운 사례들의 수와 사망자의 수가 1980년대에 확산되었다.

2005년 이후 후천성 면역결핍증으로 인한 사망률은 전 세계적으로 크게 감소했다 (UNAIDS, 2016). 이러한 개선에도 불구하고 후천성 면역결핍증은 세계적으로 주요 사망원인 중의 하나로 그대로 남아 있으며, 아프리카에서는 주요한 사망원인이 되고 있다. 한 추정에 따르면(Lamptey, 2002), 후천성 면역결핍증은 역사상 가장 무서운 역병이다. 2015년에는 3,600만 명이 넘게 HIV에 걸렸다. 이들이 사망할 경우, 14세기에 흑사병으로 사망한 사람들의 수를 훨씬 능가할 것이다. 약 210만 명의 사람들이 매년 HIV에 감염되고 있다. 이 수치는 감염률에 있어서 하락을 나타내지만 또한 이 전염병을 퍼뜨리는 사람의 수를 나타내기도 한다(UNAIDS, 2016). 효과가 있는 백신은 아직 존재하지 않으며(Callaway, 2011), 약물을 복용하면 감염된 사람들의 생명을 연장할 수는 있다(UNAIDS, 2010).

1992년도에 미국의 질병통제예방센터(Centers for Disease Control and Prevention [CDC], 1992)는 1992년부터 그 후 몇 년 동안의 발병 통계를 초기 통계와 직접 비교할 수 없기 때문에 HIV 감염의 정의를 수정했다. 1992년의 사례 수는 급격히 상승함을 나타냈지만(그림 11.1 참조), 이 숫자는 저번 연도에 AIDS에 감염되지 않았던 사람들의 나머지 대다수가 포함되었다. 그림 11.1의 통계에서 볼 수 있듯이 AIDS의 사례가 1992년 이후 매년 꾸준히 감소하기 시작했다고 기록하고 있다.

이러한 감소에도 불구하고, HIV와 AIDS는 미국에서 소수 민족에, 특히 이성애자와 주사 마약 사용자에게 영향을 미치는 전염병이다. 아프리카계 미국인들은 미국 HIV 인구에서 가장 많은 부분을 차지한다. 아프리카계 미국인은 미국 인구의 14%만을 차지하고 있지만, 그들은 모든 새로운 HIV 감염의 44%를 차지하고 있다(CDC, 2016b). 이 인종 격차는 아프리카계 미국인 여성 중에서 2014년 발생한 여성에게 새롭게 진단된 사람의 62%로 여성에게 특히 강하게 나타난다(CDC, 2016b). 히스패닉계 미국인 또한 HIV에 불균형적으로 영향을 받는데, 2013년 유럽계 미국인에 비해 거의 3배 높은 수준의 감염 속도를 나타내고 있다. 이런 불균형은 주로 남성들 사이에서 나타난다. 그림 11.2는 HIV에 감염된 다른 인종 배경의 남성과 여성의 비율을 보여준다.

연령 역시 HIV 감염의 요인이다. 젊은 성인들은 위험스러운 행동이나, HIV에 대한 정보 부족, 안전하지 않은 성관계로부터 스스로를 보호할 수 있는 제어 능력의 부족 등으로 인해 다른 연령 그룹에 비해 HIV에 감염될 가능성이 훨씬 높다(Mantell, Stein, & Susser, 2008). 예를 들면, 미국에서 새로운 HIV 감염자의 5명 중 1명 이상이 청소년

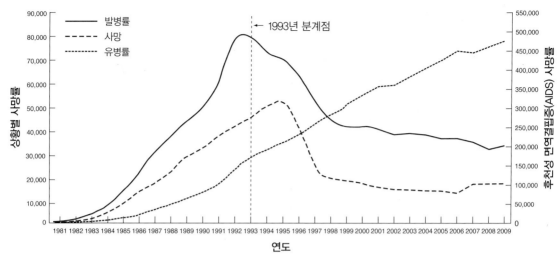

그림 11.1 1981~2009년 미국에서 매년 AIDS 사례에 따른 발병률, 유병률, 사망건수

출처: "Update, AIDS—United States, 2000," by R. M. Klevens & J. J. Neal, 2002, *Morbidity and Mortality Weekly Report*, vol. 51, no., 27, p. 593; *HIV/ AIDS Surveillance Report*, 2002, by Centers for Disease Control and Prevention, 2004, vol. 14; *HIV/AIDS Surveillance Report, 2006*, by Centers for Disease Control and Prevention, 2008, vol. 18; *HIV/AIDS Surveillance Report, 2010*, by Centers for Disease Control and Prevention, 2012, vol. 22.

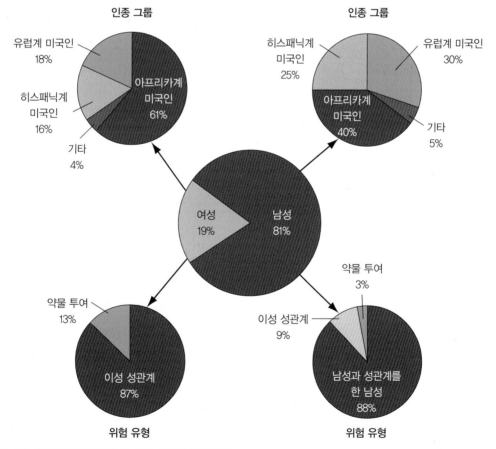

그림 11.2 여성 및 남성, 인종 및 위험 유형별 HIV 감염

출처: *HIV/AIDS Surveillance Report, 2014*, by Centers for Disease Control and Prevention, 2015, vol. 26 (Tables 1b and 3b)

과 13세에서 24세 사이의 청소년이나 젊은 성인이라고 한다(CDC, 2016b). 최근 분석에 따르면 아프리카에서는 적어도 이러한 상황이 개선되고 있다고 한다. 50세 이상 성인의 경우 젊은 성인에 비해 감염 확률이 낮다. 하지만 일단 감염되면 AIDS가 빠르게 진전되어 더 많은 기회 감염에 걸리는 경향이 있는 것으로 나타났다(CDC, 2008).

　HIV 감염 사례는 1981년에서 1995년 사이 미국에서 급속도로 증가했다가 떨어지기 시작했다(Torian, Chen, Rhodes, & Hall, 2011). AIDS로 인한 사망률은 더 떨어졌다. 1993년에서 1998년 사이에 AIDS 진단은 45% 감소했으나, AIDS로 인한 사망은 63% 감소했다. AIDS로 인한 사망자의 수가 줄어든 한 가지 이유는 HIV 감염자들이 현재 더 오래 살기 때문이다. 1984년에 AIDS에 감염된 환자는 평균 11개월 생존했다(Lee, Karon, Selik, Neal, & Fleming, 2001). 하지만 좀 더 효과적인 치료 방법이 HIV 양성 반응 환자의 기대수명을 늘렸다. 매직 존슨의 경우가 기대수명이 늘어난 예를 보여준다. 그는 진단을 받은 후 20년 이상을 생존하고 있다.

　AIDS와 함께 사는 사람의 수는 그림 11.1에서 보이는 바와 같이 계속하여 증가했다. 그러나 항레트로바이러스 약물(antiretroviral drug)의 병용이 HIV 감염의 경로를 바꾸었으며, 이로 인해 감염에 걸리는 확률이 극적으로 줄어들고 생명도 연장되었다(UNAIDS, 2010). 늘어난 생존시간은 좀 더 효과적인 약물 치료, 조기 검진, 생활습관 변화 등의 결과이다. 흡연, 음주, 불법 약물 복용과 같은 건전하지 못한 습관을 버리고, 자신의 건강에 대해 바짝 신경을 쓰게 되고, 치료에 대해 더 자신을 감시하게 되면서 감염자들은 더 오래 살고 더 건강한 삶을 살 수가 있게 된 것이다(Chou, Holzemer, Portillo, & Slaughter, 2004). 낙관적인 태도 또한 생존기간의 연장에 큰 기여를 한다(Moskowitz, 2003).

HIV와 AIDS의 증상

전형적으로 HIV는 감염된 후 10년 이상 진행되지만, 진행 양상은 다양하다. HIV 감염 첫 단계에서의 증상은 다른 질병의 증상과 쉽게 구별되지 않는다. 감염 후 일주일 정도 내에 사람들은 발열, 인후통, 피부발진, 두통, 그리고 감기와 유사한 그 밖의 증상을 경험하거나 경험하지 않을 수 있다(Cibulka, 2006). 이 단계는 수일 내지 4주 정도 지속되며, 이후 아무런 증상도 보이지 않거나 단지 미세한 증상만 경험하는 10년간의 잠복기간이 전형적으로 수반된다. 이 기간 동안 감염 환자들의 면역체계가 점진적으로 파괴되지만, 감염자들은 자신의 HIV 감염 상태에 대해 인지하지 못하며 지낼 수 있다.

　치료를 받지 못한 사람들은 보통 증세가 진행되는데, 이때부터가 HIV 질환이 시작된다(Cibulka, 2006). CD4+ T 림프구 세포 수가 감소하고 면역계가 감염에 대응하지 못하게 되면서 HIV 질환의 초기 증상이 나타난다. 혈중 CD4+ T 림프구 세포 수가 입방 밀리미터당 200 이하로 떨어지면(건강한 사람은 CD4+ 수가 1,000이다), 그 사람은 후천성 면역결핍증(AIDS) 상태가 된다. 이들의 면역계는 방어 능력을 상실함에 따라 HIV 감염의 초기 증상을 앓은 사람들은 건강한 면역계라면 저항할 수 있는 기회 감염에 노출된다. 이들은 체중 감소, 지속적인 설사, 구강 내 백반, 통증을 일으키는 피부 발진, 발열, 지속적인 피로를 경험하게 된다.

CD4+ T 림프구의 공급이 고갈됨에 따라, 면역계는 더 이상 세포 내에 감염에 대응하는 중요한 메커니즘을 나타내지 못하게 된다. HIV와 관련된 질환은 바이러스, 박테리아, 진균, 기생균을 포함하는 다양한 매개체에 의해 야기된다. HIV 바이러스는 감염과 맞서 싸우는 면역계의 일부를 손상시키거나 죽여 인체가 HIV에 대항할 수 있는 방법을 남기지 않는다. 그러나 HIV는 면역체계가 이미 생산한 항체는 파괴하지 못하기 때문에 혈액 속을 순환하는 항체를 통해 발생하는 면역체계 반응은 온전하게 남아 있다. 그러므로 HIV 질환이, 예를 들어 패혈성 인두염(strep throat)을 일으키는 박테리아 감염이나 인플루엔자를 일으키는 바이러스 감염이 사람에게 자주 일어나게 하지는 않는다. HIV에 감염된 대부분의 사람들은 이렇게 흔한 감염원에 맞서 싸우는 항체를 가지고 있다.

이들의 CD4+ 세포수가 후천성 면역결핍증(AIDS)으로 분류되는 수준까지 떨어지면, 감염자들은 폐, 위장관, 신경계, 간, 뼈, 두뇌가 다른 희귀한 유기체에 의한 감염에 취약해져, 폐렴(Pneumocystis carinii), 카포지 육종, 결핵, 톡소플라스마증(toxoplasmic) 뇌염과 같은 질환을 앓게 된다. 이들은 과도한 체중 감소, 전신 피로, 발열, 호흡곤란, 마른 기침, 피부의 자반, 그리고 후천성 면역결핍증(AIDS) 연관 치매 증상들이 있을 수 있다.

HIV의 전염

HIV가 치사율이 높은 감염 유기체이긴 하지만, 바이러스가 쉽게 사람에서 사람으로 전염되는 것은 아니다. 주요 감염 경로는 성관계를 갖는 동안 사람에게서 사람으로, 혈액과의 직접 접촉이나 또는 혈액 생산, 그리고 임신 중이거나 출산할 때, 아니면 모유 시 어머니에게서 아이에게로 전달되는 경우이다(UNAIDS, 2007). HIV의 농도는 특히 감염된 사람의 정액과 혈액에서 높다. 그러므로 감염된 정액과 혈액과의 접촉은 위험하다. 그 밖의 신체분비액은 그렇게 높은 농도의 HIV를 포함하지 않는다. 침, 소변, 눈물과의 접촉이 훨씬 덜 위험하다. 어떤 종류의 우연한 접촉이 전염을 퍼트린다는 어떤 증거도 존재하지 않는다. 감염된 사람과 같은 그릇이나 접시, 같은 컵으로 마신다고 해서, 심지어 감염된 어떤 사람과 접촉하거나 키스를 한다고 해서 HIV에 감염되는 것은 아니다. 곤충에 물리는 것도 바이러스를 전달하지 않으며, 감염된 사람에게 물렸다고 해도 감염될 가능성이 매우 낮다.

　HIV 감염 위험이 있는 대부분의 사람들은 네 가지 유행성에 의해 전염된다. 남성 간의 성 접촉, 주사 약물의 사용, 이성 간의 성 접촉, 출산 동안 어머니에게서 아이로의 전염 등 이런 네 가지 유행성에 의해 감염된 집단 각각은 다소 다른 위험을 경험하게 된다.

남성 간의 성 접촉　후천성 면역결핍증(AIDS) 초기 시대의 경우 미국이나 서구 유럽에서는 남성과 성교를 한 남자들이 대부분 후천성 면역결핍증에 걸린 사례였다. 남성 대 남성의 성관계는 미국에서 여전히 주요 HIV 감염의 원인이다. 이러한 방식의 전염은 1990년대 동안에는 감소했다. 하지만 지난 몇 년간 약간 늘어나고 있다. 현재 이러한 방식의 전염은 미국에서 HIV 전염의 반 이상을 차지하고 있다(Prejean et al., 2001).

　게이와 양성애자 간의 무방비한 항문성교는 위험한 행위이고, 특히 받는 파트너에게는 더욱 위험하다. 항문성교는 민감한 직장 내벽을 쉽게 손상시킨다. 따라서 파트너가 감염되어 있다면 받는 사람은 감염될 위험이 훨씬 높다. 손상을 받은 직장은 바이러스가 몸 안으로 들어가는 아주 좋은 경로가 되며, 전염된 정액은 HIV 농도가 높다. 전염된 파트너와의 무방비한 구강 섹스 또한 위험이 있다. 왜냐하면 HIV는 입 안의 어떤 조그마한 벤 자리나 상처를 통해 몸으로 들어갈 수 있기 때문이다.

　콘돔 사용은 게이 사이에서 흔하지만, 치료가 좀 더 효과적이 되었기 때문에 게이들은 HIV 감염을 덜 걱정하게 되었다(Kalichman et al., 2007). 게이 남성들의 하위 문화는 그 위험성을 알고 있음에도 불구하고 무방비적인 항문성교에 매료되고 있다(Shernoff, 2006). 술이나 기타 약물을 복용하는 것도 이러한 위험한 성관계를 결정하는 데 영향을 미친다(Celentano et al., 2006). 또한 인터넷이 다른 남성과의 1회성 성관계를 원하는 남자들이 만나는 장소가 되었으며, 이러한 만남은 다른 형태의 만남에 비해 콘돔을 사용할 확률이 낮다(Garofalo, Herrick, Mustanski, & Donenberg, 2007). 따라서 위험한 성관계가 다른 남성과 성관계를 맺는 남성을 HIV에 노출될 위험에 빠뜨리는 것이다.

주사 약물 사용　한 사람으로부터 다른 사람에게 혈액을 직접 전달하는 과정 역시 위험한 행동인데, 주사 약물 사용자들이 소독되지 않은 바늘을 함께 사용하는 경우가 그렇다. 미국에서는 주사 약물 사용이 HIV 감염의 가장 빈번한 두 번째 원인이다(CDC, 2008). 그리고 이러한 약물 주입의 경우 미국 여성 HIV 감염의 32%를 차지한다. 그러나 아시아, 태국, 파키스탄, 인도 등에서도 주사 약물의 사용으로 인한 HIV 전염이 높아지고 있다(UNAIDS, 2010). 몇몇 주사 약물 사용자는 특정 상황에서, 예를 들어 술에 취했거나 바로 소독된 약물 기구를 사용할 수 없을 때 이런 행동을 하게 된다. 몇몇 증거(Heimer, 2008)는 상대적으로 소규모의 주삿바늘 교환 프로그램은 다양한 사회에서 HIV 감염을 제어하는 데 효과적임을 보여준다.

약물 주입에 의한 전염은 유럽계 미국인보다 아프리카계 미국인과 스페인계 미국인의 감염률이 좀 더 높게 차지한다(CDC, 2008). 또한 남성보다 여성이 이러한 경로를 통해 바이러스에 노출되는 비율이 더 높다. 성교 파트너의 수와 돈이나 약물을 위해 성관계를 거래하는지 여부를 포함한 여러 가지 행동적 요인은 약물을 주입하는 여성들의 HIV 감염과 관련이 있다. 이러한 행동은 이성 간의 성교에 의한 전염의 기회를 높인다.

이성 간의 성 접촉 이성 간의 성 접촉은 아프리카에서 HIV 전염을 이끄는 근원이고 (UNAIDS, 2007), 미국에서 이성 간의 성관계는 AIDS 감염의 30%를 차지한다(CDC, 2008). 아프리카계 미국인과 히스패닉계 미국인은 이성 간의 성 접촉을 통해 감염되는 것이 불균형하게 나타나고, 이 두 민족 배경에 있는 여성은 이성 간의 성 접촉에서 남성보다 위험이 더 높다.

성교 동안에 쉽게 전염되는 비율은 성별에 따라 차이가 있다. 남성이 여성과의 성교에 의해 HIV에 감염될 가능성도 있지만, 남성에게서 여성으로 전염되는 경우가 여성에게서 남성으로 전염되는 경우보다 8배 높게 나타났다. 여성들이 이성 간의 성 접촉을 통해 쉽게 감염됨에도 불구하고, 여성은 남성에 비해 성교 상대자를 더 안전하게 보는 경향이 있다(Crowell & Emmers-Sommers, 2001).

이성 간의 관계에 있어 파트너에 대한 믿음과 확신은 근거가 없거나 HIV 감염으로 결론이 난 한 연구(Crowell & Emmers-Sommers, 2001)에서 HIV 양성 반응을 보인 개인들에게 질문을 하여, 대부분 자신이 과거 성관계 파트너에 대한 높은 수준의 신뢰가 있었다고 답했음을 확인했다. 또 다른 연구(Klein, Elifson, & Sterk, 2003)에서는 그들이 스스로 위험에 있다고 인지한 여성들은 자신의 위험을 높이는 방식으로 행동하지만, 자신이 위험에 있지 않다고 느낀 여성 중 절반은 최소한의 위험행동을 하고 있음을 보여주고 있다. 그러므로 사람들의 파트너에 대한 지나친 믿음과 위험에 노출될 가능성의 인정 실패가 무방비한 성교로 이어진다. 규칙적인 콘돔 사용은 이성 간 성관계 시 남녀에게 높은 수준의 안전을 제공하지만, 많은 젊은 이성 커플은 콘돔을 HIV보다는 임신을 방지한다는 개념으로 사용한다(Bird, Harvey, Beckman & Johnson, 2000).

출산 과정에서의 전염 HIV 전염에 있어 또 다른 위험 집단은 HIV 양성 여성에게서 태어난 어린이들이다. 이 전염은 출산 과정에서 발생하는 경향이 있다. 모유 또한 바이러스를 전염시킬 수 있다(Steinbrook, 2004). 출산 과정에서 HIV에 감염된 아이들은 지적 및 학업 장애, 정신운동 장애, 정서와 행동 곤란을 포함한 여러 가지 발달장애를 겪는다(Mitchell, 2001). 더구나 이 아동 중 많은 수는 임신 동안 약물을 복용한 어머니 에게서 태어나므로 발달장애의 위험에 더 많이 놓이게 된다.

임신기에 있는 HIV 양성자들과 HIV 양성 상태에 대한 지식은 대부분 개인들의 임 신을 반드시 단념시키지는 못한다(Delvaux & Nostlinger, 2007). HIV 양성 남성과 여 성 모두 아이를 갖길 원할 것이며, 몇몇 아시아 문화의 가족 전통은 커플들로 하여금 출산하도록 결정하게 만든다(Ko & Muecke, 2005). HIV 양성자의 출산은 자식에게 위 험하다. 정액을 통해 HIV가 태아에게 전염될 수 있고, 출산 중 전염은 HIV 양성 엄마 가 항억제 바이러스로 약물 치료를 받지 않는 한 쉽게 이루어진다. 그러므로 태아기의 상담과 보호를 구하는 것은 임신을 시작하려는 HIV 양성 여성과 남성에게 매우 중요 하다. 초기 태아기의 보호는 엄마로부터 아이에게로의 전염 위험을 1% 정도로 줄일 수 있다.

HIV 전염에 대한 심리학자의 역할

후천성 면역결핍증(AIDS) 전염이 시작된 이래로, 심리학자들은 감염 확산과의 전투에 서 중요한 역할을 했다(Kelly & Kalichman, 2002). 전염 초기 몇 년 동안 심리학자들은 일차적 예방과 이차적 예방 노력에 기여했다. 일차적 예방은 HIV 전달을 감소시키기 위한 행동 변화를 포함한다. 이차적 예방은 HIV 양성자들이 감염과 함께 살아가도록 도와주고, HIV 검사에 대해 상담해주고, 환자들로 하여금 질병의 사회적, 대인관계적 측면을 다루어나가도록 도와주고, 환자들이 복합적인 치료 프로그램에 잘 따르도록 도 와주는 것을 포함하고 있다. HIV에 감염된 환자들의 생존기간이 최근 많이 증가한 것 은 약물 치료, 속효성의 항바이러스 치료(HAART: highly active antiviral therapy)의 효 과에 따른 것이다. 이 치료법은 엄격한 계획에 따라 정해진 규칙대로 복용해야 하는 약의 조합으로 구성된다. 의학적 섭생법의 고수에 관심을 둔 심리학자들의 지식이 현 재 HIV 전염 관리와 관련되어 있다.

장려되는 방어수단 HIV에 감염된 어머니에게서 태어난 유아들을 제외한 대부분의 사 람들은 HIV로부터 자신을 보호하기 위해 약간의 통제를 한다. 다행히도 HIV는 감염 자와의 일시적 접촉으로는 위험도가 낮기 때문에 사람에게서 사람으로 쉽게 전달되지 는 않는다. 외과수술, 응급 처치, 또는 혈액을 다루는 일에 참여하고 있는 건강치료 실 무자들은 감염된 혈액이 열린 상처를 통해 몸으로 들어가지 않도록 주의해야만 한다. 예를 들어 치과의사와 치과위생학자들은 예방장갑을 끼고, 건강치료 실무자들은 일련

심리학자들은 콘돔 사용을 장려하는 것과 같이 HIV 감염에 대한 일차적 예방에 관여하고 있다.

의 표준 예방 방법을 고수해야 한다.

어떤 위험들은 몇몇 특이한 경로가 있긴 하지만, 대부분의 사람들은 성행위를 통해 또는 오염된 주삿바늘을 공유함으로써 HIV에 감염된다. 사람들은 무방비한 성적 접촉 또는 감염된 사람과 주삿바늘을 함께 쓰는 것 등과 같이 감염이 되기 쉬운 행동들을 변화시킴으로써 HIV 감염으로부터 스스로를 보호할 수 있다. 섹스 파트너의 수를 제한하는 것, 콘돔을 사용하는 것, 함께 주삿바늘을 사용하지 않는 것, 이 세 가지 행동은 많은 사람을 HIV 감염으로부터 보호해준다. 그러나 이러한 위험 행위를 하는 사람들의 경우 그들의 행위를 바꾸기란 매우 어렵다. 왜 바꾸기 어려운지에 대한 다양한 요인이 있을 수 있다.

행동 변화를 어렵게 하는 한 가지 이유는 위험에 대한 인지력이다. 미국의 대부분의 사람들은 자신이 HIV 감염의 위험에 노출되어 있다고 인지하지 않고 있고, 사실 그들의 생각이 옳다(Holtzman, Bland, Lansky, & Mack, 2001). 즉, 대부분의 사람들은 초기 HIV 감염 위험이 있는 행위를 하지 않는다. 그러나 위험에 빠진 일부 사람들은 정확하게 그러한 위험을 인지하지 못한다. 예를 들면, 다른 남자와 성관계를 가진 젊은 남성은 나이지리아의 대학생이 믿는 것처럼 감염 위험(MacKellar et al., 2007)에 대한 낙관적인 신념을 가지고 있다(Ijadunola, Abiona, Odu, & Ijadunola, 2007). 이러한 오해는 지속적으로 위험한 행위를 하게 만든다. 문화도 이러한 위험한 성행위를 지속하는 것에 중요한 영향을 미친다.

아프리카 사하라 사막 이남의 도시와 카리브해, 라틴 아메리카와 같이 사회적 관습이나 종교에 의해 지지받는 남성 우월주의나, 여성이 경제력을 갖지 못하는 문화권에서는 이성애로 전염되는 HIV의 비율이 높다(UNAIDS, 2007). 여성이 재정적으로 남성에게 의지하고 경제력을 갖는 데 한계가 있으면, 그들은 성적 행위에 통제력을 갖지 못하고 심지어 강제적인 성행위를 종용당하기도 한다. 그리하여 그들은 콘돔을 사용하지 못하고, 그로 인해 감염 위험이 높아지는 것이다. 이런 위험은 미국의 여성에게도 역시 적용된다. HIV 양성인 미국 여성에 대한 연구(Lichtenstein, 2005)는 여성의 HIV 감염 원인으로 남용과 우월감을 꼽았고, 많은 청년에 대한 연구에서도 알코올 중독과 폭력이 HIV 전염의 원인이라는 사실을 확인했다(Collins, Orlando, & Klein, 2005)

HIV에 감염된 사람들 돕기 HIV에 감염되었을지도 모른다고 믿고 있는 사람들은 물론 실제 HIV 감염자들은 여러 가지 심리적 처치로부터 도움을 받을 수 있다. 높은 위험행동을 하는 사람들은 HIV 검사를 받아야 하는지 어떤지를 결정하기가 어렵고, 심리학자들은 이런 사람들을 위해 정보와 지원을 모두 제공할 수가 있다. (1) 아주 적은 소수의 게이와 양성애 남성들, (2) 주사약 사용자들, (3) 여러 명의 파트너와 이성 간 성관계를 가진 많은 수의 남성과 여성 및 콘돔을 일관성 있게 사용하지 않는 사람들을 포함한 위험도 높은 개개인들이 HIV 검사를 받아본 적이 없을 것이다(Awad, Sagrestano, Kittleson, & Sarvela, 2004). 실제로 HIV 양성인 많은 사람이 검사를 받지 않고 있고, 자신의 HIV 감염 상태를 알지 못한다.

HIV 검사를 받겠다는 결정은 이득과 손실 둘 다 있지만, 검사는 HIV 감염을 통제하는 데 있다(Janssen et al., 2003). 너무나 많은 사람이 자신의 질병이 진행되어 치료 옵션이 덜 효과적이 되어서야 검사를 받는다. 매직 존슨 캠페인의 주 요점은 감염자들의 초기 검사와 서비스에 초점을 맞추자는 것이다. HIV 양성인 사람들의 초기 검사는 빠른 치료를 가능하게 하고, 그것은 각 개인의 삶을 연장하고, 그들에게 다른 이들에게도 위험을 줄 행위를 줄이거나 방지할 수 있는 기회를 줄 것이다.

검사비용은 건강관리를 받거나 비보의 가능성에 대한 걱정까지 모든 문제를 포함한다. 현재 HIV 검사는 일상적인 의료 검진의 일부에 포함되어 있지 않으며, 개인이 검사를 신청해야 한다(Clark, 2006). HIV 감염자의 최소 25%는 검사를 신청하지 않았기 때문에 자신의 감염 여부를 알지 못한다. 또한 검사를 받기로 동의한 많은 사람이 결과를 확인해보지 않는다. 급속 결과 검사 및 가정방문 검사와 같은 표준검사의 대안적 방법들이 사람들의 HIV 감염 여부를 알게 할 가능성을 높여주고 있다(Hutchinson, Branson, Kim, & Farnham, 2006).

양성 결과를 통보받은 사람들은 전형적으로 불안, 우울, 분노 등 심리적 상처를 안게 된다. 이처럼 HIV에 대처하는 경험은 이러한 정서적 반응을 유발하게 되어 질병의 진척에 분명한 영향을 미친다. HIV 환자에 대한 30개의 전향적 연구를 검토한 결과는 CD4+ 세포의 낮은 레벨, AIDS 증상 및 진단, 심지어 AIDS로 인한 사망을 포함한 심리적 고통이 HIV 질환이 진행해나가는 것에 대한 다양한 상황을 예측하게 해준다고 결론 내리고 있다(Chida & Vedhara, 2009). 또한 사람들의 대처 방식은 적응 및 병의 진행과 관련이 있다. 예를 들면, 대처하기 위해 바로 조치를 취하고 긍정적 관점을 유지하면서 감정을 표현하는 사람들의 경우 더 좋은 육체적 건강을 유지하는 경향이 있다(Moskowitz, Hult, Bussolari, & Acree, 2009). 이와 대조적으로 자신의 질환을 부정하고 술이나 약물 남용과 같이 부정적으로 대처하는 사람들의 경우 병의 진행이 더 빨랐으며, 신체건강 상태도 좋지 않았다(Chida & Vedhara, 2009; Moskowitz et al., 2009). 이러한 대처전략의 일부는 특정 상황에서 더욱 중요할 수 있다. 예를 들면, 상황에 대처하기로 하고 바로 조치를 취하는 것은 HIV 진단 후에 바로 진행할 경우 신체건강을 높이는 것으로 나타났다(Moskowitz et al., 2009). 건강관리 전문가로부터 그리고 가족과 친구로부터 지원을 받게 되면 심리적 적응도 더 개선된다(Moskowitz et al., 2009; Reilly & Woo, 2004).

개인의 특수한 상황과 필요에 맞도록 조정된 처치는 좀 덜 개인화된 프로그램보다 이점이 많다(Moskowitz & Wrubel, 2005). 인지 행동적 그리고 스트레스 관리 중재는 일반적으로 HIV 양성 환자의 불안, 우울, 고통을 줄이고, 삶의 질을 높이는 데 효과적이다(Crepaz et al., 2008; Scott-Sheldon, Kalichman, Carey, & Fielder, 2008). 일부 인지 행동 스트레스 관리 중재는 또한 물리적 건강 결과를 좋게 하는 효과가 있는 것으로 보고되었다(Antoni et al., 1991, 2000). 그러나 대부분의 중재는 그렇지 않았다(Scott-Sheldon et al., 2008).

심리학자들은 또한 HIV 환자들로 하여금 HIV 감염을 통제하도록 고안된 복합적인 약물 처방법을 잘 다스리도록 도와줄 수 있다(Simoni, Pearson, Pantalone, Marks, & Crepaz, 2006). 특히 약물 치료 순응도와 관련하여 어려움을 겪는 환자들에게 도움이 될 수 있다(Amico, Harman, & Johnson, 2006). HAART는 항균 바이러스 약물 치료 조합으로 구성된다. 환자들은 어떤 조건하에서 질병을 일으키는 감염에 대응하는 약과 함께 항균 바이러스 약물의 부작용에 대응하는 다른 약을 처방받는다. 이러한 약물 치료법은 많은 약물을 포함할 수 있으며, 정확한 시간에 투여되어야 한다. 환자들이 이러한 계획을 따르지 않을 때 효율성은 떨어진다. 심리학자들은 환자들에게 자기관리 기술을 조장해줌은 물론 약물 계획을 잘 따르도록 도움을 줄 수 있다. 예를 들면, 동기를 부여하는 면접 기법은 HAART 약물 계획 순응의 측면에서 성공적으로 도움을 준 것으로 나타났다(DiIorio et al., 2008).

HIV 감염을 치료하는 또 다른 방법은 경험 속에서 삶의 의미와 생존 및 긍정적

1. 만일 만성질환을 앓고 있다면 건강 상태를 파악하고 건강관리 전문가들과 함께 협력관계를 형성하라. 그렇지만 본인 스스로가 건강관리를 떠맡아라. 당신은 자신의 컨디션에 따라 병이 침범하기 쉬운 사람이 될 수 있기 때문이다.

2. 만일 당신이 만성적인 병을 앓고 있는 사람을 돌보는 일차적 보호자라면 신체와 정신의 양쪽에 대한 자신의 건강을 무시하지 마라. 때때로 자신을 위한 규칙적인 일정표를 작성하라.

3. 만일 제1형 당뇨병이 있다면, 친구들에게 자신의 병을 감추지 마라. 비록 만성질환을 가졌더라도 오래 살 수 있고, 생산적인 삶을 살 수 있다. 그러나 다이어트, 인슐린 주입, 정기적인 운동을 포함하여 평생 동안의 처방계획을 성실히 지켜나가야 한다. 만일 당뇨병 환자와 함께 생활한다면 필수 건강관리 습관을 갖도록 사회적, 정서적 지원을 제공하고 격려하라.

4. 자신의 혈당 농도를 알라. 제2형 당뇨병은 어떤 연령에서든 발병할 수 있다. 이런 장애는 전혀 증상을 알아차릴 수 없을지도 모른다.

5. 만일 천식이 있다면, 병의 발작을 감소시키고 확장 약을 줄이도록 노력하라. 예방 약물을 복용하는 데 집중하고, 발작을 피하기 위한 재발 방지 장치를 알고 있어라.

6. 스스로 HIV를 예방하라. 가장 공통적인 전염의 형태는 성관계이고, 그리고 성관계 시 콘돔을 사용하는 편이 더 안전하다.

7. 만일 후천성 면역결핍증(AIDS) 또는 알츠하이머병과 같은 말기 만성질환을 앓는 환자의 중요한 보호자라면, 특히 그러한 환자에게 후원을 제공하는 모임을 이루는 단체들을 통해 사교적이고 정서적인 지원을 추구하라.

8. 만일 만성질환을 앓았거나 그런 병을 앓는 환자의 보호자라면 정보와 후원을 얻을 수 있는 인터넷을 사용하라. 다양한 웹사이트가 정보를 제공하며, 온라인 후원 단체들은 모든 장애에 대해 유용하다. 이러한 웹사이트를 건강관리를 위한 대체물로는 (직접) 이용하지 마라. 이러한 자원은 자신의 지식과 지원을 보완하는 데만 참작하라.

인 경험의 가능성을 높이는 발견이라고 할 수 있다. 후천성 면역결핍증(AIDS)인 사람과 그들의 간병인들은 그들의 삶 속에서 긍정적인 경험을 발견하곤 한다. 2개의 연구(Milam, 2004; Updegraff, Taylor, Kemeny, & Wyatt, 2000)에서 HIV 또는 AIDS 환자의 절반 이상이 긍정적인 변화를 경험했고, 또 다른 연구에서는(Folkman & Moskowitz, 2000) 후천성 면역결핍증(AIDS) 환자와 간병인의 99% 이상이 긍정적인 경험을 회상할 수 있음을 보여주었다. 긍정적 의미에 대한 이 연구는 CD4+ 수에 영향을 주어 HIV 감염 경로에도 영향을 미칠 수 있다(Ickovics et al., 2006). 이러한 긍정적인 의미에 대한 탐색은 만성질환을 앓는 많은 환자의 경험에도 공통적으로 적용되며(Updegraff & Taylor, 2000), 이러한 태도는 임종을 앞둔 이들에게도 나타날 수 있다.

 요약

후천성 면역결핍증(AIDS)은 인간 면역결핍 바이러스(HIV)에 감염된 후 면역계의 결핍 때문에 오는 질병이다. 면역계가 신체를 방어할 수 없을 때 정상인에게서는 흔히 발견할 수 없는 박테리아, 바이러스, 기생충 감염을 포함한 많은 질병이 발생할 수 있다.

HIV 전달 양상은 미국에서 대부분의 사람들에게 감염을 확산시키는 두 가지의 행동, 즉 수용적인 항문성교와 정맥 내의 약물 주삿바늘의 공유이다. 감염된 파트너와의 무방비한 이성 간 성 접촉은 전 세계적으로 높은 비율의 사람들이 HIV에 감염되는 원인이 되고 있다. 새로운 항균 바이러스 약물의 치료가 감염된 엄마로부터 출산 과정 중의 전염을 줄여주고 있기 때문에 HIV에 감염된 아기의 수는 줄어들고 있다.

심리학자들은 환자들에게 위험이 높은 행위를 줄이고, 질병에 대처하고, 증상을 관리하고, 생존기간을 향상시키도록 처방된 복합적인 약물 치료법을 고수할 수 있도록 다양한 처치를 사용하고 있다. 뿐만 아니라 심리학자들은 검사를 받고자 하는 사람들과 검사 결과 감염이 드러난 사람들을 위해 상담 서비스를 제공한다. 이 프로그램은 방어행위를 장려할 뿐만 아니라 후천성 면역결핍증(AIDS)과 싸우는 데 있어 긍정적인 치료의 중요성을 강조하고 있다.

 # 죽음을 맞이하기

인간의 평균 수명은 지난 세기에 크게 늘었다. 사람들은 반드시 장수를 바라는 건 아니지만 85세까지 살기를 좋아한다(Lang, Baltes, & Wagner, 2007). 그러나 사람들은 죽을 시기와 방법을 비롯해 삶의 종말을 통제하고 싶어 한다. 이런 욕망은 '좋은 죽음(good death)'이라는 개념과 부합한다. '좋은 죽음'이란 신체적 안락, 사회적 지원, 적절한 치료로 이뤄지며, 임종을 앞둔 사람과 그 가족들의 근심을 최소화한다(Carr, 2003). 사람들은 임종과 사별에 어떻게 대처할까?

죽을병에 적응하기

'좋은 죽음'은 많은 환자에게 가능하다. 미국이나 다른 선진국에서 사람의 주요한 사망 원인은 심장병, 암, 만성 호흡기 질환, 치매, 신장병, 만성 간질환, 에이즈와 같은 만성 질환이다. 이런 병은 때로 치명적인 급사를 일으키지는 않아, 환자와 환자 가족들에게 적응할 기회를 준다. 설령 죽을병이 아닌 만성질환에도 그런 진단을 받으면 상실감이 따르기 때문에 적응의 필요성이 발생한다(Murray, 2001).

일반적으로 죽을병에 걸리면 환자들이 예측할 수 있는 단계를 보인다고 생각한다. 이런 인식은 거부, 분노, 협상, 우울, 수용이라는 엘리자베스 퀴블러 로스(Elizabeth Kübler-Ross, 1969)의 단계론으로 대중화되었다. 거부는 그 진단의 유효성이나 심각성을 받아들이지 않는 것이다. 환자들은 자신의 병을 알게 되었을 때 이런 방어기제를 통해 그 질환에 대한 걱정에 대응한다(Livneh & Antonak, 2005). 분노는 또 다른 정서적 반응이고 협상은 종종 신이나 의료인에게 더 좋은 결과를 의탁하려는 노력이다. 우울은 자기 병세의 진전을 이해하는 환자들이 보이는 보편적인 반응이며, 그 단계 후 자신의 처지에 대한 수용이 뒤따른다. 이것이 퀴블러 로스의 단계론이다.

퀴블러 로스가 맞았을까? 환자들이 거부, 분노, 협상, 우울, 수용으로 죽을병 진단에 반응한다는 이론은 맞지만, 환자들이 이렇게 세트 형태로 반응한다(Schulz & Aderman, 1974)거나 경험한다는 증거는 없다. 만성질환을 진단받거나 죽을병으로 진단받은 환자들은 보통 다양한 부정적인 반응을 드러내기도 하지만, 영적 성장이나 그 상황에서 의미를 찾으려는 긍정적인 반응을 체험하기도 한다.

죽을병 환자에 대한 좀 더 적절한 적응 개념은 임종 역할에 대한 개념이다(Emanuel, Bennett, & Richardson, 2007). 이런 역할은 3장에서 서술했던 환자의 역할을 확장한 것이다. 환자의 역할처럼, 임종의 역할은 어떤 특권과 책임을 포함하고 건강하거나 건강하지 않은 많은 형태를 취한다. 실용적, 관계적, 개인적인 세 가지 주요 요소가 관련된다. 실용적 요소는 재정적 문제 정리나 병의 진전에 따른 치료 계획과 같은 삶의 끝에 해결할 필요가 있는 일이다. 관계적인 요소는 임종 역할과 간병인, 배우자, 부모와 같은 타인의 역할과 화합하는 것이다. 이런 화해는 어려울 수 있는데 임종 역할은 자동으로 타인의 역할과 양립하는 것은 아니기 때문이다. 그래서 임종을 앞둔 사람은 이런 역할을 통합할 수 있는 방법을 모색해야 한다. 개인적 요소는 '자기 삶의 이야기를 마무리'하는 것이다(Emanuel et al., 2007, p. 159). 이 요소는 생의 종말을 생각하면서 그로부터 새로운 의미를 도출하고 그러면서 자신의 삶을 다시 되새겨볼 것이다. 그 새로운 의미는 인생을 재정립하거나(Knight & Emanuel, 2007) 아니면 반대로 좋지 않은 결과를 낼 수도 있다.

좋은 적응에 대한 장벽에는 제도적인 문제도 있고 말기 환자 간병 시설 보호에 대한 접근 부족도 있다. 제도적인 장벽은 의료인들이 그들을 환자 역할로 잘못 유지하기 때문에 임종 역할을 하지 못할 때 발생한다(Emanuel et al., 2007). 의료 행위가 지나치게 치료로 치우쳐 있어, 의사들이 죽음을 쉽게 수용하지 못한다. 호스피스 케어(hospice care)나 자택 간호와 같은 적절한 의료 행위를 이용할 수 없어, 환자들이 자신의 욕구를 충족시키지 못하는 병원에 있도록 강제한다. 죽음의 신체적 특징에만 집중하는 것도 환자들이 완성감과 재정립감을 이끌 수 있는 사회적, 개인적 임무를 방해한다.

임종 역할에 진입하면 일반적으로 상실감과 슬픔이 뒤따른다(Emanuel et al., 2007). 그 환자는 신체적 능력, 사회적 관계, 지속적인 삶의 경험을 모두 상실하게 된다. 흔히, 이런 상황에 처한 환자들은 죽음을 두려워할 것이라고 생각하지만, 죽을병에 걸린 환자들을 대상으로 실시한 연구는 그렇지 않다는 것을 시사한다(McKechnie, Macleod, & Keeling, 2007). 그 대신, 죽음에 대한 관심이 그들의 처지에 대한 걱정으로 바뀌어 자신들이 계획했던 행동을 완성할 수 있는지 그리고 편하게 죽기 위한 준비가 되었는지를 걱정한다. 병으로 인한 신체적 제약으로, 그 환자들은 '앞선 죽음'을 느낀다(McKechnie et al., 2007, p. 367).

최근 몇 년간 존엄치료라고 하는 간단한 정신치료가 말기환자가 죽음에 직면할 때의 심리적 문제를 다루는 데 도움이 되는 방법으로 평가되고 있다. 존엄성 치료는 환자가 가장 중요하게 생각하는 삶의 측면을 반영할 기회를 얻고 환자가 가장 기억하기를 원하는 것을 기록할 기회를 제공한다. 이를테면 존엄성 치료법은 죽어가는 사람들의 개인적 성향을 다루기 위한 노력이다. 서구 인구의 존엄성 치료에 대한 무작위성 시도는 말기 환자들 사이에 우울증의 임상 지표를 크게 감소시키지는 못했지만, 환자들의 삶의 질, 존엄성, 영적 복리, 가족에 대한 감사를 이해하는 부분은 개선된 것으로 나타났다(Chochinov et al., 2011). 그러나 일본의 말기 암환자 표본에게 존엄성 치료법을 제공하려는 시도는 죽어가는 것과 죽음에 관한 문제를 논의하기를 꺼려하는 일본 환자들의 망설임 때문에 많은 어려움에 직면했다(Akechi et al., 2012). 이러한 발견은 죽음을 둘러싼 이슈가 문화적으로 영향을 받는다는 사실을 강조하고, 죽어가는 역할의 개인적 요소 중 일부는 보편적이지 않고 서구의 문화적 가치에 묶여 있다는 사실을 강조한다. 예를 들어 서양인들은 자기에게 관심을 돌리고 자부심을 지키는 방식으로 행동함으로써 죽음에 대한 생각에 반응하는 경향이 있다면, 동양인의 경우에는 다른 사람에게 관심을 돌리는 것으로 죽음에 대한 생각을 반응하는 경향이 있다(Ma-Kellams & Blascovich, 2011). 즉, 죽음의 문제를 둘러싼 문화적 차이에 대한 민감성은 말기 환자와 함께 그들과 상호작용하는 사람들에게는 어려운 문제이다. 문화에 관계없이 죽음은 환자뿐만 아니라 가족에게도 영향을 미치며, 가족 구성원은 사랑하는 사람의 상실을 슬퍼하는 과정에 직면하게 된다.

상실의 슬픔

상실감과 슬픔 또한 사별에서 흔한 감정으로 사랑하는 사람의 죽음 이후, 가족과 친구들에게 적응이란 반응과 과정을 일으킨다(Murray, 2001). 그래서 말기 증상을 알리는 죽을병에 대한 진단과 사랑하는 사람의 상실은 유추 가능한 비슷한 결과와 반응을 일으킨다. 즉, 사별로 인해 간병인은 더 나빠지거나 좋아지는 감정을 갖게 되며(Aneshensel et al., 2004), 그로 인해 정신적 성장을 체험할 수 있다(Hogan & Schmidt, 2002).

임종을 앞둔 사람과 뒤에 남아야 하는 사람의 유사성은 불신, 열망, 분노, 우울, 적응 단계를 가진 사별 단계론과 같은 적응론을 이끌어내었다. 퀴블러 로스의 죽음에 대한 단계론과 마찬가지로 사별 단계론을 지지하는 증거는 거의 없다(Maciejewski, Zhang, Block, & Prigerson, 2007). 환자들은 이런 반응 중, 전부 혹은 일부를 보이거나 아니면 전혀 보이지 않기도 한다. 더 정확하게 사별을 서술하자면 사람마다 반응이 다르다는 것이다. 독일 성인 400명을 대상으로 실시한 사별에 대한 반응 조사에 따르면 네 가지 각기 다른 반응이 나타났다(Mancini, Bonanno, & Clark, 2011). 대부분의 성인은 사별 전부터 사별 4년 후까지 안정된 행복(well-being) 수준을 보인 원상회복(resiliency)이라는 반응을 보였다. 겨우 21%의 성인만이 상실의 순간에 행복감이 떨어진 후 서서히 정상으로 회복되는 급성 회복(acute-recovery)이라는 반응을 보였다. 15%의 성인은 상대적으로 사별에 영향을 받지 않는 만성적인 하위 행복을 보였다. 놀랍지만 5%는 사별 후 행복 수준이 높아진 향상(improvement)을 보였다(부수적으로, 향상을 보인 사람은 그런 상실로 수입이 높아질 가능성이 많았다). 사별에 대한 사람들의 반응은 다양하고 단계 모델에 딱 들어맞지는 않는다.

사별은 일반적으로 부정적인 정서를 포함하고 사람들은 그와 같은 감정을 정상으로 받아들이지는 않는다. 심지어 건강한 의료 전문인 중에서조차, 사람들이 강한 부정적 감정을 드러내거나 그들의 감정이 지나치게 길게 이어질 때는 그 슬픔의 과정을 비정상으로 간주한다. 죽은 사람에 대한 생각이나 그리움이 몇 년 동안 지속될 수도 있다(Camelley, Wortman, Bolger, & Burke, 2006). 전문가들은 바로 이런 종류의 사람에게 심리적 치료 개입이 효과가 있다고 말한다(Mancini, Griffin, & Bonanno, 2012). 반면, 지속적이며 깊은 근심을 보이지 않는 사람에겐 그런 심리적 치료 개입이 거의 효과가 없을 것이다.

정신건강 전문인들이 사용하는 전문용어조차도 부정적인 의미를 함축하고 있다. 사랑하는 사람을 잃고 적응 중인 사람에게 회복(recovering)이라는 언어를 쓰는데, 이 말은 그 사람이 '정상'으로 복귀 중이며 그들의 슬픔 반응은 심리적 문제라는 의미를 함축한다. 사별 과정을 병리화하는 이런 경향은 피해야 한다(Tedeschi & Calhoun, 2008). 일부 슬픔 반응은 적응의 문제를 드러낼 수도 있지만, 만성질환이나 죽을병에 적응하는 과정처럼 슬픔은 변화와 정신적인 성장을 위한 기회이기도 하다(Tedeschi & Calhoun, 2006). 그래서 이 세 가지 과정은 모두 본질적인 요소를 공유한다.

요약

죽음에 직면하는 것은 당사자와 그 가족에게 적응을 요구한다. 수용 단계 과정이 대중적 지지를 얻고 있지만, 그런 견해를 지지하는 연구는 없다. 오히려 임종을 앞둔 사람은 실용적, 관계적, 개인적 요소로 더 확실히 개념화할 수 있는 다양한 부정적인 반응을 경험한다. 일부 환자는 도전적인 정신으로, '좋은 죽음'을 제공하는 시설에 들어가, 신체적 고통 없이 사회적 지원, 적절한 치료, 최소한의 심리적 고통을 받는다. 이런 적응은 그들에게 완성감과 심지어 초월감을 주기도 한다. 심리적 성장은 사랑하는 사람을 잃은 사람에게 가능하지만, 부정적인 감정을 포함해서 적응의 과정을 직면하기도 한다. 사별 뒤에는 다양한 정서적 반응이 뒤따르지만, 예측할 수 있는 슬픔의 단계를 보여주는 연구 결과는 없다. 슬픔에 포함된 부정적인 정서들을 비정상으로 봐서는 안 된다. 슬픔을 극복하는 데는 몇 년이 걸릴 수도 있지만, 이런 과정은 긍정적인 변화에 대한 전망을 보이기도 한다.

해답 이 장에서는 다음의 여섯 가지 문제를 다루었다.

1. 만성질환이 환자와 가족에게 미치는 영향은 무엇인가?

오랜 기간의 만성질환은 사람의 생활에 대한 변화를 가져오고, 증상에 대한 조절과 의료적 보호의 수용을 요구하며, 관계를 변화시키고, 자신에 대한 재평가의 압력을 가져온다. 건강심리학자들에 의해 고안된 지원 집단과 프로그램은 사람들이 만성질환과 관련된 정서적 문제와 전통적인 의료적 보호에서 흔히 간과되는 문제에 대처하도록 도움을 준다. 만성질환은 말기일 수 있고, 이것이 사람으로 하여금 자신의 임박한 죽음을 고려하게끔 만든다. 말기 질병을 가진 사람들과 사별한 사람들은 상실과 슬픔이 이들 상황 모두에게 공통적이기 때문에 만성질환으로 진단된 사람들과 비슷한 변화를 경험하게 된다.

2. 알츠하이머병의 영향은 무엇인가?

알츠하이머병은 대뇌에 손상을 주고 기억상실, 언어 문제, 부적 반응의 동요, 성마름, 수면장애, 의심, 배회, 무절제, 일상 보호의 수행력 상실을 일으킨다. 알츠하이머병의 가장 흔한 형태는 환경적 위험들과 연합된 유전적 취약성을 통해 일어난다. 연령이 주된 위험이고, 65세 이후부터 10년마다 두 배의 유병률을 지닌다. 생활 유형의 요인들은 알츠하이머병의 발전과 관련되고 가능성을 예방한다. 의학적 치료는 발전되고 있지만, 주요 관리전략은 환자들이 좀 더 오랜 기간의 기능과 상담 및 가족 구성원들의 지원 집단을 허용할 수 있는 처치들을 포함하고 있다.

3. 당뇨병을 조절하는 데 무엇이 관련되는가?

인슐린 의존 당뇨병(제1형)과 인슐린 비의존 당뇨병(제2형)은 탐지와 치료 요법의 순응을 포함한 생활양식의 변화를 요구한다. 치료는 제1형 당뇨병의 경우 인슐린 주입, 주의 깊은 식이요법 고수, 시간계획에 따른 식사, 특정 음식의 회피,

정규적인 의사방문, 규칙적인 운동을 포함한다. 건강심리학자들은 당뇨병 환자들이 자신의 조건에 대한 위험 효과를 조절하기 위해 자기보호를 배울 수 있도록 도와주는 것에 관여하고 있다.

4. 천식은 천식 환자의 삶에 어떻게 영향을 주는가?

기관지 염증은 천식의 내재적 기초이다. 폐렴에 결합된 촉발자극 또는 사건들은 호흡을 어렵게 하는 기관지 수축의 원인이 된다. 천식은 치명적일 수 있고, 아동 가운데 장애의 주요 원인이다. 이 과정의 기원은 이해되고 있지 않지만, 약물은 염증을 조절하고 발작위험을 감소시킨다. 천식 환자들은 발작위험을 감소시키는 복잡한 약물 요법에 직면하고 있다.

5. HIV 감염을 어떻게 관리할 수 있는가?

HIV 감염은 면역계를 고갈시키고 후천성 면역결핍증(AIDS) 및 다양한 기회주의적 감염에 대한 신체의 취약성을 증가시킨다. 미국에서 HIV 확산은 (1) 남자들과 성관계를 맺은 남자들, (2) 주사 약물 사용자들, (3) 이성 간의 성 접촉, (4) HIV 양성 어머니에서 태어난 아이들의 네 가지 집단으로 구분된다. 심리학자들은 예방행동을 격려하고, 감염된 사람들이 만성질환과 함께 생활해나가는 데 대처할 수 있도록 해주고, HIV 감염을 관리 가능한 만성질환으로 변화시키는 복합적인 의료 요법을 잘 준수하도록 환자를 돕는 역할을 한다.

6. 사람은 죽음과 그로 인한 슬픔에 어떻게 적응해가는가?

사람들은 다양한 부정적 정서 반응과 함께 자신이 죽을병에 걸렸다는 사실에 반응한다. 그러한 슬픔의 과정에도 부정적 감정이 포함된다. 일반적인 개념과는 달리 이러한 반응은 단계별 패턴을 통해 진행되지 않는다. 대신 죽어가는 것은

사람들이 적응 과정에서 만나게 되는 실제적이고, 관계적이고, 개인적인 요소를 포함한 역할로 개념화할 수 있다. 죽음에 대해 비통해하는 일은 부정적인 감정을 가진 과정으로 개념화할 수 있으며, 또한 성장의 가능성을 가진 과정으로도 개념화할 수 있다.

🖐️ 더 읽을거리

Asthma Action America. (2004). *Children and asthma in America*. Retrieved August 29, 2008, from http://www.asthmainamerica.com/frequency.html. 이 종합 개관은 천식이 아동들과 돌보는 사람들의 삶에 미치는 영향을 자세히 다루고, 질병의 오해와 가용한 치료를 살펴보고, 천식을 다루는 좀 더 효과적인 전략들을 추천하고 있다.

DeBaggio, T. (2002). *Losing my mind: An intimate look at life with Alzheimer's*. New York, NY: Free Press. 이전에 신문기자였던 토머스 데바기오(Thomas DeBaggio)는 57세에 알츠하이머병 증상을 인식하기 시작했을 때 '자신의 잃어버린 마음'에 대한 경험을 글로 쓰기로 결정했다. 그 결과 알츠하이머병을 내부자의 관점으로 이동하여 설명하게 되었다.

Stanton. A. L., & Revenson, T. A. (2011). Adjustment to chronic disease: Progress and promise in research. In H, Friedman (Ed,), *The Oxford handbook of health psychology* (pp. 241-268). 본 장은 신체가 만성질환에 적응해가는 것을 종단 연구로 알아보고, 그러한 과정에 영향을 미치는 중요한 위험요인과 보호요인을 탐구하고 있다.

UNAIDS. (2010). *UNAIDS report on the global AIDS epidemic, 2010*. Geneva, Switzerland: Joint United Nations Programme on HIV/AIDS. 이 종합 보고서는 세계적이며 지역적으로 HIV 감염 상태를 자세히 다루고 있고, 각 지역의 감염 속성 및 이 질환을 통제하는 데 이루어졌던 과정을 분석하고 있다.

PART

4

행동건강

**문제
제기**

이 장에서는 다음의 다섯 가지 기본적인 문제를 주로 다룬다.

1. 흡연은 호흡기에 어떤 영향을 미치는가?
2. 누가 흡연을 선택하며 그 이유는 무엇인가?
3. 흡연에 따른 건강상의 결과는 무엇인가?
4. 어떻게 흡연율을 감소시킬 수 있는가?
5. 금연의 효과는 어떠한가?

자신에게 해당하는 항목에 ☑ 표 하시오.

☐ 1. 나는 일평생 모두 합하여 100개비 정도의 담배는 피우지 않았다.

☐ 2. 나는 일평생 100~200개비 정도의 담배를 피웠지만, 최근 5년 이상 전혀 담배를 피우지 않았으며 앞으로도 흡연할 생각이 없다.

☐ 3. 나는 요즘 하루에 반 갑 이상의 담배를 피운다.

☐ 4. 나는 요즘 하루에 두 갑 이상의 담배를 피운다.

☐ 5. 나는 현재 담배를 피우고 있으며, 흡연이 건강에 나쁘다는 사실은 과장된 것이라고 믿고 있다.

☐ 6. 나는 흡연이 건강에 해로울 수 있다고 믿고 있는 흡연자인데, 나에게 그런 해로운 결과가 나타나기 전에 금연하려고 한다.

☐ 7. 나는 필터담배(궐련)는 피우지 않지만, 하루에 한 번 이상 시가담배나 파이프담배를 피운다.

☐ 8. 나는 필터담배는 피우지 않지만, 전자담배를 피운다.

☐ 9. 나는 시가담배나 파이프담배가 심장질환과 암을 일으킬 위험이 크지 않다고 믿기 때문에 시가담배나 파이프담배를 피운다.

☐ 10. 나는 집 안에서 흡연하는 사람과 함께 살고 있다.

☐ 11. 나는 주로 무연담배(씹는 담배)를 애용한다.

처음 두 문항을 제외하고 위 항목들은 한해 약 480,000명에 달하는 미국인들의 사망원인을 설명할 수 있는 담배제품이 주는 건강상의 위험을 지적해준다. 흡연에 의한 죽음은 주로 심장질환, 암, 만성 하기도 호흡기 질환에 의한 것이다. 본인이 얼마나 위험에 처해 있는지를 알고 싶다면 뒤 9개의 문항에 자신이 어떻게 응답했는지를 검토하라. 이 장을 읽다 보면 위의 항목 중 어떤 것은 다른 것보다 훨씬 더 위험하다는 사실을 알 수 있다.

 실제 사례   버락 오바마 대통령

미국 대통령인 버락 오바마(Barack Obama)는 흡연 습관을 없애기 위해 수년간 각고의 노력 끝에 금연할 수 있었다('Michelle Obama', 2011). 오바마는 청소년기에 흡연을 시작하여 애연가가 되었다. 그는 미국 대통령 선거에 출마하려고 결심했을 때 아내에게 담배를 끊겠다고 약속했다. 하지만 선거유세를 하는 동안 다시 흡연하게 되었다. 대통령으로서 금연법에 서명을 하고 난 후 기자 회견에서 오바마는 자신이 금연에 실패하여, 매일은 아니지만 경우에 따라 흡연(occasional smoking)하고 있다고 고백했다('Obama Admits', 2008). 흡연하지 않으려고 노력하고 있지만, 그것이 쉽지 않을 때가 있다고 했다.

경우에 따라 흡연하는 오바마의 행동은 그가 대통령이 된 후에도 2년간 계속되었지만, 2011년 2월 영부인 미셸 오바마(Michelle Obama)는 대통령이 거의 1년 동안 흡연하지 않았다고 발표했다('Michelle Obama', 2011). 오바마 대통령은 자신의 건강에 신경을 쓰는 아내의 강요, 자신의 흡연이 아동이나 젊은이들에게 좋지 못한 모본이 될 수 있다는 생각, 건강을 위해 금연하라는 주치의의 권유 등 금연에 대한 압력을 많이 느꼈다.

비흡연자가 되려는 대통령의 노력은 이전에 흡연자였던 백만 명 이상의 미국인이 똑같이 경험한 것이다. 그는 십대에 흡연을 시작하여 청년기에 골초가 되었으며, 끊기를 원했고 반복되는 시도 끝에 마침내 금연에 성공했다.

흡^{연은} 미국인의 최고의 사망원인이지만 충분히 예방 가능하다. 매년 480,000명의 미국인이 흡연 때문에 사망한다(USDHHS, 2014). 480,000이라는 숫자는 말하기는 쉬워도 본인의 일이라고 생각하면 몸서리 쳐질 일이다. 매년 델라웨어주 인구의 절반이 죽는다고 생각해보라. 매년 캘리포니아 롱비치의 시민 수와 맞먹는 숫자의 사람들이 흡연으로 인해 죽어간다. 이를 환산하면 하루 1,315명의 미국인이 흡연 관련 질환으로 인해 우리 곁을 떠나고 있다. 전 세계적으로 매년 약 6백만 명의 사람들이 흡연으로 인해 사망하는데(World Health Organization, 2011), 이는 덴마크 전체 인구에 상응하는 숫자다. 여기서는 일반담배, 전자담배, 시가, 파이프담배 및 다양한 담배제품의 위험요인들을 포괄적으로 정리하고 간접흡연과 무연담배 등의 위험요인도 다룰 것이다. 이 장에서는 미국인의 흡연 현황, 담배를 피우는 이유, 흡연을 방지하고 흡연율을 감소시킬 수 있는 방법 등에 관한 정보를 제공할 것이다. 우선, 흡연이 신체에 바로 어떻게 작용하고 호흡기에 어떤 영향을 미치는지를 간략히 설명하려고 한다.

흡연과 호흡기

호흡을 통해 산소는 체내로 들어오고 이산화탄소는 배출된다. 이 과정은 공기를 폐 속 깊이 가도록 하며, 폐 안으로 다양한 미립자들이 들어올 수 있도록 유도한다. 따라서 흡연은 폐 손상과 폐질환의 경로를 제공한다.

호흡기의 기능

산소와 이산화탄소의 교환은 폐의 깊은 곳에서 일어난다. 폐로 공기를 보내기 위해 횡격막(diaphragm)과 늑골 사이의 근육(intercostal muscles)이 수축하고 흉부 내 용적이 증가한다. 흉부 내 공간이 커짐으로써 흉부 내 압력이 대기압 이하로 떨어지고 그 압력으로 공기가 폐에 들어가게 된다.

그림 12.1은 폐로 들어가는 공기의 흐름을 보여주고 있다. 비골 경로인 인두(咽頭), 후두(喉頭), 기관(氣管), 기관지(氣管支), 세(細)기관지가 공기를 폐로 이끈다. 이런 경로는 산소를 끌어들일 수 있는 능력이 거의 없지만, 호흡 과정에서 공기를 따뜻하게 하고 습기를 갖게 하며 깨끗하게 만든다. 세기관지의 종단에 위치한 수백만의 폐포(alveoli)는 산소와 이산화탄소의 교환 장소이다. 산소가 풍부한 공기가 폐로 들어가서 폐포에 도달하고, 모세혈관에서 이산화탄소와 산소가 교환된다. 산소가 풍부해진 혈액은 심장으로 돌아가서 신체의 모든 부분으로 품어져 나간다.

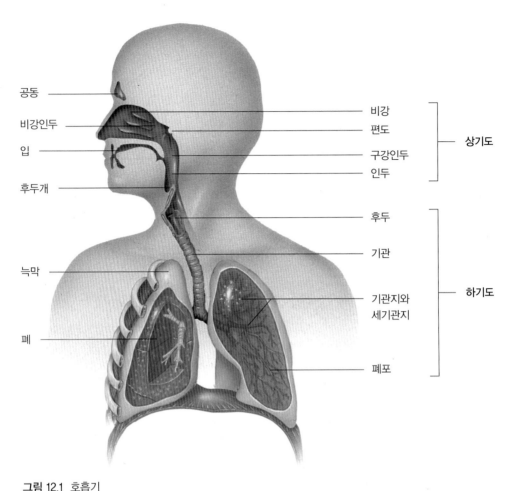

그림 12.1 호흡기

출처: *Introduction to microbiology* (p. 525), by J. L. Ingraham & C. A. Ingraham. From INGRAHAM/INGRAHAM, *Introduction to Microbiology*, 1E.

공기는 외부 물질도 신체 내로 끌어들인다. 공기 중에 있는 미립자들이 호흡으로 폐 속으로 들어올 수 있다. 재채기와 기침 같은 호흡기의 보호기제들은 여러 가지 위험한 미립자를 밀어낸다. 비강 경로에서의 유해한 자극은 재채기 반사를 활성화하고, 하기 도에서의 자극은 기침 반사를 촉진한다.

다양한 호흡기 장애는 건강심리학자들의 관심 대상이다. 공기오염은 물론 모든 유 형의 흡연은 호흡기에서 점액 분비를 증가시키거나 호흡기 보호 기제의 활동을 감소시 켜, 여러 문제에 취약하게 만든다. 점액이 쌓이면 점액을 제거하기 위해 기침을 하지 만, 그 기침이 또한 기관지 벽을 자극한다. 기관지 벽의 염증과 감염은 섬모를 손상시 키고 기관지 조직을 파괴할 수 있다. 기관의 손상된 조직, 기관지 조직의 염증과 감염, 그리고 기침은 **기관지 염**(bronchitis)의 특징이다. 기관지염은 이전에 만성 폐쇄성 폐질 환으로 불리던 만성 하기도 호흡기 질환(chronic lower respiratory disease) 중 하나로,

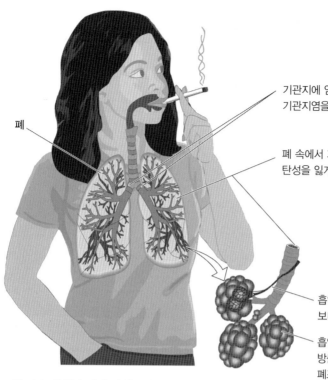

기관지에 염증이 생기고 점액을 채워 기관지염을 일으킨다.

폐

폐 속에서 가장 작은 공기 통로인 세기관지가 탄성을 잃게 되어 폐기종에 걸린다.

흡연은 산소를 운반하고 혈액을 폐포로 보내는 모세관 기능을 악화시킨다.

흡연은 산소를 받아들이고 이산화탄소를 방출하는 방식으로 가스 교환이 이루어지는 폐포낭(alveolar sacs)을 파괴한다.

© 2018 Cengage

그림 12.2 흡연이 폐에 미치는 영향

출처: *An invitation to health* (7th ed., p. 493), D. Hales, 1997, Pacific Grove, CA: Brooks/Cole. From HALES, *Invitation to Health*, 7E.

미국인의 세 번째 사망원인이다(Heron, 2016).

급성 기관지염은 감염에 의한 것이고 대개 항생제에 빠르게 반응한다. 그러나 염증이 지속되고 병이 깊어지면 만성적인 문제로 변할 수 있다. 흡연이 만성 기관지염의 주요 원인이지만, 공해와 직업상의 유해도 만성 기관지염의 원인이 될 수 있다.

가장 흔한 하기도 호흡기 질환 중 하나가 **폐기종**(emphysema)인데, 이 질환은 상처 조직과 점액이 호흡 경로를 막아 기관지가 탄성을 잃고 쇠약해져서 공기가 폐포 속에 갇힐 때 발병한다. 갇힌 공기는 폐포 벽을 파괴하고 남은 폐포는 비대해진다. 손상된 폐포와 확장된 폐포가 산소와 이산화탄소가 교환되는 표면영역을 감소시킨다. 또한 그런 손상은 손상되지 않은 폐포로 흐르는 혈액을 차단하기 때문에 호흡이 제한된다. 호흡기의 효율성 상실은 호흡을 할 때 제한된 양의 산소가 운반된다는 것을 의미한다. 폐기종에 걸린 사람은 격렬한 운동은 할 수 없고, 심하면 정상적인 호흡조차 불가능해질 수 있다.

만성 기관지염, 폐기종, 폐암은 모두 염증을 유발하는 해로운 입자의 흡입과 관련된 호흡기 질환이다. 그림 12.2는 흡연이 어떻게 폐를 손상시키고 기관지염과 폐기종을 일으키는지를 보여준다. 흡연은 공기오염과 직업적인 유해요소처럼 직접적으로 개인이 통제할 수 없는 사회 문제와는 달리 자발적으로 피할 수 있는 행동이기 때문에 건강심리학자들이 특별한 관심을 가지는 것이다. 그러므로 흡연은 매우 부정적인 것으로 알려져야 하고, 변화를 유도해야 하는 표적 행동이다. 그런데 흡입된 담배연기가 특별히 무엇 때문에 유해한 것일까?

담배의 어떤 성분이 위험한가?

가공된 궐련인 담배 안에는 적어도 4,000가지 이상의 화합물이 들어 있고, 그중 적어도 60가지는 발암물질로 알려져 있다. 그런 모든 화합물이 질병을 유발할 가능성이 있으며, 흡연은 그런 복잡한 혼합물의 흡입이다. 흡연이 폐를 손상시키는 과정을 분석하는 것은 어려운 일이며, 아직 완전히 밝혀지지 않았다. 니코틴(nicotine)은 흡연에 대한 중독을 야기하는 약물학적 물질이다(USDHHS, 2014). 니코틴이 신체에서 어떤 역할을 하는가?

니코틴은 인간을 각성시키는 흥분제이다. 이 물질은 중추신경계와 말초신경계 모두에 영향을 준다(USDHHS, 2014). 특정 중추신경계의 수용기에 니코틴이 작용한다. 뇌는 다른 많은 약물과 마찬가지로 니코틴에도 반응한다. 그러나 특히 흡연은 뇌에 약물을 전달하는 효과적인 방법이다. 예를 들면, 니코틴을 흡연 후 7초가 지나면 뇌에서 발견된다. 정맥에 주사하는 것보다 두 배나 빠르다. 니코틴의 반감기, 다시 말해 약물의 효과가 반으로 감소되는 데는 약 30~40분이 걸린다. 따라서 중독된 흡연자들은 거의 이 시간을 넘기지 않고 다시 흡연한다.

니코틴이 뇌에 전달되면 아세틸콜린, 에피네프린, 노르에피네프린, 글루타민, 도파민 등과 같은 신경전달물질의 방출과 대사에 영향을 미친다(USDHHS, 2014). 전반적으로 이 물질은 대뇌피질을 각성시킨다. 게다가 흡연은 베타엔돌핀(beta-endorphin)을 방출시킨다. 이런 신경전달물질의 방출은 흡연이 주는 쾌감과 관계가 있다. 니코틴은 또한 신진대사 수준을 증가시키고 식욕을 감소시키는데, 이것이 흡연자가 비흡연자보다 더 날씬한 이유가 될 수 있다. 하지만 니코틴이 흡연의 건강상의 위험을 가져온다고 할 수 없고, 담배 속에는 다른 위험한 화합물들이 있다.

타르(tar)라는 용어는 담배 흡연의 응축물인 수용성 잔류물을 일컫는 것인데, 발암물질로 확인되었거나 의심되는 합성물을 많이 함유하고 있다. 담배회사들이 타르 양이 적은 담배를 출시하고 있지만, 안전한 수준은 아니다. 타르 양이 줄어들면 흡연 관련 사망 가능성이 줄어들기는 하지만 말이다. 하지만 저니코틴 담배를 피우는 흡연자들은 자신의 흡연 효과를 증가시키기 위해 더 깊이 흡입하게 되어 스스로를 더 많은 타르의 위험에 노출하는 경향이 있다.

담배연기의 기타 부산물도 건강을 위협하는 존재로 여겨진다. **아크롤레인**(acrolein)과 **포름알데히드**(formaldehyde)는 **알데히드**(aldehyde)로 불리는 염증을 일으키는 합성물의 일종이다. 발암물질인 포름알데히드는 단백질 조직을 파괴하고 세포 손상을 일으킨다. **질산 산화물**(nitric oxide)과 **시안화수소산**(hydrocyanic acid)은 흡연할 때 생성되는 가스인데 산소의 신진대사에 영향을 미치기 때문에 위험할 수 있다. 담배회사들이 담배에 포함되어 있는 내용물에 관한 정보를 대중에게 공개하지 않기 때문에 소비자들은 건강에 얼마만큼 해를 주는지는 정확히 가늠할 수 없다(USDHHS, 2014).

요약

호흡기는 산소를 폐로 들어가게 하고 이산화탄소와의 교환은 폐포에서 일어난다. 공기와 함께 다른 미립자들이 폐로 들어갈 수 있고 그런 미립자 중에 어떤 것은 해로울 수도 있다. 담배연기가 폐를 손상시킬 수 있으며, 흡연자들은 기관지염에 걸리기 쉽다. 담배연기는 만성 기관지염과 폐기종 같은 만성 하기도 호흡기 질환의 발병과 밀접한 관련이 있다.

담배에 들어 있는 여러 가지 물질이나 그것이 연소할 때 생기는 부산물은 신체기관에 손상을 줄 수 있다. 비록 많은 양의 니코틴이 치명적인 독소로 작용한다고는 하지만 평범한 흡연자에게 얼마만큼 해로운 효과를 주는지 정확하게 평가하기는 어렵다. 그런 어려움은 상용되는 담배 속에 니코틴 수준과 다른 종류의 잠재적으로 위험물질인 타르 수준이 다양하기 때문이다. 그러므로 담배연기 속의 어떤 특정 성분이 질병 및 사망과 관련이 있는지를 결정하기는 쉽지 않다.

 담배 사용의 역사

크리스토퍼 콜럼버스를 비롯한 초기 유럽인 탐험가들이 서반구에 도착했을 때 미국 원주민들이 유럽인의 기준에서는 이상하다고 여겨지는 관습을 가지고 있음을 발견했다. 원주민들은 말린 잎을 말아 불을 붙인 후에 그 연기를 들이마셨다. 물론 그 잎은 담배였다. 초기 유럽인 선원들은 흡연을 시도해보고 좋아했으며, 곧바로 의존하게 되었다. 비록 콜럼버스는 선원들에게 담배 사용을 허용하지 않았지만, 곧 그 습관에 빠져 절제의 힘을 발휘할 수 없다는 사실을 바로 알아차렸다(Kluger, 1996, p. 9). 한 세기가 지나기도 전에 흡연과 담배 재배는 전 세계에 퍼졌고, 국가적, 국제적 노력에도 불구하고(WHO, 2015a) 담배를 배운 사람들이 있는 그 어떤 나라에서도 성공적으로 흡연 행동을 금지시키지 못했다.

흡연은 유럽인에게서 빠르게 습관화되었지만 반대자들이 없었던 것은 아니다. 왕위 계승자인 제임스 1세와 마찬가지로 엘리자베스 1세도 흡연을 금지했으나, 엘리자베스 여왕시대의 대영제국은 담배의 사용을 받아들였다. 하지만 엘리자베스 여왕시대의 또 다른 유력자인 프랜시스 베이컨 경은 담배 사용에 반대했으며 사용자들에게 압력을 가했다. 흡연을 반대하는 수많은 이유 중에는 유사한 점이 있는데, 그것은 담배에 중독된 사람들이 담배를 구입할 여유가 없을 때조차도 그것을 사는 데 돈을 쓰곤 한다는 것이다. 그 당시 담배의 공급이 많지 않아 품귀했기 때문에 값이 비쌌다. 1610년 런던에서 담배는 같은 무게의 은과 같은 가격에 팔렸다.

1633년에 터키의 술탄 무라드 IV세는 흡연해서 잡힌 사람들의 처벌을 위해 사형을 명령했다. 그때 왕궁 거리에서 칼로 찔러서 죽이는 사형이 집행되었고, 담배 사용을 권한 사람들은 목이 베어졌다(Kluger, 1996). 러시아의 초기 로마노프 제국 때부터 17세기 일본에 이르기까지도 담배 사용에 대한 처벌이 엄격했다. 그럼에도 불구하고 그 습관은 확산되었다. 스페인 식민지 국가에서 미사를 드리는 동안에 이루어지는 신부들의 흡연이 너무 만연해지자 가톨릭교회는 흡연을 금지시켰다. 담배는 1642년과 1650년에 로마교황 교서에서 다룬 당면 과제였지만, 코로 흡입하는 담배를 좋아했던 교황 베네딕트 XIII세는 1725년에 담배에 대한 모든 칙령을 백지화했다.

여러 세기에 거쳐서 담배는 코로 흡입하는 형태, 파이프, 시가, 궐련 형태 등의 다양한 방법을 통해 사용되었다. 미국 시민전쟁에서 군인들이 사용했다고 하지만 20세기 전까지는 궐련(현재 대중화된 종이로 말아놓은 낱개의 담배) 형태의 담배는 대중적이지 않았다. 19세기 중반부터 후반까지 궐련 형태의 흡연은 나약하고 여성적인 행동으로 간주되어 많은 남성들 사이에서는 유행하지 않았다. 아이러니하게도 여성의 흡연이 사회적으로 받아들여지지 않았기 때문에 이 기간 동안 궐련을 애용한 여성은 거의 없었다. 궐련 흡연은 기성품 담배가 시장에 나온 1880년대에 이르러서야 대중화되었다.

궐련의 흡연이 널리 받아들여진 것은 1913년 혼합된(blended) 담배가 개발되면서부터이다. 혼합된 담배는 공기 보존 처리된 미국산 잎담배와 터키산 잎담배에 파이프 보존 처리된 버지니아 담배가 혼합된 것이다. 이런 혼합은 좋은 맛과 향기를 내며 흡입하기도 쉽게 만들었다. 흡연은 1차 세계대전 동안 점차 대중화되었고 1920년대의 플래퍼 시대(flapper)[1] 동안은 여성들 사이에서도 인기를 얻게 되었다.

콜럼버스 시대부터 19세기 중반에 이르기까지 흡연에 반대하는 사람이 없지는 않았지만 과학적이고 의학적인 이유로 금지하려고 한 사람은 아무도 없었다. 역사적으로 흡연을 비판한 것은 도덕적인 면, 사회적인 면, 외국 것에 대한 배척, 혹은 경제적인 면에 기반을 둔 것이었다(Kluger, 1996). 많은 권력가가 한 가지 이상의 이유로 담배 사용을 비난했음에도 불구하고 담배산업은 계속 성장했다. 1960년대 중반이 되어서야 과학적 증거에 의해 흡연의 위험한 결과에 관한 폭넓은 인식이 생기기 시작했다. 1940년대와 1950년대에는 의사들이 흡연하고 자신의 환자에게도 이완과 스트레스를 감소

---

1 복장과 행동 등에서 관습을 깨뜨리며 자유를 추구하던 시대 – 옮긴이

시키는 방법으로 흡연을 권하는 것이 이상한 일이 아니었다. 물론 담배회사는 흡연율을 증가시키기 위해 다양한 전략을 사용했다(Proctor, 2012). 연쇄적 광고 접근 외에도, 이들은 2차 세계대전 동안 군인들에게 공짜 담배를 제공했다. 그 시기에는 아주 소수의 사람들만이 흡연이 건강에 부정적인 결과를 줄 수 있다고 생각했고, 담배회사들은 흡연이 그저 개인의 선택이라는 견해를 강조했다.

 ## 흡연의 선택

건강에 유해한 다른 요소들과는 달리 흡연은 각 개인이 할 것인지 아니면 하지 않을 것인지를 선택하는 자발적인 행동이다. 어떤 요인들이 그런 선택에 영향을 미치는 것일까?

역사적으로 볼 때 미국에서는 여러 사회적 상황이 개인이 흡연하지 않는 쪽으로 선택하게 만들었다. 1964년 처음 미국 보건위생국(U.S. Surgeon General)이 건강상 흡연의 유해를 강조하는 보고서를 내고 이를 사회적으로 쟁점화했다(U.S. Public Health Service[USPHS], 1964). 그 외에도 흡연의 건강상의 잠재적 위험을 경고하는 문구를

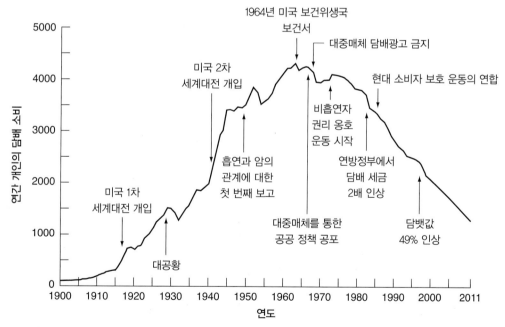

그림 12.3 18세 이상 미국인의 담배 소비(1900~2011년)

출처: "Surveillance for Selected Tobacco Use Behaviors—United States, 1900-1994," by G. A. Givovino et al., 1994, *Morbidity and Mortality Weekly Report, 43*, No. SS-3, pp. 6–7; National Center for Health Statistics, 2001, *Health, United States 2001*, Hyattsville, MD: U.S. Government Printing Office; "Consumption of Cigarettes and Combustible Tobacco—United States, 2000–2011," *Morbidity and Mortality Weekly Report, 61*(30), 565–569.

담뱃갑에 넣었고, TV 담배 광고를 금지했으며, 공공장소에서 흡연을 금지했고, 담뱃값을 올렸으며, 공공장소에 있던 담배 자동판매기를 없앴고, 담배를 구입할 때 신분증을 요구했으며, 흡연을 포기하고 금연을 시도하게 하는 프로그램을 개발하여 시행했다. 우연찮게도 이런 것들과 기타 여러 노력들과 함께 미국의 흡연율이 감소했다. 미국에서 담배 소비율이 가장 높았던 때는 보건위생국이 건강상의 흡연유해 보고서를 낸후 2년이 지난 1966년이었다. 그림 12.3은 보건위생국의 보고서가 미국인의 담배 소비율을 크게 감소시켰다는 것과, 역사적으로 사회적 사건들이 담배 소비율을 증가시키거나 감소시킨 것을 보여주고 있다.

누가 흡연하고 누가 흡연하지 않는가?

현재 미국 성인 중 16.8%의 사람들이 흡연자로 분류되는데(Jamal et al., 2015), 이는 1965년 42%였던 흡연율의 절반보다도 적은 비율이다(USDHHS, 2014). 한 번도 흡연하지 않았던 사람의 비율이 증가하면서 근래는 담배를 피우다가 끊은 사람들도 감소하고 있다(그림 12.4 참조). 현재 오바마 대통령도 담배를 피우다가 끊은 사람 중 한 사람이다.

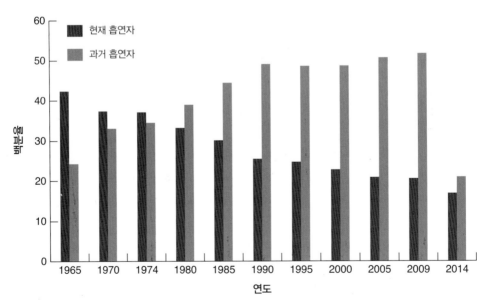

그림 12.4 미국 성인 중 현재 흡연자 및 이전의 흡연자 비율(1965~2014년)

출처: "Trends in tobacco use," by American Lung Association Research and Program Services, Epidemiology and Statistics Unit, 2011, Tables 4 and 15; "Summary Health Statistics: National Health Interview Survey, 2014," National Center for Health Statistics, Table A-12. Retrieved from http://ftp.cdc.gov/pub/Health_Statistics/NCHS/NHIS/SHS/2014_SHS_Table_A-12.pdf.

흡연자는 비흡연자와 무엇이 다른가? 흡연자들은 성별, 민족성, 연령, 직업, 교육 수준 등 다양한 요인에서 비흡연자들과 차이가 있다. 성별로 보면 미국 성인 중 남성의 18.8%가 흡연자이고 여성의 14.8%가 현재 흡연자이다(Jamal et al., 2015). 1965년부터 1985년까지 남성의 금연율이 여성의 금연율보다 높아 흡연하는 남성의 수가 조금 더 빠르게 감소했다. 하지만 지난 25년 동안은 여성의 금연율이 더 높았던 때도 있고 남성이 금연율이 더 높았던 때도 있었다. 아무튼 2005년 이후로 남녀 모두의 흡연율이 같은 패턴으로 감소하고 있다.

인종 배경을 보면, 미국 원주민(알라스카 원주민 포함)의 흡연율(약 29%)이 가장 높고 아시아계 미국인이 가장 낮은 흡연율(10% 이하)을 보이고 있다(Jamal et al., 2015). 장기 흡연자들이 흡연 관련 질환으로 사망하기 때문에, 65세 이상 노인들 중 8.5%만이 흡연자로 분류된다. 담뱃값이 만만치 않음에도 불구하고 극빈층으로 분류되는 사람들의 흡연율(약 26.3%)이 부유한 사람들의 흡연율(약 15%)보다 높다. 어느 정도 재산이 있는 사람들 중에도 흡연은 순자산과 부적 상관이 있다. 흡연자들은 비흡연자들보다 가난하고, 가난한 흡연자는 부유한 흡연자보다 금연할 가능성이 낮고 금연을 시도해도 실패할 가능성이 높다(Kendzor et al., 2010).

마지막으로, 학력 수준은 흡연율의 더 정확한 예측원이다. 학력 수준이 높을수록 더 낮은 흡연율을 보인다(Jamal et al., 2015). 미국의 예를 들면, 대학원 석사 혹은 박사

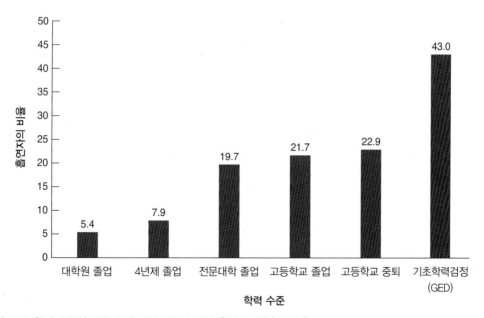

그림 12.5 학력 수준에 따른 18세 이상 미국 성인의 흡연자 비율(2014년)

출처: "Current cigarette smoking among adults—United States, 2005–2014," by A. Jamal, D. M. Homa, E. O'Connor, S. D. Babb, R. S. Caraballo, T. Singh, et al., 2015, *Morbidity and Mortality Weekly Report, 64*(44), p. 1236.

학위를 가진 이들의 흡연율은 5.4%인 데 반해 기초학력검정(GED: General Education Diploma)만을 마친 이들의 흡연율은 4.3%이다. 그런 차이는 아직 대학에 입학하기 전 학생들에게서도 나타나, 대학 입학을 준비하고 있는 고등학생이 대학 입학을 계획하고 있지 않은 고등학생보다 흡연율이 낮다(Miech, Johnston, O'Malley, Bachman, & Schulenberg, 2016). 그림 12.5는 미국인의 흡연율과 학력 수준이 역상관관계에 있음을 보여주고 있다.

흡연율과 학력 수준의 역상관관계는 대부분의 사회에서 나타나지만 모두 그런 것은 아니어서 유럽의 어떤 나라에서는 다른 양상을 보인다. 독일 사람들에게서는 그런 양상이 보였지만(Schulze & Mons, 2006), 9개의 유럽 국가를 연구한 결과 복잡한 결과가 도출되었다(Schaap, van Agt, & Kunst, 2008). 북유럽 국가에서는 젊은 층에서 흡연과 교육 수준이 밀접한 관계가 있었고, 노년기에는 직업의 위상이 흡연과 더 관계가 있었다. 남유럽 사람들에게서는 더 복잡한 결과가 나왔지만, 어쨌든 교육 수준은 흡연을 예측할 수 있는 요인이다.

젊은이들의 흡연율 대부분의 흡연자가 그렇듯이 버락 오바마 대통령도 십대에 흡연을 시작했다('Barack Obama Quits', 2011). 위험 행동 조사에서 9학년(중학교 3학년) 남학생의 8%, 여학생의 7%가 조사하기 전 한 달간 적어도 한 번은 담배를 피운 적이 있었다(Kann et al., 2016). 그림 12.6은 남학생과 여학생의 흡연 양상에 약간의 차이가 있음을 보여주는데, 남학생은 고등학교 재학 시 흡연율이 증가한다. 12학년(고등학교 3학년) 남학생의 8%, 여학생의 6%가 상습 흡연자가 된다.

많은 청소년이 중학교와 고등학교 재학 시 실험적으로 흡연을 해보지만, 청소년기에는 상습적인 흡연자의 특성을 보이지 않는다. 상습적으로 흡연하는 양상은 대개 18세 이상에서 나타나며, 이때 비흡연자, 가벼운 수준의 흡연자, 상황에 따라서만 흡연하는 사람, 골초로 나뉜다. 오바마 대통령도 십대 시절 흡연을 시작하여 흡연량이 증가하고 청년기가 되어서야 골초가 되었다는 점을 기억하라.

학생들과는 달리 18세에서 24세 사이에 있는 젊은이들의 흡연에는 상대적으로 관심을 덜 가져왔다. 캐나다의 연구(Hammond, 2005)에서는 이 연령대의 흡연율이 가장 높았다. 이런 결과는 이 연령대의 남성 흡연율 28%, 여성 흡연율 20.7%인 미국의 조사 결과와도 유사한 것이다(Jamal et al., 2015). 하지만 2014년 흡연율 조사에서는 이 연령대의 남성 흡연율이 18.5%, 여성 흡연율이 14.8%로 감소했다. 미국에서는 다른 연령대의 흡연율 감소와 더불어 이 연령대의 흡연율도 감소한 것이다. 하지만 세계 다른 지역에서는 이 연령대의 흡연율이 여전히 높은데(WHO, 2015a), 대부분의 아시아 국가와 유럽의 여러 국가에서 그렇다. 게다가 아프리카, 아시아, 중동의 여러 국가들에

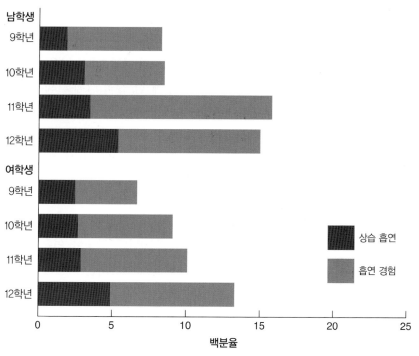

주: '흡연 경험'은 조사 당시 이전 30일 동안 하루 이상 흡연한 경험이 있음을 의미하고, '상습 흡연'은 조사 당시 이전 30일 동안 20일 이상 흡연한 경험이 있음을 의미한다.

그림 12.6 성별, 흡연 빈도, 학년에 따른 미국 고등학생의 흡연율(2015년)

출처: L. Kann, T. McManus, W. A. Harris, S. L. Shanklin, K. H. Flint, J. Hawkins et al., "Youth risk behavior surveillance—2015," *Morbidity and Mortality Weekly Report, 65*(6), Table 31.

서는 흡연율의 성차도 크다. 이런 차이는 세계적으로 복잡한 양상을 보인다.

사람들은 왜 흡연을 할까?

흡연이 여러 가지로 건강상 문제를 야기한다는 사실이 널리 알려져 있음에도 불구하고 많은 사람이 흡연을 계속하고 있다. 많은 흡연자가 자신의 습관이 잠재적으로 위험하다는 사실을 인식하고 있다는 점이 우리를 당황하게 만든다. 왜 사람들이 흡연하는지에 대한 질문은 둘로 나누어 생각해볼 수 있다. 왜 사람들이 흡연을 시작하는 것일까? 그리고 왜 흡연을 계속할까?

대부분의 젊은이들이 흡연 전에 그 위험성을 잘 알고 있고 많은 사람이 첫 흡연에서 불쾌감을 경험하기 때문에 첫 번째 질문에 답하기란 쉽지 않다. 각기 다른 사람들이 서로 다른 이유 때문에 흡연하고, 한 개인도 여러 다른 상황에서 각기 다른 이유로 흡연한다는 것이 두 번째 질문에 대한 최선의 답이다.

사람들이 왜 흡연을 시작할까? 대부분의 젊은 사람들이 흡연의 위험을 잘 알고 있다(Waltenbaugh & Zagummy, 2004). 1995년 이래 미국의 고등학생들은 흡연이 별로 탐탁지 않은 것으로 보고하고 있지만(Johnston, O'Malley, Miech, Bachman, & Schulenberg, 2016), 24%의 고등학생들은 하루에 한 갑의 담배를 피우면 크게 위험하다는 사실을 믿을 수 없다고 말했다(Miech et al., 2016). 이런 응답은 확실히 서로 상충되는 것으로 그런 위험이 자신에게는 적용되지 않을 것이라고 믿는 낙관적 편향(optimistic bias)에 의한 것이다. 흡연의 위험성을 알고 있으면서도 사람들이 흡연을 시작하는 것과 관련하여 연구자들은 유전, 사회적 압력, 광고, 체중 조절과 같은 적어도 네 가지 가능한 이유를 검증해왔다.

유전 흡연에 유전적 요소가 있다는 사실은 1950년대 쌍생아 연구에서부터 발견되기 시작했다(Pomerleau & Kardia, 1999). 그런 연구들에서는 이란성 쌍생아보다 일란성 쌍생아들 사이에 흡연 일치율이 높았다. 최근 연구들에서 흡연 시작과 니코틴 의존(Loukola et al., 2014; Sartor et al., 2015)은 물론 금연 성공(Furberg et al., 2010)에도 유전적 요소들이 있음을 더 자세하게 보여주고 있다. 흡연 행동에 영향을 미치는 여러 유전자들이 확인되었는데, 특히 뇌의 신경전달물질에 대한 유전자의 영향이 연구되었다(Wang & Li, 2010).

연구자들은 흡연의 시작과 니코틴 의존의 발달에 여러 신경전달물질이 관여한다는 사실을 발견했다. 그런 가운데 연구자들은 에피네프린, 노르에피네프린, 도파민, 세로토닌을 포함하는 모노아민 계통 신경전달물질에 집중하게 되었다. 그중에서 도파민에 가장 관심이 모아졌는데, 한 메타분석 연구(Ohmoto et al., 2013)에서는 흡연 행동에 영향을 주는 도파민이 흡연의 시작과는 큰 관계가 없다는 결론을 얻었다. 또 다른 개관 연구(Hogg, 2016)에서는 하나 이상의 모노아민 계통 신경전달물질들이 흡연과 관련이 있으며, 흡연이 여러 신경전달물질의 기제를 교란시킬 수 있다고 결론 내렸다. 니코틴이 그런 신경전달물질들이 작동하게 하게 만든다. 그런데 세로토닌과 도파민 모두 정서 조절과 관계가 있으며, 사람들이 흡연을 왜 시작하는지보다 왜 흡연을 계속하는지에 대한 질문과 더 관계가 있을지 모른다.

흡연에 유전적 요소들이 있다는 것은 유전학 연구들에서 확증되었지만, 그런 연구들에서는 유전적 요소들이 흡연하게 되는 것을 예언한다기보다 흡연에 대한 취약성을 가지게 한다는 사실도 발견했다. 이는 흡연이 환경에도 영향을 받는다는 것을 시사한다. 유전적 관계를 보정하고 흡연 시작을 탐구한 한 종단 연구(Slomkowski, Rende, Novak, Lloyd-Richardson, & Niaura, 2005)에서는 유전과 사회 환경 모두가 흡연 시작에 기여하는 것으로 나타났다. 청소년이 흡연하는 형제 혹은 자매와 친밀한 관계를 유지할 경우 흡연할 가능성이 많다. 이런 결과는 흡연 시작에 사회적 요인과 유전적 요인이 함께 상호작용한다는 것을 시사한다.

사회적 압력 많은 십대들이 사회적 압력에 민감하여 친구, 부모, 형제나 자매가 흡연할 경우 흡연을 시작할 가능성이 크다(Vitória, Salgueiro, Silva, & De Vries, 2009). 십대는 담배를 권하는 친구에 의해 흡연을 시작하고 그 행동을 계속하는 경우도 있지만, 그런 압력이 꼭 필요한 것만은 아니다. 젊은이들은 사회집단(Harakeh & Vollebergh, 2012), 흡연하는 죽마고우(Bricker et al., 2006), 흡연하는 이성 친구(Kennedy, Tucker, Pollard, Go, & Green, 2011)에 걸맞은 행동을 하기 위해 흡연을 시작한다. 젊은이들은 비슷한 태도를 보이는 사람을 친구로 선택하는 경향이 있는데, 흡연이 그런 요소 중 하나이다(Regan, 2016). 흡연하는 부모나 형제자매가 십대들을 흡연하라고 부추기는 것은 아니지만, 오바마 대통령이 생각한 것처럼 모델이 되어 영향을 미칠 수 있다. 따라서 흡연하는 가족을 둔 십대들이 그렇지 않은 십대들보다 흡연을 할 가능성이 크다(O'Loughlin, Karp, Koulis, Paradis, & DiFranza, 2009). 흡연을 시작하는 데 있어 부모보다 형제자매의 영향이 더 크다는 증거도 있다(Mercken, Candel, Willems, & de Vries, 2007). 심지어 양부모라도 흡연자와 함께 산다는 것은 청소년이 흡연을 시작할 가능성을 높인다(Fidler, West, van Jaarsvelt, Jarvis, & Wardle, 2008).

주위의 사람들만이 흡연의 모델이 되는 것이 아니라 영화나 미디어도 사회적 압력 중 하나이다. 영화가 흡연의 시작에 영향을 준다는 증거들은 많다. 존 피어스 등(Distefan, Pierce, & Gilpin, 2004; Pierce, 2005)은 어린 청소년들에게 영화가 미치는

사회집단에 받아들여지는 것은 청소년들에게 강한 강화를 주기 때문에 흡연을 시작하도록 압력을 행사한다.

영향이 어떤지를 검증했는데, 청소년은 영화에서 자신이 좋아하는 배우가 흡연하는 것에 크게 영향을 받는다는 사실을 발견했다. 미국 청소년을 대표할 만한 표본을 대상으로 한 종단 연구(Wills, Sargent, Stoolmiller, Gibbons, & Gerrard, 2008)와 중학생과 고등학생을 대표할 만한 표본을 대상으로 한 연구(Fulmer et al., 2015)에서는 영화에서 흡연하는 모습을 본 경우 흡연에 대한 긍정적인 태도를 가지고 흡연하는 친구들과 어울리고 싶은 생각을 갖게 되고, 그 나이 또래들 중에는 흡연이 당연한 것이라고 믿게 되는 것으로 나타났다. 또 다른 형태의 미디어인 소셜 미디어도 담배와 관련된 메시지에 더 민감하게 하여 젊은이들이 실제 흡연을 하게 하는 데 영향을 줄 수 있다(Depue, Southwell, Betzner, & Walsh, 2015). 흡연에 대한 미디어의 영향을 체계적으로 개괄한 연구(Nunez-Smith et al., 2010)에서는 미디어 노출과 흡연이 밀접한 관계가 있음을 발견했다.

흡연하는 모습을 영화에 담는 것은 주로 미국이 대표적이지만, 젊은이들에 대한 영화에서 보이는 흡연의 영향은 미국 외의 국가에서도 나타난다. 10세에서 17세 사이의 독일 청소년을 대상으로 한 연구(Hanewinkel & Sargent, 2007)에서 영화 속에서의 흡연이 그들의 흡연 시작은 물론 흡연 유지에도 영향을 미치고 있었다. 그러므로 사회적 환경이 젊은이들의 흡연 시작과 그들의 흡연율 감소의 원인이 될 수 있는데, 광고 또한 그런 사회적 환경의 한 부분이다.

광고 사회적 압력에 더해 담배회사들은 광고를 청소년이 흡연에 관심을 가지게 하는 도구로 활용한다. 존 피어스 등(Pierce, Distefan, Kaplan, & Gilpin, 2005)은 12세에서 15세 사이의 비흡연 청소년들을 절대로 흡연하지 않겠다고 결심한 청소년과 흡연에 관심을 가진 청소년으로 나누어 청소년들이 어떻게 담배광고에 민감하게 영향을 받는지를 연구했다. 두 집단의 결정적인 차이는 호기심에 있었다. 흡연하지 않겠다고 결심한 청소년들이 호기심이 많지 않고 담배광고에 주의를 기울이지 않았고 실제로 흡연할 가능성도 적었다. 그러므로 호기심이 청소년들이 흡연할 것인지 아니면 흡연하지 않을 것인지를 결정하는 데 중요한 역할을 한다는 것이다. 호기심을 유발하는 광고는 담배회사를 포함해 어떤 기업에게도 효과적인 마케팅 효과를 줄 수 있다.

여러 종단 연구와 체계적 개괄 연구에 따르면 광고가 흡연을 조장하는데, 특히 청소년들에게 그렇다. 상점에서의 담배광고의 영향을 집중적으로 연구한 종단 연구(Henriksen, Schleicher, Freighery, & Fortmann, 2010)에서는 눈에 띄는 곳에 담배광고를 게시한 상점을 자주 방문한 청소년들이 그 상점을 적게 방문한 청소년들보다 유의한 정도로 흡연을 더 많이 시작했다. 또 다른 종단 연구(Gilpin, White, Messer, & Pierce, 2007)에서는 좋아하는 담배광고가 있는 청소년이나 담배회사의 홍보물을 사용하고자 하는 의사가 있는 청소년이 3~6년 후에 흡연을 시작할 가능성이 더 컸다. 광고의 효과를 평가한 체계적인 한 개괄 연구(Paynter & Edwards, 2009)는 담배광고가 젊은이들의 흡연 시작에 영향을 미칠 뿐만 아니라 흡연자의 담배 구입이나 금연 실패에도 영향을 준다고 결론지었다.

담배회사의 광고가 효과를 발휘했다면 금연 홍보도 효과를 발휘할 수 있을까? 금연 관련 미디어 홍보가 효과가 있지만, 담배광고의 효과만큼은 아닌 것 같다. 한 연구(Flynn et al., 2010)에서는 미디어의 금연홍보 효과가 크지 않은 것으로 나타났다. 또 다른 연구는 금연홍보와 담배광고가 모두 효과가 있지만, 금연홍보의 영향력이 담배광고의 영향력을 누를 수 있을 정도는 아니라는 것을 발견했다(Weiss et al., 2006). 호주에서 수행된 한 연구(White, Durkin, Coomber, & Wakefield, 2015)에서는 금연홍보 광고가 효과적일 수 있는데, 그런 메시지의 강도와 얼마나 오래 노출되는지가 관건이라는 결과를 얻었다. 따라서 아직은 금연홍보가 담배회사의 광고에 대항할 정도로 효과가 있는 것은 아니다.

체중 조절 많은 여자 청소년과 일부 남자 청소년은 흡연이 체중 조절에 도움이 될 수 있으리라 믿기 때문에 흡연을 시작한다. 네덜란드 청소년을 대상으로 한 종단 연구(Harakeh, Engels, Monshouwer, & Hanssen, 2010)와 미국의 다양한 인종 집단을 대상으로 한 연구(Fulkerson & French, 2003)에서 체중에 대한 걱정이 흡연의 시작과 밀접한 관계가 있었다. 다이어트를 한다고 보고한 젊은 여성이 체중을 줄이려는 목적으로 흡연하는 경우가 많았는데(Jenks & Higgs, 2007), 전자담배를 그런 목적으로 사용하기도 한다(Piñeiro et al., 2016).

하지만 최근 한 연구는 흡연의 체중 조절에 도움이 된다는 믿음은 잘못된 것이라고 제안한다. 체중 증가를 걱정하는 젊은 여성들을 대상으로 한 종단 연구(Stice, Marti, Rhode, & Shaw, 2015)에서 2년간 추적한 결과, 비흡연자에 비해 흡연자들의 체중이 증가했다.

사람들은 왜 흡연을 계속할까? 각기 다른 사람들이 각기 다른 이유에서 흡연한다. 어떤 사람은 니코틴에 중독되어, 어떤 사람은 정적 혹은 부적 강화에 의해, 어떤 사람은 낙관적 편향을 가지고 있어서, 어떤 사람은 체중 증가가 두려워서 흡연한다.

중독 사람이 한 번 흡연을 시작하면 빠르게 그 습관에 의존한다. 질병통제예방센터(CDC, 1994)에서 10세에서 22세까지의 흡연자들을 대상으로 조사한 결과, 평생 적어도 100개비 이상의 담배를 피운 이들 중에 2/3가량이 '너무 끊기 힘들다'고 보고했지만 평생 100개비 미만을 흡연한 이들 중에는 소수가 그렇게 보고했다. 게다가 하루 15

개비 이상을 흡연하는 대상자 중 대다수가 담배를 정말 끊기 어려워하고 있었다. 이런 결과는 평생 100개비 이상의 담배를 흡연한 사람이나 하루 15개비의 담배를 피우게 된 사람들은 흡연에 의존하게 되어 그 습관을 버리기 매우 어려워한다는 것을 시사한다. 이런 결과는 오바마 대통령의 흡연 경력과 일치한다. 그의 흡연량은 빠르게 증가하여 금연하기 힘든 중독 수준에 이르렀다.

만약 중독된 흡연자가 저니코틴 담배를 피우려고 한다면 흡수된 니코틴 양의 부족을 보상받기 위해 더 많은 수의 담배를 피우게 될 것이다. 샤흐터(Schachter, 1980)는 장기간 흡연해온 골초들을 대상으로 니코틴 수치가 높은 담배와 니코틴 수치가 낮은 담배를 몇 주간 번갈아 주어 보았다. 담배는 모두 동일하게 보이도록 했고 참여자들은 자신이 얼마만큼의 니코틴을 섭취하게 될 것인지도 알 수 없게 했다. 그들은 평균적으로 니코틴 수치가 높은 담배보다 니코틴 수치가 낮은 담배를 25% 더 많이 피웠다. 더 최근에 수행된 연구(Strasser, Lerman, Sandborn, Pickworth, & Feldman, 2007)에서도 그와 유사한 연구 방법을 사용했을 때 비슷한 결과를 냈는데, 니코틴 수치가 낮은 담배를 피울 때 보상적으로 더 여러 모금을 들이마셨다. 쾌감과 이완을 위해 흡연하는 사람들은 맛이 변질된 담배를 피우려고 하지 않는 데 반해, 이런 중독된 흡연자들은 맛이 변질된 담배도 흡연한다(Leventhal & Avis, 1976).

니코틴에 대한 중독은 소량의 담배를 흡연하는 사람이나 골초 중에서도 특정한 사람들의 흡연을 설명할 수 없다. 게다가 니코틴이 흡연의 유일한 이유라면 다른 방식으로 니코틴을 섭취하도록 해주는 것이 흡연을 완전히 대체할 수 있어야 한다. 다른 방식(덜 위험한)으로 니코틴을 섭취할 수 있는 도구는 패치, 껌, 코로 흡입하는 스프레이, 알약 및 전자담배를 포함해 다양하다. 하지만 다른 방식의 니코틴 섭취보다 흡연을 더 선호한다(Hughes, 2003; Sweeney, Fant, Fagerstrom, MaGovern, & Henningfield, 2001). 실제로 흡연자들은 다른 니코틴 섭취 방식보다 니코틴을 완전히 제거한 담배가 더 만족스럽고 이완을 준다고 평가한다(Barrett, 2010). 비록 사람들이 흡연을 유지하는 데 니코틴이 한 역할을 하지만, 니코틴 중독이 흡연의 유지를 완전히 설명하지는 못한다.

정적 혹은 부적 강화   사람들이 흡연을 계속하는 이유 중 두 번째는 그들이 정적 강화나 부적 강화, 혹은 두 가지 모두를 받고 있다는 것이다. 유쾌하고 즐거운 경험 이후에 뒤따르는 행동은 정적으로 강화받은 것이다. 흡연 습관은 담배연기 냄새가 주는 즐거움, 이완되는 느낌, 손이 심심하지 않은 데서 오는 만족감 등과 같은 정적 강화에 의해 확고하게 자리 잡는다.

부적 강화로도 왜 사람들이 흡연을 계속하는지를 설명할 수 있다. 불쾌한 느낌을 없애주거나 줄여준 이후에 뒤따르는 행동은 부적으로 강화받은 것이다. 흡연에 중독되고 나면 흡연자는 불쾌한 금단 증상을 피하기 위해 담배를 피운다. 중독된 흡연자들은 얼마 동안 흡연을 하지 않은 채 있으면 긴장, 불안, 우울을 느끼기 시작하는데 이때 한 개비의 담배를 흡연함으로써 그런 불쾌한 증상을 없앨 수 있다.

한 실험 연구에서는 흡연자들이 니코틴을 사용하는 동기에 두 종류의 강화가 일관적으로 작용하는지를 검증했다. 이 연구에서는 한 번도 흡연을 해보지 않았던 사람들 중 어떤 사람들은 알약 형태로 니코틴을 투여했을 때 강화 효과를 보였고 어떤 사람들은 그렇지 않았다(Duke, Johnson, Reissig, & Griffiths, 2015). 이런 결과는 니코틴 중독에 대한 취약성에 개인차가 있음을 시사한다. 흡연자들을 대상으로 한 연구들은 추가적인 정보를 제공한다. 예를 들어 스트레스와 지루함이 금연 클리닉을 찾는 사람들이 가장 빈번하게 보고하는 흡연 이유인데(McEwen, West, & McRobbie, 2008), 이는 부적 강화의 정의에 부합한다. 좋은 기분과 즐거움 때문에 흡연을 한다고 보고한 흡연자들은 또한 정적 강화의 범주에 드는 것이다(McEwen et al., 2008).

낙관적 편향 중독과 강화 외에도, 다른 사람들보다 자신은 흡연 때문에 사망하거나 질병에 걸릴 위험에 더 적게 노출되어 있다고 생각하는 **낙관적 편향**(optimistic bias) 때문에 흡연하는 사람들이 많다(Weinstein, 1980). 예를 들어, 75세까지 살 수 있는 가능성에 관해 물었을 때 전혀 담배를 피워보지 않은 사람들이나 전에는 담배를 피웠으나 지금은 금연하는 사람들, 그리고 담배를 아주 조금만 피우는 사람들은 그것을 거의 정확하게 추정했다(Schoenbaum, 1997). 반면에 담배를 아주 많이 피우는 골초들은 자신이 75세까지 살 수 있는 가능성을 엄청나게 과대 추정했다.

와인슈타인(Weinstein, 2001)은 흡연자가 건강상 자신의 취약성에 관해 어떻게 인식하는지를 연구했는데, 많은 흡연자가 낙관적 편향을 가지고 있다는 가설을 지지하는 결과를 얻었다. 다시 말해, 흡연자들은 자신도 다른 흡연자들과 같은 정도로 위험에 노출되어 있다고 느끼지 않는다. 흡연자들은 흡연과 관련하여 심혈관계 질환, 폐암 및 폐기종의 위험이 있다고 인정하지만(Waltenbaugh & Zagummy, 2004), 알려진 위험은 자신보다 다른 흡연자에게 나타날 가능성이 더 크다고 생각한다. 또한 4개국의 흡연자들을 대상으로 연구했더니 다른 담배 브랜드보다 자신이 흡연하는 브랜드의 담배가 질병을 덜 유발할 것이라는 낙관적 편향을 보였다(Mutti et al., 2011). 따라서 흡연자들은 흡연 관련 위험에 대한 자신의 위험에 관한 낙관적 편향을 유지하고, 그것이 흡연을 계속하는 데 영향을 미친다.

체중 증가에 대한 두려움 청소년만이 흡연을 체중 조절 수단으로 사용하는 것은 아니다. 성인들 또한 체중 증가에 대한 두려움 때문에 흡연을 계속한다. 어른들도 체중이 증가할까 봐 흡연을 그만두지 못한다. 하지만 그런 믿음이 잘못된 것임을 기억해야 한다. 실제로는 흡연자가 비흡연자보다 체중이 증가할 가능성이 더 크다(Stice et al., 2015). 그렇지만 사람들은 자신이 진실이라고 믿는 대로 행동한다.

체중 증가에 대한 염려는 다양한 계층의 흡연자들에게 영향을 미치지만, 그런 염려는 연령, 성별, 인종에 따라 다르다. 체중 조절은 젊은 여성의 흡연 시작에 영향을 미치는 한 요인이고(Harakeh et al., 2010), 체중에 대한 염려는 초기 성인기 내내 계속된다(Koval, Pedersen, Zhang, Mowery, & McKenna, 2008). 게다가 체중 증가에 대한 염려는 나이 든 사람들이 흡연을 유지하고자 선택하는 데 영향을 미친다(Sánchez-Johnsen, Carpentier, & King, 2011).

성별은 체중 조절을 위한 흡연을 활용하는 것에 대한 강력한 예측원이다. 예를 들어 신체상(body image)의 문제가 있는 여대생 정도의 연령대에 있는 여성들은 신체상에 문제가 없는 그 나이 또래 여성보다 흡연할 가능성이 크다(Stickney & Black, 2008). 아프리카계와 백인 미국인 남녀를 대상으로 한 연구(Sánchez-Johnsen et al., 2011)에서는 체중에 대한 염려가 네 집단 모두의 흡연 유지와 상관이 있었는데, 특별히 백인 여성들이 두 인종의 남성들보다 체중에 대해 염려가 컸다. 체중에 대한 염려가 큰 여성을 대상으로 한 연구(King, Saules, & Irish, 2007)에서 그들의 흡연율(37.5%)은 체중에 대한 염려가 크지 않은 여성의 흡연율(22%)보다 크게 높았다. 체중에 대한 염려가 큰 여성이 금연해야 하면 체중 증가의 염려가 증가한다. 금연한 정상 체중의 여성은 흡연한 적이 없는 정상 체중의 여성보다 체중에 대한 염려가 더 큰 것으로 밝혀졌다(Pisinger & Jorgensen, 2007). 이런 연구 결과들은 체중에 대한 염려가 흡연을 시작하게 하고 금연하는 것을 두려워하게 하는 요인이라는 것을 시사한다.

요약

미국인의 흡연율은 1960년대 중반 이래 크게 감소해왔다. 흡연자의 정의에 의거하면 현재 미국 여성의 14.8%와 남성의 18.8%가 흡연자로 구분된다. 민족적 배경은 청소년과 성인 흡연 모두에 한 요인으로 작용하는데 미국 원주민의 흡연율이 가장 높고, 아프리카계 미국인, 유럽계 미국인, 중남미계 미국인, 아시아계 미국인이 그 뒤를 따르고 있다. 현재 학력 수준이 성별보다 흡연의 더 좋은 예측원인데, 학력 수준이 높을수록 흡연율은 낮다.

흡연의 이유는 사람들이 왜 흡연을 시작하고 왜 흡연을 계속하는지에 관련된 질문으로 나누어 설명할 수 있다. 대부분의 흡연자들은 특히 또래 압력이 강한 시기인 십대에 흡연을 시작한다. 유전적인 요인이 흡연의 시작과 관계가 있을 수 있지만, 흡연하는 친구, 형제나 부모의 사회적 요인, 광고, 체중에 대한 염려 등도 흡연 시작에 영향을 미친다. 흡연의 이유가 너무 다양하여 사람들이 왜 흡연을 계속하는지에 관한 질문에 대답하는 것은 그리 쉬운 일이 아니다. 미국의 경우 거의 모든 흡연자가 흡연의 잠재적 유해성을 잘 알고 있지만 많은 이들이 그런 위험을 자신과는 별개의 것으로 생각하는 경향이 있다. 그들이 가진 흡연의 유해성에 대한 지식은 낙관적 편향에 의해 희석된다. 게다가 많은 사람은 흡연이 스트레스, 불안, 우울을 없애줄 것이라고 생각하여 그 행동이 부적으로 강화 받는다. 또한 어떤 사람들은 니코틴에 중독되어 흡연하고, 또 어떤 사람들은 체중 증가에 대한 염려 때문에 흡연한다.

흡연과 건강 문제

흡연은 해마다 480,000명 혹은 매일 1,315명 이상의 미국인을 사망에 이르게 하며 (USDHHS, 2014), 전 세계적으로 해마다 6백만 명을 사망하게 한다(WHO, 2015a). 모든 형태의 흡연은 건강상 문제를 야기하지만, 그중 가장 흔한 궐련(일반담배)의 흡연이 건강에 더 유해하다. 그런 건강상의 문제에는 심혈관계 질환, 암, 하기도 호흡기 질환, 그리고 기타 여러 질환 등이 포함된다.

일반담배(궐련)의 흡연

궐련의 흡연은 미국 역사상 (아마 전 세계적으로) 사람의 목숨을 위협하는 가장 치명적인 단일행동이며 예방 가능한 사망과 장애의 가장 큰 원인이다. 2장에서 다루었듯이 인간을 대상으로 실험 연구를 할 수 없지만 여러 증거들이 흡연과 여러 질환 사이의 인과관계를 확립할 수 있는 기준을 충족시켰다. 흡연의 유해성에 대한 증거는 1930년대 이전부터 있었지만 1950년대에 이르러서야 궐련의 흡연과 암, 관상동맥환, 하기도 호흡기 질환 간의 관계가 확인되었다(USDHHS, 2014). 이런 질환들은 미국인의 가장 흔한 사망원인이며, 흡연이 이 세 가지 질환의 발병에 기여한다(Heron, 2016).

흡연과 암 암은 미국인의 두 번째로 많은 사망원인이며, 흡연 관련 사망의 원인 중에서는 가장 많다. 흡연은 여러 가지 종류의 암을 일으키는 역할을 하는데, 특히 폐암을 일으키는 주된 원인이다. 흡연은 구순암, 인두암, 식도암, 췌장암, 후두암, 기관지암, 방광암, 신장암, 자궁경부암, 위암의 원인이 되는 요인이라는 결론을 내릴 수 있게 하는 증거들이 충분하다(USDHHS, 2014). 여성 흡연자와 남성 흡연자가 공히 극도로 높은 암에 의한 사망의 위험에 노출되는데, 남성의 경우 상대적 위험이 23.3이다. 이런 위험은 어떤 다른 행동이 야기하는 사망의 위험보다 더 심각할 것이다.

담배 소비가 급격히 증가한 후 20~25년가량 지난 1950년부터 1989년까지는 폐암으로 인한 사망이 급격히 증가했다. 1960년대 중반부터 담배 소비가 급격히 감소하여 그후 25~30년가량이 지났기 때문에 남성의 폐암 사망이 감소하기 시작했다. 10장의 그림 10.5는 미국에서의 담배 소비가 증가하고 감소함에 따라 나타나는 남성과 여성의 폐암으로 인한 사망의 추세를 보여준다. 이것이 흡연이 폐암을 일으키는 원인이라는 또 하나의 확실한 증거이다.

1990년 이전의 폐암 사망률 상승은 공해 등의 요인 때문일 수도 있는가? 촉망받는 한 연구(Thun, Day-Lally, Calle, Flanders, & Heath, 1995)에서는 공해나 다른 어떤 비흡연 요인들이 1959년에서 1988년까지의 폐암 사망률 증가에 책임이 없다는 증거를 찾아냈다. 흡연자들의 폐암으로 인한 사망이 이 기간 동안 의미심장하게 상승했지만 비흡연자들의 폐암으로 인한 사망이 이전과 거의 동일했기 때문에 공해, 라돈 및 다른 발암물질이라고 의심되는 것들이 폐암 사망률에는 거의 혹은 전혀 영향을 미치지 못했다는 것을 시사한다(USDHHS, 1990). 초기 역학 연구들과 함께 이런 연구 결과들은 흡연이 폐암 사망의 주된 원인임을 확증하고 있다.

흡연과 심혈관계 질환　심장질환과 심장마비를 포함한 심혈관계 질환은 미국인 사망의 가장 큰 원인이다. 1990년대 중반까지만 해도 흡연에 의한 사망 중 가장 높은 비율을 차지했었지만 점차 감소하기 시작했다. 반면에 암에 의한 사망이 증가했는데, 특히 이런 현상은 여성에게서 더 분명하게 나타났다. 현재 관상동맥질환은 흡연과 관련하여 두 번째로 많은 사망을 초래하고 있다.

흡연하는 사람들의 심혈관계 질환에 대한 위험 수준은 어느 정도인가? 일반적으로 연구에서는 담배를 피우는 사람이 피우지 않는 사람보다 심혈관계 질환으로 사망할 가능성이 두 배라는 것을 시사한다(USDHHS, 2014). 남성이 여성보다 약간 더 위험하지만, 생명에 치명적인 심장마비나 뇌졸중을 일으킬 가능성은 남성 흡연자와 여성 흡연자 모두에게서 상승한다.

어떤 생물학적 기제로 흡연과 심혈관계 질환 간의 관계를 설명할 수 있을까? 흡연은 동맥의 내벽을 손상시키고, 동맥 안에 플라크(plaque)가 쌓이는 속도를 높인다(USDHHS, 2014). 흡연은 동맥벽에 혈전을 형성하기도 하는데, 이는 동맥의 손상을 유발하여 매우 위험하다. 게다가 흡연은 염증을 유발할 수 있는데, 폐뿐 아니라 온 몸의 염증과 상관이 있다. 염증이 동맥질환의 발달에 영향을 준다는 증거들도 증가하고 있다. 흡연이 지방대사에 유해한 변화를 유발할 수 있어 비정상적인 콜레스테롤 수치와 관계가 있을 가능성이 크다. 흡연은 또한 심장 근육에서 산소 가용성을 낮춰 심장의 산소 요구량을 증가시킨다. 니코틴 자체의 효과는 이미 많이 연구되었고, 일산화탄소의 영향도 의심된다. 니코틴은 다양한 생리적 반응을 유발하여 흡연자를 관상심장질환의 위험에 노출시킨다.

흡연과 하기도 호흡기 질환　하기도 호흡기 질환은 여러 가지 호흡기 질환과 폐질환을 포함한다. 그중 가장 치명적인 두 가지가 폐기종과 만성 기관지염이다. 이런 질환들은 비흡연자들에게서는 비교적 드물다. 비흡연자들이 하기도 호흡기 질환에 걸리는 경우의 대부분은 간접흡연에 노출된 사람들, 특히 흡연자의 배우자들이 포함된다.

요약하면, 미국인의 가장 많은 세 가지 사망원인이 흡연과 관련된 가장 주된 세 가지 사망원인이기도 하다. 미국의 공중보건청은 모든 흡연자의 절반가량이 결국에는 자신의 흡연 습관 때문에 사망하게 될 것이라고 추정하고 있다(USDHHS, 1995).

그 외 흡연의 영향 심장질환, 암, 하기도 호흡기 질환 외에도 여러 문제들이 흡연과 관련이 있다. 예를 들면, 매년 미국에서 600명 정도가 담배로 인한 화재 때문에 사망한다(USDHHS, 2014). 영국에서는 화재로 사망하는 아동이나 성인 중 많은 사람이 담배와 라이터 같은 흡연 관련 도구에 의해 희생된다(Mulvaney et al., 2009). 술을 마시면서 흡연하면 치명적인 화상을 입을 가능성이 증가하는데, 흡연만 하는 것이 음주만 하는 것보다 화재의 가능성을 높인다.

또한 흡연은 구강, 인두, 후두, 식도, 췌장, 신장, 방광, 자궁경부에 생기는 질환과 관계가 있다(USDHHS, 2014). 흡연은 염증이나 면역계의 불균형과 관계가 있기 때문에(Gonçalves et al., 2011), 흡연자들은 치주질환(Bánóczy & Squier, 2004)이나 다발성 경화증(Hernán et al., 2005)을 앓을 가능성이 더 많다. 흡연자는 약화된 체력, 균형감 저하, 손상된 신경근육 수행을 더 많이 보이며 균형감이 없고(Nelson, Nevitt, Scott, Stone, & Cummings, 1994), 흡연은 자동차 사고 등과 같은 상해의 원인이 되기도 한다(Wen et al., 2005). 흡연자는 비흡연자보다 자살할 가능성이 더 많고(Miller, Hemenway, & Rimn, 2000), 폐렴과 같은 급성 호흡기 질환에도 더 잘 걸리며(USDHHS, 2014), 인지 기능에 문제를 경험하는가 하면(Sabia, Marmont, Dufouil, & Singh-Manoux, 2008), 망막의 황반퇴화로 고통을 받을 수 있다(Jager, Mieler, & Miller, 2008). 게다가 흡연은 다양한 정신질환과 상관이 있다('믿을 수 있을까요?' 글상자 참조).

여성이기 때문에 갖게 되는 부가적인 흡연의 피해도 있다. 흡연을 하면 여성이 남성보다 폐암에 걸릴 확률이 높다는 연구가 있다(Kiyohara & Ohno, 2010). 하루에 한 갑 이상의 담배를 흡연하는 여성은 심혈관계 질환에 걸릴 위험이 두 배나 증가하고, 하기도 호흡기 질환에 걸려 사망할 가능성이 10배나 증가한다. 여성이 흡연하면 불임, 유산, 조산, 저체중아 출산의 가능성이 높아진다(USDHHS, 2014). 임신부가 흡연하면 사산할 가능성이 두 배가 증가하고, 유아가 생후 1년 안에 사망할 가능성도 세 배나 증가한다(Dietz et al., 2010). 여아나 여자 청소년이 흡연하면 흡연하지 않는 것보다 폐기능이 더디게 성장하여 어린 나이에 벌써 폐기능의 손상을 경험한다(USDHHS, 2014).

남성 흡연자에게도 그들만의 특별한 피해가 있다. 흡연은 남성들이 나이가 더 들어 보여 남성적 매력을 잃는 것은 물론이고(Ernster et al., 1995), 발기부전을 경험할 가능성을 높인다(USDHHS, 2014).

매년 흡연자나 흡연 경험자의 14%가 만성질환에 걸리고(Kahende, Woollery, & Lee, 2007), 그중 절반이 흡연 관련 질병으로 사망할 것이다(American Cancer Society, 2016). 부정적 효과는 단지 흡연자 개인에게만 국한되는 것이 아니다. 사회도 역시 그 값을 치러야 한다. 흡연 관련 질병 등에 의한 재정적 손실액이 1년에 1,760억 달러나

흡연이 정신질환과 관계가 있다

대부분의 사람들이 알고 있는 것처럼 흡연이 여러 신체질환의 위험에 노출시키지만, 정신질환과도 상관이 있다. 2009년에서 2011년도 사이에 미국에서 수행된 조사에 따르면, 정신질환자로 진단된 사람들 중 36%가 흡연자였는데, 정신과 질환이 없는 사람들 중에는 21%만이 흡연자였다(CDC, 2013). 이런 비율은 영국의 경우와 유사하다(Action on Smoking and Health, 2016).

정신질환에 대한 이런 증가된 위험은 몇몇 진단에 적용되는데, 더 심각한 장애가 흡연과 더 강력하게 연결되어 있다. 비교적 심각하지 않은 유형의 정신장애인 공포증 환자의 흡연율은 34%이지만, 심각한 정신장애인 정신분열증(조현병)으로 진단받은 사람들의 흡연율은 60%가량이나 된다. 우울한 사람들의 흡연율도 높고(Strong et al., 2010), 성격장애를 가진 사람들도 일반인의 흡연율보다 높다(Zvolensky, Jenkins, Johnson, & Goodwin, 2011). 흡연과 정신질환의 관계는 성인기에 시작되는 것이 아니라 청소년기에 나타난다(Lawrence, Mitrou, Sawyer, & Zubrick, 2010). 심각한 정신질환일수록 그 환자들의 흡연율은 증가한다(Dixon et al., 2007). 게다가 다수의 정신장애를 함께 가지고 있는 경우 골초일 가능성이 크다(McClave, McKnight-Eily, Davis, & Dube, 2010).

골초들은 니코틴 의존도가 높기 때문에 심각한 정신장애를 가진 사람들이 금연하는 것이 쉽지 않아 그들의 건강은 크게 위협받는 상황에 놓인 것이다(Tsoi, Porwal, & Webster, 2010). 금연하기 어려운 이유 중 하나는 정신분열증이나 양극성 장애의 증상을 완화하려고 처방되는 약물의 효과일지 모른다. 이런 약물들은 뇌의 니코틴 수용기에 영향을 미치는 방식으로 뇌의 화학물질에 작용하는데, 이런 약물이 니코틴의 효과에 취약하기 때문에 금연을 어렵게 할 가능성이 크다(Action on Smoking and Health, 2016). 다른 한 가지 가능성은 정신질환을 가진 사람들이 자신의 장애에 대처하기 위한 자기 처방의 형식으로 흡연을 활용하는 것일 수 있다. 아니면 정신장애를 가진 사람들의 사회 환경이 금연보다는 흡연을 계속하게 하도록 부추기는 것일 수도 있다.

그렇게 힘들지라도 심각한 정신장애를 가진 사람들 중에도 금연한 사람들이 있다(Dickerson et al., 2011). 하지만 정신장애를 가진 사람들은 흡연의 위험에 노출될 가능성이 크고 금연하는 것을 더 많이 힘들어한다.

된다(American Cancer Society, 2016). 이런 비용을 흡연자들만이 지불하는 것이 아니기 때문에 건강보험료를 내는 모든 국민에게 영향을 미친다. 또한 흡연으로 인한 생산성 손실의 피해도 함께 공유하게 된다. 이런 이유에서 흡연자들은 자신의 습관이 남들에게 피해를 주지 않는다고 주장할 수 없다. 왜냐하면 흡연자의 흡연 습관을 위한 금액을 흡연자 개인뿐만 아니라 사회도 지불하고 있기 때문이다.

시가와 파이프담배의 흡연

시가(cigar)와 파이프담배 흡연이 일반담배(궐련)의 흡연만큼이나 위험한가? 호주, 캐나다, 영국, 미국 사람들은 일반담배보다 시가나 파이프담배를 흡연하는 편이 덜 해롭다고 보고했다(O'Connor et al., 2007). 파이프와 시가 형태의 담배흡연은 일반담배의 흡연과는 어느 정도 다르지만 파이프담배와 시가담배에도 마찬가지로 발암물질이 포함되어 있다.

남성의 경우 일반담배만을 흡연하는 사람은 비흡연자에 비해 폐암에 걸릴 가능성이 23배나 높지만, 파이프담배나 시가를 흡연하는 남성은 비흡연자에 비해 폐암에 걸릴 확률이 5배 정도이다(Henley, Thun, Chao, & Calle, 2004). 따라서 시가나 파이프담배 흡연의 위험이 덜하다는 믿음은 틀리지 않은 것이다. 시가나 파이프담배를 흡연하는 사람의 경우 폐기능이 악화되고 기도폐쇄가 증가되지만(Rodriguez et al., 2010), 일반담배를 흡연하는 사람들만큼 기대수명이 극단적으로 줄어드는 것은 아니다. 일반담배를 흡연하는 골초의 경우 기대수명이 8.8년 줄어들지만, 시가와 파이프담배 흡연은 기대수명을 4.7년 줄어들게 한다(Streppel, Boshuizen, Ocké, Kok, & Kromhout, 2007). 시가나 파이프담배의 흡연에 의해 사망을 일으키는 질병은 일반담배 흡연자의 사망률을 증가시키는 관상동맥질환, 하기도 호흡기 질환, 그리고 각종 암이다. 이런 사실은 시가나 파이프담배 흡연은 일반담배 흡연보다 덜 위험하지만 안전하지 않다는 것을 의미한다.

파이프담배 흡연의 위험은 일명 물담배라고 하는 물파이프담배 흡연이 유행하면서 주목받고 있다(Maziak, 2011). 이런 방식의 흡연은 중동국가 남성들에게서는 일반적인 것이었지만, 지난 10년 동안 전 세계적으로 퍼져나갔다. 특히 젊은이들에게 인기를 얻고 있다. 미국에 거주하는 중동국가 출신 청소년의 6%에서 34% 정도, 그리고 기타 인종적 배경을 가지는 청소년의 5%에서 17% 정도가 물파이프담배를 흡연하는 것으로 조사되었다. 한편, 요즘 전자담배가 유행하는 추세를 우려하는 전문가들이 있다. 전자담배는 세계적으로 새로운 담배 형태의 유행과 그에 따른 건강상의 문제를 예상하게 한다.

전자담배

전자담배(electronic cigarettes, e-cigarettes)는 액체혼합물을 포화상태의 수증기로 만들어 사용자들이 흡입할 수 있는 전자장치이다(Chang & Berry, 2015). 이 장치는 모양과 색상이 담배와 같고, 사용자가 흡입할 때 끝부분이 타는 것 같이 보이도록 되어 있다. 어떤 것들은 파이프담배나 시가담배 모양을 하고 있다. 전자담배에는 액체에 니코틴을 넣을 수 있는데, 이런 종류의 전자담배에는 담배의 다른 구성물은 거의 없지만 담배를 흡연하는 것과 거의 비슷하다. 전자담배를 옹호하는 사람들은 그것이 금연에 도움이 될 것이라고 주장한다. 하지만 반대하는 사람들은 전자담배가 니코틴에 중독되게 하는 도구가 될 수 있음을 경고한다.

가장 논쟁의 요소가 될 수 있는 것은 전자담배가 안전한지에 관한 것이다. 전자담배를 옹호하는 사람들은 전자담배가 실제 담배의 소비를 하지 않게 할 뿐만 아니라 건강에 해롭다는 증거가 거의 없다고 주장한다. 그러나 반대하는 사람들은 이 니코틴 투여 장치가 니코틴 사용에 대한 더 허용적인 분위기를 만들 수 있고, 그것이 전 세계적인 추세가 되지 않을까 우려한다(Sinniah & Khoo, 2015). 비록 담배연기를 흡입하는 것 보다 니코틴 수증기를 흡입하는 것이 더 안전할 수는 있지만, 전자담배의 액체들 중에 포름알데히드와 기타 발암물질이 포함된 것들이 있다는 증거들이 많이 보고되고 있다. 또한 어떤 연구에서는 전자담배 수증기 액체를 흡연하는 것이 담배연기를 흡입하는 것 만큼 기도와 폐에 해를 가할 수 있다는 사실이 검증되었다(Fromme & Schober, 2015). 옹호자들은 아직 전자담배가 위험하다는 증거들이 확실하지 않다고 주장하지만, 전자 담배를 사용하는 것이 안전하지 않다는 증거들이 계속 축적되고 있다.

대부분의 사람들이 흡연이 위험하다는 이야기를 들었을 것이고 그 사실을 믿고 있을 것이다. 하지만 전자담배와 관련해서는 상황이 다르다. 미국에 거주하는 사람들을 대표할 만한 표본을 대상으로 한 조사에서 응답자들은 다른 형태의 흡연과는 달리 전자담배가 건강상의 위험은 적다고 보고했다(Pepper, Emery, Ribisl, Rini, & Brewer, 2015). 하지만 전자담배가 위험하다는 증거들이 축적되는 상황(Fromme & Schober, 2015)에서 이 사실은 심각한 것이다. 그리고 또 심각한 문제는 고등학생들의 대부분 이 이런 형태의 흡연을 하고 있다는 것이다(Kann et al., 2016). 실제로 젊은이들 중에 는 종이담배(궐련) 흡연을 전자담배 사용으로 대체한 경우가 많다. 게다가 전자담배를 사용하는 사람들은 궐련을 흡연하는 사람들보다 그 습관을 그만둘 가능성이 적다(Al-Delaimy, Myers, Lea, Strong, & Hofstetter, 2015). 이런 발견들을 종합해보면 전자담 배에 대한 수용성, 사용 방식, 습관을 그만두는 것에 대한 저항 등에 의해 담배의 흡연 량을 줄여 얻을 수 있는 이득이 상쇄된다.

간접흡연

많은 비흡연자는 타인이 흡연하는 담배연기가 불쾌하고 눈과 코를 자극하는 것을 싫어할 것이다. 그런 불쾌한 경험이 지금도 발생하고 있지만, 법으로 금연 건물을 지정하고 직장에서의 금연을 법으로 정했으며, 심지어 야외에도 금연 구역을 많이 지정하여 다른 사람이 흡연한 연기에 노출되는 사람의 수는 많이 감소했다. 직장에서의 간접흡연에 대한 노출을 조사한 결과(King, Homa, Dube, & Babb, 2014)에서는 20%의 응답 자들이 지난 1주일 동안 간접흡연에 노출된 경험이 있다고 보고했다. 하지만 80% 이상의 응답자들이 자신에게 간접흡연의 경험이 없다고 믿고 있었다.

그런데 **환경상의 담배연기**(ETS: environmental tobacco smoke)라고도 알려져 있는

간접흡연(passive smoking)이 비흡연자의 건강에 크게 해가 될까? 간접흡연이 건강에 위험할 수도 있다는 여러 증거들이 1980년대부터 축적되기 시작했다. 특히 간접흡연은 여러 종류의 암과 심장질환, 그리고 아동의 호흡기 장애와 관계가 있다. 게다가 또 다른 간접흡연(thirdhand smoke)이라고 할 수 있는 간접흡연의 잔류물이 거주환경 내에 남아서 다른 독극물과 상호작용하며 사람에게 해를 줄 수 있다(Northrup et al., 2016).

간접흡연과 암 간접흡연에 노출된 양과 기간 때문에 간접흡연이 폐암이나 각종 암의 발병에 얼마나 영향을 미치는지를 검증하기란 쉽지 않다. 간접흡연에 관한 연구들은 직장에서의 노출과 흡연자와 함께 거주하는 비흡연자 가족에 초점을 맞추어 이루어졌다. 일반적으로 간접흡연에 더 노출되거나 오랫동안 노출될수록 암의 위험이 증가한다.

직장에서 간접흡연에 노출되어 있는 사람들은 폐암에 의한 사망 확률이 높다. 간접흡연에 노출될 수 있는 직업으로는 어떤 것이 있는가? 한 개관 연구(Siegel & Skeer, 2003)에서는 그런 직무환경으로 술집(bars), 볼링장(bowling alleys), 당구장(billiard halls), 도박장(betting establishments), 빙고 게임장(bingo parlors)을 들며 이들을 "5B's"라고 지칭하고 있다. 이런 직장에서 오랫동안 일해온 사람들은 식당 종업원, 재택근무자, 사무직 종사자 등에 비해 18배의 혈중 니코틴 농도를 보인다. 전 세계 여러 국가에서 수행된 연구들을 대상으로 한 메타분석 연구(Stayner et al., 2007)에서는 직장에서 간접흡연에 노출되면 폐암 발생률이 24% 증가하는 것으로 나타났다. 간접흡연에 심하게 노출될 경우 폐암의 위험은 2배 증가했다.

흡연자가 집 안에서 흡연을 삼가지 않으면 비흡연자 가족들은 간접흡연에 노출될 수밖에 없다. 그렇게 되면 흡연하는 가족 수가 늘어나는 것과 다를 바 없다. 사실 흡연하는 장소를 제한하는 것이 간접흡연의 피해를 줄이는 가장 좋은 방법이다(Kaufmann et al., 2010). 남편의 흡연에 노출된 비흡연자 아내들의 암 발병 위험에 관해 3개 대륙의 국가들에서 수행된 연구들을 대상으로 한 메타분석 연구(Taylor, Najafi, & Dobson, 2007)에서는 지역에 따라 다르지만 암의 위험이 15%에서 31%까지 증가하는 것으로 밝혀졌다. 그러므로 직접 흡연하는 사람은 물론 간접흡연에 노출된 사람도 암에 걸릴 확률이 증가한다는 사실이 연구로 입증된 것이다.

간접흡연과 심장질환 비록 간접흡연이 암의 위험을 조금 증가시키는 것으로 알려져 있지만, 심혈관계 질환에 대한 간접흡연 효과는 상당하다. 간접흡연에 노출되는 것은 흡연하는 것과 똑같이 심장질환의 위험을 높이는 동맥혈관 내에 염증, 혈전 형성, 혈관 벽의 변화를 조장한다(Venn & Britton, 2007). 한 메타분석 연구(Enstrom & Kabat, 2006)에서는 간접흡연이 심혈관계 질환의 위험을 25% 정도 증가시킨다는 결과를 얻었는데, 이는 뇌졸중 위험률과 비슷한 정도이다(Lee & Forey, 2006). 그러나 심장질환에 대한 이 정도의 위험률 증가도 매년 수천 명의 미국인이 간접흡연으로 인한 심장질환으로 사망한다는 것을 의미하는데, 간접흡연으로 매년 수천 명의 미국인이 사망하더라도 직접흡연 위험의 십 분의 일 수준이다.

간접흡연과 아동의 건강 태아와 어린 아동은 담배연기에 노출될 가능성이 더 크고, 성인보다 담배연기의 해악에 더 취약하다(Kaufmann et al., 2010). 아이들은 심지어 태어나기도 전에 간접흡연의 치명적인 효과를 경험하게 되고, 그것이 아동기로 연장된다. 예를 들어, 간접흡연은 유아돌연사증후군(SIDS: sudden infant death syndrome) 위험을 증가시킨다. 그 외의 간접흡연으로 인한 아동의 건강상 문제는 폐기능 약화, 하기도 호흡기 질환, 천식 등이 있다(Cao et al., 2015). 일반적으로 간접흡연의 부정적 효과는 아동의 연령이 높아지면서 감소하지만, 취학 후 아동이 간접흡연에 노출되어도 목이 쉰 소리를 낼 가능성이 증가하고 학교에 결석을 많이 하고 폐기능이 저하된다.

요약하면 간접흡연은 아동이 폐암, 심혈관계 질환 등 여러 질환에 걸릴 가능성을 높인다. 일반적으로 아동이 간접흡연에 더 자주 더 오랫동안 노출될 때 그런 위험은 더 커진다.

무연담배

코로 흡입하는 담배나 씹는 담배와 같이 연기가 없는 담배는 지금보다 19세기에 더 인기가 있었다. 현재 다른 사람들보다 남미계와 유럽계 미국인 남자 청소년들이 무연(無煙)담배를 비교적 많이 사용하고 있지만(USDHHS, 2014), 전 세계적으로 연기가 나지 않는 형태의 담배를 사용하는 것이 청소년이나 젊은 층에게 인기를 얻고 있다. 특히 중동지역에서는 무연담배가 인기가 있다(Warren et al., 2008). 무연담배를 사용하는 사람들도 그것이 건강에 위험하다는 사실은 인정하지만 일반담배보다는 안전하다고 믿는 경향이 있다.

무연담배가 일반담배보다 더 안전하다는 믿음은 북미와 일부 유럽 지역에서 무연담배 사용이 증가하는 것을 설명할 수 있는 한 요인이다. 그리고 그런 믿음은 어느 정도 사실이어서 무연담배가 일반담배만큼 위험한 것은 아니다(Colilla, 2010; USDHHS, 2014). 하지만 무연담배에도 건강을 위협하는 독성물질과 발암물질이 있다. 아직 증거들이 충분한 것은 아니지만, 무연담배의 사용이 심혈관계 질환뿐만 아니라 구강암과 췌장암 및 폐암에 의한 사망의 위험을 증가시킨다는 보고가 있다. 무연담배가 일반담배를 대체할 수 있을까도 의문스럽다. 무연담배를 사용한 경험이 있는 청소년들이 그런 경험이 없는 청소년보다 일반담배를 흡연할 가능성이 크기 때문이다(Severson,

Forrester, & Biglan, 2007). 무연담배의 사용에서 오는 위험은 일반담배의 흡연에서 오는 위험보다 크지 않다고 하더라도 건강에 유해하다.

요약

흡연이 건강에 여러 가지로 부정적인 영향을 미치고 그 영향도 매우 심각하다. 흡연은 미국에서 예방할 수 있는 사망의 가장 큰 원인으로 그로 인해 해마다 약 480,000명의 미국인이 사망하는데, 대부분이 심혈관계 질환, 폐암, 하기도 호흡기 질환으로 죽는다. 흡연을 하면 치주질환, 신체적 활력 상실, 여성의 불임, 호흡기 장애, 인지장애, 임포텐스, 황반 퇴화와 같은 상대적으로 덜 치명적인 질환이나 장애의 위험에도 노출된다.

많은 비흡연자가 타인의 흡연으로 고통받는데, 비흡연자들이 계속해서 간접흡연에 노출되면 호흡기 질환에 걸릴 가능성이 높아진다. 연구들은 간접흡연이 폐암에 의한 사망의 위험을 조금 정도만 증가시키는 것으로 보고하고 있지만, 많은 사람이 간접흡연 때문에 심혈관계 질환으로 사망한다. 특히 아동들은 간접흡연으로부터 가장 큰 피해를 입는다. 간접흡연에 노출된 아동은 심각한 호흡기 질환에 걸릴 가능성이 크다.

시가담배와 파이프담배 같은 무연담배는 일반담배의 흡연만큼 위험하지는 않다. 무연담배를 사용하는 십대들은 무연담배의 사용이 일반담배의 흡연보다 훨씬 더 안전하다고 믿는 경향이 있다. 그런 믿음은 전자담배에까지 확장되었다. 하지만 그런 형태의 니코틴 사용도 위험하다는 증거가 축적되고 있다. 어떤 형태의 흡연에 노출되든 간에 안전한 것은 없다는 사실을 기억해두자.

흡연율을 감소시킬 수 있는 개입

경제 수준이 높은 국가에서는 흡연율이 감소하고 있지만 경제 수준이 중하위인 국가에서는 흡연율이 증가해왔기 때문에 전 세계적으로 흡연 관련 질병이 증가할 것이다. 흡연 관련 질병의 발생을 줄이기 위해 WHO(2015b)는 청소년의 흡연 시작을 막고, 흡연자들이 담배를 끊을 수 있도록 하며, 담배의 가용성을 낮추고 담뱃값을 인상하는 방식으로 흡연에 대한 접근성을 제한하여 흡연율을 감소시키는 전략을 세웠다.

흡연을 시작하지 않게 하기

정보를 제공하는 것만으로 행동을 변화시키려는 것은 효과적이지 못하다. 미국을 포함한 몇몇 나라의 거의 모든 십대는 흡연이 건강상에 유해하다는 사실을 알고 있지만, 미국 고등학생의 30% 이상이 흡연을 시도해본 적이 있고 10%가 적어도 한 달 이상 흡연하고 있다(Kann et al., 2016).

아동이나 청소년이 흡연하고자 선택하는 것은 담배가 위험하다는 정보를 몰라서가 아니다. 그들은 금연홍보 미디어(Weiss et al., 2006), 보건소 및 부모로부터 담배가 위험하다는 메시지를 수도 없이 듣는다. 청소년이 14세가 되면 흡연의 건강상 위험에 대한 경고에 더는 주의를 기울이지 않게 되어 그 효과를 발휘하지 못한다(Siegel &

Biener, 2000). 따라서 흡연의 건강상의 위험에 대한 정보는 흡연 예방 프로그램의 성공을 보장하지 않는다(Flay, 2009). 흡연을 시작하지 않게 하기 위해서는 다른 유형의 중재가 필요하다(CDC, 2014c).

가장 보편적으로 이루어지는 아동을 위한 흡연 예방은 학교를 기반으로 이루어지고 있으며, 그런 프로그램은 누구에 의해 흡연반대 메시지가 전달되는지, 기간은 어느 정도인지, 그리고 어떤 연령대를 표적으로 하는지에 따라 구분할 수 있다. 그중 가장 유명한 프로그램은 D.A.R.E. 프로젝트로 담배를 포함한 마약의 사용을 표적으로 하고 있다. 이 중재 방법은 한 학기당 한 주에 한 번 마약반대 메시지를 경찰이 제공하는 방식을 취한다. 이 프로그램에 대한 효과 검증 연구(West & O'Neal, 2004)에서는 이 방식이 흡연은 물론 다른 마약을 시작하는 것을 예방하는 데 효과가 없다는 결과가 나타났다. 하지만 예방 프로그램들은 더 효과가 있을 수 있다. 학교 기반 프로그램이 성공적이 될 수 있는 요소는 단지 정보만을 제공하는 강의가 아닌 상호작용하며 제공되는 서비스, 학생들에게 거절 기술을 가르치고 흡연하지 않겠다는 결심을 하게 하는 것, 고등학교 재학 시까지 연장되는 적어도 15회기 이상의 개입, 종합적인 보건교육까지 포함한 통합적 흡연 예방, 부모는 물론 지역사회에서 흡연 예방 메시지를 제공하고 미디어를 통해 홍보하는 것 등이다(Flay, 2009). 젊은 층을 대상으로 한 미디어 캠페인을 체계적으로 개괄한 연구(Brinn, Carson, Esterman, Chang, & Smith, 2010)에서는 그런 방식들이 효과적임이 밝혀졌으며, 더 많은 미디어가 관여하여 더 오랜 기간 동안 메시지를 전달했을 때 캠페인이 효과적인 것으로 나타났다. 불행하게도 그런 중재 방식들이 단기적 효과는 크지만 장기적 효과는 약한 것으로 나타났다(Dobbins, DeCorby, Manske, & Goldblatt, 2008). 성공적으로 예방을 할 수 있는 구성요소는 학교 기반이어야 한다는 것보다 더 종합적인 것이어야 한다(CDC, 2014). 그런 프로그램은 미디어 캠페인, 담배에 대한 접근성을 제한하는 법적 장치 도입, 담배 사용에 대한 태도의 변화 등이 포함된 지역사회 기반이어야 한다. 금연하게 하는 것뿐 아니라 아동이나 청소년이 흡연을 시작하지 않게 하는 것도 쉬운 일은 아니다.

금연

흡연율을 감소시킬 수 있는 두 번째 방법은 현재 흡연하고 있는 사람들을 금연하게 하는 것이다. 비록 금연이 쉽지는 않지만 과거 50년 동안 수백만의 미국인이 금연에 성공했다. 그 결과 미국에는 현재 흡연하고 있는 사람들보다 한때 흡연했지만 지금은 금연한 사람들이 더 많아졌다. 약 18%의 미국인이 흡연하는 데 반해 금연한 사람들은 22%이다. 그림 12.4에서 보여주고 있는 흡연율의 감소는 흡연을 시작하는 사람들이 적어지고 있기 때문이기도 하지만 금연율이 증가하고 있기 때문이기도 하다.

금연에 성공한 미국인이 많다고는 하지만, 많은 장애물이 금연을 방해한다. 그런 장애물 중 하나가 흡연 중독의 성질이다. 흡연과 음주를 모두 하는 사람들의 대다수가 흡연이 더 고치기 어렵다고 토로한다. 흡연하면서 알코올 의존이나 약물 의존에 대한 치료를 원하는 사람들에게 문제 약물과 담배 중에 어떤 것이 더 끊기 어려운가를 물어보았다(Kozlowski et al., 1989). 그런데 대다수의 사람들이 담배가 더 끊기 어렵다고 보고했다. 금연이 그렇게 어려움에도 불구하고 많은 사람이 자신만의 방법으로 금연에 성공하기도 한다. 반면에 어떤 사람들은 약물 치료, 행동 중재나 지역사회 금연 캠페인의 도움으로 금연한다.

치료 없이 끊기 대부분의 사람들이 금연 프로그램에 참여하지도 않고 혼자서 금연에 성공한다. 미국인 흡연자의 44%가 일 년에 한 번 이상 금연을 시도하는데, 그중 64%가 아무런 도움 없이 금연을 시도한다(Shiffman, Brockwell, Pillitteri, & Gitchell, 2008). 어떤 종류의 사람들이 남의 도움 없이 혼자서도 금연에 성공하는 것일까?

도움 없이 금연하는 것을 주제로 한 초기 연구에서 샤흐터(Schachter, 1982)는 콜롬비아 대학교의 심리학과 학생들과 뉴욕주 아마간셋(Amaganset) 주민들을 대상으로 조사했다. 그는 두 집단의 7년 이상 금연 성공률이 60%가 넘는다는 사실을 알아냈다. 이런 비율은 금연 클리닉에서의 금연 성공률보다 높은 것이다. 샤흐터는 골초들의 금연 성공률도 높았던 결과를 임상 평가에서 지적하는 것보다 금연이 더 쉽기 때문일지 모른다고 해석했다. 그는 임상 프로그램에 참여한 사람들은 대체로 혼자서 끊으려고 여러 번을 시도하고 실패했던 사람들이라고 추론했다. 그리고 금연 프로그램 참여에 대한 추후 연구(Shiffman et al., 2008)에서 그런 추론이 확증되었다. 그러므로 금연 클리닉을 찾은 사람들은 과거의 실패를 근거로 자신이 선택한 사람들이다. 그래서 그들은 흡연자 전체 모집단을 대표할 수 없다. 자신만의 방식으로 혼자 금연을 할 수도 있지만, 많은 흡연자의 경우 도움이 필요하다.

약물학적 접근 오바마는 약물학적 접근법 중 하나인 니코틴껌을 사용했다. 오바마는 첫 번째 대통령 선거유세 기간 동안 금연을 위해 니코틴껌을 사용했다('Michelle Obama', 2011). 실제로 오바마가 흡연의 유혹을 이겨낼 수 있도록 선거캠프에서는 니코틴껌이 떨어지지 않도록 신경을 썼고, 그의 주치의도 금연을 위한 노력과 니코틴 대체 요법을 계속하라고 조언했다. 니코틴껌, 니코틴 정제, 니코틴 흡입제, 니코틴 패치, 니코틴 스프레이와 같은 니코틴 대체제제와 바레니클린(varenicline, 챈틱스(Chantix)), 부프로피온(bupropion, 자이밴(Zyban)) 같은 다양한 약물들은 금연을 위해 미국 식약처(FDA)에서 승인을 받은 것이다.

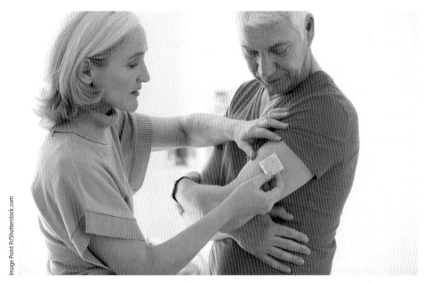

니코틴 대체 요법은 금단 증상을 경험하는 사람들에게 도움이 될 수 있지만, 행동 기법과 결합될 때 효과가 커진다.

니코틴 대체 요법이란 약간의 니코틴을 계속해서 신체에 투여하는 것이다. 흡연자는 니코틴에 대한 의존이 없어질 때까지 점점 더 적은 양의 니코틴을 투여하게 된다. 금연을 위한 약물에 대한 메타분석 연구들을 개괄한 연구(Cahill, Stevens, Perera, & Lancaster, 2013)에서는 니코틴 대체 요법이 금연을 시도할 때 효과적이며 바레니클린과 부프로피온도 효과가 있는 것으로 결론지었다. 모든 약물 치료가 그렇듯이 이 약물학적 처치에도 부작용이 있는데, 대부분 심각할 정도는 아니며 흡연을 계속하는 것보다는 훨씬 덜 해롭다. 불행하게도 이런 약물학적 처치를 한 가지 적용했을 때 청소년 흡연자에게서는 성인 흡연자와 같은 효과가 발생하지 않는다. 한 메타분석 연구(Kim et al., 2011)에서는 이런 치료적 접근은 청소년에게는 유의한 효과가 없음이 발견되었다. 다른 요소를 추가하면 성인 흡연자를 위한 약물학적 치료의 효과가 더 배가되고, 청소년의 금연을 위해서는 다른 접근이 필요하다.

행동 중재 금연에 목적을 둔 행동적 접근은 전형적으로 행동 수정, 인지 행동적 접근, 흡연자가 금연할 것을 동의하여 흡연자와 치료자가 맺는 계약, 집단치료, 사회적 지원, 이완 훈련, 스트레스 관리, 재발 방지를 위한 '후원자(booster)' 모임, 그 외 여러 치료적 접근과 같은 전략들의 결합이다.

개인상담과 집단상담 모두 성공적으로 금연을 도울 수 있다. 심리학자, 의사, 간호사 모두가 효과적인 상담을 제공할 수 있지만, 효과성은 내담자와 치료자가 접촉하는 양에 비례한다. 예를 들어 금연과 관련하여 의사에게서 조언을 받는 것은 금연 성공 가능성을 높이지만(Stead, Bergson, & Lancaster, 2008), 어떤 조언을 하느냐가 효과를 증대시킨다. 의사가 흡연의 위험에 대한 정보를 제공하는 대신에 금연을 위해 준비해야 하는 것들에 관한 메시지를 제공하는 것을 흡연자가 수용할 가능성이 더 크다(Gemmell & DiClemente, 2009). 하지만 면대면 접촉이 필요한 것은 아니어서 흡연자들에게 컴퓨터나 인터넷을 통해서도 효과적으로 지원을 할 수 있으며(Myung, McDonnell, Kazinets, Seo, & Moskowitz, 2009), 문자 메시지를 사용하여 금연과 재발 방지를 효과적으로 도울 수 있다(Sampson, Bhochhibhya, Digeralamo, & Branscum, 2015).

더 많은 회기가 포함된 프로그램이 적은 회기의 프로그램보다 더 효과적이다. 예를 들어 금연을 위한 상담과 행동적 중재는 심장발작을 경험한 사람들에게 효과적일 수 있는데, 충분한 기간 동안 이루어져야 효과가 보장된다(Barth, Critchley, & Bengel, 2008). 또한 여러 중독을 함께 다루며 금연을 돕는 프로그램보다는 전문적으로 금연만을 돕는 프로그램에 참여하는 것이 더 효과적이다(Song et al., 2016). 가장 효과적인 프로그램은 상담적 구성요소와 약물학적 구성요소가 모두 포함된 것이다. 이 두 가지가 모두 효과적인데, 이것이 결합되면 효과가 증대된다(Hughes, 2009; Stead, Perera, Bullen, Mant, & Lancaster, 2008).

지역사회 금연운동 참여 개인을 표적으로 하지 않고 지역사회 전체를 대상으로 하는 금연운동은 또 다른 방식의 대체전략이다. 이런 건강 관련 캠페인은 새로운 것이 아니다. 담배의 해악에 관한 보고가 있기 약 200년 전인 청교도 시대 당시로 거슬러 올라간다. 그 시대 유명했던 매더(Mather) 목사는 보스턴 시민들에게 천연두 예방접종의 중요성을 팸플릿과 강연을 통해 알렸다(Faden, 1987). 오늘날 지역사회 프로그램은 전 세계적으로 행해지고 있는데, 그 목표는 담배연기 없는 세상을 만드는 것이다(WHO, 2015a).

그런 캠페인들은 주로 국민의 건강 증진을 위해 국가기관이나 기업 등의 후원으로 행해진다. 직장에서는 담배연기 없는 작업장 환경을 만든 것은 물론 근로자들의 금연을 유도하고 금연 프로그램을 제공하며 금연하면 상금이나 인센티브를 주는 방식으로 개입한다. 담배연기 없는 직장에 대한 연구들을 체계적으로 개괄한 연구(Fichtenberg & Glantz, 2002)는 근로자가 피우는 담배의 양을 줄이는 것뿐 아니라 흡연율을 낮춘다는 것을 보여준다. 또 다른 지역사회 접근은 미디어를 이용하는 것으로, 흡연이 바람직하지 않은 행동임을 알리는 것은 물론 금연상담 긴급전화에 대한 정보나 금연 프로그램을 시작할 수 있는 전화 혹은 인터넷 기반의 센터에 대한 정보를 제공한다(CDC, 2014). 흡연율을 낮추기 위한 또 다른 지역사회 혹은 국가적 차원의 전략은 담뱃값을 인상하여 흡연자들이 담배를 구입하고자 하는 의지에 영향을 주는 것이다.

건강 캠페인의 결과로 건강행동에 변화를 준 사람들의 비율은 낮지만, 그런 메시지는 수천 명에게 전달되고, 그런 접근은 많은 사람이 금연을 하게 되는 결과를 낳는다. 그리고 그런 금연 캠페인은 흡연을 바람직하지 않은 행동으로 여기게 하는데, 그것은 흡연율을 낮추는 데 가장 중요한 요인이다(CDC, 2014). 미디어 캠페인에 대한 체계적인 개괄 연구(Bala, Strzeszynski, & Cahill, 2008)는 그런 캠페인이 흡연율을 낮추며 금연을 유도하는 것뿐만 아니라 다른 형태의 금연 성공 결과에도 긍정적으로 영향을 준다는 것을 시사한다. 그러므로 미디어 캠페인을 통해 여러 사람들에게 접근하는 시도는 효과적인 전략이라고 할 수 있다.

누가 금연하고 누가 금연하지 못하는가?

누가 금연에 성공하고 누가 금연에 성공하지 못하는가? 연구자들은 이런 의문을 가지고 성별, 연령, 학력, 다른 약물을 끊어본 경험, 체중에 대한 걱정 등을 탐색했다. 연령은 금연과 상관이 있다. 일반적으로 많은 양을 흡연하는 젊은 흡연자가 비교적 적은 양을 흡연하는 나이 든 흡연자보다 흡연을 계속할 가능성이 크다(Ferguson, Bauld, Chesterman, & Judge, 2005; Hagimoto, Nakamura, Morita, Masui, & Oshima, 2010).

남성이 여성보다 금연을 더 잘하는가? 남성이 여성보다 금연을 더 많이 했다. 하지만 역사적으로 남성들의 흡연율이 높았기 때문에 더 많은 남성 중에 금연자의 수가 많을 수밖에 없었다(USDHHS, 2014). 하지만 여성이 남성보다 금연하기 어렵다는 가설을 지지하는 여러 증거들이 있는데(Torchalla, Okoli, Hemsing, & Greaves, 2011), 그 이유는 여성 흡연자들은 금연을 위해 극복해야 하는 장애물이 더 많기 때문일 수 있다. 여성은 남성보다 금연을 하면서 약물학적 처지를 받을 가능성이 적다. 약물 치료를 받지 않는 여성의 금연 성공률은 약물 치료를 받지 않는 남성의 금연 성공률과 같다(Smith et al., 2015). 약물 치료를 하면 금단 증상을 줄여주는데, 심한 금단 증상을 경험하는 사람들은 금연 성공률이 낮다. 게다가 여성들은 그들이 더 취약한 스트레스나 불안 혹은 우울을 처리하기 위해 흡연하는 경향이 있다. 대처방법을 잃는다는 것은 곤란을 겪게 만든다. 그래서 즐거움이나 쾌감을 위해 흡연하는 사람보다 대처방법의 일환으로 흡연하는 사람이 금연에 성공할 가능성이 낮다(Ferguson et al., 2005). 더불어 흡연자와 함께 살면 금연을 시도할 가능성이 낮아지는데, 이는 남성보다 여성이 그런 경우가 많다.

사회적 지원이 금연 성공에 도움이 되는데, 여성은 금연과 관련하여 사회적 지원을 받을 가능성이 낮다. 불행하게도 금연을 시도한 미국인 흡연자의 24%만이 금연과 관련하여 사회적 지원을 받았다고 보고했다(Shiffman et al., 2008). 배우자가 금연을 시도하는 금연 프로그램 참여자를 지원하도록 훈련시켰을 때 금연 성공률이 높았다.

학력 수준이 높은 사람들에서 흡연율이 낮게 나타나는데, 이런 관계가 금연에도 적용이 가능할까? 유럽 18개국을 대상으로 한 연구(Schaap et al., 2008)가 이 질문에 대한 확증적인 해답을 제공한다. 국가 간 비교를 시도했을 때도 남녀노소의 차이 없이 학력 수준이 높은 사람이 금연할 가능성이 컸다.

마지막으로, 알코올이나 다른 약물을 남용하는 흡연자가 금연하기 더 어려운가? 중독 관련 일을 하는 전문가들은 흡연과 음주가 밀접한 관계가 있다고 생각해왔으며, 흡연과 음주 모두에 중독된 사람들은 금연보다 음주 문제를 더 응급으로 다루어야 한다는 입장을 오랫동안 고수해왔다. 이런 믿음은 재평가되어 흡연의 위험도 치료에서 빨리 다루어야 할 중요한 것으로 인식되었다. 그리고 연구(Nieva, Ortega, Mondon, Ballbé, & Gual, 2011)는 사람들이 금연과 금주를 동시에 할 능력이 있음을 보여준다.

재발 방지

재발 문제는 흡연에만 있는 것은 아니다. 흡연자들의 재발률은 알코올과 헤로인 중독을 위한 치료에서 나타나는 재발률과 비슷하다(Hunt, Barnett, & Branch, 1971). 금연하고자 노력하는 사람들은 금연에 성공하거나 흡연량을 줄이기도 하지만, 22%의 사람들은 금연을 시도하기 전보다 더 많은 양의 담배를 피우는 수준으로 다시 돌아간다(Yong, Borland, Hyland, & Siahpush, 2008).

금연 치료 후의 높은 재발률은 말레트(Marlatt)와 고든(Gordon)(1980)이 재발 과정 자체를 연구하도록 고무시켰다. 성공적으로 금연을 해온 많은 사람이 한 개비의 담배를 피운 후 완전히 실패했다는 느낌에 금연을 끝내게 된다. 이들은 이런 현상을 절제 위반 효과(abstinence violation effect)로 명명했다. 그들은 절제를 유지하고자 하는 의도를 위배했을 때 생기는 환자의 절망감에 대처할 수 있는 전략을 치료에 통합했다. 말레트와 고든은 한 번의 실수가 실패를 의미하는 것은 아니라고 환자를 훈련시켜 완전한 재발을 방지하려는 시도를 했다. 실수는 금연에 성공한 사람들 사이에서조차 일반적인 것이다(Yong et al., 2008). 그러므로 한 번의 실수로 금연하고자 하는 노력을 계속하는 사람들이 용기를 잃게 해서는 안 된다.

혼자 힘으로 금연하는 사람들은 매우 높은 재발률을 보여 혼자 힘으로 금연을 시도하는 흡연자들의 2/3가 불과 이틀 안에 다시 흡연하고(Hughes et al., 1992), 75%가 6개월 안에 다시 흡연하는 것으로 나타났다(Ferguson et al., 2005). 재발 방지에 대한 체계적인 개괄 연구(Agboola, McNeill, Coleman, & Leonardi Bee, 2010)는 금연한 지

1년이 지난 후에는 자력으로 할 수 있는 도구, 즉 자조 자원들이 재발을 예방하는 데 효과적임을 보여준다. 하지만 금연하고 1년이 지난 후에는 재발률이 급격히 감소하기 때문에(Herd, Borland, & Hyland, 2009), 이전처럼 많은 지원이 필요하지는 않다.

행동적 재발 방지 중재 기법은 금연 후 1개월에서 3개월 동안에 단기적으로 효과가 있는데(Agboola et al., 2010), 이 기간이 담배를 끊은 흡연자들이 스트레스와 흡연 유혹에 취약한 시기이다(Mckee et al., 2011). 중요한 시기인 금연 후 1년 동안 약물학적 처치가 재발 방지에 효과가 있을 수 있다(Agboola et al., 2010). 그러므로 각 기간에 따라 다른 방식의 치료적 접근이 효과적일 가능성이 있다. 금연에 있어서 공통의 문제인 재발을 방지하는 효과적 방법을 개발하기 위해 연구자들이 먼저 흡연자와 치료적 특성을 이해할 수 있도록 계속적으로 연구해야 한다.

더욱 건강해지기

1. 현재 비흡연자라면, 흡연을 시작하지 마라. 대학생은 친구들이 흡연자라면 담배를 피우도록 압력을 받는다. 비흡연자가 되는 가장 쉬운 방법은 담배를 절대 피우지 않는 것이다.

2. 흡연자라면 흡연의 위험이 당신에게만은 적용되지 않을 것이라는 바보 같은 믿음을 버려라. 자신의 흡연에 대한 낙관적인 편파를 살펴보아라. 저(低)타르, 저(低)니코틴 담배가 흡연을 안전하게 한다고 생각하지 마라. 여러 연구에서 이런 담배도 일반담배처럼 위험하다는 사실이 밝혀졌다.

3. 많은 양의 담배를 흡연하는 것보다 흡연량을 줄이는 것도 좋다고 생각해도 되지만, 만약 당신이 담배를 끊지 못한다면 금연에 따른 건강상의 이득은 얻지 못할 것이다.

4. 담배를 피우고 있다면 끊어라. 금연이 아무리 어렵다고 느껴져도 금연을 시도하라. 첫 번째 시도가 성공적이지 못했다면 다시 시도하라. 계속해서 노력하는 사람들이 성공할 가능성이 높다는 사실이 연구에서 밝혀졌다.

5. 혼자 힘으로 금연을 시도하다가 실패했다면 자신을 도와줄 수 있는 프로그램을 찾아라. 모든 프로그램이 성공적이지는 않다는 점을 기억하라. 어떤 형태로든 약물학적 처치와 행동 훈련을 결합한 프로그램이 가장 효과적일 수 있다.

6. 최상의 금연 프로그램은 개인적 필요에 맞게 구성된 것이다. 자신에게 맞는 방법을 발견할 때까지 여러 가지 방법을 시도해보라.

7. 금연을 원한다면 금연동기를 북돋아주고 금연할 수 있도록 지지해주는 친구나 동료를 찾아라. 자신의 금연 시도를 방해하는 사람은 피하고 흡연과 강하게 연합되어 있는 장소나 활동을 주의하라.

8. 시가담배의 인기가 다시 되살아나고 있다. 시가담배나 파이프담배가 일반담배만큼 위험하지는 않지만 안전하지 않다는 점을 명심하라.

9. 전자담배가 담배의 안전한 대체물이라고 광고에서 말하지만, 그것이 틀렸다는 사실이 연구로 밝혀지고 있다. 어쨌든 니코틴을 섭취하지 마라.

10. 비흡연자라도 어떤 형태로든 담배연기에 노출되는 것은 안전하지 않다. 간접흡연에 노출되는 것은 직접 흡연하는 것만큼 위험하지는 않지만 안전한 것은 아니다. 무연담배의 사용도 건강상 해가 될 수 있다.

11. 흡연자라면 당신의 흡연으로 다른 사람에게 해를 입히지 마라. 어린 아동은 특히 취약하기 때문에 흡연하는 부모는 담배연기에 노출되지 않게 하여 자녀가 호흡기 질환에 걸리는 일을 방지할 수 있다.

요약

흡연율은 흡연을 시작하는 것을 방지하거나 흡연자들을 금연하게 함으로써 감소시킬 수 있다. 흡연의 위험에 관한 정보를 젊은이에게 제공하는 것은 효과적인 전략이 아니며, 학교 기반 예방 프로그램은 효과가 제한적이다. 어떤 프로그램들은 꽤 효과가 있는데, 프로그램이 상호작용을 강조하고 흡연의 권유를 거절할 수 있는 기술을 가르치며 학교 보건 교육 커리큘럼이 포함되고 지역사회와 함께 이루어질 경우 그렇다. 그런 프로그램은 단순하게 구성한 프로그램보다 효과가 크다.

흡연자가 어떻게 금연할 수 있을까? 대부분의 사람들이 어떤 프로그램에 참여하지 않고 혼자서 금연을 시도하지만, 어떤 사람들은 약물학적 처치나 심리적 중재를 이용하는가 하면 어떤 사람들은 금연을 유도하는 미디어와 지역사회 캠페인에 노출된다. 니코틴을 포기하는 것이 금단 증상을 가져올 수 있기 때문에, 많은 성공적인 금연 프로그램에서는 니코틴 패치나 니코틴껌 같은 니코틴 대체물과 흡연과 관련된 뇌의 화학적 작용에 영향을 미치는 약물을 활용한다. 두 가지 방식 모두 위약이나 아무 처치도 받지 않는 것보다 더 효과적인데, 그런 효과를 내는 다양한 약물이 있다. 금연을 위한 두 번째 접근은 행동적 중재 프로그램인데, 효과가 있는 것으로 알려져 있다. 또 다른 접근은 흡연율을 낮추기 위한 지역사회 접근인데, 대개 대중매체를 통한 금연 캠페인이 포함된다. 비록 그런 금연 캠페인에 노출되는 사람들이 적다고 하더라도 수천 명의 사람이 그 영향으로 담배를 멀리하게 된다.

남성이 여성보다 금연에 성공할 가능성이 더 큰 것으로 나타난 연구들이 있다. 또한 학력 수준이 높은 사람들이 학력 수준이 낮은 사람들보다 금연할 가능성이 크다. 많은 사람이 몇 개월 동안 혹은 심지어 1년 동안 금연에 성공하지만, 재발 문제를 극복해야 한다. 재발 방지를 목적으로 한 프로그램이 원하는 정도로 성공적인지는 확실치 않은 가운데, 재발은 금연하고자 하는 사람들에게는 심각한 문제로 남아 있다.

금연의 효과

흡연자가 담배를 끊으면 그에 따르는 많은 효과를 경험하는데, 거의 모두 긍정적인 것이다. 하지만 부정적인 것도 있는데, 바로 체중 증가이다.

금연과 체중 증가

많은 흡연자가 담배를 끊으면 체중이 증가하지 않을까 두려워한다. 여성 흡연자(King, Matacin, White, & Marcus, 2005)뿐만 아니라 남성 흡연자(Clark et al., 2004)도 그런 걱정을 한다. 그런 염려가 타당한 것일까? 금연에 따른 건강상의 이득과 체중 증가에 따른 건강상의 문제를 따지려면 여러 가지 면을 고려해야 한다. 게다가 비흡연자보다 흡연을 계속하는 흡연자의 체중이 더 증가한다(Stice et al., 2015). 따라서 흡연자가 금연을 시도하든 아니면 계속 흡연을 하든 간에 체중은 증가한다.

금연하면 체중이 걱정할 만큼 증가하는 것은 아니지만 체중이 많이 증가하는 경우도 있다. 어떤 사람들은 니코틴 금단 증상으로 식욕 증가를 경험하는데(John, Meyer, Rumpf, Hapke, & Schumann, 2006), 그 때문에 과식을 하게 된다. 불행하게도 체중이 많이 나가는 흡연자가 보통 체중의 흡연자보다 금연할 경우 체중의 증가가 더 크다 (Lycett, Munafò, Johnstone, Murphy, & Aveyard, 2011). 하지만 금연에 따르는 체중 증가는 적당한 수준으로 여성의 경우 6파운드(약 2.7kg) 정도이고 남성의 경우 11파운드(약 5.0kg) 정도이다(Reas, Nygård, & Sørensen, 2009). 게다가 이런 체중 증가는 일시적이어서, 금연한 사람은 금연 후 몇 년간은 체중이 증가해 있지만 5년이 지나면 비흡연자들과 체중에서 차이가 없다. 다시 말해, 금연하여 증가한 체중은 감소하는 경향이 있다.

신체활동으로 금연에 따른 체중 증가를 억제할 수 있다. 여성 흡연자를 대상으로 한 연구(Prapavessis et al., 2007)에서는 금연 후 운동 수준을 증가시키고 니코틴 대체 요법을 한 여성이 금연 후 신체활동을 증가시키지 않은 여성보다 체중 증가가 적었다. 이와 유사하게 남성을 대상으로 한 연구(Froom et al., 1999)에서도 금연을 한 후 신체 질량지수가 조금 증가했지만 금연과 함께 스포츠 활동을 많이 한 사람들이 비활동적인 사람들보다 체중 증가가 적었다. 원하는 적정한 체중을 유지하면서 금연을 하면 좋겠지만, 금연에 의해 증가한 체중이 금연으로부터 얻는 건강상의 이득에 크게 영향을 주지 않는다. 다시 말해, 적정 체중을 유지하는 것보다 금연해서 얻을 수 있는 건강상 이득이 훨씬 크다(Taylor, Hasselblad, Henley, Thun, & Sloan, 2002).

금연에 따른 건강상의 이득

금연을 함으로써 흡연으로 인한 사망률을 감소시킬 수 있을까? 현존하는 연구들을 광범위하게 개관한 연구(Critchley & Capewell, 2003)에서 흡연을 계속하는 사람들의 여러 집단과 금연한 사람들의 여러 집단을 비교해본 결과, 금연이 흡연으로 인한 사망의 36%를 감소시키는 것으로 나타났다. 연구자들은 이런 사망률의 감소가 금연이 사망률을 낮추는 데 크게 기여한다는 것을 보여주는 증거라고 주장한다. 하지만 그런 건강상의 이득을 얻으려면 흡연량을 줄이는 것으로는 안 되고 금연해야 한다(Pisinger & Godtfredsen, 2007).

금연과 관련해서는 다음과 같은 두 가지 의문점이 있다. 첫째, 흡연자가 금연하여 이전의 수명을 되찾을 수 있는가? 둘째, 금연하고 얼마나 지나야 흡연의 해로운 효과로부터 벗어날 수 있는가? 1990년 미국 보건위생국 보고서(USDHHS, 1990)에는 흡연량과 흡연기간에 따른 금연의 건강상의 이득에 대한 연구들을 요약했고, 여러 국가에서 비슷한 분석을 한 연구들(Bjartveit, 2009; Dresler, Leon, Straif, Baan, & Secretan, 2006; Gielkens-Sijstermans et al., 2010; Hurley & Matthews, 2007)이 있었다. 그런 모든 개관 연구는 금연이 흡연으로 생긴 건강상의 문제에 개선을 가져온다는 일관적인 결과를 얻었다. 미국 보건위생국의 분석에서는 이전에 하루 20개비 이하를 흡연해온 흡연자가 16년 동안 금연해야 전혀 흡연을 하지 않은 사람의 사망률과 비슷해진다는 결과를 얻었다. 그림 12.7은 흡연했던 여성이 15년 이상은 금연해야 전혀 흡연한 경험

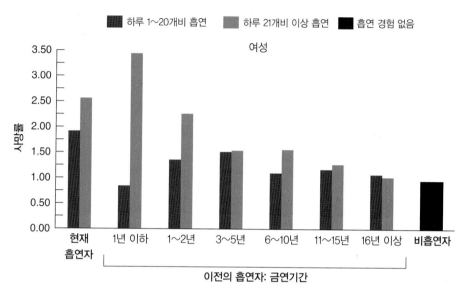

그림 12.7 미국인 여성 중 현재 흡연자, 이전의 흡연자, 비흡연자 비율(금연기간에 따른 비교)

출처: *The health benefits of smoking cessation: A report of the Surgeon General* (p. 78), by U.S. Department of Health and Human Services, 1990, DHHS Publication No. CDC 90–8416, Washington, DC: U.S. Government Printing Office.

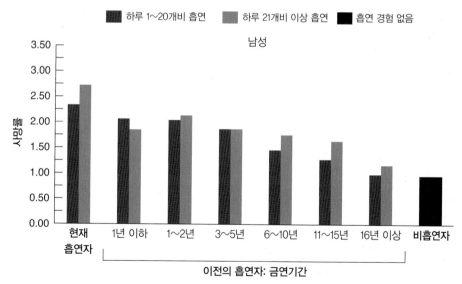

그림 12.8 미국인 남성 중 현재 흡연자, 이전의 흡연자, 비흡연자 비율(금연기간에 따른 비교)

출처: *The health benefits of smoking cessation: A report of the Surgeon General* (p. 78), by U.S. Department of Health and Human Services, 1990, DHHS Publication No. CDC 90–8416, Washington, DC: U.S. Government Printing Office.

이 없는 여성과 같은 사망률을 보인다는 것을 알려준다. 그림 12.8은 남성의 사망률이 16년 동안 천천히 감소한다는 것을 보여준다.

오랫동안 흡연하다가 금연한 사람들에게서는 폐암으로 사망할 위험의 감소보다 심장질환으로 사망할 가능성의 감소가 더 크다. 폐암에 대한 위험은 금연해도 10년 이상 증가된 상태로 있다. 여성도 금연으로 그런 위험을 줄일 수 있는데, 젊은 나이에 금연할수록 폐암으로 사망할 가능성이 적어진다(Zhang et al., 2005). 또한 젊은 나이에 금연할수록 심혈관계 질환의 위험이 더 줄어든다(Mannan, Stevenson, Peeters, Walls, & McNeil, 2011).

이런 연구들은 금연해서 폐암의 위험은 아주 천천히 감소될지라도, 남녀 흡연자의 심혈관계 질환 위험은 비흡연자들의 수준까지 감소시킬 수 있다는 것을 시사한다. 그러므로 흡연을 시작하지 않은 것이 금연보다 건강에 좋다고는 하지만 쉽지 않더라도 금연하면 건강상 많은 이득을 얻을 수 있다.

금연하면 어느 정도의 이득을 얻는 것일까? 심장병에 걸리지 않는 평균적인 남녀 흡연자가 10% 이하로 포화지방을 섭취할 경우 3일에서 3개월 정도의 수명이 연장된다(Grover, Gray-Donald, Joseph, Abrahamowicz, & Coupal, 1994). 그에 비해 35세에 금연하면 7~8년의 수명이 연장된다. 금연한 흡연자가 먼저 생각해야 할 것은 그냥 몇 년의 수명이 증가되는 것이 아니라 건강한 삶이 그만큼 연장된다는 것이다(Hurley & Matthews, 2007).

요약

많은 흡연자가 금연하면 체중이 증가할까 봐 두려워하지만, 대부분의 사람들에게 큰 체중 증가가 나타나지는 않는다. 대부분의 흡연자에게 증가된 체중은 흡연을 계속하는 것보다 덜 위험하다. 더욱 긍정적인 점은 금연은 건강을 증진하고 수명을 증가시킨다는 것이다. 금연하고 16년이 지나면 비록 폐암으로 인한 사망위험은 어느 정도 지속되더라도 그 외의 모든 원인에 의한 사망률은 비흡연자의 수준으로 돌아간다는 사실이 여러 연구에서 증명되었다.

 해답　이 장에서는 다음의 다섯 가지 문제를 다루었다.

1. 흡연은 호흡기에 어떤 영향을 미치는가?

호흡기는 산소를 받아들이고 이산화탄소를 배출하게 된다. 담배연기는 폐로 들어가서 결국에는 폐를 손상시킨다. 만성 기관지염과 폐기종은 흡연과 관련된 만성적인 폐질환이다. 담배는 니코틴을 포함해 수천 가지 화합물로 이루어져 있고, 흡연은 흡연자를 심장질환과 암을 일으키는 타르와 기타 화합물에 노출시킨다.

2. 누가 흡연을 선택하며 그 이유는 무엇인가?

미국 성인들의 약 17%가량이 흡연을 하고, 그보다 좀 더 많은 사람이 이전에 흡연자였으며, 절반이 조금 넘는 사람들은 전혀 담배를 피운 적이 없다. 흡연자 중에는 남성이 여성보다 좀 더 많지만, 이제 성별은 학력 수준보다 흡연에 대한 좋은 예측원이 아니다. 학력 수준이 높은 집단의 흡연율이 낮다. 대부분의 흡연자가 청소년기에 흡연을 시작하며, 흡연 시작과 니코틴 의존에는 유전적 요소가 있다. 또 다른 흡연 동기로는 또래친구, 부모 및 형제의 영향, 대중매체에서 표현되는 흡연의 긍정적 이미지, 광고 효과 등이 있다. 흡연에는 위험을 감수해야 하고 반항적인 부분이 있기 때문에 청소년에게 매력적일 수 있다. 왜 사람들이 흡연을 계속하는지에 대한 완전한 해답은 없지만, 어떤 흡연자들은 중독으로 설명할 수 있다. 흡연 행동은 이완 혹은 스트레스 완화 효과 등으로 정적 강화를 받고, 금단 증상의 완화라는 부적 강화를 받는다. 어떤 흡연자들은 흡연을 체중 조절 기법으로 활용한다.

3. 흡연에 따른 건강상의 결과는 무엇인가?

미국에서 흡연은 예방 가능한 사망의 첫 번째 원인으로 매년 480,000명가량을 죽음으로 몰아가는데, 대부분이 심혈관계 질환, 폐암, 하기도 호흡기 질환으로 사망한다. 또한 흡연에는 치주질환, 신체적인 활력과 뼈의 밀도 상실, 호흡기 장애, 인지 장애, 임포텐스, 황반 퇴화 등과 같이 사망에는 이르게 하지 않는 질환이나 장애의 위험도 있다. 간접흡연이 암으로 인한 사망에 크게 기여하지는 않지만, 심혈관 장애에 의한 사망에는 기여한다. 타인이 피우는 담배연기는 아동을 호흡기 질환에 걸리게 할 수 있고, 심지어 사망에 이르게 할 수도 있다. 시가와 파이프담배의 흡연은 일반담배의 흡연보다 위험이 덜하지만, 안전한 것은 아니다. 무연담배는 일반 흡연보다 는 어느 정도 안전할지는 모르지만 구강암과 치주질환의 발병과 관련이 있고 관상동맥질환과도 관련이 있을지 모른다.

4. 어떻게 흡연율을 감소시킬 수 있는가?

흡연율을 감소시킬 수 있는 한 가지 방법은 흡연 시작을 막는 것이다. 그런 프로그램은 주로 학교에서 이루어지는데, 그것이 효과적이기 위해서는 충분한 기간 동안 이루어져야 하고 학생들이 거절 기술을 익혀야 하며 흡연하지 않겠다는 결심을 하게 만들어야 한다. 대부분의 흡연자들이 금연 프로그램의 도움 없이 혼자 힘으로 금연을 시도하지만, 이런 흡연자에게는 재발이 큰 문제이다. 니코틴 대체 요법과 뇌의 화학적 작용에 영향을 미치는 약물의 형태로 제공되는 약물학적 처치가 있다. 이런 약물학적 처치는 금연을 위한 유용한 구성요소이지만, 행동 중재와 결합하면 더 효과적이다. 행동 치료도 금연하려는 사람을 돕는 데 효과적인데, 특히 금연의 초기 단계에서 그렇다. 대중매체나 지역사회 금연 캠페인은 수천 혹은 수백만 명이 금연하는 데 도움이 될 수 있다.

5. 금연의 효과는 어떠한가?

많은 흡연자가 금연에 따른 체중 증가를 두려워하는데, 일반적으로 6~11파운드(약 3~5kg) 정도의 적당한 수준의 체중 증가가 있을 뿐이다. 흡연을 계속해서 생기는 건강상의 위험보다는 체중 증가의 위험이 훨씬 덜하다. 금연은 건강을 증진하고 수명을 연장시키지만, 비흡연자의 수준으로 돌아가기 위해서는 여러 해가 걸린다. 젊은 나이에 금연하지 않으면 대부분의 흡연자들이 어느 정도 상승된 폐암의 위험을 가지고 살아야 한다. 실제로 젊었을 때 금연하면 건강상으로 큰 이득을 얻는다.

👆 더 읽을거리

Hughes, J. R. (2009). How confident should we be that smoking cessation treatments work? *Addiction, 104*(10), 1637-1640. 금연의 어려움에 대한 비관적인 관점에 맞서서 존 휴스(John Hughes)는 여러 유형의 금연 프로그램이 효과가 있다는 증거를 제시하고 있다. 비록 휴스가 약물학적 처치에 초점을 맞추고 있긴 하지만, 선택할 수 있는 다양한 처치들이 있다고 평가하며 금연 성공이 낙관적인 이유를 설명했다.

Proctor, R. N. (2012). *Golden holocaust: Origin of the cigarette catastrophe and the case for abolition.* Berkley, CA: University of California Press. 로버트 프록터(Robert Proctor)는 담배 회사들이 죽음의 습관을 전 세계적으로 어떻게 형성했는지를 기록했다. 이 책에서는 담배의 역사와 상업적이고 정치적인 배경을 분석하여 담배회사의 기만행위를 신랄하게 비난하고 있다.

U.S. Department of Health and Human Service (USDHHS). (2014). *The health consequences of smoking—50 years of progress: A report of the Surgeon General.* Atlanta, GA: Author. 이 보고서는 흡연과 건강을 주제로 한 미국 보건위생국 보고서 출판 50주년을 기념하면서 그 역사를 정리하여 개괄하고 담배 관련 최신 주제를 다루었다.

World Health Organization (WHO). (2008, 2009, 2011, 2013, 2015). *The WHO report on the global tobacco epidemic.* Geneva, Switzerland: World Health Organization. 2008년 세계보건기구는 전 세계적으로 담배 소비를 줄이기 위한 여러 프로그램의 시리즈를 출판했다. 2008년, 2009년, 2011년, 2014년, 2015년에 출간된 각각의 보고서는 전 세계 여러 나라에서 시행되고 있는 여러 프로그램의 단면과 그것이 어떻게 발전하고 있는지를 자세히 다루었다.

알코올과
기타 약물의 사용

**문제
제기**

이 장에서는 다음의 여섯 가지 기본적인 문제를 주로 다룬다.

1. 알코올 소비의 주요 경향은 무엇인가?
2. 음주는 건강에 어떠한 영향을 미치는가?
3. 사람들은 왜 술을 마시는가?
4. 문제성 음주를 어떻게 변화시킬 수 있을까?
5. 어떠한 이유 때문에 다시 술을 마시게 되는가?
6. 그 밖의 약물은 건강에 어떤 영향을 미치는가?

자신에게 해당하는 항목에 ☑ 표 하시오.

☐ 1. 지난달에 적어도 하루는 한 번에 다섯 잔 이상의 맥주, 포도주 및 알코올 음료를 마셨다.

☐ 2. 지난달에 적어도 각각 다른 5일 동안 한 번에 5잔 이상의 알코올 음료를 마셨다.

☐ 3. 내가 너무 마셨을 때는 종종 어떤 일이 일어났는지를 기억하지 못하는 경우가 있다.

☐ 4. 나는 종종 술 취한 사람이 운전하는 차를 탄다.

☐ 5. 지난해에 적어도 한 번은 2잔 이상의 술을 마시고 자동차를 운전했었다.

☐ 6. 나는 한두 잔 정도를 마신 후에 종종 운전을 한다.

☐ 7. 나는 술을 두세 잔 마신 후에 종종 자전거를 탄다.

☐ 8. 나는 두세 잔의 술을 마신 후에 운동을 한다.

☐ 9. 내 친구나 가족 중 몇몇은 나에게 술을 너무 많이 마신다고 말한다.

☐ 10. 나는 술을 줄이려고 노력했지만 절대 성공할 것 같지 않다.

☐ 11. 내 생애에 적어도 한 번은 술을 완전하게 끊으려고 했으나 성공하지 못했다.

☐ 12. 오락을 즐기는 최선의 방법은 술을 마시는 것이라고 믿는다.

☐ 13. 숙취에서 깨어난 후에 속을 푼다는 명목으로 한 잔 더 하곤 한다.

☐ 14. 술을 마신 후에 더 잘하는 활동이 몇 가지는 있다.

☐ 15. 나는 지금까지 알코올성 음주를 한 적이 10번 이내이다.

위의 각 문항들은 잘못된 알코올 사용과 그로 인한 건강의 위험도를 나타내고 있다. 또한 불의의 상해에 대한 위험의 가능성을 시사한다. 체크한 문항의 수를 세어 당신의 건강 위험도를 평가해보라. 6개 이내이면 건강한 음주 습관을 가지고 있는 것이고, 15개에 모두 표시했다면 알코올에 관해서는 분명 문제 있는 생활습관을 지속하고 있는 것이다. 이 장을 읽다 보면 어떤 문항들은 다른 문항들보다 더 위험하다는 사실을 알게 될 것이다.

실제 사례 찰리 쉰

s_bukley/Shutterstock.com

찰리 쉰(Charlie Sheen)만큼 알코올과 약물 문제를 오랫동안 경험해온 유명 배우도 드물 것이다. 1990년대에 그는 이미 이 문제로 인해 구속된 후 재활치료를 받은 적도 있었다. 2010년 겨울부터 2011년 봄까지 술과 약물에 찌들 대로 찌든 그의 기행은 매스컴의 단골 가십거리가 될 정도였다.

텔레비전 코미디의 유명 배우로 활동하기 시작할 때부터 그는 호텔방 등에서 코카인이나 알코올을 과량 섭취한 후, 폭행이나 괴이한 성적 행동 그리고 아동학대를 일삼았다. 다른 유명인과는 달리 그는 자신의 행동을 사과하지도 않았고, 자발적으로 재활치료를 받으려고도 하지 않았다. 대신 자신이 왜 약물에 빠지게 되었는가를 장황하게 변명했고, 그럴 수밖에 없음에 대해 이해를 구하기까지 했다. 몇몇 임상심리학자들은 그의 통제되지 않는 행동에 대해 약물 남용 외에 정신장애라는 진단을 내리기도 했다. 이 두 가지 진단이 동시에 내려지는 경우는 지극히 이례적이다.

그의 약물 사용은 심하기는 했으나 특이한 상태라고

는 볼 수 없다. 많은 약물 사용자가 알코올과 약물을 동시에 남용하며 다양한 건강 문제, 약물 남용에서 파생된 다른 문제(폭행 등), 법적, 경제적인 문제를 일으키곤 한다. 그들은 성격적으로 무책임해지며, 찰리 쉰처럼 문제 자체를 부인하는 경우도 많다.

그의 부와 명성이 그의 행동에서 오는 문제들을 어느 정도 막아주기는 했으나 아이러니하게도 바로 그

문제 때문에 그의 부와 명성이 위험에 처해 있다. 중산층 자녀의 아이들보다 부유한 가정의 아이들이 약물 사용과 남용에 더 취약하다(Luther & Latendresse, 2005). 찰리 쉰처럼 많은 알코올 사용자가 다른 약물보다도 더 흔하게 다양한 문제를 일으키는 것은 사실이지만, 그의 약물 사용 형태가 전형적인 것은 아니다.

알코올 소비의 어제와 오늘

미국뿐만 아니라 다른 나라에서도 알코올은 다른 약물보다 더 광범위하게 소비되고 있다(Edwards, 2000). 이런 양상은 많은 문제를 일으키고 있고, 또 다양한 의문을 불러일으킨다. 찰리 쉰의 음주는 심각한 음주를 일으켰지만 모든 알코올 소비가 위험한가? 알코올은 체내에서 어떤 작용을 하며, 무엇 때문에 그렇게 위험한가? 음주 양상은 어떤 문제를 유발하는가? 이 장에서는 이런 문제에 대한 해답을 제공하기 전에 먼저 음주의 간단한 역사를 살펴보고, 특히 아동 음주에 대한 과거의 색다른 태도들을 고찰할 것이다. 과거에는 아동들의 알코올 사용을 심각한 문제로 여기기보다는 비교적 관대하게 인식했다.

알코올 소비의 간단한 역사

알코올은 역사적으로 광범위하고 오래도록 기록되어 오기는 했으나 알코올의 역사를 추적하고 확인하기는 쉽지 않다. 발효한 음료를 제조하는 방법은 그리 어려운 일이 아니었다. 과일과 익은 곡물류를 몇 년간 숙성시키면 되는 일이었기 때문에 고대에도 술은 제조되었고(Anderson, 2006), 바빌로니아 사람들은 와인과 맥주를 즐겨 먹기도 했다. 고대사회에서도 술취함에 관한 기록이 있었다. 그리스에서는 축제 때 이런 술취함이 허용되었고, 현재 미국에서도 파티나 졸업식에서 이런 정도의 술취함은 용인되는 분위기가 있다.

고대중국과 8세기 아라비아에서도 술을 제조했는데, 그 과정이 다소 복잡했기 때문에 광범위하게 사회에 통용되기까지는 오랜 시간이 걸렸고 영국에서도 18세기에 이르러 음주에 관한 문화적이고 상업적인 분위기가 자리 잡았다. 그러나 술에 취하는 행위는 수준이 낮은 인간들이나 하는 실수로 인식되곤 했다. 부자들은 와인을 즐겨 마시고, 덜 취하며, 수입한 비싼 술을 마시곤 했다.

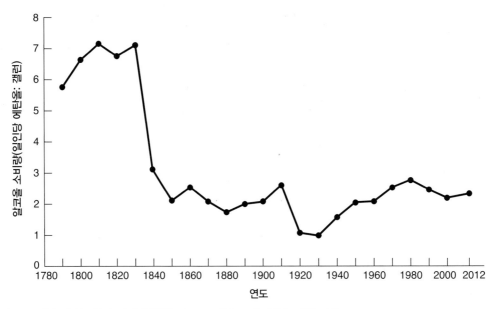

그림 13.1 미국 내 알코올 소비량의 변화(1790~2012년, 15세 이상을 대상으로)

출처: "The alcoholic republic: An American tradition," (p. 9), by W. J. Rorabaugh, 1979, New York: Oxford University Press. Copyright 1979 by Oxford University Press. Also "Apparent per capita alcohol consumption: National, state, and regional trends, 1977–2012" by R. A. LaVallee, T. Kim, & H.-y. Yi, Surveillance Report #98. Retrieved July 23, 2016 from http://pubs.niaaa.nih.gov/publications/surveillance98/tab1_12.htm.

식민지 시대의 미국인들은 오늘날보다 더 많이 술을 마셨다. 남자들뿐만 아니라 여자들이나 아이들도 술 마시는 것이 허용되었으며, 특히 청교도들은 술을 하나님의 선물로 여기곤 했다. 심지어 술은 우유나 물보다도 안전한 음료로 여겨졌다. 그러나 적절하고 절제된 음주라는 명확한 기준이 있었다. 그들은 취함에 대해서는 지극히 부정적인 인식이 있었다.

오늘날에 과도한 음주는 범죄와 가난, 가정 파괴 등과 같은 위험한 상황으로 연결되는 경향이 있다. 그림 13.1은 미국 내 알코올 소비의 극적인 감소 경향을 잘 나타내주고 있다. 알코올은 도시의 근로자들에게서 주로 소비되었고(Popham, 1978), 알코올 중독은 사회적 지위가 낮은 노동자 계층의 산물이라는 증거가 있다.

오늘날의 알코올 소비 경향

미국 성인의 약 2/3가 통상적 음주자(current drinker)로 분류되고(평생에 걸쳐 최소한 12번 이상 술을 마셨거나 전해년도에 1번 이상 술을 마신 경우로 정의된다), 약 23%는 폭음자(binge drinker, 지난 30일 동안 최소한 한 번은 5잔 이상의 술을 마신 것), 약 6% 이상은 심각한 음주자(heavy drinker, 남자는 일주일에 최소한 14잔 이상, 여자는 7잔 이상의 술을 마신 것)이다(SAMHSA, 2014). 미국의 경우 이러한 음주 비율은 그림

13.2에서 볼 수 있듯이 20년 동안 꾸준히
감소했다. 그러나 전 세계적으로 아직도
20억 명 이상의 성인이 통상적 음주자이다
(Anderson, 2006).

그림 13.3에서 볼 수 있듯이, 음주 빈도
와 심각한 음주자의 유병률은 인구통계학
적 분포에 따라 차이가 있다. 미국만 하더
라도 음주는 인종, 연령, 성, 교육 수준에
따라 다양하게 나타난다. 유럽계 미국인은
아프리카계 미국인이나 히스패닉계 미국
인보다 음주율이 더 높고 아시아계 미국인
은 더 낮은 경향이 있다(NCHS, 2011).

음주 양상과 관련되는 또 다른 요인은
연령이다. 25세에서 44세 사이 성인의 음

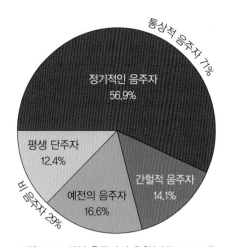

그림 13.2 성인 음주자의 유형(미국, 2014년)

출처: "Results from the 2014 National Survey on Drug Use and Health: Detailed Tables," SAMSHA, 2015, Table 2-41b. Retrieved August 2, 2016 from http://www.samhsa.gov/data/sites/default/files/NSDUH-DetTabs2014/NSDUH-DetTabs2014.htm#tab2-41b.

주 비율이 가장 높다. 특히 18세부터 24세 사이의 젊은 성인은 폭음이나 심각한 음주
자의 비율이 매우 높다(NCHS, 2011). 이 연령대 젊은이의 약 절반이 폭음자이며 다섯
명 중 약 한 명은 심각한 음주자이다(Tucker, Orlando, & Ellickson, 2003). 폭음자들은

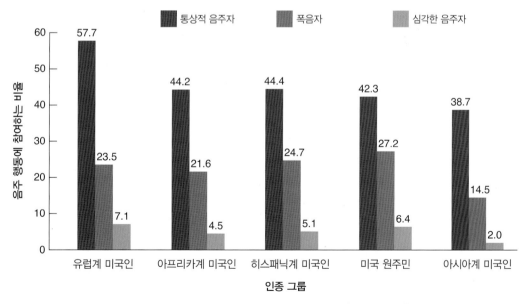

그림 13.3 12세 이상의 성인들을 대상으로 한 인종에 따른 음주 양상의 비율(미국, 2014년)

출처: "Results from the 2014 National Survey on Drug Use and Health: Detailed Tables," SAMSHA, 2015, Table 2-42B. Retrieved August 2, 2016 from http://www.samhsa.gov/data/sites/default/files/NSDUH-DetTabs2014/NSDUH-DetTabs2014.htm#tab2-42b.

이른 나이부터 술을 입에 대는 경향이 있고, 최소한 한 달에 한 번 이상 폭음을 한다.

폭음은 특히, 경험이 없는 음주자에게는 중독과 빈약한 판단력, 조정 능력의 손상과 같은 다양한 위험을 일으킬 수 있다. 대학생들은 이러한 위험에 더 많이 노출되어 있으며 점차 심각해지는 경향이 있다. 그들의 음주 습관으로 추후의 음주 문제를 구체적으로 예측하기는 어렵다(Karam, Kypri, & Salamoun, 2007). 그러나 대학 시절에 폭음을 하는 경우 지속적이고 위험한 음주 문제와 관련되어 있는 것은 분명하다(Iwamoto, Cheng, Lee, Takamatsu, & Gorden, 2011).

12세부터 17세 사이 청소년의 통상적 음주 비율은 대부분의 주에서 알코올을 살 수 있는 법적 연령을 21세로 높이면서 극적으로 줄어들었다. 1985년에는 이 연령대 청소년의 40%가 통상적 음주자였으나, 1992년에는 20%만이 이에 해당했다. 비록 아직도 폭음이 대학생이나 고등학생들 사이에서 흔한 일이지만 이러한 음주 양상이 지속적으로 줄어들고 있다(Johnston et al., 2011). 예를 들면, 남자 고교의 상급생 가운데 폭음자는 1980년대 초반에 50% 이상이었으나 2003년에는 29% 이하로 줄어들었다(Rutledge, Park, & Sher, 2008). 여고생들의 경우도, 이 기간 동안 27.5%로 감소했다.

왜 젊은이들의 음주 비율이 줄어들고 있을까? 한 가지 가능성은 그들이 알코올 대신 불법 약물을 상용한다는 것이다. 그렇지만 이 가설에는 약간의 논란이 있다. 로이드 존슨(Lloyd Johnson)과 그의 동료들은 1991년에서 2004년까지 대부분의 불법 약물들을 사용하고 있는 고교생의 비율은 약간 또는 거의 증가하지 않았다고 보고했다(Johnson et al., 2005). 그렇지만 같은 기간 동안 고교생들의 마리화나 상용만큼은 급격히 증가했으며 이는 이들이 알코올을 마리화나로 대체했을 가능성을 시사해준다.

알코올 소비율이 가장 낮은 집단은 나이 든 성인들이다(SAMHSA, 2015). 일부 젊은이들 중에서는 대학을 졸업하고 사회적인 지위를 갖게 되면서 술을 마셔야 한다는 압력을 덜 받는 경우도 있다. 일반적으로 알코올 소비는 나이가 들면서 줄어드는 경향이 있다. 물론 이러한 상황은 단지 심각한 음주자들이 음주 습관을 조절하는 나이 든 음주자들에 비해 더 일찍 사망했기 때문일 수도 있다.

성과 교육 수준도 알코올 소비와 관련이 있다. 여성과 비교했을 때, 남성은 통상적 음주자(57%와 43%), 폭음자(30%와 16%), 심각한 음주자(9%와 3%)의 비율이 더 높다(NCHS, 2016a, 2016b). 이러한 비율은 남성의 음주 문제가 여성보다 더 다양하고 심각할 수 있음을 암시한다. 교육 수준도 음주 행동에 영향을 끼친다. 이전 장에서는 교육 수준이 높을수록 흡연 비율이 낮다는 것을 언급한 바 있다. 그렇지만 알코올의 경우는 그 반대이다. 즉, 교육을 더 많이 받을수록 음주할 가능성이 높다. 2014년에 대학생의 35% 이상이 통상적 음주자로 보고된 반면 고졸 이하의 비율은 9.5%였다(SAMHSA, 2015). 그렇지만 고등학교 중퇴자는 30살이 되기 전에 대학졸업자와 거의 같은 정도의 폭음 비율을 보였다(Muthen & Muthen, 2000). 이는 대학 졸업자가 고등학교 중퇴자보다 더 현명한 음주를 한다거나 혹은 음주 습관을 덜 정직하게 보고했기 때문일 수 있다.

이와 같은 알코올 소비의 경향은 나라마다 약간 다르다(Bloomfield, Stockwell, Gmel, & Rehn, 2003). 미국, 캐나다 그리고 스칸디나비아의 국가들은 알코올 사용을 다소 제한하는 나라이지만 프랑스, 이탈리아, 그리스는 일상생활에서의 알코올 사용이 대단히 허용적이다. 당연히 후자의 나라들에서 중독 문제가 좀 더 빈번하다. 폭음으로 인한 문제들은 나라마다 다양하지만 그 양상을 분명히 구분하는 일 역시 쉽지 않다(Kuntsche, Plant, Plant, Miller, & Gabriel, 2008).

사람들은 선사시대 이전부터 알코올을 소비해왔으며 아마도 거의 그때부터 알코올을 남용해왔을 것이다. 근대 사회뿐만 아니라 대부분의 고대사회에서도 적당한 정도의 음주는 용인되었지만 알코올 남용이나 술에 취하는 것은 비난받아왔다.

미국의 경우 인구당 알코올 소비는 19세기 초 30년 동안 최고조에 이르렀다. 1830년부터 1850년까지 금주자들의 노력에 의해 알코올 소비율이 극적으로 떨어졌다. 90년대 이후로 미국 내 알코올 소비는 거의 모든 인종이나 연령 집단에서 하락하고 있는 추세이다. 약 50%의 성인만이 통상적 음주자이며, 약 23%는 가벼운 또는 적당한 수준의 음주자이고, 6% 정도가 심각한 음주자에 해당한다. 유럽계 미국인은 히스패닉계 미국인이나 아프리카계 미국인보다 알코올 소비율이 더 높으며 25세에서 44세까지의 성인은 다른 연령 집단보다 알코올을 더 많이 소비한다. 대학졸업자들은 고등학교 중퇴자들보다 음주자가 될 가능성은 훨씬 많지만 심각한 음주자가 될 확률은 고등학교 중퇴자들이 더 높다. 알코올에 대한 태도는 나라마다 매우 다르다.

알코올의 효과

술을 마셨든 마시지 않았든 본질적으로 알코올은 모두 초(vinegar)로 바뀐다(Goodwin, 1976). 신체 내의 두 가지 효소가 알코올을 초나 초산으로 변화시킨다. 첫 번째 효소는 **알코올 탈 수소 효소**(alcohol dehydrogenase)로서 간에서 알코올을 대사시키는 것 외에 현재 달리 알려진 작용은 없다. 이 효소는 알코올을 독성 물질인 알데히드로 분해한다. 두 번째 효소인 **알데히드 탈 수소 효소**(aldehyde dehydrogenase)가 이 알데히드를 초산으로 바꾼다.

알코올 대사 과정은 건강과 관련하여 적어도 세 가지 영향을 끼친다. (1) 불안발작과 관련 있는 젖산(lactic acid)을 증가시킨다. (2) 통풍(gout)을 일으키는 요산(uric acid)을 증가시킨다. (3) 간과 혈액의 지방(fat)을 증가시킨다.

음용을 위해 사용되는 알코올은 **에탄올**(ethanol)이라고 부른다. 다른 알코올처럼 에탄올도 일종의 독이다. 그렇지만 경험 없는 음주자가 많은 양의 알코올을 매우 빨리 '무모하게' 마시는 경우를 제외하고는 알코올 중독이 흔한 것은 아니다. 찰리 쉰은 '주입'한다는 말을 하곤 했는데 이는 사람의 입에 깔때기를 대고 술을 쏟아붓는 행동을 빗댄 것이고 종종 친목회 등에서 행해지던 방식이었다. 이러한 음주 방법은 많은 양의 술을 단숨에 섭취하는 것이므로 때로는 치명적일 수 있다. 알코올성 음료를 소화하는 정도는 사람에 따라 다르다. 중독은 종종 혼수상태에 빠지게도 하지만 치명적인 손상을 방지하는 역할을 하기도 한다.

음주가 끼치는 영향은 성에 따라 다르다. 차이를 유발하는 한 가지 요인은 체중이다. 3온스(85g) 정도의 술을 섭취했을 때 120파운드(약 54kg)인 사람은 220파운드(약 99.8kg)인 사람보다 더 큰 영향을 받는다. 그렇다고 체중만이 유일한 요인은 아니다. 여성은 혈액으로 알코올이 흡수되는 속도가 더 빠르기 때문에 체중과 상관없이 술에 더 빨리 취한다(Ceylan-Isik, McBride, & Ren, 2010).

음주 문제는 알코올이 내성, 의존, 금단, 중독을 유발하기 때문에 발생한다. 이러한 개념들은 기본적으로 약물들에 적용되지만 알코올의 잠재적인 위험을 평가하는 데도 유용하다.

내성(tolerance)은 지속적으로 사용하는 경우 동일한 효과를 내기 위해 더 많은 약물이 필요할 때 적용되는 용어이다. 내성 잠재력이 높은 약물은 원하고 기대하는 효과를 내기 위해서 더 많은 양을 먹어야 하기 때문에 위험하다. 양이 점차적으로 많아지면 약물에서 파급되는 효과나 부작용 때문에 더 위험할 수밖에 없다. 알코올은 일반적으로 중간 정도의 내성 잠재력을 가지고 있으나 사람에 따라 상이하게 나타난다. 알코올에 의한 내성이 나타나기까지 오랜 시간이 걸리는 사람이 있는가 하면 일주일 정도 매일 마시면 나타나는 사람도 있다. 내성이 증가하면 알코올이 일으킬 수 있는 신체적 손상의 위험도 증가한다.

의존(dependence)은 대부분의 약물에 적용될 수 있는 용어이며, 내성과는 별개이다. 의존은 약물이 신체 세포의 '정상적' 기능에 필수적으로 작용하는 상태가 되어 약물이 끊어지면 신체 기능이 정상화되지 않는 **금단**(withdrawal) 증상이 나타나는 것을 말한다. 의존과 금단은 신체적인 증상으로 표현된다. 일반적으로 금단 증상은 약물의 효과와 반대된다. 알코올이 억제제이므로 알코올로 인한 금단 증상은 안절부절, 과민성, 초조 등이다.

중독(addiction)은 종종 의존과 금단의 조합으로 기술된다(Mayo-Smith et al., 2008). 중독성 약물은 끊었을 때 의존을 일으키며 결과적으로 금단 증상을 초래한다. 불쾌한 금단 증상을 유발하는 약물은 많지만 알코올은 그중에서도 최악이다. 중독의 과정은 상용기간, 의존의 정도와 같은 여러 요인들에 달려 있으므로 명확하게 기술하기 어렵다. 알코올에 의한 금단은 생명에 위협적인 경우도 있다(Bär et al., 2008). 일반적으로 첫 번째 나타나는 증상은 진전, 즉 '떨림' 현상이다. 수면 장애도 흔하게 발생한다. 심하게 중독된 사람들은 환각과 지남력 상실 등을 동반한 **진전 섬망**(delirium tremens)이 나타날 수도 있다. 금단 동안 발작이 수반될 수 있으며 경과는 보통 2일에서 일주일까지 지속된다. 신체적 위험도 심각하기 때문에 종종 알코올 치료를 위한 특수시설에 입원해야 하는 경우도 많다.

내성과 의존은 독립적이다. 많은 약물이 내성을 유발하지만 반드시 의존을 야기하지는 않는다(Chassin, Presson, Rose, & Sherman, 2007). 어떤 사람은 잠재적인 내성이 전혀 또는 거의 없는 약물에도 의존이 생길 수 있다(Zinberg, 1984). 잠재적인 내성과 의존이 모두 있는 약물도 있고 심지어는 이 두 가지 현상이 발생하지 않는 약물도 있다. 모든 음주자가 내성을 일으킬 만큼 충분한 빈도나 양을 마시는 것은 아니기 때문에 음주에 의존하는 사람은 많지 않다(Pouletty, 2002).

일부 사람들은 '심리적' 의존이라는 개념을 말하기도 하지만 개인의 습관적 반응이라는 것 외에 과학적인 의미는 없다. 습관화된 또는 학습된 반응을 포기하는 데는 상당한 어려움이 동반된다. 이런 의미에서 심리적 의존이라는 개념은 도박, 과식, 조깅 및 심지어는 TV 시청과 같이 변화시키기 어려운 많은 활동에도 적용할 수 있다.

알코올의 위험

알코올의 직접적 또는 간접적인 위험은 매우 다양하다. 직접적인 위험은 심리적, 사회적, 경제적 영향을 배제한 알코올 그 자체로 인한 생리적 영향을 말한다. 간접적 위험은 알코올로 인해 야기된 심리적 손상을 비롯하여 생리적 손상으로부터 초래되는 위험한 결과를 모두 포함한다. 음주의 직, 간접적 영향은 심각한 음주자의 사망률을 증가시킨다(Standridge, Zylstra, & Adams, 2004).

직접적 위험   알코올은 신체의 거의 모든 기관에 영향을 주지만, 장기적으로 볼 때 간에 심각한 손상을 줄 수 있다. 심각한 음주(하루에 대여섯 잔 이상)는 간에 지방을 축적하고 간을 붓게 만든다. 지속적인 음주는 간을 통하는 혈액의 흐름을 원활하지 못하게 하고 이 때문에 간세포가 죽으면서 간염이 생긴다. 다음 단계는 **경변**(cirrhosis)으로 간에 비기능적인 흉터 조직이 축적된다. 경변은 치명적이며 알코올 중독자의 주요 사망원인이다(Reuben, 2008). 그러나 모든 알코올 중독자가 경변을 일으키는 것은 아니다. 게다가 알코올 남용의 과거력이 없는 사람도 간경변이 생길 수 있다. 그러나 간경변이 심각한 알코올 남용과 관련이 깊은 것만은 분명하며 현재 미국에서도 가장 큰 사망원인으로 알려져 있다(Fichter, Quadflieg, & Fischer, 2011). 간경변으로 인한 사망률은 1973년 이후로 꾸준히 감소하고 있지만 몇몇 나라에서는 최근 들어 다시 증가하고 있다(Mandayam, 2004).

만성적인 알코올의 남용은 호흡기 질환이나 심각한 신경계 손상 등을 일으킬 수 있다. 만성적인 알코올 남용의 과거력을 가진 호흡기 질환 환자는 그러한 과거력이 없는 호흡기 환자보다 사망률이 더 높다(Guidot & Roman, 2002). 오랫동안 심각한 음주 양상을 보였던 사람들은 코르사코프 증후군(Korsakoff syndrome, 또는 베르니케-코르사코프 증후군(Wernicke-Korsakoff syndrome))이라고 부르는 신경학적 기능이상이 초래되는 경우도 있다. 이 증후군은 만성적인 인지적 손상, 최근 사건들에 대한 심각한 기억력 저하, 지남력 상실, 새로운 정보에 대한 학습능력의 결여 등을 특징으로 한다. 이 증상은 알코올이 비타민 B의 일종인 티아민(thiamin)의 흡수를 방해함으로써 발생하는 것으로 알려져 있다. 심각한 음주자는 전형적으로 영양 상태가 불량해지기 때문에 티아민 결핍이 초래된다(Stacey & Sullivan, 2004). 알코올은 티아민 부족과 관련된 뇌 손상을 촉진하며 일정한 시간이 지난 후에는 비타민을 공급해도 이 진행을 역전시키지 못한다. 더군다나 대부분의 알코올 중독자들은 이러한 돌이킬 수 없는 단계가 되기 전에는 치료를 받지 않는 경향이 있다. 비록 심각하고 장기적인 음주가 코르사코프 증후군의 위험요인이지만(Harper & Matsumoto, 2005) 가벼운 정도에서 적당한 정도까지의 알코올 소비는 인지적 손상을 야기하지는 않는다. 사실, 일부 연구에서는 성인 여성의 경우 하루 몇 잔 정도의 알코올 섭취는 치매로 인한 다양한 증상을 개선할 수 있다는 결과가 발표되었다(Harper & Matsumoto, 2005). 몇몇 연구에서도 성인의 경우 낮은 수준에서 중간 정도까지의 알코올 소비는 즉시적인 회상, 언어 유창성, 얼굴에 대한 재인 등과 같은 인지 기능에 큰 영향을 미치지 않는다는 것이 확인된 바 있다(Collins, 2008).

알코올이 암을 발생시키기도 하는가? 이에 대한 연구 결과는 과도한 음주자들이 흡연도 병행하는 경향이 많기 때문에(Rehm et al., 2010) 분명하게 말하기 어렵다. 그렇지만 장기적인 음주는 간암, 식도암, 비인강암, 후두암과 관련이 있는 것으로 보인다(Bagnardi, Blangiardo, La Vecchia, & Corrao, 2001). 특히 알코올은 여성의 유방암 위험요인이 될 수 있다(Bagnardi et al., 2001). 알코올이 유방암에 미치는 위험을 평가한 광범위한 연구에서도 알코올과 유방암과의 관계가 미약하긴 하나 일관되게 드러나고 있고 알코올 섭취 수준에 따라 위험 수준도 이에 상응해서 증가하고 있음이 확인되었다(Rehm et al., 2010).

알코올은 또한 심혈관계에도 영향을 끼친다. 알코올의 영향은 항상 부정적인 것만은 아니지만 과도하고 만성적인 알코올 섭취는 심혈관계에 직접적이고도 해로운 영향을 준다. 많은 양의 알코올은 심근에서 지방산의 산화를 약화시킨다. 이러한 지방산 (ethylester)은 심장의 에너지 생산구조를 손상시키는 작용을 한다. 알코올은 또한 심근의 수축력을 억제함으로써 심장의 조절 기능을 저하시키기 때문에 특히 수축기 혈압이 증가되는 경향이 있다(Rehm et al., 2010).

알코올은 임신과 태아 발달에서 매우 직접적이고 해로운 영향을 준다. 먼저 과도한 음주는 출생률을 감소시킨다. 만성적인 여성 음주자는 불임의 가능성이 높다(Eggert, Theobald, & Engfeldt, 2004). 과도한 음주는 뇌하수체나 시상하부에 직접적으로 영향을 끼쳐 월경 주기의 중단을 일으키고 비타민, 특히 티아민을 결핍시킴으로써 불임을 유발하기도 한다(GreenWood et al., 1983).

임신 시의 과도한 음주는 **태아 알코올 증후군**(FAS: fetal alcohol syndrome)의 위험을 증가시킨다. 이 증후군에는 안면부 기형, 성장 결핍, 중주신경계 장애, 정신지체가 포함된다. 이 장애는 1979년에는 1만 명당 0.1명의 발병률이었으나 1990년대에는 1만 명당 2.0명으로 증가했다(Baumann, Schild, Hume, & Sokol, 2006; Rehm et al., 2010). 과도한 음주가 태아 알코올 증후군의 주요한 요인이지만 과도한 흡연, 스트레스 및 불량한 영양도 간접적으로 이에 영향을 주는 것으로 알려져 있다. 과도한 음주자들은 이러한 위험요인들을 복합적으로 가진 경우가 많다.

중간 정도의 음주나 가벼운 음주는 어떤 영향을 줄까? 가벼운 음주에서 중간 정도의 음주가 태아 알코올 증후군을 유발하는 것 같지는 않으나 임신 시 하루 3잔 이상의 술을 마신 엄마의 아이들은 인지 기능 저하가 뚜렷하게 관찰된다(Kesmodel, Wisborg, Olsen, Henriksen, & Secher, 2002). 임산부가 약간의 알코올이라도 지속적으로 섭취하면 아이의 건강에 또 다른 문제를 일으킬 수 있다. 예를 들면 임신기간 중에 하루 평균 두 잔을 마신 여성의 아이들은 출생 시 체중이 더 적으며(Abel, 2004), 일주일에 4잔 정도로 마시기만 해도 자연유산의 위험성은 크게 증가한다. 임신기간에 중간 정도로 음주한 여성의 아이들은 반응시간이 느리며 주의가 산만한 경향이 있다(Goldsmith, 2004). 특히, 임신 초기 몇 개월 동안의 음주는 아주 적은 양이라 할지라도 태아 발달에 직접적이고 위험한 영향을 줄 수 있다(NCHS, 2004).

간접적 위험 이러한 직접적인 생리적 손상 외에도 알코올 섭취는 몇 가지 간접적인 위험성이 있다. 알코올은 공격성을 유발하며, 판단력 및 주의력에 부정적인 영향을 끼친다. 알코올은 또한 조정 능력과 통제력을 떨어뜨리고 인지 기능을 불안정하게 만들어 자신뿐만 아니라 같이 살고 있는 사람들에게 의도하지 않은 상해를 입는다(Rehm et al., 2010).

무엇보다도 가장 빈번하고 심각하게 나타나는 간접적인 위험은 불의의 상해 가능성이 증가한다는 점이다. 미국의 경우, 음주는 4번째 순위의 사망원인이며 45세 이하로만 한정한다면 제1순위의 사망원인이다(Heron, 2016). 음주와 불의의 치명적 상해 사이에는 용량-반응의 관계가 있다. 즉, 회당 소비한 잔의 수가 많을수록 불의의 상해로 인한 사망률은 증가한다. 전 세계에서 발생하는 치명적인 비의도적 부상의 17%는 알코올로 인한 것이다(WHO, 2014).

자동차 사고로 인한 사망의 매우 많은 경우가 알코올과 관련되어 있다. 미국에서는 해마다 130,000명 이상의 사람들의 자동차 사고로 인해 상해를 입으며(Heron, 2016), 이 중 약 40%가 음주운전으로 인해 사망한다(Yi, Chen, & Williams, 2006). SAMHSA(2013)의 보고에 따르면 26세에서 29세의 21%가 알코올로 인한 상해를 경험한 적이 있고, 아직 법적으로 알코올을 구입할 수 없는 18세에서 20세 사이의 남자들 중 10.8%가 음주 후 운전을 한 경험이 있었다.

알코올 섭취는 일부 음주자들에게 더 공격적인 행동을 유발할 수 있다. 범죄에 관한 각종 통계에서도 알코올과 공격성 사이의 분명한 상관이 확인된다. 실험 결과에서도 중간 정도 이상의 알코올을 소비한 성인의 약 30% 정도가 공격성을 유의하게 증가시켰다(Tatlor & Leonard, 1983). 최근의 연구에서 음주는 특질 분노도 표출하게 하는 영향이 있었다(Parrott & Zeichner, 2002). 일상적인 상황에서도 과도한 음주는 위협과 실재적인 위해의 가능성을 높인다. 특히, 음주자들은 공격성을 재촉하는 사람들이나 상황에서 더 공격적으로 행동하는 경향이 있다.

알코올은 자살이나 자살시도와도 관계가 있다. 알코올 사용은 다른 약물보다도 특히 자살 시도와 관련이 높은 것으로 알려져 있다(Rossow, Grøholt, & Wichstrøm, 2005).

마찬가지로 알코올은 적어도 어떤 경우에서는 범죄를 유발할 수 있다. 알코올과 범죄와의 관계를 조사한 연구들(Mayfield, 1976; Wolfgang, 1957)에서 살인사건의 3분의 2 정도에서 희생자나 가해자 중 한 사람 또는 둘 다가 음주 상태였음이 확인되었다(Felson & Staff, 2010). 술을 마시면 살인을 저지르기 더 쉬울 뿐만 아니라 범죄에 희생될 가능성도 더 높아진다. 그렇지만 이러한 결과로 알코올과 범죄 사이의 인과관계를 단정하긴 어렵다. 사실 대부분의 범죄자들은 알코올에 의존적이지 않으며 확률적으로도 많은 음주자 중 극히 일부만이 범죄를 저지른다(Dingwall, 2005).

마지막으로, 음주는 사람들의 의사결정에 영향을 준다(Sayette, Kirchner, Moreland, Levine, & Travis, 2004). 특히, 문제성 음주자뿐만 아니라 일반적인 음주자들도 술을 마셨을 때는 안전한 성 절차를 덜 사용하는 경향이 있다(Avins et al., 1994). 또한 음주 경험이 있는 고등학생들은 어떤 약물도 하지 않는 고등학생들과 비교해서 더 많은 성적 파트너가 있으며 성관계 시 콘돔을 덜 사용한다(George, Rogers, & Duka, 2005).

또 다른 연구에서 알코올의 사용은 남자의 경우 강압적인 성 행동(성폭행 등)과 관련이 있었다(Testa, Vazile-Tamsen, & Livingston, 2004).

알코올의 이점

알코올이 당신에게 이로움을 줄 수 있을까? 이러한 의문은 알코올 섭취가 사망률과 U자형 또는 J자형 관계를 보인다는 초기의 몇몇 연구 결과로부터 제기되었다. 즉, 가벼운 음주자에서 중간 정도의 음주자(하루 한 잔에서 다섯 잔 사이)는 건강에 유익한 반면, 술을 마시지 않거나 과도한 음주자는 위험성이 커진다. 몇몇 종단적인 연구에서도 가벼운 음주나 중간 정도의 음주는 오히려 사망률을 감소시키고 질병의 발생 가능성을 떨어뜨리는 것으로 나타났다(Holahan, et al., 2010; Hvidtfelt et al., 2010).

알코올은 일부 과체중자에게서 분명한 이점이 있을 수 있지만 또 다른 특성이 있는 과체중자에게는 그렇지 않다(Rehm, Patra, & Taylor, 2007). 폭음은 중독의 가능성을 높이는 것이 분명해 보이며, 알코올의 이점은 젊은 사람들보다 나이 든 사람에게서 상대적으로 더 많이 발견된다(Klatsky & Udaltsova, 2007; Rehm et al., 2007). 가벼운 음주는 심장질환 등을 예방하기는 하지만 노인의 급작스러운 사망을 유발하는 원인이 될 수도 있다.

심혈관계 질환으로 인한 사망률의 감소 대다수의 연구에서 적당히 음주를 조절하는 사람들은 사망의 위험성이 낮다는 것이 발견되었다(Holahan, et al., 2010; Klatsky, & Udaltsova, 2007). 이러한 관계는 남성에게서 좀 더 분명하게 나타났지만 약간의 음주를 하는 여성에게서도 발견되었다(Baer et al., 2011). 적당한 알코올 섭취가 심장질환으로 인한 사망률을 감소시키는 것은 전 세계적으로 발견되는 현상이다(Klatsky, 2010). 메타분석을 통해 하루에 두 잔 정도의 음주는 심장발작으로 인한 위험을 25%나 줄여준다는 사실이 확인되었다(Petra et al., 2010; Rehm et al., 2010). 다른 연구에서는 일주일에 3~7번 술을 마시는 사람은 일주일에 한 번 이하로 마시는 사람보다 심장발작의 위험이 30% 정도 더 적었다. 이러한 경향은 알코올의 종류(맥주, 포도주, 증류주)에 관계없이 유사하게 나타났다(Rehm et al., 2007). 그러나 일주일에 한 번에 8잔 이상을 마시는 폭음의 경우에는 남녀 모두 심장질환의 위험이 증가했다(Murray et al., 2002). 가벼운 음주자들은 가장 낮은 사망률을 보였으나 과도한 음주자들은 가벼운 음주자들에 비해 2배의 사망률을 보였다. 특히 여성과는 달리 남성은 알코올로 인한 고혈압이 부가적인 위험요인이었다. 폭음을 제외한다면 적당한 음주는 심장질환으로 인한 사망률을 감소시키는 것이 분명해 보인다.

몇몇 연구에서 하루 두 잔까지는 뇌졸중의 위험성을 절반 정도 줄일 수 있다는 결과도 보고되었다(Mochly-Rosen & Zakhari, 2010). 사실 음주자는 뇌졸중의 위험이 높다. 연구 결과가 이와 다르게 나온 이유는 아마 뇌졸중의 유형 때문인 듯하다. 적은 양에서 적당한 양의 음주는 허혈성(ischemic) 뇌졸중을 방지하는 효과가 있는 듯하나, 출혈성(hemorrhagic) 뇌졸중에는 위험요인이다. 허혈성 뇌졸중이 좀 더 흔하기 때문에 음주의 위험성이 부각되지 않았을 가능성도 있다. 가벼운 또는 중간 정도의 알코올 섭취는 빠른 속도로 응혈을 방지하기 때문에 심장발작에 보호요인이 될 수 있다는 해석도 제기되었다(Standridge et al., 2004). 알코올은 인슐린 민감성이나 감염의 영향을 감소시킨다는 연구 결과도 있다(Mukamal et al., 2005; Rimm & Moats, 2007).

알코올의 그 밖의 이점   심장질환으로 인한 사망률을 낮추는 것 외에 중간 정도의 음주는 다른 건강 상태에도 도움을 준다. 예를 들어, 치매의 주요한 유형인 알츠하이머(Collins, 2008; Lobo et al., 2010) 증상이 대표적이다(11장 참조). 놀랍게도 알코올은 치매 예방 효과가 있다. 과도하게 장기적인 음주를 하면 코르사코프 증후군이나 치매처럼 기억 손상과 인지적인 결손을 야기하는 경우가 많지만, 적당한 양의 음주와 치매와의 관계에서는 그러한 양상이 나타나지 않는다. 여러 연구에 대한 메타분석에서 오히려 적당한 양의 음주가 치매의 위험성을 약간 낮춘다는 결과가 나왔다(Cao et al., 2015). 알츠하이머는 유전적 혹은 비유전적 요인이 모두 작용하는 질환이다. 알츠하이머의 비유전적 요인 중의 하나인 높은 콜레스테롤 수준은 적당한 양의 음주를 할 경우 오히려 그 위험성을 줄일 수 있다는 증거가 발견되었다(Li et al., 2015).

알코올과 염증과의 관계는 선형적으로 나타나지 않는다(Barr, Helms, Grant, Messaoudi, 2016). 염증은 많은 증상을 일으키는 중요한 원인이지만 약하거나 중간 정도의 음주자들이 염증에 취약하다는 증거는 별로 없다.

어떤 사람들이 음주로 건강상의 이익을 얻는가?   음주로 건강에 도움이 되는 경우가 있음에도 불구하고 이를 구체적으로 해석하기 위해서는 몇 가지 사실을 확인해야 한다. 즉, 어떤 사람에게는 건강에 도움이 되고 어떤 사람에게는 건강에 도움이 되지 않는다(Rehm, Patra, & Taylor, 2007).

나이는 중요한 요인이다(Klatsky, 2010). 과도한 음주는 판단력을 손상시키는데, 특히 젊은 사람들은 과도하게 음주를 하는 경향이 더 많기 때문에 이러한 경향이 두드러진다(Klatsky & Udaltsova, 2007; Rehm et al., 2007).

성도 간과할 수 없는 요인이다. 낮은 수준의 음주가 주는 이점은 여자가 상대적으로 더 크다. 알코올은 글루코오스 감내력이나 인슐린 저항에도 영향을 끼치는데, 적당하게 음주하는 사람은 술을 전혀 안 마시는 사람보다 제2형 당뇨병의 위험이 더 낮아질 수 있다(Handricks, 2007). 그러나 이러한 경향은 여성의 경우에만 적용된다(Knott,

표 13.1 낮거나 적당한 음주의 이점을 야기하는 요인들

위험을 낮추는 요인	이점이 되는 사람들	일으키는 과정
심장질환	중년 이상	콜레스테롤 대사 과정 촉진
허혈저산소증	중년 이상	콜레스테롤 대사 과정 촉진
담석		콜레스테롤 대사 과정 촉진
제2형 당뇨병	여성	인슐린 민감성 증가
알츠하이머	노인	콜레스테롤 대사 과정 촉진
감염	모든 사람	면역 시스템에 효과

Bell, & Britton, 2015).

낮은 수준의 음주가 아주 안 마시거나 일정한 주기로 마시는 음주보다 더 이점이 있는가도 여전히 논란이 되지만, 전반적으로 볼 때 술을 마시는 사람들은 전체 표집을 기준으로 볼 때 그렇지 않은 사람보다 건강상의 이점이 적다(Danaei et al., 2009).

요약

알코올 섭취는 건강에 위험하기도 하고 이롭기도 하다. 지속적이고 과도한 음주의 직접적인 위험은 간경변과 코르사코프 증후군이라고 불리는 뇌 기능장애이다. 알코올은 암을 유발하기도 하지만, 특히 임신 시의 과도한 음주는 성장 결핍과 심각한 정신지체 등을 포함하는 태아 알코올성 증후군의 위험을 증가시킨다. 게다가 알코올은 비의도적인 폭력성을 증가시켜 범죄나 사고의 위험요인이 될 수 있다. 이러한 위험성들은 중독 시 크게 증가하나 과도한 음주자들 역시 사고나 폭력적인 범죄에 연루될 가능성이 더 높은 것도 비교적 분명하다. 의사결정에도 부정적인 영향을 준다.

그러나 알코올 섭취의 가장 긍정적인 측면은 심장질환에 대한 보호작용일 것이고, 당뇨에도 긍정적인 효과가 있는 것 같다. 가벼운 정도에서 중간 정도 음주의 또 다른 이점은 제2형 당뇨나 알츠하이머 질병의 위험성을 낮춘다는 점이다.

 사람들은 왜 술을 마시는가?

음주와 알코올 남용을 이해하기 위해 음주 행동을 설명하려는 몇 가지 모형이 제안되어왔다. 이 모형들은 알코올의 약물학적인 설명을 넘어 다양한 통합 모형들로 발전하고 있다. 음주 행동 모형은 적어도 세 가지 문제를 다루어야만 한다. 첫째, 사람들은 왜 술을 마시기 시작하는가? 둘째, 왜 대부분의 사람들은 과도한 음주자가 되지 않고 적절한 음주 수준을 유지하는가? 셋째, 왜 몇몇 사람들은 심각한 문제를 일으킬 만큼 많이 마시는가?

이미 언급한 바 있듯이 19세기까지 음주는 미국과 유럽에서 용인된 행동이었지만 대부분의 경우 술취함(drunkenness)은 수용되지 않았다. 이러한 태도는 음주에 대한 규준이 되었고 이에 근거해 술취함에 대해서는 몇 가지 설명이 제시되었다. 대표적인 것이 도덕 모형과 의학 모형이다(Rotskoff, 2002).

도덕 모형에서는 사람들은 자유의지가 있기 때문에 과도한 음주를 포함하여 자신의 행동을 스스로 선택하는 것이라고 주장한다. 따라서 과도한 음주와 술취함은 죄가 많거나 혹은 음주를 조절하는 데 필요한 자기훈련이 부족한 것이다. 그러나 도덕 모형은 의학 모형이 주목을 받기 시작한 19세기 후반에 이르자 곧 사라졌다. 그때까지 도덕적 문제로 보이던 행동은 이후 의학적 문제가 되었고 과학적 설명과 의학적 치료가 뒤따라야만 했다. 의학 모형은 문제성 음주(problem drinking)를 신체적 증상으로 개념화했으며 이후 알코올리즘의 개념은 이 모형에 근거했다(Palm, 2004).

이 모형에서는 알코올리즘 환자가 되는 것은 우선 가족의 '체질적 허약함'에서 기인한다고 본다.

문제성 음주는 가족력이 있지만 유전과 환경의 상대적 영향은 확실하지 않다. 많은 연구자는 알코올 남용으로 발전하는 데 있어 유전과 환경이 영향을 미친다는 사실에 동의한다(Ball, 2008).

문제성 음주자의 자녀는 비음주자의 자녀보다 알코올 남용이나 기타 약물을 남용할 가능성이 크다(Crabbe, 2002). 찰리 쉰과 그의 아버지[1]는 모두 심각한 음주 문제가 있었다. 그러나 그의 또 다른 형제인 영화배우 에밀리오 에스테베즈는 약물로 인한 문제를 경험한 적이 없었다. 환경은 유전적 취약성과 결합하여 그 아동을 문제성 음주자로 만들 수 있다. 그렇지만 이러한 환경에서 양육된 대부분의 아동들이 문제성 음주자가 되는 것은 아니다. 문제성 음주를 발달시키는 유전과 환경의 상대적 영향을 어떻게 알아낼 수 있을까?

이를 알아내기 위해 연구자들이 전형적으로 사용하는 방식이 쌍생아나 양자 연구이다. 쌍생아 연구는 보통 일란성 쌍생아 간의 일치율과 이란성 쌍생아 사이의 일치율을 비교하는 것이다. 일란성 쌍생아가 이란성 쌍생아보다 더 비슷하다면 일란성 쌍생아와 이란성 쌍생아 간의 일치율 차이를 유전에 의한 것이라고 가정할 것이다. 일반적으로 이란성 쌍생아보다 일란성 쌍생아의 문제성 음주 일치율이 더 높게 나타나고 있어 일부 유전적 요소들이 개입하고 있다는 가설이 지지받고 있다(Foroud, Edenberg, & Crabbe, 2010).

알코올 남용의 유전적 요인을 알아보는 또 다른 방법은 입양아 연구이다(Ball,

---

1 마틴 쉰도 〈지옥의 묵시록〉에 출연한 유명 영화배우이다. - 옮긴이

2008). 입양아 연구는 생물학적 부모(친부모) 중의 한 명이 알코올리즘일 때 입양된 아동들의 알코올 남용 빈도를 조사하는 것이다. 여러 연구들에서 알코올리즘의 유전적 요인을 일부 확인했다.

알코올 대사에 관여하는 유전자에 대해서는 비교적 잘 연구되었으나 문제성 음주를 유발하는 유전자에 대해서는 여전히 불확실하다. 알코올 대사에 관한 동일한 인자형을 가지고 있더라도 표현형인 증상은 제각각일 수 있다. 특히, 문제성 음주는 하나의 유전자만 관여하는 것 같지 않다(Foroud et al., 2010). 이런 유전자는 GABA나 세로토닌 같은 신경전달물질과 결합하여 알코올의 영향을 증폭 또는 감소시킨다(Tolstrup et al., 2010). 뇌의 신경생리학적 연구에서 문제성 음주자는 유전자의 위치가 다양하게 변이되어 있다는 사실이 확인되었다(Foroud et al., 2010). 알코올 남용의 경우에도 유전적 요인의 영향은 20~30% 정도로 추정된다(Walters, 2002). 사실 알코올 남용에서 생물학적, 심리학적, 사회적 요인들의 상대적 영향은 복잡한 문제이며 분명한 답이 거의 없다. 다른 많은 개인적 특징과 마찬가지로 알코올 의존은 복잡한 현상이며 유전적 요인에 대한 설명에도 좀 더 신중할 필요가 있다.

질병 모형

이 모형은 의학 모형의 변형으로, 문제성 음주를 하는 사람들은 알코올리즘이라는 질병을 가지고 있다고 가정하는 것이다. 알코올의 물리적 속성 때문에 알코올 중독을 질병으로 설명하려는 시도는 지속적으로 있어왔다. 1930년대 후반과 1940년대 초반까지도 이러한 견해가 큰 인기를 끌지는 못했다. 현재 미국의 경우 정신과적 또는 의학적으로 지향된 치료 프로그램에서 질병 모형의 영향력은 여전하지만, 유럽이나 호주 등과 같이 심리학적으로 지향된 프로그램을 자주 사용하는 나라들에서는 그렇지만은 않다(Lee, Lee, Lee, & Arch, 2010).

과학적인 관점에서 질병 모형은 알코올리즘의 몇 가지 상이한 유형을 제시하고 이유형들의 다양한 특징을 기술한 옐리네크(Jellinek, 1960)의 선구자적인 연구에 의해 촉발되었다. 그러나 옐리네크의 질병 모형은 너무 제한적이고 단순하며, 심지어는 알코올 중독의 종류에 따라 다르게 적용된다는 비판을 받았다.

알코올 의존 증후군 옐리네크의 질병 모형과 달리 그리피스 에드워즈(Griffith Edwards)와 그의 동료들은 알코올리즘이라는 용어와 문제성 음주가 질병이라는 개념을 거부했다(Edwards, 1977; Edwards & Gross, 1976; Edwards, Gross, Keller, Moser, & Room, 1977). 그들이 제안한 알코올 의존 증후군이라는 용어는 질병 모형에 비해 유연한 관점이다. 그들은 알코올 의존에 동반되는 행동은 항상 관찰 가능한 것은 아니며 알코올 의존적인 사람 모두가 같은 수준의 행동 패턴을 보이지도 않는다고 주장하고 있다. 에드워즈와 그의 동료들은 옐리네크의 모형 중 알코올 환자들이 경험하는 통제 상실과 같은 몇 가지 개념을 수정했다. 알코올 의존 증후군이라는 개념에서는 사람들은 특정한 경우에 다양한 이유로 인해 음주에 관련된 행동을 통제하지 못하는 것으로 본다.

에드워즈와 밀턴 그로스(Millton Gross, 1976)는 알코올 의존 증후군에 관련되는 7가지 필수적인 구성요소를 제시했다. 표 13.2에는 이것이 잘 나타나 있다. 첫째, 음주 레퍼토리가 좁아진다. 이는 사람들이 주중에 같은 날, 같은 시간대에, 같은 알코올성 음료를 마시는 경향을 말한다. 둘째, 알코올 추구 행동이 두드러진다. 이는 술 마시는 것이 삶의 다른 측면들보다 우선된다는 뜻이다. 알코올 의존 증후군의 세 번째 요소는 내성의 증가이다. 앞서 언급했듯이, 알코올은 다른 약물들처럼 내성이 크지 않다. 그러나 일부 음주자들은 점진적인 내성의 증가가 분명히 관찰된다(Edwards & Gross, 1976).

알코올 의존 증후군의 네 번째 요소는 금단 증상이다. 이전에 언급했듯이 금단의 심각성은 사용기간과 양에 따라 다르다. 알코올에 의존하는 사람들은 더 마시는 행동으로 금단 증상을 피하려고 하는데, 이것이 알코올 의존 증후군의 다섯 번째 특징이다. 의존 정도가 심하지 않은 사람들은 아침의 '우울한 기분'을 오후에 술을 마심으로써 벗어나려고 하지만, 심하게 의존하는 사람들은 지속적으로 일정한 알코올 수준을 유지함으로써 금단 증상을 피하려 한다.

표 13.2 알코올 의존 증후군에 관련되는 구성요소

요소	이 요소와 연관된 행동
음주 레퍼토리가 좁아짐	매일 동일한 시간대에 동일한 종류의 알코올만 마신다.
알코올 추구 행동이 두드러짐	* 술 마시는 것이 삶의 다른 측면보다 우선시된다.
내성의 증가	* 동일한 효과를 보기 위해서는 더 많은 양의 알코올이 필요하다.
금단 증상	* 안절부절못하고 수시로 짜증을 낸다.
금단 증상의 회피	* 더 많이 마시게 된다.
음주 충동의 주관적인 자각	* 자신의 신체 상태가 술을 마셔야 하는 상태라고 나름의 기준을 갖게 된다.
절주 후 의존성의 재등장	알코올 중독 상태로 복귀되는 데 걸리는 시간은 의존성과 역으로 관계된다. 심각하게 의존적이었던 사람은 절주 후에도 곧 다시 의존 상태로 빠르게 되돌아간다.

* DSM V(5판)의 진단 준거와 유사함

출처: "Alcohol Dependence: Provisional Description of a Clinical Syndrome" by G. Edwards & M. M. Gross, 1976, *British Medical Journal, 1*(6017), 1058–1061.

여섯 번째 요소는 음주 충동의 주관적 자각이며, 마지막 요소는 절주 후 의존의 회복이다. 에드워즈와 그로스는 회복시간은 의존의 정도와 역으로 관련된다고 보았다. 중간 정도로 의존적이었던 사람들은 수개월 동안 절주 상태를 유지하지만 심각하게 의존적이었던 사람들은 3일 정도도 채 지나지 않아 이전의 의존 상태로 되돌아간다.

질병 모형의 평가　질병 모형의 지속적인 인기에도 불구하고 경험적 증거는 매우 제한되어 있다. 무엇보다도 이 모형은 처음의 두 가지 질문, "왜 사람들은 술을 마시기 시작하는가?"와 "왜 많은 사람은 적절한 음주 수준을 유지하는가?"에 적절한 해답을 제시하지 못하고 있다.

질병 모형의 중심적 개념 중의 하나는 일단 마시기 시작하면 멈추거나 조절할 수 없는 통제력의 상실 또는 손상이다. 그러나 많은 연구 결과에서는 이 개념이 지지되지 않고 있다. 말레트와 그의 동료들은 통제력 손상을 포함한 알코올의 많은 영향이 알코올 그 자체의 약물학적 효과보다는 기대로 인한 것임을 시사하는 실험을 수행했다 (Marlatt & Rohsenow, 1980). 그들의 실험 설계는 균형 위약 설계라고 불리는 것이다. 여기서 네 집단을 대상으로 두 집단은 알코올을 받기로 기대하게 하고 두 집단은 그렇지 않게 했다. 네 집단 중 두 집단은 실제로 알코올을 받았고 두 집단은 그렇지 않았다. 그림 13.4에는 이 조합의 결과가 제시되어 있다.

연구에서 실제로는 그렇지 않았지만 자신이 알코올을 먹었다고 생각하는 사람들은 마치 알코올을 마신 것처럼 행동했다. 문제성 음주를 치료하는 사람들도 알코올의 생리적 속성보다 기대요인을 통제해야 할 것으로 보인다(McKay & Schare, 1999). 이

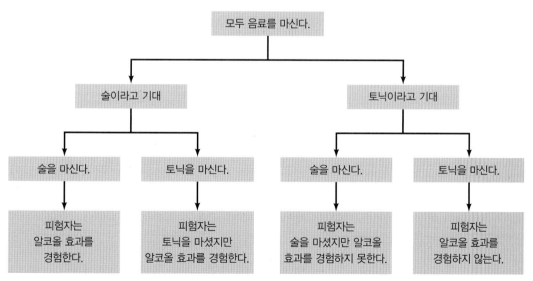

그림 13.4 기대와 알코올 효과를 실험하는 균형화된 위약 설계

와 같이 잘 통제된 연구에서 알코올리즘의 질병 모형이 지지되지 않고 있다(Marlatt & Rohsenow, 1980).

또한 최근 일부 연구자들(Peele, 2007; Quinn, Bodenhamer-Davis, & Koch, 2004)은 알코올의 질병 모형이 환경적, 인지적, 정서적 결정요인들을 적절하게 고려하지 못한 다고 비판한다. 즉, 그들은 질병 모형이 알코올의 생리적 속성만을 지나치게 강조하고 음주에서의 인지적 측면과 사회적 측면을 경시한다고 주장한다.

인지-생리적 이론들

질병 모형의 몇 가지 대안 중 하나는 생리학적 변화와 인지적 변화의 조합을 강조하는 것이다. 여기서는 알코올 사용과 오용이 알코올의 화학적 속성에만 기초한다고 보지 않고 음주자들이 경험하는 인지적 변화에 좌우된다는 점에 주목한다.

긴장 감소 가설 용어에서 암시하듯이, 긴장 감소 가설(tension reduction hypothesis) (Conger, 1956)은 사람들이 술을 마시는 이유가 알코올의 긴장 감소 효과 때문이라고 본다. 이 가설은 알코올이 이완과 반응 감소를 야기하는 안정제라는 점 때문에 직관적 인 호소력이 있다.

그러나 알코올이 생리적 과정에 미치는 영향은 간단하지 않다. 중간 정도의 음주는 심박과 같은 특정 반응을 촉진하기도 하고 심장 근육의 수축 정도를 측정하는 맥박가 속(pulse wave velocity)과 같은 반응은 더 느려지게 하며 2개 근육긴장과 같은 반응들 에는 영향을 주지 않는다. 이처럼 생리적 반응 양상은 지극히 복잡하기 때문에 긴장 감소 가설로 단순하게 설명하기는 어렵다(Kambouropoulos, 2003).

음주자의 준비성에 미치는 영향을 알아보기 위해 긴장이나 불안을 조작한 연구에서 는 다소 일치하지 않는 결과들이 나타났다(Frone, 2008; Moore, Sikora, Grunberg, & Greenberg, 2007). 고통스러운 쇼크의 위협과 이후 알코올 섭취량과는 아무런 관계가 없었지만, 자신의 외모가 여성들에게 평가받을 것이라고 기대하게 한 남성들은 그런 기대를 갖게 하지 않은 남성들보다 더 많이 마셨다.

독일인들을 대상으로 한 광범위한 조사 연구(Pabst, Baumeister, & Kalus, 2010)에서 음주자들은 음주를 통해 긴장을 감소시키길 원했지만 또 다른 연구에서는 사회불안이 음주와 부적으로 관련된다는 사실을 발견했다. 즉, 사회적으로 덜 불안한 참가자들이 더 많이 마셨다. 이 연구에서는 자신의 음주에 대해 사회적 지원을 받는 남자들이 가 장 많이 마시는 경향이 있었다. 따라서 사람들은 긴장되고 부정적인 심리 상태를 피하 기 위해서가 아니라 긍정적 기분을 얻기 위해 마신다(Sher & Levenson, 1982).

이러한 일련의 연구들에서 긴장 감소 가설을 지지하는 증거가 발견되지 못했다

(Wilson, 1987). 많은 연구에서 알코올은 사교성 음주자나 문제성 음주자 모두에게서 긴장을 증가시키기도 하고 감소시키기도 하며 아무런 영향을 주지 않기도 한다. 게다가 알코올 자체보다는 상황적 변인들이 긴장을 감소시키는 데 작용할 수 있다. 사회적 상황에서 개인이 경험한 학습의 역사가 긴장과 이완의 정도를 상당 부분 결정한다.

비록 긴장 감소 가설이 지지를 받지 못했지만 이후의 수정된 견해들로 인해 상당 기간 기각되지는 않을 것 같다. 높은 수준의 알코올 섭취가 스트레스에 대한 반응의 강도를 감소시킨다는 연구 결과도 보고되었다(Sher & Levenson, 1982). 그들은 이것을 스트레스 반응 완충(SRD: stress response dampening) 효과라고 명명했다. 음주자들은 비음주자 참가자들보다 생리적 스트레스나 심리적 스트레스에 강하게 반응하지 않는다. 흥미롭게도, 성격상 문제성 음주자가 될 위험이 높은 사람들이 SRD 효과가 가장 컸으며 위험성이 낮은 사람들은 그 효과가 크지 않았다(Sher & Levenson, 1982). 이러한 결과는 일부 사람들에게는 알코올이 긴장을 감소시킨다기보다는 회피하게 한다는 것을 시사한다(Armeli et al., 2003).

알코올성 근시 클로드 스틸(Claude Steele)과 그의 동료들은 알코올의 심리적 속성과 생리적 속성에 기초하여 알코올 사용과 알코올 남용의 모형을 제안했다(Steele & Josephs, 1990). 이 모형은 알코올이 통찰력 있는 인지적 작용을 차단하고 자기, 스트레스 및 사회적 불안에 관련된 사고를 지극히 단순하게 만든다고 가정한다. 즉, 알코올은 우리로 하여금 스스로를 이해하는 넓이, 깊이, 시간을 협소하게 만들어 현실 검증력을 저하시킨다. 그들은 이러한 현상을 알코올성 근시(alcohol myopia)라고 명명했다(Steele & Josephs, 1990, p. 923).

더 지나치게 행동하기 위해 과도하게 술을 마시는 사람들은 알코올성 근시의 경향이 있다. 이러한 사람들은 술을 통해 공격성, 친근함, 성적 주도성 및 과장된 다양한 행동을 증가시키는 경향이 있다. 평상시에는 극단적인 행동 방식이 억압되어 있지만 술을 마셨을 때 탈억제를 통해 더 극단적이게 된다.

알코올성 근시의 또 다른 측면은 자기평가가 긍정적으로 변하는 소위 자기 팽창(self-inflation)이다. 실제적 자기와 이상적 자기에 대해 35가지의 특성을 평가하게 하면 술에 취한 피험자들은 취하지 않았을 때 스스로에게 낮게 평가했던 항목을 더 긍정적이고 중요하게 평정한다(Banaji & Steele, 1989). 따라서 음주는 더 나은 관점에서 자신들을 바라보게 하며 비현실적으로 자신을 과장하게도 한다. 특히 자존감이 낮은 여성들은 음주 후에 남성들과 상호작용하는 비율이 높아지면서 여성성에 대해 좀 더 적극적이고 자신감이 있는 태도를 보이는 것으로 확인되었다(Monahan & Lannutti, 2000).

알코올성 근시의 세 번째 측면은 '취한 안심(drunken relief)'이다(Steele & Josephs, 1990). 즉, 술을 마신 사람들은 덜 걱정하며 그 걱정거리에 대해서도 관심을 덜 쏟는 다. 많은 양을 마셨을 때는 알코올 자체만으로 취한 안심을 일으키나 적은 양이라도 주의분산 활동이 추가되면 이 역시 스트레스를 강력하게 경감시킬 수 있다(Ortner, MacDonald, & Olmstead, 2003). 알코올의 효과와 적절한 주의분산이 결합되면 불안 이 유의미하게 감소되지만 알코올이나 주의분산 각각만으로는 이만큼의 불안 경감 효과가 없다(Villalba, Ham, & Rose, 2011). 취한 안심은 알코올의 생리적 효과와 주 의분산을 야기하는 다른 심리적 요인의 조합으로 발생하는 것 같다(Phillips & Ogeil, 2007).

알코올성 근시를 통해 음주 후 나타나는 다양한 성적 행동을 해석할 수 있다(Griffin, Umstattd, & Usdan, 2010). 예를 들어, 취한 상태에서 성적으로 각성된 남자 대학생은 취하지 않은 대학생들보다 안전하지 않은 성적 행동에 대해 더 허용적이다(MacDonald et al., 2000). 그들은 콘돔의 사용 같은 전후 판단보다 섹스 그 자체에 더 집중하는 경 향이 있다. 분명히 취한 상태에서는 정보 처리가 제한되고 자신의 행위가 초래할지도 모르는 결과에 대해 지나치게 낙관적이라고 단정한다. 이 분야는 앞으로도 흥미로운 주제가 될 것으로 보인다.

사회 학습 모형

사람들이 술을 마시는 이유와 적정 수준으로 유지하는 이유 그리고 왜 일부 사람들이 위험할 정도로 술을 마시는가에 대해 사회 학습 이론은 대단히 유용한 설명이다. 이 이론에서는 다른 행동들과 마찬가지로 음주도 학습된 행동으로 전제한다.

대학에서의 사회적 모임은 폭음을 할 기회를 증가시킨다.

사회 학습 이론에 따르면 사람들은 적어도 세 가지 이유에서 술을 마시기 시작한다. 첫째, 알코올의 맛 과 그것의 즉각적인 효과가 기쁨을 가져다주기 때문 이다(정적 강화). 둘째, 사람들이 술을 마시는 것은 이미 개인적 기준에 일치된 것으로 결정 내린 행동이 다(인지적 중재). 셋째, 사람들은 다른 사람들이 마시 는 것을 보면서 학습할 수 있다(모형화). 이러한 요인 또는 요인들의 조합으로 음주 행동을 시작하게 된다. 모형화와 사회적 압력으로 대학생이 왜 술을 더 많이 마시게 되는가에 관해서도 정확하게 예측할 수 있다.

사회 학습 모형은 사람들이 왜 술을 과도하게 마시

는가에 대해서도 세 가지로 설명한다. 먼저, 과도한 음주는 대처 반응의 일환으로 생각할 수 있다(Bergmark & Kuendig, 2008). 즉, 처음 소량의 음주는 자신에게 대처 능력을 향상하는 것으로 해석될 수 있다. 이러한 반응은 음주자에게 힘에 대한 느낌을 주며 스트레스를 최소화하거나, 책임감을 회피하는 효과가 있을 뿐만 아니라, 사회적으로 수용되는 느낌을 준다(Bernards, Graham, Kuendig, Hettige, & Obot, 2009). 이런 바람직한 효과에 대한 생각이 바뀌지 않는 한 사람들은 지속적으로 술을 마실 것이다.

둘째, 사람들은 다른 사람들이 마시는 양에 맞추어 알코올 섭취 수준을 조정한다. 과도한 음주 모형을 관찰하는 사람들은 조금 마시거나 전혀 마시지 않는 사람을 관찰하는 사람들보다 더 많이 마신다는 증거가 있다(Orford et al., 2004). 부모가 자주 그리고 과도하게 술을 마시면 이를 관찰한 자녀가 더 많이 술을 마시게 된다(Campbell & Oei, 2010). 따라서 모형화는 음주의 시작과 과도한 음주에 대한 타당성 있는 설명이 된다.

과도한 음주에 대한 세 번째 설명은 부적 강화의 원리에 기초하고 있다. 대부분의 과도한 음주자는 특정한 수준으로 혈중 알코올 수준을 유지함으로써 금단 증상의 고통을 회피하거나 줄일 수 있음을 배우게 된다. 이 수준 이하로 떨어지기 시작하면 알코올 중독자들은 금단으로 인한 불편감을 느낀다. 이런 증상은 더 많은 알코올을 섭취함으로써 회피될 수 있다. 이러한 부적 강화로 과도한 음주 행동을 지속하게 된다(Lowman, Hunt, Litten, & Drummond, 2000).

사회 학습 이론은 사람들이 왜 술을 마시기 시작하는지, 그리고 왜 많은 사람이 적정한 수준에서 술을 마시고 또 어떤 사람들은 문제성 음주자가 되는지에 대한 그럴듯한 설명을 제공해준다. 또한 사회적 학습 이론은 과도한 음주 습관을 변화시키는 다양한 치료 방법을 제시하고 있다. 음주 행동이 학습된 것이라면 금주나 적당한 음주 행동도 소거되거나 재학습될 수 있다.

요약

사람들이 왜 술을 마시는가에 관한 질문에는 세 가지 구성요소가 있다. (1) 사람들은 왜 술을 마시기 시작하는가? (2) 왜 많은 사람은 적절한 음주 수준을 유지하는가? (3) 왜 어떤 사람들은 과도하게 많이 마시는가? 음주 행동에 대한 이론들은 이 세 가지 질문을 각각 설명할 수 있어야 한다. 이 절은 세 가지 이론이나 모형을 논의하고 각각의 부분적인 설명을 제시하고 있다. 질병 모형은 과도하게 마시는 사람들은 알코올리즘이라는 질병에 걸렸기 때문이라고 가정한다. 질병 모형에서 언급하는 알코올 의존 증후군은 알코올에 의존된 사람들은 손상된 통제력 등의 이유로 과도하게 마신다고 가정한다. 인지-생리적 모형은 긴장 감소 가설과 알코올성 근시 같은 개념들을 포함하는데, 여기서는 알코올이 인지 기능을 변화시켜 긴장과 부정적 자기평가로부터 벗어나게 하는 작용을 한다고 제안한다. 사회 학습 이론은 다른 행동을 학습하는 것과 마찬가지로 술을 마시는 것도 학습되는 것이라고 가정한다. 이 과정에는 정적 강화, 부적 강화, 모형화, 인지적 중재 등의 개념이 적용된다. 그러나 이러한 세 모형 모두 사람들이 왜 지속적으로 술을 마시는지는 설명해주지만 왜 어떤 사람들은 적당하게 술을 마시고 또 어떤 사람들은 과도하게 마시는지에 대해서는 충분한 설명을 해주지 못한다.

문제성 음주를 변화시키기

미국 내 음주자의 비율은 최근까지 꾸준히 감소하고 있지만 2009년을 기준으로 아직도 거의 300만 명 이상이 알코올로 인한 질병을 치료받고 있다(SAMHSA, 2010). 치료를 받고 있는 남성과 여성의 비율은 2:1 정도이다. 여성의 비율이 상대적으로 적은 이유는 그들이 정신건강센터와 같은 비의학적인 전문 장면에서 도움을 구하려는 경향이 많기 때문이다(Walter et al., 2003). 실제로 음주 문제에 관해서는 입원보다는 외래나 자조 집단을 통해 치료를 받는 경향이 더 많다(SAMHSA, 2010). 입원 치료는 외래 치료 프로그램에 비해 더 비싸고 좀 더 심각한 문제를 드러내는 음주자에게 적용된다. 어떤 치료를 받더라도 알코올 중독자는 공식적인 치료를 중단하고 포기하는 경우가 많다(Hodgins, 2005: Scarscelli, 2006).

치료 없는 변화

일부 질병, 특히 심리적인 몇몇 장애는 공식적인 치료 없이도 사라지는데 문제성 음주도 이에 해당한다. 질병이 치료 없이도 사라질 때 **자발적 회복**(spontaneous remission)이라는 용어가 사용된다. 그러나 많은 연구자는 문제성 음주에 대해 자발적 회복이라는 용어를 잘 쓰지 않는다. 그들은 문제성 음주에서 문제가 없는 음주로의 변화를 기술할 때 도움 없는 변화(unassisted change)라는 용어를 더욱 선호한다. 이 '도움 없는 변화'라는 용어도 음주자들이 가족 구성원이나 친구 등 다른 사람들의 도움 없이 음주 양상을 변화시킨다고 잘못 이해될 수 있다. 이 공식적인 치료 없이도 술을 끊거나 문제없는 음주로 변화할 수 있다(Dawson et al., 2005). 이 연구에 의하면 알코올 의존으로 진단된 많은 사람 중 25%는 1년 후에도 여전히 이 진단을 받으며, 18%는 금주한 상태이다. 그리고 18%는 문제를 일으키지 않을 정도로 적절하게 음주 상태를 유지한다. 다른 많은 사람들은 전문적인 도움이나 알코올 자조 모임과 같은 전통적인 집단의 도움을 받는다(Cunningham, Blomqvist, Koski-Jännes, & Cordingley, 2005).

현재, 미국 내 거의 모든 치료 프로그램이 단주를 목표로 하지만 다른 나라에서는 문제성 음주자들이 자신의 알코올 섭취를 통제할 수 있는 정도를 기본적 목표로 삼는다.

단주를 목표로 하는 치료

대부분의 공식적인 치료들은 즉각적인 단주를 목표로 한다. 이 절에서는 완전하고 영구적인 단주를 목표로 하는 일부 치료 프로그램을 개관한다.

익명의 알코올 중독자 익명의 알코올 중독자(AA: Alcoholics Anonymous)는 가장 널리 알려진 알코올 치료 프로그램으로, 종종 다른 치료 프로그램에서도 차용되고 있다. 1935년에 과거에 한때 알코올 중독자였던 두 사람이 처음 설립한 AA는 문제성 음주에 대한 모든 접근법 중 가장 대중적인 방식으로 자리 잡게 되었다. 이 조직은 매우 엄격한 질병 모형을 근거로 하며 우선 문제성 음주자들을 집단으로 데려오기 위해 종교 모임과 유사한 집단을 구성한다.

AA의 규율을 준수하기 위해서는 완전히 단주해야 한다. AA 철학 중의 하나는 AA에 합류할 필요가 있는 사람은 다시는 술을 마시지 않아야 하고 알코올에 중독된 문제성 음주자는 스스로는 단주할 만한 힘이 없다는 것이다. AA에서는 알코올리즘은 완전히 회복되지 못하며 항상 회복의 과정에 있을 뿐이라고 본다. 그들이 술을 마시지 않더라도 평생을 알코올리즘으로 살아가는 것이다.

AA와 12단계 프로그램은 점점 인기를 얻었으며 수많은 사람을 매료시켰다. 매년 200만 명의 미국인이 AA와 같은 반 자조적인 치료 집단에 참여한다(SAMHSA, 2010). 미국 성인들을 대상으로 한 조사에서 약 5%의 성인이 음주 문제로 인해 일정 기간 도움을 구하며 이들 중 남성의 60%와 여성의 80%가 AA 모임에 참가하는 것으로 나타났다(Magura, 2007).

AA에 참석하는 사람들의 익명성 때문에 통제된 추후 실험 연구에는 어려움이 있다(Ferri, Amato, & Davoli, 2006). 몇몇 통제된 연구에서 AA 집단원의 탈락률이 높다는 것이 보고되었다. AA 집단 구성원 중 68%가 탈락하는데 이는 다른 치료 집단과 비교해서도 크게 높은 비율이다. AA 참가자들은 프로그램이 종료된 후 3개월 이내에 폭음을 하는 경향도 크기 때문에 다른 대안적인 치료보다 더 효과적이라고 보기도 어려웠다. 따라서 소위 'one-size-fits-all'이라는 방식[2]은 적절하지 않다(Buddie, 2004).

AA에 관한 또 다른 연구에서는 이 프로그램에 특히 효과적인 사람이 있다는 사실이 알려졌다. 권위주의, 의존성, 사회성 등에서 욕구 수준이 높고 학력 수준이 낮은 남성들이 가장 큰 효과를 보는 대상자이다(Kelly, Stout, Magill & Tonigan, 2011). 최근에는 AA와 다른 지지나 집단토의 그리고 철학을 제안하는 새로운 변형 방식들이 제안되고 있다. 앞으로 인터넷과 온라인을 통한 지지 집단의 구성은 더 용이하며 효과적인 접근 방식으로 자리 잡게 될 것이다.

심리 치료 대부분의 심리 치료 기법들은 알코올 남용 문제를 다루고 있다. 많은 정신과적 문제와 행동적 문제가 알코올 남용과 동반되기 때문에 이는 당연한 현상이다. 심리 치료에는 AA 또는 해독과 단주를 목표로 하는 약물 치료가 병행되는 경우도 흔하

---

2 모든 사람에게 적용되는 보편적인 치료 방식으로, 맞춤형 치료 방법과 대비되는 개념이다. – 옮긴이

며 특정 치료 방법이 좀 더 효율적이라는 비교 연구도 상당히 많다(Huebner & Kantor, 2010; Kaner et al., 2007). 일반적으로 교육이나 상담 같은 덜 지시적인 방법보다는 행동 치료가 더 효과적이다(Miller, Wilbourne, & Hettema, 2003; Witkiewitz, & Marlatt, 2010). 이러한 장애가 과도한 음주의 원인이든 결과이든 간에 치료의 즉각적이고 일차적인 목표는 일단 술에서 깨는 것(sobriety)이다. 술 취한 사람에게는 어떤 정신 치료도 성공할 수 없기 때문이다. 이들에 대한 심리 치료는 보통 집단 치료와 개인 치료로 나뉘며, 환자들은 종종 둘 다에 참여한다.

집단 치료에는 장단점이 있다. 성공적으로 단주하는 사람들을 관찰함으로써 동일한 목표를 달성할 수 있다는 기대를 갖게 된다. 그리고 집단 내 구성원들로부터 문제성 음주에서 멀어지는 행동에 대해 칭찬이나 인정을 받기 쉽다. 또 다른 이점은 집단에 도움을 받았던 환자들이 다른 구성원들을 도와줄 기회를 갖는다는 것이다. 도움을 줄 수 있다는 경험은 그 자체로서 충분히 치료적이다. 프로그램의 마지막 단계에 도달한 AA 구성원은 새로운 집단원의 후견자로서 책임감을 느끼고 적극적인 지지자의 역할을 한다(Pagano, Friend, Tonigan, & Stout, 2004).

그러나 집단 치료는 종종 개인적 문제에 대해서는 피상적일 수 있다. 이런 측면은 개인 심리 치료가 더욱 바람직하다. 그러나 다양한 개인 치료 프로그램이 알코올 남용에게 과연 얼마나 효과적일까? 불행히도 치료 효과는 종종 과장되어 있다는 연구 결과가 있다(Hunter, 1982). 잘 통제된 연구에서 치료의 성공률은 그리 높지 않으며 치료의 유형에 따라서도 차이가 있다(중다양식 프로그램이 단일한 접근법을 사용하는 프로그램보다는 효과가 더 좋다고 알려져 있다). 표집의 특성(건강하고, 중산층이며, 기혼이며, 직업이 있는 알코올 중독자들이 가장 효과가 있다), 그리고 추후 연구 간격도 영향을 끼친다. 기간이 길수록 성공률이 낮다(Miller, Walters, & Bennett, 2001). 1년 후까지 완전히 단주하는 비율은 25%에 불과하다(Miller & Wilbourne, 2002).

집단 치료나 개인 치료보다는 단기 치료가 비용이나 기간 면에서 좀 더 효과적일 수 있다. 대표적인 기법이 동기면접법이다. 이 기법은 내담자의 상황에 공감하고 문제성 음주 행동에 대한 양가감정을 해결하는 것이다. 여기서는 변화에 대한 내담자의 동기를 자극하고 격려하는 데 초점을 맞춘다. 4장에서 언급한 초 이론적인 모형을 결합하여 사용하기도 하는데(Lundahl, Kunz, Brownell, Tollefson, & Burke, 2010), 아직까지는 행동 치료와 약물을 사용한 화학적 치료 방식을 결합한 것이 문제성 음주 문제를 통제하고 치료하는 데 가장 주된 접근 방식이다.

화학 치료 이 방법은 알코올과 작용하여 불쾌한 효과를 일으키는 약물을 처방하는 것이다. 이러한 약물로 가장 흔히 사용되는 것은 **디설피람**(disulfiram, 안타부스

(Antabuse))이다. 이 약을 복용한 후 술을 마시면 얼굴이 달아오르는 것, 흉통, 심장이 두근거리는 것, 메스꺼움과 구토, 발한, 두통, 현기증, 호흡곤란, 혈압의 급격한 저하 등이 초래된다. 술을 마시지 않으면 이러한 효과가 없지만 디설피람은 그 자체로도 피부발진, 피로, 졸림, 두통, 발기부전 등의 부작용이 있다. 다른 약물과 마찬가지로 사람에 따라 부작용의 정도는 다르다.

디설피람 치료의 가장 문제점은 치료를 받던 사람들이 술을 마시게 되면 혐오스러울 수 있는 약물을 복용하지 않으려 한다는 것이다. 디설피람은 적어도 2주 이상 복용해야 하므로 치료기간이 장기화되면 환자의 인내력이 한계에 도달하고 좌절감과 부작용 등으로 다른 치료의 효과마저도 반감시킨다. 많은 연구는 그 치료만으로는 다른 치료보다 더 효과적이라는 증거를 발견하지 못했지만 혐오조건화의 원리를 사용한 이 방법은 적당한 심각성을 가진 음주자에게는 어떤 치료 방식보다도 성공적이다(Krishnan-Sarin, O'Malley & Krysta, 2008).

대안적으로 제시된 약물은 뇌의 아편 수용기를 활성화하는 날트렉손(naltrexone)이다. 이 약물은 음주로 인해 얻게 되는 심리적, 생리적 보상을 감소시키는 작용을 한다(Mann, 2004). 여러 연구들에서 이 약물은 위약 효과를 훨씬 상회하는 치료 효과가 있었다(Carmen, Angeles, Ana, & Maria, 2004). 뇌의 신경전달물질인 GABA를 활성화하는 약물도 다양하게 처방되고 있는데, 이 약물들은 문제성 음주의 재발률을 크게 감소시키는 작용을 한다(Mann, 2004).

통제된 음주

1960년대 후반까지 알코올 남용에 대한 모든 프로그램은 완전한 단주가 목표였다. 영국의 치료자인 데이비스(Davies, 1962)는 자신이 과거에 치료했던 알코올 환자 93명 중 7명이 치료 후 적어도 7년 동안 '정상적으로'(하루 맥주 3잔이나 그와 동량의 소비를 말함) 음주하고 있다는 사실을 발견했다. 이러한 소위 적절한 음주자는 데이비스가 연구한 환자의 8% 미만이었지만 알코올 환자가 문제없는 음주자가 될 가능성을 발견했기 때문에 주목받는 결과였다. 이 7명은 치료 후 적어도 수개월 동안 완벽하게 단주했으며, 심하고 위험한 음주 행동을 보이지 않으면서 '정상적인' 음주를 할 수 있었다.

데이비스의 연구 결과에 고무되어 미국에서 행해진 연구에 의하면 단주를 지향하는 치료를 받은 환자의 3~20% 정도가 통제된 음주 행동을 보인다(Armor, Polich, & Stambul, 1976). 이러한 연구는 알코올리즘 환자는 단주만이 살길이라는 전통적 입장을 가진 사람들로부터 격렬한 비난을 받았다. 그러나 추후 확장된 연구에서 이러한 결과가 반복적으로 확인되면서 통제된 음주에 대한 관심이 고조되었다(Polich, Armor,

& Braiker, 1980).

　단주를 지향하는 프로그램은 보통 술을 마시고 싶은 충동(urge)은 항상 있으며 한 잔이라도 마시게 되면 완전 재발은 불가피하다고 단언한다. 그러나 통제된 음주 프로그램에서는 환자의 행동을 조절하고 그 조절을 강화하는 환경적 지지물을 찾을 것을 강조한다. 여기서는 환자 스스로에게 자신의 음주 행동을 감시하도록 가르치고, 음주에 대한 주별 목표를 짜며 알코올성 음료와 비 알코올성 음료를 섞어서 음주의 효과를 희석하라고 가르친다(Saladin, 2004). 행동주의적으로 지향된 통제된 음주 프로그램은 환자에게 다양한 인간관계 기술을 훈련시켜서 자기 파괴적 행동을 수정할 수 있도록 한다(Alden, 1988).

　더욱 최근에는 문제성 음주자들이 공식적인 단주 프로그램의 도움 없이도 자신의 음주를 조절할 수 있다는 증거가 제시되었다. 이전 음주자들에 대한 조사(Sobell, Cunningham, & Sobell, 1996; Miller, Walters, & Bennett, 2001)에서 절반 이상의 과도한 음주자들이 알코올과 관련한 자신의 문제를 해결한 후에 음주를 적절하게 조절할 수 있었다. 통제된 음주자들은 대부분 자신의 의지로 그 상태에 도달했다(Dawson et al., 2005). 통제된 음주가 상당한 이점이 있음에도 불구하고 미국 내 대부분의 치료 센터에서는 이에 관해 상당한 거부감을 갖고 있다. 그러나 영국에서는 거의 모든 치료 센터에서 통제된 음주 치료의 원리를 수용하고 있다(Heather, 2006; Rosenberg & Melville, 2005). 현재 미국 내 일부 치료자들과 치료 센터에서도 통제된 음주에 적용이 잘되는 환자의 특징에 대해 관심이 높아지고 있다(Rosenberg & Melville, 2005).

　통제된 음주를 성공하게 만드는 요인은 무엇인가? 의존성이 낮고 통제된 음주의 가능성을 믿는 것을 포함하여 몇 가지 특징이 이에 관련되어 있다(Kosok, 2006). 통제된 음주에 가장 적절한 환자는 문제성 음주의 기간이 길지 않고 심각한 알코올 섭취로 인한 생리적 손상이 없는 40대 이하의 사람이다. 또한 기혼자가 미혼자보다 더 낮고 자신의 음주를 상황적 요인으로 귀인하는 사람이 알코올에 신체적으로 의존되어 있다고 믿는 사람보다 더 낮다. 정규 직업을 가진 사람이 실직자보다 성공하기 쉽다. 이런 모든 요인은 통제된 음주가 일부 문제성 음주자들에게 좀 더 성공적일 수 있음을 시사한다.

　통제된 음주 프로그램의 효과가 중간 정도의 음주 수준을 가진 알코올 남용자들에게 다 나타난다고 생각해서는 안 된다. 과거에는 알코올 중독자는 완벽하게 금주를 해야 했지만 통제된 음주를 시도하는 음주자들도 적어도 1개월 동안은 알코올의 독성 효과를 줄이기 위해 완벽하게 단주해야 한다. 또한 처음에 통제를 학습한 알코올 남용자들은 점차로 또는 갑작스럽게 음주량을 늘려서는 안 된다(Saladin, 2004). 최근에는 적절한 음주 관리(Moderation Management)라는 면대면 혹은 온라인 중재 방식이 도입되어 사용되고 있다(Hester, Delaney, & Campbell, 2011). 이 방식은 다른 보조자의 도움 없이 문제성 음주자들에게 음주를 자제하게 만드는 단계적인 절차를 포함하고 있다 (Hodgins, 2005).

재발의 문제

단주를 지향하는 프로그램이나 적절한 수준의 음주를 지향하는 프로그램을 성공적으로 마쳤다고 해서 문제성 음주자들이 자신의 목표를 획득하는 것은 아니다. 흡연과 마찬가지로 음주 치료 프로그램을 마친 사람도 재발의 문제에 직면한다. 흥미롭게도 시간의 경과와 재발률 간의 관계는 흡연, 알코올 남용, 아편제 남용의 치료 프로그램을 마친 사람들이 모두 유사하다(Hunt, Barnett, & Branch, 1971). 대부분의 재발은 프로그램이 종료된 후 90일 이내에 발생한다. 다른 모든 치료와 마찬가지로 알코올 남용의 치료에서도 재발은 피할 수 없는 문제처럼 보인다. 대부분의 재발은 치료 후 3개월 이내에 발생하며 12개월 후에는 35%만이 여전히 단주하고 있다(Camí & Farré, 2003). 그래서 최근의 치료에는 재발 예방 프로그램이 아예 포함되어 있는 경우가 많다 (Witkiewitz & Marlatt, 2004). 재발의 정의도 중요한 변인이다. 재발률을 감안하면 어떤 치료 프로그램의 성공률은 25~35%에 불과하지만 음주로 인한 일상적인 문제가 없는 수준을 치료 성공률로 계산하면 60% 정도가 재발이 없는 성공적 치료라고 간주될 수 있다(Miller et al., 2001). 재발률은 음주 문제의 심각성과 기간, 음주자의 연령, 치료의 유형 및 성공에 대한 정의에 달려 있다(Witkiewitz & Marlatt, 2010). 한 번의 실수가 완전한 재발이 아님을 가르치는 재발 훈련 프로그램도 효과가 있다. 그러나 행동 변화는 매우 오랜 시간을 필요로 하며, 당연히 완전한 단주의 비율은 극히 적다(Miller et al., 2003).

요약

미국의 경우 음주자의 비율이 감소하고 있음에도 불구하고, 자신의 문제성 음주에 대해 도움을 요청하는 사람들의 수는 꾸준히 증가하고 있다. 많은 문제성 음주자는 공식적인 치료 프로그램에 참여하지 않고도 술을 끊을 수 있지만, 담배의 경우와 마찬가지로 재발하는 문제가 있다. 사실 흡연, 알코올 남용, 마약 남용의 경우 재발의 경과나 양상은 유사하다. 전통적인 알코올 치료 프로그램은 단주를 목표로 하지만 성공률은 높지 않다. AA 프로그램의 효과는 평가하기 어려운데, 이는 구성원들의 익명성 때문에 추적 조사에 어려움이 있기 때문이다. 문제성 음주를 변화시키려는 심리 치료 방법들은 다양한 범위의 개인적 문제들을 포괄적으로 다루고 있다. 알코올 남용에 대한 심리 치료에서 가장 도움을 받기 쉬운 사람들은 건강한 중류층의 기혼 직업인이다. 디설피람과 같은 약물은 알코올 소비를 억제하기 위해 종종 사용되지만 그 극적 효과가 오히려 유용성을 방해할 수 있다. 최근에는 날트렉손으로 음주로 인해 유발되는 보상가를 감소시키는 방법을 많이 사용한다.

통제된 음주는 문제성 음주자들의 일부에게는 합리적인 목표일 수 있다. 비록 의학적으로 지향된 많은 치료가 통제된 음주를 설득력 있는 대안으로 간주하지 않는 경향이 있지만 이러한 태도는 조금씩 변화하고 있다. 재발의 문제도 감안해야 한다. 1년 후 단주의 비율은 25%밖에 되지 않기 때문에 최근에는 행동적으로 지향된 치료나 재발 방지 프로그램이 치료 과정에 포함되어 있다.

그 밖의 약물

불법 약물은 심각한 사회 문제를 일으키지만 신체적 건강에 치명적인 것은 아니다. 흡연, 음주, 현명치 못한 섭식, 운동하지 않는 것 등과 비교했을 때 불법 약물의 효과로 인해 사망하는 경우는 상대적으로 훨씬 적다. 예를 들면, 치명적인 불법 약물로 인한 사망은 전체 사망률의 2% 미만이다(Kochanek, Xu, Murphy, Miniño, & Kung, 2011). 물론 불법 약물로 인한 한 명의 죽음도 너무 많은 것이다. 이번 절에서는 적법 및 불법 약물 모두가 건강에 미치는 영향을 다룰 것이다.

많은 연구를 통해 약물이 뇌에 작용하여 인간의 기분과 행동을 어떤 방식으로 변화

믿을 수 있을까요?

약물을 사용한다고 해서 뇌 손상을 일으키는 것은 아니다

약물로 인해 뇌가 손상된 생생한 미디어의 이미지에도 불구하고 대부분의 정신활성 약물들은 신경계를 손상시키지 않는다. 실제로 인간의 삶을 망가뜨리는 몇몇 약물도 뇌 손상을 거의 일으키지 않는다. 예를 들어 헤로인, 모르핀, 옥시코돈 같은 아편계 약물은 모두 내성과 의존이 있어, 이런 약물을 반복해서 사용하면 사회적인 관계나 책임감이 미약해진다. 일반적으로 아편계 약물을 반복해서 사용한 사람들은 이런 문제를 경험하지만 뇌 손상이 있기 때문은 아니다.

다른 정신활성 약물처럼 아편은 혈뇌 장벽을 통과하고 체내 내부 진통기제인 엔도르핀 수용기와 결합한다(Advokat, Comaty, & Julien, 2014). 이 약물은 기존의 다른 신경전달물질과 양립 가능하며 손상 없이 뇌 속에서 기능한다. 이 약의 반복적인 사용은 생리적인 효과를 일으키고 때로는 위험할 수도 있지만 신경계에 치명적이지는 않다.

마리화나도 엔도카나비노이드(endocannabinoids)라는 신경화학물질로 뇌 속에서 수용기와 결합한다(Pope, Mechoulam, & Parsons, 2010). 이러한 신경화학물질의 기능이 알려지면서 마리화나 같은 물질이 뇌에서 만들어지고 또 어떤 작용을 하는지 규명되었다. 마리화나는 다양한 생리학적 그리고 심리학적 효과를 일으키지만 위험하기도 한다. 그러나 이러한 효과가 대뇌의 신경을 손상시키지는 않는다.

엑스터시의 위험성에 대해서는 대중적으로 널리 알려져 있지만 연구자들은 곧 이러한 정보가 근거가 없음을 확인했다(Holden, 2003). 엑스터시를 장기간 사용하는 것은 위험하지만 신경 손상을 일으킨다는 증거는 없다.

그러나 일부 약물들은 신경계통에 위험할 수 있다. 특히, 많은 용량의 약물을 장기간 사용하는 남용자의 경우에는 가능성이 충분히 있다. 예를 들어, 지속적인 알코올의 섭취가 일으키는 잠재적인 뇌 손상은 잘 알려져 있다(Harper & Matsumoto, 2005). 몇몇 연구에서 코카인(Rosenberg, Grigsby, Dreisbach, Busenbark, & Grigsby, 2002)과 암페타민(Chang et al., 2002) 같은 신경흥분제의 장기적인 사용이 독성 신경 효과를 일으킬 수도 있음이 발견되었다. 가정용 용매를 사용할 경우 뇌 손상을 일으킬 수 있다는 증거는 매우 강력하다(Rosenberg et al., 2002). 이러한 화학물질은 신경전달물질을 변화시키는 것이 아니라 뇌로 가는 산소 공급을 차단함으로써 의식 상태를 변화시키기 때문에 결과적으로 뇌 손상을 야기할 수 있다.

약물 사용의 가장 큰 위험은 신경학적 손상이라기보다는 지각, 의사결정, 협응 능력을 변화시키는 것이다. 이러한 효과는 뇌 손상을 일으키기보다는 비의도적인 손상을 일으켜 치명적인 결과로 이어질 수 있다.

시키는지 확인되었다. 알코올과 그 밖의 약물들은 GABA, 글루타메이트, 세로토닌, 노르에피네프린 같은 신경전달물질을 분비시킨다(López-Moreno, González-Cuevas, Moreno, & Navarro, 2008). 이 신경전달물질 중 **도파민**(dopamine)은 특히 중요한 기능을 한다(Young, Gobrogge, & Wang, 2011). 도파민은 중뇌의 복측피개영역과 대뇌 측좌핵에서 주로 분비된다. 연구자들은 이 신경전달물질이 인간의 보상과 쾌락 경험과 관련이 있다고 여기고 있다. 그러나 다른 약물도 이와 유사한 기능을 한다. 즉, 알코올을 비롯한 약물이 보상과 관련된 뇌 회로를 활성화하며, 도박으로 인한 경험도 이와 유사한 기전으로 작동한다(Martin & Petry, 2005).

향정신성 약물들은 동일한 효과를 내지 않는다. 일시적인 효과를 내기도 하지만 뇌에 치명적인 손상을 입히기도 한다. 대부분의 약물이 일으키는 일시적인 화학적 변화는 뇌에 영구적인 변화를 일으키기도 한다.

건강에 미치는 효과

적법한 약물이든 불법적인 약물이든 모든 약물은 건강에 잠재적으로 위험할 수 있다. 그러나 불법적인 약물은 적법한 약물에서 발견되지 않는 또 다른 위험이 있다. 불법적인 약물은 실제로는 다른 약물이지만 효능에 대한 구별 없이 한 가지로 팔린다. 적정량에 대한 대비도 없으며 합성 과정에서 위험한 화학물이 첨가되기도 한다. 또한 불법 약물의 출처가 범죄와 관련되는 경우가 많아 여러 사람들에게까지 파급 효과를 미친다. 대부분의 정신활동성 약물은 혈뇌 장벽을 통과하여 뇌의 화학적 성질을 변화시키기 때문에 생물학적 위험이 심각할 수 있다.

모든 약물은 잠재적인 위험성을 가지고 있으나 식품의약국(FDA)이 검사한 후 안전하다고 정의된다. FDA는 잠재적 이득이 잠재적 위험의 비중보다 클 경우 안전하다고 간주한다. 항생제와 같은 약물은 일부 사람들에게 심각한 부작용을 일으킬 수 있지만 그 효능 때문에 승인된다.

FDA는 남용의 잠재성과 의학적 이점을 토대로 다섯 가지 목록으로 약물을 분류했다(표 13.3 참조). 스케줄 I은 남용의 잠재성은 높지만 의학적으로 사용할 만한 가능성은 없다고 판단된 약물을 포함한다. 이 목록에 포함되는 약물은 헤로인, LSD, 마리화나이다. 스케줄 II는 남용의 잠재성은 높아 심각한 심리적 의존이나 신체적 의존을 일으킬 수 있지만 의학적으로도 일부 사용할 수 있는 약물이다. 이 범주에는 대부분의 아편제, 일부 바비튜레이트, 암페타민, 코카인이 포함된다. 스케줄 III는 중간 정도에서 가벼운 의존이나 높은 심리적 의존을 일으키지만 의학적인 사용도 있는 약물이다. 여기에는 일부 아편제와 일부 안정제가 포함된다. 스케줄 IV 약물은 페노바르비탈과

표 13.3 FDA의 약물 스케줄, 효능, 허용 여부, 각 범주별 약물의 사용 예

스케줄	설명	허용에 대한 제약	예
I	남용의 잠재력이 위험 수준이며, 의학적으로도 처방되지 않음	법적으로 허용되지 않음	LSD, 마리화나, 헤로인
II	남용의 잠재력이 높으며, 의학적으로 처방함	전문가만 처방함	모르핀, 옥시콘틴, 바비튜레이트, 암페타민, 코카인
III	의존의 가능성이 중간 이하임. 의학적으로 처방	전문가만 처방함	코데인, 일부 안정제
IV	의존과 남용의 가능성이 중간 이하임. 의학적으로 처방함	전문가만 처방함	페노바르비탈, 대부분의 안정제
V	스케줄 IV 수준보다 의존과 남용의 가능성이 낮음	약국의 카운터 판매가 허용됨	아스피린, 제산제, 항히스타민제

대부분의 안정제 등이 해당되는데, 남용의 잠재성이 낮고 의존이 제한되어 있으며 의학적 사용이 가능한 약물이다. 스케줄 V는 스케줄 IV의 약물보다도 남용의 잠재성이 적은 약물이다.

스케줄 V의 약물은 조제할 필요가 없고 약국의 카운터에서도 판매가 허용된다. 스케줄 I은 법적으로 승인되어 있지 않으며 스케줄 II, III, IV는 전문가의 조제에 의해서만 사용할 수 있다. 사실 이러한 분류는 과학적인 결과보다는 입법적 협약이나 사회적 협의를 근거로 장기간에 걸쳐 확립된 것이다.

진정제(sedatives)는 이완을 일으킨다. 뇌, 뉴런, 근육, 심장의 활동을 저하시키고 심지어는 신진 대사율을 늦춤으로써 때때로 중독되기도 한다(Advokat et al., 2014). 적은 양을 사용하면 이완되고 심지어는 매우 기분이 좋아질 수 있다(euphoric). 그러나 많은 양을 사용할 경우 의식소실과 혼수상태(coma)가 초래된다. 때로는 호흡을 통제하는 뇌 센터에 억제적 영향을 끼치기 때문에 사망에 이르기도 한다. 진정제는 바비튜레이트, 안정제, 아편제, 메타돈이 포함되지만 이 범주에서 가장 널리 사용되고 있는 약물은 당연히 알코올이다.

진정제가 혼합되어서 사용될 때 억제 효과가 극적인 효과를 발휘한다. 두 가지 이상의 약물을 혼합하면 호흡계의 기능을 위험할 정도로 억제할 수 있으며 일부 사람들에게는 좀 더 치명적일 수 있다. 진정제와 흥분제는 반대 효과를 낸다. 그러나 이 약물을 동시에 복용해도 효과는 상쇄되지 않는다. 예를 들면, 카페인(커피에 포함된 흥분제)은 알코올(진정제)에 중독된 사람을 깨워주지 않는다. 카페인은 취한 사람을 더 각성시키고 덜 졸리게 해줄 뿐 덜 취하게 하지는 않는다.

흥분제(stimulants)는 일부 사람들을 더 각성시키고 활력을 느끼게 하며 더 집중하게

표 13.4 향정신성 약물의 특징 요약

약물명	내성	의존	효과	위험
진정제/억제제				
바비튜레이트	있음	있음	이완, 중독	의식소실, 혼수, 사망
안정제	있음	있음	이완, 중독	판단 장애, 협응 곤란, 혼수
아편제(아편 유도제, 옥시코돈, 하이드로코돈	있음	있음	통증 경감, 졸림, 진정	혼수, 호흡곤란, 사망
알코올	있음	있음	이완, 중독	판단력 및 협응력 손상, 의식소실
흥분제				
카페인	있음	있음	각성 증가, 피로 경감	예민성 증가
코카인	있음	있음	행복감, 식욕 감퇴	천식, 심장발작
암페타민	있음	있음	각성 증가, 피로 경감	심장발작, 의심과 경계심 증가
니코틴	있음	있음	각성 증가, 식욕 감퇴, 혈압 상승	심장질환과 암 발생
환각제				
엑스터시(MDMA)	없음	없음	행복감 증가	체온 조절의 문제
LSD	없음	없음	인지적 왜곡, 중독	지각과 판단 손상
마리화나				
마리화나	없음	있음	이완, 중독	판단 손상, 협응 장애, 호흡곤란
스테로이드				
동화 스테로이드	있음	없음	근육 증가, 혈압 증가, 면역 기능 감소	공격성 증가, 면역 감소

해줄 뿐만 아니라 더 오랜 시간 일할 수도 있게 한다. 그러나 어떤 사용자들은 더 신경과민해지고 불안해하며 오래 앉아 있을 수 없게 된다. 흥분제는 각성을 일으키고 피로감을 줄이며 기분을 상승시키고 식욕을 감소시킨다. 흥분제는 합성물이지만 뇌의 주요 활성 화학물질인 노르에피네프린이라는 신경전달물질과 화학구조가 유사하다. 1975년부터 1990년대 초까지 의학적인 사용도 감소했으나 최근 미국 내 고등학교 상급생, 대학생 및 젊은 성인들 사이에서 사용이 다소 증가하는 추세이다(Johnston et al., 2005). **암페타민**(amphetamines)은 기분을 바꿔준다는 이유로 종종 남용되는 흥분제이다. 이 약물은 혈압의 증가, 심박 감소, 호흡 증가, 기관지 근육의 이완, 동공의 확대, EEG의 증가, 근육으로의 혈액 공급 증가와 같은 신체 증상을 유발한다(Juliens, 2005). 이러한 효과는 심혈관계에 위험하며, 특히 심장의 기능이 약하거나 다른 심혈관질환을 가진

사람은 특히 그렇다. 또한 암페타민은 환각과 편집망상을 포함한 효과가 초래될 수 있다(Tacker & Okorodudu, 2004). 편집망상과 높은 활력 수준은 사회적으로 위험한 행동을 할 가능성을 높인다(Huq, 2007). 게다가 암페타민은 내성과 의존이 크기 때문에 식욕을 억제하는 효과가 있음에도 불구하고 다이어트 약으로는 바람직하지 않다.

또 다른 흥분제인 **코카인**(cocaine)은 남아메리카 안데스 산의 코카 나무에서 추출된다. 1880년대에 프로이트를 포함한 몇 명의 유럽 의사들이 코카인이 신경전달을 차단하고 마취제로 사용될 수 있음을 발견했다. 이때 코카인은 수술 시 마취제로 사용되었으며, 특히 안과 수술에서 자주 사용되었다. 1890년대에는 미국에서 널리 사용되는 약이 되었으며 토닉과 와인, 가벼운 음료에도 첨가되었다. 그렇지만 사람들은 곧 코카인의 위험성을 인식하고 미국 약품 법령은 그 사용을 제한했다. 오늘날 더 효과적인 마취제가 많이 개발되었기 때문에 코카인의 의학적 사용은 상당히 줄어든 상태이다.

코카인은 신경계에 흥분제로 작용한다. 그 작용의 강도와 지속성은 용량뿐만 아니라 투약 방식에도 좌우된다. 남아메리카 인디언들은 코카잎을 입으로 씹어 먹었으나 다른 지역에서는 피우거나 정맥으로 주사한다. 코카인의 흥분 효과는 짧아서 15~30분 정도만 지속된다. 이 시간 동안 사용자는 종종 안녕감과 다행감을 느끼며 주의가 향상된다. 그렇지만 이 효과가 사라지면 종종 피곤하고 늘어지며 불안해진다. 이후 이 경험을 반복하고 싶은 강한 욕구가 생긴다. 종종 사용자들은 이러한 느낌을 더 지속시키

더욱 건강해지기

1. 한 자리에서 다섯 잔 이상 마시는 것을 피하라. 이 수준을 넘어서면 이점보다 위험이 더 크다.
2. 술을 마시지 않는 것이 가장 건강한 선택은 아니다. 가볍게 적당히 마시는 것은 술을 전혀 마시지 않거나 미련하게 많이 마시는 것보다 건강에 도움이 된다.
3. 하루에 한두 잔 정도 마시는 것은 건강에 도움이 되지만, 알코올을 아무리 적게 마시더라도 판단력과 협응력이 손상되어서 위험할 수 있다.
4. 가끔 가볍게 음주하는 것은 약간의 위험을 가져오지만 규칙적으로 음주하는 것처럼 도움이 되지 않는다.
5. 음주 후에는 운전이나 기계 작동, 또는 수영을 하지 마라.
6. 음주량을 늘리지 마라. 하루에 한두 잔 정도를 유지하라.
7. 임산부에게는 가벼운 음주도 위험할 수 있다.
8. 부모 중에 음주 문제가 있는 사람이 있다면 당신도 위험하다. 음주량을 조절하여 이러한 위험을 피하도록 하라.
9. 당신이 어떤 약물(알코올을 포함하여)을 처음 사용했을 때 매우 행복한 경험을 했다면, 당신이 이 약물을 나중에 사용한다면 문제가 될 수 있다.
10. 약물을 섞어 먹지 마라. 혼합해서 먹는 약물은 한 가지만 먹을 때보다 훨씬 더 위험하다.
11. 의존성을 유발하는 그렇지 않은 약물보다 위험하다. 알코올과 니코틴, 아편과 진정제, 암페타민 같은 약물을 사용하는 데 조심하라.
12. 내성과 의존성이 없는 비합법적인 약물도 그것이 비합법적이라서 위험할 수 있다.

기 위해 용량을 증가시킨다. 증가된 용량으로 인한 흥분제의 효과는 심혈관계에 매우 위험할 수 있다. 코카인의 내성과 의존성은 여전히 논쟁의 대상이다. 그러나 많은 사용은 대부분의 사람들에게 불안, 불면, 우울 및 코의 염증을 야기한다. 소수의 사람들은 금단 증상을 경험하기도 한다. 용량을 많이 사용했던 사람들은 심리적 의존이 더 크다.

지속적이고 많은 양의 코카인 사용이 건강에 어떠한 영향을 끼치는지는 분명하게 알려져 있지 않다. 젊은 성인이 평생 동안 코카인을 사용했을 때 심혈관계에 큰 위험이 될 수 있다(Kloner & Rezkalla, 2003). 치명적인 위험은 소화 후 몇 시간 이내이지만 며칠 동안 지속적인 위험에 처할 수도 있다. 위험은 누적되지는 않지만 처음 사용한 사람도 심장계통의 위험을 주시해야 한다.

엑스터시로 불리우는 MDMA(methylenedioxymethamphetamine)는 적절한 양을 사용할 경우 평안감이나 타인에 대한 감정이입 등 환각적인 효과를 일으키나, 다량으로 복용할 경우 세로토닌을 과다 분비시켜 결국 정서적인 마비를 일으키고 심리적으로 무감각해진다(Buchert et al., 2004). LSD 같은 약물도 비슷한 효과를 일으킨다.

마리화나(marijuana)는 미국에서 가장 흔히 사용되는 불법 약물이다. 마리화나는 세계의 어떤 기후에서도 번성하는 식물인 대마의 잎과 꽃, 작은 가지에서 추출한다. 마리화나의 중독 성분은 THC(delta-9-tetrahydrocannabinol)로, 특히 암식물의 송진이 그 원료가 된다.

THC의 가장 확실한 생리적 영향은 심박의 증가로 많은 양을 소비했을 때 일어난다. 비록 이런 현상이 관상성 심장질환 문제를 가진 사용자에게는 위험할 수 있지만 그 외에도 사고 과정을 변화시키고, 기억을 손상시키며, 다행감과 식욕 증가 그리고 협응 손상을 유발한다(Nicoll & Alger, 2004). 소량에서 중 정도 용량의 마리화나가 어떤 기질적인 손상을 일으킨다는 증거는 없다. 그러나 어떤 약물이라도 만성적으로 사용하면 건강에 위험요인이 될 수 있다. 이는 니코틴, 알코올, 아스피린 등도 마찬가지이다. 마리화나도 담배처럼 빈번하게 피운다면 적어도 담배만큼은 호흡계에 해로울 것이다(Nicoll &

마리화나는 청소년과 젊은 성인들이 가장 흔하게 사용하는 약물이다.

Alger, 2011).

마리화나의 바람직한 심리적 효과는 다행감, 안녕감, 이완감, 성적 반응성의 고양 등이다(Nicoll & Alger, 2004). 실제로 많은 사용자가 이런 효과를 기대하고 이 약물을 사용한다. 그러나 부정적인 효과도 있다. 마리화나는 단기기억, 판단력, 시간 지각에 부정적인 영향을 미친다(Kalant, 2004). 비록 기억이나 인지에 미치는 효과가 미약하다는 주장도 있지만, 이 영향은 자동차를 운전하거나 다른 잠재적으로 위험한 활동에 참여하고 있을 때라면 심각할 수 있다.

마리화나는 생리적 의존이 발생하지 않으며 사용을 끊는다 해도 금단 증상이 동반되지 않는다(Budney, Hughes, Moore, & Novy, 2001). 한 연구에서는 마리화나를 사용하는 26세 이상 성인의 75%가 약물을 끊는 것으로 나타났다(Johnston et al., 2001). 또한 마리화나는 내성을 일으키지도 않는 것 같다. 즉, 일상적인 사용자들은 동일한 효과를 얻기 위해 용량을 올리지 않는다. 마리화나의 심리적 효과는 알코올이나 다른 약물의 심리적 효과처럼 부분적으로는 장소와 기대에 좌우된다.

동화 스테로이드(AS: anabolic steroid)는 최근에 많은 운동선수가 근육 크기를 증

표 13.5 합법적인 약물의 비의학적인 처치를 포함하여 12세 이상 미국인들이 평생 동안 약물을 사용한 비율(2014년 기준)

약물	일생(%)	지난해 사용(%)	지난달 사용(%)
알코올	82.1	66.6	52.7
일반담배	61.0	24.8	20.3
무연담배	17.1	4.4	3.3
진정제	3.0	0.3	0.1
안정제	9.4	2.0	0.7
헤로인	1.8	0.3	0.2
진통제	13.6	3.9	1.6
흥분제	8.5	1.4	0.6
코카인	14.8	1.7	0.6
크랙 코카인	3.6	0.3	0.1
마리화나	44.2	13.2	8.4
LSD	9.4	0.5	0.1
엑스터시	6.6	0.9	0.2

출처: 2014년 약물 사용과 건강에 관한 국가 보고서: 표에 기재된 자세한 수치는 약물 남용과 정신건강서비스국의 2015년 통계에 근거함. Retrieved July 24, 2016, http://www.samhsa.gov/data/sites/default/files/NSDUH-DetTabs2014/NSDUH-DetTabs2014.pdf.

가시키고 체지방을 감소시키기 위해 남용하는 것으로 밝혀진 바 있다(King & Pace, 2005). 이 약물이 잠재적으로 건강에 얼마나 위험한가? 이 질문을 다루기에 앞서 동화 스테로이드를 간단히 기술하고 그 긍정적 효과를 논의해보자.

스테로이드는 내인성(신체에서 만들어지는)이거나 합성된다. 내인성 스테로이드는 코르티솔을 분비하는 부신과 에스트로겐과 테스토스테론을 분비하는 고환과 난소에서 생성된다. 동화 스테로이드의 효과는 목소리가 굵어지고, 후두가 확장되며, 근육 크기가 증가되는 동시에 체지방률이 감소되는 것이다. 이들 중 마지막 두 가지 속성이 운동선수, 보디빌더 및 자신의 외모를 바꾸려고 하는 사람들에게 매력적일 것이다. 동화 스테로이드는 특정 알레르기 반응을 통제하고 감염을 감소시키는 의학적 용도도 있다.

한편, 동화 스테로이드는 잠재적으로 위험하다. 이 약물은 인체의 화학적 균형을 전복시키고 독성을 일으키며 인체 자체의 스테로이드 생산을 멈추게 함으로써 스트레스와 감염에 더 민감하게 하고 생식 기능을 떨어뜨릴 수 있다. 관상성 심장질환의 위험요인이 될 수 있고 심장발작, 간기능 이상, 왜소한 키, 심각한 기분장애와 정신장애(Julien, 2005) 등을 유발할 수도 있다.

마리화나처럼 동화 스테로이드도 내성이나 의존을 일으키지는 않는다. 그러나 일부 연구자들(Keane, 2003)은 스테로이드의 사용이 종종 심리적 의존을 일으킨다고 주장한다. 이러한 주장은 스테로이드 사용이 큰 근육의 발달과 운동 수행의 증가와 같은 이차적 강화물이 된다는 사실에서 나온 것이다. 따라서 어떤 사람들은 스테로이드 사용을 지속하려는 강한 동기가 생기고 이 약물이 중단되었을 때 자존감의 상실로 고통받을 수 있다.

약물 오용과 남용

대부분의 사람들은 일부 의학적 이점 때문에 몇몇 약물은 수용 가능하고 심지어 바람직하다고까지 믿고 있다. 그렇지만 혈뇌 장벽을 통과하고 정신 기능을 변화시키는 모든 정신활동성(psychoactive) 약물은 건강에 상당히 해로울 수 있다. 대부분 내성이나 의존성이 있으며(표 13.4 참조) 잠재적인 부작용이 있다. 예를 들어 페니실린은 메스꺼움, 구토, 설사, 부종, 피부발진을 일으킬 수 있다. 또한 페니실린에 알레르기가 있는 사람들은 생명을 잃을 수도 있다. 커피와 콜라에서 발견되는 카페인은 의존성이 있다. 한 연구에서 자신이 카페인에 의존되었다고 믿는 많은 사람이 성공적으로 이 약물을 끊거나 중단하지 못했으며 카페인을 먹지 못했을 때 금단 증상을 보였고 반복적인 생리적 문제를 호소했다(Juliano & Griffiths, 2004). 분명한 사실은 대부분의 사람에게 안전한 약물일지라도 일부 사람들에게는 잠재적으로 위험하다는 것이다.

대부분의 약물은 잠재적으로 유익할 수 있으며 오용과 남용의 위험성도 있다. 예를 들어, 적당한 알코올의 사용은 심혈관계의 장애로 인한 사망률을 감소시킨다. 알코올의 오용은 사회적 망신, 폭력 행위, 상해를 일으킬 수 있다. 그리고 알코올 중독에 가까운 알코올의 남용은 경변, 뇌 손상, 심장발작, 태아 알코올 증후군(FAS)을 일으킬 수 있다.

약물과 알코올을 사용한다고 모든 사람이 남용자가 되는 것은 아니다. 유전과 환경 요인들이 모두 이에 관여되며, 특히 정신병리적인 특성이 중요한 역할을 한다. 우울증, 정신분열증, 외상 후 스트레스 장애자들이 약물 남용자가 될 가능성이 더 많고, 회복도 힘들다(Ringen et al., 2008).

약물 남용의 치료

불법 약물의 오남용에 대한 치료는 철학이나 치료 절차 모두에서 알코올 남용의 치료와 유사하다. 모든 불법 약물의 치료 목표는 완전한 금지이다. 알코올 문제로 치료를 받는 사람들과 동일한 치료 프로그램에 약물 남용 환자들이 참가한다(Schuckit, 2000). AA를 응용하여 생긴 익명의 흡연 집단(NA: Narcotics Anonymous) 등도 유사한 절차와 철학을 사용한다.

약물 남용 치료 프로그램에 가입하는 이유도 종종 알코올 남용을 치료하는 프로그램에 들어가는 이유와 거의 같다. 이러한 이유들은 주로 사회적인 문제 때문이다. 불법 약물의 남용은 알코올 남용이 그렇듯이 법적, 재정적 그리고 대인관계에 문제를 일으킨다. 알코올과 마찬가지로 대부분의 불법 약물은 판단력을 손상시켜 사고를 일으키며 이러한 사고로 인한 상해는 약물 남용을 다시 초래한다. 그러나 알코올 남용과는 달리 불법 약물의 남용은 직접적으로 건강을 손상시키지는 않는 것 같다. 그러나 건강에 문제가 있을 때 이 약물들은 치명적인 위험요인이 될 수 있다.

약물 남용에 대한 입원 치료 프로그램은 알코올 남용을 치료하도록 고안된 프로그램과 거의 같다. 몇 가지 차이라면 입원 치료의 해독 단계가 알코올 중독의 치료에서보다 전형적으로 짧고, 금단 증상에 대한 처치가 좀 더 다양하다는 점이다. 알코올은 바비튜레이트, 안정제, 아편제처럼 진정 약물이다. 따라서 이 약물들은 금단 동안에 안절부절, 진전, 위장 장애, 지각 왜곡 등의 증상이 나타난다(Julien, 2005). 그러나 암페타민이나 코카인 같은 흥분제는 무감각과 우울감 같은 상이한 금단 증상을 보인다. 이러한 차이는 해독 과정에서 상이한 맞춤형 의학적 처치가 필요함을 시사한다(Dutra et al., 2008).

약물과 알코올 남용 치료는 모두 재발률이 높다. 전술한 바 있듯이 알코올, 흡연, 아편제의 치료는 모두 높은 재발률을 보인다. 그리고 치료 후 6개월 정도까지가 고비이기 때문에 사후관리나 혹은 효능촉진 회기가 포함되기도 한다. 최근에는 종합적인 심리사회적 서비스의 형태로 약물 치료의 효과를 지속시키려고 노력한다.

약물 사용의 통제와 예방

12장에서 언급한 바 있듯이 아동이나 청소년을 대상으로 약물 사용의 해악을 경고하는 프로그램만이 약물 사용을 통제하는 유일한 접근법은 아니다. 가장 흔한 통제 방법은 가용성의 제한이다. 이러한 전략은 약물에 대한 접근을 제한하는 법률의 제정을 통해 널리 시행되고 있다(Lamstra, et al., 2010; Roe & Becker, 2005). 그렇지만 약물의 법률적 제한은 또 다른 사회적 문제를 야기할 수 있다. 예를 들면, 미국에서 알코올의 제조와 판매를 법적으로 금지했던 시절에 오히려 불법적인 제조나 유통이 번성했고, 기업화된 대형 범죄 집단의 탈법적인 이득, 탈세 등이 횡행했다(Robins, 1995). 법적인 제약만이 능사는 아니었던 셈이다. 흡연에 대한 예방처럼 약물 사용을 예방하려는 프로그램도 성공률이 인상적이지는 않다(McMurran, 1994). 오히려 일부 프로그램은 역효과가 있으며 청소년들로 하여금 약물 사용이 실제보다 더 흔하다고 믿게 만든다. 흡연 예방 프로그램처럼 약물 예방 프로그램도 위협과 도덕적 훈련, 약물 위험에 대한 사실적 정보 제공 및 자존감 고양에 초점을 맞추고 있는데 효과는 여전히 의문이다(Ammerman, Ott, Tarter, & Blackson, 1999). 사실, 학교 장면에서 기초 약물 교육 프로그램으로 널리 사용되는 DARE(약물 남용 저항 교육) 프로젝트의 효과성을 메타 분석한 결과 이 인기 있는 프로그램이 비효과적이고 너무 짧은 기간만 유지된다는 사실이 확인되었다(West & O'Neal, 2004).

일부 효과적인 예방 프로그램도 있다. 청소년들이 상담자의 역할을 하는 생활기술 훈련 프로그램(Life Skills Training program)은 단기적 그리고 장기적인 효과 면에서 상당히 고무적이다(Botvin & Griffin, 2004). 이러한 프로그램에서는 약물 사용과 그 사회적 압력에 저항하는 사회적 기술을 교육한다(Springer et al., 2004). 이 프로그램은 다양한 문화권에서도 모두 유용함이 증명되었다.

또 다른 전략은 해로운 약물 사용의 통제이다. 이 전략은 약물 사용에서 도덕적 입장을 취하기보다 위험을 최소화하는 실용적인 관점을 견지한다. 유해 감소 전략의 예는 주사로 약물을 사용한 사람들의 주삿바늘을 교환하는 데 일정한 유인가를 제시하고 이를 계기로 치료적 접촉을 시도하는 것이다(Ritter & Cameron, 2006). 이에 대해 HIV 바이러스의 확산을 늦춘다는 주장과 오히려 약물 사용을 부추긴다는 상반된 주장이 맞서고 있다.

요약

알코올 남용은 많은 나라에서 심각하게 고민하고 있는 문제이다. 그렇지만 진정제, 흥분제, 코카인, 마리화나, 동화 스테로이드를 포함한 다른 많은 약물이 건강에 끼치는 해악은 다소 잠재적이다. 이러한 많은 약물은 약국의 카운터나 의사의 처방을 통해 광범위하게 사용되고 있는 것이 현실이다. 비록 이러한 약물들의 남용이 종종 많은 사회적 문제를 일으키지만 건강에 끼치는 위험은 니코틴이나 알코올의 직접적 위험보다는 적다. 약물 남용의 치료는 알코올 남용의 치료와 유사하며 예방을 일차적인 목적으로 한다. 유해 감소(harm reduction)라고 불리는 새로운 전략에는 약물 사용에 대한 사회적, 법률적 접근과 함께 체계적인 통제가 포함되어 있다.

해답 이 장에서는 다음의 여섯 가지 문제를 다루었다.

1. 알코올 소비의 주요 경향은 무엇인가?

알코올은 선사시대부터 전 세계적으로 사용되어 왔다. 미국에서의 알코올 소비는 19세기 초부터 이후 30년 동안 정점에 이르렀으며 '금주' 운동의 결과로 19세기 중반에 이르자 급격하게 감소했다. 현재 미국의 알코올 소비율은 지속적으로 감소했으나 약 2/3 정도가 통상적 음주자이며, 23%는 폭음자 그리고 7%는 과도한 음주자로 분류된다. 성인 유럽계 미국인은 다른 인종 집단들보다 음주 비율이 더 높다.

2. 음주는 건강에 어떠한 영향을 미치는가?

음주는 건강에 긍정적이기도 하고 부정적이기도 하다. 지속적이고 과도한 음주는 종종 간경변과 뇌 기능장애 같은 심각한 문제를 일으킬 수 있다. 적절한 음주는 아마도 HDL을 증가시킴으로써 심장질환을 줄이는 효과가 있다. 또한 제2형 당뇨병과 알츠하이머형 치매를 줄이는 효과도 있다.

3. 사람들은 왜 술을 마시는가?

음주 행동의 모형은 사람들이 왜 술을 마시기 시작하는가, 왜 어떤 사람들은 적당히 술을 마시고 어떤 사람들은 과도하게 마시는가를 설명하고 있다. 질병 모형에서는 사람들은 알코올리즘이라는 질병이 있기 때문에 과도하게 마신다고 가정한다. 긴장 감소 가설 및 알코올성 근시를 포함하는 인지-생리적 모형에서는 사람들이 긴장과 부정적인 자기평가로부터 회피하기 위해 술을 마신다고 제안한다. 사회적 학습 이론에서는 사람들은 정적 강화나 부적 강화, 모형화, 인지적 매개를 통해 음주 행동을 하게 된다고 가정한다.

4. 문제성 음주를 어떻게 변화시킬 수 있을까?

문제성 음주자 중 25%는 1년 이상 술을 끊을 수 있다. 미국의 치료 프로그램은 단주를 지향하고 있지만 치료의 중단이 곧 치료의 실패는 아니다. 익명의 알코올 중독자(AA)는 가장 인기 있는 치료 프로그램이지만 그 대중성에도 불구하고 효과는 기대에 못 미친다. 최근에는 심리 치료 중 단기 중재 치료가 주목받고 있다. 알코올 소비를 줄이기 위해 디설피람과 같은 약물을 사용하기도 하지만 최근에는 날트렉손이 자주 처방된다. 통제된 음주는 많은 문제성 음주자에게 합리적인 목표가 될 수 있으나 해당자의 심리적인 특성을 조심스럽게 고려해야만 한다.

5. 어떠한 이유 때문에 다시 술을 마시게 되는가?

술을 끊은 사람들은 재발하기가 쉽다. 대부분의 재발은 첫 3개월 내에 일어난다. 1년 후에는 성공적으로 술을 끊었던 사람 중 약 65%가 다시 술을 마시기 시작한다. 최근의 많은 음주 프로그램은 재발을 고려하는 '재발 예방' 회기를 추수에 포함하고 있다.

6. 그 밖의 약물은 건강에 어떤 영향을 미치는가?

진정제, 흥분제, 코카인, 마리화나, 동화 스테로이드 등의 일부 약물은 부분적이지만 의학적인 용도로 사용된다. 그러나 이 약물은 건강에 잠재적으로 해롭다. 이런 약물의 주된 문제는 신체적인 것이라기보다는 사회적인 것이다. 약물 남용의 치료는 알코올 남용의 치료와 유사하며 흡연 프로그램의 목표와 마찬가지로 예방에 일차적인 초점을 둔다.

더 읽을거리

Botvin, G. J., & Griffin, K. W. (2015). Life Skills Training: A competence enhancement approach to tobacco, alcohol, and drug abuse prevention. In L. M. Scheier (Ed.), *Handbook of adolescent drug use prevention: Research, intervention strategies, and practice* (pp. 177-196). Washington, DC: American Psychological Association. 이 장에서는 성공적인 예방전략의 요인들과 그 효과의 증거들을 다루고 있다.

Heather, N. (2006). Controlled drinking, harm reduction and their roles in the response to alcohol-related problems. *Addiction Research and Theory, 14,* 7-18. 저자는 통제된 음주의 역설적인 상황을 잘 설명하고 있다. 또한 유해 감소 기법이 유럽에서 얼마나 보편적인지와 통제된 음주를 수행하기 위해 약물과 알코올을 얼마나 적게 사용해야 하는지 설명하고 있다.

Lee, P. R., Lee, D. R., Lee, P., & Arch, M. (2010). 2010: U.S. drug and alcohol policy, looking back and moving forward. *Journal of Psychoactive Drugs, 42*(2), 99-114. 이 논문에서는 미국에서 알코올과 약물 사용 정책이 어떻게 변화되었는지 개관하고 있다. 현재 이 법과 제도의 테두리 안에서 어떻게 알코올과 약물을 사용해야 하는지에 관해서 유용한 기준을 알 수 있다.

Nestler, E. J., & Malenka, R. C. (2004, March). The addicted brain. *Scientific American, 290,* 78-85. 이 논문에서는 강화와 중독 상태에서의 뇌 기전이 자세히 기술되어 있고, 왜 강박적으로 약물을 사용하게 되는지도 잘 설명되어 있다.

Rehm, J., Baliunas, D., Borges, G. L. G., Graham, K., Irving, H., Kehoe, T., et al. (2010). The relationship between different dimension of alcohol consumption and burden of disease: An overview. *Addiction, 105*(5), 817-843. 이 논문에는 질병을 유발하는 알코올의 유해성이 잘 개관되어 있다. 알코올이 장기적으로 어떤 해악을 끼치며 어떤 패턴으로 질병을 유발하는지 설명되어 있다.

식사와 체중

**문제
제기**

이 장에서는 다음의 여섯 가지 기본적인 문제를 주로 다룬다.

1. 소화계는 어떻게 기능하는가?
2. 체중 유지와 관련된 요인은 무엇인가?
3. 비만은 무엇이고 건강에 어떻게 영향을 주는가?
4. 다이어트가 체중을 감소시키기 위한 좋은 방법인가?
5. 신경성 식욕부진증은 무엇이며 어떻게 치료할 수 있는가?
6. 신경성 폭식증은 무엇이며 폭식과 어떻게 다른가?

당신의 건강 위험도 체크 　식사와 체중 조절에 관해

자신에게 해당하는 항목에 ☑ 표 하시오.

☐ 1. 나는 현재 체중에 편안함을 느낀다.

☐ 2. 나는 많이 먹지 않는데도 불구하고 내가 원하는 체중보다 더 많이 나간다.

☐ 3. 나는 체중이 지난 2년 동안 15파운드(6.8kg) 이상 줄었다.

☐ 4. 나는 체중이 지난 2년 동안 15파운드(6.8kg) 이상 늘었다.

☐ 5. 나는 30파운드(13.6kg) 이상 과체중이다.

☐ 6. 나의 체중은 지난 2년 동안 약 5~10파운드 (2.3~4.5kg) 변화가 있었지만, 나는 그것에 관심이 없다.

☐ 7. 나는 더 야위었더라면 더 행복할 것이다.

☐ 8. 나의 허리 크기는 엉덩이와 같거나 더 크다.

☐ 9. 나는 일생 동안 적어도 10개의 다른 다이어트 프로그램에 참여한 적이 있다.

☐ 10. 나는 체중을 감소하기 위해 단식, 하제, 또는 다이어트 약물을 사용한 적이 있다.

☐ 11. 나의 가족은 내가 너무 야위었다고 걱정지만 나는 동의할 수 없다.

☐ 12. 코치, 트레이너는 내가 체중을 줄이면 운동 실력이 좋아질 것이라고 제안한 적이 있다.

☐ 13. 나는 때때로 식사에 관한 통제력을 상실하고 내가 계획했던 것보다 훨씬 더 많이 먹는다.

☐ 14. 나는 체중을 감소하기 위해 지방흡입 또는 위장 우회수술을 하고 싶다.

☐ 15. 나는 체중을 조절하기 위해 식사 후 토했다.

☐ 16. 음식은 위험한 것으로, 너무 많이 먹지 않기 위해 주의 깊게 생각하고 정신을 많이 써야 한다.

1번과 6번 문항은 체중에 대한 건강한 태도를 나타내고, 그 밖의 문항들은 부적절한 식사로 인한 건강위험이나 건강하지 않은 식사에 대한 태도를 나타낸다. 건강하지 않은 태도는 심각한 장애의 유발과 관련되고, 체중에 대한 집착과 빈번한 다이어트 또한 건강하지 않을 수 있다.

실제 사례　**대니 케이힐**

Photo credit Danny Cahill (www.thedannycahill.com)

대니 케이힐(Danny Cahill)은 체중 감량 TV 프로그램인 '가장 실패한 사람(The Biggest Loser)' 8번째 시즌의 우승자였다. 대니는 경기를 시작할 때 430파운드(195kg)였고, 마지막엔 191파운드(86.6kg)였다. 그는 프로그램 역사상 다른 어떤 참가자들보다 체중을 더 많이 줄였다(Kolata, 2016). 하지만 그의 체중은 몇 년에 걸쳐 다시 100파운드(45.4kg)가 늘었고, 다른 경쟁자들도 TV 프로그램을 하는 동안 도달했던 체중보다 더 감소하지 않았다.

이러한 상황은 비만 연구자인 케빈 홀(Kevin Hall)과 동료들이 가능한 한 많은 경기 참가자를 연구하도록 자극했다(Fothergill et al., 2016). 홀은 이 참가자들에게 6년의 연구기간 동안 그들의 신진대사율뿐만 아니라 체중을 추적 조사하도록 협력을 요청했다. 연구자들은 몇 년 전에 체중 감소에 따라 신진대사율이 느려진다는 사실을 입증했는데, 다이어트를 하는 사람의 신진대사율이 정상으로 되돌아오는 데 얼마나 많은 시간이 필요한지 알아보고 싶어 한다. 그 결과는 놀라웠다. 다이어트를 하는 사람의 신진대사율은 몇 년 후에도 느리게 유지되었다. 느린 신진대사율은 많은 TV 프로그램 참가자들 그리고 다이어트를 하는 수많은 사람들에게 일어나는 체중 증가의 한 요인임이 분명하다.

이 장은 식사의 네 가지 중요한 문제인 과식과 다이어트(overeating & dieting), 신경성 식욕부진증(anorexia nervosa), 신경성 폭식증(bulimia), 폭식(binge eating)을 상세하게 다룬다. 각각은 체중 유지에 어려움을 보인다. 이런 문제들을 다루기 전에, 먼저 소화계의 기관과 기능을 알아보자.

소화계

인간의 신체는 다양한 식물과 동물 조직을 소화할 수 있다. 소화계는 이런 음식물을 가용한 단백질, 지방, 탄수화물, 비타민, 미네랄로 변화시킨다. 소화계는 음식을 섭취하고 흡수 가능한 조각으로 만들며, 소화되지 않은 노폐물을 배출한다. 소화계를 통해 흡수된 미립자는 혈액으로 운반되어 모든 신체 세포에 쓰일 수 있게 된다. 이런 미립자는 활동에 필요한 에너지와 신체 성장, 유지 및 복원을 위한 재료를 제공함으로써 신체를 보호한다.

소화관은 많은 전문화된 구조로 이루어진 모양이 변형된 튜브이다. 또한 소화계에는 도관(duct)에 의해 소화관에 연결된 몇몇 부대적인 구조가 포함된다. 이런 도관화된 선은 소화에 필수적인 물질을 생산하고, 도관은 이런 물질을 소화계로 들어가게 하는 길을 제공한다. 그림 14.1은 소화계를 보여준다.

인간과 다른 포유동물의 소화는 입에서 시작한다. 이빨은 음식을 씹어서 가루로 만들어 이를 타액과 혼합한다. 몇몇 **타액선**(salivary glands)은 수분을 공급하여 음식의 맛을 볼 수 있도록 한다. 이런 수분이 없으면, 혀에 있는 미뢰(taste buds)는 기능하지 않는다. 또한 타액에는 녹말을 소화하는 효소가 들어 있기 때문에 소화는 음식 미립자가 입에서 떠나기 전에 시작된다.

삼키기는 수의적 행위이다. 그러나 일단 음식이 삼켜지고 나면 **인두**(pharynx)와 **식도**(esophagus)를 통해 진행되는 과정은 거의 불수의적이다. **연동운동**(peristalsis)은 소화계에 있는 순환성 근육구조가 규칙적으로 수축과 이완하는 것으로 음식을 식도에서 소화계로 나아가게 한다. 위에서 규칙적인 수축으로 음식이 위와 선(glands)에서 분비된 **소화액**(gastric juice)과 섞인다. 위에서는 영양분을 거의 흡수하지 않는다. 알코올, 아스피린 그리고 지용성 약물만 흡수된다. 위의 중요한 기능은 음식의 미립자를 소화액과 섞는 일이며, 이렇게 하여 소장에서 흡수될 수 있도록 준비한다.

음식 미립자와 소화액의 혼합물은 소장으로 조금씩 이동한다. 소화액의 높은 산성도는 산성도가 높은 혼합물을 만들며, 소장은 높은 산성에서는 기능할 수 없다. 산성도를 낮추기 위해, 췌장은 몇몇 산도 감소 효소를 소장으로 분비한다. 이런 **췌장액**

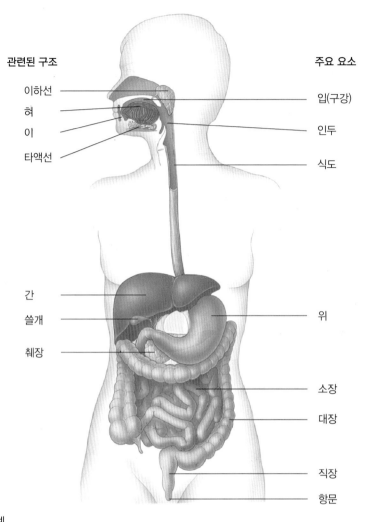

관련된 구조		주요 요소

관련된 구조

이하선
혀
이
타액선

주요 요소

입(구강)
인두
식도

간
쓸개
췌장

위

소장
대장

직장
항문

그림 14.1 소화계

출처: *Introduction to microbiology* (p. 556), by J. L. Ingraham & C. A. Ingraham. From INGRAHAM/INGRAHAM, *Introduction to Microbiology*, 1E. © 1995 Cengage Learning.

(pancreatic juice)은 또한 탄수화물과 지방을 소화하는 데 중요하다.

　입에서 시작되는 녹말의 소화는 소장에서 끝난다. 소장의 상위 3분의 1은 녹말과 기타 탄수화물을 흡수한다. 위에서 시작되는 단백질 소화는 단백질이 소장의 상위 부분에서 흡수될 때 끝난다. 그러나 지방은 거의 소화되지 않은 채 소장으로 들어간다. **간**(liver)에서 생산되고 **쓸개**(gall bladder)에 저장되어 있는 **담즙**(bile salts)은 지방 분자를 분쇄하여 췌장 효소에 의해 활동할 수 있게 한다. 지방의 흡수는 소장의 중간 3분의 1에서 일어난다. 그 과정을 돕는 담즙은 소장의 아래 3분의 1에서 나중에 재흡수된다.

　많은 물은 소장을 통과한다. 사람이 마시는 물에 더해서 소화액은 유체 부피를 증가시킨다. 소장을 통과하는 물 가운데 90%가 흡수된다. 또한 이런 흡수 과정에서 비타민과 전해질이 신체로 흡수된다.

소화는 소장에서 대장으로 진행된다. 소화계의 다른 부분과 마찬가지로, 대장으로의 이동은 연동운동을 통해 일어난다. 그러나 대장에서의 연동운동은 소장에 비해 더 완만하고 불규칙적이다. 박테리아는 대장에 살며 몇몇 비타민을 만든다. 대장에 흡수 능력이 있다고 하더라도 물, 몇몇 미네랄 그리고 박테리아에 의해 만들어진 비타민만을 흡수한다.

배설물(feces)은 소화가 일어난 후 남는 물질들로 구성되어 있다. 배설물은 소화되지 않은 섬유, 무기물질, 소화되지 않은 영양분, 물, 박테리아로 구성되어 있다. 배설물은 연동운동을 통해 대장, **직장**(rectum), 그리고 마지막으로 **항문**(anus)을 거쳐서 배출된다.

요약하면, 소화계는 입에서 음식을 더 작은 미립자로 분쇄하는 과정을 통해 음식을 영양분으로 만들기 시작한다. 소화액은 위에서 음식물을 미립자로 만들어 일부 소화하지만 대부분 영양분의 소화는 소장에서 일어난다. 소화는 소화되지 않은 찌꺼기의 배출로 마무리된다. 소화계는 다른 어떤 신체 체계보다 더 많은 질병과 장애에 의해 역병에 걸리게 된다. 많은 소화계 장애 중 비만, 신경성 식욕부진증, 신경성 폭식증, 폭식 장애와 같은 중요한 행동적 요소를 가진 몇몇 장애가 건강심리학의 주요한 관심사가 되고 있다. 더욱이 안정적으로 체중을 유지하는 일은 행동들(식사와 활동)에 달려 있다.

 ## 체중 유지 요인

음식으로 흡수된 칼로리가 신체 대사활동과 신체적 활동을 위해 소비된 칼로리와 동일할 때 안정된 체중이 유지된다. 이러한 균형은 단순한 계산이 아니라 활동과 상호작용의 일련의 복잡한 세트의 결과이다. 칼로리 내용은 음식에 따라서 다양하다. 즉, 지방은 탄수화물이나 단백질보다 부피당 더 많은 칼로리가 들어 있다. 흡수의 정도는 음식이 소화계를 빨리 통과하는 정도와 음식의 구성 성분에 따라서 달라진다. 더욱이, 신진대사율은 사람에 따라서 많은 차이를 보이고 개인의 신진대사는 대니 케이힐의 경우처럼 시간에 따라서 변화할 수 있다. 활동 수준은 변이성의 또 다른 원천이다. 즉, 더 많은 활동량은 더 많은 칼로리 소비를 필요로 한다.

칼로리를 얻기 위해서 사람(그리고 다른 동물)들은 먹는다. 식사와 체중을 단기와 장기적으로 조절하는 요소가 신경계에 있는데, 다양한 호르몬과 신경전달물질이 단기와 장기 조절체계를 형성한다(Blundell, Gibbons, Caudwell, Finlayson, & Hopkins,

2015). 1994년 발견된 단백질 호르몬인 **렙틴**(leptin)은 백색지방조직에 의해 생성되고 체중의 장기 조절에 관련된 신호체계의 한 부분으로 중추신경계에 있는 수용기에 작용한다. 낮은 렙틴 수준은 낮은 지방 축적을 나타내고, 식사를 촉진한다. 높은 수준의 렙틴은 적절한 지방 축적과 포만의 신호이다. 체중 유지와 관련된 두 번째 호르몬은 인슐린(insulin)이다. 췌장(pancreas)에서 생산된 이 호르몬은 체세포가 사용하기 위해서 글루코스(glucose)를 끌어들이도록 한다(인슐린 생산이나 사용의 결핍이 당뇨병을 일으킨다. 이 질병은 11장에서 다루고 있다). 높은 인슐린 생산은 세포가 사용할 수 있는 것보다 더 많은 글루코스를 유입하게 하고, 과다하여 남은 부분은 신체에서 지방으로 전환된다. 뇌에서 인슐린은 **시상하부**(hypothalamus)에서 작동한다. 즉, 포만 신호를 보내어 식욕을 감소시킨다.

또한 1999년에 발견된 펩티드(peptide) 호르몬인 **그렐린**(ghrelin) 호르몬은 식사와 관련된 것이다(Blundell et al., 2015). 이 호르몬은 위장 벽에 있는 세포에서 생산되며, 이 호르몬의 수준은 식사 전에는 올라가고 식사 후에는 떨어진다. 그래서 그렐린은 식사를 자극함으로써 단기 식사 조절과 관련되는 듯하다. 그렐린은 시상하부에서 작용하여 신경펩티드(neuropeptide) Y를 활성화하여 아구티 관련 펩티드(Agouti-related peptide)를 방출한다. 이 펩티드는 식욕을 자극하고 신진대사를 감소시킨다. 따라서 이것은 두 가지 방식으로 체중 균형에 영향을 준다.

식사를 촉진하는 호르몬에 더해서, 다양한 호르몬이 포만감에 관련되어 있고 식사를 감소시키거나 멈추게 한다. 호르몬 **콜레키스토키닌**(CCK: cholecystokinin)은 장(腸)에서 생산되는 펩티드 호르몬으로, 뇌에서 작용하여 포만감을 가져온다. CCK, 글루카곤 유사 펩티드 1, 펩티드 YY 모두 장에서 생산되지만 시상하부에 작용하여 포만 신호를 보낸다(Blundell et al., 2015). 따라서 배고픔 및 식사와 관련되어 있는 호르몬과 신경전달물질의 활동 특징은 매우 복잡하고 아직 충분히 이해되지 않고 있다. 하나의 체

표 14.1 식욕과 포만에 관련된 호르몬

식욕을 증가시키는 호르몬		포만을 증가시키는 호르몬	
호르몬	생성되는 곳	호르몬	생성되는 곳
그렐린	위	렙틴	지방조직
신경펩티드 Y	시상하부	인슐린	췌장
오렉신	시상하부	콜레키스토키닌(CCK)	장
아구티 관련 펩티드	시상하부	글루카곤 유사 펩티드 1(GLP-1)	장
멜라닌 농축 호르몬(MCH)	시상하부	펩티드 YY	장

계는 식사를 시작하게 하는 것이고, 또 다른 하나의 체계는 포만감을 생성하여 식사를 그만하게 하는 것이다. 표 14.1은 각 호르몬을 모아둔 것이며 각 호르몬의 생산 장소도 보여주고 있다. 많은 호르몬이 시상하부에서 생산되고 모두 시상하부의 다른 신경에 작용하여 체중의 단기와 장기 조절을 위한 복잡한 기제를 형성한다는 사실을 주시해야 한다.

체중 물질대사와 체중 유지의 복잡성을 이해하기 위해 극단적인 예인 참여자가 체계적으로 기아 상태가 되는 실험을 생각해보자.

실험적 기아

거의 60년 전, 안셀 키즈(Ancel Keys)와 그의 동료들(Keys, Brozek, Henschel, Mickelsen, & Taylor, 1950)은 인간 기아의 신체적 효과에 관한 연구를 발표했다. 그 연구는 제2차 세계대전 동안 이루어졌다. 참여자는 양심적 병역 거부자로 군복무의 대체로 이 연구에 자발적으로 참여했다. 참여자들은 매우 정상적인 젊은이였다. 그들의 지능은 평균에서 우수 범위에 속해 있었고 정서적으로도 안정되어 있었다.

그 연구의 처음 3달 동안, 36명의 참여자는 규칙적으로 식사하고 정상적인 칼로리를 섭취했다. 그런 다음 참여자에게 이전 식사량의 절반을 제공하여 체중을 이전 수준의 75%로 감소하는 것이 목적이었다. 연구자가 참여자의 섭취를 절반으로 줄였지만, 그들에게 적절한 영양분을 주어서 결코 실제적인 기아의 위험이 없었다. 그러나 참여자들은 일관적으로 거의 배고파했다.

처음에 이들은 체중이 급격하게 줄었다. 그들은 항상 배고픈 상태였지만, 체중 감소의 처음 속도는 유지되지 않았다. 계속해서 체중을 줄이기 위해 그들은 더욱 더 적은 양의 칼로리를 섭취해야 했다. 그로 인해 몇 사람이 실험에서 탈락했다. 그럼에도 불구하고 대부분은 6달 동안 프로젝트에 참여했고, 체중의 25% 감소 목표를 거의 달성했다.

반 기아 상태에서 나타난 행동들은 키즈와 그의 동료들에게 매우 놀라웠다. 처음에 참여자들은 낙관적이고 의기양양했다. 그러나 이런 감정은 곧 사라졌다. 이

실험적 기아는 음식에 강박적으로 집착하게 하고 여러 가지 부정적인 행동을 유발한다.

들은 불안정하고 공격적이고 서로 싸우기 시작했으며, 완전히 격에 맞지 않는 행동을 했다. 이들은 6개월의 기아 동안 이런 반항적인 행동을 계속했지만, 또한 그들은 냉담해지고 신체활동을 회피했다. 그들은 기숙사, 자신의 신체적 외모 그리고 여자 친구들을 무시하게 되었다.

이들은 음식에 대한 생각에 점점 집착하게 되었다. 식사시간은 생활의 중심이 되었고 매우 느리게 먹는 경향이 있었으며 음식의 맛에 매우 민감해졌다. 칼로리 감소 기간 초기에 그들이 음식 섭취 행동을 속이지 못하게 물리적 제한을 두었다. 그러나 기아 3개월쯤 그들은 자신이 속일 것 같아 두려워서 혼자 기숙사를 나가지 않아야 했다고 말했다. 결과적으로 그들은 쌍으로 또는 여러 명이 함께 밖에 나가도록 했다. 헌신적이고, 예의바르고, 정상적이고, 안정적인 이 젊은이들이 반 기아 상태에서 이상하고 심술궂게 되어갔다.

음식에 대한 집착과 계속된 부정적인 생각으로 인해 이 프로젝트에서 음식을 다시 제공하게 되었다. 음식을 다시 제공하는 동안 3개월간 감소된 체중을 다시 회복하기 위해서였다. 이 단계는 3개월 동안 지속되었고, 이때 음식은 점진적으로 조금씩 늘려서 주었다. 참여자들이 너무 반대하여 음식을 제공하는 속도가 빨라졌는데, 결과적으로 이들은 그들이 할 수 있는 만큼 많이 그리고 자주 먹었다. 어떤 사람은 하루에 5끼의 많은 식사를 하기도 했다. 음식을 다시 제공하는 단계의 끝에서, 대부분은 실험 전의 체중을 되찾았으며 실제로 많은 이들은 체중이 약간 더 증가했다. 이들의 약 1/2이 여전히 음식에 집착했고, 많은 사람에게 기아 전의 낙천성과 즐거움이 완전히 돌아오지 않았다.

실험적 과식

실험적 기아와 대응되는 실험적 과식은 훨씬 더 매력적인 선택지인 것 같다. 이선 앨런 심즈(Ethan Allen Sims)와 그의 동료들(Sims, 1974, 1976; Sims et al., 1973; Sims & Horton, 1968)은 먹는 일을 특별히 흥미롭게 여기고 감사하게 생각하는 한 집단을 찾았다. 이들은 죄수였다. 버몬트주 교도소에 수감되어 있는 사람들이 과식 실험의 일부로 9~14kg을 증가시키는 데 지원했다. 심즈의 관심사는 키즈와 비슷하다. 즉, 과식의 신체적, 심리적 요소에 대한 이해였다. 죄수들에게 특별한 주거 형태를 제공했고, 풍부하고 맛있는 음식도 차려놓았다. 그리고 쉽게 체중을 증가시키기 위해 신체활동을 제한했다.

칼로리의 증가와 신체활동의 감소가 체중 증가를 확신하게 할 수 있다. 이들의 체중이 증가했을까? 처음에 그들은 매우 쉽게 체중을 증가시켰다. 그러나 곧 체중 증가율은 완만해졌고, 참여자들은 체중을 계속 늘리기 위해 더 많이 먹어야 했다. 기아 연구의 참여자와 마찬가지로 이들은 자신의 체중을 정상 수준으로 유지하기 위해 3,500칼로리가 필요했다. 그러나 많은 이들이 계속 체중을 늘리기 위해 그 양의 2배를 먹어야 했다. 자신이 먹은 양에 상관없이 모든 사람이 체중 목표를 달성할 수 있었던 것은 아니었다. 한 사람은 하루에 10,000칼로리 이상을 먹었음에도 불구하고 자신의 목표를 달성하지 못했다.

과식한 죄수들이 기아 연구에 참여한 사람만큼 비참했을까? 아니다. 그러나 그들은 과식이 불쾌하다는 사실을 알았다. 음식은 훌륭했음에도 불구하고 그들에게 혐오적이었다. 그들은 강제로 먹어야만 했고 많은 사람이 이 연구의 중도 탈락을 고려했다.

이 연구의 체중 증가 단계가 끝났을 때, 죄수들은 극적으로 음식 섭취를 줄였고 체중을 감소시켰다. 모든 사람이 다른 사람만큼 빨리 체중을 감소시킨 것은 아니다. 2명이 자신의 원래 체중으로 돌아가는 데 문제가 생겼다. 비록 그들이 결코 과체중을 보인 것은 아니지만 이 두 사람의 의학적 배경 검사는 비만의 가족력이 있음을 밝혔다. 연구 결과는 정상 체중인 사람이 실제적으로 자신의 체중을 증가시키는 데 어려움이 있고, 심지어 체중을 증가시켰다고 하더라도 증가된 체중을 유지하는 데 어려움이 있음을 나타낸다.

요약

체중 유지는 두 가지 요인에 주로 달려 있다. 음식 섭취로 흡수된 칼로리 양과, 신체 신진대사 및 신체활동으로 소비된 칼로리의 양이다. 이런 균형의 기본이 되는 것은 시상하부를 포함하는 뇌의 다양한 영역에 선택적으로 영향을 주는 복잡한 일련의 호르몬과 신경전달물질이다. 체중 증가는 신체 신진대사와 신체활동의 유지에 필요한 양보다 더 많은 영양분이 남아 있을 때 생긴다. 체중 감소는 신체 신진대사와 활동을 위해 필요한 에너지를 공급하는 데 불충분한 영양분이 존재할 때 생긴다. 기아 실험은 너무 많은 체중의 감소가 흥분, 공격성, 무감동, 성적 관심의 부족, 음식에 대한 집착을 보여주었다. 과식에 대한 실험은 체중의 증가가 어떤 사람에게는 체중을 줄이는 것만큼 어려울 수 있다는 점을 보여주었다.

과식과 비만

과식은 비만의 유일한 원인은 아니지만 체중 유지 균형에 중요한 부분이다. 실험적 기아와 과식에 대한 연구에서 보는 바와 같이, 음식 섭취 및 에너지 방출과 함께 신진대사 수준의 변화가 신체의 영양분 사용의 효율성을 변경한다. 따라서 신체 신진대사에서 개인 간 차이가 다른 사람에 비해 어떤 사람에게 더 빠르게 칼로리를 태우도록 한다. 동일한 양을 먹은 두 사람의 체중이 다를 수 있다.

체중 유지 균형은 복잡하지만, 과식은 비만의 원인이 된다.

과체중인 사람들 중 많은 이들이 자신은 다른 사람보다 덜 먹는다고 보고하지만, 이런 자기보고는 부정확한 경향이 있으며, 객관적인 측정치는 과체중인 사람이 보통 더 많이 먹는다는 사실을 보여준다(Jeffery & Harnack, 2007; Pietiläinen et al., 2010). 그들은 특히 탄수화물이나 단백질보다 칼로리 강도가 높은 지방이 풍부한 음식 섭취를 더 좋아한다. 다시 말하면, 그들은 음식을 덜 먹지만 더 많은 칼로리를 섭취한다. 과체중인 사람은 또한 야윈 사람에 비해 신체적으로 덜 활동적인 경향이 있다. 이런 행동은 비만을 초래하고 비만과 관련된 건강 문제를 야기한다. 그러나 비만의 정의와 근본적인 이유는 논쟁의 문제로 남아 있다.

비만이란?

비만이란 무엇인가? 이 질문에 대한 답은 개인적이고 사회적 기준에 따라서 다양하다. 비만이 건강의 측면에서 정의되어야만 하는가? 외모? 신체질량? 체지방의 비율? 체중기준표? 전체 체중? 비만의 정의는 오로지 체중만을 고려해서는 안 된다. 왜냐하면 어떤 개인은 골격이 작은 반면 다른 사람들은 더 클 수 있으며, 또한 어떤 사람의 체중은 근육 때문일 수 있고, 다른 사람은 지방 때문일 수 있다. 근육조직과 뼈는 지방보다 무게가 더 나간다. 그래서 어떤 사람은 정상 체중인 사람보다 더 체중이 나가지만 더 야윌 수 있다.

체지방의 비율과 분포를 결정하는 것은 쉽지 않지만, 몇몇 다른 평가 방법들이 있다(Mazić et al., 2014). 신체를 영상화하는 많은 새로운 기술(초음파, MRI, 칼륨-40 분석법)이 체지방의 내용을 평가하는 데 사용될 수 있다. 그러나 이런 방법들은 비용이 매우 비싸고 비교적 가까이하기 어렵다는 단점이 있다. 더 간단한 방법은 소량의 피부를 잡아 그 두께를 측정하는 피부두께 측정법과 신체의 다양한 부분의 지방 수준을 측정하기 위해 신체에 해롭지 않은 전류를 보내는 생리전기 임피던스 측정법이 있다. 두 가지 방법 어느 쪽도 비용이 더 비싼 측정법들만큼 정확하지 않다.

가장 일반적인 평가법은 도표를 활용하는 것보다 더욱 쉽다. 키-체중 도표가 대중적이었지만, **신체질량지수**(BMI: body mass index)가 현재 가장 중요한 접근법이다. 신체질량지수는 kg/m^2으로 정의된다. BMI가 연령, 성, 체격을 고려하지 않지만, 이 측정

표 14.2 신체질량지수(BMI)와 이에 해당하는 키와 체중

키(cm)	$BMI(kg/m^2)$							
	17*	21	23	25	27	30	35	40**
	체중(kg)							
152	39	49	54	58	63	69	81	93
155	41	50	55	60	65	72	84	96
157	42	52	57	62	67	74	87	99
160	44	54	59	64	69	77	89	102
163	45	55	61	66	71	79	92	105
165	46	57	63	68	73	82	95	109
168	48	59	64	70	76	84	98	112
170	49	61	66	72	78	87	101	116
173	51	63	68	74	80	89	104	119
175	52	64	70	77	83	92	107	122
178	54	66	73	79	85	94	110	126
180	55	68	75	81	88	98	113	130
183	57	70	77	83	90	100	117	133
185	58	72	79	86	93	103	120	137
188	60	74	81	88	95	106	123	141
191	62	76	83	91	98	109	127	145
193	63	78	86	93	100	112	130	149

* 의도적 기아 상태 후 BMI가 17이면 이는 신경성 식욕부진증에 대한 세계보건기구(WHO) 진단 기준 가운데 하나를 충족한다.
** Bender, Trautner, Spraul, & Berger(1998)는 BMI가 40이면 병적 비만이라고 보았다.

치는 1990년대 초에 보편적으로 사용되기 시작했다. 비만 예방과 치료를 위한 국가테스크팀(2000)은 체중 도표와 BMI 둘 다 체지방을 측정하지 못하지만 BMI가 과체중과 비만을 측정하기 위한 기준을 제공할 수 있다는 데 동의했다. 이 팀은 과체중을 BMI 25~29.9, 비만을 BMI 30 이상으로 정의했다. 표 14.2는 BMI 수준과 이에 대응하는 키와 체중의 예를 보여주고 있다.

과체중을 평가할 수 있는 또 다른 측정치는 허리와 엉덩이 크기의 비율로 측정된 지방 분포이다. 허리 크기가 엉덩이 크기에 접근하는 사람은 지방이 신체의 중앙 부분에 분포되어 있고, 허리에 비해 엉덩이가 큰 사람은 더 낮은 허리-엉덩이 비율을 보인다.

연구자들이 비만을 연구하기 위해 사용한 정의에 상관없이 과체중은 종종 사회적 기준과 유형의 관점에서 정의된다. 이런 정의는 보통 건강과 거의 관련이 없으며 문화와 시대에 따라서 변화하기 쉽다. 많은 예를 인류역사에서 찾아볼 수 있다. 음식 공급이 불확실한 시대 동안(역사상 가장 빈번한 상황), 체내에 지방을 공급하는 일은 일종의 보험이었고 따라서 매력적으로 생각되었다(Nelson & Morrison, 2005). 또한 지방은 부유함의 상징으로 생각되었다. 그 시대에 지방은 풍부한 음식을 공급할 수 있는 능력이 있음을 세상에 보여주는 것이었다. 이 기준은 아주 최근에 변화했다. 1920년 전에 야윔은 질병 또는 가난함과 관련이 있다고 여겼기 때문에 비매력적인 것으로 생각되었다.

야윔은 더 이상 비매력적인 것으로 생각되지 않고 있다. 사실 특히 여성의 경우, 오늘날 야윔은 포동포동함만큼이나 매우 바람직한 것으로 되었다. 초기 연구(Garner, Garfinkel, Schwartz, & Thompson, 1980)는 1959년부터 1978년까지 그리고 1979년부터 1988년까지(Wiseman, Gray, Mosimann, & Ahrens, 1992) 및 1922년부터 1999년까지(Rubenstein & Caballero, 2000) 「플레이보이」지의 누드 사진에 나온 사람의 체중과 미스 아메리카 지원자들의 체중 변화를 조사했다. 그 결과 두 집단에서의 체중이 일반 인구의 평균 체중에 비해 감소했다. 최근에 잡지에 접어 넣은 그림이나 사진을 분석한 결과(Seifert, 2005; Sypeck et al., 2006)는 지난 50년 동안 더 야윔에 대한 경향성을 확인했다. 이런 이상적인 신체는 너무나 야위어서 잡지에 접어 넣은 사진의 99% 그리고 미스 아메리카의 100%가 저체중 범위에 속했다(Spitzer, Henderson, & Zivian, 1999).

이런 야윈 여성 체형이 광범위하게 수용되어 심지어 정상적인 체중의 여성이 종종 자신이 너무 체중이 많이 나간다고 생각하기도 한다(Maynard, Serdula, Galuska, Gillespie, & Mokdad, 2006). 여자들이 야윈 것을 매력적으로 받아들이는 것은 3세 초기부터 시작되고(Harriger, Calogero, Witherington, & Smith, 2010), 5세쯤에 확립된다(Damiano et al., 2015). 명확하게, 비만은 아름다움처럼 사람마다 보기 나름이고 이상적인 체형은 지난 50년 동안 점점 더 날씬해지고 있다.

야윔에 대한 강조에도 불구하고, 비만은 유행병이 되고 있다. 미국에서 성인 비만은

1980년대 초부터 1990년대 후반까지 50% 증가했고(NCHS, 2011), 여전히 높게 유지되고 있다(NCHS, 2016). 비슷한 증가가 같은 기간 동안 전 세계적으로 나타났다(WHO, 2016b). 미국에서 극단적인 비만은 1990년대 동안 2배 이상 늘었고 여성들의 경우 2014년까지 계속 증가했다(NCHS, 2016). 비만의 증가는 성인 또는 사람에 국한되지 않고 사람과 매우 근접해서 살고 있는 개, 고양이, 쥐 같은 동물들 또한 지난 몇 십 년 동안 더 살쪘다(Klimentidis, 2011). 이제 저체중인 사람보다 비만인 사람이 세상에 더 많다(WHO, 2016b). 배리 팝킨(Barry Popkin, 2009)의 결론처럼 '세상은 비만이다'.

비만을 BMI 30 이상으로 정의한다면, 미국 성인의 37.8%가 비만이고 32.6%가 과체중(BMI: 25~29.9)이다(NCHS, 2016). 비만의 비율이 아동(13.4%)과 청소년(20.6%)에서는 더 낮다. 그러나 이 비율은 25년 전보다 높은 수치다. 비만과 과체중인 사람이 남성과 여성, 모든 인종, 모든 지역, 모든 교육 수준에서 발견된다. 그러나 그림 14.2에서 보는 바와 같이, 비만과 과체중의 비율은 성별과 인종적 배경에 따라서 다양하다.

과체중과 비만 비율은 미국이 세계에서 가장 높지만(WHO, 2016a), 다른 많은 나라의 과체중 비율 또한 50%가 넘는다. 예컨대, 아메리카 대륙에 있는 모든 나라는 이 비율이 높고 유럽도 마찬가지이다. 실제로 그 비율이 60%가 넘는 나라들이 많다. 하지만 서남아시아에서 과체중 비율이 50% 이상인 나라는 없다. 물론, 비만율은 과체중 비율보다 낮지만 과체중 비율이 높은 나라들은 비만율도 높다.

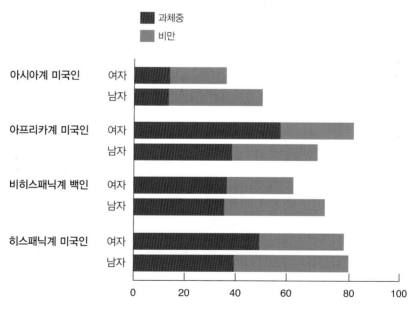

그림 14.2 인종 집단에 따른 미국 남자/여자 과체중과 비만 비율

출처: Statistical Abstract of the United States adults and national health interview survey, 1009, 2010, by J. R. Plei, B. W. word and J. Wlucas, National center for health statistics. Vital health statistics, 10(249) Table 31, p. 106.

왜 비만인 사람이 되는가?

연구자들은 지난 20년에 걸쳐 비만이 극적으로 증가한 여러 가지 이유를 제안했는데, 패스트푸드와 설탕이 첨가된 탄산음료 소비의 증가, 1인분 음식량의 증가, 신체활동 감소가 포함된다. 이러한 요인들은 미국인만이 아니라(Pereira et al., 2015) 저소득 국가를 포함하여 다른 많은 나라의 국민들에게도(Popkin, 2009) 적용된다. 패스트푸드를 먹고 TV를 보는 생활양식은 더 큰 BMI 및 체중 증가와 관련된다. 실제로 패스트푸드 식당이 학교에서 800미터 이내에 있는 청소년들은 그렇지 않은 경우에 비해 더 과체중이 되는 것 같다(Davis & Carpenter, 2009).

설탕이 가미된 탄산음료의 소비는 과체중의 발병률을 증가시키는 또 다른 행동이다(Bermudez & Gao, 2011; Bray, 2004; Must, Barrish, & Bandini, 2009). 1인분의 음식량이 큰 것도 마찬가지로 비만의 증가에 기여하는데, 건강권위자들의 염원에도 불구하고 패스트푸드 식당들은 계속해서 음식을 엄청난 크기로 만들며(Young & Nestle, 2007) 이로 인해 식당 손님들은 비만이 되는 경향이 있다. 이러한 추세는 중 · 저소득 국가보다 고소득 국가에 영향을 미치지만 비만은 전 세계적으로 점점 확산되고 있다(WHO, 2016a, 2016b).

하지만 모든 나라에서 어떤 사람들은 비만인 반면 또 어떤 사람들은 말랐다. 이런 차이를 설명하기 위해 연구자들은 생물학적 요인과 환경적 요인을 복합적으로 연구하고 다양한 모형을 개발해왔다. 비만의 유발과 유지를 설명할 수 있는 이런 모형들에는 설정점 모형, 유전적 설명, 긍정적 유인가 모형이 있다.

설정점 모형 이 모형은 체중이 일종의 내적 자동 온도 조절장치인 **설정점**(set-point)에 따라서 조절된다고 주장한다. 지방 수준이 어떤 수준 이상 올라가거나 떨어질 때 생리적이고 심리적인 기제가 활성화되어서 설정점으로 되돌아가게 한다. 렙틴을 비롯한, 체중 조절과 관련된 호르몬들의 발견은 이 관점과 일치한다. 신체지방은 렙틴을 생산하고 렙틴은 뇌의 시상하부에 전달하는 신호체계로 작동한다. 실험적 기아, 실험적 과식 그리고 '가장 실패한 사람' 프로그램에 참가하여 체중이 다시 늘어났던 사람들에 대한 연구 결과도 이 설정점 개념과 일치한다. 즉, 정상 체중에서 어떤 한 방향으로의 일탈은 어려웠다. 지방 수준이 설정점 아래로 떨어질 때, 신체는 지방 비축량을 유지하기 위한 활동을 한다. 이런 활동에는 신진대사 과정을 느리게 하여 칼로리를 더 적게 소비하는 것이 포함된다. 이 결과는 포더길 등(Fothergill et al., 2016)이 '가장 실패한 사람' 프로그램 참가자들의 신진대사 변화를 추적하여 발견했다. 다이어트를 하고 있는 사람은 계속해서 체중을 줄이는 데 어려움이 있다. 왜냐하면 그들의 신체는 지방 비축량이 고갈되지 않도록 싸우기 때문이다. 장기적이고 심각한 기아의 조건에서는 이런 느린 신진대사가 나른함과 무감각함처럼 행동적으로 나타난다. 이 둘 모두 키즈의 기아 실험에 참가한 지원자에서 나타났다.

높은 배고픔은 지방 공급이 설정점 이하로 떨어질 때 나타나는 신체의 다른 조정 행위이다. 다시 이 기제는 렙틴의 작용, 키즈 등의 배고픔에 대한 연구 결과 그리고 대니 케이힐 및 그 밖의 경기 참가자들과 일치한다. 저장된 지방이 떨어질 때, 렙틴 수준은 감소하고 이것은 시상하부를 활성화하여 배고픔을 유발한다(Blundell et al., 2015). 키즈의 연구에서, 다이어트한 사람은 비참했고 원래 체중으로 돌아갈 때까지 그랬다. 자신의 정상 체중 아래로 떨어진 기간 동안(즉, 설정점 아래에 있는 동안) 그들은 음식에 집착했다. 그들에게 음식 먹는 일을 허용했을 때, 이들은 지방의 비축량을 가장 빨리 증가시키는 경향이 있는 고칼로리를 선호했다. 이 상황은 설정점 이론과 일치한다. 그들은 마치 신체로부터 먹으라는 메시지를 받고 있었던 것처럼 행동했다. '가장 실패한 사람' 프로그램 참가자들은 이 메시지를 무시하려고 노력했다. 어떤 사람은 실패했지만 어떤 사람은 감소된 체중을 유지하는 데 성공했는데, 이는 설정점 이론에 일치하지 않는다.

과식에 대한 실험은 또한 설정점 이론과 일치한다. 정상 체중 이상으로 체중을 늘리도록 한 죄수들은 렙틴 신호체계를 통해 자신의 자연적 설정점과 싸우고 있었다. 이 신호는 '식사 그만'이라는 것으로 해석되고, 죄수들은 식사를 덜 하는 편이 나을 것이라는 신호를 들었다.

설정점이 왜 사람마다 다르고 어떤 사람은 비만의 설정점을 갖는지와 같은 설정점 모형에 대한 물음들이 아직 남아 있다. 하나의 가능한 대답은 설정점이 적어도 부분적으로 유전적 요소로 형성된다는 것이다.

비만에 대한 유전적 설명 비만에 대한 하나의 유전적 설명은 사람들이 왜 살이 찌는 경향이 있는지를 설명하기 위해 선사시대를 살펴본다. 이는 인간(과 다른 동물들)이 지방을 저장하는 경향이 있는 '경제적인(thrifty)' 신진대사를 진화시켜 왔다고 가정한다(Cummings & Schwartz, 2003). 만일 음식 공급이 부족하다면 이 경향성은 적응적일 수 있다. 고소득 및 중간 소득 국가에서 대부분의 사람들에게 공급되는 풍부한 음식으로 인해, 이 경제적인 신진대사는 과체중과 비만이 되는 쪽으로 영향을 미친다. 실로, 이런 음식 공급에 대한 접근 가능성이 비만을 거의 피할 수 없게 만든다는 주장이 있다(Walker, Walker, & Adam, 2003). 그러나 모든 사람이 비만하지는 않고, 어떤 환경 안에서 어떤 사람은 다른 사람보다 더 살이 찐다. 이런 차이는 지방을 저장하는 일반적 경향성 외의 요인에 기인한다.

비만은 가족들에게 이어지고 이것은 유전적 기초의 가능성을 제안한다. 그러나 식사 형태는 또한 가족 내에서 공유된다. 그래서 연구자들은 쌍생아와 입양 아동을 대상으로 체중에서 유전적 영향과 환경적 영향을 해결하기 위한 연구를 했다. 입양 아동 연구(Stunkard et al., 1986)와 떨어져서 길러진 일란성 쌍생아의 연구(Stunkard, Harris, Pedersen, & McClean, 1990) 결과는 체중에서의 유전의 역할을 제안했다. 입양된 아동의 체중은 양부모의 체중보다 생물학적 부모의 체중과 비슷했고, 쌍생아들을 함께 기르지 않았을 때조차도 그들의 체중은 상관이 높았다. 유전은 또한 BMI(Schousboe et al., 2004)와 신체의 체지방 분포(Fox et al., 2004)에 영향을 준다.

이런 연구들은 체중과 체지방 분포가 강한 유전적 요소를 지닌다고 제안한다. 그러나 대부분의 인간 비만이 단일 유전자에 의해 결정된다고 주장하는 학자는 없다(Cummings & Schwartz, 2003). 체중에 대한 강한 유전적 영향력을 주장하는 학자들은 많은 유전자와 다양한 환경의 상호작용에 초점을 두고 체중 조절과 비만을 이해하려고 한다(Levin, 2010; Morrison, 2008; Rooney & Ozanne, 2011; Wells, 2011). 유전자의 몇몇 조합은 잘못된 방식으로 작동하여 설정체계를 조절 불능으로 만들어 비만을 일으킨다. 다른 가능성은 신진대사의 영구적인 변화를 일으키는 유전자를 활성화할 수 있

믿을 수 있을까요?

당신은 다이어트보다 낮잠이 더 필요하다

수면 박탈이 비만과 관련된다는 사실을 믿는가? 오랫동안 깨어 있으면 섭식할 기회를 더 많이 만들거나 야식은 비만을 일으킬 수 있다는 것은 사실이 아니다(Coles, Dixon, & O'Brien, 2007). 그것보다는 수면이 체중 조절에 관련될 수 있고 수면을 놓치면 이 조절체계에 문제를 야기할 수 있다.

체중 조절에서 수면의 중요성에 대한 제안은 수면 박탈이 많은 사람에게 더 일반적이고 이는 비만 비율의 증가와 일치한다는 사실에 근거하고 있다. 연구자들은 의아해하기 시작했다. 이 관계가 일치하는 것인가, 아니면 어떤 기저하는 연결이 있는 것인가?

우선, 연구자들은 기본적인 질문으로 주의를 돌렸다. 부적절한 수면이 과체중과 관련되는가? 미국 일반 인구의 대표 표집에 대한 수면 습관 연구(Wheaton et al., 2011)에서, 매일 밤 7시간 미만으로 수면을 취하는 사람은 7시간 이상 자는 사람보다 과체중이나 비만이 될 가능성이 더 높았다는 사실을 보고했다. 이런 관계는 비만 아동들에게도 발견되었다(Seegers et al., 2011). 또

한 연구는 짧은 수면시간이 체중 증가에 선행한다는 사실을 발견했다(Lyytikäinen, Rahkonen, Lahelma, & Lallukka, 2011). 이것은 어떤 인과적 관계를 설정하는 데 필요한 연결이다.

다음으로, 연구자들은 수면 박탈과 비만 간의 관계에 기저하는 수면 부족과 호르몬 기제 간의 연결을 시도했다. 이런 연구의 개관에서(Knutson & van Cauter, 2008; Leger, Bayon, & de Sanctis, 2015), 일반적인 부분 수면 박탈 유형이 체중 증가와 인슐린 저항을 일으키는 방식으로 식욕과 섭식 조절에 관련되는 호르몬 조절을 변화시킬 수 있다는 결론을 지지한다. 특히, 수면 박탈은 섭식을 자극하는 그렐린을 증가시키고 포만의 신호로 작용하는 렙틴을 감소시킨다(Knutson & van Cauter, 2008). 밤에 6시간 이하로 자는 사람들은 과체중과 비만의 위험이 높아진다(Leger et al., 2015). 따라서 적절한 수면을 취하는 것이 휴식을 잘 취하는 것보다 더 이익일 수 있다. 수면으로 비만을 예방할 수 있다.

는 임신 후기와 수유 동안 어머니의 과잉 영양 상태를 강조한다. 다른 가능성은 음식 환경(고지방 혹은 단음식의 가용성처럼)에 반응하여 비만을 일으키는 많은 유전자 조합을 포함한다.

음식 환경에 대한 이런 강조는 비만이 특정 맥락(유전과 상관없이 적절한 음식 공급 없이는 비만이 될 수 없다)에서 일어난다는 데 잘 기초해 있다. 비만의 유전적 요소가 특정 환경에 있는 사람들의 약간의 체중 변이를 설명할 수 있지만, 전 세계에서 일어나고 있는 비만의 증가는 너무 빨리 진행되어서 유전의 결과로 설명할 수 없다. 연구자들은 비만에 대한 완전한 설명을 얻기 위해 유전 이상의 것을 살펴야 한다('믿을 수 있을까요?' 글상자 참조).

긍정적 유인가 모형 식사와 비만에 관련된 모든 요소를 설명하는 데 있어 설정점 이론과 유전의 단점으로 인해 긍정적 유인가 모형(positive incentive model)이 만들어졌다. 이 모형은 식사의 긍정적 유인가가 체중 유지에 중요한 영향력을 미친다고 주장한다. 이 관점은 음식 부족과 호르몬 분비뿐만 아니라 개인적 즐거움과 사회적 맥락을 포함하는 여러 유형의 식사 동기가 있다고 주장한다(Pinel, Assanand, & Lehman, 2000). 개인적 즐거움의 요인은 음식 맛과 유형에서 오는 즐거움에 대한 것이다. 식사의 사회적 맥락은 식사하는 사람의 문화적 배경, 타인의 존재, 주변사람들이 식사하는지 그렇지 않은지를 포함한다. 생물학적 요인은 식사 이후 지난 시간과 혈중 글루코스 및 그렐린 수준을 포함한다. 게다가 긍정적 유인가 이론의 몇몇 지지자들(Pinel et al., 2000)은 진화적 관점을 취한다. 즉, 인간은 음식이 있을 때 먹는 경향성을 진화시켰다고 주장한다. 음식 부족은 동물들이 지방을 비축하여 살아남게 만들었다. 따라서 음식을 먹고 선택하는 것이 중요한 진화 능력이 되게 했다. 따라서 이 모형은 식사의 생물적 요인을 포함하지만 섭식이 자기조절을 포함하는 과정이고 중요한 타인에서 학습된 문화적 요소를 지닌다고 주장한다(Epstein, Leddy, Temple, & Faith, 2007; Finlayson, King, & Blundell, 2007).

설정점 모형은 식사할 때 맛, 학습, 그리고 식사를 하는 중요한 요인 중 하나인 사회적 맥락요인을 무시한다. 이런 요인은 의심할 여지가 없이 중요하다(Bessesen, 2011; Rozin, 2005; Stroebe, Papies, & Aarts, 2008). 각 개인에 있어서 먹을 음식을 선택하는 행동은 사적 경험의 긴 역사와 문화적 학습을 가지고 있다. 선호되는 음식이 모든 상황에서 동일하게 마음을 끄는 것은 아니다. 예를 들어, 피클과 아이스크림 같은 어떤 음식은 두 음식이 개별적으로 맛있다고 하더라도 조화되지는 않는 것 같다.

사회적 상황은 식사에 중요하다. 식사는 종종 사회적 활동이다. 사람들은 다른 사람들이 자신을 평가하지 않고 다른 사람들이 덜 먹지 않는다고 믿는다면, 다른 사람들

식사는 사회적 활동 중 하나이고, 사회적 요인의 과식에 관계될 수 있다.

이 있을 때 더 많이 먹는 경향이 있다(Vartanian, Herman, & Polivy, 2007). 이는 사회적 규범이 식사 상황을 통제함을 시사한다(Herman & Polivy, 2005). 문화는 식사의 좀 더 광범위한 맥락을 제공하고, 다양한 문화는 무엇을 언제 먹는지에 대한 제한을 둔다. 사람들은 식사시간이 되면 배고픈 경향이 있다. 그러나 미국인은 저녁보다 아침에 곡물식을 더 많이 먹는 경향이 있다. 반면에 스페인 사람들은 이러한 종류의 음식에 대한 문화적 관습이 없어서 스페인에서 곡물식을 판매하는 데 어려움이 있다(Visser, 1999). 이러한 문화와 학습된 요인은 또한 선택한 음식의 칼로리 수준과 얼마나 먹을지에 영향을 주고, 이런 선택이 체중에 영향을 준다. 예를 들어, 사람들이 '그리운 옛맛의 음식(comfort foods)'을 선택할 때는 개인적인 향수를 일으키는 음식이나 개인적으로 탐닉하는 음식을 선택한다(Locher, Yoels, Maurer, & Van Ells, 2005).

긍정적 유인가 관점에서는 음식 가용성, 개인의 음식에 대한 경험, 다양한 음식을 먹는 데 대한 문화적 호의성, 그 문화에서의 이상적 체중에 따라서 다양한 체중을 예측한다. 풍부하게 음식이 제공되어 쉽게 음식을 얻을 수 있는 것은 비만을 유발하는 필요조건이긴 하지만 충분조건은 아니다. 비만하기 위해서는 많이 먹어야 하고, 먹는 양은 먹는 음식이 입맛에 얼마나 맞는가와 관련되어 있다. 단맛과 같은 맛은 본래 미뢰의 활동으로 결정된다. 그리고 단음식의 과다는 체중 조절 실패의 한 요인일 수 있다(Swithers, Martin, Clark, Laboy, & Davidson, 2010).

고소득 국가에서, 거대한 음식 산업은 대중 광고 매체를 통해 바람직한 것으로 음식 생산품의 소비를 촉진하고 있다. 이런 음식에는 지방과 당이 많이 들어 있다. 이런 상황은 개인의 음식 선택에 영향을 주고 전국적으로 광범위하게 비만을 촉진한다 (Brownell & Horgen, 2004). 실제로 쥐조차도 음식이 풍부한 환경에서 더 많이 먹는다 (Polivy, Coelho, Hargreaves, Fleming, & Herman, 2007).

과식을 촉진하는 또 다른 요인은 여러 음식을 손쉽게 구할 수 있다는 점이다. 매우 바라던 음식을 자주 먹게 되면 그 음식에 대한 즐거움이 감소된다(Brondel et al., 2009). 즉, 사람들은 어떤 특정 음식에 물리게 된다. 음식의 종류(양이 아니라)가 제한적으로 제공될 때, 이런 요인은 음식 소비 수준을 낮출 수 있다. 그러나 새로운 맛은 사람들이 더 많이 먹도록 유혹할 수 있다. 실제로 식사를 충분히 많이 하면, 후식은 인기가 없다(Pinel, 2014).

심지어 쥐에게조차도, 음식 섭취를 부추기는 데 있어 중요한 요인은 음식의 종류가 다양하다는 것이다. 많은 연구(Ackroff et al., 2007; Raynor & Epstein, 2001; Sclafani, 2001)는 다양성이 쥐와 사람이 먹는 양에 있어 중요한 요인임을 나타낸다. 초기의 한 연구(Sclafani & Springer, 1976)에서 실험용 쥐가 '슈퍼마켓' 다이어트로 체중이 269% 증가했음을 보였다. 이 다이어트는 슈퍼마켓에서 고른 음식들, 예를 들어 초코칩 쿠키, 살라미(향기가 강한 소시지), 치즈, 바나나, 마시멜로, 초콜릿, 땅콩버터, 당이 농축된 우유 등으로 이루어져 있었다. 고지방과 고당으로 이루어진 그리고 음식 종류를 달리해서 쥐에게 주었을 때 체중이 높게 증가했다.

인간은 크게 다를까? 맛있는 음식의 종류가 다양하고 이런 다양한 음식을 손쉽게 구할 수 있다면 광범위한 비만이 유발될 것이다. 이는 오늘날 많은 국가의 상황과 정확히 일치한다. 음식의 종류가 다양하면 항상 새로운 맛의 음식을 먹을 수 있게 되고 이런 상황에 있는 사람은 손쉽게 구할 수 있는 모든 음식에 결코 물리지 않게 된다.

그러나 비만을 유발하는 데는 다른 성분보다 지방이 더 중요할 수 있다. 지방은 열량강도가 더 높고, 어떤 연구 결과는 지방 섭취가 체중 조절의 생물학에 영향을 줄 수 있는 행동이라고 밝히고 있다. 한 가지 가설(Niswender, Daws, Avison, & Galli, 2011)은 지방과 당질이 많이 든 음식의 섭취는 뇌가 받는 포만 신호를 방해하고 식욕 신호를 증가시킨다고 주장한다. 따라서 고지방, 고당질 식사는 포만을 가져오기보다 식욕을 증가시킨다. 쌍생아 연구(Rissanen et al., 2002) 결과는 이런 주장을 지지한다. 유전요인을 통제하기 위해, 이 연구는 쌍생아 쌍을 조사했다. 쌍생아 중 한 명은 비만이고 다른 한 사람은 정상 체중이었다. 이런 절차는 체중 변화가 유전적 요인보다 환경적 요인에 기인한다는 점을 보증했다. 이 분석 결과는 비만인 쌍생아가 야윈 사람보다 더 고지방식을 먹었으며, 그들은 또한 청소년기와 초기 성인기에서 이런 음식을 선호했다고 보고했다.

따라서 섭식과 체중 유지의 긍정적 유인가 이론은 설정점 모형이 무시한 개별 음식의 선호성, 섭식에서의 문화적 영향, 신체구성물에 미치는 문화의 영향, 음식 가용성과 비만과의 관계 등을 설명한다. 두 모형 모두 생물학적 요인과 유전성을 끌어들이고, 설정점 이론을 지지하는 많은 사람은 긍정적 유인가 이론에서 강조한 요인들이 체중 조절과 비만 유발에 중요하다는 것을 인식한다.

비만은 건강에 어떻게 해로운 것인가?

과체중과 비만은 유행의 관점에 볼 때 바람직하지 않다. 그러나 과체중이 건강을 어느 정도 위험하게 하는가? 이런 효과는 부분적으로 과체중의 정도와 신체에서 지방의 분포에 따라 다르다. 연구들은 약간의 과체중을 건강 위험요인으로 연관시키지 않는다(McGee, 2005). 그러나 과체중의 증가는 위험요인을 높이고, 비만은 건강 문제와 조기 사망의 고위험에 노출되게 한다.

일반적으로 체중과 나쁜 건강은 U 형태의 관계를 가진다. 즉, 매우 야위거나 매우 체중이 많이 나가는 사람은 유럽(Pischon et al., 2008)과 미국(Flegal, Kit, Orphana, & Graubard, 2013)에서 복합 원인으로 인한 사망위험이 가장 높다. 저체중은 비만만큼 위험하지 않고, 어떤 연구자들(Fontana & Hu, 2014)은 저체중이 정상 체중보다 더 건강할 수 있다고 주장했는데, 저체중의 위험도를 보여준 관찰 연구들은 질병 때문에 마른 사람들이 포함되어 결과가 오염되었다는 것이다. 비만이 아닌 과체중의 위험도 또한 논란의 여지가 있지만(Fontana & Hu, 2014), 의문의 여지 없이 비만은 사망의 위험요인이다. 표 14.3에 이런 위험도 수준을 제시했다.

다른 연구들도 비슷한 결과를 보인다. 비만은 높은 사망률과 관련되고 증가된 건강간호의 사용과 관련되며(Bertakis & Azari, 2005), 제2형 당뇨병(Lotta et al., 2015), 골관절염(Reyes et al., 2016), 뇌졸중과 고혈압(Fontana & Hu, 2014), 심장발작(Zhu et al., 2014), 여러 가지 암들(Brenner, 2014)의 높은 발병률에 관계된다. 또한 비만은

표 14.3 비만의 범주와 BMI에 기초한 복합 원인에 의한 사망위험도

비만 정도(범주)	BMI 범위	남자의 위험도	상대적 위험도	여자의 위험도	상대적 위험도
중간	25~32	없음	1	약간 높음	1.1
비만	32~36	낮음	1.3	낮음	1.2
매우 비만	36~40	높음	1.9	낮음	1.3
병적 비만	40>	매우 높음	3.1	매우 높음	2.3

출처: Bender et al. (1998)

담낭질병(Smelt, 2010), 편두통(Peterlin, Rosso, Rapoport, & Scher, 2010), 신장결석(Taylor, Stampfer, & Curhan, 2005), 수면무호흡, 호흡계 문제, 간 장애, 골관절염, 여자의 출산 문제, 결장암의 위험을 증가시킨다(National Task Force on the Prevention and Treatment of Obesity, 2000). 유럽에서 수행된 대규모 연구에서 사망률은 BMI 24.3의 여성과 BMI 25.3의 남성에게서 가장 낮았다(Pischon et al., 2008).

연령과 민족성은 모두 비만의 위험성에 대한 설명을 복잡하게 한다. 젊거나 중년인 경우, 과체중은 복합 원인에 의한 사망의 위험요인이고, 심혈관계 질환으로 인한 사망에 특히 위험한 요인이다(McGee, 2005). 실제로 아동기와 청소년기 동안의 과체중은 성인기 질병(Llewellyn, Simmonds, Owen, & Woolacott, 2016)과 사망률(Bjørge, Engeland, Tverdal, & Smith, 2008)의 높은 예측요인이다. 노인의 경우 약간의 과체중이 마른 것보다 덜 위험하다(Winter, MacInnis, Wattanapenpaiboon, & Nowson, 2014).

병리와 사망률에 관련된 또 다른 체중 관련 요인은 체중(지방)이 신체의 어느 부분에 많이 분포하고 있는가 하는 문제이다. 복부에 과도하게 지방이 있는 사람이 엉덩이나 허벅지에 지방이 과도하게 있는 사람보다 더 위험하다. 신체의 지방 분포는 유전적 요소를 가진다(Fox et al., 2004). 다양한 연구들에서는 체중의 형태와 허리 및 엉덩이 둘레의 비율이 BMI보다 전체 원인 사망률(all-cause mortality)을 예측하는 좋은 요인임이 밝혀졌다(Fontana & Hu, 2014; Pischon et al., 2008). 과도한 복부 지방은 또한 제2형 당뇨병의 위험을 높인다.

맥주를 많이 마셔 나온 뱃살(beer bellies)의 위험성은 30년 전에 지적되었으나(Hartz, Rupley, & Rimm, 1984), 최근에 이런 형태의 지방 분포가 대사증후군(metabolic syndrome)이라 불리는 위험요인의 형태로 통합되었다. 대사증후군은 심혈관계 질병과 당뇨의 위험을 증가시키는 요인들의 집합체이다. 과도한 복부 지방에 더해서, 대사증후군 요소들은 높은 혈압, 인슐린 저항, 두 가지 콜레스테롤 수준의 문제를 포함한다. 큰 허리 크기는 이런 증후군의 가장 시각적인 증상이고 연구들에서 복부 지방이 대사증후군과 정적으로 상관되어 있으나 허벅지의 지방은 부적으로 상관되어 있음이 밝혀졌다(Goodpaster et al., 2005).

결론적으로, 비만인 사람은 어떤 건강 문제를 야기하는 데 높은 위험을 안고 있다. 특히 당뇨병, 담석, 심혈관계 질환에서 그러하다. 표 14.4는 비만과 허리 주변의 지방이 사망률, 특히 심장질환으로 인한 사망을 증가시킨다는 사실을 보여주는 연구들을 요약하고 있다.

표 14.4 체중과 질병 혹은 사망 간의 관계

결과	표본	연구자
비만의 효과		
비만은 모든 원인의 사망에 대한 위험요인이다.	미국 인구	Flegal et al., 2013
비만과 표준 체중 이하는 모든 원인의 사망에 대한 위험요인이다.	유럽 9개 국가의 성인	Pischon et al., 2008
비만 성인은 정상 체중의 성인보다 더 자주 의료기관을 찾았다.	비만 성인과 정상 체중의 성인	Bertakis & Azari, 2005
비만은 제2형 당뇨병의 위험요인이다.	체계적 문헌 연구	Lotta et al., 2016
두통은 특히 복부 비만을 가지는 비만 가운데서 좀 더 흔하다.	미국 성인의 큰 표본	Peterlin et al., 2010
비만은 신장결석의 위험요인이다.	남성, 나이 든 여성, 젊은 남성	Taylor et al., 2005
비만은 모든 원인의 사망에 대한 위험을 증가시킨다.	젊은 성인과 중년 성인	Flegal et al., 2013; McGee, 2005
과체중과 비만은 심장발작의 위험도를 증가시킨다.	5개 연구에 대한 메타분석	Zhu et al., 2014
과체중은 노인의 사망률에 약간의 보호요인이 된다.	미국 성인	Winter et al., 2014
아동기와 청소년기 동안의 과체중은 이후 사망의 위험성을 증가시킨다.	과체중인 아동과 청소년; 체계적 문헌 연구	Bjørge et al., 2008; Llewellyn et al., 2016
복부 비만의 효과		
복부 지방은 사망의 모든 원인과 강력하게 관련된다.	유럽 9개 국가의 성인	Pischon et al., 2008
복부 지방은 대사증후군과 관련된다.	나이 든 여성과 남성	Goodpaster et al., 2005

요약

비만은 건강과 사회적 기준으로 정의될 수 있는데, 이 둘이 항상 동일하진 않다. 체지방의 평가는 정확한 측정을 위해 복잡한 기술을 요한다. 그래서 신체질량지수(BMI)를 과체중과 비만을 평가하기 위해 사용한다. 그러나 사회적 기준은 건강을 위한 이상적 체중보다 더 낮은 체중인 야윔을 기준으로 규정한다.

비만은 설정점 모형, 유전적 요인과 긍정적 유인가 모형으로 설명될 수 있다. 설정점 이론은 체중 조절을 체지방에 민감한 생물학적 통제체계의 관점에서 설명한다. 이 모형은 비만이 이 통제 기제의 결함이라고 가정한다. 이런 결함은 비만의 유전적 모형의 주요한 요소이고, 이것은 비만이 배고픔과 포만 신호를 주는 신경화물에 영향을 주는 결함 있는 유전자를 받을 때 일어난다고 가정한다. 그러나 이런 모형은 식사의 학습된 그리고 환경요인을 설명하지 못한다. 그러나 긍정적 유인가 모형으로는 설명이 가능하다. 이 관점은 사람(과 다른 동물)이 맛있는 음식의 풍부한 그리고 다양한 공급에 접근 가능할 때 체중 증가를 가져온다고 주장한다.

다이어트

미국에 있는 많은 사람은 비만, 높은 허리-엉덩이 둘레 비율의 위험에 대해 알고 있지만, 이상화된 야윈 신체의 미디어 화상(보)은 다이어트의 동기에 더욱더 영향력이 있다(Wiseman, Sunday, & Becker, 2005). 야윔에 대한 이상화에도 불구하고 미국에서의 비만은 1990년대 동안 급격히 증가했고, 그 이후 유의하게 감소되지 않고 있다(NCHS, 2016). 과체중의 높은 유병률과 함께 야윈 것을 이상적인 신체로 여김에 따라 다이어트와 체중 감소가 많은 사람의 관심사가 되고 있다. 사람들이 체중 감소를 위해 어떤 노력을 하고 있고, 그런 전략들이 얼마나 잘 작동하는가?

사람들은 다이어트 홍보물에 휩싸여 있다. TV, 잡지, 신문, 인터넷 팝업창은 힘들이지 않고 감량하는 기적 다이어트 광고로 채워져 있다. 이런 다이어트는 너무 좋아 보여서 사실인 것처럼 보일 수 있다. 2002년 9월에 미국연방 무역위원회는 잘못된 그리고 오해하기 쉬운 다이어트가 어떻게 광범위하게 퍼져나가는지 기술한 보고서를 발간했다('Federal Trade Commission', 2002). 소비자 증명서와 전후의 사진에도 불구하고, 이런 '기적' 다이어트는 근절되지 않고 있다. 미국의 의사 리처드 카모나(Richard Carmona)는 "체중을 감소시키는 기적의 약 같은 것은 없다. 체중을 감소시켜 더 건강하게 사는 가장 확실하고 안전한 방법은 건강한 식사와 운동이다."라고 말했다('Federal Trade Commission', 2002, p. 8). 이렇게 보기에는 간단한 계획이지만 따르기는 결코 쉽지 않다.

현명하지 못한 방식으로 다이어트를 하는 사람들이 있다. 다이어트 경향성은 과거 수십 년 동안 더 심각해졌다. 1960년대 중반 동안 과체중인 성인 10%만이 다이어트를 했다(Wyden, 1965). 그러나 그 이후 다이어트하는 비율이 점점 증가하여, 2015년에 고등학교 여학생 60%와 남학생 31%가 체중 감소를 해본 경험이 있다고 보고했다(Kann et al., 2016). 반면 성인은 20년 전보다 다이어트를 하는 비율이 감소하고 있다(NPD Group, 2013). 감소는 여성들에게 더 분명하게 나타나는데, 2012년에 여성들의 23%만이 다이어트를 하고 있다고 보고했지만, 10년 전에는 38%가 다이어트를 하고 있었다(Kruger, Galuska, Serdula, & Jones, 2004).

체중을 줄이기 위한 접근법

체중을 감소시키거나 체중이 증가하지 않도록 하기 위해, 사람들은 몇 가지 선택을 한다. 그들은 (1) 한 끼의 양을 줄이고, (2) 먹는 음식의 종류를 제한하고, (3) 운동 수준을 증가시키며, (4) 단식, 다이어트 약물, 또는 수술과 같은 급격한 의학적 절차에 의존하고, (5) 이런 접근 방법들의 조합을 사용할 수 있다. 접근 방법에 상관없이, 체중 감소를 시도하는 모든 다이어트는 칼로리 섭취를 줄여서 그렇게 한다.

음식의 종류를 제한하는 방법 음식의 종류가 다양하게 그리고 조금씩 들어가는 다이어트 식단을 짜서 이를 지키는 방법이 바람직하고 건강에 이로운 전략이다. 수많은 상업적인 다이어트 프로그램들은 이러한 접근법을 사용하며, 이런 프로그램들에 대해 메타분석(Johnston et al., 2014)을 실시한 결과 모두 체중 감소에 유사하게 효과적이었다. 그러나 건강하고 균형 잡힌 다이어트는 가장 일반적인 다이어트 접근법이 아니다. 많은 프로그램은 음식의 종류를 제한한다.

음식의 종류를 제한하는 일반적인 접근은 탄수화물(Atkins 다이어트에서와 같이)이나 지방(LEARN 다이어트)을 억제하는 것을 포함한다. 저탄수화물과 저지방 다이어트를 비교한 메타분석 결과(Sackner-Bernstein, Kanter, & Kaul, 2015)에서도 효과는 비슷하게 나타났다. 두 접근법은 모두 성공적이었으며, 저탄수화물 다이어트 계획의 위험성에 대한 영양 전문가의 우려에도 불구하고 이러한 다이어트를 한 사람은 콜레스테롤 수준이나 심혈관계 질병의 바람직하지 않은 변화를 경험하지 않았다. 게다가 이런 다이어트들은 저지방 다이어트보다 낮은 탈락률을 보였다(Hession, Rolland, Kulkarni, Wise, & Broom., 2009). 모든 다이어트는 다이어트를 하지 않은 사람들에 비해 유의한 체중 감소를 나타나게 했지만 장기적인 체중 감소는 4.5~5.5kg 범위로 보통 수준이었다.

어떤 다이어트는 다이어트하는 사람에게 제한된 음식군 또는 심지어 한 종류의 음식만 먹게 하는 등 더욱 극단적이다. 완전 과일 다이어트, 달걀 다이어트, 양배추 수프 다이어트, 그리고 심지어 아이스크림 다이어트도 이 범주에 속한다. 물론 이런 다이어트는 영양학적으로 매우 좋지 않다. 이 방법들은 칼로리 섭취를 억제함으로써 체중을 감소시킨다. 다이어트를 하는 사람은 한 가지 음식의 단조로움에 피곤함을 느끼고, 그들이 다양하게 음식을 먹을 수 있을 때보다 덜 먹게 된다. '당신이 원하는 단단하게 삶은 모든 달걀'은 그렇게 많지 않지 않다!

단조로움에서 한 발짝 더 나아가게 하는 것이 액체 다이어트다. 이 다이어트에는 여러 가지 형태가 있고, 다양한 브랜드 이름을 붙이고 있다. 액체 다이어트는 대부분의 억제된 음식 다이어트보다 영양학적으로 더 균형 잡혀 있다는 이점이 있다. 아직까지, 액체 다이어트 그리고 이와 동등하게 셰이크나 막대 형태로 된 식사들은 단조롭고 반복적이라는 단점이 있고 섬유질이 적은 경향이 있다. 다른 모든 다이어트와 마찬가지로 이 다이어트는 칼로리 섭취를 억제하여 체중을 감소한다. 현재 연구자들이 저지방 혹은 저탄수화물 다이어트의 장점에 동의하지 않지만, 과일과 야채의 섬유질이 많이 든 다이어트는 좋은 선택이라는 데 동의한다(Schenker, 2001). 그러나 이런 접근은 성공적일 수 있다. 음식 배치를 사용하는 집중적인 행동 프로그램(Anderson, Conley, & Nicholas, 2007)이 매우 과체중인 사람에게 성공적이었다. 이 프로그램으로 약 23~45kg까지 감량했으며 다른 다이어트 프로그램보다 감량한 체중을 유지하기가 더 좋았다.

결론적으로, 음식을 제한하는 모든 전략은 체중 감소에 성공적일 수 있으나 좋지 않은 방식이 많다. 대부분 이런 다이어트는 사람들이 장기간 유지할 수 있는 새로운 식사 습관을 가르쳐주지는 못한다. 이 문제가 대니 케이힐 사례의 한 원인이다. 그는 체중이 90kg 이상 감소했지만 다시 45kg이 증가했다. 케이힐을 비롯한 '가장 실패한 사람' 프로그램 참가자들이 경험했던 신진대사율의 둔화는 감소된 체중을 유지하기 어렵게 만들었지만 그들의 과거 식사 습관도 유지를 어렵게 하기는 마찬가지였다.

행동 수정 프로그램 비록 다이어트가 식사 습관의 영구적인 수정으로 보이지만, 이런 변화는 어려운 과제다. 체중 감량에 대한 행동 수정 접근은 식사가 변화하기 쉬운 행동이라고 가정하는 데에서 출발한다. 행동 이론의 이 적용은 리처드 스튜어트(Richard Stuart, 1967)로부터 시작되었다. 그는 이전의 다른 다이어트 접근 방법에 비해 더 높은 성공률을 보고했다. 대부분의 행동 수정 프로그램은 식사와 운동에 초점을 두고, 과체중인 사람이 자신의 행동을 감찰하고 변화하도록 돕는다. 내담자는 종종 자신이 먹는 음식의 종류와 상황에 초점을 두고 식사일기를 쓰게 되는데, 이러한 식사일기는 치료자가 건강을 해치는 식사 습관을 변화시키기 위한 개인의 계획을 조언해줄 수 있도록 정보를 제공해준다. 체중 감량 프로그램에 대한 연구(Hollis et al., 2008)에서 일기를 계속 쓴 참여자는 그렇지 않은 사람에 비해 체중을 2배로 감량했다. 더욱이, 운동의 목표는 행동 수정의 전형적인 목표다. 이런 프로그램을 위한 가장 흔한 형식은 개인의 목표를 이루기 위한 영양교육과 자기감찰 훈련을 포함하는 매주 만나는 집단이다(Wing & Polley, 2001). 거의 모든 체중 관리 프로그램은 식사, 신체활동, 또는 둘 다의 수정을 포함하고, 이런 프로그램을 행동 또는 행동 수정 프로그램이라고 한다(Wadden, Crerand, & Brock, 2005).

체중 감소가 행동이 아니기 때문에 이런 행동 프로그램은 체중을 감량한 정도보다 좋은 식사 습관을 강화하는 경향이 있다. 달리 말해서, 결과가 아닌 행동이 보상과 변화의 목표이다. 과체중에서 중 정도로 비만한 사람은 이런 형태의 프로그램에 거의 성공적일 수 있다(Moldovan & David, 2011). 그 목표는 전형적으로 점진적 체중 감소와 그 감량체중의 유지이다. 감소된 체중의 평균량은 6개월 동안 약 20파운드(9.07kg)나 다이어트를 하는 사람이 1년 동안 감량체중의 약 60%만 유지한다(Wing & Polley,

2001). 따라서 중간 정도의 점진적 체중 감소도 유지하기 어려울 수 있다.

운동 체중 감소에서 운동의 중요성은 점점 명백해지고 있다(Wu, Gao, Chen, & van Dam, 2009). 운동 하나만으로는 다이어트만큼 체중 감소에 효과적이지 않다 (Verheggen et al., 2016). 그러나 섭식 변화 프로그램에 신체활동을 추가하는 것은 중요하다. 음식을 적게 섭취할 때 신진대사율이 느려지기 때문에 신체활동은 느려진 신진대사를 빠르게 한다. 따라서 신체활동은 체중 감소 프로그램 가운데 비용이 적게 들어가는 부분일 수 있다. 다이어트를 하는 사람을 대상으로 한 큰 규모의 조사('Federal Trade Commission Weights in on Losing Weight', 2002)에서 다이어트에 성공한 사람들의 73%가 한 주에 적어도 3번 운동을 했고, 다이어트 프로그램의 성공적인 요소에 대한 메타분석(Wu et al., 2009)에서 신체활동이 성공요인이었다. 운동은 또한 신체구성물을 변화시킬 수 있다. 즉, 다이어트가 지방 수준을 감소시키는 동안 근육을 증가시킬 수 있다(Verheggen et al., 2016)(운동의 역할은 15장에서 논의한다).

체중을 감소시키기 위한 과감한 방법 사람들은 때때로 체중을 감소시키기 위한 과감한 수단을 사용하고, 전문가들은 때때로 심하게 비만인 환자들에게 과감한 수단을 추천하기도 한다. 의학적 감독이 있을 때도, 어떤 체중 감소 프로그램은 생명을 위협할 정도로 위험한 경우도 있다.

실제적으로 위험하다고 밝혀진 한 가지 방법은 식욕을 감퇴시키기 위해 약물을 복용하는 일이다. 1950년대와 1960년대에 암페타민이 다이어트 약물로 광범위하게 처방되었다. 이 약물은 신경계 활동을 증가시키고 신진대사율을 빠르게 하며 식욕을 억제한다. 불행히도 이런 다이어트 약물은 단기간 동안 효과적일 수 있지만 바라는 만큼 체중을 감소시키기 위해 계속 암페타민을 복용하는 사람은 비만보다 더 심각한 문제인 약물 의존이 발생한다. 암페타민의 위험성이 증명되면서 다른 다이어트 약물이 개발되고 있으나, 체중 감소에 도움을 주는 안전하고 효과적인 약물을 추구하는 것은 어렵다. 최근 미국에서 가용한 약물에는 시부트라민(sibutramine, 메리디아(Meridia)), 올리스타트(orlistat, Xenical(제니칼)), 날트렉손-부프로피온(naltrexone-bupropion, 콘트라브(Contrave)), 펜터민-토피라메이트(phentermine-topiramate, 큐시미아(Qsymia)), 리라글루타이드(liraglutide, 삭센다(Saxenda))가 있고, 이 약물들은 통계적으로 유의하지만 보통 정도의 체중 감소를 가져온다(Khera et al., 2016). 체중 조절과 관련된 호르몬 및 신경화학물질에 대한 지식의 발달로 더 효과적인 약물의 개발이 가능하다. 그러나 체중 감소에 효과적인 안전한 약물이 개발되지 않고 있다. 그래서 비만인 많은 사람들은 체중을 조절하는 방법으로 수술을 선택한다.

몇몇 유형의 수술이 체중에 영향을 줄 수 있으나 대부분의 현재 수술 방법들은 위장을 묶거나 위소매절제술(위의 크기를 줄이는 수술) 또는 위장우회술(음식의 대부분을 위장으로 보내고 일부분을 장으로 우회하는 수술)을 통해서 위의 크기를 제한한다. 이런 수술은 BMI가 40 이상, 또는 BMI가 35 이상이면서 체중 감소가 절대 필요한 건강 문제와 관련되어 있는 사람에게 사용한다. 이런 절차는 급격한 체중 감소를 촉진하고, 섭식 행동을 변화시키는 데 성공적이다(Chang et al., 2014). 다른 수술과 마찬가지로 이런 절차는 위험성이 있으며 환자들은 일반적으로 삶의 안정을 위해 영양 보충을 해야 한다(Tucker, Szomstein, & Rosenthal, 2007). 하지만 수술로 인한 이득은 많은 비만인 사람들이 가지고 있는 위험도보다 더 크다. 체중과 신진대사율의 변화는 당뇨병, 고혈압, 심혈관계 질환의 위험요인을 증가시킨다. 2015년에 미국에서 196,000명이 몇몇 종류의 비만 수술을 받았다(American Society for Metabolic and Bariatric Surgery, 2016).

체중 감소를 위한 또 다른 수술적 접근은 지방흡입술로, 지방흡입 기법을 통해 지방조직을 제거하는 것이다. 이 기법은 전체적인 체중 감소보다는 신체의 윤곽(체형)을 바꾸는 것이다(Sattler, 2005). 이 절차는 비만과 관련 합병증을 관리하는 데 유용하지 못하고, 체형을 바꾸는 미용 기법으로 체중 감소와는 거리가 멀고 건강에 거의 영향을 주지 못한다. 수술의 불편함과 비용에도 불구하고, 지방흡입술은 가장 보편적인 유형의 성형수술이다(American Society for Aesthetic Plastic Surgery, 2014). 모든 수술과 마찬가지로, 감염과 마취에 대한 부작용 같은 위험요소가 있다.

체중 감소를 위한 급격한 방법은 대부분의 사람들에게 비만의 좋은 해결책이 아니다. 그러나 그 방법들은 거의 일반적이다. 여고생은 단식(18.7%), 식욕 억제 약물(6.6%), 하제 사용이나 토하기(6.6%)와 같은 급격한 체중 감소전략을 사용하고 대부분(62.6%) 다이어트 중이라고 했다(Kann et al., 2014). 이런 방법을 사용하는 친구가 있는 청소년 여학생들이 동일한 방법을 사용할 위험성이 높다(Eisenberg, Neumark-Sztainer, Story, & Perry, 2005). 그리고 과체중인 학생이 이런 방법을 사용하는 비율이 여학생 40%, 남학생 20%이다(Neumark-Sztainer et al., 2007). 체중 감소를 위한 이러한 모든 급격한 방법은 위험할 수 있다. 더욱이 이런 방법은 충분히 긴 기간 동안 유지해서 유의미한 체중 감소를 가져오기 어렵다. 비록 다이어트를 한 사람들이 이런 전략으로 성공한다고 할지라도, 감량한 체중을 다시 회복한다. 왜냐하면 이런 접근법은 영구적인 체중 감소를 위해 좋은 다이어트법을 어떻게 선택해야 하는지 가르쳐줄 수 없기 때문이다. 대니 케이힐을 비롯한 '가장 실패한 사람' 프로그램 참가자들이 경험했던 것처럼 체중 감소 방법에 상관없이 감소된 체중을 유지하는 일은 도전적이다.

체중 감소를 유지하기 12장과 13장에서 처음 담배를 끊거나 술을 끊은 사람의 2/3가 재발한다는 사실을 보았다. 성공적으로 체중을 감소시킨 사람이 그 감소된 체중을 유지하는 일은 상당히 어렵다. 상업적 체중 감량 프로그램에 대한 체계적 개관 연구(Tsai & Wadden, 2005)에서 이런 프로그램으로 체중을 조절한 사람들은 1~2년 안에 자신이 감량한 체중의 50%를 다시 증가시킬 가능성이 높았다. 다른 메타분석 결과(Johnston et al., 2014)는 다이어트를 한 사람들이 12개월 후, 감소된 체중의 20%보다 더 적게 늘어났다는 것을 밝혔다.

효과적인 체중 감소 프로그램은 다이어트를 하는 사람이 감소된 체중을 유지하는 데 도움을 주는 치료 후 프로그램을 포함한다. 이런 프로그램은 치료 후 단계가 부족한 프로그램보다 더 성공적이다. 예를 들어, 6개월 체중 감량 프로그램을 완성한 다이어터들에 대한 2개의 추수 개입을 세 집단을 대상으로 비교했다(Svetkey et al., 2008). 한 집단은 추수 개입을 받지 않았고, 또한 한 집단은 1달 단위로 간단한 개인 접촉하는 개입을 받았으며, 마지막 한 집단은 상호적인 기술 기반 개입으로 구성되었다. 개인적 추수가 더 효과적이었으나 두 개입은 프로그램을 시작하기 전보다 체중을 더 줄였다. 따라서 추수 개입은 강력하거나 복잡할 필요가 없다. 단순한 절차가 효과적일 수 있다. 예를 들어, 체중을 감량하고 매일 체중을 측정한 사람은 자주 체중계에 올라가지 않은 사람보다 다시 감량 전 체중으로 증가할 가능성이 더 적었다(Wing et al., 2007).

소비자 보고서의 한 조사('The Truth About Dieting', 2002)는 다이어트에 성공한 사람과 그렇지 못한 사람을 모두 포함한 32,000명이 넘는 사람들에 대한 정보를 제공했다. 이런 수치는 사람들이 체중 감소와 감소된 체중의 유지에 문제가 있음을 확인해주었다. 그러나 이것은 또한 어떤 사람들은 성공적임을 나타낸다.

소비자 보고서에 나타난 대부분의 다이어터들은 공식적인 체중 감소 프로그램보다 자기 스스로 체중을 감소했다. 성공한 사람들은 다양한 접근법을 사용하는 경향이 있었다. 이들은 운동과 활동을 늘리고, 지방과 당분이 적은 음식을 먹었으며, 과일과 야채를 많이 먹고, 한 끼의 양을 줄였다. 감량된 체중을 유지하는 데 성공한 사람은 수술을 제외하고 앞서 소개한 급격한 체중 감소 방법을 거의 사용하지 않았다는 것은 그리 놀라운 일이 아니다. 즉, 체중 감량을 위해 수술을 한 사람은 많은 감량을 하고 감량체중 가운데 어느 정도만 유지하는 경향이 있었다(Douketis, Macie, Thabane, & Williamson, 2005). 수술 없이 체중을 감량하여 감량한 체중을 유지한 사람은 자신의 섭식과 신체활동을 변화시켜 유지 가능한 새로운 습관을 형성했다.

아동기 비만은 심지어 학령기 전 아동에서도 증가하고 있고 세계적으로 확산되고 있어 많은 관심을 받고 있다(Spruijt-Metz, 2011). 개입 프로그램에는 과체중 유발을 예방하는 전략, 식사 프로그램, 가족 개입, 신체활동 프로그램, 학교 기반 프로그램, 혹은 이런 요소들의 조합이 포함된다. 식사 수정 프로그램은 과체중 아동의 체중을 감소시킬 수 있지만 신체활동 요소가 효과성을 높일 수 있다(Vissers, Hens, Hansen, & Taeymans, 2016). 아동과 청소년을 위한 프로그램을 메타분석한 결과(Altman & Wilfley, 2015), 가족 기반 행동 개입과 아동을 위해 부모가 지도한 행동 개입은 효과성이 잘 입증되었다. 다른 유형의 개입들 또한 효과가 나타날 수 있는데, 과체중인 유아를 대상으로 한 개입도 효과적일 수 있다. 하지만 효과적인 프로그램들은 모두 행동과 생활양식의 변화를 목표로 삼은 다양한 구성요소들을 포함하고 가족을 참여시킨다.

다이어트는 좋은 선택인가?

다이어트가 체중 감소를 가져올 수 있다고 할지라도, 모든 사람에게 다이어트가 좋은 선택인 것은 아닐 수 있다. 다이어트는 심리적 비용이 들고, 건강을 증진하는 데 효과적이지 않을 수 있으며, 식사 장애의 위험요인인 신체불만족의 한 신호일 수 있다. 다이어트를 하는 사람들이 다이어트 초기에는 전반적인 경험을 긍정적으로 평가했으나(Jeffery, Kelly, Rothman, Sherwood, & Boutelle, 2004), 다이어트가 계속됨에 따라서 긍정적인 감정은 감소했다. 다이어트를 하는 몇몇 사람은 강한 반응, 즉 굶주린 사람처럼 행동한다. 그들은 정서적으로 불안정하고, 음식에 집착하며, 음식 맛에 까다롭고, 쉽게 주의가 산만해지며, 늘 배고파한다. 이런 행동반응은 자신의 건강에 최적의 체중을 가진 사람들에게 다이어트는 어리석은 것임을 나타낸다.

건강에 위험할 정도로 충분히 과체중인 사람에게도 다이어트는 여전히 현명한 선택이 아닐 수 있다. '가장 실패한 사람' 프로그램 참가자들에 대한 분석(Fothergill et al., 2016)에서 나타났던 것처럼, 다이어트는 체중 감소를 유지하기 어렵게 만드는 신진대사율의 변화를 일으킬 수도 있다. 합리적이고 건강한 식사 형태를 발달시키는 일은 다이어트보다 더욱더 좋은 선택이다. 즉, 다이어트는 과식하지 않는 것과 동일한 의미가 아니다(Herman, van Strien, & Polivy, 2008). 다이어트는 많은 사람에게 좋은 선택이 아니다. 반면, 합리적이고 건강한 식사 형태를 발달시키는 것은 모든 사람에게 좋은 선택이다.

역설적으로 체중 감소는 어떤 사람에게 건강의 위험요인이지만 다른 사람에게는 이득이 될 수도 있다. 비자발적인 체중 감소는 종종 질환과 관련된다. 그래서 비의도적 체중 감소와 사망률 간에 상관이 있다는 사실은 놀라운 일이 아니다. 노인들은 질병 때문에 체중이 감소되는 경우가 많다. 참여자의 연령을 고려한 연구들에 의하면 젊은 사람은 과체중으로 인해 위험하지만, 65세 이후에는 과체중이 더 이상 사망의 예측요인이 되지 못했다(Kuk & Ardern, 2009). 실제로 약간의 과체중은 이득이 되기도 한다(Winter et al., 2014). 그러나 과체중인 성인과 비만 성인을 체중 감소 프로그램에 무

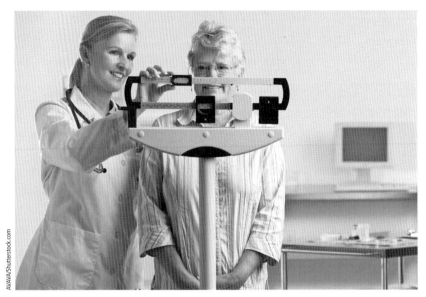

다이어트는 건강상의 이유로 체중을 감소시킬 필요가 없는 사람들 사이에서도 매우 일반적으로 퍼져 있다.

선적으로 할당했을 때(Shea et al., 2010), 체중을 감량한 사람이 사망률의 증가를 보이지 않았다.

따라서 체중 감소의 이익은 모든 사람에게 동일하지 않다. 보통 정도의 체중 감량이 비만하고 체중 감량을 지속할 수 있는 사람에게 중요할 수 있다. 그러나 다이어트의 위험성은 중간 정도의 안정적인 과체중의 위험성보다 더 클 수 있다(Gaesser, 2003). 그러나 비만은 건강하지 않다.

요약

우리 문화에서 야윔에 대한 지나친 집착은 과잉 다이어트를 유발했고, 많은 다이어트가 안전하지도 영구적으로 효과적이지도 않다. 대부분의 다이어트는 칼로리 섭취를 억제함으로써 처음에 체중 감소를 가져온다. 그러나 감소된 체중 수준을 유지하는 일은 기본적인 식사습관을 일생 변화시켜야 하는 문제. 야위려는 시도에도 불구하고, 미국인들은 칼로리 섭취의 증가와 낮은 신체활동으로 인해 체중이 더 많이 나간다.

체중을 감소시키는 일은 감소된 체중을 유지하는 일보다 더 쉽다. 그러나 치료 후 프로그램과 빈번한 추수 개입을 포함하는 프로그램은 건강에 이로운 정도의 체중을 유지하는 데 도움을 줄 수 있다. 상업적인 프로그램이든 개인적인 시도든 간에 다양한 건강음식과 지속적인 신체활동은 급격한 체중 저하를 가져오는 프로그램보다 장기적인 체중 감소를 가져올 가능성이 더 높다. 성인 프로그램과 마찬가지로, 비만 아동 및 청소년 프로그램도 비슷한 도전에 직면하고 동일한 효과적인 요소, 즉 건강한 음식 선택과 신체활동을 포함한다. 다이어트는 어떤 사람에게는 좋은 선택이지만 다른 사람에게 그렇지 않다. 병적으로 비만인 사람과 허리-엉덩이 비율이 높은 사람은 체중을 감소시키고 감소된 체중을 유지해야 한다. 그러나 미용의 이유로 다이어트를 하는 대부분의 사람들은 그들이 다이어트를 하지 않았다면 더 건강(행복)할 수 있었을 것이다. 조금 과체중인 사람들조차 다이어트로부터 얻는 이익이 없을 수 있다.

식사 장애

대중매체와 과학적 문헌에서 상당한 주의를 끌고 있는 식사 장애는 신경성 식욕부진증과 신경성 폭식증이다. 그러나 폭식 장애 역시 식사 장애 진단이다(American Psychiatric Association[APA], 2013). **식사 장애**(eating disorder)는 건강에 해로운 결과를 가져오는 식사행동으로 심각하고 습관적인 장애이다. 식사 장애에 대한 이 정의는 적절한 음식 공급을 찾을 수 없어서 오는 굶주림과 영양에 대한 부적절한 정보로 인한 건강에 해로운 식사는 제외된다. 플라스틱이나 나무처럼 비영양물질을 먹는 이식증(pica)과 같은 식사행동의 장애 그리고 반추장애(즉, 메스꺼움이나 위장 질병이 없는 음식의 역류)는 포함된다. 이러한 장애들은 심각한 건강 문제를 나타내지 않으며 건강심리학에서 비교적 덜 중요하다.

신경성 식욕부진증(anorexia nervosa)이라는 용어는 문자 그대로 신경 또는 생리적 조건으로 인해 식욕이 결핍되어 있다는 뜻이다. 신경성 폭식증(bulimia)은 연속적이고 병적인 배고픔을 의미한다. 그러나 의미는 매우 정확하지 않다. 신경증 식욕부진증은 의도적으로 굶고 왜곡된 신체상을 포함하는 식사 장애이다. 신경성 식욕부진증이 있는 사람은 식욕이 상실되지 않는다. 보통 그들은 끊임없이 배가 고프지만 먹기를 원하지 않는다고 말한다.

신경성 폭식증은 연속적이고 병적인 배고픔 이상의 의미를 지닌다. 이 식사 장애의 주요한 특징은 반복된 폭식과 위 속 비우기이다. 위 속 비우기는 보통 많은 양을 먹고, 칼로리를 많이 섭취하고, 탄수화물이나 지방을 많이 섭취한 후에 나타난다. 음식을 많이 먹는 것은 폭식의 정의에 결정적이다. 그러나 폭식을 하는 사람은 폭식은 하지만 강제로 위를 비우는 행동은 하지 않는다. 그래서 그들은 과체중이나 비만이 된다.

이런 세 가지 식사 장애는 많은 공통점이 있다. 사실 많은 권위 있는 학자들은 식욕부진증과 신경성 폭식증을 동일한 장애의 두 차원으로 생각한다. 또 다른 학자들은 3개의 분리되어 있지만 관련 있는 장애로 본다(Polivy & Herman, 2002). 예를 들면, 식사 장애는 세 가지 모두에 대한 공통점이 있다. 더욱이, 세 가지 장애 모두의 핵심적인 요소는 음식, 체중, 그리고 체형의 집착과 관련된 신체불만족이다. 신체불만족의 기초는 이해하기 쉽다. 과체중과 비만은 더 공통적이고, 이상적인 신체상은 야윈 것이다. 이런 조합이 불만족을 만들어낸다. 초등학교 저학년 아동들도 신체불만족을 표현하고 (Brown & Slaughter, 2011; Damiano et al., 2015), 체형에 대한 불만족은 여성들에게 더 공통적이다(Grogan, 2007; Rodin, Silberstein, & Striegel-Moore, 1985). 그러나 신체불만족을 가진 사람 가운데 적은 비율만이 식사 장애를 유발하며, 이는 다른 요인들이 식사 장애 유발에 작동함을 나타낸다(Tylka, 2004).

재닛 폴리비(Janet Polivy)와 피터 허먼(Peter Herman)(2002, 2004)은 신체불만족은 식사 장애 유발의 본질적 전조요인이라고 제안했다. 그러나 섭식 문제를 유발한 사람은 자신의 삶에서 다른 문제를 해결하기 위한 하나의 해결책으로 더 야위게 보여야 한다고 생각한다. 이런 불편감을 신체관심으로 연결하고 자신의 불만족을 변화시키는 하나의 방법으로 신체에 초점을 두는 사람은 식사 장애를 가져오는 인지를 가지게 된다(Evans, 2003). 이런 인지는 야윈 것이 행복을 가져온다는 감정을 포함한다.

식사 장애의 다른 위험요인은 많은 부정적 가족 상호작용, 아동기의 성학대 경험, 낮은 자존감, 높은 부정적 정서, 불안, 우울과 같은 가족 및 성격과 관련된 요인을 포함한다(Polivy & Herman, 2002). 더해서 어떤 유전적 또는 신경내분비적인 병적 소질이 식사 장애를 유발할 수 있다. 신경전달물질 세로토닌이 관련되어 있고(Kaye, 2008), 렙틴이 뇌에서 다양한 활동에 영향을 준다(Zupancic & Mahajan, 2011). 건강하지 않은 체중 조절전략과 관련된 요인들의 검증(Liechty, 2010; Neumark-Sztainer, Wall, Story, & Perry, 2003)에서 체중에 대한 관심이 식사 장애의 가장 중요한 요인으로 나타났다.

신경성 식욕부진증

신경성 식욕부진증이 현재 초점이 되고 있지만, 이 장애나 용어는 새로운 것이 아니다. 리처드 모턴(Richard Morton)은 1689년 의도적으로 자기를 기아 상태로 만드는 출처가 분명한 두 가지 사례를 보고했다(Sours, 1980). 모턴은 신경성 식욕부진증으로 죽은 18세 된 영국 소녀와 살아남은 18세 소년에 대한 이야기를 소개했다. 약 25년 전, 두 사람은 기아에 아랑곳하지 않았고, 둘 다 슬프고 불안했다. 런던에서 윌리엄 걸(William Gull, 1874)은 1860년대에 의도적으로 자신을 기아 상태로 만든 몇몇 사례를 연구했다. 그는 그 조건을 심리적 장애로 보고, 신경학적인 원인, 즉 심리적 요소들 때문에 식욕이 감퇴한다는 뜻인 신경성 식욕부진증이란 용어를 새로 만들었다.

1940년대와 1950년대 동안, 정신분석적 관점을 가진 정신의학자는 이 병은 여성성을 부인하는 것이고 모성을 두려워하는 것으로 가정했다. 다른 이론가들은 어머니와 일체감을 재형성하기 위한 하나의 시도로 생각했다. 불행히도, 이런 가정들 가운데 어느 것도 신경성 식욕부진증을 과학적으로 이해하는 데 있어서 발전에 도움을 주지 못했다. 과거 60년 동안 이런 종류의 생각에서 변화가 있었고 신경성 식욕부진증이 사회문화적, 가족, 생물학적 요인의 복합체와 관련되어 있다는 관점으로 돌아갔다(Polivy & Herman, 2002). 최근에는 행동과 생리적 효과, 인구통계학적 관련성, 그리고 효과적인 치료 방법들의 측면에서 이 장애를 기술하고 있다.

신경성 식욕부진증이란 무엇인가? 신경성 식욕부진증은 의도적인 기아 또는 반 기아로 죽음까지 갈 수 있는 식사 장애이다. 신경성 식욕부진증을 가진 사람은 체중 증가를 극단적으로 두려워하고, 왜곡된 신체상을 가지며, 자신이 매우 야위었음에도 불구하고 매우 체중이 많이 나간다고 생각한다. 뇌 영상을 이용한 연구(Sachdev, Mondraty, Wen, & Gulliford, 2008)는 신경성 식욕부진증이 있는 사람은 두 신체상이 동일한 체중임에도 불구하고 자신의 신체상을 다른 여자의 신체상을 처리할 때보다 다르게 처리한다는 사실을 발견했다.

『정신장애 진단과 통계편람』(5판 [DSM-5], APA, 2013)은 신경성 식욕부진증을 살찌는 것에 대한 공포와 왜곡된 신체상으로 인해 비슷한 연령, 성별, 발달 상태인 사람들의 평균보다 더 적은 체중이 되게 하려고 의도적으로 체중을 감소하는 것으로 정의한다.

DSM-5(APA, 2013)에서 신경성 식욕부진증의 두 가지 유형인 억제형(restricting type)과 폭식 하제형(binge-purge type)을 제안하고 있다. 억제형인 사람은 거의 먹지 않으며 다이어트, 단식, 운동, 또는 이런 전략들의 조합으로 체중을 줄인다. 폭식 하제형인 사람은 음식을 많이 먹고, 먹은 음식을 몸속에서 제거하기 위해 구토나 하제를 사용한다. 대안적으로 이들은 적은 음식을 먹고 제거할 수 있다. 연구에서 이런 두 가지 유형이 구별된다는 사실을 확인했다(Kaye, 2008). 몸속의 음식 제거는 신경성 대식증의 전형적인 행동이고 폭식 행동은 폭식 장애에서 일어난다. 그러나 신경성 폭식증 환자는 정상 체중을 유지하기 위해 하제를 사용하고, 신경성 식욕부진증 환자는 체중을 감소시키기 위해 위 속을 비운다.

신경성 식욕부진증은 어떤 인구통계적 특징을 가진 집단에 제한되지 않지만, 젊은 여성이 노인 여성이나 남성보다 더 높은 위험성이 있다. 전형적으로, 그들은 음식에 집착하고 종종 다른 사람을 위해 요리하기를 좋아하고, 다른 사람들이 자신의 음식을 먹어주기를 강하게 요구한다. 그러나 자신을 위해서는 거의 먹지 않는다. 그들은 체중의 15~50%까지 감량하고서도 계속해서 자신이 과체중이라고 생각한다. 이런 젊은 여성은 야망적이고, 완벽주의적인 사람, 성취 수준이 높은 집안 출신, 자신의 신체에 불만족하는 사람인 경향이 있다. 신경성 식욕부진증인 사람은 체지방에 집착하고, 그래서 강렬한 운동 프로그램(댄싱, 조깅, 맨몸운동(calisthenics), 테니스)에 참여한다. 과도하게 활동적이고 격렬한 운동을 계속해서 피곤하고 힘이 없어 더 이상 활동이 어려울 정도의 수준까지 체중 감소를 한다.

실제적인 체중 감량이 일어난 후 개인차는 사라지고 이 장애를 가진 대부분의 사람은 매우 비슷하다. 흥미롭게도, 많은 특징은 키즈 등(1950)의 연구에서 나온 굶는 것을 성실하게 거부하는 설명과 일치한다. 따라서 이런 특징은 굶주림의 효과이지 원인이 아니다. 이전 정상 체중의 25% 이상 감소할 때, 사람들은 추워하고, 연약해지고, 체모가 솜털처럼 되고, 머리카락이 빠지며, 성에 흥미를 잃고, 음식에 집착하게 된다. 기아 상태가 위험한 수준이 될 때, 신경성 식욕부진증 환자는 체중 감소를 반대하는 가족과 친구들에게 더 적대적이 된다.

힐데 브루흐(Hilde Bruch, 1973, 1978, 1982)를 포함해서 많은 전문가는 신경성 식욕부진증을 통제력을 얻는 수단으로 생각했다. 식사 장애와 기아의 효과를 연구하는 데 40년 이상의 세월을 보낸 브루흐는 다이어트 전에 신경성 식욕부진증 환자는 전형적으로 자신의 삶을 변화시킬 수 없다고 느끼는 문제 소녀라고 보고했다. 따라서 이런 젊은 여자들은 자신의 부모가 자신에게 과다하게 요구한다고 생각하고, 너무 유순해서 공개적으로 저항할 수 없는 통제력을 지녔다고 생각한다. 그들은 가장 개인적인 방식으로 자신의 삶에 대한 통제력을 잡으려고 한다. 즉, 체형을 변화시킴으로써 통제력을 가지려고 한다. 강제로 먹이는 일을 제외하고는, 어떤 누구도 이런 젊은 여자들이 자신의 체형과 신체 크기를 통제할 수 없다. 그들은 어려운 일을 하는 데 대해 즐거움과 긍지를 가진다. 그리고 자신의 뛰어난 의지력을 과체중이거나 운동을 피하는 사람의 의지력과 비교한다. 브루흐(1978)는 신경성 식욕부진증 환자는 배고픈 상태를 즐기고 궁극적으로 위 속에 들어 있는 음식은 더럽거나 해를 주는 것으로 여긴다고 보고했다.

어떤 사람이 신경성 식욕부진증에 걸리는가? 비록 신경성 식욕부진증이 서구문화와 관련되어 있을지라도, 이것은 비서구화된 문화에서도 나타나고(Keel & Klump, 2003), 인종 집단의 구분을 넘어선다(Marques et al., 2011). 이 진단은 북미와 유럽에 사는 유럽계 조상을 둔 중 상류층 이상의 여성들에게 더 일반적이었으나, 많은 인종 집단에 대한 조사에서 신경성 식욕부진증의 유병률은 히스패닉 미국인, 아시아 아프리카인, 아프리카 미국인 여성에서 비슷하다. 신경성 식욕부진증은 50년 전보다 더 흔해지긴 했지만(Keel & Klump, 2003), 여전히 매우 드문 질병이다. 가장 일반적으로 발생하는 집단인 성인 여성의 유병률은 1% 이하였으며(Stice, Marti, & Rohde, 2013) 호주의 젊은 여성들도 비슷하게 낮았다(Hay, Girosi, & Mond, 2015). 그러나 어떤 집단들에서는 발병률이 훨씬 더 높다. 예를 들어, 미인대회를 마친 젊은 여성의 26%가 식사 장애 진단을 받았거나 식사 장애라고 보고했다(Thompson & Hammond, 2003). 댄스와 모델 전문학교의 경쟁적이고 체중을 많이 의식하는 분위기는 신경성 식욕부진증을 촉발한다. 댄스 학교 학생의 6.5%, 모델 학교 학생의 7%가 신경성 식욕부진증의 진단 기준에 맞았다(Garner & Garfinkel, 1980). 영화, 무용, 치어리딩, 운동과 관련된 대학생 연구(Robles, 2011)에서 12%가 식사 장애로 치료를 받고 있는 것으로 나타났다. 외모, 야

식사 장애는 모델, 무용수, 야윔을 요구하는 종목의 운동선수들에게 더 일반적으로 나타난다.

원 체형, 낮은 체지방을 강조하는 스포츠에 참여하는 여성은 특히 위험하다(Torstveit, Rosenvinge, & Sundgot-Borgen, 2008). 이런 활동에 몰입할수록 더 위험할 수 있다. 예컨대, 더 뛰어난 무용가는 더 빈번하고 더 심각한 식사 장애 증상을 경험한다(Thomas, Keel, & Heatherton, 2005).

신경성 식욕부진증을 가진 사람은 종종 가족 문제를 보고한다. 그러나 그 문제가 섭식 문제가 발생하기 전에 있었는지 아니면 섭식 문제의 결과인지를 결정하기 어렵다(Polivy & Herman, 2002). 가족환경은 몇 가지 측면에서 중요하다. 식사 장애가 있는 아동의 가족은 많은 부정적 정서를 보이고 정서적 지원을 거의 하지 못하는 경향이 있다. 가정 폭력(목격자나 당사자로서) 남녀 모두에게 식사 장애의 위험성이 있다(Bardy, 2008). 게다가 식사 장애가 있는 가족 구성원은 가족의 다른 구성원의 장애위험을 높인다(Tylka, 2004). 그러나 이들은 또한 건강하지 못한 체중 관리를 하는 친구들을 사귀고 있거나(Eisenberg et al., 2005), 여성사교클럽에 가입되어 있다(Basow, Foran, & Bookwala, 2007). 따라서 식사 장애는 가족의 역동뿐만 아니라 사회적 맥락에 영향을 받는다. 더욱이 신체적 또는 성적 학대는 정상적으로 식사를 하는 사람보다 신경성 식욕부진증인 사람에게 더 공통된 경험이다(Rayworth, 2004).

몇 년이 지나면서 신경성 식욕부진증 환자는 여성들에게서 압도적으로 많아졌고, 연구와 치료도 여성에게 초점을 두고 있다. 여성이 식사 장애의 90%를 차지한다는 추정치는 완전한 전집 자료보다 주로 진단과 임상적 인상에 기초해 있다. 남성의 식사 장애에 대한 개관(Jones & Morgan, 2010; Wooldridge & Lemberg, 2016)에서 식사 장애에 대해 더 많은 대표성을 나타내는 평가는 더 높은 수치를 보여준다. 즉, 적어도 사례의 20% 이상이 남자이다(Hudson, Hiripi, Pope, & Kessler, 2007). 따라서 식사 장애는 임상적인 막연한 느낌으로 말하는 것보다 남성에서 더 일반적일 수 있다.

남자 신경성 식욕부진증 환자는 사회 계층과 가족 형태, 증상, 치료, 예후에 있어서 여자 환자와 매우 유사하다. 그러나 남성 신경성 식욕부진증은 식사 장애로 만드는 요인들이 다르다(Ricciardelli, McCabe, Williams, & Thompson, 2007). 예를 들어 어떤 연구들은 성적 지향성이 하나의 요인임을 발견했는데, 남성 신경성 식욕부진증 환자에서 게이가 더 많았다(Boisvert & Harrell, 2009). 그러나 증상과 특징의 비교(Crisp et al., 2006)는 차이점보다 더 많은 유사점을 보였다.

소년과 젊은 남성도 소녀와 젊은 여성처럼 급격한 방법으로 이상적인 신체를 성취할 수 있다(Olivardia, Pope, & Phillips, 2000; Wooldridge & Lemberg, 2016). 소년의 이상적인 신체는 근육질이다. 그리고 이런 생각에서 벗어나기란 소녀들에게 신체상이 야윈 것이라는 생각을 회피하는 것만큼 어렵다(Mosley, 2009). 그러나 소년과 소녀의 이상적인 신체상에는 지방에 대한 혐오를 공통으로 포함하고 있다. 따라서 여성과 남성 둘 다 식사 장애로 나타날 수 있는 체형과 신체 크기에 관심을 가진다.

신경성 식욕부진증의 치료 두 개의 불행한 상황이 식욕부진증 치료와 관련해서 존재한다. 이 장애는 정신과 진단들 가운데 사망률이 가장 높으나 치료는 높은 효과를 보이지 못하고 있다(Cardi & Treasure, 2010). 모든 신경성 식욕부진증 환자의 3%가 이 장애로 죽는다(Keel & Brown, 2010). 대부분 심장 부정맥으로 죽지만, 폭식 하제형 신경성 식욕부진증 환자에게는 자살도 빈도가 높은 사망원인 가운데 하나다(Foulon et al., 2007). 불행히도 신경성 식욕부진증은 치료하기 가장 어려운 행동장애 중 하나이다. 신경성 식욕부진 증 환자의 약 75%가 회복된다(Keel & Brown, 2010). 회복되지 않은 사람들 가운데 몇몇은 호전되나 섭식 관련 신체상 문제, 강박장애, 우울과 싸운다. 9~18%가 계속 신경성 식욕부진증 증상을 보이는데, 지역사회 기반 치료를 받은 사람보다 입원 치료를 받은 사람들이 더 나빴다.

치료 초기에 겪는 어려운 점은 대부분의 신경성 식욕부진증이 있는 사람들이 체중 감량에 초점을 두고 그들이 너무 야윈다고 말하는 것에 대해 원망하고 자신의 식사를 변화하려는 데 저항하는 것이다. 이런 태도는 신경성 식욕부진증인 사람들이 운영하는 많은 웹사이트에서 볼 수 있고, 이런 태도를 장애보다 대안적인 생활양식으로 여긴다(Davis, 2008). 변화에 대한 동기가 더 성공적인 치료를 예언한다(McHugh, 2007). 그래서 신경성 식욕부진증 환자들이 치료를 받도록 동기화하는 것이 동기면담의 적용에 의해 주장되는 중요한 도전이다(Hogan & McReynolds, 2004). 이 기법은 문제에 관한 태도를 변화시키기 위한 직접적인 개입이고 사람들이 더 기꺼이 변화하도록 만든다.

기아 상태가 계속됨에 따라, 신경성 식욕부진증은 피로, 소진, 신체적 붕괴, 강제 치료를 초래한다. 이런 상황은 바람직하지 않으나, 비자발적으로 치료에 참여한 사람조차도 나중에 개입이 정당했다는 데 동의했다(Tan, Stewart, Fitzpatrick, & Hope, 2010). 입원이 필요한 사람들을 위한 치료 프로그램의 즉각적인 목적은 기아로 인한 신체적 위험을 의학적으로 안정화시키는 것이다. 따라서 신경성 식욕부진증이 있는 사람은 정상 체중을 회복하고 건강한 식사와 호전된 신체상을 갖도록 할 필요가 있다. 이런 목표를 성취하는 방법에 관한 제언들은 보편적으로 수용되지 않고, 체계적 개관은 신경성 식욕부진증 환자에게 어떤 치료가 가장 효과적인지에 관한 확고한 결론에 이르지 못했다. 그러나 한 메타분석의 결과에 따르면 가족 기반 행동 치료와 개인 행동 치료는 비슷한 효과가 나타났다(Couturier, Kimber, & Szatmari, 2013).

1970년대 중반 이후, 인지 행동 치료가 신경성 식욕부진증을 치료하기 위한 방법으로 인기가 있다. 이 치료 방법은 식사 행동과 인지를 변화시키는 데 성공적이라는 결과들이 나왔다(Fairburn & Harrison, 2003). 인지 행동 치료자들은 따뜻함을 유지하고 환자의 태도를 수용하면서 이런 비합리적 신념을 공격한다. 신경성 식욕부진증 환자에게 '내가 1kg이 찐다면 100kg은 금방 찔 것이다'와 같은 자기진술에서 표현된 절대주의적이고 실무율적인 사고 형태를 버리도록 가르친다. 인지적 왜곡을 다루는 것은 중요한 치료요인이 될 수 있는데, 발전 중인 많은 연구에서 신경성 식욕부진증 환자는 음식 관련 단어의 처리에서 중요한 인지적 왜곡을 경험한다는 사실을 보고한다(Nikendei et al., 2008). 게다가 다른 사람에 비해 신경성 식욕부진증 환자는 자신의 사고를 통제할 수 없다고 믿을 가능성이 더 높고, 환자의 절반은 자신의 감정을 더 나쁘게 만드는 인지전략을 사용했다고 보고했다(Woolrich, Cooper, & Turner, 2008). 인지 행동 치료의 인지적 요소는 이런 문제를 다루는 데 잠재력을 지닌다.

인지 행동 치료는 개인과 집단 치료 + 감독하의 식사, 식사계획 그리고 영양교육으로 이루어진 표준 프로그램 같은 유형의 심리적 다양식 개입보다 훨씬 더 효과적이지 않다(Williamson, Thaw, & Varnado-Sullivan, 2001). 이런 프로그램은 어떤 신경성 식욕부진증 환자에게는 효과적이다. 불행히도, 신경성 식욕부진증 환자를 위한 어떤 치료도 인상적인 성공률을 보이지 못하고(Hay & de M. Claudino, 2010), 연구자들은 특히 성인 신경성 식욕부진증 환자에서 호전을 찾고 있다.

청소년의 경우 전반적인 상황은 다소 더 낙관적이다. 런던의 모슬리(Maudsley) 병원에서 개발한 접근 방법은 신경성 식욕부진증 치료에서 가족과 가족 관여의 역할을 강조한다(Locke, le Grange, Agras, & Dare, 2001). 부모를 문제의 일부분으로 다루기보다 문제 해결의 본질적인 부분으로 수용한다. 신경성 식욕부진증 환자가 병원에서 체중을 늘리는 것이 상대적으로 쉽다는 사실을 알리고, 부모에게 아동이 먹도록 하는 전략을 가르쳐줌으로써 집에서 먹도록 돕는 데 초점을 둔다. 청소년 신경성 식욕부진증 치료에 가족을 포함시키는 가치는 잘 수용되고 있다(Cardi & Treasure, 2010; Couturier, Kimber, & Szatmari, 2013).

신경성 식욕부진증의 치료에 또한 약물이 포함된다. 그러나 항우울제, 항정신병 약물, 기분안정제를 포함하여 어떤 약물도 효과가 있다는 증거는 부족하다(Tortorella, Fabrazzo, Monteleone, Steardo, & Monteleone, 2014). 따라서 이 어려운 질환을 치료하기 위한 무기고가 채워지지 않은 채 남아 있다.

재발의 가능성은 항상 남아 있다. 비합리적인 식사 형태와 왜곡된 신체상을 목표로 하는 집중치료에서조차, 신경성 식욕부진증 치료를 받는 몇몇 사람들은 이런 부적응적인 사고 과정이 남아 있다. 어떤 환자는 자기기아로 다시 빠지고, 어떤 환자는 자살을 시도하고, 어떤 환자는 우울해지고, 어떤 환자는 다른 식사 장애를 유발한다(Carter, Blackmore, Sutandar-Pinnock, & Woodside, 2004; Castellini et al., 2011). 추수 관리는 종종 통합 프로그램에 포함되어 있고, 인지 행동 치료는 재발을 방지하는 데 특히 유용한 것 같다(Pike, Timothy, Vitousek, Wilson, & Bauer, 2003).

신경성 폭식증

신경성 폭식증(bulimia)은 신경성 식욕부진증과 유사한 장애로 알려져 있다. 어떤 사례는 하나의 진단에서 또 다른 진단으로 이동한 경우도 있다(Eddy et al., 2007). 신경성 식욕부진증과 달리, 체중을 더 많이 줄이기 위해 엄격한 단식에 의존하는 신경성 폭식증 환자는 통제하지 못하고 많은 양의 음식을 먹고(폭식), 토하거나 하제를 사용하여 위나 장 속의 내용물을 비운다. 위나 장 속을 비운 후 겉으로 보기에 괴상할 정도로 폭식을 하는 행동은 새로운 것이 아니다. 고대 로마 사람들은 때때로 이와 매우 유사한 식사 의식에 탐닉했다. 이들은 지방질이 풍부한 음식을 많이 먹는 잔치를 벌인 후, 원형 극장의 출입구로 물러나서 위를 비운 다음 다시 더 많이 먹었다(Friedländer, 1968). 신경성 폭식증과 달리, 이런 관습은 체중 조절을 지향하고 있지 않다. 오늘날 신경성 폭식증은 식사 장애로 정의되고 있으며, 수백만의 사람들에게 영향을 미치고 있다.

신경성 폭식증이란 무엇인가? 미국 정신의학회의 『정신장애 진단과 통계편람』(DSM-5)의 정의에 따르면(APA, 2013), 신경성 폭식증은 반복적인 폭식 삽화, 식사 통제력 부족, 폭식을 보상하기 위한 부적절하고 급격한 방법과 관련되어 있다. 어떤 신경성 폭식증 환자는 단식을 하거나 과도하게 운동을 하거나, 대부분 강제로 구토하거나 하제를 사용하고 비교적 정상적인 체중을 유지한다.

신경성 폭식증을 신경성 식욕부진증과 구별하는 한 가지 요인은 충동 통제력의 부족이다(Farstad, McGeown, & von Ranson, 2016). 이 특성은 더 심한 신경성 폭식증 환자에게 더 적용될 수 있다(Myers et al., 2006). 신경성 폭식증 환자는 종종 알코올이나 약물 남용, 성적 난잡, 자살 시도, 절도, 가게 좀도둑질과 같은 충동성과 관련된 문제가 있다. 이런 요인은 중요할 수 있다. 만일 먹고 싶은 충동에 저항할 수 없거나 신체 불만족을 아직 느끼고 있다면, 이런 사람들은 신경성 식욕부진증보다 신경성 폭식증 환자가 될 수 있다.

아동기 때의 성적 학대, 신체적 학대, 외상 후 스트레스 경험이 신경성 폭식증과 관련이 있다(Rayworth, 2004; Treur, Koperdák, Rózsa, & Füredi, 2005). 게다가 성폭행 경험은 이 장애의 위험성을 높인다(Fischer, Stojek, & Hartzell, 2010). 미국에서 전국적으로 신경성 폭식증 여성을 표집하여 조사한(Wonderlich, Wilsnack, Wilsnack, & Harris, 1996) 결과 아동기에 성적 학대를 당한 여자 아동의 거의 1/4이 나중에 신경성 폭식증적 행동을 보였다. 이런 여성들이 다른 여성에 비해 더 심한 증상을 보이는 경향이 있다(Treur et al., 2005). 또한 신경성 폭식증과 우울증 간에 관계가 있고, 아동기의 성적 학대 또한 자살 시도와 같은 우울증과 관련된다. 신체상과 식사 장애는 청소년기 여성에게 우울증 유발에 선행하는 경향이 있다(Kaye, 2008; Salafia & Gondoli, 2011). 이 연구는 발병 순서를 제안하고 신경성 폭식증 발병의 인과 사슬을 설정했다.

어떤 사람이 신경성 폭식증 환자인가? 적어도 한 가지 점에서 신경성 폭식증 환자는 신경성 식욕부진증 환자와 매우 유사하다. 이 두 식사 장애는 남성보다 여성에게 훨씬 더 흔히 일어난다. 신경성 폭식증은 미국에서 다양한 사회계층과 인종 집단에서 동등한 유병률을 보인다(Franko et al., 2007).

신경성 폭식증의 유병률은 어떠한가? 발병률이 증가하는가 아니면 감소하는가? 미국 여성의 약 1.5%, 남성의 0.5%가 신경성 폭식증의 진단 기준을 충족시킨다(Hudson et al., 2007). 이 장애는 신경성 식욕부진증보다 더 일반적이다. 고등학생을 대상으로 한 조사에서(Kann et al., 2014), 여학생의 6.6%, 남학생의 2.2%가 체중을 줄이거나 증가를 예방하기 위해 토하거나 하제를 사용했다고 응답했다. 이런 비율은 높은 수치로 신경성 폭식증 유병률이 증가하고 있음을 시사한다. 이 장애의 변천사에 대한 분석에서(Keel & Klump, 2003), 20세기 후반에 실질적인 증가를 보였다. 더욱이, 신경성 폭식증은 신경성 식욕부진증과 발생에서 다르다. 신경성 폭식증은 서구문화에 한정되고 이런 문화는 서구의 가치에 영향을 받는다.

신경성 폭식증이 해로운가? 많은 사람에게 폭식과 위 속을 비우는 행동은 체중을 조절하기 위한 수용할 만한 수단일 수 있다. 또 어떤 사람에게는 죄책감이 신경성 폭식증의 필연적인 부분이고 어떤 정신건강 문제를 수반하지만, 질문은 아직 남아 있다. 신경성 폭식증이 신체적 건강에 해로운가? 3%의 사망률을 보이는 신경성 식욕부진증과 달리(Keel & Brown, 2010), 신경성 폭식증으로는 거의 사망하지 않는다(Steinhausen & Weber, 2010). 그럼에도 불구하고 신경성 폭식증은 심각하게 해로운 결과를 가져온다.

폭식과 하제의 조합은 몇 가지 면에서 해롭다. 첫째, 당분을 많이 섭취하면 혈액 속에 당이 부족한 **저혈당증**(hypoglycemia)을 일으킨다. 전형적인 폭식자는 많은 당을 섭취하기 때문에 이런 결과는 역설적으로 들릴지 모른다. 그러나 많은 당의 섭취는 췌장을 활성화하여 과도한 인슐린을 분비하게 하고 인슐린은 혈당 수준을 낮춘다. 저혈당은 현기증, 피로, 우울증을 유발한다. 저혈당 수준은 더 많은 당분을 갈망하게 하고, 이것은 다시 사람들이 케익, 캔디, 아이스크림 같은 단 음식을 더 많이 먹게 한다. 둘째, 폭식자는 거의 균형 잡힌 영양 섭취를 하지 않는다는 것이다. 그리고 빈곤한 영양이 무기력과 우울증을 유발할 수 있다. 셋째, 폭식은 경비가 많이 들어간다. 신경성 폭식증 환자들은 음식 값으로 하루에 100달러 이상을 소비할 수 있다. 이런 소비는 경제적 어려움이나 도둑질 같은 문제를 야기한다. 또한 폭식자는 거의 일관되게 음식에 집착한다. 거의 항상 다음 폭식에 대해 생각하고, 이런 강박증은 신경성 폭식증 환자들이 다른 활동에 참가할 수 있는 시간을 제한할 수 있다(Polivy & Herman, 2002).

위 속을 비우는 행동은 또한 몇몇 신체적 문제를 야기한다(Mehler, 2011). 음식물을 토하는 행동으로 인해 발생하는 가장 일반적인 결과는 치아의 손상이다. 위에서 나오는 염화수소산은 치아를 덮고 있는 에나멜을 부식시킨다. 장기적으로 신경성 폭식증을 보이는 환자는 광범위한 치과적인 예방과 치료가 필요하다. 실제로 치과의사는 때때로 신경성 폭식증을 맨 처음 짐작해내는 건강 전문가이다. 염화수소산은 또한 소화계의 다른 부분, 특히 입과 식도를 손상시키기도 한다. 식도의 출혈과 파열은 신경성 폭식증에 일반적이지 않지만 매우 위험하다. 그리고 만성화된 환자는 적당하게 먹은 후에 역연동운동, 즉 음식물을 자발적으로 게워낸다는 보고도 있다. 빈번하게 위 속을 비우는 행동으로 유발되는 다른 잠재적인 위험들로 적혈구 수가 감소하는 **빈혈증**(anemia), 나트륨, 칼륨, 마그네슘, 칼슘과 같은 신체 미네랄의 부족으로 유발되는 **전해질 불균형**(electrolyte imbalance), 염산의 손실로 신체 조직에 알칼리의 수준이 비정상적으로 높아지는 **알칼리 혈증**(alkalosis) 등이 있다. 이런 상태는 허약함과 피곤함을 가져온다. 하제나 이뇨제를 과도하게 사용하여 위 속을 비우는 행동은 신장 손상, 탈수, 경련성 결장 또는 배설 기능에 대한 자발적인 통제력의 상실을 일으킨다. 더욱이 하제로 사용한 물질의 구성 성분이 독성을 지닐 수 있어 위험을 더한다(Steffen, Mitchell, Roerig, & Lancaster, 2007). 요약해서, 신경성 폭식증은 해가 없는 체중 조절 전략이 아니라 여러 가지 잠재적 위험을 가져오는 심각한 장애다.

신경성 폭식증의 치료 신경성 폭식증의 치료는 신경성 식욕부진증을 위한 치료 프로그램보다 한 가지 중요한 장점이 있다. 신경성 폭식증을 가진 사람은 자신의 식사 행동을 변화시키기 위해 동기화되기 더 쉽다. 불행히도, 이런 동기는 신경성 폭식증이 있는 사람이 치료를 원한다는 사실을 보장하지는 않는다.

인지 행동 치료는 신경성 폭식증에 대해 선호도가 높은 치료이다(Cardi & Treasure, 2010). 인지 행동 치료는 강박적인 신체관심과 같은 왜곡된 인지와 폭식, 토하기, 하제 사용과 같은 행동을 변화시키는 작업을 한다. 특정적 기법에는 폭식과 관련된 요인과 위 속을 비우는 행동을 한 후의 느낌에 관한 일기 쓰기, 자신의 칼로리 섭취와 위 속을 비우는 행동의 모니터링, 천천히 식사하기, 규칙적인 식사하기, 식사와 체중 통제에 대한 왜곡된 관점을 명료화하기 등이 포함된다. 신경성 폭식증에 대한 체계적 개관 연구(Shapiro et al., 2007)에서 인지 행동 치료가 효과적이며 장기 추수에서도 효과가 있는 것으로 밝혀졌다.

대인관계 심리 치료 또한 신경성 폭식증을 치료하는 데 성공적으로 사용되어왔다(Tanofsky-Kraff & Wilfley, 2010). 대인관계 심리 치료는 비내관적인 단기 치료 방법으로 우울증 치료를 위해 고안되었다. 이 치료 방법은 식사가 아니라 현재의 대인관계와 관련된 문제에 초점을 둔다. 이 치료법에서 식사 문제는 대인관계의 문제가 중요한 발달상의 도전이 되는 청소년기 후반에 나타나는 경향이 있다고 본다. 이런 관점에서, 식사 문제는 비적응적인 대처를 나타낸다. 대인관계 치료의 성공률은 인지 행동 치료와 유사하지만, 이것은 빠르게 효과를 볼 수 없다. 성공과 관련된 요인은 치료 초기의 긍정적 변화(낮은 우울증, 적은 폭식 삽화, 변화하려는 동기)를 포함하고 있다(Vall & Wade, 2015).

비록 항우울제 약물들이 신경성 식욕부진증 치료에 매우 효과적이진 않지만, 신경성 폭식증에 대한 성과는 더욱 긍정적이다(Tortorella et al., 2014). 심리 치료는 단일한 약물 치료보다 대부분의 환자에게 더 좋은 선택이지만, 약물과 심리 치료의 조합은 어떤 신경성 폭식증 환자에게 좋은 선택일 수 있다.

신경성 폭식증의 치료는 보통 성공적이다(Keel & Brown, 2010). 신경성 폭식증 환자의 약 70%가 치료로 회복되며 그 외의 사람도 호전이 된다. 그러나 11~14%는 치료에 긍정적인 반응을 보이지 않고 이런 사람들은 폭식, 위와 장 비우기 문제를 몇 년 동안 계속 보인다.

신경성 폭식증을 예방하는 일은 치료보다 더 바람직하고 어떤 프로그램은 사람들을 위험에 빠뜨리는 태도를 변화시키려 한다. 이런 프로그램은 낮은 자존감, 건강치 못한 신체상, 야윈 신체를 매우 이상적으로 여기는 것, 완벽성에 대한 강한 욕구, 반복된 다이어트 경험, 그리고 다른 역기능적 식사 행동이나 태도 같은 위험요인이 있는 젊은 여성을 대상으로 한다. 어떤 프로그램은 학교 기반이고, 또 다른 프로그램은 고위

1. 영양 섭취에 대한 정보를 얻고, 당신이 즐길 건강한 다이어트를 결정할 때 그 정보를 사용하여 당신의 식사 역량을 개발하라(Stotts et al., 2007).
2. 다이어트를 포기하라. 그리고 과체중도 포기하라.
3. 자신의 적절한 체중을 결정할 때, 패션잡지보다 신체질량지수를 참조하라.
4. 당신이 체중이 얼마인가보다 건강한 식사를 하는 데 더 많은 관심을 가져라.
5. 체형을 변화시키는 방법으로 음식 억제에 덜 관심을 두고 운동에 더 많이 집중하라.
6. 체중을 감소시키기 위해 식사, 특히 아침식사를 거르지 마라. 아침을 먹는 사람은 거르는 사람에 비해 과체중일 가능성이 더 적다(Purslow et al., 2008).
7. 당신의 신체를 모델이나 배우의 신체와 비교하지 마라. 그들의 상은 사람들이 자신의 신체로 인해 불행해지는 비현실적이고 성취 불가능한 신체상을 제공한다.
8. 체중 감소가 당신의 모든 문제를 해결해주지 않는

다는 사실을 이해하라.
9. 체중을 감량한다면, 감량을 멈추어야 하는 시점을 알아라. 당신이 충분히 체중을 감량했다고 말하는 사람이 있으면 그 말에 주의를 기울여라.
10. 자신의 체중이 적게 나가는 것을 헐렁한 옷을 입는 방법 등을 통해 친구나 가족에게 숨기지 마라.
11. 당신이 식사를 변화시킬 때는 식사가 즐거운 활동으로 유지될 수 있는 방법을 찾아라. 박탈감과 선호하는 음식 없이 지낼 경우 당신은 비참해져서 바른 식사 관리를 못 할 수 있다.
12. 비록 당신이 비만하다 할지라도, 체중 감소를 위해 다이어트 약물, 단식, 최저 칼로리 다이어트 방법을 사용하지 마라.
13. 체중이 증가하지 않도록 하기 위한 수단으로 먹은 후 토하지 마라.
14. 정상 체중이나 약간 과체중인 사람을 매력적으로 보는 방법을 익혀라. 뉴스와 대중매체에서 이런 사람을 찾아보라.

험에 있는 젊은 여성을 대상으로 한다. 하나의 전형적인 전략은 심리교육으로, 이것은 야윈 신체를 이상적이라고 수용하는 태도를 변화시키고 자존감을 높이려고 한다. 체중 조절 동안 건강한 식사를 하도록 하는 요소가 추가되면 성공률은 더 높아진다(Stice, Presnell, Groesz, & Shaw, 2005; Stice, Trost, & Chase, 2003). 신체 프로젝트(The Body Project)는 또 다른 성공전략인데, 참여자들이 야윈 몸을 이상적으로 여기는 것을 비판하게 하여 부조화를 만들어내는 것이다(Stice, Rohde, & Shaw, 2013). 따라서 신경성 폭식증의 인지적 요소를 다루고 신체관심사를 관리하는 건강한 방식을 제공하는 프로그램이 이 장애의 유발을 막는 데 더 성공적일 수 있다.

폭식 장애

많은 사람은 파티나 휴일에 많이 먹는다. 그러나 폭식 장애는 일반적인 탐닉 이상이다. 폭식은 신경성 폭식증의 증상인 식사 통제력의 상실을 보이지만 어떤 형태의 보상행동도 나타나지 않는다. 폭식 장애는 DSM-5에 공식적 진단으로 나온다(APA, 2013). 이 장애로 진단되기 위해서는 빈번한 폭식삽화(적어도 3개월 동안 한 주당 평균 1번)

와 식사 통제력 상실을 보여야 하고 이런 행동 동안 불편감을 경험해야 한다.

누가 폭식 장애자인가? 음식을 많이 먹으면 비만의 위험에 놓인다(Stice, Presnell, & Spangler, 2002). 비만한 많은 사람은 폭식을 경험한다. 식사 장애가 있는 여성의 연구 (Striegel-Moore et al., 2004)에서 폭식자가 다른 식사 장애 여성보다 BMI가 더 높았고 더 많은 신체불만족을 보고했다. 폭식은 신경성 폭식증에도 공통적으로 나타나고, 신경성 식욕부진증에는 더 적게 나타난다. 따라서 이런 식사 장애가 있는 사람이 비슷한 자존감, 신체불만족, 그리고 체중에 관심을 보이는 일은 놀라운 것이 아니다(Decaluwé & Braet, 2005; Grilo et al., 2008). 알코올 문제는 또한 신경성 폭식증과 폭식 장애자 둘 다에서 공통적이다(Krahn, Kurth, Gomberg, & Drewnowski, 2005).

신경성 식욕부진증이 있는 사람들과 마찬가지로, 폭식자는 여성(3.5%)이 남성 (2.0%)보다 더 많다. 그러나 폭식은 신경성 식욕부진증이나 신경성 폭식증에서보다 남성에서 더 일반적이다(Hudson et al., 2007). 어떤 연구자들(Striegel, Bedrosian, Wang, & Schwartz, 2012)은 남성이 폭식 장애에 대한 연구에서 제외되어 부정확한 인상이 만

표 14.5 신경성 식욕부진증, 신경성 폭식증, 폭식 장애의 비교

	신경성 식욕부진증	신경성 폭식증	폭식
체중	< 17.5 BMI	정상	과체중
왜곡된 신체상	예	예	예
유병률			
여성	0.9%	1.5%	3.5%
남성	0.3%	0.5%	2.0%
취약성			
성별	여성	여성	여성
연령	청소년과 성인 초기	청소년과 성인 초기	성인
인종	유럽인과 유럽계 미국인	모두	모두
두드러진 특징	야망, 완벽주의, 불안 장애	충동, 감각 추구	성격 장애
알코올 또는 약물 남용 문제	비공유	공유	공유
강박사고	체지방과 통제	음식과 다음 폭식	음식과 다음 폭식
건강위험	3% 사망률	저혈당증, 빈혈, 전해질 불균형	비만
치료 성공률	75%, 재발 위험 있음	80%, 재발 위험 있음	폭식에 대해서는 좋은 성공률. 그러나 체중 감소는 어려움

들어졌다고 주장한다. 실제로 유병률은 남성과 여성이 동일하다. 폭식 행동의 특징인 통제력의 상실은 12세보다 더 어린 아동들(Tanofsky-Kraff, Marcus, Yanovski, & Yanovski, 2008)과 청소년들(Goldschmidt et al., 2008)에게 영향을 미친다. 따라서 식사 행동에 대한 통제력의 상실은 이러한 연령 집단에서 비만의 중요한 요인임을 제기한다. 게다가 폭식은 모든 인종 집단에서 나타나고, 미국과 유럽에서 나타나는 비율과 비슷한 비율로 비서구사회에서 일어난다(Becker, Burwell, Navara, & Gilman, 2003). 폭식은 또한 신경성 식욕부진증이나 신경성 폭식증보다 더 일반적이다(추정된 유병률은 일반 인구의 거의 2%이다). 다른 식사 장애와 마찬가지로, 이 증상을 가진 대부분의 사람이 장애로 진단되지 않아서 치료를 받지 않는다.

식사 장애가 있는 다른 사람과 같이, 폭식 행동을 경험하는 사람은 이 장애의 진단을 복잡하게 하는 다른 행동적 또는 정신의학적 문제를 가지는 경향이 있다(Hilbert et al., 2011; Stunkard & Allison, 2003). 실제로, 폭식자와 비만하지만 폭식을 하지 않는 사람을 구별하는 한 가지 기준이 성격장애가 있다는 것이다(Farstad, et al., 2016; van Hanswijck de Jonge, van Furth, Lacey, & Waller, 2003). 표 14.5는 신경성 식욕부진증, 신경성 폭식증, 폭식을 비교한 내용이다.

폭식의 치료 폭식 치료에서는 식사 형태의 변화와 체중 감소라는 도전에 직면하게 된다. 인지 행동 치료는 폭식을 통제하도록 돕는 데 효과가 있다고 입증되었으나, 체중 감소를 촉진하는 데는 효과적이지 않다(Striegel-Moore et al., 2010; Yager, 2008). 비만인 폭식자는 체중 감량을 위한 좋은 수술 대상자가 아니다. 이런 개입은 폭식을 관리하는 데 도움이 되지 않기 때문이다(Yager, 2008).

따라서 연구자들은 치료 프로그램에 추가해야 할 요소를 찾아왔다. 하나의 요소는 SSRI(선택적 세로토닌 재흡수 억제제)계 항우울 약물이었으며 신경성 폭식증을 관리할 때 유용하다. 그러나 이 약물은 폭식 행동을 유의하게 감소시켰으나(Leombruni et al., 2008), 체중 감소를 촉진하지는 못한다. 체중 감소 약물인 제니칼을 추가했을 때, 보통 정도의 체중 감소를 보였다(Reas & Grilo, 2008). 체중 감량 약물인 시부트라민(식욕 억제제)이 더 효과적일 수 있다(Yager, 2008). 그러나 이런 결과들은 폭식자들이 지니는 두 가지 문제 요소를 다루기가 어려움을 강조한다.

또한 문제의 지각이 폭식자의 치료에 하나의 역할을 한다. 폭식을 경험하는 어떤 사람은 폭식 행동을 위한 치료법을 구하고, 반면에 또 어떤 사람은 자신의 주 문제를 과체중으로 본다. 폭식에 초점을 두는 사람은 인지 행동전략을 선택하는 경향이 있었다. 자신의 문제를 체중으로 본 사람은 그 목표와 관련된 치료법을 선택했다(Brody, Masheb, & Grilo, 2005). 이런 유형의 맞춤은 폭식뿐만 아니라 많은 치료와 문제에도 이익이 된다.

마음챙김 명상(8장 참조)의 개념을 폭식에 적용하면 다른 치료들보다 더 효과적인 것 같다. 마음챙김에 기초한 식사 자각(Kristeller & Wolever, 2011)은 폭식자가 자신의 식사에 정서적 기반이 있다는 것을 인식하게 하여 폭식에 중요한 정서적 요소를 다루고, 생리학적인 것에 기초한(정서적인 것에 기초한 것이 아니라) 배고픔을 알게 되며, 자신의 식사 행동에 대한 의식적 통제를 실행하는 것이 목적이다. 이러한 개입의 효과에 대한 체계적 문헌 연구(Godfrey, Gallo, & Afari, 2015)에 따르면 이러한 접근법은 중간 정도에서 큰 정도까지의 효과가 있었다.

요약

어떤 사람은 거의 통제력을 벗어나서 완전히 단식하는 방법의 체중 감소 프로그램을 시작한다. 신경성 식욕부진증이라고 하는 이런 식사 장애는 흔하지 않지만 젊고, 성취욕이 높은 여성에게 많이 발생한다. 신체불만족도가 높고 야윈 것이 자신의 문제를 해결할 것이라고 믿는 성취 수준이 높은 여성에서 유병률이 가장 높다. 신경성 식욕부진증은 성공적으로 치료하기 매우 어렵다. 왜냐하면 이 장애를 가진 사람은 계속해서 자신이 매우 살쪘다고 생각해서 식사 습관을 변화시키려는 동기가 부족하기 때문이다. 가족 치료와 인지 행동 치료는 다른 접근법보다 더 효과적이다.

신경성 폭식증은 보통 죄책감을 수반하는 통제되지 않는 폭식, 그리고 구토나 다른 하제 사용으로 특징지어지는 식사 장애이다. 일반적으로 이 장애를 지닌 사람의 특징은 다른 사람에 비해 더 우울하고, 충동적이며, 따라서 물건을 훔치는 행동뿐만 아니라 알코올과 기타 약물을 남용하는 행동을 보인다. 더욱이 이들은 아동기에 성적 학대나 가족 학대의 피해자일 가능성이 높고, 자신의 신체에 불만족하며 대처전략으로 음식을 사용하는 가능성이 높다.

신경성 폭식증 치료는 신경성 식욕부진증 치료보다 일반적으로 더 성공적이었다. 그 이유 중 하나는 신경성 폭식증인 사람이 변화에 대한 동기가 더 높기 때문이다. 식사 장애에 대한 더 성공적인 프로그램에는 식사 형태와 체중과 식사에 관한 병적 관심을 변화시키는 인지 행동 기법, 그리고 관계의 문제에 초점을 두는 대인관계 치료가 있다. 항우울제 또한 신경성 폭식증 치료에 사용될 수 있다.

폭식 장애는 DSM-5에 식사 장애로 포함되었다. 폭식을 하는 사람은 종종 과체중이거나 비만이고, 신경성 폭식증인 사람에게 공통으로 나타나는 충동 통제와 그 밖의 심리적 문제를 함께 보인다. 여성이 폭식자가 되기 더 쉬우나, 더 많은 남성이 다른 식사 장애보다 이 문제를 가지고 있다. 치료는 부적응적인 식사 형태와 신체상을 변화시키고 체중 감소를 증진하는 문제에 직면한다. 인지 행동 치료는 전자에 효과적이나 체중 감소는 폭식자에게 어려운 문제다. 마음챙김에 기초한 식사 자각은 다른 것들보다 폭식 장애에 더 성공적인 것으로 보이는 접근법이다.

해답

이 장에서는 다음의 여섯 가지 문제를 다루었다.

1. 소화계는 어떻게 기능하는가?

소화계는 음식을 흡수될 수 있는 조각으로 나누어 영양분이 되게 한다. 음식을 소입자로 나누는 과정은 입에서 시작되어 위에서 계속된다. 그러나 대부분의 영양분 흡수는 소장에서 일어난다. 복잡한 신호체계는 식사와 체중을 조절하기 위해 신체와 뇌에서 생산되어 시상하부와 다른 뇌 구조에서 받아들여지는 호르몬과 관련된다. 그렐린, 신경펩티드 Y, 아구티 관련 펩티드, 멜라닌 농축 호르몬 등은 식욕과 배고픈 기분을 증가시키고, 렙틴, 인슐린, 콜레키스토키닌(CCK), 글루카곤 유사 펩티드 1, 펩티드 YY는 기아에 관여한다.

2. 체중 유지와 관련된 요인은 무엇인가?

체중 유지는 주로 두 가지 요인, 즉 음식 섭취를 통해 흡수된 칼로리양과 신체 신진대사와 신체 활동을 통해 소비한 에너지양에 달려 있다. 실험적 기아는 체중 감소가 불안정감, 공격성, 무감동, 성에 관한 관심 부족, 음식에 대한 집착을 유발한다는 사실을 예증했다. 초기 체중 감소는 쉽지만, 신진대사율의 저하는 과감한 체중 감소를 어렵게 한다. 실험적 과식은 체중 증가가 체중을 감소시키는 일만큼 어렵고 불쾌하다는 사실을 보여주었다.

3. 비만은 무엇이고 건강에 어떻게 영향을 주는가?

비만은 체지방 비율, 신체질량지수, 또는 사회적 기준으로 정의될 수 있다. 각각의 기준에 따라 비만의 유병률은 달리 추정된다. 지난 25년 동안 비만은 미국과 다른 나라들에서 더 일반적이 되었다. 그러나 많은 서양 국가에서 이상적인 체형은 더 야위었다. 체중 감소나 증가의 어려움 그리고 렙틴, 그렐린, 오렉신의 발견은 많은 연구자가 체중 유지의 자연적인 설정점 개념을 받아들이도록 했다. 비만은 유전요인을 가지는 이런 조절의 일탈로 보인다. 그러나 최근 비만의 급속

한 증가는 유전 모형과 일치하지 않는다. 대안적인 관점은 식사의 긍정적인 측면이 맛있고 다양한 음식이 가용할 때 과식하게 한다고 주장한다.

비만은 높은 사망률, 심장질환, 제2형 당뇨, 소화관 질환과 관련이 된다. 너무 야위거나 너무 살찐 사람들은 사망 위험률이 가장 높다. 심한 비만과 엉덩이보다 허리에 과도한 체중은 모두 죽음을 가져오는 위험한 요인이며, 특히 심장질환에서 그러하다.

4. 다이어트가 체중을 감소시키기 위한 좋은 방법인가?

문화적으로 야윔에 집착하는 사고는 다양한 다이어트 방법이 나오게 했다. 대부분의 다이어트 방법은 안전하지도, 장기적으로 효과적이지도 않다. 식사 형태를 더 건강하게 변화시키고 신체 활동을 함께 하는 것이 체중 변화를 위한 현명한 선택이다. 수술, 다이어트 약물, 단식, 최저 칼로리 다이어트는 좋은 선택이 아니다.

5. 신경성 식욕부진증은 무엇이며 어떻게 치료할 수 있는가?

신경성 식욕부진증은 자기가 스스로 만든 기아로 특징지어지는 식사 장애다. 이 장애는 대부분 젊고, 성취감이 높고, 신체상 문제가 있는 여성에게서 발생하나 전체 인구 중 1% 이하에게 영향을 주는 흔한 장애는 아니다. 신경성 식욕부진증이 있는 사람은 성공적으로 치료하기가 매우 어렵다. 왜냐하면 이 환자들은 계속해서 자신이 너무 살쪘다고 보고, 그래서 자신의 식사 습관을 변화시키려는 동기가 부족하기 때문이다. 인지 행동 치료와 특정한 가족 치료는 다른 접근법보다 더 효과적이다.

6. 신경성 폭식증은 무엇이며 폭식과 어떻게 다른가?

신경성 폭식증은 통제하기 어려운 폭식으로 특징지어지며, 죄책감을 수반하고 토하거나 위 속

의 내용물을 비우는 여러 방법들을 보상 행동으로 사용하는 식사 장애이다. 신경성 폭식증은 신경성 식욕부진증보다 더 일반적이며 전체 인구의 1~2%가 신경성 폭식증 환자다. 신경성 폭식증이 있는 사람은 식사 형태를 변화시키려는 동기가 있어 신경성 식욕부진증이 있는 사람보다 치료에 더 성공적이다. 신경성 폭식증의 치료, 특히 인지 행동 치료는 신경성 폭식증을 치료하는 데 있어 일반적으로 성공적이다.

폭식은 많이 먹는다는 면에서 신경성 폭식증과 유사하나 폭식자는 장의 음식물을 강제로 제거하지 않는다. 따라서 그들은 종종 과체중이나 비만해지고, 신경성 폭식증 환자는 정상 체중인 경향이 있다. 두 장애는 충동성, 가정폭력 경험, 성격장애의 동반이라는 면에서 비슷하다. 폭식은 폭식과 체중 문제 둘 다를 다루어야 하기 때문에 치료에 큰 노력이 드는 과제이다.

더 읽을거리

Brownell, K. D., & Horgen, K. B. (2004). *Food fight: The inside story of the food industry, America's obesity crisis, and what we can do about it.* New York, NY: McGraw-Hill. 이 논쟁적인 책에서는 켈리 브로넬(Kelly Brownell)과 캐서린 호르겐(Katherine Horgen)이 비만이 의지의 부족이 아니라 음식 산업이 만들어낸 '음식 중독 환경'의 결과라고 주장한다.

Hurley, D. (2011). The hungry brain. *Discover, 32*(5), 53-59. 이 연구는 섭식과 비만의 생리학과 신경화학의 복잡성에 대한 연구를 개관하고 있다.

Polivy, J., & Herman, C. P. (2004). Sociocultural idealization of thin female body shapes: An introduction to the special issues on body image and eating disorders. *Journal of Social and Clinical Psychology, 23*, 1-6. 여러 연구 결과들에서 나온 섭식과 식사 장애에 대한 흥미로운 관점들을 요약하여 제공한다.

Popkin, B. (2009). *The world is fat: The fads, trends, policies, and products that are fattening the human race.* New York, NY: Avery/Penguin. 배리 팝킨(Barry Popkin)은 섭식과 비만에 대해 세계적인 관점을 취하고 비만이 기아보다 어떻게 더 시급한 문제인지를 검증한다.

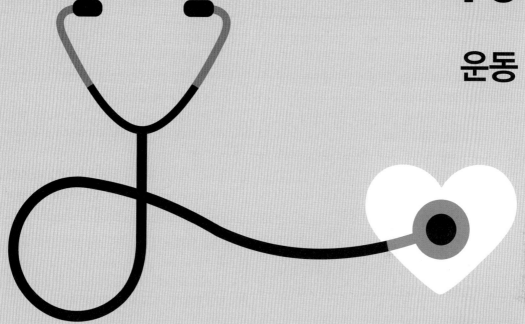

**문제
제기**

이 장에서는 다음의 여섯 가지 기본적인 문제를 주로 다룬다.

1. 신체활동의 종류에는 어떤 것들이 있는가?
2. 운동은 심혈관계에 좋은 영향을 미치는가?
3. 신체활동의 또 다른 건강상의 이점은 무엇인가?
4. 신체활동이 해로울 수도 있는가?
5. 어느 정도의 운동이 적당한가?
6. 신체활동을 장려하기 위한 효과적인 개입 방법은 무엇인가?

당신의 건강 위험도 체크 **운동과 신체활동에 관해**

자신에게 해당하는 항목에 ☑ 표 하시오.

☐ 1. 나는 운동을 하고 싶은 충동이 생기면, 그 충동이 사라질 때까지 가만히 있는다.

☐ 2. 우리 가족은 대대로 심장질환 내력이 있어서, 운동 여부에 상관없이 나는 심장병에 걸릴 것이다.

☐ 3. 운동에 있어서 나는 "고통이 없으면 얻는 것도 없다."라고 생각한다.

☐ 4. 나는 신체 단련을 전문적으로 하기 위해 이직을 감행한 경험이 있다.

☐ 5. 나는 체중 조절을 위해 식이요법뿐만 아니라 운동을 병행한다.

☐ 6. 사람들은 나에게 운동을 권했지만, 시간과 의욕이 없어 운동을 시작하지 못한다.

☐ 7. 사람이 지나치게 말랐다는 건 있을 수 없으므로 내가 운동하는 이유 중 하나는 운동이 내가 지속적으로 체중을 감량하는 데 도움을 줄 거라고 생각하기 때문이다.

☐ 8. 좀 더 나이가 들면 운동을 시작할 마음이 있지만, 나는 지금 충분히 젊고 균형 잡힌 몸매를 가지고 있다.

☐ 9. 나는 운동을 시작하기에는 너무 늙거나 볼품없는 몸매를 가지고 있다.

☐ 10. 가벼운 조깅이나 달리기를 시작하면 나는 조만간 심장마비를 일으킬 것이다.

☐ 11. 나는 운동을 하고 싶기는 하지만 뛰지는 못한다. 하지만 걷기는 충분한 운동이 되지 않는다고 생각한다.

☐ 12. 나는 사소한 부상이 일상적인 운동 습관에 영향을 주는 것이 싫어서 그런 부상을 무시하는 편이다.

5번 문항을 제외한 각 항목들은 너무 적거나 너무 과도한 운동으로 우리의 건강에 위협이 될 수 있는 요소들이다. 스스로 해당하는 항목을 체크하고, 이 장을 읽으면서 해당 항목들의 위험성을 판단해보자.

실제 사례 **리키 저베이스**

크리스마스가 지나가고 얼마 후, 48세의 코미디언 겸 배우인 리키 저베이스(Ricky Gervais)는 자신의 생활을 개선해야 한다는 사실을 깨달았다. 이러한 결단은 건강에 대한 염려나 날씬해지려는 욕구, 새로운 배역을 위해서가 아니었다. 단지 방금 그의 앞에 놓여 있었던 소시지 11개가 순식간에 사라지고 없다는 것에 스스로 충격을 받은 것이었다. "나는 마치 뱀처럼 어떻게든 소화해보려고 소시지를 뱃속에 구겨 넣었던 겁니다. 세상에… 그건 거의 200파운드였어요. 뭔가 단단히 잘못되고 있었던 거죠."('Ricky Gervais had sausage binge', 2010)

리키는 습관을 바꿨다. 단지 몸무게를 줄이거나 식사량을 줄이는 데만 집중하지 않고, 55분의 운동이 포함된 식이요법을 시작했다. 55분이라는 운동시간은 아주 탁월한 선택이었다. "심리적인 겁니다. 사람들은 1시간이 채 안 되면 시간을 많이 뺏긴다고 생각하지 않아요. 자연스레 하루 중에 다른 일들을 할 수 있게 되는 거죠."('MH Interview: Ricky Gervais', 2012)

리키의 목표는 체중 감량이 아니었지만, 대중들은 그가 2010년 골든 글로브 시상식의 사회를 보았을 때 훨씬 날씬하고 보기 좋은 몸매가 되었음을 느꼈다. 실제로 그는 20파운드를 감량한 상태였다.

리키는 식단을 크게 바꾸지 않았다. 그가 말하길 그가 운동량을 늘리는 이유는 단지 "목숨을 부지하고 더 많은 치즈와 와인을 마시기 위해서"라고 했다(Men's Health, 2012).

이제 리키가 운동하는 모습은 그의 자택인 뉴욕이나 런던에서 종종 발견할 수 있다. 그에게 운동은 수년간 이어진 습관이 되었다. "저는 운동을 더 열심히 해서라 면 모르지만 섭취하는 칼로리를 더 줄여가면서까지 살을 빼고 싶지는 않아요. 운동을 더 했는데 살이 안 빠지더라도 상관없어요. 그때는 제가 건강하게 뚱뚱한 거니까요."

리키 저베이스의 사례가 보여주듯이, 체중의 감량은 신체활동을 통해 얻을 수 있는 하나의 결과물이다. 또한 체중 감량은 사람들이 운동을 시작하는 가장 흔한 이유 중 하나이다. 하지만 앞으로 이번 장에서 소개하겠지만 체중 감량은 운동이 가져다주는 무수히 많은 이점 중 하나일 뿐이다. 신체적인 활동은 건강을 위협하는 요소를 줄여주고, 태도 개선, 스트레스 완화, 인지 기능의 향상에 도움을 준다. 이러한 장점에도 불구하고 사람들은 운동에 대한 권고를 무시한다. 따라서 이 장에서는 사람들이 신체활동을 시작할 수 있도록 권고하는 몇 가지 방법도 다룰 것이다. 또한 일생 동안 지속되는 신체활동의 장점에 대해 알아보고 리키가 얘기한, "절대로 늦지 않았어요, 절대로 말입니다."라는 말의 의미도 설명하려 한다.

 ## 신체활동의 종류

운동에는 아주 다양한 종류의 신체활동이 포함되어 있지만, 생리학적으로는 등척 운동, 등장 운동, 등속 운동, 무산소 운동, 유산소 운동이라는 다섯 가지로 분류한다. 각 운동은 각기 다른 목적과 활동으로 이루어진다. 각각은 피트니스와 건강에 어느 정도 기여를 하지만 심폐 건강에는 오직 유산소 운동만이 효과가 있다.

등척 운동(isometric exercise)은 움직이지 않는 물체를 대상으로 근육을 수축시키는 운동이다. 등척 운동의 경우, 비록 몸은 움직이지 않지만 정적인 물체를 대상으로 강한 힘을 사용하기 때문에 근력 향상에 도움이 된다. 벽을 강하게 미는 행동이 등척 운동의 한 예이다. 이러한 운동은 독립적으로 생활하는 노인들에게 특히 좋다.

등장 운동(isotonic exercise)은 근육의 수축과 관절의 움직임이 필요하다. 웨이트 트레이닝과 많은 종류의 미용 체조가 이 운동에 속한다. 등장 운동을 기반으로 한 운동 프로그램은, 프로그램의 시간만 충분히 길다면 근력 증가와 근지구력 강화에 도움이 된다. 이 역시 나이가 많은 사람에게 좋은 운동법이지만, 웨이트 트레이닝의 경우 건강과는 상관없이 몸의 모양을 좋게 유지하기 위한 방법으로 많이 행해진다.

등속 운동(isokinetic exercise)은 등장 운동과 유사하지만, 다양한 부하의 저항에 대해 근육과 관절을 움직인다는 점이 다르다. 이러한 운동은 다양한 부하의 저항을 주기 위한 특별한 장비들을 필요로 하며, 근육에 손상을 입은 경험이 있는 부상자들을 대상으로 등속 운동이 처방되는 경우가 많다. 등속 운동은 재활에 있어 아주 중요한 보조를 담당하며, 다른 운동에 비해 환자로 하여금 더욱 안전하게 근력을 키우고 유연성을 증진하는 데 도움을 준다.

무산소 운동(anaerobic exercise)은 산소를 필요로 하지 않지만 단시간에 강렬한 에너지 소모를 요구한다. 이러한 운동에는 단거리 달리기, 몇몇 미용 체조, 소프트볼과 같은 짧지만 강한 에너지 소모를 필요로 하는 운동을 포함한다. 무산소 운동은 속력과 지구력을 증진해주지만, 관상동맥과 관련된 심장질환을 앓고 있는 사람에게는 위험하다.

유산소 운동(aerobic exercise)은 장시간 동안 산소의 소모를 증가시켜주는 모든 운동을 말한다. 유산소 운동에는 조깅, 경보, 크로스컨트리 스키, 춤, 줄넘기, 수영, 사이클링과 같은 산소 소모를 주로 하는 운동들이 있다.

유산소 운동의 중요한 특성은 강도와 지속성이다. 유산소 운동이 되려면 심박을 적정 수준까지 올려줄 수 있을 만큼의 강도가 필요하다. 적정 수준은 운동자의 나이와 최대 심박을 기준으로 측정한다. 이러한 운동은 증가된 산소 소모를 통해 호흡기뿐만 아니라 혈액을 순환시키는 심박 기능의 증진에도 도움을 준다. 유산소 운동은 다른 모든 운동 중에서도 심폐 기능 증진에 특히 탁월한 효과를 보인다.

현재로서는 일주일에 최소 세 번의 유산소 운동을 하는 것이 바람직하다고 한다. 그러나 유산소 운동을 전혀 하지 않는 것보다는 조금이라도 유산소 운동을 하는 편이 낫다.

운동을 하는 이유

사람들은 다양한 이유로 운동을 하며, 그중 일부는 건강에 도움을 주지만 일부는 그렇지 않다. 신체활동의 이유에는 균형 잡힌 몸매, 체중 감량, 심혈관계 기능 증진, 수명 증진, 암 예방, 골다공증의 예방, 우울, 불안과 스트레스의 완화가 있다. 이번 장에서는 앞서 나열한 신체활동의 동기와 잠재적 위험요소에 관해 알아보려 한다.

신체적 건강

운동은 사람들이 신체적으로 건강해지도록 돕는가? 신체적인 건강을 위한 운동의 효과는 운동 자체의 강도와 지속성, 그리고 신체건강에 대한 정의에 따라 달라진다. 대부분의 운동 생리학자들에게 신체적인 건강이란 근력, 근지구력, 유연성, 심폐 기능,

이 네 가지의 복합적인 조화를 뜻한다. 앞서 언급한 다섯 가지 생리학적 운동의 구분에서 각각의 운동은 신체건강의 네 가지 요소들에 도움을 주지만, 그 어떤 한 가지 운동도 모든 요소를 만족시키지는 못한다.

신체건강은 또한 유기체적, 역동적인 관점으로 해석이 가능하다. 유기체적 신체건강은 타고난 신체적 특성에 의해 특정 동작이 가능한가에 의해 결정된다. 유기체적 신체건강은 이러한 천부적 신체 구조뿐만 아니라, 나이와 건강상의 한계를 포함한다. 역동적인 신체건강은 유기체적 신체건강과 달리 신체활동을 할 때 드러난다. 유기체적 신체건강을 갖춘 사람도 몸매가 좋지 않거나 운동을 잘 못할 수 있는 것이다. 반대로 역동적 건강을 단련하여 신체적으로 균형이 잡힌 사람도 유기체적 신체건강이 좋지 못하면 경주에서 이길 수 없다. 따라서 대회에서 좋은 성적을 내고 싶은 운동선수는 역동적인 단련뿐만 아니라 유기체적 건강을 갖추어야 하고, 이를 위해선 좋은 유기체적 건강을 가진 부모에게서 태어나는 것이 매우 중요하다. 마이클 펠프스(Michael Phelps)는 역대 수영선수 중 가장 많은 메달을 보유한 선수로, 아주 훌륭한 유기체적 건강과 역동적인 건강의 균형을 갖추고 있다. 그는 부모로부터 수영에 최적화된 신체를 물려받았으며 기록 경신을 위해 고된 역동적 단련을 해왔다. 이 장에서는 운동을 함으로써 발생하는 역동적 건강에 대해 주로 다루려고 한다.

근력과 근지구력 근력과 근지구력은 신체건강을 판가름하는 요소이다. 근력은 근육이 얼마나 강하게 수축할 수 있는가이다. 이러한 균형은 등척, 등장, 등속 그리고 일부 무산소 운동에서 얻을 수 있다. 이러한 네 가지 운동은 모두 근육의 수축을 전제로 하기 때문에 근력 향상에 도움을 준다.

근지구력은 근력과 달리 지속적인 근육의 활동을 요한다. 일부의 근력은 근지구력에 필요하지만 근지구력은 근력에는 영향을 주지 않는다. 근력이 강하더라도 근지구력이 없을 수 있다. 근력을 단련하기 위해선 저반복, 고부하의 운동이 필요하지만, 근지구력의 향상에는 고반복, 저부하의 운동법이 필요하다(Knuttgen, 2007). 그렇지만 근력과 근지구력 모두 등척, 등장, 등속 운동과 같은 유사한 운동을 통해 증진이 가능하다.

유연성 유연성이란 관절의 가동 범위를 의미한다. 근력과 근지구력을 향상하는 운동은 대부분 유연성을 증가시켜주지 않는다. 또한 유연성은 각각의 관절에 한정된다. 따라서 유연성을 기르기 위한 운동은 부위에 따라 다양하다. 신체 균형 요소로서의 유연성은 다른 무산소, 유산소 운동을 함에 있어 부상의 위험을 줄여주는 역할을 하기도 한다.

느리고 지속적인 스트레칭 운동은 근육의 유연성을 증가시킨다. 반면에 빠르고 반동을 사용하는 스트레칭은 근육에 염증이나 부상을 초래할 수 있다. 유연성에 도움을 주는 운동은 대부분 근력이나 근지구력을 향상하는 운동에 비해 부하가 덜하며, 요가나 태극권 같은 운동이 유연성의 증진에 도움을 준다.

유산소 운동 모든 운동 중에서도 유산소 운동은 심폐 기능 증진에 가장 효과적이다. 우리는 유산소 운동을 통해 몇 가지 방법으로 심폐 기능의 증진을 얻을 수 있다. 첫째로, 운동을 할 때 공급되는 산소의 양이 증대된다. 둘째로, 한 번의 심박을 통해 공급되는 혈액의 양이 증가한다. 이러한 변화는 휴식 중의 심박과 혈압을 줄여주는 데 효과가 있으며 심혈관계의 효율을 높여준다(Cooper, 2001). 유산소 운동은 남녀를 가리지 않고 심장질환을 비롯한 다양한 질환으로부터 신체를 보호해준다(Murphy, Nevill, Murtagh, & Holder, 2007).

체중 조절

비만은 여전히 전 세계적인 문제이다. 사람들은 TV를 시청하거나, 영상을 보고, 컴퓨터 게임을 하며, 인터넷 서핑을 하고, 전화로 이야기하는 데 많은 시간을 보내고 있으며 이러한 좌식 생활은 점점 더 늘어가는 추세이다. 비만과 좌식 생활은 연관이 있으며, 이러한 관련성은 신체활동이 체중 조절에 영향을 준다는 연구들을 통해 알 수 있다.

대부분의 전문가들은 비만이 과도한 지방의 축적이 장기적으로 지속되었을 때 발생한다고 한다(Forbes, 2000; Hansen, Shriver, & Schoeller, 2005). 비만은 개인이 평소에 신체활동을 통해 소비하는 칼로리보다 많이 섭취하면 발생한다. 그러나 심폐 건강을 지키기 위한 운동량은 체중 조절을 하기 위한 운동량만큼 많을 필요는 없다. 예를 들어, 출퇴근 시에 하는 15분의 걷기나 사이클링은 심폐 기능이나 다른 원인에 의한 사망률을 낮추는 데 충분하다(Barengo et al., 2004). 그러나 일시적으로 체중을 감량하기 위해 필요한 운동량은 이보다 훨씬 많다. 일부 전문가(Hill & Wyatt, 2005; Jakicic & Otto, 2005)들은 비만인 사람이 초기에 체중 감량의 효과를 얻고 그 감량을 유지하려면 매일 60분 이상, 평균 이상의 강도로 운동을 해야 한다고 지적한다. 따라서 심폐 건강을 유지하게 해주는 운동보다 체중 조절을 위해 필요한 운동이 훨씬 힘들다고 할 수 있다.

어린이 비만의 문제점인 좌식 여가생활

운동은 또한 이상적인 몸매를 가꾸게 해주는 수단이 될 수 있다. 하지만 불행히도 운동은 특정한 부위의 다이어트에는 도움이 되지 않는다. 근육과 지방은 서로 큰 연관이 없으며 한 부위에 공존할 수 있다. 어떤 사람이 체중 감량을 하는 중에 운동을 한다면 지방이 줄고 근섬유가 발달하여 더 매력적인 몸매를 가지게 될 것이다. 부분적인 감량이 가능해 보이는 이유는 단지 지방은 원래 가장 많았던 곳부터 줄어드는 경향이 있기 때문이다. 그러나 지방의 분포는 유전적인 요소의 영향이 지배적이며, 원래 둔부와 허벅지에 살이 많던 사람은 체중을 감량하더라도 상대적으로 큰 둔부와 허벅지를 가질 수밖에 없다. 일부의 미용 체조 전문가들이 주장하는 바와 달리, 국소적인 지방의 연소는 운동을 통해 얻어지지 않는다.

본인의 체중을 염려하고 있는 비활동적인 사람이나 최근에 금연을 시작한 사람은 신체활동 프로그램을 시작하는 것을 신중히 고려해봐야 한다. 스티븐 블레어(Steven Blair)와 팀 처치(Tim Church, 2004)는 그러한 신체활동이 식단 조절에 비해 체중 조절에 효과적이며 지방과 근육의 비율을 더 효과적으로 개선해줄 것이라고 지적했다. 선행된 연구에서 연구자들은 비만이고 좌식 생활을 주로 하는 피실험자들을 식이요법 그룹, 운동 그룹, 통제 그룹이라는 세 가지 그룹으로 나누었다(Wood et al., 1988). 식이요법 그룹의 사람들은 운동을 하지 않고 식이요법만 했고 운동 그룹은 식이요법을 하지 않고 뛰기만 했다. 통제 그룹은 둘 다 하지 않았다. 1년의 실험이 끝난 후 운동 그룹과 식이요법 그룹의 사람들은 비슷한 양의 체중을 감량했다. 또한 두 그룹 모두 통제 그룹의 사람들보다 많은 체중을 감량했다. 그러나 식이요법 그룹과 운동 그룹의 사람들 사이에는 중요한 차이점이 있었다. 식이요법만을 한 그룹의 사람들은 지방과 함께 근육조직의 손실을 입은 반면, 운동을 한 그룹의 사람은 지방만을 연소하고 근섬유가 늘어났다.

운동은 칼로리를 소모하는 것만으로 체중 감량의 효과를 가져오는 것이 아니다. 예를 들어, 두 개의 도넛에 함유된 칼로리를 소모하기 위해서는 테니스를 30분 이상 쳐야 한다. 그러나 앉아서 도넛을 먹으면 비만에 두 가지 방법으로 위협이 되는데, 바로 앉아 있기와 먹기이다. 앉아 있는 것은 개인이 얼마나 자주 활발하게 운동을 하느냐와는 별개의 문제이다(Biswas et al., 2015; Koster et al., 2012; Patel et al., 2010). 즉, 평소에 일정한 신체활동을 하는 사람일지라도 나머지 시간을 차나 컴퓨터 앞, TV 앞에서 앉아 있는 데 보낸다면 문제가 된다는 뜻이다. 그러나 이러한 좌식 생활이 더욱 치명적인 사람들은 신체활동을 전혀 하지 않는 생활을 하는 사람들이다(Biswas et al., 2015). 그러므로 앉아 있는 것은 그 자체로 건강에 좋지 않다. 운동을 통해 얻는 체중 감량의 대부분은 대사량의 상승으로 만들어지는 것이다. 따라서 운동을 하면 다른 모든 활동을 할 때 더 많은 칼로리가 소모되기 때문에 체중 감량에 도움이 된다.

요약

모든 신체활동은 등척, 등장, 등속, 무산소, 유산소 운동이라는 다섯 가지 기본 종류의 운동에 포함된다. 각각의 운동
은 건강을 증진하는 데 있어 장단점이 있지만, 오직 유산소 운동만이 심폐 기능의 증진에 도움이 된다.
　사람들은 다양한 이유로 운동을 하는데, 그 이유에는 신체적 건강, 심폐 건강, 체중 조절이 있다. 다양한 종류의 운
동은 역동적 건강, 근력 강화, 근지구력 향상, 유연성을 기르는 데 도움이 된다. 유산소 운동은 심폐 관련 사망률 외에
도 모든 원인으로 인한 사망률을 낮춰준다.
　지속적인 운동을 하는 주요한 이유는 체중 조절과 몸매 관리이다. 운동을 하는 것은 체중 조절에 도움이 되지만 부
분적인 지방의 연소는 매우 어렵다. 고체중의 사람들은 적당한 운동만으로 체중 감량이 가능하고, 매우 활동적이고
날씬한 사람은 적당한 식이요법을 동반하여 근조직을 늘릴 수 있으며, 평균적인 체중을 가진 사람은 체중의 증가 없
이 근육량을 늘릴 수 있다.

신체활동과 심혈관계 건강

요즘엔 많은 사람이 신체활동의 이점을 인지하고 있다. 하지만 이러한 지식은 최근까
지도 널리 알려지지 않았었다. 20세기 초반에만 해도 물리치료사들은 심장질환을 앓고
있는 환자에게 지나친 신체활동은 환자의 건강에 위협이 될 것이라고 보고 활발한 운
동을 금지했었다. 9장의 그림 9.7은 20세기 심혈관계 질환으로 인한 사망자 수의 급격
한 변화를 보여준다. 이러한 변화는 20세기 중반에 몇몇 심장병 전문의들이 심장병에
대항하기 위한 부가적인 방법으로 운동을 추천하는 시도한 것과 관련이 있다. 이 장에
서는 운동이 심혈관계 건강에 주는 이점을 이야기하기 전에, 심혈관계 건강과 운동의
관계에 대해 이루어진 연구들의 역사에 대해 먼저 알아보려 한다.

초기 연구들

제레미 모리스(Jeremy Morris)와 그의 동료들(Morris, Heady, Raffle, Roberts, &
Parks, 1953)은 운동과 심혈관계 질환의 관계를 관찰하는 역사적인 연구를 했다. 이 연
구는 영국에서 이루어졌으며, 영국의 상징인 2층 버스와 관련이 있다. 모리스와 그의
동료들은 신체적으로 활발한 버스 기사는 좌식 생활을 고집하는 기사에 비해 심장병
에 걸릴 확률이 적은 것을 발견했다. 10년 뒤 해럴드 칸(Harold Kahn, 1963)은 워싱턴
D.C.에서 근무하는 집배원들을 대상으로 운동과 심장병의 관계를 조사했다. 칸은 신
체적으로 활발한 집배원이 그렇지 않은 집배원보다 관상동맥질환에 걸릴 확률이 낮은
것을 발견했다. 하지만 이 연구만으로는 신체적인 활동성과 관상동맥질환의 발병률이
직접적인 관계를 가지고 있다고 설명할 수 없다. 왜냐하면 신체적 활동성 외에도 체

질, 인격, 아니면 다른 요소들이 관상동맥질환의 발병률에 영향을 주었을 수 있기 때문이다.

스탠퍼드 의과대학교와 하버드 공중보건대학원에서 역학 분야의 교수로 재임 중인 랠프 파펜바거(Ralph Paffenbarger)는 이전 연구들을 토대로 관상동맥질환과 신체활동의 관계를 밝히는 주요한 연구를 주도했다. 첫 연구는 1951년 샌프란시스코의 부두 인부들을 대상으로 시간의 경과에 따른 관상동맥질환에 의한 사망을 주제로 이루어졌다(Paffenbarger, Gima, Laughlin, & Black, 1971; Paffenbarger, Laughlin, Gima, & Black, 1970). 연구 결과, 활동적이지 않은 인부들은 활동적인 인부들에 비해 관상동맥질환으로 사망할 확률이 높았다. 활동적인 인부들과 활동적이지 않은 인부들은 모두 고용 당시 최소 5년간 힘든 화물 운송을 경험한 사람들이었다. 따라서 연구 초기에는 모든 인부가 좋은 몸 상태를 유지하고 있었다. 그런데도 신체활동의 강도가 관상동맥질환 발병률의 주요한 요인으로 나타났다.

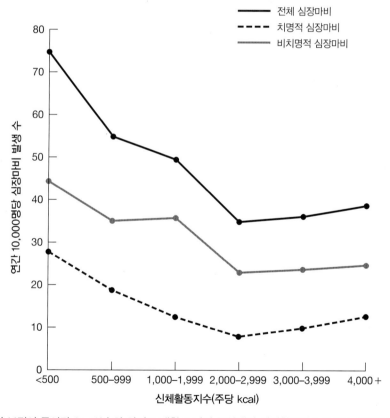

그림 15.1 연령 보정이 들어간 6~10년 차 하버드 대학교 남자 졸업생의 신체활동지수에 따른 심장마비율

출처: "Physical activity as an index of heart attack risk in college alumni," by R. S. Paffenbarger, Jr., A. L. Wing, and R. T. Hyde, 1978, *American Journal of Epidemiology*, 108, p. 166. Copyright © 1978 by The Johns Hopkins University School of Hygiene and Public Health.

1970년대 후반 파펜바거와 그의 동료들(Paffenbarger, Wing, & Hyde, 1978)은 하버드 대학교 학생이었던 사람들의 대규모 의료기록을 기초로 한 기념비적인 역학 연구를 발표했는데, 이들의 주간 전체 에너지 소비, 그리고 일할 때나 쉴 때의 모든 활동을 고려한 다양한 신체활동지수가 측정되었다. 이 연구 자료를 토대로 파펜바거와 그의 동료들은 피실험자들을 활동 그룹과 저활동 그룹으로 구분했다. 저활동 그룹으로 분류된 피실험자는 전체의 60%였으며 이들은 주간 2,000kcal 미만을 소비했고, 활동 그룹으로 분류된 피실험자는 나머지인 40%였으며 이들은 주간 2,000kcal 이상을 소비했다(2,000kcal를 소모하기 위해서는 20마일의 조깅을 해야 한다). 이 연구의 결과는 주당 2,000kcal를 기준으로 하버드 졸업생 중 운동을 가장 적게 하는 사람들이 더 활동적인 동창들에 비해 심장마비의 확률이 높다는 사실을 보여주었다. 또한 운동은 흡연을 하거나, 고혈압이 있거나, 둘 다에 해당되는 사람들에게도 효과가 있는 것으로 나타났다. 그러나 2,000kcal를 상회하는 칼로리의 소모가 심장마비 감소에 더 큰 영향을 주지는 않았다. 그림 15.1은 이러한 상관관계를 나타낸다.

후기의 연구들

상당히 많은 연구가 신체활동과 심혈관계 수명의 관계에 대해 분석했다. 이러한 연구들의 체계적인 분석에 따르면, 신체활동은 심혈관계 질환에 의한 사망률을 35%가량 낮춰주는 것으로 나타났다(Nocon et al., 2008). 이 외에도 다른 원인으로 인한 사망률을 33%까지 낮춰준다고 한다. 더 나아가, 남성과 여성 모두 운동을 통해 건강을 찾을 수 있지만 여성의 경우가 남성보다 높은 효과를 보이는 것으로 나타났다(Nocon et al., 2008). 더 나아가 최근의 연구들은 이러한 결과를 더 확실하게 해주고 있다. 최근의 연구들은 활발한 신체활동과 사망률의 용량-반응 관계를 통해 연구의 신뢰성을 더해주었다(Samitz, Egger, & Zwahlen, 2011). 그리고 조금이라도 운동을 하는 사람이 전혀 하지 않는 사람에 비해 사망률이 낮음을 보여주었다(Woodcock, Franco, Orsini, & Roberts, 2011). 따라서 조금의 활동이라도 높은 효과를 보이며, 일정 수준 이하까지는 운동량의 증가가 건강에 좋은 영향을 미친다는 사실을 알 수 있다.

운동에 의해 개선되는 심혈관계 기능은 일부 국가와 민족에 한정되지 않는 것으로 나타났다. 예를 들어, 미국에 거주 중인 멕시코인들의 대부분은 비만에 노출되어 있다. 또한 이들은 높은 콜레스테롤 수치와 다른 심혈관계 질환을 유발하는 요소들을 가지고 있는 편이다. 따라서 이들은 반복적인 운동을 통해 건강 개선이 가능할 것이다. 샌안토니오에서 멕시코인들을 대상으로 한 연구(Rainwater et al., 2000)에서는 5년 이상의 꾸준한 체육활동이 심혈관계 질환의 발병 확률을 낮추어주는 것으로 나타났다.

결과적으로, 운동이 심혈관계 질환으로부터 우리를 보호해준다는 것은 아주 명백한 사실이다(Myers, 2000; Nocon et al., 2008; Schlicht, Kanning, & Bos, 2007). 첫째, 이미 활동적인 사람이 활동량을 늘리는 것보다는 비활동적이던 사람이 활동을 시작하는 것이 상대적으로 효과가 뚜렷하게 나타난다. 둘째, 걷기는 노인들이 심혈관계 질환에 걸리는 것을 방지해준다(Murphy et al., 2007). 셋째, 비활동적인 생활양식은 심혈관계 질환의 원인인 당뇨, 높은 콜레스테롤 수치, 흡연, 고혈압과 직결된다. 넷째, 남녀노소를 불문하고 신체적으로 균형 잡힌 사람은 여가생활만으로도 심혈관계 질환을 예방할 수 있다. 다섯째, 이전에 오랫동안 운동을 한 것이 현재의 질병 예방에 큰 도움이 되지 않는다. 이와 마찬가지로, 심장마비를 겪고 생존한 사람 중 재활 프로그램의 일환으로 신체활동을 수행한 사람의 경우 심장마비의 재발은 물론, 다른 질병의 예방에도 큰 효과를 얻을 수 있다. 그러나 운동을 그만둘 경우 5년 후에는 해당 효과가 사라진다. 따라서 심장마비를 겪고 생존한 사람의 경우 심장마비의 재발을 방지하기 위해서는 지속적인 운동이 필요하다.

운동은 또한 뇌졸중을 예방하는 데 도움이 된다. 간호사들의 건강 연구(Hu et al., 2000)에 따르면 비활동적인 여성들에 비해 매우 활동적인 여성들은 허혈성 뇌졸중으로 사망할 확률이 34%가량 낮다고 한다. 더 나아가, 신체활동과 허혈성 뇌졸중은 용량-반응 관계를 나타냈다. 뇌졸중을 겪은 환자들은 그렇지 않은 사람들에 비해 비활동적이었으며, 뇌졸중이 일어나기 전 주에는 특히 더 비활동적인 생활을 한 것으로 나타났다(Krarup et al., 2007). 또한 메타분석(Wendel-Vos et al., 2004)에 의하면 업무나 여가시간에 행해지는 고강도의 신체활동은 허혈성 뇌졸중뿐만 아니라 출혈성 뇌졸중의 위험도 낮춰준다고 한다.

이러한 연구들에 의하면 적은 신체활동이라도 조기의 심혈관계 질환이나 뇌졸중을 예방하는 데 도움을 준다고 한다. 물론, 일정 수준에 이르기 전까지는 신체활동을 더 많이 할수록 효과가 더 크다(이 장의 뒷부분에서는 어느 정도의 운동이 과도하지 않은지에 대해 논할 것이다).

운동의 효과는 남녀 간에 차이가 있을까?

운동이 심혈관계 질환에 미치는 효과를 다룬 초기 연구들의 한 가지 중요한 한계점은, 이 연구들이 모두 남성을 대상으로 했다는 점이다. 연구자들은 이러한 한계점을 보완하기 위해 이후의 연구에서는 여성도 고려했다. 신체활동, 여가활동, 직무활동과 더불어 성별의 차이는 운동이 주는 질병에 대한 저항 능력의 차이를 가져올 수 있다.

과연 운동이 여성에게도 좋은 효과를 나타낼까? 파펜바거와 그의 동료들(Oguma,

Sesso, Paffenbarger, & Lee, 2002)은 여성에게 신체활동과 신체적 균형이 질병의 발병에 미치는 영향에 대한 37가지의 전향 동년배 연구와 하나의 후향 연구를 분석했다. 결과는 여성도 신체활동을 통해 남성과 비슷한 수준의 이득을 볼 수 있는 것으로 나타났으며, 이는 최근의 연구에서도 증명되었다(Nocon et al., 2008). 비활동적인 여성들은 활동적인 여성들에 비해 연구기간에 사망하는 비율이 높았다. 더 최근의 연구에서는 여성이 오히려 남성보다 신체활동에 의해 모든 질병으로부터 안전을 보장받을 수 있다는 결과가 나타났다(Samitz et al., 2011, 그림 15.1에서는 남성의 첫 심장마비 발생과 칼로리 소비 간의 관계를 볼 수 있다).

요약하자면, 남성과 여성 모두 가볍거나 적당한 운동을 통해 심혈관계 질환을 개선하고 수명을 연장할 수 있다. 신체적으로 활동적인 사람은 평균적으로 수명이 2년 정도 길다(Blair, Cheng, & Holder, 2001). 냉소적인 사람은 20세부터 80세까지 2년의 수명을 늘리기 위해선 총 2년에 달하는 조깅이 필요하다고 말할 것이다. 그렇다면 왜 2년을 더 살기 위해 그만큼의 시간을 운동에 투자해야 하는 것일까? 그러나 운동은 그저 양적인 향상을 주는 것이 아니라, 삶의 질적인 향상을 돕는다. 정신건강과 인지 능력 향상 등이 그 예이다(이 장의 후반부에서 논의할 것이다).

신체활동과 콜레스테롤 수치

어떻게 운동이 심혈관계 질환을 예방해주는 것일까? 운동은 고밀도 리포단백질(HDL: high-density lipoprotein, '좋은 콜레스테롤'이라고도 함)의 수치를 증가시켜준다. 반면 저밀도 리포단백질(LDL, '나쁜 콜레스테롤'이라고도 함)의 수치는 감소시켜준다. 이러한 과정은 총 콜레스테롤 수치를 유지하면서 HDL의 비율의 상승을 야기하며, 이는 심장병의 발병률을 낮추어준다. 따라서 운동은 심장병을 앓고 있는 사람들에게 HDL의 증가와 LDL의 감소라는 두 가지 방식으로 도움을 준다(Szapary, Bloedon, & Foster, 2003).

식이요법과는 상관없이 적당한 강도의 운동은 HDL의 비율을 좋은 수준으로 만들어준다. 토론토 심포지엄(Leon & Sanchez, 2001; Williams, 2001)에서의 연구에 따르면 걷기나 정원 가꾸기와 같은 적절한 강도의 신체활동은 대개 HDL 수치를 증가시키며, 이보다 조금 낮은 빈도로 LDL과 트리글리세리드(동맥경화를 일으키는 혈중 지방 성분)의 수치를 감소시켜준다고 했다. 저지방 식단과 운동의 조합은 더욱 강력한 효과를 나타낸다(Varady & Jones, 2005). 적당한 강도의 운동은 이상적인 HDL의 비율을 만들어주지만, 이보다 더 고강도의 신체활동이 심장병 예방에 더 큰 효과를 주지는 않는 것으로 나타났다. 이는 심장병으로 인한 사망과 신체활동 사이에 일관적이지 않은 용량-반응 관계가 성립한다는 것을 의미한다(Leon & Sanchez, 2001).

만약 성인이 적당한 운동을 통해 지질의 양을 개선할 수 있다면, 어린이와 청소년 또한 이러한 효과를 얻을 수 있을까? 어린이를 대상으로 운동과 심혈관계 질환의 위험을 밝혀내기는 어렵다. 비활동적인 어린이들의 대부분은 과체중이거나 비만이다. 이러한 어려움에도 유럽(Anderson et al., 2008)과 미국(Eisenmann, Welk, Wickel, & Blair, 2007)에서는 적은 신체활동이 높은 콜레스테롤 수치와 다른 심혈관계 질환의 위험을 높이는 요소임을 발견했다. 이러한 위험을 줄이려는 프로그램들은 보통 체중 감량과 운동을 동반하며, 오직 신체활동이 심혈관계 질환 발병률에 미치는 영향만을 분석한다(Kelley & Kelley, 2007).

신체적으로 활발한 어린이의 경우 일반적으로 운동을 통해 좋은 효과를 볼 수 있지만, 성인만큼의 효과는 기대할 수 없다(Tolfrey, 2004). 그러나 4세 정도의 유아는 잘 개발된 운동법을 통해 좋은 효과를 볼 수 있다(Sääkslahti et al., 2004). 이 연구는 4세에서 7세의 남녀 아동을 대상으로 이루어졌으며, 신체적으로 활발하게 놀이를 수행하는 아동들이 총 콜레스테롤 수치가 낮으며, HDL 수치가 높고, 이상적인 총 콜레스테롤과 HDL의 비를 보인다고 발표했다. 또한 사춘기 이전의 청소년과 초기 청소년의 경우 성인과 유사한 결과를 보였다. 총 콜레스테롤 수치가 변하지 않는 선에서 HDL이 증가하고 LDL이 감소했다(Tolfrey, Jones, & Campbell, 2000). 주기적이고 적당한 유산소 운동은 성인과 아동 모두에게 HDL 수치를 증가시키고 LDL 수치를 감소시킴으로써 심장병 개선에 도움을 주는 것이다.

많은 연구 결과들이 신체활동이 관상동맥질환의 발병률을 낮춰준다는 것을 보여준다. 초기의 연구는 많은 허점이 있었고 또 남성만을 대상으로 한 연구들이 주를 이뤘지만, 최근의 연구들은 신체활동이 심장병과 뇌졸중을 포함한 다양한 심혈관계 질환과 깊은 연관이 있음을 증명했다. 또한 신체활동은 HDL을 증가시켜 총 콜레스테롤에 대한 HDL의 비율을 증가시키는 효과를 가지고 있다. 결과적으로 꾸준한 운동은 노년기에 기능 저하가 없는 2년의 수명 연장을 보장해준다.

신체활동의 건강상 이점들

비록 대부분의 사람들이 체중 조절, 신체적 건강 또는 심혈관계 건강을 위해 운동을 하지만, 일부는 특정 암에 대한 예방과 골밀도 저하, 당뇨 조절, 정신건강을 위해 운동을 한다.

암 예방

몇몇의 연구(Miles, 2007; Thune & Furberg, 2001)는 다양한 암과 신체활동의 관계를 분석했다. 수백 개의 연구 가운데 대부분은 대장암, 직장암, 유방암, 자궁내막암, 전립선암, 폐암에 초점을 맞추었다. 신체활동은 이러한 암들에 저항력을 주며, 특히 직, 결장암과 유방암에 강한 효과를 나타내었다. 신체활동에 의한 직, 결장암에 대한 저항력의 증가는 여성에게도 남성과 유사한 정도로 나타났다(Wolin, Yan, Colditz, & Lee, 2009). 또한 운동은 폐경을 겪은 여성에게 그렇지 않은 여성에 비해 유방암에 대한 저항력을 더 키워주는 것으로 나타났다(Friedenreich & Cust, 2008). 더 나아가, 이러한 효과는 백인 여성들에 비해 백인이 아닌 여성들에게 더 뛰어난 것으로 나타났다(Friedenreich & Cust, 2008). 메타분석(Tardon et al., 2005) 결과 체계 분석과 일관되게 적당한 강도에서 격렬한 강도의 운동은 남성과 여성 모두에게 폐암의 발병률을 낮춰주었고, 이는 여성에게 더 효과가 높은 것으로 나타났다.

그렇다면 신체활동은 어떻게 암으로부터의 위험을 줄여주는 것일까? 비록 명확한 답은 없지만, 아마도 신체활동은 종양의 발생과 성장에 영향을 숨으로써 암에 대한 저항력을 길러줄 것이다(Rogers, Colbert, Greiner, Perkins, & Hursting, 2008). 더 나아가, 신체활동은 염증전구물질(proinflammatory cytokines)에 영향을 주며, 이 물질은 심혈관계 질환(Stewart et al., 2007)과 암의 전개에 영향을 주는 물질이다. 따라서 근래의 연구는 신체활동이 암 예방에 미치는 좋은 영향뿐만 아니라, 구체적으로 어떻게 영향을 미치는지를 밝혀내기 시작했다.

운동은 물론 이미 암에 걸린 사람들에게도 도움이 된다. 암의 치료를 위해 화학치료를 받고 있는 암환자들의 경우, 운동을 통해 근력과 유산소 균형, 체중의 증가를 꾀할수 있다(Quist et al., 2006). 체계적인 문헌 연구(Speck, Courneya, Masse, Duval, & Schmitz, 2010)에 따르면 운동은 항암 치료에서 오는 피로를 회복하는 데도 도움이 된다. 따라서 운동은 암을 예방하는 데도 도움이 되지만, 항암 치료에서 오는 여러 가지 부작용을 이겨내는 데도 도움이 된다.

골밀도 저하의 예방

칼슘 손실로 인해 발생하며 뼈를 약하게 만드는 **골다공증**(osteoporosis)을 예방하는 데도 운동은 도움이 된다. 신체활동은 남성과 여성 모두에게 골밀도 저하의 발생을 막아주는 역할을 한다. 이러한 효과는 특히 어린시절 활동적이었던 사람에게 더 크게 나타난다. 골밀도는 유아기와 유년기에 축적되며, 어린시절의 신체활동이 뼈 건강에 큰 영향을 준다(Hind & Burrows, 2007). 예를 들어, 은퇴한 운동선수와 그렇지 않은 사람들을 비교했을 때, 60세를 기준으로 보면 운동선수였던 사람이 더 높은 골밀도를 유지하고 있는 것으로 나타났다.

남성과 여성 모두 달리기와 뛰기 같은 고강도의 운동을 통해 좋은 효과를 볼 수 있지만, 이러한 운동은 부상의 위험(특히, 노년층의 경우)이 높다. 우리는 이러한 부

믿을 수 있을까요?

너무 늦거나 너무 이른 것은 없다

신체활동은 건강한 습관이지만, 늦은 나이에 시작하든 이른 나이에 시작하든 아무런 상관이 없다면 믿겠는가?

나이가 많은 성인의 경우, 신체활동을 통해 다양한 이익을 얻을 수 있다. 이는 혈압의 감소, 울혈성 심부전 증상의 완화, 심혈관계 질환의 감소와 같은 효과를 포함한다(Karani, McLaughlin, & Cassel, 2001). 또한 신체적으로 활발한 성인은 당뇨, 골다공증, 관절염과 우울증에 걸릴 확률이 적다. 이러한 영향은 나이 든 성인에게 질병의 증상을 완화해주고 사망률을 낮춰준다(Everett, Kinser, & Ramsey, 2007).

이러한 장점에도 불구하고, 75세 이상 미국인 56%는 정적인 생활을 하고 있다(USCB, 2011). 사람들은 나이가 듦에 따라 활동량이 줄고, 통증을 느끼기 시작하면서 운동량을 줄이게 된다(Nied & Franklin, 2002). 예를 들어, 관절염은 나이 든 사람으로 하여금 관절의 통증을 유발하여 운동을 하고자 하는 욕구를 감퇴시킨다. 또한 뇌졸중을 앓았던 사람들은 균형감과 근력의 저하로 인해 평범한 운동조차 버겁다고 느낀다. 노인들은 젊은 사람들보다 넘어지기 쉬우며, 뒤따르는 부상으로 인해 영구적으로 기동성과 독립성을 상실할 가능성이 크다. 비록 이러한 우려들이 근거가 없는 것은 아니지만, 위험요소는 충분히 통제가 가능하다. 신체활동이 주는 위험성은 긍정적인 영향을 상회하지 않는다. 특히 신체적으로 노약한 85세 이상의 사람에게는 긍정적인 영향이 훨씬 크다. 운동을 할 때 보조감독을 필요로 할지도 모르지만, 좋은 효과를 얻을 수 있다. 또한 태극권과 같은 운동은 넘어짐에 대한 공포를 이겨내도록 도와주고 넘어질 확률을 줄여준다(Sattin, Easley, Wolf, Chen, & Kutner, 2005; Zijlstra et al., 2007). 거의 모든 성인이 운동을 통해 기동성을 증진하고 건강을 유지할

수 있다.

또한 운동을 시작하기에 이른 나이는 없다. 신체활동은 평생 건강에 도움을 주는데, 어린 아이에게도 도움을 준다. 아주 어린 아이는 활동을 적게 해도 건강에 큰 위협이 되지 않는 것처럼 보이지만, 그렇지 않다. 많은 부모가 아이들의 안전과 본인의 편의를 확보하기 위해 아이들의 움직임을 제한하는 도구를 사용하는데(National Association for Sport and Physical Education[NASPE], 2002), 이러한 제한은 유아기의 기동성에 영향을 주며, 기거나 걷는 등의 유아의 발달 과정을 저해한다. 걸음마기의 아이가 이러한 제한을 받는다면 비활동적인 유아기를 보낼 확률이 높다. 이런 유년기를 보낸 아이는 운동 기능이 뒤떨어지거나 미국의 비만 아동과 같은 그룹에 속할 확률이 높다(Floriani & Kennedy, 2008).

NASPE(National Association for Sport and Physical Education, 2002)는 유아 신체활동의 시작에 대한 지침을 제시했는데, 모든 어린이에 대한 보조감독을 강조했다. 어린이들은 안전을 보장받는 선에서 숨바꼭질이나 까꿍놀이를 하는 것이 바람직하다고 한다. NASPE는 걸음마기의 유아는 매일 최소 30분, 유치원생의 경우 매일 60분 정도의 신체활동이 필요하다고 제시했다. 스콧 로버츠(Scott Roberts, 2002)는 한 걸음 더 나아가 어린이들이 운동을 해야 한다고 주장한다. 그는 어린이들이 중량을 기반으로 한 운동을 하는 것이 좋지 않다는 것은 어떠한 학술적 근거도 없다고 말한다. 또한 어린이들 역시 운동을 통해 심혈관계 질환, 고혈압, 비만을 근력, 유연성의 증가와 자세의 교정을 통해 방지할 수 있다고 주장한다.

기억하라. 운동은 평생의 숙제이며, 늦게 시작하든 일찍 시작하든 건강에 좋다.

상에 대해 다시 다룰 예정이지만, '믿을 수 있을까요?' 글상자에서 볼 수 있듯이 젊은 사람과 나이 든 사람 모두 운동의 이점을 취할 수 있다. 한 실험 연구(Vainionpää, Korpelainen, Leppäluoto, & Jämsä, 2005)에서는 고강도의 운동을 진행한 폐경 전의 젊은 여성들이 통제군의 여성들보다 높은 골밀도를 보였다. 그러나 걷기(Palombaro, 2005)나 태극권(Wayne et al., 2007) 같은 운동은 고강도 운동과 같은 선명한 효과를 보여주지 못했다(Zehnacker & Bemis-Dougherty, 2007).

당뇨의 조절

비만은 제2형 당뇨의 원인이고, 운동은 체중 조절의 수단이므로, 운동은 당뇨의 조절에 효과적인 수단이 될 수 있다. 체계적인 연구에 따르면, 운동은 인슐린 저항의 개선에 큰 도움이 되는 것으로 나타났고(Plasqui & Westerterp, 2007), 제2형 당뇨의 예방에도 도움이 되는 것으로 나타났으며(Jeon, Lokken, Hu, & van Dam, 2007), 당뇨의 관리(Kavookjian, Elswick, & Whetsel, 2007), 그리고 당뇨로 인한 사망 위험을 줄여준다(Sluik et al., 2012). 이처럼 운동이 제2형 당뇨에 주는 긍정적인 영향은 잘 정립되어 있다.

그렇다면 운동은 제1형 당뇨의 예방에도 도움이 될까? 행동 변화 개입에 대한 메타분석(Conn et al., 2008)은 운동이 제1형 당뇨를 관리하는 데 아주 중요한 요소임을 보여준다. 신체적으로 활동적이고 제1형 당뇨를 앓고 있는 성인은 비활동적인 환자보다 심혈관계 질환의 위험요소가 적다(Herbst, Kordonouri, schwab, Schmidt, & Holl, 2007). 이러한 연구들이 운동이 당뇨에 미치는 긍정적인 영향을 말하고 있지만, 운동이 당뇨의 해결책은 아니다. 그렇더라도 운동이 인슐린 의존적 당뇨와 인슐린 비의존적 당뇨 모두에 어느 정도 좋은 영향을 주는 것은 사실이다.

신체활동이 주는 정신적 이득

앞서 언급했듯이, 신체활동은 수명의 연장뿐만 아니라 삶의 질도 높여준다. 주기적인 신체활동이 주는 효과는 정신적인 측면으로도 확대되며, 이는 우울증 방지, 불안 감소, 스트레스 완충, 그리고 인지 기능의 향상을 포함한다. 운동을 주기적으로 하는 사람들은 운동을 하고 나면 기분이 좋아지고, 스트레스가 완화되며, 집중하는 데 도움을 준다고 한다. 이러한 주장에는 근거가 있는 것일까?

통상적으로, 신체활동과 정신적인 기능 사이의 관계는 신체활동과 생리적 건강과의 관계보다 덜 명확하게 정립되어 있다. 또한 운동을 통한 심리적 장애의 극복에는 위약 효과가 항상 감안되어야 한다. 이러한 이유로 정확한 연구가 어렵고, 일부 영역은 적절한 연구 자체가 존재하지 않는다(Larun, Nordheim, Ekeland, Hagen, & Heian, 2006). 그렇지만 주기적인 운동이 우울과 불안을 줄여주고, 스트레스의 완충제 역할을 하며, 인지 기능을 향상하는 데 부가적인 기능을 한다는 증거가 존재한다.

우울 감소 미국 정신의학회(APA, 2013)의 『정신장애 진단과 통계편람(The Diagnostic and Statistical Manual of Mental Disorders)』(5판)에서는 주요 우울증(major depressive episode)을 최소 2주 이상의 우울함이나 거의 모든 활동에 흥미를 잃는 것으로 정의하고 있다. 평생, 25%의 여성과 12%의 남성이 이러한 주요 우울증을 겪는다(APA, 2000). 만약 신체활동이 주요 우울증을 완화한다면, 수백만에 이르는 사람들이 아주 손쉽게 이러한 효과를 얻을 수 있을 것이다.

주기적으로 운동을 하는 사람들은 그렇지 않은 사람들에 비해 덜 우울한 경향을 보인다(Martinsen, 2005). 연구자들은 운동을 하는 사람들과 그렇지 않은 사람들을 두 그룹으로 나누고, 우울증의 다양한 척도를 측정했다. 그 결과, 신체적으로 아주 활발한 생활을 하는 사람의 경우 대체적으로 덜 우울한 것으로 나타났다. 한 가지 가능한 대안적 해석은, 운동을 통해 기분이 좋아졌다기보다는 운동 자체가 정신적으로 건강한 사람에게만 가능하다는 것이다. 우울한 사람은 운동을 하려는 동기가 떨어질 수 있기 때문이다.

실험 연구들이 운동과 우울감의 인과관계를 밝히려고 했다. 예를 들어, 한 임의의 통제 연구(Annesi, 2005)는 적당한 수준의 우울감을 가진 사람들을 대상으로 20~30분의 운동을 매주 2~3회, 10주간 하도록 하고 통제 집단으로 운동을 전혀 하지 않는 그룹을 두고 비교를 했다. 양측에는 선명하게 대조적인 결과가 나타났으며, 통제 그룹에 속한 이들보다 운동을 주기적으로 병행한 그룹에서 훨씬 낮은 수치의 우울감이 나타났다. 더 나아가, 유사한 연구(Dunn, Trivedi, Kampert, Clark, & Chambliss, 2005)에서는 신체활동과 우울감의 완화가 용량-반응 관계를 가지고 있음을 증명했다. 최근의 연구들은 더욱 확실하게 신체활동이 우울증의 완화에 도움이 된다는 사실을 밝히고 있다(Silveira et al., 2013). 하지만 통제가 잘 이루어진 실험에서는 그렇지 않은 실험보다 운동이 우울증 완화에 주는 긍정적인 영향이 적게 나타난다(Cooney et al., 2013).

확실히 운동은 아무런 조치를 취하지 않는 것보다는 효과적이며, 인지 치료(Donaghy, 2007)나 항우울제(Daley, 2008)와 견주어볼 만한 효과가 있다. 하지만 신체활동이 우울증에 미치는 장기적인 영향은 아직 입증되지 않았다. 그럴지라도 운동의 중요성에 대한 의견(Rethorst, Wipfli, & Landers, 2007)은 운동이 단지 통계적인 영향뿐만 아니라 임상적으로도 중요한 영향을 끼친다고 한다. 이러한 주장을 하는 사람들은 다음과 같은 로드 디시맨(Rod Dishman, 2003)의 말을 지지한다. "저는 운동이 정신과 치료나 항우울제를 대체할 수 있다고 말하려는 것이 아닙니다. 다만, 운동의 긍정적인 영향은 절대 사소한 것이 아니며, 신체활동은 경증의 우울증을 치료하는 데 중요한 보조수단이 될 수 있다는 것입니다."(p. 45)

불안 감소 많은 사람이 불안을 해소하고 안정을 취하기 위해 운동을 한다고 말한다. 운동이 불안을 줄이는 데 도움이 될까? 연구에 따르면 이는 불안의 종류에 따라 달라진다. **특성 불안**(trait anxiety)은 일반적인 성격 특성이나 특징으로 두려움이나 불편함이 더 지속적이거나 덜 지속적으로 나타나는 것을 말한다. **상태 불안**(state anxiety)은 특정한 상황에서 발생하는 일시적인 불안을 말한다. 기말고사나 취업 인터뷰에 대한 걱정으로 인해 발생하는 감정이 상태 불안의 한 예이다. 이러한 변화는 발한이나 심박수의 증가와 같은 생리학적 변화를 동반한다.

신체활동이 상태 불안에 미치는 영향에 대한 연구는 신체활동과 우울감의 관계를 밝히는 연구가 겪는 것과 비슷한 방법론적 한계가 있다. 즉, 아주 적은 수의 연구만이 적절한 수의 피실험자를 가지고 실험군과 통제군을 임의로 배정했다(Dunn, Trivedi, & O'Neal, 2001). 임의 배정된 통제 실험의 메타분석(Wipfli, Rethorst, & Landers, 2008)에서는 운동이 다른 어떠한 치료법보다 효과가 좋다는 것을 말해주고 있다. 또한 신체활동이 만성환자의 불안 증세 감소에도 영향을 주는 것으로 나타났다(Herring, O'Connor, & Dishman 2010).

그렇다면 어떻게 신체활동이 불안 수준을 낮춰주는 것일까? 하나의 가설은 운동이 단순히 걱정을 잊는 순간을 만들어 페이스의 변화를 일으킨다는 것이다. 이러한 가설을 뒷받침하는 근거로는 운동이 명상을 제외하고는 가장 강력한 효과를 가진다는 연구가 있다(Bahrke & Morgan, 1978). 불안을 감소시켜주는 그 밖의 방법으로는 바이오피드백 훈련, 초월 명상, '타임아웃' 요법, 혹은 주점과 같은 분위기 속에서 맥주를 마시는 것 등이 있다(Morgan, 1981). 이러한 방법들은 모두 페이스의 조절에 영향을 주며, 불안 수준을 감소시키는 역할을 한다.

또 다른 가설은 뇌화학적인 작용이 불안 수준을 감소시킨다고 말한다. 쥐를 대상으로 한 실험(Greenwood et al., 2005)에서는 운동이 신경전달물질인 세로토닌 수치의 변화를 일으키고, 이러한 작용이 불안 수준 감소에 긍정적인 영향을 준다는 것이다. 사람을 대상으로 한 연구(Broocks et al., 2003) 역시 운동 이후에 신경전달물질의 대사에 변화가 생기는 것을 관찰했다. 따라서 신체활동은 페이스의 변화나 신경전달물질 분비로 인해 불안 수준을 감소시킬 수 있고, 어쩌면 이 둘의 조합에 의해 그것이 가능한 것일 수도 있다.

스트레스의 완충제 스트레스와 운동의 관계에 대해서는 두 가지 의문점이 발생한다. (1) 운동이 과연 정신적인 건강을 증진할까? (2) 운동이 과연 사람들을 스트레스의 해악으로부터 보호해줄까? 첫 번째 질문은 긍정적인 답을 만들어왔다. 예를 들어 운동을 하는 노인의 경우, 삶의 질이 상승하여 더 높은 행복 수치를 보여준다(Paxton, Motl, Aylward, & Nigg, 2010). 더 나아가, 메타분석(Netz, Wu, Becker, & Tenenbaum, 2005)은 신체활동이 정신적인 웰빙과 관련이 있지만, 운동의 지속이 항상 이러한 웰빙에 대한 감각의 지속을 야기하지는 않는다고 한다. 따라서 적당한 정도의 운동만으로

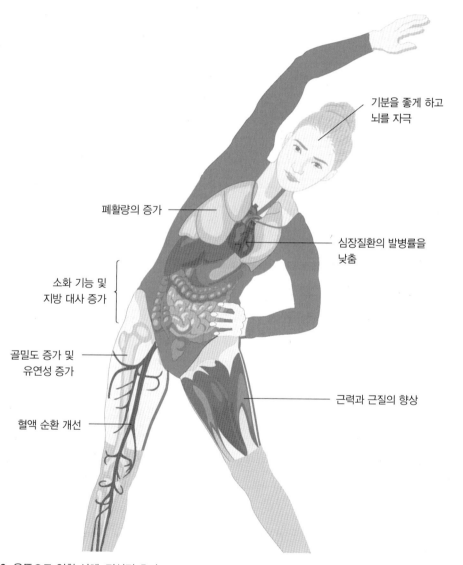

기분을 좋게 하고 뇌를 자극

폐활량의 증가

심장질환의 발병률을 낮춤

소화 기능 및 지방 대사 증가

골밀도 증가 및 유연성 증가

근력과 근질의 향상

혈액 순환 개선

© 2018 Cengage

그림 15.2 운동으로 인한 신체, 정신적 효과

출처: An invitation to health (7th ed., p. 493), by D. Hales, 1997, Pacific Grove, CA: Brooks/Cole. Copyright © 1997 by Brooks/Cole Publishing Company.

도 웰빙을 추구하는 데는 충분하다.

두 번째 질문에 대한 답은 좀 더 어렵다. 왜냐하면 스트레스와 신체 질환의 직접적인 연관성이 아직 정립되지 않았기 때문이다(6장에 스트레스와 질병에 대한 이야기가 나온다). 그러나 몇몇 연구는 신체활동이 스트레스를 다루는 데 도움을 준다는 결과를 보여준다. 운동은 신체적, 정신적 스트레스의 완충 역할을 한다(Ensel & Lin, 2004). 신체적으로 건강한 사람은 스트레스를 덜 느낀다.

그렇다면 신체건강은 왜 스트레스를 적게 느끼도록 해줄까? 하나의 이유는 바로 스트레스에 대한 심혈관계의 반응 때문이다. 운동은 스트레스가 유발하는 혈압의 증가를 완화해주기 때문이다(Hamer, Taylor, & Steptoe, 2006). 두 번째 이유는 면역 반응과 관련이 있다. 운동을 하면 스트레스가 염증전구물질에 주는 영향이 조절된다(Hamer & Steptoe, 2007). 따라서 운동은 생리학적으로나 심리학적으로 스트레스의 완화에 도움이 된다.

좋은 효과를 만들기 위해 지속되어야 하는 운동시간은 그리 길지 않아도 된다. 최소 10분의 적당히 강도 있는 운동만으로도 기분 전환에 도움이 된다(Hansen, Stevens, & Coast, 2001). 운동이 스트레스에 주는 영향에 대한 연구가 운동의 강한 영향력을 보여주진 않지만, 신체활동은 많은 사람이 스트레스를 관리하는 방법 중 하나이다. 그림 15.2는 운동의 긍정적 효과를 보여준다.

인지 기능 개선 신체활동은 당신의 기분을 좋아지게 만들기도 하지만, 생각도 잘할 수 있도록 도와줄까? 앞서 농담처럼 언급했지만, 우리는 2년의 수명을 늘리기 위해 2년의 운동을 해야 한다. 그러나 신체활동에 사용된 시간은 신체활동이 인지 기능의 개선을 돕는다는 사실을 알게 된다면 전혀 아깝지 않을 것이다. 최근의 연구에서 1,000명이 넘는 노인들을 대상으로 많은 양의 운동을 5년간 시킨 결과, 그들의 인지 기능은 10년 더 젊은 비활동적인 사람들의 인지 기능과 비슷했다(Willey et al., 2016). 따라서 이러한 결과를 뒷받침하기 위해 더 많은 연구가 필요하며, 그 연구들은 운동이 단지 개인의 수명이 양적으로 늘어나는 것에 도움을 줄 뿐만 아니라, 더 똑똑한, 질적으로 양호한 삶을 살도록 도와줄 수 있다는 사실을 증명해줄 것이다.

인지 기능은 집중력, 새로운 정보의 처리 능력, 기억력과 같은 다양한 기능들을 말한다. 인지 기능은 또한 계획을 세우고 해당 계획의 목표를 성취하는 능력인 추진력도 포함한다.

사람은 나이가 듦에 따라 인지 기능이 퇴화한다. 그 결과, 대부분의 인지 기능과 신체활동의 관계에 대한 연구는 성인을 대상으로 하며, 특히 노인들을 대상으로 한다. 29개의 운동에 관한 중재연구들에 대한 최근의 고찰(Smith, Blumenthal, et al., 2010)

에서는 주기적으로 신체활동을 하는 성인들의 경우 집중력, 사고력, 기억력, 추진력이 높다고 결론지었다. 또한 신체활동은 나이가 듦에 따라 발생하는 인지 기능의 저하를 막아주는 것으로 나타났다. 예를 들어 신체활동을 통해 발생하는 기억력 감퇴의 방지 효과는 젊은 성인보다 노인들에게서 더 강하게 나타났으며, 알츠하이머의 위험이 있는 성인들에게도 강한 효과를 보였다. 유산소 운동도 노인들의 뇌 부피의 증가에 영향을 준다(Colcombe et al., 2006).

호주에서 이루어진 한 연구는 알츠하이머 발병의 신호 중 하나인 기억력 문제에 집중했다(Lautenschlager et al., 2008). 무선 배정을 통해 일부의 참가자들은 6개월간 가정에서 신체활동을 하고, 통제 집단은 신체활동을 하지 않았다. 18개월이 지난 후, 신체활동을 했던 참가자들은 인지 기능의 향상을 보였다. 반면에, 아무것도 하지 않았던 참가자들은 인지 기능에 변화가 없었다.

과연 운동이 어린 아이들의 인지 기능 향상에도 도움을 줄까? 최근의 연구는 그렇다고 한다. 신체적으로 건강한 어린아이들은 그렇지 않은 아이들에 비해 기억력이 뛰어나고, 이는 기억력에 큰 영향을 끼치는 뇌의 영역인 해마의 성장과 관련이 있다

믿을 수 있을까요?

운동은 학습을 돕는다

운동을 하는 사람들의 이어폰에서는 어떤 음악이 나올까? 아마도 '강렬한 음악'이 아닐까? 아니면 팟캐스트나 TV 프로그램의 녹취본일지도 모른다. 만약 어떤 사람이 뛰거나 자전거를 타는 중에 강의를 듣거나 외국어 강좌를 듣는다면 이상해 보이지 않을까?

새로운 연구들은 신체활동은 인지 기능을 향상시키고, 학습을 도와준다고 발표하고 있다.

독일의 학자들(Schmidt-Kassow et al., 2013)은 젊은 성인 여성들에게 세 가지 상황 속에서 단어를 외우도록 요구했다. 첫 번째 상황은 편안한 의자에서, 두 번째는 사이클 머신을 30분간 타고난 직후, 마지막으로는 사이클 머신을 타는 도중에 단어를 외우는 것이었다. 사이클 운동은 가볍거나 적당한 정도로 조절했다. 암기가 끝나고, 여성들은 단어 시험을 치렀다.

연구자들은 사이클 머신을 탄 여성이 편안한 상태에 있던 여성보다 단어를 훨씬 많이 암기했음을 발견했다. 흥미롭게도 가장 큰 차이를 보인 여성들은 바로, 원래 암기 능력이 떨어지던 여성들이었다. 이러한 결과는 적당한 강도의 운동에 노출되는 것이 오히려 학습의 질을 향상할 수 있음을 보여준다.

또 다른 연구에서는 학습 후에 이루어지는 신체활동으로 인해 기억력이 증가할 수 있다는 것을 발견했다(van Dongen, Kersten, Wagner, Morris, & Fernandez, 2016). 이 연구에서는 모든 참가자가 여러 사진과 장소들에 노출되었는데, 이후 각기 다른 세 가지 환경에 놓였다. 첫째, 유산소 운동의 배제, 둘째, 학습 직후에 유산소 운동, 셋째, 학습 후 4시간 뒤의 유산소 운동의 환경이었다. 그 결과, 학자들은 세 번째 환경에 놓였던 사람들이 사진과 장소의 조합을 가장 잘 기억한다는 사실을 발견했다.

이러한 결과의 생물학적 메커니즘은 정확히 밝혀지지 않았지만, 가볍거나 적당한 강도의 운동은 학습에 도움이 된다는 사실을 알 수 있다. 만약 당신이 새로운 정보를 습득해야 하고 적당한 운동이 필요하다면, 다음과 같은 과정을 통해 이득을 볼 수 있다. 운동 중에 강의 듣기, 혹은 강의를 들은 후 운동하기

(Chaddock et al., 2010). 중재 연구는 신체활동과 인지 기능의 관련을 설명한다. 예를 들어, 과체중이며 좌식 생활을 선호하는 어린이에게 3개월의 운동 프로그램을 시키고 표준화된 수학 시험을 보도록 하면, 더 나은 문제 해결 능력과 성적을 보였다(Davis et al., 2011).

왜 신체활동은 인지 기능의 개선에 도움을 주는 것일까? 정확한 이유는 밝혀지지 않았지만, 학자들은 이러한 효과는 뇌의 혈액 순환 개선과 뇌 유도 신경자극 인자(뇌에 있는 뉴런의 성장과 분화에 영향을 주는 단백질)의 증가에 원인을 두고 있다고 예측한다(Brown et al., 2010; Smith et al., 2010).

요약

지난 50년 간의 연구는 신체활동이 신체건강과 정신적인 기능의 향상을 돕는다는 증거를 밝혀왔다. 적당한 강도의 신체활동은 심혈관계 질환, 심장마비와 뇌졸중의 발병 위험을 줄여준다. 운동은 혈압과 콜레스테롤 수치, HDL의 증가를 돕는다. 또한 당뇨와 몇몇 암(대장암과 유방암 등)의 발병률을 낮춰준다. 운동은 젊은 사람들의 골성장에 도움을 주며 노인들의 골밀도 저하를 막아준다. 운동은 우울감을 낮춰주는 데도 효과가 있다. 그리고 불안을 줄여주고, 스트레스에 완충제 역할을 하며, 인지 기능을 향상해준다.

이 장의 앞부분에서는 사람들이 운동을 하는 이유에 대해 다뤘다. 표 15.1은 이러한 이유들을 나열하고, 학술적 증거를 요약한 다음, 그 증거를 보여주는 연구를 제시한다.

표 15.1 운동을 하는 이유와 이를 지지하는 연구 결과

운동을 하는 이유	연구 결과	출처
체중 조절	비만은 운동으로 치료가 가능하다. 매일 60~90분의 운동이 필요하다.	Hill & Wyatt, 2005; Jakicic & Otto, 2005
	운동은 식이요법만큼 효과적이다. 국소적인 운동은 효과가 없다.	Blair & church, 2004; Wood et al., 1988
심장병과 유산소 운동	적당한 강도의 운동은 예방에 도움을 준다.	Barengo et al., 2004; Paffenbarger et al., 1978
	신체 균형과 신체활동은 모두 유산소 운동과 용량-반응 관계를 보인다.	Blair et al., 2001
	걷기는 노인들에게 효과적이다.	Murphy et al., 2007
뇌졸중	활동적인 여성은 뇌졸중의 위험이 적다.	Hu et al., 2000
	비활동적인 사람들은 뇌졸중의 위험이 높다.	Krarup et al., 2007
	신체활동은 두 가지 종류의 뇌졸중을 예방한다.	Wendel-Vos et al., 2004
모든 사망원인	간호사들의 건강 연구는 37개의 동년배 집단 연구를 검토한다.	Oguma et al., 2002

운동을 하는 이유	연구 결과	출처
모든 사망원인	활동적인 신체활동과 사망률은 용량-반응 관계를 지닌다.	Samitz et al., 2011
	사망률은 전혀 신체활동이 없는 사람과 약간의 신체활동을 하는 사람 사이에서 가장 큰 차이를 보인다.	Woodcock et al., 2011
콜레스테롤 수치	운동은 HDL 수치를 높이고 LDL 수치를 낮춤	Hausenloy & Yellen, 2008; Szapary et al., 2003
	운동은 LDL과 트리글리세리드를 낮춘다.	Leon & Sanchez, 2001
	어린이와 청소년의 낮은 신체 균형은 높은 콜레스테롤과 연관이 있다.	Anderson et al., 2008; Eisenmann et al., 2007
	운동은 어린이의 낮은 콜레스테롤 수치와 연관이 있다.	Sääkslahti et al., 2004; Tolfrey, 2004; Tolfrey et al., 2000
암	메타분석은 여러 관점에서의 운동과 암의 반비례 관계를 보여준다.	Miles, 2007; Thune & Furberg, 2001
	운동은 폐암의 발병률을 낮춰주며, 특히 여성과 관련이 있다.	Tardon et al., 2005
	운동은 종양의 생성과 성장을 억제한다.	Rogers et al., 2008
	신체활동은 항암 치료의 부작용을 이겨내는 데 도움이 된다.	Quist et al., 2006; Speck et al., 2010
골밀도 손실 (골다공증)	운동은 어린이와 청소년의 골격근량 증가에 도움이 된다.	Hind & Burrows, 2007
	은퇴한 남성 운동선수는 더 높은 골밀도를 유지한다.	Nordström et al., 2005
	강한 강도의 운동은 여성의 골밀도 저하를 늦춰준다.	Vainionpää et al., 2005
	낮은 강도의 운동은 강한 강도의 운동보다 덜 효과적이다.	Palombaro, 2005; Wayne et al., 2007; Zehnacker et al., 2007
당뇨	운동은 인슐린 저항을 향상한다.	Plasqui & Westerterp, 2007
	운동은 제2형 당뇨의 위험을 낮춘다.	Jeon et al., 2007
	운동은 제2형 당뇨의 관리를 도와준다.	Kavookjian et al., 2007
	운동은 제1형 당뇨 관리에 중요한 역할을 한다.	Conn et al., 2008
	운동은 제1형 당뇨 환자의 심혈관계 질환 발병률을 낮춰준다.	Herbst et al., 2007
	운동은 당뇨 환자의 사망률을 낮춰준다.	Sluik et al., 2012
우울 감소	주 3회, 20~30분 정도의 적당한 운동은 우울증을 감소시킨다.	Annesi, 2005; Silveira et al., 2013
	운동과 우울증은 용량-반응 관계를 보인다.	Dunn et al., 2005
	운동은 인지 치료 및 항우울제와 비슷한 수준의 효과를 보인다.	Daley, 2008; Donaghy, 2007
	운동의 치료 측면의 효과는 뚜렷하다.	Rethorst et al., 2007

운동을 하는 이유	연구 결과	출처
불안 감소	적절한 운동은 상태 불안을 감소시켜준다.	Dunn et al., 2001; Wipfli et al., 2008
	신체활동은 만성 불안을 겪는 사람의 불안감을 감소시켜준다.	Herring et al., 2010
스트레스의 완충	운동은 기분을 좋게 하고, 행복감을 높이며 삶의 질을 증대시킨다.	Ensel & Lin, 2004; Hansen et al., 2001; Paxton et al., 2010
	운동은 행복감을 높이지만 운동량과 행복의 정도는 비례하지 않는다.	Netz et al., 2005
	운동은 혈압과 면역체계와의 관계를 통해 스트레스를 완화해준다.	Hamer et al., 2006; Hamer & Steptoe, 2007
인지 기능 향상	운동은 성인들의 높은 집중력, 사고력 기억력, 추진력과 관련이 있다.	Smith et al., 2010
	유산소 운동은 뇌 부피 증가에 영향을 미친다.	Colcombe et al., 2006
	신체적으로 활발한 노인들은 그렇지 않은 노인들에 비해 인지 능력이 훨씬 높다.	Wiley et al., 2016
	6개월의 운동 프로그램은 인지 기능을 향상시킨다.	Lautenschlager et al., 2008
	운동을 하는 어린이는 기억력, 기획력, 수학적 능력이 좋다.	Chaddock et al., 2010; Davis et al., 2011

 ## 신체활동의 위험요소

비록 신체활동이 신체 기능을 증진하고, 불안, 스트레스, 우울감을 낮추며 인지 기능을 증진해주지만, 신체와 생리적인 건강에 위협을 주기도 한다. 과도한 훈련을 했던 운동선수들은 부정적 감정, 피로감, 우울감에 시달린다(Tobar, 2005). 또한 고도로 활동적인 사람들은 신체활동으로 인한 부상을 경험한다. 또 어떤 사람들은 거의 중독 수준으로 운동의 중요성을 강조하기도 한다. 이번 절에서는 신체활동이 줄 수 있는 위험요소를 살펴보려 한다.

운동 중독

어떤 사람들은 운동에 너무 집착하여 부상마저 무시한 채 운동을 계속하거나, 운동 습관이 직장 생활이나 가정 생활을 방해할 정도의 수준에 이른다. 사람들은 이들이 운동에 중독되었다고 생각하지만, 그들의 행동은 사실 중독의 정의에 부합하지 않는다. 13장에서 중독은 내성, 의존성, 금단 증상이 있다는 것을 보았다.

월리엄 모건(William Morgan, 1979)은 다른 중독 증상의 발전과 과도한 운동의 과정을 비교했다. 초기에, 달리기에 대한 내성은 낮았고 좋지 않은 부작용이 많았다. 그러나 달리기의 지속은 이러한 부작용을 없애고 목표 성취에 따른 재강화 효과를 일으켰다. 알코올 섭취를 적당히 하는 사교적 음주가들처럼 많은 운동인은 자신의 삶에 큰 지장 없이 운동을 병행한다. 그러나 일부는 그렇지 못하다. 그들은 자신의 다른 책임과 활동에 영향을 줄 정도로 운동에 집착하고, 이는 그들의 삶에 변화를 줄 정도로 많은 시간을 소요하게 만든다.

운동에 강하게 전념하는 것은 중독과는 다르다(Terry, Szabo, & Griffiths, 2004). 일부 사람들의 운동 습관은 강한 의지를 반영하며, 이는 감정적으로 운동에 강하게 연대감을 느끼거나(Ackard, Brehm, & Steffen, 2002), 운동을 못 하게 했을 때 금단 증상인 우울감과 불안감이 발현되는(Hausenblas & Symons Downs, 2002a, 2002b) 의존성의 정의와는 다르다. 운동에 전념하는 사람은 운동에 중독된 사람이 부정적 원인과 문제를 타개하기 위해 운동을 하는 것과 달리, 외적인 보상을 위한 합리적인 이유를 가지고 운동을 한다(Warner & Griffiths, 2006). 이러한 주장은 논쟁을 야기하지만, 일부 전문가들은 운동 중독보다는 의무적인 운동(obligatory exercise)과 운동 의존(exercise dependence)으로 표현하길 선호한다.

의무적 운동을 하는 사람들은 섭식 장애, 특히 거식증을 가진 사람들과 몇 가지 특징을 공유한다. 예를 들어, 그들은 부상을 입었음에도 그들이 정한 활동을 지속한다. 그러한 지속적인 활동은 자기 파괴적이며 해롭다. 또한 그들은 점진적인 자기 몰두를 보이며 내적 경험에 대한 집중이 큰 비중을 차지한다. 또한 거식증을 가진 사람들 중 많은 이들이 지나친 운동 강박을 느낀다(Klein et al., 2004). 이러한 관찰은 십대 소녀의 거식증과 남성 달리기 중독자가 유사하다는 주장을 도출했다(Davis & Scott-Robertson, 2000). 둘 모두 신체에 대한 지배 욕구, 비정상적으로 높은 자기 기대, 내성, 통증에 대한 부정, 인내에 대한 외곬의 헌신을 동반한다. 다른 연구자들(Ackard et al., 2002)은 의무적 운동인들이 신체 강박을 보였고 섭식 장애나 기타 정신적 장애 증상을 보이는 것을 발견했다. 과도한 운동에 대한 동기는 운동과 섭식 장애를 연결하는 중요한 매개요소이다(Cook & Hausenblas, 2008). 이러한 사람들에게, 운동과 섭식 장애의 연결은 운동에 대한 강한 감정적 의존이다. 이러한 사람들은 부상을 겪고도 운동을 지속하며 개인적인 인간관계를 포기하고 운동을 위해 업무를 태만하게 한다. 이러한 광적인 행동은 의무적으로 달리는 사람의 다음과 같은 말로 표현할 수 있다.

지난 봄, 어느 날 저는 아주 좋은 컨디션으로 달리고 있었습니다. 그때 저는 매일 10마일 정도씩 달리곤 했고 그날에는 제 운동량을 늘려야겠다고 생각했습니다. 14마일 정도 달렸을 때쯤, 일차선 다리를 건너려고 했습니다. 그때 갑자기 거대한 콘크리트 레미콘 차가 코너를 돌아 다리를 건너기 시작했습니다. 저는 잠시 멈춰 그 차가 지나가도록 기다릴 생각을 전혀 하지 못했습니다. 저는 단지 제 자신에게, "들어와 봐 이 개자식아, 내가 널 박살내서 콘크리트를 사방에 흩뿌려주지!"라고 되뇌었습니다. 운전자는 브레이크를 급하게 밟아댔고 제가 다가감에 따라 옆으로 방향을 틀었습니다. 지나고 나서 생각해보면 아찔하지만, 당시에는 기분이 무척 좋았습니다. 저는 이후에도 그 당시와 같이 제 자신이 매우 강하고 못 당해낼 것이 없다고 느낀 적이 많았지만, 레미콘 트럭을 이겨낸 것은 그때뿐이었죠(Morgan, 1979, pp. 63, 67).

신체활동으로 인한 부상

콘크리트 레미콘과 맞대결을 벌이지 않더라도, 운동을 하면서 부상을 경험할 일은 어떤 게 있을까? 주기적인 운동 프로그램을 진행하는 대부분의 사람들은 사소한 부상이나 통증을 호소한다. 그러나 간헐적인 운동은 더 많은 부상과 불편함을 야기한다. 이렇게 부상을 당하는 사람들은 '주말에 운동하는 사람들'이 대부분이다.

근골격계 부상이 일반적이고 운동의 반복과 강도가 커질수록, 해당 부상을 겪을 가능성이 높아진다(Powell, Paluch, & Blair, 2011). 공중위생국의 보고서(USDHHS, 1996)에 따르면 지난해 절반에 가까운 사람들이 달리기를 하다가 부상을 입었다고 한다. 또한 이 보고서는 예상한 대로 걷기가 달리기보다 부상의 위험이 적었고, 이전에 부상을 경험한 사람이 큰 부상을 입을 확률이 높다는 사실을 발견했다. 신체활동은 근골격계 부상 원인의 83%를 차지했고, 최소 4분의 1의 사람들이 부상으로 인해 운동을 잠시 쉬어야 했다(Hootman et al., 2002). 부상을 겪고 나서 운동량을 줄이는 것은 현명한 선택이다. '고통을 참으며 운동하는 것'은 추가적인 부상을 유발하는 잘못된 신념일 뿐이다.

근육과 뼈의 부상을 제외하더라도, 지나치게 열심히 운동을 하는 사람들은 또 다른 위험에 노출될 수 있다. 열, 추위, 개나 운전자들이 위험요소가 될 수 있다. 운동을 하면 체온이 상승한다. 열과 추위 모두 문제가 되며, 일부는 위험을 야기할 수 있다(Roberts, 2007). 운동 전후나 도중에 음료를 섭취하는 것은 땀의 배출을 도와 운동 중에 몸이 과열되는 것을 방지해준다. 그러나 극심한 대기 온도, 높은 습도, 강한 햇볕의 조합은 체온을 상승시키고 땀이 피부에서 증발하는 것을 막는다. 몸이 스스로 체온을 낮추지 못하게 되면 위험한 상황이 발생할 수 있다. 열로부터 몸을 보호하는 것은 스포츠 팀을 관리하는 사람에게 매우 중요한 일이다(Cleary, 2007).

운동 시 적절한 복장을 갖추면 부상의 위험이 줄어든다.

추위 역시 실외 운동을 할 때 위험요소이다(Roberts, 2007). 그러나 적절한 복장의 선택은 이러한 위험을 없앤다. 옷을 겹겹이 입으면 화씨 20도 이하의 온도에도 견딜 수 있다(Pollock, Wilmore, & Fox, 1978). 화씨 0도 밑으로 내려가면, 특히 바람이 많이 불 때는 운동을 하지 않더라도 위험할 수 있다.

운동 중 사망

심장마비를 경험한 환자들은 대부분 운동 프로그램을 동반한 재활치료를 하며, 이는 밀착 관리감독이 요구된다. 비록 이러한 심장질환 환자들이 운동 중 위험에 노출되더라도, 운동을 통해 얻는 심혈관계 건강 증진의 효과가 그 위험을 상회한다(USDHHS, 1996). 그렇지만 심장질환 진단을 받은 적이 있는 사람의 경우엔 반드시 의사의 허락과 심장 재활 전문가의 지도하에 운동을 해야 한다.

별다른 질병이 없던 사람의 경우는 어떨까? 평소에 멀쩡하던 사람이 운동 중 갑작스레 사망할 수 있을까? 이 질문에 대한 대답은 '그렇다'이다. 물론 TV를 보거나 잠을 자다가도 갑작스레 사망할 수는 있지만 말이다. 그러나 운동은 갑작스런 죽음의 가능성을 높인다(Thompson et al., 2007). 12년 동안 남성 내과의들을 분석한 결과(Albert et al., 2000)에 따르면, 갑작스런 사망은 운동 도중이나 운동 직후에 16배 이상 자주 발생하는 것으로 나타났다. 그러나 어떠한 특정 운동 회차를 기준으로 했을 때는 그 확률이 높지 않았다(150만 회의 운동당 1번의 사망 사고). 이 연구는 또한 운동이 주는 이점이 그 위험보다 크다는 사실을 보여줬다. 운동을 주기적으로 하는 남성은 갑작스러운 운동을 하는 사람보다 운동 중 사망할 확률이 적다. 이 연구에 참여한 남성들은 연구가 시작될 때 심혈관계 질환을 앓고 있지 않다고 했으나, 12년 동안 지속된 연구기간 동안 모르는 사이에 병을 얻거나 지속적으로 질병을 키워왔다. 사실 운동 중에 발생하는 갑작스런 사망의 대부분은 몇몇 종류의 심장병 때문이지만, 사람들은 자신이 지닌 위험에 대해 인지하지 못한다.

대부분의 상황에서 운동은 심혈관계에 도움을 주지만, 심혈관계 질환이나 다른 심장 관련 문제를 가지고 있는 사람들, 일생 동안 과도한 운동을 지속해온 사람들은 신체활동이 위험할 수 있다(Raum, Rothenbacher, Ziegler, & Brenner, 2007). 겉으로 보기에는 건강해 보일지라도, 젊은 사람들 역시 운동 중에 갑작스럽게 사망할 수 있다(Virmani, Burke, & Farb, 2001). 프로 농구선수 레지 루이스(Reggie Lewis)는 연습 시합을 뛰던 도중에 미처 알지 못했던 심장의 문제로 젊은 나이인 28세에 사망했다. 어린이나 청소년, 젊은 성인들의 급성 심장마비의 이유는 선천적인 심장의 문제나 천식으로 인한 것이다. 성인의 경우 급성 심장마비로 인한 사망의 60%가 혈전 때문이며, 미국에서는 굉장히 흔한 사망원인 중 하나이다. 따라서 운동 중에 사망하는 대부분의 사람들은 자신이 미처 몰랐던, 혹은 이미 알고 있던 심장병에 의해 사망했을 확률이 높다.

운동으로 인한 부상 줄이기

적절한 주의는 부상의 확률을 낮춰준다. 심장병의 위험이 있거나 이미 심장병을 앓고 있는 사람은 지도하에 운동을 하는 것이 바람직하며, 운동의 초기에는 특히 지도가 필요하다. 또한 오랜 기간 비활동적인 생활을 해온 사람도 지도가 필요하다. 지도자의 도움이 있다면 사람들은 본인의 운동 능력을 벗어난 과도한 운동을 하지 않을 수 있고, 운동의 초기에 너무 무리하게 오랫동안 운동을 하지 않을 수 있다. 또한 전문가들은 운동을 하기 전에 충분한 준비운동을 통해 부상을 줄일 수 있도록 도와줄 것이다(Cooper, 2001).

운동의 강도에 상관없이 적절한 도구의 사용은 부상의 위험을 줄여준다. 예를 들어, 제대로 된 운동화를 신고 달리는 것은 뛰는 것뿐만 아니라 걸을 때도 도움이 된다(Cooper, 2001). 적절한 종류와 두께의 옷도 매우 중요하다. 적절한 몸의 냉각과 보온이 필요하기 때문이다. 운동자는 열로 인한 신체적 반응을 숙지하고 있어야 하며, 그 종류에는 어지럼증, 무기력증, 메스꺼움, 근육통, 두통이 있다. 각각의 증상은 모두 운동을 중지해야 한다는 신호이다.

요약

운동은 이점과 동시에 위험성도 있는데, 그중 하나가 바로 운동 중독이다. 운동 중독은 강박적으로 오랜 시간, 강한 강도의 운동을 지속해야만 하는 것이다. 또한 운동을 통해 부상을 입을 수도 있는데, 대부분은 근골격계의 손상이다. 운동을 할 때는 너무 극단적인 날씨는 피해야 하며, 개나 자동차 그리고 어둠을 주의해야 한다.

운동 중에 사망하기도 한다. 가장 취약한 대상은 심혈관계 질환을 앓고 있는 나이 든 성인이지만, 비정상적인 심장을 가진 젊은 사람도 위험하다. 그렇지만 주기적으로 운동을 해온 사람은 가끔씩 운동을 하는 사람에 비해 운동 중에 심장마비를 겪을 확률이 낮다. 운동에 의한 부상은 적당한 강도의 운동 선택, 적당한 도구의 사용, 문제의 인식과 적절한 대응 같은 올바른 준비와 대처를 통해 피할 수 있다.

어느 정도의 운동이 최선일까?

어느 정도의 신체활동이 지나치지 않으면서 동시에 충분할까? 표 15.2에는 연령대에 따른 추천 신체활동 수준이 나열되어 있다. 최근, 건강을 증진할 수 있는 운동 강도의 기준이 감소했다. 2011년, 미국 스포츠의학회(American College of Sports Medicine)는 건강상의 이점을 얻을 수 있는 운동의 종류와 강도를 정리했다(Garber et al., 2011). 이러한 추천은 이전의 연구를 참고하여 새로운 결론을 이끌어냈다. 연구에 따르면, 65세 이하의 건강한 성인은 적당히 활발한 운동을 매주 5번, 30분씩 하는 것이 좋고 매주 3번, 20분씩 하는 것도 마찬가지로 좋다고 한다.

걷기는 대부분의 사람에게 위험보다는 장점이 많은 운동이다.

표 15.2 신체활동 권고사항

연령대	권고사항
어린이와 청소년(6∼17세)	매일 1시간의 유산소 운동(적당하게 활발한 강도) 매주 최소 3일의 스트레칭
성인(18∼64세)	매주 2시간 30분의 유산소 운동, 혹은 1시간 15분의 격렬한 유산소 운동 매주 최소 2일의 스트레칭
노인(65세 이상)	성인과 같거나 신체 능력이 허용하는 범위까지. 균형을 증진해주는 운동이 좋음

출처: Garber, C. E., Blissmer, B., Deschenes, M. R., Franklin, B. A., Lamonte, M. J., Lee, I.-M., Nieman, D. C., & Swain, D. P. (2011). Quantity and quality of exercise for developing and maintaining cardiorespiratory, musculoskeletal, and neuromotor fitness in apparently healthy adults: Guidance for prescribing exercise. *Medicine & Science in Sports & Exercise, 43*, 1334–1359; U.S. Department of Health and Human Services (USDHHS). (2008). *Physical activity guidelines for Americans*. Retrieved February 20, 2012, http://www.health.gov/PAGuidelines/factsheetprof.aspx

1. 현재 운동을 하지 않고 있다면, 주기적인 운동의 구체적인 프로그램을 구상해보라. 당신이 수행 가능하고 편리한 활동을 선택하라(즐길 수 있다면 더 좋다).
2. 만일 비만이거나 40세 이상이라면, 시작 전에 의사와 상담하라.
3. 너무 서두르지 마라. 운동 프로그램을 시작할 준비가 되었다고 느껴지면, 천천히 시작하라. 첫날엔 무리하면 안 된다.
4. 첫날부터 너무 격렬하게 운동을 하는 것은 근육통이나 부상을 유발한다. 다음 날 통증이 느껴진다면 무리한 것이다. 이는 운동이 하기 싫어지는 원인이 될 수 있다.
5. 체중 조절을 위해 운동을 하고 있다면, 매일 체중을 재지 마라. 또한 몸무게와 몸매에 집착하지 않도록 노력하라.
6. 당신이 만약 금연 중이라면, 운동을 통해 체중 조절을 하라.
7. 함께 운동하라. 운동을 같이할 친구를 만들고, 운동팀이나 그룹에 가입하라.
8. 생소한 장소에서 조깅이나 자전거를 탄다면 시작 전에 장소에 대해 알아보라. 개, 배수로나 위험한 우회로가 있을 수 있다.
9. 운동 프로그램을 통해 최대의 효율을 얻고 싶다면 끈질기게 하라. 갑작스런 변화를 기대하면 안 된다.
10. 근육을 얻고 싶다면 유산소 운동뿐만 아니라 웨이트 트레이닝과 등장 운동을 병행하라.

또한 매주 최소 2번, 12번을 한 세트로 하는 근력 운동을 8~10회 하는 것이 바람직하다고 말한다. 전문가들은 이러한 강도의 운동이 만성질환이나 심혈관계 질환으로부터 건강을 지킬 수 있는 비결이라고 말한다.

적당히 활발한 운동의 추천은 굳이 아주 격한 운동을 하는 것이 필수가 아님을 보여준다. 예를 들어, 걷기 프로그램은 이전에 비활동적이던 사람에게 심혈관계 질환의 위험을 낮춰주는 효과가 있는 것으로 나타났다(Murphy et al., 2007). 역시나, 적당한 운동은 심혈관계 질환에 한해서는 격렬한 운동보다 효율적이다(Johnson et al., 2007). 그러나 적당히 활발한 운동을 매주 3번씩 하는 것은 체중의 감량을 야기하지는 않는다. 체중을 감량하기 위해서는 더 길고 강렬한 운동이 필요하다(Garber et al., 2011). 따라서 어느 정도의 운동이 적당한지는 개인의 목표에 따라 달라진다.

 ## 신체활동을 권고하는 방법

평소에 건강을 위한 습관의 부재는 심각한 문제이며(4장 참조), 운동 또한 예외가 아니다. 미국에서 33%의 성인만이 적절한 강도로 주기적인 운동을 하는데(USCB, 2011), EU의 국가들도 비슷한 수치를 보인다(Sjöström, Oja, Hagströmer, Smith, & Bauman, 2006). 처방받은 운동 프로그램 참가자들의 경우, 이탈률이 금연, 금주 프로그램의 이탈률과 거의 비슷하다.

모든 사람에게는 의자를 박차고 일어나 운동을 하게 되는 나름의 동기가 있다. 일부는 헬스장에 등록한 게 아까워서, 개인 트레이너의 닦달에 못 이겨, 또는 다이어트 TV 프로그램의 참가자가 되어 운동을 하게 될 수도 있다. 하지만 불행히도 운동을 하지 않는 사람들이 너무 많은 현실에서, 값비싼 일대일 전담 피트니스 코칭을 요하지 않는 개입이 필요하다. 따라서 운동을 위한 개입은 인터넷, 전화, 대중매체, 환경의 변화와 같은 것에서 찾아야 한다. 이 절에서는 이러한 동기부여 방법에 대해 알아보고 그 효율을 따져본다. 신체활동을 지속하도록 하는 것에서 가장 어려운 점은 운동을 오랜 기간 유지하는 것이다. 더 나아가, 아주 간단한 개입을 통해 놀라운 효과를 얻어낼 수도 있다는 사실을 알게 될 것이다.

정보를 통한 개입 정보를 통한 개입은 대중에게 운동의 중요성과 이점을 이해시키고 운동에 참여할 가능성을 열어주는 것이다. 이러한 정보 개입은 여러 형태를 띠며, 대중매체 캠페인부터 의사결정 자극(point-of-decision prompts)까지 다양하다.

대중매체 캠페인은 텔레비전이나 라디오 광고, 신문, 잡지 광고, 음원 사이트, 버스 광고와 같은 수단을 통해 사람들에게 운동의 중요성을 알리는 방법을 사용한다. 18개의 대중매체 개입에 대한 최근의 연구(미국, 호주, 뉴질랜드, 캐나다, 브라질과 같은 다양한 나라에서 시행됨)는 이러한 대중매체 캠페인은 사람들의 경각심을 불러일으키는 데 효과적임을 발견했다. 이는 사람들이 해당 캠페인을 다시 떠올릴 수 있는 정도를 척도로 측정되었다(Leavy, Bull, Rosenberg, & Bauman, 2011).

그렇다면 경각심의 증가가 신체활동의 증가와 관련이 있을까? 이 질문에 대한 대답의 증거는 복잡하다. 몇몇 대중매체를 통한 캠페인은 사람들이 신체활동을 하도록 만들었지만, 다른 개입은 그렇지 못했다. 더 나아가, 캠페인이 끝나고 오랜 시간이 지난 후에도 신체활동을 지속하는지에 대해서는 전혀 알 수 없다(Leavy et al., 2011). 따라서 대중매체에 의한 신체활동의 촉진의 효과는 불명확하게 남아 있다.

정보 개입은 더 간단하고 저비용의 형태로 이루어질 수 있다. '의사결정 자극'이 그 예이다. 건물에서 높은 층으로 올라가야 할 때 당신은 승강기를 이용하는가, 아니면 계단을 이용하는가? 이는 많은 사람이 매일 하는 고민 중 하나일 것이다. 계단을 이용하는 것은 정적인 일상생활에 신체활동을 접목할 수 있는 하나의 기회일 것이다. 그러나 대부분의 사람들은 승강기를 이용한다. 수많은 연구는 단지 계단 옆에 문구를 배치하는 것만으로도 사람들이 계단을 이용하도록 동기를 부여할 수 있다고 말한다. 실제로, 이러한 '의사결정 자극'을 이용한 연구에 의하면 50% 더 많은 사람들이 계단을 선택했다(Nocon, Müller-Riemenschneider, Nitzschke, & Willich, 2010; Soler et al., 2010). 더 나아가, 비만인 사람들이 이러한 문구에 더 민감하게 반응하는 것으로 나타났다(Webb & Cheng, 2010).

의사결정 자극은 비용 면에서 매우 효율적이다. 영국의 어느 연구 집단(Olander & Eves, 2011)은 대학 교정에서 계단 이용을 장려하는 두 가지 개입을 비교하는 연구를 진행했다. 첫 번째 개입은 '직장 웰빙의 날'이라는 것을 제정하여, 낮 시간 캠퍼스 중앙에 안내 부스를 설치하고 계단 사용을 권고하는 책자를 1,000개가량 배포했다. 또 다른 개입은 의사결정 자극 방법으로 몇몇 건물들의 승강기와 계단 사이에 계단 사용을 권고하는 문구를 배치하는 것이었다. 이러한 개입은 각각 얼마의 비용이 들었을까? 책자를 배포한 개입은 거의 800달러가 소모되었으며 효과도 없었다. 반면에, 의사결정 자극 방법을 이용했을 때는 단 30달러만 소모되었고, 효과 또한 확실했다. 따라서 정보 개입은 효과가 있으며, 특히 어떠한 결정을 내리기 직전의 사람에게 매우 효과적이다(Wakefield, Loken, & Hornik, 2010). 그러나 정보 개입은 경각심을 불러일으키거나 신체활동에 대한 긍정적 인식을 심어줄 뿐이다. 이러한 개입은 장기적인 생활양식을 바꿔주지는 못하며, 아주 기초적인 단계에 불과하다.

행동 개입과 사회 개입 행동 개입은 신체활동의 시작과 유지에 필요한 기술을 가르치려는 시도이다. 사회 개입은 신체활동의 시작과 유지가 더 쉬운 사회적 환경을 조성하려는 시도이다. 이러한 종류의 개입은 공교육에 의한 신체활동 교육부터 사회적 지원을 늘리려는 개입, 개인을 위한 건강 증진 프로그램까지 다양하다.

'친구 체계'는 신체활동을 더 즐겁고 쉽게 만들어준다.

공교육에 의한 신체활동 교육은 체계화된 신체활동 교육과 주기적 운동의 이점을 가르치는 교육으로 나뉜다. 학교에서 배우는 신체활동의 중요성으로 인해 아이들이 활발한 운동을 더 하게 되고 유산소 건강을 증진한다는 증거는 아주 확실하다(Kahn et al., 2002). 그러나 이러한 이점은 교육적인 측면보다는 프로그램 자체에 존재하는 신체활동에서 생긴다. 예를 들어, 교실에서 진행되는 신체활동 권고 교육은 딱히 신체활동의 증가에 영향을 주지 않는다(Kahn et al., 2002). 또한 학교에서 진행되는 신체활동 권고 교육은 방과 후의 신체활동보다 학교에 있는 시간에 하는 신체활동 증진에 영향력이 있다(Cale & Harris, 2006). 따라서 학교 교육에 의한 신체활동의 장려는 학생들이 본인 스스로 신체활동을 증진하는 것을 가르쳐주기보다는 학교 내에서의 신체활동 증진에만 영향을 주는 것으로 보인다.

사회적 지원 개입은 개인의 행동에 변화를 줄 수 있는 사회적 관계의 형성과 유지에 중점을 둔다. '친구 체계(buddy system)'는 이러한 개입의 예로, 운동을 같이 할 수 있는 사람을 만들거나 운동 그룹에 참여하는 것이다. 사회적 지원 개입에 관한 체계적인 연구(Kahn et al., 2002)는 이러한 개입이 효과적이라고 결론을 내렸다. 사회적 지원 개입은 신체활동의 시간을 증가시키고, 빈도를 증가시키며, 유산소 건강의 증진과 체지방 감량에 영향을 주었다. 따라서 신체활동의 증진에 주는 사회적 지원의 효과는 명백하다. 친구, 가족, 직장 동료의 도움을 얻으면 신체활동을 유지할 확률이 높아진다.

개인을 위한 건강 관리 프로그램은 신체활동을 위한 행동 개입의 세 번째 형태이다. 이 개입은 목표 설정, 자기 모니터링, 강화, 자기효능감의 발달, 문제 해결, 이탈 방지에 대한 정보와 활동으로 이루어진다. 성공적인 행동 변화법은 4장에 많이 소개되어 있다. 개인 건강 관리 프로그램은 보통 성공적이며, 신체활동의 시간과 유산소 건강이 증대된다(Kahn et al., 2002).

그러나 이러한 프로그램은 전문가에 의해 진행되기 때문에 비용이 많이 든다. 따라서 이러한 개인 지도 프로그램은 대부분 전화나 인터넷상으로 이루어진다. 이러한 매체를 이용한 개입은 개입기간 동안 신체활동량의 증가를 야기한다(Goode, Reeves, & Eakin, 2012; Hamel, Robbins, & Wilbur, 2011; Neville, O'Hara, & Milat, 2009). 물론, 면대면을 통한 프로그램도 효과적이다(Mehta & Sharma, 2012).

많은 사람이 웨어러블 디바이스와 같은 첨단기기를 이용하여 신체활동을 기록하고 장려하기 시작했다. 최근에는 몇몇 연구에서 첨단기기를 이용하는 사람들의 신체활동이 장기적으로 증가하는지를 엄밀히 평가했다. 이 중 일부의 연구에서는 첨단기기가 신체활동의 증진에 최소한 단기적으로 효과를 보인다고 발표했다(Bort-Roig, Gilson, Puig-Ribera, Contreras, & Trost, 2014; Fanning, Mullen, & McAuley, 2012; Stephens & Allen, 2013). 이러한 기술들의 대부분은 효과적인 행동 변화법을 제공하는 기능을 가지고 있다(4장 참조). 예를 들어 행동의 자기 모니터링, 목표 설정, 그리고 피드백이 있다(Direito et al., 2014). '포켓몬 고'와 같은 스마트폰 애플리케이션은 다른 방법으로 신체활동을 장려한다. 신체활동이 게임에서 필요 요건이 되고 발로 직접 걸어야 가상의 재화를 획득할 수 있는 시스템을 통해 신체활동을 장려한다. 물론, 이러한 첨단 기술의 기회가 모든 이에게 제공되진 않는다.

불행히도, 개인 프로그램 역시 다른 개입들과 같은 문제를 겪는다. 개입이 끝난 후에는 신체활동을 성공적으로 지속하기가 힘들다(Goode et al., 2012; Hamel et al., 2011; Neville et al., 2009). 주기적인 신체활동에서의 이탈은 **절제파기 효과**(abstinence violation effect) 현상이 원인 중 하나이다(Marlatt & Gordon, 1980). 운동을 하던 사람이 5~6일 정도 운동을 쉬면 이런 생각을 하게 된다. '난 이제 엉망인 몸을 갖게 됐어, 다시 시작하기엔 너무 먼 길을 와버린 거야'라고 말이다. 흡연자나 알코올 중독자들이 금연과 금주를 하면서 한 번의 이탈로 완전한 금연, 금주의 이탈을 경험하게 되는 이유도 절제파기 효과 때문이다. 운동 프로그램에서의 이탈에 대한 연구(Sears & Stanton, 2001)에서는 짧은 기간의 휴식으로 인해 영구적으로 운동을 중단하고 싶어질 수 있다고 경고하고, 이러한 욕구가 발생하더라도 운동을 다시 시작하는 것이 좋은 선택이라고 말한다. 절제파기 효과는 신체활동의 지속에 영향을 주는 많은 정신적인 요소 중 하나이다. 그러나 심리적인 요인만이 작용한다고 생각하면 오산이다. 물리적인 환경도 신체활동의 지속에 필요하다.

환경 개입 신체활동은 기분 좋은 환경에서 진행된다면 더욱 즐겁고 쉬울 것이다. 예를 들어, 오솔길을 걷거나 동네의 인도를 걷고 공원을 돌아다니는 것은 기분 좋은 환경에 해당한다. 따라서 개인의 주거지 환경은 개인의 신체활동 특성을 변화시킬 수 있다.

11개국에 거주 중인 11,000명이 넘는 성인들을 대상으로 한 큰 연구는 주거환경과 신체활동이 밀접한 관계를 갖는다는 사실을 보여준다(Sallis et al., 2009). 동네의 대부분에 인도가 있거나, 상점이 많거나, 자전거 시설이 있거나, 무료 혹은 저가의 여가활동 시설이 있는 경우에는 신체활동을 할 가능성이 높은 것으로 나타났다. 어린이들에게도 주거환경의 영향은 매우 크다. 놀이터나 공원 또는 레크리에이션 시설이 있는 동네에 거주하는 어린이들은 비만일 가능성이 적다(Veugelers, Sithole, Zhang, & Muhajarine, 2008). 이러한 결과는 두 가지 이유에서 발생한다. 첫째, 레크리에이션 시설에 쉽게 접근할 수 있다면 운동하기가 더욱 수월할 것이다. 둘째, 사람들은 다른 사람들이 신체적으로 활발하게 움직일 때 그것을 따라 신체적으로 활발해질 가능성이 크다. 예를 들어, 다른 사람이 신체활동을 하는 모습을 보는 것만으로도 신체활동에 대한 욕구는 높아진다(Kowal & Fortier, 2007).

따라서 신체활동이 가능한 환경을 조성하는 것이 신체활동을 장려하기 위한 한 방법이다. 이러한 개입에는 직장이나 주민센터에 운동 기구를 마련하거나, 산책로를 조성하고 공원 시설을 개발하는 것이 있다. 환경 개입은 해당 환경 근처에 거주하는 사람들로 하여금 신체활동을 더 많이 하고 신체건강을 유지할 수 있도록 돕는다(Kahn et al., 2002). 그러나 이러한 개입은 비용이 많이 들 수 있고, 가성비에 대한 의문점이 남는다. 그래도 물리적인 환경이 신체활동에 큰 영향을 줄 수 있다는 사실은 알아두어야 한다.

요약

미국을 비롯한 산업화된 국가에서는 동적인 생활 패턴보다 정적인 생활 패턴이 보편적이다. 대략 67%의 성인들이 정기적이고 활발한 운동을 하라는 제안에 부응하지 못한다. 신체활동을 장려하기 위한 개입에는 정보를 통한 개입, 행동적, 사회적 개입, 환경적 개입이 있다. 대중매체 캠페인과 같은 정보를 통한 개입은 행동의 변화에 작은 영향을 미치지만 '의사결정 자극' 방법을 사용하면 그 효과가 크다. 행동 개입과 사회 개입은 신체활동의 증진에 대체로 더 좋은 영향을 보여주지만 그 효과의 지속성은 보장되지 않는다. 환경적 개입은 장기적으로 행동의 변화를 이끌어내기에 적합하나 가격 대 효율의 비율이 낮다.

해답   이 장에서는 다음의 여섯 가지 문제를 다루었다.

1. 신체활동의 종류에는 어떤 것들이 있는가?

모든 신체활동은 등장, 등척, 등력, 무산소, 유산소 운동이라는 다섯 가지 종류로 구분이 가능하다. 다섯 종류의 운동은 각기 장단점이 있으며, 대부분의 사람들은 이 운동 중 한 가지 또는 그 이상을 통해 건강을 모색한다. 하지만 그 어떠한 한 가지 종류의 운동도 완전한 형태의 신체건강을 보장하진 않는다.

2. 운동은 심혈관계에 좋은 영향을 미치는가?

운동이 건강에 미치는 영향에 대한 대부분의 연구에서는 운동과 심혈관계 기능의 증진이 관련이 있다고 한다. 이는 체중의 조절과 좋은 콜레스테롤 수치의 형성을 통해 발생한다. 이러한 연구들은 적당한 양의 신체활동이 심장 건강을 위한 프로그램의 한 요소로 필요하다는 것을 말해준다.

3. 신체활동의 또 다른 건강상의 이점은 무엇인가?

주기적인 운동은 심혈관계 건강의 증진뿐만 아니라 일부 암, 특히 유방암이나 대장암으로부터의 저항력을 향상시킨다. 또한 골밀도 저하를 예방하여 골다공증의 위험을 줄여주고 제2형 당뇨의 예방과 조절, 제1형 당뇨의 조절에 도움을 준다. 물론 수명 연장에도 도움을 준다.

신체건강의 증진도 운동의 좋은 효과 중 하나이지만, 운동은 정신건강에도 좋은 영향을 미친다. 특히 운동은 우울감을 낮춰주고, 불안을 줄여주며, 스트레스의 완충 역할을 하고, 인지 기능을 향상시킨다.

4. 신체활동이 해로울 수도 있는가?

주기적인 운동과 간헐적인 운동 모두 몇 가지 위험을 수반한다. 달리기를 하는 일부 사람들은 운동에 중독되는 경향을 보이며, 몸의 상태에 집착하고 운동을 할 수 없게 되는 것을 두려워하게 될 수 있다. 부상은 주기적으로 운동하는 사람에게 자주 찾아올 수 있으며, 특히 운동의 강도가 높을 경우 부상의 확률이 높다. 하지만 가장 위험한 것은 바로 운동 중에 찾아올 수 있는 갑작스런 사망 사고이다. 이러한 사고는 대부분 심혈관계 질환을 앓고 있던 환자가 운동을 하는 경우에 발생한다. 주기적으로 운동하는 사람들은 간헐적으로 운동을 하는 사람에 비해 운동 중 사망률이 낮다.

5. 어느 정도의 운동이 적당한가?

미국 스포츠의학회에서는 최근 건강한 신체를 위한 두 가지 방법을 발표했다. 하나는 적당히 활발한 강도의 운동을 매주 5회, 30분씩 실시하는 것이고, 다른 하나는 매우 활동적인 운동을 일주일에 3회, 각 20분씩 실시하는 것이다. 추가적으로 근력 운동도 병행해야 한다. 비록 낮은 강도의 운동은 높은 강도의 운동보다 건강 증진의 수준이 낮을 수 있지만, 저강도의 운동만으로도 충분히 건강 측면의 이득을 얻을 수 있다. 특히, 심혈관계 건강을 위해서는 운동을 아주 조금이라도 하는 편이 좋다.

6. 신체활동을 장려하기 위한 효과적인 개입 방법은 무엇인가?

미국 성인들의 50% 이상이 건강에 좋지 않을 정도로 비활동적인 생활을 고수한다. 신체활동을 장려하기 위한 간단한 방법으로 '의사결정 자극'이 있다. 이 방법은 승강기 대신 계단을 이용하게 하는 등의 방식에 적절하며 그 효과가 좋다. 사회적, 행동적 개입 또한 효과적이며, 이 개입들은 사람이나 컴퓨터, 전화기, 인터넷과 같은 매체를 통해 이루어진다. 그러나 이 두 가지 개입은 개입이 종료된 시점으로부터 그 효과가 오래 지속되지 못한다. 신체활동을 오래 지속하는 데 가장 큰 걸림돌은 바로 절제파기 효과이다. 절제파기는 작은 절제나 실천의 실패를 통해 운동이나 금연, 금주와 같은 계획 전체를 포기하게 되는 현상이다.

👆 더 읽을거리

Burfoot, A. (2005, August). Does running lower your risk of cancer? *Runner's World, 40*, 60-61. 이 논문에서 저자는 켄 쿠퍼(Ken Cooper)의 "매주 15마일 이상 뛰는 사람들은 건강, 그 이상의 것을 원한다."라는 주장을 토대로 암과 운동의 관계에 대해 살펴본다. 저자는 운동이 암의 예방뿐만 아니라 회복에도 영향을 준다는 증거에 대해 논한다.

Powell, K, E., Paluch, A. E., & Blair, S, N.(2011). Physical activity for health: What kind? How much? How intense? On top of what? *Annual Review of Public Health, 32*, 349-365. 이 훌륭한 최신 연구는 신체활동과 건강의 관계에 대한 중요한 개념들을 다룬다. 예를 들면 활동의 강도, 용량-반응 관계, 그리고 낮은 강도 운동의 시작이 건강에 미치는 중요한 영향에 대해 다룬다.

Silver, J, K., & Morin, C. (Eds.). (2008). *Understanding fitness: How exercise fuels health and fights disease*. Westport, CT: Praeger Publishers/Greenwood Publishing Group. 이 책은 인간이 운동을 할 때 발생하는 생물학적 현상과 과정, 운동이 예방해줄 수 있는 질병들에 대한 고찰을 다룬다.

PART

5

건강심리학의 미래

CHAPTER 16 건강심리학의 장래 도전과제

건강심리학의
장래 도전과제

문제
제기

이 장에서는 다음의 세 가지 기본적인 문제를 주로 다룬다.

1. 건강심리학은 미국에서 공공보건정책 '건강한 국민 2020'의 목표를 달성하는 데 어떤 역할을
   수행하는가?
2. 건강심리학의 장래 전망은 어떠한가?
3. 당신이 더욱 건강한 생활양식을 지니는 사람으로 교양을 갖추려면 건강심리학을 어떻게 활용
   할 수 있는가?

 **실제 사례**　**드웨인과 로빈**

드웨인 브라운(Dwayne Brown)*은 현재나 장래 자신의 건강에 관해서는 거의 생각하지 않는 21세의 대학 2학년생이다. 드웨인은 자신이 잘 지낸다고 느끼고, 현재 앓고 있는 질병이 없다는 사실이 자기 건강이 좋다는 하나의 신호라고 믿고 있으며, 자신이 앞으로도 언제까지나 질병과 장해를 겪지 않으리라고 가정한다.

드웨인은 자기 건강에 영향을 미치는 몇 가지 습관을 지니고 있다. 이 가운데 하나가 그의 섭식 행동인데, 간편식으로 햄버거를 먹는 경우가 많으며, 여기에 가끔 변화를 주려고 튀긴 생선 샌드위치를 곁들이기도 한다. 그러나 드웨인에게는 음식을 골고루 먹는 게 우선순위가 높은 중요한 일이 아니어서 간편식을 파는 같은 식당에서 하루에 세 차례, 일주일에 6일 동안 식사한다. 아침식사로는 대개 비스킷, 휘저어서 볶은 달걀, 소시지, 그리고 커피는 좋아하지 않아서 청량음료를 마신다. 점심으로는 햄버거, 감자튀김을 먹고, 또 다른 청량음료를 마신다. 저녁식사로는 점심식사와 동일한 음식을 반복해서 먹는다. 간식도 먹는데, 아이스크림과 막대사탕과자를 고르는 경우가 많다. 그가 이와 같이 '쓰레기 같은 음식'을 섭취함에도 불구하고 과체중은 아니다.

드웨인은 건강에 위험요인이 되는 여러 태도, 신념 및 행동도 지니고 있다. 운동을 하거나 자동차의 안전띠를 매는 경우도 드물고, 가까운 친구들도 몇 명 안 된다. 그는 자신의 장래 건강이 자기 통제 밖의 일이어서, 심장병, 암, 사고가 유전과 운명에 따라 결정된다고 믿고 있다. 그러므로 자기 건강을 유지하거나 혹은 만성 질환으로 일찍 죽을 확률을 낮추는 여러 방법에 관해서는 거의 생각해보지 않았다. 의사를 규칙적으로 만나지도 않고 있다. 자신이 아프다고 느끼면 낫기를 바라면서 대형 판매점에서 파는 약품을 사서 먹는다.

그러나 드웨인은 건강에 좋은 몇 가지 행동을 하고 있다. 담배를 피우거나 술을 마시지 않으며, 생활에서 스트레스를 많이 받지 않으려고 노력한다. 그가 술을 멀리하는 이유는 건강에 관한 신념 때문이기보다 종교적 신념에 뿌리를 두고 있으며, 흡연의 회피는 그가 청소년 시절에 흡연으로 질병을 앓았기 때문이다. 그가 사회 재적응 평가 척도(Holmes & Rahe, 1967; 5장 참조)에서 얻은 점수는 가장 낮은 득점을 받는 사람의 수준이었는데, 예를 들어 그는 스트레스를 경험했던 유

일한 사건으로 대다수 사람들이 가족들과 함께 즐겁게 지내는 크리스마스를 들었다. 이 모든 사실에도 불구하고 드웨인은 자신이 건강한 사람이라고 생각한다.

로빈 그린(Robyn Green)*도 21세인 대학 2학년 학생이지만 그녀가 건강에 대해 지닌 태도와 행동은 드웨인과 매우 다르다. 드러나는 차이점으로는 자신이 자기 건강에 우선 책임을 져야 한다는 기본 태도를 들 수 있다. 이 태도와 일치되게 로빈은 자기 건강을 유지해 준다고 믿는 생활양식을 채택하고 있다. 드웨인처럼 그녀도 담배를 피우지 않는다. 그녀가 초등학교 4학년이었을 때 담배 연기를 심하게 맡고 오랜 기간 감기에 걸린 적이 있었는데, 이로 인해 흡연할 생각을 버리게 되었다. 로빈의 아버지는 그녀가 아동기와 청소년기일 때는 흡연자였는데, 그녀와 어머니가 아버지에게 집에서는 금연하도록 만들었다. 로빈은 다른 사람들의 흡연으로 생기는 간접흡연도 피하려고 다른 사람이 흡연하는 밀폐된 공간에는 가지 않는다. 드웨인과는 달리 로빈은 술을 마신다. 그녀의 음주는 보통 수준으로 폭음은 하지 않는다. 그녀의 부모 역시 보통 수준의 음주자로서 로빈의 가족이 술을 마시기는 하지만 오남용은 하지 않는 가정이다.

로빈의 섭식 조절은 드웨인의 섭식과 비교해서 극적으로 차이를 보인다. 그녀는 달걀, 유제품, 소고기, 돼지고기를 먹는 경우가 거의 없다. 아직 채식주의자는 아니지만 과일과 채소를 많이 먹으려고 집중적으로 노력하고 있다. 가끔 후식을 먹기는 한다. 로빈은 자신의 콜레스테롤 수준에 관심이 있기 때문에 저지방 식단을 선택하는 데 주의를 쏟는다. 그녀의 할아버지는 심장질환으로 63세에 작고했는데, 그녀는 할아버지가 흡연과 고지방 고콜레스테롤의 식사로 죽음을 앞당겼다고 믿고 있다. 로빈은 운동 프로그램도 지키고 있는데, 이로 인해 학교의 일정을 유지하는 데 다소 어려움을 겪기도 한다. 그녀는 유산소 댄스반에 일주일에 3일씩 참가하고, 이 댄스반이 열리지 않는 날에는 하루 30분씩 걷기 운동을 한다. 이제까지 그녀는 자신의 운동 일정을 충실하게 지켜왔다. 로빈은 자신이 건강한 사람이라고 믿고 있다.

* 여기에 나오는 이름은 개인의 사생활을 보호하기 위해 가명을 사용했다.

드웨인과 로빈의 건강습관과 태도는 당신의 습관이나 태도와 비교하여 어떻게 다른가? 드웨인은 대다수의 미국 대학생들보다 건강심리에 관한 지식과 관심이 낮으나, 로빈은 이 지식과 관심이 드웨인보다 높다. 드웨인과 로빈은 둘 다 자신이 건강하다고 본다. 그러나 이제 당신은 로빈이 자기 건강을 유지할 개연성은 높지만, 이와 달리 드웨인이 자신의 습관을 계속해서 지속한다면 건강이 나빠질 수 있음을 알았을 것이다. 이 장에서는 대학생들에게 특히 중요한 몇 가지 건강 문제를 검토함으로써 건강심리학이 당신의 생활과 긴밀하게 연결되어 있다고 확신하게 되기를 희망한다. 그러나 우선, 건강심리학자들뿐만 아니라 미국과 전 세계에서 건강관리를 담당하는 사람들이 모두 함께 당면하고 있는 건강관리의 실태와 도전과제를 살펴보기로 한다.

 ## 더욱 건강한 국민을 지향하는 도전과제

미국, 캐나다 그리고 국민소득이 높은 여러 국가들에 사는 국민들에게는 흡연, 술의 오남용, 부적절한 식사, 그리고 운동을 규칙적으로 하지 않아서 초래되는 위험을 알려주는 정보가 넘쳐난다. 3장과 4장에서 살펴본 바와 같이, 지식이 있더라도 항상 행동으로 실천하지 못하고, 사람들이 건강에 좋은 습관을 채택하는 데 어려움을 겪기도 한다. 미국에 사는 사람들은 지난 35년 이상의 기간을 거치면서 각자의 생활양식을 건강한 방향으로 변화시키도록 관리를 받아왔는데, 이 변화들은 심장병, 뇌출혈, 암, 살인 및 뜻밖의 상해들 때문에 발생하는 사망률을 낮추는 데 기여하고 있다(USCB, 2011). 그러나 건강하지 못하거나 위험부담이 큰 행동들이 여전히 비만, 당뇨병, 저호흡증 같은 질병의 발생률을 높이는 데 기여하고 있다.

미국에서 가장 최신의 공공건강 목표는 무엇인가? '건강한 국민 2020'(USDHHS, 2010a)은 2010년부터 2020년에 이르는 기간에 미국 국민의 건강목표를 수립한 보고서이다. 이 목표들을 보면 핵심이 되는 40개 영역과 12개의 우선 상위 목표에 따라서 분류하여 600여 개로 정리한 구체적 목표를 담고 있다. 이 목표는 표 16.1에서 볼 수 있다. 이 지표들은 대부분 건강심리학자들이 관심을 갖고 연구하는 중요한 영역임을 주목하기 바란다. 더구나 '건강한 국민 2020' 보고서의 핵심을 요약하여 관통하고 있는 두 가지 목표는 다음과 같이 정리할 수 있다. (1) 건강한 생활의 질과 아울러 건강수명을 증가시키기, (2) 건강과 조화되지 못하는 요소들 제거하기. 비록 이 목표들이 모호하고 과거에도 제안되었던 도전과제이기는 하지만(USDHHS, 2007), 미국에서 '건강한 국민 2020'에 제시한 목표들 가운데 우선순위가 높은 여러 목표를 지향하면서 진전을 보이거나 혹은 이미 달성한 목표도 있다(USDHHS, 2010a).

표 16.1 '건강한 국민 2020'에서 중요한 건강지표

영양섭취, 신체활동 및 비만

- 신체활동 지침을 지키는 성인의 수 늘리기
- 비만 아동, 청소년, 성인의 수 줄이기
- 아동, 청소년, 성인의 전체 채소 섭취량 늘리기

구강건강

- 치과 건강 진료를 정기적으로 받는 아동과 성인의 수 늘리기

담배 피우기

- 현재 담배를 피우는 성인의 수 줄이기
- 지난 30일 내에 담배를 피운 청소년의 수 줄이기

약물 오남용

- 술이나 불법 약물을 사용하는 청소년의 수 줄이기
- 폭음하는 성인의 수 줄이기

자녀 출산과 성생활의 건강

- 자녀 출산을 위한 건강 지원을 받으면서 활발하게 성생활을 하는 여성의 수 늘리기
- 자신이 선천성 면역결핍증 바이러스(HIV)에 감염되었음을 알면서 HIV와 더불어 잘 살아가는 사람의 수 늘리기

정신건강

- 자살하는 사람의 수 줄이기
- 우울증의 중요한 증상들을 경험하고 있는 청소년의 수 줄이기

상해와 폭력

- 상해로 사망하는 사례 줄이기
- 살인사건 줄이기

환경의 질

- 공기의 질 개선하기
- 간접흡연을 겪는 아동의 수 줄이기

건강보호기관 이용의 편리성

- 건강보험의 혜택을 받는 사람의 수 늘리기
- 1차 치료기관에서 통상적으로 치료받는 사람의 수 늘리기

예방을 위한 임상기관의 지원

- 대장암 검진을 받는 성인의 수 늘리기
- 혈압을 잘 관리하는 고혈압 성인의 수 늘리기
- 혈당을 잘 조절하는 성인 당뇨병 환자의 수 늘이기
- 정부가 권장하는 예방주사를 맞은 어린이의 수 늘리기

어머니, 유아, 아동의 건강

- 유아 사망률 낮추기
- 출산 예정일 이전 출생자의 수 줄이기

건강에 영향을 미치는 사회요인

- 고등학교 졸업자격 검정시험을 거쳐서 고등학교 과정을 마치는 학생의 수 늘리기

건강하게 생활하는 기간을 연장하는 일이 건강심리학자들이 추구하는 하나의 목표이다.

건강하게 생활하는 기간을 늘리기

건강하게 생활하는 기간을 늘리려는 최우선의 목표는 **기대수명**(life expectancy)을 늘리는 일과는 다소 다르다. 최근에는 사람들이 대부분 장수를 추구하기보다 건강하게 사는 햇수를 늘리려고 노력한다. **건강하게 사는 햇수**(well-year)란 "완전히 건강하게 생활하는 햇수와 동일한 의미인데, 기능의 장애, 증상 및 건강과 관련 있는 문제를 겪지 않으면서 생활하는 햇수를 말한다"(Kaplan & Bush, 1982, p. 64). 건강하게 사는 햇수라는 용어와 밀접하게 관련 있는 개념이 **건강수명**(health expectancy)인데, 이 개념은 어떤 사람이 신체장애를 겪지 않고 지낼 수 있다고 예상하는 햇수로 정의한다(Robine & Ritchie, 1991). 예를 들면 미국에서는 기대수명이 남성은 76세이고 여성은 81세지만, 건강수명은 남성이 68세며 여성은 70세로서, 남성과 여성이 각각 장애를 지니고 사는 기간이 8년과 11년으로 남녀 모두 기대수명과 큰 격차를 보인다(WHO, 2016c). 일본은 세계 어떤 국가보다 가장 높은 기대수명(84)과 건강수명(75)을 자랑하는데, 심지어 일본에서도 평균적으로 약 9년 동안 장애를 겪는다고 볼 수 있다.[1]

미국에서는 생존하는 햇수가 증가하고 있으나 만성질환 없이 생활하는 기간은 줄어들고 있다(USDHHS, 2007). 미국에 거주하는 사람들은 여러 다른 나라들에 거주하는 사람들만큼 건강기대가 증가하는 데 따르는 이득을 얻지 못하고 있다(Mathers et al., 2004). 미국에서 사는 사람들은 70년 동안 건강하게 산다고 기대할 수 있지만, 이 수

---

[1] 한국에서는 2015년 기대수명이 82세이고, 건강수명은 73세로, 노후에 사망하기 이전 장애로 고생하는 기간이 평균 9년이다. - 옮긴이

표 16.2 일부 국가들의 건강수명과 기대수명(2015년)*

나라	건강수명	기대수명
일본	75	84
싱가포르	74	83
이탈리아	73	83
한국*	73	82
아이슬란드	73	82
스위스	72	83
호주	72	83
스웨덴	72	82
캐나다	71	82
독일	71	81
영국	71	81
코스타리카	70	79
미국	69	79
쿠바	69	79
중국	69	76
멕시코	67	77
베트남	67	76
브라질	66	75
콜롬비아	65	75
북한*	64	74
러시아	63	71
이라크	60	69
인도	60	68
르완다	57	65
아이티	55	64
아프가니스탄	52	61
시에라 리온	44	50

출처: *World Health Statistics 2015*, by World Health Organization. Retrieved August 22, 2016, from www.who.int/gho.

* 원저에는 건강수명 자료만 실려 있으나, 역자가 WHO 자료에서 한국과 북한을 포함시키고, 기대수명 자료들도 추가함

치는 신체에 장애가 없이 사는 건강수명으로 보면 세계에서 36위에 해당한다. 미국은 흡연과 관련된 질병, 폭력 및 AIDS와 관련된 건강 문제가 높은 비율을 차지하기 때문에 세계에서 산업화된 대다수의 다른 나라들을 뒤쫓고 있다. 비록 최근 수십 년간 흡연이 격감되면서 미국인의 건강기대수명이 개선되고는 있으나 미국에서 비만인 비율이 증가함으로써 이 개선 효과가 상쇄될 수 있다(Stewart, Cutler, & Rosen, 2009). 표 16.2에는 건강기대수명이 높거나 낮은 나라들을 선별해서 제시했다. 다른 산업화된 여러 국가들에서 건강기대수명이 미국보다 긴데, 장차 미국에서도 개선이 이루어져야 한다.

기대수명과 건강수명의 차이를 무엇으로 설명할 수 있는가? 경제요인들이 중요한 역할을 한다. 기대수명과 건강수명의 차이들은 가장 부유한 나라와 가난한 나라들을 비교하면 더욱 커지는데, 한 나라의 인구 가운데 가장 부자인 사람들과 가장 가난한 계층의 사람들을 비교하더라도 이 현상이 나타난다(Jagger et al., 2009; Mathers et al., 2004: McIntosh, Fines, Wilkins, & Wolfson, 2009). 부유한 사람들은 오래 살 뿐만 아니라 더욱 건강하게 여러 해 동안 생활하기도 한다.

자주 발생하는 질병의 성질이 시대에 따라서 변화하고 있는 현상으로 기대수명과 건강수명의 차이를 설명하기도 한다. 사망의 원인이 되는 질병들이 기대수명에 영향을 미친다. 건강을 손상시키는 질병들이 건강수명에 영향을 주기도 한다. 사망과 건강에 영향을 미치는 요인들을 알아본 목록

에서 혈액순환 장애들이 모두 최상위를 차지하고, 신체활동에 제약을 초래하는 질병과 호흡기 장애도 건강기대를 낮추는 데 기여하지만, 암과 사고가 기대수명을 낮추는 주된 출처이다. 우울증 역시 기대수명보다 건강수명에 나쁜 영향을 미친다(Reynolds, Haley, & Kozlenko, 2008). 그러므로 기대수명을 증진하기 위한 변화계획을 도입하더라도 건강기대와 삶의 질이 필연적으로 개선되지는 않을 수도 있다. 이와 같은 이유로 건강 전문가들은 국가나 집단을 조사하여 얻은 전집의 건강기대치를 그 전집의 전반적인 건강지표로 사용하도록 권장한다(Steifel, Perla, & Zell, 2010).

집단에 따른 건강 격차 줄이기

'건강한 국민 2020'에서는 **건강 격차**(health disparity)를 정의하면서 어떤 집단의 사람들이 "사회, 경제 및/혹은 환경의 불이익과 밀접하게 연결되어서 받고 있는 특수한 유형의 건강 차이"라고 했다(USDHHS, 2008b). 이러한 건강 격차들로는 종족과 인종, 교육, 수입, 성별, 성적 지향성, 장해 상태, 특수한 건강보호의 필요성, 지리적 위치를 기반으로 형성된 격차도 있다. 이 모든 격차는 발생의 원인을 이해하고 차이를 줄여야 하는 중요한 과제들이다. 그러나 미국에서는 이 가운데 종족과 인종에 따른 격차에 관한 연구 자료가 가장 많이 축적되었다. 미국에서는 인종을 질병에도 기여하면서 의학 치료를 요구하고 실제로 받는 데 영향을 미치는 사회, 경제, 교육 요인들로부터 분리해서 생각할 수 없다(Kawachi, Daniels, & Robinson, 2005). 교육 수준이 낮으면서 가난하면 여러 질병에 걸릴 위험이 높아지고, 질병에 걸린 환자라면 장래 예후도 더 나쁘다. 이와 같은 불이익은 사회경제적 계층이 낮은 집단에 속한 어린이들에게도 해당된다(Wen, 2007). 아프리카계 미국인, 라틴계 미국인, 토종 미국인은 평균 교육 수준과 수입이 유럽계 미국인이나 아시아계 미국인보다 낮은데(USCB, 2011), 교육 수준은 수입과 상관이 있다. 그러므로 종족과 인종에 따르는 건강 격차가 수입과 교육의 격차와 맞물려 있어서 인종 배경이 서로 다른 사람들 사이에서 건강 격차가 발생하는 이유를 이해하기 어렵게 만들고 있다.

종족과 인종에 따른 건강 격차 유럽계 미국인과 비교해서 아프리카계 미국인은 유아 사망률이 높으면서 기대수명은 낮고, 살인에 의한 사망도 많고, 심혈관계 질병률도 높으며, 암으로 인한 사망도 높고, 결핵과 당뇨병 환자가 더 많다(USCB, 2011). 이들은 기대건강도 낮다(USDHHS, 2007). 이 현상은 부적절한 의학 치료가 하나의 요인으로 작용하여 나타났을 수 있다. 아프리카계 미국인은 유럽계 미국인에 비해 의학 치료의 질로 측정하면 절반에 불과한 빈약한 치료를 받고 있다(AHRQ, 2011). 그러나 아프리카계 미국인이 받고 있는 수입(De Lew & Weinick, 2000)과 의학 치료를 받을 수 있는 접

건강교양은 '틀에 박힌 생각을 벗어나면' 당신의 건강 증진에 도움을 줄 수 있다

가장 잘 준비된 건강 증진 계획을 도입하더라도 때로는 단순한 한 가지 이유 때문에 효과를 얻지 못할 수도 있는데, 바로 사람들이 전문가 제공한 정보를 이해하지 못하는 경우이다. 이는 건강에 관한 지식 수준이 낮은 사람들에게만 해당되는 문제가 아니다. 당신도 당면할 수 있는 문제이다.

1990년대에 미국, 캐나다, 멕시코, 영국을 비롯한 여러 나라에서는 식품을 만드는 회사들에게 '영양분석표'를 식품포장용 상자에 붙이도록 요구하는 법률을 제정했다. 이 법률을 입법화하려는 정부의 목표는 소비자가 더욱 건강해지고 식품을 잘 알고 선택하도록 도우려는 데 있었다. 미국에서 '영양분석표'는 보통 상품의 뒷면에서 볼 수 있는데, 1회 사용량, 열량, 지방, 콜레스테롤, 소금, 비타민, 미네랄 함량 등의 정보를 제공한다.

만약 당신이 대다수 사람들과 비슷하다면 아마도 이 상품 정보에 주의를 많이 기울이지도 않고, 심지어 이해하려고 노력하지도 않을 것이다. 사람들이 상품에 적힌 이 영양 정보를 사용하는 추세는 1996년에서 2006년에 이르는 사이에 급격하게 감소했다(Todd & Variyam, 2008). 어째서 이런 현상이 나타났을까? 정부에서는 소비자가 읽기 쉽도록 상품 설명서를 고안하기 위해 최선의 노력을 기울였음에도 불구하고 사람들은 대부분 숫자로 제공한 정보를 해석하는 데 어려움을 겪었다(IOM, 2012). 어느 정도의 지방량이면 지방이 지나치게 많은 양인가? 1회 섭취량으로 얼마면 많은가? 한 차례만 간식으로 먹으면 두 차례를 먹을 때보다 다소 건강에 도움이 되는가? 이 질문들에 관한 정보가 소비자가 원하는 대답인데, 최근 제공되는 영양 정보에서는 부가정보를 덧붙이고 거의 판독하기 어려운 숫자들로 제시하여 이 정보를 효과적으로 숨기고 있다.

전문가들은 대부분 이 문제가 발생한 원인으로

영국에서 시민들이 중요한 건강 정보를 쉽게 이해하도록 식품의 영양성분별로 함량을 표시한 판매용 형광표시판

사람들의 건강교양 부족 때문이 아니라 이 성분설명표의 표지를 고안하는 방법 때문에 생긴 문제라고 생각한다. 예를 들면, 건강교양 분야의 전문가들은 숫자들보다 의미를 전해주는 심상(image)이 정보를 더 잘 전달함을 알고 있다(Houts, Doak, Doak, & Loscalzo, 2006). 최근에 한 무리의 건강심리학자, 공중보건 전문가, 판매시장 전문가, 영양학자가 함께 식품의 영양성분표 표지를 크게 바꾸도록 권장하기 위해 만남을 갖기도 했다(IOM, 2012). 이 모임에서는 영양 정보를 상품포장 앞면에 제시하고 중요한 정보를 전달하기 위해 숫자보다 상징과 심상을 사용하면 소비자가 더 나은 식품을 선택할 수 있다고 결론지었다. 이뿐만 아니라 이 상징들로는 열량, 포화지방과 트랜스지방, 소금 및 첨가한 설탕량 같은 기본 영양 정보만을 표시해야 한다. 영국에서 상품의 포장지 앞면에서 영양성분을 알아보도록 고안한 상징체계를 아래에 제시한 그림에서 볼 수 있다. 이 그림에서는 상품이 각 성분 요소들을 많이, 중간으로, 혹은 적게 지니는지 소비자에게 알려주기 위해 표준이 되는 밝은 색채들을 사용하여 표시하고 있다. 당신은 현재 (한국이나) 미국에서 사용하는 성분표시표와 영국에서 상징을 사용한 성분표 가운데 어느 방법이 이해하기 쉽다고 생각하는가? 학자들은 실험실 실험을 거쳐서 비록 사람들이 건강에 나쁜 식품들을 회피하는 경향을 보이기는 하지만 영국에서 사용하는 표식과 상징을 쓰면 건강한 식품을 선택하는 데 효과가 좋음을 알아내었다(Scarborough et al., 2015).

앞에서 살펴본 사례는 시장 전문가들이 상품의 성분 정보를 제공하는 방식에 대해 건강심리학자이 또 다른 관점에서 생각함으로써 소비자의 건강교양 문제를 해결하는 데 기여할 수 있음을 보여준다. 건강교양 문제를 다루기 위해서 개발한 혁신적인 접근의 또 다른 실례로 라틴계 미국인에게 건강정보를 전달하려고 고안한 텔레비전 단막영상(telenovelas)의 활용을 들 수 있다. 이 영상은 짧고 극적인 내용을 담은 가벼운 연속방송('Soap Operas')인데 낭만적이면서도 중류계층의 문제들에 초점을 맞춤으로써 라틴계 문화에서 인기가 매우 좋다. 일부 건강심리학자들은 단막영상 형식을 활용하는 '연예오락중재 기법'을 고안해서 스페인어를 사용하는 시청자에게 유방암 검진(Wilkin et al., 2007)이나 선천성 면역결핍 바이러스 검사(Olshefsky, Zive, Scolari, & Zuniga,

2007)의 중요성을 홍보했다. 이 두 가지 연예오락 방식의 홍보는 대체로 시청자에게 친숙하면서도 쉽게 이해할 수 있는 형식으로 건강 정보를 제공했기 때문에 성공을 거두었다고 볼 수 있다.

앞에서 살펴본 바와 같이 건강교양에서 나타나는 격차들은 공공건강의 도전과제인데, 국민들이 건강에 중요한 정보를 확실하게 이해하도록 폭넓은 노력이 요청된다. 건강교양의 격차를 해결하려면 '틀에 박힌 사고를 벗어난' 생각이 더 많아져야 큰 성공을 거둘 수 있다.

근성(Schneider, Zaslavsky, & Epstein, 2002)이 유럽계 미국인과 동일하도록 통계 기법으로 조정하여 자료를 분석하더라도 아프리카계 미국인이 치료를 받은 효과가 유럽계 미국인보다 나빴다. 인종에 따른 이러한 격차는 **건강교양**(health literacy)의 차이 때문일 수도 있는데, 건강교양이란 건강에 관한 의사결정을 하기 위해서 건강 정보를 읽고 이해하는 능력을 의미한다(Paasche-Orlow, Parker, Gazmararian, Nielson-Bohlman, & Rudd, 2005; Rudd, 2007). 예를 들어 예방접종(Bennett, Chen, Soroui, & White, 2009), 선천성 면역결핍 바이러스(HIV) 감염과 당뇨 관리(Osborn, White, Cavanaugh, Rothman, Wallston, 2009; Waldrop-Velverde et al., 2010), 처방받은 약물의 복용(Bailey et al., 2009)에서 나타나는 인종 간 차이를 종족이나 인종에 따른 건강교양의 격차로 설명하기도 한다. '믿을 수 있을까요?' 글상자에서는 건강교양의 중요성과 아울러 건강 정보에 대한 사람들의 이해를 높이기 위해 건강심리학자들이 할 수 있는 몇 가지 방법을 검토한다.

인종차별 역시 아프리카계 미국인이 부적절한 의학 치료를 받도록 만드는 요인일 수 있다(Brown et al., 2008; Smiles, 2002). 예를 들어 아프리카계 미국인은 관상동맥 심장병의 증상을 치료하면서 유럽계 미국인보다 의사로부터 덜 적극적인 치료를 받고, 심장전문의에게 의뢰를 받는 경향도 낮으며, 신장투석도 덜 받고, 선천성 면역결핍 바이러스 감염에서도 가장 효과가 좋은 치료를 덜 받는 경향을 보인다(Institute of Medicine[IOM], 2002). 의사들은 대부분 자신의 치료에서 종족이나 인종은 아무 영향도 미치지 않는다고 믿고 있지만(Lillie-Blanton, Maddox, Rushing, & Mensah, 2004), 이 연구 결과와 아울러 아프리카계 미국인의 보고들(Brown et al, 2008)에서는 이 주장과 다른 결과를 보여준다.

토종 미국인의 낮은 경제 수준, 의학 치료의 낮은 접근성, 빈약한 건강교양은 적어도 아프리카계 미국인만큼 강하게 영향을 미친다(AHRQ, 2011; USDHHS; 2007). 토종 미국인은 유럽계 미국인보다 기대수명이 짧고, 사망률도 높고, 유아 사망률도 높으며, 감염성 질병이 차지하는 비율도 더 높다(Hayes-Bautista et al, 2002). 토종 미국인은 대부분 미국 인디언 건강 지원소(Indian Health Service)에서 의학 치료를 받는데, 이 기관은 재정지원이 빈약할 뿐만 아니라 토종 미국인 환자를 제대로 치료하지 못하여 불신을 받은 역사를 지니고 있다(Keltner, Kelley, & Smith, 2004). 더구나 토종 미국인은 대부분 의학 치료의 지원이 제한되는 시골지역에 살고 있다. 이 생활환경에서는 의학 치료를 제공하는 병원에 접근하기가 어려워서 건강이 나빠지는 데 영향을 미치며, 도시지역에서 생활하는 토종 미국인 역시 건강이 좋지 않으며 병원 치료를 받는데도 제약을 받고 있다(Castor et al., 2006). 토종 미국인은 또한 높은 흡연율과 술의 오남용, 빈약한 섭식, 그리고 상해와 사망을 증가시키는 폭력 행동을 비롯해서 건강에 나쁜 영향을 미치는 여러 위험 행동을 보이고 있다. 그래서 토종 미국인은 현재 의료보호와 건강교육을 제공하는 미국의 의료체계에서 빈약한 도움밖에 받지 못하는 집단에 속한다.

라틴계 미국인 역시 대부분 수입과 교육 수준이 낮다. 그러나 라틴계 미국인에는 미국에서 생활하는 다양한 집단이 포함되어 있어서 건강과 수명이 수입과 교육 수준에 따라서 다양하게 달라지는 추세를 보인다. 쿠바계 미국인은 대체로 멕시코계 미국인이나 푸에르토리코계 미국인보다는 교육과 경제의 수준이 높으며, 쿠바계 미국인은 정규의 의료보호와 의사의 치료를 받는 경향이 높다(LaVeist, Bowie, & Cooley-Quille, 2000). 미국에서 살고 있는 쿠바인은 다른 라틴계 국가 출신들보다 건강이 더 좋으며, 푸에르토리코계 미국인은 건강이 나쁘다(Borrell, 2005).

라틴계 미국인은 유럽계 미국인보다 당뇨병, 비만, 고혈압에 걸리는 경우가 훨씬 많다(USDHHS, 2000). 라틴계 미국인 가운데 젊은 성인 남자는 폭력으로 사망할 위험이 매우 높은데(Hayes-Bautista et al., 2002), 이 요인은 라틴계 미국인의 전반적인 기대수명이 낮은 이유일 수도 있다. 다른 연령 집단에서는 라틴계 미국인이 몇 가지 건강과 사망 지표들에서 유럽계 미국인과 유사하거나 혹은 더 좋기도 하다. 라틴계 미국인은 유럽계 미국인을 비롯하여 다른 많은 인종 집단보다 심장병, 뇌출혈 및 폐암으로 인한 사망률이 낮다(NCHS, 2011). 라틴계 미국인에서 흡연, 비만, 고혈압을 지닌 사람들의 비율이 높은 사실을 고려한다면 이들의 낮은 사망률이 이해되지 않을 수도 있다. 라틴계 미국인이 지니는 나쁜 건강습관과 질병률이 낮은 사실을 묶어서 함께 생각해보면 이들이 이민을 온 이후 미국의 생활양식을 습득하는 데 걸리는 전환기가 있어서 미국에서 전형이 되는 만성질환으로 발전하는 시간의 간격을 반영한다고 생각할 수 있다(Borrell, 2005).

미국에서는 많은 국민이 의료보호를 받는 데 어려움을 겪고 있다.

아시아계 미국인은 다른 인종 집단보다 유아 사망률이 낮으며, 기대수명은 높고, 폐암과 유방암으로 인한 사망이 적으며, 심혈관계 질병으로 인한 사망률도 낮다(NCHS, 2011). 라틴계 미국인과 유사하게 아시아계 미국인도 중국, 한국, 일본, 베트남, 캄보디아를 비롯해서 다양한 국가들에서 이민을 갔다. 아시아의 여러 문화들에서는 사회관계나 가족관계에서 강한 유대를 강조하는 등으로 건강을 증진하는 가치들을 공유하고 있지만 건강에 장애가 되는 요인들도 지니고 있다. 예를 들면, 베트남과 캄보디아 문화에서는 가정폭력에 대해 유럽계 미국 문화보다 높은 관용을 보인다(Weil & Lee, 2004). 전반적으로 아시아계 미국인이 미국에서 살고 있는 다른 어느 인종 집단보다 기대수명이 가장 길고, 건강도 가장 좋다.

교육과 사회경제 수준에 따른 건강 격차   낮은 수입은 의료보호의 수준이 낮은 현상과 분명히 상관이 있다. 빈곤을 극복하면 인종에 따른 건강의 불이익은 대부분 사라진다(Krieger, Chen, Waterman, Rehkopf, & Subramanian, 2005). 빈곤과 상관이 있는 의료보호의 한 가지 불이익이 건강보험이 없다는 점인데, 미국에서는 이 보험이 없으면 의료기관에서 치료를 받기가 어려워진다. 그러나 모든 국민이 의료보호를 받을 수 있다고 하더라도 사회경제적 수준에 따라 나타나는 건강 격차를 완전히 제거하지는 못한다(Lasser, Himmelstein, & Woolhandler, 2006; Martikainen, Valkonen, & Martelin, 2001). 심지어 모든 국민이 의료보호를 받을 수 있는 국가에서도 가난한 사람과 부유한 사람 사이에 건강 격차가 지속되고 있어서 건강의 유지에는 의료보호 이외의 요인들이 기여함을 시사한다.

교육과 사회경제 수준이라는 두 요인은 의료보호의 접근성과 별개로 각각 독자적으로 건강 상태에 영향을 미칠 수 있다. 인종 집단과 전 세계의 국가들을 통틀어 보더라도 교육과 수입이 높은 사람들이 낮은 사람들보다 역시 건강도 좋으며 장수한다(Crimmins & Saito, 2001; Mackenbach et al., 2008). 1장의 '믿을 수 있습니까?' 글상자에서 상세하게 살펴본 바와 같이, 대학에 다니는 사람들은 건강에 도움이 되는 여러 혜택을 받는다. 대학에 다니는 사람은 고등학교 교육을 받았거나 이보다 낮은 학력을 지닌 사람과 비교해서 감염에 의한 질병과 만성질환에 걸리는 비율이 낮으며, 의도하지 않은 상해를 입는 비율도 낮고, 더 오랫동안 건강하게 산다(NCHS, 2011). 대학에 다니고 있거나 졸업한 사람은 고등학교 졸업 이하의 교육 수준을 지닌 사람과 비교해서 흡연하는 사람의 비율이 낮은데, 흡연이 나쁜 건강과 사망에 기여하는 중요한 요인임을 고려한다면, 대학에 다님으로써 얻는 이득들은 놀랄 일이 아니다.

더구나 교육 수준이나 사회경제 상태가 낮은 사람들은, 예를 들어 고지방 음식을 먹고 종일 앉아서 일하는 생활에서 보듯이, 수입이 많고 교육 수준이 높은 사람들보다 건강에 위험을 초래하는 건강습관을 지닐 개연성이 높다. 의료보호를 받도록 개선하고 의료 전달체계에서 차별을 줄인다면 아마도 인종 집단에 따른 건강 격차를 어느 정도 제거할 수 있겠지만, 건강행동을 변화시키고, 건강행동의 증진 기회를 손쉽게 활용하도록 제공하며, 생활조건을 개선하는 일도 미국에서 건강 격차를 없애려는 목표를 달성하는 데 필요한 중요한 과제이다.

요약

미국과 산업화된 국가들에서 살고 있는 사람들은 점차 건강을 더욱 의식하게 되어서 정부의 정책과 개인행동에 모두 이 관심사가 반영되고 있다. '건강한 국민 2020'에서는 미국의 전체 국민을 대상으로 다음 두 가지 상위 목표를 제시하고 있다. (1) 건강하게 생활하는 삶의 질과 햇수를 늘리고, (2) 인종, 빈부 등 여러 요인들에 따라서 나타나고 있는 건강 격차를 제거한다. 이 가운데 첫 번째 목표에는 건강하게 사는 햇수, 다른 말로 건강기대를 늘리기가 포함된다. 즉, 기능장애, 질병 증후들, 건강과 관련 있는 문제들이 없이 사는 햇수를 늘리기이다. 두 번째 목표는 건강 격차의 제거인데, 부분적으로 보면 사회경제 수준이 높은 사람이 낮은 사람보다 건강 상태에서 큰 이득을 계속해서 얻기 때문에 달성하기가 매우 어려운 목표이다. 인종에 따른 건강 격차는 미국뿐만 아니라 다른 여러 나라에서도 건강과 의학보호에서 중요한 요인으로 남아 있다. 미국에서는 아프리카계 미국인과 토종 미국인이 아시아계 미국인과 유럽계 미국인보다 더 큰 불이익을 겪고 있다. 라틴계 미국인 가운데 일부는 이득을 얻기도 하고 일부는 불이익을 받기도 한다. 교육과 수입요인은 인종과 서로 연결되어 있어서 건강에서 나타나는 격차의 근원을 이해하는 데 어려움을 초래하고 있다.

건강심리학의 장래 전망

미국에서 건강심리학이 학문으로 창립된 지 30년 이상 지나면서 이 분야가 활짝 꽃을 피워 매우 다양한 건강 관련 행동과 행동의 결과에 관해서 수없이 많은 연구와 아울러 임상적 응용을 촉진했다. 이 진전이 이루어지면서 건강보호의 수많은 영역들로 확장되었지만 사회경제적인 요인들이 장래 건강심리학 분야에 영향을 미치게 된다.[2]

건강심리학의 발전

1970년대에 이르기까지 매우 소수의 심리학자들만 연구 영역으로 신체건강에 관심을 보였다(미국심리학회 건강 연구의 타당성 사전조사팀, 1976). 그러나 그 후 40여 년을 지나면서 건강 주제에 관한 심리학 연구가 심리학 분야를 변모시킬 만큼 급속하게 촉진되어 건강과 관련 있는 주제들을 심리학 전문학술지에서 흔히 볼 수 있게 되었다. 건강심리학자들은 이제 의학과 건강관리를 다루는 전문학술지에서 자주 보는 집필자들이 되었다.

건강심리학이 급속하게 성장하여 건강관리에 기여할 능력을 지니고 있음에도 불구하고 이 분야는 몇 가지 도전과제에 당면하고 있다. 주된 도전과제 중 하나가 다른 분야의 건강관리 전문가들이 건강심리학자의 능력을 인정하고 수용하는 일인데, 이 수용이 최근까지 크게 개선되고 있다. 의사나 환자와 마찬가지로 건강심리학자 역시 의료보호에서 가장 심각한 의료비 상승 문제에 당면하고 있다. 지출할 수 있는 재원이 제한된 상황에서는 건강심리학자가 지니는 전문 능력으로 의료 관리에서 비용을 추가할 가치가 있음을 입증할 필요가 있다(Thielke, Thompson, & Stuart, 2011; Tovian, 2004). 건강심리학자가 사용하는 진단과 치료 기법이 효과가 좋다는 사실은 이미 입증되었지만, 그럼에도 불구하고 이 방법들 역시 비용이 든다. 건강심리학에서는 여러 문제를 지니고 있는 건강보호체계에 적합하면서도 개인과 사회의 요구에 알맞은 활동들을 제안하여 정당하게 비용을 지출할 가치가 있음을 보여야 한다(IOM, 2010).

건강보호를 위한 장래 도전과제

미국에서 건강과 의료보호는 막중한 도전들에 당면하고 있다. '건강한 국민 2020'에서 두 가지 목표로 설정하고 있는 기대건강의 햇수를 늘리는 일과 아울러 수혜자에 따르

---

2 한국에서는 1994년 사단법인 한국심리학회 산하에 한국건강심리학회가 창립되고, 2015년에는 20년이 넘으면서 한국심리학회에 속한 13개 학회들 가운데 세 번째로 많은 회원이 활동하는 학회로 발전했다. – 옮긴이

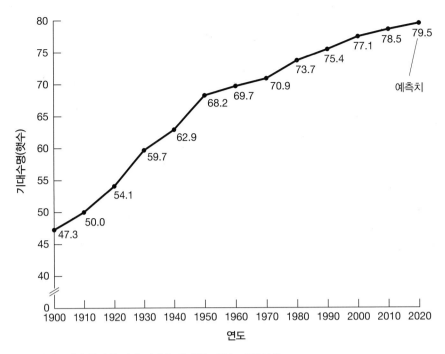

그림 16.1 실제 기대수명과 추정한 장래 기대수명(미국, 1900~2020년)

출처: *Historical statistics of the United States: Colonial times to 1970* (p. 55). by U.S. Department of Commerce. Bureau of the Census. 1975. Washington. DC: U.S. Government Printing Office; *Statistical abstracts of the United States: 2001*(p. 73); *Statistical abstracts of the United States, 2012*. by U.S. Bureau of the Census. 2011. Washington. DC: U.S. Government Printing Office.

는 건강 격차를 제거하는 일이 모두 달성하기 어려운 과제들이다. 노인세대가 건강하게 생활하는 햇수를 늘리는 일은 기가 꺾이기 쉬운 도전과제이다. 전체 인구가 고령화되면서 만성질환과 만성 통증이 점차 더 흔한 일이 되고 있다.

1900년에는 미국의 전체 인구에서 단지 4%만이 65세 이상이었으나, 2006년에는 미국 시민들 가운데 13% 이상이 이 연령에 이르게 되었다(USCB, 2011). 이 기간 동안에 미국인의 기대수명은 47세에서 78세로 증가했다. 전문가들은 2020년이 되면 미국인의 기대수명이 80세에 이른다고 추정하는데(그림 16.1 참조), 75세 이상인 사람들은 1,900만 명으로 전체 미국 인구의 6.1%가 된다.[3]

앞으로 닥칠 수십 년 동안에도 전체 인구가 고령화되면서 심리학은 노인들이 건강하고 생산적인 생활양식을 구축하고 유지하면서 만성질환 문제들에 잘 적응하도록 돕는 일에서 중요한 역할을 맡게 될 것이다. 앞에서 살펴본 바와 같이 건강심리학은 질병을

---

3 WHO 자료에서 한국인의 기대수명은 1990년에 전체 72세(남자 68세, 여자 76세)였다. 한국보건사회연구원의 자료에 의하면 한국에서 2007년에 국민 전체의 수명이 79.01세였는데, 남자는 75.74세, 여성은 82.36세였다. 이보다 4년이 지난 2011년에는 전체 평균 수명이 이미 81.1로 2년가량 증가하여, 남자는 77.7세, 여성은 84.5세였다. 2015년에는 전체 82.3세, 남성 79세, 여성 85세였다. 전문가들은 한국에서 노령화가 세계 어느 나라들보다 빠르게 진행되고 있다고 추정한다. – 옮긴이

예방하고, 건강하게 노년을 맞이하도록 촉진하고, 통증에 대처하도록 돕는 일에서 중요한 역할을 맡는다. 노년에 질병을 예방하도록 도와주기 위해서는 생활양식을 바꾸어야 할 여지가 있지만, 건강심리학이 노인학과 더불어 함께 노력하면 건강을 증진하고 유지하며, 통증을 관리하고, 건강보호 정책을 입안하는 일이 중요함을 더욱 잘 부각시킬 수 있다.

성별, 인종, 연령, 수입, 교육 수준, 신체장애에 따라서 나타나는 건강보호의 여러 격차를 제거하려는 시도 역시 장래에도 이루기 어려운 일임이 분명하고, 앞으로 다양성이 증가하면서 건강보호체계를 위협하는 도전 역시 계속될 전망이다. 이 장의 앞부분에서 논의한 바와 같이, 미국에서 인종에 따르는 건강 격차는 대부분 인종 집단들 사이에 존재하는 경제, 교육, 건강교양의 차이에 기인한다(Lasser et al., 2006; USDHHS, 2007). 성별에 따른 차이 때문에 생긴다고 생각할 수 있는 건강 격차는 근원을 이해하기가 쉽지 않다. 여성은 남성보다 아직도 건강보호를 받지 못하면서도 기대수명은 오히려 더 길다. 성별에 따른 이와 같은 생존의 이점이 1900년에는 작았으나, 1970년대에는 7년 이상으로 확대되었다가, 최근에는 약 5년으로 떨어졌다(USCB, 2011). 성별에 따르는 이 차이를 생물학적 요인에서 찾아내려는 노력들은 대부분 실패했으나, 건강 관련 행동, 사회적 지원 및 대처전략들에서는 여성이 남성보다 건강에 유리했다(Whitefield, Weidner, Clark, & Anderson, 2002). 미국에서 중요한 사실로 의료보호에 지불하는 비용이 급등하기 때문에 건강보호 정책과 변화계획을 도입하여 건강 격차들을 성공적으로 줄일 수 있는 범위가 더욱 제약을 받게 될 것이다.

건강보호 비용의 조정 세계에서 가장 부유한 미국도 의료비용을 지불하는 데 어려움을 겪고 있다. 미국에서 건강보호와 의료보호에 지출하는 비용이 인플레이션이나 생활에 드는 비용보다 높은 비율로 급증하여(Bodenheimer, 2005a; Mongan, Ferris, & Lee, 2008), 현재 건강보호를 받지 못하는 사람도 많고, 장차 자신들이 받을 수 없을지도 모른다고 생각해서 두려움을 느끼는 사람도 많다.

이와 같은 고비용을 초래한 데는 몇 가지 요인이 기여하고 있다. 이 요인들로는 값비싼 의료 기술의 급속한 확산, 의사들 가운데 분야별 전문의사들 비중의 증가, 효율성이 낮은 의료 관리, 부적절한 치료, 의료비 절제에 저항하고 이익을 추구하는 의료체계가 포함된다(IOM, 2010).

그림 16.2는 건강보호에 지출하는 비용이 어디서 지불되고 있는지 보여준다. 병원은 지출한 의료보호 비용의 38%를 받아가고, 의사는 25%를 받는다(NCHS, 2015). 비록 의사들이 병원보다 적게 받기는 하지만 그들이 받는 급여가 건강보호에 드는 고비용에서 중요한 요인으로 기여하고 있다(Bodenheimer, 2005c). 1980년대 후반에서

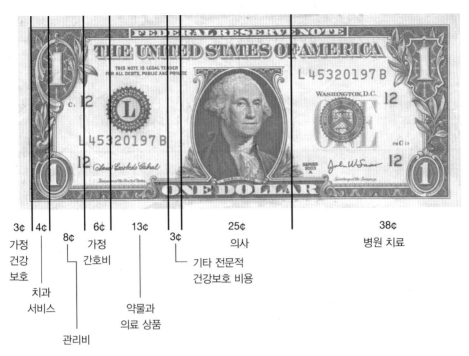

3¢ 4¢
가정
건강
보호
    치과
    서비스

8¢
      관리비

6¢
가정
간호비

13¢
    약물과
    의료 상품

3¢
    기타 전문적
    건강보호 비용

25¢
의사

38¢
병원 치료

그림 16.2 건강보호 비용의 사용처(2014년)

출처: *Health, United States, 2015, 2016*, by National Center for Health Statistics, Hyattsville, MD. Table 94.

1990년대 초기에 이르는 기간에는 건강보호의 지출을 잘 관리해서 의사의 급여를 삭감했으나, 이 의료 관리에 대한 의사들의 반발로 제약이 약화되면서 1990년대 후반에는 의사들의 급여가 다시 증가하기 시작했다. 전문의 수가 많아지면서 의료보호의 지출이 가중되고, 1차 진료 의사와 가정의가 드물어진 요인도(그리고 1차 진료에 근무하면 보상을 주는 유인물도 없어서) 의사들에게 지불하는 비용의 증가에 한몫을 하고 있다(Sepulveda, Bodenheimer, & Grundy, 2008). 역설적이게도 의사들이 많아져서 경쟁을 유발했으나, 지출들을 경감시키는 경쟁이 아니라, 오히려 지출을 늘리는 데 기여했다(Weitz, 2010).

    미국에서는 의료보호를 관리하는 데 지불하는 지출 역시 건강보호 비용이 높아지는 데 영향을 미치고 있다(Bodenheimer, 2005a; Mongan et al., 2008). 보험, 개인 개업의사들, 사립병원과 공립병원, 그리고 메디케어(Medicare)처럼 정부가 지원하는 의료보험이 함께 운영되는 복잡한 의료보험체계를 이루고 있어서 의료비의 지급에서도 지급절차, 서식, 지불계획, 허용 비용, 최고 지급액, 공제받을 수 있는 항목들이 서로 다르다. 이 때문에 의료비 지급이 복잡한 문제가 되면서 의료보호체계를 운영하는 데 어려움이 가중되고 착오와 부정의 여지가 생기기도 한다.

    미국에서 건강보호의 개혁은 매우 시급하고 우선순위가 높지만, 이해의 갈등이 많아서 지금까지 폭넓은 변화를 가로막았다(Bodenheimer, 2005c; Mongan et al., 2008). 1980년대에는 건강보호 비용을 절제하는 방법으로 건강관리조직(HMO: health maintenance organization)들이 급증했다(Weitz, 2010). 원래 이 건강관리조직들은 건강관리에서 예방을 지향하는 비영리조직이었으나 기업들이 건강관리 시장에 진입하면서 이익이 운영의 동기가 되었다. 이 건강관리조직들이 성장하고, 이 조직들을 통해 의료보험을 받는 항목들을 제한함으로써 건강보호에 지출하는 비용의 급격한 증가 속도를 늦추는 데 기여했다. 그러나 이 건강관리조직들에서 의료보호의 범위를 강제로 제한하는 데 대한 반발로 환자의 권리 운동이 나타났는데, 이 운동으로 의료체계는 다시 고비용으로 내몰리게 되었다.

미국은 질이 좋은 의료보호를 더욱 효율적으로 마련할 수 있을까? 캐나다, 일본, 호주, 서유럽의 국가들과 스칸디나비아처럼 산업화되어 있는 여러 국가들은 미국과 마찬가지로 심혈관계 질병, 암 및 다른 만성질환의 발병률이 높은 고령의 인구를 지니면서 의료보호체계들에서 유사한 도전과제를 공유하고 있다(Bodenheimer, 2005b). 이 나라들은 대부분 미국보다 저렴한 비용으로 대다수의 국민에게 더 좋은 의료보호를 제공하고 있다. 이 나라들에서 국민의 기대수명과 건강수명이 높다는 사실은 이 나라들에서 운영하는 건강보호체계가 유효성이 좋음을 입증한다.

독일, 캐나다, 영국은 모두 건강보호의 비용이 급증하는 문제에 당면하고 있는데, 이 나라들 역시 의료비의 상승을 억제하기 위해 투쟁했다(Weitz, 2010). 이 국가들과 미국에서 건강보호의 비용이 역사에 따라서 어떻게 나타나는지 그림 16.3에서 볼 수 있다. 이 나라들에서는 미국에서 의료비의 상승에 기여하고 있는 요인들 가운데 최소한 몇 가지 요인을 제한하도록 통제함으로써 건강보호 비용의 지출을 절제하도록 관리했다. 캐나다에서는 의료행정 관리에 드는 비용을 최소화하는 단일 지불체계를 도입했고, 영국은 첨단공학을 이용하는 의료의 사용을 제한하고 있으며, 독일에서는 의사에게 주는 급여를 일부 제한하고 병원에서 첨단공학 장비의 구입을 제한하도록 강제하고 있다. 일본에서는 미국처럼 하나의 보험체계를 지니고 있지만, 보험 혜택들을 받기 위해 지불하는 비용과 수수료를 정부가 규제하여 보험회사들이 서로 경쟁하지 않는다. 일본은 다른 국가들보다 비만인의 비율이 낮은데, 이 요인이 국민이 건강하게 생활하는 데 기여하고 있다.

의료비용을 절감하려는 모든 전략은 각기 다른 단점들을 지닌다. 예를 들어 미국에서는 국민들이 MRI, 유방 X선 촬영 및 무릎대치수술을 캐나다보다 빠른 시간에 받을 수 있으나, 이 치료의 의료비용은 캐나다보다 비싸다(Bodenheimer, 2005b). 몇 가지 질병의 치료에서는 치료 과정이 지연되면 위험을 초래할 수도 있지만 일부 질병들에서 미국의 환자들이 과잉 치료를 받기도 하며, 치료받을 기회가 제약되더라도 건강

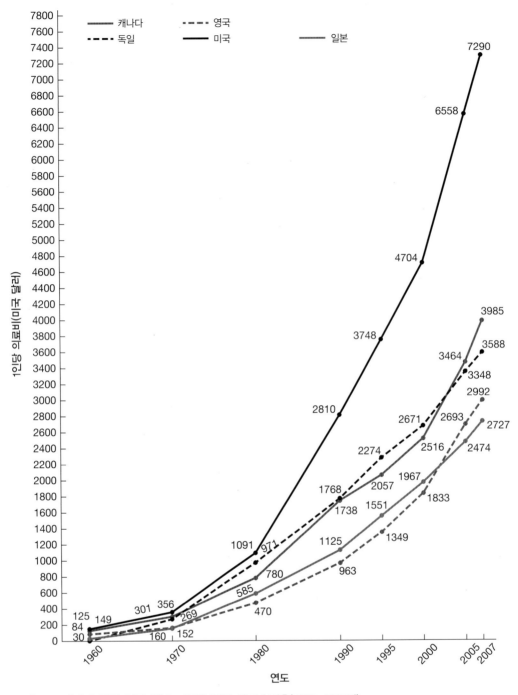

그림 16.3 캐나다, 독일, 영국, 일본, 미국의 1인당 의료비 지출(1960~2007년)

출처: *Health, United States, 2010. 2011.* by National Center for Health Statistics, Hyattsville, MD: U.S. Government Printing Office, Table 121

에 별다르게 나쁜 결과를 초래하지 않을 수도 있어서(IOM, 2010) 실제로는 기대건강
과 기대수명을 늘릴 수도 있다(Emanuel & Fuchs, 2008; Research & Police Committee,

2002). 캐나다인의 기대수명이 길다는 사실은 그들이 경험한 치료의 지체가 건강에 중대한 위협요인이 되지 않았음을 시사한다(Lasser et al., 2006).

독일, 캐나다, 영국에서는 모든 국민이 건강보호를 받을 수 있는 체계를 고안하여 의료보호 기관들 간의 이익 추구 경쟁을 줄였으나, 미국에서는 아직도 이 현상이 중요한 특징으로 유지되고 있다(Mahar, 2006). 이 네 나라는 건강보호 비용의 지불체계가 각기 다름에도 불구하고 모두 비용 문제를 겪었으며, 이 나라들 모두 모든 국민에게 이 비용을 지출한다는 공통요소가 있음에도 불구하고 미국에서는 건강보호에 제약을 받는 국민의 백분율이 증가했다. 2010년에 버락 오바마 대통령이 환자 보호 및 의무 치료법률(Patient Protection and Affordable Care Act)에 서명했다. 이 법에서는 모든 미국인이 건강보험에 들도록 요구하지만 자기가 원하는 건강관리 계획과 아울러 비용이 지불되는 진료의 범위를 선택할 수 있도록 의료보험 시장을 조성하고 있다. 이 개혁 계획의 도입은 미국의 헌법에 위배되는지 여부를 비롯해서 여러 이유로 도전을 받았다. 2012년에 미국 대법원은 이 법률을 대부분 합헌으로 판결했으며, 이 법률이 마침내 시행되기에 이르렀다. 그러나 미국에서는 지금까지 의료개혁이 시급한 사회 문제였으며, 아직도 개혁의 필요성은 그대로 남아 있다(IOM, 2010).

예방의 중요성   의료보호 비용의 약 70%는 전체 미국인 가운데 10%의 사람들에게 사용되는 반면에, 인구의 약 50%에 이르는 건강한 사람들에게 드는 금액은 전체 의료비 지출에서 약 3%밖에 되지 않는다(Bodenheimer & Fernandez, 2005). 이 통계치는 의료보호 비용을 절감하는 방법으로 질병의 치료보다 건강을 유지하고 증진하는 일이 중요함을 잘 보여준다. 건강에 해로운 행동들은, 예를 들어 심혈관계 질병, 암, 당뇨, 저호흡증을 비롯한 만성질환을 유발하여 의료보호비 지출에서 큰 비중을 차지하므로 건강 심리학자들이 건강의 유지와 증진에 기여함으로써 의료보호 비용을 절감하는 데 중요한 역할을 감당할 수 있다. 좋은 건강습관을 지닌 사람들은 평생 동안 건강습관이 나쁜 사람들이 지출하는 의료비의 '약 절반만'을 쓴다. 그러나 오래 사는 사람들은 의료비가 많이 드는 기간을 여러 해 동안 더 살아야 하므로 심지어 건강이 좋은 사람들조차도 오래 사는 데 비용이 많이 들 수 있다(van Baal et al., 2008). 좋은 건강습관의 증진이 단기간에 의료 치료의 필요성을 줄이는 중요한 방법이다.

의료 치료 요구의 경감이 의료보호 비용을 줄이는 또 다른 방법인데(Fries, 1998), 이 방법은 사람들이 자신의 건강을 스스로 관리하도록 변화시키는 좋은 전략이 될 수 있다. 현재 질병을 치료하는 데 매우 폭넓은 의료 기술을 이용할 수 있기 때문에 현대의학으로 어떤 질병도 치료할 수 있다는 신념이 광범위하게 퍼져 있어서, 이 신념으로 말미암아 질병에 걸리지 않으려면 좋은 건강습관에 의지해야 하며 만성질환을 지닌 사람들은 자기관리를 잘해야 한다고 믿기보다 치료를 위해 의학에 지나치게 의존하려는 경향을 높이고 있다. 4장에서 살펴본 바와 같이, 자기 건강에 대한 개인적 효능감을 형성하면, 이 장 앞부분에서 로빈이 지녔던 신념들에서 보는 바와 같이, 의료기관에서 치료를 받으려는 요구를 경감시키도록 도울 수 있어서 이 접근법이 미국 사회에서 잠재적 이득이 될 수 있다. 예를 들어, 만성적인 건강 문제가 있는 사람들에게 스스로 돕는 환자모임에 참가하도록 고취하면 병원에서 받는 의학적 집중치료의 필요성을 줄일 수도 있다(Humphreys & Moos, 2007). 이 주제를 다룬 또 다른 연구가 이루어진다면 이 접근이 의학 치료의 비용을 경감시키는 좋은 전략임을 입증할 수도 있다.

의료 치료의 비용을 절제하는 일은 장차 미국의 의료보호체계에서 근본적 변화를 요구한다. 보험회사와 병원, 그리고 의사들이 모두 건강보호 개혁으로 영향을 받게 되므로 이들이 모두 이 변화들에 대항하여 투쟁했다(Mongan et al., 2008). 다른 나라에서 운영하는 건강보호체계들을 검토해본 바와 같이, 어떤 체계도 저렴한 비용으로 의료보호의 질적 수준 역시 최고 수준으로 만들지는 못하고 있지만, 미국보다 건강보호를 잘 관리하고 있는 나라는 많다.

건강보호 요구의 변화에 맞춘 대응 최근에는 만성질환이 미국을 비롯해 산업화된 여러 나라들에서 사망과 장애의 가장 주된 원인이다. 그런데 의료보호체계는 아직도 만성질환으로 진행하는 조건들을 예방하고, 개선하고, 관리할 수 있도록 편의를 제공하는 활동보다는 급성질병에 걸린 환자들을 치료하도록 마련되어 있다. 다시 말해, 의료보호체계는 20세기 동안에 질병의 양상들이 변화하면서 조성된 요구들에 맞추어서 적합하게 대응하지 못했다(Bodenheimer, 2005c). 만성질환을 조절하도록 통제하는 일은 다음 두 가지 경로를 통해 이룰 수 있다. 하나는 이 장애를 지니도록 만드는 조건들을 통제하는 관리이고, 다른 하나는 만성질환을 피하려는 예방이다.

이 가운데 만성질환의 관리는 최근의 요구인데, 장래에는 더욱 중요해질 것이다. 심혈관계 질병, 암, 만성 저호흡증, 당뇨가 미국에서 사망원인 중 거의 70%를 차지한다(USCB, 2011). 그런데 이 질병들과 아울러 그 밖의 만성질환들의 의학 치료는 과소 치료, 과잉 치료 및 잘못된 치료로 어려움을 겪고 있다. 예를 들어 과잉 치료는 1차 치료 병원에서 진료를 받은 사람들 가운데 30%나 되었는데, 이 사람들은 천식으로 진단을 받았지만 천식의 증상을 입증하는 증거가 없음에도 불구하고 이 증상의 치료에 필요한 부신피질스테로이드(corticosteroids)를 흡입하도록 처방을 받았다(Lucas, Smeenk, Smeele, & van Schayck, 2008). 과소 치료의 예로는 뇌출혈을 겪은 환자들의 고혈압 관리를 분석한 연구에서 볼 수 있는데(Elkins, 2006), 이 환자들 가운데 20~30%에 이르는 사람들이 고혈압으로 진단을 받고도 치료를 받지 않았다. 잘못된 치료는 의학 치료 제공자의 의학적 실수에 의해 발생하는데, 경각심을 불러일으키는 빈도의 수준으로 일어난다(HealthGrades, 2011). 만성질환을 더욱 효과적으로 관리하는 의료체계를 만들려면 병원과 의사 중심의 치료를 벗어나서 환자가 치료를 쉽게 받을 수 있고 환자 스스로 자기를 관리하고 돌볼 수 있도록 환자를 교육하는 팀 중심의 접근으로 바뀌어야 한다.

의학 치료와 비교해서 자기치료는 예방이 최우선인데, 의학 치료의 필요성을 줄여줄 수 있는 전략이다. 대체로 1차 예방이 2차 예방보다 비용의 절감 효과가 좋다. 1차 예방은 예방주사에 의한 면역과 아울러 생활양식을 바꾸도록 고취하는 프로그램들로 구성되는데, 이 유형의 예방은 대체로 좋은 거래와 비슷하다. 면역은 몸에 해로울 개연성이 다소 있지만 예방주사로 발생하는 부작용의 위험이 질병에 걸릴 위험보다 크지만 않다면 면역이 좋은 선택이 된다. 사람들에게 담배를 끊고, 골고루 먹고, 운동하고, 술을 절제하도록 권장하는 건강 증진 계획은 대체로 비용도 적게 들고 건강에 해로울 개연성도 거의 없다(Clark, 2008). 더구나 이 행동들 가운데 흡연이나 운동 안 하기 같은 행동은 수많은 건강 문제를 일으키는 위험요인이어서 이 행동을 변화시키려고 노력하여 여러 질병의 발생 위험을 낮춰주는 보답을 받기도 한다. 예를 들면, 한 연구(Fraser & Shavlike, 2001)에서는 건강 전문가의 권고에 따라서 운동하고, 신체질량지수(BMI)를 유지하고, 건강에 좋은 식단으로 식사하고, 담배를 피우지 않아서 건강에 좋은 생활을 유지하는 사람은 수명을 10년 더 연장할 수 있다고 결론지었다. 그러므로 1차 예방을 위한 활동은 위험부담이 거의 없으면서 잠재적 이득은 많이 제공한다.

예방활동은 대부분 자신의 건강 때문에 자기 행동을 바꿀 필요가 있다고 생각하는 청년과 중년 세대의 성인을 표적으로 삼는다. 이 세대에는 대체로 자신이 질병에 걸릴 취약성이 높다고 인식하기 때문에 청소년보다 예방활동에 민감하게 반응을 보인다. 인생에서 늦게 시작한 좋은 건강습관도 일생 가운데 건강하게 생활하는 햇수를 늘려줄 수 있지만(Siegler, Bastian, Steffens, Bosworth, & Costa, 2002), 전 생애에 걸치는 좋은 건강습관들로는 더 큰 보상을 거둘 수 있다. 그러므로 청소년과 젊은 성인의 예방활동을 확장한다면 오랜 기간 얻게 될 이점들이 더 많겠지만 지금까지 이 연령대의 사람들에게 생활양식의 변화계획을 도입하는 데 더욱 소홀했다(Williams, Holmbeck, & Greenley, 2002). 청소년을 대상으로 이루어진 건강 연구와 변화계획의 도입에서 대부분 부상의 예방과 흡연의 억제에 초점을 맞추었지만 청소년 시기에 전 생애 동안 지속되는 건강행동의 기반을 구축하게 된다. 그러므로 1차 예방 활동을 모든 연령층에 적용하되 각 세대에 알맞게 맞춤식으로 운영하면 기대건강과 기대수명을 늘릴 수 있다.

'2차 예방'은 어리고 치료가 더 잘 되는 단계에 장차 문제가 될 소지가 있는 요인을 찾아내 질병으로 악화될 위험에 처한 사람들을 가려내는 활동으로 이루어진다. 그러나 이미 질병의 위험에 당면한 사람의 수가 질병으로 진전될 사람들의 수보다 많기 때문에 이 활동은 비용이 많이 들 수 있다. 비용과 이익을 비교해서 비용은 어느 정도인데 얼마나 많은 사람을 구할 수 있는지 손익을 분석하는 경제적 관점으로 본다면, 2차 예방은 구제를 받는 사람의 수에 비해 비용이 더 많이 들 수 있다.

그러나 병원이나 의사 모두 주된 관심을 예방업무에 두지 않는다. 병원은 급성 환자의 치료가 중심이고, 의사는 근무시간을 예방을 위한 건강교육에 쓰기에는 너무 비싸다. 공공 건강기관, 건강교육자 및 건강심리학자가 병원이나 의사보다 비용에 비해 효과가 좋은 방식으로 건강교육을 제공할 수 있다. 이 건강교육 전문가들이 건강보호 체계에서 담당하는 역할들을 확장한다면 의료보호에 드는 비용을 절감할 수 있을 뿐만 아니라 더 좋은 치료 효과도 거둘 수 있다.

건강심리학이 계속해서 성장할 수 있는가?

미국에서는 건강보호체계에서 발생하는 문제들이 임상건강심리학과 행동의학에 종사하는 사람들에게도 영향을 미치고 있는데, 그 이유는 전문가들이 말썽이 많은 이 체계 안에서 일하면서 자신이 제공하는 전문활동이 가치 있는 일임을 입증해 보여야 하기 때문이다(IOM, 2010; Tovian, 2004). 그러나 건강심리학자들은 또한 이 체계를 개혁하기 위해서도 일하고 있다. 건강심리학자들은 생물심리사회적 모형(biopsychosocial model)이 지니는 탁월한 관점에 헌신함으로써 매우 포괄성이 큰 이 모형이 학계에서 널리 수용되도록 촉진하고 정신건강과 신체건강을 양극으로 나누어서 보는 잘못된 관점을 종식시키는 데도 기여했다(Suls & Rothman, 2004). 임상건강심리학자들은 건강 자문 전문가들로서 전문성을 확고하게 수립했지만 건강심리학자들은 앞으로 건강보호 전문가로서 이들보다 더욱 잘 인정받을 수 있다. 북부 캘리포니아의 카이저 퍼머넌트(Kaiser Permanente)는 10년 전과 비교해서 심리학자들이 건강 유지 기관들에서 가장 중요한 건강관리 전문가로 일하고 있다고 지적한 바 있으며(Bruns, 1998), 건강심리학자들을 훈련하는 곳에서도 최근에는 핵심이 되는 건강 전문가로서 일하도록 훈련계획을 수립하고 있다(McDaniel & le Roux, 2007). 이 훈련을 받은 건강심리학자들은 대체로 행동건강이나 행동의학의 전문가들이 되는데, 건강관리 활동들에서 여러 분야를 통합하는 접근을 도입하여 팀의 일원으로 일한다. 심리학자들은 1차 진료에서 팀 기반의 접근으로 여러 분야의 건강 전문가들과 함께 일하는 경우가 점차 더 늘고 있는데(Nash, McKay, Vogel, & Masters, 2012), 이 경향은 심리학자들이 담당하는 역할이 이들에게 지불하는 비용에 비해 효과가 좋음을 입증할 수 있는 시점까지 지속될 개연성이 높다(Thielke et al., 2011).

공학과 의학의 발전은 건강 증진에 새로운 기회를 창조했을 뿐만 아니라 건강심리학에도 새로 대응해야 할 과제들을 제기했다. 지난 10년 동안 이룬 최고의 과학적 업적이 인간 유전자 지도의 완성인데, 이 성과로 학자들은 사람들이 여러 건강의 조건들에 당면하도록 미리 설계되어 있는 유전자를 알아낼 수 있는, 전에 없던 기회를 갖게 되었다. 건강조건들의 유전적 기반을 더 잘 알게 되면서 유전자 검사는 일반인도 더 널리 이용할 수 있게 될 것이다. 이상적으로 보면 건강심리학자들은 건강관리체계에서 사람들이 자신이 지니고 있는 유전적 위험 정보에 관하여 이해의 증진 방법을 찾도록 돕고, 유전자 검사를 받는 사람들의 정서 반응을 이해해주며, 유전적으로 위험이 높은 사람들이 건강한 생활양식을 유지하도록 돕는 일을 모두 할 수 있어야 한다(Saab et al., 2004). 인터넷과 스마트폰 같은 기술이 진보하면서 이 통화수단을 사용하여 금연(Wetter et al., 2011), 통증 관리(Rosser & Eccleston, 2011), 당뇨병의 자기관리(Arsand, Tatara, Ostengen, & Hartvigsen, 2010)에 새로운 변화계획을 도입하는 기법도 가능해졌다. 건강심리학자들이 건강행동의 이해, 건강교양, 건강관리의 위협요인들에 관한 정보소통에서 전문성을 지니고 있다는 사실을 고려하면, 앞으로 건강심리학자들은 건강행동을 위해 최신 기술에 기반을 두는 변화계획의 도입을 설계하고 평가하는 데 중요한 역할을 맡게 될 것이다.

요약

건강심리학은 건강보호의 연구와 실무에서 이미 중요하게 기여했지만, 건강심리학이 계속해서 성장하려면 몇 가지 도전과제를 감당해야 한다. 이 도전과제들 가운데 몇 가지는 미국에서 건강보호체계가 지니고 있는 혼란과 관련이 있다. 미국에서는 건강보호에 드는 비용이 산업화된 다른 국가들보다 더욱 빠르게 상승했는데, 이 나라들에서는 대부분 전체 인구 가운데 더 많은 국민이 건강보호를 받을 수 있도록 관리하고 있으며, 기대수명과 건강수명이라는 관점에서 보더라도 미국보다 성과가 더 좋다. 미국에서는 비효율적인 건강보호체계를 개혁하여 전체 국민들 가운데 더 많은 사람이 질 좋은 의료보호 혜택을 받을 수 있게 되어야 한다.

장차 건강보호에서는 만성질환을 더욱 잘 관리하고 예방에 더욱 중점을 두도록 요구하게 될 것이다. 인구에서 고령화된 계층이 증가하면서 노인에게 흔한 만성질환을 관리할 필요성도 증대될 것이다. 그러므로 건강의 증진이나 건강보호에 지불하는 비용의 삭감이라는 측면에서 모두 예방이 열쇠가 될 수 있다. 건강심리학은 1차 의료 심리학 분야의 성장에서 보듯이 만성질환의 관리와 예방에서 모두 중요한 역할을 지니고 있다. 유전자 검사와 스마트폰 기술 같은 공학과 의학의 진보로 말미암아 건강심리학자들은 변화하는 건강보호의 세계에 기여하는 새로운 기회를 맞고 있다.

자기 생활에 건강심리학 활용하기

이 장을 시작하면서 드웨인 브라운과 로빈 그린이라는 두 대학생이 건강에 대해 서로 다른 태도를 지니고 있으며 건강행동도 다름을 살펴보았다. 당신은 드웨인이나 로빈의 행동과 자신의 행동을 비교해서 유사성과 차이점을 알 수 있을 것이다. 이 두 사람의 행동을 대다수 학생들이 흔히 보이는 행동과 대비해보고, 그들의 행위와 태도도 분석해본다면, 당신이 지니고 있는 위험한 요소들을 이해하고 자신이 더욱 건강하고 오래 살도록 도와줄 건강행동 계획을 만들 수 있다.

당신의 건강을 위협하는 위험요소 이해하기

드웨인이나 로빈과 마찬가지로 대학생들 가운데 90% 이상이 자기 건강이 매우 우수하지는 않더라도 대체로 좋다고 평가한다(American College Health Association[ACHA], 2016). 대학생들의 이와 같은 인식은 질병률과 사망률 통계치와도 일치한다(USCB, 2011). 젊은 성인은 나이 많은 성인보다 질병과 사망의 비율이 낮다. 비록 자신이 건강하다는 생각이 유익할 수는 있으나, 드웨인의 경우에서 보듯이 이 생각은 자기 행동에 상관없이 자신의 좋은 건강이 계속해서 유지된다고 믿게 만들어서 위험요소를 증가시킬 수도 있다. 자신이 건강하다는 생각은 위험할 정도로 부정확하며, 심지어 이 연령대에서 사망의 주된 원인으로 나타나는 비의도성 부상(사고들)을 증가시킬 수도 있다. 실제로 비의도성 부상과 의도성 폭력이라는 두 요인이 45세 미만인 사람들에서 부상과 사망의 주된 원인이다.

부상과 폭력   젊은이들을 죽게 만드는 주된 요인 가운데 부상과 폭력은 다른 어떤 요인들보다 더 긴 시간 생명의 상실을 초래한다. 예를 들어 어떤 암과 관련되어 사망한 경우에는 생애에서 평균 19년의 상실을 의미하지만, 비의도성 부상으로 인한 사망에서는 개인의 기대수명에서 평균 33년을 도둑맞는 셈이다(USCB, 2011). 안타깝게도 대학생들의 사망은 대부분 비의도성이거나 의도성 부상을 유발하는 행동에서 초래된다.

자동차의 참혹한 충돌사고가 청소년과 젊은 성인에게 치명적 부상을 초래하는 압도적으로 주된 요인이다. 이 참사들이 15세부터 24세에 이르는 젊은 사람들 가운데 비의도성 부상으로 인해 사망하는 사례의 약 2/3를 차지한다(USCB, 2011). 이 사망자들의 거의 반이 음주운전으로 죽는다(Hingson, Heeren, Winter, & Wechsler, 2005). 미국에서는 21세에서 24세에 이르는 젊은 성인들이 다른 모든 연령 집단보다 음주운전으로 인한 사망에서 깜짝 놀랄 만한 통계치를 보이며 앞선다(USCB, 2011). 전 세계 모든 국가에서 불행하게도 대학생들의 음주운전이 공통으로 나타나는 현실인데, 음주운전율이 높은 국가에서는 교통사고로 인한 사망률 역시 높다(Steptoe et al., 2004). 대학환경이 이 위험스런 행동에 기여하고 있다. 대학생들은 대학에 다니지 않은 친구들보다 음주운전을 하는 경향이 높다(Hingson et al., 2005). 대학생들이 대학에 다니지 않는 그들의 친구들보다 운전하는 동안에 휴대폰을 사용하는 경향 역시 높은데, 이 행동 또한

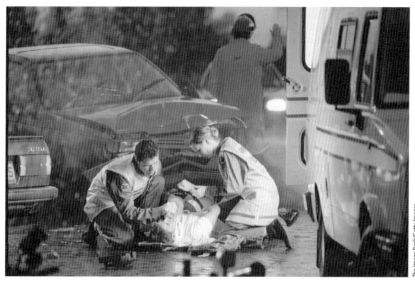

미국에서는 자동차 교통사고가 청소년과 젊은 성인의 생명을 빼앗아가는 부상의 주된 원인이다.

자동차 충돌참사의 위험을 극적으로 높인다(Cramer, Mayer, & Ryan, 2007). 미국에서 이러한 주의분산으로 인한 교통사고로 사망하는 백분율이 2005년에서 2009년에 이르는 기간에 거의 두 배가 되었다(USCB, 2011)!

자동차의 안전띠를 매지 않는 행동도 역시 자동차 충돌참사로 부상과 사망하는 비율을 높이는데 기여한다. 안전띠를 착용하지 않은 운전자는 착용한 운전자보다 부상을 당할 개연성이 5배에 이른다(Bustamante, Zhang, O'Connell, Rodriguez, & Borroto-Ponce, 2007). 남녀 학생들은 운전과 관련 있는 사고의 위험에서 상당한 차이를 보인다. 남자 대학생과 여자 대학생이 안전띠를 착용한다고 보고한 수준은 유사하다(ACHA, 2016). 그러나 운전하는 동안에 여성이 남성보다 휴대폰을 더 많이 사용한다(Cramer et al., 2007).

대학생들은 폭행, 강도, 강간, 살인을 비롯한 의도성 폭력에서 희생자(가해자도 있다)가 되기도 하는데, 그러나 대학에 다니지 않는 비슷한 연령의 사람들보다는 이 비율이 낮다(Carr, 2007). 미국에서는 최근 범죄율이 대체로 저하되었는데, 이 추세가 대학교 교정에서도 역시 나타났다. 대학 교정에서 발생한 부상들 가운데 의도성 폭력이 원인인 경우는 단지 1/4이다. 그러나 대학 교정의 범죄들 가운데 보고되지 않는 경우도 많으며, 성폭력과 이성교제 상대방에 대한 폭력은 보고하는 경우보다 보고하지 않는 경우가 더 흔하다.

여자 대학생들 가운데 3%와 남학생들의 1%가 지난해 학교에 다니는 기간에 강간을 당했다(ACHA, 2016). 이보다 거의 두 배에 이르는 여대생들이 강간 시도의 표적이 되고 있다고 보고했다. 이 백분율은 낮지만 한 해마다 수천 명의 사람이 표적이 되고 있음을 시사한다. 더구나 이 백분율은 매년 누적되므로 대학생활을 마치는 시점까지 여학생이 강간이나 강간 시도를 당할 가능성이 20% 이상이다(Carr, 2007). 자신이 원하지 않는 이성의 성적 접촉과 위협은 이보다 흔해서 훨씬 많다. 여성에게는 성적 희생자가 되는 사건이 흡연, 약물 사용, 자살 생각, 섭식 장애를 비롯해서 건강을 해치는 다양한 위험요인과도 상관이 있다(Gidycz, Orchowski, King, & Rich, 2008). 이처럼 성폭력은 수많은 건강 문제를 촉발한다.

비록 정서적으로 학대하는 이성관계(지난 한 해 동안 10%)가 신체적 학대(지난 한 해 동안 2%)보다 더 흔하지만 서로 사귀는 이성교제에서 상대방의 폭행 역시 대학시절에 흔히 경험한다(ACHA, 2016). 신체적으로 학대받는 이성관계에 처한 여성들은 성폭력을 당하고 자기를 계속해서 추적하는 스토커에게 표적으로 희생당할 위험이 더 높아지는데, 이 형태의 희생은 다른 집단보다 대학생들에서 더 흔하다. 그러나 여성과 남성이 모두 이성교제에서 상대방 폭행의 피해자가 될 수 있으며 가해자가 되기도 한다. 데이트 폭행에 관하여 큰 규모로 이루어진 국제 연구(Straus, 2008)를 보면, 남성이 상대방 폭행을 주도하기도 하지만 여성도 거의 유사한 수준으로 주도하는 추세를 보인다. 한쪽이 상대방보다 지배력이 높은 이성관계에서 다른 경우보다 폭력 행동의 위험이 증가한다.

자살과 자살 시도는 대학생들에게 일어나는 또 다른 형태의 의도성 폭력이다. 여자 대학생 가운데 약 11%와 남자 대학생의 8%가 지난 1년간 학교생활 기간에 자살을 심각하게 고려한 적이 있었다(ACHA, 2012). 그리고 2%의 학생들은 그 기간에 자살을 시도했다. 절망감과 우울, 폭력적인 대인관계, 그리고 동성애자 혹은 양성애자가 되면 자살 생각과 자살 시도의 위험이 증가한다(Carr, 2007). 조에타 카(Joetta Carr, 2007)는 "대학의 교정에서 발생하는 일부 폭력은 사회에 존재하는 성별에 따른 고정관념과 차별주의, 인종주의 및 동성애 공포를 반영한다."(p. 311)고 논평했다. 음주, 약물 사용 및 정신건강 문제들이 모든 종류의 학교폭력을 일으킬 위험을 가중시킨다. 그러나 대학의 교정은 대부분의 다른 장소들보다 안전하며, 대학생들은 대다수 지역사회보다 학교에서 안전하게 생활한다.

생활양식의 선택 젊은 성인 시기에 의도성 폭력과 비고의성 폭력으로 인한 위험성을 보여주긴 하지만, 이 시기는 개인에게 향후 수십 년 동안 자기 건강에 영향을 미칠 건강 관련 행동을 채택하는 기간이기도 하다. 이 건강행동이 중년기와 생애 후기에 사망의 원인이 되는 중요한 위험요인으로 영향을 미치게 된다. 드웨인과 로빈의 예에서 건강에 위협이 되거나 예방이 되는 건강행동을 모두 보았는데, 이 가운데 가장 중요한 행동은 두 사람 모두 흡연자가 아니라는 점이다. 비흡연자가 되려는 선택은 대학생들에서 흔히 볼 수 있다. 그래서 대학생들은 대학에 다니지 않는 비슷한 연령의 사람들보다 흡연하는 비율이 낮다(Wetter et al., 2005). 사실 최근에는 교육 수준이 흡연 여부를 예측하는 데 있어 가장 좋은 예측요인이다. 그러므로 대학을 졸업한 사람들이 그렇지 않은 사람들보다 오래 살며 건강도 더 좋다는 사실은 놀랄 일이 아니다.

드웨인의 금주와 로빈이 사교 수준으로 마시는 음주는 대학생들 사이에서 볼 수 있는 음주양식이지만 현명하지 못하게 폭음하는 대학생도 많다. 폭음은 젊은 사람들에게서 볼 수 있는 가장 위험한 음주 양상이다. 이 행동은 여러 가지 건강 문제를 초래할 수 있고, 거의 4%에 이르는 대학생들이 음주 때문에 학업성적이 나빠졌다고 보고하고 있다(ACHA, 2016). 심지어 어쩌다가 하게 되는 폭음마저도 부상과 폭행으로 연결되는 경우가 있기 때문에 위험하다. 미국에서는 연령이 18세부터 25세에 이르는 사람들 가운데 40% 이상이 폭음하는데(NCHS, 2011), 대학생들은 대학에 다니지 않는 동년배들보다 이 경향이 더 높다.

대학생들은 건강한 식사를 하지 못하는 경우가 흔하다. 대학생활을 시작하면 학생들은 집에서 식사하던 때와 다른 식단을 선택하는 새로운 생활환경에서 시작하는 경우가 흔하다. 희랍의 대학생들을 조사한 한 연구(Papadaki, Hondros, Scott, & Kapsokefalou, 2007)를 보면 집을 떠나서 생활하는 대학생들이 설탕이 더 많이 들어간 음식과 술, 패스트푸드를 비롯하여 덜 건강한 식단을 선택하는 방향으로 변화하는 추세를 보였다. 집에서 계속해서 생활했던 이 연령의 사람들은 별다른 변화가 없었다. 드웨인처럼 미국에는 과일과 야채의 소비를 권장하는 지침들에 맞게 식사하는 대학생이 드물다(Adams & Colner, 2008). 로빈처럼 안전띠를 매고, 운동하고, 잠을 잘 자는 사람들은 이와 아울러 음주한 다음에 담배를 피우지 않거나 운전하지 않는 등으로 여러 가지 건강행동을 준수하는 경향을 보인다.

대학생들은 일반인보다 과체중이 되는 확률이 낮으며, 운동할 개연성은 높다. 그럼에도 불구하고 대학생들 가운데 상당한 백분율에 이르는 사람들이 건강 목표들에는 미치지 못한다. 대학생들의 체중, 섭식, 신체활동을 다룬 한 연구(Burke, Lofgren, Morrell, & Reilly, 2007)를 보면 남학생들 가운데 33%, 여학생들의 22%가 과체중이었다. 그리고 남학생의 11%, 여학생 가운데 7%가 비만이었다. 여학생의 1/3, 그리고 남학생들 가운데 23%는 하루 신체활동 시간의 총량이 30분 미만이었다. 우리가 예상할 수 있듯이 이 학생들은 콜레스테롤과 혈압이 높았는데, 이는 심장병이 발병할 수 있는 기초가 된다. 드웨인과 로빈 모두 과체중은 아니지만, 할아버지의 심장병 경험을 되풀이하지 않으려는 로빈과 달리, 드웨인의 식사와 운동 부족은 그가 높은 콜레스테롤과 고혈압에 걸릴 위험을 높이고 있다.

대학생들은 또한 스트레스를 겪는데, 대부분 자신이 보통 학생들보다 높거나 극심한 스트레스를 느낀다고 보고한다(ACHA, 2016). 자신의 스트레스가 낮다고 평가한 드웨인보다는 로빈이 자기 스트레스 수준을 평가한 값이 대학생들이 전형적으로 느끼는 수준이다. 대학생들은 대부분 스트레스를 유발하는 출처들을 점차 더 많이 보고하는데, 학교에서 겪는 문제들의 발생 원인으로 학업 스트레스가 제일 자주 지적된다(ACHA, 2016). 그러므로 대학생들에게는 스트레스가 주된 도전과제이지만, 스트레스를 관리하기 위해서는 문제에 초점을 맞춘 전략을 개발하는 일이 중요하다(Largo-Wight, Peterson, & Chen, 2005). 물론 대학생들은 대학생활 기간에 건강한 생활양식을 지니도록 교양과 훈련을 쌓음으로써 건강한 생활로 이끌 수 있으며, 이 건강습관들은 건강하면서도 장수하는 삶의 기초가 된다.

무엇으로 당신의 건강한 생활양식을 기를 수 있는가?

건강심리학자들과 건강을 연구하는 다른 분야의 학자들은 건강과 건강 관련 행동에 관해서 막대한 양에 이르는 정보를 만들어냈다. 텔레비전과 인터넷을 비롯한 전자정보소통 매체들이 사람들에게 범람할 정도로 많은 건강 정보를 제공한다. 이 정보들 가운데 타당한 정보도 있지만 그렇지 못한 정보도 있다. 사람들은 막대한 양의 정보를 받으면서 혼란에 빠지는 경우도 흔한데, 서로 상반되어 보이는 정보를 동시에 받기도 한다(Kickbusch, 2008). 이 모든 정보를 평가하고 이해하기 쉬운 자신의 말로 번역하는 일이 긴요한 과제인데, 이 일에는 건강에 관한 결정을 위해서 건강 정보를 읽고 이해하는 능력을 뜻하는 건강교양이 필요하다. 물론 건강교양 능력이 일반적 교양과 상관이 있지만 이를 넘어서 건강에 관련된 과학적 정보를 이해하고 평가하는 일까지 포함한다(White, Chen, & Atchison, 2008; Zaarcadoolas, Pleasant, & Greer, 2005).

당신의 건강교양 확충 대학생들의 교육 수준이 높기는 하지만 건강교양은 높은 수준이 아닐 수도 있다. 이들은 건강 정보를 적극적으로 찾아보려고 하지만, 자기 건강에 대해서는 전문가에게 자문을 받기보다 친구와 가족에게 상의하는 경향이 더 높다(Baxter, Egbert, & Ho, 2008). 당신이 자신의 건강교양을 높이려면 건강에 관한 주장들을 비판적으로 평가하고, 그 주장을 하는 사람의 전문성도 고려해야 한다(이 책의 2장에서는 인터넷에서 얻은 건강 정보의 신뢰성을 평가하는 데 도움을 주는 유용한 내용을 제시하고 있다). 건강 전문가의 전문성이 중요한 문제이므로 전문가의 권고에 귀를 기울여야 한다. 건강에 관한 연구에서 건강을 다루는 학자들이 권장할 만한 근거로 제공하는 증거를 광범위하게 만들어내었다. 건강심리학 연구들에서 발견한 수많은 결과들은 흡연, 음주, 건강에 좋은 식단의 식사, 운동, 비고의성 부상 위험의 경감, 그리고 스트레스의 관리에 관해서 각 주제마다 권위 있는 전문가들이 제시한 권고들에 반영되어 있다.

건강에 좋은 행동을 바로 지금 채택하기 건강 연구에 근거를 두는 여러 권장사항을 요약하는 한 가지 방법으로 앨러미다 지방의 연구에서 알아낸 결과들을 통합하여 당신의 생활에 활용할 수 있다. 이 책의 2장에서는 이미 이 연구에서 건강을 증진하고 사망의 개연성을 낮추는 다음과 같은 다섯 가지 행동을 찾아냈음을 살펴봤다(Belloc, 1973; Berkman & Breslow, 1983). (1) 담배를 끊고, (2) 규칙적으로 신체를 써서 운동을 실천하고, (3) 절제하여 음주하거나 전혀 마시지 않고, (4) 건강한 체중을 유지하고, (5) 매일 밤 7시간 내지 8시간 잠을 잔다.

이 건강습관들 가운데 흡연하지 않기가 아마도 당신이 채택할 수 있는 가장 중요한 건강행동이 될 텐데, 이는 흡연이 장수와 가장 긴밀하게 연결되는 건강행동이기 때문이다(Ford, Bergmann, Boeing, Li & Capewell, 2012; Ford, Zhao, Tsai, & Li, 2011). 담배를 피워서 생기는 건강의 손상은 몇 해가 지나서야 분명하게 드러나지만 자신의 흡연과 간접흡연이 모두 위험하다. 활동적인 생활양식을 유지하는 데 따르는 이득을 보여주는 연구의 증거들은 압도적으로 많다. 어느 연령층이든지 신체활동은 건강을 증진하며 질병과 신체의 장애를 예방한다. 또한 신체활동은 인지 기능, 기분, 학습능력도 향상시키는데, 이 결과들은 건강의 장기적 이득보다 즉각 나타날 수 있다. 금연과 운동의 두 건강습관은 건강의 이득으로 즉시 나타나기보다 장기적 이득에 훨씬 더 중요하지만, 규칙적으로 운동하는 비흡연자들은 건강의 단기 이득뿐만 아니라 기대수명에서 장기적 이득도 얻는다.

절제하는 음주 역시 중요한 건강행동이다. 술을 조금만 마시는 사람은 술을 많이 마시는 사람보다 더 건강하고, 심지어 술을 전혀 마시지 않는 사람보다 더 건강할 수도 있다. 그러나 이 연구결과들은 젊은 사람들보다 나이가 많은 성인에게 더 강력하게 들어맞는다. 대학생들에서는 술을 조금만 마시려다가 폭음으로 바뀌는 경우도 흔한데, 이때 대학생들에게 여러 가지 심각한 위험을 초래하기도 한다. 그러므로 대학생들에게는 술을 절제하여 마시고, 술을 마시고 운전하는 음주운전

음주가 자동차 교통사고의 중요한 원인이며, 대학생들이 다른 사람들보다 폭음하는 경향이 높다.

의 위험을 피하라는 권고가 중요하다. 또한 알코올의 섭취가 모든 유형의 폭력 위험을 증가시키는데, 이로 인해 젊은 성인들이 사망하는 주된 원인이 되기도 한다. 대학생들에게는 술을 많이 마시지 않고 폭음을 피하는 게 현명한 선택이다.

건강한 체중의 유지가 중요한데, 이를 위해 음식을 잘 선택하는 일도 중요하다. 심혈관계 질병이 발생하는 기반은 청년기와 젊은 성인기 동안에 시작되는데, 음식물의 선택이 중요하다. 고지방의 식사가 심혈관계 질병으로 진전되는 하나의 원인이다. 심지어 (드웨인처럼) 고지방 음식을 먹는 동안에 이상에 가까운 체중을 유지할 수 있다 하더라도 이 습관은 건강에 나쁘다. 과일과 야채가 많은 식사를 하면 건강에 이로운 수많은 이득이 생긴다는 강력한 증거가 많다. 일, 학교생활 및 개인으로 처리할 사항들에서 균형을 유지하면서도 한편으로 과일과 야채를 많이 먹기가 말처럼 쉽지 않은 과제이기는 하지만, 이를 실천하면 체중의 유지를 통해 단기적 이득을 얻게 되고, 장기적으로는 심혈관계 질환, 당뇨병, 암에 걸릴 위험을 경감시키는 이득을 얻게 된다. 과연 이 건강습관들은 얼마나 중요할까? 담배를 피우지 않고, 적절하게 신체활동을 하고, 술을 절제하여 마시며, 건강한 식사 습관을 유지하는 사람들은 이 네 가지 건강행동을 실천하지 않는 사람들보다 기대수명 추정치로 14년 이상 오래 사는 이득을 얻을 수 있다(Khaw et al., 2008)!

앨러미다 지방 연구에서 알아낸 다섯 번째 권고는 밤에 7시간 내지 8시간 동안 잠을 자는 일인데, 대학생들에게는 준수하기가 제일 어려울 수 있다. 대학생들 가운데 단지 5%만 항상 충분히 잠을 자서 일어났을 때 편안하게 쉬었다고 느끼고, 대부분의 학생들은 7일 가운데 단지 3일 동안만 이렇게 느꼈다고 보고했다(ACHA, 2016). 매일 밤 8시간 넘게 잠을 자거나 6시간 미만으로 자는 사람들은 7시간 내지 8시간 넘게 잠을 잔 사람들보다 사망률이 높다(Patel et al., 2004). 생활에서 수면에 우선순위를 두기는 어려울 수 있지만 제대로 수면을 취하면 활력, 주의집중력, 그리고 심지어 면역 기능도 개선되는 즉각적인 이득도 얻을 수 있다(Motivala & Irwin, 2007).

앨러미다 지방 연구에서는 마지막 권고로 사회적 지원의 중요성을 강조했다(Camacho & Wiley, 1983; Wiley & Camacho, 1980). 다른 사람들과 소통하는 사회연결망을 지닌 사람들은 사람과 접촉이 드문 사람들보다 더 건강하다. 대학생들은 친구들과 사회연결망을 형성할 기회가 많은데, 이 연결망은 가족에 더해서 사회적 지원의 출처를 더 확대해주기도 한다. 사회적 지원이 한 가지 유형의 대처전략인 점을 기억한다면 정서 중심의 대처전략뿐만 아니라 문제 중심의 대처전략을 비롯하여 여러 대처전략들을 익히고 확충하여 상황에 맞추어 적절하게 사용함이 현명하다.

앞에서 설명한 다섯 가지 건강행동을 함께 실천하면 먼 장래뿐만 아니라 대학에 다니는 동안에도 당신의 수명을 연장하면서 건강을 증진하게 된다. 이 책의 저자와 역자들은 당신이 장차 더욱 건강하고 행복하기를 진심으로 기원한다.

요약

대학생들의 건강을 증진하려면 대학생들에게 특수하게 나타나는 위험요인들을 이해하고, 건강 관련 행동의 변화를 비롯해서 이 위험요인들을 감소시킬 방법을 찾아내야 한다. 의도성 폭력과 비의도성 폭력으로 발생하는 부상들은 대학생을 비롯하여 젊은 성인의 건강을 위협하는 중요한 요인이다. 자동차 충돌참사가 가장 흔한 위협요인이지만, 폭행, 강간, 이성교제에서 상대방 폭행, 자살 및 살인으로 부상과 사망이 초래되기도 한다. 음주가 이 모든 폭력에 영향을 미치는 한 요인이다.

초기 성인기에 형성한 건강습관은 나이가 든 다음에 건강과 질병의 기초가 된다. 건강에 좋은 생활양식을 선택하려면 건강교양을 쌓아서 자신이 다른 사람들과 대중매체로부터 받는 건강 정보의 신뢰도를 평가할 수 있어야 한다. 건강한 생활양식을 배우고 익히는 데 도움이 되는 좋은 지침을 앨러미다 지역 연구에서 얻을 수 있는데, 이 연구에서는 (1) 흡연하지 않고, (2) 규칙적으로 신체활동을 실천하고, (3) 술을 절제하여 마시거나 전혀 마시지 않으며, (4) 건강 체중을 유지하고, (5) 밤에 매일 7시간 내지 8시간 동안 잠을 자면 더욱 건강하게 오래 산다는 사실을 알아내었다. 이에 덧붙여서 사회적 지원 연결망을 구축하면 건강이 증진된다.

 해답 이 장에서는 다음의 세 가지 문제를 다루었다.

1. 건강심리학은 미국의 공공보건정책 '건강한 국민 2020'의 목표를 달성하는 데 어떤 역할을 수행하는가?

건강심리학은 미국이 '건강한 국민 2020'에 제시한 목표를 달성하도록 돕는 역할을 맡고 있는 여러 학문 분야 중 하나이다. 이 문서에는 2개의 폭넓은 목표들로서 (1) 건강하게 생활하는 기간을 늘리기와 (2) 다양한 인종 집단들 사이에 존재하는 건강 격차 줄이기를 제시했다. 건강심리학자들은 단지 더 오래 사는 햇수만이 아니라 건강하게 생활하는 햇수가 늘어나야 한다고 강조한다. 건강심리학자들은 다른 분야의 건강 전문가들과 함께 여러 인종 집단들 사이에 존재하는 건강 격차를 이해하고 경감시키려는 일에서도 서로 협력하고 있지만, 이 목표를 달성하기가 어려움을 실감하고 있다.

2. 건강심리학의 장래 전망은 어떠한가?

건강심리학은 21세기에 새로운 도전과제들에 직면하고 있다. 건강보호 비용을 절제할 방법을 찾는 일이 모든 건강보호 전문가에게는 매우 중요한 목표이다. 건강심리학자들은 산업화된 여러 나라들에서 사망의 가장 주된 원인으로 대두된 만성질환을 이해하고 치료하는 일에서 자신이 지니는 전문성을 활용하여 이 목표를 달성하는 데 기여할 수 있다. 그리고 이보다 더욱 중요한 점으로 건강심리학자들은 예방의 필요성을 강조해왔는데, 예방은 건강보호의 요구를 경감시키는 효과를 지닌다. 행동 변화를 통한 예방으로도 건강보호 비용의 절감을 도울 수 있다. 장차 건강보호에서 중요한 역할을 맡으려면 건강심리학자들이 건강 분야의 연구와 실무 모두에서 더욱 크게 기여하도록 계속해서 힘써야 한다. 즉, 연구의 기반을 더욱 충실하게 구축하고, 행동 변화를 이끌어내는 데 효과가 더 좋은 전략들을 개발해야 한다.

3. 당신이 더욱 건강한 생활양식을 지니는 사람으로 교양을 갖추려면 건강심리학을 어떻게 활용할 수 있는가?

당신이 젊은 성인기 동안에 채택한 습관들은 중년기와 나이 든 성인기를 거치는 기간 동안에 건강 관련 행동의 기반을 형성하므로 지금 당신이 결정하는 선택들이 당신의 장래 건강에 중요하다. 건강심리학은 흡연, 음주와 약물 사용, 섭식, 운동 그리고 스트레스 관리에서 건강한 선택들을 하도록 교양을 쌓는 방법에 관하여 권고들을 제안했다. 당신의 건강교양을 높이고 대중매체나 친구들로부터 얻은 정보가 아니라 과학적 방법으로 입증한 연구의 결과를 따른다면 건강에 좋은 선택전략을 지니게 된다.

더 읽을거리

Kickbusch, I. (2008). Health literacy: An essential skill for the twenty-first century. *Health Education, 108*, 101-104. 이 논문은 건강교양을 발전시키는 데 따르는 도전과제들을 검토하고, 건강 연구의 복잡성이 계속 증가하는 현상에 비추어 건강교양 개발이 중요함을 강조한다.

Mongan, J. J., Ferris, T. G., & Lee, T. H. (2008). Options for slowing the growth of health care costs. *New England Journal of Medicine, 358*, 1507-1514. 이 최근 논문은 미국의 건강 진료 체계를 과감하게 정비하지 않고도 건강의료 비용을 절제하는 몇 가지 가능성을 검토한다.

Whitfield, K. E., Weidner, G., Clark, R., & Andeson, N. B. (2002). Sociodemographic diversity in behavioral medicine. *Journal of Consulting and Clinical Psychology. 70*, 463-481. 키스 휫필드(Keith Whitfield)와 공동연구자들은 건강과 기대수명에 영향을 미치는 인종, 성별 및 경제 요인에 관하여 포괄적인 개관을 제공하는데, 각 인구통계 집단과 연결되는 위험요소와 보호요소를 분석하고 있다.

찾아보기

당신의 건강 지식 체크 해답

1. **아니다** 대부분의 건강심리학자들에 따르면, 건강은 질병이 없는 것 이상이다. 건강은 긍정적인 웰빙 상태이다(1장).

2. **아니다** 미국은 기대수명 측면에서 31위를 차지했다(1장).

3. **아니다** 20세기 동안 기대수명의 증가는 주로 유아 사망률의 감소와 공중건강 개선의 결과이다(1장).

4. **아니다** 스트레스와 질병 사이의 관계는 대부분의 사람들이 상상하는 것보다 덜 확실하다(6장).

5. **그렇다** 이상적인 체중에 가깝게 유지하는 사람들은 더 건강하며, 더 뚱뚱하거나 더 마른 사람들보다 더 오래 산다(14장).

6. **아니다** 연구에서의 진전은 많은 연구로부터 나오는 누적된 지식을 통해 나온다(2장).

7. **그렇다** 흡연은 미국에서 예방할 수 있는 사망의 주된 원인이다(12장).

8. **그렇다** 효과적인 대처전략은 사람들이 스트레스를 다룰 수 있게 해준다(5장).

9. **아니다** 비록 흡연이 심장병 발달에 기여할지라도, 흡연 관련 암 사망이 흡연 관련 심장병 사망보다 더 많이 발생한다(12장).

10. **아니다** 상관은 인과관계를 입증하지 못한다(2장).

11. **아니다** 혈액에서 발견되는 콜레스테롤 유형이 총 콜레스테롤 양보다 심혈관 위험의 더 중요한 예측요인이다(9장).

12. **그렇다** 신체활동은 앨러미다 지역 연구가 더 좋은 건강 및 장수와 관련 있다고 밝힌 또 다른 건강습관이다(2장, 15장).

13. **아니다** 폐암은 남성과 여성 모두에게서 암 사망의 주된 원인이다(10장).

14. **그렇다** 과체중뿐만 아니라 지방 분포도 건강상의 위험을 불러일으킨다(14장).

15. **그렇다** 스트레스는 면역계에 영향을 주면서, 전염병에 더 취약하게 만든다(6장).

16. **그렇다** 연구는 침술, 명상, 마사지 같은 대체 치료가 요통, 두통, 목 통증을 제어하는 데 효과적임을 보여주었다(8장).

17. **그렇다** 알코올은 폭행, 살인, 자살뿐만 아니라 자동차 사고에 연루될 가능성을 높인다 (13장).

18. **아니다** 운동이 체력과 건강상의 이득을 제공하기 위해 고통스러울 필요는 없다(15장).

19. **아니다** 매우 낮은 콜레스테롤 수준은 더 높은 암 및 폭력 사망률과 연관된다(9장).

20. **아니다** 고단백 식단은 종종 지방 함량이 높은데, 현명한 식단 선택이 아닐 수 있다(14장).

21. **아니다** 알코올은 건강 위험을 제기하지만, 소량이나 적당히 마시는 사람은 알코올 섭취를 전혀 하지 않는 사람에 비해 사망률이 더 낮다(13장).

22. **아니다** 만성 통증과 심리적 장애 간의 관계는 정반대이다. 만성 통증이 심리적 장애를 발생시킨다(7장).

23. **아니다** 면역계는 스트레스와 같은 많은 심리적인 요인에 의해 활성화될 수 있다(6장).

24. **그렇다** 아프리카계 미국인은 유럽계 미국인보다 심장병에 걸릴 위험이 더 높다(9장).

25. **그렇다** 긍정적인 사건과 부정적인 사건 모두 적응을 요구하는 변화를 발생시키는데, 이는 스트레스에 대한 한 가지 정의이다(5장).

26. **아니다** 심리학자는 '의지력'이란 용어를 사용하지 않는다. 오히려 흡연에 대한 결단력과 흡연을 유지하는 데 영향을 주는 생물학적, 개인적, 사회적 요인에 초점을 맞춘다 (12장).

27. **그렇다** 사람들의 기대를 통해서, 위약(플라시보)은 심리적인 치료뿐만 아니라 의학적인 치료에서도 효과성을 높인다(2장).

28. **그렇다** 질병 심도에 대한 지각은 치료를 찾는 데 중요하지만, 그 지각이 의학적 증거와 반드시 일치하지는 않는다(3장).

29. **아니다** 흡연자는 수동적으로 흡연에 노출된 사람보다 흡연의 위험을 더 많이 경험할 가능성이 있다(12장).

30. **그렇다** 사회적 지원은 스트레스와 질병을 다루는 중요한 요인이다. 사회적 지원이 있는 사람들은 사회적 지원이 적거나 없는 사람들에 비해 더 오래 살고 더 건강하게 산다(5장).